de Gruyter Studium

Peter von Polenz
Deutsche Sprachgeschichte II

Deutsche Sprachgeschichte

vom Spätmittelalter bis zur Gegenwart

von

Peter von Polenz

Band II

17. und 18. Jahrhundert

2. Auflage

bearbeitet von

Claudine Moulin

unter Mitarbeit von

Dominic Harion

De Gruyter

MIX
Papier aus verantwortungsvollen Quellen
FSC® C016439

ISBN 978-3-11-031454-0
e-ISBN 978-3-11-031467-0

Library of Congress Cataloging-in-Publication Data

A CIP catalog record for this book has been applied for at the Library of Congress.

Bibliografische Information der Deutschen Nationalbibliothek

Die Deutsche Nationalbibliothek verzeichnet diese Publikation in der Deutschen Nationalbibliografie; detaillierte bibliografische Daten sind im Internet über http://dnb.dnb.de abrufbar.

Einbandabbildung: akg images
[Matthäus Merian: Ein Indianischer Nus= oder Palmenbaum / „Alles zu Nutzen", Aus: Der Fruchtbringenden Gesellschaft Nahmen, Vorhaben, Gemählde und Wörter: Nach jedes Einnahme ordentlich in Kupfer gestochen und In achtzeilige Reimgesetze verfasset / Das erste Hundert. Franckfurt am Mayn Bey Mattheo Merian 1646]
Druck: Hubert & Co. GmbH & Co. KG, Göttingen
∞ Gedruckt auf säurefreiem Papier

Printed in Germany

www.degruyter.com

Vorwort

zur 1. Auflage

Die hier zu vermittelnde Forschungsliteratur für die neueren Jahrhunderte und die neueren Fragestellungen und Interessen sind in erfreulicher Weise so umfangreich geworden, dass die Zeit von etwa 1600 bis zur Gegenwart in zwei Bände aufgeteilt werden musste; das 19. und 20. Jahrhundert wird in Band III folgen. Da hiermit der Rahmen der Sammlung Göschen gesprengt sein würde, hat der Verlag entschieden, das dreibändige Werk nun als de Gruyter Studienbuch zu publizieren; der 1991 in der Sammlung Göschen erschienene Band I wird demnächst entsprechend verändert nachgedruckt.

Für die Epoche des Absolutismus und der bildungsbürgerlichen Sprachkultivierung war es erforderlich und angemessen, der Entwicklung und Wirkung von Sprachbewusstsein und Sprachideologiebildung breiteren Raum zu geben (Kap. 5.5–5.7, z.T. auch 5.3, 5.10). Somit wird der Beitrag von Sprachgeschichte zur Mentalitätsgeschichte deutlich (vgl. Hermanns 1995). Die dafür aufschlussreiche Fülle historischer metasprachlicher Äußerungen konnte ich zum größten Teil nur aus der Forschungsliteratur zitieren und nicht in den Originaltexten nachprüfen; für diese philologische Unterlassungssünde (um die Publikation dieses Bandes nicht weiter zu verzögern) bitte ich um Nachsicht, ebenso für den vom Computerprogramm bedingten Verzicht auf die für diese Epoche typischen übergeschriebenen *e* bei Umlautsvokalen in historischen Zitaten und deren Ersatz durch die moderne Schreibweise. Durch Veränderung der Kapiteleinteilung sind einige Vorausverweise des Bandes I nun falsch beziffert. Die Textabbildungen sind, zur besseren Lesbarkeit, teilweise größer wiedergegeben als im Original.

Mein Dank gilt den zahlreichen Autoren, die mit ihren Arbeiten zu neuem Verständnis dieser sprachgeschichtlichen Epoche vielfältig beigetragen haben. Leider konnte ich nicht alle in der Literaturliste genannten Arbeiten im Text auswerten; viele Publikationen der letzten drei Jahre waren mir noch nicht erreichbar. Für Kritik und Hinweise danke ich Ingrid Guentherodt, Werner Holly und Ulrich Püschel, für die Zusendung noch ungedruckter Texte Alan Kirkness, Ulrich Knoop, Utz Maas, Horst H. Munske, Oskar Reichmann, Ingo Reiffenstein, Peter Wiesinger und den Referenten des Heidelberger sprachgeschichtlichen Kolloquiums 1992 (Gardt u.a. 1995). Ganz besonderen Dank verdient wieder Elsbeth Schirra für ihre engagierte, zügige Textverarbeitung und Armin Maurer fürs Korrekturlesen eines Teils der Kapitel.

Trier, im März 1994 P.v.P.

Vorwort

zur 2. Auflage

Die vorliegende 2. Auflage des zweiten Bandes der *Sprachgeschichte* von Peter von Polenz wurde vom Autor selbst angeregt und – anfänglich intensiv und später so es seine Kräfte zuließen – zusammen mit ihm erarbeitet. Es war der ausdrückliche Wunsch von Peter von Polenz, am Grundkonzept, an den theoretischen Prämissen und am wissenschaftshistorischen Kontext der ersten Auflage festzuhalten, ein Wunsch, den wir auch nach seinem Tod weiterhin verfolgt haben. Die Neuauflage stellt demgemäß eine behutsame Überarbeitung und Aktualisierung der ersten Auflage dar. Sie entspricht ihrer Verortung im Gefüge der dreibändigen *Sprachgeschichte* (der dritte Band erschien 1998, der erste Band im Jahr 2000 in überarbeiteter und ergänzter Fassung) – nicht zuletzt ist sie damit auch ein Zeitzeugnis ihrer Entstehung und des ihr zugrunde liegenden sprachhistorischen Verständnisses.

Der Umfang an Forschungsliteratur ist seit Erscheinen der Erstauflage für den vorliegenden Zeitraum stark angewachsen, was zugleich auch die Intensität der sprachhistorischen Erschließung des Deutschen in den letzten Jahrzehnten – auch auf den von Peter von Polenz gelegten Spuren – erfreulich widerspiegelt. Es musste daher eine Balance gefunden werden zwischen dem möglichst vollständigen Dokumentieren der Sekundärliteratur und einer Auswahl der wichtigsten Neuerscheinungen. Ferner sind neue Abschnitte und Ergänzungen zu bereits vorhandenen Kapiteln hinzugekommen.

Die wichtigsten Überarbeitungsschritte betreffen folgende Bereiche: Die formale Anpassung des Bandes II besteht in der 2. Auflage in einer verbesserten Zugänglichkeit der Teilthemen durch eine differenziertere Darstellung in den Seitenköpfen und im Inhaltsverzeichnis sowie einem Abbildungsverzeichnis. Die Literaturhinweise am Ende der Kapitel und im Literaturverzeichnis wurden (nicht nur um die seit der 1. Auflage erschienene Forschungsliteratur) erweitert und vermehrt, die Abbildungen neu gestaltet und das Register ergänzt.

Thematisch neue Kapitel sind eingearbeitet zu *Deutsch als historischer Fremd- und Verkehrssprache* (5.3T) und zur *Onomastik* (5.8Z). Ergänzt wurden unter anderem Ausführungen zu *individuellem Sprachhandeln* (5.2A), zu *Eurolatein* (5.4B), über *Sprachnormentwicklung* und *regionale/großregionale Standardisierung* (5.6B), zu Schottelius' *Horrendum Bellum Grammaticale* (5.6M3), zu *Gesprächswörtern bei Adelung* (5.8C), *Höflichkeitskultur und raumbezogener/körpergebundener Kommunikation* (5.8E), *Anredeformen der Höflichkeit* (5.8G), *Stadtsprache in Köln* (5.8H) sowie *Sprachenwechsel und Hochdeutsch* (5.8NO), zu *Entwicklungstendenzen der Schriftsprache* unter besonderer Berücksichtigung von *Orthographiestilen und -prinzipien* (5.9B), dem Rückgang *vokalischer Längebezeichnungen* (5.9C), neuen Perspektiven auf die *Interpunktionslehre* (5.9E), von *starker/schwacher Flexion* (5.9H), *Modalwörtern* (5.9N) und Entwicklung und Gebrauch von *Nominalphrase* (5.9P) und *Substantivkomposita* (5.9W) sowie des *generischen Maskulinums* (5.9X), die begriffsgeschichtlichen Anmerkungen schließlich um Neues zu *Aufklärung*, *Nation* und *Volk* (5.12M). Kürzere Erläuterungen und Querverweise zu einzelnen Themen wurden *passim* ergänzt.

Stellenhinweise auf andere Darstellungen der neueren deutschen Sprachgeschichte – ausgenommen die themaspezifischen Artikel des HSK-Handbuchs „Sprachgeschichte" in alter (BRS) und neuer (BBRS) Auflage – werden in allen drei Bänden grundsätzlich nicht gegeben, da eine vergleichende und kontrastierende Benutzung anderer Sprachgeschichten als selbstverständliche Ergänzung wie immer vorausgesetzt wird.

Unser Dank gilt den zahlreichen Kolleginnen und Kollegen, die mit ihrer Forschung und ihren Arbeiten zum Frühneuhochdeutschen und Jüngeren Neuhochdeutschen das Weiterschreiben an der Sprachgeschichte dieses Zeitraumes maßgeblich gefördert haben; stellvertretend und für hilfreiche Diskussionen und Zusendung von Forschungsliteratur danken wir Rolf Bergmann, Klaus Conermann, Stephan Elspaß, Joachim Gessinger, Ursula Götz, Andreas Herz, Elisabeth Link, Jürgen Macha, Damaris Nübling und Klaus-Peter Wegera. Wir danken ferner dem Forschungsfonds der Universität Trier für seine großzügige Unterstützung, Robert Bliedung und Simon Eultgen für die Besorgung der Sekundärliteratur und diverse Korrekturgänge, den Lehrstuhlsekretärinnen Elsbeth Schirra, Hannelore Robling und Christl Trapp für ihr unermüdliches Engagement sowie dem *Trier Center for Digital Humanities* für die Überführung der alten Dateien in neue Formate und ihre Auswertung. Den besitzenden Bibliotheken und Museen sind wir für die freundliche Überlassung von Digitalisaten und Abbildungsrechten dankbar, dem Verlag de Gruyter – namentlich Angelika Hermann und Jacob Klingner – für die umsichtige Betreuung der Publikation. Nicht zuletzt möchten wir Erika von Polenz für die Zuversicht und die Hilfe danken, die sie uns in all den Jahren geschenkt hat.

Peter von Polenz starb am 24. August 2011 in Korlingen bei Trier – ihm bleiben wir in großer Dankbarkeit für die zusammen verbrachte Zeit, die gemeinsamen Diskussionen und die Arbeit an dieser Neuauflage tiefst verbunden.

Trier, im Sommer 2013

Claudine Moulin und Dominic Harion

Inhalt

Band I: Einführung, Grundbegriffe. 14. bis 16. Jahrhundert (Kap. 1–4)

Band III: 19. und 20. Jahrhundert (Kap. 6)

Abbildungsverzeichnis

5. Deutsch in der Zeit des Absolutismus und der bildungsbürgerlichen Sprachkultivierung

5.0. Zur Einführung

Die von der absolutistischen Fürstenherrschaft geprägte Epoche bedeutete für die kulturelle Entwicklung der deutschen Sprache zunächst eine folgenreiche Behinderung, Verzögerung und Verengung aus folgenden Ursachen:

- Das Alte Reich zerfiel von der Mitte des 16. Jh.s bis zum Ende des 18. Jh.s zu einem fast anarchischen System zahlreicher quasi-souveräner Landesfürstentümer, so dass für die Vereinheitlichung und Kultivierung der deutschen Sprache mehr denn je ein nationalstaatlicher Rahmen und Mittelpunkt fehlte.
- Der wirtschaftliche und politische Aufstieg bürgerlicher Schichten in Deutschland war stärker eingeschränkt als etwa in Frankreich, England, Italien oder in den Niederlanden, wo schon im 16. Jh. von Paris, London, Florenz und Amsterdam aus die Nationalsprachen als Literatur- und Öffentlichkeitssprachen erfolgreich kultiviert werden konnten.
- Zum alten Bildungsmonopol des Lateins in Staat, Kirche und Wissenschaft kam das Französische als schriftliche und mündliche Oberschichtsprache in Politik, Wissenschaft und höfischem Gesellschaftsleben erschwerend hinzu, so dass der deutschen Sprache gesellschaftliches und kulturelles Prestige vorenthalten wurde und ihr einige kulturell wichtige Kommunikationstypen und Textsorten weitgehend verschlossen blieben.

Diese Bedingungen hatten zur Folge, dass in dieser Epoche verspätet und verzögert die deutsche Sprache mit großen Anstrengungen, gegen starke Widerstände, im Wesentlichen von der sehr kleinen Bevölkerungsschicht des werdenden Bildungsbürgertums kultiviert und standardisiert wurde. Wegen des nationalsprachlichen Versagens des Kaiserhofes und der aristokratischen Oberschicht geschah dies unter stark schreibsprachlichen und akademischen Gesichtspunkten und mit teilweise übersteigerten formalen und ästhetischen Ansprüchen. Die Schriftsprache Neuhochdeutsch war die Leistung nicht nur von Kanzleischreibern, Lehrern, Buchdruckern, Sekretären, sondern vor allem von Pastoren, Gelehrten, Schriftstellern, Poeten, Grammatikern und Lexikographen sowie von kulturpatriotisch gesinnten Sprachgesellschaften. So konnte erst am Ende dieser Epoche, nach der Wirkung der bildungsbürgerlichen Aufklärung, die *klassische* Literatur von Klopstock, Wieland und Lessing bis Goethe und Schiller der deutschen Sprache volle Anerkennung als vorpolitisch-nationalem Kulturwert sichern. Dazu gehört auch die Konsolidierung deutscher Wissenschaftssprache und Öffentlichkeitssprache seit der Aufklärungszeit, wobei sich bleibende Nachwirkungen der lateinischen und französischen Sprachkultur der deutschen Oberschicht schließlich indirekt auch als Bereicherung der deutschen Sprache ausgewirkt haben.

Das Festlegen der Epochengrenzen erweist sich hier als besonders schwierig: Sowohl die Herrschaftsstrukturen des Absolutismus als auch die Geltung und Popularisierung des bildungsbürgerlichen Deutsch reichen weit ins 19. Jh. hinein. Andererseits kann die Zeit von etwa 1770 bis etwa 1850 in der Entwicklung der Medien, der Literatur und der politisch-sozialen Begriffe als eine (durch die Restaurationszeit 1819–1848 retardierte) Phase der Vorbereitung geistiger und sprachlicher Grundlagen der künftigen Industriegesellschaft aufgefasst werden, deren öffentliche Wirksamkeit in Deutschland erst um die Mitte des 19. Jh. begann. Um diese lange Übergangsphase (s.v.Polenz 1989a) nicht als eigene sprachgeschichtliche Epoche darstellen zu müssen, setzen wir hier eine Epochenschwelle um 1800. Sie lässt sich rechtfertigen

- mit dem Ende der beherrschenden Kulturmacht von Latein und Französisch am Ende des 18. Jh.s (s.5.3FP–R, 5.12J, 6.5J, 6.10B),
- mit der für das deutsche Nationalbewusstsein und die mitteleuropäische Politik einflussreichen Napoleonischen Zeit (s.6.1A),
- mit dem Übergang von der Klassik zur Romantik in der deutschen Literaturgeschichte (s.5.10, 6.13A),
- mit dem Kontinuitätsbruch in der germanistischen Sprachforschung zwischen Adelung/Campe und den Brüdern Grimm.

Literatur

Gesamtdarstellungen deutscher Sprachgeschichte: Bach 1970. BBRS 1998–2004. Eggers 1986. Fleischer u.a. 2001 (Lerchner 512–647). Hartweg/Wegera 2005. LGL 1980 (Abschn. VIII). Hugo Moser 1969. v.Polenz 1978/2009. H.U.Schmid 2013. W.Schmidt 2013. Sonderegger 1979. Stedje 2007. Straßner 1995. Tschirch 1989. Wells 1990. G.Wolff 2009. – Vgl. auch Bd.I: 1.2Lit!

Bibliographien: Brekle u.a. 1992ff. Hoffmann/Wetter 1985. Moulin 1997a. Piirainen 1980b. – Vgl. auch Bd.I: 4.0Lit!

Sammelbände: Ágel 2002. Barz/Fix u.a. 2000. Barz/Schröder 1997. Besch 2003. Besch/Solms 1998. Cherubim u.a. 2002. Davies 2001. Debus 1997. Donhauser 1998. Dückert 1975/81. Elmevik/Mähl/Schöndorf 2005. Ernst/Patocka 1998. Ewald/Sommerfeldt 1995. Flood 1993. Friedrich/Jannidis/Willems 2006. Gardt u.a. 1995;

1999. Glaser 1997. Götz/Stricker 2006. Greule/Lebsanft 1997. Günther/Ludwig 1994. Habermann u.a. 2002. Hausner/Wiesinger 2005. Hayakawa 1997. Henne 2006. Hennig/Meier 1996. Hentschel 1997. Herberg/Tellenbach 2000. Hertel u.a. 1996. Hoffmann u.a. 1999. Hüllen/Klippel 2005. Kimpel 1985. Kluge 1918. Langer/Davies 2005. Lerchner u.a. 1995. Lindemann/Letnes 2004. Macha/Neuss/Peters 2000. Mattheier u.a. 1993; 1997. Mattheier/Nitta 2004. Munske u.a. 1988; 1996. Munz/Neumer 2005. Patocka/Wiesinger 2004. Pöckl 1981. v.Polenz 2007. Pümpel-Mader/Schönherr 1999. Scharnhorst 1999. Schildt 1992a. Stickel 2001. – Vgl. auch Bd.I: 4.0Lit!

Epoche, Periodisierung: BBRS (Roelcke 798ff., Abschn. XI–XIII). Blackall 1966. Hartweg/Wegera 2005, 21–28. Hoffmann u.a. 1999. Kluge 1918. LGL 1980 (Besch 588ff., Piirainen 598ff.). Mattheier u.a. 1993; 1997. Nerius 1983. v.Polenz 1983; 1989a; 1995a. Roelcke 1995; 2001. Semenjuk 1980. Sonderegger 1999. – Vgl. auch Bd.I: 4.0Lit!

Zur europäischen Sprachgeschichte: BBRS (Abschn. VII). Borst 1960. Ehlich u.a. 2001. Elmentaler 2003. Gessinger 1977. Haarmann 1988; 2002. Henne 1996b. Hentschel 1977. Jones 1993. Mattheier/Radtke 1997. Pöckl 1981. Rutten 2004. Scharnhorst 1999.

Teilbereiche der Sprache: BBRS (Abschn. IV, XI–XIII, XVI, XXI). Goebel/Reichmann 2001ff. Kehrein 1854–56. Kilian 2002; 2005. Hugo Moser u.a. 1970ff. V.Moser 1929. H.Paul 1959. – Vgl. auch 5.9Lit, Bd.I: 4.0Lit!

Eigennamen (allg.): Bach 1952/78. G.Bauer 1985/98. BBRS (Abschn. XXI). Debus 1997, Bd.II. E.Eichler u.a. 1995/96. Koß 2002. LGL (Debus 187–198). – S. auch 5.8Lit!

5.1. Staat, Wirtschaft und Gesellschaft

A. Im Unterschied zum mittelalterlichen Feudalsystem und zum Ständestaat des Spätmittelalters und der Frühen Neuzeit, beanspruchten im Absolutismus die Monarchen (Könige, Fürsten, Fürstbischöfe usw.) alle Gewalt im Staat, legitimiert aus *göttlicher Gnade*, und übten sie *absolut* ohne wesentliche Einflussnahme der Regierten aus, die allesamt als *Unterthanen* behandelt wurden. Der absolutistische Staat war zentralistisch und militärisch organisiert und erreichte ein hohes Maß an Untertanengehorsam. Dieser wurde – außer durch institutionelle Zwangsmittel – auf sozialdisziplinierende Weise erreicht durch ein System differenzierender *Privilegierung* oder *Protection* derjenigen Teile des Adels und des Bürgertums, die sich als Diplomaten, Offiziere, Juristen, Beamte, Gelehrte, Geistliche, Künstler, Sekretäre usw. den Erfordernissen des *höfischen* Staatslebens dienstbar machten und es dadurch als minimale Teilhaber an der Macht unentbehrlich mitkonstituierten.

Der Beginn des Absolutismus in Deutschland wird im engeren Sinne auf das Ende des Dreißigjährigen Krieges (1648) datiert, wobei man die Zeit von 1546 bis 1648 als Epoche der Konfessionskriege bezeichnet. Anfänge des Absolutismus in Theorie und Praxis reichen jedoch weit in das 16. Jh. zurück. Als seine geistigen Vorbereiter gelten Niccolò Machiavelli (*Il Principe* 1513) und Jean Bodin (*Six livres de la république* 1576). Die faktische Verselbstständigung der Territorialfürsten gegenüber Kaiser und Reich bahnte sich schon in den frühen Konfessionskriegen seit 1546 an (vgl. 4.1H) und wurde entscheidend legalisiert durch den Augsburger Religionsfrieden (1555), in dem der Grundsatz *Cuius regio eius religio* (‚Wer die Herrschaft hat, bestimmt die Religion') festgelegt wurde, also die politische und geistige Unterwerfung der *Landeskinder* unter die konfessionelle Entscheidung des jeweiligen *Landesvaters*.

B. Der in der frühbürgerlichen Zeit entstandene Protestantismus erstarrte nach Luthers Tod in Orthodoxie und Obrigkeitsfrömmigkeit, besonders bei den *Lutheranern*, die sich auch mit den *Reformierten (Calvinisten)* verfeindeten. Auf katholischer Seite wurden die konfessionellen Gegensätze vertieft durch die von süddeutschen Territorien, Österreich und Spanien her mit Hilfe der *Inquisition* und der *Jesuiten* betriebenen Gegenreformation. Zwischen 1572 und 1618 wurden große Teile Süd- und Westdeutschlands, Österreichs und Böhmens rekatholisiert, während sich der Lutherische Protestantismus in Mittel- und Norddeutschland landesfürstlich konsolidierte. Dieser Zerfall der alten kirchlichen Basis des Reiches führte über konfessionelle Fürstenbünde zum Dreißigjährigen

Krieg (1618–1648), der sich zunehmend aus einem innerdeutschen Konfessionskrieg in einen kontinentalen Hegemoniekampf zwischen dem Haus Habsburg (Österreich, Spanien, Niederlande) und Frankreich und deren wechselnden Verbündeten verwandelte. An seinem Ende, im Westfälischen Frieden, wurde die Entwicklung zum deutschen Vielstaaterei-Absolutismus besiegelt. Kaiser und Reich wurden auf ein Minimum rein formaler Rechte beschränkt. Die deutschen Territorien (um 1650 waren es über 250, einschließlich der *Reichsstädte* und *Fürstbistümer*) waren nun fast anderthalb Jahrhunderte weitgehend sich selbst und ihrer z.T. provinziellen Rückständigkeit überlassen und der kulturellen Vormacht- und Vorbildstellung Frankreichs ausgeliefert. So wurde die Entwicklung der deutschen Sprache zu einer anerkannten Nationalsprache im 17./18. Jh. beeinträchtigt durch die teilweise Hinwendung der deutschen Oberschicht zur französischen Sprachkultur und ihr weiteres Festhalten am Latein als Institutions- und Wissenschaftssprache (s. 5.3). Sprachenpolitisch wirkten sich im Zusammenhang mit dem Dreißigjährigen Krieg einige territoriale Veränderungen und Umorientierungen aus:

- Die Trennung der Niederlande und der Schweiz vom Reich wurde endgültig. Die Niederländer hatten längst ihre eigene stadtbürgerliche Literatur- und Nationalsprache entwickelt, zunächst in Flandern und Brabant. Durch den Freiheitskampf der nördlichen Niederlande (1568–1648) wurde sie auf das *Holländische* hin orientiert. Die deutschsprachigen Schweizer nahmen zwar weiterhin an der deutschen Schriftsprachentwicklung teil, gerieten aber immer stärker in den Diglossie-Konflikt zwischen nationaler Muttersprache (Dialekte) und *Schriftdeutsch* als fremdbestimmter Bildungssprache (s.5.8 O, 6.4.1A–C, 6.4.2C, 6.4.3B, 6.11T–X).
- Frankreich erhielt, aufgrund schon bestehender Okkupation, das Elsass (bis 1681 noch ohne Straßburg) und die Bistümer Metz, Toul, Verdun, die im Rahmen des alten Herzogtums Lothringen schon von jeher überwiegend frankophon waren. Damit wurde die spätere Herauslösung der deutschen Dialekte des Elsass und Ostlothringens aus ihren Beziehungen zur deutschen Schriftsprachentwicklung angebahnt (s.6.4.1D–G, 6.4.2EF, 6.4.3DE).
- Das an der geschwächten Reichsgewalt nur noch wenig interessierte Österreich orientierte sich zunehmend nach dem Südosten, auch infolge der existenzbedrohenden Türkenkriege (1593–1609, 1663–1718). So schwand dem Wiener Hof das nötige Interesse und Prestige für eine aktive Rolle in der deutschen Sprachkultivierung (s.5.6PRS).
- Die Hafenstädte an den norddeutschen Flussmündungen gerieten in Abhängigkeit und starken Konkurrenzdruck zu neuen Seehandelsmächten (England, Niederlande, Dänemark, Schweden). Dies beschleunigte den Untergang der niederdeutschen Schriftsprachtradition im Nord- und Ostseeraum; der durch die Reformation forcierte Übergang Norddeutschlands zur hochdeutschen Schriftsprache (hochdeutsch-niederdeutsche Diglossie) wurde dadurch endgültig (vgl. 4.9C–J, 5.8K).

C. Die wirtschaftliche Entwicklung in den deutschen Territorien geriet – außer in mächtigen Handelsstädten wie Nürnberg, Frankfurt, Köln, Leipzig – bereits vor dem Dreißigjährigen Krieg in eine schleichende Krise. Das weltwirtschaftlich durch die Überseekolonisierung verursachte Zurückbleiben Deutschlands im Vergleich mit der westeuropäischen Wirtschaftsentwicklung (vgl. 4.1F) ist durch den Krieg beschleunigt und verstärkt worden, in dem besonders ländliche Gegenden und kleinere Städte ausgebeutet und verwüstet wurden.

Der Welthandel orientierte sich schon im 16. Jh. auf die kolonisierenden west- und südeuropäischen Länder um, was u.a. zum Niedergang der Hanse führte. Die territorialfürstlichen Verwaltungen betrieben im Wirtschaftsleben in der Regel provinzielle Bevormundung, waren also fortschrittsfeindlich. Durch den Zustrom überseeischen Silbers über Spanien verlor der deutsche Silberbergbau im Laufe des 16. Jh.s seine Monopolstellung. *Münzverschlechterung* (Inflation), Preis- und Lohnsteigerung und starkes Bevölkerungswachstum in den Städten hatten einen Rückgang der gewerblichen Produktion und Massenarmut zur Folge. Die Landwirtschaft stagnierte seit der Niederschlagung der Bauernaufstände von 1525. Im Laufe des Dreißigjährigen Krieges ging die Bevölkerungszahl von 15/16 Millionen (1620) auf 10 Millionen (1650) zurück; in besonders *verheerten* Gebieten betrug der Verlust durch Morden, Vertreibung, Flucht, Hunger, Krankheiten bis zu 70%. Der Fernhandel verkümmerte; das Wirtschaftsleben fiel in manchen Gegenden auf eine fast mittelalterliche Stufe zurück (Agrarwirtschaft, Tauschhandel). Die wirtschaftliche Depression dauerte teilweise bis Ende des 17. Jh.

D. Die eigentlichen Sieger des Dreißigjährigen Krieges waren Fürsten und Hochadel. In der deutschen Sozialgeschichte brachten die (absolutistisch ausgenutzten) Folgen des Krieges eine allgemeine Verschlechterung der Lage der Unter- und Mittelschichten. Opportunistische Chancen hatte dagegen eine sehr kleine, heterogene, auf Residenzstädte konzentrierte Oberschicht, die durch *unterthäniges*, *gehorsamstes*, *ergebenstes* Verhalten auch partiell staatstragend wurde und sich durch Bildung und Privilegien zunehmend vom *Pöbel* distanzierte: der Hofadel und das neu entstehende Bildungsbürgertum. Zwar bestand die alte *Stände*-Gesellschaft noch weiter (z.B. Landadel, Patrizier, Zünfte), sie verfiel aber zu einem System *privater*, exklusiver Statusgruppen, das die sozialökonomische Entwicklung behinderte. Ein ‚Bürgertum' als homogener Stand oder als ‚Klasse' gab es nicht. Der Unterschied zwischen Stadt und Land war vor dem 19. Jh. noch nicht stark ausgeprägt. Es gab einerseits Stadtadel und Ackerbürger, andererseits eine kommerziell sehr mobile nichtadelige Oberschicht auf dem Lande (Knoop 1993a).

Sehr unterschiedlich war die Situation der ländlichen Bevölkerung. Besonders im Nordosten (Ostelbien) wurden *Schollengebundenheit, Erbunterthänigkeit* und *Leibeigenschaft* verschärft: Niemand durfte ohne Einwilligung des Gutsherrn heiraten oder wegziehen. Die Abgaben und Dienstleistungen wurden ständig erhöht, Kinder waren zum *Gesinde*-Dienst bei der *Herrschaft* verpflichtet. Viele Bauern verloren bei Unerfüllbarkeit der Abgaben ihren Hof durch *Bauernlegen* an den Herrenhof; Bauern und *Tagelöhner* wurden mitunter als Arbeitskräfte oder Soldaten ins Ausland verkauft. Für den niederen Adel war diese neue Form der *Gutsherrschaft* eine politische Kompensation für den Verlust alter Feudalrechte im zentralistischen Fürstenstaat. Dem *Gutsherrn* wurde die lokale Polizei- und Niedergerichtsgewalt überlassen. Dies hat im ‚ostelbischen Junkertum' noch bis in die Weimarer Republik politisch nachgewirkt, vor allem in Preußen.

Die ostdeutschen Verhältnisse dürfen nicht ungeprüft auf nordwestliche, westliche und südliche Teile des Alten Reiches übertragen werden (Knoop 1993a): Dort gab es nach neueren sozial-, wirtschafts- und landeshistorischen Forschungen teilweise freie Bauern, Reichsdörfer, genossenschaftliche Selbstverwaltung mit reichs- oder landesrechtlichem Status, auch zahllose ländliche Aufstände und Widerstandsbewegungen, mitunter mit der Folge landesherrlichen Bauernschutzes gegen Städte und Adel. Die romantischen Vorstellungen einer sozial unmündigen und ökonomisch unfähigen rein ‚bäuerlichen' Landbevölkerung sind für die Frühe Neuzeit zu korrigieren: Ende des 18. Jh.s waren nur von der Landwirtschaft lebende Landbewohner in der Minderheit (Wehler 1987, Bd.I, 159). Es gab Fuhrleute, Gastwirte, Wanderhändler, Wanderarbeiter, Fischer, Schiffer, Flößer, Bergleute, Steinhauer, Handwerker, allerlei Dienstleistende und sogar kleine Unternehmer. Wegen zünftischer Konservativität der Städte konnten sich viele vor- und frühindustrielle Gewerbe auf dem Lande und in kleinen Marktflecken (ohne Stadtrecht) oft besser entfalten. Die starke Bevölkerungsvermehrung nach dem Dreißigjährigen Krieg ist großenteils aus der Situation landloser oder landarmer Unterschichten auf dem Lande zu erklären.

In der s t ä d t i s c h e n gewerblichen Wirtschaft blieb das spätmittelalterliche System der Zünfte formal erhalten; es wirkte sich aber durch strenge zahlenmäßige Begrenzung der Meister, Ausschaltung der Konkurrenz und Innovationsfeindlichkeit sehr hinderlich auf den technischen und kommerziellen Unternehmergeist aus und hatte im Rahmen des absolutistischen Territorialstaates eher eine konservative Polizeifunktion zur Beschränkung und Disziplinierung des verarmten Kleinbürgertums. Ebenso konservativ und fortschrittshemmend wurde die alte städtische Oberschicht, das P a t r i z i a t. Die Zeit der mächtigen Großunternehmer von der Art der Fugger, Welser usw. war vorbei. Abgesehen von einigen das Hofleben finanzierenden Großbankiers war im 17. und 18. Jh. in Deutschland ein wirtschaftlich aufstrebendes und überregional erfolgreiches Großbürgertum *(bourgeoisie)* kaum entwickelt. Das politische Verhalten der städtischen Ober- und Mittelschichten war vom Bewahren alter Privilegien und Standesunterschiede gekennzeichnet, die noch bis Ende des 18. Jh.s mit der Einhaltung rigoroser Kleiderordnungen symbolisiert wurden.

Stärkster sozialer Diskriminierung unterlagen die meist isoliert in bestimmten Stadtvierteln (aber auch auf dem Lande) lebenden Juden, da ihnen Grundbesitz und Handwerk verboten, also nur Handel und Geldgeschäfte erlaubt waren. Gegen Verfolgungen waren sie durch den alten kaiserlichen oder landesherrlichen Schutz kaum mehr gesichert. Das Verbot des Zinsnehmens für Christen wirkte sich im ‚christlich'-bürgerlichen Bewusstsein negativ auf die Einschätzung der wirtschaftspolitisch unentbehrlichen Tätigkeiten vieler einflussreicher Juden aus. Aus dieser Zwangslage erwuchsen – zusätzlich zum alten christlich-klerikalen Antijudaismus – die negativen sozialökonomischen Gruppenvorurteile, die noch im späteren deutschen Antisemitismus eine unheilvolle Rolle spielten (s.6.16LM).

E. Kultureller Fortschritt war offiziell nur in gesellschaftlichen Funktionen möglich, die den Hofstaat des Fürsten konstituierten. Die Hauptaufgaben der Hofhaltung bestanden im Verwalten, Repräsentieren, Feiern und Kriegführen; ihr sozialpolitisches Prinzip war die offensichtliche Distanzierung der *Hoffähigen (Standespersonen)* von der übrigen Bevölkerung. Das Hochgefühl sozialer Privilegiertheit wurde allerdings mit dem ständigen Risiko des *in Ungnade Fallens* (und damit plötzlichen sozialen Abstiegs) erkauft.

Zu einer fürstlichen Hofhaltung gehörten zu Anfang des 17. Jh. zwischen 260 (Würzburg) und 2175 Personen (Wien). Verarmte Adlige, aufsteigende Bürgerliche, aber auch *gemeine, niedere, einfache* Leute fanden *bei Hofe* allerlei spezialisierte Tätigkeiten: als Hofmarschälle, Kämmerer, Hofdamen, Minister, Räte, Sekretäre, Offiziere, Hofprediger bzw. -beichtväter, Leibärzte, Gelehrte, Hofmeister, Prinzenerzieher, Bibliothekare, Poeten, Musiker, Maler, Architekten, Pagen, Mätressen, Gärtner, Jäger, Diener, Zofen und andere *Domestiquen*. Um immer neue Stützen des Systems an den Hof zu binden, wurden verdiente Bedienstete, Gelehrte, Schriftsteller, Kaufleute, Kriegslieferanten usw. geadelt (Briefadel, Neuadel), seit dem Dreißigjährigen Krieg nahmen sich auch Landesfürsten das Nobilitierungsrecht. Es gab also keine einheitliche, geschlossene Oberschicht.

Über alle Standes- und Rangunterschiede hinweg galt der Gegensatz zwischen *öffentlichen* (höfische Repräsentation und Macht) und *privaten* Angelegenheiten, wobei unter *privat* auch alle ökonomischen und kulturellen Aktivitäten verstanden wurden, die nicht auf das Hofleben bezogen, vom Hofe initiiert oder anerkannt waren, so auch große Teile des städtischen Handels. Das (durch akademische Qualifikation ausgewiesene) Bildungsbürgertum hatte als neue Schicht an beiden Sphären Anteil: an der Stützung des höfischen Lebens und seiner kulturellen Leistungen ebenso wie an der mühsamen inoffiziellen *(privaten)* Vorbereitung einer

Abb. 1: Höflichkeitsbezeugungen in der Gegenüberstellung von „alten Teutschen" und „jetzigen Teutschen" (mit dem jeweils entsprechenden architektonischen Hintergrund). – Titelkupfer zu: Julius Bernhard von Rohr: Einleitung zur Ceremoniel-Wissenschaft Der Privat-Personen. 2. Auflage, Berlin 1730.
(Quelle: Herzog August Bibliothek, Wolfenbüttel. Signatur: Wt 45. Vgl. auch: Braungart 1988, Abb. 4.)

anderen, neuen Gesellschaftsordnung durch Wissenschaft und *Aufklärung* (s. 5.2H, 5.12N–Q). – Zur Kritik an der zu vagen Verwendung der Bürger-Begriffe in der Literaturgeschichte zum 18. Jh. s. Friedrich/Jannidis/Willems 2006!

Da auf der Ebene der Privilegierten nationale Herkunft keine so trennende Rolle spielte wie Konfession und monarchistische Gesinnung, war die höfische Kultur der absolutistischen Zeit grundsätzlich international, also nationalen Bestrebungen nicht günstig. Das ‚nationale' Bewusstsein, oder besser: positive Einstellungen zu politischen Großgruppeneinheiten und deren Institutionen, war damals noch sehr statisch, vorpolitisch, noch nicht ideologisiert, noch weit entfernt vom Nationalismus seit der Napoleonzeit. Die mit Bildungswörtern wie *Nation, Vaterland, Patriot, patriotisch* und *teutsch* verbundenen Begriffe waren verschieden besetzt (s. auch 5.12MO!):

Einerseits gab es noch Reste des spätfeudalen Reichspatriotismus bei Vertretern privilegierter *Reichsstände*, besonders in Süddeutschland und Österreich, durch die Gegenreformation gefördert. Einen Nachklang davon finden wir z.B. noch in den Elternhäusern Goethes und des Freiherrn von Stein. Durch den Verfall des Alten Reiches verkümmerte der Reichspatriotismus im Laufe des 18. Jh.s und wurde als *altfränkische* Gesinnung verspottet. Weitaus stärker und allgemeiner war der in katholischen wie protestantischen Territorien etablierte *Landespatriotismus:* Unter *Vaterland* hatte man als Untertan eines Landesfürsten oder einer Reichs- oder Hansestadt ganz selbstverständlich so etwas wie Sachsen, Bayern, Hohenlohe, Trier, Frankfurt oder Hamburg zu verstehen. Für die unteren Bevölkerungsschichten war dies, noch bis nach der Bismarckschen Reichsgründung, die einzige bewusste Großgruppenidentität neben der Konfession. In der kleinen Bildungsschicht entwickelte sich daneben und dagegen seit Anfang des 17. Jh., verstärkt durch die Folgen des Dreißigjährigen Krieges, ein Kulturpatriotismus (Huber 1984) in einer späthumanistisch-frühaufklärerischen Sozietätsbewegung, die nach italienischem und niederländischem Vorbild einen sprachen- und literaturpolitischen Kampf gegen das Kulturmonopol von Fremd-, Universal- und Prestigesprachen, vor allem Latein und Französisch, führte und die werdende deutsche Schriftsprache mit Forderungen wie ‚Sprachreinheit', ‚Sprachrichtigkeit', ‚Sprachreichtum' und ‚Sprachdeutlichkeit' zu kultivieren sich bemühte (s. Kap. 5.5–5.7).

Im Laufe des 18. Jh.s hat die kulturpatriotische Bewegung – mehr als ein Jahrhundert vor der Gründung eines deutschen Nationalstaates – die Kodifizierung und gesellschaftliche Anerkennung der deutschen Schriftsprache als Kulturnationalsprache in den Oberschichten erreicht und auch in den deutschen Mittelschichten bis um 1800 eine mindestens passive deutsche Schriftsprachkompetenz und Sprachloyalität von der Nord- und Ostseeküste bis in die Alpenländer bewirkt. Sie stellt eine wichtige, aber noch rein kulturelle, noch nicht auf staatliche Macht hin orientierte Voraussetzung für die Entstehung des schwierigen, zwischen Kultur und Politik widersprüchlichen deutschen Nationalbewusstseins im 19. Jh. dar.

F. Die Wirtschaftspolitik des absolutistischen Staates wird *Merkantilismus* genannt, ihre noch exklusiver auf die landesfürstliche Etatverwaltung orientierte deutsche Variante *Kameralismus*. Zentralistische Staatswirtschaft und Beamtengesinnung entsprachen vor allem dem Lutherischen Obrigkeitsdenken. Für freies Unternehmertum der Städte blieb dabei nur wenig Raum und Anreiz, im Unterschied zu calvinistischen Ländern in Westeuropa. So ist die ökonomische und damit auch politische Schwäche des deutschen Besitzbürgertums (im Vergleich zu West- und Südeuropa) zu erklären. Offiziell gefördert wurden vor allem solche Gewerbe und Techniken, die dem kriegerischen Staatswesen und der luxuriösen Hofhaltung dienten.

Fürsten gründeten Manufakturen für Rüstungen, Waffen, Porzellan, Möbel, Tapeten, Seide usw. Die Architektur hatte vor allem dem Bau von Festungen und Schlössern und planmäßigen Anlagen in Residenzstädten zu dienen. Wegen seiner Bedeutung für Kriegsrüstung und Finanzen wurde der Bergbau von allen Industriezweigen am frühesten staatlich organisiert, besonders in Sachsen, Schlesien, Tirol, Steiermark. Die Städte konnten sich kaum weiterentwickeln. Ende des 17. Jh. war Wien die einzige deutsche Stadt mit über 100.000 Einwohnern. Die deutschen Stadtbürger dieser Epoche lebten eher kleinstädtisch, z.T. als *Ackerbürger*. Etwa 80% der Bevölkerung waren Landbewohner (was aber nicht heißt: ‚Bauern', ‚Landwirte'). Die Bevölkerungsverluste des Dreißigjährigen Krieges waren erst zwischen 1720 und 1750 wieder ausgeglichen. Die durchschnittliche Lebenserwartung lag infolge hoher Sterblichkeit um 1700 bei etwa 30 Jahren, in ärmlichen Gegenden noch niedriger.

G. Viele Menschen waren durch Armut und konfessionelle oder politische Verfolgung zur Auswanderung gezwungen. So entstand der größte Teil des ‚Auslandsdeutschtums' in Osteuropa und in überseeischen Ländern, mit einem z.T. bis heute nachwirkenden kulturell und/oder ‚ethnisch' orientierten Nationalitätsbegriff, der mit dem Aufklärungsbegriff der ‚Staatsnation' im Widerspruch steht.

In der Zeit vom Ende der Türkenkriege (1689) bis Ende des 18. Jh.s rief die österreichische Regierung zur Besiedelung der zurückeroberten Gebiete in Ungarn und in den Karpaten auf. Rund 100.000 Südwestdeutsche zogen als *Donauschwaben* (wie sie später genannt wurden) in Gebiete von Ungarn bis zum Schwarzen Meer, rund 25.000 weiter nach Südrussland. So wurde die seit dem 13. Jh. betriebene punktuelle bäuerliche und gewerbliche Auswanderung von christlichen und jüdischen Deutschen nach Osteuropa auf merkantilistisch-agrarische Weise fortgesetzt. Die Entstehung deutscher ‚Sprachinseln' hatte kulturelle und sprachliche Minderheitenprobleme bis ins 20. Jh. zur Folge, da die christlichen Deutschen, ebenso wie die jüdischen (Ostjiddisch, s. 6.4), sich kaum assimilierten. – Seit Ende des 17. Jh. wanderten Süd- und Westdeutsche, vor allem aus der Pfalz und Hessen, in britische Kolonien in Nordamerika aus; teilweise blieben auch verkaufte Soldaten dort. Im Jahre 1750 waren 100.000, im Jahre 1790 277.000 der Bevölkerung der USA (8,7% der weißen Bevölkerung) deutscher Herkunft, im Staat Pennsylvania zwei Drittel. Deutsche Sprache ist – abgesehen von kleinen verstreuten Gruppen – im *Pennsilfaansch* der *Amish people* bis heute erhalten und kultiviert worden. Ansonsten assimilierten sich die Deutschsprachigen in Amerika rascher als die in Osteuropa.

Auf der anderen Seite hat der merkantilistische Staat Einwanderung besonderer Gruppen gefördert. Die *Peuplierungs*-Politik einiger deutscher Fürsten sollte der Vermehrung ihrer Staatseinnahmen dienen, wirkte sich aber auch mit Schrittmacherfunktion auf die allgemeine Modernisierung in Gewerbe, Industrie, Landwirtschaft, Verwaltung und Kulturleben aus.

Als Flüchtlinge und Vertriebene der Rekatholisierung kamen österreichische, bayerische und böhmische Protestanten nach Württemberg, Franken, Sachsen, Brandenburg, Preußen, vor allem 30–40.000 Hugenotten (auch Waldenser) aus Frankreich, die ab 1685 in Hessen, Franken, Württemberg und vor allem Preußen als *Réfugiés* Aufnahme fanden (Toleranzedikt von Potsdam 1685) und dort als Handwerker, Techniker, Landwirte, Unternehmer, Ärzte, Architekten, Künstler, Gelehrte und Sprachlehrer vorbildlich wirkten. Um 1700 waren es in Berlin über 7.000 (s. 5.3MS), die wesentlich dazu beitrugen, dass sich eine weltstädtische Mentalität der Berliner entwickelte, die nur noch wenig mit dem rückständig-agrarischen brandenburgischen Umland zu tun hatte. In norddeutschen Sumpfgebieten wurden Holländer als Landkultivatoren und Kanalbauer angesiedelt. Am preußischen Hof ließ man sich in Bezug auf wirtschaftliche und kulturelle Modernisierung von Franzosen, Italienern und Niederländern beraten; der berühmteste von ihnen war der französische Aufklärungsphilosoph Voltaire, der von 1750 bis 1753 als Gast Friedrichs II. in Berlin und Potsdam weilte. Seit dem Großen Kurfürsten Friedrich Wilhelm gab es auch eine beträchtliche Neuzuwanderung von Juden (aus Frankreich und Osteuropa) in preußische Städte.

H. Für die Geschichte der deutschen Sprache waren zwei regionale Modernisierungsprozesse von großer Bedeutung: im 16. und 17. Jh. die wirtschaftliche und kulturelle Blüte der wettinischen Territorien, seit der 2. Hälfte des 18. Jh.s der Aufstieg Preußens zum Reformstaat und zur politischen Vormachtsstellung. Die im 17. Jh. z.T. noch immer *Meißen* genannten Territorien der Wettiner wurden durch die vom alten *Sachsen* (Niedersachsen) herkommende Kurwürde seit dem 16. Jh. mehr und mehr auch als *Sachsen*, *Kursachsen*, *Obersachsen* bezeichnet. Sie hatten sich seit Ende des 15. Jh. zum wirtschaftlich fortschrittlichsten Gebiet Deutschlands entwickelt, das auch kulturell und sprachlich bis Ende des 18. Jh.s als tonangebend galt.

Erfolgreicher Silber- und Zinnbergbau im Erzgebirge, Kupferbergbau im Mansfeldischen, mit frühkapitalistischen Organisationsformen, und daran anschließende frühe Manufakturindustrien (Hammerwerke, Papiermühlen, Textilindustrie mit Heimarbeit und Verlagswesen) hatten die Entwicklung der Bevölkerungsstrukturen derart vorangetrieben, dass Ende des 16. Jh.s bereits ein Drittel der Einwohner Sachsens in Städten lebte. Es kam die zunehmende Bedeutung der Leipziger Messen seit den Hussiten und Türkenkriegen hinzu, die in erfolgreicher Konkurrenz mit Nürnberg und Frankfurt lange Zeit eine Monopolstellung im Fernhandel mit Osteuropa und zwischen Süd- und Norddeutschland behaupteten. Die Leipziger Bürgerschaft erhielt starke Zuwanderung aus Nürnberg und Frankfurt. Sachsen war vom 16. bis 18. Jh. in Deutschland Schrittmacher für frühe Industrialisierung und Urbanisierung. Da die Wettinischen Herzöge und Kurfürsten durch merkantilistische Politik am wachsenden Reichtum des Landes starken Anteil nahmen, war es ihnen möglich, in der Zeit des Niedergangs der habsburgischen Reichsgewalt sich zu Großmachtansprüchen emporzuarbeiten: von der machiavellistisch-eigenwilligen Machtpolitik des Kurfürsten Moritz (reg. 1541–1553) bis zu Augusts des Starken Erwerb der polnischen Königskrone (1697). Das Selbstbewusstsein der Obersachsen wurde außerdem durch ihre Führungsrolle im Lutherischen Protestantismus gefördert. – Zum *Meißnischen Deutsch* s. 4.4EF., 5.6C–F.

J. Anders war die Entwicklung P r e u ß e n s: Kein wirtschaftlicher Reichtum, sondern Armut und provinzielle Rückständigkeit bis ins 18. Jh.; dafür aber klug vorausschauende zentralistische Politik der Hohenzollern mit calvinistisch-puritanischer Leistungsideologie nach französischem und niederländischem Vorbild. Durch den politischen Trick der selbst geschaffenen (ost)preußischen Königskrone außerhalb der Reichsgewalt (1701) war es den brandenburgischen Kurfürsten möglich, das politische Macht-Vakuum in Mitteleuropa Schritt für Schritt auszufüllen.

Von Kurfürst Friedrich Wilhelm (reg. 1640–88) bis zu Friedrich II. (dem Großen, reg. 1740–86) wurde mit patriarchalischer Sparsamkeit und Sozialdisziplinierung der militärisch, administrativ und jurisdiktionell modernste deutsche Territorialstaat des 18. Jh.s aufgebaut, mit staatstreuem Beamtentum und Ansätzen zur Rechtsstaatlichkeit gegen Korruption und Verschwendung. Trotz spätfeudaler Rückständigkeit im Agrar- und Gewerbebereich und trotz Abstinenz in deutscher Sprach- und Bildungspolitik erlangte Preußen durch Friedrichs II. ‚aufgeklärten Absolutismus' seit dem Ende des Siebenjährigen Krieges (1763) mit dem dynamisch wachsenden politischen und kulturellen Zentrum Berlin eine politische und kulturelle Anziehungskraft, die sich z.B. in anerkennender *fritzischer* Gesinnung bei manchen Süddeutschen äußerte.

In der deutschen Sozialgeschichte war das letzte Drittel des 18. Jh.s von gesellschaftlichen Veränderungen und Ansätzen zu R e f o r m e n gekennzeichnet: Die jahrhundertealte *ständische* Ordnung wurde zunehmend gestört durch die neuen Zwischenschichten des intellektuell aufgeklärten, auf rationale Leistungsethik und Staatsgesinnung eingestellten Beamten-, Bildungs- und Handelsbürgertums. Man wollte sich nicht mehr in die Zwänge des alten Besitzbürgertums *(Patrizier)* und des absolutistischen Untertanenverhältnisses einfügen und strebte danach, die immer tiefer werdende Kluft zwischen aufklärerischem Programm und politisch-sozialer Wirklichkeit zu überwinden. Der ‚aufgeklärte Absolutismus' einiger

Fürsten war zwar noch immer Alleinregierung, aber mit „defensiven Reformen" (Wehler 1987, Bd.I, 347ff.).

Friedrich II. empfand sich selbst unter Voltaires Einfluss als *„erster Diener seines Staates"* und leitete seine Legitimation nicht mehr aus *Gottes Gnaden* ab, sondern aus Vernunft, Nützlichkeit und sozialen Erfordernissen. Seine Ermahnungen zu Rechts-, Verwaltungs- und Finanzreformen haben vorbildliche Elemente des späteren Rechtsstaates vorbereitet. Die bald von anderen deutschen Ländern übernommene Idee des preußischen Beamtenstaates hat die stark autoritätsgläubige Staatsbezogenheit des politischen Denkens in Deutschland langfristig geprägt. – Mehr humanitäre Reformen versuchten in Österreich Kaiserin Maria Theresia und vor allem ihr Nachfolger Joseph II. (Bauernbefreiung, Judenemanzipation, Arbeiterschutz, Nationaltheater).

Solche *landesväterlichen* Versuche, Grundsätze der Aufklärung in staatliche Wirklichkeit umzusetzen, wirkten (verglichen mit französischen Verhältnissen) auf die öffentliche Meinung so ‚fortschrittlich', dass es in Deutschland nicht zum allgemeinen Übergreifen der Französischen Revolution kommen konnte, außer in einigen rheinischen Städten, besonders Mainz (vgl. 5.12P), und in Baden. Auch wirkte durch französische Revolutionsemigranten und nach Deutschland hineingetragene Revolutionskriege (ab 1792) alles Französische auf die nichtprivilegierte Mehrheit der Deutschen meist noch abschreckender als in der absolutistischen Zeit. Das wirksame deutsche Rezept für Revolutionsverhinderung blieb das Versprechen der ‚Reform von oben'. In Preußen wurden die politisch schwachen Könige Friedrich Wilhelm II. und III. von aufgeklärten Beamten und Offizieren zu einigen Reformen gedrängt. Das 1794 vollendete *Allgemeine Preußische Landrecht* (vgl. 5.12J) brachte eine Unterordnung des Fürsten unter den Staat und seinen Beamtenapparat, ein erster Ansatz zur konstitutionellen Monarchie, und eine Konsolidierung der staatstragenden Führungsschichten, die Wehler „verstaatlichte Intelligenz" nennt (Wehler 1987, Bd.I, 57ff., 210ff., 240ff.).

Das (städtische und ländliche) Besitzbürgertum wurde rechtlich, sozial und wirtschaftlich weitgehend mit dem Adel gleichgestellt. Adligen war künftig der Weg frei für industrielles Unternehmertum *(Schlotbarone)*, und Bürgerlichen waren seit Anfang des 19. Jh. auch Großgrundbesitz, Offiziersstellen, Adels- und Ehrentitel erreichbar. Sozialhistoriker sehen im 19. Jh. eine ‚Feudalisierung' des deutschen Großbürgertums. Die im späteren 19. Jh. in Preußen politisch einflussreichen *Junker* waren als sozialgeschichtlicher Typus weniger Relikte aus dem alten ständischen Feudaladel (wie etwa Fontanes *Stechlin*) als vielmehr Produkte einer neuen agrarkapitalistischen und militaristischen Koalition aus Altadel, Neuadel und Industrie-Bourgeoisie (vgl. 6.1).

Nach Ansätzen zu aufklärerischer Toleranz in der Reformphase (Friedrich II., Joseph II.) brachte die Französische Revolution auch Fortschritte in der Judenemanzipation. In mehreren Edikten zwischen 1807 und 1828, zuerst in Westfalen und Preußen, wurden die Juden staatsbürgerlich den Christen gleichgestellt, also rechtlich als jüdische Deutsche anerkannt. So assimilierten sich im frühen 19. Jh. die meisten jüdischen Deutschen (weniger die neu zugewanderten Juden aus dem Osten) sehr stark in religiöser und soziokultureller Hinsicht, was den Untergang des ‚Westjiddischen' zur Folge hatte (s. 6.4.1Z). Die Weiterentwicklung des alten klerikalen Antijudaismus zum deutschen Antisemitismus gehört in die nächste Epoche (s. 6.1M, 6.4.1Z).

K. In der Staatengeschichte begann in den Jahrzehnten um 1800 ein neues Zeitalter: Der Siebenjährige Krieg hatte den preußisch-österreichischen Dualismus zur Folge und die damit vorgezeichnete Rolle Preußens als Führungsmacht bei der späteren Entstehung eines deutschen Nationalstaates und Österreichs als Hegemonialmacht der Vielvölkermonarchie im Donauraum. Das Ende des Alten Reiches war damit unausbleiblich: Nach der Trennung von 16 deutschen Fürsten vom Reich im Napoleonhörigen *Rheinbund* erklärte der letzte Kaiser, Franz II., am 6. August 1806 das alte Amt des Kaisers für erloschen; er nannte sich fortan *Kaiser von Österreich*. Nicht lange vorher hatten Fürsten und Kaiser im *Reichsdeputationshauptschluß* (1803) das in Kleinstaaterei und Provinzialismus verkommene Reich territorial reformieren können: 112 *Reichsstände* (geistliche Fürstentümer, Grafschaften, Reichsstädte) wurden *mediatisiert*, d.h. der Landeshoheit eines größeren Landes unterstellt bzw. *säkularisiert*, d.h. aus kirchlichem in weltlichen Besitz überführt. Deutschland bestand danach aber immer noch aus über 30 Fürstentümern und Stadtstaaten.

Folgenreicher als die Auflösung des vornationalen Reiches war um 1800 eine ziemlich rasche Veränderung der politischen Kultur im deutschen Bildungsbürgertum, als die Revolutionsbegeisterung in eine franzosenfeindliche und antidemokratische Haltung umschlug (Greiffenhagen 1986, 102): Wie Klopstock, Wieland und andere deutsche Literaten im Geiste der Aufklärung haben auch Görres und Fichte der Revolution anfangs lebhaft zugestimmt. Aber wie die beiden Letztgenannten sind bald viele deutsche Intellektuelle – sofern sie sich nicht, wie Goethe und Schiller, in politischer Abstinenz auf eine höhere, geistig-ästhetische Ebene zurückzogen (s. 5.2P, 5.10V) – während der radikalisierenden Phase der Revolution, auch unter dem Eindruck französischer militärischer Expansion, auf die Linie der Restauration eingeschwenkt. Von 1794 bis 1814 waren die linksrheinischen Territorien französisch besetzt, ab 1798 als *départements* Teile Frankreichs mit zweisprachiger Verwaltung und entsprechenden sprachenpolitischen Maßnahmen (s. J.Kramer 1992, 96ff.).

In den Befreiungskriegen 1813/15 entwickelte sich „eine spezifisch deutsche politische Ideologie, die man ‚politische Romantik' nennt" und die „das intellektuelle Klima in Deutschland bis zum Ende des Nationalsozialismus stark beeinflußt" hat (Greiffenhagen a.a.O.). Gegenüber dem alten Reichs- oder Landespatriotismus, dem gelehrten Kulturpatriotismus und der westeuropäisch orientierten Reformbereitschaft Ende des 18. Jh.s erscheint der in den Napoleonischen Kriegen begründete deutsche Nationalismus mit seinen stark irrationalen, fremdenfeindlichen Komponenten als Beginn einer neuen, bis ins 20. Jh. reichenden Epoche (s. 6.1). Andererseits können auch die Stein/Hardenbergschen Reformen (ab 1807) als langfristige sozialpolitische Vorbereitung der Industriegesellschaft und damit ebenfalls als Epochenschwelle verstanden werden.

Literatur

Bauer 1993. BBRS (v.Polenz 41ff., Burkhardt 98ff., Bolten 123ff., Peters 1409ff., 1496ff., Solms 1513ff., Semenjuk 1746ff.). Birtsch 1987. Blickle 1989. Braubach 1985. Czok 1989. Engelsing 1976, Kap. 5,6. Ennen/Janssen 1979. Franz 1976. Friedrich/Jannidis/Willems 2006. Gerteis 1986. Gestrich 1991. Greiffenhagen 1986. Grimminger 1980, 72–99. Haffner 1978. Hartweg/Wegera 2005, 7–14. Hubatsch 1975. Kellenbenz/Walter 1986. Klippel 2001. Knoop 1993a. Koselleck 1973; 1980. Kunisch 1999. Luhmann 1980. Lütge 1966, Kap. 4,5. Mulsow/Naschert 2012. Oestreich 1986, Kap. 6–10, 15–19. G.Schulz 1974; 1977. Treue 1978, 263–410. Treue 1986. Vierhaus 1978; 1981. Wehler 1987, Bd.I. Weis 1981. Zeeden 1986. Zorn 1971.

5.2. Mediengeschichte, Bildungsgeschichte, Kommunikationsformen

A. Die geistige Überwindung der absolutistischen Zwangskultur entwickelte sich im 17. und 18. Jh. sehr allmählich, von der unscheinbaren Alltagsroutine der frühen Zeitungen über aufgeklärte und aufklärende Wissenschaften bis zu öffentlich wirksamen bildungsbürgerlichen Aktivitäten in der von etwa 1770 bis 1815 dauernden „Mobilisierungsphase der deutschen Gesellschaftsgeschichte" (Wehler 1987, Bd.I, 268ff.). So ist dieses Kapitel zweigeteilt in eine Vorbereitungsphase (B–K) und eine Bewegungsphase (L–R), die zugleich die bis etwa Mitte des 19. Jh. anzusetzende Übergangsepoche zur Industriegesellschaft (s. Bd.III) einleitet:

- Mit frühen Zeitungen und populärer *Erbauungs- und Hausväter*-Literatur wird, z.T. in Lesen hörender Gemeinschafts-Rezeption, der Grund für eine beschränkte populäre Allgemeinbildung gelegt, die – neben Bibel und anderen kirchlichen Texten – auch für die Verbreitung überregionaler deutscher Sprachnormen wichtig war (B–D).
- Die Bildungs- und Schulpolitik des Absolutismus beruhte auf einem dreistufigen System der Sozialdisziplinierung und Sozialdistanzierung: Exklusive machtorientierte Hofberedsamkeit *(Conversation)* im engsten Kreis am Fürstenhof, späthumanistische Rhetorik, Poesie und Wissenschaft für das am Staat akademisch-kulturell und administrativ teilhabende Bildungsbürgertum und sehr restringierte Gehorsams-Bildung für die Masse der nichtprivilegierten Untertanen (E–G).
- Die gesellschaftliche Modernisierung im Sinne von Aufklärung, Pietismus, Empfindsamkeit ging in der 1. Hälfte des 18. Jh.s von Reformuniversitäten aus und wurde in bildungsbürgerlichen Kreisen durch Sozietäten, Enzyklopädien, Zeitschriften und die Mode des Briefeschreibens verbreitet (H–K).
- In der ‚Leserevolution' um 1770 emanzipierten sich weitere mittelständische Bevölkerungsschichten, einerseits mit ‚Volksaufklärung' und Ansätzen zu *privater* politischer Öffentlichkeit, andererseits mit einer ersten Welle der Trivialliteratur, woraus sich die moderne industriegesellschaftliche Zweiteilung in elitäre, ästhetisierende Hochliteratur und unterhaltsame Massenlektüre entwickelte, beides mit stark entpolitisierender Wirkung (L–Q).

– „Defensive Reformen“ (Wehler) des aufgeklärten Absolutismus wirkten sich bildungspolitisch auf Schulen und Universitäten aus (R).

Parallel zu dieser Abfolge von kultureller Retardierung und schließlicher Emanzipation ist die Entwicklung des Fremdsprachenproblems (Kap. 5.3–5.5) und einer einheitlichen, gehobenen deutschen Schriftsprachkultur (Kap. 5.5–5.7) zu verstehen. – Die sprachgeschichtlich relevanten sozial- und mediengeschichtlichen Umbrüche im 17. und 18. Jh. wirken sich nach Gotthard Lerchner (1992; 1999) vor allem als Erweiterungen der gesellschaftlichen „Spielräume des individuellen Sprachhandelns“ aus: Zunehmende Verbreitung von Printmedien, Schreiben und Lesen; Überschreitbarkeit traditioneller Textmuster durch Säkularisierung; Frauen als Literatur-Adressatinnen und Aktantinnen einer neuen Briefschreib- und Gesprächskultur; das Individuum als Mittelpunkt von Frömmigkeit (Pietismus) und Vernunftkultur (Aufklärung, Atheismus). – Auswirkungen des Übergangs von oraler zu mehr geschriebener/gedruckter Sprachkultur vom 16. bis 18. Jh. sieht Vilmos Ágel (1999) unter dem Stichwort „Epistemifizierung“ bei der Vermehrung und Präzisierung lexikalischer und syntaktischer Mittel der Metakommunikation in Bezug auf den Ausdruck von Sprechakten und Sprechereinstellungen zum Wahrheitswert der Aussagen (s. 5.9NRS).

B. Eine mediengeschichtliche Neuerung am Anfang dieser Epoche war die Zeitung. Obwohl die fürstlichen *Obrigkeiten* allgemeine öffentliche Kommunikation zu unterdrücken, d.h. auf ihre eigenen exklusiven Beziehungen zu beschränken versuchten, begann doch um 1600 die zweite Phase der Auswirkungen von Gutenbergs Erfindung mit dem Übergang zu wöchentlicher Publikation von Nachrichten. Äußere Voraussetzung dazu war der Ausbau des regierungsamtlichen Postwesens kurz vor 1600. Solche Periodika, die man anfangs auch *Avisen*, *Relationen* oder *Novellen* nannte, traten an die Stelle der gelegentlich und unregelmäßig verbreiteten *Newen Zeitungen* des 16. Jh.s (vgl. 4.2 O). Unregelmäßige und meist handgeschriebene Nachrichtensammlungen gab es jedoch noch weiterhin im internen Verkehr von Regierungen und anderen Institutionen. – Zum Sprachstil sowie zur politischen und sprachlichen Wirkung der frühen Zeitungen vgl. 5.12B–G!

Wenn man von den ersten periodischen Nachrichtenpublikationen absieht – *Meßrelationen* (s. 4.2 O) und andere Halbjahresschriften, *Rorschacher Monatsschrift* Ende des 16. Jh.s – beginnt der Nachweis von Zeitungen um 1600 (Konstanz), 1607 (Antwerpen); die ersten erhaltenen Wochenzeitungen sind: *Aviso, Relation oder Zeitung* aus Wolfenbüttel (ab 1609 erhalten) und *Relation: Aller Fürnemmen vnd gedenckwürdigen Historien* aus Straßburg (ab 1609). Weitere Nachweise: 1610 Basel, Köln, 1615 Frankfurt a.M., 1617 Berlin, 1618 Hamburg, Danzig. Im Jahre 1620 gab es im dt. Sprachgebiet 14 Zeitungen, 1648: ca. 48, Ende des 17. Jh.: 60–90, um 1750: 100–120, nach 1789: rund

200. Ab 1620 entwickelte sich das Zeitungswesen auch in westeuropäischen Ländern. Bald wurden England, im späteren 18. Jh. seine amerikanischen Kolonien führend. Die großen Handels- und Residenzstädte gingen bei der Gründung von Zeitungen voran, besonders im Westen vom Oberrhein bis in die Niederlande. Ab 1631 war Frankfurt das Zentrum der dt. protestantischen Presse, seit der Jahrhundertmitte Leipzig. Die erste dt. Tageszeitung waren die *Einkommenden Zeitungen* aus Leipzig (ab 1660 täglich), doch dies blieb für lange Zeit eine Ausnahme; bis Ende des 18. Jh.s waren 2 bis 3 Ausgaben pro Woche die Regel.

Der Beginn des Zeitungswesens schon vor dem Dreißigjährigen Krieg deutet darauf, dass nicht etwa die Häufung aufregender Kriegsereignisse die eigentliche Ursache für die Einführung des neuen Kommunikationsmediums war. Die Buchdrucker als Verleger hatten ein ökonomisches Interesse daran, die auftragslosen Tage und Wochen sowie die langen Zahlungsfristen des Buchhandels mit einer sicheren serienmäßigen Einnahmequelle zu überbrücken. Im Land der Reformation, der Konfessionskriege und der territorialen Zersplitterung hat es in dieser allgemein unsicheren Zeit ein (damals *Neubegierigkeit* genanntes) wachsendes Allgemeinbildungsinteresse von nicht lateinkundigen Leuten gegeben, die Zeitungen kauften, lasen, vorlasen, weitergaben bzw. vorgelesene Zeitungen sich anhörten und darüber miteinander redeten. Das grundsätzlich Neue dieser neuen Publikationsart – im Unterschied zu Flugblatt, Flugschrift, themenspezifischer gelegentlicher Nachrichtensammlung und Briefzeitung – bestand in folgenden Eigenschaften:

– Die Inhalte waren relativ aktuell, da sie jeweils sofort nach dem wöchentlichen (später täglichen) Posteingang veröffentlicht wurden; die Postmeister waren Vorläufer der Redakteure.
– Die Veränderbarkeit und Relativität des Wissens von der Welt wurde offensichtlich, da man ständig mit Neuartigem, Unerhörtem, aber auch Falschem, Widersprüchlichem oder mit (quellenbedingten) Einstellungs- und Bewertungsunterschieden bzw. Richtigstellungen konfrontiert wurde; das Recherchieren im heutigen Sinne war noch nicht möglich.
– Die ungeregelte, bis ins spätere 18. Jh. noch kaum redaktionell bearbeitete Vielfalt der Themen förderte und befriedigte das Interesse für kursorische Allerweltsbildung auch bei Leuten, die keinen Zugang zu Büchern und Bibliotheken hatten. In einer Hamburger Zeitung von 1668 verteilten sich die Themen wie folgt: 57% Politik (einschl. Kriege), 12,5% Natur, 11,2% Gesellschaftsleben (vor allem Hofnachrichten), 8,5% Wirtschaft und Verkehr, 6,5% Kirche, 3% Justiz, 0,35% Kultur.
– Auswärtige und ausländische Ereignisse und Zustände bildeten den allergrößten Teil der Nachrichten, da Berichte über heimische Dinge (in Stadt und Territorium) wegen Nichtöffentlichkeit oder Zensur vermieden wurden oder wegen anderer (mündlicher) Nachrichtenquellen unnötig waren. So blieb lokale kommerzielle Werbung (ab 1622 nachzuweisen) in Zeitungen des 17. Jh. noch relativ unbedeutend.

Aviso 26

Relation oder Zeitung.

Was sich begeben vnnd zugetragen hat/ in Deutsch: vnnd Welschlant / Spannien/ Niederlant/ Engellant / Franckreich/ Vngern / Osterreich / Schweden / Polen / vnnd in allen Provintzien / in Ost: vnd West-Indien etc.

So allhie den 12. Julij angelangt.

Gedruckt im 1609. Jahr.

Abb. 2: Aviso – Titelblatt vom 12. Juli 1609.
(Quelle: Gottfried Wilhelm Leibniz Bibliothek – Niedersächsische Landesbibliothek, Hannover. Signatur: CIM 1/29 Nr. 26, Titelseite.)

- Der Nachrichtenfluss wurde überregional organisiert: Da das Sammeln dieser Fern-Nachrichten zunehmend von professionellen Agenten *(Zeitungsschreyber)* besorgt wurde, die für mehrere Zeitungen arbeiteten und deshalb dem Verleger ein Alibi gegenüber der lokalen Zensur boten, waren Inhalt und Form der Zeitungen weiträumig relativ einheitlich. Zeitungen wurden so – nach der Luther-Bibel – auch zum wirksamsten Mittel der Popularisierung und Verbreitung einheitlicher Sprachvarianten auf dem Wege zur nationalen Schriftsprache.
- Die Nachrichten erschienen ungeordnet und (wegen der Zensur) unkommentiert (reine Nachrichtenpresse). Doch dies provozierte – im Unterschied zu den traditionellen, meinungsfest agitierenden Flugschriften und Traktaten – zum nachfolgenden Diskutieren *(Raisonnieren)* über die gelesenen oder vorgelesenen Neuigkeiten.

C. Da meist nur wenige der Interessierten hinreichend lesen konnten, ist für jedes Zeitungsexemplar mit kollektiver Rezeption zu rechnen (Welke 1981): Lautlesen, Vorlesen, gemeinsame Abonnements, Weitergeben. Die Rezeption war vorwiegend semioral (halbmündlich/halbschriftlich): mehr *lesenhören* als *lesen.* Durch das anschließende Reden im vertraulichen Kreis – bei Hofe zu Mahlzeiten, in Schulen, in Pfarrhäusern, in Zunfthäusern, Kaffeehäusern, Wirtshäusern, Werkstätten, Wachtstuben, beim Barbier, auf Marktplätzen, an Straßenecken, an *Avisen-Boutiquen* usw. – ging kollektive Zeitungslektüre in dilettantisches Politisieren über, das mitunter in Schlägereien über Meinungen und Gesinnungen ausartete und als *Staatsgespräche*, *Kannengießerey* oder *Neue-Zeitungs-Sucht* verspottet wurde. So entstand eine populäre Vorform der *privaten* bürgerlichen Öffentlichkeit der Aufklärungszeit (Welke 1981, 38ff.). Zeitunglesende und -hörende Sitz- oder Stehrunden waren ein beliebtes Motiv zeitgenössischer Malerei und Graphik im 18. und frühen 19. Jh. (Hadorn-Cortesi 1986, Bd.II, 36ff.). So kann das frühe Zeitungswesen potentiell als „Geburtshelferin der Demokratie“ aufgefasst werden (a.a.O., 42), allerdings mit der schon früh nachweisbaren Gefahr des Ausweichens in bloßes Unterhaltungs- und Sensationsbedürfnis. Immerhin war das Reden und Nachdenken über politische Zustände und Ereignisse durch die Zeitungen nicht mehr länger ein Privileg bestimmter Personen und Institutionen, die von jeher ein Monopol auf den Nachrichtenfluss hatten (Regierungen, Magistrate, Zünfte, Gilden, Orden, Universitäten, Kanzleien, Handelsgesellschaften und -häuser).

Die politische Wirkung der frühen Zeitungen wird in der neueren Presseforschung nicht mehr bezweifelt. Die Auswahl bzw. Auslassung bestimmter Nachrichten war bereits damals Nachrichtenpolitik von *Parteyen.* Schon die frühesten nachweisbaren Zeitungen hatten meist eine protestantische Tendenz, nicht durch Verbreitung von Ideen oder expliziten Meinungen, sondern durch gezielte und der Zensur zuvorkommende Auswahl, Gewichtung und Formulierungsweise von Fakten.

Das Wort *Nachricht* hatte semantisch damals noch etwas mit praktischer Einwirkung auf das Verhalten der Rezipienten zu tun: *Nachrichtung* bedeutete ‚wonach man sich zu *richten* hat', *Nachricht* ‚Anweisung, Belehrung'. Das galt für Kaufleute und Fuhrleute, die über die Sicherheit bestimmter Verkehrswege und Märkte Bescheid wissen wollten, ebenso wie für Regierungen und Heerführer, die politische oder militärische Aktionen planten. Auch Fürsten und Regierungen, die die gefährlichen politischen Wirkungen des Zeitunglesens früh erkannten und bekämpften, bedienten sich mitunter der Zeitungen für eigene Zwecke. Das früheste Beispiel für gezielte Pressepolitik im Sinne von Nachrichten-Manipulation war ein geheimes Memorial des Wiener Kardinals Khlesl von 1610, in dem er auf den Bruderzwist im Hause Habsburg einwirken wollte.

Nicht zuletzt wegen politischer Wirksamkeit kam im Dreißigjährigen Krieg die erste Blütezeit der Zeitung. Als mögliche politische Kommunikationsmacht wurde die Zeitung auch von den ersten Zeitungskritikern und Publizistikwissenschaftlern erkannt. Gegner der weit verbreiteten *Zeitungs-Sucht* des Mittelstandes waren vor allem der thüringische Kanzleirat Ahasver Fritsch (*Discursus de Novellarum, quas vocant Neue Zeitunge, hodierno usu et abusu,* 1676) und der Rothenburger Superintendent Johann Ludwig Hartmann (*Unzeitige Neue-Zeitungs-Sucht*, 1679). Sie warnten vor der Gefährdung der öffentlichen Ordnung und der Ausbreitung von *Fürwitz*, *Laster* und *Anmaßung* durch Zeitungen, die sogar während des Gottesdienstes in der Kirche vorgelesen würden. Erfolgreiche Verteidiger der Zeitung waren der Weißenfelser Professor für Eloquenz, Politik und Poesie und Reformpädagoge Christian W e i s e (*De lectione Novellarum*, 1676) und der thüringische Schriftsteller und Sprachforscher Kaspar S t i e l e r (*Zeitungs-Lust und Nutz*, 1695). Sie erkannten die wichtige Funktion der Zeitung für die universale aufklärende V o l k s b i l d u n g: Aus Zeitungen sei neben *Lehre und Erkäntnus der Wahrheit, Weisheit und Klugheit* auch *mehr Belustigung* zu gewinnen. Zeitungslektüre war für viele ein willkommener Ersatz für die altgewohnte tägliche religiöse Lektüre, also eine Art säkularisierte Erwachsenenbildung und eine reiche Quelle neuer Fachwörter, Lehnwörter und Fremdwörter (s. 5.12EF).

Das lesende und *lesenhörende* Zeitungspublikum in Deutschland wird von Presseforschern im 17. Jh. auf 20–40% der Bevölkerung geschätzt, in größeren Städten weitaus mehr als auf dem Lande. Welke (1981, 30) schätzt für das Ende des 17. Jh. über 250.000 Konsumenten, für die Zeit um 1750: 1 Million, nach 1789: 3 Millionen. Es kann mit rund 10 Rezipienten pro Zeitungsexemplar gerechnet werden. Wie weit bereits am Ende des 17. Jh. das *Lesenhören* von Zeitungen und das Reden darüber auch in unteren Bevölkerungsschichten gewirkt haben (Welke 1981), wird aus einer wohlwollend-spöttischen Bemerkung Kaspar Stielers (*Zeitungs-Lust und Nutz*, 1695, 79) deutlich: *„Sitzen doch Lakeyen / Stallknechte / Kalfacter / Gärtner und Torhüter beysammen /*

und halten ihr Gespräch aus den Avisen [...] Also daß sie oft stölzer / als der Bürgermeister in der Stadt seyn / weil sie sich weit mehr / als er / in Statssachen zuwissen und erfaren zuhaben einbilden [...] Sihet man doch nur sein Wunder in allen Städten / was vor ein Geleufe nach dem Post-Hause in den Zeitungs-Tagen ist, ärger / als wenn man Spende austeilet etc.“

D. Die deutsche Buchproduktion hatte, nach den Listen der Frankfurter und Leipziger Messen, bis zum Beginn des Dreißigjährigen Krieges eine stetig aufsteigende Tendenz (von fast 5.000 Titeln in den 1570er Jahren auf fast 16.000 im Jahrzehnt nach 1610), dann einen raschen Abfall auf weniger als 8.000 im Jahrzehnt; das Niveau von 1618 wurde erst nach dem siebenjährigen Krieg wieder erreicht.

Dabei ist zu berücksichtigen, dass noch 1570 etwa 70%, um 1680 etwa 50%, 1740 etwa 28%, 1770 über 14% der in Deutschland gedruckten Bücher lateinisch waren. Seit dem letzten Viertel des 16. Jh.s nahmen die Drucke aus ostmitteldeutschen Druckorten, besonders Wittenberg und Leipzig, stark zu, während die aus West- und Süddeutschland abnahmen (Stopp 1978). In der Aufklärungszeit (ca. 1700–1770) wurden mittel- und norddeutsche Druckorte führend. Anfang des 18. Jh.s übernahm Leipzig die Rolle Frankfurts als Zentrale des deutschen Buchhandels; die kaiserliche Kontrolle der Frankfurter Buchmessen wirkte sich dabei fortschrittsfeindlich aus.

Als Bücherkäufer und -leser kamen noch bis in die erste Hälfte des 18. Jh.s hauptsächlich akademisch Gebildete in Betracht, deren Zahl zu Beginn des 18. Jh.s in Deutschland auf etwa 80.000 geschätzt wird. Adel und Besitzbürgertum, teilweise auch Inhaber hoher Ämter, lebten noch lange in der Regel unliterarisch; man verfügte zum Vorlesen und Schreiben über Sekretäre, Geistliche, Hofmeister und Hauslehrer. Der Anteil der theologischen und religiösen Literatur betrug in Deutschland bis 1700 weit über 40%, 1740: 38%, 1770: 24,5%, 1800: 13% (Schön 1987, 44). Als populäre Literatur standen bis in die Mitte des 18. Jh.s in protestantischen Gegenden Bibel, Katechismus und Gesangbuch, in katholischen das Gebetbuch im Mittelpunkt, daneben überall zunehmend die Erbauungsliteratur, die 1740 19% der Buchproduktion ausmachte und bis in die zweite Hälfte des 18. Jh.s (in der Unterschicht noch länger) für einen großen Teil der leidlich lese- und zuhörfähigen Bevölkerung als intensive Wiederholungslektüre die einzige oder vorwiegende Geistesbeschäftigung darstellte, die mit weltabgewandten, oft an Mystik oder Spiritualismus grenzenden Inhalten von der Alltagsmisere ablenkte (Sauder, in: Grimminger 1980, 251ff.):

Zur Erbauungsliteratur gehörten vor allem Auslegungen von Bibelstellen *(Postillen, Homilien, Moralisationen)* und *Trostbüchlein, Sterbebücher, Bußschriften*. Sie dienten der *Erbauung* und *Andacht*, d.h. der geistigen Konzentration auf christliche *Frömmigkeit* und *Tugenden* durch Still- oder Lautlesen oder Vorlesen im vertrauten Kreis. Diese Schriften wurden vor allem von calvinistischen Ländern her verbreitet (Schweiz, Niederlande) und besonders durch den Pietismus gefördert und kultiviert.

Weit verbreitet war seit Ende des 16. Jh.s auch die Hausbuch-Literatur (meist *Hausväterbücher* genannt) nach französischem, italienischem oder englischem Vorbild, vorwiegend von protestantischen Autoren. Am bekanntesten waren Wolf H. Frhr. v. Hohbergs *Georgica curiosa* (1687). Sie dienten der Weitervermittlung traditionellen Wissens über Haus- und Landwirtschaft und das sozialökonomische und ethische Verhalten in der Ständegesellschaft (vgl. das Beispiel in 5.12H). Ähnlichen Inhalt, verbunden mit dem der Erbauungsliteratur, hatten auch die zahlreichen Kalender und Almanache. Es ist damit zu rechnen, dass solche Bücher damals von vielen ‚Halbalphabeten' nicht wirklich gelesen, sondern nur gelegentlich angeschaut und symbolisch zu bestimmten Handlungen zur Hand genommen wurden. Dazu dienten vor allem auch die aufwendige ornamentale Typographie (in Titelblättern und Initialen) und der Bilderschmuck. In vielen populären Schriften wurde sprachlich-bildlicher Medienverbund wirksam eingesetzt. So wurden in Erbauungsbüchern und anderer populärer Literatur jedem Leseabschnitt *Embleme* genannte Illustrationen beigegeben, mit denen in allegorischer Darstellung des jeweiligen Themas die mystisch-meditative Versenkung der Leser und Betrachter in verrätselte Sinnbeziehungen bezweckt wurde. Die große Bedeutung der Emblematik für die Literatur der späten Renaissance und des Barocks entspricht den allgemeinen Bedingungen der intensiven, halbmündlichen, stark visuellen Lesekultur (vgl. hierzu auch: Henkel/Schöne 1996):

Reich ausgeführte Kupferstiche auf Titelblättern und an einzelnen markierten Textstellen waren Leseanreiz, Lesehilfe und zugleich Leseersatz für ungeübte Leser oder Analphabeten, verbanden in gemeinsamer Anschauung Vorleser und Zuhörer und boten konkrete Bezugsorte für häufige Wiederholungslektüre, für langes Verweilen beim gleichen Gegenstand und für Lektüre-Erinnerung. Ihr allegorischer Charakter im Medienverbund regte zum Nachdenken und Reden über die Inhalte an und legte eine lehrhafte Anwendung nahe, die beim Wiedererkennen schon vom Bildeindruck her wirken konnte. Die typische Form des barocken Emblems bestand aus 3 Teilen: Extrem kurze, abstrakte Überschrift *(Motto, Inscriptio, Lemma)*, allegorisches Bild zum Thema *(Ikon, Pictura)*, epigrammatischer, kurz erklärender Text *(Subscriptio)*.

E. Für die Bildungspolitik des absolutistischen Staates war eine hoch entwickelte besondere Sprachfähigkeit derjenigen Gruppen kennzeichnend, die Machtausübung praktisch realisierten oder an ihr dienend teilhatten, also Sprachbildung zum Zweck der Sozialdisziplinierung und der Sozialdistanzierung gegenüber den ungebildeten und politisch einflusslosen unteren Schichten (Gessinger 1980, 5). Die Sozialdistanzierung der Fürsten und des Hofadels durch Französischsprechen und -schreiben (vgl. 5.3L–N) hatte bei den politisch und kulturell potentiell einflussreichen Tätigkeiten der am höfischen Leben teilnehmenden nichtfeudalen Bildungsbürger zur Folge, dass diese eine weit über dem Niveau der Alltagssprache stehende deutsche Bildungssprache entwickeln mussten (s. 5.5, 5.6). Höfische Bildung als Standesprivileg musste unter diesen Bedingungen als strenge Rationalisierung der Handlungsweisen betrieben werden, als Verzicht auf Spontaneität, als Affektkontrolle, Triebverzicht und Verinnerlichung von Zwängen (Gessinger 1980, 7). Die Epoche des Absolutismus war in der Geschichte des mündlichen öffentlichen Sprachverhaltens die Epoche der höfischen *Conversation*, die damals keineswegs als „konventionelles, oberflächliches und unverbindliches Geplauder [...] nur um der Unterhaltung willen" (DGW 4, 1549) verstanden wurde, sondern als ein strenges, gesellschaftlich höchst wirksames und für Neulinge und Nichtprivilegierte gefährliches Ritual, z.T. auch mit Regeln des körperlichen und räumlichen Verhaltens (vgl. 5.9E!).

Das Wort *conversation* wurde Anfang des 17. Jh. aus dem Französischen entlehnt, vor allem im Sinne des zeremoniellen Umgangstons, den u.a. der spanische Bischof Antonio de Guevara in seinem auch in Süddeutschland und Österreich weit verbreiteten Buch *Aviso de privados, y doctrina de cortesanos* (1539, dt. 1600) lehrte (Schmölders 1986, 24ff.): Im Gegensatz zur freundlich-geselligen Gesprächskultur der Renaissance wurde der Ausdruck des Denkens, Fühlens und der realen Partnerbeziehung streng vermieden und durch *Raffinesse, Galanterie* und *Verstellungskunst* ersetzt (Geitner 1991). Man lernte misstrauisches Taktieren, hinterhältiges Aushorchen, beredtes Schweigen, ironische Geschmeidigkeit, geistreiches Lügen, aggressives Scherzen mit *bon mots*, die gespielte Heiterkeit des starren, vielsagenden Lächelns. Eine bedeutende höfisch-galante Konversationslehre auf Deutsch waren Georg Philipp Harsdörffers *Frauenzimmer-Gesprächsspiele* (1641–49).

Bildungsbürgerliche Aufsteiger hatten es also bei Hofe mit einer neuen Art von „Hofberedsamkeit" zu tun, die von der gelehrten und literarischen späthumanistischen Rhetorik weit entfernt war (Braungart 1988): Mit weitschweifigen, prunkvollen Reden nach allen Regeln der Rhetorik, mit viel *ornatus, amplificatio, exempla, copia verborum* usw. machte man sich bei Hofe lächerlich. Die moderne Herrschaftseloquenz war ganz anders: lakonische Kürze, in der Sache nur andeutend, ganz auf den (streng geregelten) sozialen Beziehungsaspekt hin orientiert, nur aus der Praxis erlernbar, geistesgegenwärtig, improvisierend, opportunistisch auf spezielle Personen und Situationen bezogen, genau in den sequentiellen Rahmen des „Gesamtkunstwerks" des höfischen Zeremoniells mit „drehbuchartig durchgeplantem Ablauf" eingepasst (Braungart 1988, 59ff.).

Der Leipziger Stadtschreiber Johann Christian Lünig hat 1705 bis 1722 rund 1500 *Vornehmer Ministren gehaltener Reden* mit viel Erfolg als Lehrbeispiele veröffentlicht, wobei er als Merkmale dieser Art Beredsamkeit nannte (Braungart 1988, 5): *„[...] so wol vor das interesse hoher Potentaten und Ihrer land und leute wolfahrt, als auch, nach zeit und gelegenheit des hofes, welcher öfters keine weitläuffigkeit verstattet, sondern von einem wohlgesetzten compliment, und kurtz-gefaßten zierlichen rede die meiste estime machet, mit einer guten art und genauer beobachtung derer curialien vortragen [...]."*

Der Gegensatz zwischen traditionell-gelehrter Rhetorik und Hofberedsamkeit hing mit dem um 1700 auflebenden Konkurrenzkampf zwischen bürgerlich-gelehrten und adeligen Fürstendienern zusammen. Wie im modernen englischen Herrschaftsjargon der *upper class* (mit wenig Wortschatz, fragmentarischem Satzbau, undeutlicher Aussprache) scheint auch in der barocken Hofberedsamkeit die nicht akademisch kultivierte Hofsprache ein sozial distanzierendes Herrschaftsmittel des Hofadels gegen das mittels gelehrter Sprachkultur aufstrebende Bildungsbürgertum gewesen zu sein. So wirkt es wie ahnungslose Entrüstung, wenn Johann Matthäus Meyfart in seiner *Teutschen Rhetorica* (1634), mit stolzem Verweis auf die Rhetorikblüte in der deutschen Poesie seit Opitz, forderte, den Fürsten solle eine Rhetorik nach Art der *septem artes liberales* beigebracht werden, da sie keine Sprachkultur hätten (Huber 1984, 142):

„[...] bringt es gar schlechte Ehr / wenn Fürsten vnd Herren nur mit den Kindern lallen / mit den Buben schnattern / mit den Lippen zancken / mit den Jüden lästern / mit den Jungen schweren / mit den Alten gruntzen / aber bei Bottschafften / Rathschlagungen / Gerichten / Zusammenkunfften nichts kluges reden / auch nichts vernünfftiges vorbringen können / sondern mit den Gelehrten vnd Dienern sich behelffen".

F. Die Pflicht zur Unterwürfigkeit nach oben und Distanzierung nach unten erforderte von den Bildungsbürgern die verinnerlichte Aufspaltung ihres Denkens und Verhaltens in privilegienorientierte Untertanenrolle und moralische Menschlichkeit (Koselleck 1973); sie durften also die fassadenhafte höfische Geselligkeit in der eigenen Kommunikationskultur nicht imitieren, sondern mussten sie durch eine rational versachlichte und moralisierte „lustlose Geselligkeit" (Schmölders 1986, 35) ersetzen, gegen die man sich dann in der Spätaufklärung mit *Empfindsamkeit* und *Genie*-Kult wehrte. Das System der Sozialdistanzierung durch Bildung funktionierte durch eine entsprechende Differenzierung der S t r a f o r d n u n g e n in der Öffentlichkeit ebenso wie in der Schule: Angehörige der Unterschichten wurden grundsätzlich mit physischer Gewalt bestraft, mit Kerker, Zwangsarbeit, Schlägen, Folter, Entblößung, körperlicher Zurschaustellung am *Pranger*, Adelige und privilegierte Bürger dagegen mit dem Entzug gesellschaftlicher Positionen und Bildungschancen. Die mehrschichtige Bildungspolitik ist in den sozialen Differenzierungen der Lehrpläne in S c h u l o r d n u n g e n zu erkennen. Karl Abraham v. Zedlitz schrieb in Preußen 1777 über Lehrstoffe und Lehrmethoden (Gessinger 1980, 15ff.):

„Für die geringste Klaße. Deutliche Aphorismen; Säze ohne Beweise, höchstens mit Stellen aus der Schrift belegt. Vom Monarch und Unterthan. – Pflichten gegen die Obrigkeit. – Unbedingter Gehorsam gegen Geseze, nicht gegen Personen. [...] Sicherheit der Person und des Eigenthums. [...] Häusliche Ruhe. – Zufriedenheit – Unschuld.

Für die mittlere Klaße. Säze in wißenschaftlicher Verbindung mit Gründen der Religion und Vernunft unterstützt. – Beytrag zur Wohlfarth der Menschen. – Einfluß der Gewerbe, Handlung, Künste und Wißenschaften, auf die Glückseeligkeit des geselligen Lebens überhaupt, – des Staats insbesondere. – Vergleichung der Regierungsformen, – Vorzüge der Vaterländischen Regierung, – Liebe zum Vaterlande, – Bürgerliche Ruhe und Eintracht. – Verdienst und Belohnung.

Für die Klaße der Edelen. – Dieselbe Form des Vortrags. – Verbindung der Völker, – Pflichten und Rechte des Staats [...] Sicherheit des Staats. – Verteidigung seiner Rechte. – Befugniße des Kriegs. – Pflichten des Kriegsmanns gegen Vaterland, – gegen Feinde, – Aufopferung, – Ehre und Nachruhm.“

Diese soziale Abstufung des Muttersprach- und Gesellschaftsunterrichts war weit entfernt von der allgemeinen Sprachbildung als christliche Volksbildung, wie sie von Schulreformern wie Martin Luther (s. 4.2P), Wolfgang Ratke/Ratichius oder Johann Amos Komensky/Comenius entworfen und gefordert worden war (Hampel 1980, 96ff., 116ff.; O.Ludwig 1988, 24ff.). Durch Refeudalisierung der ständischen Gesellschaft im Absolutismus war der Sprachunterricht für die unteren Bevölkerungsschichten in der Elementarschule mit der Katechismusmethode auf das „Nachsprechen halbverstandener Formeln und vorgefertigter Antworten auf Fragen“ reduziert (Gessinger 1980, 17). Elementarer Schreibunterricht wurde mehr als kalligraphisches Ritual, nicht als Mittel der eigenen Textproduktion praktiziert. Der sprachliche Wortlaut der zu lernenden Texte durfte (laut protestantischen Kirchen- und Schulordnungen) nicht verändert werden, obwohl Luthers Deutsch schon dem damaligen Sprachgebrauch nicht mehr ganz entsprach. So wurde bis weit ins 18. Jh. Lesen und Schreiben anhand eines rein formalen, zum Weiterdenken und zum öffentlichen Kommunizieren nicht anregenden Materials gelernt, was erfolgreich zur ‚Sprachlosigkeit‘ der Unterschichten im öffentlichen Leben beitrug (Gessinger 1980, 35ff.). Bis Ende des 18. Jh.s dienten die Elementarschulen nur dem einen Lehrziel: Aus Bauern- und Tagelöhnerkindern „fromme Kirchgänger und gehorsame Staatsdiener“ zu machen (O.Ludwig 1988, 265ff.).

Die allgemeine S c h u l p f l i c h t ist nur sehr allmählich eingeführt und realisiert worden. Ein vereinzeltes frühes Beispiel war die Straßburger Kirchenordnung von 1598. Im 17. Jh. gingen die protestantischen Länder Mitteldeutschlands voran: 1619 wurde die Weimarer, 1642 die Gothaer Schulordnung erlassen. 1716/17 führte Friedrich Wilhelm I. die allgemeine Schulpflicht in Preußen ein. Mit ihrer erfolgreichen Verwirklichung hat es jedoch in vielen Gegenden bis ins 19. Jh. gedauert. Auf dem Lande mussten die Kinder im Sommerhalbjahr bei der Feldarbeit helfen; im Winter fehlten sie wegen zu weiter Wege und ungenügender Kleidung. Im Nordosten gehörten oft 70 Dörfer zu einer Kirchen- und Schulgemeinde, mit nur einem Schulraum für über 100 Schüler, nur einem Pfarrer und einem (kaum ausgebildeten) *Schulmeister*, der in der Regel so schlecht besoldet wurde, dass er auf Nebenerwerb angewiesen war. Ein großer Teil der Schüler verließ die Schule als Halbalphabeten: Sie konnten nicht viel mehr als ihren Namen schreiben und einen Text mühsam laut lesen.

Dieses triste Bild vom Stand der Alphabetisierung auf dem Lande hat sich als zu einseitig erwiesen, da es von bildungsbürgerlicher Selbsteinschätzung, romantischer Unterschätzung des bäuerlichen Lebens und unterlassener Quellenforschung in der traditionellen Sprachgeschichtsschreibung beeinflusst ist. Aufgrund neuerer regional- und sozialgeschichtlicher Forschungen versucht man es zu korrigieren in neuen Studien über ländliche Schriftlichkeit (Schönfeld 1983; Knoop 1993a; 1995; Maas 1995a; Gessinger 1995; Denkler/Elspaß 2004): Der meist erst durch die Industrialisierung und ihren sozialgeschichtlichen Vorlauf (z.B. Freizügigkeit) entstandene scharfe Gegensatz Stadt/Land darf nicht pauschal auf die Frühe Neuzeit übertragen werden, in der der Unterschied Oberschicht/Unterschicht (auch auf dem Land) wichtiger war als der zwischen Stadt und Land. Es gab in der Stadt ‚Ackerbürger' und auf dem Land „bildungsorientierte Landbürger" (Gessinger 1995). Neben der hochkulturell erfolgreichen akademisch-belletristischen Art von Bildung städtischer Eliten darf nicht ignoriert werden, dass es infolge der Verrechtlichung, Kommerzialisierung und Monetarisierung agrarischer und gewerblicher Lebensweise auch eine praxisorientierte Bildung und Schriftlichkeit gab. Neben den oft ärmlichen, auf Leseunterricht beschränkten kirchlichen Schulen *(Katechismusschulen, Küsterschulen)* gab es auch Nebenschulen und andere ‚wilde' Bildungseinrichtungen für post-elementaren Unterricht in solchen geschäftsnützlichen Schreibfähigkeiten. Sie wurden oft gegen obrigkeitlichen Widerstand von besitzenden Bauern und Gewerbetreibenden eingerichtet und kontrolliert. Quellenfunde in bäuerlichen Hofarchiven und anderen nichtoffiziellen Sammlungen und Überresten, besonders in Schleswig-Holstein, im Artland (n. Osnabrück), in der Magdeburger Börde, im Oberrheingebiet, in der Schweiz, sprechen gegen eine pauschale Übertragung der Schul- und Alphabetisierungsverhältnisse im Bereich der ‚ostelbischen Gutsherrschaft' auf das Altreichsgebiet. Diese „subbürgerliche Literarität" (Gessinger 1995) unterschied sich von der bildungsbürgerlichen jedoch darin, dass sie weitgehend selbstaufklärerisch, monologisch-memorierend, nicht gesellig und nicht öffentlich war und deshalb nur schlecht überliefert ist.

Die ländliche Oberschicht war zu laufender Buchführung, chronikalischer Niederschrift und Beurkundung gezwungen wegen der Ablösung feudaler Dienste als langfristig fällige Abgaben in Geld, der Marktorientierung der Produktion und des ‚Anschreibens' verkaufter Waren und geleisteter Transportdienste, auch für Erbverträge, Besitzwechsel und -streitigkeiten, Verpachtung, Vermietung, Versicherungen, Beschwerden und Gerichtsprozesse (bis hin zum Reichskammergericht), für Wirtschaftsplanung besonders in Kriegs- und Krisenzeiten, für Zinsberechnung bei Darlehen und Schulden, für öffentliche Funktionen in niederer Gerichtsbarkeit, Deichbau, Entwässerung und Kirchenverwaltung. An überregionale Schriftlichkeit war auch der mobile Teil der Landbevölkerung gewöhnt: Viehhändler, Transportkutscher, Wanderarbeiter, Handwerksburschen, Vertriebene, Ausgewanderte und Auswanderungswillige. Für all dies musste man Textsorten entwickeln und praktizieren wie Tagebücher, Chroniken, *Denkelboke* (‚Gedächtnisbücher', Maas 1995b), Wanderbücher, Verträge, Protokolle, Anschreibebücher, Abschriften von Mustertexten usw. (Beispiele in 5.8S–U). Ende des 18. Jh.s gab es mitunter bäuerliche Sammlungen von Zeitungsausschnitten und kalligraphisch ritualisierte „Neujahrsbriefe" (Maas 1995a).

An traditioneller literater Bildung hatte die ländliche Bevölkerung auch dadurch Anteil, dass manchen nichterbenden Söhnen als Pfarrer, Hauslehrer oder Hofmeister der Aufstieg ins Bildungsbürgertum von kirchlicher und obrigkeitlicher Seite ermöglicht wurde (vgl. Campes Biographie in 5.5Q und die ländliche Herkunft der meisten Grammatiker in 5.6). Ländliche Sprachbildung darf ferner nicht allein aus schriftlicher Überlieferung geschlossen werden. „Neben dem reinen Schrifttext und seiner Rezeption durch Lesen, Vorlesen, Verlesen etc. gibt es den memorierten Text und seine Rezeption, die Inhaltsvermittlung über Bild, Bild und Text, Lied, Spiel, Rede, Disputation, Schauspiel, welche Manifestationen auch Schriftunkundigen Teilnahme und Rezeption erlaubte." (Knoop 1995, 274). Auch wenn ländliche Rechtstexte (Beschwerden, Verträge) von professionellen Schreibern niedergeschrieben sind, muss sprachgeschichtlich relevant mit weit verbreiteter effektiver Formulierungsfähigkeit bäuerlicher Rechtspartner gerechnet werden, was indirekt nachweisbar ist (Knoop 1992, Kap. VI). – Weiteres s. in Kap. 5.8STU, 6.2G!

Bildungspolitisch systematisch behindert war in der absolutistischen Zeit nach wie vor die Frauenbildung, von Ausnahmen abgesehen. Für Mädchen der Unterschicht wurde Lesen- und Schreibenlernen allgemein als schädlich angesehen. Für die Töchter der *Standespersonen* wurden häusliche und moralisch-gesellige Tugenden für hinreichend gehalten, wozu gerade noch die Beherrschung des Französischen gerechnet wurde. Gelehrte Frauen wurden bespöttelt und gesellschaftlich diskriminiert (Schreiner 1992, 185ff.; Engelsing 1974, 312ff.).

Ansätze zur Toleranz in der Frauenbildung in der frühen Aufklärung (Wolff, Thomasius) wurden nach Rousseaus „Zurück zur Natur!" und aus Furcht vor Aufhebung der traditionellen Arbeitsteilung Ende des 18. Jh.s wieder zurückgenommen (Schreiner 1992, 232). Gelehrte Frauen wie Maria Sibylla Merian und Maria Cunitz (s. 5.11J), Dorothea Schlözer (Schreiner 1992, 239ff.) oder die Gottschedin (s. 5.8M) waren Ausnahmen, meist aufgrund besonderer Verhältnisse im Elternhaus (s. Woods/Fürstenwald 1984; Brinker/Gabler 1988). Noch Goethe bezeugt in *Wilhelm Meisters Lehrjahre* (6, 403): *„daß ein Frauenzimmer sein Wissen heimlicher halten müsse, als der Calvinist seinen Glauben im katholischen Lande"* und (a.a.O., 394): *„Er [der Verlobte] brachte und sendete mir manch angenehmes Buch, doch das mußte geheimer als ein verbotenes Liebes-Verständnis gehalten werden. Man hatte die gelehrten Weiber lächerlich gemacht, und man wollte auch die unterrichteten nicht leiden, wahrscheinlich weil man für unhöflich hielt, so viel unwissende Männer beschämen zu lassen".*

Sprachpolitisch besonders benachteiligt waren Gegenden mit fremdsprachigen Minderheiten. Friedrich Wilhelm I. von Preußen verordnete 1717 die Abschaffung der *wendischen* (sorbischen) Sprache in der Ober- und Niederlausitz, die damit zum Status der nichtöffentlich gebrauchten Haussprache absank. In den Polnisch und Litauisch sprechenden Teilen der preußischen Ostprovinzen war eine so rigorose Sprachunterdrückung wegen polnischsprachiger Oberschichten nicht möglich. Da diese aber zunehmend zum Gebrauch des Französischen oder Deutschen übergingen, wirkte auch hier die allgemeine deutsche Diskriminierung slawischer Sprachen (vgl. 4.9N–S; 5.8NO; 6.4.1Q–T).

G. Für die höheren Gesellschaftsschichten genügte im 18. Jh. nicht mehr das traditionelle Bildungssystem, nach dem Bildung durch den *Hausvater* und ältere Verwandte, durch *Hofmeister* und Hauslehrer vermittelt oder einfach durch Imitation oder Reisen erworben wurde (*Cavalierstour,* Kaufmannslehre in auswärtigen Kontoren). Es waren gesellschaftlich kontrollierbare Institutionen und weltoffenere Lernziele nötig. Da die alten *Latein-* oder *Gelehrtenschulen* beim Adel nicht beliebt waren, wurden im Laufe des 17. Jh. *Ritterakademien* eingeführt, z.T. landesfürstlich. Anstelle der altmodischen, in der *galanten* Welt unnützen Lateingelehrsamkeit lernte man dort Reiten, Fechten, Kriegskunst, moderne Sprachen, besonders Französisch, und Hofberedsamkeit. Auch in den bürgerlichen höheren Schulen versuchte man Ende des 17. Jh. den in Katechismusform erstarrten späthumanistischen Unterricht zu überwinden durch modernere sprachliche Erziehungsprogramme: Die *teutsche Oratorie* der Reformpädagogen Johann Balthasar Schupp und Christian Weise (um 1780) war auf Nützlichkeit für *Weltleute* hin orientiert, als *polite/politische* Beredsamkeit, worunter man Anpassung an höfisches Verhalten für persönlichen Erfolg in Hof- und Verwaltungsämtern verstand. Weise wollte damit die traditionelle Gelehrtenrhetorik *(„unnütze Sachen / die in vitae communi hernach keine Belohnung finden“)* durch eine adressaten- und zweckspezifische Kommunikationslehre ersetzen und hatte damit auch bei vielen Pädagogen Erfolg (Ludwig 1988, 28ff; Schmidt-Wächter 2004). Da aber die eigentliche höfische *conversatio* sich als elitäres Ritual mit feinsten Nuancen und Indirektheiten jeder schulischen Lehrbarkeit entzog, kam die *teutsche Oratorie* im Wesentlichen nur den deutschen Einlagen in lateinischen Schulfeiern, Schuldramen und der Briefschreibkunst zugute.

Man lernte durch den Einfluss der Weise-Nachfolger in der Schule auf Deutsch Dichten und *Complimentieren.* Unter *Complimente* verstand Weise *„dergleichen Reden / damit in der Conversation Mangel würcklicher Aufwartung gleichsam ersetzet und vollgefüllet wird“* (Ludwig 1988, 51). Auch die 5 Teile des Briefes waren in Weises *Curiösen Gedancken von Deutschen Briefen* (1702) nach pragmatischen Regeln konzipiert: *Initial-Compliment, Antecedens* (Anlaß)*, Connexio* (Begründung)*, Consequens* (Anliegen)*, Final-Compliment.*

Dieses frühaufklärerische, aber nur utilitaristische Bemühen konnte in einer Epoche hermetischer aristokratischer Ritualisierung nur zur mechanisierten Schulübung erstarren. Der leichte, natürliche, persönliche Briefstil hat sich erst seit Gellert und Wieland nach französischen und englischen Vorbildern durchsetzen können. Die gelehrte Beredsamkeit der Gottsched-Zeit (vor allem nach Gottscheds *Ausführlicher Redekunst* 1736) kam, entgegen den Bemühungen der Weisianer, nicht mehr der bürgerlichen Allgemeinbildung, sondern der modernen Gelehrsamkeit der rationalistischen Aufklärungsphase zugute, mit Schultextsorten wie Inhaltsangaben, Zusammenfassungen, literarischen Umformungen usw. Diese Aufsatzlehre war mehr gelehrt als ‚politisch', mehr vernunftgeleitet als emotional, diente mehr dem Gedankenausdruck als dem adressatenbezogenen Handeln, war rein schreibsprachlich (Ludwig 1988, 71ff.). Von Gottsched über Karl Ludwig Moritz und Adelung wurde in der Lehre vom *deutschen Styl* die *teutsche Oratorie* ebenso wie die alte Rhetorik seit der zweiten Hälfte des 18. Jh.s im sich mühsam entwickelnden Deutschunterricht vernachlässigt und verdrängt, auf dem Weg zum späteren unpolitisch-kunstmäßigen Gymnasialaufsatz oder Festgedicht und zur nur subjektiv-eloquenten öffentlichen Rede des 19. Jh. – Zum Briefstil vgl. 5.2K, 5.4R, 5.8G.

H. An den deutschen Universitäten herrschte bis um 1700 der dogmatische, unfruchtbare Stil späthumanistischer Gelehrsamkeit oder jesuitischer/lutherischer Intoleranz. Die Professoren lasen und redeten lateinisch, die Studierenden schrieben mit und lebten zunftmäßig. Viele einst bedeutende Universitäten verkümmerten oder mussten schließen (z.B. Erfurt, Frankfurt a.d.Oder, Herborn). Die Modernisierung der deutschen Universität begann mit der Gründung der landesfürstlichen Reformuniversitäten Halle (1694) und Göttingen (1737) und mit der bedeutenden Rolle der Universität Leipzig in der 1. Hälfte des 18. Jh.s Lehre und Forschung wurden allmählich von landesherrschaftlicher und kirchlicher Bevormundung befreit; rationales Argumentieren und naturwissenschaftlich-empirisches Denken wurden eingeführt, Deutsch als Vorlesungs- und Diskussionssprache zugelassen (s. 5.3E).

Die Universität Halle, eine preußische Gründung, wurde durch August Hermann Francke zum Zentrum des Pietismus, der individualistisch-calvinistischen Frömmigkeits- und Modernisierungsbewegung, die in Mittel- und Norddeutschland der Aufklärung den Weg bereitet hat. Friedrich II. verfügte bald nach seiner Thronbesteigung (1740) die Rückkehr des vertriebenen Philosophen Christian Wolff aus Marburg nach Halle. 1727 hatte Friedrichs Vater, Friedrich Wilhelm I., in Halle den ersten Lehrstuhl für *Cameralia und Oeconomia* errichtet und damit die deutsche Wirtschaftswissenschaft begründet. An der vom Kurfürsten Georg August von Hannover (zugleich König Georg II. von England) gegründeten Universität Göttingen wurde unter englischem Einfluss der Boden für die systematische Entfaltung der Naturwissenschaften bereitet. Die 1765 vom sächsischen Kurfürsten Friedrich August III. gegründete Bergakademie in Freiberg hatte als älteste Technische Hochschule in Deutschland große Bedeutung für die Anfänge der Industrialisierung. Die sächsische Landesuniversität Leipzig wurde für die deutsche Aufklärung führend durch Leibniz (s. 5.3D, 5.6M), Thomasius (s. 5.3DE, 5.6N) und Gottsched (s. 5.6M7). – Nach westeuropäischem Vorbild wurden wissenschaftliche Akademien gegründet. Die erste in Deutschland war die 1700 von Leibniz vorbereitete, vom preußischen König Friedrich I. gegründete *Sozietät der Wissenschaften* in Berlin (s. 5.5 O). Es folgten bis zur Mitte des 18. Jh.s – ebenfalls z.T. durch Leibniz angeregt – Dresden, Wien, Göttingen und München.

Die in Deutschland zunächst vorherrschende Art von Aufklärungs-Philosophie war der Rationalismus, der von Christian Wolff zu einem strengen System vernunftgeleiteter, vorurteils- und wertfreier Erkenntnis ausgebaut wurde. Er hat die Entstehung der Naturwissenschaften ebenso wie das literarische Leben und die Entwicklung der Wissenschaftssprache (s. 5.11 O–Q) im Sinne überindividueller rationaler Normativität geprägt. Aufklärung darf aber nicht mit Rationalismus gleichgesetzt werden. Die ab etwa 1740 literarisch wirksame Bildungsbewegung der Empfindsamkeit wird heute – entgegen traditioneller Auffassung – nicht mehr nur als Gegenkraft zur Aufklärung erklärt, sondern als die zum Rationalismus komplementäre andere Seite der Aufklärung. Ohne diese Reaktivierung humaner Emotionalität wäre Aufklärung nur eine akademische Lehre und eine ‚von oben' verordnete Beamtenbildung geblieben. Erst der Gefühlskult der Empfindsamkeit hat aus der Aufklärung eine allgemeine Bildungsbewegung entstehen lassen, in der die bürgerlichen Individuen zu wertbewusstem moralischem Handeln kamen, zu Sozialreformen, zur geistigen Überwindung des überlebten absolutistischen Herrschaftssystems. Neben den deutsch-pietistischen Ansätzen (Spener, Francke, Zinzendorfs Herrnhuter Brüdergemeine) wirkten in der Empfindsamkeit vor allem englische Vorbilder (Richardson, Sterne, Moralische Wochenschriften), so dass die zur sozialen Modernisierung hinführende Säkularisierungs-Tendenz überwog, d.h. die ‚verweltlichende' Aneignung des kirchlichen Moralmonopols durch selbstbewusst gewordene Bürger. Der dogmatisch erstarrten kirchlichen Moralität und dem korrupten höfischen Verhaltensreglement setzte man mit individueller Selbstverantwortung eine neue politische Ethik entgegen: „Das Ideal des Hofmannes wurde durch das Ideal des aufgeklärten Bürgers und Patrioten verdrängt, der gemeinnützig tätig ist, der am geistigen, politischen und ökonomischen Leben seiner Zeit und seiner Umwelt Anteil nimmt, sich selber immer mehr aufklärt und zur Aufklärung anderer beiträgt" (Vierhaus 1978, 114). Die emotional-moralische Individualisierung ist erklärbar als Kompensation der absolutistischen Bewusstseinsspaltung zwischen Politik und Moral, zwischen Staat und Gesellschaft, zwischen Untertanengeist und Menschlichkeit (Koselleck 1973).

Abb. 3: Georg Melchior Kraus (1737–1806): Abendgesellschaft bei Anna Amalia („Tafelrunde"). Aquarell, Feder in Schwarz, um 1795. Dargestellt sind (von links nach rechts): Johann Heinrich Meyer, Freifrau Henriette von Fritsch, Johann Wolfgang von Goethe, Friedrich von Einsiedel, Herzogin Anna Amalia, Elisa Gore, Charles Gore, Emily Gore, Luise von Goechhausen, Johann Gottfried Herder. (Quelle: Klassik Stiftung Weimar. Inventar-Nr.: KHz/00330.)

In ähnlicher Weise wie Bürgerliche in staatstragenden Tätigkeiten am Absolutismus Anteil hatten, so beteiligten sich an der neuen Bewegung auch aufgeklärte Teile des Adels, wobei erstmals auch Frauen in beiden Gruppen beteiligt waren. Man gewöhnte sich neue intellektuelle Tätigkeiten an: Briefeschreiben, Tagebücher und Memoiren verfassen, Reisen zu Gleichgesinnten, Freundschaftsbünde schließen, gemeinnützige und volksbildende Sozietäten gründen (vgl. 5.5H) und dabei über *Moral* und *Tugend*, das *Gemeinwohl*, das *Nützliche*, die *Naturrechte* des Menschen oder gar über die Rechte und Pflichten aufgeklärter Regenten *raisonnieren*. Ein frühes Beispiel für hochadelig-bildungsbürgerliche kulturelle Kooperation ist die *Fruchtbringende Gesellschaft* (s.5.5EF).

Für eine spätere, schon spätaufklärerische Stufe dieser aristokratisch-bildungsbürgerlichen Kultursymbiose ist die *Tafelrunde* der Herzogin Anna Amalia v. Sachsen-Weimar typisch und bedeutend. Vom Beginn ihrer (noch streng aufgeklärt-absolutistisch geführten) Regentschaft an (1758) förderte sie Künste, Musik, Literatur, Theater, bis hin zur Öffnung der von ihr eingerichteten herzoglichen Bibliothek für das allgemeine Lesepublikum. Im Unterschied zu Friedrich II. von Preußen, der noch am französisch-internationalen Kulturmonopol festhielt, kam ihre Kulturpolitik der deutschen Literatur in so hervorragender Weise zugute, dass Goethe später ihre bewusste Einbeziehung des bürgerlichen Bildungsgeistes in die Hofgesellschaft (konkret: die Berufung Wielands und Knebels als Prinzenerzieher und als geistige Gesprächspartner) als das auslösende Ereignis für das bezeichnete, was später „Weimarer Klassik" hieß. Auf ihre Einladung versammelten sich im Weimarer Wittumspalais regelmäßig und zwanglos neben gebildeten Hofadeligen: die Verleger Bertuch und Bode, die Literaten und Dichter Wieland, Musäus, Herder, Goethe, Gleim, Schiller, der Maler Kraus, der Kunstgelehrte Meyer, die Hofdame v.Göchhausen, die Schauspielerin Schröter, Frau v.Stein und viele andere zu literarischen Lesungen, gemeinsamer Lektüre, literarischen und Kunstgesprächen, aber auch Spielen, Malen, Musizieren. Trotz des *durchlauchtigsten* Vorsitzes gaben vor allem Wieland, Herder, Goethe und Schiller den Ton an.

Die eigentlichen Aufklärungsgesellschaften des 18. Jh.s waren dagegen noch weitaus *privater*, d.h. vom Hofleben unabhängig. Ein berühmtes Beispiel der in vielen Residenz- und Universitätsstädten gepflegten ‚privaten Öffentlichkeit' war der Berliner *Montagsklub*, in dem sich ab 1748 um Friedrich Nicolai führende Schriftsteller der Aufklärung trafen. Auch die sehr exklusive *Freimaurer*-Bewegung, deren Mitglied und Förderer der Preußenkönig Friedrich II. von seiner Kronprinzenzeit her war, gehört in diesen Zusammenhang. In katholischen Ländern war sie verboten; viele Freimaurer tarnten sich im *Illuminatenorden* (zuerst 1776 in Ingolstadt). – Zu Lesegesellschaften und anderen Bildungsaktivitäten Ende des 18. Jh.s s. 5.2L. Die Verbreitung der aufgeklärten Wissenschaften in eine zunächst bildungsbürgerliche private Öffentlichkeit geschah nach Vorbild der französischen Enzyklopädisten Diderot und d'Alembert in vielbenutzten umfangreichen Nachschlagewerken, die für die wissenschafts- und kulturgeschichtliche Forschung noch heute von unschätzbarem Wert sind, und in wissenschaftlichen Zeitschriften:

Johann Heinrich Zedler, *Großes vollständiges Universallexikon aller Wissenschaften und Künste,* 64 Bände, Halle, Leipzig 1732–1750; Johann Georg Krünitz, *Oeconomische Encyclopädie oder allgemeines System der Land-, Haus- und Staatswirthschaft*, 242 Bände, Berlin 1773–1858. Die erste wissenschaftliche Zeitschrift in Deutschland waren die in Leipzig ab 1682 erscheinenden *Acta Eruditorum*, an denen vor allem Leibniz mitarbeitete; die erste deutschsprachige gab ab 1688 Thomasius in Leipzig heraus. Praxisbezogene Fachzeitschriften gab es seit Ende des 17. Jh. auf den Gebieten Landwirtschaft, Naturwissenschaften und Technik. Für amtliche Bekanntmachungen und kommerzielle Werbung wurden ab Anfang des 18. Jh.s nach französischem Vorbild *Intelligenzblätter* eingeführt (*Intelligenz* als ‚Einsicht' in Angebots- und Nachfrage-Listen); das Regierungsmonopol für diese Pressesparte bestand meist bis um 1850 als *Intelligenzzwang*, der die kommerzielle Expansion der Zeitungen stark behinderte.

J. Der Schritt von wissenschaftlichen zu allgemeinbildenden Zeitschriften bedeutet – nach den frühen Zeitungen – qualitativ einen weiteren Entwicklungsschub in der Mediengeschichte. Die Zeitschriften der Aufklärungszeit konnten kein Massenpublikum erreichen und waren meist kurzlebig (Welke 1981, 43). Sie waren thematisch spezialisiert, belletristisch stilisiert und auf ein bildungsbürgerliches Publikum hin orientiert. Um 1700 gab es in Deutschland bereits 50. Als Teile des Buchhandels wurden sie von der Zensur weitaus weniger kontrolliert als Zeitungen. So konnten sie zum Sprachrohr der Aufklärung werden: informierend, belehrend und unterhaltend, noch nicht agitatorisch oder polemisch. Die aufklärerische Konsolidierung des deutschen Bildungsbürgertums ist vor allem mit den *Moralischen Wochenschriften* zwischen 1720 und 1760 erreicht worden (Sauder 1980b; Martens 1968; Vollhardt 2006): Mit unterhaltsamer Themenvielfalt im familiären Konversationston, mit Erzählungen, Fabeln, Allegorien, Briefen, Dialogen, Lehrgedichten, Lektüreempfehlungen, auch für Frauen und Mädchen, mit pädagogischen und hauswirtschaftlichen Ratschlägen usw. wollte man auf Wissen, Ethik und Lebenspraxis des Bürgertums einwirken, meist im direkten Leserkontakt vom *Ich* des fiktiven Verfassers her. Damit wurde eine Brücke geschlagen zwischen traditioneller religiöser Erbauungsliteratur und aufklärerischer Popularwissenschaft und Belletristik. Die Moralischen Wochenschriften wurden von der katholischen Geistlichkeit als säkularisierende Konkurrenz zu den Erbauungsschriften bekämpft. Neben dem bildungsbürgerlichen Leseverhalten (Still-Lesen) sind hierbei vor allem die bürgerlichen Geschlechterrollen von Mann und Frau in Familie und Öffentlichkeit für das 19. Jh. vorgeprägt worden, aber auch der gepflegte belletristische Stil bildungsbürgerlicher Konversation.

Nach Vorbild der englischen Wochenschriften *Tatler, Spectator* und *Guardian* von Addison und Steele wurde in Hamburg 1713/14 *Der Vernünfftler* noch weitgehend als Übersetzung englischer Texte herausgegeben. Bekanntere waren die *Discourse der Mahlern* (1721–23) von Bodmer und Breitinger in Zürich, *Der Patriot* (1724–26) in Hamburg mit einer Leserschaft von etwa 30.000 und mit viel öffentlicher Kritik in Flugschriften, Gottscheds *Vernünfftige Tadlerinnen* (1725–26) in Halle und Leipzig. Weitere für den Inhalt sprechende Titel: *Der Biedermann, Der Menschenfreund, Der Weltbürger, Der Freygeist, Der Gesellige, Der Redliche, Die Matrone, Der Jüngling.* Sie entstanden vor allem in Handels- und Universitätsstädten. Autoren waren Schriftsteller, Gelehrte, Lehrer, Geistliche, Studenten, Beamte, Gebildete aus dem niederen Adel. Fast alle bedeutenden Aufklärer haben etwas beigetragen oder, wie Gottsched, selbst solche Wochenschriften herausgegeben. In den 1760er Jahren ging die Zeit dieser Gattung zuende; sie wurde abgelöst von politischen und literarischen Zeitschriften im Rahmen der ‚Leserevolution' (s.5.2LM).

K. Das 18. Jh. wurde zum Jahrhundert des Briefeschreibens durch eine bildungsbürgerliche Emanzipation dieses adressatenbezogenen, indirekt dialogischen Kommunikationsmittels von der traditionell-rhetorischen

Ritualisierung des *galanten, preziösen* Briefstils. Dieser wurde in *Briefstellern* gelehrt, modernisierten Lehrbüchern aus der alten Tradition der *ars dictaminis* und der *Formularien*, im 17. Jh. auch *Teutscher Secretarius* genannt. Diese weit verbreiteten Bücher hatten wesentlichen Anteil am verkünstelten, unterwürfigen Stil von Briefen, Adressen, Petitionen der absolutistischen Zeit und galten als literarische Lehrbuchgattung in der Nachbarschaft der Rhetoriken und Poetiken. Die Befreiung zum gepflegt-natürlichen, individuellen Briefstil in der Zeit der Empfindsamkeit wurde nach englischen und französischen Vorbildern vor allem durch Christian Fürchtegott Gellerts *Briefe, nebst einer Praktischen Abhandlung von dem guten Geschmacke in Briefen* (1751) gefördert, auch durch Karl Philipp Moritz' *Deutsche Sprachlehre für die Damen in Briefen* (1782). Briefromane wurden Mode, vor allem durch Sophie La Roches „Geschichte des Fräuleins v.Sternheim" (1771). Das Briefeschreiben war bis ins 19. Jh. ein wichtiges Übungsfeld für das bildungsbürgerliche Deutsch, so hoch entwickelt, dass die später alphabetisierte Unterschichtbevölkerung die Angst vor dem Briefeschreiben kaum überwinden konnte. – Zum Briefstil vgl. auch 5.4R, 5.8G).

Die Befreiung aus rhetorisch-repräsentativen Zwängen der barocken Sprachkultur zeigt sich im frühen 18. Jh. auch in der Beliebtheit dialogischer Textformen (Eichinger 1990): Man wollte den gesellschaftlichen Fortschritt voranbringen und zur bürgerlichen Identitätsfindung beitragen durch Wissensvermittlung an die bisher an orale Kommunikation gewöhnten nicht akademisch gebildeten Schichten. Dies tat man in unterhaltsamer, soziale Gleichberechtigung fördernder Weise, vor allem auch, um Frauen am gebildeten öffentlichen Reden teilnehmen zu lassen, z.B. in Gottscheds erster Moralischer Wochenschrift *Vernünfftige Tadlerinnen* (1725/26), in der das Thema der vorbildlichen Sprache meist in Gesprächs- oder Briefform abgehandelt wurde.

Gottscheds Dialoge haben zugleich die Funktion, die Stilunterschiede zwischen altmodisch-höfischer und modern-natürlicher Redeweise einzuüben, so z.B. in einem fingierten Totengespräch zwischen Geistern verstorbener Frauen mit Proserpina und Merkur (n.Eichinger 1990, 79):

„Der vierte Geist. *Eure unterirdische Majestät vergeben, daß ich mir die Freyheit nehme, deroselben meine alleruntertänigste Aufwartung zu machen, und sie ec.*
Pros. *Was plauderst du viel? Sage, was hast du getan?*
Der vierte Geist. *Wenn E. Majest. es nicht ungnädig deuten, daß dero allergehorsamte Dienerin sich untersteht, deroselben ihre Geschäfte zu offenbaren, so will ich in aller Untertänigkeit gestehen, daß ich complimentiert habe.*
Pros. *Complimentiert? Mercur, verstehst du, was das bedeuten soll?*
Merc. *Es heißt: soviel unnütze Umschweife in Worten machen, als du jetzo von ihr gehört hast.*
Pros. *Gehe, du sollst zu einem ewigen Stillschweigen verdammt seyn.*
Der vierte Geist. *Eure Majestät scherzen mit dero Dienerin.*" [...]

L. Das letzte Drittel des 18. Jh.s war in Deutschland von einem allgemeinen Entwicklungsschub der Mediengeschichte gekennzeichnet, den man damals *Lesesucht, Lesewut, Brochürenfluth* nannte, in der mediengeschichtlichen Forschung (nach Engelsing) als „Leserevolution" bezeichnet. Diese sprachkulturelle Expansion hängt geistig mit der Popularisierung der Aufklärung zusammen, wurde aber von frühindustriellen Strukturveränderungen des Publikationswesens ausgelöst (Wittmann 1982, 70ff.): Seit der spektakulären ‚Kriegserklärung' des Leipziger Verlegers Reich auf der Frankfurter Messe 1764 gingen die mittel- und norddeutschen Buchhändler (mit Zentrum auf der Leipziger Messe) zu monopolistischen Methoden über, wodurch der noch kaiserlich kontrollierte und zünftisch organisierte süddeutsche *Reichsbuchhandel* entmachtet wurde. Sie trennten, dem neuen *Commerzgeist* entsprechend, Verlag, Buchdruck und Sortimentsbuchhandel voneinander, verlangten Netto- und Bargeldkauf statt Tauschhandel, schränkten das Rückgaberecht und Ansichtsrecht des Käufers ein (anonymer Warenverkehr), erhöhten die Preise und riskierten Überproduktion. Süddeutsche und österreichische Verleger reagierten darauf mit zahlreichen Nachdrucken. Damit wurde die bisher von der Zensur verfolgte mittel- und norddeutsche Aufklärungsliteratur und -dichtung in Süddeutschland und Österreich verbreitet. – Welke (1981, 29f.) weist allerdings darauf hin, dass extensive populäre Gemeinschaftslektüre und *Lesesucht* bereits seit Ende des 17. Jh. beim Zeitunglesen nachzuweisen ist.

Die deutsche Buchproduktion hatte in der zweiten Hälfte des 18. Jh.s eine auffällig ansteigende Tendenz, besonders seit Mitte der 60er Jahre, noch stärker nach 1786; zwei Drittel der Gesamtproduktion des Jahrhunderts fallen in die zweite Jahrhunderthälfte, mit einem Anstieg um das Zehnfache. Nach Leipziger Messekatalogen gab es dabei folgende inhaltliche Schwerpunktverlagerungen (nach Wehler 1987, Bd.I, 304; Engelsing 1973, 53ff.):

Buchproduktion in Deutschland	1740:	1800:
lateinisch:	28%	4%
theologisch, religiös:	38%	14%
praktisch belehrend:	3%	14%
belletristisch:	6%	22%

Die Zahl der Buchhandlungen hat sich in Preußen vom Siebenjährigen Krieg bis 1800 verdreifacht; in Süddeutschland und Österreich gab es noch um 1800 verschwindend wenige, nicht zuletzt wegen der scharfen kirchlichen und kaiserlichen Zensur. Im Buchhandel waren bis Ende des 18. Jh.s Leipzig und Berlin mit weitem Abstand führend. Der traditionelle Buchhandel wurde – außer durch Nachdrucke – durch unkonventionelle Vertriebsmethoden ergänzt, besonders in Kleinstädten und auf dem Lande: durch *Kolporteure* (Hausierer), Kleinhändler, Pfarrer, Lehrer, Studenten, Hauslehrer und andere Multiplikatoren. Dadurch wurden neue Lesebedürfnisse in unteren Bevölkerungsschichten geweckt, die keine Buchhandlungen in der Nähe hatten oder sie aus „Schwellenangst“ (Wittmann) mieden. – Eine neuartige soziale Relevanz von Literatur („Das Buch als Freund – der Freund als Zeugnis“) wird an der Wirkung von Goethes Werther deutlich (Mellmann 2006).

In der gleichen Zeit (1770–1800) gab es ein vorerst noch unpolitisches, volksaufklärerisches „Vereinsgründungsfieber“ (Wehler 1987, Bd.I, 317ff.): Im Unterschied zu altständischen Korporationen, die auf Geburt und Besitz beruhten und lebenslange Bindungen hatten, waren die frühen bürgerlichen Vereine von der Freiheit zum Beitritt, zum Austritt und zur Auflösung gekennzeichnet, mit satzungsmäßiger Gleichstellung aller Mitglieder. Dieser bildungspolitischen Selbstkonstituierung einer ständeübergreifenden ‚Aufklärungsgesellschaft‘ dienten – neben *Patriotischen, Landwirtschaftlichen, Ökonomischen, Gemeinnützigen, Philanthropischen, Geselligen* Vereinen – vor allem Lesegesellschaften, *Lesezirkel, Lesekabinette* und oft damit verbundene Leihbüchereien (Wild, in: Grimminger 1980, 103ff; Dann 1981; Tilgner 2001). Über die bisherigen bildungsbürgerlichen Privatzirkel hinaus, in denen vorgelesen wurde, bot sich hier Gelegenheit zum ‚öffentlichen‘ *Raisonnieren* (Diskutieren) auch über Lektüre, die jeder für sich im Still-Lesen zu Hause rezipiert hatte. Manche Lesegesellschaften hatten auch Klubräume und Veranstaltungsprogramme. Durch überständische Offenheit konnten wenigstens teilweise weitere Teile der Mittelschichten, die sich Bücherkauf und Zeitschriftenabonnements finanziell nicht leisten konnten, an die aufklärende Lesekultur herangeführt werden. *Gegenseitige Aufklärung* war erklärtes Ziel solcher Vereine. Dies galt zunächst auch für politische Tagesereignisse. Aus diesem „Übungsfeld eines öffentlichen Räsonnements als Vorform der politisch fungierenden Öffentlichkeit“ (Wehler 1987, Bd.I, 321) entstanden im Rheinland zur Zeit der Französischen Revolution in einigen Fällen revolutionäre Gesellschaften *(Jakobinerclubs)*, z.B. 1792 die *Gesellschaft der Freunde der Freiheit und Gleichheit* in Mainz mit Georg Forster als Vorsitzendem (s. 5.12QR). Von solchen Ausnahmen abgesehen, führte das gesellige Lektüre-*Raisonnement* in Deutschland später meist zu „Diskussion als Politikersatz“ in „quietistischer Illusion der verstaatlichten Intelligenz“ (Wehler 1987, Bd.I, 331). Immerhin dienten die Lesegesellschaften der bildungsbürgerlichen Einübung in demokratische Verhaltens- und Kommunikationsweisen, können also als Vorstufe zum Vereins- und Parteienwesen des 19. Jh. erklärt werden (Dann 1981, 14; Welke 1981, 44ff.).

Lesegesellschaften und Leihbüchereien sind seit der Mitte des 18. Jh.s vor allem in protestantischen Städten entstanden (Wehler 1987, Bd.I, 320ff.): Vor 1800 sind mindestens 430 deutsche Lesegesellschaften nachweisbar, und zwar vor 1770 nur 12, 1770–1780: 50, 1780–1790: 170, 1790–1800: 200, weitere 600 von 1800 bis 1820, dann starker Rückgang. Lesegesellschaften hatten etwa 50 bis zu 450 Mitglieder. Man war sozial offen: Auch aufgeklärte Adelige waren willkommen, auch Juden und Frauen waren zugelassen bzw. leiteten sie (Wehler 1987, Bd.I, 328). Gegenüber den schätzungsweise 3 Millionen Zeitungslesern mit ihrer auch schon politisch *raisonnierenden* ‚Öffentlichkeit' könne jedoch für die Lesegesellschaften insgesamt mit nur rund 50.000 Mitgliedern, also kaum 1% der Stadtbevölkerung, gerechnet werden (Welke 1981, 45).

Da es auch auf dem Lande mitunter Lesegesellschaften gegeben hat, mit Weitergabe der Lektüre, weniger mit Zusammenkünften (Gessinger 1995; Ziessow 1988; Tilgner 2001) und da ländliches Publikum auch von der Verbreitung der Volksaufklärungs- und der Trivialliteratur bezeugt ist (s. 5.2MO), ist damit zu rechnen, dass über das Bildungsbürgertum hinaus auch Teile der unteren Bevölkerungsschichten in den soziokulturellen Fortschritt der Spätaufklärung mehr oder weniger einbezogen wurden. Dies ist jedenfalls zeitgenössischen Buchhändlern bewusst geworden (n. Schenda 1970, 174; Wittmann 1982, 90):

„Noch vor 60 Jahren waren diejenigen, welche Bücher kauften, blos Gelehrte: heutigen Tages ist nicht leicht ein Frauenzimmer von einiger Erziehung, das nicht läse; der lesende Theil findet sich jetzt unter allen Ständen; in Städten und auf dem Lande, sogar die Musketiere in grossen Städten lassen sich aus der Leihbibliothek Bücher auf die Hauptwache holen." (Frömmichen, in: Deutsches Museum 1780/2, 179) – *„So viel tausend Menschen in den verborgensten Winkeln Teutschlands, welche unmöglich, der theuren Preise wegen, an Bücher kaufen denken konnten, haben nun nach und nach eine kleine Bibliothek mit Nachdrücken zusammen gebracht. Hierdurch zuerst ans Lesen gewöhnt, blieben sie nicht dabey stehen, sondern ihre Begierde dazu wuchs so wie das Bedürfnis selbst immer größer wurde [...]. So wurde der Geschmack im allgemeinen immer mehr veredelt [...]. Mit einem Wort: so rückte die Nation im Ganzen in der Cultur weiter fort, und machte grössere und schnellere Fortschritte".* (*Neues Archiv für Gelehrte, Buchhändler und Antiquare*, Erlangen 1795, 102f.)

M. Die thematische Vielfalt und Aktualität der neuen Lektüremöglichkeiten ging weit hinaus über die wenigen, wiederholt und intensiv gelesenen Bücher, die man in den Mittelschichten bis dahin im Hause hatte (Bibel, Gebetbuch, Katechismus, Erbauungsschriften, Kalender). Die ‚Leserevolution' wurde begleitet von der populärwissenschaftlichen Bewegung der Volksaufklärung, in der Grundwerte, Wissen und Forderungen der Aufklärung utilitaristisch (auf Nützlichkeit hin) verbreitet werden sollten. Manche Autoren wollten als Ratgeber der Fürsten und ihrer Regierungen wirken, manche den Bauern, Handwerkern und Tagelöhnern praktisches Alltagswissen nahebringen, um sie vom Aberglauben zu befreien und ihre Arbeitseffektivität und -disziplin zu verbessern. In der gleichen Zeit gab es auch die erste Welle säkularisierter Jugendliteratur als *Büchermacherey für Kinder* mit protestantisch geprägter Moralität und pragmatischem Zweckdenken (Promies, in: Grimminger 1980, 739ff.; Deckstein 1985). In der volksaufklärerischen Literatur ist die Vereinheitlichung und Systematisierung des technischen Fachwortschatzes für das 19. Jh. vorbereitet worden:

An die Stelle der regional und zünftisch differenzierten Berufswortschätze der alten Handwerke (s. 5.11B) trat die terminologische Anwendung der Naturwissenschaften. Gelehrte Stilisierung wurde vermieden; Mittel der Verständlichmachung für Laien wurden erprobt: Erklärungstechniken, Adressatenzuwendung, Dialogform, Briefform (Ruppert und Ueding, in: Grimminger 1980, 341ff., 620ff.):

Bedeutende Beispiele der Volksaufklärung waren: Johann Georg Schlosser, *Katechismus der Sittenlehre für das Landvolk* (1771); Rudolf Zacharias Becker, *Versuch über die Aufklärung des Landmannes* (1785) und sein *Noth- und Hülfsbüchlein für Bauersleute* (1786), das bis 1798 eine Auflage von 150.000 Stück, bis 1811 eine Million erreichte (z.T. von aufgeklärten Fürsten kostenlos an ihre *Landeskinder* verteilt); Johann Ferdinand Roth, *Gemeinnütziges Lexikon für Leser aller Klassen, besonders für Unstudierte* (1788, 2. Aufl. 1791). Die Lektüre von Beckers *Noth- und Hülfsbüchlein* hat der Kupferstecher Daniel N. Chodowiecki in Christian G. Salzmanns *Taschenbuch zur Beförderung der Vaterlandsliebe* (1801) noch als autoritäres Vorlesen des *Hausvaters* in einer nur zuhörenden, mit Hausarbeiten beschäftigten bäuerlichen Familie dargestellt (Schön 1987, 192). Beliebte Gattungen der Volksaufklärung waren auch Almanach, Kalender, Tagebuch, Traktat, Briefwechsel, für den größeren Geldbeutel: Enzyklopädie, Wörterbuch.

Die p o l i t i s c h e Seite der Volksaufklärung, die Staats- und Gesellschaftskritik, hat man literarisch meist nur indirekt gewagt, z.B. in der Reiseliteratur, die im letzten Viertel des 18. Jh.s ebenfalls zunahm (Griep, in: Grimminger 1980, 739ff.): Anstelle exotischer Länder wurden jetzt Missstände und Elend in deutschen Territorien geschildert, meist in Reisen zu Fuß als demokratisch-symbolische Alternative zur ständischen Gesellschaft. Deutlicher und wagemutiger wurden politische Kritik und politische Forderungen in der zweiten Jahrhunderthälfte in neuartigen politischen Z e i t s c h r i f t e n geäußert, meist nach englischen oder französischen Vorbildern, seit den 1770er, besonders in den 1790er Jahren. Das Wort *Zeitschrift* ist seit 1751 in der modernen Bedeutung nachweisbar, als Lehnbildung für bis dahin übliches *Journal*. Die Merkmale dieser neuen Publikationsart (gegenüber *Zeitung* und *Moralischer Wochenschrift*) galten auch für die neue französische Textgattung des *E s s a y s* (bis ins 19. Jh. *Versuch* genannt): nicht über Alltags-Aktualitäten, nicht universelle Thematik, sondern spezielle, aber gesellschaftlich interessante Themen für ein jeweils spezielles Publikum, in literarisch anspruchsvoller Form. Dies war die Vorstufe des späteren Feuilletons der Zeitungen.

Die Zahl der deutschen Zeitschriften stieg seit dem Siebenjährigen Krieg stark an (Wehler 1987, Bd.I, 309): zwischen 1741 und 1765: 754 neue Titel, zwischen 1765 und 1790 mehr als 2000; vor allem von Verlegern in Leipzig, Hamburg, Frankfurt, Berlin, Göttingen. Mehr als ein Drittel (742) diente der Unterhaltung, 224 waren literarischen, 217 historisch-politischen, 109 pädagogischen, der Rest (über 500) wissenschaftlichen

Abb. 4: Daniel Nikolaus Chodowiecki: Das Noth und Hülfsbüchlein erscheint. Blatt 2 zu: Christian Gotthilf Salzmann: Taschenbuch zur Beförderung der Vaterlandsliebe. Auf das Jahr 1801. Schnepfenthal 1801. (Quelle: Deutsches Historisches Museum, Berlin. Inventar-Nr.: Gr 90/1485.)

Themen gewidmet. Politisch führend waren Wielands *Teutscher Merkur* (Weimar 1773–89), Schubarts *Teutsche Chronik* (Augsburg 1774–78), Schlözers *Briefwechsel meist historischen und politischen Inhalts* (Göttingen 1775–82), Schlözers *Staatsanzeigen* (Göttingen 1783–94), Boies *Deutsches Museum* (Leipzig 1776–91). Die Herausgeber waren meist zugleich Chefredakteure und Autoren; das politische Profil der Zeitschriften hing also ganz von der Haltung von Einzelpersonen ab. Während Wieland sich bald stärker literarisch orientierte und an Wirkung verlor, war der Göttinger Historiker Schlözer nach englischem Vorbild Bahnbrecher der kritischen öffentlichen Meinung (mit bis zu

4000 Exemplaren in Zweimonatsheften), so dass auch *Potentaten* des *Ancien régime* es fürchteten, *in den Schlözer zu kommen.*

Über die Bedeutung der *periodischen Schriften* für die Volksaufklärung schrieb Campe in seinem *Braunschweigischen Journal* (1, 1788) etwas zu optimistisch (n. Schiewe 1989, 93): *„[...] ein wohlausgesonnenes und zweckmäßiges Mittel, nützliche Kenntnisse jeder Art aus den Köpfen und Schulen der Gelehrten durch alle Stände zu verbreiten. Sie sind die Münze, wo die harten Thaler und Goldstücke aus den Schatzkammern der Wissenschaften, welche nie oder selten in die Hand der Armen kamen, zu Groschen und Dreiern geprägt werden, um als solche durchs ganze Land zu rouliren und zuletzt wol gar in den Hut des Bettlers zu fallen."*

N. Während politische Meinungsbildung durch die bildungsbürgerlichen Zeitschriften bereits vor der Französischen Revolution möglich war (besonders in den französischsprachigen, s. 5.3P), wurde eine politische Breitenwirkung von Zeitungen durch Vorzensur sehr behindert. Es ist immerhin mit einer hohen Multiplikations-Rezeption zu rechnen: Zeitungen wurden in kleinen Gruppen vorgelesen und diskutiert. So konnte – vor allem in größeren Orten – auch die Unterschichtbevölkerung durch Zeitungen mit Nachrichten wie denen von der Amerikanischen und der Französischen Revolution durchaus erreicht werden.

In der zweiten Hälfte des 18. Jh.s wird die Zahl der deutschen Zeitungen auf 200 bis 300 geschätzt (Wehler 1987, Bd.I, 306f.; Welke 1977; Wilke 1991, 76f.). Man schätzt die Gesamtauflage der (in etwa 150 Städten erscheinenden) deutschen Tageszeitungen um 1800 auf 300.000, die Zahl der Rezipienten auf 3 Millionen (bei 10 Lesern bzw. Zuhörern pro Exemplar), bei weniger als 20 Mill. Einwohnern kaum die Hälfte der erwachsenen männlichen Bevölkerung. Die *Braunschweigische Zeitung* hatte zwischen 1786 und 1788 unter ihren Abonnenten 8% *Landleute*, 10% Handwerker, 2% Soldaten, 1% Gastwirte, konnte nach der Französischen Revolution aber den Anteil der *Landleute* auf 31%, den der Handwerker auf 18% im Jahre 1794 steigern (Engelsing 1973, 60).

In Bezug auf Textsorten war die Zeitung am Ende des 18. Jh.s in der Regel noch immer reine Nachrichtenpresse, mit traditioneller Dominanz politisch-militärischer und höfischer Berichterstattung, vor allem aus dem ‚Ausland' (was in Deutschland schon das benachbarte Kleinfürstentum sein konnte). Kommentare wurden noch vermieden. An der politischen Volksaufklärung interessierte Publizisten beklagten aber diese durch scharfe Zensur erzwungene Rückständigkeit (Püschel 1991, 429ff.):

Christian Friedrich Daniel Schubart kritisierte 1775 *„das ewige Gewäsche"* von belanglosen Einzelheiten, das dazu da sei, *„ein gähnendes Publikum im Großvatersessel zu kützeln, kriechende Verbeugungen vor den Großen der Welt, in einen Wust von kleinstädtischen Komplimenten eingehüllt"*, und forderte auch für die Zeitungen politische Meinungsbildung, wie er sie – mit der Folge zehnjähriger Festungshaft auf dem Hohenasperg – in seiner Zeitschrift *Teutsche Chronik* 1774 bis 1778 praktizierte. Karl Philipp Moritz hatte bereits 1784 in seiner Schrift *Das Ideal einer vollkommenen Zeitung* eine klare Vorstellung von der künftigen Rolle der Zeitung als *„Blatt für das Volk“*, *„Stimme der Wahrheit“*, *„unbestechliches Tribunal“*, als anregendes, auch unterhaltsames Medium, das durch Personalisierung und Konkretisierung (im Sinne der späteren Reportage) politische Meinungsbildung fördern soll.

Infolge der immer wieder verschärften Zensur konnte sich das bunte Textsortenspektrum der modernen Zeitung in Deutschland erst im Laufe des 19. Jh. entwickeln (Püschel a.a.O.; Wilke 1991). Allerdings war die Zeitung in der Zeit der Französischen Revolution auch als bloßes Nachrichtenblatt bereits eine gefürchtete politische Macht. Obrigkeiten beklagten sich schon seit Ende des 17. Jh. über *Neue-Zeitungs-Sucht* und *schädliches* Zeitunglesen (Welke 1981; Wittmann 1982, 37).

So schrieb der braunschweigisch-lüneburgische Staatsbeamte und Publizist v.Schwarzkopf in seiner Schrift *Über Zeitungen* 1795 (Welke 1977, 87): *„Eine Folge der neuesten Aufklärung ist dagegen die Allgemeinheit des Zeitungslesens unter denjenigen Ständen, welche wenig oder gar keine wissenschaftliche Kultur haben. In den Dorfschenken und Werkstätten, in der Säbeltasche des Kammerhusaren und in dem Reifrocke der Zofen findet man Zeitungen. [...] Sie* [die Zeitungslektüre] *setzt alles in Spannung über das beschränkte Interesse der Gegenwart und führt so den Dämon der Staatskritik in die vertraulichsten Kreise“.*

Eine wirkliche, kritische politische Öffentlichkeit hat es zur Zeit der Französischen Revolution nur sporadisch in Ansätzen gegeben, vor allem in der ‚Mainzer Republik‘ in ihrer Vorbereitungsphase (Herbst und Winter 1792), bevor die französische Besatzungsmacht autoritär wurde (vgl. 5.12P–Y): In sieben Mainzer Zeitungen und Zeitschriften und vielen Einzelpublikationen wurde zielgruppenorientierte, nach Textsorten sehr differenzierte, teilweise auf mündliche Realisierung hin konzipierte Propaganda und Agitation betrieben (Herrgen 1990). Auswirkungen nach Hamburg, Altona, Kiel, Hannover, Göttingen, Köln blieben einzelne oder auf Klubs beschränkte Aktionen (Grab 1969).

Während in den sich befreienden britischen Kolonien in Amerika die Pressefreiheit (schon eine englische Tradition) sich bereits in den 1780er Jahren erfolgreich entwickelte, wurden in den deutschen Territorien die durch die Französische Revolution angeregten Ansätze zur kritischen Meinungspresse durch restaurative Kräfte zurückgedrängt, schon seit 1792/93 (Reaktion auf die ‚Mainzer Republik‘ und auf die Hinrichtung des französischen Königs). Die Zensur wurde im Laufe der 1790er Jahre verschärft, Lesevereine und Lesekabinette wurden verboten und verfolgt, politische Publizisten verhaftet und in einigen Fällen als *Hochverräter* hingerichtet. Auch die Auslage von Zeitungen in Kaffeehäusern wurde verboten. Über die Zwangsverhältnisse der Napoleonherrschaft hinweg ging eine kontinuierliche Entwicklung zu den Karlsbader Beschlüssen von 1819, also zur perfekten Unterdrückung öffentlicher Meinung durch das

Metternich-System der eigentlichen Restaurationszeit. Abgesehen von einzelnen literarisch-bildungsbürgerlichen Belegen seit den 1790er Jahren, sind die Begriffe *Öffentlichkeit* und *öffentliche Meinung* im heutigen Sinne erst im Laufe der Restaurationszeit im Allgemeinen Sprachgebrauch üblich geworden; ihr Gebrauch in den Befreiungskriegen 1813/15 war noch auf intellektuellen *„öffentlichen Gebrauch der Vernunft“* (Kant 1784) bzw. auf den Einklang mit der Regierungspolitik eingeschränkt (Schiewe 1989, 169ff.). Dem obrigkeitlichen Zwang entsprach das fast völlige Fehlen öffentlicher Rede in Deutschland noch über die Jahrhundertwende hinaus, das Karl Moor in Schillers „Die Räuber“ das *„tintenklecksende Säkulum“* genannt hat. So hat sich an der pessimistischen Einschätzung deutscher Redekunst von Herder (1781) bis Jochmann (1828) nichts geändert (Schiewe 1989, 120, 233ff.):

„Beredtsamkeit aber wohnte nur da, wo Republik war, wo Freiheit herrschte, wo öffentliche Berathschlagung die Triebfeder aller Geschäfte und endlich wo Reinigkeit und Anbau der Sprache in der Würde war, in der sie außer Rom und Griechenland nirgend gewesen. Was man auch sage, wir sind Barbaren und tragen noch genug Zeichen unsrer Abkunft an uns [...] Da wir nun überdem außer der Kanzel, auf der die Beredtsamkeit in so kalter Luft ist, fast gar keine Gelegenheit zu öffentlichen Reden haben: da unsre Spiele, und gesellschaftlichen Uebungen gewiß nicht oratorisch, am wenigsten politisch-oratorisch sind: da von jeher Deutschland das Vaterland des Ceremoniels, und einer hölzernen Knechtschaft gewesen; so ists ja Thorheit, Regeln einer Kunst zu suchen, wo die Kunst selbst fehlet, sie mit Pflastern salben zu wollen, wo sie nicht athmen kann und nie geathmet hat.“ (Herder, *Briefe zur Beförderung der Humanität,* 4. Theil, 42. Brief). – *„[...] in der Gesellschaft des Adels und seiner freiwilligen Dienerschaft nachäffender Bürger wurde französisch gesprochen, im öffentlichen Leben gar nicht, und so geschah es, daß am Ende kein Volk der Erde die Sprache weniger in seiner Gewalt hatte als das unsrige. [...] Das ganze öffentliche Leben ist endlich ein einziges großes Buch, und ein Buch, in dem die wenigsten die es angeht, lesen dürfen und zu lesen verstehen.“* (Carl Gustav Jochmann, *Über die Sprache,* anonym 1828, 197, 225; zu Jochmann vgl. 5.5W, 5.11V, 5.12Z, 6.8BC).

O. Typischer für die deutsche *Lesesucht* war die *Romanleserey*. Als nicht von antiken Vorbildern bestimmte moderne Gattung war beim Roman der Weg frei für seinen Massenkonsum durch ein mittelständisches Publikum, das von den Aufklärungsideen nur oberflächlich berührt, aber zunehmend erfahrungs- und unterhaltungssüchtig war. Zwischen 1770 und 1800 stieg der Anteil der Romane am deutschen Büchermarkt von 4,02% auf 11,68%; das waren 75,35% der literarischen Produktion (Haferkorn 1974, 201). Die deutsche *Romanleserey* erklärt Erich Schön (1987) sozialgeschichtlich im Rahmen eines „Mentalitätswandels um 1800“: Infolge des zunehmenden Adelsprivilegs für Hof- und Verwaltungsämter seit den 1720er Jahren wurde bürgerliche Bildung ein nicht mehr nur auf nützliche Tätigkeit und Moral gerichteter Wert an sich. Außerdem wurden die Bürgerfrauen durch Bedienstete und anlaufende Konsumgüterproduktion von häuslichen Pflichten entlastet, sie gewannen Freizeit. Während die bürgerlichen Männer ihre gewerblichen und dienstleistenden Tätigkeiten immer mehr außer Hause verrichteten (Trennung von Wohnung und Arbeitsplatz) und sich auf politische und ökonomische Lektüre beschränkten, entdeckten ihre Frauen für sich und ihre Töchter literarische „Ersatz- und Phantasiewelten" (Schön 1987, 44), zumal sie vom praktischen gesellschaftlichen Handeln so gut wie ausgeschlossen waren. So wandten sie sich vom autoritär-utilitaristischen *hausväterlichen* Vorlesen ab – in den *Moralischen Wochenschriften* erhielten sie Empfehlungen für Bücher zum Leihen oder Schenken – und gewöhnten sich an nichtprofessionelles, alltagsfernes literarisches Rezeptionsverhalten: Vorlesen unter Frauen am Abend mit Wechsel der Vorleserolle, nicht mehr vorrangig zum „Sinnverstehen", sondern spielerisch als „ästhetische Erfahrung" für „inneres Erleben", auch im Freien, selbst bei Mondschein, auch als Still-Lesen. Die Romanliteratur ist nach Schön mehrheitlich für Frauen geschrieben worden. Die frühindustrielle Überproduktion von Unterhaltungsromanen kann wegen ihres stereotypen, abenteuerlichen, illusionistischen und sentimentalen Motivbestandes als erste Welle deutscher Trivialliteratur (Konsumliteratur; s. 5.10Z) verstanden werden, obwohl diese literaturkritische Bezeichnung erst ab Mitte des 19. Jh. belegt ist. Damals nannte man so etwas *Modeskriblerey* oder *Pfeffertütenliteratur* (Schulte-Sasse 1971). Die in der Konsumliteratur praktizierte Mischung aus Unterhaltung, Belehrung, Sentimentalität und Bildungssymptomatik hat viel zur Entpolitisierung des lesehungrigen Massenpublikums noch vor der Französischen Revolution beigetragen.

Die paradoxe Parallele zwischen Französischer Revolution und deutscher *Lesesucht* hat 1795 der schweizerische Buchhändler und Schriftsteller Johann Georg Heinzmann erkannt: *„So lange die Welt stehet, sind keine Erscheinungen so merkwürdig gewesen als in Deutschland die Romanleserey, und in Frankreich die Revolution. Diese zwey Extreme sind ziemlich zugleich miteinander großgewachsen."* (J.G.Heinzmann, *Über die Pest der deutschen Literatur,* 1795, 139; n.Wittmann 1982, 85f.). – Die erfolgreichsten Autoren von Unterhaltungsromanen waren Christian August Vulpius (Goethes Schwager), August Lafontaine, August v.Kotzebue und die Leipzigerin Christiane Benedicte Naubert, die zwischen 1779 und 1819 fast 50 Romane schrieb; sie veröffentlichte sie anonym (Schulz 1983, 289). Solche Autoren wurden von den Hochliteraten als *Brot-, Lohn-, Geldschriftsteller, literarische Tagelöhner, Polygraphen, Wortproduzenten* verachtet.

P. Die Expansion der Unterhaltungsliteratur war literatursoziologisch nur die andere, komplementäre Seite der *Klassik* genannten deutschen Literaturblüte von ca. 1770 bis 1810 (s. 5.10). Die ‚Leserevolution' war mit einem beruflichen Strukturwandel vom *ständischen* zum freien Schriftsteller verbunden, der zur Entstehung eines „literarischen Proletariats" führte (Haferkorn 1974, 202). Da das literarische Eigentumsrecht erst ab 1837 (Preußisches Urheberrechtsgesetz) gesichert wurde, mussten die meisten der weit über 1000 deutschen Schriftsteller und Schriftstellerinnen dieser Zeit sich ihren Lebensunterhalt mühsam verdienen als Sekretäre, Hauslehrer und -lehrerinnen, Korrektoren, Bibliothekare oder als unter Zeitdruck arbeitende Übersetzer, Journalisten, oder eben mit Serienromanen. Die berufliche Umstellung der Autoren seit etwa 1770 bestand in folgenden Neuerungen:

– Schriftsteller wurden unabhängig von fürstlichen oder städtischen Mäzenen und Gelegenheitsaufträgen.
– Sie wurden neu abhängig von den Honorarzahlungen der Verleger, die noch lange sehr gering und willkürlich waren.
– Sie wurden abhängig von der Marktsituation (Literatur als Ware) und von Moden des Publikumsgeschmacks (Literatur für alle).
– Sie wurden abhängig von der Gunst oder Ungunst der Rezensenten, die durch Absprachen marktbeherrschende Machtgruppierungen bildeten *(Lobebünde, Schutz-Cliquen).*
– Ihre Beziehung zum Lesepublikum wurde anonymisiert, man stellte sich auf idealisierte Leser und Leserinnen ein.

Die Literaturbewegung des *Sturm und Drang* (ca. 1770–1785) war nicht nur geistige Opposition gegen normativen Aufklärungsgeist (s. 5.10Q–T). Sie kann literatursoziologisch erklärt werden als Ausbruch junger Autoren aus der damaligen Kommerzialisierung der Literatur; ihr *Genie*-Begriff ist als ‚Fahnenwort' in diesem Konkurrenz- und Profilierungskampf zu erklären (Sauder, in: Grimminger 1984, 337). Die durch Verlegerhonorare erreichte Befreiung vom Mäzenatentum war auch eine Befreiung von der Vormundschaft der Wissenschaften über die schönen Künste und von der traditionellen Regelpoetik, eine elitäre Emanzipation des Schriftstellers zum *„einzig wahren Menschen"* (Schiller), zum *„Gott auf Erden"* (Herder), zum *Philister*-verachtenden Originalitätsbewusstsein (Haferkorn 1974, 134, 231ff.). Niemals vorher oder nachher gab es derart enge persönliche Beziehungen zwischen den führenden Schriftstellern wie in der *Kunstperiode* um 1800, in der die Dichter als *„Wahrsager und Priester, Gesetzgeber und Ärzte"* (Novalis) angesehen wurden (Schulz 1983, 16ff.). Schon hier begann die ‚Abspaltung einer freischwebenden Intelligenz vom kulturkonsumierenden Bildungspublikum' (nach Habermas 1990, 265f.) und damit die bildungsbürgerliche Reduzierung des „Literatur"-Begriffs auf elitäre Hochliteratur (Belletristik). So kommt es, dass heute *Literatur* oder *Literatursprache* selbst innerhalb der Germanistik zwischen den Fachteilen und zwischen westlicher und östlicher Tradition sehr Verschiedenes bedeuten kann. Das Ergebnis der deutschen ‚Leserevolution' war eine neue tiefe Kluft zwischen oberschichtlicher Bildungsliteratur, die nicht mehr aufklärerisch war, und entpolitisierter Konsumlektüre (Engelsing 1973, 68; vgl.

5.10Z). – Zur besseren Differenzierung des Begriffs ‚Bildungsbürger' im späten 18. Jh. s. Friedrich u.a. 2006!

Die ‚Befreiung' der Schriftsteller aus traditionellen gesellschaftlichen Berufsbindungen hatte zur Folge, dass sich die meisten deutschen Schriftsteller von dem noch von Gottsched und Lessing vertretenen sozialen Auftrag der Literatur distanzierten und – abgesehen von recht kurzer Revolutionsbegeisterung – Abstinenz übten gegenüber der (in Frankreich und England selbstverständlichen) Rolle der politischen Führerschaft. Mit übersteigertem *Genie-* und *Sendungs*-Bewusstsein wurde in Deutschland weitaus stärker zwischen *Schriftsteller* und *Journalist* unterschieden als etwa in England oder Frankreich. Dieser besondere deutsche Weg der weitgehend entpolitisierten Belletristik hat – über die aktuellen politischen Zwänge des Territorialstaats-Absolutismus und der Restauration hinaus – etwas mit den zwei Jahrhunderte andauernden Anstrengungen des deutschen Bürgertums zu tun, fehlende politische und ökonomische Macht durch Bildung und ‚deutsche Innerlichkeit' zu kompensieren. Hierhin gehört auch das National-Stereotyp vom *Volk der Dichter und Denker*, das seit Ende des 18. Jh.s nachzuweisen ist.

Q. Zur bildungsbürgerlichen Institutionalisierung deutscher Sprachkultur gehörte auch die Theaterreform in den letzten drei Jahrzehnten des 18. Jh.s Bereits in der 1. Jahrhunderthälfte emanzipierten sich viele Schauspieler und Theatergruppen von der traditionellen populären Belustigungsfunktion der Schaubühne durch Kontakte mit der Gelehrten- und Literatenwelt (Graf 1991): Die neue Funktion des Theaters als moralische Anstalt im Sinne der aufklärerischen Erziehung zum Staatsbürger konnte in der Theaterreform-Bewegung der zweiten Jahrhunderthälfte allerdings nicht durchgehalten werden. Aufgrund theoretischer und praktischer Bemühungen zwischen 1740 und 1776 (Gottsched, Lessing, Johann E. Schlegel) kam es zur Gründung von *Nationaltheatern* (1779 Mannheim, 1786 Berlin, 1792 Mainz) und zur entsprechenden Reform von Hoftheatern (1775 Gotha, 1776 Wien, 1791 Weimar). Damit waren entscheidende Veränderungen des deutschen Theaterlebens gegenüber den eher subkulturellen, vorbürgerlichen älteren Zuständen erreicht: ortsfeste Bühnen, fürstliche bzw. städtische Subventionen, Zähmung des Publikums (Kunst- statt Belustigungsfunktion), hoher Ausstattungsaufwand (Illusionstheater), vor allem ein Statuswandel der Schauspieler mit sprachlich-textueller Disziplinierung, fester Besoldung und Integration in die bürgerliche Gesellschaft. Sprachgeschichtlich bedeutete dies die wichtigste Voraussetzung für die sprecherische Vorbildrolle des seriösen Schauspielers in der bildungssprachlichen Lautnorm, die Ende des 19. Jh. als *Deutsche Bühnenaussprache* kodifiziert wurde (s. 6.6Y).

R. Im Bereich der allgemeinen Schulbildung hat sich die ‚Mobilisierungsphase' am Ende des 18. Jh.s noch nicht ausgewirkt. Trotz teilweiser Einführung der Schulpflicht ist für die Zeit um 1800 selbst für protestantische Länder damit zu rechnen, dass höchstens 50% der Schulpflichtigen regelmäßig am Unterricht teilnehmen konnten, bedingt durch antiaufklärerische Einstellungen bei Obrigkeiten, Gutsherren und Eltern, durch zu weite Wege, ungenügende Kleidung, mangelnde Lehrerausbildung. Der Anteil der Analphabeten und Halbalphabeten (nur unterschriftsfähig) wird in der sozial- und mediengeschichtlichen Forschungsliteratur Ende des 18. Jh.s noch auf zwei Drittel bis drei Viertel geschätzt.

Wenigstens Ansätze zur Modernisierung gab es teilweise im Bereich der höheren Schulen. Die alte *Latein-* oder *Gelehrtenschule* des Bildungsbürgertums aus späthumanistischer Tradition genügte nicht mehr den Erfordernissen des *erwerbenden Theils der Bürger*, also des sich allmählich durch *Commerzialisierung* von Handel und Gewerbe auf die spätere Industrialisierung vorbereitenden Besitzbürgertums (Gessinger 1980, 64ff.; Ludwig 1988, 105ff.): In der Reformphase zwischen 1760 und 1819 bemühte man sich um einen neuen, mehr auf praktische Bedürfnisse eingestellten Schultyp: *Bürgerschulen, Realschulen, Handelsschulen*, mit weniger Latein und anderen alten Sprachen, dafür mehr Französisch, Englisch, *teutsche Oratorie*, mehr zweck- und adressatenbezogene Schreibübungen, Mathematik, Ökonomie, Naturwissenschaften, Technik. Diese städtischen oder privaten Schulen blieben aber bis weit ins 19. Jh. hinein nur vereinzelt und gesellschaftlich minderbewertet.

Man konnte dabei an die pädagogischen Reformen der Franckeschen Stiftungen in Halle anknüpfen. Ende des 18. Jh.s wurden aus ebensolchen frühindustriellen Bedürfnissen zahlreiche praktische Lehrbücher des deutschen Stils publiziert, z.B. 1783 eine reformierte Rhetorik für die *„Bildung populärer Volksredner"* von Andreas Jakob Hecker, die auf die Realschulen großen Einfluss gehabt hat (Weithase 1961, 294). An Berliner Realschulen wurden ab Mitte des 18. Jh.s weitaus mehr deutsche Reden, Gespräche, Rezitationen geübt als lateinische und französische (Weithase 1961, 296f.).

Durch „defensive Reformen von oben" (Wehler) wurde jedoch der traditionell bildungsbürgerliche Schultyp seit den späten 1780er Jahren als *humanistisches Gymnasium* für die „soziale Selbsterhaltung und Selbstergänzung" der „verstaatlichten Intelligenz" konsolidiert und obligatorisch gemacht (Wehler 1987, Bd.I, 473). Zugunsten der ideologischen Qualifikation künftiger höherer Beamter, Juristen, Gelehrter, Lehrer, Pfarrer, Ärzte hielt man am Primat der klassischen Sprachen Latein und Griechisch fest, auch in mündlicher Redefähigkeit, mit Übersetzungsübungen vom Deutschen ins Lateinische, mit allmählicher Verlagerung von formaler Grammatikbildung zu logischer Denkschulung und klassischer Literaturbildung, die lebenslang mit einem reichen lateinischen Zitatenschatz vorgeführt werden konnte.

Fremdsprachbestimmter elitärer Bildungsstatus wurde hier für wichtiger genommen als praktische soziale Sprachfähigkeiten, die Stilisierung eines festlichen Monologs für wichtiger als das öffentliche Argumentieren, die Latein-Konformität traditioneller Schreibsprach-Grammatik für wichtiger als moderne Strukturen und Entwicklungen der deutschen Sprache als Redesprache. Noch Ende des 18. Jh.s waren an preußischen Gymnasien kaum Lehrbücher für den Deutschunterricht vorhanden, überhaupt nicht Gottscheds *Sprachkunst* und Adelungs Wörterbuch (Gessinger 1980, 74). – Das *Abitur* wurde 1787 in Preußen mit staatlichem Schulmonopol als einzige Zugangsprüfung für ein Hochschulstudium eingeführt. Zwischen 1789 und 1807 waren in Preußen die Schüler zu 40,1% Kinder von Beamten, Ärzten, Professoren, Offizieren, zu 32% von Geistlichen und Lehrern, zu 6,3% von Kaufleuten und Unternehmern; den Rest (21,1%) bildeten Aufsteiger aus kleinbürgerlichen Familien (Wehler 1987, Bd.I, 291).

Die glanzvolle Entwicklung der deutschen Universitäten und Wissenschaften im 19. Jh. war bereits in der Phase des Reformabsolutismus Ende des 18. Jh.s vorbereitet (Wehler 1987, Bd.I, 292ff.): In den deutschen Ländern gab es damals weitaus mehr Universitäten (42 bis 50) als in Frankreich (22) oder England (2). Nachdem man zunächst versucht hatte, nach französischem Vorbild die wissenschaftliche Forschung an Akademien und Fachhochschulen zu verlagern, wurden von Halle und Göttingen her die Prinzipien der staatlich garantierten Lehrfreiheit und der engen Verbindung von Lehre und Forschung unter dem Primat der Geisteswissenschaften derart vorbildlich durchgesetzt, dass den Universitäten bereits um 1800 die Führungsrolle in der wissenschaftlichen Vorbereitung der deutschen Industriegesellschaft gesichert war. Diese unter dem Stichwort *Neuhumanistische Bildungsreform* bekannte Entwicklung brachte Wilhelm v.Humboldt 1810 mit der Gründung der Berliner Universität zum Abschluss.

Literatur

BBRS (Steger 284ff., Grubmüller 300ff., Schmitt 1015ff., Mattheier 1085ff., Peters 1409ff., Solms 1513ff., Semenjuk 1746ff.). Bödeker 1992. Bohn 1998. Burger 2005. Dülmen 1990/94. Eisenstein 1979. Faßler/Halbach 1997. Faulstich 2002. Faulstich/Rückert 1993. E.Fischer u.a. 1999. Hadorn/Cortesi 1986. F.Hartmann 2009. H.Heimann 1998. Leonhardt u.a. 1999. Lerchner 1992; 1999. Mattheier/Nitta/Ono 1997. Schuster/Schwarz 1998. A.Schwarz 1995. Wilke 1984; 2000.

Kanzleien: BBRS (Schildt 57f., Bentzinger 1665ff.). Besch 2008b. Biszczanik 2007. Brooks 2001. Greule/Meier/Ziegler 2012. Hartweg/Wegera 2005, 59–63. Macha 2003. Meier/Ziegler 2003ab. Meier/Ziegler 2008. Moshövel 2009. Schwitalla 2002.

Buchmarkt: Adam/Fauser 2005. BBRS (Hartweg 1682ff.). Benzing 1982. Breuer 1982. Chartier 1990. Engelsing 1973; 1974. Giesecke 1992, 302ff. Göpfert 1974. Goldfriedrich 1908/09. Grimminger 1980 (v.Ungern-Sternberg 133ff., Ruppert 341ff.). Gruenter 1977. Hartweg/Wegera 2005, 92–99. Kiesel/Münch 1977. Mattausch 1980. Mellmann 2006. Neumann 1978. Rosenstrauch 1990. Schenda 1970. Schön 1987. A.Schöne 1976. G.Schulz 1981; 1983, 269ff., 442ff. Stopp 1978b. Wehler 1987, Bd.I, 304ff. Wiesel/Münch 1978. Wittmann 1982; 1991.

Textsorten: Barz u.a. 2000. BBRS (Steger 284ff., Stolt 786ff., Meier/Möhn 1470ff., Kästner u.a. 1605ff., Endermann 1918ff.). P.Becker 2005. G.Brandt 1995. Hartweg/ Wegera 2005, 105–107. Henne 1994. Kilian 2002; 2005. W.König 2005. Löffler 1994. Macha 1991. Macha u.a. 2005. Maitz/Molnár 2004. Niehaus/Schmidt-Hannisa 2005. Pfefferkorn 2005. Schmidt-Wächter 2004; 2005. Schnabel 2003. A.Schwarz 2000. Simmler 2002. Spáčilová 2003. Takada 2004. A.Ziegler 2008.

Zeitungen, Flugschriften: Berg/Albrecht 2003. Blüm/Bogel 1971. Blühm/Engelsing 1967. Bogacki 2009. Burger 2005. Czyżewska 2002. Durrell/Ensslin/Bennett 2008a. E.Fischer u.a. 1999. H.D. Fischer 1972ab; 1981. H.Fischer 1936. Gieseler 1996. Glüher 2000. Hadorn/Cortesi 1986. H.J.Jakob 2001. Koszyk 1972. Kurth 1944. Lindemann 1969. Mackensen 1958; 1964. Münkner 2005. Pompe 2012. Presse und Geschichte 1977; 1987. Püschel 1991. Salomon 1973. Schilling 1990. W.Schöne 1940. Schottenloher 1985. Th.Schröder 1995. Schwegler 2002. Schwitalla 1999. Simonov 1987. Ukena 1977. Wäscher 1955. Wehler 1987,1,306ff. Welke 1977; 1981. Wellmann 2000. Wilke 1978; 1984; 1991. – S. auch 5.12Lit: Zeitungssprache!

Zeitschriften: Blackall 1966, 36ff. H.D.Fischer 1972b. Grimminger 1980 (v.Ungern-Sternberg 118ff., Sauder 267ff.). Haacke 1968; 1981. Habermann 1994. Heinz 2003. Index 1990. Kirchner 1958/62. Lengauer 1975. Maar 1995. Martens 1968. Raabe 1974. Sauder 1980. I.Schröder 2010. Urban 2004. Vollhardt 2006. Wehler 1987, Bd.I, 306ff. Wilke 1978.

Aufklärung: J.Berger 2003. Boros 2005. Burmester 1992. Cherubim/Walsdorf 2005. Feilke/Knobloch/Völzing 2007ab. Grimminger 1980, 15ff. Herrmann 1981. Koselleck 2006, 287–364. Maurer 1997. Pütz 1987. G.Schulz 1983, 50ff. Siegert u.a. 2001. Tolkemitt 1995. Vierhaus 1981. Vollhardt 1997. Wehler 1987, Bd.I, 276ff. Zelle 2006. Zwierlein 2006. – **Philosophie-/Geistesgeschichte:** M.Albrecht 1999. D.Döring 1999. Kreimendahl 1999. Röd 1984; 2006. Schulz 1974. Schneiders 1989. – **Zentren:** Bohnen/Jörgensen 1992. D.Döring 1999. Kettmann 2008. Martens 1990. – S. auch 5.10Lit!

Empfindsamkeit: Eibl 2001. H.-E.Friedrich 2001; 2002. Pikulik 2001.

Gelehrsamkeit, Universitäten: Grimminger 1980 (Wild 116ff.). Hammerstein 1990. Herrlitz 1973. Kilian 2002. Rasche 2011. Schindling 1994. A.Schöne 1976. U.Schröter 1999. Wehler 1987, Bd.I, 292ff., 480ff.

Aufklärungs-, Lesegesellschaften: BBRS (Schildt 58f., Gardt 332ff.). Brednow 1966. Dann 1981; 1984; 1992. Döring/Nowak 2002. Gessinger 1992; 1995. Grimminger 1980 (Wild 103ff.). Haase 2007. Habermas 1990. Hartweg/Wegera 2005, 66ff. Im Hof 1982. R.Müller 1990. Prüsener 1972. Puschner 1991. Schön 1987. Wehler 1987,

Bd.I, 317ff. Welke 1981. Ziessow 1988. – S. auch 5.5Lit!: Sprachgesellschaften; 5.12Lit: Öffentlichkeit!

Bildung, Bildungsbürgertum: Adam/Fauser 2005. BBRS (Maas 2403). Dann 1981, 10ff. Dülmen 1986. Engelhardt 1986; 1989. Faulstich 2002. Friedrich 2006. Friedrich/Jannidis/Willems 2006. Friedrich u.a. 2005. Gehrt 1976. Gessinger 1980. Grimminger 1980, 15ff., 103ff. Haferkorn 1974. Herrmann 1982. Hüllen/Klippel 2005. Jannidis 1996; 2002. Kopitzsch 1976. Koselleck 1973, 52ff.; 2006, 105–158. Kühlmann 1982. Linke 2006. Lüsebrink 2006. Lutz 1974. Martens 1990. Th.Müller 1990. H.Neumann 1978. Niehr 2005. Puhle 1991. Ruppert 1981. P.Schmid 1985. Schön 1987. A.Schöne 1968. Stolleis 1990. Vierhaus 1978, 81ff; 1981. Vollhardt 2006. Wehler 1987, Bd.I, 210ff. Zeeden 1986, 181ff. Zwierlein 2006.

Schriftsteller, Zensur: Breuer 1982. Craig 1993. Grimminger 1980 (v.Ungern-Sternberg 133ff., Sauder 327ff.). Haferkorn 1974. Plachta 1994. Uhlig 2000. Urban 2004; 2005. – S. auch 5.10Lit!

Alphabetisierung, Schriftlichkeit, Lesegeschichte: Adam/Fauser 2005. Baurmann u.a. 1993. BBRS (Maas 2403ff.). Berthold 1993. Bödeker 1992. Bödeker/Hinrichs 1999. Chartier 1990. Engelsing 1973; 1974. Gessinger 1979; 1980. Giesecke 1992, 73ff. Goetsch 1994. S.Grosse 1983. E.Hinrichs 1995. E.Hinrichs/Wiegelmann 1982. Kiesel/Münch 1977. Knoop 1983; 1994; 1995. Lemberg 1988. Mellmann 2006. Norden 1980. Raabe 1989. Reichmann 2004. Schön 1987. Thauer 1978. v.Wartburg-Ambühl 1981. Wehler 1987, Bd.I, 284ff. Ziessow 1988.

Ländliche Schriftlichkeit: Denkler/Elspaßn2004. Gessinger 1995. Hinrichs/Wiegelmann 1982. Knoop 1983ab; 1992. Konersmann 2005. Lichtenberg 1970. Maas 1995ac. Norden 1980. Ottenjann/Wiegelmann 1982. Peters u.a. 1989. Schönfeld 1983. Walther 1988. v.Wartburg-Ambühl 1981. Wittmann 1973. Ziessow 1988.

Schule, Deutschunterricht: P.Albrecht/Hinrichs 1993. P.Albrecht/Hinrichs 1995. Besch 1992. Böning 1995. Engelsing 1973, 71ff. L.Fertig 1979. Frank 1976. Gessinger 1980; 1985. Greule 2000b. M.Hahn 2010. Hampel 1980, 89ff. Hartweg/Wegera 2005, 63ff. Herrmann 1976. H.A.Horn 1966. K.-E.Jeismann 1974. O.Ludwig 1988. Neugebauer 1985. Newerkla 1999. M.Raabe 1992. Schmitter 2005. Schöne 1976. Wehler 1987, Bd.I, 281ff., 472ff. Wiesinger 2007. – S. auch 5.3Lit: Deutsch als Fremdsprache!

Frauenbildung, Frauenrecht: Becker-Cantarino 1987. G.Brandt 1996; 1998; 2000. Brinker-Gabler 1988. Guentherodt 1986; 1987; 1988; 1991. Habermann 1994. Herrmann 1976. Hünecke 1996. Kucharska 1998. Kundert 2004. Luther 2000. Richel 1973. Voeste 2000. Woods/Fürstenwald 1984. K.Zimmermann 1992. – S. auch 5.8Lit!

Rhetorik, Konversation, Gespräch: Bader 1995. Barner 1970/2002. Barz u.a. 2002. BBRS (Stolt Nr. 176). Beetz 1991. R.Bogner 1997. Braungart 1988. Dyck 1969/90. Dyck u.a. 1991. Fauser 1991. Geitner 1992. Göttert 1991. Greule 2000b. Gumbrecht 1978. E.Haas 1980. van Ingen 1987. Kilian 2002; 2005. Knape/Sieber 1998. Kopperschmidt/Schanze 1999. Kopplow 1995. Lausberg 1990. Linke 1999; 2004. Th.Müller 1990. Plett 1993. Schanze 1974. Schmidt-Wächter 2003; 2004. Schmölders 1986. Schneider-Mizony 1999. Sinemus 1978. Stötzer 1962. Ueding 1971; 1976; 1992ab; 2000; 2005. Weithase 1961. K.Zimmermann 1992. – S. auch Höflichkeit unter 5.8Lit!

Briefeschreiben: Anderegg 1996. Blackall 1966, 146ff. Brockmeyer 1961. Brüggemann 1968. Clauss 1993. Ebrecht u.a. 1990. Ehlers 2004. Hechtenberg 1903. A.Lange 1896. Metzler 1996. Nickisch 1969; 1990. Runge/Steinbrügge 1991. Steinhausen 1968. Vellusig 2000. Urbach 1899. G.Wolff 1996. – S. auch 5.8Lit: Frauensprache!

Populäre Lektüre, Volksaufklärung: Böning/Siegert 1990. Grimminger 1980 (Sauder 251ff., Ruppert 341ff., Griep 739ff., Promies 765ff.). U.Herrmann 1981. Lee/Reichmann 1972. Mass 1980. Merkel 1971. Mix 2004. H.Neumann 1978. Schön 1987. G.Schulz 1983, 142ff. Tolkemitt 1995. – S. auch 5.10Lit: Trivialliteratur!

Theater: Graf 1991. Grimminger 1980 (Meyer 186ff.). Haider-Pregler 1980. Krämer 1998. G.Schulz 1983, 449ff. Weithase 1961. G.Zimmermann 2000.

5.3. Kultursprachenpolitik, Mehrsprachigkeit, Sprachmischung

A. Einer der wesentlichen Faktoren der deutschen Sprachgeschichte in der absolutistischen Zeit war das beträchtliche Ausmaß des Fremdsprachengebrauchs, vor allem des Französischen. Er reichte von echter Zwei- oder Mehrsprachigkeit bei Wenigen in den Oberschichten bis zum Gebrauch einzelner fremdsprachlicher Elemente im Deutschen in fast allen Bevölkerungsschichten. Diese Offenheit gegenüber fremden Sprachen, die in dieser Zeit eine kulturpatriotische Sprachbewegung zur Folge hatte (s. 5.5.), hat die deutsche Sprachkultur einerseits behindert, andererseits langfristig sehr gefördert.

Aufgrund einer sprachpuristischen Tradition wurde diese Entwicklung in der deutschen Germanistik oft einseitig negativ beurteilt, und man behauptete, die deutsche Sprache sei damals in Gefahr gewesen, beinahe vom Französischen verdrängt zu werden: „Weit bedrohlicher noch, weil nicht auf gelehrte Schulen und Wissenschaft beschränkt, ist da die Macht des Französischen" (Langen, in: DPhA 1, 1019). „Blickt man in Sammlungen von Briefen aus der Mitte des 18. Jh.s, so scheint sich hier wirklich die Gefahr der Erstickung des Deutschen durch das übermächtige Französische abzuzeichnen" (Tschirch 1966/90, Bd.II, 248).

Im Hintergrund solcher sprachgeschichtlicher Wehklagen steht der sprachpatriotische Unmut über die verächtliche Kritik am Zustand der deutschen Sprache aus der Feder des mit Vorliebe das Französische gebrauchenden Preußenkönigs Friedrichs II. (*De la littérature allemande, des défauts, qu'on peut lui reprocher; quelles en sont les causes; et par quels moyens on peut les corriger,* 1780) und über die zynische Sprachschmähung seines französischen Gastes Voltaire: Man spräche in Potsdam nur Französisch, und das Deutsche brauche man nur für Soldaten, Pferde und die Gasse (vgl. 5.3N). Neben solchen Übertreibungen gibt es allerdings auch ernsthafte zeitgenössische Äußerungen über eine Gefährdung der deutschen Sprache, z.B. von Leibniz und von Herder, von denen mindestens der erstere keineswegs des Sprachpurismus oder Nationalismus verdächtig ist:

„Unsere Art zu leben, zu reden, zu schreiben, ja sogar zu denken, nach fremden Willen einzurichten [...] Gott wende diese Ahnung in Gnaden ab, damit es ja nicht, nachdem es nun fast danach ist, daß die Sprache zugrunde gerichtet, um die deutsche Freiheit geschehen sein möge." (Gottfried Wilhelm Leibniz, *Ermahnung an die Deutschen, ihren Verstand und ihre Sprache besser zu üben*, 1683; n. Kimpel 1985, 3). – *„Bei weitem ist unsre Sprache noch nicht so gebildet, jedem Vortrage, jeder Art des Wissenswürdigen so zugebildet, als die Sprachen unsrer Nachbarn; vielmehr haben wir mit*

einer benachbarten Nation zu kämpfen, daß ihre Sprache die unsere nicht ganz vertilge". (Johann Gottfried Herder, *Briefe zur Beförderung der Humanität*, 5. Sammlung, 1795; n. Schiewe 1989, 127).

So berechtigt es ist, vor einer unkritischen Übernahme solcher Sprachgeschichts-Mythen zu warnen (Brunt 1983, 76ff.; Wells 1990, 289, 293), so unangemessen wäre es andererseits, das Ausmaß des deutsch/französischen Sprachenkontakts, des französischen Spracheinflusses und des damit verbundenen sprachenpolitisch-sprachsoziologischen Zustands bagatellisieren zu wollen: „Der Schrei der Empörung gegen das Französische, besonders laut im frühen siebzehnten Jahrhundert, übertraf bei weitem dessen quantitative Wirkung"; „[...] wie relativ gering der Einfluß auf dt. Phonologie, Morphologie und Syntax ist, was die Befürchtungen patriotischer Zeitgenossen und ihrer Nachfolger im neunzehnten und frühen zwanzigsten Jahrhundert widerlegt" (Wells a.a.O.).

Wenn man sich diesen stärksten neuzeitlichen Sprachenkontakt des Deutschen als geringfügig vorstellen soll, nur weil das grammatikalische System des Deutschen heil davongekommen sei (eigentlich etwas ganz Normales bei intensivem Kultursprachenkontakt), würde man sich der Voraussetzung berauben, die großen erfolgreichen Anstrengungen deutscher Sprachkultivierer seit dem 17. Jh. hinreichend zu erklären. Wie sonst sollte man den hohen Grad der systematischen Integration der Entlehnungen ins deutsche Sprachsystem einschließlich der Lehnwortbildung (5.4PQ) verstehen? Eine unschätzbare lexikalische und stilistische Bereicherung deutscher Sprachkultur bedeutete die literarische Zweisprachigkeit vieler geistig Führender, denen gerade durch das Französische die Einbeziehung Deutschlands in den modernen westeuropäischen Kulturzusammenhang zu verdanken ist. Der französische Sprachenkontakt und Spracheinfluss im absolutistischen Deutschland wäre kulturgeschichtlich zu vergleichen mit dem heutigen angloamerikanischen (s. 6.10).

Andererseits hatte die Zwei- oder Mehrsprachigkeit im absolutistischen Deutschland eine wirksame Herrschaftsfunktion: Anders als in Frankreich oder England in dieser Zeit, haben wir es in Deutschland mit nicht nur einer, sondern zwei der Bevölkerung fast unverständlichen Kultur- und Oberschichtsprachen zu tun. Dies hatte einige der Besonderheiten der neueren deutschen Sprachgeschichte zur Folge. So verdient es dieses konstitutive Epochenthema, hier in den beiden ersten sprachgeschichtlichen Kapiteln (5.3 und 5.4) aufgrund der erfreulich vielseitigen neueren Forschungsliteratur möglichst differenziert dargestellt zu werden, vor allem mit folgenden Teilaspekten:

– Großenteils weiterbestehende Bedeutung des Lateins als Reichs-, Rechts- und Wissenschaftssprache und sprachenpolitische Bemühungen zugunsten der deutschen Sprache in diesen Bereichen (5.3B–G),

- *Alamodische* ‚Vielsprachigkeits'-Tendenz im 17./18. Jh.: Gruppen-, situations- und themenspezifischer Gebrauch von Deutsch, Latein, Spanisch, Italienisch, Französisch (im Nordwesten auch Niederländisch) und von daher die Neigung zu *Sprachmengerey* als beliebiger lexikalischer Interferenz in deutschen Texten (5.3H–K),
- Partielle oberschichtliche Dreisprachigkeit Deutsch/Latein/Französisch im späteren 17. und im 18. Jh. mit der Tendenz zur höfischen und bildungsbürgerlichen Vorzugsstellung des Französischen, aufgrund intensiverer Sprachenkontakte durch literarische Bildung, besonders in der Aufklärungszeit, mit sozialdistanzierender Wirkung auf die Unterschichten (5.3L–S).
- Fortschritte im Kulturstatus des Deutschen wirkten sich auf Minderheiten und Nachbarsprachen jeweils in sehr unterschiedlicher Weise aus: Deutsch als Oberschichtsprache, Verkehrssprache, Bildungssprache oder für bloße ‚Semikommunikation' bzw. als ‚Halbdeutsch' (5.3T).

Als ein eigenes Kapitel (5.4) werden die innersprachlichen Folgen dieser Mehrsprachenkultur dargestellt: Verstärkter französischer Lehneinfluss auf die deutsche Sprache, dessen sprachsystematische Integration und die Weiterentwicklung der Lehnwortbildung zu einem Teilsystem des deutschen Wortschatzes. – Zu „Eurolatein" s. 5.4B!

B. Die Fremdsprachentendenz des deutschen Absolutismus kann als eine modernisierende Weiterentwicklung des traditionellen ‚Reichssprachenrechts' erklärt werden (Hattenhauer 1987, 9ff.): Offizielle Reichssprachen waren seit dem Mittelalter Latein und Deutsch (auch in umgekehrter Reihenfolge, z.B. im Reichstag und Reichskammergericht). Diese bis zum Ende des Alten Reiches geltende Regelung hielt in offiziellen Reichsangelegenheiten die modischen Trends der Fürstenhöfe zu Italienisch, Spanisch oder Französisch zunächst in Grenzen. Auch der (stets lateinisch erzogene) Kaiser durfte sich in formellen Reichssachen keiner Nicht-Reichssprache bedienen. Dafür sorgten kaiserliche Räte, Reichsstände, Reichstag, Reichskammergericht und vor allem die katholische Kirche (verstärkt seit der Gegenreformation). Auch die nicht-deutschsprachigen Reichsteile mussten sich an die Alternative Latein/ Deutsch halten. Ausländische Gesandtschaften mussten ihren Dokumenten mindestens eine entsprechende Übersetzung beifügen.

Das Reichssprachenrecht wurde wiederholt durch Maßnahmen bekräftigt und gesichert, die man als Frühformen von Sprachenpolitik erklären kann (vgl. 4.9): in den immer wieder bestätigten Satzungen der Kaiserwahl, in der Reichskammergerichtsordnung von 1555, der Reichshofratsordnung von 1654, zuletzt 1792 durch Franz II. Öfters gab es Ordnungsstrafen des Reichskammergerichts gegen unbotmäßige Prokuratoren. 1682 und 1717 kam es auf Reichstagen zu Konflikten, als französische Gesandte gezwungen werden sollten, ihren frz. Schreiben lat. Übersetzungen beizufügen, ohne direkten Erfolg. Dies führte jedoch zu einer neuen Bestätigung des Reichssprachenrechts durch den Kaiser auf Betreiben der Reichsstände, vor allem des Kurfürsten v.Brandenburg (Hattenhauer a.a.O.).

Eine grundsätzliche Abkehr von der Universalität des alten Reichssprachenrechts bedeutete das Sprachedikt Josephs II. von 1784 (Hutterer 1991, 165): In seinem gesamten Herrschaftsgebiet, auch in den Ländern der ungarischen Krone, sollte Deutsch an die Stelle des Lateins als Amtssprache treten; Beamte sollten unter Androhung der Entlassung binnen zwei Jahren deutsche Sprachkenntnisse nachweisen. Mit dieser Abschaffung des Lateins als *lingua franca* war das Ende der interlingualen und damit interethnischen Toleranz der Sprachenpolitik des Alten Reiches angekündigt, wurden die zum Ende der Habsburgermonarchie hinführenden nationalsprachlichen Bewegungen und Kämpfe des 19. Jh. provoziert (s. 6.4), obwohl der Reformkaiser seine Maßnahme noch nicht sprachhegemonial, sondern nur aufklärerisch-zentralistisch im Rahmen einer Verwaltungsreform verstanden hatte.

C. Das Festhalten am Latein war auch in der Jurisprudenz bis Mitte des 18. Jh.s besonders stark. Die akademischen Juristen bevorzugten es seit der Rezeption des römischen Rechts (vgl. 4.1D, 4.6E). Das Reichskammergericht war mit seiner stärkeren Treue zum Deutschen eine sprachenpolitische Ausnahme. Ganz anders die subalternen Hofbediensteten auf Sekretärsebene, die als Mitglieder in deutschen Sprachgesellschaften (s. 5.5F) mit ihren Bestrebungen der ‚Reinigung' und Pflege der deutschen Sprache bei den akademischen Juristen keinen Erfolg hatten. Diese beharrten als Minister, Kanzler oder Räte eifersüchtig auf ihrem Statussymbol Latein (Hattenhauer 1987, 18ff.). So kam es, dass die in der schönen Literatur und in den philosophischen Wissenschaften um 1700 bereits weit vorangeschrittene Kultivierung der deutschen Sprache im rechtssprachlichen Bereich noch lange unterblieb, genauer: in ständischem Konservatismus bewusst versäumt wurde. Hier wurden sprach(en)politische Aktivitäten erforderlich (Hattenhauer 1987, 24ff.):

Leibniz hatte bereits 1667 eine Übersetzung des *Corpus iuris* und den Gebrauch des Deutschen bei juristischen Disputationen an der Universität gefordert, bestand aber später in der Polemik gegen die „seichte Mode deutschsprachiger Universitätsvorlesungen" (seit Thomasius) auf der Unentbehrlichkeit des Lateins als juristischer Wissenschaftssprache *(lingua Europaea universalis et durabilis ad posterioritatem)* und begnügte sich mit den deutsch-lateinischen Übersetzungsgleichungen der üblichen Rechtspraxis. Immerhin wurde durch Leibniz die Pflege der deutschen Sprache zur Staatsangelegenheit im Programm der Berliner Societät der Wissenschaften im Auftrag des Königs (s. 5.5 O). Der Monarch interessierte sich aber konkret vor allem für den Stil seiner Beamten: „Aus der Standessprache der Juristen sollte eine staatlich überwachte Amtssprache werden" (Hattenhauer 1987, 26).

Der sprachenpolitische Anstoß zur Pflege der deutschen Rechtssprache kam verspätet mit der Kodifikationsbewegung des 18. Jh.s, ganz unabhängig vom Wirken der Sprachgesellschaften, also nicht aus kulturpatriotischen Beweggründen, sondern aus dem „Systemstreben des Vernunftrechts" der Aufklärungszeit (Hattenhauer 1987, 34ff.): „Die Rechtslehre des Rationalismus verlangte, daß der herkömmliche Stoff auf sein Wesen verdichtet werde. [...] Man setzte diese wissenschaftliche Erkenntnis um so mehr in eine rechtspolitische Forderung um, als durch solche Vereinfachung des Rechts Erleichterung für den Untertan und kommenden Bürger erhofft wurde. Das rechtssuchende Publikum sollte nicht länger den Händen von gewissenlosen und geldgierigen Anwälten ausgeliefert sein, deren römisch-rechtliche Geheimwissenschaft ihnen ihr übles Handwerk erst zu ermöglichen schien. Der Bürger sollte, wenn er nur hinreichend gebildet war, sich selbst Belehrung aus der schönen Klarheit neuer Gesetzbücher verschaffen können" (Hattenhauer a.a.O.).

Entscheidend beeinflusst war die deutsche Kodifikationsbewegung von Montesquieus Aufsehen erregendem Buch „Vom Geist der Gesetze" (dt. Übers. 1748), durch das die Forderung nach einer den Bürgern verständlichen Gesetzessprache über die „Einschärfung landesväterlicher Moral" hinaus zu einer „Forderung an den Gesetzgeber und zum Gegenstand der Politik und Bürgerrecht geworden war" (Hattenhauer 1987, 39): Der junge Preußenkönig Friedrich II. eiferte ihm nach in seiner Schrift *„Über die Gründe, Gesetze einzuführen oder abzuschaffen"*, ebenso – wenn auch kritisch – Karl Ferdinand Hommel in seinem Festvortrag *Principis cura leges / Des Fürsten höchste Sorgfalt: die Gesetze* (1765).

Fürstliche Anordnungen in Preußen brachten die Bewegung gegen den Widerstand der traditionellen Juristen nur mühsam in Gang. Ein Auftrag des Kurfürsten Friedrich Wilhelm an Thomasius und die Juristenfakultät Halle 1714, in 3 Monaten Kodifikationsentwürfe vorzulegen, hatte nicht zu überzeugenden Ergebnissen geführt; eine moderne deutsche Gesetzessprache gab es noch nicht, und Thomasius hatte in sprachlicher Hinsicht nicht die Fähigkeiten Wolffs (vgl. 5.11N–Q). Zum Erfolg führte die Kodifikationsbewegung vor allem durch Bemühungen des aufgeklärten Monarchen Friedrich II., der damit die Entwicklung zum ‚Rechtsstaat' im Sinne der „defensiven Reformen von oben" (Wehler) in Gang gebracht hat.

Friedrich beauftragte 1749 den Großkanzler Samuel v. Cocceji mit dem *Project eines Corporis Iuris Fridericiani*, wieder ohne Erfolg, obwohl der König schon 1748 in der *Instruction für das General-Directorium* Ministern und Räten angedroht hatte, sich bei Zuwiderhandlungen gegen sein Gebot *„deutlicher, kurzer, auf anzuzeigende Raisons sich gründender"* Verwaltungssprache sie und nicht die Sekretäre zur Verantwortung zu ziehen (Hattenhauer 1987, 43, 47f.). In einer Kabinettsordre von 1780 bemängelte er, die Gesetzessprache sei *„größtentheils in einer Sprache geschrieben, welche diejenigen nicht verstehen, denen sie doch zu ihrer Richtschnur dienen sollen, [...] die durch Dunkelheit und Zweydeutigkeit zu weitläufigen Disputen der Rechtsgelehrten Anlaß geben"* und verlangte, *„daß alle Gesetze für Unsere Staaten und Unterthanen in ihrer eigenen Sprache abgefaßt, genau bestimmt, und vollständig gesammlet werden"*. (Hattenhauer 1987, 48f.).

Diese aufklärerische Rechtssprachpolitik verband den Sprachenwechsel Latein → Deutsch zugleich mit der Sprachkultivierungsaufgabe eines allgemeinverständlichen, klaren Deutsch. Vorbildgebender Erfolg dieser Bewegung wurde das preußische *Allgemeine Landrecht* von 1794 (dazu s. 5.12J).

D. Während also im Reich und im Rechtswesen die nach Sachbereichen (Domänen), Institutionen und Textsorten geregelte lateinisch/deutsche Zweisprachigkeit des Spätmittelalters bis in die absolutistische Zeit fortgeführt worden ist, wirkte sich das Festhalten an der Wissenschaftssprache Latein als Kulturmonopol und soziales Disziplinierungs- und Distanzierungsmittel aus, im Sinne einer konservativen Elitebildung in der als *Untertanen* und Staatsdiener domestizierten bürgerlichen Oberschicht. Während sich in Italien der Übergang vom Latein zur ‚Volkssprache' als Wissenschaftssprache bereits im 16. Jh., in Frankreich und England im 17. Jh. allmählich vollzog, blieben die akademischen Wissenschaftler in Deutschland noch bis weit ins 18. Jh. überwiegend beim Latein (Pörksen 1986, 56ff.) oder verzögerten im 18. Jh. den Übergang zur deutschen Wissenschaftssprache teilweise mit dem international renommierten Französisch (s. 5.3L).

Nach Tschirch (1969, Bd.II, 244) überstieg die Zahl deutschsprachiger Druckpublikationen in Deutschland erst 1681 geringfügig, ab 1692 zunehmend die der lateinischen, die zum größten Teil akademische Literatur war, in der Jurisprudenz erst 1752. Noch Anfang des 18. Jh.s betrug der lat. Anteil rund 30%, Ende des 18. Jh.s 5%. Dissertationen und Festreden wurden z.T. noch bis ins 19. Jh. lateinisch verfasst, Promotionsurkunden manchmal bis ins 20. Jh. Im Bereich der höheren Schulbildung blieb Latein in den *Latein-* oder *Gelehrtenschulen*, den späteren humanistischen Gymnasien, obligatorisches Standessymbol als Weg zum Universitätsstudium und zu staats- und kirchentragenden Ämtern und Berufen. Dies gilt nicht nur für die jesuitische Lateinrenaissance im katholischen Süddeutschland, sondern im gleichen Maße auch für das zweischichtige lutherisch-protestantische Bildungssystem seit Melanchthon (vgl. 4.2P). Die „absolute Latinität" als Unterrichtsgegenstand, Unterrichtssprache, Lehrbuchsprache, ja auch in Schuldramen und im Schülergespräch war nur in Unterklassen und in Religion gelockert (O.Ludwig 1988, 23f.).

Der Übergang vom Gelehrtenlatein zum Deutsch als Wissenschaftssprache war mühsam und langwierig. Er ist mit den Namen Leibniz und Thomasius als sprachenpolitischen Wegbereitern verbunden (zu Wolff vgl. 5.11 O–Q). Der Philosoph Gottfried Wilhelm Leibniz hatte zwar schon 1683 in seiner (ausnahmsweise deutsch verfassten)

Schrift *Ermahnung an die Teutsche, ihren verstand und sprache besser zu üben* gefordert, die deutsche Sprache zur Wissenschaftssprache zu entwickeln. Er war dazu angeregt durch die Sprachkultivierungsbemühungen wissenschaftlicher Akademien in Frankreich und England, deren Mitglied er war, auch durch Sprachpflegeeinrichtungen in Italien und England (s. Boros 2005).

Entsprechende Bemühungen deutscher Sprachgesellschaften (s. 5.5E–K) kritisierte er: sie hätten mit ihrer *Poeterey* zwar *„Blumen, aber keine Früchte"* hervorgebracht und sie seien mit ihrem Eifer der Sprachreinigung *„zu weit gegangen"* und hätten dadurch *„andere gegen sich erregt"*. Leibniz selbst publizierte weiterhin auf Latein oder Französisch. Die internationale Universalität der beiden prestigereichen Wissenschaftssprachen war ihm wichtiger. Auch in seinen *„Unvorgreifflichen Gedanken betreffend die Ausübung und Verbesserung der deutschen Sprache"* (1696/99, ebenfalls erst posthum veröffentlicht) setzte er sich nur mit Vorbehalt für eine Verdeutschung der Juristensprache ein (Hattenhauer 1987, 22ff., Pörksen/Schiewe 1983c; vgl. 5.6EM).

Leibniz forderte deutsche Sprachpflege, nach Vorbild der Londoner Royal Academy; im Stiftungsbrief zur Gründung der Berliner Akademie der Wissenschaften (1700) hieß es: Sie sollte *„Studien zur Erhaltung der deutschen Sprache in ihrer anständigen Reinigkeit auch zur Ehr und Zierde der deutschen Nation betreiben"*; ausführlicher später in ihrer *Generalinstruction* als Auftrag des Königs: *„Reinigkeit und Selbstand der uralten teutschen Haubtsprache"*. Die Akademie hat diesen Auftrag jedoch nicht erfüllen können: Sie ging 1744 auf Anordnung des Königs zum Französischen über.

E. Ein unmittelbar wirksamer Anstoß für den Übergang vom Latein zum Deutsch in der Universitätslehre war – nach folgenlosen Versuchen weniger Anderer an anderen Universitäten seit Paracelsus (vgl. 4.6D) – der spektakulär inszenierte Sprachenwechsel des Leipziger Privatdozenten Christian Thomasius im Jahre 1687: Am Schwarzen Brett der sehr konservativen Juristenfakultät hängte er eines Tages einen Anschlag aus, mit dem er eine Vorlesung über Moralphilosophie in deutscher Sprache ankündigte (Pörksen 1986, 46):

„Christian Thomas / eröffnet / Der Studirenden Jugend / zu Leipzig / in einem Discours / Welcher Gestalt man denen Frantzosen in gemeinem Leben und Wandel nachahmen solle? / ein COLLEGIUM über des GRATIANS Grund Reguln / Vernünftig, klug und artig zu leben. – zu finden bei Moritz George Weidemann". – Zu Thomasius, seinen Vorgängern und Nachfolgern s. Hodermann 1899/96!

Es erscheint uns heute als Widerspruch, dass Thomasius einerseits etwas für die deutsche Sprache tat, dabei andererseits die kulturelle Nachahmung der Franzosen empfahl, über die höfischen Verhaltensregeln des spanischen Jesuiten Balthasar Gracián lehrte und in einem anstoßerregenden Auftritt auf dem Katheder in *alamodischer Cavaliers*-Kleidung (statt im traditionellen Talar) erschien: Es ging ihm aber primär um die Zerstörung des den kulturellen und wissenschaftlichen Fortschritt hindernden Lateinzwanges, wobei das Deutsche ebenso wie das Französische für ‚Modernisierung' stand. Er wollte auch in der Philosophie „an die Stelle des alten humanistischen Gelehrtenideals das französische Ideal des in der Welt brauchbaren, des weltläufigen *honnête homme* setzen und, darin Paracelsus vergleichbar, in der Loslösung vom Latein zugleich die Lösung von der tradierten Autorität und ihren Lehrinhalten erreichen" (Pörksen 1986, 47).

In sein nicht mehr ‚zunftgebundenes' Publikum bezog Thomasius ausdrücklich auch *Frauenzimmer* ein, weil sie nicht so lateinverbildet seien wie die Männer. Er musste zwar Leipzig bald verlassen, aber da er dann im benachbarten preußischen Halle Naturrecht auf Deutsch lehrte (gegen die Berliner Vorschrift) und mit begeisternden Vorlesungen, auch deutschen Stilübungen, viele Studenten anlockte, mussten die Leipziger 1711 im Konkurrenzdruck nachgeben und ließen Deutsch als Vorlesungssprache ebenfalls zu. Obwohl Thomasius auf diese Weise sprachenpolitischer Wegbereiter Christian Wolffs wurde, sollte er in seiner konkreten Sprachkultivierungsleistung nicht überschätzt werden. Sein akademisches Deutsch war eigenwillig und undeutlich, reichlich mit französischen Wörtern angemischt: Man solle die Franzosen *„hierinnen nachamen, daß man sich auf honnêteté, Gelehrsamkeit, beauté d'esprit, un bon gout und Galanterie befleißige"*; Leibniz hielt nichts von solchen modischen Gelehrten, die keinen *„rechten gustum doctrinae"* besaßen und sich *„nur ein wenig mit Mund und Feder behelfen und dabei en galant homme"* aufführten (Hattenhauer 1987, 27).

Das Beispiel des Avantgardisten Thomas hat aber auch in den höheren Schulen gewirkt (O.Ludwig 1988, 36ff.): Obwohl im Schuldrama mit Rücksicht auf das städtische Honoratiorenpublikum deutsche Vorreden, Zwischen-*carmina*, Szenen, Akte oder lat.-dt. Sprachwechsel bald unvermeidlich waren (nach dem Dreißigjährigen Krieg ganze dt. Schuldramen: Gryphius, Lohenstein, Hallmann usw.) und obwohl Reformpädagogen wie Ratke, Schupp, Weise, Francke in Schriften, Lehrplänen und Unterrichtspraxis eine *teutsche Oratorie* und *feinen deutschen Stylum* empfahlen und Methoden dazu entwickelten, ist nach dem Vorbild der Thomasiusschen Universitätslehre und der Franckeschen Stiftung in Halle erst im Laufe des 18. Jh.s das Latein allmählich durch gelegentliche deutsche Briefe, Nacherzählungen, Reden und Gedichte, erst Ende des 18. Jh.s durch offizielle dt. Unterrichtssprache ersetzt worden. Um 1700 beklagte Thomasius: *„[...] die meisten unter meinen Auditoribus, auch daß diejenigen / die ihr gut Latein von Schulen mitgebracht / wenig oder kein teutsch gekont / das ist / daß sie gar selten capabel gewesen einen deutlichen artigen Brieff zu schreiben / oder einen kleinen Satz formlich vorzutragen"* (n. O.Ludwig 1988, 39). Auch Deutsch als Unterrichtsfach ist vor Ende des 18. Jh.s nur vereinzelt, oft nur im Rahmen des Lateinunterrichts nachzuweisen (a.a.O., 42ff.).

F. Das Verhältnis zwischen Gelehrtenlatein und lebenden Sprachen ist in den naturwissenschaftlichen und technischen Fachsprachen gesondert zu betrachten, da die Innovationen auf diesen Gebieten großenteils auf der landessprachlichen Praxis und aktuellen internationalen Beziehungen aufbauten und damit den Gebrauch der Landessprachen oder moderner Fremdsprachen eigentlich nötiger gehabt hätten als Latein, zumal hierbei auch praktische Erfahrungen der *artes mechanicae* verwertet wurden (Seibicke 1973, 30). Aus diesem in Kap. 5.11B–D zu behandelnden Themenbereich soll hier nur das Verhältnis Latein/Deutsch vorweggenommen werden. Die akademische Nichtanerkennung und kirchliche Verdächtigung dieser die spätere Industrieproduktion vorbereitenden Tätigkeiten hat aus Vorsichts-, Geheimhaltungs- und Berufsprestige-Gründen den Übergang vom Latein zur Volkssprache in den Buchpublikationen stark verzögert. Dadurch ist die Entwicklung mündlicher deutscher Fachsprache nur unzureichend erfassbar (vgl. 4.6CD, 5.11B–D).

Für die Zunahme naturwissenschaftlicher und mathematischer Fachliteratur im 18. Jh. hat Uwe Pörksen (1986, 49ff.) zwei unterschiedliche Statistiken ausgewertet, in denen der Übergang vom Latein zum Deutsch in Druckpublikationen verhältnismäßig spät erscheint, in der Mathematik früher als in den Naturwissenschaften. Dabei ist der Anteil dieser Gebiete an der gesamten Buchproduktion erstaunlich gering, da große Teile der Mathematik, der Naturkunde und Naturphilosophie bis ins 18. Jh. im Rahmen der Philosophie, der Theologie oder des Quadriviums der Sieben Freien Künste (s. 4.2H) studiert oder im Rahmen der Medizin betrieben wurden. Erst seit Ende des 17. Jh. beginnen sich die Naturwissenschaften zu emanzipieren; naturwissenschaftliche Fakultäten wurden an deutschen Universitäten erst im 19. oder 20. Jh. aus der Philosophischen Fakultät herausgelöst.

Nach den von Rudolf Jentzsch untersuchten Leipziger Ostermessekatalogen von 1740, 1770 und 1800 ergibt sich (Pörksen a.a.O.): Die Gesamtzahl der Schriften ist zwischen 1740 und 1800 um das Dreieinhalbfache gestiegen, wobei der Büchermarkt um 1740 noch weitgehend für ein gelehrtes Publikum bestimmt war, während sich um 1800 zwischen wissenschaftlichen und populärwissenschaftlichen Schriften kaum mehr unterscheiden ließ. Der Anteil des Lateins sank dabei von 28% (1740) über 14% (1770) auf 4% (1800); dies entspricht ungefähr den in 5.3D genannten Tschirchschen Zahlen. Der Anteil der Naturwissenschaften betrug 1740: 1,5% (davon 2/3 lat.), 1770: 4% (davon 1/3 lat.), 1800: 5% (davon 1/6 lat.). In der Mathematik waren die Schriften bereits 1740 fast durchgehend deutsch, was mit der spätmittelalterlichen Tradition der praktischen Rechenbücher zusammenhängt, aber nicht darüber hinwegtäuschen darf, dass bedeutende Mathematiker und Astronomen noch bis ins 19. Jh. ihre Hauptwerke lateinisch publizierten (Pörksen 1986, 53).

Für repräsentativer hält Pörksen eine Statistik nach dem „Wolfenbütteler Verzeichnis medizinischer und naturwissenschaftlicher Drucke“ von 1472 bis 1831. Danach verhalten sich Latein und Deutsch zwischen 1520 und 1580 etwa gleichgewichtig, worauf Latein jedoch für die nächsten 200 Jahre deutliches Übergewicht hat (außer um 1680). Die Zeit um 1770 erscheint als auffälliger Wendepunkt: Zugleich mit starkem Ansteigen der Gesamtzahl geht die Kurve deutscher Titel steil in die Höhe, sinkt die der lateinischen endgültig ab.

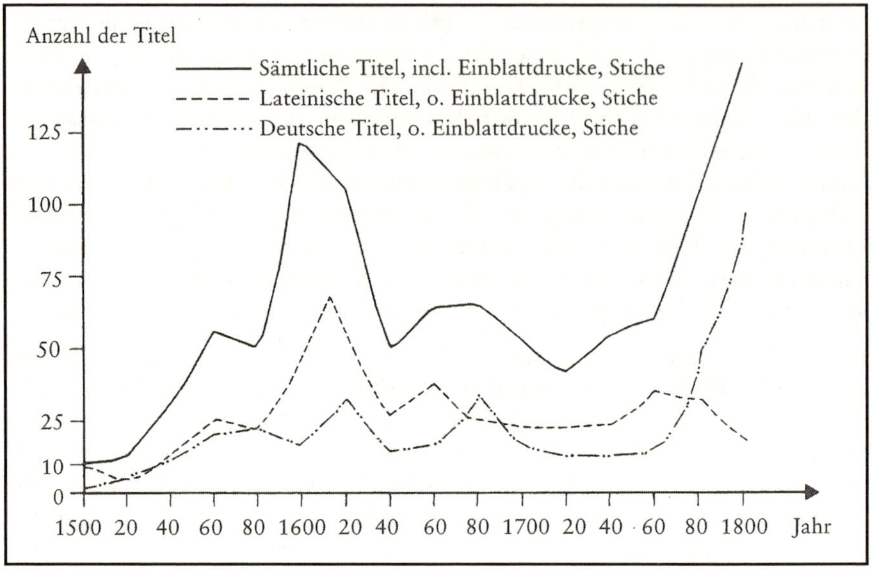

Abb. 5: Wolfenbütteler medizinisch-naturwissenschaftliche Drucke 1472-1831. (Quelle: Pörksen 1986, 55.)

G. Die Aufhebung des Neben- und Gegeneinanders von Latein und Deutsch durch sinnvolle Zweisprachigkeit versuchte im Jahre 1650 in unkonventioneller Weise die Mathematikerin und Astronomin Maria Cunitz in der Einführung zu ihrem lateinisch/deutschen Tabellen-Werk *Urania Propitia* (vgl. 5.11JK). In der deutschen Einleitung rechtfertigt sie die konsequente, adressatenspezifische Zweisprachigkeit ihres Werkes mit kulturpatriotischen und bildungspolitischen Argumenten (n. Guentherodt 1986, 35; 1987, 621ff.):

„Jetzt empfiende ich mich gefodert ſein / zu verantwortung deſſen / daß ich die einleytung in dieſe meine Tabeln (wieder gewonheit der Künſte) in zweyerley Sprachen beſchrieben habe. Dann es möchte iemand wähnen / daß ſolches auß begierd der newigkeit / oder einer fremden Sprache mich zu rühmen / oder anderer ohnnötigen Urſach wegen geſchehen ſey. Dehren ohnbillichen Urtheil mich zu entſchütten / ſey mein nothwendiger gegenbericht / das ich ſolches weder auß verwegenheit / noch ohn bedacht gethan ſondern angetrieben durch die Liebe deß Vaterlandes und die nothwendigkeit ſelbst; denn es iſt offenbahr / daß unter den Deutſchen zu erlernung der Astronomia / ſo begierig alß taugliche ingenia *ſindt / dehrer viel durch ohnkündigkeit der Lateiniſchen Sprache / davon zurück gehalten werden; dieſer verlangen hab ich' (als die mit ihnen einer Nation) unter keinem rechtmäſſigen* prætext, *die Frucht dieſer meiner Arbeit entziehen können. Denn auch die Heyden ſind der meynung geweſen / das unſer Arbeit beſter theil dem Vaterland gebühre. Und wir ſehen auch von andern Nationen / daß ſie dehro fürnembſte Erfindungen in ihrer Mutterſprache hervor geben" [...].*

Der Rücksicht auf lateinunkundige Deutsche (zu denen damals die Frauen gehörten) entspricht die Rücksicht auf Deutschunkundige in internationaler Wissenschaftskommunikation: Die vorangestellte lateinische Version begründet Maria Cunitz (die sich im Buchtitel akademisch-professionell *Cunitia* nennt) damit, dass sie zum *„allgemeinen Wachsthum der Kunſt [...] zu mehrer verwunderung der Allmachtigen Weißheit GOTTES"* beitragen will, also ihr Werk auch *„andern Nationen die unſere Deutſche Sprache nicht verſtehen"* zugänglich machen, andererseits verhindern will, dass ihr *„frey gebohrnes"* Werk durch eine fremde Übersetzung ins Latein *„verhüllet / verfälscht / und zerrüttet / auff allerley weiſe zu mießbrauchen"* werde. Diese modern anmutende, herrschaftsfreie, soziolinguistisch komplementäre Auffassung von Zweisprachigkeit in der Wissenschaft einer in ihrer Zeit außergewöhnlichen Frau war jedoch nicht zeittypisch.

Latein als akademisches Berufsprivileg war auch im Bereich der Medizin bildungs- und sozialpolitisch umstritten: Neben Verfassern deutscher Arzneibücher (vgl. 5.11D) engagierten sich deutschgesinnte Reformpädagogen wie Wolfgang Ratke (1612) und Johann Balthasar Schupp (*De opinione*, 1638) gegen die *Tyrannei* des akademischen Medizinerlateins: *„Warumb solte ich nicht eben so wohl in Teutscher Sprache lernen können, wie ich einem Krancken helffen könne [...] Es ist kein Sprach an eine Facultet gebunden, auch kein Facultet an eine Sprach".* (Telle 1979, 41).

H. Der Übergang vom traditionellen autoritären bzw. gelehrten Lateingebrauch zum *alamodischen* Renommieren mit Fremdsprachen (auch modernen) führte noch nicht unmittelbar zur beherrschenden Rolle des Französischen. Vom späteren 16. Jh. bis etwa zur Mitte des 17. haben wir es in Deutschland vielmehr mit einer Tendenz zu partieller ‚Vielsprachigkeit' zu tun, bei der neben Latein, Italienisch *(Welsch)* und Spanisch das Französische zunächst nicht den ersten Rang hatte. In der Übergangszeit von der Renaissance zum Barock gab man sich in Kleidung, Haartracht, Benehmen und Sprache gern den Anschein, weltgewandt und weitgereist zu sein. Es war die Zeit des *„gelahrt-akadämlichen Bombast"* (Fischart) und der *Sprachmengerey*, die in der neulat. Literatur auch *makkaronischer* Stil genannt wurde. Die modische ‚Vielspracherei' wurde gefördert durch eine starke Zunahme literarischer Übersetzungen ins Deutsche (die teilweise fremdsprachliche Wörter beibehielten) und durch Auslandsaufenthalte Deutschsprachiger in Fernhandel, Studium, *Cavalierstouren* und Militärdienst. Es kann also keineswegs, wie oft zu lesen ist, der Dreißigjährige Krieg als hauptsächlicher Auslöser für eine sprachliche ‚Überfremdung' Deutschlands betrachtet werden. Tiefere historische Ursachen sind die Folgen der überseeischen Entdeckungen und Kolonisierungen, der damit zusammenhängende ökonomische Vorteil süd- und westeuropäischer

Länder und die internationale Orientierung der Habsburger. Es gab auch eine alte kaufmännische Mehrsprachigkeitstradition im Fernhandel: Süddeutsche Kaufleute z.B. verkehrten auf Italienisch mit Venetianern und Genuesern. Auch im Nord- und Ostseeraum gab es adressatenspezifische Sprachenwahl im Geschäftsverkehr.

Als Ursachen des Niedergangs der deutschen Sprache infolge Fremdsprachengebrauchs und Sprachmischung nannte Georg Philipp Harsdörffer in einem Musterbrief seiner Schreiblehre *Der Teutsche Secretarius* (1655, 3. Teil, Nr. 30; n. Flemming/Stadler 1974/78, 12f.):

- dass in den Kirchen der Gottesdienst noch immer lateinisch gehalten würde,
- dass sich die Gelehrten *mit ihrem eingeschalten Latein / ein hohes Ansehen machen wollen*, ebenso die Juristen,
- dass im Dreißigjährigen Krieg die Bevölkerung, auch auf dem Lande, von ausländischen Truppen italienische und französische Wörter hätte lernen müssen,
- dass die Kauf- und Handelsleute italienische Buchführung eingeführt hätten,
- dass die *Sprach-Liebhaber* und *Sprachketzer* die Reform der deutschen Sprache entweder zu wenig oder zu stark betrieben (zu viel Übernahme oder zu viel Ersetzung lat. Wörter),
- dass man sich erst seit kurzer Zeit um die deutsche Sprache sorge.

Die Zeugnisse für diese vielfältige Fremdsprachentendenz sind großenteils satirische literarische Klischees besonders der 1. Hälfte des 17. Jh., wobei das Französische oft noch fehlt oder erst nach Latein und *Welsch* genannt wird (Zitate n. Langen, in: DPhA 1, 931ff.; Flemming/Stadler 1974/78, 12ff.; Wells 1990, 289, 303ff.):

„Da gibts Teutsche Spanier, Teutsche Franzosen, Teutsche Italiener, Teutsche Egelländer, Summa: der Teutsche Mann ein Allemodisch Mann“ (Traktat *Der Kleyder Teuffell*, 1629), wobei frz. *à la mode* wohl auf ‚alle Moden‘ umgedeutet ist. – *„Fast jeder Schneider will jetzund leyder der Sprach erfahren sein und redt Latein, Wälsch vnd Frantzösisch, halb Japonesisch“* (Moscherosch 1640). – *„Ihr mischet Teutsch, Welsch und Latein (doch keines rein)“* (Weckherlin 1619 über den Kanzleistil). – *„Die Herrschafften meynen nicht, dz ein Diener was wisse oder gelernet habe, wan er seine Schrifften nicht der gestalt mit Wälschen vnd Lateinischen Wörtern ziere und schmüke“* (Moscherosch, *Alamode Kehraus*, 1650). – Im Lustspiel *Horribilicribifax* des Andreas Gryphius (1663) sind die Sprachen Französisch, Italienisch, Spanisch, Latein, Griechisch, Hebräisch auf die komischen Figuren verteilt.

Einzelne persönliche Daten, etwa dass Karl V. mit Vorliebe Spanisch gesprochen und Ferdinand I. am Wiener Hof spanische Sitte und Sprache eingeführt habe, sind als Ausnahmen einzuschätzen. Die Fremdsprachbeherrschung kann im Allgemeinen nicht sehr perfekt gewesen sein oder war nur Sprachmischung. Ein Beispiel für die Vielseitigkeit der Fremdsprachentendenz sind die Briefe des kaiserlichen Feldherrn Wallenstein, in denen der Gebrauch von Wörtern und Wendungen aus mehreren Sprachen sowohl militärisch-expertenhaft als auch humanistisch gebildet als auch *alamodisch* wirkt:

Aus einem eigenhändigen vertraulichen Brief an den Obristen v. Arnimb aus Lauban vom 30.11.1627: „*Aus Warſchau werde ich bericht das die Polen bewilligt haben dem Künig auf 3 jahr eine ſtarcke* contribucion *den krieg wieder SSchweden zu* continuiren, *der SSchwed ſucht unſer freundtſchaft nicht* virtutis amore *ſondern* coactus necessitate *dahero wir ihn müſſen mitt worten* nutriren *denn an den wercken zweifl ich das er ſich hoch umb uns annehmen ſolte undt da man ja ein* acord *mit ihm machen thete [...] ſonſten bitte ich der herr wende allen müglichen fleiß an ihm die ſchief zu verbrennen die Pomriſche* porti *das der herr alle undt alle wirdt beſezt haben [...] denn ich hab meine* consideracionem *drin warumb ichs thue [...]*".

J. Dass Sprachmischung als lexikalische Interferenz, d.h. als kursorisches Benutzen fremdsprachlicher Lexeme und Phraseologismen in deutschen Sätzen, eine bewusste, gepflegte Gewohnheit war, wird deutlich an der typographischen Auszeichnung der als fremdsprachlich empfundenen Elemente in Antiquaschrift im sonst in Fraktur gedruckten bzw. kursiv geschriebenen Text (im obigen Beispiel: nicht kursiv). Diese Praxis, die seit der Humanistenzeit üblich war (vgl. 4.2E) und im Druck teilweise bis ins 18., handschriftlich bis ins frühe 20. Jh. bestand, wurde mit derartiger philologischer Akribie gehandhabt, dass man durch Typographiewechsel mitten im Wort den Unterschied zwischen fremdsprachigen („consideracionem“) und deutschen Flexionsendungen („continui*ren*“) kennzeichnete. Mehr als in anderen europäischen Sprachen ist in Deutschland der Unterschied zwischen gotischen (d.h. mittelalterlichen) Schriftarten (z.B. Fraktur) und der Renaissance-Antiqua (vgl. 3D2, 4.2E) metasprachlich funktionalisiert worden: als Unterscheidung zwischen deutsch und fremdsprachlich, zwischen schöngeistig und wissenschaftlich, zwischen patriotisch bzw. sprachpuristisch und internationalistisch. Während in romanischen Ländern, in den Niederlanden und in England die mittelalterlichen Schriftarten (engl. *black letters*) vom 16. bis 18. Jh. fast ganz verdrängt wurden, herrschten sie in Deutschland vom 16. Jh. bis in den Anfang des 2. Weltkriegs meist vor und wurden seit den Befreiungskriegen als ‚deutsch‘ ideologisiert; die stärkere Tendenz zur Antiqua im 17. Jh. und in der 2. Hälfte des 18. Jh.s, vor allem in wissenschaftlichen Werken, hat sich nicht durchsetzen können (Jensen 1969, 534ff.; vgl. auch M.Schulz 2012). Motive für diese Funktionalisierung der Typographie waren im 16. und 17. Jh. literarische Mehrsprachigkeit und Sprachmischung, im 17. und 18. Jh. meist Sprachpurismus, im 19. und frühen 20. Jh. Nationalismus. – Ein Symptom für Nichtintegration war im 17. Jh. auch die Kleinschreibung von Substantiven (falls im Text indigene Substantive groß geschrieben wurden), die Fremdflexion und die typographische Differenzierung von dt. Wortbildungen mit Lehnlexemen: *Kriegs*-Etat, Retour-*Schiff,* Bombardier*ung* (Brunt 1983, 104).

K. Die Vielsprachigkeitstendenz war weit entfernt von einem echten Polylinguismus im Sinne der Sprachenkontaktforschung. Nur in Ausnahmefällen ist mit voller Fremdsprachkompetenz neben dem Deutschen zu rechnen. In der Regel beherrschte man nur spezifische fremdsprachliche Register (im soziolinguistischen Sinne) für Sachgebiete, Rollen oder Situationen, abgesehen von den vielen sozialen Aufsteigern und Höflingen, die nur einzelne Wörter und Wendungen aus fremden Sprachen aufgeschnappt und schlecht und recht zum Renommieren verwendet haben. So darf man sich wohl vorstellen, dass in einer Hofgesellschaft gebildete Geistliche mit Gelehrten oder Juristen lateinisch über religiöse, philosophische und juristische Themen gesprochen haben, Fürstendiener im diplomatischen Dienst spanisch, italienisch oder französisch über *Staatssachen*, Kaufleute und Zeitungsschreiber italienisch über Geschäfte, Finanzen und die wirtschaftspolitische Lage, Militärs und Architekten französisch über Kriegführung, Ausrüstung und Festungsbau, Musiker italienisch über ihr Konzertieren, Tanz- und Zeremonienmeister französisch über das nächste Hoffest. Und alle, auch die *Standespersonen,* bedienten sich natürlich ihrer noch sehr variablen und regional differenzierten deutschen Sprache im alltäglichen, vertraulichen und emotionalen Verkehr untereinander und vor allem gegenüber Leuten unter ihrem Stande. – Vgl. zum Fremdspracherwerb in der Frühen Neuzeit auch die Einzeluntersuchungen in Häberlein/Kuhn 2010, zur wichtigen Rolle der frühen Zeitungen für die Verbreitung fremdsprachlichen Wortschatzes vgl. 5.12EF!

Auf bestimmte Register beschränkte Mehrsprachigkeit hatte Vorbilder in adressatenspezifischer Kommunikation im Fernhandel seit dem Spätmittelalter. Solche sprachliche Flexibilität (nach dem mittelalterlichen Empfängerprinzip bei Urkunden) gab es vor allem im mediterranen und im niederrheinisch-niederländisch-nordeuropäischen Handelsverkehr. Wie sinnvoll die Mehrsprachigkeitstendenz auf bestimmte Sprachregister konzentriert war, ist daran zu erkennen, dass der seit der Renaissance andauernde italienische Spracheinfluss auf zwei speziellen professionellen Gebieten beherrschend war und bis heute erhalten geblieben, also ausnahmsweise nicht vom französischen Einfluss des 17./18. Jh.s verdrängt oder überlagert worden ist: in kaufmännischer Buchführung und Bankwesen (*Kredit, Giro, Saldo, Storno, Valuta,* ... vgl. 4.7K) und in der Musik, wo im 17. und in der 1. Hälfte des 18. Jh.s der eigentlich professionelle Wortschatz fast ausnahmslos aus dem Italienischen entlehnt wurde (Tschirch 1969, Bd.II, 244f.):

Italienische Musiker spielten vielfach an deutschen Fürstenhöfen, deutsche Musiker machten Bildungsreisen nach Italien. Noch Mozart schrieb fließend italienische Briefe. Operntexte waren – bis auf wenige Ausnahmen seit Heinrich Schütz (1627) und bei komischen Opern – auch in Deutschland italienisch oder französisch. Seit 1776 bemühte sich Kaiser Joseph II., im Rahmen seiner Theaterreform *(Deutsches Nationaltheater)* deutsche Operntexte einzuführen, was nur sehr zögernd befolgt wurde (z.B. Mozarts „Zauberflöte", 1791). Noch Carl Maria v.Weber hatte als Opernkapellmeister in Prag (ab 1813) und Dresden (ab 1817) mit seinen Bemühungen um eine deutsche nationale Oper gegen den Widerstand des Hofes und der italienischen Künstlerlobby anzukämpfen.

Beim italienischen Lehnwortschatz in der Musik ist sprachpragmatisch interessant, dass vor allem die Benennungen in der mehr internen Musikerkommunikation bis heute international die italienischen geblieben sind: Bezeichnungen für

– Vortragsweise: *allegro, vivace, largo, crescendo, ritardando, ...*
– Stimmumfang: *Baß, Tenor, Alt, Sopran, ...*
– Instrumente: *Cembalo, Spinett, Violine, Flöte, (Forte)piano, ...*
– Stücke, Gattungen: *Aria, Toccata, Capriccio, Scherzo, Kantate, Duett, Trio, ...*

Demgegenüber ist in der mehr externen, gesellschaftlichen Kommunikation über aufzuführende bzw. zu tanzende Stücke im 18. Jh. der französische Einfluss beträchtlich gewesen: *Bourrée, Allemande, Ecossaise, Gigue, Gavotte, Musette, ...*

Zur Vielsprachigkeitsphase des 16./17. Jh.s gehört auch der Gebrauch des Niederländischen im Schiffahrts- und Handelsbereich und als Bildungs- und Verkehrssprache im Nordwesten, besonders in den Hansestädten (vgl. 4.9D, 5.8 O). Beliebtester ausländischer Studienort deutscher Protestanten war Leiden. Zahlreiche Lehnwörter im Dt. (aus dem Franz. und aus der Neuen Welt) und verdeutschende Lehnprägungen (vgl. 5.5L) sind über das Niederländ. vermittelt worden. Zum niederländ. Einfluss auf Sprachgesellschaften vgl. 5.5G!

L. Die ‚Vielsprachigkeits'-Tendenz ist durch die Festigung des territorialstaatlichen Absolutismus allmählich von einer Vorzugsstellung des Französischen als Sprache der barocken Hofkultur abgelöst worden. Die Sprachkultur in Deutschland war im späteren 17. und im 18. Jh. im Allgemeinen von einer komplementären Dreisprachigkeit Deutsch/Latein/Französisch gekennzeichnet, die aber im 18. Jh. durch Überhandnehmen des höfischen und intellektuellen Französisch in Teilen der Oberschicht in eine deutsch/französische Zweisprachigkeit überzugehen begann, zumal der Hochadel dem akademischen Latein von jeher und zunehmend ferner stand und sich modernisierende deutsche Gelehrte seit Thomasius mehr dem internationalen Französisch zuwandten.

Diese Tendenz kritisierte 1722 Johann Jacob Moser in seiner *Abhandlung von der Teutschen Sprache* (n. Hattenhauer 1987, 13): *„Es ist unläugbar, daß an vielen Höfen*

Teutschlands der Gebrauch der Frantzösischen Sprach und die estime, welche man davon gemacht, schädlichen Effect gehabt, und vor das gemeine Beste sehr nachtheilige Impressiones gegeben." Er fordert, „*daß man in publiquen Negotiationen und solennen Tractaten sich eben so in der Teutschen oder Lateinischen Sprach in Teutschland könnte bedienen, als wir uns der Frantzösischen in Versailles gebrauchen müssen*".

Die stärkere Neigung zum Französischen an den deutschen Fürstenhöfen hatte etwas zu tun mit dem Widerspruch zwischen Reichsgewalt und absolutistischer Territorialherrschaft: Die Reichsinstitutionen hielten bis zum 18. Jh. an der altfeudalen Zweisprachigkeit Deutsch/Latein fest und überwachten deren Einhaltung in offiziellen Texten und Situationen gegen das modisch werdende Französisch. Die Landesfürsten dagegen benutzten das Französische zur Symbolisierung ihrer modernisierenden Souveränitätsauffassung gegen die Reichsgewalt und um international etwas zu gelten (Hattenhauer 1987, 8). Auch ein ‚Konsumzwang' deutscher Fürstenhöfe in Bezug auf moderne Luxuswaren aus dem merkantilistisch fortschrittlichen Frankreich hat dabei eine Rolle gespielt (Brunt 1983, 1ff., 51ff.; s. 5.4E). Hier war also – noch vor der unwiderstehlichen Ausstrahlung des Versailler Hofes unter Ludwig XIV. – modernisierendes europäisches Kulturprestige das Motiv für den Gebrauch des Französischen. So ist es zu erklären, dass trotz der ablehnenden Haltung gegen die Expansionspolitik Frankreichs seit etwa 1680 in der öffentlichen Meinung in Deutschland die kulturelle Nachahmung Frankreichs bis kurz nach der Französischen Revolution anhielt (Brunt 1983, 22ff.).

Die allmähliche Etablierung des französischen Sprachprestiges in Deutschland kann nur ungefähr für die 1. Hälfte des 17. Jh.s erschlossen werden. Um die Jahrhundertmitte löste Französisch das Italienische bzw. Spanische als höfische Dachsprache ab. Dies stimmt zum ersten starken Ansteigen französischer Lehnwörter nach etwa 1600 aufgrund der Erstbelege im DFWB (s. 4.7A und 5.3P). Jedenfalls war in den 1680er Jahren für modernisierende Gelehrte wie Thomasius und Leibniz Französisch bereits eine Selbstverständlichkeit als Sprache des wissenschaftlichen und kulturellen Fortschritts in Europa. Für den allmählichen Übergang zu Französisch als vornehme Verkehrssprache gibt es Einzelhinweise:

Das erste deutsche Fremdwörterbuch, Simon Roths *Deutscher Dictionarius* (1571) zeigt weder fremdwortfeindliche Haltung noch einen nennenswerten franz. Einfluss; die Stichwörter sind fast ausschließlich lat. Herkunft (Langen, in: DPhA 1, 934; vgl. zu Roth ausführlich Kremer 2013). – Noch 1611 musste der Prodekan der Gießener phil. Fakultät einen französischen Vortrag eines Deutschen auf Latein und mit der Bemerkung ankündigen, die meisten Hörer würden wohl, wie er selbst, ihn nicht verstehen (Lüdtke, in: LGL 875). – 1629 spricht der franz. Botschafter in Wien italienisch. – Die im frühen 17. Jh. entstehenden Sprachgesellschaften (s. 5.5E–K) richten sich gegen sprachliche Überfremdung des Deutschen allgemein, nicht speziell gegen französischen Einfluss. Doch schon im Jahre der Gründung der *Fruchtbringenden Gesellschaft* (1617) stiftete die Schwägerin ihres Gründers, Ludwigs v.Anhalt-Köthen, eine frankophile Gegen-Gesellschaft *La Noble Academie des Loyales*, der 20 hochadelige Damen angehörten und die sich Schutz und Verbreitung der franz. Bildung und Sprache zur Aufgabe machte (Langen a.a.O., 940; Engels 1983, 108f.). – Um 1634/36 kämpfte Johann Lauremberg im dritten seiner niederdt. Scherzgedichte *(Van Almodischer Sprake und Titeln)* gegen *dat Frantzösische Düdsch* (Langen a.a.O., 942). 1642* klagt Moscherosch in seiner *„Geschichte Philanders von Sittewald"*, in eines *„neusüchtigen Teutschlings"* Herz seien 5/8 französisch, 1/8 spanisch, 1/8 italienisch und kaum 1/8 deutsch (Sauder 1992, 98). – 1644 beklagt Johann H. Schill in seinem *Ehrenkranz der deutschen Sprache*, dass die deutschen Junker früher deutsch geflucht hätten, jetzt aber mit *par ma foy, ventre Dieu, Corbleu, morbleu, Sambieu, morgoy* (Langen a.a.O., 935).

M. Sprachenkontakt mit dem Französischen war seit der zweiten Hälfte des 17. Jh. für die deutsche Oberschicht nicht mehr auf Reisen und Kriegsdienste beschränkt. Zwar gehörte die *Cavalierstour* nach Frankreich noch lange zu den notwendigen Bildungsstationen für einen *alamodischen* Adligen; er wurde aber schon darauf vorbereitet durch eigens für die Aneignung französischer Sitten und Sprache angestellte Hauslehrer, *Gouvernanten* und *Hofmeister*, die dann z.T. als Reisebegleiter weiterdienten. Andererseits gab es viele (auch für vornehme Patrizier interessante) *Courtoisie-* und *Komplimentierbücher*, Briefsteller und Sprachlehrbücher. Seit Ende des 17. Jh. gab es auch *Ritterakademien*, in denen Adlige neben Fechten, Reiten, Tanzen auch Französisch lernten. Das Reservoir französischer Sprachlehrer wurde, nicht nur in Preußen, hochwertig verstärkt durch die *Hugenotten*. Seit der Einladung des brandenburgischen Kurfürsten durch das Edikt von Potsdam (1685) siedelten sich etwa 20.000 Hugenotten (damals *Réfugiés* oder *Refugierte* genannt) im Brandenburgischen an, über 7.000 allein in Berlin. Hier, wie auch im übrigen Preußen, in Württemberg, Pfalz, Hessen pflegten sie in eigenen Gemeinden ihre französische Sprachkultur noch einige Generationen weiter und trugen vor allem in Städten, wo sie sich beruflich rasch integrierten, wesentlich zur kulturellen Modernisierung deutscher Territorien bei. In Berlin, wo sie um 1700 fast ein Fünftel der Bevölkerung ausmachten, ist durch sie die alte Zweisprachigkeit Niederdeutsch/Hochdeutsch in der Oberschicht vorübergehend durch eine deutsch/französische abgelöst worden (Hartmut Schmidt, 1986, 146ff.). Gegenüber Napoleon nannten sie sich *preußische Franzosen* (Wilke 1988, 56ff.).

Die Kurprinzessin Elisabeth Charlotte (‚Lieselotte') v.d.Pfalz hat bereits in ihrer Jugend am Heidelberger Hof bei ihrem Hofmeister, einem Protestanten aus der franz. Schweiz, gut Französisch gelernt. Ihre Gouvernante las mit ihr die Bibel auf Dt. und Franz. und lehrte sie Lesen und Schreiben in beiden Sprachen. Ihr Hofmeister begleitete sie in ihre Ehe mit dem Herzog v.Orleans nach Frankreich und blieb bis zu ihrem

Lebensende in ihren Diensten. Ihre Zweisprachigkeit hat sie sich – obwohl sie niemals mehr nach Deutschland reisen durfte – über 50 Jahre durch systematisches, häufiges Schreiben deutscher Briefe bewahrt, während ihre dt. Bediensteten ihr Dt. bereits nach 10 Jahren fast ganz vergessen hatten (Mattheier 1990; vgl. 5.8G). Ihr Französisch hatte, nach orthographischen Abweichungen, einen süddeutschen Akzent (J.Kramer 1992, 65ff.).

Die Zahl der Französisch-Lehrbücher in Deutschland stieg von 38 im 16. Jh. auf 173 im 17. Jh. (Sauder 1992, 98). Im 18. Jh. erschienen in Deutschland mindestens 400 Grammatiken oder Lehrwerke des Französischen in solcher Überproduktion, dass man über ihre Vielzahl klagte und marktschreierische Titel nötig hatte. Vielfach schrieb man diese Bücher auch *„zum Gebrauch des Frauenzimmers und anderer, welche kein Latein verstehen"*, gegen Ende des 18. Jh.s auch für Kinder und Jugendliche oder zum Selbststudium (Spillner 1985). Obligatorischen Französischunterricht in Gymnasien gab es seit um 1760/70 (Sauder 1992, 100).

N. In der neueren Forschungsliteratur und in Handbüchern ist es umstritten, ob und in welcher Weise es in Deutschland im 17./18. Jh. überhaupt eine wirkliche Zweisprachigkeit Deutsch/Französisch gegeben habe. Während Kratz (1968, 446) damit rechnet, dass sich „in den höheren Kreisen zeitweise eine perfekte Zweisprachigkeit entwickelte" (ähnlich Volland 1986, 12), formuliert Gessinger offener (1985, 110): „zumindest für die städtischen Bereiche ist für das 18. Jh. eine Diglossiesituation anzunehmen", wobei unter der *high language* der Diglossie allenfalls ein mit Französischem untermischtes Deutsch zu verstehen ist. Wells (1990, 289) relativiert und differenziert: „Nur in Grenzgebieten kann es in nennenswertem Umfang Zweisprachigkeit gegeben haben, und selbst dann zum großen Teil nur auf Dialektebene" [...] „Stattdessen bewirkt die literarische Zweisprachigkeit eine ausländische Art der Anrede sowie ausländische Vergnügungen und Beschäftigungen mit all dem dazugehörigen Wortschatz." Brunt (1983, 78) rechnet allenfalls mit begrenzter schreibsprachlicher Zweisprachigkeit, deren lexikalischer und syntaktischer Lehneinfluss aufs Dt. hätte zur Folge haben können, dass „the language of the upper classes would diverge from that of all other classes and no longer be comprehensible to them". Lüdtke (in: BRS 872) warnt vor Überschätzung des Lehneinflusses, der „ein langfristig wiederholbarer Bewußtseinsprozeß ist, den jeder auch nur minimal Zweisprachige stets nachvollziehen kann". Auch Spillner (1985, 134) meint, das Französische als Vertragssprache und die „anekdotischen" Äußerungen von Franzosen über Fast-nur-Französisch-Sprechen in deutschen Residenzstädten seien überbewertet worden (so auch Brunt 1983, 76ff; Wells 1990, 293):

„J'ay de la peine a m'imaginer que je suis en Allemagne quand je n'entens parler icy que françois". (Chappuzeau 1650 über den Hof des Landgrafen v. Hessen-Kassel; n. Kratz 1968, 446); *„Notre langue y est si universelle qu'elle y est presque la seule chez les honnêtes gens, et l'italien y est presque inutile [...] qu'ils ont absolument besoin d'une langue commune, et on choisira toujours le français.*" (Montesquieu 1728 über Wien; n. Spillner 1985, 133); *„Je me trouve ici en France. On ne parle que notre langue, l'allemand est pour les soldats et pour les chevaux; il n'est nécessaire que pour la route.*" (Voltaire 1750 aus Potsdam; n. Kratz 1968, 446).

Es ist selbstverständlich, dass es sich hier nicht um echte Zweisprachigkeit im Sinne soziolinguistischer Theorien oder heutiger bilingualer Regionen oder Länder handeln kann. Wenn man diesen französischen Gästen an deutschen Höfen nicht bloße Arroganz und Übertreibung unterstellen will, wird aus diesen Zitaten doch deutlich vorstellbar, dass Höflinge, Hofbedienstete (auch Friseure, Schneider, Kunsthandwerker), mit denen sie im spätfeudal ritualisierten Tageslauf überhaupt ins Gespräch kamen, alles versuchten, um den vornehmen Herren durch ausschließliches Französischsprechen zu Diensten zu sein. Wie aus diesen Zitaten hervorgeht, war der Gebrauch des Französischen an bestimmte Personen, Sachgebiete, Handlungsrollen und Situationen gebunden. Man kann also von einem partiellen, pragmatisch differenzierten Bilingualismus sprechen, der aus einigen auf Französisch gelernten und praktizierten Situations- und Rollenregistern bestand, nicht nur aus zusammenhanglos aufgeschnappten französischen Wörtern und Wendungen. Zwar ist der intellektuelle, exzentrische Preußenkönig Friedrich II., der fast nur Französisch schrieb und las und nur ein mangelhaftes Schriftdeutsch beherrschte (vgl. 5.8F), ein extremes Beispiel. Es gab immerhin im späteren 18. Jh. in Deutschland eine in der Oberschicht weit verbreitete beträchtliche Routine im Schreiben französischer Briefe; und die erstaunlich zahlreichen in Deutschland erschienenen Französischlehrbücher sind sicherlich nicht nur gekauft und beiseitegelegt worden. In West- und Süddeutschland waren Französischkenntnisse auch im Handelsverkehr seit Ende des 16. Jh.s erforderlich (Sauder 1992, 106).

O. Eine mindestens fachgebietsbezogene Zweisprachigkeit kann für Gelehrte seit Thomasius und Leibniz angenommen werden, allerdings nur in nicht sehr traditionalistischen, für internationale Innovationen offenen Fächern wie Philosophie und Naturwissenschaften, in denen die Rückständigkeit und der Provinzialismus deutscher Lateingelehrsamkeit nur durch Rezeption vor allem französischer Werke, Zeitschriften und Enzyklopädien zu überwinden war (Kimpel 1985, 2ff.). Der Höhepunkt französischer Wissenschaftssprache in Deutschland war es, dass auf Anordnung des frankophilen Friedrich II. die Berliner Akademie der Wissenschaften unter der Präsidentschaft des Franzosen Maupertuis 1744 beschloss, ihre Verhandlungen nicht mehr lateinisch, sondern ausschließlich französisch zu führen und zu publizieren, und dass sie dies, trotz der Gegenströmung der Napoleonischen Zeit, bis 1812 durchhalten konnte.

Dass dies doch einen Schritt zu weit ging, d.h. den Bilingualismusgrad deutscher Gelehrten überforderte, wird daran deutlich, dass Christian Wolff bei seiner Verhandlung über die Präsidentenstelle 1740 wegen unzureichender Diskussionskompetenz in Französisch ablehnte: „*[...] daß ich zwar das Französische wohl verstehen kann, wenn ich es lese, aber nicht wenn es geredet wird, viel weniger selbst reden. Hingegen Herr Maupertuis redet nichts als Französisch, und wenn einer Latein redet, wird es ihm wie mir bey dem Französischen gehen*“ (Mass 1985, 172). – Andererseits schrieb Leibniz wiss. Schriften und Briefe normalerweise lateinisch oder französisch, nur gelegentlich deutsch mit zahlreichen franz. Wörtern, die später meist nur literarisch vorkamen (Brunt 1983, 36).

Unter den deutschen Schriftstellern war in der 2. Hälfte des 18. Jh.s bis hin zum jungen Goethe und Schiller Schreib- und Redekompetenz in Französisch selbstverständlich (Sauder 1992, 107ff.; Brunot 1934; Spillner 1985, 133f.; Langen, in: DPhA 1, 1152): Wieland galt als der ‚französischste‘, er war bis um 1770 von der unerreichbaren Universalbedeutung des Französischen als belletristische Literatursprache überzeugt, ließ seine Werke mit Erfolg ins Franz. übersetzen und schrieb etwa die Hälfte seiner Briefe an bestimmte Adressaten in Französisch. Durch seinen Einfluss ist jedoch in den frühen 1770er Jahren eine auffällige ‚Wende‘ zum deutschen Briefeschreiben und zum deutschsprachigen Selbstbewusstsein von Literaten eingetreten, auch an aufgeklärten Fürstenhöfen wie in Baden und Weimar.

Über die Haltung zum Fremdsprachenlernen und dessen Methoden ist autobiographischer Literatur des späten 18. Jh.s viel zu entnehmen (Schreiner 1992): Für eine sehr kleine Schicht von Bildungsbürgern aus dem Patriziat (z.B. Goethe) waren das traditionell pädagogisierte Fremdsprachenlernen und die Lektüre fremdsprachiger Werke der Literatur und Wissenschaften (teilweise in zweisprachigen Ausgaben mit Latein oder Französisch als Übersetzungssprache) ein konstitutiver Teil ihrer humanistisch-kosmopolitischen und aufklärerischen Bildung, sowohl zur Lektüre von Weltliteratur im Originaltext als auch zur eigenen rhetorischen/ poetischen Schulung im Deutschen.

Goethe lernte schon als Kind 3 alte und 3 moderne Fremdsprachen mit Erfolg (Schreiner 1992, 27ff.): Er schrieb gern französische und englische Briefe und führte zur Übung Konversation in Französisch oder Italienisch. Trotz seiner guten Beherrschung und lustvollen Ausübung moderner Fremdsprachen (auch Englisch) war ihm Latein nach wie vor das wichtigste, unerlässliche Bildungsmittel, zumal er die meisten griechischen und arabischen, aber auch manche modernen Aufklärungsphilosophen nur in lateinischen oder zweisprachigen Ausgaben benutzen konnte. Obwohl er die aufklärerische Kritik am Fremdsprachenlernen durch Auswendiglernen (Rousseau) kannte und einsah, hielt er an dieser damals (mangels guter Sprachlehrer) fast einzig möglichen Methode fest und konnte ganze französische Dramen und Textanfänge wichtiger literarischer Werke in fremden Sprachen als rhetorische Übung fließend deklamieren. Französisch hat er dagegen „ohne Grammatik und Unterricht, durch Umgang und Übung, wie eine zweite Muttersprache“ (Dichtung und Wahrheit 524) gelernt, besonders im Theater und während der französischen Einquartierung im Elternhaus. Zur Sprachenkenntnis Herders, Wielands und Goethes und ihrer Haltung zum Fremdsprachenlernen s. Hüllen 2005b, 47–62!

Für Bildungsbürger der Mittelschicht und soziale Aufsteiger (z.B. *Anton Reiser* von Karl Philipp Moritz und Jung-Stilling) bedeutete Fremdsprachenlernen, vor allem Lateinbildung, ein hartes Brot als „Eintrittskarte“ zur höheren Bildung, d.h. als unerlässlicher, von akademisch Gebildeten und Obrigkeiten eifersüchtig gehüteter Schlüssel zum ständischen Aufstieg in geistige Berufe, vom Hauslehrer bis zum Gelehrten oder Hofrat (Schreiner 1992, 101ff.). Dieses Privilegiendenken hat, als neuhumanistische Volksbildungsbewegung, das Festhalten an der Bildungsmacht Latein im Gymnasium des 19. Jh.s wohl mehr geprägt als die idealisiert weitertradierte kosmopolitisch-polylinguale Haltung Goethes. Die auf Privilegien orientierte Motivation des Fremdsprachenlernens, besonders des Lateins, äußert sich auch im Ausschluss der F r a u e n aus dieser Männerdomäne, am Ende des 18. Jh.s noch schärfer als in der Frühaufklärung (Schreiner 1992, 185ff.):

Das Erlernen von Sprachen wurde bei Mädchen (auch höheren Standes) verhindert, kritisiert und von Frauen selbst ängstlich vermieden und verborgen, ebenso wie wissenschaftliche Frauenbildung überhaupt. Einzig das Französische war für Frauen als angemessen anerkannt, allerdings nur im Adel und gehobenen Bürgertum zur Förderung einer zweisprachigen Gastgeberin-Rolle, auch zum geheim Sprechen gegenüber *Domestiquen*. Selbst Cornelia Goethe, die die gleiche planvolle Erziehung genoss wie ihr Bruder, durfte nur moderne Sprachen lernen, kein Latein (Schreiner 1992, 238f.). Eine seltene Ausnahme – 130 Jahre nach Maria Cunitz (vgl. 5.3G, 5.11JK) – war Dorothea Schlözer, Tochter des Göttinger Gelehrten und Aufklärungs-Publizisten, die als erste geisteswissenschaftlich Promovierte an deutschen Universitäten gilt (Schreiner 1992, 239ff.). – Das Erlernen des Französischen durch *höhere Töchter* wurde zwar in größeren Städten und kleineren Residenzen vielfach in Instituten und Pensionen betrieben, aber allgemein weniger in geregeltem Unterricht, meist durch Einüben gesellschaftlicher Umgangsformen, Französischsprechen bei Handarbeiten und in regelmäßiger Lektüre französischer Literatur in Mußestunden (vgl. auch Kaltz 2006).

Mehr spielerisch-gemischt war der Umgang mit Fremdsprachen bei Mozart und in seiner Familie (Reiffenstein 1993b): Sein Vater verwendete in Briefen auch Französisch, Italienisch und ein wenig Latein, konnte auch Englisch. Mutter und Schwester hatten eine begrenzte passive Kompetenz in diesen Sprachen. Er selbst verwendete das Französische, das er nicht liebte, meist nur in Briefanreden oder parodistisch. An seine Schwester schrieb er 1787 über einen *„Musikalischen Spaß“*: *„Cara sorella mia [...] Je say Dir veramente nihil mehr di scribere, und dessentwegen Je faisois un piccolo quodlibet [...].“*

P. Wie schon bei den in Deutschland erschienenen Französisch-Lehrbüchern deutlich wurde, gehörte auch sonst eine beträchtliche Zahl deutscher Publikationen in Französisch zu den Anzeichen einer partiellen literarischen Zweisprachigkeit. Zwischen 1750 und 1780 waren noch 10% aller in Deutschland gedruckten Bücher in Französisch (Tschirch 1966/90, Bd.II, 249). Neben der absolutistischen Herrschafts- (d.h. Sozialdistanzierungs-) Funktion muss auch berücksichtigt werden, dass Französisch die Sprache der Aufklärung und des bildungs- und besitzbürgerlichen Fortschritts war. Dies wird besonders deutlich am Anteil französischsprachiger Zeitungen und Zeitschriften in deutschsprachigen Ländern: „Es sieht so aus, als habe der Raum der bürgerlichen politischen Öffentlichkeit in Deutschland über eine französischsprachige Enklave verfügt“ (Mass 1985, 160). Das Französische blieb für aufgeklärte Teile des Bürgertums trotz des Verfalls des höfischen Absolutismus in den Jahrzehnten vor der Revolution durchaus attraktiv, weil man in dieser privilegierten Sprache weltoffen, modern-wissenschaftlich und ungeniert Kritisches lesen und schreiben konnte. Man bewegte sich damit in einem exklusiven Kreis, geschützt vor dem Zugriff des *Pöbels* und der Zunftbürger ebenso wie der Lateingelehrten und der landesherrschaftlichen oder kirchlichen Zensur. Neben der Verbreitung aufklärerischer Ideen und wissenschaftlich-technischen Fortschritts diente die französische Presse vor allem auch den überregionalen Nachrichten- und Werbebedürfnissen des Fernhandels und des Bank- und Börsenwesens, so dass sie teilweise auch höfischen Kreisen für Wirtschaftspolitik und Luxusleben interessant war. – Das Französische wurde nach Konrad Schröder (2005, 17) „mit dem Frieden von Rastatt (1714) endgültig zur Sprache der internationalen Diplomatie“, längstens bis zum Versailler Friedensschluss (1919), als „erstmals eine gleichberechtigte englische Version des Vertragswerkes“ zustandekam.

Es gab nach Mass (1985, 158ff.) zwischen 1686 und 1789 fast 100 frankophone Journale, die in Deutschland redigiert und publiziert wurden, ab 1731 zunehmend, so dass etwa 10% der französischsprachigen Presse überhaupt in deutschsprachigen Ländern erschienen; das waren etwa 3% der deutschen Zeitungen und Zeitschriften, allein in Berlin 19, in Wien 12, in Frankfurt 11. Sie waren an lokalen Dingen wenig interessiert, hielten sich bei deutschen Themen zurück und brachten vor allem Nachrichten aus Westeuropa und aus der internationalen Politik und Wirtschaft, und zwar schneller als die deutschsprachige Presse. Die Artikel waren klarer gegliedert, glaubwürdiger kommentiert, teilweise schon wissenschaftsjournalistisch. Die französische Sprache und ihr privilegierter Status erlaubten diesen Journalisten (teils Franzosen, teils dt. Hugenotten) ein modernes journalistisches Selbstbewusstsein.

In Köln, damals „der vielleicht toleranzfeindlichsten Stadt Deutschlands“ (Mass 1985, 171) gab es 5 französische, 1 lateinische und etwa doppelt so viele deutsche Periodica zwischen 1700 und 1790. Während die deutschsprachigen in Umfang und Zahl meist zunahmen (von etwa der Hälfte aller Journale auf etwa zwei Drittel), blieben die französischen (1/4 bis 1/3) und das (um 1750 eingehende) lateinische relativ gleich; doch 1780 bis 1798 verdoppelten sich die französischen. Die *Gazette de Cologne* hatte schon um 1756 ihren Höhepunkt. Sie war reichsstädtisch und kaiserlich privilegiert. Ihre kommerziellen Werbeanzeigen reichten von Straßburg bis Amsterdam. Der *Nouvelliste politique d'Allemagne* erschien seit 1780 in Deutz, war erzbischöflich privilegiert und hatte durch seinen Herausgeber Mettra enge Verbindungen zu europäischen Fürstenhöfen wie zur Pariser Finanzbourgeoisie. Den Handel mit höfischen Luxusgütern förderte er ebenso wie die Ballonfahrt nach Vorbild der Montgolfière. Mit seiner positiven Beurteilung der aufgeklärten Politik Kaiser Josefs II. und der amerikanischen Verfassung war er erstaunlich liberal.

Die starke Expansion der Kölner französischen Presse im Jahrzehnt vor der Französischen Revolution und ihr rascher Untergang zur Zeit der Besetzung der Rheinlande durch französische Revolutionstruppen lassen darauf schließen, dass es sich hierbei nicht um irgendeine Außensteuerung handelte, sondern um politische und ökonomische Interessen der vorrevolutionär aufgeklärten deutschen Oberschichten. Nach der Revolution brauchte man französischsprachige Journale bald nicht mehr, da das erwünschte Interessante jetzt auch auf Deutsch zu lesen war, bis die Zensur wieder verschärft wurde.

Q. Deutsch/französische Zweisprachigkeit der adeligen und bildungsbürgerlichen Oberschichten auf ihrem Höhepunkt und Wendepunkt Ende des 18. Jh.s lässt sich exemplarisch am Schreibgebrauch des preußischen Reformers Karl Frhr. vom Stein aufgrund einer vorläufigen Durchsicht seiner Briefe und amtlichen Schriften zwischen 1773 und 1813 demonstrieren (hrg. v. E.Botzenhardt u. W.Hubatsch, Stuttgart 1957ff.): Etwa zwei Drittel der Texte sind deutsch, vor 1790 weniger, danach mehr. Seine Sprachenwahl ist adressatenspezifisch und themenspezifisch orientiert. An seinen Vater, dessen „reichspatriotische, altfränkische“ Gesinnung in der Einleitung hervorgehoben wird, schreibt er nur deutsch, an seine geistig sehr bewegliche, „allen geistigen Strömungen der Zeit zugewandte“ Mutter nur französisch, an manche nahen Verwandten und Freunde französisch, an manche deutsch, oft auch abwechselnd in beiden Sprachen an die gleiche Person. Das Französische dominiert gegenüber seinen (gräflichen) Schwiegereltern, gegenüber sozial und dienstlich Höhergestellten wie dem Minister Graf Hardenberg und im internationalen Verkehr. Manchmal geht er vom Französischen zum Deutschen über, nachdem ein Höhergestellter ihm deutsch geantwortet hat. Während er gegenüber mancher Gräfin oder Prinzessin auffällig lange beim Französischen bleibt, ebenso gegenüber seiner Frau, ist der Schriftverkehr mit Mitgliedern des preußischen Königshauses überwiegend deutsch, auch mit

König Friedrich Wilhelm III. Die Nachfolger Friedrichs II. haben sich deutlich von dessen Frankophilie abgewandt.

Unsicher ist Steins Sprachenwahl gegenüber seinem Studienfreund Franz v.Reden. Vom gemeinsamen Bergbaustudium her dominiert zuerst das Dt.; je mehr Stein und Reden beruflich (dienstlich) etabliert sind, desto mehr wechseln franz. Briefe an ihn mit dt. Von seiner Englandreise (1787) schreibt er ihm plötzlich englisch, bricht also in die damals in Deutschland noch kaum beherrschte modernere Prestigefremdsprache aus, muss aber, weil Reden irritiert scheint, gleich im nächsten Brief sich entschuldigen und zum Dt. übergehen, das weiterhin gegenüber Reden noch sehr lange mit Franz. wechselt. Steins Versuch, an britische Behörden und Ansprechpartner englisch zu schreiben, misslingt; seit seiner Verdächtigung als Industriespion muss er sich in das diplomatisch ungefährlichere und offiziellere Französisch retten.

Intratextueller Sprachenwechsel (code switching) kommt bei Stein öfters in Briefen an vertrautere Adressaten vor, meist mitten im Satz, vor allem beim Übergang von der ‚Beziehungs'-Kommunikation zu konkreten, praktischen Dingen im Bereich von Verwaltung, Recht, Wirtschaft, Bergbau: *„[...] Peut-être que Votre Excellence voudrait s'intéresser pour unseren verwaisten Bergbau und daß wir [...]"* (11.6.1784). – *„Vous nous avez demandé ein paar gute und mit Führung eines tiefen Schrams bekannte Häuer [...]"* (19.6.1784). – *„[...] et de faire alors un plan zu einer Oder Ufer und Teich Ordnung und zum Wasserbau selbst [...]"* (23.7.1792).

Seit den 1790er Jahren wechselt Stein häufiger vom Französischen ins Deutsche, wenn er zu Persönlichem übergeht und seine Ansichten und Empfindungen differenziert ausdrücken will, also die steife Konventionalität der stark ritualisierten höfischen Prestigesprache ihm nicht mehr genügt: *„[...] J'a lui donne l'habitude de se beherrschen und sich nicht ihren Empfindungen zu überlassen, da wahrscheinlich [...]"* (23.7.1792). – *„La santé de ma soeur est bien faible et abhängig von der Witterung. Ich besuche sie täglich [...]"* (30.4.1808). – *„[...] Den Gebrauch der Deutschen Sprache ziehe ich dem der Französischen vor, weil es unmöglich ist, in einer fremden Sprache uneigentliche Ausdrücke und Redensarten zu vermeiden und nicht Mißverstand zu veranlassen, und weil ich gewohnt bin, über ernsthafte Gegenstände in meiner Muttersprache zu denken [...]"* (9.6.1792).

Preußens Erhebung und der Sieg über Napoleon hatte auch in der obersten Gesellschaftsschicht eine stärkere Neigung zum Deutschen zur Folge. Herzogin Antonie v.Württemberg beginnt ihren Brief an Stein vom 2.11.1813 auf Französisch, fällt aber nach 3 Sätzen aus Siegesbegeisterung ins Deutsche: *„Lassen Sie mich in der heimischen lieben Muttersprache meinen Stolz und meine Freude ausdrücken, daß die Deutschen es wieder sind"*. Stein selbst ist aber gerade in dieser Zeit als Verwaltungschef des antinapoleonischen Bündnisses gezwungen, mit Rücksicht auf die russischen Verbündeten viele offizielle Briefe, Denkschriften, Anordnungen und Aufrufe französisch oder in beiden Sprachen zu schreiben. Französisch blieb noch weit ins 19. Jh. hinein die Sprache des internationalen Verkehrs. – Zu den Anfängen des deutsch-englischen Sprachenkontakts s. 5.4T!

R. Der Wendepunkt in der Fremdsprachentendenz in Deutschland liegt beim Latein im letzten Drittel des 18. Jh.s, als im Buchhandel (s. 5.3D), in den Naturwissenschaften (s. 5.3F) und in den höheren Schulen der Lateinzwang allmählich nachließ. In Bezug auf das Französische ist in literarischen Kreisen, vor allem durch Wieland, um 1770 eine starke Hinwendung vom Französischen zum Deutschen zu beobachten (Sauder 1992, 108ff.). Im öffentlichen Leben ist wenige Jahre nach der Französischen Revolution ein allgemeiner Prestigewandel in den nichtprivilegierten und republikanisch gesonnenen Teilen der Bevölkerung eingetreten. Im Versuch der ‚Mainzer Republik' (Winter 1792/93) haben weder die Besatzungstruppen noch die deutschen Jakobiner eine Französisierungspolitik betrieben; man mied Fremdwörter und bemühte sich um Übersetzung, da man bereits mit einem negativen absolutistischen Image des Französischen im Bewusstsein der für die Revolution zu gewinnenden Bevölkerung rechnete.

Die revolutionäre Wende im Sprachprestige des Französischen formulierte Georg Forster in Mainz 1792 agitatorisch: *„Damals, als Frankreich noch unter der Peitsche seiner Despoten und ihrer abgefeimten Werkzeuge stand, war es ja das Muster, nach welchem sich alle Kabinette bildeten! damals fanden Fürsten und Edle nichts so ehrenvoll, als ihre Muttersprache zu verleugnen, um schlechtes Französisch noch schlechter auszusprechen. Doch seht! Die Franken zerbrechen ihre Ketten, sie sind frei – und plötzlich ändert sich der ekle Geschmack des lispelnden und lallenden Aristokraten; die Sprache freier Männer verwundet seine Zunge; gern möcht er uns jetzt überreden, daß er durch und durch ein Deutscher sei, daß er sich sogar der französischen Sprache schäme, um hinterdrein mit dem Wunsch hervorzutreten, daß wir doch nicht den Franken nachahmen sollten".* (Georg Forster, *Im Anblick des großen Rades. Schriften zur Revolution*, hrg. v. Ralph R. Wuthenow. Darmstadt 1981, 41f.)

Die sprachenpolitische Situation änderte sich während der späteren französischen Besetzung des Rheinlandes (1794–1814): Als Mittel der Annexion hat man Französisch als Amtssprache eingeführt. Nationalistische Reaktion auf die z.T. rigorose zentralistische Sprach(en)politik im Geiste der Französischen Revolution (vgl. Guilhaumou 1989; Kramer/Winkelmann 1990, 89ff.) leitete auch in Deutschland eine Epoche nationalistischer Intoleranz gegenüber Fremd- und Minderheitensprachen ein, besonders seit den Befreiungskriegen (Sauder 1992, 118ff.; s. 6.5J). – Zum Rückgang des Französischlernens durch Sprachnationalismus, Franzosenfeindlichkeit und neuhumanistische Bildung mit Latein und Altgriechisch im 19. Jh. s. 6.5J! Zum Philhellenismus s. J. Werner 2005!

In den linksrheinischen französischen *départements*, von Köln über Koblenz, Mainz, Worms bis Speyer, galt 1794 bis 1814 Französisch als Amtssprache (J. Kramer 1992, 96ff.): In den unteren Behörden wurde aber, mangels französischsprechender Beamter, meist Deutsch verhandelt; das 1794 in Frankreich erlassene Verbot fremder Sprachen wurde im Rheinland nicht angewandt. Verordnungen und Zeitungen erschienen zweisprachig. Französisch als Unterrichtssprache konnte nur in den Eliteschulen durchgesetzt werden. In der Napoleonzeit wurden in Städten z.T. Straßennamen und Vornamen französisiert. – In der Zeit von 1789 bis 1814 hat – außer dem französischen Besatzungsregime – auch die Unbeliebtheit französischer *Emigranten* des *Ancien régime* bei der Entstehung von Franzosenfeindlichkeit in Deutschland eine Rolle gespielt (vgl. 5.12U).

S. Für eine Verbreitung französischer Sprachelemente auch in den sozialen Unterschichten gibt es Zeugnisse besonders aus der Zeit des Dreißigjährigen Krieges. Es kann sich im Allgemeinen nicht um mehr als den imitativen Gebrauch einzelner französischer Wörter und Wendungen gehandelt haben, die vor allem aus einem flüchtigen und z.T. gewaltsamen Sprachenkontakt durch Einquartierungen in Städten und Dörfern in Kriegszeiten oder aus Mitbringseln heimgekehrter Soldaten stammten. Zu französischem Lehnwortschatz in dt. Dialekten vgl. 5.4S. Dass als Beispiele für bestimmte Personen immer wieder Dienstleistungsberufe genannt wurden, lässt auch darauf schließen, dass diese gewerblich von oberschichtlichen Auftraggebern abhängigen Leute sich einige französische Wörter und Wendungen als schmeichelnde Werbemittel angewöhnt haben. Zitate nach Langen, in: DPhA 1, 937; Kratz 1968, 446:

„*Das unteutsche Wörtlein* Cavallier *ist bey uns närrischen Teutschen so gar gemein worden, daß auch die Bernhäuter und Stallbuben einander* Cavallier *schelten*“, Wörter wie *Serviteur, Chosen, changiren* seien „*nunmehr in Teutschland so sehr in Gebrauch kommen, daß sich auch die Spinnmägde damit erlustigen, ja die Baurjungen hinter dem Pflug von* Serviteur *und* Monsieur *wissen*“ (Rist, *Klaggedicht auf Opitzens Tod*, 1640). – „*Ein Schneider oder Schuster ist heutigen Tags nit mehr so ungeschickt, daß er nit auch sein Lateinische vnd Frantzösische brocken in sein teutsche Milch einwürft*“ (Schill, *Ehrenkranz*, 1644). – „*Averst doch de Nahme* Monsör *is nugar tho gemeen / Vörnehmen Lüden is he tho geringe und tho kleen / Idt findt nu alle* Monsörs, Monsörs / *De Fohrlüde am Strande, de Jungens up der Börs / Stalknechte, Scherschliper, Kockedrengen / De Laten sich nu all mit* Monsör *behengen*“ (Lauremberg 1652). – „*Bey uns Teutschen ist die französische Sprache so gemein worden, daß an vielen Orten bereits Schuster und Schneider, Kinder und Gesinde dieselbige gut genug reden. Solche eingerissene Gewohnheit auszutilgen stehet bei keiner Privat-Person, kommet auch derselben im geringsten nicht zu*“ (Thomasius, Ende 17. Jh.).

Unterschichtlicher Fremdspracherwerb war – wie von jeher bei Kaufleuten – bei Handwerkern auf ganz praktische, natürliche, aber meist nur fragmentarische Weise möglich, wie in autobiographischen Aufzeichnungen aus dem 18. und 19. Jh. bezeugt ist (Schreiner 1992, 246ff.): Weiterbildung durch Wanderschaft zu Meistern in anderen Ländern war bis nach der Mitte des 18. Jh. noch obligatorisch für die Meisterprüfung. Im Werbeverhalten gegenüber vornehmer Kundschaft war vor allem ein Minimum an französischen Wörtern und Redensarten erforderlich. Diese unsystematische Art der gelegentlichen Aneignung von Fremdsprache war ganz dem Zufall überlassen, diente nur der praktischen Verständigung, nicht einem Berufsziel oder Standesprestige. Der extreme Unterschied zwischen diesem kursorisch-praktischen Fremdspracherwerb und dem praxisfern auf Grammatik, Auswendiglernen und literarische Textlektüre konzentrierten Fremdsprachunterricht in den Oberschichten regte den jungen Kaufmannslehrling Gustav Langenscheidt dazu an, 1856 einen Verlag für praktisch-autodidaktische Fremdsprachlehre zu gründen.

Wesentlich intensiver war der dt.-franz. Sprachenkontakt in südwestlichen und westlichen Regionen von der Schweiz bis Luxemburg und im Rheinland (J.Kramer 1990, 103ff.). Ein Sonderfall ist die französisch-deutsche Mischsprache der deutschen Hugenotten (vgl. Böhm 2010). Trotz einiger kultureller Privilegien und z.T. isolierter Siedlungsweise ist in hugenottisch-reformierten Gemeinden das Französische nur in einigen Domänen (Familie, Kirche, Schule) erfolgreich weitergepflegt worden, z.T. in veralteter, fehlerhafter Weise als schwerverständliche ‚Kultsprache' zur Aufrechterhaltung der Sonderrechte; im Berufs- und Amtsverkehr waren auch die *Refugierten* auf Deutsch angewiesen. Seit etwa 1770 gab es Klagen über zu geringe Französischkenntnisse der hugenottischen Kinder. (J.Kramer 1992, 85ff.; Hartweg 1985).

Auf einer Radierung des Hugenotten Daniel Chodowiecki von 1775 ist im Begleittext ein seine Ware anpreisender alter hugenottischer Parfümerienhändler mit Bauchladen in Berlin sprachlich karikiert (Schildt/Schmidt 1986, 150f.):

> *„Bonjour mechers Messieurs! Kauff sick kut Savonet!*
> *Etuits, un schön Pomat von Wacks un renlick fett.*
> *Kauff Kauff sick in die Zeit, so hab sick in das Noth.*
> *O Monsieur! keb kleick kelt; Haselir nit: Ick brauck Brot.*
> *Ick nick kan borck; ich hab su Hauß Frau, un viel kind;*
> *Freß mi bal Ohr klat weck; Kauff un besahl keschwindt".*

In dieser Sprachform zeigen sich (nach Schmidt a.a.O.) schon deutlich die Anpassungsschwierigkeiten auch der deutschsprachigen Mischbevölkerung Berlins zwischen Hochdeutsch und Niederdeutsch: Mangelnde Unterscheidung */g/* : */k/*, */s/* : */ts/*; *k*-Aussprache des */ch/*; Zusammenfall von *mir* und *mich*, unnötige Reflexivpronomina. Ein anderes Beispiel für solches französisch-hochdeutsch-niederdeutsches ‚Pidgin' der teilweise assimilierten Hugenotten ist die parodistische Figur des Riccaut de la Marlinière in Lessings *Minna v. Barnhelm*.

In der (ab etwa 1848 überlieferten) Berliner Stadtmundart ist der Anteil französischer Wörter aber nicht höher als in anderen dt. Dialekten. Ab Mitte des 18. Jh.s waren die Hugenotten zweisprachig oder sprachen beide Sprachen vermischt; Oberschicht und reformierte Kirche hielten bis ins 19. Jh. an einem veralteten Französisch fest (Wilke 1988, 56ff.). Spätestens seit der Franzosenfeindlichkeit unter Napoleon mussten die deutschen Hugenotten ihr restliches Französisch verstecken und vergessen (Schmidt, a.a.O.). Vereinzelt hielt es sich in einigen zweisprachigen Gemeinden in Hessen bis ins späte 19. Jh. (Kratz 1968, 481ff.; J.Kramer 1992, 95).

Die zeitgenössische spöttische Erwähnung unterschichtlicher Französischkenntnisse kann – wie es besonders in dem Zitat von Thomasius mit

„austilgen" anklingt – als Naserümpfen oberschichtlicher deutscher Französischsprecher über etwas interpretiert werden, was dem *Pöbel* eigentlich nicht zukam. Wie noch weit ins 19. Jh. hinein üblich, diente das Französischsprechen vornehmer Leute auch als Mittel der Sozialdistanzierung und der Geheimhaltung gegenüber den Bediensteten. Auch wenn man das Französischsprechen in Deutschland nicht einseitig als absolutistisches Herrschaftsmittel erklärt, sondern es auch als ein Mittel der Aufklärung, also des kulturellen und politischen Fortschritts gelten lässt, bleibt seine Sozialdistanzierungsfunktion ein Teil davon, denn moderne Bildung war gerade durch Französisch in Deutschland ein exklusives Privileg. Diese sprachenpolitische Komplementärfunktion der Bildungs- und Standessprache Französisch wird deutlich ausgesprochen in folgender Stelle aus Herders *Briefen zur Beförderung der Humanität* (1793–97, 9. Sammlung; n. Gessinger 1985, 115):

„Wenn sich nun, wie offenbar ist, durch diese thörichte Gallicomanie in Deutschland seit einem Jahrhunderte her ganze Stände und Volksclassen voneinander getrennt haben; mit wem man Deutsch sprach, der war Domestique (nur mit denen vom gleichen Stande sprach man Französisch und forderte von ihnen diesen jargon als Zeichen des Eintritts in die Gesellschaft von guter Erziehung, als ein Standes-, Ranges- und Ehrenzeichen); zur Dienerschaft sprach man wie man zu Knechten und Mägden sprechen muß, ein Knecht- und Mägdedeutsch, weil man ein edleres, ein besseres Deutsch nicht verstand und über sie in dieser Denkart dachte [...] So geschah, was geschehen ist; Adel und Französische Erziehung wurden Eins und Dasselbe. [...] Der mächtigste, wohlhabendste, einflußreichste Theil der Nation war also für die thätige Bildung und Fortbildung der Nation verloren; ja, er hinderte diesem wie er sie etwa hindern konnte, schon durch sein Dasein."

Das Verhältnis zwischen Deutsch und Niederländisch, Deutsch und Dänisch, Deutsch und slawischen Sprachen, Deutsch und Jiddisch verdiente eigentlich auch in dieser Epoche schon einige Abschnitte in diesem Kapitel. Dies alles kann aber sinnvoller im Band III (6.4) im Zusammenhang von Sprachenpolitik im 19. und 20. Jh. mitbehandelt werden. – Zum frühen englisch-deutschen Sprachenkontakt und Spracheinfluss s. 5.4TU! – Zu Französisch und Deutsch/Elsässer-Dialekt s. 5.8 O (Ende)!

T. In der traditionellen Germanistik ist die Entwicklung des Gebrauchs von Deutsch als historischer Fremdsprache oder Verkehrssprache bei anderssprachigen Bevölkerungen in Randgebieten, in Nachbarländern und auch sonst in Europa wenig erforscht worden. Nur am Rande interessierte man sich für die „Germanisierung" slawischer Bevölkerung als „Zurück-" oder „Verdrängung" slawischer Sprachen (dazu s. 4.9N–S; 6.4). Seit der Nachkriegszeit ist die historische Mehrsprachigkeit auch bei Sprachminderheiten und Nachbarbevölkerungen mehr in den Vordergrund des Interesses gerückt, auch in Bezug auf den unterschiedlichen soziolinguistischen Status des Deutschen, so in Böhmen (seit Skála

1960), in der Slowakei (seit Piirainen 1989), in Schleswig und Dänemark (seit Winge 1987), in Luxemburg (seit Bruch 1953) usw.; s. 6.4.

Die Forschungslücke über Deutsch als historische Fremdsprache schließt seit den 90er Jahren Helmut Glück an der Universität Bamberg mit seinen Mitarbeitern in mehreren Forschungsprojekten und thematischen Veröffentlichungen: Das 17. und vor allem das 18. Jh. ist in dieser Hinsicht besonders wichtig, weil innovativ: Vom Hoch- und Spätmittelalter bis ins 17. Jh. gab es meist nur vereinzelte Nachrichten über Deutschlernen durch Fernhandel, Handwerkerwanderungen, Migration, Schüleraustausch, Sprachreisen, *Cavalierstouren*, Fernheiraten, *fahrendes Volk*, usw., durch Dolmetscher, zweisprachige Schreiber, geschäftsorientierten Deutschunterricht bei *Schreib-* und *Rechenmeistern*, vor allem im Hanseraum und in Oberitalien. Die Art des Sprachenkontakts war in den Nachbarregionen sehr verschieden: Traditionelle Unbeliebtheit des Deutschen in Frankreich, Italien, Spanien, England; gegenseitige orale Minimalverständigung auf Alltagsniveau, also die Praxis der „Semikommunikation" (Glück 2002, 305ff.), ohne Bedürfnis nach wirklichem Spracherwerb in Ländern mit anderen germanischen Sprachen: Niederlande, nordische Länder. Bis ins 17. Jh. spielte dabei das kommerziell weitverbreitete Mittelniederdeutsch der Hansezeit die Hauptrolle, so dass Hochdeutsch erst seit der Ausbreitung der Reformation allmählich, oft erst im 18./19. Jh. zu einer beachtenswerten übersetzten und gelernten Fremdsprache wurde. Bei ungesteuertem oralem Spracherwerb entwickelten sich hie und da Mischvarietäten: estnisches *Halbdeutsch, Wasserpolnisch, Kuchelböhmisch, Kucheldeutsch* usw. (Glück 2002b, 233–411).

Deutsch als Oberschichtsprache dominierte zeitweise als Niederdeutsch in den nordischen Ländern, als Hochdeutsch in Dänemark bei Hofe und im Militär. Asymmetrischen Bilinguismus mit Deutsch als Herrschaftssprache und antideutschem Sprachenkampf gab es seit der Hussitenzeit in Böhmen, zunächst mit sprachnationaler Zurückdrängung des Deutschen, dann gegenreformatorischer Unterdrückung des Tschechischen bis zum Untergang des Habsburgerreiches (s. 4.9S; 6.4.1UV). Dies alles begann längst vor der Zeit nachweisbaren deutschen Sprachunterrichts. Entsprechendes Lehrmaterial begegnet vereinzelt seit dem 15. Jh., häufiger seit der 2. Hälfte des 16. Jh.s in Sprachbüchern, Glossaren, Lexika und Grammatiken. Besonders in den kleinen und großen deutschen Grammatiken des 16. und 17. Jh.s finden sich, mehr als bisher wahrgenommen, fremdsprachdidaktische Absichtserklärungen und sprachkontrastive Darstellungsmethoden (Glück 2002b, 433–457); vgl. auch Jellinek 1913/14; Moulin 2000; McLelland 2005):

Die 1596 erschienene *„Grammatische Synopse"* für Deutsch, Lateinisch und Griechisch *„der Schuljugend zu Nutzen"* von Johannes Becherer, Rektor in Mühlhausen (Thür.), war eine didaktische Grammatik, die erstmalig auf Deutsch und mit deutscher grammatischer Terminologie erklärte und sprachkontrastive Unterschiede zwischen Deutsch und Latein (z.B. Tempora und Modi) hervorhob. Die *„Grammatica Germanica Nova"* (1616) von Stephan Ritter, Deutschlehrer in Straßburg, Lippstadt und Korbach, richtete sich vor allem an deutschlernende Franzosen und empfahl aus praktischer DaF-Erfahrung Übungen in mündlicher Konversation. Der bedeutendste Grammatiker des Deutschen in der Barockzeit, Schottelius (s. 5.6M3), hat mit seinem Hauptwerk *„Von der Teutschen HaubtSprache"* (1663) auch für Lerngrammatiken und Lehrwerke für DaF bis weit ins 18. Jh. Maßstäbe gesetzt. Der Lexikograph Matthias Kramer (s. 5.7D3) war nach Glück (2002b, 441) „das beeindruckendste Beispiel für systematischen, didaktisch reflektierten Unterricht im Deutschen als Fremdsprache", ein mehrsprachiger Sprachmeister und Verfasser von Lehrwerken auch fürs Deutsche. Auffällig modern in der Fremdsprachendidaktik waren im 18. Jh. Matthias Bél mit serbokroatischer und Valentin Popowitsch (s. 5.6M9) mit slowenischer Muttersprache (Glück 2002b, 448f.). Nach einem Rückgang durch den Dreißigjährigen Krieg wurde seit der Aufklärungszeit die neuhochdeutsche Schriftsprache in Russland, den baltischen Ländern und in Nordeuropa als erlernte Bildungssprache wichtig, in den Niederlanden und in Flandern als zweit- oder drittrangige Schulfremdsprache, in der Donaumonarchie auch als erzwungene Verwaltungssprache. Die erste zusammenfassende Darstellung *„Von den Sprachlehren für Ausländer"* findet sich im *„Versuch einer Historie der deutschen Sprachkunst"* von Elias Caspar Reichard, erschienen 1747 in Hamburg (Glück 2002b, 434f.).

Mehrsprachige Sprachführer und Lerngrammatiken des Deutschen gab es für Italiener seit dem 15. Jh. – so etwa das älteste bislang bekannte DaF-Manuskript, das auf 1424 datierte und in Venedig niedergeschriebene „Sprachlehrbuch des Georg von Nürnberg", der in der Nähe des „Fondaco dei Tedeschi" an der Rialtobrücke eine Schule für Wirtschaftsdeutsch unterhielt. Neben italienisch-deutschem Vokabular enthält es Handelsdialoge und Erklärungen zu verschiedenen Bereichen der deutschen Grammatik (vgl. Glück/Morcinek 2006). Frühe Belege für DaF-Lehrwerke in Frankreich – zum Selbststudium oder zur Unterweisung durch *maîtres de langue* – datieren auf das 16. Jh., z.B. das 1514 in Lyon gedruckte *„Vocabularium"* eines anonymen Verfassers oder die 1573/1574 in lateinischer Sprache für ein frankophones Publikum erschienene und in der Darstellung der griechisch-lateinischen Tradition verpflichtete Deutsche Grammatik *„Underricht der HochTeutschen Spraach"* des Notars und Fremdsprachenlehrers Albert Oelinger (vgl. Kaltz 2006; Moulin-Fankhänel 1994). Die Produktion grammatikographischer und lexikographischer Werke nimmt im 17. Jh. deutlich zu, Deutsch, oft als *„langue rude & grossiere"* empfunden, wurde vornehmlich aus praktischen Gründen, von Kaufleuten, Handwerkern, Diplomaten oder Studenten erlernt (Kaltz 2006, 77). – Zur Vermittlung von Sprachstandards durch DaF-Lehrbücher s. Langer 2004!

In den böhmischen Ländern war Deutsch seit dem 12. Jh. „neben dem Lateinischen das wichtigste Medium von Wissens- und Technologietransfer" (vgl. Glück u.a. 2002). Für Lettland hatte, mit Förderung des schwedischen Königs Karl XI., Johann Ernst Glück aufgrund seines Studiums in Wittenberg und Leipzig eine ähnliche Bedeutung wie Luther für das Deutsche als Bibelübersetzer und Schulgründer. Nach seiner Verschleppung nach Moskau wurde er unter Zar Peter I. in der gleichen Weise bis zu seinem Tod (1705) ein wichtiger pädagogischer Förderer von Frühaufklärung und Sprachenlernen (vgl. Glück/Polanska 2005). In Polen war Deutsch seit dem 12. Jh. die wichtigste moderne Fremdsprache bis zum Untergang der polnischen Adelsrepublik (1795) (vgl. Budziak 2011). In Skandinavien hingegen diente (neben dem Lateinischen, das im 9. Jh. mit der christlichen Mission über England eingeführt wurde) insbesondere das Mittelniederdeutsche bis ins 16. Jh. als Vermittlersprache, die „bei Wortentlehnungen z.B. aus dem Bereich Handel, Geldwesen oder Militär" aus romanischen Sprachen, seit dem Mittelalter aber auch bereits bei der Rezeption slawischer Wörter eine wichtige Rolle spielte. „Deutsch (Niederdeutsch) funktionierte als Lingua franca des Handels im Ostseeraum und in den bürgerlichen Kreisen der Handelsstädte." (Winge 2006, 121f., 132.)

Literatur

Mehrsprachigkeit, Sprachenkontakt: Badstübner-Kizik 2003. BBRS (Abschn. VII). Böhm 2010. Bruch 1953. Christ 2005. W.Fischer 2001. Fritsch 2005. Furrer 2002. Glück 2000c. Gut-Sembill 2005. Häberlein/Kuhn 2010. Hüllen 2005ab. Hüllen/Klippel 2005. Jones 1999. Kaltz 2006. Kimpel 1985. Kyes 1998. Lüdtke 1998. Moulin 2006. Newerkla 1999. Petersilka 2005. Pöckl 1981. Schreiner 1992. K.Schröder 1980–1985; 1992. K.Schröder/Walter 2011. Sigl 2000. Šimečková 1996. Sonderegger 1999. Tintemann 2004. J.Werner 2005.

Latein/Deutsch: BBRS (Schmitt 1061ff., Bentzinger 1665ff., Knape 1673ff., Henkel 3171ff., Holzberg 3183ff.). Beríc-Dukić 1988. Blackall 1966, 15ff. Breuer 1989; 1997. Chirita 1997. Flemming/Stadler 1974/78, 24ff. Fritsch 2005. Görgen 2002. Guentherodt 1987. Habermann 1996; 2002. Hartweg/Wegera 2005, 108–119. Hattenhauer 1987. W.P.Klein 2011. Knape/Sieber 1998. P.Koch 1985. Kudla 1999. Löffler 1991. O.Ludwig 1988, 23ff. Moulin 2006. Munske 1982. Niermeyer/van de Kieft 2002. Pohlke/Pohlke 2001. Pörksen 1986, 56ff. Schiewe 1996ab. R.Schmidt 2004. Telle 1979. Telling 1982. Warnke 2003. – Zu Eurolatein s. 5.4Lit!

Französisch/Deutsch: BBRS (Baum 1107ff., Hartweg 2778ff., Zollna 3192ff., Haubrichs 3331ff.). Berger 2002. Berschin 2006. Bray 2000. Brunot 1934. Burger/Zürrer 2010. Dahmen u.a. 1993. DPhA (Langen 1, 934ff.). Flemming/Stadler 1974/78, 10ff. Fuchs 1934. Furrer 2002. Gut-Sembill 2005. Hartweg 1999. Hartweg/Wegera 2005, 120ff. Haubrichs 2011. Kaltz 2006. P.Koch 1985. Kramer 1990; 1992; 2002. Kramer/Kowallik 1992. Kramer/Winkelmann 1990. Kratz 1968, 445ff. Lendle u.a. 1986. Mass 1985. Mattheier 1990; 1995. M.Naumann 1957. Petermann 1964. Petersilka 2005. Pitz 2008. Russ 1998. Sauder 1980. Scharloth 2003. Schreiner 1992. K.Schröder 1980; 2005. Spillner 1985; 1997. Stein/Heinrich 2011. Storost 1994. Trabant 1995. Wells 1990, 283ff. Welter 1980. Warnke 2003. – **Hugenotten, Waldenser:** Bergerfurth 1993. Böhm 2010; 2011. Eschmann 1989. Glück 2002. Hartweg 1981ab; 1985. Hirsch 1962. Kiefner 1993. J.Kramer/Kowallik 1992, 71ff. Lichtenthal-Millequant 1985; 1993. H.Schmidt 1986, 146ff. H.J.Schmitt 1996. Tintemann 2004. Wilke 1988. Zamora 1992.

Niederländisch/Deutsch: BBRS (deSmet 3290ff., Kremer 3390ff.). Cornelissen 2004. Ebeling 2000. Goossens 2011. Gützlaff 1988. Kiedroń 1991. Klijnsmit 1993.

H.Kuhn 2000. Ponten 1968. Prędota 2004. Roelcke 2002. L.E.Schmitt 1967. Smits 2011. – S. auch Bd.I: 4.7Lit! Bd.III: 6.4Lit!

Deutsch als Fremdsprache/Verkehrssprache: Badstübner-Kizik 2003. Budziak 2008; 2010. Glück 2000abc; 2002bc; 2004; 2011. Glück u.a. 2002. Glück/Schröder 2007. Glück/Pörzgen 2009. E.Günther 2002. Häberlein/Kuhn 2010. Janikowski 2002. Jellinek 1913/14. Kątny 2007. Koch 2002. Langer 2004. Lindemann/Letnes 2004. McLelland 2005. Meier 2001. Meier/Ziegler 2001. Mogensen 2000. P.O.Müller 2001. Newerkla 1999. Piirainen/Ziegler 2001. Prędota 2004. Rudziša 1995. Schöndorf u.a. 1987. Šimečková 1996. Skvairs 2001. Wagener 1999.

Verhältnis zu anderen Nachbarsprachen: S. auch 5.8Lit; 5.9Lit, Bd.I: 4.7Lit, 4.9Lit!; Bd.III: 6.4Lit! – Zu **Jüdischdeutsch:** S. 5.8Lit! – Zu Niederdeutsch/Hochdeutsch: S. 5.8Lit! – Zu slawischen Ortsnamen s. 5.8Lit: Namengebung, Ortsnamen!

5.4. Französischer und englischer Lehnwortschatz, Lehnwortbildung

A. In einer Zeit so vielfältiger und teilweise intensiver Kultursprachenkontakte (5.3) musste der Fremdspracheinfluss auf den deutschen Wortschatz außergewöhnliche Ausmaße annehmen, und zwar über gelegentliche Interferenzen weit hinaus als umfangreicher Lehneinfluss (Transferenz) mit weitgehend systematischer Anpassung (Integration) ins deutsche Sprachsystem (vgl. 2.3EF). In diesem für die Entwicklung des modernen Deutsch wichtigen Kapitel geht es um

- die Chronologie der relativen Mengenverhältnisse zwischen den Entlehnungen aus verschiedenen Sprachen und den deutschen Lehnwortbildungen (5.4BC),
- Entlehnungsperioden des französischen Lehneinflusses nach Textsorten, Wortarten, Sachgruppen und außersprachlichen Hintergründen (5.4D–F),
- Integrationsweisen der französischen Lehnwörter in Bezug auf Semantik, Lautung, Wortakzent, Schreibung, Flexion (5.4G–O),
- produktive Folgen des französischen Lehneinflusses in der deutschen Lehnwortbildung (5.4PQ),
- den ‚inneren' Lehneinfluss durch Lehnprägungen, Wortbildungstypen, Briefstil, politisch-soziale Begriffe (5.4R, dazu auch 5.9Y, 5.12K–O),
- Spuren französischen Lehneinflusses in den sozialen Unterschichten (5.4S),
- Anfänge des englischen Spracheinflusses (5.4TU).

B. Die relative quantitative Chronologie des lexikalischen Lehneinflusses kann – wie in der vorangegangenen Epoche (s. 4.7A) – an den Erstbelegen des DFWB grob veranschaulicht werden: Entlehnungen aus dem Latein gehen zurück von 42–54% in der 1. Hälfte des 17. Jh. auf 28% am Ende des 18. Jh.s Französische Entlehnungen nehmen zu von 37–40% in der ersten Hälfte des 17. Jh. auf über 50% seit etwa 1680 und auf rund 60% am Ende des 18. Jh.s Der italienische Lehneinfluss geht zurück von etwa 20% am Anfang des 17. Jh. auf zwischen 6 und 9 % seit Mitte des 17. Jh. Die Abnahme lateinischer und italienischer Entlehnungen geht also zusammen mit der Zunahme französischer Entlehnungen. Hierbei ist jedoch der gleichzeitige allmähliche Anstieg der im Schema eingezeichneten Entwicklungslinie deutscher Lehnwortbildung mitzuberücksichtigen, d.h. die Prozentsätze der im DFWB-Register mit „dt." gekennzeichneten Wörter, die im Rahmen eines neuen Teilsystems deutscher Wortbildung mittels längst ins Deutsche entlehnter Lehnelemente bei der Produktion deutscher Texte (Übersetzungen, Fachtexte, Bildungsliteratur) neu gebildet worden sind (vgl. 5.4 OPQ). Diese fruchtbare Weiterverwertung eines beträchtlichen Zusatzwortschatzes auf lat./griech./roman. Basis, auf die – synchronisch gesehen – die Klassifizierung als ‚Fremdwort' oder ‚Lehnwort' nicht mehr zutrifft, blieb bis um 1740 bei 17–20% (im Verhältnis zu den Entlehnungs-Erstbelegen insgesamt), nahm jedoch danach auf fast 39% am Ende des 18. Jh.s zu. Dass die Entwicklungslinie der dt. Lehnwortbildung Mitte des 18. Jh.s den Prozentsatz lateinischer Entlehnungen erstmalig übersteigt (Anfang des 19. Jh. auch den der französischen, mit weiterem steilem Anstieg, vgl. 6.10), bedeutet eine Epochenschwelle, an der die deutsche Sprache als Wissenschafts-, Fach- und Bildungssprache die jahrhundertelange direkte Abhängigkeit vom Latein (und Französisch) überwunden hat. „Die Wurzeln des heutigen Lehndeutsch liegen deutlich vor dem 19. Jh., wobei die entscheidende Schwelle zur Gegenwart um 1770 zu liegen scheint." (Kirkness 1991, 300). Bei diesem für das deutsche Wortschatzsystem wichtigen qualitativen Entwicklungssprung handelt es sich um eine neue Offenheit für Integration und Weiterverwertung im Rahmen der lateinbasierten westeuropäischen Kultureinheit (Eurolatein). Sprachliche Aneignung ist hier zu verstehen im Sinne des Goethewortes: „Die Gewalt einer Sprache ist nicht, daß sie das Fremde abweist, sondern, daß sie es verschlingt." (Maximen und Reflexionen).

Die hypothetische Spracheinheit „Eurolatein" (Munske/Kirkness), die genauer als „Graeco- und Latinoeuropäisch" (Henne) zu bezeichnen wäre, ist keineswegs als interlinguale Einheit zu verstehen, sondern als eine Vielfalt des „Eigenen im Fremden" (Henne 1996): Die in mehrere europäische Sprachen entlehnten lat./griech./frz. Wörter bzw. Wortelemente, Wortgruppen wurden in je verschiedene lexikalsemantische Strukturen der Einzelsprachen integriert, so dass die Ergebnisse vielfach von den Einzelsprachen geprägt, also vor allem differenziert sind. Dies zeigt Helmut Henne (1996) am Vergleich von dt. *Akt(e)*, engl. *act*, frz. *acte*. „Die englische Bedeutungsstruktur weist im Vergleich mit der deutschen zwei Lücken auf": Im Engl. fehlt die Bedeutung ‚künstlerische Darstellung des menschlichen Körpers', dt. *Akt* / engl. *nude(painting)*, und die dt. regionale Bedeutung von *Akte* als ‚einzelnes Aktenstück'. Im Dt. gibt es nicht die Bedeutung ‚Verteidigung einer These' von engl. *act*. Frz. *acte* ist „mit Bedeutungen weniger dicht besetzt als das englische und deutsche Pendant". Die Analyse bedarf weiterer Feststellungen von Wortfeld-Besetzungen mit entlehnten wie indigenen Lexemen sowie historischer Fundierung (Henne 1996).

Ein künftiger neuer Fremdspracheinfluss, aus dem Englischen, erscheint nach den DFWB-Erstbelegen in dieser Epoche noch als Randerscheinung: Von unter 1% am Anfang des 17. Jh. (wie auch in der vorigen Epoche) steigt er erst um die Mitte des 18. Jh.s auf etwa 6–10% an (vgl. 5.4TU, 6.10J).

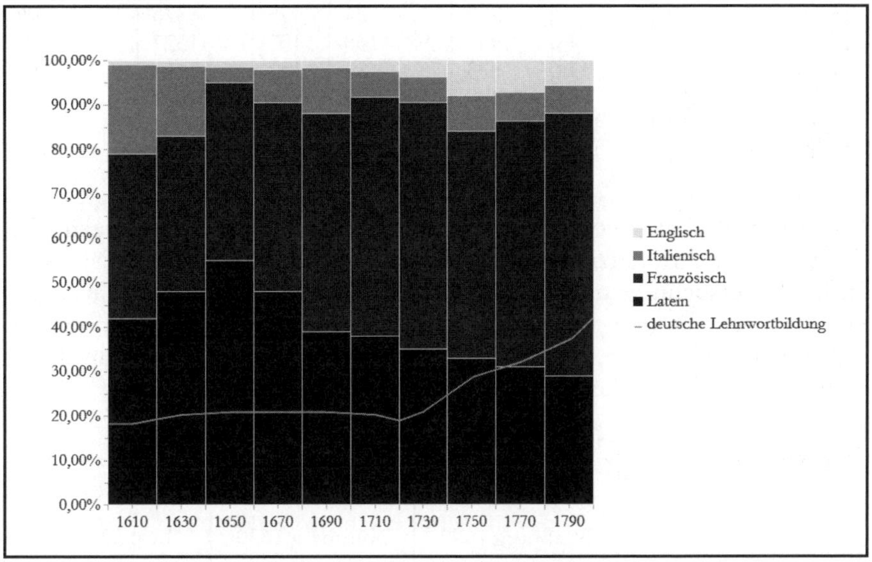

Abb. 6: Prozentsätze der Erstbelege des Deutschen Fremdwörterbuchs. (Nach dem Chronologischen Register des Deutschen Fremdwörterbuchs (DFWB), Bd. VII.)

In Bezug auf die methodischen Mängel dieser DFWB-Auswertung gilt das bereits in Bd.I, 4.7A Angemerkte. Ihr Notbehelfs-Charakter ist in dieser Epoche etwas gemildert, da die Prozentzahlen diesmal nicht auf eigener Zählung beruhen, sondern auf dem freundlicherweise überlassenen kompetenteren Material des Projektleiters Alan Kirkness und Rachel Caughey. Dabei sind die Entlehnungen aus dem Griechischen nicht mehr getrennt berücksichtigt, sondern unter den Vermittlersprachen Latein und Französisch subsumiert. Durch eine teilweise andere Behandlung der fraglichen und mehrfachen Zuordnungen der DFWB-Register weichen die Prozentzahlen von denen in 4.7A etwas ab. An der relativen Entwicklung (Phasen der Zunahme oder Abnahme) ändert sich dadurch nichts. Eine getrennte Behandlung der Bearbeitungsphasen A–Q und R–Z des DFWB würde, besonders bei den „dt."-Erstbelegen, erhebliche Unterschiede ergeben (vgl. Kirkness 1991, 303).

Zur Konkretisierung kann mit einer etwas anderen Zählung nach Kirkness (1988, 302) verglichen werden, in der nach Jahrhunderten gezählt und das Griechische noch getrennt berücksichtigt wurde, ebenfalls nach dem DFWB, als „Annäherungswerte" zu verstehen:

Herkunftssprache	Franz.	Engl.	Lat.	Griech.	Ital.	Wortentlehnungen:	Dt. Lehnwortbildungen:
15. Jh.:	20	–	257	24	25	326	48
16. Jh.:	145	1	936	138	107	1327	250
17. Jh.:	500	17	523	81	147	1268	290
18. Jh.:	863	86	488	128	107	1672	623
19. Jh.:	378	182	155	60	29	804	1076
20. Jh.:	35	111	16	7	4	173	907

C. Das pauschale, vorläufige Gesamtbild nach den Erstbelegen des DFWB kann differenziert und korrigiert werden durch Ergebnisse spezieller Untersuchungen, die bestimmte Textmengen systematisch ausgewertet haben. In den f r ü h e n Z e i t u n g e n ist nach Karin Kinnemark (1964; vgl. Wilke 1985, 70f.) die Zunahme französischer Wörter in der 1. Hälfte des 17. Jh. stärker als nach dem DFWB:

Fremdwörter:	*„Relation"* Straßburg 1609	*„Continuation"* Nürnberg 1630	*„Einkommende Zeitungen"* Leipzig 1650
lateinisch:	55,0%	50,3%	39,5%
italienisch:	19,8%	16,6%	12,1%
französisch:	8,5%	16,8%	33,2%
Zahl der Belege pro 10.000 Textwörter:	612	675	804
verschiedene Fremdwörter pro 10.000 Textwörter:	90	111	163
Frequenz der einzelnen Fremdwörter:	6,8	6,0	4,9

Die Bildungsfunktion der Zeitung (Allerweltsbildung, vgl. 5.12E) zeigt sich darin, dass die Gesamtzahl der Fremdwörter anstieg, die Frequenz einzelner Lexeme jedoch abnahm zugunsten einer größeren Vielfalt des Wortgebrauchs. In der weiteren Entwicklung der Zeitungssprache ging bis zur Mitte des 18. Jh.s der Gebrauch von Fremdwörtern stark zurück (Wilke 1985, 79). – Zu den Zeitungslexika als Vorstufen von Fremdwörterbüchern und Konversationslexika vgl. 5.12F!

D. Im gleichen Zeitraum ist, aufgrund eines heterogenen Textcorpus, nach William J. Jones (1978, 152) zwischen 1575 und 1648 die Zunahme der Erstbelege für französische Wörter in der Zeit des Dreißigjährigen Krieges besonders stark, wobei zwischen 1615 und 1624 militärische Termini vorherrschen, danach aber mehr der Wortschatz des *Alamode*-Lebens der höfischen und hofnahen Gesellschaftsschichten.

Die Verteilung der Wortarten ist in Jones' Zeitraum ähnlich wie im mittelhochdt. franz. Lehnwortschatz und in einem heutigen Württembergischen Dialekt: 69,5% Substantive, 18,6% Verben, 8,3% Adjektive. Gegenüber dem ital. Lehneinfluss von 1350 bis 1600 ist die Zahl der Adjektive erheblich höher (8,3% gegenüber 2,6%), die der Substantive weitaus niedriger (69,5% gegenüber 92,8%). Der Prozentsatz der entlehnten Substantive sinkt zwischen 1575 und 1625 von 84% auf 54% (1635–48 nur noch 47,6%); der Prozentsatz der Verben steigt um 1600 von 6,4% auf 11–23%, der Anteil der Adjektive vergrößert sich um 1630 von 1,2–6% auf 10,5–13,7%, der der Adverbien von 0% (um 1610) auf 4,8% (um 1645/48).

Die beträchtliche Rolle der adjektivischen Entlehnungen erklärt Jones (1978, 156f.) sprachkulturell, parallel zum Mittelhochdeutschen: „French loan currency served to a relatively high degree connotative, rather than denotative, purposes". Neben dem für Substantive typischen Entlehnungsmotiv ‚Wörter und Sachen' zeigt sich bei Adjektiven das Bedürfnis nach stilistischer Bereicherung, mit der Konsequenz lexikalischer Verdoppelung und Überschneidung, also soziopragmatisch bedingter Quasi-Synonymik (s. 5.4G). Wie ‚modisch' ein großer Teil der franz. Entlehnungen dieser Periode war, geht daraus hervor, dass von den 1.421 Entlehnungen in Jones' Dictionary (1976) im DUDEN-Fremdwörterbuch von 1960 nur noch rund 300 (28,8%) gebucht sind, darunter 8,2% als „veraltet" markiert.

Die Entlehnungsfreudigkeit war nach Textsorten verschieden (Jones 1978, 158f.): Gering ist sie in seriöser Prosa und Poesie und in sprachpuristischen Texten, sehr hoch dagegen in satirischer und humoristischer Dichtung, relativ hoch in Übersetzungsliteratur, Reisebeschreibungen, privater und öffentlicher Korrespondenz, Zeitungen, militärischer und Fachliteratur. Im Allgemeinen jedoch ist der Anteil französischer Wörter und Wendungen in deutschen Texten noch relativ gemäßigt, noch weit entfernt von ‚Gallo-' oder ‚Frankomanie', Sprachmischung oder ‚Sprachverderb':

In einem „highly impure" Text wie der Geschichte des Dreißigjährigen Krieges von Chemnitz (1648) sind nach Jones (a.a.O.) 2,2 bis 3,1% der Wörter franz. Herkunft, 2,2% Wörter aus anderen Sprachen. Die Sprachparodie *Alamodischer Brief* von Karl Gustav v.Hille (in: *Der Teutsche Palmbaum*, 1647), ein extremes Beispiel, hat dagegen ein Drittel franz. Wörter, wovon aber 89,2% auch in anderen Quellen belegt sind.

E. Eine zweite Periode des neuzeitlichen französischen Spracheinflusses, 1649–1735, ist von Richard J. Brunt (1983) untersucht worden, ebenfalls aufgrund einer vielfältigen Materialbasis. Als Entlehnungsquellen waren fiktionale Texte, besonders poetische, weniger ergiebig für Entlehnungen als Fachtexte, Zeitungen, Briefe, diplomatische Texte, Satiren. Entlehnungsfreudig waren also vor allem alltagsnahe, kurzlebige Textsorten. Gegenüber der traditionellen (auch durch Jones (1978) teilweise bestätigten) Betonung des Dreißigjährigen Krieges als Hauptursache für das Ansteigen des franz. Spracheinflusses weist Brunt (1983, 51ff.) auf mehr sozialökonomische Hintergründe hin: Längst vor dem Dreißigjährigen Krieg, und weiterhin bis ins späte 18. Jh. zunehmend, war die Entlehnung franz. Wörter vor allem von der wirtschaftlichen Hegemonie des merkantilistisch fortschrittlichen Frankreich und dem als ‚Konsumzwang' erklärbaren Luxusbedürfnis der deutschen Fürstenhöfe und der sich ihnen anpassenden Oberschichten bedingt. Eine sprachpuristische Unterscheidung zwischen ‚Luxuslehnwort' und ‚Bedürfnislehnwort' erweise sich als ahistorisch und irreführend, insofern auch der höfische Luxus ein soziokulturelles Bedürfnis oberer und aufsteigender Schichten war.

Frankreich war der einzig mögliche Lieferant begehrter Waren. Nicht nur Leibniz beklagte, dass ein Zehntel des Jahreseinkommens Deutschlands für Importe aus Frankreich ausgegeben werde; aufgrund des Widerstandes deutscher Merkantilisten wurde (freilich erfolglos) zwischen 1676 und 1703 mehrmals versucht, diesen Geldabfluss nach Frankreich durch kaiserliche Importverbote mit Konfiskationsandrohung zu unterbinden (Brunt 1983, 1ff.).

Aus Brunts Material kann hier nur eine kleine Auswahl gebräuchlicherer Lehnwörter dieser Periode exemplarisch nach Sachgruppen aufgelistet werden, vom Konkreteren zum mehr Abstrakten und Gesellschaftlichen (Orthographie nach Brunt, vgl. die Liste bei W.Schmidt 2013, 170ff.):

Handel: *adresse, banquier, billet, chicane, comptoir, directeur, engagieren, en gros, établissement, fabrique, fond(s), octroi, saison, ...*
Transport: *carosse, chaise, équipage, fiacre, voiture, ...*
Speisekultur: *bouillon, carafe, cotelette, fricassée, compote, confiture, crème, delicatesse, garnieren, gelée, liqueur, ragoût, service, ...*
Kleidungskultur: *coiffure, corset, cravatte, frisure, garderobe, manchette, parfum, toilette, violette, ...*
Möbel: *ameublement, buffet, chaise, commode, lustre, meublieren, nécessaire, toilette, ...*
Architektur: *balcon, balustrade, façade, mansarde, niche, palais, souterrain, terrasse, ...*
Landschaftsgärtnerei: *arcade, bassin, ermitage, espalier, orangerie, réservoir, ...*
Militärwesen: *agression, appel, blessure, bombardement, bravoure, déserteur, escorte, étape, fourragieren, garde, gendarme, patrouillieren, ...*
Diplomatie, Verwaltung: *balance, avancieren, dépêche, entrée, état, finesse, garantie, ministre, sondieren, tour, usurpateur, ...*

Höfisches Gesellschaftsleben: *amusement, bal, carrousel, domestique, etiquette, illumination, intrigue, suite, tour, ...*
Künste: *belles lettres, cabinet, émail, graveur, médaillon, passage, pièce, ...*
Musik, Tanz: *entrée, ouverture, pas, allemande, bourrée, gavotte, menuet, quadrille, ...*
Verwandtschaft: *cousin(e), neveu, oncle, tante, ...*
psychische/soziale Eigenschaften: *brillant, capricieux, charmant, coquette, esprit, génie, généreux, honorable, malicieux, naif, plausible, raffiniert, ...*

In der Mitte des 18. Jh.s sieht Brunt (1983, 75) den Höhepunkt des Französischen als Sprache des höfischen und höflichen Umgangs. Der Anteil der Adjektive ist im Vergleich zu Jones' Ergebnissen (s. 5.4Q) noch etwas gestiegen: von 13,7% auf 15,26%, der Anteil der Substantive von 47,6% (1648) auf 63,1% in Brunt's Zeitraum, was den Verhältnissen in anderen Sprachen entspreche. Die ‚Überlebensquote' ist in dieser Periode deutlich höher: 41% sind noch heute gebucht (davon 21% als „veraltet").

F. Eine dritte Periode ist die von Rachel K.A. Caughey (1989) untersuchte Zeit von 1736 bis 1815, also von der Spätaufklärung bis zum Ende der Napoleonzeit. Der themenspezifisch bedeutsame Einschnitt der Französischen Revolution (1789–93) zeigt sich deutlich in Veränderungen der Entlehnungsmengen nach Sachgebieten, die Caughey nach den Erstbelegen des DFWB ausgezählt hat (ein Auszug daraus in nachfolgender Tabelle). Die im 17./18. Jh. traditionellen Entlehnungsbereiche gehen nach der Revolution deutlich zurück; nur der politische Bereich nimmt zu (vgl. 5.12PV; Abdelfettah 1989).

Der Fortbestand der Entlehnungen bis heute ist für diese Epoche wiederum noch höher (78,4%) als in den von Brunt (41%) und Jones (28%) untersuchten Epochen. Die heutige Gesellschaftskultur beruht eben weitaus mehr auf dem Erbe von Spätaufklärung und Französischer Revolution als auf dem des Absolutismus und des Barock. Trotzdem ist erstaunlich viel von jener vergangenen Kultur in speziellem archaistischem Gebrauch bis heute erhalten, mit Wörterbuch-Markierungen wie ‚veraltend', ‚früher', ‚bildungssprachlich', ‚Fachsprache'; so in Caughey's DFWB-Corpus (1989, 133f.) im Vergleich mit dem DUDEN-Universalwörterbuch (DUW):

Insgesamt sind 56,6% unmarkiert, 5,8% als „veraltend"/„früher", 16% als „bildungssprachlich"/„Fachsprache", 7% mit Bedeutungswandel gebucht. Am höchsten ist der Wortschwund (nicht oder als „veraltet" gebucht) in den Bereichen „Commerce" (57,1%), „Military" (33,3%) und „Science" (29,2%), am geringsten in den Bereichen „Theatre" (6,5%), „Art" (7,7%), „Politics" (13%), „Food etc." (15%). Unmarkierte DUW-Buchungen gibt es vor allem in den Bereichen „Fashion" (72,2%), „Food etc." (65%), „Politics" (63%) und in den schöngeistigen Bereichen (65–71%). Besonders hoch ist die Zahl der markierten, also nur noch speziell verwendbaren Wörter im Bereich „Social life" (37,2% unmarkiert, 39,1% markiert). Dies entspricht dem modern umfunktionierten heutigen Fortwirken spät- und neufeudaler Formen in konservativen oder elitär-exklusiven Gruppen, in denen auch Kleidungsstücke und Umgangsformen der Zeit um 1800 wie Frack, Handkuss und *Gnädige Frau* noch ihren Platz haben.

Sachbereiche	Erstbelege des DFWB (nach Caughey 1989)		
	1736–1789:	1790–1815:	Häufung:
Handel, Wirtschaft *(Acquisition, Kolporteur, Coupon, Tantième, ...)*:	13	8	
Militärwesen *(Kadett, rasant, Manöver, mobilisieren, ...)*:	16	8	
Speisekultur *(Terrine, Bonbon, Diner, Poularde, ...)*:	13	7	
Literatur *(Anekdote, burlesk, Broschüre, Essay, ...)*:	22	4	1740–49
Theater *(Episode, Dialog, Debüt, Komödie, ...)*:	22	9	1760–79
Schöne Künste *(Kontur, pittoresk, Nuance, Amateur, ...)*:	22	4	1760–69
Gesellschaftsleben *(Contenance, Esprit, brilliant, Liaison, ...)*:	38	13	1770–89
Kleidermode *(Batist, lila, Negligé, kariert, ...)*:	26	10	1770–79
Wissenschaften *(Organismus, Reflex, relativ, Manipulation, ...)*:	17	7	ab 1770
Staat, Politik *(Bourgeois, Royalist, Attentat, repräsentativ, ...)*:	12	34	1790–99

G. Bei massenhafter Entlehnung lexikalischer Elemente aus einer anderen Sprache sind die Arten und Grade ihrer Integration (Assimilation,

Anpassung) linguistisch interessant (vgl. 2.3F), vor allem weil die traditionelle sprachpuristische Ausschließung eines großen Teils der Lehnwörter aus dem deutschen Wortschatz unter dem Pseudoterminus ‚Fremdwort' auf dem pauschalen Vorurteil der ‚Fremdheit' und auf der falschen Gegenüberstellung von ‚fremd' und ‚deutsch' beruhte, die heute durch die Unterscheidung ‚indigen'/‚entlehnt' (mit Graden der Integration) ersetzt werden sollte (vgl. Kirkness 1984; Munske 1988; Eisenberg 2011).

Gegen die übliche Gewohnheit beginnen wir hier mit der lexikalischen Integration, also dem Verhältnis der Entlehnungen zu Teilsystemen des deutschen Wortschatzes bzw. zu nächstbenachbarten nichtentlehnten (indigenen) oder früher entlehnten deutschen Wörtern, sowie dem semantischen Verhältnis der Entlehnungen zur Herkunftssprache. Bei der lexikalischen Integration haben wir es mit semantischen und soziopragmatischen Fragen zu tun, die eng mit Ursachen, Bedingungen und Folgen der Entlehnung zusammenhängen (Interferenz und Transferenz, vgl. 2.3F). In Anlehnung an Brigitte Volland (1986, 148ff.) sind beim franz. Spracheinfluss im 17./18. Jh. folgende lexikalisch-semantischen Integrationsarten wesentlich:

Der bisherigen Forschung geläufig ist die sog. Ausfüllung von ‚Lücken im Wortfeld': In vielen Fällen gab es vor der Entlehnung im Deutschen weder einen semantisch äquivalenten Ausdruck noch einen entsprechenden Begriff im Sachbereich. Hier handelt es sich um Entlehnung von Begriffen zusammen mit den Wörtern, um Spracheinfluss durch sachlichen Kulturimport:

Beispiele: *Praline, Likör, Frikassee, Bluse, Plüsch, Balkon, Allee, Massage, ...* Bei den Farbenbezeichnungen *lila/violett* und *orange* konnten die entsprechenden Farbwerte vorher im Dt. allenfalls mit benachbarten Farbwörtern *(blau, bläulich, schwarz, braun, rot* bzw. *gelb, gelblich)* oder kopulativen Gelegenheitskomposita *(rötlichblau, blaurot, goldgelb)* annähernd benannt werden. Der neue (modische) Farbbegriff konnte sich im deutschen Wortfeld erst mit den franz. Wörtern etablieren.

Weitaus häufiger entstanden jedoch Wortpaare (Dubletten), wenn es im Deutschen vor der Entlehnung durchaus semantisch annähernd äquivalente Wörter gab, die neben dem Lehnwort weiterbenutzt wurden. In vielen Fällen sind Wortpaare durch Verdeutschungen entstanden, neben denen die Lehnwörter (oft mit feiner semantischer Differenzierung) weiterbenutzt wurden (vgl. 5.5L–W). In einigen Fällen lässt sich Wortschwund durch den Mehrwert des Lehnwortes feststellen, meist sehr langfristig. Dies sollte man sich aber nicht in traditioneller sprachpuristischer Weise nur als ‚Verdrängungs'-Prozess vorstellen. Es ist irreführend, zu sagen, die ‚Fremdwörter' *Dame, Onkel, Tante, Cousine* usw. hätten die deutschen Wörter *Frau, Oheim, Muhme, Base* usw. unnötigerweise ‚verdrängt'. Man muss dazu die komplexen Zustände und Vorgänge im Wortfeld ebenso wie in den dahinter stehenden soziokulturellen Systemen berücksichtigen:

Bei *Dame* war die Übernahme des altfeudalen *Frau* durch bürgerliche Schichten, also sozialer Prestigeverfall eines Wortes, die Hauptursache für die Entlehnung des franz. Wortes als neues Prestigewort der Oberschicht (vgl. 2.3H). Bei den Verwandtschaftsbezeichnungen war es der längst eingetretene Verfall des alten Verwandtschaftssystems der Großfamilie mit der Folge einer Neutralisierung der Oppositionen ‚väterlicherseits' vs. ‚mütterlicherseits' und ‚blutsverwandt' vs. ‚heiratsverwandt' (vgl. Ruipérez 1984). Der semantische Mehrwert der entlehnten Wörter bestand also auch aus einer denotativen Komponente (weniger differenziertes Verwandtschaftssystem), nicht nur einer sozialpragmatischen (‚vornehmer', ‚modern'). Der Wortersatz entspricht also nicht einer bloßen Variationsmode. Neue Sozialstruktur und Wortfeldstruktur führten hier zu Entlehnungen mit der Folge von Wortschwund.

In anderen Fällen hat sich das indigene Wort gegen das französische durchgesetzt (z.B. *ermüdend* gegen *fatigant*, *Zeitvertreib* gegen *passe-temps*, *Haltung* gegen *contenance*). Da man in der Sprachgeschichtsschreibung in Kapiteln über Fremdspracheneinfluss dazu neigt, als Beispiele möglichst Entlehnungen zu nennen, die sich bis heute erhalten haben, ist damit zu rechnen, dass der Untergang früher üblicher Entlehnungen weitaus häufiger ist als der Schwund indigener Wörter; vgl. oben unter 5.4DE die hohen Schwundquoten im Material von Jones und Brunt!

Der grundsätzliche Normalfall ist das W e i t e r b e s t e h e n von synonymischen oder semantisch differenzierten Wortpaaren. Fremdspracheneinfluss wirkt sich vor allem als Zuwachs aus, der als Bereicherung bewertet werden muss, wenn sich daraus Möglichkeiten der Benennung semantisch-pragmatischer Unterschiede ergeben. In vielen Fällen hält man die Wortpaare auf den ersten Blick für S y n o n y m e. Erst die Verteilung auf verschiedene Kontexte, Textsorten oder Stile lässt feine Gebrauchsunterschiede (verschiedene soziopragmatische Konnotationen) deutlich werden (meist nach Volland 1986; vgl. auch Kratz 1968, 466ff.):

Resultat und *Ergebnis* sind in vielen Kontexten füreinander wählbar (z.B. *Resultat/Ergebnis einer Rechenaufgabe*); in institutionellen, technischen, wissenschaftlichen, mehr exakten Tätigkeiten ist *Resultat* häufig, dagegen *Ergebnis* mehr für Folgen nichtformalisierter Bemühungen wie z.B. Diskussionen; ähnlich *chiffrieren/verschlüsseln.* Oft ist das eine Wort mehr privat, das andere mehr öffentlich oder institutionell üblich: *Adresse/Anschrift, Telefon/Fernsprecher*, oder umgekehrt: *Belohnung/Gratifikation, mitteilen/informieren.* In idiomatischen Verbindungen und Wortbildungen ist oft nur das ältere, indigene Wort möglich: *Balance/Gleichgewicht*, aber nicht **Balancestörung, *Balancegefühl*; nicht: *sich aus der seelischen *Balance bringen lassen*; *Attacke/Angriff*, aber nicht: *etwas in *Attacke nehmen,* nicht: *dies ist eine *Attacke auf unsere Verfassung,* nicht **Attackelust, *Attackegeist.*

In vielen Fällen hat das Lehnwort einen engeren Bedeutungsumfang als das indigene Wort: *Anekdote/Geschichte, servieren/bedienen, Gage/Gehalt, Atelier/Werkstatt, Chanson/Lied, ...*; Wortpaare mit einer stärker pejorativen (abwertenden) Konnotation des Lehnwortes: *miserabel/elend, ordinär/unfein, Rivale/Mitbewerber, schikanieren/ärgern, Affäre/Angelegenheit, Visage/Gesicht, Bourgeoisie/Bürgertum, ...*; Wortpaare mit einer stärker positiven, sozial prestigehaften Konnotation des Lehnwortes: *Dessert/Nachspeise, flanieren/bummeln, schlendern, Service/Geschirr, illuminieren/beleuchten, Parterre/Erdgeschoss, ...*

H. Integration in den deutschen Wortschatz zeigt sich auch bei semantischen Unterschieden deutscher Lehnwörter zu ihrer Verwendung in der Herkunftssprache. Gleichgebliebene Bedeutung stellt Brigitte Volland (1986, 160) nur bei 190 von 726 Fällen ihres Materials fest *(Balkon, Onkel, Invalide, Eleganz, charmant, modern, ...).* In den meisten Fällen ist jedoch das dt. Lehnwort semantisch nicht ohne weiteres mit dem entsprechenden franz. Wort zu identifizieren, ist also kein ‚fremdsprachliches' Wort mehr. Entlehnung als usueller Transfer ist nicht einfach ein mechanischer ‚Transport' von Wort und Bedeutung aus einer Sprache in die andere, sondern ein bedürfnis- und interessengelenktes kollektives Aneignungs-Verhalten nach dem ‚Recht' der Entlehnungssprache, ist ein Verfahren der Wortwahl nicht exakt nach dem Systemstatus der Herkunftssprache, sondern kontextbedingte einseitige Auswahl aus den herkunftssprachlichen Verwendungsmöglichkeiten. Die Bedeutungen deutscher Lehnwörter französischer Herkunft in deutschen Texten – sofern es sich nicht bloß um innovatorische Gelegenheits-Interferenzen handelt – sollte man deshalb in einem großen modernen deutschen Wörterbuch nachschlagen, wo sie in Relation zu semantisch benachbarten deutschen Wörtern erklärt werden müssen, nicht in einem französisch/deutschen Wörterbuch. Auch Fremdwörterbücher (die heute eigentlich gar nicht mehr nötig sind) haben nur dann einen Sinn, wenn ihre Stichwörter nicht als fremdsprachliche Wörter, sondern als deutsche Entlehnungen in spezifischen Beziehungen zum indigenen Teil des dt. Wortschatzes erklärt werden (Kirkness 1984, 4). Umgekehrt ist die Kenntnis deutscher Lehnwörter beim Erlernen der betreffenden Herkunftssprache oft nur eine schwache, manchmal irreführende Hilfe. Grundsätzlich werden Lehnwörter nur in einer oder mehreren, nicht in allen Bedeutungen der Herkunftssprache entlehnt (Volland 1986, 160ff.; vgl. auch Kratz 1968, 462ff.):

Adresse bedeutet nur ‚Anschrift', ‚offizielles Schreiben', ‚Zuständigkeit', ‚Ziel', aber nicht ‚Geschicklichkeit'; *Karriere*: ‚erfolgreicher beruflicher Aufstieg', aber nicht ‚Fahrt', ‚Bahn', ‚Steinbruch'; *Plateau*: ‚Hochebene', ‚obere ebene Fläche eines Berges', aber nicht ‚Tablett', ‚Waagschale', ‚Platte', ‚Bett', ‚Ladefläche'. Häufig ist die Entlehnung auf einen bestimmten Fachwortschatz beschränkt: *Compagnon* sagt man nur im Geschäftsleben, *ondulieren* nur beim Friseur, *Tournée* nur bei künstlerischen Veranstaltungen, *Etüde* nur im Musikunterricht; ähnlich die Verengung auf einen Objektbereich: *blond* nur für Haarfarbe, *Esprit* nur für intellektuelle Eigenschaften, *Liaison* nur für eine erotische Beziehung. Das dt. Lehnwort hat oft nur die konkrete Bedeutung des franz. Wortes übernommen: *Grimasse, Parfum*; oder nur die übertragene: *Eklat, Marotte*.

Da der Gebrauch französischer Wörter in deutscher Oberschichtsprache im 17./18. Jh. vor allem dem Ausdruck gesellschaftlicher Bewertung und Gruppenzugehörigkeit diente, haben Lehnwörter aus dem Französischen oft stärkere emotionale Konnotationen als in der Herkunftssprache (Volland 1986, 166ff.): *Visage, Bonvivant, ordinär, frivol, Affäre, Etablissement* sind pejorativer als im Französischen; *Kollier, Restaurant, Malheur, Filou* haben bessere oder harmlosere Konnotationen als im Französischen. Manchmal ist die Übernahme so eigenwillig deutsch verlaufen, dass man das Verhältnis des dt. Lehnwortes zum franz. Wort nur als Bedeutungsverschiebung oder falschen Gebrauch erklären kann (Volland 1986, 168ff.):

Souterrain bedeutet im Französischen: ‚Stollen, Tunnel, Durchstich', dt. *Souterrain*: ‚Kellergeschoß'; franz. *prégnant*: ‚befruchtet, trächtig', dt. *prägnant*: ‚knapp, gehaltvoll, genau, treffend'; franz. *partout*: ‚überall', dt. *partout*: ‚durchaus, unbedingt'; franz. *bagage*: ‚Gepäcktroß', dt. *Bagage*: ‚Sippschaft, Pack, Gesindel'. Bei dt. *Varieté* ist etwas vom franz. Ausdruck weggefallen: *théâtre de variétés*, ebenso bei *Hautevolée* aus *les gens de la haute volée*. Auf eine Homophonie sind die Deutschen hereingefallen bei der Übersetzung des franz. *parasite* ‚Mitesser' (Metapher für den mit Ecken versehenen Stehkragen), das man, falsch hörend oder falsch schreibend, als **parricide* zu *Vatermörder* verdeutschte.

J. Auch im grammatikalischen Bereich (im weiteren Sinne: von der Lautung bis zur Wortbildung) ist der französische Lehneinfluss von starker Integration gekennzeichnet, war also ein produktiver Aneignungsprozess vom Deutschen her. Hierbei ging es weniger um Anpassung an das deutsche indigene Sprachsystem. Es war vielmehr eine Integration in das bereits vom Latein und Griechischen her seit dem Mittelalter und besonders seit der Humanistenzeit im Deutschen ausgebildete „sekundäre Teilsystem" des Lehnwortschatzes (Munske 1988, 50). Der neuzeitliche französische Spracheinfluss war im Grunde die Fortsetzung der bildungssprachlichen ‚Latinisierung' und damit Europäisierung der deutschen Sprache, nur mit teilweise anderen, moderneren Mitteln. Er hat das Neuhochdeutsche vollends zu einem (dem Englischen vergleichbaren) „latinized Germanic" werden lassen (Kirkness 1984, 5, 24). Was traditionell zu einseitig pauschal als ‚Einfluss' einer Sprache auf eine andere benannt worden ist, erscheint heute interlingual eher als Wirkung eines ‚Eurolatein' in den westeuropäischen Sprachen (Chr.Schmitt 1995). In Bezug auf die Grade der grammatikalischen Integration französischer Lehnwörter dieser Epoche (und grundsätzlich bis heute) sind folgende Erscheinungen sprachgeschichtlich wichtig (nach Kratz 1968; Brunt 1983; Volland 1986; Munske 1988; Eisenberg 2011):

Im Vokalismus ist die Fremdheitswirkung einiger franz. Lehnwörter vor allem durch Nasalvokale gekennzeichnet, die es im dt. Phonemsystem nicht gibt; sie wurden in Bildungssprache und Hochlautung als Lehn- oder Fremdphoneme übernommen, aber in der Umgangssprache bis heute oft stark integrierend durch Vokal + Velarnasal- oder Nasalverbindungen substituiert: *[bal'kɔ̃:] / [bal'kɔŋ] / [bal'ko:n] (Balkon), [ba'sɛ̃:] / [ba'sɛŋ] (Bassin), [rɛsto'rɑ̃:] / [rɛsto'raŋ] / [rɛsto'rant] (Restaurant), [par'fœ̃:] / [par'fœŋ] / [par'fy:m] (Parfum).* Diese Variation dient häufig sozialstilistischer Differenzierung mit dem Merkmal ‚vornehm, gebildet' für die nichtintegrierte Aussprache.

Die bildungssprachliche Nichtintegration ist aber nur eine periphere Erscheinung im Rahmen des gesamten Lehnwortschatzes. In deutschen Dialekten und in anderen germanischen Sprachen ist weitaus stärkere Integration die Regel, auch im schweizerischen und österreichischen Deutsch. Totale Integration als Substitution durch Vokal + nichtvelaren Nasal findet sich auch in der dt. Hochlautung in Wörtern vor Konsonanten, wo die franz. Nasalvokale ganz entnasaliert werden: *blond, Front, prompt, Rampe, Tampon*; dies gilt besonders für Affixe: *-ant, -anz, -enz, -ion, in-, kon-*, ... Hier hat auch deutsches Sprechen nach der Schrift eine Rolle gespielt.

Ähnlich variabel ist die Wiedergabe der franz. offenen (ungespannten) Langvokale [ɔ:] und [œ:], die im Dt. meist als enges [o:], [ø:] integriert *(Mode, Ressort, Möbel)*, in der Bildungssprache aber in manchen Fällen in franz. Weise offen gesprochen werden *(Cœur, Œuvre)*. Die franz. engen Kurzvokale werden von den meisten Deutschsprachigen als offene integriert gesprochen, nur in bewusst bildungssprachlicher Aussprache eng. Dies gilt auch für enge Kurzvokale in tief- oder nebentonigen Silben *(Finesse, Etüde, Metall, Kolonne, ...)*.

Für das deutsche Sprachsystem erheblicher ist die starke Vermehrung voller Neben- und Tieftonvokale überhaupt, da seit dem Mittelhochdt. grundsätzlich fast nur noch abgeschwächtes [ə] geblieben ist. Dass es heute im Dt. wieder zahlreiche Wörter mit neben- oder tieftonigen *a, e, i, o, u* gibt (nicht nur in Affixen), ist den zahlreichen Lehnwörtern mit lat., grch., roman. Herkunft zu verdanken (*stabil, frivol, Motor, Nektar, Alibi, Problem, Kaktus*). Es handelt sich hier nicht um etwas Sprachsystemfremdes, sondern um phonemische Möglichkeiten, die es bei Affixen (*-sam, -lich, -los, -ung, ...*) im Dt. immer gab, also um die Auffüllung von Systemlücken: „Inhärente Möglichkeiten des Systems werden offenbar wieder genutzt, die in der jüngeren Lautgeschichte verloren gegangen waren, sind zu einem produktiven Zug des Lautsystems geworden" (Munske 1988, 57).

K. Im Konsonantismus ist Integration am schwächsten beim stimmhaften Reibelaut [ʒ] *(Journalist, Genre, Rage, beige)*, der als orthoëpisches Fremd- oder Lehnphonem übernommen wurde (auch dies als Ausfüllung einer Systemlücke zu erklären), aber in weniger normativer Lautung – vor allem im Mittel- und Oberdt. – durch stimmloses [*ʃ*] substituiert wird. Überhaupt ist Ersatz stimmhafter An- und Auslaut-Konsonanten durch stimmlose eine vorherrschende Integrationsweise trotz normativer Forderungen, da auch in der deutschen Lautnorm allgemein stimmhafte Konsonanten vielfach (vor allem in Süddeutschland) stimmlos gesprochen werden.

Die Starkverschlusslaute (Fortes) franz. Lehnwörter werden nur in bildungssprachlicher Hyperkorrektheit ohne Aspiration (Behauchung) realisiert *(Palais, Conferencier)*. Vokalischer Anlaut klingt ebenfalls sehr deutsch (außer Schweiz und Österreich) mit Glottalstop (Kehlkopfverschlusslaut): bei *Elite* vor dem *E*, ebenso bei *Theater* vor dem *a*; das weich anlautende frz. *h* wird im Dt. durch Hauchlaut substituiert: *Hotel*, aber nicht in modernen bildungssprachlichen Wörtern: *Hommage* ohne [*h*]. In Wörtern wie *Champignon, Kognac, Kampagne* wird der franz. palatalisierte Nasal durch die dt. Konsonantenfolge [*n* + *j*] ersetzt.

Nach wie vor umstritten ist die alte These, durch das Französischsprechen der Oberschicht in Deutschland nach Pariser Vorbild sei im 17./18. Jh. das uvulare [*r*] (Zäpfchen-*r*) ins Deutsche gekommen und habe das altdeutsche Zungen-*r* von der Bildungs- und Stadtsprache her zurückgedrängt, so dass es heute nur noch in einigen Mundarten (z.B. Mecklenburgisch, Hessisch, Oberlausitzisch, Bairisch-Österreichisch, Schweizerdeutsch) regional erhalten sei (z.B. Bach 1965, 312). Dem widerspricht das Vorkommen von Zäpfchen-*r* in einigen sonst konservativen, entlegenen Dialektgebieten germanischer Sprachen und wahrscheinlich im Mittelhochdt. (Penzl, in: Language 37, 1961, 488ff.; Göschel, in: IF 76, 1971, 84ff.). Allenfalls kann damit gerechnet werden, dass der offensichtliche Rückgang des Zungen-*r* durch franz. Spracheinfluss verstärkt, nicht aber ausgelöst wurde, in „quasi katalytischer Wirkung“ (Wells 1990, 293f.), zumindest in der norddt. Prestigeaussprache (Brunt 1983, 99).

L. In der Wortbetonung haben relativ schwache Integrationsweisen dazu geführt, dass ein regelhafter ‚Fremdwortakzent‘ entstanden ist, der „ganz wesentlich zur Sonderstellung dieses Teilwortschatzes innerhalb des deutschen Gesamtwortschatzes beiträgt“ (Munske 1988, 54f.). Es sind aber nicht immer nur die jeweiligen Wortbetonungen des Französischen übernommen worden, sondern es hat sich eine eigendeutsche Regel aus dem Zusammenwirken lateinischen und französischen Spracheinflusses entwickelt (Wurzel 1970; 1980; Munske 1982, 250): Die letzte schwere Silbe (mit Langvokal, Diphthong oder Kurzvokal + 2 Konsonanten) erhält den Hauptton: *Amnes'tie, Hori'zont, Dema'goge, 'Alibi, Jour'nal/Journa'list,*

Mu'sik/ 'Musiker/musi'zieren/musi'kalisch/Musikali'tät. Diese primär phonemische Regelung ist dem deutschen Sprachsystem fremd, da indigene dt. Wörter die morphemisch-semantische Struktur (Motiviertheit, Durchsichtigkeit, Analysierbarkeit) als Grundprinzip der Akzentuierung haben. Das Prinzip der schweren Silbe ist immerhin der Morphemstruktur indigener dt. Basismorpheme analog. Dies und die häufigen Abweichungen dt. Lehnwortbetonungen von Betonungen in der Herkunftssprache lassen den ‚Fremdwortakzent' als ein sekundäres Teilsystem der deutschen Sprache erscheinen, das für den größten Teil der Entlehnungen aus verschiedenen Sprachen gilt und vor allem für die dt. Lehnwortbildung (s. 5.4 OPQ) fruchtbar geworden ist. Es gibt jedoch viele von der Standardlautung abweichende Lehnwortbetonungen in Dialekten und im österreichischen und schweizerischen Standarddeutsch (vgl. 6.11JRX).

M. Wesentlich schwächer ist die graphemische Integration. Das weitgehende Festhalten an der originalen Orthographie der Entlehnungen nach der Herkunftssprache hat, nicht nur durch den französischen Spracheinfluss, eine Fülle von Fremdgraphemen in die deutsche Orthographie hineingebracht: Den 78 indigenen Graphemen stehen heute 293 Fremdgrapheme gegenüber (Munske 1988, 57 nach Klaus Heller). In den aktiven Phasen des franz. Einflusses (17./18. Jh.) ist weniger integriert worden als später: *piquant, suffisant, chicanieren* (bei Brunt 1983; heute: *pikant, süffisant, schikanieren*). Andererseits tendieren sehr junge Lehnwörter zur originalen franz. Schreibung (Erstbelege nach DFWB Bd. 7, 515ff.): *Œuvre* 1900, *Voyeur* 1906, *Redactrice* 1915, *Tristesse* 1928.

Die Behandlung französischer Grapheme ist sehr uneinheitlich, bedingt von Entlehnungsalter, Sachbereich, Popularitätsgrad usw. Für viele franz. Grapheme gibt es mehrere Realisierungsweisen im Deutschen (n. Volland 1986):

franz. <*u*>	→ dt. <*ü*>	*(Parvenü, Konfitüre)* oder dt. <*u*> *(Nuance,* österr. *Parvenu)*
franz. <*ou*>	→ dt. <*ou*>	*(Clou)* oder dt. <*u*> *(Bluse)*
franz. <*eu*>	→ dt. <*eu*>	*(Milieu)* oder dt. <*ö*> *(Likör)*
franz. <*au*>	→ dt. <*au*>	*(Chauffeur)* oder dt. <*o*> *(Soße)*
franz. <*ai*>	→ dt. <*ai*>	*(Liaison)* oder <*ä*> *(plädieren)*
franz. <*c*>	→ dt. <*k*>	*(Balkon)* oder <*c*> *(Cœur)* oder <*ss*> *(Rasse)*
franz. <*qu*>	→ dt. <*k*>	*(Fabrik)* oder <*qu*> *(Clique)*
usw.		

Französische Akzente werden teils übernommen *(Dekolleté)*, teils durch Doppelvokal ersetzt *(Komitee)*. Oft werden Doppelkonsonanten als Kürzezeichen und Betonungssignale eingeführt *(troupe → Truppe, carafe → Karaffe, contrôle → Kontrolle)*. Bindestriche werden teils übernommen *(tête-à-tête, vis-à-vis)*, teils durch Zusammenschreibung ersetzt (*Potpourri, Rendezvous, Portemonnaie,* heute *Portmonee*).

Diese uneinheitliche, bei Reformversuchen Schwierigkeiten bereitende graphemische Integration beruht auf dem Widerspruch zwischen dem „ausgeprägten Loyalitätsverhältnis" deutscher Gebildeter gegenüber den betreffenden Sprachen und Kulturen einerseits (humanistischer Philologismus, Vielsprachigkeitstendenz seit der Renaissance) und den Integrationserfordernissen des alltagssprachlichen Gebrauchs und der Unsystematik der dt. Orthographieregelung durch Schreiber und Drucker andererseits (Munske 1988, 59; Eisenberg 2011, 316–351).

N. Im Bereich der Flexion herrscht vorwiegend starke Integration. Lehnwörter aus dem Französischen werden meist deutsch flektiert *(des Hotels, die Kostüme, die Cliquen)*. Dies ist ein natürlicheres und moderneres Verfahren als die gelehrte Transferenz lateinischer Flexionsendungen seit der Humanistenzeit (s. 4.7E). Als scheinbar schwache Integration erscheint die Pluralendung *-s* bei Substantiven, die im 17./18. Jh. noch häufiger war als heute: *die Officiers, die Meubles, die Memoires, die Ingenieurs.* Brigitte Volland (1986, 135) zählte von 198 stark flektierten maskulinen Lehnwörtern 160 *s*-Plurale. Da dieses *-s* im Französischen nur unter bestimmten phonotaktischen Bedingungen artikuliert wird, also in der gesprochenen Sprache meist nicht zu hören ist, muss die Übernahme des Flexivs *-s* ins Dt. stark vom Schriftbild abhängig gewesen sein, war also mehr eine integrierende deutsche Aneignungsform, nicht eigentlich Fremdsprachtreue. Das Plural-*s* im Niederdeutschen und Niederländischen *(Jungs, Kerls, Mädels, Wracks, ...)* kann dabei eine verstärkende Rolle gespielt haben (Brunt 1983, 102), ebenso der s-Plural englischer Lehnwörter. Jedenfalls hat sich der *s*-Plural im Deutschen zu einer regelhaften Pluralbildung für Lehnwörter aus verschiedenen Sprachen entwickelt. Als fester Bestandteil des heutigen deutschen Flexionssystems ist er eine ‚deutschere' Integrationsform als die lateinischen Pluralendungen der humanistischen Tradition, da er nicht (wie diese) mit der Tilgung eines Teils des Singular-Lexems verbunden ist (wegfallendes *-us, -o, -a,* in *Kaktus – Kakteen, Tempo – Tempi, Aula – Aulen,* substituierende Flexion), sondern nur eine additive Flexionsendung darstellt wie alle indigenen dt. Flexionsendungen (Munske 1988, 61).

Der *s*-Plural ist heute regelhaft bei Lehnwörtern mit vokalischem und nasalem Auslaut *(Büros, Kimonos, Parfüms, Ballons, ...)* und ist auch bei nichtentlehnten vokalisch auslautenden Wörtern und Kurzwortbildungen die Regel geworden *(Hurras, Muttis, Pkws, Uhus, Autos, Azubis, Hochs und Tiefs, Neins, ...)* auch als moderne integrierende Ersatzform für fremdflektierte ältere Lehnwörter *(Klimata → Klimas, Tempi → Tempos, Aulen → Aulas, ...).*

O. Das Feld der stärksten Integration des französischen Spracheinflusses ist die deutsche Lehnwortbildung, die im Anschluss an die grundsätzliche Kritik des sprachideologischen ‚Fremdwort'-Begriffs (v. Polenz 1979; Braun 1979; Link 1983; Munske 1982; 1988; Kirkness 1984; 1991) in den achtziger Jahren des 20. Jh. als zu Unrecht vernachlässigte erstrangige Teildisziplin germanistischer Lexikologie und Wortbildungslehre erkannt worden ist. Am Institut für deutsche Sprache in Mannheim wurde als Konsequenz aus der Zuendeführung des Schulz/Baslerschen Deutschen Fremdwörterbuchs (DFWB) ein neues Forschungsprojekt Deutsche Lehnwortbildung implementiert (Hoppe 1998–2010; Hoppe u.a. 1987; vgl. 3E4, 4.7AM, 6.10C–G). Die traditionelle Gegenüberstellung ‚deutsch' vs. ‚fremd' hatte den Blick verstellt auf die erstaunlich reichhaltige, eigenständige Entwicklung eines lexikalischen Teilsystems der deutschen Sprache, in dem beträchtliche Mengen von Lehnelementen aus Latein, Griechisch und romanischen Sprachen bei der Textproduktion und Terminologisierung in deutscher Bildungs- und Expertensprache produktiv geworden sind. In diesem Teilsystem sind Entlehnungen zunehmend von der Peripherie des dt. Sprachsystems in sein Zentrum hineinintegriert worden, einschließlich damit verbundener relativ stabiler phonemischer und orthographischer Regularitäten. Neben den nach wie vor (besonders im Verb- und Funktionswortbereich) weit überwiegenden indigenen Wortschatzbereichen und dem eigentlichen Lehnwortschatz verdient die Lehnwortbildung den synchronischen Status ‚deutsch' (Kirkness 1984, 13ff.) oder „Lehndeutsch" (Kirkness 1991). Deutsche Lehnmorpheme sind, im Blick auf europäische Nachbarsprachen, weitgehend als „Euromorpheme" zu verstehen (Schmitt 1995c).

Mit der gelehrt-philologischen oder sprachpuristischen Gegenüberstellung ‚deutsch' vs. ‚fremdsprachlich' – bei der nicht genügend zwischen Diachronie und Synchronie unterschieden wird (vgl. 1.1B) – hat man manche in der deutschen Lehnwortbildung zu behandelnden Kombinationen entlehnter Elemente mit indigenen Elementen gern als hybride Bildungen, als etwas Anormales, eigentlich nicht Zulässiges ausgegrenzt. Solche Ansätze zur autonomen deutschen Lehnwortbildung erscheinen uns infolge der Wirksamkeit des Fremdwortpurismus (s. 5.5) in der Tat als Seltenheiten aus der Frühen Neuzeit *(Hornist, Lagerist, Blumist)*, aus dem Niederländischen oder Niederdeutschen (*Stellage, Takelage, Leckage, Kleidage,* ... vgl. Brunt 1983, 104), aus dem Studentenjargon *(Bummelant, Schwulität, burschikos)* oder aus modernen Einzelfällen *(Stiefelette, Clownerie)* und Inkonsequenzen bestimmter Ableitungstypen: *Kompaktheit, Exaktheit,* aber nicht **Abnormheit, *Populärheit.* Dass die Kombination entlehnter Elemente mit indigenen Elementen etwas ganz Natürliches ist, erkennt man an der viel toleranteren Handhabung von Präfixen *(unmodern, übersensibel, entmilitarisie-*

ren; prodeutsch, Exgattin, ...) und vor allem an der völlig freien Kombinierbarkeit entlehnter und indigener Elemente in Zusammensetzungen *(Abendtoilette, Rührkomödie, Nationalgefühl, ...)*. Die sprachpuristische Hybridenfurcht ist erfolgreich überlistet worden durch das total integrierende (aus der vorpuristischen Zeit stammende, aber gerade im 17. Jh. sehr produktive) Verbsuffix *-ier* für Lehnverben aus franz., ital., lat. oder engl. Basis und für Lehnwortbildungen aus dt. Basis. Mit *-ieren* ist alles erlaubt: *hofieren, stolzieren, schattieren, halbieren, hausieren, buchstabieren, ...; integrieren, integrierend, integrierbar, Integrierung, Integriertheit, Integrierbarkeit, Integrierer, ...*; ähnlich bei *-isch* (Munske 1988, 67). Auch für andere vor der Zeit des Sprachpurismus entlehnte Suffixe gilt die Kombinationsbeschränkung nicht: *-ei, -lei, -er* (aus lat. *-arius*).

Deutsche Lehnwortbildungen, die so in der Herkunftssprache natürlich nicht existieren, hat man sprachpuristisch als ‚Scheinentlehnungen' negativ bewertet: *Adressat, bandagieren, Beletage, Blamage, Dressur, Exporteur, Friseur, Installateur, kaprizieren, parzellieren, Pikanterie, Raffinerie, Raffinesse, Rasanz, rentabel, Rentabilität, Schwadronneur, ...* (Brunt 1983, 105; Kirkness 1984, 9ff.; Volland 1986, 123, 127). Solche philologisch unbekümmerten Weiterbildungsprodukte sind sprachpragmatisch ganz natürliche Zeugnisse dafür, dass es sich beim ‚Fremdwort'-Problem weniger um einen ‚Spracheinfluss' als um eine weithin autonome, auf oberflächlicher Fremdsprachkenntnis beruhende kollektive Aneignungstätigkeit zum Zweck der Wortschatzerweiterung des Deutschen handelt.

P. Das quantitative und qualitative Ausmaß der deutschen Lehnwortbildung ist besonders bei der intensiveren, systematischeren Zuendeführung des DFWB im Institut für deutsche Sprache unter Leitung von Alan Kirkness für den Alphabetteil R–Z deutlich geworden: In diesem wichtigen historischen Dokumentationswerk des deutschen Bildungswortschatzes gibt es erstaunlich viele der gebuchten ‚Fremdwörter', die niemals als solche aus einer anderen Sprache entlehnt worden, sondern als deutsche Eigenbildungen einzustufen sind. Dies war aber eine sehr allmähliche Entwicklung mit einem Anstieg Mitte des 18. Jh.s: Nach dem Chronologischen Register der Erstbelege gab es bis 1350 nur 18, bis 1500 weitere 68, bis 1600 weitere 216, bis 1700 weitere 266, bis 1800 weitere 596 dt. Lehnwortbildungen, und die erst im 19. und 20. Jh. erstbelegten ‚Fremdwörter' sind zum größeren Teil Lehnwortbildungen mit dem Registervermerk „dt.". Die dt. Lehnwortbildung folgte den betreffenden Entlehnungsphasen mit einem Abstand von 100 bis 150 Jahren nach (Munske a.a.O.).

Dies wird an Munskes Übersicht über die Ableitungen auf *-ität* deutlich, bei denen lat. *-itas*, franz. *-ité* und engl. *-ity* zur dt. Aneignungsform *-ität* zusammengeflossen sind (Munske 1988, 63 nach DFWB):

	14. Jh.	15. Jh.	16. Jh.	17. Jh.	18. Jh.	19. Jh.	20. Jh.	insges.
Lehnwörter auf *-ität* aus lat. *-itas*	4	5	26	15	11	2	–	63
Lehnwörter auf *-ität* aus franz. *-ité*	–	–	–	7	21	6	–	34
Lehnwörter auf *-ität* aus engl. *-ity*	–	–	–	–	–	1	1	2
dt. Lehnwort-bildungen auf *-ität*	–	–	4	7	18	38	31	98

Bei *-ismus* (frz. *-isme*) stehen 32% Lehnwörtern 68% dt. Lehnwortbildungen gegenüber (vgl. 5.12NO). Nach dem Register des DFWB nehmen Wörter auf *-ist* ab etwa 1670 stark zu, auf *-istisch* ab etwa 1780, auf *-ismus* ab etwa 1790.

Ein analoges Beispiel ist das Lehnpräfix *de-/des-* in der privativen Bedeutung ‚nicht (mehr)', ‚weg von', ‚fehlend'. Nach dem Register des DFWB (Bd.VII, 245ff.) setzt sich die Menge der gebuchten Stichwörter zusammen aus (mit Erstbelegen):

– 14 Entlehnungen aus dem Latein: *degradieren* 13. Jh., *Deportation* 1510, *Defekt* 1531, *Desperation* 1557, *deprezieren* 1569, *destillieren* 1587, *deponieren* 1596, *defraudieren* 1599, *Delinquent* 1599, *degenerieren* 1608, *desperat* 1615, *deportieren* 1661, *defekt* 1668, *Defraudation* 1711.
– 15 Entlehnungen aus dem Französischen: *demolieren* 1614, *Deserteur* 1697, *Dekadenz* 1697, *demaskieren* 1702, *dechiffrieren* 1723, *desertieren* 1724, *desavouieren* 1727, *deplaciert* 1765, *derangieren* 1771, *Dementi* 1775, *Desorganisation* 1786, *Desorganisateur* 1791, *desorganisieren* 1793, *demoralisieren* 1797, *dekolletiert* 1827.
– 12 deutschen Lehnwortbildungen: *despektierlich* 1642, *dephlogistisch* 1788, *Desorganisierer* 1793, *demontieren* 1798, *desinfizieren* 1829, *dezentralisieren* 1849, *Dezentralisation* 1850, *degeneriert* 1883, *Destillation* 1888, *dezentralistisch* 1930, *Dezentralisierung* 1969, *deverbal* 1973. Davon sind nur origi-

nale Wortneubildungen mit *de-* als produktivem Präfix: *demontieren, dephlogistisch, desinfizieren, deverbal, dezentralisieren*; doch die übrigen 6, die aus bereits im Dt. existierenden *de*-Verben oder -Adjektiven weitergebildet sind, vermehren den Lehnpräfixtyp indirekt durch Erhöhung der Zahl semantisch motivierter Wörter mit *de-*. Chronologisch liegt (wie nach unseren Graphiken in 4.7A, 5.4B und in 6.10C zu erwarten) die Mehrzahl der lat. Entlehnungen im 16./17. Jh., die der französischen im 17./18. Jh., die der dt. Lehnwortbildungen im späten 18., 19. und 20. Jh.

Hier noch eine entsprechende exemplarische Übersicht für Lehnsuffixe nach Volland (1986, 120):

	aus dem Franz. entlehnt:	dt. Lehnwortbildungen:
-ade:	*Promenade, Roulade*	*Harlekinade, Robinsonade*
-age:	*Reportage, Montage*	*Staffage, Blamage*
-är:	*Volontär, Militär*	*Funktionär*
-elle:	*Bagatelle, Parzelle*	*Frikadelle*
-erie:	*Karosserie, Koketterie*	*Szenerie, Clownerie*
-esse:	*Maitresse, Delikatesse*	*Politesse, Raffinesse*
-ett:	*Parkett, Omelett*	*Klosett*

Für Adjektive mit den Lehnsuffixen *-abel/ibel, -al/ell, -iv, -ant/ent, -ar/är, -os/ös* hat Charles V.J. Russ (1984b, 32) von 778 heutigen dt. Lehnwörtern/-bildungen die 210 (=27%) in historischen Wörterbüchern datierbaren Fälle in einer chronologischen Graphik dargestellt (vgl. Abb. 7).

Die meisten Suffixe zeigen einen ersten Anstieg um 1700 und einen zweiten im 19. Jh., also in Perioden besonderen Wachstums deutscher Wissenschafts- und Techniksprache. Nur *-al/-ell* ist schon im 16. Jh. häufiger. Den Abfall der Kurven seit der Mitte des 19. Jh. erklärt er aus dem Desinteresse der Lexikographen (Schulz/Basler, Grimm) an historischer Dokumentation moderner Lehnadjektive.

Die Integration französischer Entlehnungen (und ihr Weiterwirken in der dt. Lehnwortbildung) ist großenteils als ‚Latinisierung' gehandhabt worden. Wie bei *-ität* und *-ismus* sind auch in zahlreichen anderen Fällen franz. Lehnwörter dem vom Latein her bereits entwickelten dt. Lehnsuffix-System angepasst worden, nicht einfach als eine philologisch korrekte ‚Relatinisierung', sondern als ‚Verlehndeutschung' aufgrund bereits gefestigter deutscher Bildungssprachtradition, die aber wiederum einer „Steuerung durch die alle westlichen Sprachen überdachende neulateinische Grammatik und ihre Wortbildungsgesetze" unterliegt (Schmitt 1995c). Hier einige Beispiele für diese dt. ‚Relatinisierung' französischer Lehnsuffixe (Volland 1986, 125; Kratz 1968, 452; Brunt 1983, 101):

frz. *-iste* → dt. *-ist (Äquilibrist)*
frz. *-aire* → dt. *-arier (Proletarier)*
frz. *-eur* → dt. *-or (Elevator)*
frz. *-té* → dt. *-ität (Originalität)*
frz. *-ion* [*jõ*] → dt. *-ion* [*io:n*] *(Pension)*
frz. *-ment* [*mã*] → dt. *-ment* [*mɛnt*] *(Kompliment)*
frz. *-ure* [*ür*] → dt. *-ur* [*u:r*] *(Garnitur)*
frz. *-ance* [*ãns*] → dt. *-anz* [*ants*] *(Eleganz)*
frz. *-le* → dt. *-el (nobel)*.

Es gibt natürlich nichtintegrierte Gegenbeispiele: *Installateur, Abonnement* [*-mã*], *Nonchalance* [*-ãs*], ...

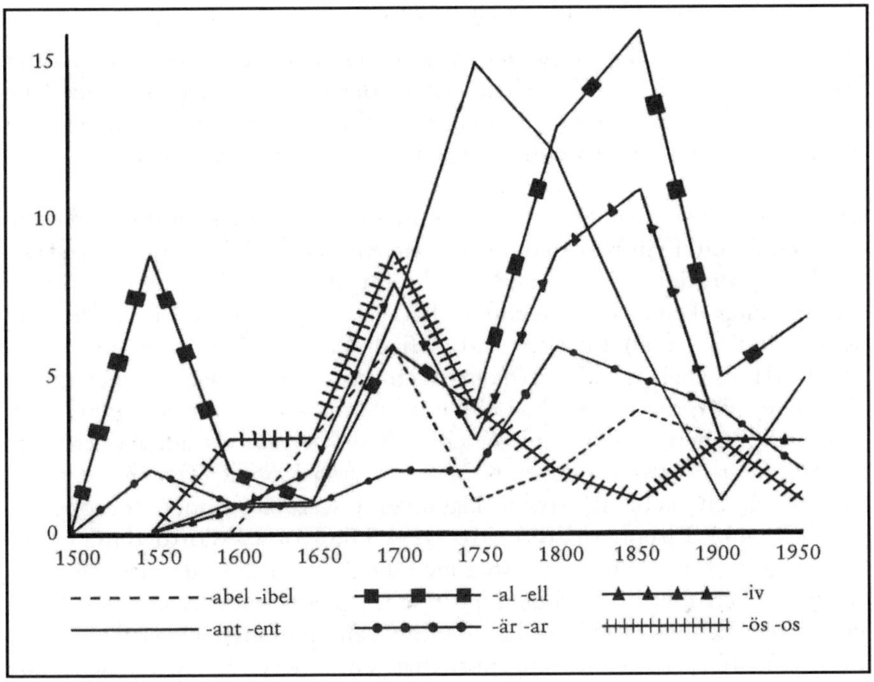

Abb. 7: Lehnsuffixe von Adjektiven.
(Quelle: Russ 1984b, 32.)

Die Produktivität der Lehnsuffixe hält sich in Grenzen, da ihre Kombinationsmöglichkeiten in der Regel auf nichtindigene Basislexeme beschränkt sind und sie deshalb indigene Konkurrenzsuffixe neben sich haben; diese Konkurrenzbeziehungen sind in traditionellen deutschen Wortbildungslehren durch Sonderbehandlung der Lehnaffixe in Anhangskapiteln leider nicht deutlich genug geworden:

-ismus/-tum, -erei:	*Liberalismus/Freidenkertum/Kleinstaaterei*
-ist/-ler:	*Progressist/Fortschrittler*
-eur/-(l)er:	*Charmeur/Schmeichler*
-är/-ler:	*Revolutionär/Umstürzler*
-ität/-heit:	*Varietät/Verschiedenheit*
-ade/-ung:	*Blockade/Sperrung*
-abel/-bar:	*variabel/veränderbar*
-ell/-lich:	*individuell/persönlich*
usw.	

In einigen dieser Fälle liegt Bedeutungsdifferenzierung vor, die auch bei vollen Lehnlexemen häufig ist, z.B. im Verhältnis zwischen den Wortbildungselementen *-gesellschaft-* und *soz(i)-* eine „Dissoziation des Wortschatzes als Folge der Relatinisierung" in allen westeuropäischen Sprachen (Schmitt 1995c).

Bei den Lehnpräfixen (*a-, de-, dis-, ex-, in-, inter-, pro-, re-,* usw.) ist nur schwer festzustellen, ob sie lateinischer oder französischer Herkunft sind (Volland 1986, 127). Ohne Zweifel haben französische Entlehnungen sehr zur Produktivität dieser Lehnpräfixe im Deutschen beigetragen.

Q. Auf französischen Spracheinfluss ist es auch zurückzuführen, dass in der deutschen Lehnwortbildung die neuentdeckte Kategorie Konfixbildung produktiv geworden ist, die im indigenen Teil der deutschen Wortbildung keine Entsprechung hat. Die traditionelle Einteilung in selbstständige (freie) Lexeme und Affixe (Präfixe, Suffixe) genügt nicht mehr, da es neben den Affixen auch unselbstständige Lehnelemente (Konfixe) gibt, die in der dt. Lehnwortbildung (ebenso in anderen latinisierten Sprachen) sowohl mit einem Affix *(therm-al)* als auch mit einem Lexem *(Thermo-Scheibe)* oder mit einem anderen Konfix *(Thermo-stat)* kombiniert jedoch nicht als Affixe klassifiziert werden können (Hoppe u.a. 1987, 50, 443; Eisenberg 2011, 310–315): Die Konfix-Wortbildung (Konfixierung) gehört mit ihren Anfängen noch in das Ende des 18. Jh.s, hauptsächlich aber in die folgende Epoche. Dieses Forschungs- und Lehrgebiet der Lehnwortbildung hat sich als sehr umfangreich erwiesen und birgt ein hohes Untersuchungspotential. Grundlegende theoretische und methodische Probleme sind im Rahmen eines Projektes am Institut für deutsche Sprache, Mannheim, angegangen worden, das sich mit der Erschließung der deutschen Lehnwortbildung befasste (vgl. Link 1983; 1988). Eine Auswahl der häufigsten Lehnaffixe und -konfixe sind im Folgenden (nach Link 1983, 61ff.) zusammengestellt.

In dieser Auswahlliste ist der allergrößte Teil ein sprachgeschichtliches Erbe des Humanistenlateins und der französischen Sprachkultur in Deutschland im 17./18. Jh. Wesentlich jünger (19. oder 20. Jh.) ist die Produktivität von *ex-, makro-, mini-, neo-, quasi-, super-, -anz* und der aller-

Präfixe		Suffixe	Konfixe:	
			am Wortanfang	am Wortende
a(n)-	*post-*	*-abel/ibel*	*audio-*	*-drom*
anti-	*prä-*	*-age*	*bio-*	
de(s)-	*pseudo-*	*-al*	*geo-*	
ex-	*quasi-*	*-ant*	*graph(o)-*	*-graph*
extra-	*re-*	*-anz*	*log-*	*-loge, -logie*
in-	*sub-*	*-at*	*met(e)r-*	*-meter*
makro-	*super-*	*-ation/ition*	*öko-*	
mini-	*uni-*	*-atur*	*phil(o)-*	*-phil*
neo-	*ultra*	*-ell*	*phon(o)-*	*-phon*
para-		*-esk*	*soz-*	
		-ik	*tele-*	
		-ität	*therm(o)-*	*-therm*
		-itis	*top(o)-*	*-top*
		-os	*video-*	
		-ös		

meisten Konfixe (in unsere Epoche gehören wahrscheinlich nur *graph(o)-*, *log-*, *met(e)r-*, *phil(o)-*, *therm(o)-*, bzw. *-graph*, *-loge*, *-logie -meter*, *-phil*, *-therm*). Die semantischen Funktionen von Präfixen sind vor allem: ‚Negation' *(a(n)-*, *anti-*, *de-*, *ex-*, *in-*, *pseudo-*, *quasi-)*, ‚zeitliche' Relationen *(ex-*, *neo-*, *post-*, *prä-*, *re)*, ‚Größen'-Relation (*makro-*, *mini-*, *super-*), qualitative Relationen *(extra-*, *para-*, *sub-*, *super-*, *uni-*, *ultra-)*. Lehnpräfixe dienen vor allem der Bezeichnung allgemeiner Prädikatsklassen (vgl. v.Polenz 1985/88, 159ff.): ‚Handlung', ‚Vorgang', ‚Zustand', ‚Eigenschaft', ‚Ergebnis', ‚Eignung', ‚Ähnlichkeit' usw. Die Konfixe sind für allgemeine aktuelle Sach- und Sachgebietsbegriffe kennzeichnend, vor allem in Wissenschafts- und Fachsprachen. Zur Zunahme der Konfixbildung im 19./20. Jh. s. 6.10G! – S. auch die Einzelstudien von Hoppe 1998–2010; Kinne 2000; Nortmeyer 2000!

Als Beispiel für den schrittweisen Aufbau einer deutschen Lehnwortfamilie aus Entlehnungsschichten und Lehnwortbildung eignet sich für diese Epoche das voranstehende Konfix *phil-* (nach dem DFWB, Bd.IV, 283f., nach Erstbelegen geordnet):

– 9 Entlehnungen aus Griechisch/Latein/Neulatein: *Philologie* 1536, *Philologe* 1548, *Philanthropie* 1663, *philologisch* 1665, *Philanthrop* 1667, *philanthropisch* 1779, *Philhellene* 1798, *Philhellenismus* 1868, *Philatelie* 19. Jh.
– 3 Entlehnungen aus dem Französischen: *Philharmonie, philharmonisch, Philharmoniker* 18. Jh.

– 10 deutsche Lehnwortbildungen: *Philanthropin* 1777, *philanthropinisch* 1779, *Philanthropist* 1781, *philanthropisieren* 1781, *Philanthropium* 1782, *Philanthropinist* 1785, *Philanthropismus* 1798, *Philanthropinismus* 1801, *Philanthropiner* 1893, *Philologismus* 1919.

Auch bei Konfixen hat sich vielfach Konkurrenz mit indigenen Entsprechungen entwickelt: *phil-* konkurriert mit *-freund, -liebhaber, soz-* mit *gesellschaft-, therm-* mit *warm-/wärm-*, *geo-* mit *erd-* usw. Diese Alternativen sind z.T. durch Verdeutschungen entstanden (s. 5.5LMU), sind jedoch nicht in allen Fällen wirklich synonym.

R. Weniger gut erforscht ist der Bereich des inneren (rein semantischen) Lehneinflusses (vgl. 2.3E, 6.10NR!) vom Französischen her, der den an sprachlichen Ausdruckselementen sichtbaren äußeren vermutlich quantitativ noch weit übertrifft. Die Zahl der Lehnübersetzungen *(Schöngeist* nach *bel esprit, Kriegsgefangener* nach *prisonnier de guerre)*, Lehnübertragungen *(Mitgesell* nach *compagnon, Mißheirat* nach *mésalliance)*, Lehnschöpfungen *(Briefwechsel* nach *correspondence, Augenblick* nach *moment)* und Lehnbedeutungen *(Bürger* als ‚Staatsbürger' nach *citoyen, Aufklärung* nach *les lumières)* geht wahrscheinlich in die Tausende (vgl. Tschirch 1969, Bd.II, 258ff.; Bach 1965, 312; Brunt 1983, 106). Hierhin gehören auch die zahlreichen Verdeutschungen aus dem Fremdwortpurismus („Lehnersatzwörter" n. Kirkness 1991, 300; s. 5.5LMU) und ein Teil des frühen Politikwortschatzes (s. 5.12K–Y).

Innerer Lehneinfluss ist auch die Wirkung ganzer Lehnwörtergruppen bestimmter Wortbildungstypen auf die Entstehung und Produktivität indigener Wortbildungstypen. So wie das Vorbild von lat. *-atio, -itas, -alis, -abilis* im Spätmittelhochdt. und Frühneuhochdt. auf die zunehmende Produktivität dt. Wortbildungen auf *-ung, -heit/keit, -lich, -bar* eingewirkt hat (s. 4.6B, 5.9Y), so hatte die Entlehnung zahlreicher franz. Adjektive auf *-al, -ell, -ös, -är, -iv* usw. den weiteren Ausbau der dt. Adjektivwortbildung auf *-lich, -isch, -weise, -mäßig* zur Folge, vor allem im Bereich des modernen Typs der ‚Bezugs'-Adjektive (s. 5.9Y); dazu auch die *Ismen* (s. 5.12NO). – Vgl. auch 6.10E–G!

Zum inneren Lehneinfluss gehören auch Nachahmungen französischer Sprachverhaltensweisen, die Gegenstand der historischen Sprachpragmatik sind. Ergiebige Quellen dafür sind Briefe und Briefsteller des 17. u. 18. Jh.s (Nickisch 1969; Furger 2010). Die in der Oberschicht weit verbreitete Gewohnheit Deutschsprachiger, französische Briefe auch an deutschsprachige Adressaten zu schreiben, hat – z.T. mit Hilfe von aus dem Franz. übersetzten Briefstellern – einen belebenden Stilwandel auch im deutschen Briefstil zur Folge gehabt. Französischer Briefstil war, zumindest im 18. Jh., keineswegs mehr ein starres *Alamode*-Zeremoniell barocker Art.

In Frankreich war auch in höfischen Kreisen die Beziehung zwischen (gepflegter) Sprechsprache und Schreibsprache viel enger als in Deutschland (vgl. 5.8G über die Briefe der Liselotte v.d.Pfalz). Der deutsche bildungssprachliche Sprechstil war ebenso wie der traditionelle Briefstil vom Latein und vom Kanzleistil her in hohem Maße verkünstelt, ritualisiert und sprachlich kompliziert. Hier bedeutete das französische Vorbild der Aufklärungszeit eine stilistische Befreiung zu mehr emotionaler Direktheit, allerdings nach differenzierten Höflichkeitsregeln. Der neue leichte deutsche Briefstil ist in der zweiten Hälfte des 18. Jh.s vor allem vom Vorbild der Schriften Christoph Martin Wielands und der Sophie La Roche im Geist der englischen Empfindsamkeit geprägt worden.

S. Französischsprechen und deutsch/französische Sprachmischung waren im 17./18. Jh. in Deutschland in erster Linie eine modische Gewohnheit von Oberschichtgruppen an Fürstenhöfen und in weltoffenen Städten. Es konnte aber nicht ausbleiben, dass viel vom franz. Lehneinfluss auch in unteren Bevölkerungsschichten früher oder später üblich wurde. Hierbei spielten Hofdienste und Herrschaftsdienste zahlloser Hausbediensteter *(Domestiquen)* eine Rolle, die mit dem Erlernen der notwendigen Sprachrepertoires des Bedienens, der handwerklichen und kommerziellen Auftragsarbeiten sich manche franz. Wörter und Wendungen angewöhnten. Nicht von ungefähr werden in zeitgenössischen Bemerkungen über ‚Französischsprechen' von Leuten *niederen Standes* besonders Schneider, Schuster, Gesinde und Kinder genannt (s. 5.3S). Es ist auch mit Übernahme durch parodistische Imitation vornehmer Leute als verdeckte Sozialkritik in der Unterschicht zu rechnen.

Dieser Weg der Bedienungssprache ist aber nicht die einzige Quelle der erstaunlich großen Zahl französischer Lehnwörter in deutschen Dialekten. Vieles ist vielmehr aus alltäglichem Sprachenkontakt mit Reisenden und Händlern, mit Soldaten in Kriegszeiten, mit heimgekehrten Söldnern und Handwerkern zu erklären, vor allem die vielen Fälle von Entlehnungen, die unabhängig und abweichend von der Schriftsprache in dt. Mundarten gekommen sind, z.T. in entstellter oder umgedeuteter Form:

Aus dem Hessischen: (Brunt 1983, 94f; Kratz 1968, 448ff.): *Frässage* ‚Gesicht' *(visage)*, *Boberdät* ‚Schönheit' eines Mädchens *(propreté)*, *enfedieren* ‚einladen' *(inviter)*, *schinant* ‚genierlich' *(gênant)*, *Deeds* ‚Kopf' *(tête)*. – Aus dem Bayerischen: *Potschamperl* ‚Nachttopf' *(pot de chambre)*. – Aus dem Berlinischen (Brunt 1983, 19; Schildt/Schmidt 1986, 246ff.): *Budike* ‚Gaststätte' *(boutique)*, *direktemang* ‚direkt, gerade' *(directement)*, *aus der Lamäng* ‚unvorbereitet' *(à la main)*, *blümerant* ‚unwohl' *(bleu mourant)*, *inne Bredullje kommen* ‚in Verlegenheit geraten' *(bredouille)*. Trotz der starken hugenottischen Einwanderung ist der franz. Anteil im Berlinischen nicht höher als in anderen Dialekten (vgl.

5.3S). Ein Reflex dieses einflussreichen Bevölkerungsanteils ist wahrscheinlich die große Zahl von Kombinationen aus indigenen und franz. Elementen: *Kneipjee* ‚Gastwirt', *knappemang, sachtemang, Kleidage, mit 'n Avec* ‚mit Eleganz' *(avec), mit 'n cislaweng* ‚mit Schwung' *(ainsi cela vint), Kinkerlitzen* ‚unnützes Zeug' *(cinquaille?/quincailleries?).* Zweisprachig verdeutlichende Komposita: *Pleesirvajnüjen, Jardinjarten.*

Besonders stark und regional geprägt war der dialektale französische Spracheinfluss natürlich in den Grenzlandschaften zum franz. Sprachgebiet und in bis heute zweisprachigen Ländern im Westen und Südwesten: in der Schweiz, im Elsass, in Luxemburg, aber auch im Rheinland, Mosel-land, Saarland und in der linksrheinischen Pfalz von der Französischen Revolution und Napoleonzeit her. Diese besonderen geographischen und politischen Bedingungen – und nicht nur die reichsdeutsche Fremdwortverdeutschung der Wilhelminischen Zeit – sind Ursachen dafür, dass in diesen Ländern (wie auch in Österreich) die sprachpuristische Bewegung weniger gewirkt hat, so dass dort der Wortschatz des öffentlichen Lebens reicher an französischen Lehnwörtern ist (s. 6.7DI).

T. Vom englischen Spracheinfluss (vgl. 6.10J–P) kann hier nur die frühe Entlehnungsphase bis um 1800 dargestellt werden. Das seit der Englischen Revolution (1649) plötzlich erwachende Interesse für England im absolutistischen Deutschland bezog sich in unserer Epoche vor allem auf „ein freiheitliches politisches System, eine zukunftsweisende Philosophie, eine originelle Literatur und ein erfolgreiches Handels- und Manufakturwesen" (Fabian 1985, 178). Für den „Siegeszug" des Englischen gaben (nach Spieckermann 2005, 30ff.) „nicht Reisende oder Kaufleute den Anstoß, sondern die Gelehrten". Es begann mit protestantischer Theologie und Predigtliteratur, naturwissenschaftlicher und medizinischer Fachliteratur (Schröder 2005, 18f.) und gipfelte im ausgehenden 18. Jh. in einer „Anglomanie" (Maurer 1997) in Richtung auf Aufklärung, Empfindsamkeit und belletristische Lektüre englischer Originaltexte oder Nachdrucke, aber nur bei Wenigen auch mit Redefähigkeit auf Englisch (Spieckermann 2005). Die deutsch-englischen Sprachenkontakte wurden seit den 1680er Jahren intensiver durch Übersetzungen aus dem Englischen und Anfänge englischen Sprachunterrichts an den Universitäten Greifswald, Altdorf und Wittenberg und an Ritterakademien (Schröder 1969, 20ff.). Englische Sprachkenntnisse waren jedoch in Deutschland bis um die Mitte des 18. Jh.s noch so selten und mangelhaft – außer in den Nordsee-Hafenstädten – dass man sie nur als mühsam erworbene reine Lese-Bildungssprache bezeichnen kann, die sich nicht zur praktischen Verständigung eignete (Fabian 1985):

Die englischen Komödiantentruppen seit Ende des 16. Jh.s wurden in Deutschland fast nur durch Gestik, Mimik und Körpersprache verstanden; sie mussten bald zum

Deutschen übergehen. Gelehrte mussten mit Engländern lateinisch reden, Hofleute französisch. Englische Autoren wurden bis Mitte des 18. Jh.s meist nur in lat. oder franz. Übersetzungen gelesen. Die erste deutsch geschriebene englische Grammatik erschien 1688, das erste englisch-deutsch-französische Wörterbuch 1706. Regelmäßiger englischer Schulunterricht ist vereinzelt ab 1769 (Hamburg) nachzuweisen (Ganz 1957, 12).

Bahnbrechend für die Begründung des deutschen Englischunterrichts war (nach Fabian 1985, 182ff.) John Tomson, der seit 1737 an der Universität Göttingen lehrte und mit seiner Anthologie *English Miscellanies* (1737) großen Erfolg hatte. Göttingen galt in der zweiten Jahrhunderthälfte wegen seiner dynastischen Beziehungen zu England als *Londres en miniature* (Schröder 1969, 25). Der Import englischer Originalliteratur begann auf der Leipziger Herbstmesse 1755. Ab etwa 1770 lohnten sich kürzere englische Buchpublikationen in Deutschland. 1787 wurde in Hamburg eine englische Buchhandlung eröffnet. In den späten 80er Jahren wurde in Hamburg der *British Mercury* herausgegeben, eine Kompilation aus englischen Zeitungen und Zeitschriften. Trotz zunehmenden Englischunterrichts an einigen Universitäten, Ritterakademien u.a. höheren Schulen spielte (nach Fabian a.a.O.) noch Ende des 18. Jh.s der Selbstunterricht eine große Rolle: anhand von Grammatik, Anthologie, lat.-engl. Wörterbuch und Parallellesung engl. Texte und dt. Übersetzungen. Hundertfünfzig Jahre vor der Entwicklung phonetischer Lautschriften war das Bemühen um annähernde Wiedergabe englischer Aussprache sehr schwierig; z.B. das Vaterunser in einer Grammatik von 1736 (Fabian 1985, 192): *„Aur Father hwitsch art in Hevv'n; Hallod bi they Nahm. They Kingdomm com. They Will bi donn in ahrth as it is in Hevv'n. Ghivv us this dah aur dali Bred. [...]"*

Die erhebliche Verbesserung des englischen Unterrichts und Buchhandels in Deutschland in der zweiten Hälfte des 18. Jh.s wird, als eine weitere Stufe der deutschen ‚Vielsprachigkeits'-Tendenz (vgl. 5.3F), in einer werbenden kulturkritischen Äußerung in der englischen Sprachlehre von Heinrich Christoph Albrecht (Halle 1784) deutlich (n. Fabian 1985, 185): „Deutschland ist, im Ganzen genommen, das sprachkundigste aller europäischen Länder. Weder der Franzose noch der Engländer oder Italiäner lernen so viele und vielerley Sprachen, als die der Deutsche jetzt schon zu den nothwendigen Kenntnissen eines Gelehrten zu fodern anfängt. Ist es Wahl aus Gründen, ist es Nothwendigkeit, Mangel an eignem Reichthum, der den Deutschen so zu fremden Quellen treibt? – Oder was ist es?" Hier wäre auf die geographische Lage Deutschlands und den kulturellen Fortschritt West- und Südeuropas hinzuweisen.

In der mittleren Aufklärungszeit (ab etwa 1713) wird der englisch-deutsche Sprachenkontakt literarisch bedeutsam durch zahlreiche epochemachende Übersetzungen (Addison, Pope, Swift, Defoe, Shaftesbury, Smith, Moralische Wochenschriften), auch in der Empfindsamkeit (Milton, Richardson, Ossian, Sterne, Goldsmith, Fielding usw.) und in der deutschen Shakespeare-Renaissance im späteren 18. Jh., besonders durch Wielands Übersetzungen (Ganz 1957, 17ff; Oppel 1971; Stanforth 1968,

543). Die wichtigsten Übersetzungsorte waren Hamburg (Brockes), Zürich (Bodmer), Leipzig (Gottsched und Gottschedin), Göttingen (Naturwissenschaften, Technik). Im späteren 18. Jh. reisten auch Deutsche zu Studienzwecken nach England. Schon seit dem Ende des 17. Jh. waren Reisebeschreibungen Quellen für Entlehnungen. Nachahmung englischer Mode und Lebensart begann nach dem Siebenjährigen Krieg besonders von Göttingen aus (Ganz 1957, 24ff.).

Aufmerksamkeit auf Anglizismen im Deutschen ist seit Gottsched (1776) nachzuweisen; Adelung erwähnt jedoch 1782/89 noch keine englischen Wörter (Viereck, in: BRS 941). Goethes relativ gute Englischkenntnisse beruhen auf einem vierwöchigen Intensivunterricht bei einem durchreisenden englischen Sprachmeister im Elternhaus, zusammen mit seiner Schwester, und auf lebenslanger literarischer Beschäftigung mit dem Englischen (Schreiner 1992, 93ff.).

U. Eine vorläufige Übersicht über die frühen Entlehnungen aus dem Englischen ist aus dem Herkunftsregister des DFWB und aus Ganz (1957) zu gewinnen, zur besseren chronologischen Verteilung in Jahrzehnten zusammengefasst, wobei wieder untergegangene Wörter und Exotica (*Taifun, Skalp, Lord, Tory, ...*) nicht berücksichtigt sind:

1610–19:	*Plantation*
1620–29:	–
1630–39:	*Puritaner, Stenographia*
1640–49:	*Akte, Egotismus, Kaliko, Parlament*
1650–59:	*Punsch, Tank*
1660–69:	*Komitee*
1670–79:	*Rum*
1680–89:	*Bill, Debatte, Myriade, Universalist*
1690–99:	*nonkonformistisch, Pudding, Rachitis, Standard*
1700–09:	*Jury, Materialist, Separatist*
1710–19:	*elektrisch, Flanell*
1720–29:	*Ballade, Barometer, Bombast, Brise, Liliputer, Park, Robinsonade, Steward, stoppen*
1730–39:	*aetherisch, Elfe, Nonkonformist, Onanie, Patent, Rationalist, Stopper, Toast1, toasten1, Transfer, Zentrifugalkraft, Zirkulation*
1740–49:	*Blankvers, Egotist, Hypochondrie, Magazin* (Publikationsform), *Nonsens, Pantheist, Ticket*
1750–59:	*City, Club, Closett, Banknote, Intelligenzblatt, Materialist, Meeting, Mob, Nationalcharakter, negativ, positiv, Roastbeef, Stopp, Ventilator, Virtuose*
1760–69:	*Bowle, boxen, Common Sense, Harmonika, Humorist, Kolonist, Kongreß, Majorität, Materialismus, Minorität, Mixed Pickles, Original(-), sentimental, Spleen*
1770–79:	*Clan, Clown, Frack, Gentleman, Grog, Idiot, Jobber, High Life, Kolonisierung, Konvertit, Log(buch), Manchester, Opposition, Originalität, Plaid, Schoner, Toast2, Trick, Tutor, utopisch*

1780–89: *Boxer, Budget, Dämonismus, exportieren, Farmer, fundieren, Import, Jockei, Korporation, Kutter, Mull, Pony, Revue, Sandwich, Schal, Schwindler*

1790–1800: *Agitator, Brigg, Coalition, Export, komfortabel, Panorama, Parlamentarier, parlamentarisch, patent, patentieren, Sentimentalität, Song, Spektrum, Tandem, Twist*

Im Vergleich mit dem französischen Spracheinfluss fällt auf, dass nur weniger als die Hälfte der Entlehnungen zum lateinisch-griechischen Bildungswortschatz der humanistischen Tradition gehört *(Puritaner, Myriade, sentimental, ...)*. Jedenfalls gibt es hier schon einen beträchtlichen Anteil indigener englischer Wörter aus german. Wurzel *(Stopper, Bowle, Song, ...)* oder aus dem subliterarisch unkenntlich gewordenen Anglonormannisch oder Latein *(Toast, Mob, Park, ...)*, oder unklarer Herkunft *(Pony)*, die sich im Dt. als unmotivierte (nicht analysierbare) oder nicht gelehrt motivierte Lexeme auswirken. Schon hier zeigt sich, dass zum englischen Spracheinfluss viele einsilbige, also für weitere Wortbildung vorteilhafte Wörter gehören. – Zu den hier nicht berücksichtigten Übersee-Exotica s. Palmer 1939.

Die S a c h g e b i e t e der frühen engl. Entlehnungen sind nach unserer obigen Zusammenstellung so breit gestreut wie beim frühen franz. Spracheinfluss. Militärisches und Höfisches tritt aber ganz zurück. Dafür sind Wirtschaft, Politik, Naturwissenschaften, Technik, Medizin, Philosophie, Literatur, Kunst, Publizistik, Alltäglich-Häusliches zahlreich vertreten, und zwar gleichmäßig im ganzen Zeitraum. Zu den Fachausdrücken aus der Schifffahrt *(Brise, Steward, Log, Schoner, Kutter, Brigg)* sind ganz frühe Lehnwörter wie *Boot* (13. Jh.), *Lotse* (14. Jh.), *Dock* (1436) hinzuzunehmen. – Weiteres bei Stiven 1936; Palmer 1939; 1950; 1960; Stanforth 1968, 535ff.

Eine bedeutende Rolle spielten im englischen Spracheinfluss L e h n p r ä g u n g e n (vgl. 2.3E), die vor allem in der Übersetzungsliteratur seit Mitte des 18. Jh.s der Wortentlehnung vorgezogen wurden, besonders im belletristischen Bereich, wobei engl. Attributgruppen meist als Zusammensetzungen verdeutscht wurden (Erämetsä 1955; Ganz 1957; Itkonen 1971; Stanforth 1968, 543ff.):

L e h n ü b e r s e t z u n g e n: z.B. *Blitzableiter (lightning-conductor), Freidenker (freethinker), Freimaurer (freemason), Gemeinplatz* für älteres *Gemeinort (common place), Hochverrat (high treason), Kaffeehaus (coffeehouse), Linienschiff (schip-of-the-line), Pferderennen (horse-race), Preßfreiheit (freedom of the press), Visitenkarte (visiting-card), Volkslied (popular song), Zeitgeist (genius of the time);* unklar ob aus dem Engl. oder Franz.: *Menschenrecht, Mehrheit, Minderheit* und andere politische Schlagworte. – Freie Wiedergabe (Lehnübertragungen): z.B. *empfindsam (sentimental), Tatsache (matter of fact).*

Auch englische i d i o m a t i s c h e V e r b i n d u n g e n sind als Lehnübersetzungen verdeutscht und üblich geworden (Ganz 1957, 7f.), z.B.: *Gleichgewicht Europens (balance of power), tote Sprachen (dead languages), zweites Gesicht (second sight), innere Form (inward form);* aus Shakespeare's Dramen: *der Zahn der Zeit (the tooth of time), Ich wittere Morgenluft (I scent the morning air), Kaviar für den Pöbel/ das Volk (caviare to the general).*

Typisch für die Literatur der Empfindsamkeit waren die Plurale von Abstraktsubstantiven: *Empfindlichkeiten (sensibilities), Zärtlichkeiten (tendernesses), Artigkeiten (courtesies), Leiden (sufferings),* usw.; auch viele Nachbildungen engl. *self*-Komposita: *Selbstbedauern, Selbstverleugnung, selbstgenügsam, ...*; Substantiv-Graduierungen mit *ganz* (nach engl. *all*): *sie war ganz Güte/ Seele/ Vortrefflichkeit/ Ohr, ...* (Erämetsä 1955, 85ff.).

Lehnbedeutungen: Im Bereich von Kunst und Literatur erhielt *Held* nach engl. *hero* ab 1729 auch die Bedeutung ‚Hauptperson eines Dramas', *Blaustrumpf* (urspr. ‚Spitzel') nach engl. *blue-stocking* ab 1795 die Bedeutung ‚gelehrte Frau', die Gebäudebezeichnung *Magazin* nach engl. *magazine* ab 1747 auch die Bedeutung ‚Zeitschrift', die Materialbezeichnung *Bronze* nach engl. *bronzes* ab 1770 auch die Bedeutung ‚Kunstwerk aus Bronze'; *romantisch* als literarische Stil- und Epochenbezeichnung ist seit 1766 englisch beeinflusst. Vom engl. *humour* her sind gleich zwei Wörter semantisch verändert worden: Anfang des 18. Jh.s wurde dt. *Laune* noch als Synonym für das ältere Lehnwort *Humor* in der alten Bedeutung ‚Gemütszustand', ‚Temperament' verwendet; als *Humor* dann ab 1730 die literarische Bedeutung des engl. *humour* im Sinne von ‚heitere Stilgattung' annahm, wurde auch *Laune* von diesem Bedeutungswandel mitbetroffen (Ganz 1957, 127). In poetischem Gebrauch sind die altdt. Wörter *Heim* und *Heil,* nach engl. *home, hail* in ‚empfindsamer' Weise wieder belebt worden. Im naturwissenschaftlich medizinischen Bereich erhielten *impfen, Kreislauf, Nerv, Zelle* vom Englischen her die modernen fachsprachlichen Bedeutungen. Auch für politische Institutionen sind viele engl. Lehnbedeutungen festgeworden, z.B. bei *Haus, Sprecher, lesen passieren.*

Zu Integrationsfragen bei englischen Entlehnungen s.6.10L!

Literatur

Französischer Spracheinfluss: Abdelfettah 1989. Alanne 1965. BBRS (Baum 1107ff., Zollna 3192ff.). R.Bergmann 2000b. BRS (Lüdtke 869ff.). Brunt 1983, Kap. I–IV. Carmesin 1992. Caughey 1989. Flemming/Stadler 1974/78, 10ff., 24ff. Fuchs 1934. Hartweg/Wegera 2005, 120ff. Haubrichs 2011. Hechtenberg 1901; 1903. Helfrich 1990. Jones 1976; 1978; 1979. Jordan u.a. 1983. Kinnemark 1964. H.W. Klein 1975. J.Kramer 1990; 1992; 2002. Kramer/Winkelmann 1990. Kratz 1968. Lendle u.a. 1986 (Müller 66ff.). LGL (Lüdtke 672ff.). Munske 1984. Petersilka 2005. Reynaud 1914. Ruipérez 1984. Schramm 1914. Seiler 1913, Bd.III,4. Telling 1988. Thiele 1993. Tintemann 2004. Volland 1986. Wells 1990, 284ff. Wilke 1985. – **Regional, dialektal:** Bach 1964, 250ff. Flemming/Stadler 1974/78, 24ff. Greive 1990. Guentherodt 1963. Hirsch 1962. Jäschke 1908. Keiper 1891. Kirchmeier 1973. J.K.Kramer 1992, 148ff.; 2002. Kramer/Winkelmann 1990. Kratz 1968, 473ff. Mätzler 1986. Öhmann 1965. Post 1982; 1985. Rash 1989. Steiner 1921. Tintemann 2004. Windisch 1990.

Integration von Entlehnungen, Fremdwort/Lehnwort: Augst 1977, 61–124. P.Braun 1979. BRS (Lüdtke 869ff.). Brunt 1983, 97ff. Caughey 1989, 90ff. Eisenberg 2001; 2011. K.Heller 1966. Heller-Walz 1991. Höfler 1971. Hoppe 2009. Iluk 1977.

Kirkness 1983; 1984. Klein 1975. Kratz 1968, 452ff. Link 1983. Mackensen 1972. Munske 1982; 1984; 1988; 2001. v.Polenz 1979. Schank 1979. Simonov 1979. Schweickard 2008. Volland 1986. Wells 1990, 292ff. Warnke 2003. Wurzel 1970. – S. auch 6.10Lit!

Eurolatein, Internationalismen: BBRS (Panzer 1123ff., Askedal 1136ff.). Eisenberg 2011. Habermann 1999. Henne 1996b. Jones 1979. Kirkness 1984; 1991; 1996. Lendle u.a. 1986. LeRider 2000. Munske 1982. Munske/Kirkness 1996. Reichmann 1993b. Russ 1984ab. Schröter 1999. M.Schulz 2005. – S. auch 6.10Lit!

Lehnwortbildung: R.Bergmann 1998a; 2000a. Donalies 2005. Habermann 2000. Hatcher 1951. Höfler 1971. Hoppe 1998; 1999; 2000; 2005. Hoppe u.a. 1987. Kinne 2000. Kirkness 1983; 1984. Link 1983. P.O.Müller 2005. Munske 1982; 1984; 1988. Nortmeyer 2000. Öhmann u.a. (Suffixstudien, in: NphM 54, 71, 75, 1953–74). Russ 1984b. C.Schmitt 1995. Wellmann 1969b. – S. auch 6.10Lit!

Früher englischer Spracheinfluss: BBRS (Viereck 3317ff.). Chan 2005. DPhA (Oppel III, 201ff.). Erämetsä 1955; 1961; 1972. Fabian 1985. Ganz 1957. Itkonen 1963; 1971. Klippel 1994. Koziol 1974. LGL (Munske 667ff.). Maurer 1997. Oppel 1971. Palmer 1939; 1950; 1960. Pilz 1996. Schmidt-Hidding 1963/64. K.Schröder 1969; 1980. Spieckermann 2005. Stanforth 1968. Stiven 1936.

Zu Entlehnungen aus **Italienisch**, **Niederländisch**, **Jüdischdeutsch**, **slawischen Sprachen** usw. s. 4.7Lit! 6.10Lit!

5.5. Sprachreinheit: Verdeutschungsarbeit vom Kulturpatriotismus zur Volksaufklärung

A. Das Ausmaß der Mehrsprachigkeits- und Sprachmischungstendenz (5.3) hatte seit dem frühen 17. Jh. eine aristokratisch-bildungsbürgerliche Bewegung für die bewusste, gezielte Kultivierung der deutschen Sprache zur Folge. Für diesen umfassenden Begriff sagte man im 17. Jh. *Spracharbeit*, seit Ende des 18. Jh.s *Sprachreinigung* (Campe), von Anfang des 19. Jh. (Jahn) bis heute *Sprachpflege*. Damit sind gemeint Bemühungen von Einzelpersönlichkeiten, Freundeskreisen und Institutionen um die ‚Rettung' der damals als gefährdet aufgefassten deutschen Sprache, oder besser (sprachgeschichtlich gesehen) um deren noch nicht erreichte Konsolidierung und Entwicklung als Literatur- und Nationalsprache. Dafür sind in der germanistischen Wissenschaft und Sprachgeschichtsschreibung seit dem 19. Jh. sehr pauschale oder einseitige polemische Schlagwörter üblich geworden: *Sprachpurismus, Fremdwortkampf, Fremdwortjagd, Sprachnormung, Sprachpedanterie* usw. Mitunter sind erst für das 19. und 20. Jh. zutreffende nationalistische oder chauvinistische Motive irreführend auf die vornationalistische Epoche des 17./18. Jh.s übertragen worden (vgl. Stoll 1973). Damit wurde ignoriert oder zu wenig berücksichtigt, dass die Tätigkeit der barocken Sprachgelehrten, Poeten, Übersetzer und Sprachfreunde in einer geistesgeschichtlichen europäischen Traditionslinie vom Späthumanismus zur Aufklärung steht, die von Opitz und Schottelius über Leibniz bis zu Adelung und Campe deutlich zu erkennen ist (Kirkness 1975; Huber 1984; Schiewe 1988a; Orgeldinger 1999; Hundt 2000; K.Faulstich 2008).

Zugunsten einer differenzierteren Betrachtungsweise schlägt Alan Kirkness (in: BRS 290) vor, zwischen *Sprachpurismus* und *Fremdwortpurismus* zu unterscheiden. Der mehr für das 17./18. Jh. zutreffende Begriff *Sprachpurismus* (Sprachreinigung im weiteren Sinne) ist nicht auf interlinguale Erscheinungen beschränkt, sondern umfasst im Sinne des alten rhetorischen Begriffs *puritas* neben der Vermeidung von ‚Fremdwörtern' auch die Vermeidung von intralingualen Varianten wie anstößigen, zweideutigen, veralteten oder regionalen Wörtern und Wendungen, grammatikalischen Formen, Orthographien und Aussprachen. Das erklärte Ziel dieser umfassenden Kultivierung der deutschen Sprache war ihre gesellschaftliche Anerkennung als Sprache der belletristischen Literatur und der Wissenschaften. Insofern stand Sprachreinigung im engen Zusammenhang mit den Bemühungen um Orthographie, Grammatik und Lexikographie (s. 5.6, 5.7), Rhetorik und Poetik (s. 5.10). Mit Nationalismus hatte dies alles noch nichts zu tun. Allenfalls kann man mit einem gelehrten vornationalen Sprachpatriotismus rechnen, der moralische und pädagogische Motive hatte, auch religiöse insofern, als Sprachpflege z.T. als Buße für den als Strafe Gottes empfundenen Verfall der deutschen Sprache aufgefasst wurde. Solche Sprachreinigung im weiteren Sinne kann als sprach(en)politische Aktivität auch im Rahmen des soziolinguistischen Begriffs *Sprachloyalität* erklärt werden. Es handelt sich kulturhistorisch um eine sprach(en)politische Bewegung des Späthumanismus, die sich von Italien her über die Niederlande und Deutschland bis nach Schweden verbreitete und „Sprachenlegitimation" zum Ziel hatte (Blume 1978).

Dieser allgemeiner zu verstehende Sprachpurismus (Kirkness) war keineswegs mit pauschaler Ablehnung alles Fremden verbunden. Es war daher kein Widerspruch, dass man einerseits ausländische bzw. fremdsprachliche Vorbilder in Wissenschaft, Kunst, Rhetorik und Poesie oder in Vereinssymbolen und -ritualen nachahmte, andererseits fremdsprachliche Wörter im Deutschen vermeiden oder verdeutschen wollte. Nur wo das Fremdwörter-Thema ganz im Vordergrund stand oder ausschließlich betrieben wurde, sollte man (n. Kirkness) von *Fremdwortpurismus* sprechen (Sprachreinigung im engeren Sinne). Als Teilaspekt der Sprachkultivierungsbewegung gab es Fremdwortpurismus durchaus auch im 17./18. Jh. (z.B. bei Zesen); aber in politisierter Weise epochentypisch wurde Fremdwortpurismus erst im 19./20. Jh. (s. 6.7). Im Sinne des rhetorischen *puritas*-Begriffs gehören also Sprachreinheit und Sprachrichtigkeit in unserer Epoche enger zusammen als es nach unserer arbeitsökonomischen Aufgliederung in die Kapitel 5.5 und 5.6 erscheinen mag.

B. Für die gesellschaftlichen Motive dieses teilweise institutionalisierten Übergangs vom sehr variablen, noch nicht bewusst kultivierten frühbürgerlichen Deutsch zu einer bildungsbürgerlichen ‚Hochsprache' unter den Bedingungen des Absolutismus ist der Begriff *Kulturpatriotismus* hilfreich, den Wolfgang Huber für eine Überschau über die verschiedenen Argumentationsweisen zur Rechtfertigung der Sprachkultivierung nutzbar gemacht hat (Huber 1984, 13ff., 224ff., 248ff.).

Der Begriff stammt von Robert Michels (Archiv f. Sozialwiss. 36, 1913, 431): „Liebe zum Vaterland ob der Kulturgüter, die es besitzt", von Huber (1984, 16) themabezogen modifiziert: Kulturgüter, die „noch geschaffen bzw. zu kulturell wertvollen erst erhoben werden müssen". Für die Frühe Neuzeit war in Westeuropa, Italien und Böhmen das Engagement für die Volkssprachen gegen das europäische Kulturmonopol des Lateins eine wichtige identitätsstiftende Aktivität im Rahmen der frühen Nationenbildung, die zunächst vorwiegend (in Deutschland: ausschließlich) kulturell möglich war.

In Deutschland kam zum Verhältnis zwischen Volkssprache und Latein beim Kulturpatriotismus der Widerstand gegen die *alamodische* höfische Fremdsprachentendenz hinzu (s. 5.3H–N), dazu die politische Spannung zwischen dem verfallenden Reich und den absolutistisch aufstrebenden Territorialstaaten. Der Kulturpatriotismus der deutschen Sprachpfleger des 17. Jh. war (nach Huber 1984, 248) „antikaiserlich", d.h. gegen die imperiale Universalsprache Latein gerichtet, und somit – wegen des Versagens des Kaiserhofes in der Nationalstaatsfrage – modernisierend im Sinne einer ‚Fürstenbund'-Opposition. Dass gerade die deutschen Fürstenhöfe im Übergang zu französischer Sprachkultur bald führend werden sollten, war zu Anfang des 17. Jh. noch nicht deutlich. Insofern ist es eher als ein tragischer Irrtum zu verstehen, wenn die *Fruchtbringende Gesellschaft*, als vorwiegend hochadelige Institution, sich gerade an protestantische Fürsten als Adressaten richtete, die zur (nur noch kulturell möglichen) Rettung des sich auflösenden Reiches eine einheitliche, kultivierte deutsche Sprache als staatliches Repräsentationsinstrument fördern sollten (Huber 1984, 250ff.).

Die Ziele und Aktivitäten der kulturpatriotischen Sprachpflege hatten teilweise etwas mit sprach(en)politischem Verhalten (vgl. 4.9A) zu tun. Dies wird – außer an der führenden Teilnahme von Fürsten und Adel bei der *Fruchtbringenden Gesellschaft* (s. 5.5F) – an folgenden Einzelheiten deutlich (vor allem n. Huber 1984, 53, 248ff.; Hundt 2000):

Ratke richtete sein sprachreformerisches *„Memorial"* 1612 an den Reichstag, wenn auch ohne Erfolg. Gueintz rechtfertigte 1641 die Sprachpflege mit *„Erhaltung Deutscher hoheit"*. Zesen rühmte 1656 die deutsche Sprache als *„Sprachenkeiserin"*. Schottelius forderte 1663 *„jede Obrigkeit"* auf, über Sprachreformer, die die *„Grundrichtigkeit"* der deutschen Sprache nicht beachteten, eine Zensur auszuüben. Harsdörffer stellte ebensolche Sprachneuerer *„denen Aufrührern die das Regiment zuverändern gedenken"* gleich. Mit dem Sprachlob *„Haupt- und Heldensprache"* wird deutsche Sprachpflege in barocker Formulierungsweise sozusagen zu einer „staatlichen Aufgabe" erhoben (Huber a.a.O.).

Sprachenpolitik als Verdrängung der Sprachmischung und des Fremdsprachgebrauchs (vgl. 4.9, 5.8N) bezog sich dabei vor allem auf die Prestigesprachen Latein, Spanisch, Italienisch, Französisch, im Nordwesten auch auf Niederdeutsch und Niederländisch, im Osten auf die slawischen Sprachen, von denen aber nur Tschechisch und Slowenisch (noch kaum Sorbisch) als Schriftsprachen ernsthafte Konkurrenz darstellten (vgl. 4.9N–S). Sprach(en)politik hatte in der absolutistischen Zeit vor allem innenpolitische Ziele: Der Jurist Schottelius berief sich für seine gelehrte Spracharbeit auf niederländische Naturrechtstheorien, also auf eine philosophische Grundlage des rationalisierten modernen Verwaltungsstaates; aus der Parallelisierung von Sprachverfall und Machtverfall, Spracherhalt und Machterhalt zog er seinen ‚sprachpolitischen' Schluss: *„Auf die Enderung der Sprache folget eine Enderung der Sitten"* (Huber 1984, 254). Die Theorie von der ‚Eigentlichkeit' der Sprache in Bezug auf die ‚Wahrheit' der Beziehung zwischen Wort und Sache, die in England mehr universalistisch orientiert war, ist von den deutschen Sprachpatrioten mehr einzelsprachlich-sprachpuristisch angewandt worden: Gegen die *Alamode*-Sprachmischung sollte *„deutsche Redligkeit und treue"* (Zesen 1642) durch Rückkehr zu den *„grundrichtigen"* und *„eigenen uhrankünftlichen Wörtern"* (Schottelius 1663) wiederhergestellt werden (Gardt 1995; Hundt 2000, 245–270). – Zu den sprachideologischen Schritten auf dem Weg vom „Sprachpatriotismus" zum „Sprachnationalismus" s. A. Gardt 1999a, 2000a!

C. Die Argumentationsweisen des Kulturpatriotismus für die Legitimation der Sprachkultivierung waren vielfältig und verschieden verteilt (Huber 1984, 224ff.): Zunächst stand das Argument der Nützlichkeit der deutschen Sprache (für praktische Zwecke wie Rhetorik und *Conversation*) im Vordergrund, so bei dem Sprachpädagogen Wolfgang Ratke (s. Ising 1959), bei der *Fruchtbringenden Gesellschaft*, später bei den Lexikographen (s. 5.7) und bei Christian Weise, der um 1680 die Rhetorik für politisch-höfische Zwecke wiederbelebte. Dann kam als sprachideologisches Argument die Gleichwertigkeit der deutschen Sprache mit den drei Heiligen Sprachen Hebräisch, Griechisch, Latein hinzu, also die Gleichstellung des Deutschen als *Hauptsprache* neben Italienisch und Französisch gegen das Latein, so bei Ratke und den Poetikern Opitz, Zesen und Harsdörffer. Die Gleichwertigkeit wurde aus dem Wortreichtum *(copia verborum)* des Deutschen begründet, so bei Gueintz als *völligkeit,* womit bei ihm (wie bei Schottelius) sein reicher Vorrat an alten Stammwörtern und die reichlichen Wortbildungsmöglichkeiten gemeint waren. Der Entdeckung der *„dienstfertigkeit der zusammensetzlichen Deutschen wörter"* (Gueintz, n. Huber 1984, 45) und deren analogischer Vermehrung ist es zu verdanken, dass in der Entwicklung des neueren Deutsch Fremdwortpurismus und relativ starke Ausnutzung der Wortbildung (s. 5.5M, 5.9W) Hand in Hand gingen.

Drittes Argument war das philologisch-historisch entdeckte oder sprachmythologisch angenommene hohe Alter der deutschen Sprache, vor allem bei Opitz, Gueintz, Zesen, Schottelius, Harsdörffer (Huber 1984, 42f.; Hundt 2000): Christian Gueintz hält sie in seiner *Deutschen Sprachlehre* (1641) für älter als die romanischen Sprachen, da sie (nach Aventins Sprachursprungstheorie) angeblich direkt aus dem Hebräischen abstamme und nach der Babylonischen Sprachverwirrung durch *Tuiscon*, den ersten deutschen König und seinen Sohn *Mannus* nach Deutschland gebracht worden sei. In einer Radikalisierung des Kulturpatriotismus wurde der Gedanke der Gleichwertigkeit zur Überlegenheit der deutschen Sprache über andere lebende Sprachen gesteigert, so bei Schottelius und Zesen (Huber 1984, 230; vgl. auch Hundt 2000, 254–270; Moulin 1997b).

D. Eine späthumanistische Richtung erhielt der deutsche Kulturpatriotismus vor allem durch den einflussreichsten deutschen Sprachgelehrten Justus Georg Schottelius, besonders in seiner *Ausführlichen Arbeit von der Teutschen HaubtSprache,* 1663 (Huber 1984, 48ff.; Hundt 2000, 120–136): Schottelius' Berufung auf die von Tacitus behauptete ‚Unvermischtheit' der Germanen, auf Karls des Großen Bemühungen um eine deutsche Grammatik und auf die Förderung des Deutschen durch deutsche Könige und Kaiser bis hin zu Maximilian I. sind teilweise ebenso historisch fundiert wie sein Hinweis auf Luther *„als ein rechter Meister Teutscher Wolredenheit und beweglicher Zier"*. Darauf baute Schottelius seine Theorie der Sprachreinheit auf.

Luther habe einen richtigen Weg gewiesen *„wie das Vermögen dieser Haubtsprache / nach kunstmässiger Anleitung einzupflantzen / und also in Kirchen / Schulen und gemeinen Wesen viel gutes dadurch zustiften"* sei. Unter *kunstmäßig* verstand Schottelius die *ars grammatica*, die besser als der bloße Sprachgebrauch dazu geeignet sei, das höchste Sprachkultivierungsziel zu erreichen: *„es möchten endlich die Künste und Wissenschaften selbst in Teutscher Sprache beschrieben und bekant werden"*. In der Entwicklungslinie von späthumanistischer Naturrechtstheorie (Grotius, Lipsius) und Jakob Böhmes Ursprachentheorie zu aufklärerischem Rationalismus liegt Schottelius' Verständnis der erforderlichen *Reinligkeit* (*puritas*) von Sprache. Dabei erscheint der Gegensatz zwischen *Natur* und *Kunst* aufgehoben (Huber 1984, 54ff.): Sprache sei *Natur* vom Ursprung her, mit *„saftvollen Wurtzelen"*, die *„den gantzen Sprachbaum durchfeuchten / dessen Spröslein / Ast- und Aderreiche Zweige in schönester Reinligkeit / steter Gewisheit und unergründender Mannigfaltigkeit / reumiglich und hoch ausbreiten lassen"*. Aber zugleich habe sie aufgrund ihrer natürlichen Ordnung *„tieffe Vernunfft"* in ihrem gesetzmäßigen Aufbau, sei zugleich *Sprachnatur* und *Sprachkunst, Kunstgewächs* und *Kunstgebäu*, habe zugleich *Grundrichtigkeit* und *Kunstrichtigkeit.* – Das auch historisch fundierte deutsche Sprachrichtigkeitsbewusstsein von Daniel Georg Morhof (*Unterricht von der Teutschen Sprache und Poesie*, 2. Aufl. 1700, Nachdr. 1969) hatte „eine nicht unbedeutende Nachwirkung auf das gesamte 18. Jahrhundert" (vgl. Sonderegger 1995b).

Mit dem Standesbewusstsein der Späthumanisten, die sich dem absolutistischen Verwaltungsstaat andienen mussten, gilt Schottelius der allgemeine Sprachgebrauch *(„mancherley Landarten")* nicht viel; er hält vielmehr die *Meister* und *gelehrten Männer*, die die *ars grammatica* beherrschen und anwenden, für fähig, durch Erforschung der älteren, ursprünglichen Sprachformen und durch Anwendung der *Analogie* als sprachliches Strukturprinzip die Sprachrichtigkeit festzustellen. Von daher ist der Begriff ‚Sprachreinheit' bei Schottelius ebenso wie in der *Fruchtbringenden Gesellschaft* erst in zweiter Linie als Kampf gegen die *alamodische* Sprachmischung im Sinne des eigentlichen Fremdwortpurismus zu verstehen. Es geht hier vielmehr um eine gelehrte Sprachreinigung, die sich als *grund-* und *kunstrichtigkeit* auch gegen jede Art von Beliebigkeit, Unregelmäßigkeit und Undeutlichkeit im gewöhnlichen Sprachgebrauch richtet. Fremdwortverdeutschung diente hier weniger der *Ausmerzung* fremdsprachlicher Wörter als Selbstzweck als vielmehr der besseren Ausnutzung der Sprachpotenz deutscher W o r t b i l d u n g. Die „Freilegung des durch das Fremde zugeschütteten Wortbildungspotentials“ war ein innersprachliches Motiv für Fremdwortverdeutschung, weshalb sich spätere Fremdwortpuristen immer wieder auf Schottelius (und Leibniz) beriefen (Kirkness, in: BRS 292). Während die *puritas* der Sprache in der *Fruchtbringenden Gesellschaft* anfangs noch im Zusammenhang mit der rhetorischen *conversatio* als überständische Tugend verstanden wurde, um durch Sprachrichtigkeit niemanden sozial zu benachteiligen oder zu bevorzugen, wurde der *puritas*-Gedanke bei Schottelius und seinen Nachfolgern von praktischer Nützlichkeit isoliert und zum abstrakten philologischen Prinzip gesteigert, zur *Sprachkunst* für Gebildete im repräsentationsbedürftigen absolutistischen Staat (Huber 1984, 259ff.). Dieser gelehrten Richtung zwischen Späthumanismus und Aufklärung ist es auch zuzuschreiben, dass die Sprachkultivierungsbemühungen des 17. und 18. Jh.s vorwiegend und primär der S c h r i f t l i c h k e i t des Deutschen zugutekamen.

Die stärkere Schreibsprachorientierung des dt. Sprachpatriotismus zeigte sich auch darin, dass die Tätigkeit der Sprachgesellschaften sich (im Unterschied zu süd- und westeuropäischen Vorbildern) großenteils als Briefwechsel und Publikationsarbeit abspielte (Huber 1984, 276). Christian Weise äußerte bei seinem Versuch der Erneuerung der Rhetorik für praktische Zwecke sein Unbehagen an der vorwiegend schriftlichen Form des Lehrens (Huber 1984, 277). – Zur Kritik an der zu stark schreibsprachlichen dt. Öffentlichkeitssprache bei Adam Müller und Carl Gustav Jochmann s. 5.12Z, 6.8C!

E. Aus einer größeren Zahl nachzuweisender ‚Sprachgesellschaften‘ werden in der sprach- und literaturgeschichtlichen Forschung folgende fünf in den Vordergrund gestellt (Otto 1972; Engels 1983; Bircher/van Ingen 1978):

[FG] *Fruchtbringende Gesellschaft* (später auch: *Palmenorden*), begründet 1617 in Weimar von Fürst Ludwig v.Anhalt aufgrund einer Anregung von Caspar v.Teutleben; Sitze und Tagungsorte: Weimar, Köthen, Halle; bestehend bis nach 1680; insgesamt 890 nachgewiesene Mitglieder; die sprach- und literaturgeschichtlich bedeutendsten: Fürst Ludwig, Herzog Anton Ulrich v.Braunschweig-Lüneburg, Birken, Buchner, Gryphius, Gueintz, Harsdörffer, Logau, Moscherosch, Opitz, Rist, Schottelius, Stieler, Zesen.

[DG] *Deutschgesinnte Genossenschaft*: begründet 1642/1643 in Hamburg von Philipp Zesen; bestehend bis um 1708; insgesamt 207 nachgewiesene Mitglieder, zu denen auch Harsdörffer, Birken, Klaj, Moscherosch gehörten.

[PBO] *Pegnesischer Blumenorden*: gegründet 1644 in Nürnberg von Georg Philipp Harsdörffer und Johann Klaj; bis ins 18. Jh. insgesamt 117 nachgewiesene Mitglieder, darunter Birken, Rist, Schottelius und die Dichterinnen Maria Katharina Stockfleth und Katharina Regina von Greiffenberg; seit 1845 als literarischer Verein mit allgemeineren Aufgaben bis heute bestehend.

[ESO] *Elbschwanenorden*: gegründet 1658 in Wedel bei Hamburg von dem dortigen Pastor Johann Rist, in Konkurrenz und bald Feindschaft zu Zesen und seiner DG; bestehend bis zu Rists Tod 1667; 45 Mitglieder nachweisbar, z.T. bis nach Ostpreußen, Brandenburg, Obersachsen.

[AGT] *Aufrichtige Tannengesellschaft*: gegründet 1633 in Straßburg von Johann Matthias Schneuber und Jesajas Rompler von Löwenhalt, oder nur von dem letzteren, der Beziehungen zu Zesen hatte; bewusst begrenzte Mitgliederzahl, nachweislich 5–10, darunter Schill, Weckherlin, Moscherosch.

Weitere Sprach- und Dichtergesellschaften gab es z.B. in Leipzig, Königsberg (Otto 59ff.; Kirkness 1975, 27ff.) und in Göttingen (Cherubim/Walsdorf 2005).

Die weitaus bedeutendste Sprachgesellschaft nach Alter, Mitgliederzahl, Prestige und Wirkung war die FG, die den meisten anderen Vorbild war und um deren Mitgliedschaft sich die meisten Dichter und Sprachgelehrten der Barockzeit eifrig bewarben. Ihre Aktivitäten spielten sich – unter ständiger Einwirkung und Kontrolle des Fürsten Ludwig († 1650) – mehr durch Briefwechsel und Vereinstraktate als auf Tagungen ab, von denen nur wenige bezeugt sind und auf denen immer nur wenige Mitglieder anwesend sein konnten. Auch bei den anderen Gesellschaften hing die Vereinstätigkeit meist vom persönlichen Engagement der Gründer bzw. Oberhäupter ab.

F. Die soziale Zusammensetzung der Sprachgesellschaften war sehr verschieden: Initiatoren, Mäzene und Oberhäupter waren bei der FG Fürsten und Adel, entsprechend der kulturpatriotischen Motivation und dem im absolutistischen Deutschland relativ geringen politischen Prestige bürgerlicher Schichten. Das fürstliche Interesse an Sprachgesellschaften wird (auch von Zeitgenossen) am Bedarf mittlerer und kleiner Landesherren an Lobgedichten erklärt, während sich große Potentaten distanziert verhielten (Hattenhauer 1987, 18). Allerdings waren Fürst Ludwig v. Anhalt-Köthen als Übersetzer und Herzog Anton Ulrich v.Braunschweig als Dichter selbst literarisch produktiv. Im Allgemeinen waren aber Mitglieder des Bildungsbürgertums (darunter später geadelte wie Zesen und Birken), z.T. auch aus dem Patriziat, die eigentlichen Träger der Sprachvereinsarbeit, vielfach Inhaber ‚niederer' Hofämter (Sekretäre, Hofmeister, Bibliothekare), während sich Räte und andere höhere Juristen meist ablehnend verhielten (Hattenhauer 1987, 19; Otto 1972; Otto, in: Bircher/van Ingen 1978, 151ff.).

Die FG bestand zu 75% aus Fürsten und Adel, obwohl sich Fürst Ludwig immer wieder um ständische Offenheit und Gleichberechtigung bemühte. Bürgerliche wurden nach deren Leistungen als Dichter oder Gelehrte aufgenommen. Geistliche wurden (bis auf 2 Ausnahmen) abgelehnt, um konfessionelle und theologische Streitereien fernzuhalten. Aus politischen Gründen wurden auch einige Ausländer aufgenommen. Frauen waren in der FG nur als Ehefrauen von Mitgliedern zugelassen. Die Sitzordnung bei Tagungen richtete sich nach dem Alter der Mitgliedschaft. Die allegorischen Vereins-Personennamen (z.B. *der Nährende, der Suchende, der Schmackhafte, der Wolbekommende, der Durchdringende*) dienten dem Zweck, *„daß so unter ungleichen Stanspersonen (wie gedacht) eine Gleichheit und Gesellschaft getroffen würde; anders theils, daß sie unter solchen Titeln ihre Schriften ohne Ehrgeiz und eigenen Namensruhm an Tag geben“* (Otto 1972, 20).

Die Mitglieder der Hamburgischen DG waren, wie ihr Gründer, der Pfarrerssohn Zesen, zu 86% bürgerlich, seit den 70er Jahren auch zunehmend Geistliche, Lehrer, Advokaten. Die DG stand auch offiziell in der Hamburger Oberschicht und Stadtregierung in Ansehen. Sie war in 4 Zünfte gegliedert, z.T. auch mit weiblichen Vorsitzenden. – Im Nürnberger PBO, der mehr ein privater Akademiker- und Literatenkreis war, ohne offizielle Bindung und Stützung, waren zu 95% Bürgerliche, darunter viele Geistliche, Lehrer, Juristen, Ärzte neben niederem Adel und Geadelten. Unter den Mitgliedern waren auch 14 Frauen, zumal Birken 1670 erklärte, *„daß die Natur dieses Geschlechte von der Tugend- und Weißheitsfähigkeit nicht ausschließe“* (Otto 1972, 46). – Im ESO waren *„der beständigkeit halber“* ausschließlich Männer zugelassen, die möglichst (und zu 3/4 tatsächlich) *„Käiserl. Gekrönete Poeten“* und grundsätzlich *„Gelärte Leute / Sinreiche Geister / künstliche Mäister“* sein sollten. Die Standeszugehörigkeit spielte beim ESO keine Rolle (6,39% Adelige), aber die Anregung zur Gründung dieser ‚Zubringergesellschaft‘ der FG kam von fürstlichen Persönlichkeiten der FG. Nahezu 1/3 der Mitglieder waren orthodoxe lutherische Geistliche (Otto 1972, 46, 54).

G. Die deutschen Sprachgesellschaften sind von den besonderen deutschen Verhältnissen der frühen absolutistisch-bildungsbürgerlichen Epoche geprägt, gehören aber in Bezug auf ihre Vorbilder in einen west- und südeuropäischen Zusammenhang des Späthumanismus. Bei der FG ist italienisches Vorbild direkt nachzuweisen, bei der FG und DG niederländisches Vorbild wahrscheinlich.

Die italienischen Akademien waren hochkulturell-städtebürgerliche Institutionen, die es seit dem 15. Jh. fast in jeder Stadt gab, mit dem kulturpatriotischen Ziel, die italienische Sprache als Wissenschafts- und Literatursprache zu entwickeln und durchzusetzen, mit dem großen lexikographischen Erfolg des *Vocabulario degli Accademii della Crusca* (1612) (Otto 1972, 7ff.). Die niederländischen *rederijkers*-Kammern – benannt nach der *Rhetorik* wie die nordfranz. *rhétoriciens* – waren populäre bürgerlich-kaufmännische Geselligkeits- und Kulturvereine seit dem 14. oder 15. Jh., in denen geistliche Spiele, Kirchengesang und die Kunst des Redens und Schreibens, von Religion, Politik und Wissenschaften bis zur Poesie, volkstümlich und praxisbezogen betrieben und gelehrt wurden (Engels 1983, 117ff.). In den Niederlanden gab es eine

Sprachdiskussion zwischen 1618 und 1637 im Zusammenhang mit der Bibelübersetzung (J.Kramer 1992, 115).

Wegen der noch stärker spätfeudalen deutschen Verhältnisse und dem noch nicht konsolidierten Zustand der deutschen Einheits-Literatursprache haben sich die ausländischen Anregungen in den deutschen Sprachgesellschaften nur teilweise und verändert auswirken können: Fürsten und Adel waren anfangs als Initiatoren und Normvorbilder noch unerlässlich, und deutsche Sprachkultivierung war literarisch und gesellschaftlich zunächst nur als Anpassung an höfische Repräsentationsbedürfnisse möglich oder als abstrakt gelehrte Spracharbeit, die dann aber weniger institutionell als vielmehr als Leistung einzelner Sprachwissenschaftler wirksam wurde (s.5.6, 5.7).

Die Gründung der FG entwickelte sich aus einem Gespräch fürstlicher und adeliger Trauergäste am Hof zu Weimar, als in dem Sinn und Zweck ausländischer Akademien, *„zu erhaltung guten vertrauens / erbauung wolanständiger Sitten / als auch nützlicher ausübung iedes Volckes Landes-Sprachen"* gelobt und nach einem Vergleich der deutschen Sprache mit anderen Sprachen beschlossen wurde *„wie eine sothane Geselschaft zu erwecken und anzustellen / darinnen man in gut rein deütsch reden / schreiben / auch anders / so bey dergleichen zusammensetzung und erhebung der Muttersprache / (darzu ieder von Natur verpflichtet) gebrauchlich und dienlich / vornehmen möchte."* (Dokument der FG von 1646, n.Otto 1972, 14). Das Vorbild der 1582 gegründeten Florentiner *Accademia della Crusca* (s.Weinrich 1988) war hier unverkennbar, deren Mitglied Fürst Ludwig aufgrund eines längeren Aufenthaltes in Florenz seit 1600 war. Sowohl der Name der FG als auch einige ihrer Rituale und Satzungen waren Anlehnungen an das ital. Vorbild. Fürst Ludwig bezeichnete die FG einige Male sogar als *nostre accademie*, ihre Mitglieder als *des academiques*. In den praktischen Aufgaben (Wörterbuch, Grammatik) wurde das Vorbild aber nicht erreicht. Der Zusammenhalt der FG war auch loser, die soziale Zusammensetzung mehr aristokratisch (keine Geistlichen und nichthöfischen Gelehrten, keine Kaufleute und Künstler). Trotzdem wird die FG von modernen Herausgebern als sozusagen „Die deutsche Akademie des 17. Jh." betitelt (Bircher/Conermann 1991ff.).

Einfluss der niederländischen *rederijkers*-Kammern ist nicht direkt nachzuweisen, aber aufgrund vieler persönlicher Beziehungen und sachlicher Parallelen anzunehmen (Trunz 1937; Engels 1983, 117ff.): Fürst Ludwig v.Anhalt-Köthen begann seine Studienreise in den Niederlanden, war auch in Leiden, ebenso wie mehrere seiner Gesellschafter. Gesellschafternamen nach Pflanzen, Sinnsprüche und andere Gesellschaftsrituale der FG können ndl. Vorbild haben, ebenso Ludwigs mehrfach bezeugtes Eintreten für den Abbau von Standesschranken. Die volkssprachliche Literaturblüte in den Niederlanden um 1600, die großenteils den *rederijkers* zu verdanken ist, muss auf ihn Eindruck gemacht haben, bevor er nach Italien ging. Viele dt. Dichter und Gelehrte protestantischer Konfession studierten in den Niederlanden, besonders in Leiden, auch Sprachgelehrte wie Schottelius. Zesen war ein Jahr vor der Gründung seiner DG in Leiden und lebte viele Jahre immer wieder in den Niederlanden; viele Niederländer waren Mitglieder der DG, so der bekannteste ndl. Dichter van den Vondel. Niederländisch spielte in Hamburg im 16./17. Jh. eine bedeutende Rolle als

Verkehrs- und Literatursprache. Zesens eifrige Fremdwortverdeutschung könnte ndl. beeinflusst sein, denn diese Wortersatz- und Wortbildungspraxis war in der längst etablierten ndl. Literatursprache selbstverständliche und erfolgreiche Übung; viele Verdeutschungen Zesens haben ndl. Vorbilder (s. 5.5L).

H. Die deutschen Sprachgesellschaften dürfen nicht als ‚Sprachgesellschaften' isoliert gesehen werden; dieser Ausdruck, von Leibniz 1697 für die Florentiner Akademie verwendet, ist erst im 19. Jh. von Germanisten in abwertendem Sinne für die dt. Gesellschaften üblich geworden. Sie sind vielmehr als eine Variante im Rahmen der allgemeinen Sozietätsbewegung des 17. Jh. aufzufassen (Berns, in: Bircher/van Ingen 1978, 53ff.); ihre Verdeutschungsarbeit war keineswegs nur „das Hobby einiger nicht zum Main-Stream gehöriger Literaten" (J.Kramer 1992, 117).

Im Zusammenhang mit „standesübergreifender Elitebildung" zur Entwicklung von Nationalkultur und bürgerlicher ‚Öffentlichkeit' gab es zur gleichen Zeit neben den ‚Sprachgesellschaften' ähnliche deutsche Sozietäten: z.B. *Orden der Temperanz, Civitas Solis, Tugendliche Gesellschaft, Académie des vrais Amants,* usw. Sie alle hatten vor allem Sittlichkeit, Geselligkeit, Freundschaft, Bildung und Wissenschaft im Programm, einige eben auch Sprache und Dichtung, manche in utopistischer Weise mit Schäferromanen oder Insel- und Astralutopien, oft mit Legitimierung aus biblischen Ursprüngen oder eschatologischen Motiven. Es gab aristokratische Sozietäten (Ritterorden und -akademien) und bürgerliche mit zünftischen Traditionen; aber Anknüpfung an den frühbürgerlichen, nicht innovativen Meistersang wurde vermieden. Als kaiserliche Tradition wurde vielfach die Dichterkrönung übernommen. Von daher ist bei den bürgerlichen ‚Aufsteigern' unter den Mitgliedern das Bemühen um *nobilitas mentis*, um Adelsnachahmung mit Schlüsselwörtern wie *edel, adelig, Herren, Hauptsprache, Heldensprache* zu verstehen (Berns a.a.O.).

Auch bei den mehr bürgerlich-emanzipatorischen deutschen Sozietäten standen weniger anti-höfische als vielmehr alternativ-höfische Ziele wie deutsche Tugend und Sprache im Vordergrund (Huber 1984, 255). Die bildungsbürgerlichen Akademiker hatten seit Ende des 16. Jh.s starke adelige Konkurrenz bei der Übernahme verantwortungsvoller Posten in der Verwaltung der absolutistischen Territorialstaaten (van Ingen 1978, 14, 18). Ähnlich wie in der Stauferzeit die neue Aufsteigerschicht der Ministerialen gegenüber dem alten Geburts- und Besitzadel ihre neue *dienest*-Ethik literarisch und gesellig hervorzuheben hatte (Minnesang, höfische Epen), so war in den Programmen der kulturpatriotischen Sozietäten, auch der Sprachgesellschaften, fast immer das Bemühen um Tugenden als deutsche (oder urbane?) Alternativen zur höfischen repräsentativen *conversatio* (s. 5.2E) wichtig, benannt als *deutschgesinnter Tugendmut, Teutsche Aufrichtigkeit und Frömmigkeit*, teilweise mit protestantischer Ethik puritanisch überhöht, auf jeden Fall aber auch gegen *grobianische* Sitten des *Pöbels* gerichtet, besonders in der Kriegszeit.

Dazu einige Formulierungen aus Satzungen von Sprachgesellschaften (Otto 1972; Maurer/Rupp, Bd.III, 16; Huber 1984, 255). FG (1646): *„Erstlich / daß sich ein iedweder in dieser Geselschaft erbar= nütz= und ergetzlich bezeigen und also überal handeln solle / bey Zusammenkunfften gütig / fröhlich / lustig und verträglich in worten und wercken seyn / auch wie dabei keiner dem andern ein ergetzlich wort für übel aufzunemen / also sol man sich aller groben verdrieslichen reden und schertzes dabey enthalten"*. – DG (vor 1669): *„[...] eine aufrichtige und rechtbrüderliche unzerbrüchliche freundschaft gepflogen [...] gegen alle Menschen liebseelig / freundlich / bescheidentlich / ja sotahnig verhalten"*. – ESO (1663): *„ [...] Ware / Aufrichtige Unzertränliche Freund- und Brüderschaft"*. – ESO: *„Träue / Tugend und Ehre"*.

So sind die deutschen Sprachkultivierungsgesellschaften über ihre sprach- und literaturgeschichtliche Bedeutung hinaus als Frühstufe der Entwicklung zu den wissenschaftlichen Akademien hin zu verstehen, aber auch zu urbaner Weltoffenheit nach italienischem und niederländischem Vorbild auf dem Wege zu *raisonnierender* bildungsbürgerlicher ‚Öffentlichkeit' (s. 5.2CN, 5.12A), zu Aufklärungsgesellschaften und Moralischen Wochenschriften (s. 5.2J). Sie hatten eine notwendige Funktion in der sozialgeschichtlichen Symbiose von Territorial-Absolutismus und Bildungsbürgertum. Dies gilt besonders für die FG: „[...] als Pflanzschule einer deutschen *conversazione civile*, sodann einer sittlich-religiösen, politischen und patriotischen Bildung und als Instrument einer deutschsprachigen Wissenschaft und Kunst entsprach sie durchaus dem projektierenden Geist des werdenden Absolutismus" (Conermann, in: Bircher/van Ingen 1978, 123).

J. Über die sprachlichen und literarischen Ziele ist in den Satzungen der Sprachgesellschaften sehr Verschiedenes formuliert und durch die Aufforderung zu regelmäßigem Briefwechsel und Einsendung entsprechender Arbeiten zur Kontrolle durch die Gesellschaft konkretisiert (Otto 1972, 28, 40, 49; Engels 1983, 141, 162, 165f.; Maurer/Rupp, Bd.II, 16): Allen Sprachgesellschaften, von denen Satzungen überliefert sind, ist gemeinsam die Forderung nach Erhaltung und Verbesserung der *edelen hochdeutschen Sprache* oder *ädelen Deutschen Helden- und Muttersprache*, mit Ausdrücken wie: sie *erhalten, vermehren, erheben*, ihren *Zuwachs und Aufnähmen*, ihre *Fortpflanzung befördern.* Weiterhin sind solche eher abstrakten Forderungen mit der nach praktischer Ausübung der deutschen Sprache verbunden, wobei meist mündlicher und schriftlicher Gebrauch und poetische Übungen erwähnt werden: *sich so wol der besten aussprache im reden als der reinesten im schreiben und Reime=dichten befleissigen; die Sprache selbst und derselben Redensart; entweder durch Schriften oder durch andere Mittel; die Teutsche Sprache auszuüben; der hochsteigenden Poesie so mündlich als schriftlich.*

Wenn Normprinzipien und -vorbilder für diese Spracharbeit und Sprachausübung genannt werden, sind sie entweder nur abstrakt angegeben *(in ihrem rechten Wesen und Stande; in der reinesten Art; eigene angeborene*

Grundzierde der Sprache) oder (bei der DG durch Zesens Voreinstellung) auf *die beste und reineste Meißnische oder Obersächsische Mundart* konkretisiert (vgl. 5.6C).

Die konkrete Wörterarbeit (durch Vermeiden, Ersetzen oder Verdeutschen) wird nicht nur im Sinne eines einseitigen Fremdwortpurismus aufgefasst, sondern als umfassendere Sprachreinigung, also auch in Bezug auf indigene Wörter, z.T. auch gegen die *Wortschöpferei* der Fremdwortpuristen (mit Jahreszahlen der Vereinssatzungen):

„*[...] ohne einmischung frembder außländischer Wort*“ (FG 1622); „*[...] ohne Einmischung fremder und ausheimischer Wörter [...] und vor allem fremden Unwesen und Gemische bewahret [...] ja alles eingeschlichene Unreine, Ungesetzmäßige und Ausheimische abgeschaffet und in ein besseres, wo immer thunlich, verändert werde*“ (DG 1669); „*[...] soll sich ein jeder der neuen, unbekannten Wörter, der wunderbaren und widrigen Zusammenfügungen, auch der verworfenen und undeutlichen Arten im Vortrag [...] enthalten [...] nicht nur neue Wörter selber erfinden, sondern zuerst in den älteren Schrifften nach passenden deutschen Ausdrücken suchen, sie lernen und benutzen*“ (PBO 1704).

K. Die tatsächlichen Leistungen der barocken Sprachgesellschaften erscheinen auf den ersten Blick gering. Als offizielles Produkt der FG kann allenfalls die *Deutsche Rechtschreibung* von Christian Gueintz (1645) bezeichnet werden, da sie von Fürst Ludwig in Auftrag gegeben war und der Verfasser sie nach ihrem Titelblatt als Mitglied vor der Publikation von der FG hat überprüfen lassen (Otto 1972, 6; Moulin 2008, VIII–XI). Der Wörterbuchplan der FG kam offiziell nie zustande. Aber Stieler hat sein Wörterbuch (s. 5.7D2) noch 1691 – als die FG eigentlich nicht mehr bestand – unter seinem Gesellschaftsnamen *Der Spate* veröffentlicht, also als Gesellschaftsarbeit gelten lassen. Andere bedeutende sprachwissenschaftliche, poetologische oder rhetorische Werke von Gesellschaftsmitgliedern wie Opitz, Schottelius, Harsdörffer, Buchner, Zesen sind meist vor der Zeit ihrer Mitgliedschaft entstanden, können aber der gesamten Tätigkeit der Sprachgesellschaften als deren „linguistische Stimmen“ zugerechnet werden (Blume 1978, 40; Hundt 2000, 109–120).

Die größte praktische Wirkung im Rahmen der Bemühungen, die deutsche Sprache literaturfähig zu machen, hatten die Sprachgesellschaften mit ihrer Übersetzungstätigkeit, die meist auch programmatisch als Vorübung für eigene literarische Werke gefordert wurde (Otto 1972, 64ff.; Hundt 2000, 66f., 116): Einige Dutzend Mitglieder von Sprachgesellschaften sind als Übersetzer bekannt, auch Nichtmitglieder, die Übersetzungen mit dem Ziel, als Mitglieder aufgenommen zu werden, einer Gesellschaft widmeten oder bei ihr einreichten. Zweck dieser Sprachübungen war vor allem das Experiment der Nachahmung bestimmter (ausländischer) Stilformen. Übersetzungen aus modernen Fremdsprachen, vor allem Französisch, überwogen solche aus dem Lateinischen und Griechischen.

Abb. 8: Georg Neumark: Der Neu-sprossende Teutsche Palbaum. Nürnberg 1669. – Eingang oder Vorbereitung zur fruchtbringenden Gesellschafts-Beschreibung. (Quelle: Thüringer Universitäts- und Landesbibliothek, Jena. Signatur: 8 Bud.Var.109, 1-3.)

L. Weitaus mehr als nur Nebenprodukte der Übersetzungsarbeit waren die Vermeidung, Ersetzung und Verdeutschung fremdsprachlicher Wörter, also der Fremdwortpurismus als Sprachreinigung im engeren Sinne. In programmatischen Schriften verstand man allerdings unter *Reinligkeit (puritas)* die Vermeidung und Ersetzung nicht nur von ‚Fremdwörtern', sondern auch von Archaismen und Provinzialismen („*derer örter sprache, wo falsch geredet wird*" Opitz, Poeterey 1624), und vulgären Redeweisen. Die Erwähnung der *ausländischen, Gemenge-* oder *Flickwörter* stand oft erst an zweiter oder letzter Stelle (Kirkness 1975, 20ff.). Im PBO und ESO ist Fremdwortpurismus nicht nachzuweisen, und in der FG stand er in der ersten Zeit nicht im Vordergrund. Warnungen vor Sprachverderb durch Sprachmischung *(Gemenge, Mengerey, Flickwörter)* gab es schon im 15./16. Jh. bei vielen Schriftstellern (Aventin, Hutten, Paracelsus, Reuchlin, Fischart, Wyle u.a.). Für Sprachgesellschaften und Dichter der Barockzeit war Martin Opitz' Aufruf zur Vermeidung von Fremdwörtern im hohen poetischen Stil vorbildlich (*Aristarchus sive de contemptu linguae Teutonicae*, 1617), so auch in seiner *Deutschen Poeterey* (1624): „*So stehet es auch zum hefftigsten unsauber / wenn allerley Lateinische / Frantzösische / Spanische und Welsche wörter in den text unserer rede geflickt werden*".

Eine erste Radikalisierung der Fremdwortkritik zeigt sich in dem guten Dutzend satirischer und parodistischer Veröffentlichungen zwischen 1642 und 1652 mit Titeln wie *Rettung der Edlen Teutschen Hauptsprache* (Rist), *Unartig Teutscher Sprach-Verderber* (Moscherosch?), in denen meist in Form fingierter Briefe oder Reden Texte mit Häufung fremdsprachlicher Wörter der Lächerlichkeit preisgegeben wurden (s. Maurer/Rupp, Bd.II, 12; Kirkness 1975, 18f.). Genau in der gleichen Zeit steigerte Philipp Zesen den Kulturpatriotismus zum übertriebenen Fremdwortpurismus („Hyperpurismus", Engels 1983, 133ff.). Aus der allgemeinen kulturkritischen ‚Welle' der Satiriker und Parodisten jener Jahre kann Zesens Übereifer als zeitmodisch erklärt werden – analog zu vergleichbaren späteren Kumulationsphasen der Sprachkritik (s. 6.8!). Jedenfalls muss heute der Tradition, Zesen abzuqualifizieren – von den Kritikern und Spöttern der hochadeligen FG bis zur Germanistik des 19./20. Jh. – mit Vorsicht begegnet werden. Zesen hat grundsätzlich nichts anderes getan, als was generationenlang von gelehrten Freunden der deutschen Sprache geistig vorbereitet und in seiner Zeit von vielen inner- und außerhalb der Sprachgesellschaften gern und großenteils mit Erfolg ausgeübt worden ist: von Schottelius, Harsdörffer, Moscherosch, Weckherlin, Gryphius u.a. (Maurer/Rupp, Bd.II, 25; Kirkness 1975, 31ff.; Engels 1983, 156; Hundt 2000, 315–319). Dass avantgardistische Radikalisierung im Rahmen einer ‚kulturrevolutionären' Bewegung bald bei Gegnern wie Freunden auf Ablehnung und Streit stößt, erscheint uns heute ganz normal.

Der freie Literat Philipp Zesen, eine der umstrittensten, eigenwilligsten Persönlichkeiten des Barock (mit 279 gedruckten, 56 ungedruckten Werken, z.T. noch gar nicht ausgewertet), kam als Pfarrerssohn aus der Gegend von Dessau, studierte in Halle bei Gueintz, von dem er das lebenslange Interesse für Orthographiereform mitnahm, und in Wittenberg bei dem Poetiker Buchner. 1641 ging er nach Hamburg, gründete 1642 die DG zunächst als Freundeskreis, ging aber zur gleichen Zeit auf Bildungsreise nach Leiden, Amsterdam, England, Den Haag, Paris und lebte bis 1648 hauptsächlich in Amsterdam. Erst 1648 wurde er in die FG aufgenommen. 1653 wurde er vom Kaiser nobilitiert.

Zesen berief sich für die Fremdwortverdeutschung auf die FG, in deren Satzung ja die *„einmischung frembder außländischer Wort"* verworfen wurde (s. 5.5J). Sein leidenschaftliches Engagement bei diesem Bemühen kann vom Niederländischen angeregt sein (das Zesen fast wie seine Muttersprache beherrschte), in dem die fast vollständige Ersetzung oder Nachprägung fremdsprachlicher Wörter eine alte frühbürgerliche Tradition war (Kirkness 1975, 41; Engels 1983, 128, 136). Viele von Zesens Verdeutschungen (über 15%) hatten niederländische Vorbilder (Trunz 1937; Blume 1967). Hier eine kleine Auswahl der bis heute erfolgreichen Verdeutschungen Zesens (n. Kirkness 1975, 43; vgl. Harbrecht 1912/13; Blume, in: van Ingen 1972, 253ff.):

Abstand (Distanz)	*lustwandeln (spazieren)*
Anschrift (Adresse)	*Mundart (Dialekt)*
Augenblick (Moment)	*Oberfläche (superficies)*
Bücherei (Bibliothek)	*Rechtschreibung (Orthographie)*
Entwurf (Projekt)	*Tagebuch (Journal)*
Gesichtskreis (Horizont)	*Trauerspiel (Tragödie)*
Glaubensbekenntnis (Konfession)	*Verfasser (Autor)*
Grundstein (Fundament)	*Vertrag (conventio)*
Jahrbücher (Annalen)	*Vollmacht (Plenipotenz)*
Leidenschaft (Passion)	*Wahlspruch (Devise)*

Zesens Verdeutschungsarbeit ist vielfach als *Wortschöpferey, Wortschmiederey, Neuerungssucht* verspottet worden. Da Zesen später vieles zurückgenommen hat und überhaupt nur unverbindliche Vorschläge machen wollte, ist es unangemessen, ihm Inkonsequenz vorzuwerfen, wenn er manche Fremdwörter mehrmals in verschiedener Weise verdeutschte (z.B. *Gottestisch, Rauchtisch, Räuchertisch, Weihtisch* für *Altar*). Auch manche sehr einseitig motivierte Wortbildungen sind eher als Gelegenheitsversuche in bestimmten, oft poetisch-metaphorischen Kontexten, nicht als Normsetzungen zu verstehen: *Entgliederer (Anatom), Krautbeschreiber (Botaniker), Zeugemutter (Natur), Gesichtserker (Nase), Jungfernzwinger (Nonnenkloster), Frauen/Weiberburg (Harem), Tageleuchter (Fenster).* Die in Handbüchern oft zitierten Verdeutschungen antiker mythologischer Eigennamen sind keineswegs als Fremdwortpurismus, sondern als protestantisch-fromm verharmlosende ‚Erklärungen' heidnischer Figuren zu verstehen (Kirkness 1975, 42):

Windgötze (Aeolus), Bastardgöttin/Staatsjungfrau (Nymphe), auch mit mittelhochdt. Suffix: *Weidinne/Jagdinne (Diana), Lustinne/Liebinne (Venus).*

M. Zesen muss als kühner Wortschöpfer großes Aufsehen erregt haben, auf das nicht nur mit totaler Ablehnung oder Spott reagiert wurde, sondern mit Mahnungen zur Mäßigung durch führende Persönlichkeiten der FG. Sein ehemaliger Lehrer Gueintz gutachtete 1645 kritisch über ihn: „... *daß Er allzeit was neues in dem Deutschen ohn grund und beliebte Wahrheit, ihme einbildet*". Fürst Ludwig, der sich langezeit gegen Zesens Aufnahme in die FG sperrte, verschrieb ihm für die endlich erlangte Mitgliedschaft zum Gesellschafts-Pseudonym *der Wolsetzende* folgendes Reimgesetz:

> *„[...] Gezwungne neuerung sey weit von uns verbant,*
> *Weil sie die eigenschaft der rede wil verletzen:*
> *Wer neue sachen setzt, der setze mit bedacht,*
> *Und nehme die Natur der sach' und sprach' in acht [...]"*

Trotz (oder wegen) seiner Radikalisierung muss Philip v. Zesen das Verdienst zugeschrieben werden, ein sprachkritisches Bewusstsein in Deutschland provoziert zu haben, das mit langfristiger Wirkung bis ins 20. Jh. nicht nur als blindwütiger Fremdwortpurismus angewandt worden ist. Verdeutschungsarbeit diente auch der Belebung systematischer Wortbildungskreativität durch ständige Abwägung zwischen (nicht nur einseitig tendenziellen) Ausdrucksalternativen, oft mit dem Ergebnis, dass schließlich das Lehnwort neben seiner Verdeutschung mit feiner semantisch-pragmatischer Differenzierung erhalten blieb (s. 5.4G). Diese stark wortschatzorientierte Art von Sprachkultivierung darf nicht nur als außersprachlich bedingte kulturpolitische Bewegung verstanden werden; sie hatte, von der späthumanistischen Argumentation des Kulturpatriotismus her, eine starke innersprachliche und wissenschaftsgeschichtliche Wirkung bis ins 20. Jh. (Blume 1978a, 42ff.): Das zu erkämpfende Ziel der Literatur- und Wissenschaftsfähigkeit der deutschen Sprache erforderte vor allem den Nachweis und den Ausbau der *copia verborum* im Rahmen der *Grundrichtigkeit, Kunstrichtigkeit* und des *Fortwachses* nach Schottelius' Sprachtheorie: *„[...] daß die Stammwörter wollauten / und jhr ding / dessen Namen sie sind / eigentlich austrükken"*. Übertreibungen und Misserfolge bei Verdeutschungen (nicht nur bei Zesen) sind deshalb eher als Experimentierübungen von frühen ‚Germanisten' zu verstehen. Mit sprachideologischer Bevorzugung der Motiviertheit von Wörtern (Wörter als wesenhafte Abbilder der Dinge) konzentrierten sie die Sprachkultivierung des Deutschen – anders als in Frankreich, dessen Literatursprache bereits konsolidiert war – auf Wortbildung, Morphemik und Wortschatz, während sie auf dem Gebiet des Satzbaus (gegen den *Kurialstil*) kaum etwas taten oder erreichten (Blume 1978, 46). Auch die Vernachlässigung der

Syntax und der praktischen Stilistik in der neubegründeten historistischen Germanistik des 19. Jh.s stand noch in dieser Tradition.

N. Die späthumanistische Hinwendung zu den Volkssprachen ist auch als allgemeine „sprachliche Krisenerfahrung des 17. Jahrhunderts" zu verstehen (Kleinschmidt 1990, 192ff.): Das Erlebnis der Erstarrung des Lateins seit seiner philologischen Konservierung nach Ciceronischem Entwicklungsstand machte Intellektuelle, die auf gesellschaftliche Nützlichkeit und Modernisierung hin orientiert waren, sensibel für „entbundene Sprache" als funktionsfähiges System und die Notwendigkeit, es zu vervollkommnen und weiterzuentwickeln. Sprachsystematische Defizite wurden empfunden, vor allem bei der Erschließung neuer Textfelder. Als Aufgabe kreativer Spracharbeit erkannte Schottelius: *„einen jeden unaltäglichen Conceptum oder Sinnbegriff in rechte natürliche Teutsche Zier einkleiden / und dem Anhörer beliebt und bekand machen"* (*Ausführliche Arbeit* ... Bd.I, 10). Sprachreinigung (im weiteren Sinne) ist auch als „eine Art intensive Laboratoriumssituation" zu verstehen, „deren Paradigmatik darin besteht, daß der Weg einer Sprache aus einer nur umgangswertigen Gebrauchsfunktion zur vollen und differenzierten Verwendung auf allen Textgebieten verfolgt werden kann" (Kleinschmidt 1990, 204), vor allem *„daß man gemählich die Künste und Wissenschaften in der Muttersprache lesen / verstehen / und hören möchte"* (Schottelius a.a.O., Bd.I, 49).

Den Zeichencharakter der Wörter und die erkenntnisleitende, bewusstseinsbildende, gesellschaftsprägende Kraft der Sprache hat in aufklärerischer Weiterentwicklung der späthumanistischen Sprachkultivierung vor allem Gottfried Wilhelm Leibniz erkannt (Kirkness 1975, 45ff.; Schulenburg 1973): Er hat sich auch um die institutionelle Organisation der Sprachkultivierung bemüht. In seinen beiden Sprachpflegeprogrammen *Ermahnung an die Deutschen, ihren Verstand und ihre Sprache besser zu üben* (1682/83) und *Unvorgreiffliche Gedancken, betreffend die Ausübung und Verbesserung der deutschen Sprache* (1697?, publ. 1717) schlug er die Gründung einer *„Teutschgesinnten Gesellschaft"* bzw. eines *„deutschgesinnten Ordens"* vor. Auf der anderen Seite beginnt mit Leibniz die über Campe bis zu Jochmann führende Auffassung von Sprachreinigung, die man aufklärerische Sprachkritik nennen kann (Schiewe 1988, 49ff.): Im Gegensatz zu den meist gelehrten und poetischen Aktivitäten der Sprachgesellschaften richtet sich Leibniz in seiner *Ermahnung* an die *„Hof- und Weltleute, auch das Frauenzimmer selbst und was nur sinnreich und wissensbegierig ist"* im Sinne des franz. *honnête homme.* Statt Poesie forderte er *„Kernschriften in deutscher Sprache"*, d.h. wissenschaftliche Prosa, die über die Gelehrten hinaus auch für die Allgemeinheit (das sich bildende Bürgertum) nützlich ist. Statt *Grundrichtigkeit* und *Kunstrichtigkeit* (Schottelius) hält er *Reichtum, Reinigkeit* und

Glanz der deutschen Sprache für Ziele der Sprachkultivierung, d.h. Leistungsfähigkeit des Wortschatzes für alle wichtigen Lebensbereiche, Verständlichkeit, Klarheit und stilistische Gefälligkeit, nicht für repräsentative Zwecke Weniger, sondern für den allgemeinen Sprachgebrauch.

Der eigenen Zurückhaltung in deutscher Publikationssprache (er blieb beim Französisch und Latein) entsprach bei Leibniz eine sehr gemäßigte und schon sprachpragmatisch differenzierende Auffassung von Fremdwortgebrauch, auf die man sich bis ins 20. Jh. für eine moderate Art von Sprachreinigung berufen konnte. Zwar findet sich bei ihm auch deutliche kulturpatriotische Kritik an *Franzgesinnten*, am *Franzen und Fremdenzen*, an *frembdem affenwerck*, aber überwiegend äußerte er sich über den französischen und lateinischen Spracheinfluss tolerant und wohlabwägend:

Es sei *„auch viel Gutes bei uns eingeführt worden [...] man hat mit einiger Munterkeit im Wesen die deutsche Ernsthaftigkeit gemäßigt und sonderlich eines und anderes in der Lebensart etwas besser zur Zierde und Wohlstand auch wohl zur Bequemlichkeit eingerichtet und, soviel die Sprache selbst betrifft, einige gute Redensarten als fremde Pflanzen in unsere Gärten selbst versetzt"* (*Unvorgreiffl. Gedancken* ..., 14f.). Er gab Empfehlungen nach adressaten- und genrespezifischen Kriterien (n. Scharnhorst, in: IdS-Sprachreport 2/91): *„daß ein Unterschied zu machen ist unter den Arten der Zuhörer oder Leser [...] was man predigt, soll billig von jedermann verstanden werden; was aber für Gelehrte, für den Richter, für Staatsleute geschrieben, da kann man sich mehr Freiheit nehmen"*. Einer Predigt sei *„zuzeiten ein lateinisches oder aus dem Lateinischen gezogenes Wort"* (aber nicht ein französisches) angemessen, es sei *„aber alsdann ratsam, daß die Erklärung als bald dabei sei, damit beider Art Zuhörer ein Genügen geschehe."* (*Unvorgreiffl. Gedancken* ... 37). – Leibniz wendet sich kritisch gegen *Puritaner in der Sprach, Scheinreinigkeit* und *Perfectie-Kranckheit*, womit er die Arbeit der Sprachgesellschaften mindestens teilweise meinte.

Leibniz' differenzierende Behandlung der Fremdwortfrage ist deutlich eingebettet in sein allgemeines Programm der Wortschatzbereicherung: *„Was die Worte und Weisen zu reden betrifft, so muß man sich hüten vor unanständigen, unvernehmlichen* [,unverständlichen'] *und fremden oder undeutschen"* (a.a.O., 35). Er empfahl fünf Wege der Wortschatzerweiterung, die noch heute als sinnvoll angesehen werden (n. Kirkness 1975, 50ff.):

- *„Besichtigung, Musterung und Ausschuß"* von Wörtern *„aus guten deutschen Schriften"* (Opitz, Anton Ulrich v. Braunschweig, Stubenberg, Zesen);
- *„Wiederbringung alter verlegener Worte"* aus dem 16. Jh. (bei Luther, Aventin, Paracelsus, Hans Sachs u.a.) sowie aus Dialekten und Soziolekten;
- *„Einbürgerung (oder Naturalisierung) frembder Benennungen, wo sie solches sonderlich verdienen"*, möglichst aus nahverwandten Sprachen, der *hochdeutschen* Norm angeglichen;
- Bildung neuer Wörter durch *Komposition* und *Derivation* sowie durch neuen Gebrauch schon vorhandener Wörter (Bedeutungswandel);

– *„Letztens (wo kein anderes Mittel) durch wohlbedächtliche Erfindung oder Zusammensetzung neuer Worte, so vermittels des Urtheils und Ansehens wackerer Leute in Schwang gebracht werden müsten."*

Zu Leibniz' Bedeutung für die dt. Wissenschaftssprache vgl. 5.11M!

O. Leibniz' Vorstellungen von umfassender Sprachkultivierung widerspiegeln sich im Programm der vom Preußenkönig Friedrich I. im Jahre 1700 gegründeten *Societät der Wissenschaften* zu Berlin, deren Gründung Leibniz' Bemühungen und Plänen zu verdanken ist:

„Damit auch die uhralte teutsche Haubtsprache in ihrer natürlichen, anständigen Reinigkeit und Selbststand erhalten werde, und nicht endlich ein ungereimbtes Mischmasch und Unkäntlichkeit [‚Unverständlichkeit'] *daraus entstehe [...] daß in Unsern Kantzleyen, Regierungen, Collegien und Gerichten bey denen Anfertigungen die frembde unanständige Worte und übel entlehnte Reden, so viel füglich geschehen kan, vermieden, hingegen gute teutsche Redarten erhalten, herfürgesuchet und vermehret werden, also wollen Wir auch Verordnung machen, daß der Societät mit teutschen Benennung- und Beschreibungen derer vorkommenden Dinge und Würckungen von erfahrnen Leuten in allerhand Lebensarten an Hand gegangen, nicht weniger aus denen Archiven und Registraturen sowoll die alten, nunmehr abgegangenen, als aus denen Provintzen verschiedene bey dem Landmann nur etwan noch übliche, sonst aber unbekante Worte, worin ein Schatz des teutschen Alterthumbs, auch derer Rechte und Gewohnheiten Unserer Vorfahren, theils zu Erkäntnüß der Uhrsprünge und Historien, theils auch zur Erleuterung heutiger hohen und anderen Rechte, Gewohn- und Angelegenheiten verborgen gestecket, angemercket, gesamlet und mitgetheilet werden"* (*General-Instruction* vom 11.7.1700; n.Kirkness 1975, 64).

Dass dieses (fast schon auf Jacob Grimm vorausweisende) Sprachpflegeprogramm in der Berliner Sozietät und späteren Akademie nicht zustandekam, ebensowenig wie Leibniz' in der Sozietät geplantes Wörterbuchprogramm, kann nur aus der Doppelschichtigkeit oder doppelten Moral der absolutistisch-bildungsbürgerlichen Gesellschaft erklärt werden. So wie Leibniz in seinen Publikationen beim Französisch und Latein blieb, so ging die Berliner *Societät* in ihren Verhandlungen und Veröffentlichungen im Jahre 1744 auf Wunsch des jungen Königs Friedrich II. zum Französischen über und nannte sich fortan *Académie des sciences et belles-lettres.* Trotzdem blieb die Forderung nach Pflege der deutschen Sprache auf Französisch im Programm, und Friedrich II. schrieb seine zum gleichen Zweck gedachte scharfe Kritik der deutschen Sprache und Literatur in Französisch (*De la littérature allemande*, 1780).

Der König wünschte sich die Literatur in Deutschland auf gleicher Stufe wie die französische und die klassische griechische und lateinische und forderte dazu eine Vereinheitlichung und Vervollkommnung der deutschen Sprache, die jedoch zu dieser Zeit halb barbarisch, in Dialekte aufgesplittert und ohne nationale Norm und Reinheit sei. Wenn die unteren Schichten des Volkes eine bessere Erziehung erhielten und wenn Deutschland mehr der Literaten und Gelehrten hätte, die erst seit kurzem begonnen hätten, die Landessprache zu benutzen und die für die Entwicklung der Sprache erforderlich seien, dann würde sich sehr bald der Ruhm der deutschen Sprache und Literatur über ganz Europa verbreiten.

P. Gemäßigte, differenzierende Sprachreinigung in Leibniz' Sinne ist in der Praxis erfolgreich gehandhabt worden von vielen Literaten und Gelehrten der Aufklärungszeit, vor allem Wolff (s. 5.11 OPQ), Logau, Lessing, Nicolai. Bei Klopstock finden sich allerdings schon frühnationalistische Töne eines radikaleren Fremdwortpurismus. A d e l u n g dagegen blieb auf dem akademisch-elitären Standpunkt des besten Sprachgebrauchs der *„oberen Classen"* (Kirkness 1984, 86ff.):

Reinigkeit der Sprache ist bei Adelung eng verbunden mit Sprachrichtigkeit. In seiner traditionell Rhetorik-orientierten Schrift *Über den deutschen Styl* (1785) bezeichnete er als *fremdartig* (im Sinne der rhetorischen *Barbarismen*) keineswegs nur Fremdwörter, sondern umfassender Archaismen, Provinzialismen, Latinismen, Gallicismen usw. und sprachwidrig neugebildete Wörter, Bedeutungen und Formen. Der Bildung von Ersatzwörtern durch Zusammensetzung und Ableitung in der Art der Fremdwortverdeutscher steht er reserviert gegenüber. Auf Leute ohne Lateinkenntnisse will er keine Rücksicht nehmen. Wissenschaftliche und publizistisch gängige Lehnwörter wie *Patriot, Contrast, Litteratur, Orthographie* sollten nicht verdeutscht werden; auch hält er nicht integrierte Schreibungen und Aussprachen für besser, ganz vom alt- wie neuhumanistischen Standpunkt.

Dem an der Fremdwortfrage wenig interessierten Verhalten A d e l u n g s (z.T. auch Gottscheds) entspricht die Tatsache, dass der deutsche Sprachgebrauch in öffentlich wichtigen Bereichen wie Rechtspflege, Verwaltung, Zeitungen, Wissenschaften, Fachsprachen bis ins späte 18. Jh. von der Fremdwortverdeutschung ziemlich unberührt blieb.

Q. Den Höhepunkt der Sprachreinigungsbewegung, aber zugleich ihre allmähliche Verengung zum F r e m d w o r t p u r i s m u s stellen die Publikationen Joachim Heinrich C a m p e s dar (vgl. Heier 2012, 62–158). Hier ist allerdings ein Irrtum der traditionellen deutschen Sprachgeschichtsschreibung zu korrigieren aufgrund der Untersuchungen von Alan Kirkness (1975, 78ff., 90ff., 129ff.; in: BBRS 411) und Jürgen Schiewe (1988ab): Zeitgenossen hatten seinen in späteren Jahren z.T. übertriebenen Fremdwortpurismus als Selbstzweck missverstanden, bespöttelt und angefeindet; und durch die romantische Nationalbewegung und Germanistik des 19. Jh. ist seine Verdeutschungsarbeit als eine persönliche politische Wende interpretiert worden, mit der der begeisterte Anhänger der Französischen Revolution durch reuevolle Wiedergutmachungsarbeit zum ‚Sohn des Vaterlandes', d.h. zum Nationalisten geworden sei. Ganz im Gegensatz dazu sah schon der (lange Zeit ignorierte) politische Sprachkritiker Carl Gustav Jochmann in seiner Schrift *Über die Sprache* (1828) (Schiewe 1989) in Campes Verdeutschungsarbeit eine v o l k s a u f k l ä r e r i s c h e, radikaldemokratische Motivation: Nach dem Scheitern der Revolution in Deutschland durch die Restauration konnte nur die Verbreitung des gelehrten Aufklärungswissens in alle Schichten der Bevölkerung eine Veränderung der gesellschaftlichen Verhältnisse herbeiführen, und dazu war eine allen verständliche Sprache notwendig (Schiewe 1988a, 21ff.):

Als Kind aus nicht standesgemäßer Verbindung eines Gutsherrn mit einer Pfarrerstochter erlebte Campe spätfeudale Sozialdistanzierung und Verarmung. Sein Theologiestudium, zunächst bei einem freisinnigen, der Irrlehre bezichtigten Bibelausleger in Helmstedt, abschließend in Halle, ermöglichte ihm immerhin eine Hofmeisterstelle in Berlin als Erzieher von Alexander und Wilhelm v.Humboldt (1769–1775), dann als Militärgeistlicher. Das Angebot einer Predigerstelle in Braunschweig schlug er aus, da er sich für die *„Rolle eines Heuchlers“* nicht mehr geeignet fühlte. 1776 wurde er *Educationsrath* und Direktor des von dem Reformpädagogen Basedow gegründeten *Philanthropin* in Dessau, das er nach kaum einem Jahr wieder verließ, da ihm der dort einziehende *Genie*-Kult der Sturm-und-Drang-Bewegung nicht behagte. Während weiterer erzieherischer, aber auch landwirtschaftlicher Tätigkeit in Hamburg und Holstein wurde er zu einem weithin beliebten, erfolgreichen Autor von Kinderbüchern und Reisebeschreibungen im Geiste Rousseaus, Lessings, Nicolais und Mendelssohns. 1786 begannen seine bildungspolitischen Aktivitäten als braunschweigisch-lüneburgischer Schulrat und Schulreformer mit einem relativ modernen sozialreformerischen Programm. Es scheiterte 1790 an restaurativem Widerstand im Lande. Seit 1788 gab er mit Anderen das *Braunschweigische Journal* heraus, eine Aufsehen erregende volksaufklärerische Zeitung im konsequenten Geist der von Campe engagiert verfochtenen *Preßfreiheit.* Auch als Verleger hatte er Erfolg. 1789 reiste er als ‚Revolutionstourist‘ nach Paris, um *„dem Leichenbegängnis des französischen Despotismus“* aus nächster Nähe beizuwohnen und in seinen *Briefen aus Paris* für die Menschheitsbeglückung der neuen Freiheit publizistisch zu wirken. Obwohl er sich stets zum aufgeklärten (bis 1792 liberalen) Regiment seines Landesherrn bekannte, war er bald als *Volksschulmeister, Volksverführer* und *Revolutionsrath* verschrien.

R. Aus politischer Enttäuschung und Resignation wandte sich C a m p e in höherem Alter der V e r d e u t s c h u n g s a r b e i t zu, nicht aus Reue, sondern aus der Einsicht in die Notwendigkeit der Volksaufklärung. Er begann – außer in einzelnen Erörterungen und Vorschlägen in Briefen und frühen Schriften – mit drei theoretisch-methodologischen Schriften (Kirkness 1975, 78ff., 90ff.; Schiewe 1988a, 85ff.):

Proben einiger Versuche von deutscher Sprachbereicherung (1790), *Zweiter Versuch deutscher Sprachbereicherungen* (1792), beide in seinem *Braunschweigischen Journal* veröffentlicht, und *Über die Reinigung und Bereicherung der deutschen Sprache* (1794), eine Preisschrift für die Berliner Akademie der Wissenschaften, die bis ins 20. Jh. nachwirkte. In diesen Schriften kommen die Schlagwörter *Reinigkeit* und *Reinigung* nur sehr selten vor, dafür volksaufklärerische Begriffe wie *„geistige, sittliche und bürgerliche Ausbildung des Volks“, „allge-*

meine Volksaufklärung", „Geistes-Ausdehnung", „Character-ausbildung", „Gemeinverständlichkeit", „Sprachbereicherung", „Sprachgleichförmigkeit". Ihm waren fast alle heutigen linguistischen Probleme der Transferenz und Integration fremdsprachlicher Elemente bereits bewusst: sprachgeschichtliche, sprachsoziologische, semantische, textstilistische, phonemisch-graphemische.

Auch wenn Campe sich in seiner Wörterbucharbeit oft nicht an seine Differenzierungen und Behutsamkeitsregeln hielt, sind seine grundlegenden Schriften weit entfernt von Fremdwortpurismus um seiner selbst willen; er verband vielmehr sein demokratisches Engagement mit einer aufklärerischen Sprachtheorie, die darin bestand, „die Sprache, in der das Wissen aufbewahrt ist, so einzurichten, daß das Verstehen unmittelbar aus der Sprachkompetenz eines jeden Sprechers heraus erfolgen kann", indem „die Wörter zum einen ausdrucksseitig systemhaft und nach analogen Formprinzipien organisiert sind und sich inhaltsseitig aus dem muttersprachlich gefaßten Alltagswissen heraus erschließen lassen" (Schiewe 1988a, 118). Campe stand darin ganz in der sprachtheoretischen Entwicklungslinie von Schottelius über Leibniz zu Humboldt. Ausdrücklich billigte er terminologischen Fremdwortgebrauch in Texten, die nur für Gelehrte und Gebildete und *„nicht für das Volk"* bestimmt sind, also *„Kunstwörter, welche die größte Bestimmtheit mit größtmöglicher Kürze vereinigen".*

Verdeutschung fordert Campe vor allem für Wörter mit abstraktem, verallgemeinerndem Inhalt: *„daß alle fremd-artige, vornehmlich alle etwas Abgezogenes, Allgemeines und Uebersinnliches bezeichnende Wörter, die eines Theils unsere Sprachgleichförmigkeit verletzen, und andern Theils noch nicht in die Volkssprache übergegangen sind, noch jetzt wieder ausgemärzt werden können und dürfen. Ob sie es müssen – das wollen wir im folgenden Abschnitte untersuchen".* (*Akademie-Preisschrift*, XXIIff.). Mit seinen Warnungen vor *„Begriffsverwirrung"* bei abstrakten Begriffswörtern deuten sich bereits die Folgen der Popularisierung von Wissenschaftssprache im 19. und 20. Jh. an, also das sprachkritische Thema der ‚Leerformeln', ‚semantischen Kämpfe' und ‚Begriffsbesetzungen' (vgl. 5.12Lff.; 6.16). Um dem besseren Verständnis abstrakter Wörter aus ihrer muttersprachlichen semantischen Motiviertheit nachzuhelfen, empfiehlt er bei Komposita die Schreibung mit Bindestrichen (z.B. *Geistes=ausdehnung*). Die Verdeutschung von Latinismen und Graecismen war ihm wichtiger als die der modischen Gallicismen (J.Kramer 1992, 119).

Nicht verdeutscht werden sollten längst eingebürgerte, gut assimilierte Lehnwörter *(Nase, Abt, Tempel, ...)*, sachgebundene Entlehnungen *(Taback, Tee, Diamant)*, unsittliche Wörter *(fille de joie)*, Wörter, die *„die Begriffe von Recht und Unrecht wankend machen oder in Verwirrung bringen können" (Galanterie, droit de convenance, lanterner)*, Wörter, die auf Vorurteilen oder Irrtümern beruhen oder Undenkbares benennen *(trinitas, transsubstantiatio)*. – Unter Anpassung an die *„Sprachgleichförmigkeit"* oder *„eigene Sprachähnlichkeit"* versteht Campe die grammatikalische Integration (vgl. 2.3F, 5.4G–N) der Entlehnungen, die in der jüngeren Entlehnungsperiode (17./18. Jh.) vernachlässigt worden sei. Seine Auffassung ist jedoch noch sehr eng (Schiewe 1988a, 112), denn er lehnt nicht nur Fremdphoneme und Fremdgrapheme (z.B. in: *Taille, Nüance, Ingenieur, Journal*) und Fremdflexion (z.B. in: *Catalogus, Publicum, Jura*) ab, sondern auch Lehnpräfixe und

Lehnsuffixe *(ex-, anti-, hyper-, -istisch, -alisch, -ion, -ität, -ieren, -ianer, -ienser)*. Die sprachintegrierende Rolle der Lehnwortbildung als eines Teilsystems der dt. Sprache (vgl. 5.4 OPQ) konnte ihm noch nicht bewusst werden. – Dass die Akzeptabilität von Verdeutschungen nur in konkretem Kontext und nach Adressaten und Textsorten zu beurteilen ist, war ihm ebenso klar wie der mögliche Vorteil entstehender differenzierender ‚Synonyme' durch das Weiterbenutzen von Lehnwörtern neben ihren Verdeutschungen (Schiewe 1988a, 92).

Als Quellen und Methoden für die Verdeutschungsarbeit nennt Campe in der Preisschrift (Kirkness 1975, 111ff.): Altdeutsche Texte, Luthers Schriften und die besten seiner Zeitgenossen und Nachfolger, gute Schriftsteller der neueren Zeit, Schriften von *„Mystikern, Zeloten und Genies"*; ferner die wichtigsten Mundarten, besonders das Niederdt., verwandte germanische Sprachen (Englisch, Holländisch), die *„innere Fruchtbarkeit"* der dt. Sprache: Zusammensetzungen und Ableitungen, wörtliche Übersetzung, Bedeutungswandel, Wortartwechsel, Metaphern. Die Wiederbelebung alten Wortguts sei der Neubildung vorzuziehen. Wichtig ist ihm auch die Sicherung der durchrationalisierten, regelmäßigen Hochsprache auf weitere Dauer, eine ziemlich statische, typisch aufklärerische Auffassung von Sprachgeschichte.

S. Campes volkspädagogische Praxis der Fremdwortverdeutschung wird auch an einem Vergleich der 1. Auflage (1779) mit der 18. Auflage (1828) seines beliebten Kinderbuches *Robinson der Jüngere* deutlich (Schiewe 1988a, 147f.): Neben einfachen Wortersetzungen wie *Gespielen* für *Kameraden*, *Stück* für *Portion*, *allerliebst* für *charmant*, *Begierde* für *Appetit* finden sich synonymische Zwillingsformeln und metasprachliche Erklärungen mit der Tendenz, das Ersatzwort hervorzuheben und das Lehnwort abzuwerten:

Schiffsführer oder Kapitain	für *Schiffskapitain*
elastisch oder schnellkräftig	für *elastisch*
an den Sattler oder Teppicher, undeutsch Tapezierer genannt	für *an den Sattler oder Tapezierer*
das Geziefer, oder die sogenannten Insekten	für *die Insekten*

T. Nachdem seine Preisschrift in der Berliner Akademie kaum etwas bewirkt hatte, versuchte Campe mit einigen sprachpuristischen Mitstreitern (Eschenburg, Kinderling, Rüdiger, Heynatz u.a.) öffentliche Wirksamkeit zu gewinnen durch eine Sammelpublikation *Beiträge zur weiteren Ausbildung der deutschen Sprache* (1795–1797). Darin wurden Werke renommierter Schriftsteller wie Wieland, Herder, Voß, Goethe sprachkritisch durchforstet, mitsamt Besserungsvorschlägen, nicht nur zur Fremdwortverdeutschung. Die 3 Jahrgänge hatten wenig Erfolg und trugen den Puristen, vor allem Campe, zahlreiche Satiren und Spottverse ein, die man aber in Bezug auf das Verhältnis der Weimarer Klassiker zu ‚Sprachreinheit' und ‚Sprachpflege' nicht überbewerten sollte (Kirkness 1975, 129ff.).

Am bekanntesten wurden Schillers und Goethes Distichen in den *Xenien:*

> *„Eridanus.*
> *An des Eridanus Ufer umgeht mir die furchtbare Waschfrau,*
> *Welche die Sprache des Teuts säubert mit Lauge und Sand."*
>
> *„Der Purist.*
> *Sinnreich bist du, die Sprache von fremden Wörtern zu säubern;*
> *Nun, so sage doch, Freund, wie man Pedant uns verdeutscht?"*

U. Mehr Erfolg hatte Campe mit seinem Verdeutschungswörterbuch (Kirkness 1975, 139ff.; Schiewe 1988a, 127f.; Heier 2012; Lang-Groth 2012): *Wörterbuch zur Erklärung und Verdeutschung der unserer Sprache aufgedrungenen fremden Ausdrücke* (1801), zweibändig. Aus den 94 Verdeutschungsvorschlägen des ersten Zeitungsartikels sind so in 23 Jahren in der 2. Auflage (1813) 11.000 geworden. Alle nicht bei Adelung gebuchten Ersatzwortvorschläge hat Campe in einem Verzeichnis beigegeben. Wieviele davon von ihm selbst stammen, lässt sich nicht genau feststellen. Einen großen Teil davon hat er aus literarischen Werken, Wörterbüchern und anderen Quellen übernommen. Auch hat er Mitarbeiter gehabt: Gottlob v.Anton, Johann Gottlieb Radlof und vor allem Theodor Bernd, von dem Auswahl und Formulierung der allermeisten Wörterbuchartikel Campes stammen, wobei sich Campe oft darauf beschränkt, „in den Vorreden Absicht, Zweck und Ausführung" zu erläutern und das Werk zu redigieren (Henne 197/2001). Durch Aufnahme in sein fünfbändiges *Wörterbuch der deutschen Sprache* (1807–11) wurden viele seiner Verdeutschungsvorschläge weiter verbreitet. In beiden Werken gab er meist nicht apodiktisch einen einzigen Verdeutschungsvorschlag, sondern erörterte ausführlich die Möglichkeiten und gab oft mehrere zur Wahl:

„Vase (spr. Wase). Das Wort an sich antwortet bloß unserm Deutschen Gefäß. Wir sind aber gewohnt, dabei an ein Gefäß in schöner runder Form zu denken, welches als Zierrath gebraucht wird. Diesen Nebenbegriff weiß ich nicht anders als durch das Wort Kunst anzudeuten, also Kunstgefäß, wenn man will. Andere haben auch Prachtgefäß dafür gesagt, welches mir aber weniger gefällt, weil Pracht hier zu viel sagt". – Dass sich solche Vorschläge nicht durchgesetzt haben, liegt an Campes häufigem Missverhältnis zwischen Begriffsinhalt und Begriffsumfang: eine *Vase* ist zwar stets ein ‚Gefäß', aber nicht immer ein ‚Kunstgegenstand' (Schiewe 1988a, 139).

Hier eine kleine Auswahl aus den über 3.000 von Campe wahrscheinlich selbst gebildeten Verdeutschungsvorschlägen, die sich durchgesetzt haben und bis heute üblich geblieben sind (n.Kirkness 1975, 161ff.):

altertümlich (antik), auswerten (evalvieren), befähigen (qualifizieren), bevorrechtigen (privilegieren), dienstunfähig (invalid), einschließlich (inklusive), Erdgeschoß (Parterre), Ergebnis (Resultat), Feingefühl (Delikatesse), folgerichtig (konsequent), fortschrittlich (progressiv), geeignet (qualifiziert), gegenteilig (konträr), Gewaltherrschaft (Despotismus), herkömmlich (konventionell), Kerbtier (Insekt),

Kleinhandel (Detailhandel), Lehrgang (Kursus), Mannweib (Amazone), Örtlichkeit (Lokalität), Randbemerkung (Glosse), Sachverzeichnis (Inventar), Sammelwerk (Kompilation), schöngeistig (belletristisch), Schreckensherrschaft (Terrorismus), Sonnendach (Markise), Stelldichein (Rendezvous), tatsächlich (faktisch), Vermenschlichung (Anthropomorphismus), verweltlichen (säkularisieren), Voraussage (Prophezeiung), zahlungsunfähig (insolvent), Zartgefühl (Delikatesse), Zerrbild (Karikatur).

Erfolg hatten Campes Verdeutschungen vor allem in den Bereichen Politik, Kommunikation, Argumentation, Gefühlsleben, Ethik, Ästhetik, aber auch manches aus dem Alltagsleben, einiges aus der grammatikalischen Terminologie: *Einzahl, Mehrzahl, Nachsilbe, Schaltsatz, Verhältniswort, ...*

V. Ein Zwang zur Vollständigkeit ließ Campe jedoch mit zunehmendem Alter seine eigenen theoretischen Grundsätze vergessen. Der allergrößte Teil (90% nach Kirkness 1975, 154) von Campes Vorschlägen hat sich nicht durchgesetzt. Einige Ursachen für den Misserfolg sind sprachwissenschaftlich zu erkennen oder zu vermuten (Daniels 1959):

- Die Fremdwörter waren längst eingebürgerte Lehnwörter: *Ehrenfrau (Dame), Kunststrom (Kanal), Zwischenstille (Pause), Kirchentisch (Altar), Schweißlöcher (Poren), Geistesanbau (Kultur) Schriftenschau (Zensur), ...*
- Die Fremdwörter waren etablierte Fachtermini: *Zergliederungskunst (Anatomie), Nachrechner (Revisor), Schauspielsammlung (Repertoire), geheimlehrig (mysteriös), ...*
- Die Fremdwörter bezeichneten Sachen aus fremden Kulturen (Exotica): *Weiberhof (Harem), Zaubergehänge (Amulett), Spitzgebäude (Pyramide), Dörr-/Balsamleiche (Mumie), ...*
- Die Ersatzwörter waren tendenziös aufklärerisch bzw. freigeistig: *Zwangsgläubiger (Katholik), Freigläubiger (Protestant), Heiltümelei (Reliquie), Menschenschlachter (Soldat), Streitbold (Dialektiker), ...*
- Die Ersatzwörter wurden durch inzwischen eingetretenen Sach- oder Kulturwandel bald fehlmotiviert: *Kriegsbaumeister (Ingenieur), Scheidekunst (Chemie), altgelehrt (philologisch), ...*
- Die Ersatzwörter waren nur „Zerbesserungen" (Daniels), da es bereits übliche Verdeutschungen gab: *Seitenstück* statt *Gegenstück (Pendant), Erdfeste* statt *Festland (Kontinent), Bittschreiber* statt *Bittsteller (Supplikant), Vordeutung* statt *Vorbedeutung (Omen), ...*
- Die Ersatzwörter waren zu lange, umständliche, wie komplexe Sacherklärungen wirkende Zusammensetzungen, die auch kaum weiter ableitbar sind: *Persönlichkeitsbezeichnung (Charakteristik), Spottnachbildung (Parodie), Blitzfeuererregung (Elektrisierung), Belehrungsgesandter (Missionar), Denkspitzsäule (Obelisk), ...*
- Die Ersatzwörter hatten einen zu weiten oder zu engen Begriffsinhalt: *Wagesatz (Hypothese), Gesundheitsprobe (Quarantäne), Dichtvermögen (Phantasie), Denkkunst (Logik), Fragelehre (Katechismus), ...*

Campe hat im Allgemeinen zu stark vom Wortbildungsprinzip der Zusammensetzung Gebrauch gemacht, auch zu viel von in der Produktivität nicht sehr zukunftsträchtigen Ableitungen auf *-ler, -ling, -erei, -elei*, weniger von den im neueren Deutsch immer produktiver werdenden Präfixen und Präfixoiden (s. 5.9Z). Aufklärerisch-pedantisch wirkte seine Vorliebe für Ableitungen auf *-lehrig* und *-künstig: denklehrig (logisch), altlehrig (orthodox), baukünstig (architektonisch), ...*

Rein linguistische Kriterien für Erfolg und Misserfolg von Fremdwortverdeutschungen sind mit Vorsicht anzuwenden: Einerseits haben sich sprachlich sehr gelungen wirkende Vorschläge Campes nicht durchgesetzt (Daniels 1959, 112): z.B. *Schalksernst (Ironie), Landseuche (Epidemie), Wortlob (Kompliment), klägeln (querulieren).* Andererseits sind manche Ersatzwörter, die von mehreren Zeitgenossen verspottet oder abgelehnt worden sind (z.B. *Zerrbild, Kerbtier*) schließlich doch durchgedrungen. Weniger bestimmten Eigenschaften der Neuwörter als vielmehr den Zufällen der Weiterverbreitung über Campes Wörterbücher hinaus und der „lebhaften Aufgeschlossenheit seiner Zeit für Verdeutschungsfragen“ (Daniels a.a.O.) ist es zu verdanken, dass einige hundert von Campes Verdeutschungsvorschlägen auf die Dauer akzeptiert worden und somit als *Sprachbereicherung* nach Campes ursprünglichem Ziel anzusehen sind. Dazu gehören auch die vielen Fälle, in denen semantisch differenzierende Synonymenpaare (statt Fremdwortverdrängung) entstanden sind: *altertümlich/antik, Besonderheit/Kuriosum, dienstunfähig/invalid, feinfühlig/delikat, gegenständlich/objektiv, Hochschule/Universität, Randbemerkung/Glosse, ...*

W. Die W i r k u n g des Campeschen Fremdwortpurismus war bis ins 20. Jh. groß und verschiedenartig (Kirkness 1975, 151ff.; Orgeldinger 1999): Obwohl ihm der direkte Erfolg bei Schriftstellern in Bezug auf seine Einzelwort-Vorschläge versagt blieb und einige sich ablehnend verhielten (Wieland: *„abgezweckte Sprachreinigung“, „Sprach-Jakobinismus“*), einige distanziert und spottend (Goethe, Schiller), waren doch viele Literaten seiner Zeit mit seinen Arbeiten wohl vertraut (Herder, Wieland, Goethe, Schiller, Jean Paul) und hielten durchaus viel von ‚Sprachreinheit‘, wenn auch nicht von ‚Sprachreinigung‘. Schiller hat seinen ausgiebigen Fremdwortgebrauch bei der Überarbeitung seiner Schriften stark gemildert, hat Fremdwörter in poetischen Texten ohnehin gemieden. Jacob Grimm lehnte Campe ab, wie alle *Puristen*: Wenn es nach deren Wünschen ginge, *„so würde unsere rede bald von schauderhaften zusammensetzungen für einfache und fremde wörter wimmeln“* (Kl. Schriften 1, 347). Ein in positivem volksaufklärerischem Sinne weiterführender Nachfolger Campes war Carl Gustav J o c h m a n n, der in seiner leider kaum beachteten Schrift *Über die Sprache* (1828) mit einer Analyse der Gründe für Campes Misserfolge an dessen theoretische Schriften anknüpfte. Statt der mehr oberflächenorientierten Prinzipien Campes berücksichtigte er, im Sinne der politisch wünschbaren Allgemeinverständlichkeit, semantische Kriterien, die Vor- und Nachteile der Motiviertheit (Durchsichtigkeit) von Wörtern weitaus differenzierter behandelten als Campe. Jochmann war seiner Zeit voraus mit modern anmutenden Ansichten zur Semantik und Pragmatik von Politiksprache und zum Verhältnis von Sprache und demokratischer Öffentlichkeit (Schiewe 1988a; 1989, 86ff.; Kirkness 1975, 300ff.; zu Jochmann vgl. 5.2N, 5.11V, 5.12Z, 6.8C!).

Hauptsächlich aber ist Campe in oberflächlicher, nicht mehr volksaufklärerischer Weise in der Entwicklung des nationalistischen Fremdwortpurismus als Vorbild genommen worden. „Was in der Aufklärung teils als Fremdsprachenproblem, teils aber auch als Problem der inneren Mehrsprachigkeit im Deutschen erkannt wurde, wird fortan fast nur noch als Fremdsprachenproblem verteufelt" (Kirkness 1985, 101). So konnte deutscher Fremdwortpurismus von der Napoleonzeit bis zur „Entwelschungskampagne" im Elsass im 2. Weltkrieg (s. 6.7P) in Verbindung mit Fremdenhass mitunter intolerant sprachpolitisch wirken. Das Schlagwort *Fremdwort* ist nicht von ungefähr seit 1815 belegt.

Bei Campe, seinen Freunden und Gegnern hat die intellektuelle Übung der Fremdwortverdeutschung noch eher den Charakter eines bildungsbürgerlichen Gesellschaftsspiels: „Einige seiner angeblichen Schwächen – eine oberflächliche Behandlung der Sprache oder die Ansicht, dass Vernunft und Analogie wichtiger sind als der Sprachgebrauch – scheinen sogar zu seinem Erfolg beigetragen zu haben" (Kirkness 1975, 121). Jean Paul, der mit dem Fremdwortpurismus nachsichtig sympathisierte, sah Campes Erfolg als indirekte Wirkung in der Art des Hofnarren: *„Indes gerade das Schandglöcklein des Spottes hat uns vielleicht durch seine Begleitung manches neue Campische Wort tiefer eingeläutet und es durch Lachen dem Ernste näher zugeführt."* (Werke 5, 314; zit. n. Kirkness 1975, 82).

Literatur

Kulturpatriotismus, nationalsprachliche Sprachtheorie: Ahlzweig 1994. Barbour 1998. Blackall 1966, 1ff., 83ff. Blume 1978b. Borst 1957–63, Bd.III, 1. Burmester 1992. Cherubim 2001. Durrell 2001. Faulstich 2008. Flemming/Stadler 1974, 18ff. Garber 1989. Gardt 1996; 1997; 1999ab; 2000a. S.Grosse 2005. Hattenhauer 1987, 14ff. Hentschel 1997. Herrmann 1996. Huber 1984. Hundt 2002. Jones 1993; 1999. Kleinschmidt 1990. Kohn 1962, 129ff. Koppelmann 1956. Kürschner 1986. Kyes 1998. Law 2002. Lenk 1988. LGL (Reichmann 515ff.). Leweling 2005. Munz/Neumer 2005. v.Polenz 1998. Reichmann 1978. Ricken 1989. Sahmland 1990. Scharloth 2005. Schorch 2012. Schulenburg 1973. v.See 1970. Shimizu 2008. Stockinger 1996. Stolleis 1993. Stukenbrock 2005. Takada 1985. Westphal 2011. Zelle 1992b. Ziegler 2005.

Sprachgesellschaften, Sozietätsbewegung: Barthold 1848/69. Battafarano 1991. BBRS (Schildt 55ff.). Bircher 1970ff. Bircher/Conermann 1992ff. Bircher/van Ingen 1978. Blume 1978; 1991. Bopp 1998. Brednow 1966. Cherubim/Walsdorf 2005, 165ff. Conermann 2003. D.Döring 2002. Döring/Nowak 2002. Engels 1983. Flamm 1994. Flemming/Stadler 1974, 14ff. Garber/Wismann 1996. Gleixner 2008. Greule 2006. Haase 2007. Heier 2012. Hardtwig 1989. Hartweg/Wegera 2005, 66–69. Huber

1984, 243ff. van Ingen 1971; 1972; 1978; 1987. Kirkness 1975, 23ff. J.Kramer 1992, 113ff. v.d.Lubbe 2001. Manger 2001. H.Moser 1979. Otto 1972. v.Polenz 2000. Stoll 1973; 1976. Vierhaus 1980. Weinrich 1988. Zaunstöck 1999.

Sprachreinheit, Fremdwortverdeutschung: BBRS (Kirkness 407ff.). Blackall 1966, 86ff. Blume 1967. Brunt 1983, 48ff. Daniels 1959. Eisenberg 2001; 2011. Elspaß/McLelland 2003. Engels 1983, 142ff. Flemming/Stadler 1974, 10ff. Gardt 1997; 2001b. Geers 2005. Greule 2000a. Greule/Ahlvers-Liebel 1986, 7ff., 14ff. Härle 1996. Holz 1950. van Ingen 1971; 1972; 1989. Jones 1998. Kirkness 1975; 1983; 1985; 1991. Langer/Davies 2005. Law 2002. Leweling 2005. Lipczuk 2007; 2011. v.d.Lubbe 2001. Munske 2001. Orgeldinger 1999. Pfalzgraf 2012. Reichmann 2005. Schiewe 1988a; 1989, 86ff., 187ff.; 2011. Stockinger 1996. Thomas 1991. Vietze 2008.

5.6. Sprachrichtigkeit: Vorbilder und Prinzipien Grammatiker und ihre Wirkung

A. In der absolutistischen Epoche haben Sprachexperten und Sprachfreunde metasprachliche Aktivitäten entfaltet, mit denen sie aufstiegs- und bildungsbeflissene Deutsche auf die Dauer erfolgreich davon überzeugten, dass man eine richtige, gehobene deutsche Sprache mit kulturellem Prestige brauche, deren Normen *kunstmäßig*, d.h. mit philologischer Korrektheit festgestellt und kodifiziert werden sollten. Dieses Sprachkultivierungsziel ging weit hinaus über das praktische Erfordernis einer überregional hinreichend verstehbaren Sprache, die mit toleranter sprachlicher Variabilität und mit passiver Kompetenz im Verstehen anderer Regionaldialekte ja einfacher zu erreichen gewesen wäre. Der bildungssprachlich-elitäre Weg „von einer verstehbaren zur richtigen Sprache" war nicht nur ein „sprachhistorisches Vorurteil über die deutsche Sprache vor 1700" aus der germanistischen Sprachgeschichtsschreibung des 19./20. Jh.s (Knoop 1988b; 1992). Es handelt sich vielmehr um eine bildungspolitisch langfristig wirkende reale sprachpolitische Bewegung des 17./18. Jh.s, von Opitz und Schottelius bis Gottsched und Adelung, die systematische Folgen im gymnasialen Deutschunterricht und öffentlichen Sprachbewusstsein bis heute hat. Da die Entstehung dieser ‚Vorurteile' hundertfach literarisch belegt ist und sich aus der in Kapitel 5.3–5.5 dargestellten sprach(en)politischen Situation der deutschsprachigen Länder sehr wohl erklären lässt, verdient sie als geschichtsträchtige Sprachideologie einen zentralen Platz in dieser Epoche. Die Wirksamkeit der Sprachrichtigkeitsideologie hat Oskar Reichmann im Rahmen der Entwicklung einer deutschen „Nationalsprache" mit den Begriffen „Vertikalisierung" und „Leitvarietät" erklärt: Die traditionelle Auffassung der Zielgerichtetheit dieser Sprachentwicklung sei im Sinne rationalistischer und idealistischer Sprachphilosophie zu einseitig auf die Darstellungsfunktion von Sprache (im Sinne Karl Bühlers; s. v.Polenz 1985/88, 1.27) reduziert gewesen. Nicht allein der überregionalen Verständlichkeit und sachspezifischen Differenziertheit des sprachlichen Ausdrucks habe die Sprachkultivierungsarbeit des 17. bis 19. Jh. gedient, sondern „der sozialen Notwendigkeit richtigen Sprechens und vor allem Schreibens", der „kultivierten Handhabung der Sprache nach allen Regeln der Kunst" (Reichmann 1990, 154), also einer zusätzlichen Leistung der Sprache nach der sozialen Symptomfunktion, nämlich als Mittel der „nationalsprachlichen Identifizierung"

(Reichmann, in: LGL 516); hier ist hinzuzufügen: auch der ständischen Identifizierung. Seit dem 16. Jh. wurde eine von der natürlichen Heterogenität und Variabilität der Gesamtsprache weitgehend abgelöste „Leitvarietät“ entwickelt und „von Sprachideologen propagandistisch gegen die Vorherrschaft des Lateins und die Rolle der von diesem abgeleiteten romanischen Sprachen“ zur Prestigesprache gesteigert, mit behaupteten bzw. geforderten Eigenschaften wie *Ursprünglichkeit, Grundrichtigkeit, Eigentlichkeit, Kunstrichtigkeit, Reinheit, Unvermischtheit, Reichtum, Deutlichkeit, edle Haupt- und Heldensprache,* usw. (Reichmann 1978, 406 und in: LGL 518).

Aus dem Wichtignehmen der Identifikationsfunktion von Sprache (gegenüber der Kommunikationsfunktion im engeren Sinne) ist es zu erklären, dass die Variantenfülle und Variantentoleranz des Frühneuhochdeutschen und der Dialekte durch das Wirken von Sprachgesellschaften, Sprachfreunden, Sprachgelehrten, Poetikern, Poeten, Schriftstellern, Übersetzern und Schulreformern im 17./18. Jh. deutlich reduziert wurde mit einer Sprachbewertungstendenz ‚von oben nach unten‘, einer „Vertikalisierung“ (Reichmann 1988; 1990; 2004). Dies ist allerdings ein sehr abstrakter Sammelbegriff für sehr verschiedene Kriterien der Variantenaussonderung, der (auch in Reichmanns Sinne) zu differenzieren wäre in: überregional vs. regional, schreibsprachlich vs. sprechsprachlich, bildungssprachlich vs. alltagssprachlich, *vornehm* vs. *pöbelhaft*, expertenhaft vs. laienhaft, rational vs. emotional, explizit vs. sprachökonomisch usw.

Die Epoche der ‚Sprachrichtigkeit‘ ist aber nicht einfach die der normativen Grammatik und Lexikographie. Grundsätzlich haben weder einzelne Grammatiker und Wörterbuchschreiber die Sprachnormen präskriptiv ‚gesetzt‘ noch haben ‚Sprachideologen‘ ihre Vorbilder und Prinzipien willkürlich erfunden. Es handelt sich vielmehr um eine vom Späthumanismus international angeregte evolutionäre Entwicklung (vgl. 2.5), in der vielfältige Aktivitäten des sprachtheoretischen, sprachkritischen und sprachpolitischen Reflektierens über Wert und Verbesserung der deutschen Sprache, oft im Rahmen kulturpatriotischer Gruppenbildungen, Hand in Hand gingen mit dem Verfassen und Publizieren von systematischen Beschreibungen und Rechtfertigungen vorbildlichen deutschen Sprachgebrauchs und mit gleichzeitigen Versuchen zur praktischen Erprobung in Übersetzungen, Dichtungen oder Lehrbüchern. Im allgemeinen haben die Grammatiker (Abschn. MN) und Lexikographen (vgl. 5.7) den in sozial einflussreichen, gebildeten Kreisen und Institutionen üblichen Schreibgebrauch nur nachträglich kodifiziert, nach bestimmten Sprachbewertungsprinzipien systematisiert und begründet und damit zu dessen Verbreitung beigetragen. Neben sehr pauschalen, mehrdeutigen

Einheitssprachbegriffen wie *gemein Teutsch, Hochteutsch* spielten dabei verschiedene Vorbildthesen eine Rolle (Josten 1976):

– vorbildliche Sprachregionen, vor allem das *meißnische* Deutsch (C–F), aber auch schon norddeutsche Aussprache (FG),
– vorbildliche Schriften und Autoren (HJ), vor allem Luther (K),
– vorbildliche Institutionen, vor allem des Reiches (L), mit ostoberdeutscher Normtendenz,
– vorbildliche Sprachkulturprinzipien, vor allem im 17. Jh. mit Konkretisierung in Orthographielehren, Grammatiken, Stillehren und Wörterbüchern (MN).

Direkte Wirkungen von Grammatikern und Lehrbuchautoren sind nur in Einzelfällen konkret nachzuweisen (N), besonders in der zweiten Hälfte des 18. Jh.s, vor allem beim Streit um die Übernahme der etablierten ostmitteldeutsch-norddeutschen Sprachnormen im Süden (O–S). Andererseits gab es erfolglose Bemühungen um eine Orthographiereform (T). – Zu Deutsch als Fremd- und Verkehrssprache s. 5.3T!

Standardsprachliche Normen haben auch Fremdsprachgrammatiken für DaF des 17. und 18. Jh.s vermittelt (Langer 2004): Zwischen Urteilen über „schlechtes Deutsch" in präskriptiven Grammatiken und über „falsches Deutsch" in DaF-Lehrbüchern bestand teils Übereinstimmung, teils Disparität, wobei die morphosyntaktische Standardisierung bzw. Stigmatisierung im 18. Jh. noch keineswegs völlig abgeschlossen war. Zu Langers Ergebnissen nach einem Braunschweiger DaF-Corpus s. 5.9X (Diminutivsuffixe) und 5.9P (Possessiv-Umschreibung)!

B. In der traditionellen Erklärung der Entstehung der neuhochdeutschen Schriftsprache hat das r e g i o n a l e P r i n z i p überhaupt und das *meißnische* Deutsch im Besonderen meist im Vordergrund gestanden. Da von der regionalen und konfessionellen Quellenlage und Forschungsentwicklung her der Verdacht eines protestantischen, ostmitteldeutschen und/oder preußischen Regionalpatriotismus nahe liegt – Kritik ist seit Adelungs Zeiten nachzuweisen –, hat sich die germanistische Sprachgeschichtsforschung besonders nach 1945 um Widerlegung oder Relativierung des einseitig ostmitteldeutschen Übergewichts bemüht (Besch 1968; Mattheier 1981; Skála 1981). So gilt heute bis zur Mitte des 16. Jh.s die frühe bedeutende Rolle auch des S ü d e n s, vor allem des S ü d o s t e n s (‚süddeutsche Reichssprache') am überregionalen Ausgleichsprozess als nachgewiesen (vgl. 4.4). Für das 16. und 17. Jh. hat Dirk Josten (1976) die Quellenlage systematisch überprüft und dokumentiert, und zwar mit literarischen Zeugnissen für S p r a c h v o r b i l d e r und S p r a c h n o r m p r i n z i p i e n aus dem ganzen deutschen Sprachgebiet – nicht nur für das *meißnische* Deutsch (so Eichler/Bergmann 1967). Daraus hat sich einerseits eine

Bestätigung der großen Bedeutung des *meißnischen* Deutsch seit Luther ergeben, andererseits vielfältige Nachweise für eine über das regionale Vorbildprinzip weit hinausgehende differenziertere Betrachtung dieser Epoche deutscher Sprach(bewusstseins)geschichte.

Josten (1976, 10ff., 215ff.) hat vom Ende des 15. bis Ende des 16. Jh.s – außer den in der Forschungsliteratur bereits einzeln zitierten Zeugnissen – folgende Quellenarten ausgewertet: Poetiken, Grammatiken, Orthographielehren, Schreib- und Leselehren, Wörterbücher, Bibel- und Katechismusausgaben (Einleitungen, Schlußworte), Schul- und Kirchenordnungen, Dichtungen. Die (erstgenannten) sprachbezogenen Texte waren am ergiebigsten, vor allem im 17. Jh.

Die allmähliche Tendenz zur Festigung einer Sprachprestige-Ideologie erkennt Josten darin, dass Alleinnennungen bestimmter Vorbilder oder Prinzipien im 16. Jh. überwiegen, Mehrfachnennungen (zunehmend stereotyp) dagegen im 17. Jh.; konfessionelle Zugehörigkeit der Autoren habe nur für das Vorbild Luthers eine Rolle gespielt. Die weit überwiegende Zahl von Sprachprestige-Äußerungen überhaupt stamme allerdings von Protestanten. Falls eine soziolinguistische Differenzierung zu erkennen sei, werde durchweg die Sprache der oberen Mittel- und der Oberschicht als vorbildlich bezeichnet, die der Unterschichten abgelehnt, am häufigsten in der 2. Hälfte des 17. Jh. (zugleich mit einer starken Zunahme der Ablehnung von Dialekten).

In der (hier etwas vereinfachten) Übersichtstabelle von Josten geben die Zahlen die Häufigkeit der Quellenzeugnisse innerhalb der mit Waagerechtstrichen gekennzeichneten Zeiträume an. Der Ausdruck *Meißnisch* begegnet in Norddeutschland oft synonym mit *Hochdeutsch*. Von oberdeutschen Sprachlandschaften werden im 17. Jh. nur noch einzelne Städte als vorbildlich angegeben (Druckorte wie Augsburg, Nürnberg, Sitze von Reichsinstitutionen wie Regensburg, Mainz, Speyer).

Josten fasst seine Ergebnisse im Allgemeinen in folgender Weise zusammen: Die im 16. Jh. noch häufigere Berufung auf das Vorbild bestimmter Sprachlandschaften (regionales Prinzip) geht im 17. Jh. etwas zurück, die auf das Vorbild bestimmter Autoren oder Institutionen und auf sprachimmanente Prinzipien nimmt zu, ebenso die Miteinandernennung mehrerer Vorbilder bzw. Prinzipien. „Luthersprache, Meißnisches Deutsch und Kanzleisprache sind die eindeutig dominierenden Sprachvorbilder im 16. und 17. Jahrhundert" (Josten 1976, 216); weitgehend auf das 16. Jh. beschränkt bleiben Äußerungen über süd- und westdeutsche Dialekte.

Die Sprachnormentwicklung sollte aber für das 16./17. Jahrhundert nicht aus Wunschdenken zu geradlinig verstanden werden; um 1600 sei die Kanzleisprache keineswegs gemeindeutsch einheitlich gewesen (Macha 2004): Nach dem Augsburger Religionsfrieden (1555) sei eine „Diversität" als „Resultat konfessionell bedingter Wandelprozesse" in Gang gekommen, die „sich gegen und nach 1600 wieder von

Gemeinsamkeiten in der Variantenbenutzung entfernen, die es in der ersten Hälfte des 16. Jahrhunderts durchaus gegeben hatte"; ein Vergleich zwischen dem Gründungsvertrag der protestantischen ‚Union' (1608) und dem der katholischen ‚Liga' (1609) ergab eine relative „Uniformität" (vor allem in Bezug auf texteinheitliche Schreibung der gleichen Wörter) im katholischen Text, auf der Grundlage der „ostoberdeutschen Schreibkultur" im Bündnis süddeutscher Territorien unter bayerischer Dominanz, dagegen eine auffällige „Schreibungsvarianz" (in dieser Hinsicht) im protestantischen Text, so dass mit einer „nachhaltigen Einigung auf eine neuhochdeutsche Schriftsprache überregional und interkonfessionell erst nach der mit dem Ende des Dreißigjährigen Krieges beginnenden Endphase zu rechnen sei.

Normthesen	1525	1550	1575	1600	1625	1650	1675	Sa.
Meißnisch	6	'	20		23	'	27	76
Schwäbisch		9						12
Alemannisch	11	'	4				-- 1	16
Bayr./Österr.	5	'	5					15
Fränkisch		6						7
Schlesisch						14		14
Gemein Teutsch	26	'	9		4		2	40
Hdt. im ndd. Raum	7	'	8		9	'	4	28
Meißn. im ndd. Raum	4	'	7		4		1	16
Gegen Dialekte	2		2		1		13	18
Luther	14	'	16		16	'	30	76
Opitz						'	20	20
Bücher/Autoren		'	14		16	'	22	52
Schulen/Universitäten							4	4
Kanzleien	13	'	9		20	'	30	72
Kaiserl. Kanzlei		'	7		2		6	15
Reichsabschiede							16	16
Hof/höf. Sprache			8		8	'	13	29
(Reichskammer-)Gerichte					6	'	6	12
Sprachimman. Arg.	6		2		3		23	34
Orthograph. Norm		7			15	'	9	31

Abb. 9: Normthesen nach zeitlicher Verteilung und Frequenz.
(Quelle: Josten 1976, 219.)

Die um die letzte Jahrhundertwende stark belebte Erforschung mittelschichtlicher Regionalsprachen im mittleren Westen (Mittel-/Niederrhein, Maasland, Westfalen) in der Frühen Neuzeit (vor allem durch Cornelissen, Eickmans, Elmentaler, Elspaß, Mattheier, Mihm, Neuß, Peters, u.a.) hat gezeigt, dass zwischen dem späten 16. und der Mitte des 17. Jh.s die ältere Art von r e g i o n a l e r Standardisierung, die „ohne gezielte Absichten und Vorschriften" und mit noch stark sprechsprachlicher, oberschichtlicher („akrolektaler") Vereinheitlichung vor sich ging, allmählich in eine g r o ß - r e g i o n a l e, mehr „formelle Standardisierung" mit drucksprachlicher „schriftsprachimmanenter Vereinheitlichung" überging (Mihm 2003/07). So wie im Westen die kleinräumige Kölner Regionalsprache („Ripuarisch“) vom 15. bis 17. Jh. zunächst vom Maasländischen, Flämischen bzw. Niederländischen teilweise überschichtet wurde (s. 5.8H, Ende), wirkten vor allem seit dem 17. Jh. die ostoberdeutsche und die ostmitteldeutsche Büchersprache für das gebildete Lesepublikum jetzt weitgehend unabhängig von der gesprochenen Sprache in Richtung auf eine mehr und mehr gesamtdeutsche Vereinheitlichung der Schriftsprache hin, so dass die alten regionalen „Akrolekte“ im 17. und 18. Jh. nur noch im regionalen Kanzleigebrauch und im privaten Bereich immer seltener benutzt wurden (Mihm a.a.O.).

C. Das Lob des *meißnischen* Deutsch wird nach Jostens Material sehr oft mit dem Lob von Luthers Schriften verbunden bzw. begründet. Die deutliche Schwerpunktverschiebung des Sprachprestiges vom Oberdeutschen zum Ostmitteldeutschen seit etwa der Mitte des 16. Jh.s ist teilweise als Wachsen sprachideologischer Selbsteinschätzung der Literaten in den protestantischen Territorien des mitteldeutschen Ostens und des Nordens zu erklären. Es ist auch kein Zufall, dass viele der einflussreichen Grammatiker und Lexikographen des 17./18. Jh.s aus Norddeutschland stammten (Schottelius, Bödiker, Freyer, Gottsched, Adelung) und die drei Letztgenannten in Halle, Leipzig und Dresden wirkten.

Nach der Autorenherkunft der Sprachvorbildnennungen aufgeschlüsselt, ergibt sich nach Josten (1976, 217ff.): Das *Meißnische* (bzw. die Sprache Luthers) loben 31 (42) ostmitteldeutsche, 27 (9) niederdeutsche, 14 (20) oberdeutsche, 2 (6) westmitteldeutsche Autoren, wobei im 17. Jh. die Zahlen bei den ostmdt. und norddt. sich etwa verdreifachen, während sie im Süden und Westen abnehmen und teilweise mit „ärgerlicher Abwehr“ (Josten) des konstatierten *meißnisch*-lutherischen Sprachprestiges verbunden sind. Dafür wird dort das Vorbild der Kanzleien, der Reichsinstitutionen und der besten Autoren zunehmend hervorgehoben.

Als außersprachliche Ursachen für das weitgehend selbstpropagierte *meißnische* Sprachprestige kommt zu den bereits für die vorige Epoche genannten fortschrittlichen ökonomischen und administrativen Verhältnissen (s. 4.4E) und der Wirkung der Reformation hinzu, dass das Kurfürstentum Sachsen in der Barockzeit mit seiner neuen Residenzstadt Dresden politisch und kulturell bis Mitte des 18. Jh.s zu den aufstrebenden dynamischen Territorien gehörte und die kommerziell erstrangige Messestadt Leipzig als Zentrum der Aufklärung von Thomasius und Leibniz bis Gottsched eine bis zum jungen Goethe wirkende kulturelle und gesellschaftliche Anziehungskraft hatte. Es ist neben dem höfischen Prestige des Dresdener Hofes mit einem starken bildungs- und besitzbürgerlichen kursächsischen Selbstbewusstsein in diesem relativ früh urbanisierten und kommerzialisierten Teil Deutschlands zu rechnen; es zeigt sich in teils ästhetisierenden, teils sozial distanzierenden Attributen beim Lob des *Meißnischen* (Belegstellen bei Eichler/Bergmann 1967; Josten 1976, 20ff.; v. Polenz 1986, 190ff.):

„zierlich gut teutsch“ (1556), *„elegantior sermo“* (1561), *„Meichsner [...] vntern leuten gewesen und jrs landsmans vergessen“* (1567), *„Misnicam dicendi venustatem“* (1567/74), *„populus cultivissimus“* (1579), *„gemma“* (ca. 1580), *„hohe Meissnische Sprache“* (1584), *„zierlichste/ beste/ vnd reinste in gantz Germanien“* (1589), *„die allerlihblichst und reineste Sprache“* (1645).

D. Das Lob des *Meißnischen* kann nicht allein als sprachlandschaftliches Vorbild erklärt werden. Es war weniger ein „protestantischer Dialekt“, wie Jacob Grimm es einmal nannte (Henzen 1954, 94), als vielmehr ein protestantisch-bildungsbürgerlicher ‚Soziolekt‘. In den Zeugnissen ist öfters eine „Sozialklausel“ (Josten) und das Merkmal buchstabengetreuer Leseaussprache hinzugefügt (vgl. 4.4M; v.Polenz 1986, 191ff.). Vorbildhafte Sprache im *Meißnischen/ Obersächsischen/ Kursächsischen* wird dabei vom Bücherlesen abhängig gesehen, auf *vornehme* Leute beschränkt und von der Sprache der *gemeinen* Leute und der Landbevölkerung distanziert (Belege bei Josten 1976, 30ff., 58; Eichler/Bergmann 1967, 8, 13ff., 32, 45ff.):

„[...] die Sprache ethwan aus einer Postille gefasset“ (1584); *„Darüm / weil sie wenig oder wohl gantz nicht mit fremden oder gemeinen Leuten und dem Landvolke / das daherum noch eine halbe Niedersächsische / grobe Sprache redet/ ümgehen und sprechen; und daher die ihrige / so aus guten büchern [...] und von fürnehmen Leuten / [...] gelernet.“* (Zesen über Leipzigerinnen 1645); *„höflichen Leuten in Meißen [...] aus guten büchern [...] eine zierliche sprache“* (Zesen 1651); *„so lautet / wie man zu schreiben pfleget“* (Harsdörffer 1656); *„Die rechte Meißnische Ausrede / wie sie in Leipzig/ Merseburg/ Wittenberg/ Dresden üblich / ist lieblich und wohllautend [...] wie breit und verzogen aber der Meisnische Dialectus auf dem Lande und unter der Bauren sey / ist nicht unbewust.“* (Schottelius 1663); *„sonderlich unter den Fürnehmen (dan vom Gemeinen völklein wil ich es nicht gesagt haben)“* (1678); *„Deutlichkeit der Wörter“* (Bodmer 1740); *„Das beste und richtigste deutsch findet man im Mittelstande, bey solchen, die gute Schriften gelesen haben“* (1783); *„[...] dem Hochdeutschen Sprachgebrauche, d.i. aus dem Sprachgebrauche der südlichen Chursächsischen Lande, welche das Vaterland der Hochdeutschen Mundart sind, wo sie (verstehet sich von selbst den obern Classen) noch so rein gesprochen wird, als sie von den besten Schriftstellern nur geschrieben werden kann [...] durch Geschmack, Künste und Wissenschaften über einen großen Theil des übrigen Deutschlands verbreitet, wo sie die Schrift- und Gesellschaftssprache des gesittetsten Theiles der Nation geworden ist.“* (Adelung 1782; zit. n.Henne 1968a, 117f.).

Wie hochgestochen bildungsbürgerlich dieses Sprachvorbild mitunter verstanden worden ist, zeigt sich darin, dass der gelehrt-humanistische Vergleich mit der Rolle des Attischen im alten Griechenland seit Ende des 16. Jh.s mehrmals für das *meißnische* Deutsch verwendet wurde (Josten 1976, 28ff.).

E. Das Prinzip der schriftnahen, ‚gehobenen‘ Sprache als Standessymbol und -symptom wird in (soziolinguistisch für Aufsteigerschichten typischer) Übertreibung deutlich an der Neigung von Obersachsen zu hyperkorrekter Aussprache beim Verdrängen dialektaler Merkmale. Goethe hat sie bei sächsisch-thüringischen Schauspielern und Theologen kritisiert: *Ente* ‚Ende', *Karten* ‚Garten', *klauben* ‚glauben', *bekränzen* ‚begrenzen', *Kunst* ‚Gunst', *Kram* ‚Gram', usw. (Gespräche mit Eckermann, hrg. v. C.Höfer, 1913, 511ff.).

Schon Philipp Zesen lobte 1651 die schriftnahe Aussprache der Lautverbindung *st* und *sp* bei den *„höflichen Leuten in Meissen, eben also wie es geschrieben stehet [...] gleichsam mit einem lieblichen lispeln"*, nämlich als *s-t, s-p* (wie noch heute im nordwestlichen Norddeutschland), im Gegensatz zu der *„groben bäurischen"* Aussprache *scht, schp „des gemeinen volks"*, das diese Lautverbindungen *„mit follem halse heraus zischet"* (Zesen, *Rosenmand*, 1645). Diese im heutigen Obersächs. nicht übliche Leseaussprache ist noch 1881 in K.Albrechts Buch über die Leipziger Mundart für „sächsische Zieräffchen" bezeugt (Penzl 1977, 89). Andererseits tadelt der Ostpreuße Gottsched 1762, dass *st* im Meißnischen nicht als *s-t*, sondern als *scht* gesprochen werde (Eichler/Bergmann 1967, 13, 30).

In dem fingierten Brief einer Leipzigerin, den Gottsched als sprachparodistisches Beispiel für die obersächsische Umgangssprache in den „Vernünftigen Tadlerinnen" abdruckte (1725/26), kommen zahlreiche hyperkorrekte Formen vor: *pißgen* ‚bischen', *tienerin* ‚Dienerin', *kraus* ‚groß', *keruht* ‚geruht', *Atge* ‚Adieu'. – Die im 17./18. Jh. auch bei guten Schriftstellern üblichen Schreibungen *Liesgen* ‚Lieschen', *Mädgen* ‚Mädchen', *mögte* ‚möchte', *Lilge* ‚Lilie' usw. (ob hier jemals *g* gesprochen wurde?) sind ebenfalls hyperkorrekte Schreibungen bei übertriebener orthographischer Vermeidung von Reibelautaussprache auch in solchen Fällen, wo *ch* auch hochsprachlich korrekt ist.

Einiges aus der später den Obersachsen zugeschriebenen Mentalität (s. H. Wolf 1968), vor allem Redseligkeit, Selbstbewusstsein, Übereifer, ist früh bezeugt: Der österreichische Reiseschriftsteller Zeiller verband 1650 sein Lob der *meißnischen* Sprache mit der Gruppencharakteristik: *„in gemeinem Wandel / freundlich / und redsprächlich [...] Halten viel auf Reinigkeit; daher sie verthunlich; wovon auch das Sprichwort: Meissner Gleissner. Sonsten aber sind sie etwas fürwitzig und fast kriegisch / oder zänckisch; Also mit viel Rechtshändeln beladen"* (Eichler/Bergmann 1967, 12). Über pedantische Rechthaberei der vornehmen Leipziger in Fragen der Sprache, der Sitten und des Geschmacks beklagte sich Goethe in „Dichtung und Wahrheit" (2. Teil, 6. Buch).

F. Obwohl das *meißnische* Hochsprachideal noch bis zu Adelung (1782) verteidigt wurde (Nerius 1967, 63ff.; Henne 1968a, 115ff.), begann die Abwertung des Obersächsischen bereits im 17. Jh., also nicht erst nach dem preußischen Sieg im Siebenjährigen Krieg (1763). Das Prinzip ‚Sprich wie du schreibst!' war, mangels einheitlicher Lautnorm, unvermeidlich mit dem provinziellen Irrtum verbunden, die eigene Aussprache sei die einzig richtige. Je mehr die *meißnische* Sprachprestige-Ideologie propagiert wurde, desto mehr musste Auswärtigen die Diskrepanz zwischen Anspruch und Realität bewusst werden. Bestand schon keine Identität der alten überregionalen wettinischen Kanzleisprache und Luthers Schriftdeutsch mit der tatsächlichen Dialektentwicklung im Obersächsischen (vgl. 4.4EFM), so kam nun als Quelle sprachideologischen Irrtums noch hinzu, dass der (zunehmend mit *Meißen* identifizierte) Name *Sachsen* vom 16. bis 18. Jh. vom Raum Wittenberg-Halle nach dem Raum Dresden-Leipzig-Chemnitz unmerklich verschoben wurde, verbunden mit einer politischen und kulturellen Schwerpunktverlagerung. So konnten die Alt-Meißener (Südobersachsen) ungestraft behaupten, Luthers Sprache sei ‚Meißnisch' gewesen, obwohl dieser selbst sich als *Sachse* im alten Sinne gefühlt hatte und sprachlich halb niederdeutsch aufgewachsen war, die brandenburgische und niedersächsische (elbostfälische) Lautung gelobt und die *Meißner* verachtet hatte (s. 4.4F; H.Schmidt 1984a). Die heutige starke Geringschätzung der obersächsischen Aussprache gilt vor allem für den südlichen Teil des einstigen Kursachsen (vor allem im Raum Leipzig-Dresden-Chemnitz), weniger für die in der Gegend zwischen Halle und Magdeburg, die der in der Predigtsprache weithin wirksamen Lautungspräferenz Luthers wahrscheinlich am nächsten steht.

Zesen hielt in einem Brief an den Magdeburger Prediger Siebenhaar die Aussprache in der Gegend von Anhalt, Köthen und Halle für noch besser *„als zuweilen in Meissen selbsten"*, dagegen die in Leipzig *„schon etwas unreiner"* (Kluge 1918, 187). Autoren, die die tatsächliche Lautung im Obersächsischen kritisieren und teilweise zugleich das *meißnische* Deutsch loben, waren sich des Widerspruchs zwischen Anspruch und Wirklichkeit, zwischen Schreibsprache und Redesprache, zwischen hochkultureller und kolloquialer bzw. vulgärer Sprache bewusst (Belegstellen bei Josten 1976, 20ff., 31ff., 42, 98ff.; Eichler/Bergmann 1967, 15f., 26, 33; Penzl 1977; Voge 1978):

Ab 1626 sind viele pauschale Urteile überliefert: *„Verfälschung der Grundlaute"*; *„ferne genug von Grund und Ursprung"*; *„unzierliche Sonderheiten in der Außrede"*; *„Sonderlichkeiten, die nicht nachzuahmen seien"*; *„corrupt, zerlästert"*; *„würde mit einem gelächter ausgerauschet"*; *„weichliche und bey andern ungewöhnliche mundarten im ausreden"*; *„weibisch und verzärtelt, der Männischen deutschen Heldensprache gantz entgegen"*. Daneben finden sich spezielle sprachliche Beanstandungen: *j* für *g* im Anlaut (Zesen, Gottsched), Entrundung von *ü, ö* zu *i, e* (Gottsched), Zusammenfall von *e* und *ä* in *lehren, gewähren* (Tscherning aus Schlesien 1659); Aussprache von einigen Diphthongen und Konsonanten (Scioppius aus der Oberpfalz 1626); Vertauschung der *e*-Laute und *a*-Laute, Nichtunterscheidung von harten und weichen Verschlusslauten (Reibnitz aus Schlesien 1717; Brockes aus Hamburg 1725; Gottsched). Bei manchen dieser Sprachkritiker (z.B. Scioppius) wurde das Lob des *Meißnischen* auf Syntax, Wortschatz, Idiomatik und Stil bezogen und die Lautung ausgenommen.

Ein spürbarer Umschlag von bedingt positiver zu allgemein negativer Bewertung des Obersächsischen ist weiterhin durch den Siebenjährigen Krieg, also die damit entschiedene Hegemonie Preußens und die Verlagerung des kulturellen Zentrums von Leipzig/Dresden nach Berlin verstärkt worden (vgl. Nerius 1967, 63ff.; Henne 1968a, 115ff.; Eichler/Bergmann 1967, 33ff.). Adelungs spätes Beharren auf dem *meißnischen* Sprachvorbild konnte nur noch Polemik hervorrufen (Klopstock, Wieland, Campe, Voß u.a.) oder ironischen Spott wie in Goethes Distichon über *„Die Elbe"* in den *„Xenien"*:

> *„Alle ihr anderen Flüsse*
> *ihr sprecht nur ein Kauderwelsch.*
> *Unter den Flüssen Deutschlands spreche nur ich,*
> *und auch in Meißen nur, Deutsch."*

Im 19. Jh. haben sächsische Intellektuelle durch satirische Publikationen in urbaner Selbstironie zum weiteren Absinken des sächsischen Sprachprestiges beigetragen (*„Rebubliganer Bliemchen"*; sächs. Parodien von Klassikerballaden). Die soziolinguistische Stigmatisierung des Obersächsischen bezog und bezieht sich bezeichnenderweise fast nur auf Lautung, kaum auf Grammatik, Lexik und Stil, schon gar nicht auf geistige Qualitäten (vgl. v. Polenz 1986, 196ff.).

G. Die Krise des *meißnischen* Sprachvorbilds war im Bereich der Lautungsnorm mit zunehmender Wertschätzung norddeutscher Aussprache komplementär verbunden. Auch hierbei hat der Aufstieg Preußens nur verstärkend, nicht auslösend gewirkt (Berlin war nie sprachliches Vorbild!). Luthers Lob der brandenburgischen *(Marchionica lingua)* und niedersächsischen *(Saxonica)* Aussprache (s. 4.4M) hat sich – zusammen mit der seit Luther und Ickelsamer nachweisbaren Tendenz zur deutlichen Leselautung – in der protestantischen Predigersprache und in den buchstäblich lesenden Lautierübungen der den heimischen Dialekt verdrängenden protestantischen Schulen in Norddeutschland auf die Dauer erfolgreicher durchgesetzt als im Obersächsischen, wo die Verdrängung regionaler Sprache nicht so rigoros war (vgl. 4.9C–J). Die im Laufe des 19. Jh.s endgültig herrschend gewordene Lautnormtendenz beruhte also auf einer langfristig wirkenden lutherisch-bildungssprachlichen Auffassung des vorbildlichen Verhältnisses der Buchstaben zu ihrer lautlichen Realisierung in öffentlicher Rede. Im scharfen Diglossieverhältnis zwischen niederdt. Mundart und hochdt. Schriftsprache (nach Verdrängung des Bilinguismus zwischen hochdt. und niederdt. Schriftsprache) hatte sich diese eher künstliche Orthophonie in den nördlichen protestantischen Territorien erfolgreicher und früher durchsetzen können als in dem katholisch-kaiserlich-konservativen Süden. Diese nicht ‚niederdeutsch', sondern norddeutsch-schriftabhängig zu nennende Lautungspräferenz war Ersatz für das fehlende orthophonische Vorbild eines politischen Zentrums, das der Wiener Kaiserhof nicht bieten konnte (so zuerst Braune 1904). Die Zeugnisse für vorbildliche norddeutsche Lautung beginnen – abgesehen von Luther – noch im 17. Jh. (nach Josten 1976, 36f., 44ff.; Eichler/Bergmann 1967, 24):

„Jetzt schreibt ein Märker Deutsch! Die glattgeschliffne Zunge / klingt nicht in Meissen nur" [...] (Reinhardt 1675); *„Ein gebohrner NiederSachse/Märcker/Pommer/Westphaler/Braunschweiger/u.s.w. kan die Hochdeutsche Sprache am reinsten außsprechen/besser als die Oberländer"* (Bödiker 1698). Hieronymus Freyer aus der Mark Brandenburg lobt 1721 die norddeutsche Aussprache der Verschlusslaute. Ebenso weist der Hamburger Brockes 1725 stolz auf die richtigere Aussprache in Niedersachsen und tadelt die Verwechslung von *p, t, k* und *b, d, g* bei den Obersachsen, mit dem Schriftlautungs-Argument *„Wir haben 24 Buchstaben"* (Eichler/Bergmann 1967, 25f.); ähnlich der slowenische Sprachforscher Popowitsch 1754 als Gegner Gottscheds. Klopstock erklärt 1778 das in Niedersachsen gesprochene Hochdeutsch für vorbildlich und tadelt das Obersächsische wie alle anderen Mundarten als *„Aussprecherei"* (Baudusch 1984, 175). Karl Philipp Moritz bezeugt 1792 in seiner „Abhandlung über den märkischen Dialekt": *„[...] daher spricht man auch z.B. in Hannover und Braunschweig, das Hochdeutsche weit reiner und besser, als in Berlin oder Leipzig"* (Blume 1987, 24).

Adelung gebraucht 1782 den Ausdruck *N i e d e r - H o c h d e u t s c h* für Hochdeutsch in norddeutschem Munde, und zwar mit positiver Bewertung, auch für seine eigene Aussprache (Wells 1990, 323). Aufschlussreich für das norddeutsche Schriftlautungsprinzip ist die Akademierede „Über die Deutsche Aussprache" (1791, publ. 1796) des aus der Neumark stammenden Berliner Oberkonsistorialrats und königlich beauftragten Bildungsreformers Johann Friedrich Zöllner; schriftnahe Lautung, Vereinheitlichung der Rechtschreibung, künftige Vorbildrolle der Schauspieler, Kodifizierung durch Sprachforscher und Verbreitung durch den Schulunterricht weisen bei Zöllner bereits auf den über hundert Jahre später versuchten Weg der „Deutschen Bühnenaussprache" von Theodor Siebs (s. 6.6Y) voraus (Varwig 1985):

„Die ganze hochdeutsche Mundart, wie sie jetzt ist, hat ihre Ausbreitung, Verfeinerung und Berichtigung der Schrift zu verdanken. So daß, wenn Aussprache und Schrift voneinander abweichen, gewiß die letztere die größte Vermuthung des Rechts für sich hat". Den diesbezüglichen Fortschritt erklärte Zöllner damit, dass seit 50 Jahren die Leser sich bemühten, *„ihre Aussprache nach der Büchersprache zu verändern, so daß auch in denen Gegenden, wo sonst das Plattdeutsche geherrscht hatte, die Sprache des feinern Umgangs hochdeutsch ward."* Da in Deutschland mangels einer Akademie, mangels einer Hauptstadt der *„natürliche Weg"* der Lautnormung nicht möglich sei und im deutschen Sprachgebiet jede Landschaft der anderen eine *„übeltönende Aussprache"* vorwerfe, sei hier eine *„künstliche Beyhülfe erforderlich".* Weder die fremde Umgangssprache der *„Höfe und Gesellschaften aus der größeren Welt"* noch ihr sehr voneinander abweichendes Deutsch noch der *„feierliche Kanzelton"*, der dem Prediger nicht erlaube, *„seine Töne sanft und weich zu bilden"*, eigneten sich als Vorbild für *„das gesellschaftliche Gespräch"*.

H. Im Bereich des regionalen Vorbildprinzips haben wir das *meißnische* und das norddeutsche Vorbild in den Vordergrund gestellt, da sie beide zunehmend dominierten und sprachgeschichtlich zukunftsträchtig waren. Zum frühen Lob anderer Sprachregionen vgl. Josten 1976, 68ff.; s. auch

5.6P! Es gab andererseits schon vom frühen 16. Jh. an Widerstand gegen das (bis zu Adelung verfochtene) regionale Vorbildprinzip überhaupt. Nach der eher realistischen überregionalen Auffassung meinten viele, eine einheitliche, kultivierte gemeindeutsche Sprache habe sich nicht nach irgendwelchen Regionaldialekten zu richten, sondern sei bereits durch Bemühungen guter Schriftsteller und Gelehrter und nach dem Vorbild angesehener Druckereien oder Institutionen als Auswahlprodukt entstanden und sei auch weiterhin in dieser Weise zu pflegen (Belegstellen bei Josten 1976, 98ff.; Reiffenstein, in: BBRS 2205ff.):

Bereits der Schlesier Fabian Frangk urteilte in seiner *Orthographia Deutsch* (1531) über die *„oberlendische"* Sprache (im Gegensatz zur *„niderlendischen"*), sie sei *„auch bei den hochdeutschen nicht einhelig"*, denn sie werde *„in keiner jegnit oder lande / so gantz lauter und rein gefurt nach gehalden"*, und wer *„misbreuch"* vermeiden wolle, *„mus deutscher Sprachenn auf eins lands art vnd brauch allenthalben nicht nachfolgen"* (ähnlich mehrere weitere Äußerungen aus dem 16. und frühen 17. Jh.). Das überregionale Auswahlprinzip erscheint seit Schottelius bei Sprachgelehrten als festes, auch mit Verweis auf das Altgriechische begründetes Axiom: *„Communis Lingua Graeca olim in nulla regione privatim erat recepta, sed illa communis putabatur, quem viri sapientes usurpabant [...] Eben die Bewandnis wird sich auch wol bey der Teutschen Sprache finden. Die Hochteutsche Sprache ist kein Dialectus [...] sondern habe jhre Dialectos [...]"* (Schottelius, *Ausf. Arbeit* ..., 1663); *„Die Hochdeutsche Sprache ist keine Mund=Art eines einigen Volcks oder Nation der Deutschen / sondern auß allen durch Fleiß der Gelahrten zu solcher Zierde erwachsen / und in gantz Deutschland üblich."* (Bödiker, *Grund=Sätze* ..., 1698; ähnlich bei Stieler 1691).

Für das überregionale Sprachvorbild gab es seit dem 14. Jh. (besonders im frühen 16. Jh.) die pauschale Bezeichnung *das/die gemein(e) Teutsch (communis lingua Germaniae)*, allerdings in mehreren (meist vagen) Bedeutungen (Josten 1976, 91ff.; Reiffenstein, in: BBRS 2205ff.; hier nach Mattheier 1991):

1. ‚Deutsch' im Gegensatz zu Latein bzw. Fremdsprache (nicht so häufig),
2. einfache, allgemeinverständliche deutsche Sprache *(lingua vernacula/vulgaris)* im Gegensatz zum hochstilisierten Kanzlei- oder Humanistendeutsch (häufig),
3. überregionale prestigereiche deutsche Sprache im Gegensatz zu Dialekten (häufig), besonders seit Ende des 16. Jh.s:
   - teils ‚Hochdeutsch' im Gegensatz zu Niederdeutsch, Niederländisch, Schweizerdeutsch,
   - teils Deutsch in angesehenen Institutionen (Kanzleien, Gerichte, Kaiserhof); dazu Luthers Ausspruch in den Tischreden (vgl. 4.4F),
   - teils deutsche Schrift- und Drucksprache im Oberdeutschen (Augsburg, Nürnberg, Regensburg), vgl. 4.4B.

Aus diesen zeitgenössischen Benennungen kann jedoch noch nicht die reale Existenz einer gefestigten Gemeinsprachnorm im 16. Jh. geschlossen werden. Sie sind nur annähernde Indizien für eine sich allmählich entwickelnde sprachliche Leitbildvorstellung. Es ist kennzeichnend für das auch soziolinguistische, nämlich elitär-hochkulturelle Verständnis der deutschen Sprachkultivierung der absolutistischen Zeit, dass der frühneuhochdeutsche Ausdruck *gemeines Deutsch* vom 16. bis 19. Jh. zunehmend durch die in Reichmanns Sinne „vertikalisierende" (s. 5.6A) Bezeichnung *Hochdeutsch* ersetzt wurde, die sich analog fortsetzt in heutiges *Hochsprache, Hochlautung*.

Nach den zeitgenössischen Belegen (s. Josten 1976, 80ff.; Reiffenstein, in: BBRS 2205ff.) wurde *hochteutsch* seit der Mitte des 15. Jh. zunächst im Sinne von ‚Süddeutsch' oder ‚nicht Niederdeutsch' verwendet (synonym mit *oberländisch*). Im 17. und 18. Jh., vor allem von ostmdt. und norddt. Autoren, wird es (seit Opitz) fast nur noch im Sinne von ‚gehobenes Deutsch' verwendet: synonym mit *Hoffteutsch, höfisches/höfliches Deutsch, zierliches/reines/gutes/bestes Deutsch,* erklärt mit *durch fleis der gelehrten zu solcher Zierde erwachsen* (so schon 1593), *alles Orthographice auszusprechen, stilus altus* usw., im Gegensatz zu *Schlechtteutsch, gemeines lantliches Deutsch, burgerisches/bäurisches/niedriges Deutsch,* usw. Auch für Adelung ist, neben dem *meißnischen* Vorbild, der Begriff *Hochdeutsch „Gesellschaftssprache in den obern Classen"* (Nerius 1967, 64f.).

J. Kennzeichnend für die spezifisch deutsche Entwicklung (im Unterschied zu Frankreich und England) ist es, dass das „soziale Autoritätsprinzip" (Josten 1976, 131ff.) in nur ganz wenigen Fällen als ein Sprachvorbild von *hohen, vornehmen, bei Hof erzogenen Leuten, Obrigkeitspersonen, besten Politicis* erscheint. Da die im 17./18. Jh. auf fremdsprachige Hofkultur eingestellte spätfeudale Oberschicht Deutschlands hier versagte, wurde Hofsprache im 16./17. Jh. meist nur im Zusammenhang mit Kanzleisprache, hauptsächlich von oberdt. Autoren, der Wiener Kaiserhof ausschließlich von Oberdeutschen sprachlich gelobt (Josten 1976, 161).

Bereits Leibniz hat diese Schwäche der deutschen Situation erkannt: In seinen *„Unvorgreifflichen Gedanken ..."* verweist er auf die zentrale Bedeutung des Hofes von Paris und konstatiert: *„[...] welches uns mit Wien auch um des willen noch nicht wohl angehen wollen, weil Österreich am Ende Deutschlands, und also die Wienerische Mundart nicht wohl zum Grunde gesetzt werden kann; wogegen sonst, wenn ein Kaiser mitten im Reich seinen Sitz hätte, die Regel der Sprache besser daher genommen werden könnte".* (n. Josten 1976, 163).

Gegenüber den 156 Äußerungen für regionale Sprachvorbilder haben bei Josten 1976 (s. die Tabelle in 5.6B) diejenigen für vorbildliche Büchersprache (148) und Institutionensprache (144) ein großes Übergewicht (Josten 1976, 131ff.):

In 52 Fällen (vom frühen 16. Jh. an ziemlich gleichbleibend), vor allem von oberdt. und westmitteldt. Autoren, wird ganz allgemein das Vorbild der Sprache *ex optimis/claris/probatissimis/elegantissimis authoribus/scriptoribus*, von *guten/besten/vornehmsten/gelehrten/bewährten/reinen Autoren/Schreibern/Scribenten/berühmten Poeten* oder aus *guten deutschen büchern, guter exemplar* genannt; davon nennen 26 zugleich das Vorbild Luthers, 24 das der Kanzleien, 19 beides; einige Male werden dabei gute *Verdolmetschungen* (literarische Übersetzungen) und Geschichtsbücher gelobt, besonders im 17. Jh. Ebenfalls im 17.

Jh. kommen als spezielle Beispiele die Schriften von Opitz, Zesen und einigen Gelehrten hinzu.

K. Das Sprachvorbild Luthers, vor allem seiner Bibelübersetzung, die er mit Hilfe seines Verlagskorrektors und gelehrter Kollegen mehrmals systematisch überarbeitet hat, auch in Bezug auf einheitlichere, verständlichere Sprache (s. 4.8E), ist schon zu seinen Lebzeiten gelobt worden, auch über protestantische Kreise hinaus. Der konfessionelle Streit über die Freiheiten seines Übersetzungsstils, der über Luthers Tod hinaus andauerte (s. Gelhaus 1989) hat dem bald in stereotypen Wendungen zur Sprachnormideologie erstarrten Lutherschen Sprachprestige bis ins 18. Jh. nicht viel anhaben können. Der Versuch, neben Luthers und Zwinglis Bibelübersetzung eine dritte hochdeutsche Bibel als Sprachvorbild zu setzen, die westoberdeutsche Piscator-Bibel (1602–04) von Johann Fischer, Theologieprofessor in Herborn, hatte am Anfang des 17. Jh.s nur noch eine auf die Wortwahl bezogene begrenzte Chance, vor allem „im Kommentiertext", kam aber „für den ‚binnendeutschen' Bereich zu spät" (Besch 2004).

Seit Justus Jonas' Leichenrede (s. 4.8G) auf Luther *(„er hat die Deutsche sprach wider recht herfür gebracht, das man nu wider kan recht deudsch reden und schreiben und wie das viel hoher leut mussen zeugen und bekennen")* ist im 16. Jh. immer wieder in ähnlicher Weise auf Luthers sprachgeschichtliche Bedeutung hingewiesen worden (Josten 1976, 104ff.): *„hat die deutsche Sprache wider recht herfür gebracht"; „aufs new poliret/reformiert"; „den Luther Deutscher Sprach gemein als ihrem Vater nennen"; „die Teutsche sprach widerumb gereiniget vnnd In rechten versprach vnnd gebrauch gebracht"; „die Rhetoricam und alle zierligkeit darin gepflanzet und dermassen ausgebutzet und poliert, daß sie zu unseren zeiten jetzunder mit eloquenz, wolreden und schönheit der wort, sententzen und clausulen anderen Spraachen nicht viel mehr bevorgibt"*, usw.

Neben dem nur pauschalen oder auf den Stil bezogenen Lutherlob hat man teilweise auch in der Orthographie Luthers Autorität in Anspruch zu nehmen versucht. Ein aus professionellem Interesse erklärbares Beispiel ist eine Stelle in der biographischen Schrift von Luthers ehemaligem Korrektor Christoph Walther (Wittenberg 1563): Mit Verweis auf einen bedeutenderen Kollegen Creutziger, der *„öberster Corrector der Biblien vnd ander Bücher Lutheri ist gewesen"* wird da behauptet, Luther habe mit diesem in allen seinen Büchern *„alle wörter [...] mit rechten eigenem vnd gebührlichen Buchstaben / zu drücken geordnet / vnd haben jren Nachkommen ernstlich befohlen / solche Ordnung vnd Orthographiam / stets vnd mit allem vleis zu halten [...] Lutherus wil seine Sprache vnd Erbeit in seinen Büchern vngeendert / vngetadelt vnd vngemeistert haben"* (n. Josten 1976, 109f.).

Hier wird ein Zusammenhang deutlich zwischen der nachlutherischen protestantischen Bibelwortlaut-Orthodoxie und einer Orthographie-Ideologie, die über die ‚Sozialdisziplinierung' durch ‚buchstabierendes' Lesen und Diktieren in preußischen und sächsischen Schulen (vgl. Gessinger 1980) bis zur bildungsbürgerlichen Überschätzung der Orthographie als Intelligenztest im 20. Jh. reicht.

Zum Unterschied zwischen vorgegebener und tatsächlicher orthographischer Wirkung Luthers hat Rolf Bergmann (1983) in einer kritischen Übersicht gezeigt, dass die bis ins frühe 18. Jh. reichenden Berufungen auf das Sprachvorbild Luthers keineswegs immer mit der Praxis von Orthographie und Orthographielehre der betreffenden Autoren (und ihrer Umgebung) im Einklang standen: Während in der bis 1720 immer wieder nachgedruckten Grammatik von Clajus (1578, s. 4.8G) Luthers Sprachautorität ausschließlich vertreten wurde, wird das Luthervorbild Mitte des 17. Jh. in der *Fruchtbringenden Gesellschaft* (Gueintz, Harsdörffer, Schottelius) differenzierter gesehen: Seine Orthographie wird als teilweise überholt und verbesserungsbedürftig angesehen, sein Stil jedoch als weiterhin vorbildlich. Trotzdem wurde in der Schulorthographie und in einigen Grammatiken (Bödiker, Frisch) an Luther auch als Orthographievorbild festgehalten, obwohl sich die Praxis einzelner Orthographieregeln (meist stillschweigend) von Luther entfernt hatte. Dieser (damals nicht bewusste) Widerspruch zwischen Sprachnorm-Ideologie und Sprachnormungs-Praxis ist dadurch zu erklären, „daß die kontinuierliche Anpassung der Bibeldrucke an neuere orthographische Regelungen es erst ermöglicht hat, daß die Lutherbibel weiterhin als Autorität angeführt werden konnte“ (R.Bergmann 1983, 276). Dies geht parallel mit der gleichzeitigen stereotypen Berufung auf Luther zur Stützung der *Meißnisch*-Ideologie (s. 5.6C–F).

Die Widersprüchlichkeit der Propagierung Luthers als Orthographievorbild hat Georg Philipp Harsdörffer durchschaut: Nachdem Luther bereits seit Erasmus Alberus (1556) mehrmals *„ein rechter Teutscher Cicero“* genannt worden war (Josten 1976, 109; Gelhaus 1989, 241f.), korrigiert Harsdörffer (1646) diesen humanistischen Lobtopos, indem er ihn auf den Stil einschränkt und mit Verweis auf einen berühmten römischen Grammatiker die Grammatik ausschließt: *„Cicero fuit Lutherus et Eloquentiae Germanicae Parens, non Varro, Grammaticus vel Criticus“* (n. Josten 1976, 123f.), was er 1646 in einem Brief an Gueintz erläutert: *„Seine wort sind unwidersprechlich für angenehm zu halten, aber derselben schreibung ist deswegen nicht richtig“* (n. R.Bergmann 1983, 271).

L. Die Äußerungen über Vorbildlichkeit der Sprache bestimmter Institutionen können nur teilweise als Ersatz für eine nicht vorhandene deutsche Prestigesprache des kaiserlichen Hofes interpretiert werden, da sie sich nur in weniger als der Hälfte der Fälle auf Reichsinstitutionen beziehen (Josten 1976, 146ff.; vgl. die Tabelle in 5.6BC):

Auf die Wiener Hofkanzlei, auf die (in Mainz gedruckten) Reichsabschiede (Ergebnistexte der Reichstage in Regensburg, Nürnberg, seit 1663 permanent in Regensburg als Gesandtenkongress), auf die Urteile des Reichskammergerichts in Speyer, im 17. Jh. deutlich ansteigend. Oberdt. Autoren hatten einen großen Anteil an diesen Vorbildnennungen. Ab Mitte des 17. Jh. wird das Lob der Reichstexte und von Kanzleisprache überhaupt oft stereotyp, ohne Begründung und Spezifizierung, mit dem der Luthersprache verbunden, manchmal mit Aufteilung in weltlich und geistlich. Vielfach heißt es nur summarisch *„Kaiser- Chur- und fürstliche Kanzleyen"*. Kanzleivorbild wird besonders gern in Rhetoriken, Formelbüchern und Briefstellern genannt. Dass Schulen und Universitäten nur sehr selten (oft negativ) als Vorbilder genannt werden (Josten 1976, 143), hängt mit dem fortdauernden Monopol des Lateins zusammen. – Zu „Jesuitendeutsch" und „süddeutscher Reichssprache" (Mattheier 1989) s.5.6P!

Wenn Kaspar Stieler (1691) die *„hochteutsche Sprache"* als *„Reichs-Haubtsprache"* definiert, mit starker Hervorhebung öffentlicher Kommunikationssituationen, wird er, der erste deutsche Publizistikwissenschaftler (s. 5.12EF), vor allem an die sprachvereinheitlichende Wirkung der Reichstage gedacht haben, wo Fürsten, Räte, Delegierte und Gesandte aus allen Teilen des Reichs und Europas regelmäßig zusammenkamen, aber – bei ihm sehr naheliegend – auch an die gleiche, damit zusammenhängende Wirkung des dortigen Kontakts von Zeitungskorrespondenten:

„Diese hochteutsche Sprache / welche das Teutsche Reich auf Reichstägen / in Kanzeleyen und Gerichten / so wol die Geistlichkeit in der Kirche auf öffendlichen Kanzeln und im Beichtstuhl / wie nicht weniger die Gelehrte in Schriften [...] gebrauchen [...] nicht als eine teutsche Mundart / sondern als eine durchgehende ReichsHaubtsprache / vorstellen." (Stieler, *Kurze Lehrschrift Von der Hochteutschen Sprachkunst*, im Anhang zum 3. Band seines Wörterbuchs, 1691, 1; n. Josten 1976, 151).

M. Eine grundsätzlich neue Phase der Bewusstseinsentwicklung zur Sprachrichtigkeit begann mit dem Übergang zur „sprachimmanenten" Argumentation (Josten 1976, 169ff.): Indem man sich nicht mehr auf nur ein einziges Vorbild zu berufen getraute, also zur Nennung mehrerer Vorbilder überging, oft in stereotypen Formeln, bedurfte man der Entscheidung gelehrter Experten, die nach Prinzipien aus Sprachtheorien oder Sprachanalysen die Variantenselektionen erklären und begründen konnten. So begann um 1600 die große Zeit der Grammatiker und Orthographielehrer, die weniger durch Erfindung oder Setzung von Sprachnormen wirkten, mehr durch Feststellung, Rechtfertigung und didaktisch-populärwissenschaftliche Weiterverbreitung bereits weitgehend konventionalisierter Gewohnheiten vorbildlicher Sprachbenutzergruppen (Moulin 2000). Hier – und nicht erst mit den Brüdern Grimm – beginnt die einflussreiche Geschichte der ‚deutschen Philologie', die erst seit dem 19. Jh. so oder ‚Germanistik' heißt.

Von den Vorläufern im 16. Jh. (von Ickelsamer bis Clajus) war bereits in Kap. 4.4L und 4.4G kurz die Rede (vgl. Jellinek 1913, Bd.I, 35ff.). Die ersten umfassenden Grammatiken der deutschen Sprache (über bloße Orthographielehre hinaus) waren lateinisch und nach lat. Grammatiktraditionen verfasst; sie sollten dem Lateinunterricht oder dem praktischen Deutschunterricht für gebildete Ausländer dienen (s. Jellinek 1913, Bd.I, 63ff.): Laurentius Albertus (1573), Albert Ölinger (1573), Johannes Clajus (1578), Stephan Ritter (1616).

Erst Anfang des 17. Jh. begann die Reihe der Werke, die auf Deutsch und um des Deutschen willen und – aus kulturpatriotischen, bildungspolitischen und/oder sprachpädagogischen Motiven – in entsprechenden personalen und institutionellen Zusammenhängen verfasst wurden. Die wichtigsten werden im folgenden Abschnitt in chronologischer Reihenfolge mit den für ihre Bedeutung und ihre Beziehungen wesentlichen Daten vorgestellt, bis zu dem am Ende unserer Epoche Einflussreichsten, Adelung. Dabei werden die Orthographielehren mit den eigentlichen Grammatiken in eine Reihe gestellt, da Orthographie in dieser Epoche den Kernbereich der Grammatik bildete. Die Bedeutung der Grammatiker für die Konsolidierung und Durchsetzung der neuhochdeutschen Schriftsprachnormen kann heute nicht mehr auf die klassische Reihe Schottelius – Gottsched – Adelung beschränkt werden. Obwohl an der herausragenden Bedeutung dieser drei nach wie vor kein Zweifel besteht, hat die neuere Forschung den Blick auch auf andere gelenkt. Um eine umfassendere, differenzierendere Erforschung der frühen deutschen Grammatiker haben sich – nach Jellinek – zahlreiche Germanisten seit Erika Ising (1959) verdient gemacht, unterstützt durch moderne Neudrucke und vermehrt auch online verfügbare Digitalisate (vgl. die Reihen „Documenta Linguistica“ (DL) und „Documenta Orthographica“ (DO) sowie das „Verzeichnis der im deutschen Sprachraum erschienenen Drucke des 17. Jahrhunderts“ (VD17) und dasjenige der Drucke des 18. Jahrhunderts (VD18)). Sprachgeschichtlich interessant geworden sind dabei auch solche, die nicht zur ostmitteldeutsch-norddeutsch-protestantischen Avantgarde gehörten, aber teilweise mit relativ modernen sprachwissenschaftlichen und sprachdidaktischen Methoden erheblich zur Breitenwirkung der gesamtdeutschen Sprachvereinheitlichung beigetragen haben, vor allem auch in Süddeutschland und Österreich. So gehören heute von den ca. 100 nachweisbaren Orthographen und Grammatikern des 17. und 18. Jh.s mindestens die folgenden 11 in eine auswählende deutsche Sprachgeschichte. – (Umfassender und genauer bei R.Bergmann u.a. 1998ff., Brekle u.a. 1992ff. und Moulin 1994–97.)

M1. WOLFGANG RATICHIUS/RATKE (1571–1635):

E.Ising 1959. Huber 1984, 28ff. Jellinek 1913, Bd.I, 88ff. Josten 1976, 175. Kordes 1999. Moulin 1997. Padley 1985. Wells 1990, 238.

Einflussreicher Reformpädagoge und Sprachdidaktiker aus Holstein, im Bereich der Höfe von Köthen und Weimar tätig.

Grammatica universalis: Pro didactica Ratichii. Köthen 1619 – *Köthener Sprachlehr. Allgemeine Sprachlehr Nach der Lehrart Ratichii.* Köthen 1619. Aus dem Lat. übersetzte Zusammenstellung aus seinen nur handschriftlich überlieferten Schriften zur dt. Grammatik, mit angehängten Paradigmen als Beispielmaterial für Lehrer. Die Grammatik selbst bot in

Katechismusform vor allem das System der Grammatik mit sinnvoll verdeutschter Terminologie (z.B. *Bedeutung, Wortfügung, Zusammensetzung, biegen, Mittelwort, Persohnendung, Nebensatz, Ausrufungszeichen, ...*).

Ratkes seit 1610 propagierte Reformpädagogik forderte muttersprachlichen Deutschunterricht und deutsche Unterrichtssprache als natürliche Basis für alle Wissenschaften, um *„die teutsch Sprach vnd Nation mercklich zu beßern und zu erheben"*, *„ein eintrechtige Sprache im Reich bequemlich einzuführen"* und um alle Fremdsprachen ohne einseitige Abhängigkeit vom Latein nach dem gleichen Grammatikschema und nach gleicher Terminologie zu lehren. Neben dem Gebrauch *(Meißnisch)* forderte er als Sprachvorbild auch *„Grundrichtigkeit"* und *„nach der Kunst lernen"*. Sein Reformprogramm übergab er 1612 in seinem *Memorial* dem Reichstag zu Frankfurt. Erfolg hatten seine Bemühungen nicht dort, sondern in der Einführung deutscher Grammatik in den Elementarschulen in Köthen, Weimar und Hessen und bei einigen Nachfolgern, auch in England.

M2. CHRISTIAN GUEINTZ (1592–1650):

Huber 1984, 39ff. Hundt 2000. Jellinek 1913, Bd.I, 121ff. Kyes 1995. Moulin 1997; 2008.

Aus der Niederlausitz, Studium in Wittenberg, 1618 von Fürst Ludwig nach Köthen berufen zur Einführung der Lehrmethoden Ratkes, ab 1623 Konsistorialadvokat in Wittenberg, von 1627 bis 1650 Schulrektor in Halle. Mitglied der *Fruchtbringenden Gesellschaft* als *der Ordnende* aufgrund seiner *Sprachlehre.*

Deutscher Sprachlehre Entwurf. Köthen 1641, Nachdruck Hildesheim 1978 (DL). – *Die Deutsche Rechtschreibung / Auf sonderbares gut befinden / Durch den Ordnenden verfasset / Von der Fruchtbringenden Gesellschaft übersehen / und zur nachricht an den tag gegeben.* Halle 1645, Neuauflagen 1666, 1684, Nachdruck Hildesheim u.a. 2008 (DO). Fürst Ludwigs Auftrag und die Begutachtung durch die Gesellschaft gelten auch für die *Sprachlehre*; Gutachter waren u.a. Buchner und Schottelius. Starker Einfluss von Ratke, auch in den verdeutschten Termini und in der Darstellungsweise, allerdings mit manchen Verwirrungen, dichotomischen Pedanterien und Zitaten aus älteren Grammatiken seit Clajus.

Sprachvorbilder sind für Gueintz: Luther, Reichsabschiede, *„Scribenten"* und die *„recht deutsche Meisnische sprache"*. Die didaktischen und methodischen Schwächen von Gueintz sind von den Gutachtern der Gesellschaft kritisiert worden. Bereits Gueintz hat die große Bedeutung der Wortbildung für die dt. Sprachkultivierung erkannt (n. Huber 1984, 45): *„Die Völligkeit der Deutschen sprache ist so gros / daß auch fast nichts kan gefunden werden / welches man in dieser sprache nicht nennen könte: dan sie die wortreicheste und in diesem die glückseligste / daß auch einer aus drey stammwörtern über vier hundert gute / reine / bedienliche und stets etwas anders anzeigende Deütsche wörter zusammen gebracht"*. – Zu seinen kulturpatriotischen Argumenten vgl. 5.5C!

M3. JUSTUS GEORG SCHOTTELIUS (1612–1676):

Barbarić 1981. Berns 1977. Cherubim-Walsdorf 2005. Fonsén 2006. Gewehr 1978. H.Glück 2002, 440. Gützlaff 1988; 1989ab. Huber 1984, 48ff. Hundt 2000. Jellinek 1913, Bd.I, 128ff. Kiedroń 1991. Kirkness 1975, 35ff. Klijnsmit 1993. Leser 1914. McLelland 2011; 2012. Moulin 1997. Neuhaus 1991. Rutten 2004. R.Schneider 1995. Takada 1985. Wells 1990, 240f.

Sein Vater, aus einer Kaufmanns- und Akademikerfamilie, war Lehrer und Pfarrer in Einbeck. Studium in Helmstedt, Hamburg, Leiden, Wittenberg, Leipzig. 1638 Prinzenerzieher, 1665 hoher Regierungsbeamter, Hofpoet und Vertrauter der fürstl. Familie am gelehrten Musenhof der Herzöge v.Braunschweig-Lüneburg in Wolfenbüttel, wo ihm die hervorragend ausgestattete Bibliothek zur Verfügung stand. Aufgrund seiner *Sprachkunst* 1642 in die *Fruchtbringende Gesellschaft* aufgenommen unter dem Namen *Der Suchende*; auch einflussreiches Mitglied des *Pegnesischen Blumenordens*; Beziehungen zu den Hamburgischen Sprachgesellschaften. Auch als Theologe, Moralphilosoph und Poetiker tätig und angesehen.

Von umfassender späthumanistischer Gelehrsamkeit her, durch starken niederländischen Einfluss (Leiden) kulturpatriotisch motiviert und motivierend, wurde Schottelius zum bedeutendsten deutschen Sprachwissenschaftler des 17. Jh. Er gilt als Begründer nicht nur der rationalistischen Grammatikographie und der an Idealvorstellungen orientierten ‚Hochsprache'-Auffassungen, sondern auch der systematischen Erforschung der deutschen Sprache. Schon zu seinen Lebzeiten wurde er *„teutscher Varro"* genannt. Seine (von ihm rezipierten) Vorgänger galten seit Sch. als überholt; die Anerkennung seiner sprachwissenschaftlichen Leistung reicht bis ins 19. Jh.

Teutsche Sprachkunst / Darinn die Allerwortreichste / Prächtigste / reinlichste / vollkommene / Uhralte Hauptsprache der Teutschen auß jhren Gründen erhoben / dero Eigenschafften und Kunststücke völliglich / entdeckt / und also in eine richtige Form der Kunst zum ersten mahle gebracht worden. Braunschweig 1641. 2. Aufl. 1651. – *Ausführliche Arbeit Von der Teutschen HaubtSprache / Worin enthalten Gemelter dieser HaubtSprache Uhrankunft / Uhraltertuhm / Reinlichkeit / Eigenschaft / Vermögen / Unvergleichlichkeit / Grundrichtigkeit / zumahl die SprachKunst und VersKunst Teutsch und guthen theils Lateinisch völlig mit eingebracht [...] Nicht allein mit Röm: Käyserl. Maj. Privilegio, sondern auch mit sonderbarer Käyserl. Approbation und genehmhaltung / als einer gemeinnutzigen und der Teutschen Nation zum besten angesehenen Arbeit [...].* Braunschweig 1663, Nachdruck 1737, Neudruck Tübingen 1967. – *Horrendum Bellum Grammaticale / Teutonum antiquissimorum / Wunderbarer Ausführlicher Bericht / Welcher gestalt / Vor länger als Zwei Tausend Jahren in dem alten Teutschlande das Sprach= Regiment / gründlich verfasset gewesen: / Hernach aber / Wie durch Mistrauen und Uneinigkeit der uhralten Teutschen SprachRegenten ein grausamer Krieg / samt vielem Unheil entstanden / daher guten Theils noch jetzo rühren / Die / in unser Teutschen MutterSprache verhandene / Mundarten / Unarten / Wortmängel.* Getrukt zu Braunschweig / Im Jahre 1673. [anonym] – *Kurtze und gründliche Anleitung Zu der RechtSchreibung Und zu der WortForschung In der Teutschen Sprache. Für die Jugend in den Schulen / und sonst überall nützlich und dienlich.* Braunschweig 1676 [anonym].

Abb. 10: Peter Troschel: Bildnis des Justus Georg Schottelius. Porträt mit dem Vereinsnamen der Fruchtbringenden Gesellschaft. (Quelle: Herzog August Bibliothek, Wolfenbüttel. Inventar-Nr.: A 19576.)

Die *Ausführliche Arbeit* ist eine Neubearbeitung aller bisherigen Arbeiten Schottelius' zur dt. Sprache, in 5 Bücher gegliedert, mit insgesamt 1460 Seiten. Die Erweiterung zu einer Art *summa philologica* betrifft vor allem Sprachgeschichte, Namenkunde, Wortbildung, Syntax, Verskunst, Phraseologie. Das Werk war für gebildete und gelehrte Leser gedacht. Die *Anleitung* ist ein Auszug für den Schulgebrauch.

Als von Herzog August und der *Fruchtbringenden Gesellschaft* beauftragter Kritiker der Gueintzschen *Sprachlehre* hat Sch. sich bemüht, die dt. Grammatik auf eine höhere, eine *raisonnierende* wissenschaftliche Stufe zu heben. Aus niedersächsischem Misstrauen gegen den (auch sprechsprachlich erhobenen) Anspruch der Meißener auf vorbildliche Gebrauchsnorm des *Hochteutsch* formulierte er als erster mit wissenschaftlichen Argumenten die zunehmend akzeptierte These von der ‚künstlichen' Art der Entstehung der Hochsprache als schreibsprachlich-gelehrter Auswahlprozess: Das *Hochdeutsche* sei *„nicht ein Dialectus eigentlich [...] sondern Lingua ipsa Germanica sicut viri docti, sapientes et periti eam tandem receperunt et usurpant"* (*Ausführliche Arbeit*, 174), mit Verweis auf den *„angenommenen guten Gebrauch"* als *„consensus eruditorum"*, vor allem in offiziellen Texten. Demnach werde die dt.

HaubtSprache „nicht schlumpsweis aus dem gemeinen Winde erschnappet, sondern durch viel Fleiß und Arbeit erlernet“, jedenfalls nicht nach der *„Landrede“* oder *„mancherley Landarten“*, womit er Regionalismen und Dialekte meinte. In Zweifelsfällen müsse nach der *ars grammatica* zwischen Varianten entschieden werden. Gegenüber dem als *wankelnd, zerzogen, zerrüttet* bewerteten Sprachgebrauch durch *Unwissende* müssten die ‚ursprünglichen‘, ‚eigentlichen‘ (etymologisch sinnvollen) Formen bevorzugt werden, nach der *Grundrichtigkeit*, oder die der *Analogia* entsprechenden, nach der *Kunstrichtigkeit*. Der analogistische Standpunkt wird erst ab 1651 bei Sch. beherrschend (Takada 1985; Hundt 2000). Nach der niederländischen Naturrechtslehre (Grotius, Lipsius) sei Sprache sowohl *„natürlich“* und *„über menschliches Vermögen“ („Kunstgewächs“)*, aus *„göttlicher Mithülffe“* als auch *„vernünftig“* durch ihren gesetzmäßigen Aufbau *(„Kunstgebäu“)*, in einem „ausbalancierten Begründungsgleichgewicht“ (Huber 1984, 57): nach der hierarchischen Reihenfolge der Sprachrichtigkeit: *auctoritas, vetustas, ratio, consuetudo.*

Der Nachweis sprachlicher Potenz aus *Grund-* und *Kunstrichtigkeit*, also der lange Zeit bestrittenen Regelhaftigkeit der deutschen Sprache, war Schottelius – im Interesse der Kultivierung des Dt. als Wissenschafts- und Literatursprache – wichtiger als die Deskription des bloßen Sprachgebrauchs, zumal bei ihm die kulturpatriotisch-allgemeinbildende Komponente (s. 5.5CD) untrennbar mit der grammatikographischen verbunden war. So versuchte er einerseits auf der grammatikalischen Ebene Unregelmäßigkeiten und funktionslose Elemente in der Grammatik argumentativ möglichst zurückzudrängen, andererseits die Grundelemente der Wortbildung durch etymologische Wortsegmentierung verstehbar zu machen. Aufgrund von einzelnen Ansätzen aus der Grammatiktradition unterschied er durch systematische Konstituentenanalyse erstmals konsequent zwischen *„Wurtzeln“* oder *„Stammwörtern“* (Basislexemen), die von jeher einsilbig zu sein hätten, *„Hauptendungen“* (Affixen) und *„zufälligen Endungen“* (Flexionsendungen).

Die Wortbildungslehre ist – wenn auch nicht als eigener Teil dargestellt – als sprachtheoretischer Kern von Sch.'s *Ausführlicher Arbeit* in Systematik und Vollständigkeit eine bedeutende innovative Leistung (Gützlaff 1989ab): Wortbildung ist für ihn einerseits Beweis für hohes Alter und Natürlichkeit der dt. Sprache, andererseits Mittel der sprachkultivierenden Kreativität zugunsten ihres Reichtums im Sinne der *„Völligkeit“ (copia verborum)*. Schottelius große Wirkung auf Zeitgenossen und Nachfolger, für Sprachwissenschaft, Sprachpflege und Fremdwortverdeutschung, beruht vor allem auf seiner Klärung der lexikalisch-grammatischen Grundkonstituenten.

Schottelius' Prinzip der Analogie, worunter er möglichst klare, regelhafte Entsprechungen innerhalb des Sprachsystems verstand *(„Grund-“* und *„Kunstrichtigkeit“)*, wurde von vielen im 17. Jh. geteilt (Leibniz, Harsdörffer, Bödiker), vor allem in Nord- und Süddeutschland, wo es eine wirksame Argumentationshilfe darstellte gegen den *meißnischen* und jeden regionalistischen Standpunkt, während die Analogie-Gegner, die sich, ebenfalls aus antiker Grammatiktradition, auf das Anomalie-Prinzip beriefen, mehr für den Sprachgebrauch, also eine damals weitgehend regiolektale Auffassung, aussprachen (Fürst Ludwig, Gueintz, Buchner, Weise); in der Orthographie war Sch. mit dem Analogieprinzip allerdings sehr zurückhaltend (Josten 1976, 181ff., 200ff.; Hundt 2000).

„Nicht an Schüler, sondern an andere Sprachgelehrte" richtete sich (nach Fonsén 2006, 183ff.) Sch.s zu wenig beachtete „Sprachallegorie" *Horrendum Bellum Grammaticale* (1673) im Sinne des antiken *delectare et prodesse,* seinen Freunden in der Fruchtbringenden Gesellschaft zugeeignet. Trotz seines anonymen Erscheinens sei seine Urheberschaft wie ein „offenes Geheimnis" gewesen, sein Werk als „Ermahnungsschrift für die deutsche Einigkeit", Sprachgeschichte „in Form der politischen Geschichte" zu verstehen gewesen: ‚Sprachkrieg' als „Gottes Strafe für die Uneinigkeit" mit Kritik am Machiavellismus. Sprachgeschichte ist hier im Sinne der „barocken Pathologie der Sprache" nach der *Grundrichtigkeit* als immer unveränderlich vorausgesetzt: die deutsche Sprache sei im ‚Sprachkrieg' langezeit ohne Schutz und Pflege geblieben und solle nun endlich durch die philologische Gelehrsamkeit patriotisch gerettet werden. Wichtigster Teil ist die Wortbildung nach belegbaren Beispiellisten und die Wortartenlehre (einschließlich der Präpositionen als *Vorwörter*).

M4. JOHANN BÖDIKER (1641–1695):

Diedrichs 1983. Jellinek 1913, Bd.I, 195ff. Moulin 1997.

Aus der Nähe von Stettin. Seit 1665 Prediger in der Mark Brandenburg, 1673 Konrektor, 1675 Rektor am Cöllnischen Gymnasium bei Berlin, mit guten Beziehungen zum kurfürstl. Hof als Gelegenheitsdichter.

Bödiker war der erfolgreichste, von Zeitgenossen gelobte Grammatiker zwischen Schottelius und Gottsched wegen praktischer Vorzüge und Innovationen seines handlichen Buches, das die bisherige Tradition der dt. Grammatik mit schulischer Praxis verband.

Grund=Sätze Der Deutschen Sprachen im Reden und Schreiben / samt einem Bericht vom rechten Gebrauch Der Vorwörter / Der studierenden Jugend und allen Deutschliebenden zum Besten Vorgestellet. Cölln a.d. Spree 1690, Neuauflagen 1698, 1701 und 1709, z.T. durch seinen Sohn Karl Edzard; Neubearbeitung 1723 durch Johann Leonhard Frisch, Neuauflage 1729, Neubearbeitung 1746 durch Johann Jacob Wippel, Neudruck Leipzig 1977.

Bödiker selbst legte noch großen Wert auf die kulturpatriotischen Ziele und vertrat noch das Vorbild Luthers, aber mit Rücksicht auf den veränderten überregionalen Gebrauch, der ihm bereits als gefestigte Sprachnorm erschien. Er fasste ihn in leicht fassliche Regeln, weitgehend in Anlehnung an Schottelius u.a., allerdings mit schwer durchschaubarer

Gliederung des Buches, teils mit Fortschritten, teils mit Rückschritten gegenüber seinen Vorgängern.

Fortschritte erzielte er mit der Einbeziehung der substantivierten Adjektive und Verben und der Komposita in die Großschreibungsregeln, der nichtsilbischen Ableitungselemente (Vokalwechsel) in die Wortbildung, mit einigen Verbstellungsregeln, Modusregeln, mit der Unterscheidung zwischen Präpositionen, Verbzusätzen und Adverbien, mit weiteren semantischen Kriterien für den Unterschied zwischen *vor* und *für*. Bei B. und vor allem seinen Neubearbeitern trat die Dominanz des phonematischen Orthographieprinzips hinter den *usus scribendi* nach guten Schriftstellern und Gelehrten zurück (Nerius 1987, 234).

Die beiden Neubearbeitungen durch spätere Berliner Schulkollegen B.'s widerspiegeln veränderte grammatikographische Interessen und veränderte einzelne Gebrauchsnormen (Diedrichs 1983, 375ff.): Frisch hat das Buch im Hinblick auf ein größeres Publikum im Sinne einer ‚Gebrauchsgrammatik' überarbeitet, das Luthervorbild und die kulturpatriotischen Rechtfertigungen zurückgedrängt. Wippel erweiterte in allgemeinlinguistischer und sprachphilosophischer Hinsicht, orientierte sich stark an den Schriften der Leipziger *Teutschen Gesellschaft*, gab mehr Definitionen und lat. Entsprechungen, legte in der Orthographie mehr Wert auf das morphematische Prinzip. Der praktische Gebrauchswert des Buches hat dadurch viel eingebüßt; es war zu einem „Protokoll grammatischer Streitigkeiten" geworden (Jellinek 1913, Bd.I, 228).

M5. HIERONYMUS FREYER (1675–1747):

Heinle 1982. Jellinek 1913, Bd.I, 209.

Aus der westl. Mark Brandenburg, seit 1698 in pädagogischen Diensten der Franckeschen Stiftungen in Halle.

Anweisung zur Teutschen Orthographie. Halle 1722, Neuauflagen 1728, 1735, 1746. Nachdruck Hildesheim u.a. 1999 (DO).

Freyer wirkte durch den Einfluss der Franckeschen Reformpädagogik als bedeutendster deutscher Orthographietheoretiker des 18. Jh.s, indem er vorgefundene Traditionen nach einer Prinzipienhierarchie systematisierte. Die *Orthographie* als Lehrerhandbuch entstand auf Anregung des pietistischen Bildungsreformers August Hermann Francke, verwertete frühere Orthographielehren (Frangk, Gueintz, Bödiker, vor allem J.Töllners Orthographie, Halle 1718), und ordnete das Material nach den 4 Prinzipien *Pronuntiation, Derivation, Analogie, Usus.* Begründungen vieler Regeln gab er aber vor allem nach dem vorgefundenen Gebrauch, den er, besonders in der 4. Aufl., am Vorbild der Deutschen Gesellschaften zu Jena und Leipzig und an der guten Aussprache der Oberschicht zwischen Wittenberg, Halle, Leipzig und Dresden orientierte.

Das Buch enthält auch einen Abriss der Formenlehre und Syntax und ein Wörterverzeichnis. Obwohl Fr. reformorthographische Experimente scheute, diskutierte er bereits künftige Reformmöglichkeiten: Längebezeichnungen, Doppelkonsonanz. In der (stark veränderten) 4. Aufl. verdeutschte er lat. Termini der Interpunktion: *Anführungszeichen, Ausrufungszeichen, Beystrich, Doppelpunkt, Strichpunkt.* Seine Orthographie wurde über Schulordnungen und durch Buchdrucker als *Hallesche Orthographie* verbreitet, in der 37. Aufl. der Cansteinschen Bibelausgabe berücksichtigt und von Gottsched und Adelung benutzt, aber nicht übertroffen (Heinle 1982, 345ff.).

M6. (JOHANN) BALTHASAR von ANTESPERG(ER) (1682/83–1765):

Brekle u.a. 1992ff., 1, 81ff. Jellinek 1913, Bd.I, 212f. Schmidt-Wilpert 1980. Skála 1983, 252. Wells 1990, 347. Wiesinger 1983; 1995; 1997; 1999d; 2010.

Aus Niederbayern. 1717 Erzieher beim Fürsten v.Liechtenstein, 1720 Reichshofratsagent in Wien, seit 1734 wissenschaftliche Korrespondenz mit Gottsched, 1735 Reise nach Leipzig, 1735 geadelt.

Aufgrund seiner intensiven brieflichen Diskussion mit Gottsched wurde A. mit seiner Grammatik zum Initiator der kritisch-anpassenden Auseinandersetzung österreichischer Sprachgelehrter und Literaten mit den durch Gottsched propagierten ostmitteldt.-norddt. Schriftsprachnormen. Er kam mit seiner Grammatik der Gottschedschen *Sprachkunst* um ein Jahr zuvor, blieb aber durch dessen großen Erfolg in Wien – trotz seiner politisch anspruchsvollen Buchtitel – ohne längere Wirkung.

Das deutsche kayserliche Schul und Canzeley-Wörterbuch. Wien 1738. – *Die Kayserliche Deutsche Grammatick, Oder die Kunst, die deutsche Sprache recht zu reden, Und ohne Fehler zu schreiben [...].* Wien 1747, 2. Aufl. 1749.

Entwürfe für sein Lehrbuch hatte Antesperg Gottsched und seiner *Deutschen Gesellschaft* zur Beurteilung und Korrektur übersandt, was ihm die Mitgliedschaft dieser Gesellschaft einbrachte. Ausgehend von der schlechten sprachlichen Situation in Österreich, die er in der Vorrede beklagte, suchte er Anschluss an die bereits weithin renommierten nördlichen Schriftsprachnormen für literarische und administrative Zwecke, stellte aber in toleranter Haltung zahlreiche österreichische Varianten neben die allgemein anerkannten. Seine zunehmende kritische Distanz zu Gottsched gründet sich auf eine nichtzentralistische, nichtregionalistische Auffassung der Hochsprache als Ausgleichsprodukt über den 37 Dialekten Deutschlands, also in Schottelius' Richtung. Sein großes Wörterbuch, das A. in seiner Grammatik ankündigte und von einer Kommission 1736 für zuschusswürdig befunden worden war, ist nur in Probedrucken erhalten.

M7. JOHANN CHRISTOPH GOTTSCHED (1700–1766):

Blackall 1966, 79ff. Brekle u.a. 1992ff. Cherubim-Walsdorf 2005. Gelhaus 1989, 252ff. Gerken 1990. Hundsnurscher 1990. K.Jakob 1999. Jellinek 1913, Bd.I, 227ff. Krogh 1989. Leser 1914. Mitchell 1987. Nerius 1967, 38ff. S.Niefanger 1997. Penzl 1977; 1978; 1979. Püschel 1978. Reiffenstein 1989. Richel 1973. W. Rieck 1972. Roth 2004.

Rudersdorf 2007. Schlosser 1985. Shimizu 2004. Wegera 2000. Wells 1990, 335ff. Wiesinger 1983. Wolff 1895.

Pfarrerssohn aus Juditten b. Königsberg (Ostpreußen). Studium (Theologie, Philosophie, Rhetorik, klass. Sprachen) in Königsberg. 1724 Flucht vor Werbern des preuß. Heeres nach Leipzig, lebte dort als Bibliothekar und Lehrer. 1734 Professor für Philosophie, Rhetorik und Poesie, mehrmals Rektor der Universität. 1727 Senior der *Deutschübenden Poetischen Gesellschaft zu Leipzig*, die er nach Umbenennung in *Deutsche Gesellschaft der freyen Künste* bald zum Zentrum und Vorbild des literarischen Lebens und der Sprachnormendiskussion in Deutschland machte.

Aus Gottscheds großer Wirkung als Poetiker (vgl. 5.10) und seinem Engagement und Geschick in publizistischen und institutionellen Aktivitäten (Briefwechsel, Vereine) erklärt sich sein rascher Einfluss als von vielen Seiten orakelhaft befragte Sprachautorität auch im Süden, von Zürich bis Wien. Dabei wirkte er weniger durch sprachwissenschaftliche Kompetenz (die weit unter der Schottelius' oder Adelungs stand) als vielmehr durch kluge Vermeidung des Luthervorbilds und provozierender Einseitigkeiten. Auf die Oberdeutschen wirkte G. wie ein „Ferment" (Jellinek): Der Anschluss an die literarisch schon etablierten Schriftsprachnormen der Mitte und des Nordens lag damals in der Luft; der nicht mehr regionalistische Entschluss dazu bedurfte nur noch einer publizistischen Sprachbewusstseinswelle, die sich im Rahmen der Aufklärung am Namen des angesehenen Leipziger Professors festmachen konnte.

Grundlegung einer Deutschen Sprachkunst. Nach den Mustern der besten Schriftsteller des vorigen und jetzigen Jahrhunderts abgefasset. Leipzig 1748, 5 Neuauflagen von 1749 bis 1776, Nachdruck Wien 1778. Neudruck der Aufl. v. 1762 Hildesheim 1970 (DL), und (bearb. v. Herbert Penzl) in Gottscheds Ausgewählten Werken, Bd. 8,1 (Ausgaben dt. Lit. des 15.–18. Jh.s). Übersetzungen ins Französ., Lat., Niederl., Russ., Poln., Ungar. – Kurzfassung für die Schule: *Kern der deutschen Sprachkunst* 1753, bis 1777 8 Auflagen, Nachdrucke Wien 1778, 1780.

Gottscheds *Sprachkunst* war für ein halbes Jahrhundert ein erfolgreiches, wenn auch heftig umstrittenes Standardwerk. Sie beruhte weitgehend auf eigenen frühen Arbeiten in seinen Moralischen Wochenschriften (s. 5.2J), seiner Zeitschrift *„Beyträge zur Critischen Historie der deutschen Sprache, Poesie und Beredsamkeit"* (1732–44), seinem *„Grundriß zu einer vernunfftmäßigen Redekunst"* (1729) und seiner *„Critischen Dichtkunst"* (1730), auch auf den Erfahrungen bei Übersetzungen literarischer Werke (vor allem Dramen) zusammen mit seiner literarisch und sprachkritisch sehr begabten Frau Louise Adelgunde Viktorie, geb. Kulmus (vgl. 5.8M; 5.9B).

Als Grammatikograph im eigentlichen Sinne war Gottsched nicht sehr originell. Viel übernahm er von seinen Vorgängern, ohne über sie hinauszugelangen, mitunter mit Rückschritten gegenüber Bödiker oder Freyer. Das Buch ist schon von Zeitgenossen als sehr widerspruchsvoll, ungenau, weitschweifig, oberflächlich und rechthaberisch kritisiert worden. Auf der einen Seite fordert er für *„das wahre Hochdeutsch"*, es sei (im Sinne Schottelius') *„eine gewisse eklektische, oder ausgesuchte und auserlesene Art zu reden, die in keiner Provinz völlig im Schwange geht"*, konkreter: *„die Mundart der Gelehrten oder auch wohl der Höfe"* oder *„der Gebrauch der besten Schriftsteller"*; auf der anderen Seite behauptet er ohne Angabe von Kriterien die Vorbildlichkeit einiger (später vergessener) Schriftsteller, die alle ostmitteldt. oder norddt. Herkunft waren, und verweist – obwohl er obersächs. Lautungen mehrfach kritisiert – auf vorbildliche Aussprache *„der Vornehmern und Hofleute"* des *„größten Hofes, der in der Mitte des Landes liegt [...] ohne Zweifel der chursächsischen Residenzstadt Dresden"* (ein „Kotau Gottscheds vor dem Dresdener Hof", Schlosser 1985, 57), wobei er aber akademisch-eitel hinzufügt: *„mit den Sprachregeln und kritischen Beobachtungen, [...] die seit vielen Jahren in Leipzig gemachet und im Schreiben eingeführet worden"*. Dies verhält sich wiederum unklar zur überregionalen Forderung: *„die Übereinstimmung der Gelehrten aus den besten Landschaften und die Beobachtungen der Sprachforscher müssen auch in Betrachtung gezogen werden"* (n. Nerius 1967, 38ff.). In seinen Dichtungen beging er Fehler gegen seine eigenen Regeln (Krogh 1989, 30).

Ausgesprochen frühaufklärerisch-rationalistisch und altständisch wirkt seine wiederholte Abqualifizierung jeder Regionalsprache (besonders des Südens) und der *„Pöbelsprache"*. Mundart und alltäglicher Sprachgebrauch durch Ungebildete ist ihm etwas Fehlerhaftes, Verderbtes. Vom sprachhistorischen Verhältnis zwischen Mundarten und Hochsprache, Umgangssprache und Schriftsprache hatte er offenbar wenig Ahnung. – Zu Gottscheds Auffassung von *Volk/Nation* im Vergleich mit Adelung s. Shimizu 2004!

Grammatiksystematisches Denken war bei G. noch stark von der Lateingrammatik abhängig, nur spekulativ und rationalistisch überhöht, also gegenüber Aichinger recht traditionell (Naumann 1983). Seine zentralen Themen waren Orthographie und Lautung (Penzl 1977). Seine Prinzipien der Interpunktion waren eher rückschrittlich. Themen der heutigen dt. Grammatik wie Modus, Tempus, Wortstellung behandelt er kaum; er muss als Sprachreformer, nicht als deskriptiver Grammatiker beurteilt werden (Krogh 1989, 15, 21ff., 29). Syntaktische Erscheinungen, z.B. den Periodenbau, behandelt er mehr in seiner *Redekunst* (Hundsnurscher 1990, 430).

Manche Variantenpräferenzen entsprechen weder dem damals erreichten Entwicklungsstand der Schriftsprache noch der weiteren Entwicklung: z.B. *kömmst, kömmt* statt *kommst, kommt* wegen des ostmd. Gebrauchs und der Analogie zum Vokalwechsel bei anderen unregelmäßigen Verben (Wells 1990, 338); *dreyzig* statt *dreißig* wegen der Analogie zu *zwanzig, vierzig* usw. Deutlichkeit, Durchschaubarkeit und Symmetrie waren ihm wichtiger als Sprachgebrauch. So empfahl er manchmal längst Veraltetes: *kreuchst, kreucht* für *kriechst, kriecht; zwei/zween*; ausnahmslos einsilbige Imperative von starken Verben, endungslose Formen maskuliner Substantive *(Heyd, Knab, Rab)* (Jellinek 1913, Bd.I, 243). Wieviel von den bis heute erfolgreichen Variantenaussonderungen Gottscheds wirklich als seine Leistung zu bewerten ist, könnte erst durch systematischen

Vollständigere und Neuerläuterte
Deutsche
Sprachkunst,
Nach den
Mustern der besten Schriftsteller
des vorigen und itzigen Jahrhunderts
abgefasset,
und bey dieser vierten Auflage merklich vermehret
von
Johann Christoph Gottscheden,
der Universität Leipzig zum fünftenmale
Rectorn.

Mit Röm. Kaiserl. wie auch Königl. Pohln. und Churf. Sächs.
allergnädigster Freyheit.

Leipzig,
Verlegts Bernhard Christoph Breitkopf.
1757.

Abb. 11: Johann Christoph Gottsched: Vollständigere und Neuerläuterte Deutsche Sprachkunst. Fünfte Auflage, Leipzig 1757. – Titel. (Quelle: Herzog August Bibliothek, Wolfenbüttel. Signatur: M: Ko 194, Titelseite.)

Vergleich mit seinen Vorgängern nachgewiesen werden. Zeitgenossen haben ihm die endgültige Beseitigung nachkonsonantischer *ck, ff, tz* und von *ff* nach Diphthong oder Langvokal, die Unterscheidung zwischen *ß* und *ss* zugeschrieben (Jellinek 1913, Bd.I, 244). Gegenüber Freyer, dessen Orthographieprinzipien er übernahm, erscheint bei ihm als Neuerung, dass er, ausgehend von der Schreibung, Ausspracheunterschiede erörtert, mitunter übertrieben genau: z.B. zwischen *ai, ei, ey, ay,* zwischen *f* und *v* (Heinle 1982, 261ff.).

Fortschrittlich im Sinne der weiteren Entwicklung ist Gottsched in seiner toleranten Haltung zum Fremdwortproblem: Wo wirkliche deutsche Entsprechungen fehlen, solle das Lehnwort beibehalten, aber – bei originaler fremdsprachlicher Aussprache – orthographisch angepasst werden, z.B. *k* für *c, -är* für *-aire* (Krogh 1989, 13f.). Auch in der Syntax ist Gottsched ‚modern'. Zugunsten der Klarheit, Kürze und rationalistischen Übersichtlichkeit verwirft er den Kanzleistil im Allgemeinen, frühnhd. oder barocke Angewohnheiten im Besonderen: Satzverschachtelung, Häufung von Verbformen am Satzende, pleonastische Wortbildungen, überflüssige Präfixe, Weglassung des finiten Verbs (afiniter Nebensatz) und des Subjekt-*ich*, doppelte Verneinung (Krogh 1989, 26f.).

Dass sich Gottsched nicht als Normensetzer empfand, sondern als strenger Vollstrecker einer bereits erreichten und weithin angesehenen Sprachkultur, wird aus seinem konservativ-aufklärerischen Wunsch nach Stillegung des Sprachwandels deutlich: *„[...] daß unsere Sprache bey der itzigen Art sie zu reden und zu schreiben erhalten werden könnte: weil sie allem Ansehen nach denjenigen Grad der Vollkommenheit erreichet zu haben scheint, darinn sie zu allen Vorfällen und Absichten einer ausgearbeiteten und artigen Sprache geschickt und bequem ist."* (Sprachkunst 1. Aufl., 12; n. Blackall 1966, 90). Aus der mit so naiv-unhistorischer Sprachauffassung zusammenhängenden Unbeweglichkeit erklären sich Gottscheds Gegnerschaften, Gegenbewegungen und sein rascher Prestigeverlust nach der Jahrhundertmitte.

M8. CARL FRIEDRICH AICHINGER (1717–1782).

Brekle u.a. 1992ff., 1, 52ff. Eichinger 1983. Jellinek 1913, Bd.I, 248ff., 260f., 297. Naumann 1983. Nerius 1967, 46ff. Poppe 1982. Roessler 1997b. Schmidt-Wilpert 1980.

Aus Vohenstrauß (Oberpfalz), Sohn eines Weißgerbers, Gymnasium in Regensburg, Studium (Theologie, alte und oriental. Sprachen) in Altdorf, 1741 Rektor, später Schulinspektor, evangel. Stadtprediger in Sulzbach. Mitglied der Deutschen Gesellschaften zu Altdorf, Jena und Mannheim.

Versuch einer teutschen Sprachlehre, anfänglich nur zu eignem Gebrauche unternommen, endlich aber, um den Gelehrten zu fernerer Untersuchung Anlaß zu geben. Wien 1753, 2. Aufl. 1754. Neudruck Hildesheim 1972 (DL). – *Einige deutsche Wörter, nach ihrer Herkunft, Aussprache und Rechtschreibung aus den oberdeutschen Mundarten erläutert* (in den Schriften der

Altdorfischen Dt. Gesellschaft) Altdorf und Nürnberg 1760, Neudruck 1972. Weitere Schriften s.Brekle u.a. a.a.O.

Aichinger wurde durch seinen Widerstand gegen den Ausschluss des Oberdeutschen aus dem *Hochdeutsch* zum vielbeachteten, wenn auch gemäßigten, aber sprachwissenschaftlich überlegenen Gegner Gottscheds, mit Wirkung auf das sprachkulturelle Selbstbewusstsein der Oberdeutschen. Provoziert durch Gottscheds Schmähgedicht gegen die Oberpfälzer und ihre Sprache (1749), angeregt durch seine Schulpraxis, schrieb er seinen *Versuch* zunächst als sprachpädagogische Selbstvergewisserung, dann aber für Lehrer und gebildete Sprachfreunde, mit nachträglich eingearbeiteter Auseinandersetzung mit Gottscheds *Sprachkunst.* Entsprechend der Tradition von Schottelius her, mit Berufung auf Luthers überregionale Sprachleistung, lehnte er eine autoritäre und zentralistische Hochsprachnormung ab und trat für das argumentative Mitspracherecht aller Regionen bei der Entscheidung über die Ausgleichsnorm ein, auch mit Bezug auf die oberdt. Schriftsprachtradition.

Während der Hauptteil seines *Versuchs* eine eher konventionelle Gebrauchsgrammatik darstellt, mit weitgehender Anerkennung der ostmitteldt. Sprachkulturentwicklung bis zu Gottsched, ist der umfangreiche Anmerkungsteil eine modern anmutende Reflexionsgrammatik, methodenkritisch, terminologiekritisch, enthaltsam in Bezug auf sprachphilosophische und sprachhistorische Spekulation, explizit und argumentativ mit Definitionen und Regelbeschreibungen (einschließlich Ausnahmen), aufgrund eigener Sprachkompetenz und Lehrpraxis. Auch in Bezug auf differenzierte Beobachtungen zu Eigenheiten des Deutschen kontrastiv zum Latein ist er sprachwissenschaftlich moderner als die anderen Grammatiker seiner Zeit. Statt ‚richtig/falsch' wertet er – modern-linguistisch ausgedrückt – nach Akzeptabilitätsgraden, beachtet strenger den Unterschied zwischen Ausdrucks- und Inhaltsseite, Oberflächenkasus und Tiefenkasus, bezieht auch Syntax und Wortstellung ein, weist Gottsched Irrtümer und Ungenauigkeiten nach, usw. (Poppe 1982; B.Naumann 1983). In manchen Fällen ist Aichinger Gottsched überlegen, indem er gegen Gottsched Varianten bevorzugt, die sich später durchgesetzt haben (z.B. bei der Substantivflexion), und Bedingungen für bestimmte Normen sprachwissenschaftlich besser erklärt (Schmidt-Wilpert 1980, 418).

M9. JOHANN SIEGMUND VALENTIN POPOWITSCH (1705–1774):

Brekle u.a. 1992ff. Faninger 1996. H.Glück 2002, 448f. Jellinek 1913, Bd.I, 252ff., 261f. Kühn 1987. Povejšil 1980, 15. Reutner 2002; 2003. Roessler 1997b. Skála 1983, 252. Wiesinger 1995, 333f., 338.

Slovene aus der Untersteiermark. Studium bei den Jesuiten in Graz. Tätigkeit als Hofmeister. Seit 1740 Briefwechsel mit Gottsched. 1747 in Regensburg, wo er sein 1750 anonym in Frankfurt und Leipzig erschienenes naturwiss.-antiquar.-linguist. Werk *Untersuchungen vom Meere* schrieb, in dem er Gottsched heftig angriff und auch österreichische Regionalmerkmale sprachkontrastiv behandelte. 1750–53 in Leipzig. 1753 Professor für deutsche *Wohlredenheit* an der Universität Wien, auch Prof. der

Eloquenz an der Savoyischen Ritterakademie und am Theresianum. Mitglied der Helmstädtischen Deutschen Gesellschaft.

Die nothwendigsten Anfangsgründe der Teutschen Sprachkunst zum Gebrauche der Österreichischen Schulen auf allerhöchsten Befehl ausgefertiget. Wien 1754. – Zugleich als Kurzfassung in Heften herausgegeben: *Unvorgreiffliche Gedanken, wie die Jugend in Österreich zu einer richtigen teutschen Aussprache und Schreib-Arth anzuführen seye.* – *Orthographische Schriften*, hrg. v. Richard Reutner. Hildesheim 2005. – *Vocabula Austriaca et Stiriaca.* Nach der Abschrift von Anton Wasserthal hrg. und eingeleitet von Richard Reutner. Frankfurt a.M. 2004.

Der zweisprachige Slovene erkannte das Alter und die germanische Verwandtschaft der oberdt. Dialekte und setzte sich aufgrund sprachkontrastiver und -vergleichender Beobachtungen gegen Gottscheds rationalistisch-spekulative Prinzipien für eine empirisch fundierte spezifisch österreichische Rezeption der etablierten Schriftsprachnormen ein. In Österreich und Böhmen hat seine Grammatik stark gewirkt, indirekt auch auf die entstehende tschechische Grammatik. Er kam jedoch in seinem 536 Seiten umfassenden Werk nicht über Lautlehre und Redeteile hinaus (ohne Wortbildung, Syntax, Orthographie, Prosodie, die später folgen sollten). Er machte auch Vorschläge für systematischere Deklinationsklassen, die sich bei Adelung wiederfinden (Jellinek 1913, Bd.I, 255). – Zu P.'s Dialektwörterbuch s. 5.7L!

M10. HEINRICH BRAUN (1732–1792):

Brekle u.a. 1992ff., 1, 326ff. Jellinek 1913, Bd.I, 268f. Matzel/Penzl 1982. Reiffenstein 1993b.

Aus Trostberg b. Burghausen. Studium in Salzburg, 1750 Benediktiner in Tegernsee, 1758 Gymnasiallehrer in Freising, 1762 Professor im Stift Tegernsee, 1765 Lehrer der dt. Sprach-, Dicht- und Redekunst an der Bayerischen Akademie d. Wiss. München, 1768 Mitglied des Kurfürstl. Geistlichen Rates, 1770 Landeskommissionär f.d. Schulwesen, große Wirkung als bayerischer Schulreformer. Auch didaktische, literarische und publizistische Arbeiten.

Anleitung zur deutschen Sprachkunst. Zum Gebrauche der Schulen, in denen Churlanden zu Baiern. Mit Genehmhaltung der Churbairischen Akademie der Wissenschaften. München 1765 (anonym), verb. u. erw. Neuauflage 1775, Neudrucke Salzburg 1765 und 1776. – Gekürzte Fassung München 1768, 3 Neuauflagen bis 1795. – *Deutsch-Orthographisches Wörterbuch* 1767, 6 Neuauflagen und Nachdrucke bis 1793.

Brauns im Auftrag und mit Unterstützung des Herzogs Maximilian III. Joseph publizierte *Anleitung* wurde offiziell als Lehrbuch für Lehrer und Studenten und zur Prüfung von Staatsdienern obligatorisch gemacht. Der rasche Erfolg, der bis zur Jahrhundertwende für Bayern den Anschluss an die gesamtdeutsche Sprachkulturentwicklung brachte, beruhte auch darauf, dass Braun nicht einfach sklavischer Anhänger Gottscheds war, sondern seine Lehrbücher bewusst enthaltsam gegenüber sprachphilosophischem und -ideologischem Beiwerk schrieb und aufgrund sprachpraktischer Beobachtungen mit erstaunlich modernen sprachstrukturalen und sprachkontrastiven Methoden auf die speziell vom Bayerischen her verursachten Schwierigkeiten beim Schriftspracherwerb einging, von Orthographie und Aussprache über Flexion bis zur Syntax (Matzel/Penzl 1982).

M11. JOHANN CHRISTOPH ADELUNG (1732–1806):

Bahner 1984. Baudusch 1984. G.Bergmann/Wittkowski 1984. Brekle u.a. 1992ff., 1, 16ff. Dengler 2003. B.Döring 1984. Dückert 1984. Ewald 1991; 1992. Fleischer 1984. Henne 1968ab; 1970; 1984. E.Ising 1984. Jellinek 1913, Bd.I, 329ff. Kämper/Klosa/Vietze 2008. Kolb 1990. Lerchner 1984. K.D.Ludwig 1989. B.Naumann 1986. Nerius 1967, 62ff.; 1984; 1989. W. Neumann 1984. Niehr 2005. Püschel 1982. Schildt 1984ab. H. Schmidt 1984b. Schmidt-Wächter 2004; 2005. M.Schröder 1997. Shimizu 2004. Strohbach 1984. Takada 2004; 2005. – Zur Lexikographie s.auch 5.7G2!

Pfarrerssohn aus Spantekow b.Anklam (Pommern). Studium (Theol.) in Halle. Lebte als Übersetzer und Kommentator wissenschaftlicher Werke. 1759 Lehrer am evangel. Ratsgymnasium Erfurt, 1762 herzogl. Bibliothekar. 1765 in Leipzig als Privatgelehrter, Schriftsteller, Lexikograph, Rezensent, Übersetzer historischer Werke, Korrektor, Herausgeber von Zeitschriften, Zeitungsredakteur. 1787 Hofrat und Oberbibliothekar in Dresden, wo er als volksaufklärerischer Bibliotheksreformer wirkte. Verfasser von über 100 Schriften (sprachwiss., kulturhistor., philosoph.). Über seine Wörterbucharbeit (s. 5.7G2) kam er 1780 zur Grammatik, Sprachgeschichte, Stilistik und allgemeinen Sprachwissenschaft.

Neben seinen umfangreichen Arbeiten als Historiker, die ohne nennenswerten Einfluss blieben, beruhte Adelungs Berühmtheit als Gelehrter schon zu Lebzeiten auf seinen sprachwissenschaftlichen Leistungen. Ähnlich wie Schottelius hat er den bis dahin erreichten Stand der Erforschung der deutschen Sprache so vorbildlich zusammengefasst und weiterentwickelt, dass die weitere Forschung im 19. Jh. fast ausnahmslos von seinen Arbeiten ausging, nicht mehr von seinen Vorgängern.

Deutsche Sprachlehre. Zum Gebrauche der Schulen in den Königlichen Preußischen Landen. Berlin 1781. 14 Neuauflagen und Nachdrucke bis 1828. Übersetzungen ins Frz., Lat., Engl. Nachdruck Hildesheim 1977 (DL). – *Auszug aus der Deutschen Sprachlehre für Schulen.* Berlin 1781. 8 Neuauflagen u. Nachdrucke bis 1818. – *Umständliches Lehrgebäude der Deutschen Sprache, zur Erläuterung der Deutschen Sprachlehre für Schulen.* 2 Bde. Leipzig 1782. Nachdruck Hildesheim 1971 (DL). – *Vollständige Anweisung zur Deutschen Orthographie, nebst einem kleinen Wörterbuche für die Aussprache, Orthographie, Biegung und Ableitung.* Leipzig 1788. 13 Neuauflagen, Nachdrucke und Neubearbeitungen bis 1835. Nachdruck Hildesheim 1978 (DL). Adelungs Buch zur Geschichte der dt. Sprache im Literaturverzeichnis!

Die *Sprachlehre* schrieb A. im Auftrag des preußischen Kultusministers v.Zedlitz, der damit den Erlass König Friedrichs II. von 1779 zur Reform des Deutschunterrichts an den Gymnasien realisieren helfen wollte. Adelung seinerseits war – von seiner Wörterbucharbeit her – bestrebt, die Gottschedsche Schulgrammatik durch eine bessere, nicht mehr rationalistisch-spekulative zum Auswendiglernen, sondern eine sprachwissenschaftlich-reflektierende zu ersetzen, die zugleich mit dem Sprachunterricht das Denken schulte. Das *Umständliche Lehrgebäude* ist eine zweite, ausführlichere Fassung der *Sprachlehre*, mit übereinstimmender Paragrapheneinteilung.

A. hat den neuesten Stand der Allgemeinen Grammatik gründlich, aber empirisch sinnvoll berücksichtigt (Brekle u.a. 1992): vor allem Johann W. Meiners *Versuch einer an der menschlichen Sprache abgebildeten Vernunftlehre oder Philosophische und allgemeine Sprachlehre* (1781). Seine Grammatik ist nach alter griech.-lat. Tradition als Wortartengrammatik aufgebaut: Von der *Etymologie* über die *Biegung* und die *Zusammensetzung* zur *Syntax* und im 2. Teil die *Orthographie.* Terminologisch bleibt er meist bei den bewährten lat. Bezeichnungen; kaum ein Dutzend der verdeutschenden Kunstwörter seiner Vorgänger übernahm er. Im Anschluss an Meiner hat Adelung die dt. Grammatikographie auf etwa 150 Jahre stark beeinflusst (B.Naumann 1986), so die Einteilung der Wortarten, das Vierkasusmodell, die Unterscheidung zwischen Tempus- und Zeitreferenz, Modus und Modalität, Kasus und Relation (heute: Tiefenkasus), Aussage-, Frage-, Aufforderungssatz. In der Satzgliedlehre blieb A. jedoch sehr beschränkt bei Subjekt und Prädikat. Im *Umständlichen Lehrgebäude* hat er die Konjunktionen ausführlich behandelt (Hundsnurscher 1990, 433f.).

Die *Orthographie* ist aus einem Sonderdruck des entsprechenden Kapitels aus dem *Lehrgebäude* (1782) und drei Aufsätzen in seiner Zeitschrift *Magazin für die Deutsche Sprache* (1782) hervorgegangen. Sie diskutiert die Regeln nach *Grundsätzen*, vor allem mit folgender Priorität: *„Schreib das Deutsche und was als Deutsch betrachtet wird, mit den eingeführten Schriftzeichen, so wie du sprichst, der allgemeinen besten Aussprache gemäß, mit Beobachtung der erweislichen nächsten Abstammung und, wo diese aufhöret, des allgemeinen Gebrauchs"* (2. Aufl., 17).

Im Unterschied zu Freyer, den er in der Einleitung zitiert, steht also der Usus an erster Stelle, und die Analogie wird als eigenständige Regel abgelehnt. A. erörtert auch die sprachhistorischen Ursachen für die Unstimmigkeiten zwischen Lautung und Schreibung, ferner Probleme der Substantivgroßschreibung und Fremdwortschreibung; also sprachwissenschaftlich ein deutlicher Fortschritt gegenüber Gottsched.

Im Streit um das *Hochdeutsch* ist Adelung einerseits spät- oder volksaufklärerischer Überwinder des streng normativen Standpunktes der Gottschedzeit, andererseits letzter Verfechter des regionalistischen *meißnischen* Standpunktes. Die nur deskriptiven *„Pflichten des Sprachlehrers"* formulierte er im *Lehrgebäude* (I, 113f.): *„Er ist nicht Gesetzgeber der Nation, sondern nur der Sammler und Herausgeber der von ihr gemachten Gesetze, ihr Sprecher und der Dollmetscher ihrer Gesinnungen. Er entscheidet nie, sondern sammelt nur die entscheidenden Stimmen der meisten. Nie läßt er sich durch Vorurtheil oder Eigenliebe verleiten, die Gesetze der Nation zu verfälschen, oder ihr seine Meinungen unterzu-*

schieben". Entsprechend ist das Corpus für sein Wörterbuch breit und tolerant (vgl. 5.7G2). Dazu (und zu seiner allgemeinen Arbeits- und Darstellungsweise) steht im Widerspruch seine übertriebene Gleichsetzung von *„Hochdeutsch"* mit *„Mundart der südlichen Chursächsischen Lande"* (*Magazin* ... I/1, 1782, 30) und Ausschließung des Oberdeutschen.

Diese sehr einseitige Haltung ist zu erklären aus Adelungs Gereiztheit über süddeutsche Angriffe gegen die Vorherrschaft des *Meißnischen* (Aichinger, Nast, Fulda) und aus seiner einheitssprachlichen Abneigung gegen die irrational-innovatorische literarische Mode des Sturm und Drang (Brekle u.a. 1992; Nerius 1989, 89). Außerdem ist bei einem Privatgelehrten, dessen Lebensunterhalt nach langer freiberuflicher Tätigkeit endlich durch ein Hofamt in Dresden gesichert war, auch die gebotene Dienstfertigkeit des Landesuntertanen zu bedenken (wie auch bei seinen Arbeiten als Historiker und Übersetzer). – Zur Debatte um die Norm des Hochdeutschen mit den „schwäbischen Sprachkundlern" Friedrich Karl Fulda, Johannes Nast und Gottlieb David Hartmann sowie zur Funktion des Letzteren als publizistischer Vermittler bereits in den 1770er Jahren vgl. J.Scharloth 2008!

Adelungs Fehde mit seinem schärfsten Gegner Wieland (1782) und der satirische Spott über das *Meißnische Deutsch* in Goethes und Schillers Xenien (1795, s. 5.6F) sollten nicht überbewertet werden; sprachgeschichtlich war das Problem der vorbildlichen Schriftsprache längst gelöst. Der Streit um Adelungs theoretische Äußerungen, die zu seiner sonstigen Arbeitsweise nicht passten, war nicht nur ein „Sturm im Wasserglas" (Strohbach 1984, 211), sondern Ausdruck einer neuen Art von „Sprachpolitik" (Henne 1984a, 104), „eine neue Qualität metasprachlich-nationalsprachlicher Kompetenz" (Lerchner 1984, 111), ein kulturtheoretisches Bemühen um Sprachkultivierung (Ising 1984): Von seinen kulturhistorischen Studien her konnte sich A. weder mit der Rolle der besten Schriftsteller noch mit einem abstrakten Ausgleichsprozess aus *allen Provinzen* begnügen. Das *Hochdeutsche* konnte und wollte er sich nur als gesellschaftliches Kommunikationssystem in einem realen sozialen System vorstellen (Henne 1972, 55). Aus seiner Kenntnis des unbestreitbaren wirtschaftlichen und kulturellen Aufschwungs der sächsisch-thüringischen Lande seit dem 15. Jh. und der Bedeutung von Leipzig und Halle für die Aufklärungsphilosophie kam für ihn also nur die *„höhere Gesellschaftssprache"* seiner Wahl- und Dienstheimat in Betracht. Es ist der Beginn eines Sprachgeschichtsdenkens, das von sozialökonomischen Voraussetzungen ausgeht und sich nicht mit belletristisch-literarischen, philologischen oder sprachphilosophischen Faktoren der Sprachentwicklung begnügt (Bahner 1984, 17ff.; B.Döring 1984).

Abb. 12: Bildnis des Johann Christoph Adelung. Radierung von Christian Gottlieb Geyser, 1785, nach Anton Graff. (Quelle: Gleimhaus Halberstadt. Signatur: P3 Adelung 1.)

Allerdings werden hierbei vier sprachwissenschaftliche Fehleinschätzungen Adelungs deutlich (Henne 1968a, 120f.): Ungenügende Unterscheidung zwischen geschriebener und gesprochener Sprache, zwischen gehobener Umgangssprache, *Gesellschaftssprache* und Schriftsprache, zwischen Literatursprache (im literarischen Sinne) und Schrift- und Hochsprache; und in Bezug auf die Lautnorm „erhebt der Pommer in Obersachsen seine eigene ‚niederhochdeutsche' Aussprache zur Norm und verweist damit auf jene Sprachlandschaften, die zumindest hinsichtlich der Aussprache die Führung übernehmen sollten" (Henne 1968a, 127).

Adelung ist – entgegen der Selbstdarstellung der ‚Germanistik' seit Jacob Grimm – weniger „Schlusspunkt" als vielmehr „Übergang" (W.Neumann 1984): „ein besonders interessanter Fall der Dialektik von Kontinuität und Diskontinuität in der Geschichte einer Wissenschaftsdisziplin". Trotz seiner elitären, aufgeklärt-absolutistischen Auffassung von *„höherer Gesell-*

schaftssprache" finden sich bei ihm bereits Beziehungen zu Herders anthropologischer Sprachphilosophie und empirisch-psychologische Ansätze, die ein Jahrhundert später von den Junggrammatikern und Hermann Paul weiterentwickelt werden.

Hierher gehört sein differenzierter Einbau der Begriffe *Sprachgebrauch, Gesetz, Regel, Analogie, Geschmack, Wohllaut, Abstammung* in sein schon durchaus demokratisches Sprachentwicklungsmodell (Hartmut Schmidt 1984b): „*Sprachgesetze*" müssen – außer „*in den höheren Stufen der Cultur*" – „*wenigstens von dem größten Theil des Volkes, nicht bloß von den obern und gelehrteren Classen, anerkannt, und [...] befolget werden*" können (*Lehrgebäude* 2, 654f.). Zu Adelungs Auffassung von *Volk/Nation* im Vergleich mit Gottsched s. Shimizu 2004!

Immerhin hat Adelung mit seiner Strenge und Reformgegnerschaft objektiv die weitere Vereinheitlichung der deutschen Orthographie unterstützt und über seine Vorgänger hinaus die enge Verzahnung der Orthographie, auch der Interpunktion, mit allen Teilbereichen der Grammatik deutlich gemacht (Nerius 1989, 91ff.). Adelungs Ablehnung orthographiereformerischer Bestrebungen seit 1770, besonders der radikalen Anwendung des phonologischen Prinzips, die vor allem Klopstock verfocht (s. 5.6T), hat den Konservativismus der deutschen Rechtschreibung bis heute beeinflusst; eine einheitliche orthographische Sprachkultur war ihm wichtiger als die Übereinstimmung mit einer von ihm für illusorisch gehaltenen einheitlichen Aussprachenorm (Baudusch 1984).

N. Noch nicht genügend geklärt ist die tatsächliche W i r k u n g von Grammatikern und Orthographiereformern auf die Sprachentwicklung. Erst seit etwa der Mitte des 18. Jh.s kann mit einer „Beeinflussung der deutschen Sprache durch Grammatik" gerechnet werden (Schmidt-Wilpert, in: BRS 1557ff.), und zwar im Sinne einer „nur sekundären und mittelbaren" Weise und einer weitgehenden „Inkongruenz zwischen normativer Kodifizierung und tatsächlicher Sprachverwendung", oft mit einem Nebeneinander progressiver und längst überholter Sprachnormurteile beim gleichen Autor. Entgegen den üblichen pauschalen Behauptungen in sprachgeschichtlichen Gesamtdarstellungen hat Rolf Bergmann (1982 usw.) gründlichere Untersuchungen unternommen und mehrere angeregt (E.Glaser 1979; Heinle 1982; Diedrichs 1983; Moulin 1986b–2004; usw.).

Von den 126 Grammatikern des 16.–18. Jh.s, die von Jellinek (1913) behandelt sind, werden nach Bergmann (1982, 271) etwa 60 in Sprachgeschichten erwähnt, aber nur 10 in allen berücksichtigt. Jellineks Darstellung sei mehr wissenschaftsgeschichtlich orientiert und gebe keine Antworten auf die Frage nach der Wirkung außerhalb der Gelehrtenwelt. Argumentation aus Zahlen von Auflagen und Nachdrucken sei dafür wenig beweiskräftig: Immerhin 7 bei Clajus über 42 Jahre; 6 bei Gottscheds „*Sprachkunst*" über 30 Jahre (mit Übersetzungen in 6 Sprachen), 9 bei Gottscheds Kurzfassung für die Schule über 27 Jahre; 22 bei Adelungs Schulbüchern über 47 Jahre (mit Übersetzungen in 3 Sprachen), 13 bei Adelungs *Orthographie* über 47 Jahre.

Auch wenn die Grammatiker meist bereits übliche Sprachgewohnheiten und -urteile kodifizierten, mitunter der Entwicklung etwas nachhinkten, erfüllten ihre Publikationen doch eine Multiplikationsfunktion als ‚Ratgeber' für Interessierte oder Auskunftsuchende. Nachweise solcher Wirkung einzelner Grammatiker auf Schriftsteller sind in Einzelfällen zu gewinnen durch philologische Textanalyse, aus Briefwechseln, Tagebüchern, Verlagsverträgen. Wie in der Frühzeit des Buchdrucks waren dabei Verleger und ihre Korrektoren von großem Einfluss, jetzt mit bezeugter Heranziehung orthographischer Werke. Dabei kam es auch vor, dass von Grammatikern pedantisch abgelehnte Varianten von den gleichen Autoren durchaus angewandt wurden. Einzelnachweise zum Folgenden bei Schmidt-Wilpert, in: BRS 1558ff.; Langen, in: DPhA I, 1156f.; Erben 1989, 25f.; Haas 1980, 198ff. Takada 1998; Moulin 2000:

Das hohe Ansehen von Schottelius (trotz heftiger Auseinandersetzungen) und seine gelehrte Korrespondenz im Rahmen der *Fruchtbringenden Gesellschaft* sind als Wirkung auf eine Generation von Dichtern, Schriftstellern und Übersetzern zu nehmen (vgl. 5.5JK), die Wirkung seiner Grammatik in Nürnberger Schulen ist von Harsdörffer bezeugt. Grimmelshausen hat seinen *Simplizissimus* nach den Grundsätzen von Gueintz überarbeitet. Gottsched hat Albrecht v.Hallers Schriften korrigiert und überhaupt zahlreiche Anfragen brieflich beantwortet. Seine *Sprachkunst* war in der Bibliothek von Goethes Vater vorhanden. Goethe hat Adelungs Orthographie und Wörterbuch zur Überarbeitung seiner Werke in orthographischer, grammatischer und stilistischer Hinsicht herangezogen. Ähnliche sprachwissenschaftliche Interessen und Praktiken sind von Klopstock, Wieland, Lessing, Voß, Schiller, Jean Paul, E.Th.A. Hoffmann bezeugt (vgl. Tschirch 1989, Bd.II, 178). Adelungs Wirkung auf die Schulgrammatik des 19. Jh. war bedeutend.

Die Grammatiker und Orthographielehrer des 17./18. Jh.s waren keine abseitigen Einzelkämpfer oder Stubengelehrten. Ihre Wirkung ist (nach Erben 1989, 14ff.) indirekt aus dem Zusammenwirken mehrerer sprachpraktisch einflussreicher beruflicher Tätigkeiten zu erschließen: Die meisten waren zugleich bzw. zeitweise städtische Schulmeister, Gymnasiallehrer und -rektoren, private Lehrer für Ausländer, Prinzenerzieher, höfische Poeten, Gelehrte, Bibliothekare, Übersetzer, Verlagskorrektoren, Redakteure und Herausgeber von Zeitschriften, Journalisten. Über Sprachgesellschaften und durch Briefwechsel, vor allem durch Benutzung und Auswertung von Vorgängern bildeten sie eine kontinuierliche Traditionskette von Ratke, Gueintz und Schottelius bis zu Aichinger und Adelung. Dies wird besonders deutlich an der zentralen Stellung Freyers in der Orthographiereform des 18. Jh.s, in seinen Beziehungen zu Vorgängern und Nachfolgern ebenso wie in seiner Wirkung auf Schulen und

Buchdrucker (Heinle 1982; s. oben 5.6M5). – Zur pädagogisierenden Verkomplizierung der Zeichensetzungsregeln beim Punkt seit dem 18. Jh. s. 5.9E nach Bredel 2005!

O. Die Wirksamkeit der ostmitteldt. und norddt. Sprachideologen und Grammatikographen ist konkret im konservativen Süden zu beobachten, wo seit der Mitte des 18. Jh.s, besonders in Auseinandersetzung mit Gottsched und seinen Nachfolgern, die stark ostmitteldeutsch orientierten Sprachnormen widerstrebend, aber bald konsequent und erfolgreich übernommen wurden. Durch diesen Vorgang, bei dem einzelne Gelehrte und Schulreformer ebenso wie Institutionen maßgebend beteiligt waren, wurde die durch die Reformation eingeleitete sprachpolitische Zweiteilung in einen katholisch-konservativen Süden und eine protestantisch-aufklärerische Mitte und Nordhälfte aufgehoben; spätestens hiermit endete die Epoche ‚Frühneuhochdeutsch', deren Übergangsphase zum ‚Neuhochdeutsch' mit Opitz, Schottelius und den Sprachgesellschaften begann. Bis ins 19. Jh. blieben jedoch von diesem ‚Siegeszug' der neuhochdeutschen Schriftsprache ausgenommen die reformierten Gemeinden in Ostfriesland, das niederrheinische Gebiet um und nördlich Geldern und Kleve und um Lingen, wo das Hochdeutsche erst durch preußische Sprachenpolitik gegen das Niederländische durchgesetzt wurde (Bulicke 1979; Cornelissen 1986; Taubken 1981) – s. 6.4.1KL!

Die Entwicklung im Süden ist regional verschieden verlaufen. Das schweizerdeutsche Sprachnormbewusstsein unterschied sich von dem süddeutschen und österreichischen darin, dass die Ende des 15. Jh. eingeleitete politische Loslösung vom Reich spätestens 1648 unbestrittene Tatsache war und in der Humanistenzeit die gelehrte Sprachideologie des *Helvetismus* entwickelt wurde, nach der sich die Deutschschweizer als Nachkommen der antiken Helvetier und als Erben der wiederentdeckten mittelalterlichen deutschen Literatur fühlten (Sonderegger, in: BBRS 2825ff.): Mit kontrastiven Sprachstudien machten Gelehrte und Schriftsteller sprachliche Unterscheidungsmerkmale zwischen dem nördlicheren Deutsch und der eigenen Sprache bewusst, die man *Eiydgenossisch Landtsprach, Schwyzerisch, Helvetisch, der Helvetier Tütsch* nannte (erst 1750 *Schweizerdeutsch*). Die multilinguale Situation wurde seit dem 16. Jh. thematisiert, wirkte sich aber erst ab 1798 praktisch aus, als nicht deutschsprachige und zweisprachige Kantone hinzukamen. So wurde es bei deutschsprachigen ebenso wie bei französisch und italienisch sprechenden Schweizern zur Gewohnheit, dass die dominierenden sprachkulturellen Zentren von Deutsch, Französisch und Italienisch weit außerhalb des eigenen Landes lagen. Bereits seit der Reformationszeit wurde die deutsche Bibelübersetzung Schritt für Schritt dem Lutherdeutsch weitgehend angepasst (s.

4.8G), das in Merkmalen wie der Diphthongierung (s. 4.3C, 4.4BC) das Prestigegewicht auch des ‚süddeutschen Reichsdeutsch' hinter sich hatte. Im Unterschied zu Norddeutschland, wo der Übergang von niederdt. zu hochdt. Schriftsprache um 1600 als Sprachen*wechsel* vollzogen wurde (s. 4.9C–J), wirkten in der Schweiz alte alemannisch-schweizerische Schreibtraditionen bis ins 17. Jh. unterschiedlich nach, vor allem in der Geschäftssprache, in populärer Dramatik und Historiographie, während in wissenschaftlicher und belletristischer Prosa Regionalismus vermieden wurde.

Dass die Deutschschweizer keine eigene Schriftsprache entwickelten, ist nach Henzen (1954, 110ff.) dem Bemühen der Buchverleger um überregionalen Absatz zuzuschreiben. Die rasch verbreitete *Teutsche Orthographey und Phraseologey* des Baseler Notars und Gerichtsschreibers Johan Rudolf Sattler (1607, vier Auflagen bis 1631) hatte weniger die heimische Schreibsprachtradition zum Vorbild als die großen deutschen Kanzleien und Rechtsbücher allgemein. Der Züricher Reformorthograph Johann Wilhelm Simler förderte in seinen *Teutschen Gedichten* (Zürich 1648, mehrere Auflagen bis 1688) als Anhänger der Opitzschen Poetik die Anpassung an die ostmitteldt. Normen (Sonderegger, in: BRS 1906).

Der Literatursprachstreit der Züricher Gelehrten Bodmer und Breitinger mit Gottsched gehört primär in die Entwicklung der poetisch-literarischen Stilistik (Bender 1973; vgl. 5.10K). Bodmers Behauptung, Luther habe den Abbruch der (in der Schweiz bewahrten) mittelhochdeutschen Tradition der staufisch-höfischen Dichtung verschuldet (s. Gelhaus 1989, 253ff.), war im schweizerdeutschen Sprachselbstbewusstsein verankert. In Bezug auf Normen der Orthographie und Grammatik hat Bodmer die bereits gefestigte Loyalität der schweizerdeutschen Schriftsteller und Gelehrten zu den sich im 18. Jh. endgültig etablierenden nhd. Schriftsprachnormen im Wesentlichen nicht mehr in Frage stellen können; wohl aber wirkte er literaturstilistisch vorbildlich durch seine Offenheit für sprachliche Varianz und regionale Besonderheiten, Archaismen, Lehnwörter, emotionalen Ausdruck, vor allem in Wortschatz und Phraseologie, auch in der Lautung und Lehnwortaussprache. So haben die Züricher dem rigiden Sprachnormen-Rationalismus der Gottschedanhänger auf die Dauer erfolgreichen Widerstand entgegensetzen können, keineswegs nur konservativ, sondern auch weltoffen durch französische und englische Vorbilder. Das sprachliche Eigenbewusstsein der Schweizer führte schon im 18. Jh. dazu, dass unter *Mundart* „in der Regel im Gegensatz zum Provinzialdialekt die schweizerisch gefärbte Literatursprache" verstanden wurde (Sonderegger, in: BRS 1912). Die sprachliche Toleranz und Variabilität ging so weit, dass sich in der deutschsprachigen Schweiz ein scharfes Diglossieverhältnis entwickelte: zwischen fast nichtregionalem Schriftdeutsch, deutlich regionalem ‚Schweizerhochdeutsch' als kultivierte offizielle Sprechsprache (besonders nach außen hin) und stark lokal orientiertem Dialekt als nationalsymbolische Volkssprache in allen, auch hochkulturellen Funktionen im internen Verkehr (s. 6.11T–X).

Bereits 1776 beobachtete ein sächsischer Reisender in der Schweiz das ausgeprägte Code-Switching zwischen Mundart und Schriftsprache beim gleichen Sprecher aus Rücksicht auf den jeweiligen Gesprächspartner (Trümpy 1955, 22). Die sympathisierende Verwendung von Mundart und abschätzig/spöttische Verwendung von reichsdeutschen Mundarten oder Schriftdeutsch im volkstümlichen Drama des 17./18. Jh.s sind ebenso typisch für die schweizerische Entwicklung wie das Fehlen eines sprachlichen Gegensatzes zwischen Stadt und Land (Trümpy 1955, 43f.; 169f.).

P. Die starke Wirkung der ostmitteldt.-norddt. Schriftsprachnormen in Süddeutschland und Österreich seit der Mitte des 18. Jh.s wird in der neueren Forschung differenzierter erklärt, indem vorangehende sprachkultivierende Aktivitäten dieses Raumes mehr berücksichtigt werden (Mattheier 1989; Breuer 1979; Raab 1984): Es muss, aus der Tradition des ‚Gemeinen Deutsch' (s. 4.4B) und der Augsburger Drucker, seit dem Ende des 16. Jh. ein Sprachnormbewusstsein gegeben haben, das man pauschal als ‚süddeutsche Reichssprache' bezeichnen kann (nach Mattheier 1989, 161; auch zeitgenössisch belegt). Durch die Gegenreformation und den das gesamte Bildungswesen in katholischen Territorien prägenden Jesuitenorden tendierte es im 17. Jh. zum ‚Jesuitendeutsch', das weitaus stärker als das ‚Meißnische Deutsch' vom Latein als eigentlicher Bildungssprache beherrscht war. Diese stark am lat. Wissenschaftsstil und barockem Kanzleistil orientierte, leicht regional geprägte Schreibsprache (mit Merkmalen wie Adverbendung *-en*, *-e*-Apokope, *ai*/*ei*-Unterscheidung) wurde in der Aufklärungszeit zunehmend als ‚provinziell' und ‚antiquiert' abqualifiziert, als „Antityp" (Mattheier) der rationalistischen Schreibsprachkultur des protestantischen Nordens. Da die Unterschiede in der Schreibung und Grammatik nicht so groß waren wie in der Aussprache, fiel es den gelehrten Sprachexperten und Sprachfreunden Süddeutschlands und Österreichs nicht allzu schwer, diesen Schritt der Modernisierung nachzuholen.

Ein letzter polemischer Widerstand gegen das auch in Süddeutschland immer mächtiger werdende ‚Gottscheddeutsch' war der Traktat des Gengenbacher Benediktiners Augustin Dornblüth: *Observationes oder gründliche Anmerckungen über die Art und Weise, eine gute Uebersetzung besonders in die teutsche Sprach zu machen*, Augsburg 1755, 2. Aufl. 1768 (vgl. Jellinek 1913, Bd.I, 263ff.; Nerius 1967, 47ff.; Blackall 1966, 103ff.); Gottscheds Sprachnormen lehnte er wütend ab als *sächsisch*, *französelnd*, weder der Vernunft noch der Natur noch dem allgemeinen Gebrauch entsprechend. Von einem antiquierten Kanzleistil-Standpunkt her glaubte er an die Überlegenheit der süddeutschen Tradition. Dornblüth erhielt weder Unterstützung noch Beachtung, denn: „In vielerlei Hinsicht steht seine Sprache der Kanzlei Maximilians näher als seiner eigenen

Gegenwart", Gottsched hat sich mehrmals gegen Dornblüths Ansichten publizistisch verteidigt (Blackall 1966, 105ff.).

Nicht nur durch einzelne süddeutsche Sympathisanten des ‚Meißnischen Deutsch', Gottschedanhänger und süddeutsche Sprachgesellschaften (z.B. in Nürnberg, Erlangen, München, Augsburg, Tübingen) ist die süddeutsche Schreibsprachtradition aufgegeben worden. Auch im Rahmen einer katholischen Aufklärung sind antiquierte Positionen des Jesuitendeutsch „von innen her ins Wanken gebracht" worden (Mattheier 1989, 165): Das jesuitische Schulwesen wurde nach 1768 aufgelöst; aufgeklärte jesuitische Sprachlehrpraktiker verfassten modernere Sprachlehrbücher, die relativ einheitlich waren vom Oberrhein bis nach Böhmen und Österreich und bis in den Anfang des 19. Jh. benutzt wurden (Jahreiss 1990): Die Entscheidung für die ostmitteldt. Schreibsprachnormen fiel ohne Diskussion aufgrund der Auseinandersetzung mit der älteren und neueren Grammatikliteratur von Kolroß bis Gottsched, z.T. mit Übernahme Gottschedscher Terminologie trotz Gegnerschaft im Sprachideologischen (Jahreiss 1990):

Zwischen 1744 und 1772 gab es 8 deutsche Grammatiken und Orthographielehren (mit 27 ermittelten Auflagen) für Jesuitenkollegien und -akademien in Süddeutschland, Österreich und Böhmen. Als Folge der Kritik an der fortschrittsfeindlichen Rolle der Jesuiten in der Aufklärungszeit haben 1744 ein preußischer Erlass für Schlesien, 1752 ein Hofdekret Maria Theresias eine beachtliche Aktivität dieses pädagogisch und didaktisch erfahrenen Ordens im Herstellen dt. Sprachlehrbücher ausgelöst, vor allem in den jesuitischen Bildungszentren Breslau, Wien, Würzburg, Innsbruck. Am bekanntesten und verbreitetsten waren die *Zweifel von der deutschen Sprache* (Augsburg/Freiburg 1764, 7 Neuauflagen bis 1778) des Innsbrucker Orientalisten Ignaz Weitenauer. In der Überwindung der lat. Kasuslehre war er sprachwissenschaftlich moderner als Gottsched. Neben Weitenauer sind fünf andere Autoren genannt oder nachweisbar (Jahreiss 1990).

Q. In Bayern kam die Übernahme des nördlichen Sprachvorbilds erst seit den 1760er Jahren in Gang. Noch 1765 schrieb Heinrich Braun in der Vorrede zu seiner *Anleitung*: *„Nach dem Niederdeutschen richten sich schon die meisten übrigen deutschen Provinzen; dahingegen unsere bisherige oberdeutsche Schreibart nirgend anderswo das Glück gehabt hat, Eingang und Beyfall zu finden"* (n. Matzel/Penzl 1982, 125). Ein Ansatz zur gelehrten Belebung eines bayerischen Selbstbewusstseins gegen den ‚Meißnischen' Vorbildanspruch waren einige Aufsätze in der Münchener Aufklärungszeitschrift *Parnassus Boicus* zwischen 1722 und 1740 (Reiffenstein 1988):

Zum Fehlen von Literatur zur deutschen Sprachkultivierung in Süddeutschland stellt man fest, *„wie sich nun in vnsrem Teutschland / katholischen Antheils / vnsres Wissens noch nichts dergleichen hervorgethan / dahingegen es bey denen Uncatholischen in jhren Buch-Läden von derley Art Schrifften wimmlet"* (n. Reiffenstein 1988, 28). Auf der Grundlage der These von Schottelius, dass das richtige Hochdeutsch nicht regional zu definieren sei, sondern auf einer von Gelehrten zu treffenden Auswahl aus allen Dialekten beruhe, wird auf die noch bewusste Tradition der vorbildlichen süddeutschen Kanzleisprache verwiesen, auch auf die *Fruchtbringende Gesellschaft.* So solle auch in Bayern in den Wissenschaften die deutsche Sprache gepflegt werden. Einzelheiten zu den erstrebenswerten grammatikalischen Merkmalen werden jedoch ohne Quellenangabe von Bödiker bzw. Frisch übernommen, daneben Kennzeichen aus dem Kanzleistil nach lat. Vorbild (Periodenbau, Partizipialkonstruktionen, Auslassung des Subjektpronomens *ich*, lat. Flexion von Lehnwörtern und Eigennamen) und der oberdt. bestimmte Artikel vor Personennamen.

Nachdem das süddeutsche sprachliche Selbstbewusstsein seit 1749 auch durch die Polemik zwischen Gottsched und Aichinger und durch Aichingers *Sprachlehre* (1753) angeregt worden war, ist die Förderung und Pflege der deutschen Sprache in Leibniz' Sinne von der Bayerischen Akademie der Wissenschaften seit ihrer Gründung (1759), mit ausdrücklicher Berufung auf den *Parnassus Boicus*, in die Satzung aufgenommen worden (Reiffenstein 1993a): Bemerkenswert mutig – im Unterschied zu anderen dt. Akademien, die noch länger beim Lat. oder Franz. blieben – war die strikte Anordnung, alle Publikationen in deutscher Sprache zu verfassen. Durch einen der Akademiegründer, Johann Georg Lori, befreite man sich auch von den Forderungen des *Parnassus Boicus* nach eigenständig oberdt. Traditionen und ging mit Brauns Lehrbüchern konsequent zu einer modernen dt. Hochsprache in Gottscheds Richtung über. Für den Übergang vom traditionellen oberdeutsch-kanzleisprachlichen Briefstil zur Gottschedschen rationalen Durchsichtigkeit und Deutlichkeit hat Reiffenstein (1992) anhand der Korrespondenz des ersten bayerischen Akademiesekretärs Johann Georg Lori zwischen 1758 und 1761 einen generationsbedingten Stil- und Sprachbewusstseinswandel festgestellt:

Lori selbst bemüht sich bewusst um Modernität, variiert aber stark nach Adressaten und Textfunktionen; mehr offizielle und an hochgestellte Persönlichkeiten gerichtete Briefe sind auffällig traditionell. Seine meist süddeutschen und schweizerdeutschen gelehrten Briefpartner unterscheiden sich – abgesehen von der gleichen Stilvariation wie Lori – vor allem darin, dass „diejenigen, die ihre Schulbildung nach etwa 1725 erfahren hatten, überwiegend hochdeutsch schrieben, während die Älteren (vor ca. 1715/1720 geborenen) mehrheitlich an der oberdeutschen Schriftsprache festhielten." (Reiffenstein 1992, 485). Die traditionell-oberdeutschen syntaktischen Merkmale, die seit etwa der Jahrhundertmitte obsolet wurden, gehören großenteils dem barocken Kanzleistil an, den Gottsched und Adelung bekämpften: überlange, weitgeklammerte Satzgefüge, antithetische Strukturen, stark erweiterte Partizipial- und Adjektivattribute, viele Nominalisierungen, Funktionsverbgefüge, afinite Nebensätze, Unterdrückung des Subjektpronomens *ich*, Infinitivkonstruktionen, Adverbialformen wie *anhero, anitzt, annoch, nunmehro*, Höflichkeitsanrede *Dero* ‚Ihr', erweiterte Formen des bestimmten Artikels *(derer, deren, denen)*, deutsch-lateinischer Sprachwechsel mitten im Satz, usw. (Zu den syntaktischen Merkmalen vgl. 5.9L–U!). – S. auch Tauber 1992!

R. In Österreich ist die Übernahme der nördlichen Schriftsprachnormen durch persönliche und institutionelle Aktivitäten relativ früh erreicht worden (Wiesinger 1983; 1993ab; 1995): Sie vollzog sich, ausgehend vom Prestige und Einfluss Gottscheds und seiner Anhänger, in dem halben Jahrhundert der Regierungszeiten von Maria Theresia (1740–1780) und Joseph II. (1780–1790) im Zusammenhang mit der verspäteten Rezeption der vor allem von Leipzig ausgehenden Aufklärungsideen und der sie verbreitenden wissenschaftlichen und literarischen Publikationen. Wiener Intellektuelle erkannten und beklagten die Rückständigkeit der Wiener Sprachkultur, die von höfischem Italienisch, Spanisch oder Französisch, akademischem Latein, barockem Kanzleideutsch, ungehemmtem Dialektgebrauch auch in höchsten Kreisen und strenger Bücherzensur gekennzeichnet war. Sie brachten aufgrund der Gottschedschen Publikationen eine öffentliche sprachkritische Diskussion in Gang, der sich schließlich auch die aufgeklärten Monarchen und ihre Institutionen nicht mehr verschließen konnten. Die Durchsetzung des von Gottsched propagierten Neuhochdeutsch als Schriftsprache in Österreich gegen die alten oberdt. Traditionen kann durch eine annalistische Reihe von Ereignissen demonstriert werden (großenteils n. Wiesinger 1995):

1734 Antesperg beginnt seinen Briefwechsel mit Gottsched im Bewusstsein des schlechten sprachkulturellen Zustands in Österreich und publiziert 1747 seine *Kayserliche Deutsche Grammatik* in starker Anlehnung an Gottsched und von diesem korrigiert.

1748 Gottscheds *Sterbender Cato* wird im Hofburgtheater Wien in Anwesenheit der Kaiserin aufgeführt.

1749 Gottsched und seine Frau Louise werden im Schloss Schönbrunn von der Kaiserin empfangen, die sich bei ihnen für die schlechte Sprache der Österreicher entschuldigt.

1749 Der aus Schwaben stammende Wiener Staatsbeamte, Dichter und Publizist Franz Christoph v. Scheyb teilt Gottsched brieflich mit, dass dessen *Sprachkunst* in Wien *„haufenweiß abgehe, gefalle und schon zum helfen diene"*.

1749 Der Thüringer Friedrich Wilhelm Gerlach beginnt an der Ingenieur-Akademie Wien-Gumpendorf seine Lehrtätigkeit in Geschichte und guter dt. Sprache, veröffentlicht 1758 seine *Kurzgefaßte Deutsche Sprachlehre.*

1750 Der mit Gottsched befreundete, aus thüringischen Diensten kommende preußische Verwaltungs- und Kameralwissenschaftler Johann Heinrich Gottlob v. Justi wird auf die Professur für *deutsche Beredsamkeit* an der Theresianischen Akademie Wien berufen, wo auf kaiserlichen Befehl Gottscheds *Sprachkunst* als Lehrbuch für junge Adelige aus der ganzen Monarchie eingeführt wurde.

1751 Die Zensur wird aufgehoben, wodurch eine Flut von Büchern aus Nord- und Mitteldeutschland (auch Raubdrucke) Wissenschaften und Literatur der Aufklärung in Österreich verbreitet wird.

1753 Popowitsch wird Professor für *deutsche Beredsamkeit* in Wien; er veröffentlicht 1754 seine *Sprachkunst* in zwei Fassungen.

1761 Der aus Berlin kommende Publizist, Theatertheoretiker und Kameralwissenschaftler Joseph v. Sonnenfels gründet in Wien die *Deutsche Gesellschaft* nach Gottscheds Vorbild; 1763 beruft ihn die Kaiserin auf eine juristische Professur.

1762 Der aus dem sächsischen Erzgebirge stammende Sprachlehrer Christian Gottlob Klemm kommt aus Frankfurt a.M. nach Wien als Verlagskorrektor, Schriftsteller und Sekretär und gründet die ersten Wiener moralischen Wochenschriften *Die Welt* und *Der oesterreichische Patriot*.

1764 Gottscheds *Kern der deutschen Sprachkunst* wird in Wien nachgedruckt.

1774 Maria Theresia beruft den schlesischen Augustiner Ignaz v. Felbinger zur Förderung der Schulreform; seine Schulbücher (meist anonym) zur dt. Sprache – in Überarbeitungen nach Adelungs Vorbild – bleiben bis 1848 in Gebrauch.

1775 Gottscheds *Sprachkunst* wird in Wien neugedruckt.

1781 Joseph II. beruft Sonnenfels auf eine Professur für den Geschäftsstil; er trug als Reformer auch mit Veröffentlichungen über gute Verwaltungssprache wesentlich zum Übergang der Verwaltung und des Rechtswesens vom Latein zum Deutsch bei.

1782/83 Ein Kreis um den Professor des guten Stils und dt. Sprache Leopold Alois Hoffmann veröffentlicht 5 Bände *Wöchentliche Wahrheiten für und über die Prediger in Wien*, in denen aus Sonntagspredigten *Provincialismen, Pöbelsprache, Barbarismen, niedrigster Accent ihrer Stadt und ihres Dorfs* verspottet und kritisiert werden.

1783 Joseph II. ordnet Deutsch als allgemeine Unterrichtssprache, auch an Universitäten, statt des Lateins an, ferner Deutsch als Verwaltungssprache auch in Ungarn.

1807/08 Zwei Auflagen von Adelungs Wörterbuch erscheinen in Wien und werden für den Wortgebrauch verbindlich.

S. Diese rasch wachsende Aufgeschlossenheit Österreichs, vor allem der Vielvölkerstadt Wien, für die ostmitteldeutschen Schriftsprachnormen kann nicht allein aus den persönlichen Beziehungen zu Gottsched erklärt werden. Österreich war – im Unterschied zu dem stärker konfessionell-konservativen Bayern – seit langem darauf vorbereitet durch inoffizielle Bekanntschaft mit ostmitteldeutsch-norddeutscher Literatur seit dem 17. Jh., trotz der habsburgischen Gegenreformation (Wiesinger 1987):

Nach Bibliotheks- und Zensurverzeichnissen waren trotz Zensur zahlreiche protestantische Drucke aus dem Norden in Österreich in allen Bevölkerungsschichten verbreitet, und die katholischen Bibeldrucke seit Emser, Dietenberger und Eck waren nur Revisionen der Lutherbibel, z.T. in Mitteldeutschland gedruckt. Ein Drittel der Wiener Drucker war fremder Herkunft. Im 17. Jh. waren rund 30 Österreicher Mitglieder der *Fruchtbringenden Gesellschaft* (Wiesinger 1987).

Entscheidende Schritte des schriftsprachlichen Wechsels zur ostmitteldeutschen Norm waren nach Wiesinger (1993; 1995) die Berufung von Justi (1750) und die langfristige Wirkung der Schullehrbücher von Felbinger. Begrenzter Widerstand gegen allzu sklavische Übernahme Gottschedscher Normen begann 1753 mit Popowitschs Berufung an die Universität auf Betreiben des aufklärerischen Erzbischofs. Während österreichische *Provinzialismen* unter dem Einfluss Gottscheds und seiner Anhänger meist entweder aus didaktischen Gründen ignoriert oder nur als *Fehler* (mitunter als *pöbelhaft* oder *Barbarismen*) genannt wurden, hielt Popowitsch in späteren Veröffentlichungen die Bereicherung der dt. Schriftsprache durch die Mundarten durchaus für förderlich, ähnlich Sonnenfels (*Ueber den Geschäftsstil*, 1784). Dies bezog sich meist auf den Wortschatz, bald aber bei einigen auch auf die Aussprache. So sind bereits Ende des 18. Jh.s Anfänge der späteren komplementären österreichischen Lösung des Verhältnisses zwischen Einheitssprache und regionaler Varietät (als Identitätssymbol) zu erkennen: Streng einheitssprachlich die Orthographie, die Flexion und die Syntax, variabler österreichisch die Aussprache und der Wortschatz bzw. eine deutliche normative Unterscheidung von Schreibsprache und Sprechsprache (Wiesinger 1993; 1995):

Der Lambacher Benediktiner Maurus Lindemayr schrieb 1769 in der Vorrede zu seiner *Praktischen Beredsamkeit der christlichen Kanzel*: *„Was fragt Jesus Christus danach, ob die Gedanken fein, die Ausdrücke gottschedisch, die Mundart sächsisch, die Einrichtung französisch sey? [...] es scheint vielmehr rathsam zu seyn, daß man im Schreiben derjenigen Mundart nachahme, welche in Deutschlande unstreitig die beste ist, nämlich der sächsischen [...] Im Schreiben, sollen wir Sachsen, im Predigen aber, Oesterreicher seyn"*.

Über die *„Eipeldauer-Briefe"* (1785–1813) des zeitkritischen Wiener Journalisten Joseph Richter und Bemühungen des Dichters Franz Grillparzer lässt sich später das sehr allmähliche Anwachsen des Bewusstseins oder Wunschbildes einer eigenen österreichischen Hochsprache-Varietät verfolgen, das aber selbst nach der Konsolidierung eines österreichischen Nationalgefühls im 20. Jh. immer wieder mit der Neigung zu übereifriger Anpassung an die Einheitsnorm im öffentlichen Reden zu kämpfen hat (s. 6.11P–S).

T. Zu einer relativierenden Beurteilung der Wirkung der frühen Grammatiker und Orthographen gehört es auch, erfolglose Bemühungen zu erwähnen und zu erklären. Solche Gegenbeispiele hat es auf dem Gebiet der versuchten Orthographiereformen gegeben, vor allem in Bezug auf den bis heute immer wieder auftretenden Irrtum, man könne das sehr komplexe, systematisch-widersprüchlich gewachsene deutsche Orthographiesystem durch eine nachträglich eingreifende puristische Bevorzugung des phonemischen Prinzips erfolgreich vereinfachen. Das Prinzip der phonemischen (lautgerechten) Schreibung, bei der jeweils ein Phonem nur durch ein Graphem wiedergegeben werden und ein Graphem für nur ein Phonem stehen soll, hat zwar im Frühneuhochdeutschen anfangs noch dominiert (und ist im Deutschen noch heute im Unterschied zu Englisch oder Französisch relativ deutlich zu erkennen), ist aber seit dem

16. Jh. zunehmend durch andere Orthographieprinzipien regelhaft, d.h. nicht chaotisch durchkreuzt worden (vgl. 3.D2, 4.4L). Seit 4 Jahrhunderten gehören auch die „höheren" Prinzipien zu den „konstitutiven Zügen der deutschen Orthographie" (Munske 1993, 137), nämlich das lexikalische, das morphemische, das syntaktische und das textuelle. Da die deutsche Sprache in relativ starkem Maße als Schreibsprache kultiviert und standardisiert worden ist, vor allem von Kanzleischreibern, Druckern und Schulmeistern (Nerius 1987, 229), nicht von einer gesprochenen Hofsprache her, dürfen diese nichtphonemischen Prinzipien, die vor allem als Lesehilfen zum raschen Sinnverstehen beim stillen Lesen langer, schwieriger Texte dienen sollen, nicht unterschätzt werden.

Das Prinzip ‚Schreib wie du sprichst!' war den Orthographielehrern zwar von vornherein ein ideales Leitbild; aber es ließ sich nicht voll verwirklichen, nicht nur wegen der Überschneidung mit den anderen Prinzipien, auch weil man sich der gravierenden regionalen Ausspracheunterschiede wohl bewusst war (K.Müller 1990, 29ff.) und sich die orthophonische Vorbildwirkung einer bestimmten Landschaft (z.B. des ‚Meißnischen') auf die Dauer nicht durchsetzen konnte (s. 5.6C–H). Im 17. Jh., seit Gueintz (s. 5.6M2), wurden deshalb Kriterien wie ‚Ursprung' und ‚Stamm' (nach Schottelius' *Grundrichtigkeit*) verstärkt berücksichtigt: *Geste/Gäste, leeren/lehren, Physica*, daneben aber auch der *usus scribendi*: *viel, seyn* (Nerius 1987, 232f.). Schon seit dem 17. Jh. wollten die meisten Orthographieexperten den erstrebten Weg zu einer immer größeren überregionalen, kulturnationalen Vereinheitlichung nicht durch zu viele willkürliche Veränderungen der gegebenen Prinzipienmischung gefährden.

Nur in Kleinigkeiten konnte die Phonem-Graphem Beziehung bereinigt werden (Nerius 1987, 230ff.; Nerius u.a. 2007, 301–331): Bereits im 16. Jh. konnten Konsonantenhäufungen ohne Lautwert und der Gebrauch von *e* als Vokallängezeichen zurückgedrängt werden. Vor allem durch Schottelius und Bödiker konnten die Grapheme <*u*> und <*v*> bzw. <*i*> und <*j*> konsequent auf vokalischen bzw. konsonantischen Wert festgelegt (nicht mehr *vnd* ‚und', *jhr* ‚ihr'), die Diphthongschreibung mit <*aw*> statt <*au*> zurückgedrängt, die Verwendung von <*h*> als Längezeichen vermehrt werden.

Ansonsten wurde aber – vor allem seit Bödiker und seinen Bearbeitern Frisch und Wippel – das phonemische Orthographieprinzip mehr zugunsten des Gebrauchs bei guten Schriftstellern und Gelehrten zurückgedrängt (Nerius 1987, 234ff.; Nerius u.a. 2007, 318ff.). Radikale Reformversuche einseitig nach dem phonemischen Prinzip konnten sich deshalb damals ebenso wenig wie im 19. und 20. Jh. durchsetzen.

Ein frühes Beispiel dafür ist Philipp Zesens *Hoch-Deutsche / Spraachübung / Oder / unvorgreiffliches Bedenken / Über die Hooch-deutsche Haupt-Sprache und derselben Schreibrichtig-*

keit (1643). Ähnlich wie in seinem Verdeutschungspurismus in Bezug auf Fremdwörter (s. 5.5LM) war er hierin von niederländischem Vorbild beeinflusst, z.B. bei der Bevorzugung von Doppelvokal als Längezeichen (V.Moser 1936/71, 205ff.; Engels 1983, 136, 150; Schielein 2002).

Ein ähnlicher Versuch war der unter dem Pseudonym Jakob Domitor erschienene *Grundris einer dauerhaften Rechtschreibung, Deütschland zur Prüfung forgeleget* (1776) des um die Schulsprachlehre verdienten Pfälzers Jakob Hemmer (Jellinek 1913, Bd.I, 273, 288ff., 299ff.; Ewald 2004b): Er verwarf Doppelkonsonanz als Kürzezeichen (*falen* ‚fallen') ebenso wie <*e*> und <*h*> als Dehnungszeichen (*dise* ‚diese', *sa* ‚sah'), verzichtete also auf jede Bezeichnung der Vokalquantität, wollte alle <*v*>, <*ph*>, <*q*>, <*y*> und <*c*> (außer in <*ch*>, <*sch*>) abschaffen, erwog <*scht*>, <*schp*> für anlautendes /*st*/, /*sp*/. Seine phonetische Radikalität ging so weit, dass er vor den Ausspracheunterschieden kapitulierte: *„Ist es im Sprechen getrenet, und wil dise Trenung nicht heben: warum sol es nicht auch im Schreiben getrenet sein dörfen? Warum solte man sich weigern oder schämen, seine Sprache so auf das Papir zu malen, wi si im Munde ist? Erfodert das nicht di Natur der Schrift?"* (*Grundris*, 58f.). – Ähnlich rigoros phonetisch waren in den 1770er Jahren die Vorschläge der Grammatiker Abraham Gotthelf Mäzke aus Schlesien und der Schwaben Johann Nast und Friedrich Karl Fulda (Jellinek 1913, Bd.I, 270ff.; Ewald 2004b).

Am spektakulärsten war in dieser Hinsicht der vergebliche Kampf des Dichters Friedrich Gottlieb Klopstock um eine Reformorthographie (Baudusch-Walker 1958; Baudusch 1984; Lühr 1988): Nachdem er bereits durch seine Dichtungen berühmt geworden war, wollte er sich eine vollständig neue Dichtersprache schaffen und beschäftigte sich dazu erstaunlich systematisch mit sprachwissenschaftlichen Fragen. Auf der Basis der schon damals vorbildlichen niedersächsischen Aussprache entwarf er eine konsequent lautgerechte Orthographie: in seiner *Deutschen Gelehrtenrepublik* (1774), in seinem Fragment *Über die deutsche Rechtschreibung* (1779 in Campes *Sammlung einiger Erziehungsschriften*, Bd.II.) und in *Grammatische Gespräche* (1793). Er war dazu aus patriotischen Motiven angeregt durch seine altdeutschen, schottischen und skandinavischen Textstudien. Seinen Versuch, eigene Werke in seiner Radikalorthographie neudrucken zu lassen, musste er bald aufgeben, da das Publikum solchen Neuerungen abgeneigt war und die Experten unter Führung der Autorität Adelung, aber auch die Literaten (Lessing, Nicolai, Gleim, Wieland, Hamann) einhellig gegen seinen Versuch polemisierten. Die Erstarrung der deutschen Orthographie war schon zu weit fortgeschritten, der Wille zum Minimum an Vereinheitlichung des Gewohnten anstelle grundsätzlicher Reformen war schon so stark geworden, dass solche lautpuristischen Experimente nur noch als „lächerliche und unsere ganze Nation beschimpfende Sprachverwirrung" (Wieland), also als Rückschritt in der endlich etablierten deutschen Sprachkultivierung empfunden werden mussten (vgl. auch Garbe 1981; Nerius 1989; Josten 1976, 192ff.; Ewald 2004b, 42–44, 49ff.).

Klopstock lehnte Vokaldehnungszeichen ab und wollte dafür alle Kurzvokale mit Doppelkonsonanz bezeichnen; statt <*sch*>, <*ks*>, <*qu*>, <*ts*> wollte er stets einfache Zeichen setzen (*Glüx* ‚Glücks', *stez* ‚stets'); offenes /ɛ/ sollte immer <*ä*> geschrieben werden, <*eü*> statt <*äu*>, <*f*> statt <*ph*> oder <*v*>, <*t*> statt <*th*>, <*k*> statt <*c*>, auch in Fremdwörtern, usw. Einiges davon ist in späteren Rechtschreibreformen verwirklicht worden bzw. bis heute im Programm der Reformer geblieben; das meiste ist bis heute nicht realisiert (Baudusch-Walker 1958, 250ff.).

Eine Probe aus Klopstocks lautgetreuer Schreibung (wobei einige diakritische Zeichen unter Vokalbuchstaben weggelassen sind): „*Es ist sonderbar genung, daß Mut dazu gehört, dise Follendung forzuschlagen. Es wird mich indes ni reüen in gehabt zu haben, wi di Sache auch ausfalle. [...] Aber welche Mühe bleibt müsam, so bald man glauben kan, auch durch si noch immer etwas für eine Sache zu tun, womit di Nazion, där man angehört, wen auch nicht jezo gleich, doch kümftig einmal, zufriden sein wärde.*" (Werke IX, 349, 361; n.Baudusch-Walker 1958, 51).

Literatur

Entstehung der nhd. Schriftsprache/Standardsprache: Arndt 1990. BBRS (Besch 2252ff.). R.Bergmann 2007. Besch 1968; 1979; 1987; 2007. Blackall 1966. R.Bogner 1997. Born 2007. Durrell 2001. Eichinger 1990. Elter 2002. Erben 1975b; 1989. Ernst 2000. Fleischer 1962. Frings/Schmitt 1944. Gessinger 1977; 1980. Guchmann 1964/69. Hartweg/Wegera 2005, 45ff. Henzen 1954. Hotzenköcherle 1962. Huber 1984. Josten 1976. Kluge 1918. Knoop 1988b. Kriegesmann 1990. Lameli 2006. Lange 2005. Lerchner 1984b. LGL (Reichmann 515ff., Piirainen 598ff.). Mattheier 1981; 1999. Mihm 2003. Nerius 1967. Neumer 2005. Nitta 2004. Penzl 1986. Piirainen 1972. v.Polenz 1983; 1985; 1995a; 2000. Pörksen 1983c. Reichmann 1978; 1990. Reichmann u.a. 1988. Skála 1981. Socin 1888/1970. Timm 1986. Van der Elst 1987. Wegera 1986. Weigl-Anzinger 2005. Wiesinger 1999c.

Sprachphilosophie: Coseriu 2003. Dascal u.a. 1992. Erhard-Macris 2002. Neis 2003. Pape 1991. Pietsch 1902/08. Ricken 1989. Ricken/Berghaud 1990. Tani 2003. Vollhardt 1997. – **Sprachwissenschaft, Sprachtheorie:** Chr.Becker 1998. Blume 1978b. Brekle u.a. 1992ff. Cherubim 1993; 2001. Dengler 2003. Dutz 1993. Fricke 1990. Fürst 1988. Gardt 1994; 1995; 1996; 1999b. Gardt u.a. 1991. Gessinger 1988. Haarmann 2002. F.Hartmann 2009. Haßler 1984. Haßler/Schmitter 1999. Huber 1984. W.P.Klein 1992. Leiss 1991. Moulin 1997b; 2011. Padley 1985/88. v.Polenz 2001; 2002ab. Rutten 2004. R.Schmidt 2004. Schmitter 2005. Takada 2001. Watanabe 2004a. – **Sprachkultivierung, Sprachnormierung:** Faulstich 2008. Fonsén 2006. Gewehr 2001. Josten 1976. v.Polenz 1995a. Scharloth 2002/03; 2003; 2005. Scharnhorst 1999. Schletter 1985. – **Sprachkritik, Stigmatisierung, *purism*:** Bartl 2005. BBRS (Sonderegger 417ff., Reiffenstein 2205ff.). Cherubim 1993; 2001. Cherubim/Walsdorf 2005. Davies/Langer 2006. Dieckmann 2005. Freitag 2007. K.Jakob 2010. Lange 2005. Langer/Davies 2005. Leweling 2005. Lipczuk 2007; 2011. Pfalzgraf 2012. Scharloth 2005b. Schiewe 1997. Schmidt-Regener 1989. Takada 2001a.

Sprachtheoretische/-ideologische Teilaspekte: Asmuth 1992. R.Bergmann 1998a. Ewald 2004a. Garbe 1980. Gardt 1995; 2001a. Henne 1985. Irmen/Steiger 2005. Josten 1976. Knoop 1988b. Kotin 1998. Lerchner 1992. Mattheier 1991; 1999. Moulin

2004. K.Müller 1990. B.Naumann 1989. v.Polenz 2002b. Reichmann 1992; 1995. J.Simon 2002. Takada 1985.

Wirkung Luthers: BBRS (Besch 1713ff.). R.Bergmann 1983. Besch 1984; 1992; 1999; 2000; 2002. Gelhaus 1989/90. R.Große 2004. Hartweg/Wegera 2005, 79ff. Hatz 1985. Heringer 1983. Jacoby 1988. Josten 1976, 105ff. Kriegesmann 1990, 178ff. Lemmer 1987. Mieder 1995. Moulin 1986ab; 1990. Raab 1984. Sachse 1984. Schildt 1984a. H.U.Schmid 1998. Wiesinger 1987. H.Wolf 1980, 68ff.; 1987. Zerender 1911.

Ostmitteldeutsch, Meißnisches Deutsch: BBRS (Reiffenstein 2205ff., Lerchner 2744ff.). Blackall 1966, 76ff. Czok 1989. Durrell 2001. Eichler/Bergmann 1967. Frings 1936; 1956. R.Große 1981; 1988; 1993; 1999; 2004. Henne 1968a. Josten 1976, 20ff. Kändler 1989. Lerchner 1997. v.Polenz 1986. Voeste 1999. H.Wolf 1964; 1968a; 1980; 1987; 1996.

Grammatikschreibung: Barbarić 1981. Battafarano 1991. BBRS (Wegera/Solms 1542ff., Wegera 1810ff., Moulin 1903ff.). R.Bergmann 1982; 1984. Berns 1977. Brekle u.a. 1992ff. BRS (Schmidt-Wilpert 1556ff.). Djubo 2008. Donhauser 1989. Erben 1989. Faninger 1996. Fonsén 2006. Gewehr 1978. Glaser 1979. Götz 1988. Hartweg/Wegera 2005, 69f. Hundt 2000. Ising 1959; 1970. Jahreiss 1990. K.Jakob 1999. Jellinek 1913/14. Kiedroń 1991. Klijnsmit 1993. Kordes 1999. Kyes 1995. Leser 1914. LGL (Cherubim 775ff.). V.Moser 1915. Moulin 1994–97; 2000. B.Naumann 1983; 1986. Poppe 1982; 1983. Reutner 2002. Roessler 1997a. R.Schmidt 2004 Takada 1997; 1998. H.Weber 1987. H.Weiss 1992. Wells 1990, 236ff. – S. Weiteres in 5.6M, Bd.I: 4.4Lit!

Orthographienormung/-reform: Baudusch-Walker 1958. BBRS (Kohrt 552ff., N.R.Wolf 1527ff., Garbe 1765ff., Veith 1782ff., Nerius 2461ff.). P.Becker 2005. R.Bergmann 1984. R.Bergmann/Debus/Nerius 1998ff. Bredel 2005. Diedrichs 1983, 179ff.; 1984. Eisenberg 2000; 2006. Ewald 1991; 1992; 2004a. Garbe 1978; 1981. Götz 1988. Hartweg/Wegera 2005, 127ff. Heinle 1982. Jahreiss 1990. Jellinek 1913, Bd.I, 49ff. Josten 1976, 192ff. Kohrt 1987. Mentrup 1979; 1980. Mogensen 1992. V.Moser 1915; 1936/71. Moulin 1986b; 1992; 1994/97; 1995; 1997a; 2007ab; 2008. Nerius 1967; 1984; 1989. Nerius/Scharnhorst 1992. Schielein 2002. Sitta 2006. Stichlmair 2008. Wiesinger 1999d.; 2008ab. – Zur Orthographieentwicklung allgemein s. 5.9Lit!

Regionale Realisierung der Schriftsprachnormen: Hille 2009. Macha 2006. Schulz 2006 – **im Süden allgemein:** BBRS (Klepsch/Weinacht 2767ff., Kunze 2810ff., Reiffenstein 2889ff.). Besch 2004. Blackall 1966, 103ff. Breuer 1971; 1979; 1989. Brooks 2006. Jahreiss 1990. Macha 2004. Mattheier 1989; 1990; 1991; 2005. Raab 1984. Reiffenstein 1992; 1997. Reutner 2003. Roessler 1997b; 2001. Wiesinger 1996; 1999c. – **in Österreich:** BBRS (Reiffenstein 2942ff., Wiesinger 2971ff.). Bodi 1977; 1996. Faninger 1996. Freitag 2007. Hashimoto 1993. Reiffenstein 1993a; 1997; 2000a. Reutner 2005. Roessler 1994; 1997a; 1998ab. Scharloth 2005b. Wiesinger 1983; 1987; 1993ab; 1995; 1997; 1998; 1999abd; 2002. – **in Bayern:** BBRS (Reiffenstein 2942ff.). Eichinger 1983. Matzel/Penzl 1982. Meurders 2001. B.Naumann 1983. Poppe 1982. Reiffenstein 1980; 1989; 1993ac; 1995. Tauber 1992. – **in Böhmen, Slowakei, Ungarn:** Gehl 1997. Paul 1987. Piirainen 1989; 1997b; 1999. Povejšil 1980. Skála 1966; 1983. – **in der Schweiz:** BBRS (Sonderegger 2825ff.). W.Bender 1973. Besch 2002.

Rohner 1984. Schlosser 1985. Sonderegger 1993; 1995. Thomke 1997. Trümpy 1955. – **Im Westfälischen/Niederrheinischen:** Cornelissen 2000. Eickmans 2000. Macha/Neuss/Peters 2000. Niebaum 2000. Peters 2000. – **Im Rheinischen:** Besch 1979. BRS (Hoffmann/Mattheier 1838ff.). Elspaß 2000. Macha 1991; 1993. Macha/Neuß/Peters 2000. Mattheier 1981. Neuss 2000. – Zur Verdrängung des **Niederdeutschen/Niederländischen** s. 5.8Lit!

5.7. Sprachreichtum und Sprachdeutlichkeit: Sprachkultivierende Lexikographie

A. Für das Schreiben und Publizieren von Wörterbüchern, das von den mittelalterlichen Glossensammlungen her im 15. und 16. Jh. mit einzelnen Pionierleistungen begonnen worden ist (s. 4.6F), waren das 17. und 18. Jh. die Epoche zunehmend systematischer, kontinuierlicher und für die Entwicklung der deutschen Sprachkultur einflussreicher Aktivitäten. Diese standen im engen Zusammenhang mit zwischen Experten und Sprachfreunden geführten Lexikographie-Diskussionen, großenteils im Rahmen kulturpolitischer Bewegungen und Institutionen (vgl. 5.5). Obwohl die Ideen der Sprachrichtigkeit und der sozialstilistischen Bewertungen auch hierbei (wie in der Grammatikographie) eine bedeutende Rolle spielten, wäre die traditionelle Kennzeichnung dieser Lexikographie als nur normativ (präskriptiv) zu grob und unzutreffend einseitig. Diese Wörterbücher waren primär deskriptiv, nach Zgustas Typologie (in: Hausmann u.a. 1989, 70ff.): „dictionaries that try to describe the existing standard, thereby clarifying it", nicht „standard-creating dictionaries", teilweise mit Ansätzen zu „modernizing dictionaries" (z.B. Stieler, Adelung, Campe), auch mit Vermittlung älteren literarischen und dialektalen Wortgebrauchs (Steinbach, Frisch, Adelung, Campe). Neben deskriptiven und (meist nur implizit) präskriptiven Zielen waren ‚damals sprachideologische Zwecke ebenso wichtig, vor allem der Nachweis des ‚Reichtums' der deutschen Sprache als *Hauptsprache (völligkeit, copia verborum)* und das bildungssprachlich-rationalistische Bemühen um ‚Deutlichkeit' der Wörter für die differenzierende Begriffsbildung (Reichmann 1992; 1993a).

Damit lassen sich zwei Phasen der deutschen Lexikographie dieser Epoche erkennen (Reichmann, Kühn/Püschel, in: Hausmann u.a. 1989, 231ff., 2054ff.): Den ‚Sprachreichtum' sollte von Henisch bis Frisch die „Hauptsprache-Lexikographie" (Kühn/Püschel) mit ihrem „Stammwörterbuch-Programm" (Reichmann) nachweisen, teilweise mit Wortbildungsfreudigkeit über das Übliche hinaus. Mehr der Begriffsdifferenzierung als ‚Wortdeutlichkeit' sollte von Frisch bis Adelung und Campe die „Dokumentationslexikographie" (Kühn/Püschel) mit ihrem Programm des „gesamtsprachbezogenen Wörterbuchs" (Reichmann) dienen, teilweise mit einem literatursprachbezogenen Dokumentationsprogramm anhand von Schriftstellerbelegen (Reichmann). Diese beiden Entwicklungsphasen kann man auch mit allgemeineren ideengeschichtlichen Bezeichnungen die kulturpatriotische und die aufklärerische nennen (entsprechend der Entwicklung des Sprachpurismus von Zesen bis Campe, s. 5.5).

Auch die übliche Gegenüberstellung der Lexikographie vor und seit den Brüdern Grimm als synchronisch-gegenwartbezogen und historisch-philologisch ist nicht ganz zutreffend: Philologisch-historische Nachweise spielten schon bei Frisch und Adelung und bereits im sprachtheoretischen Programm seit Gueintz und Schottelius eine Rolle (Kühn/Püschel a.a.O., 2050f.).

B. Die Wörterbuch-Diskussion in der *Fruchtbringenden Gesellschaft* (vgl. 5.5E–K) ist von deren Vereinsgründer Fürst Ludwig v. Anhalt-Köthen angeregt worden, der 1612 in Florenz die Entstehung des italienischen Akademiewörterbuchs miterlebt hatte. An ihr beteiligten sich vor allem Gueintz, Harsdörffer und Schottelius (Reichmann, Kühn/Püschel a.a.O., 231ff., 2051ff., Moulin-Fankhänel 2000; Moulin 2008):

Harsdörffer forderte 1647, man müsse *„ein Teutsches Dictionarium oder Wortbuch"* verfassen, in dem die *„teutsche Haubtsprache"* *„aus ihren Gründen"* und *„künstfüglich erhoben"*, vor allem nach ihren *„Stammwörtern"*, Ableitungen und Zusammensetzungen dargestellt werde. Darin war er sich mit Schottelius einig, der 1663 darüber klagte, dass es noch kein deutsches Wörterbuch gebe, sondern nur Deutsch als Sprache der Erklärungen fremdsprachlicher Wörter in lateinischen oder französischen Lexika; das Deutsche würde damit *„nur wie eine Magd und Nachsprecherin gehandhabt"*. Er lehnte aber das streng alphabetische Prinzip der Italiener ab, weil er das Stammwörterprinzip ebenso wie die Darstellung der Wortbildungsmöglichkeiten *(Kunstfüglichkeit)* zum Nachweis von Alter, Reichtum, *Grund-* und *Kunstrichtigkeit* des Deutschen für wichtig hielt. Seine *„Stammwörter oder radices"* seien *„die grundseulen zu allen darauf erhöhten Sprach-Gebäuden"*; seine 172 Seiten umfassende Stammwortliste hat die deutschen Wörterbücher bis zu Frisch methodisch beeinflusst (Schröter, in: BRS 1522).

C. Die kulturpatriotische Motivation bestand für den *Lexico-graphus* (Kramer) darin, die Vorzüge, ja die Überlegenheit der *teutschen Haubt-Sprache* gegenüber anderen Sprachen, vor allem den damaligen Prestigesprachen Latein, Italienisch und Französisch, nachzuweisen (vgl. 5.5BD). Sie wird besonders deutlich in der *„Vorrede an den Teutschliebenden Leser"* in Stielers Wörterbuch (1691). Hier wirken sich die sprachtheoretischen Anregungen der Diskussionen in der *Fruchtbringenden Gesellschaft* spät, aber bewusst auf die Zielsetzungen der Lexikographie aus (n. Huber 1984, 129ff.):

Im Unterschied zur Sprache des *„gemeinen Lebens"* erfordern die Predigt des Geistlichen, die Geschäfte des Staatsmannes, die Beratung durch den Arzt höhere sprachliche Kunstfertigkeiten: *„Da gehöret zu einer Kunstrede ein reicher Wortvorraht / eine kluge Wahl auserlesener / wolklingenden Redarten / eine ungezwungene / leichtfließende Deutlichkeit in Ausdrückung hoher Gedancken / samt einer mannigfaltigen Durchschießung geschicklicher Worte*

[...]". Die lateinorientierten Gelehrten dagegen beherrschten das Deutsche meist nicht viel besser als der *„gemeine Pöfel"*. Darum seien die sprachkultivierenden Bemühungen *„vortrefflicher Geister"* des 17. Jahrhunderts zu loben, die es *„so weit gebracht / daß unser hochwehrtes Teutsch schon jetzo dem majestätischen Latein / dem unerschöpflichen Griegischen / dem leichtfließenden Französischen und denen tiefsinnigen Welschen und Spanischen Sprachen die Spitze bieten kann [...]"*. Dass in dieser Hinsicht noch *„ein sehr hoher Berg zu ersteigen übrig"* sei, wüssten sehr wohl diejenigen, die sich bemühten, etwas aus anderen Sprachen in die deutsche zu übersetzen. So sollten *„auch redliche Teutsche Mutterkinder"* nach ihren von Gott und der *„milden Natur"* gegebenen *„Verstandsgaben"* ihren Beitrag dazu leisten, *„[...] damit dieses Kunstgebeude nicht nur täglich mehr erhoben / sondern auch auf das zierlichste ausgebutzet und verschönert werden möge."* (n. Huber a.a.O.).

In sprachkultivierender Absicht kombiniert Stieler aus der Sprachgesellschaftstradition nach theoretischem Vorbild Schottelius' die Ermahnung zur Fremdwortvermeidung mit dem lexikographisch betriebenen Nachweis der Überlegenheit der deutschen Sprache, indem er sich bemüht, den Reichtum der uralten deutschen *„Stammwörter oder Wurzeln"* zu dokumentieren, die alle einsilbig zu sein hätten:

„Und hierinnen thut es die Teutsche Sprache allen Sprachen in der Welt / ja auch sogar ihrer Eltermutter / der Hebraeischen / vor / und ist hierüm billig vor die vornemste und fürtrefflichste Haubtsprache zubeehren / als welche einfach / selbsteigen / lauter und rein ist / und nicht allein alles / was die Welt begreifet / ohne Beyhülfe einer andern Sprache / deutlich und vernemlich nennen / sondern auch denjenigen Dingen / so noch täglich anderer Orten erfunden oder erdacht werden / solch einen beqvemen Namen geben kan / der so bald von dem geringsten Menschen / Weibern und Kindern / wann sie denselben nur einmal hören / verstanden werden mag." (n. Huber 1984, 134).

D. Die Erforschung der frühen deutschen Lexikographen ist seit Gerhard Ising (1956) und Helmut Henne (1968ab; 1975) belebt worden, auch durch die Nachdrucke in der Reihe „Documenta Linguistica" (DL) sowie den online zugänglichen Digitalisaten. Die vier wichtigsten Wörterbücher der kulturpatriotischen Phase sind die von Henisch, Stieler, Kramer und Steinbach.

D1. GEORG HENISCH (1549–1618):

BRS (Schröter 1521, 1528). Hausmann u.a. 1989/91 (Grubmüller 2045f., Kühn/Püschel 2052). Henne 1968b, 104f. Huber 1984, 108ff. Kämper 2001.

Doktor der Medizin und Mathematik in Augsburg.

Teütsche Sprach vnd Weißheit. Thesavrvs Lingvae et Sapientiae Germanicae. Augsburg 1616 (nur bis G erschienen). Nachdruck Hildesheim 1973 (DL).

H. war noch stark auf das Lateinstudium und die Rhetorik hin orientiert, daneben aber auch auf den Nachweis der Qualitäten der dt. Sprache: Alter, *puritas, amplitudo, copia, Univocität*, Einsilbigkeit der Stammwörter. Er arbeitete mit selbstständig gesammelten Wörtern und Redensarten, ordnete nach dem Stammwortprinzip, jedoch noch sehr unsystematisch, einschließlich Eigennamen, die er wie Wörter buchte. Mit der „Registrierung deutscher Idiotismen und Redensarten" macht sich H. schon weitaus mehr als Maaler (1561) vom Systemzwang des Lateins frei, so dass bei ihm „das Bewußtsein von einem Wörterbuch des Deutschen tatsächlich einen ersten praktischen Niederschlag finden kann" (Grubmüller).

D2. CASPAR STIELER (1632–1707):

Barbarić 1981. Besch u.a. 1983 (Kühn/Püschel 1372f.). BRS (Schröter 1522ff.). Glück 2002, 441ff. Hausmann u.a. 1989/91 (Kühn/Püschel 2052). Huber 1984, 129ff. Ising 1956 und in: Henne 1975, 39ff. Jellinek 1913, Bd.I, 202f., 216. Moulin 1997. Zemann 1966.

Aus Erfurt. Als Sekretär in Militär- und Fürstendiensten in Thüringen und Norddeutschland. Mitglied der *Fruchtbringenden Gesellschaft* als *der Spate/Serotinus*. Auch Hofdichter und Journalist. Veröffentlichte auch Lehrbücher für den Brief- und Geschäftsstil und *„Zeitungs Lust und Nutz"* (vgl. 5.12EF).

Der Teutschen Sprache Stammbaum und Fortwachs / oder Teutscher Sprachschatz / Worinnen alle und iede teutsche Wurzeln oder Stammwörter / so viel deren annoch bekant und ietzo im Gebrauch seyn / nebst ihrer Ankunft / abgeleiteten duppelungen und vornemsten Redarten / mit guter lateinischen Tolmetschung und kunstgegründeten Anmerkungen befindlich. [...] 2 Bde. Nürnberg 1691. Neudruck m. Einf. v. Gerhard Ising. Hildesheim 1968 (DL).

St.'s Wörterbuch ist (auch nach eigener Auffassung) die späte Frucht der lexikographischen Diskussion in der *Fruchtbringenden Gesellschaft* und deren theoretischer Grundlegung durch Schottelius. Von daher erklärt sich seine konsequente Gliederung nach Stammwörtern (die einsilbig zu sein haben) und deren nachgeordnete Wortbildungen, auch seine Neigung, analogische oder poetische Ableitungen und Zusammensetzungen zu buchen sowie alle Wörter aus dem Deutschen selbst abzuleiten. So sind seine über 60.000 Wörter auf höchstens 600 Stammwörter-Artikel verteilt, aber durch ein alphabetisches Register zugänglich. Die Orthographie ist stark am Herkunftsprinzip orientiert, der Wortgebrauch stark ostmitteldeutsch. Ein Fortschritt sind zahlreiche Satzbeispiele und Redensarten. Die Bedeutungserklärungen sind aber noch ganz traditionell nur in Latein gegeben, noch nicht semantisch-systematisch geordnet.

Obwohl St. nicht mehr primär dem Lateinunterricht dienen will, sondern dem deutschen Schulunterricht, der deutschen Rhetorik und Poetik, dem Sprachunterricht für Nichtdeutsche, bleibt St.'s Wörterbuch noch eher im Rahmen der Beweisführung für das deutsche Sprachprestige im Sinne der Sprachgesellschaften. Auch in seiner *Kurzen Lehrschrift von der Hochdeutschen Sprachkunst* (Anhang zu seinem Wörterbuch) knüpfte St. an Schottelius und Gueintz an, kam aber in Orthographie, Aussprache, Verb-Klassen, Wortstellung zu neuen, weiterführenden Einsichten.

D3. MATTHIAS KRAMER (1640–1729?):

BRS (Schröter 1523). Bray 2000. Hausmann u.a. 1989/91 (Kühn/Püschel 2053). G.Ising 1956 und in: Henne 1975, 59ff. Jellinek 1913, Bd.I, 13, 212. Moulin 1997. L.Müller 2002.

Aus Köln. Lebte ab 1670 lange in Nürnberg als Fremdsprachenlehrer für Patriziersöhne, lehrte vielleicht auch an der Universität Altdorf. Hat auch eine italienisch geschriebene dt. Grammatik und andere zweisprachige Wörterbücher veröffentlicht, z.B. ein französisch-deutsches, weshalb er 1712 in die Berliner *Societät* gewählt wurde. Als Motiv für seine Arbeit bekannte er religiös-ethisch Völkerverständigung.

Das herrlich-Grosse Teutsch-Italiänische Dictionarium, oder Wort- und Red-Arten-Schatz der unvergleichlichen Hoch-teutschen Grund- und Haupt-Sprache. 2 Theile. Nürnberg 1700/1702. Nachdruck m. Einf. v. Gerhard Ising. Hildesheim 1982 (DL). Erweiterung der 1. Aufl. von 1678.

Im Anschluss an Stieler und um ihn zu übertreffen, hat K. nach Stammwörtern gegliedert (4.700 in der 2. Aufl.), mehr Wörter der Rechts-, Verwaltungs- und Wissenschaftssprache (nach Chr.Wolff) aufgenommen, auch mehr Redensarten. Unübliche Analogiebildungen, veraltete und poetische Wörter lehnte er ab. Es ging ihm um den üblichen und aktuellen Wortschatz für den praktischen Zweck eines Fremdsprachunterrichts auf der Basis der Muttersprache. So finden sich bei ihm erstmalig semantisch durchgegliederte Artikel, z.B. von konkreten zu übertragenen Bedeutungen, mit Markierung scherzhaften Gebrauchs.

D4. CHRISTOPH ERNST STEINBACH (1699–1741):

Besch u.a. 1983 (Kühn/Püschel 1373f.). BRS (Schröter 1524f., 1530). Hausmann u.a. 1989/91 (Kühn/Püschel 2053). Henne 1975 (Schröter 71ff.). Jellinek 1913, Bd.I, 206, 448f. Schröter 1970.

Schlesischer Arzt. Sehr streitbar und vielumstritten. Mitglied der Deutschen Gesellschaft in Leipzig. Hat auch Literatur- und Sprachwissenschaftliches publiziert. Einflussreich war er in der Erklärung der dt. Wortstellung und der Klassen starker Verben.

Vollständiges Deutsches Wörter-Buch. Vel Lexicon Germanico-Latinum. 2 Bde. Breslau 1734. Neudruck m. Einf. v. Walther Schröter. Hildesheim 1973 (DL). Erweiterung eines kleineren Wörterbuchs von 1725.

St.'s Erklärungen sind noch lateinisch, seine Anordnung noch nach dem Stammwortprinzip. Auch Eigennamen und Affixe als Stichwörter. Neu sind zahlreiche literarische Belege, vor allem aus der schlesischen Dichterschule, für allgemeine Gebrauchsweisen, also nicht mehr für Eigenwilliges und Kurioses. Auch Mundartliches hat er einbezogen, vorwiegend aus Schlesien. Sozialstilistisch sind 5 Schichten markiert: Regionalität *(Vocem non ubique usitatam)*, Veraltung *(vocem obsoletam)*, Analogiebildungen, Umgangssprache *(vocem plebejam, quae in scriptis non adhibetur)*, Vulgärsprache *(vocem corruptam)*. Lessing hat St.'s Wörterbuch benutzt.

E. Die zweite Phase der deutschen Lexikographie des 17./18. Jh.s, die gesamtsprachlich dokumentierende aufklärerische, beruht auf einer neuen programmatischen Diskussion, die im wesentlichen von Bödiker (1690), Leibniz (1697) angeregt und von Daniel Ernst Jablonski (1711) und Johann Leonhard Frisch (1723) weitergeführt wurde (Reichmann, Kühn/Püschel, in: Hausmann u.a. 1989/91, 233ff., 2054ff.): Um die deutsche Sprache für Erfordernisse der Wissenschaften, des abstrakten Denkens, aber auch für die *„Ausdrückung der Gemüths-Bewegungen, auch der Tugenden und Laster, und vieler Beschaffenheiten, so zur Sitten-Lehr und Regierungs-Kunst gehören"* (Leibniz, Unv. Ged. § 10) in der Konkurrenz mit dem Latein oder anderen Fremdsprachen des *„Gelehrten und Hoffmanns"* besser geeignet zu machen, forderte der Aufklärungsphilosoph Leibniz, statt eines übertriebenen Fremdwortpurismus (mit verdeutschenden Neuwörtern), eine umfassende Dokumentation des gegenwärtigen, aber auch historischen Gesamtwortschatzes der deutschen Sprache aus vielen Wortschatzbereichen und -schichten:

„Der Grund und Boden einer Sprache, so zu reden, sind die VVorte, darauff die Redens-Arten gleichsam als Früchte herfür wachsen. VVoher dann folget, dass eine der Haupt-Arbeiten, deren die Teutsche Haupt-Sprache bedarff, seyn würde, eine Musterung und Untersuchung aller Teutschen VVorte, welche, dafern sie vollkommen, nicht nur auf diejenige gehen soll, so jederman brauchet, sondern auch auf die so gewissen Lebens-Arten und Künsten eigen; und nicht nur auf die so man Hochteutsch nennet, und die im Schreiben anietzo allein herrschen, sondern auch auff Plat-Teutsch, Märckisch, Ober-Sächsisch, Fränckisch, Bäyrisch, Oesterreichisch, Schwäbisch, oder was sonst hin und wieder bey dem Landtmann mehr als in den Städten bräuchlich." (Leibniz, *Unvorgreiffl. Gedancken* ... (s.5.5N), § 32).

Das Ziel eines einsprachigen mehrschichtigen Gesamtwörterbuchs stellte sich Leibniz in drei getrennten lexikographischen Werken vor: ein *„Lexicon"* für den allgemeinen Wortschatz, ein *„Cornu Copiae"* für den Fachwortschatz *(Kunstwörter)*, ein *„Glossarium"* für Etymologie und Wortgeschichte (§ 33, 54). Über Jablonskis Wörterbuchprogramm in der Berliner *Societät*, das Wörterbuch von Frisch und den Wörterbuchplan Gottscheds hat dieser Plan bis zu Adelung direkte Wirkung gehabt, allerdings mit weitgehender Vereinigung der drei Teilwerke in einem.

In Leipzig wurde die aufklärerische Wörterbuchdiskussion zunächst von Gottsched weitergeführt, der in seinen *Beyträgen* ... (1738) die Wörterbücher von Stieler und Steinbach und Jablonskis Wörterbuchplan kritisch erörtert hatte. Er veröffentlichte ein Fragment seines eigenen Wörterbuchplanes als *„Beobachtungen über den Gebrauch und Misbrauch vieler deutscher Wörter und Redensarten“* (Straßburg/Leipzig 1758), und zwar *„solchen guten Patrioten zu gut, die ihre Muttersprache lieber recht, und regelmäßig als pöbelhaft und unrichtig reden wollen“*. Darin dominiert das präskriptive Prinzip der Anleitung zum richtigen und der Warnung vor falschem Gebrauch, wobei Gottsched Entscheidungen mitunter nicht oder nur emotional und unsystematisch begründet, aber immerhin zwischen mundartlich und *„pöbelhaft“* unterscheidet und die Entscheidung bei regionalen Heteronymen oft offenlassen muss, z.B. *Raam/Sahne/Schmand* (Püschel 1978; Kühn/Püschel, in: Besch u.a. 1983, 1374). Die Adelung vom Verleger Breitkopf angetragene Fortsetzung von Gottscheds Bruchstücken gelang dann aber auf wesentlich höherem aufklärerisch-systematischem Niveau.

F. Die aufklärerische Lexikographie stand weniger im Zeichen einer bloß normativen ‚Sprachrichtigkeit‘ als vielmehr unter dem argumentativen Prinzip der ‚Sprachdeutlichkeit‘. Nach dem Vorbild der französischen rationalistischen Sprachtheorie und der Aktivitäten der Académie Française ging es darum, in Lexika die Einheit des kollektiven Wissens einer sich zunehmend selbst aufklärenden Gesellschaft möglichst präzise und differenziert zu dokumentieren. In diesem Sinne waren *deutlich, eindeutig, klar, genau, präzis, ordentlich, angemessen, vollkommen, gemäß, natürlich, unterschiedlich,* usw. (und die entsprechenden Substantive) sehr häufige Begriffswörter in sprachreflexiven Texten des 18. Jh.s (Reichmann 1992; 1995): Dies hatte die lexikographische Konsequenz, Synonymie, Metaphorik, Polysemie und Heteronymie nicht unerklärt und undifferenziert zu buchen, Bezeichnungslücken möglichst zu füllen und Provinzialismen, Archaismen, Poetizismen, Neologismen, Fremd- und populäre Fachwörter kritisch bewertend zu behandeln oder vor ihnen zu warnen. Dies führte, auf dem Wege zu Adelung, über bloße ‚Richtigkeit‘ um ihrer selbst willen hinaus, zur Verschärfung der Verwendungsregeln und zur systematischen Bedeutungsbeschreibung zugunsten rationaler Begriffsbildung; dabei wurde die allgemeine Bekanntheit und Verständlichkeit gegenüber der analogischen Wortgebildetheit bevorzugt, die Darstellungsfunktion von Sprache (nach Bühler) gegenüber den mehr sozialkommunikativen Funktionen (Reichmann a.a.O.).

Beim aufklärerischen Wörterbuchschreiben bemühte man sich, auch gemeinsprachliche Wortbedeutungen nicht mehr nur durch Synonyme, Antonyme und Verwendungsbeispiele anzudeuten, sondern durch Definitionen, mit Oberbegriffen und unterscheidenden Merkmalen, umfassend und systematisch darzustellen und so für jede angemessene künftige Verwendung bereitzustellen. Diese neue Technik, zuerst von Antoine Furetière in seinem *Dictionnaire universel* eingeführt, von Pierre Bayle als epochale Neuerung gelobt, bedeutete den Versuch, „den ‚Ort‘ des Wortes im historischen und diskursiven Kontext der Sprache festzulegen“, also auch einen „Wandel in der sozialen Funktion" gemeinsprachlicher Wörterbücher (Hölscher 1978, 327ff.):

Die semantische Einheit des Wortes wurde so „als eine nicht nur im jeweiligen Kontext gegebene, sondern von diesem abzulösende und allgemein darstellbare sprachliche Erscheinung" aufgefasst. ‚Sprachrichtigkeit' war hier – weit über bildungssprachliche Standessymbolik hinaus – als Diskurswelten konstituierende ‚Sprachdeutlichkeit' zum erkenntnisleitenden Instrument der Identifizierung von Wort, Begriff und Sache erhoben worden, eine einseitig rationalistische Semantikideologie, die später durch Sprachkritiker des 19. und vor allem 20. Jahrhunderts in Frage gestellt wurde.

Für die Ordnung mehrerer Bedeutungen in einem Wort-Artikel (Polysemie) wurde – besonders seit Adelung – auch die historische Dimension herangezogen, mit der bis heute in konservativ-bildungssprachlicher Semantikauffassung beliebten Unterscheidung zwischen ‚ursprünglicher', ‚wörtlicher', ‚eigentlicher', ‚engerer' Bedeutung einerseits und ‚uneigentlicher', ‚abgeleiteter', ‚übertragener', ‚figürlicher', ‚weiterer' Bedeutung andererseits; dies wurde bei Adelung – von Herders Sprachphilosophie beeinflusst – meist als Wandel von sinnlicher, konkreter (möglichst akustischer) zu immer abstrakterer Bedeutung dargestellt.

Insofern ist die „Methode und theoretische Begründung des historischen Wörterbuchs" durch Adelung vom Grimmschen Wörterbuch später in der Durchführung weit übertroffen worden, nicht aber in der Klarheit und Konsequenz (Hölscher 1978, 336). Diese Einführung der ‚Zeit'-Perspektive in die Lexikographie entspricht der ‚Verzeitlichung' des Denkens (Koselleck) in der spätaufklärerischen politisch-sozialen Begriffsgeschichte (vgl. 5.12L).

G. Die drei bedeutendsten deutschen Lexikographen der Aufklärungsphase sind Frisch, Adelung und Campe.

G1. JOHANN LEONHARD FRISCH (1666–1743):

Besch u.a. 1983 (Kühn/Püschel 137f.). BRS (Schröter 1524, 1531). Diedrichs 1990, 49. Hausmann u.a. 1989/91 (Kühn/Püschel 2054). Henne 1975 (Powitz 93ff.). Jellinek 1913, Bd.I, 205f. L.Müller 2002. Powitz 1959.

Bürgersohn aus Sulzbach (Oberpfalz). Nach Studium in Altdorf, Jena, Straßburg und Reisen in europäische Länder, 1693 Gutsverwalter, 1697 Erzieher, 1698 Subrektor, 1727 Rektor des Gymnasiums am Grauen Kloster in Berlin. Gab 1723 Bödikers *„Grundsätze"* neubearbeitet heraus (s. 5.6M4). Briefwechsel mit Leibniz. Mitglied der Berliner *Societät*, seit 1731 Direktor von deren historisch-philologisch-deutscher Klasse. Auch sprachwissenschaftliche Beschäftigung mit Französisch, Italienisch und slawischen Sprachen; „einer der hervorragendsten Sprachwissenschaftler Deutschlands" (Jellinek); auch zoologisch gelehrt.

Teutsch-Lateinisches Wörter-Buch, Darinnen nicht nur die ursprünglichen, nebst denen davon hergeleiteten und zusammengesetzten allgemein gebräuchlichen Wörter, sondern die bey den meisten Küns-

ten und Handwerken, bei Berg- und Salzwerken, Fischereyen, Jagd- Forst- und Hauß-Wesen u.a.m. gewöhnliche Teutsche Benennungen [...] so die in den mittleren Zeiten geschriebenen Historien, Chroniken, Ubersetzungen, Reimen u.d.g. mit ihren veralteten Wörtern und Ausdrücken [...]. 2 Theile. Berlin 1741. Neudruck m. Einf. v. Gerhardt Powitz. Hildesheim 1977 (DL).

F. hat sich in der Anordnung der Artikel nach Stammwörtern noch nach der Tradition des 17. Jh. gerichtet und viel Material aus Steinbach und Kramer übernommen, entspricht aber den Forderungen von Leibniz und den Wörterbuchplänen der Berliner *Societät* insofern, als er die Artikel nach einer durchgehenden Wortschatzklassifizierung konzipierte, erstmals auch historische Quellen des 15. bis 17. Jh. und Material aus Fachsprachen und Mundarten heranzog, Veraltetes und *„Pöbelsprache"* mit Sternchen markierte und gelegentlich etymologische und sprachkritische Erläuterungen gab. Das Wörterbuch ist durch ein lat. Wortregister und ein Autorenregister für Gelehrte nachschlagbar gemacht. Jacob Grimm nannte es „erstes gelehrtes deutsches Wörterbuch".

G2. JOHANN CHRISTOPH ADELUNG (1732–1806):

Bahner 1984, 19f. Bergmann/Wittkowski 1984. Besch u.a. 1983 (Kühn/Püschel 1374ff.). BRS (Schröter 1525, 1532). Brekle u.a. 1992, 1, 19ff. Dill 1992. Dückert 1984. Haß-Zumkehr 1999. Hausmann u.a. 1989/91 (Kühn/Püschel 2054ff.). Henne 1968a; 1970; 1972; 1975, 109f.; 1984. E.Ising 1984. Jellinek 1913, Bd.I, 329. Kämper/Klosa/Vietze 2008. K.D. Ludwig 1989. L.Müller 2002. M.Müller 1903. Nerius 1967. Püschel 1982. M.Schröder 1997. Stötzel 1970. Strohbach 1984. Takada 2002.

Zur Biographie s.5.6M11!

Versuch eines vollständigen grammatisch-kritischen Wörterbuches Der Hochdeutschen Mundart, mit beständiger Vergleichung der übrigen Mundarten, besonders aber der Oberdeutschen. 5 Theile. Leipzig 1774–1786. 2. Ausg. 1793–1801. Nachdruck m. Einf. v. Helmut Henne. Hildesheim 1970 (DL). Kurzfassung in 4 Bänden 1793–1802. Nachdrucke in Wien 1808, 1811.

A. hat das Wörterbuch zunächst nach dem Auftrag des Verlegers Breitkopf begonnen, den fragmentarisch gebliebenen Plan Gottscheds zu verwirklichen, machte daraus aber in kritischer Einstellung zu Gottscheds unbefriedigender Methodik ein ganz eigenständiges umfassendes Dokumentationswerk, mit über 55 Tausend Artikeln, das sehr bald großen Erfolg hatte, mit erstmalig alphabetischer Anordnung aller Einzelwörter (Abkehr vom Stammwortprinzip), vorwiegend eigener Materialsammlung (mit Übernahmen aus Vorgängern als Zugaben), mit weitgehend systematischen, vielfach definitorischen Bedeutungserklärungen und differenzierter sozialstilistischer Markierung. Trotz Beziehung zur normativen Tradition von Gottsched und Jablonski und trotz seiner sozial und regional einschränkenden Definition von *„Hochdeutsch"* als *„Schrift- und feinere Gesellschaftssprache der oberen Classen insbesondere der südlichen Chursächsischen Lande"* (im Vorwort und in anderen theoretischen und polemischen Schriften) war er in der Praxis seiner Wörterbucharbeit wesentlich flexibler und toleranter: Er bekennt sich in der Vorrede zur 1. Auflage sogar zum deskriptiven Prinzip: *„Es ist bisher in der deutschen Sprache nur zu viel entschieden worden; es ist Zeit, daß man einmal anfange, zu prüfen und zu untersuchen."* Zwar sind zahlreiche obersächsische Wörter als Stichwörter nachzuweisen (Bergmann/Wittkowski 1984), aber auch nieder- und oberdeutsche und andere regionale Heteronyme sind als Stichwörter wie als Erklärungen häufig (Püschel 1982); er wollte einerseits das ‚Hochdeutsche' mit Regionalismen kontrastieren, andererseits es damit bereichern. A. war nicht Normsetzer, sondern umsichtiger Kodifizierer bereits literarisch existierender Normen (Kühn/Püschel, in: Hausmann u.a. 1989/91, 2055). – Im Vergleich mit Campe (s. G3) ist A. im politisch-gesellschaftlichen Hintergrund der Bedeutungserklärungen konservativer (Haß-Zumkehr 1999).

A.'s Methoden der Bedeutungserklärung sind bis heute vorbildlich geblieben (Dückert 1984): Definitionen, Paraphrasen, Synonyme, sachkundliche Angaben; lateinische Wörter gibt es gelegentlich nur zusätzlich zur deutschen Erklärung. Definitionen sind seine bevorzugte Methode im Sinne der rationalen Begriffsklärung, vielleicht angeregt durch das *Dictionnaire de l'Académie Française* oder *Johnsons Dictionary*. Synonyme und Antonyme sind meist nicht Selbstzweck, sondern dienen der „Verzahnung des lexikalischen Bestandes" (Dückert) mit genauen Abgrenzungen zwischen semantisch eng benachbarten und mitunter falsch verwendeten Wörtern (z.B. *Absicht/Zweck, Achsel/Schulter, Acker/Feld, Affect/Leidenschaft*).

Der weiteren Konkretisierung von Bedeutungen dienen Beispiele und Belege, nicht nur aus der *„Büchersprache"*, auch aus *„den verschiedenen Lebensarten und dem täglichen Umgang"*, auch Phraseologismen, aber (im Unterschied zu Stieler, Steinbach und Frisch) keine Sprichwörter, da sie für ihn *„größtentheils in die niedrige und pöbelhafte Sprache"* gehören.

Quellenangaben gibt A. ohne genaue Stellen, was Jacob Grimm (vom Standpunkt des philologisch-historischen Jahrhunderts) an ihm kritisierte (Dückert a.a.O., 227). Obersächsische Schriftsteller dominieren (Gellert, Ramler, Rabener, J.E.Schlegel, Weisse); aber auch renommierte Schriftsteller des 17. Jh. und bereits herausgegebene mittelhochdt. Quellen und die Lutherbibel sind reichlich herangezogen.

Außer grammatischen Gebrauchshinweisen kennzeichnet A. das Alter und das Veraltetsein von Wörtern, sowie regionalen Gebrauch, entweder speziell oder unbestimmt als *„in einigen Gegenden/Orten"*. Sozialstilistisches markiert er in der 1. Auflage nach fünf *„Classen"*: *„1. die höhere oder erhabene Schreibart; 2. die edle; 3. die Sprechart des gemeinen Lebens und vertraulichen Umgangs; 4. die niedrige; 5. die ganz pöbelhafte Sprechart"*; mitunter auch Stilfärbungen wie *„verhüllend"* oder *„spöttisch"*, sowie soziale und fachliche Zuordnungen (Jäger, Wundärzte, Mathematik, Markscheidekunst, usw.) (K.D.Ludwig 1989; s. auch Takada 2004b).

Die Gliederung der Teilbedeutungen polysemer Lexeme (*„Leiter der Bedeutungen"*) ist mit Ziffern und Buchstaben systematisiert in geradezu „Linnäischer Ordnung"

(Strohbach 1984, 223), meist vom Alten zum Neuen, vom Sinnlich-Konkreten zum Übertragenen und Abstrakten. Die etymologischen Angaben entsprechen dem noch wenig fortgeschrittenen Wissensstand seiner Zeit (Dückert 1984).

G3. JOACHIM HEINRICH CAMPE (1746–1818):

Besch u.a. 1983 (Kühn/Püschel 1377f.). BRS (Schröter 1525). Daniels 1959. Haß-Zumkehr 1999. Hausmann u.a. 1989/91 (Kühn/Püschel 2057f.). Henne 1969; 1972; 1975, 143ff.; 1996a. Kirkness 1975, 1, 139ff. Lang-Groth 2008. Orgeldinger 1999. Schiewe 1988ab. M.Schröder 1997. Stötzel 1970, 12.

Zur Biographie und zu C.'s Verdeutschungsarbeit s. 5.5Q–W!

Wörterbuch der Deutschen Sprache. 5 Theile. Braunschweig 1807–1813. Nachdruck m. Einf. v. Helmut Henne. Hildesheim 1969 (DL).

Nach seinem bekannten und umstrittenen Verdeutschungswörterbuch (1801, s. 5.5U) wollte C. mit seinem Allgemeinwörterbuch Adelung übertreffen. Mit über 141 Tausend Stichwörtern (großenteils mit mehr Zusammensetzungen und Ableitungen) ist ihm dies quantitativ gelungen; auch hat er noch mehr aus der Literatursprache seiner Zeit und mehr regionale Wörter gebucht, z.T. auch Wörter ohne Markierung, die bei Adelung noch als nicht-‚hochdeutsch' eingestuft waren. Für den Wortschatz der Goethezeit ist C.'s Wörterbuch also ergiebiger als das Adelungs. Insofern entsprach Campe weitaus mehr dem Programm eines „literatursprachbezogenen Wörterbuches", das Lessing, Klopstock und Wieland gefordert hatten (Reichmann, in: Hausmann u.a. 1989, 236f.). In Bezug auf Worterklärungen stellt C.'s Wörterbuch allerdings keinen Fortschritt dar, vieles hat er von Adelung übernommen. Es ist auch nicht so bekannt geworden wie sein Verdeutschungswörterbuch. Anders als Adelung lässt C. durch mehr sozial und politisch relevante Stichwörter und durch die Art der Bedeutungserklärungen eine engagiert bürgerlich-fortschrittliche Haltung erkennen (Haß-Zumkehr 1999).

H. Die erstaunliche Entwicklung in der lexikographischen Methodik in Bezug auf sprachwissenschaftliches Niveau und geistesgeschichtliche Bedeutung lässt sich an einem exemplarischen Vergleich der Artikel *Beruf* bei dem kulturpatriotisch eingestellten und noch stark lateinorientierten Stieler und dem aufklärerischen, sprachwissenschaftlich systematischeren Adelung demonstrieren:

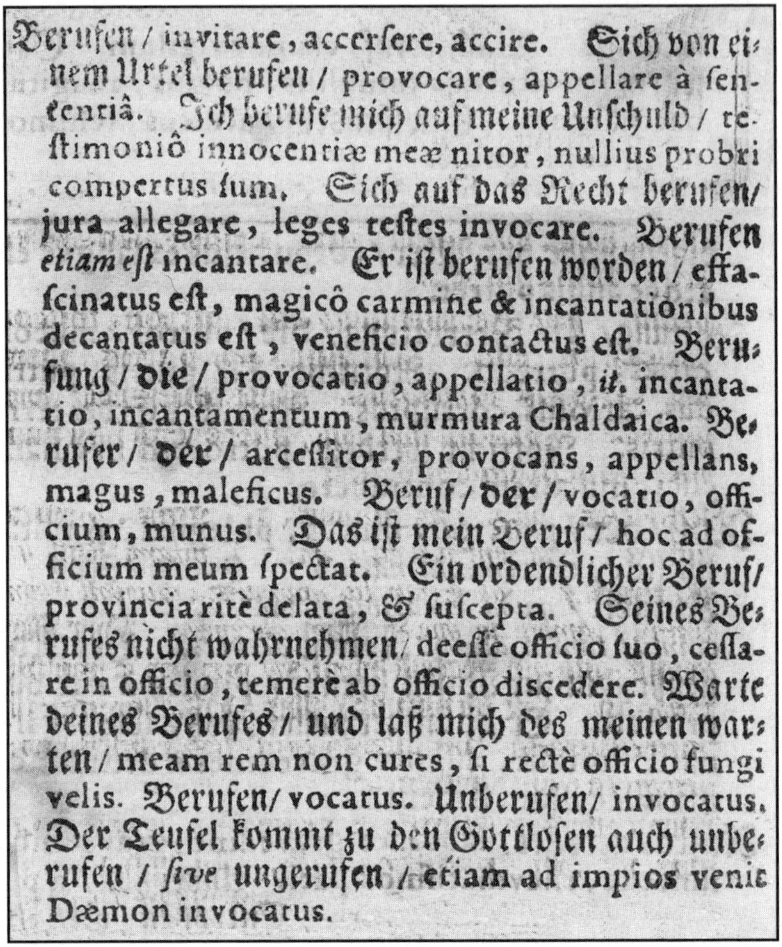

Berufen / invitare, accerſere, accire. Sich von einem Urtel berufen / provocare, appellare à ſententiâ. Ich berufe mich auf meine Unſchuld / teſtimoniô innocentiæ meæ nitor, nullius probri compertus ſum. Sich auf das Recht berufen / jura allegare, leges teſtes invocare. Berufen *etiam eſt* incantare. Er iſt berufen worden / effaſcinatus eſt, magicô carmine & incantationibus decantatus eſt, veneficio contactus eſt. Berufung / die / provocatio, appellatio, *it.* incantatio, incantamentum, murmura Chaldaica. Berufer / der / arceſſitor, provocans, appellans, magus, maleficus. Beruf / der / vocatio, officium, munus. Das iſt mein Beruf / hoc ad officium meum ſpectat. Ein ordendlicher Beruf / provincia ritè delata, & ſuſcepta. Seines Berufes nicht wahrnehmen / deeſſe officio ſuo, ceſſare in officio, temerè ab officio diſcedere. Warte deines Berufes / und laß mich des meinen warten / meam rem non cures, ſi rectè officio fungi velis. Berufen / vocatus. Unberufen / invocatus. Der Teufel kommt zu den Gottloſen auch unberufen / *ſive* ungerufen / etiam ad impios venit Dæmon invocatus.

Abb. 13: Kaspar von Stieler: Der Teutschen Sprache Stammbaum und Fortwachs oder Teutscher Sprachschatz [...]. Nürnberg 1691, Artikel „Ruf/ rufen" – Ausschnitt. (Quelle: Universitätsbibliothek Heidelberg. Signatur: E 2551 RES, Spalten 1627–1631. Hier: Spalten 1629–1630.)

Bei Stieler ist *Beruf* noch nicht als eigenes Stichwort alphabetisch zu finden, sondern nach dem Stammwortprinzip als Nominalisierung zum Verb *berufen*, das seinerseits in einer langen Reihe von Präfixverb-Artikeln Teil des Sammelartikels *Ruf/ rufen* ist. Die Bedeutungserklärung besteht aus einer unerklärten Reihe lateinischer Wortentsprechungen und einer ebenso ungeordneten Reihe von syntaktischen Verwendungsbeispielen und Redensarten, die als semantische Erklärung ebenfalls nur eine lat. Entsprechung erhalten.

Der Beruf, des —es, plur. inus. 1. Die Handlung des Berufens. 1) Eigentlich, in welcher Bedeutung dieses Wort aber nur von dem feyerlichen Rufe zu einem Amte gebraucht wird. Ein rechtmäßiger Beruf. Einen Beruf zu etwas bekommen. Ingleichen in der Theologie von der Bekanntmachung des göttlichen Willens, wodurch die Menschen eingeladen werden, an den Gnadenwohlthaten Gottes Theil zu nehmen. Der Gnadenberuf Gottes an die Menschen. Dem göttlichen Berufe folgen. Doch sind in beyden Fällen auch Ruf und Berufung üblich. 2) Figürlich. (a) Neigung, innerlicher Trieb. Beruf bey sich zu etwas empfinden. Ich empfinde eben keinen Beruf, mir das zu versagen, worauf mir mein Leben ein Recht gibt. Wenn man im gemeinen Leben sagt, ich finde keinen Beruf, so steht finden alsdann für empfinden. S. beyde Wörter; z. B. ich finde heute keinen Beruf, einer solchen Versammlung beyzuwohnen. (b) Bewegungsgrund, Verbindlichkeit. Sorge für Mangel ist ein Beruf zum Fleiße.

2. Dasjenige, wozu jemand berufen worden, in der weitesten Bedeutung dieses Zeitwortes, Amt, pflichtmäßige Lebensart. Das erfordert mein Beruf. Das ist mein Beruf, mein Amt, meine Lebensart verbindet mich dazu. In seinem ordentlichen Berufe bleiben. Seinem Berufe nachgehen. Aus seinem Berufe schreiten. Er lebt in keinem gewissen Berufe, hat keine bestimmte Lebensart. Daher Berufsarbeit, Berufsgeschäfte, der Berufsgefährte, ein College.

Anm. Beruf, für Appellation, in den Rechten, ist im Hochdeutschen nicht, wohl aber im Oberdeutschen üblich. S. das folgende. In einigen gemeinen Mundarten wird es auch für das Gerücht, den Ruf, oder das Urtheil anderer von unsern sittlichen Eigenschaften, obgleich nur im nachtheiligen Verstande gebraucht. Er stehet in keinem guten Berufe. S. Berufen das Beywort.

Abb. 14: Johann Christoph Adelung: Grammatisch-Kritisches Wörterbuch der hochdeutschen Mundart [...], Bd.I. 2., vermehrte und verbesserte Ausgabe. Leipzig 1793, Artikel „Der Beruf" – Ausschnitt.
(Quelle: Herzog August Bibliothek, Wolfenbüttel. Signatur: KA 95-0570:1, Spalte 886.)

Adelungs Artikel *Der Beruf* enthält mehr Angaben zum grammatikalischen Gebrauch und eine wohldurchdachte semantische Gliederung, die von *Eigentlich* (1) über *Figürlich* (2) (im Sinne von ‚übertragen', ‚abgeleitet', ‚uneigentlich') bis zu einer verallgemeinerten, versachlichten, institutionalisierten Bedeutung (3) und zu einer *Anm(erkung)* über rechtssprachliche und regionalsprachliche Bedeutungen fortschreitet. Darin zeigt sich einerseits hypothetisches genetisches Denken (vermutete Wortgeschichte noch ohne historische Belege), andererseits die sprachkultivierende Fiktion eines *Hochdeutsch*, dem Fachsprachliches und Regionales als ‚das Andere' gegenübergestellt wird. Fast alle methodischen Mittel des Erklärungsteils eines heutigen großen einsprachigen Wörterbuchs sind in Adelungs Artikel schon im Ansatz zu finden:

- Abstrahierende Definitionen: *Dasjenige, wozu jemand ...; das Urteil anderer von unseren sittlichen Eigenschaften*
- Satzsemantische Prädikatsklassen als definitorische Oberbegriffe: *Die Handlung des ...*
- Synonymische Erklärungen: *Ruf, Berufung, Neigung, empfinden, Amt, Beweggrund, Verbindlichkeit, College, Appellation, Gerücht*
- Paraphrasen: *innerlicher Trieb; pflichtmäßige Lebensart*
- Soziopragmatische Gebrauchsangaben: *feyerlich; in der Theologie; im gemeinen Leben; in den Rechten; in einigen gemeinen Mundarten; nur im nachtheiligen Verstande*
- Pauschale Bedeutungsklassifizierungen: *Eigentlich, Figürlich, in der weitesten Bedeutung*
- Vorkommen in Wortbildungen: *Daher Berufsarbeit, Berufsgeschäfte, der Berufsgefährte*
- Verweise auf andere Artikel: *S. beyde Wörter; S. das folgende; S. Berufen das Beywort*
- Kontextbeispiele: *Ein rechtmäßiger Beruf*, usw.; aber keine literarischen Belege (in diesem Artikel).

Dass sich das Bedeutungsfeld von *Beruf* von Adelung bis heute verkleinert und verlagert, die Menge der angebbaren ‚Synonyme' für Adelungs Bedeutung 2 sehr verändert und vermehrt hat, würde ein Vergleich mit dem entsprechenden Artikel in einem der großen Wörterbücher der Gegenwartssprache deutlich zeigen.

J. Das aufklärerische Bemühen um klare begriffliche Zusammenhänge zeigte sich auch in einer entsprechenden Weiterentwicklung der Synonymenlexikographie (Kühn/Püschel, in: Hausmann u.a. 1989/91, 2058; Püschel 1994; Hahn 2002): Die ersten dt. Synonymenwörterbücher des 16. Jh. (vgl. 4.6F) dienten dem praktischen Gebrauch in Kanzleien und Rhetorikschulen. Erst im späteren 18. Jh. entstand durch französisches Vorbild (Girard) wieder Interesse für diese semantisch umkehrende (onomasiologische) Art von Wörterbüchern, diesmal im Sinne der aufklärerischen Absicht, die Vollkommenheit der Sprache und die Genauigkeit der Ausdrucksmöglichkeiten zu dokumentieren, um die Unterschiede zwischen sinnverwandten Wörtern zu klären und zu zeigen, dass es weder zu wenige noch zu viele Ausdrücke für einen Begriff gibt, aber auch zum Nutzen für die *„hohe Schreibart"* (Gottsched).

Nach theoretischen und fragmentarischen Anfängen in Breitingers *Critischer Dichtkunst* (1740) und in Gottscheds *Beobachtungen* ... (1758, s. oben 5.7E) hat SAMUEL JOHANN ERNST STOSCH nach Vorbild der Synonymik des Abbé Girard (1718) die erste eigentliche deutsche Synonymik publiziert: *Versuch in richtiger Bestimmung einiger gleichbedeutender Wörter* (1770, 1785/86), in der 2. Auflage z.T. mit Adelungschen Bedeutungsdifferenzierungen. Die Darstellung lexikalischen Reichtums hatte hier z.T. unterhaltsame Funktion (Pörksen 1993).

Höhepunkt der aufklärerischen Synonymenlexikographie war das von Zeitgenossen und im 19. Jh. vielbenutzte Synonymenwörterbuch von

JOHANN AUGUST EBERHARD (Kühn/Püschel, in: Hausmann 1989/91, 2059; Henne 1972; Püschel 1986; 1993. M.Schröder 1997):

Versuch einer allgemeinen deutschen Synonymik in einem kritisch-philosophischen Wörterbuche der sinnverwandten Wörter der hochdeutschen Mundart. 6 Theile. Halle/Leipzig 1795–1802. Im 19. Jh. mehrmals neubearbeitet von Maaß, Gruber und Meyer. Neudruck der Ausgabe von 1852/53: Hildesheim 1971 (DL).

Das Werk war nicht für den praktischen Gebrauch geschrieben, etwa im Sinne der modernen ‚Wegweiser für den treffenden Ausdruck', sondern sollte, vor allem anhand von *„Verstandesbegriffen"*, der Denkschulung und philosophischen Begriffsdifferenzierung dienen, angesichts der gelehrten Wortstreitereien wie z.B. Eberhards Auseinandersetzungen mit Kant. Trotzdem hatte es als Ratgeber für bildungssprachliche Wortprobleme relativ langdauernden Erfolg als Komplement zum *Adelung*.

K. Bei der Frage nach der tatsächlichen W i r k u n g all dieser lexikographischen Bemühungen auf die Entwicklung der deutschen Sprache im 17. bis 19. Jh. ist zunächst auf die deutliche persönliche K o n t i n u i t ä t von Henisch bis Campe (und weiterhin über das Grimmsche Wörterbuch hinaus) hinzuweisen:

Stieler und Steinbach gaben Henisch als Quelle an; Kramer lobte Stielers Wörterbuch, wollte es aber übertreffen; Steinbach bot Frisch Mitarbeit an (erfolglos) und erörterte in der Vorrede Probeartikel von Frisch; Gottsched kritisierte Henisch, Stieler, Steinbach, Frisch; Adelung kritisierte Gottscheds Ansätze und benutzte seine Vorgänger in Zugaben; Campe schrieb sein Wörterbuch, um Adelung zu übertreffen, benutzte aber dessen Erklärungen ausgiebig; und schließlich hat Jacob Grimms Kritik an seinen Vorgängern zur Glorifizierung seines eigenen ‚Jahrhundertwerks' (1854–1963) beigetragen (Kühn/Püschel, in: Hausmann u.a. 1989/91, 2050).

Es liegt hier eine der Belletristik und der gelehrten Prosa vergleichbare zweihundertjährige ‚Intertextualität' vor, nur mit dem Unterschied, dass ‚Abschreiben' hierbei als ganz normal zu gelten hat im Sinne einer kollektiven Generationenarbeit als gemeinsam kumulierender und schrittweise verbessernder Beitrag zur Sprachkultivierung. Der exklusive Geist einer bloßen Ingroup-Beschäftigung von speziellen Experten wurde durchbrochen schon durch die Verankerung von Stielers Wörterbuch in der Tätigkeit der *Fruchtbringenden Gesellschaft* und deren beliebtem Diskussionsthema, ferner durch die Beziehungen der aufklärerischen Lexikographie zum Wörterbuch-Programm von Leibniz und der Berliner *Societät*.

Da in den Sprachgesellschaften sprachkultivierende Bemühungen mit Übersetzen und Dichten Hand in Hand gingen, ist es wahrscheinlich, dass auch weiterhin literarisch Ü b e r s e t z e n d e und S c h r e i b e n d e zum weiteren, sprachkulturell sehr wichtigen Kreis von Wörterbuchbenutzenden gehörten. Dies wird besonders deutlich an Wieland, der – beide Tätigkeiten ausübend – als eifriger Benutzer des Adelungschen Wörterbuchs nachzuweisen ist, ebenso wie Goethe, Schiller und andere Schriftsteller des ausgehenden 18. und beginnenden 19. Jh.s. Auch kritische Äußerungen über Adelungs Ansichten in Briefen und Aufsätzen sprechen für die große Bedeutung des *Adelung* als lexikalischer, grammatischer und orthographischer Ratgeber (Henne 1975, 5; Schröter, in: BRS 1521, 1526; Strohbach 1984, 34f.). In Bezug auf die lexikographische Methodik blieb er bis heute vorbildlich. Durch sein systematisches Bemühen um rational durchschaubare Definitionen waren in dieser Höhepunktsphase der Spätaufklärung und der deutschen Sprachkultivierung einsprachige semasiologische Wörterbücher „nicht nur Indikatoren, sondern auch soziale Faktoren eines epochalen soziolinguistischen Wandels" (Hölscher 1978, 334).

Die deutsche Lexikographie der Barock- und Aufklärungszeit war vom Vorbild der französischen und englischen Lexikographie abhängig und – abgesehen von Auswirkungen des deutschen Sprachpurismus – mit diesen westlichen Vorbildern, ihren Zielen, Methoden und Wirkungen vergleichbar. Insgesamt gilt für die Wirkung der deutschen Wörterbücher der Sprachkultivierungsepoche Zgustas allgemeines Fazit zur Rolle der Wörterbücher in der Entwicklung von Standardsprachen (in: Hausmann u.a. 1989, 77): „[...] there is no doubt that dictionaries do influence the linguistic behavior of their users. They cannot stop change, nor can they cause changes disapproved of, or not accepted by, the user. They can and do stabilize the usage, particularly in the written language and in the related formal styles of spoken language; they do clarify meanings and make them more systematic [...]. Dictionaries certainly do not create culture, but in a modest way help in its development; they are part and parcel of culture, its product and expression."

L. Die Zeit der endgültigen Durchsetzung einer konsolidierten Schriftsprache auch in Süddeutschland und Österreich (s. 5.6 O–R) ist bezeichnenderweise zugleich die Zeit der Anfänge deutscher Dialektlexikographie; es gab im 18. Jh. rund 140 Dialektwörtersammlungen in allen deutschen Landschaften (Dingeldein 1986, 222). Die Motive für diese (noch vorromantische, noch nicht folkloristische) Beschäftigung mit Regionalwortschatz waren folgende (z.T. nach Reichmann, Kühn/Püschel, in: Hausmann u.a. 1989/91, 237f., 2059ff.):

– Leibniz hatte in seinem Wörterbuchprogramm auch für *„alte und Land-Worte"*, und *„[...] was sonst hin und wieder bey dem Landmann mehr als in den Städten bräuchlich"* (s. 5.7E) eine Dokumentation als *„Glossarium oder*

Sprachquell" postuliert, im Zusammenhang mit dem kulturpatriotischen Gedanken des ‚Reichtums' der deutschen Sprache.

- Die erfolgreiche Durchsetzung des *Hochdeutsch* gegen alte Regionalschriftsprachen hatte zur Folge, dass traditionelle regionalsprachliche Texte und Redeweisen im Rechtsleben und anderen lokal und regional wichtigen Lebensbereichen nicht mehr (richtig) verstanden wurden, so dass im Sinne der reformerischen Spätaufklärung vor allem Juristen, Pfarrer und Ärzte an Dialektwörterbüchern zur Lösung von Verständnisproblemen sehr interessiert waren, besonders in Norddeutschland.
- Der Erfolg der *hochdeutschen* Schriftsprache hatte intellektuelle Klagen über das drohende Aussterben der Dialekte und Wünsche nach deren Dokumentation zur Folge, z.B. 1773 von Johann Heinrich Voß: Die Wörter und Redensarten *„sollten billig alle gesammelt werden. In hundert Jahren ist alles von dem weichen Hochdeutschen verdrängt"* (zit. n. Langen, in: DPhA 1106).
- Die Standardisierung der Schriftsprache auf der Grundlage der ostmitteldeutschen Dominanz von Luther bis Gottsched und Adelung erschien jetzt als so etabliert und irreversibel, dass regionaler Wortschatz „nicht mehr als Störfaktor" empfunden werden musste (Kühn/Püschel a.a.O., 2061). So konnte die traditionelle bildungsbürgerliche Verdrängung und Diskriminierung nun in intellektuelle Wertschätzung umschlagen, was sich auch schon in der zunehmenden Nennung regionaler Heteronyme in der standardsprachlichen Lexikographie zeigte (Kühn/Püschel, in: Besch u.a. 1983, 1367ff.).

Die frühen Dialektwörterbücher wurden als „Idiotica" konzipiert und z.T. auch als solche betitelt, d.h. sie verzeichneten nicht den Mundartwortschatz allgemein, sondern nur *„Idiotismen"*, d.h. in der kultivierten Schriftsprache nicht vorkommende oder nicht überall bekannte lexikalische Varianten. Solche regionalen ‚Eigenheiten'-Wörterbücher erschienen zuerst (ab 1755) im Gebiet des Niederdeutschen, ab 1789 auch in hochdeutschen Gebieten. Ein vereinzelter Vorläufer war Ludwig Praschs *Glossarium Bavaricum* von 1689 aus Regensburg (Knoop, in: Besch u.a. 1982/83, 6). Die beiden bedeutendsten gemeindeutschen Werke waren:

FRIEDRICH CARL FULDA: *Versuch einer allgemeinen teutschen Idiotikensammlung, Sammlern und Liebhabern zur Ersparung vergeblicher Mühe bey bereits schon aufgefundenen Wörtern, und zu leichterer eigener Fortsetzung gegeben.* Berlin/Stettin 1788 (Püschel 1987; Reichmann, in: Hausmann u.a. 1989/91, 2374f.).

JOHANN SIEGMUND VALENTIN POPOWITSCH: *Versuch einer Vereinigung der Mundarten von Teutschland als eine Einleitung zu einem vollstaendigen Teutschen Woerterbuche mit Bestimmungen der Wörter und beträchtlichen Beitraegen zur Naturgeschichte.* Wien 1780 (posthum). (Kühn 1987; vgl. Abb. 15 und 5.6M9!).

Ähnlich motiviert waren die ersten Sondersprachwörterbücher (Jäger-, Bergmanns-, Kaufmanns-, Seemanns-, Studentensprache) des 18. Jh.s, entsprechend Leibniz' Forderung, auch die *Kunst-Worte* zu dokumentieren (Kühn/Püschel, in: Hausmann u.a. 1989/91, 2061f.; Objartel 1984, s. auch 5.11M).

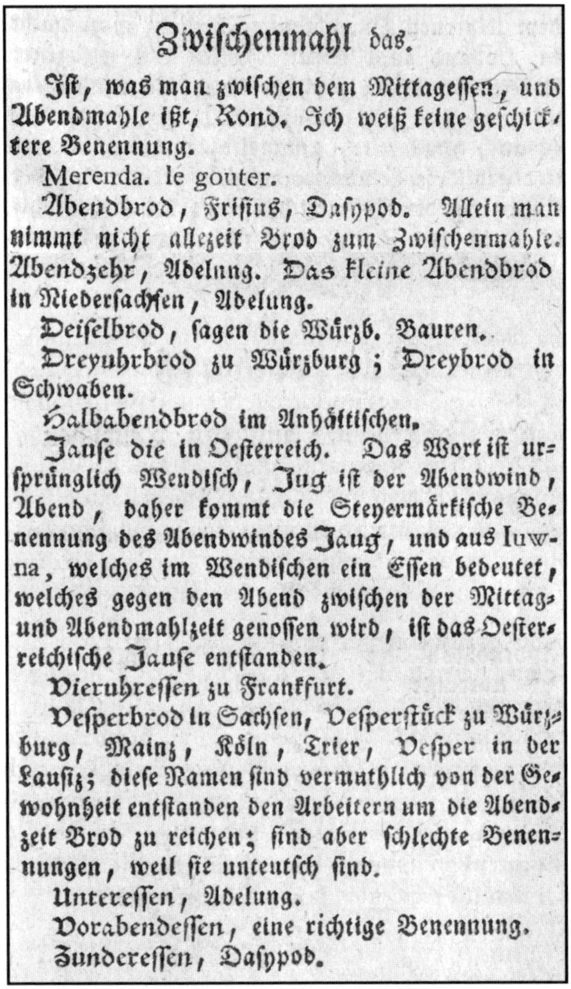

Zwischenmahl das.

Ist, was man zwischen dem Mittagessen, und Abendmahle ißt, Rond. Ich weiß keine geschicktere Benennung.

Merenda. le gouter.

Abendbrod, Frisius, Dasypod. Allein man nimmt nicht allezeit Brod zum Zwischenmahle. Abendzehr, Adelung. Das kleine Abendbrod in Niedersachsen, Adelung.

Deiselbrod, sagen die Würzb. Bauren.

Dreyuhrbrod zu Würzburg; Dreybrod in Schwaben.

Halbabendbrod im Anhältischen.

Jause die in Oesterreich. Das Wort ist ursprünglich Wendisch, Jug ist der Abendwind, Abend, daher kommt die Steyermärkische Benennung des Abendwindes Jaug, und aus Iuwna, welches im Wendischen ein Essen bedeutet, welches gegen den Abend zwischen der Mittag- und Abendmahlzeit genossen wird, ist das Oesterreichische Jause entstanden.

Vieruhressen zu Frankfurt.

Vesperbrod in Sachsen, Vesperstück zu Würzburg, Mainz, Köln, Trier, Vesper in der Lausiz; diese Namen sind vermuthlich von der Gewohnheit entstanden den Arbeitern um die Abendzeit Brod zu reichen; sind aber schlechte Benennungen, weil sie unteutsch sind.

Unteressen, Adelung.

Vorabendessen, eine richtige Benennung.

Zunderessen, Dasypod.

Abb. 15: Johann Siegmund Valentin Popowitsch: Versuch einer Vereinigung der Mundarten von Teutschland [...]. Wien 1780, Artikel „Zwischenmahl“ – Ausschnitt. (Quelle: Herzog August Bibliothek, Wolfenbüttel. Signatur: M: Kb 320, 648f.)

Literatur

Historische Lexikographie: Baufeld 1996. BBRS (Reichmann/Wolf 610ff., Wiegand 643ff., Schröder/Möhn 1435ff., Wolf 1554ff., Reichmann 1818ff., 2539ff.). R.Bergmann 2000b; 2002. Boková 2003. Brekle u.a. 1992ff. Brückner/Knoop 2004. Brunt 1983, 37ff. P.Fischer 1929/68. Gardt 1997; 2011b. Goebel/Reichmann 2001ff. Grimm/Grimm 1854–1963/1965ff. M.Hahn 2010. Hartweg/Wegera 2005, 212ff. Haß-Zumkehr 1999. Hausmann u.a. 1989/91 (Zgusta 70ff., Reichmann 230ff., Grubmüller 2042ff., Kühn/Püschel 2049ff.). Henne 1968b; 1972; 1975; 1985b. Hölscher 1978. Huber 1984, 101ff. Hundt 2002. Jones 2000. Kettler 2008. Kühn/Püschel 1990. LGL (Henne 783ff.) L.Müller 2002. P.O.Müller 2001b; 2010. Reichmann 1992; 1995; 2006. Robert 2007. Schlaefer 1999; 2009. M.Schröder 1997. M.Schulz 2002; 2007. Skála 1989. de Smet 1968. Stötzel 1970. Szlek 1999. Vulpius 2003. Watanabe 2004. Wiegand 2006/07. Zgusta 1992. – **Über einzelne Autoren:** Bergmann/Wittkowski 1984; 1996. Bray 2000. Dorn/Oetjens/Schneider 2008. Haß-Zumkehr 1999. Henne 1969; 1970; 1984; 1996. E.Ising 1984. G.Ising 1956. Kämper/Klosa/Vietze 2008. Lühr/Zeilfelder 2005. Möller 2000. L.Müller 2002. Neuhaus 1991. Niehr 2005. Orgeldinger 1999. Pfefferkorn 2011. Püschel 1978; 1982; 1986; 1987. Schmidt-Wächter 2005. R.Schneider 1995. M.Schröder 1997. Shimizu 2004. Takada 2004; 2005. Zemann 1966. – S. auch unter 5.7DG!

Spezielle Lexikographie: BBRS (Burger/Linke 643ff., Seibicke 2377ff., Möhn 2391ff., Mieder 2559ff.). Bergmann/Wittkowski 1984. Besch 2008ac. Besch u.a. 1982/83 (Knoop 9ff., Kühn/Püschel 1367ff.). Brückner 2004; 2005. Cirko 2008. Debus 2003. Emmerig 2006. Haas 1996; 2005. Hahn 2002. Haß-Zumkehr 2002. Hausmann u.a. 1989/91 (Reichmann 237ff.). Hausner/Wiesinger 2005. Henne/Objartel 1984. Kühn 1987; 2003. U.Möller 2000. Moulin 2010. Objartel 1984. Papp 2001. Pörksen 1993. Prędota 2004. Püschel 1982; 1986; 1987; 1993. Reutner 2002. Scholz 1933. v.d.Schulenburg 1937. Schuler 2007. Tauchmann 1992. Train 1998. Wiesinger 2010. – Zur **Wortschatzentwicklung** s. auch 5.9Lit!

5.8. Sprachwirklichkeit: Sprachsoziologische Streiflichter

A. In den Kapiteln 5.5 bis 5.7 sind sprachideologische Ziele und sprachkultivierende Bemühungen in der für diese Epoche erforderlichen Breite dargestellt worden. Bevor wir nun die tatsächlichen sprachlichen Entwicklungstendenzen der Schriftsprache nach Teilbereichen wie Grammatik, Lexik, Textsorten, Funktionalstile im Hinblick auf das heutige ‚Standarddeutsch' darstellen können (5.9–5.12), ist eine grundsätzliche Warnung vor Illusionen über die Sprachwirklichkeit am Platz: Mit alledem haben wir nur den sehr kleinen (wenn auch einflussreichen und folgenreichen) hochkulturellen Ausschnitt der Gesamtsprachentwicklung berücksichtigt: die ‚Schriftsprache' im akademischen, öffentlichen, belletristischen (allgemeiner: bildungsbürgerlichen) Sinne, damals *Hauptsprache* oder *Hochdeutsch* genannt. Sie darf noch nicht in moderner Weise als ‚Nationalsprache', ‚Gemeinsprache', ‚Hochsprache' oder ‚Standardsprache' bezeichnet werden.

Die allgemeine sprachsoziologische Situation hat sich im Laufe der Frühen Neuzeit allmählich geändert. Werner Besch (in: Besch u.a. 1982/83, 1400) geht für das Ende des Spätmittelalters davon aus, dass „weit über 90 Prozent" der Bevölkerung nur über eine „Grundschicht regionaler gesprochener Sprache" im ‚natürlichen' (primären) Spracherwerb in Familie und alltäglicher lokaler/kleinregionaler Umgebung verfügten, also keine weitere Sprache dazulernen mussten, während großregionale Schreibkommunikation in „Schreibdialekten" nur einer professionellen „kleinen Gruppe von Schreib- und Lesefähigen" möglich war, überregionale und internationale Kommunikation mit Latein einer noch kleineren Gruppe privilegiert Gebildeter. Während der Epoche der deutschen Schriftsprache-Entwicklung (16.–18. Jh.) kommt (nach Besch a.a.O.) für einen größeren Teil der Bevölkerung (in manchen Gegenden die Mehrheit) neu hinzu:

– Entstehung und Ausprägung von Diglossie durch den Zwang zu einer in Kirche und Schule erlernten schreibbaren Zweitsprache, d.h. zur überregional entwickelten bzw. durchgesetzten neuhochdeutschen Schriftsprache, wenn auch für viele nur bis zur „mühselig ‚erbuchstabierten'" Sprachbeherrschung.

- Hochbewertung der Schriftsprache als Prestigesprache, also Abwertung oder Stigmatisierung der eigenen Primärsprache als *Dialekt, Provinzsprache, Landsprache* oder *Pöbelsprache*, dies alles infolge strenger Domänenverteilung in Kirche, Bildung, Rechtsprechung und Verwaltung.
- Domänenausweitung der Schriftsprache in Buchdruck, Gelehrsamkeit, Handwerk, Gewerbe, allerdings „noch nicht auf dem Marktplatz, noch nicht in den Alltagsgeschäften, noch nicht im Munde der Normalbürger [...] Der Alltag gehört noch der Regionalsprache" (Besch a.a.O., 1401). Spätestens im letzten Drittel des 18. Jh.s hat aber die Schriftsprache der Zeitungen auch den ‚Marktplatz' erreicht (s. 5.2N).

Da mangels Quellen und mangels genügender Quellensuche und -auswertung heute noch keine umfassende historische Sprachsoziologie dieser Epoche zu schreiben möglich ist, können hier, aufgrund erfreulich vielfältiger Forschungsansätze der letzten Zeit, nur Streiflichter vorgeführt werden über

- Aussprachenormen und -variation (B),
- ‚Innere Mehrsprachigkeit' und Sprachvariation in Dramendialogen und Briefen (CD),
- Deutsche Sprache im Hochadel, Anredeformen, Höflichkeit (E–G),
- Stadtsprachentwicklungen (H–J),
- Regionale Umgangssprachen (K),
- Deutsch-deutsche Sprachmischung (L, M),
- Sprachwechsel, Sprachverdrängung (N, O),
- Dialektverachtung (P–R),
- Ländliche Schriftlichkeit (S–U),
- Beginnende Wertschätzung des Dialekts (V),
- Sondersprachen, Gruppensprachen (W–Y),
- Namengebung (Z).

B. In der absolutistischen Zeit herrschte noch immer die *ständische* Gesellschaftsordnung, mit hierarchisch abgestuften Privilegien, Rechten, Pflichten, Zwängen und Unterdrückungen, und mit dafür konstitutiven sprachlichen Unterschieden. Ständisches Sprechen und Schreiben bedeutete keineswegs eine feste und ausschließliche Zuordnung bestimmter Sprachvarietäten zu bestimmten Ständen. Sprache wurde vielmehr gerade in (meist rituell geregelten) Kommunikationssituationen als Standessymbol bzw. -symptom sehr variabel benutzt. Dies gilt vor allem für die gesprochene Sprache, über die nur wenig überliefert ist.

Bereits 1618, noch vor dem Beginn der beherrschenden Rolle von Französisch in höfischen Kreisen, kritisierte Caspar Laudismann, ein Hofbeamter und Französischlehrer, jene Franzosen, die glaubten, die deutsche Sprache sei nur für Arbeiter und Bauern: „Sie irren: Sollen die Franzosen, die dies behaupten, sich doch nach Wien in Österreich begeben, nach Leipzig, Augsburg und Ulm und sollen sie dort Edelleuten, auserwählten Männern und Damen beim Sprechen zuhören, und sie werden die Eleganz, Anmut und Lieblichkeit der deutschen Sprache bewundern“ (n. Wells 1990, 287).

Ständisch kultivierte Sprechsprache hat im 17./18. Jh. noch nicht als überregional vereinheitlichte Orthophonie (Rechtlautung) existiert. Auch Gebildete haben, selbst in offiziellen Situationen wie Predigt oder Rezitation von Dichtung, unvermeidlich mit r e g i o n a l e r L a u t u n g gesprochen. Zwar ist bereits seit dem 16. Jh. mit einer Tendenz zur nichtprovinziellen Leseaussprache zu rechnen, die in der extrem dialektfernen protestantischen Sprachkultur Norddeutschlands am erfolgreichsten praktiziert worden ist, was die Abwertung des Niederdeutschen und der obersächsischen Aussprache zur Folge hatte (s. 5.6DG). Im Unterschied zu nord- und ostmitteldeutsch orientierten Verfechtern der Aussprache ‚nach den Buchstaben‘ wird aber der weite Abstand zwischen *Büchersprache* und gesprochener Sprache im 18. Jh. mehrfach beklagt.

Der Innsbrucker Sprachgelehrte Weitenauer (vgl. 5.6P) schrieb 1764 über die utopischen Forderungen ‚Sprich wie du schreibst!‘ und ‚Schreib wie du sprichst!‘: *„So ist auch die Aussprache im gemeinen Reden sehr weit von derjenigen entfernet, welche in dem öffentlichen Sprechen gebraucht wird: wenn ich also der letzteren nicht kundig bin, habe ich aus der ersteren keine sichere Hülfe. Auch in den beßten Ländern hat der tägliche Umgang seine Freyheit: man verbeißt nicht wenige Buchstaben, und verstümmelt die Wörter, die doch auch von denjenigen ganz geschrieben werden, welche ihnen in der Unterredung einen Abbruch thaten. Eben die, welche döß oder doß, nich oder nix ausgesprochen, werden auf das Papier dieß und daß, nicht und nichts wie alle andere setzen.“* (n. Wiesinger 1993b).

Selbst Gottsched, der als Norddeutscher in obersächsischer Umgebung großen Wert auf die Übereinstimmung zwischen Orthographie und Orthophonie legte, musste an obersächsischen Aussprachegewohnheiten auch besserer Kreise Kritik üben (Penzl 1977, 69ff.): z.B. an *ē* für *ei, ō* für *au*, an entrundeten Vokalen (*e* für *ö, i* für *ü*, ei für *eu*), am Zusammenfall der starken und schwachen Verschlusskonsonanten, an *j* für anlautend *g*. In Grundzügen stimmte er mit der Hochlautung um 1900 überein, hielt aber auch manches eigenwillig für richtig, was sich nicht durchgesetzt hat, und schwankte im eigenen Gebrauch, auch weil er zwischen Sprechstilen situativ und gattungsspezifisch variieren wollte (Penzl a.a.O.).

Die süddeutschen Grammatiker (Antesperg, Popowitsch u.a., s. 5.6P–S) haben Ausspracheunterschiede viel diskutiert, teils nach Gottscheds und der *Meißener* Vorbild, teils gegen diese mit Berufung auf niedersächsische Aussprache, teils zugunsten süddt./österr. Gewohnheiten (Wiesinger 1993b): Dabei spielten die Unterschiede eng/

offen, gerundet/ungerundet, monophthongisch/diphthongisch im Vokalismus eine besondere Rolle, natürlich auch Schwund, Reduzierung oder Beibehaltung von Tieftonvokalen in Endsilben. Teilweise hingen sie noch an unrealistischen graphemabhängigen Lautungsunterschieden *(ai/ei, t/th)*.

Erst zu Beginn des 19. Jh. konsolidierten sich aufgrund der Wirkung von Adelungs *Sprachlehre* und *Anweisungen* die Ansichten über Aussprachenormen im Grundsätzlichen, u.a. durch ein davon beeinflusstes österreichisches Schulbuch von 1805; dabei waren nicht zuletzt auch die Anfänge phonetischer Lautklassifizierung seit etwa 1780 förderlich (Wiesinger 1993b). Regionale Aussprache unter Literaten war noch bis zur Weimarer Klassik fast normal, teilweise als anstößig kritisiert (Bach 1965, 354):

Schiller hatte in Mannheim beim Vorlesen eines seiner Dramen Misserfolg wegen seiner schwäbischen Aussprache. Ein Vortrag des Schweizers Lavater ist 1774 in Bad Ems kaum verstanden worden. Landschaftliche Aussprache nach der Herkunft ist auch von dem Schwaben Wieland, dem Ostpreußen Herder, dem Frankfurter Goethe bezeugt. Bei Goethe und Schiller finden sich regionalsprachlich bedingte unreine Reime wie *Philosophie : Müh, Götter : Blätter, Sträuche : Teiche, genug : Geruch, Ach neige, du Schmerzensreiche* ... Hyperkorrekte Schreibungen wie *Mädgen* im 18. Jh. deuten auf Unsicherheiten bei der Aussprache von *g* als Verschluss- oder Reibelaut (vgl. 5.6E). – Der Wiener Schauspieler Joseph Anton Christ berichtet für das späte 18. Jh., dass er in Braunschweig und Magdeburg wegen seines *kaiserlichen Dialekts* Schwierigkeiten bekam (Povejšil 1980, 115). – Eine noch kaum ausgewertete Quelle für regionale Aussprachen und wortgeographische Varianten sind die seit 1589, besonders zwischen 1750 und 1850 überlieferten Kaufrufbilder, in denen zur Verkaufswerbung abgebildeten Verkäufer(inne)n die regional üblichen Bezeichnungen landwirtschaftlicher Produkte beigegeben waren (W.König 2006).

C. Gerade wegen der starken ständischen Anpassungszwänge, mit Vermeidungsregeln und dem Gebot, ‚nach der Schrift' zu reden, ist für die damalige Zeit mit großer Variationsbreite zu rechnen, nach Helmut Henne (1985) mit „innerer Mehrsprachigkeit". Sprachgeschichte darf „nicht blindlings der Vereinheitlichungsideologie der Sprachtheoretiker, Lexikographen und Grammatiker im 18. Jh. folgen", sondern muss „die ganze Sprachwirklichkeit darstellen, um z.B. den Zusammenhang von standardsprachlicher Einheit, sprachprovinzieller Vielfalt und literatursprachlicher Akzentuierung zu begreifen" (Henne a.a.O.).

Henne (1985) verweist auf eine noch kaum erschlossene Quelle für die Vielfalt der deutschen Sprache um 1800: Campes Wörterbuch (s. 5.7G3), in dem unter dem Titel *„deutsche Sprache"* eine Fülle von regionalen und sozialstilistisch differenzierten Wörtern und Wortgebräuchen gebucht ist, z.B. im Artikel *Pferd* etwa 28 subliterarische Wörter: *Stöter, Klopfhengst, Rune, Reuß, Meiden, Heiler, Gurre, Zorre, Kobel, Motsche*, ... oder unter dem Stichwort *Compliment* in Campes Verdeutschungswörterbuch (s. 5.5Q) deutsche ‚Synonyme' wie *Gruß, grüßen, sich verbeugen, Verbeugung, sich bücken, Bückling,*

Knicks, Kratzfuß, Achtung, Hochachtung, Ehrerbietung, Ehrfurcht, Empfehl(ung) mit feinen, geregelten soziopragmatischen Unterschieden.

Henne (1980) empfiehlt auch, Dramen der Sturm-und-Drang-Zeit als „Musterfälle gesprochener Sprache" in „historischer Gesprächsanalyse" zu untersuchen. Die Literatur junger Autoren der *Genie*-Zeit um 1770 ist schon längst als eine Art ‚kulturrevolutionären' Einbruchs spontaner, unkonventioneller Sprache in den hochliterarischen Bereich aufgefasst worden (vgl. 5.10Q–T). Es handelt sich hierbei aber keineswegs um eine naturalistische Darstellung eines bestimmten Soziolekts oder Dialekts oder Situationsregisters, sondern um die punktuelle Variierung literarischer Mittelschichtsprache mit gezielt eingesetzten Merkmalen spontaner Sprechsprache, die in der konventionellen Hochliteratur seit Opitz gemieden wurden.

Henne (1980, 91ff.) zeigt dies exemplarisch an Jakob Michael Reinhold Lenz' *Soldaten* und Heinrich Leopold Wagners *Kindermörderinn*, beide aus dem Jahr 1776. Er verweist auf Lenz' literaturtheoretische Forderung, das *„sehr arme"* Hochdeutsch durch die *„unaussprechlich reiche Sprache"* [...] *„unserer sogenannten gemeinen Leute"* zu *„bereichern"*, sowie auf Wagners deutsche Übersetzung von Louis-Sébastien Merciers Theater-Essay von 1773, wo es heißt: „Laßt also den klassischen Pöbel schreien und schafft euch eine Mundart, die euch eigen ist".

Man kann anhand solcher quasi-alltäglicher Dialogtexte erkennen, dass heutige umgangssprachliche Satzbauformen der Kürze, der Einsparung, der Vagheit, der emotionalen Formlosigkeit und Flexibilität schon damals als alltagssprachliche Varianten existierten. Sprachgeschichtlich ist dies für die Gegenwartssprache relevant, indem man zeigen kann, dass die moderne Sprachnormentoleranz des Massenmedienzeitalters nicht pauschal als Zeichen heutigen ‚Sprachverfalls' erklärt werden darf, sondern auf alten subkulturellen Traditionen „normativ diskriminierter Muster" beruht (vgl. Sandig 1973). Innerhalb dieser Epoche sind solche Feststellungen sprachgeschichtlich insofern von Bedeutung, als man sich dabei vorstellen kann, wie damals die stilistische Variationsbreite zwischen literarisch/akademischer Hochkultursprache und gesprochener Alltagssprache war.

Sprachpragmatisch aufschlussreich sind in solchen Dialogtexten Gliederungspartikel, die zu den „Gelenkstellen am Gesprächskörper" gehören (Henne 1980, 98ff.): Im ersten Akt von Lenz' *Soldaten* finden sich insgesamt 25: *apropos, ey, ey was, ja, na, nu,* meist am Satzanfang zur Eröffnung eines Gesprächsschrittes (z.B. *Ey, was redst du doch ...; Nu, so les' sie doch aus*). Auch mehrwortige Interjektionen in gleicher Funktion: *kurz und gut, der Teufel, Zum Tausend Sackerment! Zu Schand und Spott!* Die hochliterarische Anstößigkeit solcher subkulturell-sprechsprachlicher, regional und sozial gebundener „Gesprächswörter" (Henne) wird bestätigt durch ihre Streichung in Bühnenbearbeitungen. Soziale Differenzierung wird darin deutlich, dass die gleiche Person gegenüber einem um sie werbenden Offizier die (für hohe Literatur typische) klassische Interjektion *O* mehrmals anstelle von *Ey, Nu* usw. benutzt (Henne 1980, 101).

Die in der späteren gymnasialen Aufsatzdidaktik als unnötige, den sachlichen Darstellungsstil störende ‚Flickwörter' diskriminierten Modalwörter sind in älteren Wörterbüchern ansatzweise erklärt als *„Empfindungswörter"* (Adelung) oder *„Empfindungslaute"* (Campe). Nach Adelung diene *nu* als Entsprechung der Partikel *nun „im gemeinen Leben"* dazu, den *„Unwillen"* oder einen *„Verweis"* zu artikulieren; nach Campe könne *nu* in *„vertraulicher Sprechart [...] einen Anderen in seinem Reden und Handeln [...] mäßigen"* (also im Sinne von Beschwichtigung). *Ey* erklärt Adelung als *„der natürliche Ausdruck verschiedener Gemüthsbewegungen"*, u.a. für *„Ungeduld"* und *„Unwillen"* (n. Henne 1980). – Gesprächswörter erscheinen im systematischen Vergleich zwischen Adelungs Wörterbuch und dem von Henne u.a. neubearbeiteten Deutschen Wörterbuch von Hermann Paul (10. Aufl. 2002) als eine schon von Adelung erkannte pragmatische Wortart im Rahmen einer Gesprächsforschung (Takada 2004): Der feinfühlige Lexikograph erklärte schon „Partikeln" wie *ach, also, auch, denn, doch, hm, ja, je nu, nun,* usw. mit Ausdrücken für Sprachhandlungen, Sprechereinstellungen und Situationstypen wie „Anliegen", „Annehmlichkeit", „Aufmerksamkeit erregen", „Aufmunterung", „Bejahung", „Besänftigung", „Beyfall", „Ehrerbietung", „einräumen", „Entschlossenheit", „ergänzen", „Folge", „Gleichgültigkeit an den Tag legen", „Unwille", „Versicherung", „vertrauliche Sprechart", „Verwunderung", „Vollständigkeit", ...

Pragmatische Partikeln, vor allem die dem Satz mit rhythmisch-intonatorischem Einschnitt vorangestellten Interjektionen, haben in der sprachtheoretischen Diskussion vom 17. bis 19. Jh. eine große Rolle gespielt (Burger 1980, 57ff.): Beim Fragen nach Ursprung und Entwicklung menschlicher Sprache erörterte man kontrovers, ob sie konventionell, idiolektal oder bloße Augenblicksbildungen seien, ob sie einzelsprachlich oder universal, ob sie rede- oder schreibsprachlich seien und überhaupt im Lexikon oder in der Grammatik ihren Platz hätten. In der Sprachtheorie des 19. Jh. werden Interjektionen als bloße „Lautgebärden" (Schleicher) oder als elliptische Satzformen (Paul) behandelt (Burger 1980, 58). Diese urtümliche, umstrittene Wortart war in Texten des 17. Jh. „so auffallend häufig wie es in der Gegenwart höchstens bei den Comics zu beobachten wäre" (Burger a.a.O., 66ff.); es sei eine allgemeine Tendenz zur Gegenwartssprache hin zu beobachten, dass vieles, was damals mit (dem Satz vorangestellten) Interjektionen ausgedrückt wurde, später durch in den Satz integrierte Partikeln und Adverbien (oder gar nicht) angedeutet wird; es sei aber die Frage, ob diese Entwicklung „einen allgemeinen Sprachwandel oder nur einen Wandel der Stilmuster" darstellt.

Für Letzteres sprechen neueste Tendenzen der alltäglichen Umgangssprache: Nebensatzkonjunktionen wie *weil, obwohl, trotzdem*, Adverbien wie *jedenfalls, gewiß, freilich, immerhin, wirklich, echt,* Partikeln wie *nun, nur, also, o.k.* werden Sätzen gesprächsschritteinleitend als Interjektionen vorangestellt, und zwar mit einem rhythmisch-intonatorischen Absatz zum Folgesatz, der in geschriebener Sprache (literarisch, feuilletonistisch) mit Komma, Doppelpunkt oder Gedankenstrich markiert wird (Glück/Sauer 1990, 44ff., 51ff.).

Was im Bildungsdeutsch zugunsten geschlossener Satzbauformen in inneren Satzgliedpositionen zu stehen hat (Vorbild ist die hochkomplexe lateinische Hypotaxe), erscheint im natürlichen Gesprächsstil – heute ähnlich wie in den Sturm- und Drang-Dialogen – als Textgliederungs- und Satzeinleitungsmittel gern in abgesetzter Voranstellung. Allerdings handelt es sich großenteils um verschiedene Ausdrücke bzw. verschiedene Bedeutungen heute und damals. Aus Beispiellisten von Grammatikern ist ein heute z.T. nicht mehr üblicher Gebrauch von Interjektionen zu erschließen (Burger 1980, 56ff.):

Bei Schottelius: *hui, holla, ha/ha, he/he, potz, der Henker hohle, daß dich! ich wolte daß, och och!, weg, fort,* usw. Beliebt war *sackerlot, sapperlot* (aus frz. *sacré nom [de Dieu]*), *sapperment.* Bei Aichinger: *hum, hm, hein („mit welchem man fordert, daß der andre seine Rede wiederhole, weil man sie nicht recht verstanden hat“), husch, schuck* (Klagen über die Kälte). Bei Adelung: *wehe!, wohl!, frisch!, wollte Gott!, behüte Gott!* – In Dramen Christian Weises findet Burger (1980, 65ff.) für Interjektionen wie *Ach, Ho la, Ho, Ey* sprachpragmatische Erklärungshinweise aus dem Kontext oder aus Regieanweisungen. Die Bedeutung der beliebtesten Interjektion des 17./18. Jh.s (*ey*) war meist Einleitung eines reaktiven, zurückweisenden Sprechakts oder Abbruch eines Themas oder Gesprächs. Textsorten- und soziale Unterschiede seien zu beachten: *ey* ist bei Gryphius häufig in Komödien, eher selten in Tragödien; bei Weise ist *je, je nu, je nu nu* strikt für bäuerliche Figuren reserviert. In Johann Beers Erzähltext *Narrenspital* würde zur „Stilisierung ins Vulgäre und Grobianische“ geradezu „eine Orgie der Interjektionen gefeiert“, mit vor allem *ha* und *sapperment.* – Wie auch sonst im Sturm und Drang, gehören zu den sprechsprachlichen Elementen in Lenz’ *Soldaten* auch enklitische Reduktionsformen wie *geht’s, hat’s, mir’s, vors,* usw., apokopiertes bzw. synkopiertes tieftoniges *e*: *hab, hätt, wär, sag, red, wart, Ich glaubt, wendt, einbildt, grad,* usw.

D. Innere Mehrsprachigkeit und Sprachvariation können durch Fallstudien aus dem sprachlichen Alltagsverhalten von Einzelpersonen oder Gruppen erschlossen werden. Eine solche Fallstudie, aus der bildungsbürgerlichen Schicht, hat Ingo Reiffenstein über die Familie Mozart vorgelegt, nach Briefen und Tagebüchern zwischen 1769 und 1779 im Vergleich mit Tagebüchern zweier gebildeter Altsalzburger aus dem Umkreis der Mozarts (Reiffenstein 1993b): Der Vater, Leopold Mozart, ein gebildeter und studierter Augsburger, hat sich seit 1755 gegenüber seinem Verleger ausdrücklich mehrmals auf Gottscheds *„Sprachkunst“* berufen, sich im eigenen Schreibgebrauch, auch in privaten Briefen, meist entsprechend modern verhalten und dies auch erfolgreich an seinen Sohn Wolfgang Amadeus vermittelt. Dieser hat zwar in seinen Jugendbriefen, meist an seine Schwester, noch manche mundartnahen Formulierungen verwendet, aber ab 1777 (Reise nach Mannheim und Paris) das Gottschedsche Hochdeutsch als Mittel seiner Emanzipation vom Provinziellen und als „Ausdruck seiner Selbstbefreiung" (Reiffenstein a.a.O.). Er ‚korrigiert' mundartliche Formulierungen seines Vaters und seiner Schwester, indem er sie aufgreift und ironisiert oder parodiert.

Überhaupt übte sich Mozart gern in spielerischer Sprachvariation, mit der er sich über alles vom ‚Hochdeutsch' Abweichende lustig machte (Reiffenstein a.a.O.): So bastelte er z.T. extrem sprachgemischte Brieftexte, in denen er in einem Satz hemmungslos vom Hochdeutschen ins Mundartliche, ins Sprechsprachliche, ins Ungeschickt-Ungebildete, in den alten Kanzleistil, ins Italienische, Lateinische oder Französische hinüberwechselte. In der Wiedergabe von Dialektlautung war er sehr geschickt: Einmal zitierte er eine Frage des bayerischen Kurfürsten über Mozarts Verhältnis zum Salzburger Erzbischof: *„habts eng z'kriegt?"* (‚Habt ihr euch zerstritten?').

Während Mozarts ironisierende Verwendung ‚unmoderner' Merkmale eine postnormative, intellektuelle Reaktion auf bereits etablierte und routinierte Sprachnormen darstellt, weisen die Briefe seiner Mutter objektive Reste der großen Variabilität des „auslaufenden Frühneuhochdeutschen" und der älteren oberdeutschen Traditionen auf (Reiffenstein 1993b):

Mozarts Mutter – Tochter eines erzbischöflichen Pflegkommissärs aus St. Gilgen, nach dem Tod des Vaters in beschränkten Verhältnissen aufgewachsen, aber mit guter Schulbildung und flüssiger Handschrift, schrieb öfters noch die alten oberdt. Diphthonge *ue, üe (darzue, müehe)*, die einfachen *i* statt mitteldt. *ie* (*dise* ‚diese'), *mb* für *m (kombt, umb)*, im morphologischen Bereich *seind* ‚sind', *ihme* ‚ihm', *seyt deme* ‚seit dem', *ware* ‚war'. Auch die beiden Salzburger Tagebuchschreiber haben noch oft die alten Formen auf *-e (ihme, deme, ware, sahe, sange)* und Altmodisch-Kanzleisprachliches: *allhier, alldorten, allwo, alldieweilen, anheut, annoch, vorhero, nunmehro,* ... Die Verbformen auf *-e (sahe)* kommen auch in Briefen des Vaters häufig, bei Wolfgang gelegentlich vor. Dessen Schwester Nannerl schrieb noch die altmodische Pronominalform *denen* statt Artikel *den (bey denen cavaliere)*. Alle haben noch einige der älteren *-er*-Plurale (*Hemder, Decreter, ...)*, den alten Konjunktiv Prät. auf *-et(e) (sehete, findete, schreibete)* und schreiben Substantive meist klein. Spuren des gesprochenen Regionaldialekts finden sich besonders in Briefen der Mutter und Schwester: z.B. Entrundung (*winschen, freinde, gresten* ‚größten'), daneben hyperkorrekte Rundungsschreibung *(wür* ‚wir', *Nördlüngen)*, Konsonantenschwächung (*gradulieren, gleider* ‚Kleider'). Mutter und Vater haben meist das bairische an Verben angehängte *-s*-Pronomen der 2. Pl. *(Lebts wohl)*, so auch Wolfgang als 14jähriger *(habts, lernts, könnts)*. Alle Familienmitglieder außer dem korrekten Vater verwechseln manchmal *-m* und *-n (vor einen jahr, bei den bischof)*. – Auch im Satzbau finden sich vereinzelt bei allen Familienmitgliedern sprechsprachliche Substandard-Merkmale, meist oberdeutscher Verbreitung (Reiffenstein 1993b): Bestimmter Artikel vor Personennamen, Genitiversatz durch possessiven Dativ *(wegen den Wolfgang seiner Reise)*. Doppelte Verneinung *(ich bekomme keine antwort nicht)*, Verbperiphrase mit *tun (Ich thue mich halt bedancken,* scherzhaft).

Auch der gelegentliche scherzhafte Gebrauch von heute obszönen Wörtern und Redensarten ist nach Reiffenstein nicht als Zeichen von ‚Unbildung' zu werten, sondern zeuge von einer im Oberdeutschen damals noch relativ unbefangenen „Sprache der fröhlichen, ungezierten Geselligkeit" auch in bildungsbürgerlichen Kreisen. Die Sprachvariation in der Familie Mozart hält er für „im ganzen repräsentativ" dafür, wie Angehörige des gebildeten Bürgertums in Süddeutschland vertrauten schriftlichen Umgang miteinander hatten.

E. Privates Briefschreiben war im 18. Jh. beliebte und hochkultivierte Übung in der oberen Mittelschicht. Aber wie schrieb man auf Deutsch in der spätfeudalen Oberschicht? In der Soziolinguistik ist meist nur von Mittelschicht- und Unterschichtsprache die Rede, kaum von Oberschichtsprache. Dies hängt mit deren stärkerer Exklusivität zusammen, aber auch mit dem weitverbreiteten Desinteresse von (mit ganz anderen Mitteln herrschenden) Oberschichten an gesellschaftlichem Prestige durch eine kultivierte Landessprache. Die hochkulturelle Verbesserung der deutschen Sprache im 17./18. Jh. war hauptsächlich eine Leistung des akademisch und literarisch erfolgreichen Bildungsbürgertums. Fürsten und Hochadel waren nur am Rande oder in besonderen Fällen daran beteiligt, z.B. in der ersten Hälfte des 17. Jh. in der *Fruchtbringenden Gesellschaft* (s. 5.5F). Die höfischen Kreise gingen in der absolutistischen Zeit immer mehr zum Französischen als Staats-, Geselligkeits-, Brief- und Literatursprache über, mit Sozialdistanzierung ebenso wie Modernisierung als Funktionen dieser europäischen Prestigesprache (s. 5.3L).

Die spätfeudale Höflichkeitskultur der Barockzeit war nach zeitgenössischen Anstandsbüchern, Konversationslehren usw. von einer starken sozialen Hierarchie und Formalisierung geprägt (Linke 1998; 2006): Man hatte streng zu unterscheiden zwischen Höflichkeit ‚von unten nach oben' oder ‚unter Gleichen' oder ‚von oben nach unten'. In den hochkultivierten Umgangsformen des Adels, vor allem des Hochadels, galt im 17. und 18. Jh. noch eine Priorität der „raumbezogenen und körpergebundenen Kommunikations- und Repräsentationsformen" vor den sprachlichen, die vom Bildungsbürgertum zunehmend bevorzugt wurden (Linke 2004): Zur adeligen Standeserziehung gehörten – ausser dem routinierten Gebrauch kurzer stereotyper französischer Phraseologismen – vor allem auch die elegant und variabel beherrschten nichtsprachlichen Umgangsformen mit Mimik (Augenaufschlag, Blickrichtung, Mundöffnung, Mundwinkel, Kopfhaltung), mit Gestik (Arm- und Handhaltung, Fingerspreizen, Handkuss), mit Körperhaltung (Verneigung, *Kratzfuß*, Hutabnehmen, den Fächer bewegen, Standbein-/Spielbein-Stellung), mit speziellen Künsten des Tanzens, Fechtens, Ballspielens, des Betretens und Verlassens eines Raumes usw. Diese meist mündlich und nichtsprachlich in der adeligen Hauserziehung und auf Hoffesten eingeübte, in der spätfeudalen Anstandsliteratur beschriebene, mit Porzellanfiguren und Kupferstichen veranschaulichte Fertigkeit adeliger Selbstdarstellung wurde seit dem späten 18., vor allem im 19. Jh. sogar noch verstärkt ausgeübt, um beim zunehmenden Verlust adeliger Privilegien und politischen Einflusses das „Obenbleiben" (Linke a.a.O.) wenigstens im Rahmen größerer Geselligkeiten untereinander und gegenüber gutbürgerlichen Teilnehmern zu sichern.

Diese „Sozialsemiotik" (Linke 2004) zeigt sich auch im Bedeutungswandel zweier zeitgenössischer Hochwertwörter: Im 17. und frühen 18. Jh. verstand man in Texten und lexikographischen Erklärungen unter *Conversation* noch „das gesellige Beisammensein ganz allgemein, und damit auch nicht zwingend vom Gespräch begleitete Interaktionsformen wie die gemeinsame *Promenade* oder den Tanz". Ebenso konnte *Compliment* auch noch rein körperlich verstanden werden als Verbeugung mit lebhafter Gestik und Mimik. Durch bürgerliche Kritik oder Umdeutung wurde dieses teilweise nichtsprachliche Adelsverhalten im 19. und 20. Jh. als ‚unmännlich' und nicht streng nach ‚richtig'/‚falsch' regelbar zurückgedrängt durch soziopragmatische Entsozialisierung und sprachbewußte Individualisierung, was beim Adel jedoch um so mehr als nur durch Herkunftsverpflichtung begründbares Identitätsmerkmal verinnerlicht wurde. Die bürgerliche Tendenz gegen die zeremonielle Raumbezogenheit zeigte sich im 19. Jahrhundert beispielsweise in der Beliebtheit des beim Adel lange Zeit noch verpönten Walzertanzens und im Ersatz von Eleganz und Komplexität durch Zeit- und Kraft-Dynamik in der Turnerbewegung (Linke 2004, 266).

Die zunehmend sprachbewusste Kultivierung deutschsprachiger Umgangsformen war also vor allem ein mittelständisch-bürgerliches Ziel, in einem komplementären Spannungsverhältnis zwischen „kommunikativer Konstruktion von Individualität" mit „Informalisierung des Verhaltens" einerseits und Konstituierung eines neuen, sprachreflexiv geregelten Gruppenbewußtseins andererseits (Linke 2006). So ist es nicht verwunderlich, dass deutsche Fürstlichkeiten, selbst solche von hohem politischem und geistigem Rang, die deutsche Sprache offenbar nur für alltägliche, nicht hochkulturelle Zwecke benutzten, meist nur gegenüber sozial Tieferstehenden. Da sie meist nicht selbst schrieben, sondern sich der Sekretäre bedienten, hatten ihre gelegentlichen eigenen schriftlichen Äußerungen auf Deutsch mitunter ein Niveau, das deutlich unter dem zeitgenössischen Stand der deutschen Sprachkultivierung lag. Ein Beispiel dafür aus der spätbarocken Mitte unserer Epoche ist August der Starke, einer der einflussreichsten Territorialfürsten und Mittelpunkt der Kulturblüte am Dresdener Hof. Als zwanzigjähriger Kurprinz schrieb er um 1690 in persönlichen Aufzeichnungen (n. Czok 1989, 25):

Er und sein älterer Bruder hätten *„stehten krieg miet einander und dieweil die natur den ingern mehr forteil vor dem elteren geben"*; über seinen Bruder schrieb er: *„Er wahr von natur und glietmaßen schwag von gemiette zornig und melanquollich sehr großes belieben wissenschaften zu lernen in welchen er sehr reuchirte"*. Während der Genesung nach einer schweren Krankheit hatte er sich mit zeitgenössischer deutscher Romanliteratur (v. Ziegler u. Klipphausen,

Lohenstein) beschäftigt, was ihn anregte, diese Aufzeichnungen als eigenen Romanentwurf im Stil dieser Vorbilder zu schreiben, als Loblied auf die Wettiner gedacht. Sich selbst beurteilte er darin als einen, *„der wenig achtete und in seiner jugen schon [...] zeigte das er von leibe gliederen und constitution stark wehren wierde von gemiette giettig freigebig nichts andres als was eine ehr lihbende sehl anstendig tuhn sohl liebtr geschickt alle exercitia zu lernen hingegen wohlte er sich zum studiren nicht appliciren sagend er wierd nichts als ein mahl den degen zu seinem fort kohmen bedierffen dero halben ihm in der zarten jugent schon das sohltahten weßen ein gepflanzet wahr [...] ihdenog daht der jingerer es dem elteren alle zeit zu vor"* (n.Czok 1989, 34f.). Selbst häufige höfische Wertwörter schrieb er recht unkonventionell: *„hoftahme"*, *„heirahtten"*. Noch 1705, als 35jähriger Kurfürst und König scheint er im eigenhändigen Deutschschreiben allenfalls in Bezug auf die Großschreibung Fortschritte gemacht zu haben; einer geheimen Denkschrift über politische Eventualitäten nach dem Tode Kaiser Leopolds gab er die Überschrift: *„Project ins fahl das Haus Estraich absterben sohltes"* (n.Czok 1989, 49).

Die aus diesen Beispielen ersichtliche deutsche Schreibsprachkompetenz des bedeutendsten Wettiners ist nicht hinreichend charakterisiert mit „die bis an sein Lebensende bewahrte Eigenart, seine Schriftstücke so zu schreiben wie er sprach" (Czok 1989, 34). Es ist nur zum Teil direkte Umsetzung gesprochener Sprache in eine von Schriftlichkeitsentwicklung unbelastete Schreibe. Ein beträchtlicher Teil der Merkmale entspricht eher halbgebildeter deutscher Schreibsprachkompetenz, da sie nur aus einer gewissen Praxis im Lesen von Texten mit konventionellen Orthographietendenzen zu erklären sind. Fürsten hatten auch in der frankophilen Alamodezeit Rechts- und Verwaltungstexte auf Deutsch zu lesen.

Ausgesprochen sprechsprachlich ist das Schreiben ohne jede Interpunktion und (Text von 1690) ohne Majuskeln (dies auch vom Latein und Französisch her gewohnt); ferner obersächsische Lautungen, die schon früher (vgl. 4.4E) im Kanzleigebrauch gemieden wurden, so Entrundung von *ü* zu *i/ie* (*gemiette* usw.), von *ö* zu *e* (*Estraich*), *d* für *t* (*daht* ‚tat'), Zusammenfall von *d* und *t* (*glietmaßen, jugent, sohltahten, hoftahme*, vielleicht hyperkorrekte Schreibungen). Typisch obersächsisch sind auch die hyperkorrekten Schreibungen *ch* für *sch (melanquollich)*, *g* für *ch* (*schwag* ‚schwach', *ihdenog* ‚jedennoch'). Sprechsprachlich wirken auch *liebtr* ‚liebt er', *wehren* ‚werden', *ins fahl* ‚im Falle'. Auf mangelnder Vertrautheit mit Schreibkonventionen beruht fehlendes *j (ingeren, ihdenog)*, *f* statt *v (forteil)*, *e* statt *ä (elteren, anstendig)*, *das* statt *daß*, Getrenntschreibung von Zusammensetzungen *(ehr lihbende, fort kohmen, sohltahten weßen)* und einige naive Fremdwortschreibungen. Auf der anderen Seite zeigen sich orthographische Konventionen, die nicht aus sprechsprachlicher Unbefangenheit zu erklären sind: übertrieben häufig gesetzte *h* (bzw. *ie*) als Vokaldehnungszeichen; Doppelkonsonantschreibungen *(tt, ff, ll, ck, ß)*, literatursprachlich voll ausgeführte Endsilben *(gepflanzet, achtete)*, die 6 korrekt geschriebenen Fremdwörter. Die Handschrift in der Faksimilewiedergabe bei Czok (1989, 34) macht auch einen ausgeschriebenen, flüssigen Eindruck, mit deutlichem Unterschied zwischen laufender deutscher Kursivschrift und einzelnen lateinisch-kursiv geschriebenen Wörtern nach Art der Kanzleischreiber. Auch sind einige syntaktische Anschlüsse eher kanzlei- und bildungssprachlich *(in welchen, hingegen, sagend, derohalben)*.

F. Ähnlich war es am brandenburgisch-preußischen Hof. Agathe Lasch, bahnbrechende Erforscherin der Geschichte von Niederdeutsch und Berlinisch, hielt die deutsche Sprache der Hofkreise schon zum Ende des 17. Jh. für „Berlinisch" (Lasch 1928, 97), womit bei den von jeher hochdeutsch orientierten Hohenzollern nur eine Mischung aus protestantischem Hochdeutsch und Elementen des märkischen Niederdeutsch gemeint sein kann. Hinweise dazu gewinnt Hartmut Schmidt (1988b, 9f.) aus eigenhändigen Niederschriften von Kurfürsten und Königen (vgl. auch Butz 1988, 24f.):

Im politischen Testament des Kurfürsten Friedrich Wilhelm von 1667 finden sich einige berlinisch-märkische Spuren, z.B. Schwierigkeiten mit *s/sch/z*-Lauten (*gewessen* ‚gewesen', *Grensen* ‚Grenzen', *Sals* ‚Salz', *schwischen* ‚zwischen'), viel *s*-Plural (*Stathalters)*, Sprosslaut nach *r (errenstlich)*, aber nur ganz vereinzelte Schwierigkeiten mit der Dativ/Akkusativunterscheidung. Bei seinem Enkel König Friedrich Wilhelm I., „wimmelt es" jedoch von charakteristischen Berolinismen in der Lautung und Pluralbildung *(Schmeichelers, Kerrels)*. Bei ihm herrscht die Dativform als Einheitskasus des Personalpronomens im Singular *(mir, dir, ihm)* und die Akkusativform als Einheitskasus des Substantivobjekts im Singular und Plural *(nach meinen toht, mit meine gesundtheit, mit den semtlichen adell, bei die andehre Ettats)*" (Schmidt 1988b, 10).

Diese zunehmende Nachlässigkeit in Bezug auf hochdeutsche Sprachnormen am preußischen Hof erklärt Schmidt (a.a.O., 10) als „Aufwertung der berlinischen Umgangssprache". Dahinter steht aber nicht eine bewusste ‚Provinzialisierung', sondern wohl ein immer stärkerer Rückgang der höfischen Verwendungs-Domänen fürs Deutsche zugunsten von Französisch. Dies wird noch deutlicher bei dem kulturell und intellektuell noch weit bedeutenderen Nachfolger Friedrich II., der vorwiegend französisch dachte, redete und schrieb (vgl. 5.3N). Die eigenhändigen Briefe, die er an seinen kranken ehemaligen Kammerdiener Fredersdorf schrieb, zu dem er ein sehr persönliches Verhältnis hatte, werden seit Agathe Lasch in ihrer sprechsprachnahen Art als indirekte Zeugnisse für die „berlinische Umgangssprache" aus der Mitte des 18. Jh.s genommen (Schmidt 1986, 147ff.; Butz 1988, 24f.), im Kontrast zu den Briefen des Kammerdieners, dessen Beherrschung der zeitgenössischen Schreibsprachnormen deutlich besser war. Über den persönlichen Fall hinaus seien diese Briefe als typisch dafür zu nehmen, dass in der Oberschicht in Berlin/Potsdam die alte Zweisprachigkeit Hochdeutsch/Niederdeutsch durch eine neue Zweisprachigkeit Französisch/Berliner Umgangssprache abgelöst worden sei, zumal die von Dresden, Leipzig und Halle kommenden Ansätze zu einer bildungssprachlichen Sprechnorm in Berlin/Potsdam nicht mehr sehr angesehen waren (s. 5.6F). Hier ein Brief des Königs vom Februar 1755 (n. Schmidt 1986, 148):

„ich bitte dihr recht sehr, nehme dihr doch gegen denen Schlime Zeiten recht in acht! ich wolte Dihr Sehr ungern verlihren! und haben Wihr erst die 2 Schlimme Mohnahte vorbei, so hat es guhte wegen. wenn morgen guht übergehet, So lege Dihr nuhr auf guhten apetit und Suche Dich mit Essen und Schlafen So vihl zu erholen, wie Möchlich. man Saget, Deine Camer, wohr Du nuhn bist, ist auch Wärmer wie die vohrichte; allso hüte Dihr ja vohr alle verkältung, auf daß wihr das Solistitium überstehen. ich versichere Dihr, daß ich recht in Sorgen vohr Dihr bin, und daß mihr öfters nicht guht zu-muhte darbei ist.“

Regional-sprechsprachlich sind darin folgende Merkmale (z.T. nach Schmidt 1986, 147): Zusammenfall von Dativ und Akkusativ in der Dativform Sg. des Personalpronomens (*ich bitte dihr* usw., wie im heutigen Berlinisch); umgangssprachliche Wendungen (*haben Wihr [...] vorbei, hat es guhte wegen, morgen guht übergehet, lege Dihr [...] auf*); Frikativaussprache des *g* (*Möchlich*). Nicht normwidrig, sondern damals noch weithin übliche Varianten sind die fehlende schwache Adjektivflexion (*die 2 Schlimme Mohnahte* usw.), *wie* statt *als* beim Komparativ (*Wärmer wie ...*), *vor* statt *für*. In anderen handschriftlichen deutschen Briefen Friedrichs II. und seines Vaters kommen (nach Lasch 1928, 98ff.) auch märkische und obersächsische Regionalismen vor: *rochen* ‚rauchen', *Boom* ‚Baum', *Böhme* ‚Bäume' (hyperkorrekt für *Behme*), *Zeuch* ‚Zeug', *Gerlitzer dücher* ‚Görlitzer Tücher', *es jeht* ‚es geht', *Abjang* ‚Abgang', *nischt* ‚nichts', *Kopp* ‚Kopf' usw. Altmodische Schreibungen dieses Briefes sind *vohrichte* ‚vorige', *wohr* ‚wo', *darbei* ‚dabei'. Der herrschenden Orthographietendenz entsprechen die allzu vielen heute nicht üblichen Dehnungs-*h* (wie beim sächsischen August), und Großschreibungen, die recht willkürlich und inkonsequent sind, in einem „orthographischen Kampf mit der Schriftsprache" (Lasch 1928, 102f.).

Historisch-soziolinguistisch liegt hier keineswegs ‚Unbildung', kulturelles Versagen oder Unfähigsein vor, sondern ein Nicht-nötig-Haben und Nicht-für-nötig-Halten. Im Unterschied zu seinen bildungsbürgerlichen Bediensteten, die ihm nach Diktat hochkultivierte Texte in Französisch oder Kanzleideutsch mit äußerster Korrektheit, Angemessenheit, ritualisierter Stilisierung und Kalligraphie professionell ausführten, hatte der König nur in Französisch, nicht aber in Deutsch sprachliche Repräsentationspflichten. Die Stabilität dieses extrem zweischichtigen Kommunikationssystems beruhte auch darauf, dass der elitär-intellektuelle Monarch zu seinen nicht höfisch gebildeten Bediensteten ganz anders, völlig ungezwungen und spontan reden (und notfalls auch mal schreiben) konnte. – Weiteres über das Deutsch der Hohenzollern bei Schmidt 1988b, 10, 15; Wells 1990, 331; Kaiser 1930, 240f. Die sonstigen gelegentlichen Klagen über schlechte Sprachmanieren von Fürsten und Hochadel seit Meyfart (1634, s. 5.2E Ende!) sind als Anzeichen von Stolz und Häme aus einem in dieser Hinsicht berechtigten bildungsbürgerlichen Fortschrittsbewusstsein zu erklären:

Noch 1747 beklagte sich Antesperg im Vorwort seiner *Kayserlichen Deutschen Grammatick* (s. 5.6M6) darüber, dass Adel und gelehrte Männer sich um *„Reinigkeit und Richtigkeit"* der *„hochdeutschen Grundsprache"* nicht kümmerten, *„sondern in solcher oft mit groben Schnitzern nur nach Gutdünken daher lallen"* (n. Wiesinger 1993b). Die Wiener Schriftstellerin Caroline Pichler schrieb in ihren *Denkwürdigkeiten aus meinem Leben* über Erinnerungen ihrer Mutter als Kammerfräulein bei Kaiserin Maria Theresia: *„Selbst die Kaiserin bediente sich des ganz gemeinen österreichischen Jargons"*, so dass ihr sächsisches Kammerfräulein sie oft nicht verstehen konnte (Wiesinger 1993a); das schlechte Deutsch vornehmster Kreise in Wien kritisierte 1782/83 Hoffmann in seinen *„Wöchentlichen Wahrheiten"* (s.5.6R).

G. Ein Gegenbeispiel für hohe deutsche Schreibkompetenz und -praxis in der Oberschicht ist die Korrespondenz der Herzogin Elisabeth-Charlotte von Orleans, die durch spätere romantische Verklärung unter dem populären Namen *Liselotte von der Pfalz* als fleißigste Briefschreiberin der Epoche des Briefeschreibens berühmt geworden ist (Mattheier/Valentin 1990; J.Kramer 1992, 65ff.; Lefèvre 1995, 1996b; Urbach 1899): Ihre höfische Zweisprachigkeit Deutsch/Französisch (vgl. 5.3M) war auf der deutschen Seite nicht so desinteressiert vernachlässigt wie bei August von Sachsen und Friedrich von Preußen. In den 50 Jahren, die sie – ohne jemals wieder nach Deutschland reisen zu können – an den Höfen von Orleans und Paris, argwöhnisch kontrolliert durch eine persönliche Briefzensur, in fast rein französischer Umgebung verbrachte, hat sie durch das Schreiben von über 25.000 langen Briefen an deutsche Verwandte mit bewusster Anstrengung ihre deutsche Sprachkompetenz aufrechterhalten und stets zu verbessern versucht. Da diese Briefe recht unkonventionell und formlos-spontan geschrieben waren und viel Kritik am Alltag des französischen Hoflebens enthielten, hat man sie im 19. Jh. in Deutschland für ein ‚Gartenlauben'-Publikum ideologisch verfälschend interpretiert als Zeugnisse für den Gegensatz zwischen der ‚natürlichen, drastischen, unverdorbenen' deutschen Art eines vom Vater dynastiepolitisch ‚geopferten' Pfälzer ‚Landeskindes' und der ihr fremden französischen Hofkultur. Dieses Bild ist zu korrigieren: die Herzogin hatte von ihrem Vater her eine hohe Bildung, die mit starkem Interesse für und Kompetenz in italienischer und englischer Theaterliteratur eher als europäisch-klassizistisch einzuschätzen ist (Mattheier/Valentin 1990, XIIf.). Ihre einzigartigen Deutsch-Exerzitien sind als Mittel „zum Aufbau und zur Stabilisierung der eigenen Identität" und aus einem „tief verwurzelten Sprachpatriotismus" zu erklären, der nachweislich der deutschen Sprachbewegung des 17. Jh. (s.5.5) nahestand.

Einmal bekennt sie ihrer Halbschwester: *„Ich gestehe, liebe Louisse, ich kan nicht vertragen, Teütsche zu finden, die ihre muttersprach so verachten, daß sie nie mitt andern Teütschen reden oder schreiben wollen, daß ärgert mich recht"* (Mattheier 1990, 229). Den sprachsoziologisch-biographischen Hintergrund erklärt Mattheier (1990, 222ff.): Die pfälzische Kurprinzessin muss in Heidelberg neben ihrem schweizerischen Hofmeister und ihrer Gouvernante für ihren französischen Sprachunterricht auch einen *Schreibmeister* fürs Deutsche gehabt haben. Ihr Interesse für gutes Deutsch geht aber offensichtlich auf die

Jahre 1659–61 zurück, die sie als 7- bis 9-Jährige am Braunschweigischen Hof verbrachte, wo sie mit ihrem Pfälzisch in noch niederdeutscher Sprechumgebung kaum etwas anfangen konnte. Noch gegen Ende ihres Lebens äußerte sie, man sage ihr nach, sie *„rede Pfaltzisch und Hannoverisch durch einander"*. Ihr deutscher Sprachunterricht war sowohl in Braunschweig/Hannover als auch in Heidelberg reformiert-protestantisch geprägt, so dass das Fehlen von Merkmalen der ‚süddeutschen Reichssprache' (Mattheier) in ihren Briefen gut zu erklären ist.

Immer wieder macht sich die Herzogin Gedanken über gutes Deutsch, über Fehler und ungefällige Varianten in ihren deutschen Bibelausgaben, über Wörter und Wortbedeutungen, die sie aus ihrer Jugend in Deutschland nicht kennt. In der Kirche bete sie, neben Französisch, alle lateinischen Texte auf Deutsch. Da deutschsprechende Besucher immer seltener wurden, war sie für ihre Sprachreflexion auf das Briefschreiben angewiesen (n. Mattheier a.a.O.): Ihre Halbschwestern bittet sie um Korrektur ihrer Fehler, so wie sie deren Fehler im Französisch korrigieren will: *„Ihr undt Louisse corigirt meine teütschen fraßen nicht, welche doch, wie ich glaube, der corection offt von nöhten haben, den ich rede selten teütsch undt verspüre woll, daß es mir nicht mehr so leicht ahnkompt wie vor dießem; also wen man mir nicht hilfft, werde ichs gewiß vergeßen."* Bei Erörterungen über einen deutschen Wortgebrauch fragt sie einmal nach jemandem aus der *„fruchtbringenden gesellschaft zu Franckfort"*, den man um Rat fragen könne. Sogar Leibniz habe ihr ein Kompliment über ihr Deutsch gemacht (1715): *„Herr Leibenitz, dem ich etlichmahl schreibe, gibt mir die vanitet, daß ich nicht übel Teütsch schreibe; daß tröst mich recht"*.

Trotz ihrer sprachlichen Isolierung im Deutschsprechen zeigen sich in den Briefen der Herzogin auch am Ende ihres Lebens „so gut wie keine Aufweichungserscheinungen in Richtung auf das Französische" (Mattheier 1990, 226), obwohl oder gerade weil sie selbst dies befürchtet. Ein für die Barockzeit erstaunlich natürliches Deutsch von Mensch zu Mensch war der deutschen Aristokratin inmitten des französischen Hofzeremoniells nur durch Befreiung von repräsentativem Formzwang, also durch eigenhändiges Schreiben möglich.

Dies erklärt sie selbst in fast dialogisch argumentativem Briefstil: *„Mein secretarius kan weder Teütsch leßen noch schreiben, aber gesetzt, er konte es, meint Ihr, liebe Louisse, daß ich mich seiner handt vor Eüch oder Ewere schwester gebrauchen wolte? Daß wer schön. Nein, liebe Louisse, die leütte, so ich lieb habe, denen schreibe ich nie durch secretarie handt"*. Vor dem traditionellen Klischee der Gleichsetzung von ‚deutsch' und ‚natürlich' ist zu warnen; der lockere moderne Briefstil kam ja gerade von den Franzosen: *„Auff Frantzösch schreiben ist nicht gar schwer; man schreibt ja nur, wie man spricht, gantz natürlich; es ist schir leichter, alß auff Teütsch, kost mir keine mühe [...] es ist hir der brauch auch gar nicht, in frantzöschen brieffen macht man keine complimenten nicht"*; einmal ärgert sie sich über das auf deutsche Weise verkünstelte Französisch eines Herrn v. Kötzschau: *„Solche fraßen hört man hir nicht, man kans nicht ohne lachen leßen. Nichts ist verdrießlicher, alß viel glockengeleütte zu hören, es betrübt einen in den todt"* (n. Mattheier 1990, 230).

Teile der höfischen Umgangsformen sind in der absolutistischen Zeit allmählich auch in der ganzen Sprachbevölkerung bis fast nach ‚unten' durchgedrungen, besonders in Bezug auf Anredeformen der Höflichkeit (s. Besch 1998 und in: BBRS 2599ff.): Das mittelalterliche (vom spätrömischen Latein herkommende) Zweiersystem mit der Höflichkeitsform *Ihr* (2. Person Plural) auch für Einzelpersonen neben allgemeinem *du* wurde seit der 2. Hälfte des 16. Jh.s durch Hinzutreten von *Er* und *Sie* (3. Person Singular/Plural) verkompliziert, im Zusammenhang mit einer „Überprofilierung in der Benennung sozialer Ränge", als „Steigerungselement sozialer Distanz" (Besch, in: BBRS a.a.O.), wohl durch spanisches und französisches Vorbild. Das in Person und Numerus doppelt verfremdete *Sie*, das damals wie heute im In- und Ausland als abwegiger deutscher Sonderweg kritisiert und verspottet wurde, war zunächst grammatikalisch sinnvoll noch rückverweisendes feminines Pronomen im Singular bei vorangehender pronomenloser Anrede mit einer femininen substantivischen Standes- oder Würdebezeichnung wie *Majestät, Durchlaucht, Excellenz, Eminenz, Hochwürden, Magnifizenz*. Erst Ende des 17. Jh. setzte sich mehr und mehr durch Umdeutung mit pluralischem Verb das *Sie* als direktes Anredepronomen durch. Ab Ende des 18. Jh.s wurde durch das Erstarken des Bürgertums dieses übertriebene Vierersystem durch das neue Zweiersystem mit *du* und *Sie* ersetzt. – Als Einführungen in modernere, bürgerlich-individuelle Umgangsformen waren in der 2. Hälfte des 18. Jh.s *Briefsteller* wirksam (s. Nickisch 1969; 1990; G. Wolff 1996), ebenso *Anstandsbücher* des 18. und 19. Jh.s, in denen im Zusammenhang mit Adelskritik das alte höfische *Decorum* und *Complimentieren* durch *Bildung, Anstand, guten Ton, Scherzen* und gesellschaftliches Entgegenkommen auch zu Untergebenen ersetzt wurde (s. Linke 1996; 1998; 1999; Lerchner 1998).

Gottsched unterschied in seiner Grammatik 5 pronominale Anredegrade (Besch a.a.O., 2608): *„natürlich (Du), althöflich (Ihr), mittelhöflich (Er/Sie), neuhöflich (Sie), überhöflich (Dieselben)"*; die falschen latinisierenden Formen *Ihro, Dero* tadelte er. Juden und sonstigen Andersgläubigen wurden alle Höflichkeitsformen ebenso verweigert wie Angehörigen niederster Schichten. In der noch sehr strengen Ständeordnung galten asymmetrische Anrederegeln: Höflichkeitsformen nur gegenüber Höhergestellten, umgekehrt Anrede nur mit *du*, allenfalls mit *er*. Die *du*-Anrede wurde in den Oberschichten nach französischem Vorbild noch weiter diskriminiert, z.T. auch innerhalb der Familie: *Duzen* galt vielfach nur noch gegenüber Knechten, Mägden, Dienstboten, Soldaten und sonstigem *Pöbel*, von Behörden gegenüber Untertanen. In den Oberschichten mussten im 18. Jh. (z.T. noch im 19. Jh.) Kinder ihre Eltern teilweise mit *Sie* anreden, auch noch als sie längst erwachsen waren. Im 18. Jh. wurde von Sittenstrengen sogar das *Siezen* unter Eheleuten propagiert. – In der Duisburger Stadtsprache gab es Anfang des 16. Jh. völligen Schwund des *du*, was wohl mit einer schon von Theodor Frings vermuteten Gemeinsamkeit des Niederrheinisch-Maasländischen mit der Entwicklung im Niederländischen und Englischen zusammenhängt (Besch a.a.O.; Mihm 1995, 237).

Die pronominalen Anredeformen standen in festem Zusammenhang mit einer ständisch geregelten „Sozialsemantik" und „Sozialsyntax" (Besch a.a.O.; Beetz 1990, 200ff.): außer den oben erwähnten Standes- und Würdebezeichnungen pedantisch abgestufte Adjektive, z.B. von unten nach oben: *hoch, großgünstig, gestreng, geneigt, gnädig, gnädigst, allergnädigst;* über sich selbst: *willig, schuldig, gehorsam, unterthänig, untherthänigst, alleruntertbänigst* (zu entsprechenden Präfixen s. auch 5.9Y Ende!). Zu den unterwürfigen Satzbauformen gehörten z.B. *ich*-Vermeidung, indirekte Sprechakte, Konjunktiv, verschachtelte Sätze. Dies alles im ebenso strengen Zusammenhang mit entsprechenden Formen der Prosodie, Mimik, Gestik, Körpersprache (sog. *Adaptoren*, s. Zakharine 2002). Im Schreibgebrauch waren nach den *Decorum*-Vorschriften Regeln zu beachten für Schriftart, Schriftgröße, Absatzgestaltung, Distanzwahrung am Briefschluss (*Spatia honoris*, bis zu einer halben Seite zwischen Textende und Unterschrift), Papierformat und -qualität, Siegelverwendung usw.

Der Abbau dieses übertriebenen Systems sprachlicher Unterwürfigkeit begann zunächst sehr vereinzelt seit der Frühen Neuzeit mit der Übertragung der einst auf den Adel beschränkten Anrede-Titel *Herr, Frau, Fräulein* auf Angehörige geringerer Stände, wobei *Frau* im 17./18. Jh. zusätzlich abgewertet wurde durch die Entlehnung von *Dame* für Frauen höheren Standes nach französischem Vorbild. Noch um 1800 wurden Leute aus den untersten Schichten kaum mit *Herr, Frau, Fräulein* angeredet; *Mamsell* (aus *Mademoiselle*) wurde zur gutsherrschaftlichen Berufsbezeichnung. Das fast bis zur Verächtlichkeit abgesunkene *du* wurde durch den literarischen Freundschaftskult in *Empfindsamkeit* und *Sturm und Drang* (s. 5.10MRS) erstmals aufgewertet. In den von der Französischen Revolution beeinflussten Gegenden gab es vorübergehend die radikale Forderung nach dem *Duzen* aller *Bürger* untereinander. Ein Beispiel für die Abschaffung des unterwürfigen Sprachstils ist die Textabbildung in 5.12U aus der Mainzer Republik 1792. Die bis in die 1960er Jahre gültige *du/Sie*-Regelung ist in Preußen erst mit den Stein/Hardenbergschen Reformen und durch die Einstellung freiwilliger Soldaten in den *Befreiungskriegen* 1813/15 feste Regel geworden. Die *Ihr*-Anrede blieb in ländlichen Gegenden bis ins 19. oder 20. Jh. erhalten. – Der bildungsbürgerliche Wandel der Auffassung von höflichem Sprachgebrauch zeigt sich nach Takada (2002; 2004b) bei Adelung vor allem in den „stilistisch-soziopragmatischen Lemmabeschreibungen" der 2. Auflage seines Wörterbuchs (1793–1801) mit gestufter Stilklassifikation *(höhere, edle, biblische, dichterische, anständige, vertrauliche, gemeine, niedrige Sprechart)*, vor allem bei *vertraulich* als Übergang von „ständischer" zu bürgerlicher „positiver Höflichkeit". – Im bürgerlichen 19. Jh. galt mehr die Höflichkeit unter Gleichgestellten mit Diskretion, Informalisierung und Identitätsbewusstsein, auch wenn dieses neue Gesellschaftsbild der „mündigen Individuen" vor allem als utopische Wirkung eines bürgerlichen „historisch-kommunikationsideologischen Wunschbildes" (Macha 2006, 115) aufzufassen ist.

H. Die ständeübergreifende Wirklichkeit bildungsbürgerlicher Sprachkultivierung kann nicht mit Stadtsprache gleichgesetzt werden. Schon die

Äußerungen über vorbildliches *Meißnisch* mit ihrer kritischen Hervorhebung seines Oberschichtcharakters (s. 5.6C–F) und die Kritik am Leipziger Sprachgebrauch bei Gottsched und Gottschedin (Wells 1990, 339ff.; vgl. 5.8M) sprechen gegen die Annahme homogener Stadtsprachen. Wie in der gegenwartbezogenen Soziolinguistik wird auch in der Sprachgeschichte S t a d t s p r a c h e n f o r s c h u n g betrieben. ‚Stadtsprache' ist grundsätzlich als instabiles Miteinander mehrerer Sprachvarietäten zu verstehen. Gegenüber der Wirkung spätmittelalterlicher Städte auf die Expansion volkssprachlicher Schriftlichkeit und den überregionalen Sprachausgleich (vgl. 3.D1, 4.2E) differenzieren dabei Hoffmann/Mattheier (in: BRS 1838f.) die sprachgeschichtliche Bedeutung der Städte als Zentren der Sprachentwicklung: Es gebe „Epochen, in denen die Stadt geradezu retardierend auf die einheitssprachliche Entwicklung gewirkt hat. So ist im 17. und 18. Jh. von Städten als gesellschaftlichen Organisationsformen keinerlei Anregung zur Weiterentwicklung des Nhd. ausgegangen. [...] An die Stelle der Stadt treten nun die Konfession, die Schule und die Wissenschaft". In Städten, vor allem Großstädten, liege in dieser Epoche „wahrscheinlich der Beginn der Entwicklung der sprechsprachlichen Schichtung, die uns heute noch in vielen städtischen Gemeinschaften entgegentritt." Insgesamt bildet die historische Stadtsprachenforschung seit etwa 30 Jahren ein interessantes und lebendiges Forschungsgebiet mit vielen Einzelaspekten und Untersuchungsbereichen.

Ein in dieser Hinsicht interessanter Problemfall ist die Sprachentwicklung in K ö l n und seinem Umland (R i p u a r i s c h): Als „erstaunlichstes Faktum in der jüngeren Sprachgeschichte" bezeichnet Werner Besch (1979, 333) die Ablösung der mittelalterlichen, dem niederländischen Schriftsprachtyp nahestehenden Kölner Schreibsprache durch eine zum Neuhochdeutsch tendierende ü b e r r e g i o n a l e S c h r i f t s p r a c h e in der Zeit zwischen 1540 und 1575, als „Sprachersetzung" und „Sprachenkampf". Nach Hoffmann/Mattheier (in: BRS 1851ff.) und Mattheier (1981, 284ff.) war die „Überschichtung der ripuarisch-kölnischen Schreibsprache" vom 16. bis zur Mitte des 18. Jh.s zunächst eine Orientierung an süddeutschen Varianten (z.B. *p* statt *b*, *-nus* statt *-nis*, *gewesen* statt *gewest*), vor allem in Texten der obersten Ebene der Schriftlichkeit (literarisch, Drucke), weniger in Akten mit Regionalbezug und in Weistümern, fast gar nicht in privaten Aufzeichnungen. Solche oberdeutschen Schlüsselmerkmale scheinen in der Zeit der Gegenreformation bis zur Durchsetzung der Aufklärung die Funktion einer „katholischen Prestigevarietät" gehabt zu haben (Mattheier 1981, 296). In der dritten Phase (relativ rasch um die Mitte des 18. Jh.s) wurden die nicht mit der ostmitteldt. Gottsched-Schriftsprache übereinstimmenden oberdt. Merkmale wieder aufgegeben. Seit Ende des 16. Jh. vollzieht sich (n. Hoffmann/Mattheier, in: BRS 1838ff.) die „Durchsetzung der gesprochenen überregionalen Sprachvarietät gegenüber dem angestammten Ortsdialekt", zu verstehen als eine Zwischenschicht (kölnisch-regionale Umgangssprache) zwischen Dialekt und Standardsprache.

Frühestes Zeugnis für eine überdialektale Sprechsprache in Köln ist eine Äußerung des Chronisten Hermann Weinsberg von etwa 1566: „*[...] die wort, so man spricht, lauten nit wie vormals. Itz ist in Coln ein andere Pronunciation und maneir zu reden, dann vor sesszig jaren, die littern werden versetzt [...] oberlendische oder nederlendische wort instat der alten colnischer sprachen [...] gebraucht*" (n. Hoffmann/Mattheier, in: BRS 1853). Damit ist eine Tendenz zu überregionaler Sprechsprache angedeutet, die weder rein ripuarisch-kölnisch noch ostmitteldeutsch war. Zu dieser relativ eigenständigen Stadtsprachen-Entwicklung, noch teilweise bis ins 18. Jh. gegen den allgemeinen Trend zur ostmitteldt. Sprachnorm, passt der relativ frühe Beginn kölnischer Dialektliteratur am Ende des 18. Jh.s mit urbanem bildungsbürgerlichem Eigenbewusstsein (Hoffmann/Mattheier, in: BRS 1859f.). – In Konkurrenz mit der bodenständigen Regionalsprache setzte sich (nach Mihm 2000, 140ff.) im Rhein-Maasländischen vom 15. zum 17. Jh. eine „Überschichtung durch externe Sprachvarietäten" durch: Vom Flämisch-Brabantischen her im Westen, vom Holländischen im Norden, vom Oberdeutschen im Süden, vom 17. bis 19. Jh. eine „diastratische und diatopische Polyglossie". Die Verhochdeutschung habe sich nicht rein schreibsprachlich vollzogen, sondern weitgehend auch durch allmähliche sprechsprachliche „Übergangsvarietäten im direkten Kontakt zwischen den Sprechergemeinschaften", als „statusbetontes Gesamtsystem" mit bereits ab dem 16. Jh. nachweisbarer „Stigmatisierung der einheimischen Varietäten". Die Kölnische Schreibsprache hat sich vor allem linksrheinisch von Köln bis Düren erhalten (Neuß 2000, 207). Im Niederrheingebiet hat sich die endgültige Durchsetzung des Hochdeutschen gegen das Niederländische mit domänenspezifischen Unterschieden bis ins 19. Jh. verzögert (Eickmans 2000, 222). – Die alte ripuarische Schreibsprache war nach Macha (1993) im 17. Jh. nur noch in handschriftlichen Privatquellen zu finden, wurde sonst durch „intentionale Vermeidung von Ripuarismen" vermieden, d.h. durch die in Köln schon Ende des 16. Jh.s üblich gewordenen allgemein hochdeutschen Normen ersetzt.

I. Die Sprachentwicklung in Berlin, dessen schreibsprachlicher Übergang vom Niederdeutsch zum ostmitteldeutschen Hochdeutsch Mitte des 16. Jh. bereits abgeschlossen war (s. 4.9D), ist nach Hartmut Schmidt (1986, 143) von einer niederdt./hochdt. Zweisprachigkeit im mündlichen Gebrauch im 16. und 17. Jh. gekennzeichnet, wobei das gesprochene Niederdeutsch (Märkisch) bereits obersächsisch beeinflusst und das gesprochene Hochdeutsch mit Niederdeutschem untermischt war.

Aufgrund der sehr weitgehenden Gemeinsamkeiten des Berlinischen mit dem Obersächsischen hatte Agathe Lasch (1928, 104, 121) eine völlige Übernahme des ‚Meißnischen' in der Oberschicht-Sprechsprache Berlins um 1600 und ein erst nachträgliches Eindringen niederdt. Relikte aus dem Unterschicht-Dialekt *(dat, wat, et, bißken)* angenommen. Seit der Widerlegung dieser These durch Teuchert und Schirmunski (s. Butz 1988, 16; Langner 1988, 33) hält man die niederdt. Relikte im Berlinischen (auch in Briefen der Hohenzollern im 18. Jh. (s. oben 5.8F) für autochthon. – In einem Weihnachtsspiel von 1589, am kurfürstlichen Hof von jungen Adligen aufgeführt, sprechen einige der Hirten noch Niederdt. Auch in einem Gedicht von 1637 zur Hochzeit eines Kirchenmusikers wird noch Niederdeutsch gesprochen, aber schon zu gesellig-komischem Zweck, während der Bürgereid Mitte des 17. Jh. amtlich hochdeutsch ist (Schmidt 1986, 143ff.).

Die Berliner Sprachsituation wurde seit dem Ende des 17. Jh. noch vielfältiger infolge einer von den Kurfürsten geförderten Bevölkerungsvermehrung durch Zuwanderung. Am Ende des Dreißigjährigen Krieges war die Einwohnerzahl auf 6.000 abgesunken, 1709 betrug sie schon 50.000, 1730: 72.000, 1760: fast 100.000 (Butz 1988, 19); 10% kamen aus Sachsen, viele aus Schlesien und dem neuen Kronland Ostpreußen, Protestanten aus Böhmen und Österreich, auch Juden, meist aus Wien oder Osteuropa. Nach dem Toleranzedikt von 1685 kamen *Réfugiés* (Hugenotten) nach Brandenburg, nach Berlin etwa 7.000 (vgl. 5.3MS), die durch Herkunft aus verschiedenen Teilen Frankreichs sprachlich heterogen waren und aufgrund besonderer mittelständischer Privilegien bis in die Napoleonische Zeit (kirchenintern noch länger) teils oberschichtlich-loyal zu einem veraltenden Französisch unter misstrauischen Deutschsprachigen lebten, teils sich assimilierten, zweisprachig ab etwa 1765, mit franz. bzw. dt. Mischsprache ab Ende des 18. Jh.s Der Hof der Hohenzollern, bis ins 16. Jh. sprachlich noch süddeutsch orientiert, pflegte vom Kurfürsten Friedrich Wilhelm bis Friedrich II. die höfische französische Sprachkultur. So ist für das Berlin des 18. Jh.s eine sozial abgestufte Dreisprachigkeit Französisch/Hochdeutsch/[Niederdeutsch] anzusetzen. Infolge dieser Vielschichtigkeit und der Vielfalt der Herkunft von Zuwanderern muss sich bereits lange vor der Industrialisierung des 19. Jh. in Berlin eine gemischte städtische Umgangssprache entwickelt haben. In den letzten Jahrzehnten des 18. Jh.s ist „zwischen den beiden Polen eines weithin anerkannten Berliner Hochdeutsch in mündlicher und schriftlicher Verwendung und einer oft kritisch bewerteten (weil noch stark an den märkischen Dialektformen orientierten) und in allmählicher Auflösung befindlichen Stadtmundart“ zu unterscheiden, mit einer „Berliner Umgangssprache als Kompromißform etwa in der Mitte zwischen den Extremen“ (Schmidt a.a.O., 155).

Seit Ende des 18. Jh.s weisen Grammatiker und Sprachinteressierte kritisch auf typische Berliner Merkmale hin (Schmidt 1986, 156ff.): *Beene* ‚Beine‘, *Boom* ‚Baum‘, *jehen* ‚gehen‘, *ick* ‚ich‘, *det* ‚das‘ usw. 1781 gibt der aus Niedersachsen stammende Dichter und Pädagoge Carl Philipp Moritz in seiner *Anweisung die gewöhnlichsten Fehler, im Reden, zu verbessern nebst einigen Gesprächen* in einem alphabetischen Verzeichnis weitere noch heute typische Berolinismen an, die *„nicht allein vom Pöbel, sondern selbst von dem gebildeten Teil der Nation“* gesprochen würden (Schmidt 1986, 156ff.; Butz 1988, 25). Niederdeutsches: *bisken* ‚bisschen‘, *det* ‚das/dass‘, *et* ‚es‘, *ick(e)* ‚ich‘, *mir* ‚mich‘, *man* ‚nur‘, *Männicken* ‚Männchen‘, *sind* ‚sein‘ (Inf.) usw.; heute nicht mehr üblich: *mi* ‚mir‘, *di* ‚dir‘, *wih* ‚wir', *he* ‚er', *hebben* ‚haben'. Märkisch-(nord)obersächsische Gemeinsamkeiten: *allehne* ‚allein', *Behn* ‚Bein', *Boom* ‚Baum', *ohch* ‚auch', *druf* ‚darauf' usw.; *Kop* ‚Kopf', *janz* ‚ganz', *jut* ‚gut', usw.; *nich* ‚nichts', *ne* ‚nein', *nischt* ‚nichts' usw.; heute nicht mehr üblich: *Dühr* ‚Tür', *Höhchte* ‚Höhe', *Perschon* ‚Person' usw.

Die Gemeinsamkeiten des Berlinischen mit dem Obersächsischen gehen auf einen nordobersächsischen Einfluss zurück, der seinerseits, aufgrund der bekannten sozialökonomischen und konfessionellen Entwicklung, eine städtische Verkehrssprache etwa in Wittenberg, Halle, Leipzig war, mit Vermeidung eigentlich Meißnischer Dialektmerkmale (R.Große 1988; 1993). Die hochdeutsche Prägung des Berlinischen ist auch durch starken südöstlichen Einfluss von der Niederlausitz her entstanden (Langner 1988), neben starker Zuwanderung zu erklären aus der Bedeutung von Frankfurt a.d. Oder als alte Hanse- und Messestadt (17./18. Jh.) und als einflussreiche protestantische Universitätsstadt (16.–18. Jh.).

Ein frühes Beispiel für eine mittelschichtliche hochdeutsche S t a d t - U m - g a n g s s p r a c h e in Berlin sind Moritz's fingierte Gespräche *„zwischen einem Herrn und einer Dame"*, in denen er Eigentümlichkeiten des Berlinischen bewusst in höflich-konventionelle Sätze einstreut; so aus dem *Frühlingsgespräch* (n.Schmidt 1986, 159):

„ER: *Sehen Sie, wie das Lohb uf die Böhme schon widder ausschlägt! O wie schön is doch der Frühling!*

SIE: *Ja, des freuet mir immer am mehsten, wenn ich sehe, wie die Böhme erscht anfangen grün zu werden, des seht jar zu schön aus.*

ER: *Aberst lahßen Sie uns doch noch en Bisken uf die Wiese jehn, Sie glohben jar nich, wie ville Veilchen, dies Jahr, wachsen: ich habe schonst für ein paar Tage welche gepflückt, un wenn Sie mich erlohben wollen, so will ich sie heute en klehn Pucket pflücken.*

SIE: *O des wird mich sehre angenehm sind, Sie seynd aber jar zu jütig.*

ER: *So! – derf ich Sie nu gehorsamst uf warten?*

SIE: *Ich bin Sie recht sehre verbunden."*

Die nicht konsequente Durchführung bestimmter Merkmale (z.B. *j* für *g*, *t* für *s*) muss nicht als Nachlässigkeit des parodierenden Verfassers interpretiert werden, der sich ausdrücklich um übertreibende Häufung bemüht. Sie ist eher Kennzeichen einer sehr flexibel variierenden Mittelschichtsprache, die im ständigen Wechsel zwischen Erfolg und Misserfolg sich an die Schriftsprachnorm annähert, ebenso wie im frühen 19. Jh. Berlinische Merkmale nicht systematisch, sondern meist nur bei Einzelwörtern realisiert werden (Schmidt 1986, 166). Dies entspricht dem Schibboleth-Charakter heutiger Umgangssprachen von Immigrationszentren und -regionen, die vor allem soziale Identifikationsfunktion haben, ähnlich wie im Soldaten- oder Studentenjargon schon ein paar Dutzend angewöhnte Merkmale dazu genügen, dass Neulinge ihre Anpassungsbereitschaft hinreichend signalisieren können. Zu französischen Relikten im Berlinischen Wortschatz s. 5.4S! – Die gemeinsprachlich gewordenen saloppen Berlinischen Wörter (*Fatzke, Klimbim, schnuppe* usw.) stammen meist erst aus dem 19. Jh. (s. Paul 1992, Register unter „Berlinisch").

J. Wieder anders – als Sonderfall für bilinguale Stadtsprachengeschichte – ist die Entwicklung des Prager Deutsch (Povejšil 1980; Skála 1983): Bis Mitte des 18. Jh.s herrschte nach Zeugenprotokollen und Drucken relativ viel Varianz mit stark süddeutsch-österreichischen traditionellen Merkmalen:

Verwechslung von *b* und *p*, *d* und *t*, *g* und *k* im Anlaut, ungerundete Vokale (*e* statt *ö*, *i* statt *ü*, *ai* statt *äu*), apokopierte (*-e*-lose) Verbformen, Perfekt statt Präteritum, Artikel vor Personennamen, Nachstellung bzw. Weglassung des Subjekts; Wiedergaben gesprochener Formen wie *mier* ‚mir', *geschrieren* ‚geschrien', *derschnitten* ‚zerschnitten', *Mastr* ‚Meister', *ham* ‚heim'; antiquierte Formen wie *derer* ‚der' (Gen.Pl.), *denen* ‚den' (Dat.Pl.), *deme* ‚dem', *ihme* ‚ihm', *seye* ‚sei!', *ware* ‚war', usw.

In der zweiten Hälfte des 17. und ersten Hälfte des 18. Jh.s nahm die ‚Provinzialisierung' des Prager Deutsch durch politische und konfessionelle Abriegelung gegenüber den protestantischen Teilen Deutschlands weiter zu. Es geriet immer stärker in den beherrschenden Wiener Einfluss und damit gegenüber den zunehmend prestigehaften mittel- und norddeutschen Sprach- und Stilnormen in der Gottschedzeit ins Hintertreffen. Es war die Sprache der Beamten, der Verwaltung, der Wirtschaft und des Handels, also im Wesentlichen auf das Bürgertum beschränkt. Zwei Drittel der Bevölkerung Böhmens sprachen zu Beginn des 18. Jh.s nach wie vor Tschechisch. Der Adel war nur zum Teil deutschsprachig, vorwiegend tschechisch-national gesonnen, und orientierte sich, im Unterschied zum Adel in Deutschland, international nicht am Französischen, sondern Italienischen und Spanischen (Skála 1983, 250). Die tschechische Schriftsprache, seit der Hussitenzeit auf hoher Entwicklungsstufe bis zur Gegenreformation (s. 4.9S), wurde von den im Bildungsleben tonangebenden Jesuiten als ‚ketzerisch' verachtet und zurückgedrängt. Die Aufklärungsbewegung kam in Prag dem Deutschen ebenso wie dem Tschechischen zugute. Der Gottsched- und Gellert-Schüler Karl Heinrich Seibt lehrte seit 1764 an der Universität Prag (erstmalig seit der Gegenreformation in deutscher Sprache) und regte in den 1770er Jahren in Prag eine Welle sprachkritischer Publizistik an, durch die das Prager Bildungsdeutsch in wenigen Jahrzehnten die österreichische Orientierung weitgehend aufgab und im 19. Jh. – ab 1803 bezeugt – in Wien den Ruf des ‚besten Deutsch' erlangte (Povejšil 1980, 115; Skála 1983, 251).

Schon 1747/48 war in Olmütz die erste deutschsprachige gelehrte Zeitschrift Österreichs erschienen *(Monathliche Auszüge)*, bereits mit Orientierung am Gottsched-Deutsch. In den sprachkritischen Prager Schriften um 1770 wurden undeutsche und veraltete Wörter und Redensarten kritisiert und sorgfältige Korrekturen ausgeführt (Povejšil 1980, 114ff.): Häufig wurden Flexionsendungen ergänzt und geändert: z.B. *-em* statt *-en* im Dat.Sg. in Artikelformen und attributiven Adjektiven *(einem, ihrem,* *edlem)*, *-e* statt -ø im Dat.Sg. *(Maasse, Muthe, Gegenstande)*, aber auch hyperkorrekte Pluralendungen: *Verfassere, Kunstrichtere, Mitarbeitere.*

Nach dem sprachenpolitischen Tiefpunkt um 1750 begann die zweite Blütezeit der tschechischen Sprache und Literatur im Rahmen der ‚tschechischen Wiedergeburt', als Folge der Bauernbefreiung und Industrialisierung ab Anfang des 19. Jh., besonders in den 1830er Jahren. Die jahrhundertelange Symbiose beider Schriftsprachkulturen, in der von Tschechen geschriebene deutschsprachige Werke „als Teil der tschechischen Kultur und Literatur" angesehen wurden, dauerte noch bis über die Jahrhundertmitte (Skála 1983, 253). Im Unterschied zu den Dialekten in den deutschbesiedelten Randgebieten Böhmens und deren Städten und dem unterschichtlichen Deutsch der Prager Kleinseite entwickelte sich die Prager deutsche Bildungssprache, bis hin zu Mauthner, Rilke und Kafka, in ausgesprochen hochkultureller, dialektferner Weise in Konkurrenz mit dem Tschechischen, auch auf Kosten des verdrängten Jiddisch (s. 6.4.1V, 6.8G).

K. Innerhalb und außerhalb der Städte ist in dieser Epoche gelegentlich schon von einer d r e i s c h i c h t i g e n D i a g l i e d e r u n g des Deutschen aus oberer, mittlerer und unterer Schicht die Rede (Wiesinger, in: BRS 1633ff.):

Hieronymus Freyer erwähnt in seiner *Anweisung zur Teutschen Orthographie* (s. 5.6M5) eine solche Dreischichtigkeit in Halle: *„Ja wir haben alhier in Halle eine dreyfache Aussprache; wodurch sich vornehme und geschickte Leute von dem gemeinen Volk aus der Bürgerschaft und diese beyderseits wiederum von den so genannten Halloren sehr merklich unterscheiden"* (n. Wiesinger, in: BRS 1638). Die hier erwähnte ‚Umgangssprache' war nach späteren dialektologischen Befunden stärker von Leipzig her beeinflusst und der Schriftsprache näherstehend, die Unterschichtsprache der *Halloren* mehr traditionell nordthüringisch-mansfeldisch. – Der Benediktiner Matthias Höfer aus Kremsmünster schreibt in seiner Sprachbeschreibung von Oberösterreich (1800) von einer dreifachen Sprachschichtung: *„1. städterisch oder herrisch, 2. markisch, wie es unter gemeinen Bürgern in den Marktflecken üblich ist, 3. bäurisch"* (Wiesinger 1993a).

Neben den (von Rhetorik und Standesgliederungen ideologisch beeinflussten) Dreierschichtungen ist auch mit Z w e i s c h i c h t i g k e i t zu rechnen. Die sprachsoziologische Varietätenwahl in N o r d d e u t s c h l a n d war von besonderer Art (Gesenhoff/Reck, Sodmann, Wiesinger, Bichel, in: BRS 1281ff., 1289ff., 1639ff., 1865ff.): Nachdem in der Zeit von etwa Mitte des 16. Jh. bis Ende des 17. Jh. das Niederdeutsche vom Hochdeutschen im Schreiben und Drucken verdrängt war (vgl. 4.9C–J), wurde Niederdeutsch allmählich redialektisiert, d.h. auf den mündlichen Gebrauch in nicht offiziellen, nicht überregionalen Funktionen beschränkt und (seit der 2. Hälfte des 17. Jh. als *Plattdeutsch*) sozial stigmatisiert. Konnte man den schrittweisen Schriftsprachwechsel von Mittelniederdeutsch zu ostmitteldeutschem Frühneuhochdeutsch im 15./16. Jh. noch mit dem Begriff Bilinguismus (Zweisprachigkeit) in Zusammenhang bringen (zwei Schriftsprachen in gleicher Funktion alternativ), so ist das Verhältnis Hochdeutsch/Niederdeutsch insgesamt im 17. und 18. Jh. soziolinguistisch eher als Diglossie zu bezeichnen, da der Gebrauch beider Sprachen nach Verwendungsfunktionen in bestimmten Sach- und Kommunikationsbereichen (Domänen) geregelt war, wobei die Bewertung als *high variety* (nach Ferguson) einseitig dem Hochdeutschen zukam. Dessen Normierungs- und Kodifizierungszustand wurde in diesen Jahrhunderten vor allem von norddeutschen Grammatikern und Lexikographen vorangetrieben.

Immerhin gibt es Zeugnisse dafür, dass auch in der Oberschicht noch bis ins 19. Jh. im vertraulichen Umgang und gegenüber sozial niedriger Gestellten niederdt. Dialekt gesprochen wurde, offiziell und gegenüber Höhergestellten aber Hochdeutsch mit immer besserer, längst gerühmter Perfektion (vgl. 5.6G). Andererseits ist die Sprachwahl in einem 1775/77 in Hamburg erschienenen *Wochenblatt für Kinder* in Kinderszenen asymmetrisch zweisprachig verteilt: Stadtkinder höherer Kreise sprechen schon hochdeutsch zu niederdeutsch sprechenden Kindern von Bauern und Gärtnern (Bichel, in: BRS 1868).

L. Da das Hochdeutsche in Norddeutschland noch bis ins 19. Jh. in aktivem Gebrauch hauptsächlich auf die Funktion als Berufssprache (für öffentlich und überregional orientierte Tätigkeiten), also im Grunde als Männersache (Bichel, in: BRS 1868) beschränkt war, konnte sich bei einem großen Teil der Bevölkerung Norddeutschlands kein echter Bilinguismus entwickeln. Dies führte zu Sprachmischungs-Erscheinungen, die sehr pauschal als *Missingsch* bezeichnet werden.

Der Ausdruck *missingsch/messingsch* ist nach Teuchert (1961) in Mecklenburg entstanden, 1724 zuerst belegt, durch Adelung (1777) bei Sprachinteressierten verbreitet, kann aber älter sein, da gerade in Mecklenburg (Rostock) von Gelehrten und Sprachfreunden die Klagen über die Vernachlässigung des Niederdeutschen, das Vordringen der *Misnica lingua* (s. 5.6CD) und die damit zusammenhängende Sprachmischung seit 1585 nachzuweisen sind. Im 18. Jh. wird die *Missingsch* genannte Sprachmischung über die Ober- und Mittelschichten hinaus auch von wandernden Handwerksburschen berichtet.

Missingsch im engeren, ursprünglichen Sinne war nach Bichel (a.a.O., 1871) eine brockenhafte Vermischung von Hochdeutsch *(Meißnisch)* mit Niederdeutsch, wenn muttersprachlich Niederdeutsche sich in unvollkommener Weise hochdeutsche Ausdrucksweisen angewöhnten. Nach der seit Heynatz (1774) angenommenen Deutung wurde die Benennung dieser Übergangserscheinung aus *Mißnisch* ‚Meißnisch' zu *Missingsch/Messingsch* umgedeutet, mit Anspielung auf den Mischcharakter und die Minderwertigkeit des Metalls Messing als ‚unechtes Gold'. Diese Mischsprache entstand immer wieder auf neue Weise spontan, ist also sprachtheoretisch als *parole* (Performanz), nicht als *langue* (Kompetenz) aufzufassen.

Trotzdem werden einige typische Erscheinungen festgestellt: In niederdt. Sätzen finden sich hochdt. Interferenzen: feste Termini und Redewendungen, Artikelformen, neuhochdt. Diphthongierung, eigenwillig verwendete Fremdwörter, u.a. – Eine dem Missingsch vergleichbare Mischform *Oostersch* gab es im Kontaktbereich zum Niederländischen (Besch, in: Besch u.a. 1982/83, 1403f.).

M. Deutsch-deutsche Mischsprache aus Ungeschick ist keineswegs nur eine Sprachform aus der sozialen Unterschicht. Da die allmählich verbindlich gewordenen Normen der Bildungssprache auf mehr ideologisch-theoretische oder elitäre Weise von speziellen Sprachprofessionellen propagiert bzw. in Gebrauch gebracht wurden, hatten sie in regionaler wie in stilistischer Hinsicht für die meisten Mitglieder der mittleren Stände mehr oder weniger den Charakter von Idealnormen, die nicht immer erfolgreich realisierbar waren. Dies gilt besonders für Norddeutschland als Land einer Diglossie-Situation. Der Übergang vom altgewohnten Niederdeutsch zum Hochdeutsch war oft ein riskanter Sprung. So werden (n. Bichel a.a.O., 1868) in den *Jungfer-Nichten-Briefen aus Hamburg* (von etwa 1805, erst 1847 zusammengestellt) Mütter aus dem wohlhabenden Bürgertum auf Plattdeutsch zitiert, ihre Töchter aber mit einer niederdt.-hochdt. Mischsprache beim ungeschickten Bemühen ums Hochdeutsch.

Eine derartige Sprachmischung wird in dem sprachsatirischen Lustspiel *Herr Witzling* von L o u i s e Adelgunde Viktorie G o t t s c h e d bloßgestellt, das 1745 in Gottscheds *Deutscher Schaubühne* als *„Ein deutsches Nachspiel"* erschienen ist. Gottscheds literarisch erfolgreiche, gelehrte und sprachsensible Ehefrau, seine übersetzende und stückeschreibende Helferin bei der Bühnenreform (s. Brinker-Gabler 1988, 302ff.; Richel 1973) hat darin arrogante Halbbildung Leipziger Studenten aus dem Besitzbürgertum mit sprachlichen Merkmalen bloßgestellt und damit ein anschauliches Beispiel dafür gegeben, dass die sprachliche Signalisierung eines elitären Status bzw. deren Verfehlung vor allem auf der Beherrschung bzw. Bewertung von Einzelmerkmalen beruht.

Auf der Seite korrekter, angemessener Sprache nach Gottsched(in)-Normen stehen der reiche Leipziger Kaufmann Reinhart, sein Sohn, ein junger Advokat, und Jungfer Lottchen (deren Vormund R. ist), auf der Seite der fehlerhaften Sprache drei geckenhafte Leipziger Studenten Witzling, Rhomboides und Jambus. Als Möchtegern-Dichter und -Kritiker blamieren diese sich vor dem traditionell-gebildet schlauen jungen R. und dem sich naiv stellenden, aber intellektuell und moralisch überlegenen Lottchen, indem sie bei der Gründung einer Sprachgesellschaft scheitern, die sie *„antigrammatikalische"* oder *„participialische"* oder *„denkende Sprachschnitzer-Gesellschaft"* nennen wollen:

Da sie als *„körnichte Dichter"* die deutsche Sprache, im Gegensatz zum Latein, frei von Regeln benutzen wollen *(„Man kann im Deutschen alles sagen, was man will", „Deutsch ist nicht Latein")*, zerstreiten sie sich schließlich völlig darüber, welche *Sprachschnitzer* in der Dichtung zugelassen seien, welche nicht.

Die hier satirisch herausgestellten ‚Fehler' bilden nicht das Inventar irgendeiner Varietät der deutschen Sprache (etwa der Leipziger Umgangssprache), sondern sind auf einige häufig wiederkehrende Merkmale konzentriert, die die Autorin sorgfältig mit Fettdruck (hier: Sperrung) hervorhebt. Zur Erklärung dieser Fehler wird die Figur des Witzling als sprachlich naiv-selbstbewusster Niedersachse geneckt. Es finden sich grundsätzlich keine lautlichen Merkmale (nur einmal *Beest* ‚Biest'), obwohl – etwa mit Lautverschiebungsfällen – durchaus Gelegenheit dazu gewesen wäre. Regionale Aussprache war damals eben auch bei Gebildeten so selbstverständlich, dass sie sich als Material für die Bloßstellung von Halbbildung nicht eignete. Auch in Wortwahl und Satzbau sind die Redebeiträge der drei satirisch Bloßgestellten nicht auffällig; sie sprechen zeitgemäßes Bildungsdeutsch, mit allen nötigen Höflichkeitsformeln. Sprachliche Halbbildung wird hier vielmehr, vor allem bei Witzling, mit drei immer wiederkehrenden Kennzeichen vorgeführt:

– Verstöße gegen den Kasusgebrauch, besonders Akkusativ statt Dativ (seltener umgekehrt), erklärbar aus dem niederdt. Substrat des Einheitskasus, wie noch heute im Berlinischen.
– Trennung präpositionaler Pronomen im Satz, noch heute als nordwestdt. Merkmal: *„D a kann ich nichts v o r", „D a habe ich nicht schuld a n", „D a wird unsere Zeit keine Ehre v o n haben", „D a bin ich mit b e y"*, usw.
– *vor* statt *für*, was von Grammatikern, besonders Bödiker, bekämpft wurde: *„Was v o r einen Irrthum", „ein neues Unglück v o r mir"*, usw.

Sonstige als ‚abweichend' herausgestellte oder unmarkierte auffällige Merkmale kommen nur je 1 mal vor: *all* ‚sehr' *(„es ist all artig")*, *„gehören meine"* ‚gehören mir', *„nach hier machen"* ‚für Leute von hier machen', *„Ich bin hier bei [...] ins Haus"* ‚ich logiere im Haus von ...', *„die Leipziger was hermachen"* ‚den Leipzigern etwas vormachen', *„eine Sau machen"* (Bedeutung unklar).

Das Thema ‚korrekter Kasusgebrauch' behandelt Louise Gottsched sogar in aller Breite und Tiefe, so dass es – sprachgeschichtlich plausibel – so scheint, als bestünde das korrekte Bildungsdeutsch vor allem in der Ebenbürtigkeit des Deutschen zum Latein in Bezug auf einen ebenso regelhaften Kasusgebrauch (vgl. 5.9F). Besonders Witzlings Redebeiträge sind mit derlei Verstößen vollgepackt, oft kontrastreich mitten in gekonnten Sequenzen von Höflichkeitsformeln:

„Rhomboides: *Ich bin erfreut, I h n e n zu sehen.*
Jambus: *Es ist mir ein Vergnügen, I h n e n kennen zu lernen.*

Witzling: *Es ist m i c h herzlich angenehm ein Paar solche Männer hier zu sehen, von d i e der Herr Reinhart m i c h so viel Gutes gesagt hat.*"

Oft werden solche Fälle in einem Satz gehäuft: „Witzling: *Bey m i c h kommt niemand anders in e i n e r Stube, als mit d e n Hut auf d e n Kopf*". Umgangssprachlicher und korrekt bildungssprachlicher Kasusgebrauch stoßen hart aufeinander: *„an Leibnizens seiner Infinitesimalrechnung und an des Aristoteles Poetik."* Der Genitiv-Ersatz mit Possessivpronomen gilt noch heute als ‚ungebildet'. Ein Kasus-Schnitzer ist auch *„in Willens sein"*. Nachdem die drei Renommierer in einem längeren *„burschikoosen"* Gespräch bis zur Gründung ihrer neuen Anti-Sprachgesellschaft diese Art von Deutsch geübt haben, Witzling besonders virtuos, gehen Witzlings Kasus-Verfehlungen den beiden anderen dann doch auf die Nerven, und es kommt zum sprachkritischen Eklat:

„Rhomboides: *Herr Witzling, brauchen Sie doch das M i c h und M i r nicht immer so falsch. Die Ohren thun mir schon ganz weh!*

Jambus: *Ja, es ist entsetzlich, I h n e n so reden zu hören.*

Witzling: *Und es ist eben so entsetzlich, meine Herren, ihr beständiges falsches S i e und I h n e n zu hören.*

Rhomboides, lacht spöttisch: *So? wir werden endlich noch von den Niedersachsen Deutsch lernen sollen!*"

Schließlich fällt dem Jambus der sprachkulturelle Widerspruch auf, dass Witzling lateinische Flexionsendungen in Fremdwörtern durchaus korrekt beherrscht (z.B. *Criticos*), und stellt ihn zur Rede: *„Ey! warum sagen Sie nicht, auf solche C r i t i c i s, das wäre ja ein schöner N i e d e r s a x o n i s m u s gewesen."* Den Widerspruch zwischen latinisierendem Bildungsgehabe und schlechtem Deutsch thematisiert die Autorin auch am Beispiel der Partizipkonstruktionen, die seit dem Humanistendeutsch als Merkmale des Kanzlei- und Bildungsstils galten (vgl. 4.7.H), und der partizipialadjektivischen Wortbildungen, die in den 1740er Jahren im Kampf der Gottschedianer gegen die neuartige *körnigte* Dichtersprache der Schweizer und Klopstocks als beliebtes Streitobjekt eine Rolle spielten (s. 5.10 OP): *„Bedienen Sie sich auch der Partizipiorum, Herr Witzling?" – „Ey! die sind meine beste Zierde"*.

N. Zweisprachigkeit, Diglossie und Sprachmischung gehören sozusagen zur ‚weichen' Art historischer Sprachsoziologie; man richtet sich so oder so, jedenfalls kompromissfreudig, zwischen machtbedingten sprachlichen Gegensätzen ein. Zu den ‚harten' sprachsoziologischen Wirklichkeiten, die in einer Sprachgeschichte nicht ignoriert werden dürfen, gehört das wenige, was über „die ‚Betroffenheit' der vielen namenlosen Mitglieder unserer Sprachgemeinschaft" durch Härten des erzwungenen S p r a c h e n w e c h s e l s bekanntgeworden ist (Besch 1979): Die Entwicklung und Verbreitung der neuhochdeutschen Schriftsprache war nur im größten Teil der mittel- und oberdeutschen Sprachregionen ein allmählicher Ausgleichsprozess, also S p r a c h w a n d e l im eigentlichen Sinne. In Norddeutschland ist dagegen (nach Besch) ein „importiertes Schriftsystem versprachlicht", also dem größten Teil der Bevölkerung durch Institutionen wie Kirche, Schule, Gerichte als fremde Sprache aufgezwungen worden durch „Sprachverdrängung“ und „Sprachersatz“. Dies gelte mit einigen Abstrichen und Modifikationen auch für das Ripuarische um Köln (vgl. 5.8G). Diese sprachpolitische Verhaltensweise von Institutionen und Eliten (vgl. 4.9) konnte „tief in das Leben des einzelnen eingreifen und ganze Generationen schwer belasten“ (Besch a.a.O., 335).

Für entsprechende Begleiterscheinungen bei der Verdrängung des Niederdeutschen (vgl. 4.9C–J) stellt Besch (a.a.O., 335ff.) Quellenbeispiele zusammen: Im Anschluss an die in 4.9J zusammengestellten Nachrichten über Verspottung und Verbote der niederdt. Sprache in Kirche und Schule und über Proteste und Widerstand dagegen aus dem 16. Jh., folgen hier Beschs Beispiele (verkürzt) aus dem 17. und 18. Jh.:

- Von der Insel Rügen wird 1611 berichtet, dass dort niemand Hochdeutsch verstehe.
- In Osterfeld bei Husum wird 1678 der Küster von seinem Superintendenten abgesetzt, weil er im Gottesdienst nur plattdeutsch singen konnte oder wollte.
- In seiner lateinisch verfassten Rostocker Dissertation über die ungerechtfertigte Verachtung des Niederdt. (1704) fordert Bernhard Raupach die Wiedereinführung niederdt. Übersetzungen der Lutherbibel, um das verständnislose Nachplappern von Bibel- und Katechismusstellen zu unterbinden; den einfacheren Leuten fehle „Trost in trauriger Lage, Ergötzen in freudiger Stimmung, Hilfe in der Not, Schutz in Gefahren, wenn wir ihnen nicht in ihrer Sprache, mit der sie uns anreden, antworten können, sondern nur in einer ihnen fremden“.
- In seiner Göttinger Antrittsvorlesung beklagt der Theologe Johannes David Michaelis 1750, dass „die Bauern den Inhalt der Predigten nicht genügend erfassen könnten“ und gibt zu erwägen, „das Niederdeutsche als Kirchen- und Gesetzessprache wieder einzuführen“.

Noch Mitte des 19. Jh. wird nach Beschs Beispielen über Nicht- oder Kaum-Verstehen der den Schülern fremden hochdt. Schriftsprache und über den daraus resultierenden mangelhaften Lehrerfolg berichtet. In verschärfter sprachpolitischer Haltung wird im 19. Jh. von Pädagogen diese missliche Lage als „Hemmnis der Volksbildung“ dargestellt und die „Ausrottung der plattdeutschen Sprache“ durch die Lehrer gefordert.

Zum rein schreibsprachlich-drucksprachlichen Übergang vom Niederdeutsch zum Hochdeutsch gab es auch Gegenbeispiele (Mihm 2000, 154f.): Gesprochenes Hochdeutsch habe „bereits im frühen 16. Jahrhundert für zahlreiche Sprecher des Niederdeutschen eine Attraktivität besessen“. Im Westfälischen ist (nach Peters 2000, 165ff.) der Schriftsprachwechsel Niederdeutsch/Hochdeutsch um 1650 „im Großen und Ganzen abgeschlossen“; die Wertschätzung des Ripuarischen (Köln) sei schon im 16. Jh. zugleich mit der des Hansischen Niederdeutsch geschwunden, und zwar zugunsten der ostmitteldeutsch-ostoberdeutschen Normen, durch Einbindung in Reichspolitik, Rechtswesen, Humanismus, Reformation. In der 2. Phase (1580/90–1625) galt das Hochdeutsche auch in „klientennahen Bereichen des Kanzleiwesens“, in der Schule und Kirche, im privaten Schreiben. Juristen und Jesuiten hätten in Westfalen bereits im 17. Jh. in „medialer Diglossie“ auch hochdeutsche Sprechsprache gefördert, wodurch das Niederdeutsche weitgehend auf Unterschichten, Familienleben und Frauen beschränkt blieb.

O. Ein ähnlicher, räumlich begrenzter Sprachverdrängungsprozess hat sich etwas später im Übergangsbereich zwischen deutscher und niederländischer Schriftsprache in Ostfriesland, in der ehem. Grafschaft Lingen und in den niederrheinischen Kreisen Geldern, Kleve und Rees abgespielt (Bulicke 1979; Cornelissen 1986; 2000; Taubken 1981; Menke 1992; Besch 1979, 340ff.; Eickmans 2000; Mihm 2000): Zur Zeit der Ersetzung der niederdt. durch die hochdt. Schriftsprache im Laufe des 17. Jh.s hatten sich die zahlreichen reformierten Gemeinden aus konfessionellen wie sprachsoziologischen und sprachstrukturellen Gründen für das Niederländische entschieden. Im Herzogtum Kleve tendierten eher die Katholiken zum Niederländischen, und zwar in flämisch-brabantischer Varietät. Um 1794 war die Zweisprachigkeit etwa so verteilt (Cornelissen 2000, 277ff.): Herzogtum Geldern NL + dt, Herzogtum Kleve NL + DT / DT + NL, südlich der Lippe und im Fürstentum Moers DT (+ nl). Das 17./18. Jh. ist hier noch von sprachenpolitischer Toleranz der vornationalistischen Territorien gekennzeichnet (Mihm 1992, 117f.). Unter französischer Herrschaft (1794–1814) wurde das Hochdeutsche als Amtssprache (neben dem Französischen) und als Schulsprache gegenüber dem Niederländischen gestärkt. Im 19. Jh. ist das Niederländische durch lutherische Kirche und preußischen Staat z.T. rigoros verdrängt worden (s.6.4.1K).

Da die Durchsetzung des Hochdeutschen in Norddeutschland komplementär mit der Verdrängung zweier älterer hochkultureller Schriftsprachen verbunden war, kam die alternative, tolerante Lösung der Schweiz hier nicht in Betracht. Dort gab es keine dem Mittelniederdeutschen oder Mittelniederländischen vergleichbare länderübergreifende eigenständige Schriftsprachkultur, so dass sich einheimische Sprechsprache und fremde Schriftsprache sozusagen konkurrenzlos gegenüberstanden und so eine nach Verwendungsdomänen stabil geregelte Diglossie zwischen beiden Sprachen möglich wurde. Über die dazu nötige Loyalität zur eigenen Sprechsprache, dem lokalen Dialekt, ist schon früh berichtet worden:

Widerstand auch der Oberschicht gegen fremde Sprechsprachzwänge in der Schweiz äußerte 1782 Christoph Meiner in seinen *Brieffen über die Schweiz*: „*Überhaupt haben die Vornehmern und Aufgeklärten, die sich entweder in Teutschland aufhielten oder doch mit Teutschen Umgang hatten oder viele teutsche Bücher lasen, eine bessere Aussprache und auch Sprache als der Gemeine Mann. Allein eben diese Personen bemühen sich, nur nach unserer Art zu reden, wenn sie in unserer Gesellschaft sind: sie entziehen sich diesem Zwange und reden ihren vaterländischen Dialekt, wenn sie auch in Gesellschaft von Teutschen zu einem Landsmann sprechen*“ (n. Trümpy

1955, 104). – Franz Josef Stalder (1819) stellt fest, dass es die im Reich üblichen sozialen Unterschiede im Gebrauch der Sprachschichten in der Schweiz nicht gebe (Socin 1888, 443).

Die Sprachenverhältnisse der Schweiz gehören in die nächste Epoche (s. 6.4, 6.11T–X!). – Ebenso muss auf den Band III verwiesen werden in Bezug auf die sprachenpolitischen Vorgänge beim Verhältnis zwischen Deutsch und Friesisch/Dänisch im Norden, Deutsch und slawischen Sprachen im Osten und Südosten (vgl. 4.9N–S; 5.2F, Ende), Deutsch und romanischen Sprachen im Süden und Westen (s. 6.4). Auch hierbei ist Sprachenpolitik meist erst in der nationalistischen Zeit rigoros und systematisch geworden. – Im Elsass wurde im französischen Ancien Régime die Französisierung ohne offiziellen Druck im Rahmen der absolutistischen Untertanenpflichten sich selbst, also dem Bildungsbedürfnis der Oberschichten überlassen, so dass nach der Revolution 1789 die sprachenpolitische Radikalisierung sich zunächst gegen Französisch als ‚Herrensprache' richtete, aber schon ab 1794 schrittweise in eine Verabsolutierung des Französischen als Sprache der Freiheit und in eine Verdrängung des Elsässer-Dialekts als Sprache der ‚Versklavung', des Deutschen als Sprache der ‚Feinde' überging (Hartweg 1999; vgl. 6.4.1D–G).

P. Beim Thema Sprachverdrängung fielen Streiflichter auf die Alltagssprache der schweigenden Mehrheit der Bevölkerung. Sie wurde schon in der Sprachkultivierungsbewegung des 17./18. Jh.s ignoriert und stigmatisiert als das Gegenbild zum *Hochdeutsch*, abschätzig benannt als *Provinzsprache, Landsprache, Dialekt* oder *Pöbelsprache*, mit Attributen wie *niedrig, grob, unsauber, vulgär.* Lessing hat die elitäre Sprachbarriere zwischen hochentwickeltem Bildungsdeutsch und gewöhnlichem Alltagsdeutsch der Unterschichten in seiner Komödie *Der junge Gelehrte* (1748) sehr drastisch ausgedrückt, wo der Gelehrte seinen Diener Anton darüber belehrt, dass dieser ebensowenig Deutsch könne wie er essen könne (n. Gessinger 1979):

„Unter können und können ist ein Unterschied. Du kannst Deutsch, das ist: du kannst deine Gedanken mit Tönen ausdrücken, die einem Deutschen verständlich sind; das ist, die eben die Gedanken in ihm erwecken, die du bei dir hast. Du kannst aber nicht Deutsch, das ist: du weißt nicht, was in dieser Sprache gemein und niedrig, rauh oder annehmlich, undeutlich oder verständlich, alt oder gebräuchlich ist; du weißt ihre Regeln nicht; du hast keine gelehrte Kenntnis von ihr."

Die wohl schärfste Verurteilung des Dialekts, als Ausschließung aus dem Bereich des ‚Menschlichen', ist erstaunlicherweise in Johann Gottfried Herders Weimarer Schulrede von 1796 zu lesen: *„Unser Thüringen hat viel Gutes, aber keinen angenehmen Laut der Sprache, welches man dann am meisten inne wird, wenn man, wie oft der Fall ist, zwar Töne, in einander gezogene Töne höret, aber den Sinn der Rede nicht verstehet. – Jünglinge, die diesen unangenehmen Dialekt bloßer Thierlaute an sich haben, sie mögen aus Städten oder vom Lande her seyn, müssen sich alle Mühe geben, im Gymnasium eine menschliche, natürliche, charakter- und seelenvolle Sprache zu bekommen, und von ihrer bäuerischen oder schreienden Gassenmundart sich zu entwöhnen. Sie müssen das Bellen und Belfern, das Gackeln und Krächzen, das Verschlucken und in einander schleppen der Worte und Sylben abdanken, und statt der Thier- die Menschensprache* *reden.*" (J.G.Herder, *Von der Ausbildung der Rede und Sprache in Kindern und Jünglingen*; n. Gessinger 1980, 60).

Das natürlich Gewachsene, Altertümliche, Veränderliche, Populär-Emotionale, Regionale und als ungeregelt Erscheinende passte offenbar weder zu dem spätfeudal-ständischen noch zu dem bildungsbürgerlich-aufklärerischen Sprachideal. Obwohl gehobenes, überregionales Sprechen noch bis ins 19. Jh. nur von einer dünnen gebildeten Oberschicht, und auch nur in bestimmten ständisch, professionell und öffentlich relevanten Kommunikationssituationen beherrscht wurde, war die soziale Abwertung des Dialektsprechens in Mittel- und Norddeutschland doch so weit auch ins Bewusstsein der Unterschichtbevölkerung selbst gedrungen, dass schon Ende des 18. Jh.s frühe Dialektforscher mit Sprachscham zu rechnen hatten:

Der Verfasser des Hennebergischen Idioticon (1793), Friedrich Wilhelm Hermann Reinwald, klagte darüber: *„Der gemeine Mann argwohnt leicht, daß man ihn näcken wolle, wenn man Ausdrücke von ihm wissen will, deren Niedrigkeit er selbst fühlt, und deren er sich beynah schämt. Kann er nicht unsre Neugierde für verstellt halten, und, sich wegen unsers vermeinten Spottes zu rächen, uns Falschheiten aufheften?*" (n.Knoop, in: Besch u.a. 1982/83, 11).

Q. Die Ausdrücke *Dialekt* und *Mundart* sind nicht immer abwertend gebraucht worden. Die Verdeutschung *Mundart* (seit 1641 im Umkreis der *Fruchtbringenden Gesellschaft*) wurde noch bis ins späte 18. Jh. neutral für eine besondere, meist regionale Sprechsprachvarietät verwendet, sogar für Elitesprachen wie *Mundart der Gelehrten/der Höfe*, auch für überregionale Hochkultursprache als *hochdeutsche Mundart* (von Schottelius bis Adelung). In der humanistischen Gelehrsamkeit wurden die *dialecti Germaniae* noch rein deskriptiv und tolerant erwähnt oder aufgezählt. Die Pejorisierung begann in der Renaissancezeit aus alter rhetorischer Tradition, steigerte sich im 17./18. Jh. mit zunehmender Ideologiebildung und Kodifizierung in der *Hochdeutsch*-Bewegung bis zur Verdrängung und Verachtung vor allem im aufklärerischen 18. Jh.

Damit war meist eine (irrtümliche oder sozialdistanzierende) Gleichsetzung mit Sprache des *niedrigsten Standes*, der Bauern oder der ländlichen Bevölkerung verbunden (Knoop a.a.O., 1ff.). Schon in der Barockpoesie, vor allem in höfischen und städtebürgerlichen Gelegenheitsgedichten bei Festen, aber auch in populären Fastnachtsspielen, wurde der dialektsprechende ‚bäuerliche' Tölpel (aus mhd. *dörpære* ‚bäuerlicher, nichtritterlicher Mensch') zum Gegenbild der *hochdeutsch* sprechenden (oder sich darum bemühenden) *Standespersonen* (Trümpy 1955, 218, 255). Es muss hierbei beachtet werden, dass diese Dialektstigmatisierung und -agrarisierung am stärksten in Nord- und Mitteldeutschland wirkte, weniger im Süden, am wenigsten in der Schweiz (s. 5.6 O–S).

Bei Sprachgelehrten und Sprachfreunden kam die ‚aufklärerische' Umdeutung von ‚Dialekt' hinzu: von der urtümlichen, *altfränkischen*, altmodischen, aber historisch gewachsenen Sprache zur *fehlerhaften, verderbten, mißhandelten* Hochsprache. Diese sprachpolitische Ideologie hat sich besonders in Frankreich in der Französischen Revolution als rigoroser Zentralismus des Pariser Französisch (als einzig richtiger Sprache des Fortschritts und der Republik), gegenüber Provinzialdialekten, Bretonisch usw. ausgewirkt (Guilhaumou 1989).

Herders zitierte sprachpädagogische Äußerung stand im krassen Widerspruch zu seiner von Montesquieu beeinflussten positiven Hinwendung zu natürlicher, individueller, sinnlicher, lebendiger Sprache des ‚Volkes', mit Idiotismen, uneigentlichen Wörtern, viel Synonymik und Inversionen, deren Verschwinden er beklagte (Knoop, in: Besch u.a. 1982/83, 5ff.). Ebenso stand schon in der kulturpatriotisch-aufklärerischen Sprachbewegung die Verdrängung von Provinzialismen und Archaismen (s. 5.7B) im Widerspruch zum Bemühen, das hohe Alter, die Ursprünglichkeit und Unvermischtheit der deutschen Sprache nachzuweisen.

R. Die allgemeine Abwertung von Regional- und Unterschichtsprache seit der absolutistischen Zeit habe nach Ulrich Knoop (1988, 340) noch in der späteren Sprachgeschichtsschreibung in der „Fehleinschätzung" nachgewirkt, dass regional verschiedene Sprache pauschal als Verständigungshindernis aufgefasst wurde; Kommunikation in verschiedenen regionalen Varietäten sei jedoch nie ein wesentliches Hindernis für überregionale Verständlichkeit (vgl. dagegen Wiesinger, in: BRS 1635). Das Verstehen unbekannter bzw. neuer Lautformen, Wörter oder Wortbedeutungen gehört zu den selbstverständlichen kreativen Anpassungsleistungen, auch im Sinne mehrfacher Sprachkompetenz eines Sprechers (innere Mehrsprachigkeit).

Dem programmatischen Diktum Adelungs, dass *„ein Provinzialwort nie allgemein verständlich seyn"* könne, steht (nach Knoop a.a.O.) die tolerantere Haltung seines Kritikers Johann C.C. Rüdiger (1783) gegenüber: *„[...] ganz allmählich vielmehr flossen dadurch die Mundarten zusammen, daß bei der Ausbildung der Sprache und Litteratur alle Provinzen bald diese bald jene mehr oder minder geschäftig war, jede ihre Mundart gebrauchte und jede von den anderen etwas annahm"*. Den Unterschied zwischen ‚Mundart' und ‚Sprache' definierte er nach der *„Verständlichkeit"*: *„Wenn diese unter verschieden sprechenden noch zu erreichen ist, so schreibt man ihnen nur besondere Mundarten zu, so wie den Sachsen und Schwaben. Verstehen sie sich aber nicht, so sagt man sie haben verschiedene Sprachen, obgleich verwandt von einem Stamme, wie Teutsche und Dänen"* (n. Knoop a.a.O., 340f.). ‚Verstehen' ist allerdings ein sehr weiter Begriff. Man kann z.B. ungefähr verstehen, wovon der andere spricht, und ‚versteht sich' trotzdem auf der Beziehungsebene nicht, weil einem die Art, wie der andere spricht, fremd ist. Und vor allem darum, um die ‚reine, richtige, gehobene' Sprache ging es den dialektverachtenden Sprachkultivierern des 17./18. Jh.s.

Die zweite „Fehleinschätzung" der Sprachgeschichtsschreibung besteht nach Knoop (1988, 343ff.) darin, dass man teleologisch, vom Ergebnis der heute etablierten Standardsprache her, ‚Dialekt' mit ‚bäuerlich', ‚ländlich' und ‚rückständig' gleichgesetzt habe. Man dürfe nicht von dem erst im 19. Jh. industriegesellschaftlich verschärften Gegensatz zwischen Stadt und Land zurückschließen oder sich von der romantisch-idyllischen Verklärung des bäuerlichen und ländlichen Lebens im Bildungsbürgertum und in der Jugendbewegung den Blick verstellen lassen. Richtig sei vielmehr, dass es Dialekt auch in der Stadt und Schriftsprache auch auf dem Land gab. Nach Ergebnissen der neueren Sozialgeschichtsforschung (vgl. 5.2F) waren in der Frühen Neuzeit Teile der Landbevölkerung durch gewerbliche und ökonomische Erfordernisse regional sehr mobil und weitgereist, also offen für sprachliche Mehrschichtigkeit, überregionale und geschriebene Sprache (anders Wiesinger, in: BRS 1636). Andererseits hatten Teile der Stadtbevölkerung, vor allem in den zahlreichen Klein- und Mittelstädten (bis hinauf in den Stadtadel), mit agrarischen Tätigkeiten zu tun und sprachen bis ins 19. Jh. durchweg auch Dialekt.

S. Die modernen urbanen Vorstellungen des verabsolutierten Stadt/Land-Gegensatzes in Bezug auf Sprachkultur versucht man neuerdings in der Erforschung ländlicher Schriftlichkeit zu korrigieren. Zumindest in einigen Gegenden veränderte sich bereits im 18. Jh. die Lebensweise von Teilen der Dorfbevölkerung derartig, dass man lange vor der Industriellen Revolution des 19. Jh. nicht mehr von rein ‚agrarischen' Zuständen sprechen kann. In der Landwirtschaft der (sehr fruchtbaren) Magdeburger Börde setzten sich nach Schönfeld (1983) schon ab Mitte des 18. Jh.s agrarkapitalistische Produktionsmethoden durch. Dies habe dazu geführt, dass Großbauern als selbstständige, marktorientierte Produzenten die schriftliche ökonomische Orientierung am Markt so nötig hatten, dass sie, zusammen mit auf Landwirtschaft bezogenen Händlern und Handwerkern, als aufgeklärt und belesen galten und sich nicht nur die Schreib- und Rechenfähigkeiten, sondern auch „die Umgangssprache der mittleren Schicht des Magdeburger Bürgertums aneigneten, mit der sie verkehrten", und sich allmählich sozial und sprachlich von der übrigen Dorfbevölkerung absonderten. Bereits im 18. Jh. habe diese ländliche Oberschicht sich in Kleidung, Hausbau, Festlichkeiten, Luxus und Bildung (Schulbesuch in der Stadt oder Hauslehrer) stadtbürgerlichen Vorbildern angeglichen.

Die teilweise auf die ländliche Bevölkerung hin orientierte ‚volksaufklärerische' Literatur des späten 18. Jh.s (s. 5.2M) muss auch ein ländliches Publikum gehabt haben. Ein Beispiel für literate bäuerliche Selbstaufklärung ist der Bauer Bernhard Scherhage im Artland bei Osnabrück (Gessinger 1995; Maas 1995; Ziessow 1988):

Als Gründer und Mitglied der Lesegesellschaft im Kirchspiel Menslage exzerpierte er alles ihm Wissenswerte aus den umlaufenden Zeitungen und Büchern. Von ihm sind in einem Hofarchiv ca. 600 Blatt Niederschriften erhalten, unter über 100 Einzeltiteln, sogar über Kants „Kritik der reinen Vernunft“. Seine Beherrschung des selbstgesteuerten Aufschreibens von Gelesenem geht auf den guten Schreibunterricht in Nebenschulen zurück, den Groß- und Mittelbauern über die Lehrerwahl kontrollieren konnten. Davon ist ein Schulheft erhalten, in dem sich Einträge von Bernhard Scherhage sowie seinem Vater und anderen Verwandten über zwei Generationen von 1767 bis 1817 finden. Sie enthalten in meist sauberer, fast fehlerfreier Schreibung, in mehreren Schriftarten, z.T. kalligraphisch verziert, religiöse Texte und Regeln über Schreibtechnik und Orthographie (nach Vorbild eines niederdeutschen Schulbuches aus Hamburg von 1633). Daneben finden sich in dem Schulheft auch Abschriften von niederländischen Texten über praktisches Wissen in Familienleben und Hausbau, auch ein lat.-dt. Vokabular nach Deklinationsklassen, ein dt./franz. und franz./dt. Glossar, ferner Musterbriefe, Titel und Grußformeln nach städtisch-bürgerlichem Vorbild, schließlich ein politischer Spottvers über Napoleons geschlagenes Heer; auch eigene Gedichtentwürfe.

Im gleichen Hausarchiv fand sich ein ähnliches kollektiv geschriebenes Schulheft, das ebenfalls eine „post-elementare Ausbildung durch Privatlehrer oder Lateinschule“ beweist (Gessinger 1995): Die Einträge einer 17jährigen Susanna Katharina Dürfeld (ab 1793) und ihrer Verwandten zeugen von gut ausgebildeter Schrift und z.T. kalligraphischen Fähigkeiten, die als soziales Bildungssymbol bis ins 20. Jh. auf dem Lande auch bei Selten-Schreibenden eine Bedeutung hatten. Neben religiösen Texten (auch aufklärerischen) finden sich in dem Schulheft Abschriften von Musterquittungen für Haus- und Hofhaltung, lateinische Zitate (z.T. fehlerhaft) mit dt. Übersetzungen usw.

T. Ländliche Schriftkultur in der Frühen Neuzeit war nicht nur Übernahme städtischer Praktiken. Was Maas (1995) „Bildungsbauern“, Gessinger (1995) „bildungsorientierte Landbürger“ nennt, war eine ländliche Oberschicht in Landwirtschaft, Gewerbe, Handwerk, deren Schriftsprachkompetenz schon von den eigenen sozialökonomischen Bedürfnissen und Erfordernissen her weit über das Minimum der Elementarschulbildung *(Katechismusschule, Küsterschule)* hinausging. Es war allerdings eine so stark praxisorientierte, monologische, nicht öffentliche Schriftlichkeit, dass sie nur ausnahmsweise (z.B. in bäuerlichen Hausarchiven oder Gerichtsakten) überliefert ist.

Ein wesentlich älterer, „anekdotischer“ Fall ist die niederdeutsche Chronik des Bauern Hartich Sierck in Dithmarschen (Holstein) während des Dreißigjährigen Krieges (Maas 1993): Sierck hatte mit landesherrlichen, kirchlichen und bäuerlichen Befugnissen lokale öffentliche Ämter inne: als Richter, Deichvogt, Baumeister, Notar in Vermögens- und Grundstückssachen. So hatte er als „früher Typus eines bäuerlichen Unternehmers“ (Maas) Buchhaltung nötig. Aus der alten Tradition der mündlichen Vertragschließung beherrschte er den komplizierten Satzbau des Kanzleistils bei seinen Abschriften und Niederschriften, aber auch das Rechnen und narrative Darstellung von Ereigniszusammenhängen. Immer wieder überprüfte er seine fortlaufenden

Aufzeichnungen, korrigierte und ergänzte sie, wenn er neue Erfahrungen zu notieren oder für alte Erfahrungen neue Belege beizubringen Anlass hatte. Seit den 1630er Jahren bemühte er sich in Abschreibübungen auch um das Hochdeutsche. Lateinische Bildung hatte er offenbar nicht, was aus seinen mitunter phantasievollen Fremdwortschreibungen zu schließen ist.

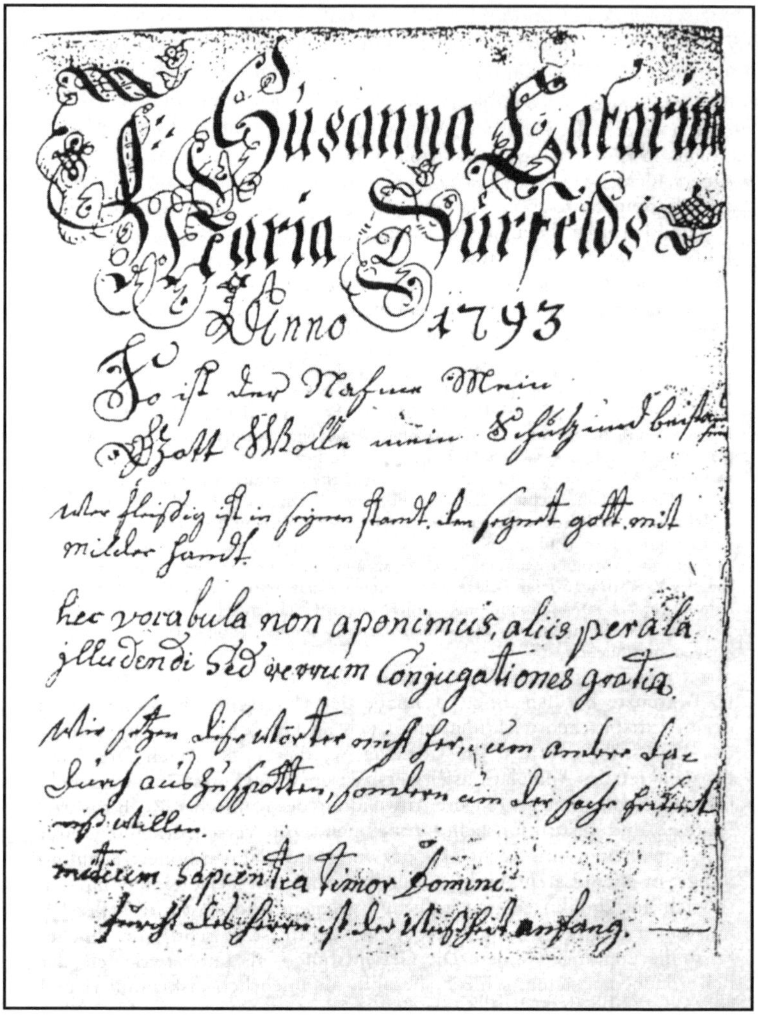

Abb. 16: Anfang eines Schulheftes von 1793 aus einem bäuerlichen Hausarchiv im Artland bei Osnabrück.
(Quelle: Gessinger 1995, 304.)

U. Begrenzte berufsbedingte Teilhabe der Unterschichtbevölkerung an der Schriftsprachentwicklung wird auch an Gerichtsbotenberichten des 17./18. Jh.s deutlich, die Cornelia Walther (1988) nach Dresdener Prozessakten des Appellationsgerichts zwischen 1605 und 1701 untersucht hat. Durch die immer strengere Anwendung des römischen Rechts waren Parteien und Institutionshelfer zunehmend zur Verschriftlichung ihrer Angelegenheiten und Rechtsakte gezwungen. Da ihnen höhere Schulbildung, vor allem Latein, und Routine im Kanzleistil meist fehlten, mussten sie sich autodidaktisch und aufgrund gelegentlicher institutioneller Erfahrungen fragmentarische, stereotype Kenntnisse in schriftsprachlicher Formulierung angewöhnen. Die Gerichtsboten, als unterste Schicht der Behördenbediensteten, schlecht bezahlt, als unehrlich diskriminiert und bei ihrer Tätigkeit oft behindert oder gefährdet, mussten sowohl für ihre Entlohnung als auch zur Dokumentation ihrer Zustellungstätigkeit in den Gerichtsakten Berichte geben, nach bestimmten Regeln (Minimum an anzugebenden Fakten und Personalien). Dies waren ursprünglich Diktate an die professionellen Gerichtsschreiber *(Relationen)*, seit dem späten 16. Jh. (in Dresden ab 1605) aber meist eigene Niederschriften, *„wie, wann und weme, auch an welchem Orte sie [...] insinuiret, mit allen Umbständen [...]“*.

Anhand starker Unterschiede zu den Formulierungsweisen der *Relationen* der Gerichtsschreiber ist festzustellen, dass die Gerichtsboten, als Angehörige einer „vorproletarisch-plebejischen“ Schicht (meist abgedankte Soldaten und Handwerker) mit allenfalls dürftiger Schulbildung, die Normen dieser neuen Textsorte aufgrund institutioneller Erfordernisse selbst entwickelt haben (Walther 1988, 158ff.); ein typisches Beispiel von 1611:

Eine Citation hab ich Christian barten vberantworttet Co: Die Gemeinde zu Reinsdorff vnd Hanß beiers Erben zu dobitzschen
Signatum den 7 Martij. Ao: i6ii
Michel Anders

Für das Zustellungsdatum hat sich in den meisten Botenberichten nach den Kanzleinormen die dreigliedrige Form mit lateinisch flektierter Monatsbezeichnung und (nicht so häufig) lateinischer Jahresangabe *anno* ... (oft abgekürzt) durchgesetzt, selten mit kanzleisprachlichem *signatum*. In der Personenbenennung bemühen sich die Boten um Hinzusetzung von Angaben über Berufs- und Rechtsstatus; bei der Adressatenangabe verwenden sie oft kanzleisprachliche Formeln wie *Citation N.N. betreffend, citation an N.N. haltende*, bei der Kontrahentenangabe überwiegend die lat. Präposition *contra* (auch als Abkürzung *Co:*), sogar meist normgerecht mit dem Akkusativ. Für die Zustellungshandlung variierte man mit *zustellen, überantworten, übergeben, eingeben,* aber zunehmend (nach 1670 vorwiegend) mit dem amtlichen *insinuieren.* Der Rechtsakt ‚Vorladung‘ wird in allen untersuchten Texten korrekt-terminologisch mit *Citation* benannt, wobei die Boten aber mit dem lat. Plural Schwierigkeiten haben. Als Mittel der institutionellen ‚Sparsyntax‘ herrschen Nominalgruppen, Nominalisierungen und Attribute vor, meist schon in der heute üblichen Form.

V. Die ländliche Schriftlichkeit diente aufgrund der sozialökonomischen Erfordernisse dem Ziel einer überregionalen, die Modernisierung fördernden Schriftsprache, war also keineswegs dialektfreundlich. Deshalb konnte eine Tendenzwende zur Wertschätzung und Literarisierung von Dialekt nicht von deren Vertretern ausgehen. Sie war, genauso wie die Dialektverachtung, ein (spätfolgender) Teil der bildungsbürgerlichen Sprachreflexion. Je mehr die Ideale und Normen der Hochsprachkultur gesichert waren, desto mehr musste einigen Sprachdenkern deutlich werden, dass erst durch die Entwicklung und Kodifizierung einer überregionalen, auswählenden Hochkultursprache pejorative Begriffe wie ‚Dialekt' und ‚provinziell' möglich geworden waren. Gerade die Herausstellung von Provinzialismen (z.T. in Wörterlisten) als Abzulehnendes musste bei denjenigen, die diese Wörter selbst benutzten und als das Eigene schätzten, provozierend wirken und Aufmerksamkeit wecken (Knoop, in: Besch u.a. 1982/83, 5ff.). Schon einige Dichter der Schlesischen Schule, besonders Logau und Scherffer, hielten sich nicht mehr an die strenge dialektferne Poetik von Martin Opitz, sondern griffen auf ihr *Schlesisch Teutsch* und auf altdeutsche oder *grobianische* Traditionen des 16. Jh. zurück, meist zu Zwecken der satirischen und charakterisierenden Stilvariation (Henne 1966). Auch sonst wurden in der mehr volkstümlichen Schicht der Barockliteratur (Grimmelshausen, Abraham a Santa Clara), z.T. auch in der Hochliteratur (Zesen, v. Ziegler, Gryphius) mitunter zur Ausdrucksverstärkung dialektale Wörter, Phraseologismen und sprechsprachlicher Satzbau verwendet (Semenjuk 1990, 242). Infolge der alten schweizerdeutschen Schriftsprachtradition und des dort ungebrochenen Dialektprestiges brach sich im Streit zwischen Bodmer und Gottsched ein neues sprachliches Toleranzbewusstsein Bahn (s. 5.6 O), das literarisch besonders bei Klopstock, Lessing und Wieland ausdrücklich bezeugt ist. Entsprechend Leibniz' Forderung nach Berücksichtigung der *alten und Land-Worte* für den Nachweis des Reichtums der deutschen Sprache entstanden in der zweiten Hälfte des 18. Jh.s zahlreiche Dialektwörterbücher und -wortlisten (s. 5.7L). Zugleich mit den antirationalistischen Bewegungen der Empfindsamkeit und des Sturm und Drang wuchs durch Reiselust das Interesse für sprachliche *Curiositäten*, besonders aus den Alpenländern (Hagedorn, Haller, Gessner), andererseits das volksaufklärerische Interesse an einer ökonomischen Verbesserung der Landwirtschaft, mit einer neuen Wertschätzung des Bauern, für den damals das positiv konnotierte Wort *Landwirt* propagiert wurde.

In Norddeutschland gab es von Gelehrten und Literaten einige Loyalitätsbekenntnisse zum verdrängten Niederdeutsch, die aber erfolglos blieben (Bichel, in: BRS 1869f.): Die *Niederdeutschen Scherzgedichte* (um 1650) von Johann Lauremberg, Professor für Poesie in Rostock, wenden sich im späthumanistischen Geist gegen *„der Minschen* *jtzigen Wandel und Maneeren*", gegen „*Allemodische Kleder-Dracht, vormengde Sprake und Titel, Poesie und Rimes*". Von der Rostocker lateinischen Dissertation gegen die Verachtung des Niederdt. von Bernhard Raupach war schon in 5.8N die Rede. Höhepunkte der früh-neuniederdt. Dichtung waren der Neudruck des *Reinke Vos* durch Friedrich August Hackmann (1711) und Johann Heinrich Voß' *Vierländer Idyllen* (1776/77).

Auch in anderen deutschen Sprachlandschaften gab es im 17. und vor allem 18. Jh. vereinzelt Dialektdichtungen; aber es handelte sich meist um Gelegenheitsgedichte, Volkslieder, Fastnachtsspiele, vor allem in komischer, unterhaltsamer Absicht oder zur ständischen Personencharakterisierung. Von eigentlicher Mundartdichtung, als bewusster, kontinuierlicher Gegenbewegung zur antiregional gewordenen Hochliteratur, kann man erst im 19. Jh. sprechen, vor allem seit den *Alemannischen Gedichten* (1803) des Südbadeners Johann Peter Hebel und im Rahmen der von der Romantik inspirierten folkloristischen Bewegung (s. Martin und Cordes, in: DPhA 2351ff., 2406ff.).

W. In dieser Epoche haben auch die frühen Sondersprachen eine gewisse sprachgeschichtliche Bedeutung, da manches davon später in die Gemeinsprache eingegangen ist. Sie hatten allerdings noch viel stärker einen geheimsprachlichen, exklusiven Charakter, da die Standesgrenzen noch nicht so offen waren wie in der Großstadtbevölkerung des 19./20. Jh. Unter ‚Sondersprachen' sind nach Dieter Möhn (in: BRS 2009) Soziolekte von Gruppen zu verstehen, „die in Opposition zu anderen Gruppen oder zur Gesamtgesellschaft stehen", Soziolekte, die mündlich, gruppenexklusiv, zunächst regional, später überregional und an typische Gruppenhandlungen gebunden sind. Da die frühen Fachsprachen wegen beruflicher Geheimhaltung teilweise ähnliche Merkmale aufweisen (zünftische Organisation), ist in der Zeit vor der öffentlichen Wirksamkeit der Aufklärung nicht immer eine scharfe Trennung zwischen Sonder- und Fachsprachen möglich (vgl. 5.11AB). Dies gilt besonders für die älteren Berufs-Sondersprachen der Jäger, Bergleute, Seeleute und wandernden Handwerksburschen. Auch professionell motiviert, aber auf der Ebene des *unehrlichen*, d.h. teils asozialen, kriminellen, teils sozial diskriminierten Verhaltens anzusiedeln, ist der reinste Typ von Sondersprache, *Rotwelsch* oder *Gaunersprache* (Möhn a.a.O., 2013ff.): Dies war die seit dem 13. Jh. nachzuweisende Sprache der nicht sesshaften untersten Bevölkerungsschicht der Bettler, Landstreicher, Diebe und Räuber.

Einen Übergangsbereich zu Berufssprachen bildeten die Sprachgebräuche der nach mittelalterlicher Ständeordnung als *unehrlich* eingestuften Gewerbe, z.B. der Bader, Müller, Schäfer, Köhler, Henker, Prostituierten, Hausierer und der *Fahrenden* (Akrobaten, Gaukler, Puppenspieler, Musikanten, Schauspieler usw.), die allerdings zu bestimmten Gelegenheiten (z.B. Festen) gesellschaftliche Funktionen übernahmen und durch Urbanisierung die Sprache städtischer Randgruppen beeinflussten.

Das Rotwelsch ist seit dem Spätmittelalter stark von der Sprache der durch unfesten Wohnsitz bzw. regionale Mobilität charakterisierten Gruppen der Zigeuner und Handelsjuden beeinflusst worden. Die mittel- und oberdeutsche Ausprägung des Rotwelschen, das *Jenische*, ist stark vom Zigeunerischen geprägt. Intensive Sprachkontakte zwischen den verschiedenen Sondersprachen wurden seit der absolutistischen Zeit vor allem durch gemeinsame Aufenthalte in Arbeitshäusern und Gefängnissen gefördert, ebenso die Weiterverbreitung sondersprachlicher Wörter in anderen Gruppen oder in die Gemeinsprache. Jüdischdeutsche Einflüsse (vgl. 4.9LM) stammten – neben dem Handelsverkehr – auch aus örtlichen Wohnkontakten, die besonders seit 1539 in Hessen auf dem Lande möglich waren und dort zu einer besonderen dialektalen Viehhändler- und Metzgersprache geführt haben (Althaus 1963/64).

Sondersprachen sind – noch stärker als Fachsprachen – keine ‚Sprachen' im vollen Sinne, sondern bei Anwendung der Grammatik und Lexik normaler Sprachen (in unserem Falle Alltagsdeutsch) spezielle Teilwortschätze in Sachbereichen, die in besonderem Maße der Geheimhaltung, der Gruppensolidarisierung und -distanzierung bedurften. „Historisch tradiertes Aufbauprinzip" von Sondersprachen sind nach Möhn (in: BRS 2010ff.) „sprachliche Vermeidungsregeln". Entsprechend ihrem Kontrastgruppen- oder Kontrasprachen-Charakter kommt es grundsätzlich darauf an, *„mit einer bekannten sprach in einer andern bedeutung einem in geheim etwas zu sagen"* (so um 1620 definiert, n. Kluge 1901, 133). Solche Verfremdung einer existierenden offiziellen Sprache, als Abweichung von einem Teil ihrer Normen und Konventionalisierung neuer Normen, wurde systematisch gehandhabt, was die Lehrbarkeit für den Nachwuchs in der *Ingroup* förderte, aber auch die Enttarnung durch spätere Philologen erleichterte.

Zu solcher Verfremdung gehören (nach Möhn a.a.O.) Laut- und Silbenvertauschungen *(Meister → Steimer)* oder -erweiterungen *(Silber → Sibilbeber, willst du → illstwen uden)*, Verabsolutierung bestimmter Flexions- und Wortbildungsmuster (*geprollen* ‚geprellt', *Blechling* ‚Kreuzer'), Bedeutungsveränderungen (*ausgekocht* ‚auf einen Diebstahl gut vorbereitet'). Über Vermeidungsregeln hinaus entwickeln sich Sondersprachen weiter durch Entlehnungen aus anderen Sprachen. Seit alter Zeit gehören gruppenintime Personennamen als Übernamen dazu: von *Slintezgeu* ‚Verschling das Land' usw. in der mittelhochdt. *Helmbrecht*-Erzählung über *Schinderhannes* (in der Napoleonzeit) bis zum heutigen Typ *Zangen-Ede* in Polizeiberichten und Gerichtsprotokollen. Gruppensolidarisierende Funktion (wie auch sonst) haben feste phraseologische Verbindungen wie *Kohldampf schieben, Schmiere stehen, um die Ecke bringen.*

Zur sprachgeschichtlichen ‚Verlust- und Gewinnrechnung' des Rotwelsch in Beziehung zur Gemeinsprache ergibt sich nach einer kleinen Stichprobe im neuen Paulschen Wörterbuch (Paul 1992): Von den 38 im Register unter „Rotwelsch" zusammengestellten Wörtern sind in den Wortartikeln 22 bereits bis einschließlich 18. Jh. in sondersprachlichen Quellen nachgewiesen; also die eigentliche Entwicklung dieser

Sondersprache gehört durchaus in diese Epoche. Davon sind aber die meisten erst im 19. oder 20. Jh. allgemeiner bekannt und/oder gebräuchlich geworden. Vor 1800 (vorwiegend im 18. Jh.) sind nur 11 als „allgemeiner“, bzw. in gemeinsprachlichen Wörterbüchern oder literarischen Texten belegt gekennzeichnet: *foppen, Gauner, kapores, paschen* ‚schmuggeln‘, *schnorren, schofel, Strolch, Stromer.* Es war also in dieser Epoche die sondersprachliche (d.h. hier: geheimsprachliche) Funktion dieses Wortschatzes weitaus stärker als im 19./20. Jh.

X. Die ältere Soldatensprache war ein Landsknechts- oder Söldnerjargon, der sehr verschieden war von der sich seit der Einführung der Wehrpflicht entwickelnden modernen Soldatensprache, zu unterscheiden von der militärischen Terminologie, die weitaus mehr Kontinuität hat (Althaus 1962/63): Da die Landsknechte und Söldner zeitweise, zwischen und nach den Kriegsdiensten, häufig ein Landstreicher- und Räuberleben führten und gesellschaftlich kaum integriert waren, war ihr spezieller Sprachgebrauch eher eine sub- oder kontrakulturelle ‚Standessprache‘ und Geheimsprache, die durch Kooperation oder personale Identität eng mit dem Rotwelsch zusammenhing, teilweise von ihm nicht zu unterscheiden ist (*Feldsprache* sagte man für beides). Von der älteren Soldatensprache ist nur sehr wenig in die Gemeinsprache übernommen worden. Die Wortwahl beruhte vor allem auf verfremdender Vermeidung üblicher Wörter für Sachen und Sachverhalte, die in diesem speziellen subkulturellen und teilweise kriminellen Milieu geheimgehalten werden mussten.

Eine aufschlussreiche Dokumentation der alten Soldatensprache ist die Sammlung von 122 Wörtern, die der schlesische Organist und Hofdichter Wencel Scherffer von Scherffenstein (1603–1674) im 8. Buch seiner Gedichte dem Kriegsgott Mars im Gedicht *Teutsche Ordonnantz vermischt mit gewöhnlicher Feld: oder Rotwälschen Spraache* in den Mund legte und mit Erklärungen versah (Althaus a.a.O.): Quelle ist teilweise ein hochdt. *Liber Vagatorum* aus dem 16. Jh. (den auch Moscherosch 1640 in *Philander von Sittewald* benutzt hat). Ein großer Teil der Wörter ist auch im Rotwelsch vorhanden, etwa ein Viertel stammt aus dem älteren Jüdischdeutsch, nur wenige aus Zigeunersprache, Französisch, Italienisch, Latein.

Bei den nicht aus anderen Sprachen entlehnten Wörtern (etwa zwei Drittel) besteht die geheimsprachliche Verfremdung einerseits in metaphorisch/metonymischer Wortwahl (*briefen* ‚mit Karten spielen‘, *ferben* ‚betrügen‘, *Regenwurm* ‚Wurst‘, *Schwärtz(e)* ‚Nacht‘, usw.), andererseits in auffällig häufiger Anwendung eines bestimmten Wortbildungstyps: Von Personennamen hergenommene Suffixoide *(-hart/-ert, -bold, -ling, -(e)rich, -frantz)* werden nicht nur bei Personenbezeichnungen verwendet (*Gugelfrantz* ‚Mönch‘, *Lefrantz* ‚Priester‘, *Feling* ‚Krämer‘, *Ganhart* ‚Teufel‘), sondern auch bei Sachbezeichnungen, vor allem solchen mit sinngemäßem erstem Glied: *Blankert* ‚Zinnkanne‘, *Blechling* ‚Kreuzer‘, *Flossert* ‚Wasser‘, *Flößling* ‚Fisch‘, *Funkert* ‚Feuer‘, *Glathart* ‚Tisch‘, *Griefling* ‚Hand‘, *Grünhart* ‚Wiese‘, *Härtrich* ‚Degen/Messer‘, *Schreyling* ‚kleines Kind‘, *Senfftrich* ‚Bett‘, *Streiffling* ‚Hose‘, usw. Dieses Verfahren erleichterte die ständige analoge Neubildung von Geheimwörtern, in ähnlicher Weise wie in moderner Kinder- und Schülersprache. – In der heutigen Gemeinsprache sind von Scherffers Wortliste nur sehr wenige in Gebrauch geblieben (bzw. in Gegenwartswörterbüchern gebucht): *acheln, Ranzen, schwänzen, foppen, fetzen,* z.T. mit Bedeutungsveränderung und sozialstilistisch besonderen Gebrauchsbedingungen.

Y. Eine subkulturelle Sondersprache mit elitärer Tendenz war die Studentensprache, im 18. Jh. *Burschensprache* genannt (Henne/Objartel 1984, 46ff.): In einem Verbot der Auslieferung eines Studentenlexikons von 1781 nannte sie der preußische Minister v.Zedlitz verächtlich *„Sprache des niedrigsten Studenten-Pöbels"*. Adelung und Campe waren in der Aufnahme burschensprachlicher Wörter und Wendungen sehr zurückhaltend, ordneten sie allenfalls den niedrigsten Stilebenen zu. Das negative Prestige der alten Studentensprache beruhte einerseits auf dem großen Anteil an Obszönitäten und erotischen Anzüglichkeiten, erklärbar aus der gruppenpsychologischen Ventilfunktion von Männerbund-Sprache im sozialen Ausnahmezustand der Studienjahre, ähnlich wie im Soldatenjargon. Kompensation des Erwartungsdrucks von Seiten der zahlenden Eltern und der Leistung fordernden Universität mag eine Rolle gespielt haben (Objartel a.a.O.). Es gibt aber auch geistesgeschichtlich-bildungspolitische Ursachen für die selbstbewusste Eigenständigkeit der frühen Studentensprache: Sie und das sie prägende Verbindungswesen ist vor allem an mittel- und norddeutschen Universitäten entstanden, mit tonangebender Rolle von Halle, Jena, Leipzig, Göttingen bis weit ins 19. Jh. An diesen protestantischen Universitäten unter fortschrittsfreundlichen oder zumindest relativ toleranten Territorialherrschaften war die kritische Geisteshaltung der Aufklärung so weit vorangeschritten, dass sich bei immer selbstbewusster werdenden Studenten die Neigung zu oppositionell-alternativer sprachlicher Gruppensymbolik gegen akademische Orthodoxie der *Pedanten* und gegen konservatives bürgerliches Wohlverhalten der *Philister* zu kontrasprachlichen, subkulturellen Verhaltensweisen entwickeln konnte.

Politische Ideologien (Republikanismus, Nationalismus, Antisemitismus) spielten erst seit der Napoleon- und Metternich-Zeit eine Rolle. Die *Burschensprache* kann auch als Vorläufer der verschiedenen Arten von Jugendsprache gesehen werden (Henne 1986, 1ff.; s. 6.12K–M). Sie hat ihrerseits auch traditionelle Beziehungen zur makkaronischen Dichtung der Renaissance (s. 4.7DM) und zur Vagantenpoesie des Mittelalters (s. 4.2M). Ansätze zur lexikographischen Dokumentation der Burschensprache gab es bereits im 18. Jh. in fünf Fällen ab 1749, vor allem Christian Wilhelm Kindlebens *Studenten-Lexikon* von 1781, das fast alle weiteren Wörterbücher und -listen im 19. Jh. beeinflusst hat und 1899 und 1973 neugedruckt worden ist (s. Henne/Objartel 1984). Quellen dafür sind Stammbücher, Sitzungsprotokolle, Lieder, Briefe, literarische Werke ab 1744. Das Bewusstsein der Gruppentraditionen reicht mitunter über Jahrhunderte zurück wie im Falle des bis in die heutige Studenten- und Schülersprache sehr beliebten Verbs *schwänzen* in der dritten von Salmasius 1749 angegebenen Bedeutung.

Das Ritual des Verächtlichmachens und zugleich Sich-Solidarisierens gegen die hassgeliebte Institution wird aus der Berufung auf den *„Erzpedant Doktor Philippus in Wittenberg“* deutlich, womit der Lutherfreund und humanistische Altphilologe Philipp Melanchthon gemeint ist. Man muss dazu wissen, dass auch die protestantischen Universitäten bis ins frühe 18. Jh. in orthodoxem, fortschrittsfeindlichem Leerlauf erstarrt waren, so dass die mit studentischen Fahnenwörtern wie *nobel, einem praven Purschen* und *fitele Pursche* und dem Feindwort *Erzpedant* garnierte Hochbewertung der institutionellen Unterlassungshandlung nicht allein aus jugendsprachlicher Überheblichkeit zu erklären ist.

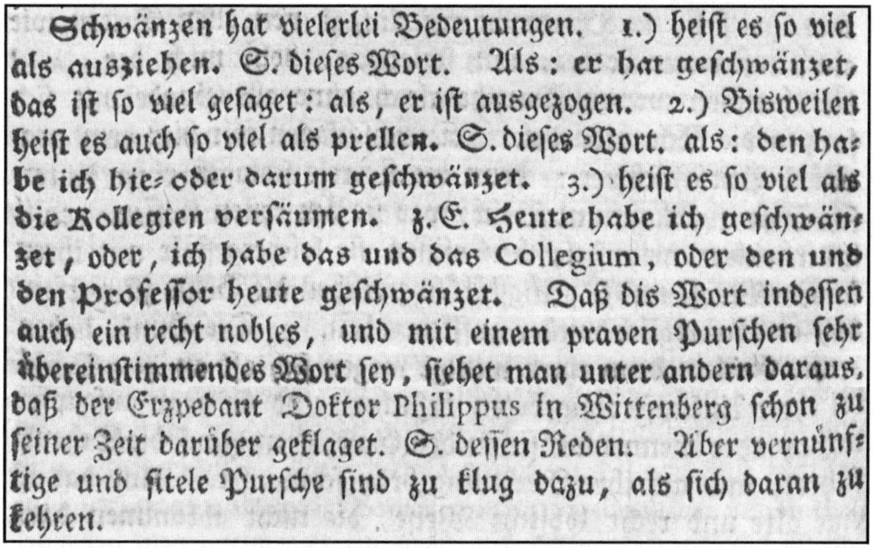
Schwänzen hat vielerlei Bedeutungen. 1.) heist es so viel als ausziehen. S. dieses Wort. Als: er hat geschwänzet, das ist so viel gesaget: als, er ist ausgezogen. 2.) Bisweilen heist es auch so viel als prellen. S. dieses Wort. als: den habe ich hie- oder darum geschwänzet. 3.) heist es so viel als die Kollegien versäumen. z.E. Heute habe ich geschwänzet, oder, ich habe das und das Collegium, oder den und den Professor heute geschwänzet. Daß dis Wort indessen auch ein recht nobles, und mit einem praven Purschen sehr übereinstimmendes Wort sey, siehet man unter andern daraus, daß der Erzpedant Doktor Philippus in Wittenberg schon zu seiner Zeit darüber geklaget. S. dessen Reden. Aber vernünftige und fitele Pursche sind zu klug dazu, als sich daran zu kehren.

Abb. 17: Robert Salmasius: Kompendiöses Handlexikon der unter den Herren Purschen auf Universitäten gebräuchlichsten Kunstwörter. In: Die vergnügten Abendstunden zweiter Teil. Erfurt 1749, Artikel „Schwänzen“ – Ausschnitt.
(Quelle: Universitäts- und Landesbibliothek Bonn. Signatur: H 602, Jg 2. 1749, 77–78.)

Die Burschensprache war, wie alle sub- und kontrakulturellen Soziolekte, sehr variabel im Wortgebrauch: Sie lebte von der spielerischen Variation, d.h. dem Einführen von immer neuen Wörtern, Wendungen und Wortbedeutungen, dem raschen Aufgeben solcher Elemente, die gemeinsprachlich geworden sind, und dem Wiederbeleben alter aus der Gruppentradition. Ein beträchtlicher Teil solcher emotionalen Wörter ist im Laufe des 19. Jh. in allgemeinen Gebrauch gekommen und bis heute geblieben. Hier eine Auswahl der bereits im 18. Jh. belegten Beispiele, zusammengestellt nach dem Sachregister der von Henne, Objartel und Kämper-Jensen besorgten Neubearbeitung des Paulschen Wörterbuchs (Paul 1992, 1121f.):

- Jugendliche Geselligkeit: *aufgekratzt* ‚sehr lustig', *fidel* ‚vergnügt', *fix* ‚schnell, flink', *flott* ‚munter, lebenslustig', *Jux* ‚Spaß, Scherz' (lat. *iocus*), *Katzenjammer* ‚depressiver Zustand nach Alkoholrausch', *Kneipe*, usw.
- Finanzielle Nöte: *blechen* ‚bezahlen', *Brandbrief* ‚Bitt-/Mahnbrief' (aus ‚Fehde/Drohbrief' umgedeutet), *Kies/Moneten/Moos* ‚Bargeld', *pumpen* ‚borgen', usw.
- Distanzierung von Institution und Gesellschaft: *Blech* ‚törichtes Zeug', *Pedant* ‚kleinlicher, strenger Gelehrter', *petzen* ‚denunzieren', *Schmöker* ‚altes, wertloses Buch', *schwänzen* ‚fernbleiben', *Spießer, Spießbürger* ‚in bügerlichen Konventionen befangener Nichtakademiker' (urspr. ‚der noch mit Spieß, statt Gewehr, Degen, Bewaffnete', vgl. *Schildbürger*), *Standpauke* ‚Strafrede, die im Stehen gehalten und gehört wird', *verschwitzen* ‚vergessen, verpassen, verlernen', usw.
- Unehrliche/verbotene/provozierende Handlungen: *jn. anschmieren* ‚betrügen', *jm. eins auswischen* ‚überraschend beleidigen', *mogeln* ‚betrügen', *Pfiffikus* ‚Schlaukopf', *prellen* ‚jn. um etw. betrügen', usw.

Typisch für den kontrasprachlichen, spielerischen Umgang mit dem Latein aus alter Vagantentradition waren dt.-lat. Mischbildungen, die seit dem Beginn des Sprachpurismus (s. 5.4 O) im Bildungsdeutsch nicht mehr zulässig waren: *burschikos* ‚studentenhaft', *Grobian* ‚unerzogener, ungebildeter Mensch', *Luftikus* ‚leichtsinniger Mensch', *Pfiffikus* ‚gewitzter Mensch', *Sammelsurium* ‚Mischmasch', *Schwachmatikus* ‚unbegabter Mensch', *Schwulität* ‚peinliche Situation', usw.; oder Bedeutungsveränderungen lat. bzw. franz. Wörter: *fidel* ‚lustig' aus lat. *fidelis* ‚treu', *famos* ‚prächtig' aus lat. *famosus* ‚berüchtigt', franz. *fameux* ‚berühmt', *fix* ‚schnell' aus lat. *fixus* ‚fest'. – Vieles aus der *Burschensprache* stammt aus dem Rotwelsch und/oder aus dem älteren Jüdischdeutsch infolge von Gemeinsamkeiten der Lebensweise gesellschaftlicher Außenseiter, z.B.: *blechen, Kies, Kluft, Kneipe, Moos, petzen, pumpen.* – Zum modernen Jugendjargon s. 6.12K–M!

Z. Unter „Sprachsoziologische Streiflichter" kann hier auch die Entwicklung der N a m e n g e b u n g, vor allem bei Personennamen, behandelt werden. Namenkunde (Onomastik) ist nicht einfach zu den systematischen Teilbereichen der Sprache (s. 5.9) zu rechnen; der Namenbestand, die Namenbildung, die Namengebung und der Namengebrauch sind, im Unterschied zur Lexik (Wortschatz), eine weniger systematische, meist sehr heterogenen Benutzergruppen verfügbare, auf jeweils Einzelobjekte bezogene, also grundsätzlich nur referierende (nur ausnahmsweise auch prädizierende) besondere Verwendung lexikalischer Elemente. Grundprinzipien und Grundbestand von P e r s o n e n n a m e n sind im Deutschen großenteils im Mittelalter (und noch früher) entstanden, so dass außer über begrenzte quantitative Verschiebungen im 17./18. Jh. hauptsächlich über einzelne sozialgeschichtlich bedingte Neuerungen zu berichten ist, die im Zusammenhang mit der längst in Gang befindlichen Festigung der Zweinamigkeit (Vor- und Familienname) zu sehen sind (Seibicke 1999; Nübling u.a. 2010).

Bei den Vornamen (s. Heinrichs 1908; Seibicke, in: BBRS 3536ff.; Seibicke 1982, 96ff.; M.Simon 1989) ist der Bestand vom 16. zum 17. Jh. deutlich geringer geworden, ehe er wieder stark zunahm. Viele der traditionellen altdeutschen Vornamen wurden durch verstärkt beachtete Vorfahren- und Patenbeziehungen oder aus konfessionellen Gründen häufiger gewählt. Dagegen stieg der Anteil der Namen nichtdeutscher Herkunft im Laufe des 16. Jh.s stark an, nach den Maulbronner Musterungslisten (nur männliche Namen) 1608 auf weit über 80 Prozent (Naumann/Huber 1999).

Am häufigsten waren in protestantischen Territorien biblische Vornamen (*Johannes/ Hans, Jakob, Michael, Elisabeth* ...), in katholischen verstärkt Heiligennamen (*Margarethe/Grete, Katharina, ...*). Zur konfessionellen Namengebung in der Oberpfalz von der Reformation bis zur Gegenwart s. Kleinöder 1996. Latinisierungen (z.B. *Martinus*) gab es meist nur in offiziellen und literarischen Texten, kaum im alltäglichen mündlichen Gebrauch. Besonders in katholischen Gegenden wurden die populären Kurzformen (*Hans, Heinz, Grete, Liese, ...*) in der Schreibform meist durch die traditionellen Vollformen ersetzt. In der Zeit des Dreißigjährigen Krieges und in der Regierungszeit von Louis XIV. kamen einige französische Vornamen hinzu (*François, Jean, Louis, ...*), besonders für Mädchen (*Charlotte, Henriette, Louise, ...*).

Etwas grundsätzlich Neues war im 17. und 18. Jh., vor allem in protestantischen Familien, die Neubildung begrifflich aufdringlicher pietistischer bzw. aufklärerischer Vornamen („plakative" oder „Demonstrativnamen", Seibicke 1999, 60, 65). Sie war im Rahmen des Pietismus bzw. der Empfindsamkeit (s. 5.10HIM) mit einer neuen sozialsemantischen Einschätzung der Namengebung und Namenverwendung verbunden: Man bildete aus ihren Lexembestandteilen religiös/moralisch verstehbare Vornamen als lebenslange Ermahnungen oder Schutzwünsche für die Namenträger (z.B. *Fürchtegott*, *Gotthilf*, *Gotthold*, *Leberecht*, ...), fast nur männliche. Die meisten von ihnen waren satzsemantisch imperativische Satznamen als ‚Aufforderungen' oder ‚Wünsche'.

Namensemantisch damit verwandt waren in der Barockzeit rituelle Gruppenmitglieds-Namen bei der Aufnahme in eine wissenschaftliche oder kulturbeflissene Gesellschaft, so bei der *Fruchtbringenden Gesellschaft* (s.5.5E): *der Wohlgeratene, der Beständige, der Spate, ...* (Seibicke 1982, 204). Aus Männernamen abgeleitete (movierte) weibliche Namen (*Ernestine, Pauline, Wilhelmine, ...*) nahmen im 17. Jh. besonders in protestantischen Familien/Gegenden zu. Sprachpuristische Verdeutschungen von Fremdnamen (z.B. *Himmelshulde* für *Dorothea*, *Marhold* für *Philipp*) setzten sich trotz der Bemühungen von Sprachverdeutschern (z.B. Philipp v.Zesen, s. 5.5LM) nicht durch; allzu auffällige Namensemantik gehört eben nicht zu den Grundprinzipien des Namengebrauchs.

Mit der Tendenz zum „Ausbau des individuellen Teils des Gesamtnamens" (Seibicke, in: BBRS 3536) spielte die Entstehung von Doppelvornamen seit dem 17. Jh. auch im Norden und Osten eine zunehmende Rolle (z.B. *Gotthold Ephraim Lessing, Maria Sibylla Merian*). Die Neigung zu Mehrfachvornamen führte vor allem beim Adel (z.T. bis heute) und dem ihn nachahmenden Großbürgertum zu einem schon damals berüchtigten „Namenluxus", dem mit amtlichen Verboten von mehr als zwei Vornamen Einhalt geboten werden musste, wie in der Magdeburger Kirchenordnung von 1685 (Seibicke, in: BBRS 3537; Naumann/Huber 1999, 175). Dies hat auch bald die Zusammenziehung zweier Vornamen bis heute gefördert *(Karlheinz, Lieselotte)*. Norddeutschland blieb mehr bei der Einnamigkeit. Das ständisch-absolutistische Gesellschaftssystem wirkte sich teilweise auf eine soziale Schichtung der Vornamengebung aus. Im Adel, vor allem in der territorialhöfischen Oberschicht, wurden konservative, schriftsprachnähere Namensformen bevorzugt, Kurzformen mehr gemieden, dynastische Traditionen signalisiert, lange Namenketten als Standessymbol und zur Rechtebeanspruchung den Kanzleibeamten, Geistlichen und zeremoniellen Zuhörern zugemutet (in Extremfällen bis zu 57). Durch das Prestigebedürfnis sozial tieferer Stände, vor allem in Städten und im Handel, verbreiteten sich aber bestimmte Prestigenamen relativ rasch allgemeiner in untere Schichten, zuletzt auch auf dem Lande. Deshalb lassen sich namenstatistisch nur geringe Unterschiede zwischen Bevölkerungsgruppen oder Regionen nachweisen. Prestigewirkung wurde durch Nachahmung schnell entwertet.

Bestimmte Fürstennamen verbreiteten sich in manchen Territorien rasch in der Bevölkerung, z.B. *Luitpold, Ruprecht* in Bayern, *Wilhelm, Louise* in Preußen, *Friedrich, August* in Sachsen, *Franz, Joseph* in Österreich. – Ganz allgemein hat sich der Namenbestand seit dem 17./18. Jh vervielfältigt; die Häufigkeit bestimmter Namen wurde geringer. – Ab Ende des 17. Jh.s gibt es bildungsbürgerliche Namenmoden nach literarischen Vorbildern *(Chrysander, Guido, Doris, Eleonora, Isabelle, Lucinde, Phyllis, ...)*, seit dem Ende des 18. Jh.s auch aus dem Englischen *(Edmund, Harry, Betty, Edith, ...)*. Zur Namengebung in belletristischer Literatur allgemein s.Birus 1978; Seibicke 1982, 88ff.; Debus 2002.

Bei den Zunamen gelangte die Entwicklung zu festen Familiennamen nach der väterlichen Linie im 17./18. Jh. allmählich zu amtlich geregelten Formen (Seibicke, in: BBRS 3535ff.; Seibicke 1982, 14ff., 179ff.; Naumann 1994, 11ff.; Naumann/Huber 1999; Debus 2001): Erste Anfänge sind seit dem 11. Jh. nachzuweisen, zuerst beim Adel, dann auch bei anderen Landbesitzern, städtischem Patriziat und Gewerbetreibenden, am frühesten im Südwesten (durch französisches oder italienisches Vorbild?). Seit dem 17. Jh., schärfer seit Ende des 18. Jh.s, griffen Behörden mit Zwang zu festen Familiennamen und mit Verboten von Änderungen ein, am spätesten (Ende 18.Jh., Anfang 19. Jh.) in Friesland und Pommern und bei Juden. Erst im Laufe des 19. Jh. galten feste Schreibweisen, rechtlich verbindlich seit dem BGB (1900).

In sehr ländlichen Gegenden gelten Beinamen *(der Spitzbart)*, Wohnsitznamen *(Brücke-Karl)*, patronymische Verknüpfungen *(Bräuers Hilde, dem August sein Kleener)* usw. im praktischen, nichtamtlichen Gebrauch bis heute für wichtiger als die offiziellen Familiennamen. Bis Mitte des 17. Jh.s gab es teilweise noch keine Großschreibung der Zunamen. Bis ins 18. Jh. sind noch nach Vornamen alphabetisch geordnete Personenlisten überliefert. Mit der Verfestigung zur Zweinamigkeit wuchs die Unterscheidung in „zwei unterschiedliche Kommunikationssphären: eine privat-vertrauliche und eine distanziert-förmliche. Das gesellschaftliche System der Anrede – die Verteilung symmetrischen und asymmetrischen Gebrauchs von Namen samt den darauf abgestimmten Anredepronomina – wird dadurch differenzierter" (Seibicke, in: BBRS 3536). Das Hauspersonal *(das Gesinde, die Domestiquen)* wurde von den *Herrschaften* mit *du*, später mit *er/sie* (singularisch) in dritter Person und dem bloßen Vornamen angeredet; umgekehrt waren die Vor- und Familiennamen der *Herrschaften* im täglichen Gebrauch weitgehend tabuisiert und durch Ehrfurchtstitel wie *Gnädige(r) Herr/Frau* mit Pluralform des Verbs in dritter Person ersetzt *(Gnä' Frau haben gespeist?)*. Der Zusatz *von* zum Familiennamen war noch lange auch bei nichtadeligen Herkunftsnamen üblich (neben *vom, zu(m), im* usw.), besonders in Westfalen bis heute. Erst seit dem 17. Jh. (in Österreich schon seit dem 16. Jh.) wurde das *von* den adeligen Familien vorbehalten.

N i c h t d e u t s c h e Familiennamen wurden in großer Zahl in Gebieten mit inzwischen eingedeutschter westslawischer Bevölkerung (s. 4.7. O, 4.9N–Q) üblich, besonders in Nordost- und Ostdeutschland: *Fritzsche, Nitzsche, Rentsch, ...* (Jachnow 1970; Naumann 1994, 29ff.; Seibicke 1982, 168f.; Seibicke 1990; Wenzel 1987–97), häufig nach slawischen Ortsnamen: *Bülow, Miltitz, Polenz*. Viel seltener sind Familiennamen aus dem Italienischen von wandernden Händlern, Handwerkern, Künstlern *(Brentano, Pestalozzi, ...)* und aus dem Französischen, vor allem von den hugenottischen Glaubensflüchtlingen seit 1685 in Brandenburg, auch Hessen, Pfalz, Württemberg: *Chamisso, Fontane, de Maizière, Savigny, ...* (s. 5.3MS; Keiper 1891; Seibicke 1982, 170).

J u d e n in Deutschland hatten von jeher Beinamen, meist Patronymica *(Mendelssohn)* oder Wohnstättennamen *(Rothschild)*. Amtlicher Zwang zu festen Familiennamen ist seit 1787 in Österreich, seit 1812 in Preußen, erst 1834 in Sachsen bezeugt (Bering 1987; 1996; Dreifuß 1927; Naumann 1994, 56f.; Seibicke 1982, 200f.). Sie wählten vor allem hebräisch-alttestamentliche Namen *(Abraham, David, Jacob, Kohn, Zion, ...)*, Übersetzungen aus dem Hebräischen *(Friedemann, Seligmann, Hertz, ...)*, deutsche Vornamen *(Marx, Wolf, ...)*, Ableitungen aus Ortsnamen *(Lemberger, Mannheimer, Oppenheimer, ...)*. Auffällig wurden (z.T. bei Behörden teuer erkaufte) schönklingende Phantasienamen mit *Gold-, Silber-, Rosen-, Lilien-, Süß-, Morgen-, ...*, also entsprechend der pietistisch-aufklärerischen deutschen Vornamenmode (s.oben!).

Pseudonyme wurden seit den Auseinandersetzungen der Reformationszeit und dem humanistischen Autorenbewusstsein üblich, vor allem zur Tarnung gegenüber zensierenden *Obrigkeiten*. Dies nahm weiter zu in der immer stärker die Meinungsfreiheit unterdrückenden absolutistischen Herrschaftsform. Auch ohne Verfolgungsnot wurden Pseudonyme und Anonymität der Verfasserschaft seit der *galanten* Zeit beliebt als Ritual der ‚Maskierung' und ‚Kostümierung' in unprofessioneller belletristischer Nebenbeschäftigung in Mußestunden (Seibicke 1982, 46ff.).

Parallell zur Personennamengebung traten bei den Ortsnamen in der Zeit des Spätfeudalismus und Absolutismus hie und da neue Namentypen auf (Debus/Schmitz, in: BBRS 3468ff.): Benennungen von Orten oder Schlössern nach regierenden Fürsten oder Gründern mit *Augustus-, Friedrichs-, Karls-, Ludwigs-*, ..., oft auch mit abstrakten Begriffswörtern für Schlösser: *Sanssouci, Solitude, -ruhe, -lust*, ... Ähnlich bei religiösen Sondergruppen in pietistischer Weise, so bei der Herrnhuter Brüdergemeine *(Herrnhut, Gnadenfrei, Gnadenfeld, Gnadau, ...)*. Der weitere Landesausbau, vor allem im Nordosten, ähnlich wie die Emigration nach Übersee, waren mit traditionsbewusster Übertragung von Namen der Heimatorte verbunden: *Neubrandenburg, Neuharlingersiel, Neu-Isenburg, Neu-Ruppin*, ..., besonders in Übersee auch ohne Zusatz (*Berlin, Dresden* in den USA). – Im Zusammenhang mit der Frühindustrialisierung vermehrten sich seit dem 18. Jh. Ortsnamen auf *-mühle, -hammer, -hütte*, ... – Zu Ortsnamen slawischer Herkunft s. Bily 2004; Debus 1993, 2004; E.Eichler 1976; H.Naumann 1963; 1986.

Literatur:

Sozio-/Pragmalinguistisches: Ammon u.a. 2004–2006. BBRS (v.Polenz 41ff., Wegera 139ff., Peters 1409ff., Solms 1513ff., Semenjuk 1746ff.). G.Brandt 1995. Davies 2006. Elmentaler 2011b. Gessinger 1979; 1980; 1995. Henne 1985. Hernández-Campoy/Conde-Silvestre 2012. Irmen/Steiger 2005. Josten 1976. Kaiser 1930. Knoop 1988ab. Koselleck 1980. Lange 2005. Lerchner 1983. Löffler 1994. Maas 1988. Mattheier/Nitta 2005. Niehr 2005. Takada 2004; 2005. Schmidt-Wächter 2004. Sommerfeldt 2005. – S. auch Regionalsprache/Mundart! S. auch Alphabetisierung usw. in 5.2Lit!

Gesprochene Sprache, Aussprache: Bach 1965, 354. BBRS (Bischoff/Peters 1491ff., Betten 1646ff., Mangold 1804ff., Löffler 1967ff.). Besch u.a. 1982/83 (Knoop 4ff.). Blume 1987. Braune 1904. Burger 1980. Gessinger/Fischer 1998. S.Grosse 1983. R.Große 1999. Henne 1980; 1985. K.Jakob 2010. Josten 1976. Keipert 1982. Klatte 2008. Knoop 1983ab; 1993. W.König 2005. Lameli 2006. Linke 2008. Löffler 2002. Mihm 1999; 1995; 2004b. H.Moser 1978. B.Naumann 1989. F.Neumann 1920. Penzl 1977; 1978; 1979. v.Polenz 1986; 1989b; 1990. Reichmann 2004. H.Schmidt 1984a. Semenjuk 1990. Stock 1962; 1966. Varwig 1985. Voeste 2010. Voge 1978. Weithase 1949; 1955/56; 1961. Wiesinger 1993a. G.Zimmermann 2000. – S. auch Phonemik in 5.9Lit!

Regionalsprache, Mundart (s. auch 5.6!): Ahlzweig 2002. BBRS (Kleiber 889ff., Goossens 900ff., Peters 1478ff., Reichmann 1623ff., Wiesinger 1932ff., Wegstein 2229ff., Abschn. XVII). Besch u.a. 1982/83 (Knoop 1ff.). Besch/Solms 1998. Bichel 1973; 1979. Boková 2004. Brooks 2006. Debus 1983; 2011. Eickmans 1998. Elmentaler 2000. Elspaß 2010. Elspaß/Denkler 2003. Gardt 2008. Henne 1966. Henzen 1954. Kettmann 1995. Lowak 1905. Macha 1998. Macha u.a. 2000. Mattheier 1998; 2005. Mihm 2000ab; 2003; 2004b. Patocka/Wiesinger 2004. Reichmann 1990; 1993a. Reichmann u.a. 1988. Reiffenstein 1988; 1989; 1992; 1993ab; 2009ab. Reutner 2003. Scharloth 2005b. H.U.Schmid 1998. Socin 1888. Sonderegger 1993; 1995. Steiger 1919. Tatzreiter 1997. Tauchmann 1993. Teuchert 1961. Thomke 1997. Trümpy 1955. Wiesinger 1996. – **Regionaler Wortschatz:** Besch 2002; 2008b. Elmentaler 2000. Haas 1996; 2005. Haas u.a. 1994. Hausner 2005. Kettler 2008. J.Kramer 2002. Nolting 2010. Takada 2005. H.Wolf 1968. – S. auch Regionale Realisierung in 5.6Lit! Vgl. Ländliche Schriftlichkeit in 5.2Lit!

Stadtsprache: BBRS (Möhn 2252ff., Schildt 2312ff., Hoffmann/Mattheier 2321ff., v.d.Elst 2341ff., Wiesinger 2354ff.). Besch/Wegera 1987 (Mattheier 227ff.). Bister-Broosen 1999. Blume 1987. Bodi 1977. Brox 1994. Butz 1988. Diercks 1994. Elmentaler 1993; 2000. Chr.Fischer 1998. Gehl 1997. Gessinger/Fischer 1998. U.Götz 2002. R.Große 1988. Hashimoto 1993. Jarling 2010. Kettmann 1990. Langner 1988. Lasch 1928. Mattheier 1982. Mihm 2000b. P.O.Müller 2002. Näßl 2002. Peters 1996. Piirainen 1999. Povejšil 1980. Roessler 1998. Schildt/Schmidt 1986. H.Schmidt 1986; 1988ab. Skála 1966. Stichlmaier 2008.

Hochdeutsch vs. Niederdeutsch: BBRS (Goossens 900ff., Abschn. XI, Soodmann 1505ff., Mattheier 1951ff., Peters 2640ff., 2651ff., Scheuermann 2663ff., Gessinger 2674ff., Rösler 2699ff.). Besch 1979. Blume 2002. Brox 1994. BRS (Bichel 1865ff.). Bulicke 1979. Christensen 2000. Diercks 1994. Eickmans 1998. Elmevik u.a. 2005. Chr.Fischer 1998. Gabrielsson 1983. Gessinger/Fischer 1998. E.Günther 2002. Hartweg/Wegera 2005; 33ff. Herrmann-Winter 1992; 1995. H.Kröger 1996. Langer 2012. Lerchner 2002. Lindow 1926. Lüdtke 1998. Luther 2000. Macha 1998. Macha u.a. 2000. Mattheier 1981; 1998. Mihm 1999. Möhn 1999. U.Möller 2000. Peters 1995ab; 1996; 1998, 2005. Remmers 1994. Rösler 1995. Sanders 1982. Scheuermann 2004. Schöndorf 1987. I.Schröder 2010. Sodmann 1973. Squires 2005. Stellmacher 1998. Taubken 1981. Wagener 1999. Wirrer 1992. Zimmer 2008. – S. auch Bd.I: 4.9Lit!

Hochdeutsch vs. Niederländisch: BBRS (Eickmans 2629ff., Mattheier 2712ff., Peters 2651ff., de Smet 3290ff.). Bulicke 1979. Cornelissen 2000; 2004. Ebeling 2000. Eickmans 1998; 2000. Elspaß 2000. Goossens 2011. Macha 1998. Macha u.a. 2000. Mattheier 1998. Mihm 2000. Peters 2000. Ponten 1968. Prędota 2004. L.E.Schmitt 1967. Smits 2011. Taubken 1981. – S. auch Bd.III: 6.4Lit!

Hochdeutsch/Niederdeutsch vs. Dänisch/Friesisch: Ahlmann 1991. BBRS (Peters 2651ff., H.P.Naumann 3282ff., Århammar 3300ff.). Bulicke 1979. Diercks 1994. Feldbæk 1992. Janikowski 2002. Mogensen 2000. Remmers 1994. Schöndorf 1987. Thyssen 1992. Winge 1987; 1992. – S. auch Bd.III: 6.4Lit!

Deutsch/Französisch im Elsass: Hartweg 1999. Kettler 2008. – S. auch 5.3Lit!

Private Schriftlichkeit in Ober- und Mittelschicht: BBRS (Wegera 139ff.). Hechtenberg 1903. Hummerich 1910. Hünecke 1996; 2000b. Konersmann 2005.

J.Kramer 1990. Mattheier 1990. Reiffenstein 1992; 1993b; 2000b; 2009ab. Runge/Steinbrügge 1991. Russ 1998; 2005. Urbach 1899. – Vgl. auch Briefschreiben in 5.2Lit!

Schreiben/Lesen von Frauen, Kindern, Jugendlichen: W.Albrecht 1997. Berner 2002. G.Brandt 1996/98; 2000. Bulitta 2000. Guentherodt 1986; 1987; 1988; 1991. Heinemann 2008. Herrmann 1976. Heynatz 2006. Hünecke 1996; 2000b. K.Jakob 1994. A.Lange 1896. Mattheier 1990. Neuland 1986. Raabe 1992. Reiffenstein 1993a; 2000b. Runge/Steinbrügge 1991. Russ 1998; 2005. Uhlig 1996. Urbach 1899. Voeste 2000. – S. auch Frauenbildung, -recht in 5.2Lit!

Umgangsformen, Anredeformen, Höflichkeit: BBRS (Besch 2599ff.). Beetz 1990; 1991. Besch 1994; 1996b. Braungart 1988. Ehlers 2004. Helfrich 1990. Kimmich/Matzat 2008. Kopplow 1995. Kucharska 1997; 1998; 2000. Lerchner 1998. Linke 1996; 1998; 1999; 2004; 2006; 2010. Listen 1999. Lötscher 2001. Mihm 1995. Metcalf 1938. Mihm 1995. Montandon 1991. Nickisch 1969; 1990. H.Simon 2003. Spyrka 1990. Stelzel 2003. Takada 2002. Weinrich 1980. G.Wolff 1996. Zakharine 2002. Zimmermann 2004.

Sondersprachen: Abel 2004. Althaus 1962/63. BBRS (Möhn 2391ff.). Efing 2004. Franke 1991. Girtler 1998. Kluge 1901. Lerch 1976. LGL (Möhn 384ff.). Lindner 1962; 1966. Lühr/Matzel 1990. Middelberg 2001. Nierhaus-Knaus 1980. Schuppener 2002. Siewert 1991; 1996; 1999–2002; 2003. Spangenberg 1970. Train 1998. Veldtrup 1981. S.A.Wolf 1956; 1960. – Vgl. Bd.I: 4.6Lit! – **Soldatensprache:** Horn 1905. Just 2009. Maußer 1917. John Meier 1917. – Vgl. Bd.III: 6.12Lit! – **Studentensprache:** Burdach 1894. Götze 1928. Henne 1986. Henne/Objartel 1984. Kluge 1895. Objartel 1984; 1985. – Vgl. Bd.III: 6.12Lit! – **Jüdischdeutsch:** Althaus 1963/64; 1999; 2002; 2003; 2004. BBRS (Kiefer 1399ff., 3260ff.). Bering 1987; 1996. Brenner 2002. E.Eggers 2002. King/Beach 1998. Röll/Neuberg 1999. Simon 1988. Staudacher 2002. Timm 1986; 2005. Tintemann/Trabant 2004. Turniansky/Timm 2003. Wirtz 2006. – Vgl. Bd.I: 4.9Lit! Bd.III: 6.4Lit!

Namengebung, Allgemeines: s. unter Eigennamen 5Lit! – **Personennamen:** Bach 1952/78, Bd.I. Bahlow 1988. BBRS (Seibicke 3555ff.). Bering 1987; 1996. Birus 1978. Brednow 1966. Debus 1967; 1976; 2002. Debus/Seibicke 1993. Fleischer 1968. Grünert 1958. Heinrichs 1908. Jachnow 1970. H.Naumann 2003. H.Naumann/Huber 1999. Nübling u.a. 2010. E.Schwarz 1949. Seibicke 1982. Staudacher 2002. Wenners 1988. Wenzel 1987/97. – **Vornamen:** Agricola 2003. Debus 1976; 2002; 2003. Kleinöder 1996. Seibicke 1990; 1996; 1999. M.Simon 1989. – **Familiennamen, Zunamen:** Bily 2004. Brechenmacher 1957/63. Debus 2001. Dreifuß 1927. Familiennamenbuch… 1968–71. Fassbinder 1975. Gottschald 1982. Heintze/Cascorbi 1925/33. Hornung 1989. Keiper 1891. Luther 2000. H.Naumann u.a. 1994. – **Orts- und Flurnamen:** BBRS (Debus/Schmitz 3468ff., Kleiber 3515ff.). Christensen 2000. Debus 1993; 2000; 2004. Eichler 1976. R.Fischer/Eichler/Naumann/Walther 1963. H.Naumann 1963; 1986; 2001.

5.9. Entwicklungstendenzen der Schriftsprache Orthographie, Flexion, Syntax, Wortbildung

A. Wenn man nach allgemeinen, die verschiedenen Teilsysteme der Sprache übergreifenden Entwicklungstendenzen der deutschen Sprache in der Epoche des Absolutismus und der bildungsbürgerlichen Sprachkultivierung fragt, bietet sich ein Ansatz von der Satzbauentwicklung her an. In diesem Bereich ist in systematischem Zusammenhang die Weiterentwicklung und häufigere Verwendung von Sprachmitteln der Textkonstituierung festzustellen, die den Erfordernissen modernisierender, hochkomplexer Strukturen und Praktiken des Schreibens, Druckens und Lesens dienen, vor allem in professionellen Textsorten. Von daher werden auch einige entsprechende Entwicklungen in den ‚auxiliaren' Teilsystemen Orthographie, Interpunktion, Flexion, Morphosyntax und Wortbildung erklärbar. Diese textkonstitutiven Satzbautendenzen hat Wladimir G. Admoni (1990a, Kap. 1; 1990b) „gespanntes Gestaltungssystem" genannt und mit weiteren metaphorischen Ausdrücken wie „strenger" und „zementiert" verdeutlicht. Es handelt sich dabei um strukturelle Ansätze im Frühneuhochdeutschen, teilweise schon im Spätmittelhochdt., die im 17. und beginnenden 18. Jh. auf einen Höhepunkt in Frequenz und Auffälligkeit gelangten, am stärksten und frühesten in kanzlei- und rechtssprachlichen Textsorten, dann auch in der wissenschaftlichen, teilweise auch in der belletristischen Prosa und im Zeitungsstil. In der zweiten Hälfte des 18. Jh.s beobachtet Admoni eine gewisse Milderung und Auflockerung des „gespannten" Satzbauprinzips. Admonis Ergebnisse stimmen weitgehend mit Ergebnissen und Erklärungen anderer Syntaxforscher überein (Ebert, Semenjuk, Weber, Schildt, Wegera, u.a.).

Bei Admonis Ansatz zu einer kausalen Erklärung, „innere strukturelle Entwicklungstendenz als treibende Kraft in diesem Prozeß" (1990b, 11), braucht man nicht stehenzubleiben, denn die Zeit um 1700, kulturgeschichtlich in Deutschland zu charakterisieren unter den Stichwörtern Barock und Aufklärung, war gerade jene sprachkulturelle Epoche, in der Ausdrucksformen schreib- und drucksprachlicher Satzkomplexität und rationalistischer ‚Eindeutigkeit' besonders beansprucht wurden; und dies hing sprachideologisch und sprachpraktisch zusammen mit der zunehmenden Bedeutung von Verwaltung und Wissenschaft für das Funktionieren des absolutistischen Staates und mit der dafür konstitutiven professionellen Rolle des Bildungsbürgertums, vom Verwaltungsjuristen und Gelehrten bis zum Sekretär, Hofmeister und Poeten. Nicht von ungefähr sind die meisten Merkmale der „gespannten“ Satzbautendenz (und ihrer Unterstützungsmittel in den anderen Teilsystemen der Sprache) bis heute vorwiegend schreibsprachlich und/oder bildungssprachlich markiert und viele davon gelten sprachkritisch als ‚typisch deutsch‘, ‚pedantisch‘, ‚umständlich‘, ‚papieren‘, ‚übertrieben‘ und ‚schwierig‘. Sie sind nicht oder nur schwach entwickelt vorhanden in den deutschen Dialekten, in alltäglicher spontaner Umgangssprache, im Jiddischen und Niederländischen und anderen engverwandten Sprachen. Nicht diese Sprachsystemmöglichkeiten als solche sind in dieser Weise außersprachlich erklärbar (sie gab es fast alle schon vorher), sondern ihre oft extreme Beanspruchung für professionelle und/oder repräsentative Zwecke über die Grenzen des normalen Hörverstehens hinaus. Für die Erklärung dieser Entwicklung sind die traditionellen geistes- und literaturgeschichtlichen Stichwörter Barock und Aufklärung nicht hinreichend; sie hat auch mit sozial- und verfassungshistorischen Faktoren zu tun wie Absolutismus, Verwaltungsstaat, Merkantilismus, Ständestaat, Sozialdisziplinierung, Modernisierung und Verschriftlichung des Lebens (s. 5.1, 5.2).

Ein Grundzug des „gespannten Gestaltungssystems“ ist nach Admoni (1990a, 16), dass die Wortformen nicht mehr autonom seien, sondern „oft nur durch die Vermittlung der Wortgruppe in den Satz eingefügt werden“. Dem habe eine Tendenz zur strukturellen Differenzierung der Substantivgruppe von der Gruppe des Verbs gedient (Admoni 1990b, 9). In der Substantivgruppe (Nominalphrase) werden deshalb Adjektive flektiert und vorangestellt; in der Verbgruppe (Verbalphrase, Verbgefüge) werden Adjektive und Adverbien dagegen nicht mehr flektiert und nach- oder ferngestellt. Der Genitiv schwindet als Valenzkasus zusehends, während er als Attributkasus in der Substantivgruppe eine große Zukunft hat. Die Struktur der Substantivgruppe wurde gefestigt durch eine konservative Bewahrung möglichst vieler Flexionsendungen, auch solcher, die in der Umgangssprache und in Dialekten nicht mehr vorhanden sind. Dabei setzte sich das Prinzip der „Monoflexion“ durch, nach dem nur ein Glied mit einem „grammatisch ausdrucksfähigen“ Flexiv versehen ist, die anderen mit einem „nicht ausdrucksfähigen“ (z.B. *leichten Herzens* statt *leichtes Herzens; mit diesem verbrieften Rechte* statt *mit diesem verbrieftem Rechte*) (Admoni 1990b, 4; Solms/Wegera 1991, 316). Diese strukturelle Festigung war der immer stärkeren Ausnutzung des erweiterten Adjektiv- und Partizipialattributs des voranstellenden Typs förderlich *(mit diesem von keyserlicher Majestät verbrieften Rechte)*.

Im makrosyntaktischen Bereich gab es entsprechende strukturelle Festigungstendenzen (Admoni 1990a, 18): die immer fester werdende unterschiedliche Verbstellung in Haupt- und Nebensatz und damit die weitergehende Ausnutzung des Satzrahmenbaus im Hauptsatz und Satzgefüge (Verbalklammer), also Distanzstellung der Verbgruppe gegenüber Kontaktstellung in der Substantivgruppe. Der immer konsequenteren Unterscheidung zwischen Haupt- und Nebensatz (Hypotaxe im engeren Sinne) dienten auch folgende Tendenzen: den mit hypotaktischen Konnektoren (Subjunktionen) eingeleiteten Nebensätzen den Vorzug vor den nicht eingeleiteten zu geben, die Konnektoren immer mehr zu monosemieren und konsequenter auf Haupt- und Nebensatz zu verteilen, die unpräzisen Satzgefügestrukturen des Frühneuhochdeutschen zu vermeiden und (vorübergehend) den Nebensatzstatus zusätzlich durch Weglassen der finiten Verben *sein* und *haben* zu markieren (afinite Konstruktion), parallel zu den ebenso afiniten satzwertigen Infinitiv- und Partizipgruppen als Reduktionsformen des Nebensatzes (Admoni 1990a, 18). Der Festigung des Elementarsatzes kam auch größere Strenge in Bezug auf die Numeruskongruenz zwischen Subjekt und finitem Verb und die Vermeidung der doppelten Verneinung zugute.

Im Zusammenhang mit dieser Perfektionierung des komplexen Satzbaus wurden auch die Mittel der übersichtlichen Textgliederung verbessert und systematisiert: Absätze, Paragraphen, Überschriften, typographische Auszeichnungen (Fraktur, Antiqua, Kursive), syntaktisches Interpunktionsprinzip (Admoni, in: BRS 1544; Admoni 1980). Schließlich haben sich auch im Bereich der Orthographie bestimmte Prinzipien zur besseren grammatikalischen und lexikalisch-semantischen Leseverständlichkeit sehr komplexer Sätze durchgesetzt, nicht nur in Bezug auf die Großschreibung der Wortart Substantiv. Im Übergangsbereich zwischen Grammatik und Lexik, der Wortbildung, wurde mit immer klareren semantischen Ableitungsmustern und mit stärkerer Ausnutzung der Möglichkeiten der Zusammensetzung der komplexe Satzbau durch den kompakten/komprimierten Satzbaustil ergänzt, der seit dem späten 19. Jh. dem hypotaktischen sogar den Rang ablaufen sollte (s. 6.9IJ).

Ganz unabhängig von den neueren syntaxgeschichtlichen Forschungen stellt Walter Röll (1993) schon für das späte 16. Jh. einen entsprechenden literarischen Stilwandel von übersichtlicher Hypotaxe zum komplizierten, „gehobenen“ Verschachtelungs- und Anhäufungsstil fest, und zwar aufgrund eines Vergleichs verschiedener Neuübersetzungen der *Römischen Historie* Bernhard Schöfferlins vom 16. zum 17. Jh. Zwischen der Müntzerschen Ausgabe (1560er Jahre) und der Ausgabe von 1574 (Anonymus) beobachtet er einen deutlichen „Umschlag vom frühbürgerlichen humanistischen Stil“ des „mittleren Weges“ zwischen Original (Livius) und Zielsprache hin zum „barocken Prosastil des 17. Jahrhunderts“, mit extremer Verbendstellung und

Satzklammer, Vermehrung der Nebensätze, unmäßig erweiterten Adjektiv-Attributgruppen, Verlängerung des Mittelteils und „Türmung am Schluß", um „Livius im Bau großer Bögen zu übertreffen". Was schon Barbara Langholf (1971) am deutschen *Amadisroman* beobachtet hatte, bestätigt sich hier an repräsentativer Bildungsliteratur: „Was die Sprache der Kanzlei schon immer gekennzeichnet hatte, wurde jetzt auch für die große Prosa außerhalb der Kanzlei zum Vorbild: der relativ einfache, übersichtliche, rasch dahinfließende Satz wich dem Satzgefüge, in dem sich alles staute" (Röll a.a.O.).

Aus den verschiedenen Teilsystemen der Sprache werden in diesem Kapitel die wichtigsten, vor allem die oben summarisch angedeuteten schriftsprachlichen Entwicklungstendenzen dargestellt:

– Graphemik und Orthographie im weiteren Sinne (B–E), mit den Schwerpunkten Buchstabenhäufung, Prinzipienmischung, Variantenreduzierung, Längebezeichnung, Substantiv-Großschreibung, Worttrennung und Interpunktion,
– Flexion (F–I) in der Abfolge: Substantive, Pronomen, Adjektive, Verben,
– Verbgefüge für Tempus, Modus, Modifikation und Aktionsarten (J–L),
– Genitiv als Valenzkasus (M),
– Modalwörter, Satznegation (N),
– Satzgliedfolge, Rahmenbau, Ausklammerung (O),
– Attribute von Substantivgruppen: Genitivattribut, erweitertes Adjektivattribut (PQ),
– Satzgefüge (R–U) mit den Schwerpunkten Typen, Konnektoren, afinite Nebensätze, weiterführende Nebensätze,
– Gegenbeispiel: schlichter volkstümlicher Satzbau (V),
– Herausbildung von Wortbildungsmustern und Ausnutzung der Kompositionsmöglichkeiten (W–Z).

B. Die Wahl konventionalisierter Buchstaben für die Laute der Wörter, heute linguistisch Graphemik, damals *Schreibweise*, didaktisch *Buchstabieren* genannt, hieß bei den Gelehrten zwar schon seit der Humanistenzeit *Orthographia* (seit 1571 auch verdeutscht *Rechtschreibung*, von Schottelius als fester Terminus eingeführt), war aber in der Praxis im 17. Jh. noch eher eine persönlich, institutionell, lokal oder regional bedingte, recht flexible Variantenfülle, die in der älteren Forschung von streng philologischer oder modern-normativer Einstellung her gern „chaotisch" genannt wurde (Blackall 1966, 95). Erst um die Mitte des 18. Jh.s hat sich das Bewusstsein der Notwendigkeit einer möglichst einheitlichen, konsequent geregelten Rechtschreibung als beliebtes Thema in der bildungsbürgerlichen Öffentlichkeit verbreitet, mit viel Streit, Unsicherheit und Rechthaberei bis heute.

Dies wird in einem Brief deutlich, den Louise Gottsched 1748 sehr sachkundig an ihren Ehemann als Antwort auf seine Bitte um Beurteilung seines Orthographieentwurfs für seine *Sprachkunst* schrieb: *„Ich halte es für etwas sehr schweres eine Orthographie zu schreiben; zumal jetzo, da ein jeder sich, so zu reden, eine eigene Leib- und Hausorthographie machet; und ohne, daß er eben anderer Gründe geprüfet hat, die Sache dennoch besser wissen will, als die Vorgänger; und dieses bloß um das Vergnügen zu haben, etwas neues auf die Bahne zu bringen. [...] Die Rechtschreibung aber, ist eine Wissenschaft, ohne die man heut zu Tage auch fast nicht einmal ein elender Scribent seyn kann".* (*Briefe der Frau Louise Adelgunde Victorie Gottsched, gebohrne Kulmus*, Erster Theil. Dresden 1771, 323f.).

Die orthographische Variantenfülle und -toleranz des Spätmittel- und Frühneuhochdeutschen sollte, nach den Untersuchungen und Erklärungen von Arend Mihm (Mihm 2005) nach Kölner Quellen, nicht nur als „Anarchie", „Verfall", „Unsicherheit", „Nachlässigkeit" oder „Willkür" eingeschätzt werden, wie dies nach der philologischen Tradition des 19. Jh.s teilweise üblich war. Seit dem 13. Jh. gingen vor allem an der Berücksichtigung der praktisch existierenden Variabilität interessierte städtische Kanzleien vom „strengen Orthographiestil", der mehr am begrenzten lateinischen Grapheminventar orientiert war, zum „reichen Orthographiestil" über (vgl. z.B. 4.4G über Köln). In diesem überwiegend phonetisch ausgerichteten Schreibstil legte man weniger Wert auf feste Wortschreibungen oder lautetymologische Zusammenhänge, vielmehr auf die im verstärkten überregionalen und intersozialen Schreibverkehr nebeneinander (z.T. mit Adressatenorientierung) gebräuchlichen alten und neuen Varianten (Mihm 2005: vgl. 5.6A). Seit dem 17. Jh. wurden durch gelehrte Grammatiker, Orthographiereformer und Literaten wieder neue strengere, aber sich vielfach überschneidende Prinzipien verbindlich. Zum phonemischen Orthographieprinzip geriet in vielen Fällen das morphematische in Widerspruch (s. Bergmann/Ewald 2004; Ewald 2004a; Moulin 2004; Ruge 2005).

Obwohl noch um 1800 manche Unsicherheit oder Eigenwilligkeit anzutreffen ist – nicht nur in Privattexten Nichtprofessioneller (vgl. 5.8E–G), auch in eigenhändigen Texten von Schriftstellern –, kann doch als Ergebnis der Graphemikentwicklung dieser Epoche zumindest in Drucktexten behauptet werden, dass „die unmittelbare Vorform unserer heutigen Orthographie, deren sich auch die Klassiker bedienen, spätestens Ende des 18. Jh. weitgehend festgestanden" hat (Veith, in: BRS 1485). Unter „Vorform" ist hier die Tatsache zu verstehen, dass in der Goethezeit noch einige Einzelwortschreibungen, die Ende des 19. Jh. durch Orthographiekonferenzen vereinheitlicht bzw. abgeschafft worden sind, noch durchaus üblich und unangefochten waren; z.B. *bey, seyn, frey, zwey, Sylbe, -ey, -ley; giebt, gieng; Hülfe; Maaß; dieß;* Wörter mit <*th*> statt <*t*>, <*c*> statt <*z*/*k*>, usw.

Was auf den ersten Blick als *schwülstige, barocke* Schreibart erscheint, ist nur die im 17. Jh. fortgeführte frühneuhochdt. experimentelle Freiheit der Buchstabenwahl (vgl. 4.4L), die besonders im Bereich der Konsonanten eine Lust an der *Letterhäufelung* (Harsdörffer) war. Beispielsweise *todt, vnndt, Cantzley, eintzig, Schertz, gantz, Gedancken, Volckes, Wercken, auß, alß, -loß, -niß, merckenn, Sprachenn, unvorgreifflich, Vernunfft,* usw. Allein für die Affrikata [*ts*] finden sich noch im frühen 17. Jh. ein gutes Dutzend Varianten: <*z/tz/tcz/tzc/czz/czc/zcz*> usw. Nicht rein graphemische Häufung, sondern lautgerechte Wiedergabe des Übergangs zwischen [*m*] und Dental sind die noch ‚barocken' Schreibungen *Ambt, Alterthumbs, frembde* usw.

Die allgemeine Entwicklungstendenz in unserer Epoche – von Spätrenaissance und Barock zur Volksaufklärung – ist der weitgehende Abbau dieser graphemischen Üppigkeit, die Variantenreduzierung. Nur in sehr beschränktem Maße konnten die Experten dabei bestimmten Regelmäßigkeiten zur Geltung verhelfen. So wurde die Längebezeichnung der Vokale vermehrt durch eine Zunahme des <*h*> als Dehnungszeichen (*sehr*) und des <*e*> nach <*i*> *(viel)*, nachdem die älteren Geltungen dieser Graphien endgültig überall verschwunden waren (vgl. 4.3C). Das Dehnungszeichen <*h*> war eine so starke Schreibtendenz, dass im 17. und frühen 18. Jh. vielfach stärker als heute davon Gebrauch gemacht wurde: *uhralt, gerahten, gebohren, einmahl,* usw. (vgl. die Fälle in Privatbriefen in 5.8E–G). Komplementär dazu kam der Abbau redundanter Mehrfachkonsonanten noch stärker als im Frühneuhochdt. der Kürzebezeichnung von Vokalen zugute *(Nase/nasse, wir/wirr)*, was konsequent erst seit Gottsched gelehrt wurde (Heinle 1982, 345).

Erfolgreich war im Laufe des 18. Jh.s auch die konsequente Umlautbezeichnung, mit übergeschriebenem *e* bis Mitte des 18. Jh.s, danach fast nur noch wie heute. Durchgesetzt hat sich auch die Beschränkung von <*j*> und <*v*> auf konsonantische Geltung (also nicht mehr *vns, jhr*). Zugenommen hat auch die Anwendung der schon frühneuhochdt. Prinzipien der Wortstammschreibung und der Homonymendifferenzierung (vgl. 4.4L), was sich im Falle von *sein* (Possessivpronomen) vs. *seyn* (Verb) noch in der Goethezeit wiederum mit dem ebenfalls wirksamen Prinzip des Abbaus von *y*-Schreibungen (außer bei Lehnwörtern aus dem Griechischen) widersprach. Während Bödiker die Homonymendifferenzierung stark förderte, rückten die Neubearbeiter seines Buches, Frisch und Wippel, wieder davon ab, gegen *„die Herren Unterschiedsmacher"*, da sie von der natürlichen Monosemierung der Homonyme durch den Kontext schon etwas wussten (Diedrichs 1983, 180).

Alle diese grundsätzlichen Tendenzen blieben aber Stückwerk, schon weil sich die verschiedenen Orthographieprinzipien oft nicht miteinander vertrugen. Eine Rückkehr zu einem einzigen Prinzip gegen die anderen war auch objektiv nicht möglich, da das linguistisch natürlichste Prinzip, das Schreiben nach der Aussprache, sich wegen der unterschiedlichen regionalen Lautungen immer wieder als Illusion herausstellte (s. 5.6T; 5.8B). So musste man sich in vielen Fällen der Variantenaussonderung resignierend mit Lösungen von Fall zu Fall begnügen, vor allem nach dem am meisten gewohnten, renommierten Gebrauch (Josten 1976, 201ff.). Dies hat die Tendenz zur Einzelwortnorm (Garbe, in: BRS 1475), also das Prinzip der zahlreichen Ausnahmen von allgemeinen Prinzipien bis heute gefestigt, so dass die moderne deutsche Orthographie typologisch keineswegs als eine prinzipielle Lautschreibung, sondern etwa in der Mitte zwischen Finnisch und Englisch oder gar Französisch einzustufen ist. Besonders seit der Breitenwirkung des Buchdrucks, also im Zusammenhang mit dem „Übergang von einer schreiborientierten zu einer mehr und mehr am (leisen) Lesen orientierten Literalität“ wurde das (bereits in karolingischer Zeit erreichte) alphabetische System der Orthographie nun für Leser auch zu Informationen über die „interne Struktur der Wortformen“ (silbische, morphemische, lexikalische) mitbenutzt (Eisenberg 2006, 136f.).

C. Für die tatsächliche Orthographieentwicklung nach einem Textkorpus bieten die am damaligen Zentralinstitut für Sprachwissenschaft an der Akademie der Wissenschaften der DDR erarbeiteten Quellenuntersuchungen eine erste empirische Grundlage (Schildt 1992a): Die Entwicklung von 1570 bis 1730 wurde in zwei exemplarischen Zeiträumen um 1600 (1570–1630) und um 1700 (1670–1730) untersucht nach Quellen aus allen deutschen Druckregionen nach 5 Großlandschaften mit verschiedenen Textsorten: religiöse, rechtliche, berichtende, fachliche, unterhaltende und private Texte. Im Bereich der Graphemik haben sich daraus nach Kettmann (1992) folgende allgemeine Entwicklungstendenzen ergeben:

– Die frühneuhochdt. Variantenfülle wird stark reduziert zu einer weitaus geringeren Variationsbreite, z.B. gab es für mhd. <*iu*>, <*öu*> von den Varianten <*ew/euw/äu/öe/eü/eüw/äw/öw/öuw*> um 1700 nur noch <*eu/äu*>, selten <*au*>. [*ä, ö, ü* sind im 17. Jh. meist als *a, o, u* mit übergeschriebenem *e* realisiert, teilweise noch ins 18. Jh. hinein].
– Ausgeschiedene Varianten halten sich am längsten mit Bindung an einzelne Lexeme, z.B. <*ew*> für <*eu*> in *Fewr, thewr,* <*ay*> in *Kayser, wayse,* <*t*> für <*d*> in *tunkel, tichten,* <*ß*> für <*s*> in *alß, auß, biß, -niß,* <*i*> ohne Längezeichen in *vil, wider, dis*, Längebezeichnungen mit <*h*> in *Nahme, Persohn, Raht, gebohren, uhralt, -bahr* usw.
– Der Süden (besonders Südwesten) und Westen sind um 1600 noch wesentlich konservativer in Bezug auf landschaftsspezifische Varianten und gleichen sich um 1700 stark, aber noch nicht völlig, den im Norden und im Ostmitteldt. seit der Wirkung von Luthers Schriften gefestigten überregionalen Varianten an (Beispiele s. unten!)

– Der allgemeine Aussonderungsprozess ist nicht textsortenspezifisch und wird im Wesentlichen von Druckern, Setzern und Korrektoren getragen, manchmal von Autoren, wobei Einheitlichkeit innerhalb einer Druckerei, eines Ortes oder einer Landschaft erst um 1700 weitgehend erreicht wird. Nachdrucke werden oft graphemisch modernisiert.
– Die Entwicklungstendenzen entsprechen im Allgemeinen den Beschreibungen und Bewertungen der Orthographielehren und Grammatiken, die aber meist nur dem bereits üblichen Gebrauch folgten und im eigenen Gebrauch oft widersprüchlich waren.

Diese Ergebnisse können ergänzt werden durch diejenigen aus Wiesingers kleinem österreichischem Textkorpus (geistlich-gelehrte Texte) von 1631 bis 1733, aus dem sich ergibt, dass auch im Südosten die Angleichung an ostmitteldt.–norddt. Normen vor allem in der 2. Hälfte des 17. Jh.s erfolgt ist, unabhängig von konfessionspolitischen Gegensätzen:

Nach Kettmann (1992, 46, 85) hatte für mhd. <*uo*> (z.B. *Bruder*) um 1600 das Mittelbairische noch <*ue*> bzw. <*ů*> etwa zur Hälfte, das Westoberdt. relativ häufig, das Hessische und Ostmitteldt. vereinzelt, um 1700 nur noch das Mittelbair. und Westoberdt. vereinzelt. Wiesinger (1987, 94f.) stellt fest, dass 1631 noch 13% <*ue*>, 1663 nur noch 2%, danach nur noch <*u*> geschrieben wurde. In Fällen des heutigen <*ie*> als Längebezeichnung von <*i*> kommt nach Kettmann (1992, 84) um 1600 einfaches <*i*> im Oberdt. vorherrschend vor, im Westmitteldt. etwa zur Hälfte, im Hessischen, Ostfränk. und Ostmitteldt. relativ häufig, um 1700 im Schwäb. und Nordbair. etwa zur Hälfte, sonst nur noch vereinzelt und lexemgebunden. Nach Wiesingers österreichischen Texten (1987, 94f.) wird noch bis zu dem Text von 1733 häufig an der Reservierung des <*ie*> für alten und mundartlichen Diphthong festgehalten, also für gedehntes *i* gegen die nördliche Norm <*i*> geschrieben. Das süddt. Merkmal <*ai*/*ay*> statt sonstigem <*ei*/*ey*> kommt nach Kettmann (1992, 48, 87) um 1600 im Mittelbair. und Schwäb. relativ häufig, im Westmitteldt., Ostmitteldt., Hessischen und im sonstigen Oberdt. vereinzelt vor, um 1700 in den gleichen Gebieten nur noch selten und an einzelne Lexeme gebunden (z.B. *Kaiser*). In Österreich wird nach Wiesinger (1987, 92f.) 1631 noch zu 89% <*ai*> geschrieben, 1663 nur noch zu 5%, danach fast nur noch <*ei*>, außer bei Einzellexemen und Eigennamen.

Das 17. Jh. als entscheidende Phase in der Entwicklung zur modernen Norm hin zeigt sich deutlich bei den vokalischen Längebezeichnungen nach einer unveröffentlichten Untersuchung von Ines Römelt (ausgewertet in Besch 1984, 116ff.): In ostmitteldt. Bibeldrucken erscheint das 16. Jh. als Phase des Rückgangs der Längebezeichnung, das 17. Jh. als Phase konsequenterer Vermehrung, vor allem mit <*h*> und <*e*> nach <*i*>; in Prozentsätzen:

Die Prozentsätze (ohne Kommastellen) der Längebezeichnung von Vokalen allgemein sinken zunächst von 78% (1522) auf 57% (1545, 1569) und steigen an auf 76% (1626), 92% (1694), 96% (1736, 1797). Längebezeichnung mit <*h*> sinkt von 36% (1522) auf

13% (1545, 1569) und steigt auf 32% (1626), 45–47% (1694–1797). Längebezeichnung mit <*ie*> bleibt im 16. Jh. bei 41–42% und steigt im 17. Jh. auf 43–45%, im 18. Jh. auf 47–48%. Längebezeichnung mit Doppelvokal bleibt im ganzen Zeitraum bei 1,30–1,57%.

Im 16. und 17. Jh wurde die Markierung der Vokaldehnung bevorzugt, nach Regeln der Silbenstruktur; im 17. Jh. greift die Kürzemarkierung auf Einsilbler über, seit dem 18. Jh. stärker generalisiert, während die Dehnungsmarkierung zurückgeht (Rieke 1998; Ewald 2004). Seit der Vermehrung von Entlehnungen aus dem Englischen im 20. Jh. scheint sich eine Rückkehr vom Quantitäts- zum Silbenprinzip anzubahnen (Augst 2005).

Ausnahmsweise umgekehrt ist der regionale Fortschrittsgrad zur modernen Norm bei <*ä*> für den Umlaut von *a* (z.B. *älter* vs. *Eltern*): Das sonst so moderne Ostmitteldt. und Ostfränk. und der Norden haben <*e*> um 1600 noch vorherrschend, während der Süden und Westen weitaus häufiger, z.T. vorherrschend, das schon von den Grammatikern und Orthographielehrern des 16. Jh. (vgl. 4.4L) der Wortstammidentität zuliebe geforderte <*ä*> schreiben, und noch um 1700 ist <*e*> im Norden relativ häufig, sonst nur noch vereinzelt (Kettmann 1992, 61, 96). Dies stimmt zur Feststellung von Besch (1984, 111ff., 124f.) bei ostmitteldt. Lutherbibeln, wo sich der Prozentsatz der <*ä*>-Schreibungen zwischen 1626 und 1665 ziemlich sprunghaft von 19% auf 87% (1694: 98%) erhöht hat, besonders früh und konsequent beim Pluralumlaut (*Gäste*). Bei dieser ausgesprochen gelehrten Graphietendenz zeigt sich, dass jenseits regionaler bzw. konfessioneller Vorbilder die Sprachkultivierungsentwicklung auch gemeinsame späthumanistische grammatiktheoretische Wurzeln hatte. Das gleiche gilt für die satzsemantische Differenzierung zwischen *das* und *daß*, die seit der Kanzlei Kaiser Maximilians belegt ist, Anfang des 17. Jh.s an Regelhaftigkeit gewann, aber in den ostmitteldt. Lutherbibeln um mehr als ein halbes Jahrhundert später als in Bibeldrucken aus anderen Regionen zur Norm wurde (Besch 1984, 117f.).

D. Die Einführung der Substantiv-Großschreibung war ein mehrstufiger Prozess: Nachdem schon im Mittelalter nach lat. Vorbild Text-, Kapitel- und Abschnittsanfänge gern mit Majuskeln hervorgehoben wurden, seit dem 13. Jh. auch sakrale Eigennamen, wurde in Orthographielehren und Grammatiken seit dem 16. Jh. zunehmend auch als Regel angegeben: Großschreibung der Satzanfänge, der Länder-, Städte- und Fürstennamen und wichtiger Personenbezeichnungen, dann auch wichtiger abstrakter Substantive, dann aller Substantive überhaupt und aus Eigennamen abgeleiteten Adjektive (ab 1596), weiterhin der Titel von Personen und der Adjektive in Titeln (ab 1641), der Anredepronomen, vor allem für Personen höherer Stände (ab 1657) und der substantivierten Adjektive und Verben (ab 1690). Für die Substantivgroßschreibung setzten sich besonders Bödiker (1690), Freyer (1722) und Adelung (1790) ein, gegen sie Gueintz (1645), Schottelius (1641), Stieler (1691) und Frisch (1723). Toleranz in Bezug auf Groß- oder Kleinschreibung empfahlen Harsdörffer (1657) und Freyer (1722). In dem bis ins 19. Jh. dauernden

Streit wurden ästhetische, zeremonielle, verständlichkeitsbezogene, kulturpatriotische und traditionsbezogene, aber nicht grammatikalische Argumente vorgebracht. Die Grammatiker haben diesen Prozess und seine Ausweitungsschritte nicht ausgelöst, sondern eher zögernd den meist bei Druckern schon konsequent üblichen Gebrauch in Regeln gefasst und zu seiner Verbreitung beigetragen, und sei es durch die Einführung des verdeutschenden Fachwortes *Hauptwort* (Gottsched).

Nur am Rande kann für die wachsende Beliebtheit der Substantiv-Großschreibung in der Barockzeit die damalige Lust an reich ornamentierten Großbuchstaben in Kalligraphie und Typographie als Motiv geltend gemacht werden. Dies führte in einer Kettenreaktion in religiösen Texten mitunter dazu, bei sakralen Namen auch den zweiten Buchstaben mit (oft bis zur Unkenntlichkeit verschnörkelten) Majuskeln zu drucken (*GOtt der HErr*) oder gar den ganzen Namen (*GOTT der HERR*). Jedenfalls hing die Expansion der Großschreibung auch mit der Beliebtheit der gotischen Schriftarten und ihrer nationalen Ideologisierung als *deutsche Schrift* zusammen. In diesen durch Ornamentierung im Gegensatz zur Antiqua schwerer lesbaren Schriftarten waren viele Kleinbuchstaben (*n/u, in/m* usw.) zum Verwechseln ähnlich, so dass auch aus diesem Grunde Anfangsbuchstaben von Substantiven gern großgeschrieben wurden.

Die Substantivgroßschreibung war keine nur deutsche Angelegenheit; sie war auch im Niederländischen und Dänischen üblich. Das besonders lange und ideologisierte, bis heute mehrheitlich gestützte Festhalten an der Substantivgroßschreibung im Deutschen hat mit dem besonders späten Rückgang der gotischen Schriftarten im Deutschen zu tun, seit dem 19. Jh. aber auch mit der zunehmenden Bedeutung von Substantivierungen und komplexen Nominalgruppen im modernen deutschen Satzbau (s. 6.9IJR). Die Entwicklung der Substantivgroßschreibung in der Praxis war – entsprechend ihrer Umstrittenheit – sehr uneinheitlich. Obwohl sie schon in Luthers letzten eigenen Bibelausgaben durch seinen Korrektor und wohl mit seinem Einverständnis zum Prinzip gemacht worden war, setzte sie sich erst im späten 17. Jh. breiter durch, wurde erst im 18. Jh. durch Bödiker und Gottsched zur Norm erhoben; und trotzdem konnten Andersdenkende, wie einige Germanisten nach dem Vorbild Jacob Grimms, noch Mitte des 19. Jh. mehrbändige Werke und Zeitschriften ostentativ in Kleinschreibung drucken lassen.

Eine ausführliche Untersuchung der Entwicklung der Großschreibung im Deutschen von 1500 bis 1700 liefern R.Bergmann und D.Nerius 1997 (vgl. Moulin 1990; Bergmann 1999, Wiesinger 1987).

E. In der Worttrennung am Zeilenende hat sich im gelehrten Streit das von Schottelius und Bödiker verfochtene phonemische Prinzip (Sprechsilbentrennung) gegen das morphemische (Stammwort-Prinzip) durchgesetzt, das von Stieler, Frisch, Freyer, dem Bödiker-Bearbeiter Wippel (Diedrichs 1983, 180), Gottsched und Aichinger bevorzugt wurde. Nach Kerstin Güthert (2005) ist die Worttrennung am Zeilenende in etwa der Hälfte der Fälle bis zur Mitte des 16. Jh.s weitgehend stabilisiert, vor allem bei *st, ng, ch, sch, sp,* seit 1530 durch publizierte Anweisungen von Grammatikern, seit Ende des 16. Jh. auch bei *ck,* seit Mitte des 17. Jh.s bei Diphthongen; Schwankungen weiterhin bei *pf,* Lehnwörtern usw.

Besch (1992) hat anhand eines kleinen Schulbuchs für die Silbentrennung am Zeilenende, Tobias Eislers *Die Sprüche Salomos* (Büdingen 1719, gedruckt 1730) gezeigt, dass dies um 1700 bereits so klar entschieden war, dass die in diesem Büchlein im Text durch Trennungsstriche bei allen Wörtern praktizierten Regeln fast völlig zur heutigen DUDEN-Regelung, ja sogar den Reformvorschlägen von 1989 stimmen: Grundsätzlich konsequente Sprechsilben-Trennung, außer bei erkennbaren Zusammensetzungen und Präfixwörtern, wo morphemische Trennung gilt, bei Zweifelsfällen nach dem traditionellen Usus bzw. Toleranz. – Zur Schreibung der Komposita vgl. 5.9W!

Die I n t e r p u n k t i o n hatte in dieser Epoche erst sehr spät und begrenzt etwas mit unserem modernen System der Satzzeichen zu tun, sie war – im Sinne von Sprechpausen- und Sinngewichtungszeichen – noch vorwiegend vom rhetorisch-stilistischen Verfahren des 16. Jh. geprägt, dessen Zusammenhang mit dem Stil kirchlicher Evangelien-Rezitation sich besonders gut bei dem musikalischen Luther erschließen lässt (Stolt 1990):

Versuche, die bei Luther aus rhetorischer Tradition üblichen Begriffe *periodus, colon, comma* mit modernen Begriffen wie Satz, Satzglied, Satzgrenze in Beziehung zu setzen, sind ebenso fragwürdig und irreführend wie die typographische Gewohnheit, in Neudrucken frühneuhochdt. und barocker Texte seit dem 18. Jh. das sehr flexibel gehandhabte Universalzeichen der *V i r g e l* (lat. *virgula*, Schrägstrich, vgl. z.B. die Textabbildungen in 5.11K, 5.12B) pauschal durch das moderne Komma zu ersetzen. Das frühneuhochdt. sprechrhythmische Interpunktionsprinzip ist in seiner offenen hörerbezogenen Vorlese-Orientierung sehr gut von Valentin Ickelsamer in seiner *Teutschen Grammatica* (vgl. 4.4L) erklärt (n. Stolt 1990, 350): *„es gibt gar ein grosse hilff die rede deste gewisser / verstentlicher und mechtiger zuo lesen und zuohören / und sain auch solche zaichen dem leser als ruostett / dabay er ainmal still stehn / geruowen und etwas bedencken mag".* Beim Gebrauch der Virgel ging es um die Markierung von Atempausen, Phrasierungs-, Tempo- und Intonationseinschnitten, um „Fokussierung" nach der kommunikativen Informationsstruktur, nicht um Einschnitte zwischen ‚Satzgliedern', sondern um „Bündelung" von „Redegliedern" (Stolt a.a.O.). Diese Vorlese- und Selbst-Lautlesehilfen sind vor allem von den Druckern gehandhabt worden.

Im Laufe des 18. Jh.s – mit Ansätzen seit dem 16. Jh., aber normativ gefestigt erst im 19. Jh. – hat sich ein grundsätzlich anderes Interpunktionsprinzip teilweise gegen das alte durchgesetzt (Besch 1981): Das grammatikalisch-syntaktische Prinzip, z.B. mit Komma vor Nebensätzen und satzwertigen Infinitivgruppen, zwischen attributiven Adjektiven, wenn *und* ergänzbar, Semikolon nur zwischen vollen Sätzen, usw. Es ist weitgehend mit gelehrten Absichten eingeführt und immer mehr verkompliziert worden, stellt einen „Rückschritt in der sinnvollen Gliederung des Textes“ dar und setzt so spezielle abstrakt-metasprachliche Kenntnisse voraus, dass seine Regelforderungen von „einem größeren Teil der Sprachgemeinschaft“ mangels grammatischer Schulung nicht beherrscht werden kann. Der Übergang von der sprechrhythmischen Interpunktion zur Satzbau-Interpunktion hängt mit dem Übergang „von einer Hörkultur zu einer Lesekultur, vom Vorlesen und Laut-Lesen zum stillen Lesen“, mit der „fortschreitenden Verschriftlichung des Lebens“ zusammen (Besch a.a.O., 198).

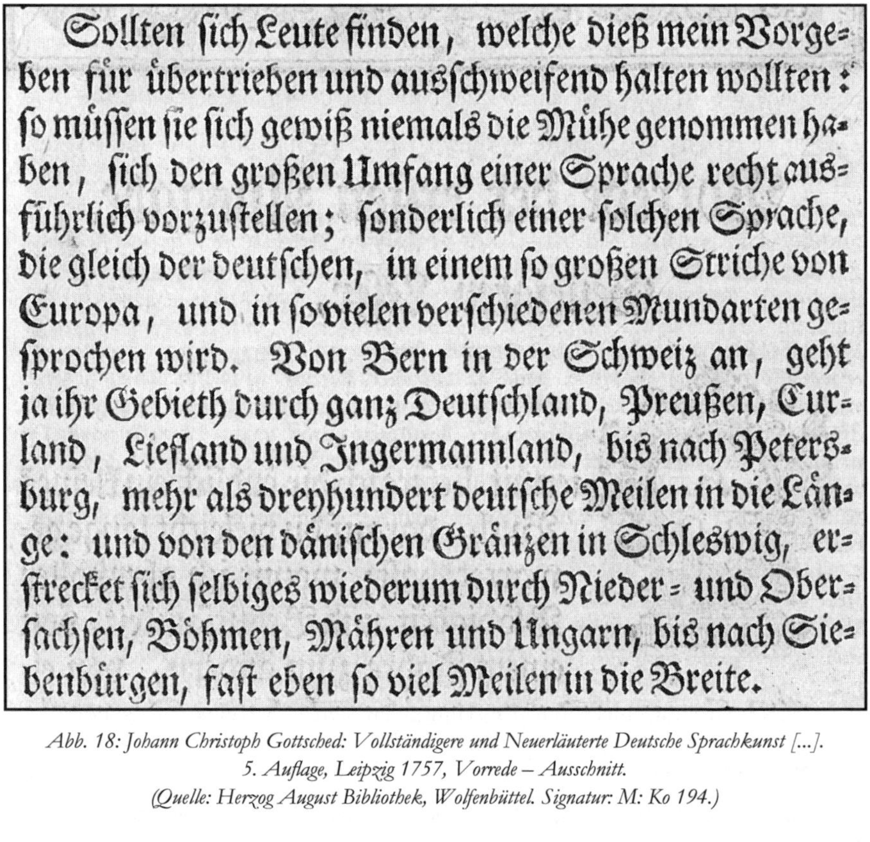

Sollten sich Leute finden, welche dieß mein Vorgeben für übertrieben und ausschweifend halten wollten: so müssen sie sich gewiß niemals die Mühe genommen haben, sich den großen Umfang einer Sprache recht ausführlich vorzustellen; sonderlich einer solchen Sprache, die gleich der deutschen, in einem so großen Striche von Europa, und in so vielen verschiedenen Mundarten gesprochen wird. Von Bern in der Schweiz an, geht ja ihr Gebieth durch ganz Deutschland, Preußen, Curland, Liefland und Ingermannland, bis nach Petersburg, mehr als dreyhundert deutsche Meilen in die Länge: und von den dänischen Gränzen in Schleswig, erstrecket sich selbiges wiederum durch Nieder- und Obersachsen, Böhmen, Mähren und Ungarn, bis nach Siebenbürgen, fast eben so viel Meilen in die Breite.

Abb. 18: Johann Christoph Gottsched: Vollständigere und Neuerläuterte Deutsche Sprachkunst [...]. 5. Auflage, Leipzig 1757, Vorrede – Ausschnitt. (Quelle: Herzog August Bibliothek, Wolfenbüttel. Signatur: M: Ko 194.)

Die im Laufe des 18. Jh.s allmählich üblich werdende Verkürzung der Virgel zum Komma (*Zwergstrichlein*) bedeutete noch keineswegs zugleich einen Übergang vom sprechrhythmischen zum syntaktischen Interpunktionsprinzip. Dies wird an einer Textprobe aus dem Vorwort von Gottscheds Vorrede zur ersten Ausgabe seiner *Deutschen Sprachkunst* (1748) deutlich. In diesen 15 Zeilen finden sich 9 Kommas, die nach unseren heutigen Regeln nicht aus syntaktischen Gründen stehen müssten, sondern allenfalls sprechrhythmisch hinzugesetzt werden könnten, also noch ganz virgelartige Kommas, außerdem ein Doppelpunkt und ein Semikolon, die ebenfalls nicht nach heutigen syntaktischen Regeln verwendet sind und heutigen Kommas entsprächen. Das alte ‚rhetorische' Prinzip wurde in der Lutherbibel – die in der Ausgabe von 1736 von der Virgel zum Komma überging – bis ins späte 19. Jh. weitergeführt (Besch 1981, 191ff.), beispielsweise in der Kommasetzung zwischen mit *und* verbundenen Sätzen mit Auslassung eines gemeinsamen Gliedes: *Herr, wann haben wir dich hungrig gesehen, und haben dich gespeiset* (1897). Unter den frühen Grammatikern (s. 5.6M) finden sich ausführliche Darstellungen der Interpunktion erst ab Freyer: noch stark sprechrhythmisch orientiert bei Freyer und Gottsched, nach mehr syntaktischen Prinzipien erst bei Bödiker, noch stärker und systematischer bei Adelung, der auch darin großes Vorbild für die Grammatiker des 19. Jh. wurde (Besch 1981, 199ff.).

Im interlingualen Vergleich steht das Gegenwartsdeutsch in Bezug auf Kompliziertheit der Regeln an der Spitze der Sprachen mit überwiegend grammatischer Interpunktion (dazu Finnisch, Lettisch, Polnisch) gegenüber Sprachen mit mehr Pausen-Interpunktion (romanische Sprachen, Englisch, Norwegisch) (Besch 1981, 204). Die Frage, ob dies in der deutschen Sprachstruktur begründet sei, möchte Besch noch offen lassen, vermutet aber, „daß etwa die Entwicklung des Satzrahmens in frühneuhochdeutscher Zeit nicht zwanghaft zur heutigen Form der Interpunktionsregelung führen mußte". Das eigentliche Durchdringen des syntaktischen Prinzips gegen das sprechrhythmische erst im 19./20. Jh. – lange nach der Konsolidierung des typisch deutschen Schachtelsatzstils – lässt es naheliegend erscheinen, hier mit der nachträglichen komplizierenden Einwirkung von Grammatikern und gelehrt denkenden sonstigen Sprachprofessionellen zu rechnen. Dies wäre bei der Reformierung schwieriger Kommaregeln künftig zu berücksichtigen, denn das vom rein syntaktischen Interpunktionsprinzip geforderte Fehlen von Textgliederungszeichen über viele Zeilen hinweg, mit nur koordinierten oder mit Nominalgruppen angereicherten Sätzen, ist fürs Vorlesen oder schriftlich vorbereitete Vortragen keine Hilfe.

Die Entwicklung der Interpunktionslehre und -normung von der „online-Perspektive" des Vorlesers (15. bis 17. Jh.) zur „offline-Perspektive" einer Pädagogik der syntaktischen Analyse (18. bis 20. Jh.) erörtert Ursula Bredel (ZGL 2005) von der verkomplizierenden Auffassung des Punktes her. Von Niclas v.Wyle über Ickelsamer bis Schottelius war das primäre Ziel ein rhetorisches Realisieren bzw. Erkennen von Informationseinheiten im Verstehensprozess. Durch den Entwicklungsschub der Schriftsprachkultur, der pränationalen Standardisierungsneigung in der Emanzipation von der Vorbildlichkeit von Latein und Französisch und der weiteren Popularisierung der Orthographiereflexion ging man von Freyer und Heynatz bis Adelung (erst recht im 19./20. Jh.) zu einer „multiplen Begründungspraxis" über, „in der der ‚ganze Verstand' [Informationseinheit] wechselweise an intonatorische, semantische oder syntaktische Konstruktionseigenschaften gebunden wird" (Bredel 2005, 188ff.): So entstand eine „von der Sprachtätigkeit, vom Lesen und Schreiben abgespaltene Interpunktionstheorie zugunsten konstruktionsbezogener, zweckfreier Einzelbeschreibungen" nach „operationalisierungsfähigen sprachlichen Merkmalen", die seit dem 19. Jh. zunehmend zu „Komplikation" und „dramatischer Zersplitterung des Systems" führte, mit immer mehr Regeln, Ausnahmen und Beispiellisten.

Eine zweite Entwicklungslinie der Interpunktion ist im belletristischen Bereich zu beobachten. Das sprechrhythmische Prinzip, mit relativ gleichmäßiger, kurzatmiger Abfolge von Virgeln (oft 1–2 pro Zeile) wurde allmählich satzsemantisch und textpragmatisch modifiziert und verfeinert in der Verwendung von Semikolon, Doppelpunkt, Ausrufungszeichen, Fragezeichen und Gedankenstrich (Stenzel 1970):

Mit Semikolon signalisierte man nach Schottelius (*Ausf. Arbeit*, 1663, 670) *„mehrere Ruh / als durch den Beystrich geschehen mag"*. Semikolon oder (noch nachdrücklicher) Doppelpunkt verwendete man im 17./18. Jh. gern an „Umschlagstellen der Hypotaxe" (Stenzel a.a.O., 24f.): beispielsweise am Beginn eines Vergleichs, Zitats, einer Lehre, einer Begründung oder Folgerung oder vor Inhaltssätzen mit *daß*. In barocker Belletristik entsprach diesen gewichtigeren Zeichen beim Vortrag eine zeremonielle Geste, aus der in der aufklärerischen und klassizistischen Literatur (beispielsweise bei Wieland) die musikalische Zäsur in langatmigen Satzgefügen und die vielsagende Geste wurde. ‚Vielsagend' waren vor allem die Gedankenstriche, zuerst bei Gryphius (1660) belegt, bei Wieland als Mittel gebildeter Konversation virtuos Lautleser-orientiert und reichlich verwendet, vor allem zur Einführung von Pointen, zur Erzeugung von Spannung oder Zögern, als Hinweis auf Doppeldeutigkeit (Stenzel 35ff.). Eine Orgie in vielsagenden, Nichtsprachliches implizierenden Gedankenstrichen, Ausrufungs- und Fragezeichen war nach Stenzel (40ff.) Goethes *Werther*.

Ausrufungs- und Fragezeichen gab es bereits im 15./16. Jh., nicht nur für Frage- und Aufforderungshandlungen. Die Verwendung von Anführungszeichen (in der Druckersprache *Gänsefüßchen, Hasenöhrchen*, zunächst als Doppelkomma), als Kennzeichnung direkter Rede seit dem 16. Jh. gelegentlich verwendet, wurde erst im Laufe des 18. Jh.s regelhaft üblich (Weyers 1992): Bis noch weit ins 18. Jh. hinein wurde zitierte Rede im fortlaufenden Text entweder gar nicht oder durch Wechsel der Typographie (Antiqua, Fraktur, Kursive) gekennzeichnet, oft nur mit vorangestelltem Komma, Punkt oder Doppelpunkt (Gottsched). Im 18. Jh. wurden die Anführungszeichen zusätzlich am linken Satzspiegelrand fortlaufend wiederholt. Normativ ausschließlich wurde der heutige Gebrauch erst im 19. Jh., zuerst in literaturwissenschaftlichen Abhandlungen, vor allem im Anmerkungsteil. Distanzierende bzw. ironisierende Bedeutung (bes. mit einfachen Anführungsstrichen) ist noch jünger.

F. In der Flexion, dem sprachtypologisch älteren Teil der Morphemik, wirken seit dem Frühneuhochdeutschen (vgl. 4.3H–K) weiterhin Entwicklungstendenzen, die mehr oder weniger als langfristige Folgen des Endungsverfalls und teilweiser Übergang vom Flexionsprinzip zum morphosyntaktischen Prinzip der Wortfügungen zu erklären sind (Wegera, in: BRS 1314ff., 1502ff.; Wegera 1987; Solms/Wegera 1991, 317ff.):

- Funktionsverschiebung bei der Substantivflexion von der Kasuskennzeichnung zur Pluralkennzeichnung (Numerusprofilierung)
- Funktionsverschiebung bei der Verbflexion von der Kennzeichnung von Person, Numerus und Modus zur Kennzeichnung der Tempora
- Funktionsverschiebung bei der Adjektivflexion von der Kasuskennzeichnung zur Genuskennzeichnung
- Funktionsverschiebung des Genitivs bei den Substantiven vom Valenz- und Adverbialkasus zum Attributkasus im Zusammenhang mit der wachsenden Komplexität der Substantivgruppe
- weiter fortschreitender Ersatz von Flexionsformen des Substantivs durch präpositionale Fügungen
- weiter fortschreitender Ersatz von Flexionsformen des Verbs durch Hilfs- und Modalverbfügungen

Im Süden war diese Entwicklung bis in die Schriftsprache hinein relativ weit fortgeschritten, z.B. mit der Apokope und Synkope des *e* in Flexionsendungen und mit dem Präteritumschwund, auch mit Einwirkungen aufs Ostmitteldeutsche um 1500 (apokopiertes *-e*). Nach der Reformationszeit, im Zusammenhang mit der stärkeren überregionalen Sprachvereinheitlichung, ist eine deutliche Tendenzwende zu beobachten: Schriftsteller, Korrektoren, Drucker und Sprachgelehrte bemühen sich um schreib- und drucksprachliche Restitutionen von sprechsprachlich längst geschwundenen Flexionsendungen. Grammatiker forderten, z.T. unabhängig von ihrer regionalen Herkunft, die Beibehaltung des *-e* zur Numerusunterscheidung bei Substantiven (Wegera, in: BRS 1504; Wegera 1987; Habermann 1997). Die Bezeichnung „lutherisches -e" war eine polemische Übertreibung. Weniger die Beibehaltung des *-e* in ostmitteldeutschen Dialekten war das Motiv für diese konservative Flexionstendenz als vielmehr sein sprachstruktureller Mehrwert im Rahmen der Numerusprofilierung, der auch von Gottsched und Aichinger erkannt wurde (Schmidt-Wilpert 1980, 423; Wegera 1987). So sind im Laufe des 17. und 18. Jh.s manche progressiven oberdeutschen Entwicklungen in der Schriftsprachnorm rückgängig gemacht worden.

Bei dieser nicht kontinuierlichen, also nicht natürlichen Entwicklung, die die deutsche Standardsprache bis heute als noch relativ stark flektierenden Sprachtyp erscheinen lässt, hat nicht nur regionales ostmitteldeutsches oder lutherisches Vorbild gewirkt, sondern auch der späthumanistisch bewusste Prestigewert des vom Latein her gewohnten Flexionsprinzips, also der nicht reduzierten Flexionsvarianten im Sinne dessen, was Schottelius *Grundrichtigkeit* und *Kunstrichtigkeit* nannte. Das *-e* in der Flexion attributiver Adjektive ist z.T. als eine morphologische Markierung des syntaktischen Status des Adjektivs aufgefasst worden: „In dieser Funktionalisierung als Flektiertheitsmarkierung sehen die oberdeutschen Theoretiker des 18. Jh.s einen explizierten Grund dafür, das paradigmatisch nicht funktionale *-e* zu akzeptieren" (Solms/Wegera 1991, 321).

Die meisten der frühen deutschen Grammatiker setzten sich vom Latein und Griechischen her mit dem Verhältnis zwischen Kasus und Flexionsendungen auseinander, forderten oft sogar die Beibehaltung von Vokativ und Ablativ im Deutschen; fast alle beschäftigen sich mit den komplizierten deutschen Regeln der Pluralkennzeichnung, mit deren zahlreichen Varianten mit Endungen oder Umlaut und mit dem Problem der Deklinationen und übten sich im Aufstellen von immer mehr Deklinationsklassen (Jellinek 1914, Bd.II, 190ff., 210ff., 222ff.; Schmidt-Wilpert 1980). Dem entspricht die allgemeine philologische Flexionslust deutscher Gebildeter seit der Humanistenzeit, die sich in der oberflächlichen Latinisierung deutscher Personen- und Ortsnamen mit Hilfe lateinischer Endungen äußerte *(Wilhelmi, Wittenbergae)* oder in der Übernahme lateinischer und griechischer Pluralendungen von Lehnwörtern, die auf evolutionäre Weise zur Vermehrung der ohnehin zahlreichen Pluralendungen deutscher Substantive beitrugen (*Verba, Tempora, Topoi, Doctores, Indices, Themata,* vgl. 4.7E), oder in der barocken Mode der angehängten Endung *-o* bei Pronomina, Partikeln und Adverbien: *dero, Ihro, anhero, nunmehro, itzo, ...* (vgl. 5.8G, 5.9H).

Die späthumanistisch-barocke Sprachkultivierung erforderte, ganz unabhängig von regionalen oder konfessionellen Präferenzen, ein flexibles Arsenal deutscher Flexionsendungen auch aus versrhythmischen Gründen. Der Jesuit Friedrich Spee, ganz unverdächtig in Bezug auf Lutherische Sprachgesinnung, legte 1634 in der Einleitung zu seiner Gedichtsammlung *Trutz-Nachtigal* großen Wert auf genaue Aussprache von Tieftonsilben zugunsten des (unabhängig von Martin Opitz entdeckten) Prinzips des gleichmäßig alternierenden Versrhythmus (*Lieb* oder *Liebe, Grab* oder *Grabe, stehn* oder *stehen*). Also auch Poesie als Sprachprestigeübung hat zur relativ starken Erhaltung des Flexionsprinzips im Deutschen beigetragen. In archaisierender, poetisierender oder rhythmisierender Stilisierung, in der Dichtung ebenso wie in Kirche und Festrede, ist bis ins späte 19. Jh. ein bildungssprachlicher Kult mit vollen vokalischen Flexionssilben getrieben worden: *gehet, nehmet, bauet, geführet, beim Könige, im Thale, im Kampfe, zum Wohle, im ganzen Lande, in vollem Maße, ...*; Dativ-*e* teilweise noch heute.

Die weitgehende Konservierung von Flexionsendungen ist relevant für die Beantwortung der sprachnormenkritischen Frage, warum die deutsche Sprache spätestens seit Jacob Grimms Akademieschrift (1847) als ‚schwierig', ‚pedantisch', ‚papieren', ‚schwer erlernbar' gilt. Wie man aus der Didaktik von Deutsch als Fremdsprache weiß, liegt dies zum großen Teil an der Fülle, teilweisen Inkonsequenz und Unübersichtlichkeit der Flexionsmittel. Wenn man das Neuhochdeutsche mit der Entwicklung benachbarter germanischer Sprachen vergleicht, z.B. Englisch, Niederländisch, Afrikaans, fällt die starke schreibsprachliche Bewahrung, Differenzierung und Komplizierung der deutschen Flexionsmittel auf.

Dies wird auch am Jiddischen als „Kontrastsprache" des Neuhochdeutschen (Erika Timm 1986) deutlich, das – ähnlich wie und noch stärker als die deutschen Mundarten – an der bildungssprachlichen Schriftsprachentwicklung des 17.–19. Jh.s nicht teilgenommen hat und deshalb im Bereich der Flexion Vereinfachungen weiterführte, die im Deutschen seit der Sprachkultivierungsepoche zurückgedrängt worden sind: Vereinfachung bzw. Wegfall des Unterschieds zwischen starker und schwacher Substantiv- und Adjektivflexion, präpositionaler Genitiv-Ersatz, Zusammenfall der obliquen Kasus, Flexionslosigkeit beim unbestimmten Artikel, Einebnung des Vokalwechsels bei Verben, Schwund des Präteritums, Ersatz des Konjunktivs durch Modalverbfügungen, weitgehender Schwund des auslautenden *-e* (vgl. 4.9M).

So liegt es nahe anzunehmen, dass die deutsche Sprache als Standardsprache heute sicher ähnlich flexionsarm, also mehr nach dem analytischen Sprachbau strukturiert wäre wie etwa das Niederländische oder Englische, wenn die deutsche Sprachentwicklung in der Zeit des bildungsbürgerlich kultivierten deutschen Absolutismus nicht so stark schreibsprachlich, akademisch, lateinorientiert, flexionsfreundlich und sprachideologisch gesteuert verlaufen wäre. In die sprachtypologische Entwicklung ist retardierend eingegriffen worden, aber nicht nur von gelehrten Grammatikern; es ist vielmehr mit dem kollektiven evolutionären Verhalten der vielen unreflektiert praktizierenden Professionellen in der Spracharbeit zu rechnen, von den Kanzleischreibern und Verlagskorrektoren über die Schreib- und Lesemeister bis zu den Geistlichen, Schulmeistern, Poeten, Schriftstellern, Übersetzern und in Sozietäten tätigen ‚Sprachfreunden'.

G. Als systematische, teilweise hyperkorrekte Stärkung des Flexionsprinzips wirkte sich die Erhaltung der Flexionsendung *-e* bei S u b s t a n t i v e n aus, die sich als schreibsprachliche Zurückdrängung der in den meisten Mundarten (nicht im Ostmitteldeutschen) eingetretenen Apokope des *-e* abspielte. Da das Flexiv *-e* nur in den umlautlosen Pluralen eine nichtredundante Funktion hat und Kasus und Numerus ohnehin meist durch die Artikelformen angezeigt werden, bedeutete diese *-e*-Restitution in den meisten Fällen nicht eine strukturelle Notwendigkeit, sondern eine systemlinguistische Festigung der Flexion auch in redundanten Fällen. Diese Wiedereinsetzung sprechsprachlich längst geschwundener Flexive ging nicht nur vom Ostmitteldt. aus.

Auch in obersächsischen Drucken fehlte das *-e* nach dem Material des Bonner Frühneuhochdeutsch-Projekts (Wegera 1987, 117) beim D a t i v S i n g u l a r M.N. (*am Tage*) von ca. 1450 bis ca. 1600 in fast der Hälfte der Fälle, im Thüringischen im Zeitraum von 1550 bis 1600 zu über 50%, von 1650 bis 1700 noch zu fast 40%. Auch hatte Luther in den früheren Bibeldrucken viel Apokope des *-e* und setzte mit seinem Korrektor ab 1528 in späteren Bibeldrucken das *-e* weitgehend wieder ein. Als Dativendung ist es nach dem Bonner Material in obersächs. Texten im Zeitraum 1650–1700 schon zu weit über 90% vorhanden.

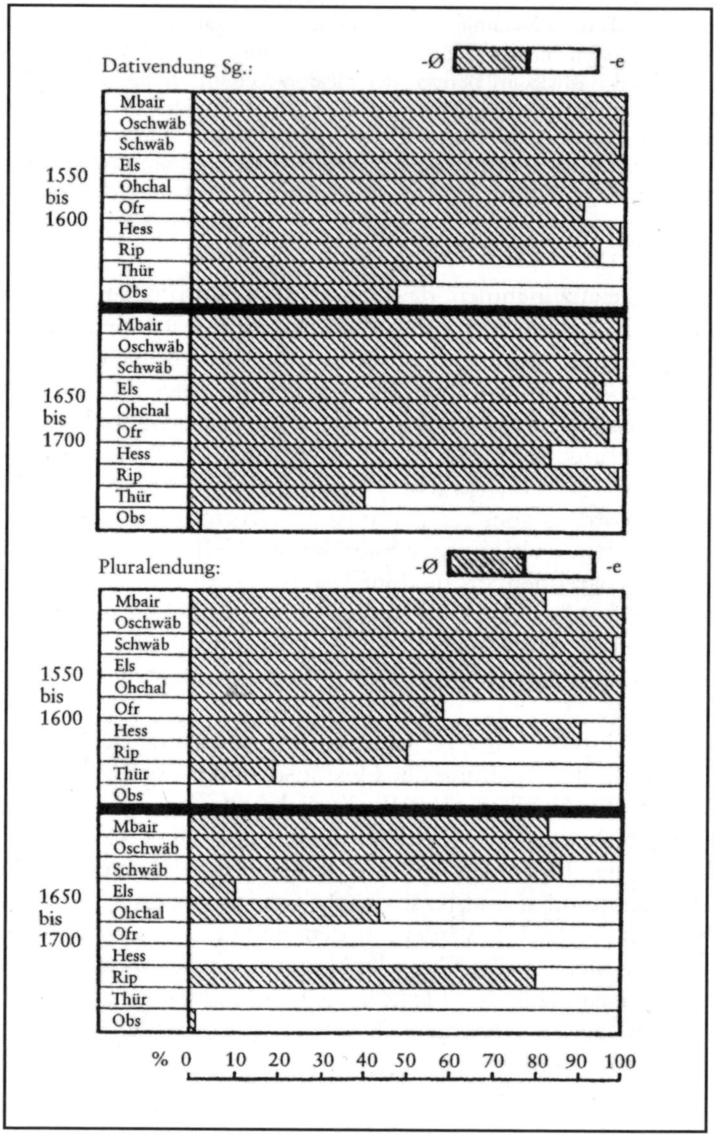

Abb. 19: -e-/-ø-Verteilung.
(Quelle: Wegera 1987, 117, 184.)

Die vorübergehende Ausbreitung der Apokope des *-e* vom Ostoberdt. her seit dem 14. Jh., im 16. Jh. auch im Ostmitteldt., war noch ein rein lautlicher Vorgang. Die schreibsprachliche Restitutionsbewegung dagegen war stärker auf die Erhaltung des Flexionssystems gerichtet (Wegera 1987, 281ff.): Durch den Wegfall des *-e* als Pluralzeichen wurde im Oberdt. die Entwicklung und Flexionsklassenübertragung neuer Pluralflexive gefördert: *-er, -en,* Umlaut. Die schreibsprachliche Tendenzwende kam dann vom Ostmitteldeutschen her, da hier von vornherein *-e* als Pluralendung (*die Tage*) anders behandelt wurde als das Dativ-*e* im Singular:

Die vom Oberdt. her beeinflusste Apokope in obersächs. Texten war auch im Zeitraum 1450–1500 beim Plural wesentlich schwächer als beim Dativ Sg. (etwa ein Viertel) und ging von 1550 bis 1700 fast ganz zurück; und im Thüringischen gab es sie vor 1500 nur ganz vereinzelt, zwischen 1550 und 1600 nur zu weniger als 20% (Wegera 1987, 184).

So „entsprach das ostmitteldt. System aufgrund der konsequenteren Numerusmarkierung durch das Plural-*e* der Tendenz zur Numerusprofilierung besser als die nur ansatzweise durchgeführte Numerusunterscheidung mit Hilfe anderer Flexive" (Wegera 1987, 284). Dieses strukturelle Plural-*e* hat dann bis zum 18. Jh. manche der oberdt. und westmitteldt. anderen Plural-Flexive teils hyperkorrekt beeinflusst (z.B. *Vormündere*), teils verdrängt. – In ostmitteldt. Bibeldrucken vollzog sich die Erhaltung bzw. Wiedereinsetzung des Flexivs *-e* beim Substantiv in zwei Schüben Mitte des 16. und Mitte des 18. Jh.s (Besch 1984, 113ff.), in Prozentsätzen:

Der heutigen Norm entsprechend stieg die Verwendung des Flexivs *-e* von 65% (1522) auf 81–84% (1545–1626) und weiter auf 96–99,7% (1694–1797). Die Apokope des *-e* verringerte sich von 35% (1522) auf 16–19% (1545–1626), dann noch stärker auf nur 3,6 bis 0,3% (1694–1797). Hyperkorrektes *-e* verringerte sich allmählich von 6 (1522) auf 3 Prozent (1797).

Den Bonner Ergebnissen entsprechen in Grundzügen die Ost-Berliner für 1570–1630 und 1670–1730 (Kettmann 1992, 60, 95). Nach den österreichischen Texten Wiesingers (1987, 98) wird bei mask. und neutr. Substantiven in einem Text von 1733 der ostmitteldt. Einfluss im Plural (mit 60% *-e*) deutlich, nicht dagegen im Dativ Sg.; bei den femin. Substantiven (*Liebe*) ist *-e* 1631 mit nur 9%, 1663 mit 38%, 1733 mit 44% vertreten. Eine vermittelnde Stellung hatten bei diesem Restitutionsprozess Nürnberg und das Ostfränkische, wo die oberdt. Apokope mit Plural nie so stark war und die Restitution des *-e* bereits in der 2. Hälfte des 16. Jh. deutlich, im 17. Jh. ebenso total war wie im Obersächs., während das Ripuarische um Köln nicht nur auffällig stark und lange an den oberdt. endungslosen Formen festhielt, sondern sie in der 2. Hälfte des 17. Jh.s wesentlich häufiger aufwies als in der 2. Hälfte des 16. Jh. (Wegera 1987, 184).

Die Restituierung des Plural-*e* hatte nicht nur den weitgehenden Abschluss der im Frühneuhochdt. eingeleiteten „Numerusprofilierung" um 1700 zur

Folge (Wegera, in: BRS 1502): Sie hat sich auch als das stärkste Mittel zur Reduzierung der allzuvielen Möglichkeiten der Pluralkennzeichnung erwiesen. Heute ist *-e* zu 89% das weitaus häufigste Pluralflexiv von Substantiven, vorherrschend auch bei Lehnwörtern und Lehnsuffixen, so dass die anderen Möglichkeiten sprachdidaktisch fast in den Bereich der ‚Ausnahmen' verwiesen werden können (Augst 1975, 39, 59).

Die *er*-Plurale waren im 18. Jh., besonders im Oberdt. noch häufiger als heute: *Beiner, Gebeter, Stücker, Hemder, Kabinetter,* usw. In vielen Fällen ist die in der 1. Hälfte des 18. Jh.s auch in ostmitteldt. Periodica häufige Variation *-e/-er* (Semenjuk 1972) im modernen Deutsch semantisch modifiziert beibehalten worden: *Worte/Wörter, Lande/Länder, Tuche/Tücher, Gesichte/Gesichter, Lichte/Lichter, Schilde/Schilder* usw. Der Umlaut-Plural war im Oberdt. im 17./18. Jh. auch in der Schriftsprache noch weiter verbreitet: *Ärme, Wägen, Täge, Nämen, Brünnen, Drücke, Journäle, Romäne*, usw. (Wegera, in: BRS 1505).

Eine ähnliche, wenn auch prozentual schwächere Konsolidierung der Pluralflexion bedeutete die Stärkung der Endung *-en* als Pluralzeichen femininer Substantive, heute zu etwa 73%, auch bei Lehnwörtern vorherrschend (Augst 1975, 46, 59). Die dazu erforderliche Tilgung des *-en* im Singular (dafür *-e*) vollzog sich im Wesentlichen bis um 1800, aber mit zahlreichen Restfällen von *-(e)n* im Gen./Dat.Sg. im gesamten Sprachgebiet: *Erden, Frauen, Kirchen, Mitten, Seiten,* usw., vor allem, z.T. bis heute, im poetischen oder archaisierenden Sprachgebrauch (Wegera, in: BRS 1502; Semenjuk 1972, 92).

Auf halbem Wege stehengeblieben ist die Tendenz, ehemals schwach flektierte Maskulina in die starke Deklination überzuführen durch Übertragung des *-en* der obliquen Kasus in den Nominativ Sg. und Anfügung eines Genitiv-*s*, aber mit vielen Schwankungen bis heute: *Friede(n), Friedens; Glaube(n), Glaubens; Name(n), Namens*, in der 1. Hälfte des 18. Jh.s noch weiter verbreitet: *Grafens, Fürstens, Printzens, Monarchens, Heldens, Soldatens, Patriotens* usw., oft mit *-e* im Nom. Sg. (Wegera, in: BRS 1503; Semenjuk 1972, 90), wie überhaupt eine Vorliebe für schwache Flexion von Personenbezeichnungen (auch entlehnten) im 18. Jh. vorübergehend dem Abbau der schwachen Flexion zuwiderlief: *Goethe, Goethens, Goethen, Goethen; Präsidente, Präsidenten(s), Präsidenten, Präsidenten;* ebenso *Prophet, Lakai, Kosak,* usw. (Besch/Wegera 1987, 20).

Der *-s*-Plural hat im 17./18. Jh. fast nur bei franz. Lehnwörtern eine Rolle gespielt: *Officiers, Deserteurs, Battallions, Garnisons,* usw., zunächst durch alemannische Vermittlung, aber auch allgemein durch oberschichtlichen Fremdwortgebrauch; der im Mitteldt. übernommene niederdt. *s*-Plural in *Kerls, Jungens, Fräuleins, Mädchens, Mädels* kommt zwar schon im späten 18. Jh. literarisch vor, wurde aber eigentlich erst im 19. Jh. durch preuß. und engl. Einfluss im Dt. produktiv (Öhmann 1924; Wegera 1987, 284, und in: BRS 1505).

Die Verwendung von Apostrophen hat man sich, noch ohne jede Normsetzung, bereits seit dem 18. Jh. für die Kennzeichnung von Vokalauslassungen oder Morphemgrenzen angewöhnt (Ewald 2006): Besonders der Grenzapostroph vor Genitivendungen und vor *-isch* (*Adam Riese'ns*

Rechenbuch, Amerika's Küste, Bach'sche Kantate) wurde Ende des 18. Jh.s üblich, schon von Johann L. Frisch 1723 getadelt, von Adelung 1788 gefordert.

H. In der Pronominalflexion ist diese Epoche von großer Variationsbreite, Experimentierfreude und Irrwegen gekennzeichnet (Walch, in: Besch/Wegera 1987, 80ff.; Häckel/Walch 1988): Die große Formenvielfalt des Frühneuhochdt. ist im 17. und noch im 18. Jh. verstärkt und kompliziert worden durch die Erweiterung vieler Pronomina, auch in Artikelfunktion, mit zusätzlichen Flexiven *-en, -er, -es, -e, -o,* und zwar über die im heutigen Deutsch gebliebenen Fälle (*ihnen, deren, dessen, derer, wessen* usw.) weit hinausgehend: *derer Gelehrten, denen Leuten, dero Ankunft, ihro Erlaubniß,* usw., vielfach gern in anaphorischer *(bey denen Reformirten)* oder adjektivisch-restriktiver Funktion (*derer Bücher, welche ..., derjenigen ...,*) oder bei erweiterten Attributgruppen (*von denen in Europa vorfallenden Begebenheiten*) (Semenjuk 1972, 99).

Die regionale Herkunft der Erweiterungen ist verschieden. Das auffällig vollvokalische *-o* kann kaum aus alemannischen Formen erklärt werden, die auf den althochdt. Gen.Pl. *derô* zurückreichen können (Walch, in: Besch/Wegera 1987, 84), da althochdt. *derô* schon im Mittelhochdt. zu *der* abgeschwächt und Einfluss aus dem Hochalem. aufs Gemeindt. äußerst unwahrscheinlich ist. Paul (1959, Bd.II, 180) hält die Ähnlichkeit mit dem Ahd. für zufällig und verweist auf die Endung *-o* bei kanzleisprachlichen Adverbien und Partikeln wie *desto, dahero, bishero, seithero, anhero, hinfüro, daferno, nunmehro, itzo,* usw. Da sich *dero* und *ihro* am längsten in Respektsformeln wie *Ihro Gnaden, dero ergebenster Diener* gehalten haben und diese beiden Formen Ende des 18. Jh.s auch zur Charakterisierung des alten *Alamode*-Stils ironisch verwendet wurden, wäre auch an ein modisches Sprachmischungs-Suffix zu denken, analog den zahlreichen auch in deutschen Texten vorkommenden lat. und ital. Adverbien auf *-o*: *vero, vulgo, loco, ergo, anno, dato, usw.* und zahlreichen *-o*-Adverbien aus dem Italienischen im Bank-, Geschäfts- und Musikwortschatz.

Im Fall des Personalpronomens *ihm* ist in den österreichischen Texten Wiesingers (1987, 99f.) ein älterer von einem jüngeren ostmitteldt. Einfluss zu unterscheiden: die zweisilbige Form *ihme* tritt als ostmitteldt. Einfluss im 17. Jh. vorwiegend auf (88–90%), geht aber im Text von 1733 auf 13% zurück, zumal sie auch im Ostmitteldt. in der gleichen Zeit stark abnahm. Die Flexionsfreudigkeit führte gelegentlich sogar zur hyperkorrekten Form *ihne* für den Akkusativ.

Für die Entwicklung der schwer durchschaubaren Adjektivflexion vom Frühneuhochdeutschen zum Neuhochdeutschen geben Solms/Wegera (1991, 314ff.) einen ihre Bonner Quellenuntersuchung zusammenfassenden Überblick über die strukturellen Entwicklungsprinzipien in Bezug auf die flexionsmarkierende Funktion des Adjektivs innerhalb der Substantivgruppe: Aus der grundsätzlichen morphosyntaktischen Differenzierung zwischen Verb- und Substantivgruppe im 14. bis 16. Jh. nach Admoni (vgl. 4.3HJ; 5.9A) folgte im 17. und 18. Jh. eine „klarere Konstruktion der Gruppe des Substantivs, Zunahme ihres Umfangs und ihres Gebrauchs", d.h. eine „Profilierung" der Wortart Adjektiv vor allem in seinem attributiven Gebrauch (vgl. 5.9Q). Dabei haben u.a. folgende Teilprinzipien gewirkt (Solms/Wegera a.a.O.):

- Flexivische Eindeutigkeit: Reduzierung der Variationsbreite auf nur noch zwei Flexive je nach morphosyntaktischer Position: z.B. im Nom.Sg.Neutr. nach dem bestimmten Artikel *-e (das neue Buch)*, nach dem unbestimmten und Null-Artikel *-es ([ein] neues Buch).*
- Genus- und Kasusmarkierung: Wegen der am Substantiv vielfach unzureichenden Genus- und Kasuskennzeichnung setzt sich beim Adjektiv eine Genusmarkierung durch und eine Kasusgruppenmarkierung, bei der numerusübergreifend Nominativ und Akkusativ gegenüber Genitiv und Dativ flexivisch unterschieden werden.
- Attributivprofilierung: Durch den Untergang der Flexion von Adverbien und prädikativen Adjektiven wird flexivische Markiertheit für die attributiven und die substantivierten Adjektive, also für morphosyntaktische Funktionen innerhalb der Nominalgruppe monopolisiert.
- Monoflexion: Die Flexion des Adjektivs ist von allen sonstigen Markierungen der betreffenden Substantivgruppe abhängig in der Weise, dass ihr morphosyntaktischer Status als Satzglied nur einmal markiert wird, also z.B. nur beim Artikel, nicht auch beim Adjektiv.

Diese Entwicklung als Beitrag des Adjektivs zur Konsolidierung der Substantivgruppe war bereits im Frühneuhochdt. grundsätzlich eingetreten. Restliche Belege für den älteren diffusen Zustand finden sich aber noch im 17. Jh., teilweise auch im 18. Jh. (s. Solms/Wegera 1991; Solms, in: Besch/Wegera 1987, 66ff.), z.B.:

Unflektierte Restformen im Neutrum Sg.: *ein freundlich Compliment, Ihr redlich Herz, ein fürchterlich Ding;* Polyflektierende Formen wie *diesem erzähltem Rathe* statt monoflektierendem *erzählten;* Unsicherheit bei mehreren Adjektiven in der Reihe, z.B. 1731 in ein und demselben Text: *nach gemachten höflichen Compliment, bei schönem hellen Wetter, aus einfältigen treuem Herzen* (Solms/Wegera a.a.O., 282f.).

I. Die Flexion der V e r b e n hat sich in dieser Epoche ebenfalls auf der Grundlage des im Frühneuhochdt. vollzogenen Strukturwandels konsolidierend weiterentwickelt (Wegera, in: BRS 1506ff.; Dammers u.a. 1986; Besch/Wegera 1987; Graser 1987, 60ff.), vor allem nach folgenden Prinzipien (vgl. 4.3J):

- Tempusprofilierung: Verstärkung der Flexion für die Tempusunterscheidung auf Kosten der Personen-, Numerus- und Modusunterscheidung

- Ausgleich der Ablautunterschiede innerhalb des Präteritums der starken Verben *(fand, funden → fanden)* und anderer Vokalwechsel in der Stammsilbe
- Ausgleich der Personalendungen im Plural Indikativ *(-en, -et, -ent → -en, -et, -en)*
- Abbau und stärker phonologische Regelung der schwachtonigen *e* in Flexionssilben *(gehet → geht)*
- Detemporalisierung des Konjunktivs Präteritum (entgegen der bei Grammatikern beliebten lat. *consecutio temporum)*, so dass beide Konjunktive nur noch modal, nicht mehr temporal unterscheidbar sind *(nehme/nähme, heiße/hieße)* und nur noch als Konjunktiv I und II bezeichnet werden können
- Festigung des Präfixes *ge-* im Partizip II
- Abbau des Bestandes starker Verben durch Lexemuntergang, Übergang in die schwache Flexion und nur noch schwach flektierte Neubildungen, so dass die schwache Konjugation heute als die ‚normale' erscheint (über 95%), die starke als ‚unregelmäßig' behandelt werden kann
- Ersatz flexivischer Konjunktivformen durch Verbgefüge mit Modalverben (s. 5.9K)

Der Abbau des alten Systems der Verbflexion von einer noch größeren, semantisch wichtigen Gruppe mit s t a r k e r Flexion zu immer mehr s c h w a c h e r Flexion vollzog sich seit dem Mittelhochdeutschen bis zum 18. Jh., mit Weiterwirken auch heute und künftig (Wells 1990, 178f.): „Von den 339 mhd. starken Verben eines repräsentativen Textkorpus sind 119 nicht in die moderne Standardsprache gelangt, 54 sind zu schwachen geworden, nur 3 schwache Verben sind zu starken geworden, und neue starke Verben sind nicht bezeugt (Augst 1975)". Es bestand z.T. jahrhundertelang Unsicherheit bzw. Variationsfreiheit bis zur Durchsetzung grammatikalisierter Normen im 18./19. Jh (s. auch Theobald 1992). Ein typisches Beispiel: Das heutige schwach flektierte *rächen, rächst, rächt, rächte, gerächt* wurde bis zum Frühneuhochdeutschen, oft noch bis ins 17. Jh., stark gebeugt: *rechen, richest, richt, rach, gerochen.* Aber schon Luther verwendete meist die (an das Substantiv *Rache* angelehnten) schwachen Formen (aber noch *gerochen*). Gottsched verwarf diese Restform, während Adelung beide Varianten *gerochen/gerächt* zuließ. Das Partizip *gerochen* war archaische Stilvariante noch bei Lessing, Wieland, Goethe, Schiller (Grimmsches Wb). Im 19./20. Jh. gilt in manchen Wörterbüchern *gerochen* noch als „scherzhafte" Variante. Andere Beispiele für den mit Variantentoleranz sehr lange dauernden Abbau starker Verbflexion: *bellen, boll/bellte, gebollen/gebellt; kreischen, krisch/kreischte, gekrischen/gekreischt; backen, buk/backte; geba-*

cken/gebackt. Teilweise mit Bedeutungsdifferenzierung: *glimmen, schaffen, wiegen,* usw.

Alle diese grundsätzlich längst vorher entschiedenen Entwicklungsrichtungen haben im 17. und 18. Jh. noch nicht in allen Regionen und in allen Einzelheiten zu totaler stabiler Regelung geführt. Es kamen noch viele Restfälle, aber auch alternative, konsequentere, z.T. hyperkorrekte Realisierungen vor, die sich aber im modernen Deutsch nicht durchgesetzt haben. Die Grammatiker haben sich vielfach damit auseinandergesetzt und waren sich in manchen Fällen nicht einig (Hoffmann/Solms, in: Besch/Wegera 1987, 37ff.):

Der Ablautausgleich hatte besonders im Oberdt. in vielen Fällen bis ins 18. Jh. (vereinzelt ins 19. Jh.) zur Bevorzugung von *u* statt ostmitteldt. (nhd.) *a* geführt: *fund(e)* ‚fand', *stund* ‚stand', *trunk* ‚trank', *bunden* ‚banden' usw. (vgl. Nübling 1998) – Bis Mitte des 18. Jh.s schrieb man im Oberdt. z.T. noch nach dem alten Vokalwechsel im Präsens Ind. Sg.: *stirbe, sihe, lise, wird, nimm* usw. mit *i* statt heutigem *e*; ebenso *fleusst, fleuge, gebeut, kreucht* mit *eu* statt *ie,* was im 19. Jh. nur noch in poetisch-archaisierendem Gebrauch vorkam. – Der sog. Rückumlaut bei schwachen Verben galt im 17./18. Jh. in noch mehr Fällen als heute: *satzte, gesatzt, dackte, gedackt, stallte, gestallt, lahrte, gelahrt,* usw., war andererseits in schwäbischen Texten gegen den heutigen Gebrauch beseitigt: *sendete, genennet, kennete* usw. – Beim Ausgleich der Endungen des Plural Ind. beruhte die heutige Kompromisslösung *-en, -et, -en* auf ostmitteldt. Gebrauch seit dem 15. Jh., während im Westmitteldt. und Westoberdt. bis zum 17. Jh. alle 3 Personen zu *-en* oder *-ent* vereinfacht waren (schwäb. noch heute *wir/ihr/sie ganget*).

In Bezug auf die *e*-Haltigkeit von Flexiven gab es – entgegen den Forderungen vieler Grammatiker nach vollständiger Bewahrung von Flexionssilben – bis ins 18. Jh. auch in der Schriftsprache noch viele synkopierte Formen wie *redte, geredt, richte, gericht* usw., andererseits viel mehr *e*-Bewahrung als seit dem 19. Jh. *(höret, sagest, geraubet)*; Gottsched wollte rationalistisch die Synkope den schwachen, die *e-Formen* den starken Verben zuordnen, Adelung vertrat dagegen schon die heutige flexible Lösung nach dem „*Wohlklang*" oder nach Stilarten (Hoffmann/Solms a.a.O., 46ff.). – Das *ge-* im Partizip II wurde im 17., vor allem 18. Jh. feste Regel; bei bestimmten häufigen Verblexemen aber fehlt es noch bis ins späte 18. Jh.: *kommen, funden, gangen, bunden, gessen, geben, troffen, bracht,* usw.; letzte präfixlose Form ist heute *worden* im Verbgefüge mit Partizip II. – Das hyperkorrekte *-e* im Präteritum Sg. starker Verben (*sahe, fande, stunde, schritte,* usw.) ist eigentlich kein ‚lutherisches' *-e*, wie es oft genannt wurde. Zwar hatte Luther diese im Mhd. vereinzelten Formen ebenfalls; aber sie nahmen erst im 17. Jh. stark zu (am wenigsten im Obersächs.!) und waren im Oberdt. noch bis Ende des 18. Jh.s häufig, wurden auch von süddt. Grammatikern bis Aichinger für richtig gehalten (Hoffmann/Solms a.a.O., 43ff.). Da also ‚protestantisches' Vorbild hier unwahrscheinlich ist, muss dieser durch ostmitteldt. Vorbild (Gottsched) wieder zurückgedrängte Ausgleichsvorgang eher aus allgemeinen Entwicklungstendenzen erklärt werden: Angleichung der starken Verbflexion an die schon als ‚normal' empfundene schwache, grundsätzliche Wertschätzung für erhaltene Flexionsendungen.

Beim Gebrauch des Konjunktivs zeichnen sich um 1700 einige schon im Frühneuhochdt. eingeleitete Entwicklungen deutlich ab, trotz „Kompliziertheit und Widersprüchlichkeit“ (Guchmann, in: Guchmann/Semenjuk 1981, 123ff.): Die Grammatiker beschäftigten sich erst seit Bödiker und Gottsched mit Gebrauchsregeln des Konjunktivs, meist in Bezug auf die Abhängigkeit von Nebensatzkonjunktionen. Bödiker hielt den Konjunktiv in Finalsätzen für obligatorisch, was sich durch Semenjuks Textuntersuchungen bestätigte. Gottsched legte großen Wert auf die Einhaltung der Zeitenfolge nach lat. Vorbild, was in den Texten aber als rückläufig erscheint. In der indirekten Rede ist eine immer festere Position des Konjunktivs festzustellen: Konjunktiv II wird immer häufiger statt Konj. I benutzt, ebenso Konjunktiv Plusquamperfekt mit *hätte*, wobei die ambivalenten Formen des Frühneuhochdt. *(het, hett, hette)* fast ganz verschwinden.

Um 1800 wurde der Konjunktiv in literarischen, wissenschaftlichen, unterhaltenden und Zeitungstexten, die Gunhild Engström-Persson (1979) untersucht hat, noch häufiger als in der Gegenwartssprache verwendet (8,3 → 6,7% aller Finita), der Konjunktiv I noch mehr als heute im Verhältnis zum Konjunktiv II, in indirekter Rede mit deutlicherer Unterscheidung zwischen ‚keine Gewähr für die Richtigkeit‘ (Konj. I) und ‚Ablehnung des Inhalts‘ (Konj. II). Konjunktivgebrauch allgemein war um 1800 noch häufiger in Heischesätzen *(Gott erleuchte euch)*, Konzessivsätzen *(..., er sey Laie oder Priester)* und Finalsätzen *(..., daß das Auge ihre Form erkenne)*.

Anhand der indirekten Rede in Texten von 1669 bis zur Gegenwart wies Nicole Fernandez-Bravo (1980) nach, dass sich das deutsche Modal-Markierungssystem von einer Tempus-Modus-Entsprechung (noch im 17. Jh.) zur Nichtbeachtung dieser Kongruenz (am Ende des 18. Jh.s) entwickelt hat:

Die seit dem Althochdt. nachweisbare *consecutio temporum*, nach der einem Hauptsatz-Präsens ein Konjunktiv Präsens im Nebensatz, einem Hauptsatz-Präteritum ein Konjunktiv Präteritum im Nebensatz entspricht (bezogen auf den Standpunkt des Sprechers), war (nach Fernandez-Bravo 1980) schon bei Grimmelshausen (1669) durchkreuzt durch eine andere Verwendungsweise, nach der Konjunktiv I tempusunabhängig als Modus der nichthypothetischen indirekten Rede fungiert (Anzeige der Mittelbarkeit), besonders beim Verb *sein* und bei schwachen Verben. Noch bis Ende des 18. Jh.s zeigt sich Schwanken zwischen beiden Systemen. Die weitere Entwicklung erklärt Fernandez-Bravo als „Mischsystem“: Konjunktiv II tritt zunehmend da auf, wo der Konjunktiv I formal nicht mehr erkenntlich ist, vor allem bei schwachen Verben. Teilweise wirkt er hier hypercharakterisierend, distanzierend oder nur euphonisch.

J. Im Bereich des komplexen Prädikatsausdrucks sind im 17. Jh. alle längst entwickelten Formen von Verbgefügen (s. 4.5D), auch drei- und viergliedrige, gefestigt worden mit dem Einbau des Passivs ins Tempussystem und einer dreifachen Opposition: Tempus (Präsens/Futur/Präteritum), Modus (Indikativ/Konjunktiv), Phasen (vollzogen/unvollzogen) (Betten 1987, 114). Verbgefüge, als morphosyntaktische Äquivalente für Flexionsformen, nahmen an Häufigkeit und Umfang im frühen Neuhochdeutsch deutlich zu:

Nach Gabriele Schieb (1976, 207) haben im Vergleich der Zeiträume 1470–1530 und 1670–1730 im Einfachsatz die eingliedrigen Prädikatsausdrücke von 67 auf 53,4% abgenommen, die zweigliedrigen Verbkomplexe von 28,2 auf 35,9%, die dreigliedrigen von 2,6 auf 9,5% zugenommen. Auch viergliedrige Verbkomplexe *(wird getan werden müssen, scheint sich vorgenommen zu haben zu tun, hat verlangt getan zu werden)* sind in den Jahrzehnten um 1700 wesentlich häufiger: 0,07 → 0,4%. – Bei den infiniten Teilen der Verbkomplexe sind die im Frühneuhochdt. noch üblichen Partizipien I *(ist sagend)* und flektierten *zu*-Infinitive *(ist zu sagende)* endgültig verschwunden; die Partizipien II (42,8 → 44,6%) und Infinitive (49,8 → 41,3%) sind weiterhin stark vertreten; eine starke Ausweitung ist bei den Infinitiven mit *zu* festzustellen (6,7 → 14,1%), was mit der Zunahme der Modifikationsverben zusammenhängt.

Die temporalen Verbgefüge haben zugenommen und sich konsolidiert (Schieb 1976; Semenjuk, in: Guchmann/Semenjuk 1981): Beim Futur hat sich das Hilfsverb *werden* um 1700 voll gegen die um 1500 vor allem im Niederdt. und Ripuarischen noch vorkommenden Konkurrenten *sollen, wollen, müssen* (vgl. das Niederländ. und Engl.) durchgesetzt.

Nach Gottsched unterschied sich die Futurform *ich will sein* als „ungewiß künftig" von der Futurform *ich werde sein* als „gewiß künftig". Allgemein hat sich das Futur von 5,6% um 1500 auf 12,3% aller Verbgefüge des Typs finites Verb + Infinitiv vermehrt, vor allem in Texten mit Präsens als Leitform: didaktische Werke, Briefe (Semenjuk a.a.O.). Bei *werden* + Infinitiv tritt die modale Bedeutung („Grad nicht erwiesener Realität") um 1700 mehr in den Vordergrund gegenüber der temporalen (Schieb 1976, 222).

Die Perfekt-Verbgefüge haben von 1470 bis 1730 von 57,5 auf 69,3% zugenommen, u.U. noch mehr, da sie in den vielen afiniten Nebensätzen (s. 5.9T) unkenntlich sind, z.B. ..., *das er genommen.* (Schieb a.a.O.).

Im Unterschied zu Textsorten mit den Leittempora Präsens-Präteritum-Plusquamperfekt (z.B. Romane) kommt das Perfekt mehr in Textsorten mit dem Leittempus Präsens vor (z.B. Briefe, didaktische Texte). Das Plusquamperfekt ist von 7 auf 9,6% gestiegen, besonders in Romanen, didaktischer und fachlicher Prosa (Semenjuk a.a.O.). Oberdt. Besonderheit ist (bis heute) das Perfekt statt Präteritum und das Perfekt mit *sein* statt *haben* bei *stehen, sitzen, liegen,* ebenso das von Grammatikern gerügte Plusquamperfekt der Form *habe geschrieben gehabt* (Wiesinger 1993). – Die semantisch schwer erklärbaren, von Bödiker abgelehnten *tun*-Verbgefüge (*tut nehmen* statt *nimmt*) kommen fast nur in volkstümlichen Textsorten im Oberdt. vor, wie noch heute in Österreich (Schieb 1976, 228; Wiesinger 1993ab; 1995; Reiffenstein 1993b). – Die Entwicklung des besonders fürs Bairisch-Österreichische typischen Präteritumsschwundes (Ersatz durch analytisches Perfekt), auch im Afrikaans, im Pennsylvania-

Deutsch, im Ost-Jiddischen, ist nach Abraham (2005) vor allem von der (im Unterschied zu den schriftsprachnäheren Regiolekten im Nordosten und Norden) stärkeren Sprechsprachlichkeit her bedingt: „die online-Verarbeitung (also die Parsingkomponente) und die Diskurskomponente, die in Sprechsprachen unmittelbarer und daher anders gewichtet zum Tragen kommt" (Abraham 2005, 126).

K. Ebenfalls kontinuierlich schreitet der Ersatz modaler Flexionsformen durch Modalverbgefüge voran, der in den meisten Fällen nicht nur ein Ersatz, sondern eher die Entwicklung neuartiger modaler Ausdrucksformen ist, die mit pragmatischer Semantik erklärbar sind. In den Jahrzehnten um 1700 kommen Modalverbfügungen, besonders mit *würde*, in erzählenden und Brieftexten wesentlich häufiger vor als in moralisch-didaktischer Prosa (Guchmann, in: Guchmann/Semenjuk 1981, 265).

In gewissem Sinne sind die Modalverben auch eine Stützung des Konjunktivs, da sie ihrerseits – im Unterschied zu vielen Vollverben – meist lautlich klare, ungefährdete Konjunktivformen haben: *dürfe, dürfte; möge, möchte; werde, würde; könne, könnte; müsse, müßte;* allerdings nur Konjunktiv I bei *wolle, solle.* So können flexivische Modalität und Modalverb-Modalität vielfältig miteinander kombiniert werden, zusätzlich auch mit klaren Konjunktivformen der Hilfsverben *sein* und *haben* (Tschirch, Bd.II, 1989, 207; Nübling 2008). – S. auch 6.9F!

Die Veränderungen bei Modalverbgefügen im Vergleich der Zeiträume 1470–1530 und 1670–1730 hat Gabriele Schieb (1976) untersucht, wobei in den Jahrzehnten um 1700 der moderne Zustand fast erreicht erscheint: Für volitive Modalität nimmt *mag/möchte* gegenüber *will* von 1,8 auf 35,6% zu; für Potentialität/Abilität tritt *mag* zurück (8,7 → 1%), nimmt *kann* stark zu (4 → 19,3%), für negative Obligatheit tritt *darf nicht* zurück (0,4 → 0,1%) und wird durch *muß nicht* (0,2%) ersetzt, *noch nicht* durch *braucht nicht;* für negative Permissivität ist das Verhältnis umgekehrt: *muß nicht* (0,4 → 0,9%), *darf nicht* (0,8 → 1%). Für die Bezeichnung des „Grades nicht erwiesener Realität" (epistemische Sprechereinstellung) beherrschen neben *will* vor allem *soll* und *mag*, vereinzelt auch schon *dürfte*, das Feld. – Die Konkurrenz zwischen *mögen* und *können* wird nach Roswitha Peilicke (1992, 343ff.) im 17. Jh., noch stärker im 18. Jh., immer mehr zugunsten von *können* entschieden, zuerst stärker im Oberdt. und in sprechsprachnahen Texten, während elitäre und traditionelle Texte (Chroniken, Rechtstexte) länger an *mögen* festhalten. Die Entwicklung ist aber auch semantisch differenziert: *mögen* bleibt bei ‚Empfehlung', ‚Aufforderung', ‚Wunsch', ‚Bevorzugung' noch lange dominant.

Eine noch modernere Art der Modalitätsbezeichnung bilden die Verbgefüge mit Modifikationsverben (V + *zu* + Infinitiv), die sich zwischen den beiden Untersuchungszeiträumen um 1500 und um 1700 ebenfalls stark vermehrt haben (Schieb 1976, 213ff.): *begehren, gedenken, versuchen, sich freuen, wissen, geruhen, verstehen, scheinen, vermeinen,* usw., auch als Adjektive/Substantive + *zu* + Infinitiv: *willens/gewillt/bereit/geneigt/ begierig sein zu tun, Lust haben zu tun,* usw.

Im Bereich der Aktionsarten (Schieb 1976, 214ff.) schwindet der alte progressive Typ *ist tuend* völlig, während *geht/kommt/läuft/führt* + Infinitiv und *kommt* + Partizip II weiterhin benutzt werden *(geht spazieren, kommt gelaufen).* Für ingressive Aktionsart tritt *wird tuend* völlig zurück hinter Modifikationsverbgefügen mit *anfangen, anheben, beginnen.* Intentionale Ingressiva vermehren sich stark: *trachten/beschließen/sich unterstehen/sich unterwinden/sich neigen/sich vornehmen, etwas zu tun;* neu auch mit Adjektiven *(gesinnt sein/nicht säumig sein)* oder Substantiven *(die Absicht haben/den Vorsatz haben/Gelegenheit nehmen).* Kausative Modalverbgefüge sind gleichbleibend mit *lassen/lehren/heischen/bitten* usw. in Gebrauch, öfters mit *zu* beim Infinitv. Neue Modifikationsverben (V + *zu* + Infinitiv) kommen hinzu: *raten, einladen, zwingen, aufmuntern, auftragen, überlassen,* usw., auch mit Adjektiven: *tüchtig/befähigt machen*, oder Substantiven: *Anreizung/Ursache/Gewalt geben, etwas zu tun* (Schieb 1976, 216ff.).

L. Den Modifikationsverbgefügen semantisch benachbart sind die Funktionsverbgefüge (FVG), worunter im engeren Sinne (v.Polenz 1987) diejenigen Nominalisierungs-Verbgefüge zu verstehen sind, deren Funktionsverb einen in der Grammatik zu behandelnden gruppenhaften modifizierenden Eigenwert hat. FVG gab es vereinzelt schon im älteren Deutsch; sie nehmen aber nach Man-Seob So (1991) im 17. und 18. Jh. in populärwissenschaftlichen Texten deutlich zu, und zwar in allen heute üblichen satzsemantischen Kategorien, wenn auch der eigentliche quantitative Produktivitätsschub erst in der Mitte des 19. Jh. liegt. Diese von Sprachkritikern oft als gegenwartssprachliche Stil-Unart (‚Substantivitis') abgetane Art des substantivischen Prädikatsausdrucks ist jedenfalls keine grundsätzlich nur moderne Ausdrucksweise, sondern ein satzsemantisch sinnvoll erklärbares Teilsystem der seit dem Frühneuhochdt. sich entfaltenden Möglichkeiten im Rahmen der sprachtypologischen Entwicklungstendenz vom synthetischen zum analytischen Sprachbau. Sprachgeschichtlich sind die leichte Zunahme in der Aufklärungszeit und die starke Vermehrung im Industriezeitalter als „Sprache in der rationalisierten Welt" zu erklären (v.Polenz 1963), satzsemantisch als Ausdruck von Verbmodifikationen (Aktionsarten, Kausativität). – Vgl. 6.9H!

Nach den Ergebnissen von So (1991) fanden sich bei jeweils etwa gleichen Textquantitäten aus Hausväter- und Ratgeberliteratur im Bereich Acker- und Gartenbau (von 1645 bis 1980) unter allen Prädikatsausdrücken (Satzprädikaten) von 1645 bis 1750 weniger als 1% FVG, von 1763 bis 1838 unter 2%, von 1846 bis 1980 2 bis 4%. Die in manchen Grammatiken ebenfalls zu den FVG gerechneten Nominalisierungsverbgefüge, die keine kategorielle satzsemantische Eigenbedeutung des Verbs haben, gab es in Zeitungen des 17. Jh.s schon zahlreich (Mackensen 1964, 163ff.), z.T. nach franz. Vorbild: *sein Entree halten, opinion haben, die Flucht nehmen, Meldung tun, Sprach halten,* usw. Im Verhältnis zu den echten FVG sind sie nach So (1991) etwa doppelt so zahlreich: im 17./18. Jh. 2–4%, im 19./20. Jh. 7–8,6%, so dass die Prädikatsausdrücke mit Hilfe von Substantivierungen insgesamt von 4–5% (17./18. Jh.) auf 9,5–11,6% (19./20. Jh.) anstiegen.

Im 17./18. Jh. waren nach So (1991) ca. 28% der im 19./20. Jh. üblichen Typen ebenfalls schon vorhanden, z.B. *in Betracht kommen, in Acht nehmen, zum Sieden bringen*. Die meisten FVG dieser Zeit sind jedoch heute nicht mehr üblich, z.B. 1645/51: *in eine Kranckheit fallen, zur trew halten, in vergessen stellen*. Nach satzsemantischen Kategorien haben beim Vergleich der Texte des 17./18. Jh.s mit denen des 19./20. Jh. etwas zugenommen: die INCHOATIVEN Typen mit 30,9 → 36,7% *(in Schaden kommen)*, noch mehr die PASSIV-FVG mit 2,8 → 13,19% *(Bestätigung finden)*. Abgenommen haben die DURATIV-FVG mit 30,9 → 22,17% *(in Arbeit stehen)*, die KAUSATIV-INCHOATIV-FVG mit 27,78 → 26,16% *(aus der Ordnung bringen)*, die KAUSATIV-DURATIV-FVG mit 6,6 → 1,66% *(in Bewegung halten)*. Die häufigsten Funktionsverben in beiden Epochen sind *kommen, bringen, sein,* weniger häufig *stehen, nehmen, setzen, stellen, gelangen, geraten, ziehen, bleiben*; im 19./20. Jh. stark zugenommen haben *finden* und *ziehen*, stark abgenommen hat *halten*. Bei den Substantiven (Nominalisierungen) der FVG wird der (als Wortbildungskonverse zu erklärende) substantivierte Infinitiv *(Vergessen)* erst im 19. Jh. von den *ung*-Ableitungen überrundet *(Bewegung)*, die zur Gegenwart hin immer mehr dominieren, was wohl mit der Geschlechtsneutralität und der größeren Entbehrlichkeit des Artikels bei den *-ung*-Ableitungen zusammenhängt. – Die FVG mit Substantivierungen von Adjektiven waren im 17./18. Jh. wesentlich häufiger als im 19./20. Jh. (14,24 → 6,76%). – Die Präposition *in* war in FVG im 17./18. Jh. wesentlich häufiger als im 19./20. Jh. (*in:* 61,43 → 49,04%, *zu:* 32,14 → 43,04%).

M. Die Konservierung bzw. Restituierung von Flexionsendungen wirkte sich in der Struktur des Elementarsatzes u.a. dahingehend aus, dass das Prinzip der Verbvalenz, die großenteils durch Kasusflexion die Wahl bzw. Erwartbarkeit bestimmter Formen von Ergänzungen (Komplementen) regelt, im Neuhochdeutschen eine stärkere Bedeutung behielt als in manchen verwandten Sprachen. Bei den entsprechenden Satzmodellen ist ein allgemeiner Rückgang der subjektlosen in dieser Epoche zu beobachten, oder besser: eine zunehmende Monopolisierung des Nominativs für die Subjektstelle, d.h. eine Tendenz zum Ersatz älterer Dativ- oder Akkusativ-Subjekte durch Nominativ-Subjekte (Ebert 1986, 30ff.):

Mir dürstet/mir schwindelt/schaudert/träumt usw. → *ich dürste* usw.; *mich hungert/friert/schaudert/träumt/schwitzt/ruht* usw. → *ich hungre* usw., auch mit formalem Subjekt *es*. Entsprechend werden obligatorische *es* bei *es gibt, es setzt, es hat, es geht* zu Nominativ-Subjekten umgedeutet. Heute gibt es nur noch Reste nicht-nominativischer Subjekte: *mir graut vor dem, mir wird übel,* usw. – In vielen altdeutschen Fällen ist der adverbale Dativ heute geschwunden, z.T. nur noch resthaft im 17./18. Jh. belegt, z.B. bei *rufen, hofieren, sündigen, wachen, warten,* usw. (Willems/van Pottelberge 1998, Kap. VII).

Bei den obliquen Kasus war die auffälligste Veränderung zum Neuhochdeutsch der Rückgang des Genitivs als Objektkasus und sein Ersatz durch konkurrierende Objektfügungen: durch präpositionale Fügung *(sich dessen → daran erinnern)*, seltener durch den Akkusativ *(dessen → etwas begehren)*. Dieser Wandel begann – z.T. mit semantisch differenziertem Nebeneinander beider Fügungsweisen – bereits im späten Mittelhochdeutsch

(Ebert 1986, 42) und verhält sich komplementär zu der bis heute anhaltenden Tendenz zur immer stärkeren Konzentrierung des Genitivs auf seine Funktion als Attributkasus in Nominalgruppen. Pauschale sprachkritische Klagen über den Rückgang des Genitivs sind also zu relativieren. Wie stark der Rückgang des Valenzgenitivs (Verbvalenz) schon im 17. und beginnenden 18. Jh. war, ergibt sich aus Ost-Berliner Untersuchungen (A.Fischer 1992):

	1500–1550	1570–1630	1670–1730
Genitivobjekt:	55,6%	52,8%	38,7%
Konkurrierende Objekte:	44,4%	47,2%	61,3%

Private, unterhaltende und volkstümliche Texte waren dabei schon im 16. Jh. moderner als Rechtstexte, Chroniken, religiöse Schriften; regional schritt die Entwicklung im Ostmitteldt. und Ostoberdt. rascher voran (A.Fischer 1992; Ebert 1986, 42). Frühere Grammatiker wie Schottelius und Bödiker waren darin im eigenen Gebrauch moderner als in ihren Regeln. Gottsched und Adelung waren da toleranter. Adelung gab Ersatz-Varianten an und markierte oft den Genitiv stilistisch als *„veraltet"* oder *„in der edlern, höhern und dichterischen Schreibart"*, während er die Ersatzformen als zeittypisch darstellte, so auch in vielen Fällen, die heute nicht mehr mit Genitiv möglich sind, z.B. *sich bedanken, begehren, sich freuen, gebrauchen, vergessen* (Fischer a.a.O., 341). Als Ursachen für den Rückgang des Valenzgenitivs werden – außer der allgemeinen Umschichtung vom Objektkasus zum Attributkasus – weitere strukturelle Faktoren vermutet (Ebert 1978, 51ff.; 1986, 42f.): Flexionsundeutlichkeit des Genitivs bei bestimmten Pronomen und im artikellosen Plural, Verschwinden der partitiven, kausalen, instrumentalen usw. Bedeutung des Genitivs, Ausklammerungsmöglichkeit präpositionaler Ergänzungen. Dazu vgl. auch Schrodt 1992. – Die Ersetzung flexivischer Objekte durch präpositionale vom 16. bis 18. Jh. betrifft in einigen Fällen auch den Akkusativ (Ebert 1986, 75): *seufzen, schweigen, weinen, zürnen, handeln,* usw.

N. Im Bereich der fakultativen Satzglieder erscheint bei den realitätsbezogenen M o d a l w ö r t e r n im Ost-Berliner Material größere Vielfalt in Texten um 1600 und um 1700 gegenüber Texten um 1500 (Schildt 1992c): Bei Weiterverwendung der allermeisten schon im Frühnhd. üblichen *(ja, wohl, vielleicht, gewißlich, freilich, ...)*, mit starker Zunahme von *freilich* und *vermutlich* und Rückgang der als biblisch-archaisch empfundenen *fürwahr, wahrlich*, treten um 1700 neue auf: *meines Bedünkens, meines Erachtens, vermutlich, in Wahrheit, wahrhaftig, billig(ermaßen), meines Bedenkens, etwa, meiner Meinung nach, mutmaßlich, traun, unfehlbar, unstreitig, dem Vermuten nach, wahrscheinlich*, also vor allem Neubildungen als Zusammensetzungen, Ableitungen und Wortfügungen. Diese Wörter und Wendungen für Sprechereinstellungen zum Wahrheitswert der Aussage traten in sachlich informierenden Texten (Rechtstexten, Chroniken), Zeitungs-, Fach- und Unterhaltungstexten besonders zahlreich und zunehmend auf. Nach Vilmos Ágel (1999) steht die Zunahme und Differenzierung von auf den Wahrheitswert bezogenen Modalwörtern, ebenso wie die entsprechender Sprechaktverben und Modalverbgefüge, im Zusammenhang mit der stärkeren „Epistemifizierung" seit dem Übergang von fast nur oraler zur Schreib- und Druckspraachkultur vom 16. bis 18. Jh., im Zusammenhang mit der verstärkten Literalisierung und Subjektorientiertheit (vgl. Macha 2006, 113f.).

Als weniger zunehmend erwiesen sich Modalwörter für emotionales Verhältnis des Sprechers zur Aussage: *leider, (ver)hoffentlich, gottlob*, usw.; für das Sprecherverhältnis zur Form der Aussage gab es mehr Zuwachs und Häufigkeit: *also, endlich, in Summa, letztlich, folglich,* seltener *ergo, schließlich, enfin, gewissermaßen, mit einem Wort, ...* (Schildt 1992c, 468). – Die Erforschung des Bereichs der Modalwörter im Zeitraum dieses Bandes bedarf der Ergänzung in Bezug auf die mehr sprechsprachliche, auch in der Literatursprache nicht immer gemiedene Unterschicht der Abtönungspartikeln oder Gesprächswörter (Henne 1978). Nach Elke Hentschel (1986) hängt die Häufigkeit der metakommunikativen Partikeln *ja, doch, halt, eben* mit dem „Privatheitsgrad des Gesprächs" zusammen: Während die schon immer deiktischen *ja* und *doch* bereits im Althochdeutschen metakommunikativ verwendet wurden, sind *halt* und *eben* seit dem Mittelhochdeutschen bzw. noch später als temporale Deiktika in den Gebrauch als Abtönungspartikel übergegangen. – Zu Gesprächswörtern s. Weiteres in 5.8C!

Eine strenge Präzisierung im Sinne des aufklärerischen Rationalismus ist in der Entwicklung der Satznegation zu erkennen (Pensel 1976): Zwischen den exemplarischen Zeiträumen 1470–1530 und 1670–1730 hat sich *nicht* gegen das proklitische *en-*, das um 1500 noch zu 11,4% vorkam, und andere Alternativen allein durchgesetzt, im Ostmitteldt. früher und stärker. Die noch heute dialektal und umgangssprachlich übliche doppelte Verneinung *(das hat keiner nicht gewollt)*, nach dem polynegativischen Prinzip, wurde seit dem Humanismus nach lat. Vorbild zurückgedrängt mit der logischen Auffassung, dass zwei Verneinungen nicht verstärken, sondern aufheben.

Diese Mononegativität, die Gottsched für die gebildete und gute Schreibart als Norm behandelte, nahm in den untersuchten Texten zwischen beiden Zeiträumen von 86,8 auf über 99% zu (Pensel 1976, 320). Auch Admoni (1990a, 187) stellte einen starken Rückgang der mehrfachen Negation im 16. und 17. Jh. fest, am wenigsten in sprechsprachnahen Texten. Ein Beispiel für Negationshäufung aus der *Relation* von 1609: „*... verbotten / das keine Lackeyen noch andere weder bey nacht oder tag [...] kein Rappier / Dolchen lange Messer tragen dürffen*" (n. Korhonen 1988, 238).

O. Ein Syntaxbereich mit verfestigender Entwicklung zwischen dem 16. und dem 19. Jh. ist die Satzgliedfolge (Satztopologie). Zwar sind alle modernen Stellungstypen bereits im Frühneuhochdt. vorhanden, aber in der Präferenz bestimmter Varianten gab es starken tendenziellen Wandel.

Marvin H. Folsom (1985) hat anhand von mehr als 70 Bibelübersetzungen von Mentel (1466) bis zur Einheitsübersetzung (1980) festgestellt, dass der Einfluss der

Lutherbibel im Bereich der Verbstellung 1630 abzunehmen begann und – mit Ausnahme konservativ-archaisierender Ausgaben – um 1770 zuende war, und zwar in Bezug auf Verb-Chiasmus (*... welches ein Mensch nahm und warf's in seinen Garten*), Inversion nach *und (... und werden die zwei ein Fleisch sein)*, Ausklammerung von Nominalergänzungen *(so werdet ihr empfangen die Gabe des heiligen Geistes; was gesagt ist von den Propheten)*, absolute Anfangsstellung des Verbs *(Spricht zu ihm Martha)*, Nicht-Endstellung des finiten Verbs im Nebensatz *(wie der Besessene war gesund geworden)*, usw.

Die Verbstellung im Aussagesatz ist bereits seit dem Frühneuhochdt. fest auf der zweiten Stelle. Abweichungen davon sind selten und meist stilistisch markiert (Ebert 1986, 102f.):

Archaische Anfangsstellung bei Verben des Sagens und Wahrnehmens: *Sah ein Knab ein Röslein stehn.* Alte Spitzenstellung ist vielleicht auch die im 17. Jh. beliebte ‚Inversion' nach *und* (*... höre ich gar gern undt werde ich bey ma tante [...] eine dancksagung ablegen*, Liselotte v.d.Pfalz), die im Briefstil, Geschäftsstil und archaisierend noch im 19. Jh. vorkommt, aber von den Klassikern gemieden und kritisiert wurde. Behaghel (1923ff., Bd.IV, 31) vermutet dagegen satzgliedwertige Bedeutung von *und* im Sinne von ‚demgegenüber' (wie bei *Auch*), also doch eine Zweitstellung. – Endstellung des finiten Verbs im Aussagesatz in volkstümlicher Dichtung beruht auf germanischer Tradition (Paul 1959, Bd.III, 75), diente der archaischen Stilwirkung (*Das Mädchen kam und nicht in Acht das Veilchen nahm*, Goethe), aber auch der bequemen Reimfindung bis in die Gelegenheitspoesie des 19. und frühen 20. Jh.

Die Verb-Endstellung im Nebensatz wird vom 16. bis 18. Jh. immer fester und absoluter; Ausklammerungen gehen noch weiter zurück (Ebert 1986, 119f.): Lange bevor Grammatiker die Endstellung als Regel beschrieben, hat sich dieses Mittel der deutlichen Markierung des Nebensatzcharakters für die erhöhten Anforderungen des hypotaktischen Satzbaus entwickelt. Dies zeigt sich auch darin, dass „der vollständige Rahmen im Hauptsatz auf allen Etappen des Nhd. weniger folgerichtig durchgeführt zu sein scheint als die Endstellung des Verbs im Nebensatz" (Ebert a.a.O., 112).

Auch die Stellung der Glieder von Nebensatz-Verbgefügen zueinander ist vom 16. zum 17. Jh. noch konsequenter geworden, indem Endstellung infiniter Glieder immer seltener wurde (Ebert 1986, 123ff.; Härd 1981):

Noch bei Lessing findet sich Voranstellung des finiten Verbs bei zweigliedrigen Verbgefügen: *Welche Lügen der Neid hat ausgesprenget.* Bei dreigliedrigen nimmt die Nachstellung im 17. Jh. zu und übersteigt 50% in der 1. Hälfte des 18. Jh.s (*geholt werden wird* statt älterem *wird geholt werden*), bei zwei Partizipien (*erkannt worden war* statt *war erkannt worden*) erst in der 2. Hälfte des 18. Jh.s Heute gibt es nur noch Reste der Voranstellung (z.B. *hätte wissen können, wird bezahlen lassen können*).

Im Unterschied zu vergleichbaren Sprachen, auch dem älteren Jüdischdeutsch und Jiddisch (s. 4.9LM) ist in dieser Epoche der typisch deutsche

Satzklammerstil auf seinen Höhepunkt gelangt. Die Entwicklung des Satzrahmens, der Verbalklammer durch weit voneinander getrennte Teile des Prädikatsausdrucks, ist nach den Ost-Berliner exemplarischen Untersuchungen der Zeiträume 1470–1530 und 1670–1730 (Schildt 1976) von Häufigkeitswandel nach Textsorten gekennzeichnet, nicht von grundsätzlichen Strukturveränderungen. Die Grundtypen der Satzklammer sind seit der Zeit um 1500 unverändert dieselben vier geblieben:

- finites Verb ... Verbzusatz *(stellt ... vor)*
- Hilfs-/Modalverb ... Infinitiv/Partizip *(wird/will ... schreiben, hat ... geschrieben)*
- Kopula ... Adjektiv *(ist ... neu)*.

Auch an den Möglichkeiten der Ausklammerung (partieller Satzrahmen) hat sich strukturell nichts Wesentliches verändert. Wie auch aus Gottscheds Kritik an allzulangen Klammersätzen des Kanzleistils ersichtlich, hat zwischen der Zeit um 1500 und der Zeit um 1700 der volle Satzrahmen stark zugenommen, der partiell ausgebildete und der fehlende Satzrahmen abgenommen, in Prozentsätzen (Schildt 1976, 271):

Satzrahmen:	voll:	partiell:	fehlend:
1470–1530:	68,1%	22,4%	9,4%
1670–1730:	81,4%	27,9%	0,8%

Der volle Rahmen war um 1500 vor allem im Ostmitteldt., Westoberdt. und Norddt. überdurchschnittlich belegt, um 1700 auch im Ostoberdt.; um 1700 hat er in der Fachprosa stark zugenommen (47,3 → 85,4%). Auch der Umfang des Satzrahmens nach der Zahl der zwischen finitem Verb und zweitem Prädikatsteil eingeklammerten Glieder ist ebenfalls stark angestiegen, in Prozentsätzen (Schildt 1976, 276):

Zahl der eingeklammerten Glieder:	1	2	3	4	5
1470–1530:	40,3%	40,9%	14,9%	3,9%	0,3%
1670–1730:	22,7%	44,1%	26,8%	5,8%	0,7%

Ein Beispiel einer Satzklammer mittleren Umfangs aus der *Relation* von 1609: [...] *„sonderlich habe ein junger Man von 24. Jaren in kurtzer zeit in 30. Personen / wie auch sein eigen Weib ein wunder schöne Fraw / in betrachtung daß er kurtz sein leben enden werde / nur damit sie keinen andern freyete / entleibet“* [...] (n. Korhonen 1988, 238).

Die im 17./18. Jh. besonders beliebte Rahmenbildung ist nach Admoni (1990a, 200) nicht allein aus der starken Sprechsprachferne der Schriftsprache dieser Epoche zu erklären; sie habe auch eine strukturelle Stützfunktion für die äußerste Ausnutzung der Möglichkeiten sehr komplexer

Satzgefüge in dieser Zeit: „Durch die Rahmenbildung wurde der Elementarsatz zu einer solchen zusammengeschlossenen, streng organisierten syntaktischen Einheit, daß er imstande war, dies als Grundeinheit des mehrgliedrigen Satzgefüges zu zementieren". Grammatiker wie Schottelius, Stieler und Gottsched empfahlen den vollständigen Rahmen im Hauptsatz, warnten aber vor übertriebener Einklammerung langer Nebensätze (Ebert 1986, 115).

Die Kunst des Klammersatzbaus wurde bei der kommalosen Einklammerung umfangreicher Infinitivkonstruktionen zum bis ins 19. Jh. üblichen Symptom für virtuos gehandhabtes Bildungsdeutsch: *„... der billige Leser wird sich deren eine ziemliche Anzahl auch hier anzutreffen nicht wundern"* (Lessing), *„... kann die vorzügliche Schönheit ihrer Cörper vor den unsrigen mit der größten Wahrscheinlichkeit zu behaupten Anlaß geben"* (Winckelmann), *„... die er jedoch sich deutlich zu machen keine Zeit hatte"* (Goethe) (n. Behaghel 1923, Bd.IV, 119, 122).

Der volle Satzrahmen hat nach Admoni (1990, 200) auch in dieser Epoche seiner größten Beliebtheit nicht als ausschließliche Norm gegolten. Immer gab es die Möglichkeiten der A u s k l a m m e r u n g, auch in kanzleimäßigen Texten. Ausgeklammert wurden – neben präpositionalen Ergänzungen und Angaben (besonders im Frühneuhochdt., s. Schildt 1976, 276) – vor allem Nebensätze, besonders Relativsätze, Infinitivkonstruktionen, Satzglieder mit Vergleichssemantik usw. (Admoni 1980, 342ff.). Je mehr man sich von den strengeren Stilgewohnheiten der Kanzlei- und Wissenschaftssprache freimachte, desto mehr machte man auch von Ausklammerungen und anderen Möglichkeiten zur Vermeidung verschachtelter Konstruktionen wieder mehr Gebrauch, vor allem bei stark erweiterten Satzgliedern (nach Behaghels „Gesetz der wachsenden Glieder").

Dies gilt besonders für die *Moralischen Wochenschriften* unter englischem Einfluss und Jacob Bodmers antigottschedische Auflockerung der Normenstrenge (Blackall 1966, 47ff., 5ff., 67). Ausklammerung und Nachtragsstil übte man auch in der Sturm-und-Drang-Literatur, die zu sprechsprachlich aufgelockertem, gefühlsgeladenem oder archaisierendem Satzbau neigte: So in Goethes *Von deutscher Baukunst* von 1773 (n. Admoni 1990, 215): *„... mit dem Baumeister, der Berge auftürmte in die Wolken. Wenigen ward es gegeben, einen Babelgedanken in der Seele zu erzeugen, ganz; groß, und bis in den kleinsten Teil schön wie Bäume Gottes. Dem schwachen Geschmäkler wird immer schwindeln an deinem Koloß und ganze Seelen werden dich erkennen ohne Deuter"*.

P. Die Entwicklung zum Substantivgruppenstil (Nominalisierungsstil) des Gegenwartsdeutsch wurde durch eine klare Strukturierung der A t t r i b u t s t e l l u n g vorbereitet: Voranstellung des Adjektivattributs, Nachstellung des substantivischen Attributs, Beschränkung der Voranstellung des Genitivattributs auf bestimmte semantische Relationen. Die zum Neuhochdeutschen hinführende Entwicklung der Grundstruktur der N o m i n a l p h r a s e ist nach einer theoretisch argumentativen Untersuchung von Ulrike Demske (2001) vom 16. bis 18. Jh. „umkategorisiert" worden: Ausgelöst durch Abschwächungen und Apokopierungen in der Adjektivflexion, seien mehrere Veränderungen der Nominalphrase (Steuerung der Adjektivflexion, Gebrauchsweisen des bestimmten Artikels, Entstehung des Possessivartikels, Stellungswechsel des Genitivattributs, starke Vermehrung der Genitivkomposita) auf „einen einzigen Wandel" zurückzuführen, die „Reinterpretation der Relation zwischen Artikelwort und Nominalphrase" von (im Althochdeutschen noch ausschließlich) semantischer zur im Frühneuhochdeutschen voranschreitenden morphologischen (Demske 2001, 339ff.).

Nach dem Ost-Berliner Material (Fritze 1976) hat die schon um 1500 (1470–1530) überwiegende Nachstellung des Genitivattributs *(in den Klauen des türkischen Raub-Vogels)* um 1700 (1670–1730) weiter zugenommen, von 53 auf 64%, vor allem in der Fachprosa. Die vorangestellte Variante *(des Hrn. Schützen Brieff)* war leicht rückläufig, von 27 auf 25%; sie wurde zunehmend auf ‚Besitz', ‚Eigentum' und ‚Zugehörigkeit' von Personen bezogen, um 1700 auch auf Produkte menschlicher Tätigkeit, war aber noch nicht so streng auf Personenbezeichnungen und Personennamen beschränkt wie heute. Das mit dem Genitivattribut konkurrierende nachgestellte Präpositionalattribut, besonders in festen Wendungen *(die 36 Exemplaria von der letzten Predigt)* ging von 13,8 auf 6,9% zurück. Dabei lagen neben ostmitteldt. und norddt. Texten nun auch oberdt. an der Spitze, während man im Westmd. nachgestelltes präpositionales und vorangestelltes Genitivattribut noch häufiger benutzte.

Das possessive Dativattribut als Genitiversatz *(dem Herrn sein Brief)*, seit dem 15. Jh. belegt, erhielt in der Literatursprache Konkurrenz durch die Mischform des possessiven Genitivattributs, die Adelung kritisierte *(des Herrn sein Brief)*. Beide blieben umgangssprachnahe Randerscheinungen, die sich in den schriftsprachlichen Texten von 1470–1530 bis 1670–1730 vermehrten (von 0,1 auf 1,1%), am meisten in Chroniken, Reisebeschreibungen, Briefen und Romanen, semantisch auf persönliche Besitz-, Zugehörigkeits- und Autorbeziehung beschränkt wie heute (Fritze 1976). Die genitivische/dativische Possessiv-Umschreibung wird von Grammatikern und DaF-Lehrbüchern nur sehr selten erwähnt bzw. stigmatisiert, aber sogar von Kramer, Gottsched, Adelung und Schiller selbst benutzt; das Stigma dieser jahrhundertelang bis heute populären analytischen Form war also „entweder nicht kontinuierlich oder für die erste Zeit regional beschränkt (Langer 2004, 237ff.).

Q. In den Bereich des komplexen (erweiterten) Satzbaus, aber noch unterhalb der Schwelle des traditionellen Begriffs Hypotaxe, treten wir innerhalb der Substantivgruppe bereits mit der epochentypischen Attributerweiterung ein. Neben primären Adjektiven *(die im Deutschen gültige Regel)* betrifft sie vor allem Partizipien, die durch Wortbildungs-Konversion als Adjektive benutzt bzw. zu Adjektiven gemacht sind *(die im Deutschen geltende Regel, die im Deutschen befolgte Regel)* und als erweitertes Partizipialattribut bezeichnet werden. Da es sich beim Attributgebrauch syntaktisch nicht mehr um Partizipien, sondern um Adjektive handelt, genügt die pauschale Bezeichnung: erweitertes Adjektivattribut. Die Erweiterungen sind – neben einfachen Adverbien, was es schon im mittelalterlichen Deutsch gab (H.Weber 1971) – Ergänzungen oder Angaben verkürzter Sätze, deren Prädikatsausdrücke die Adjektive oder Partizipien darstellen. So werden, satzsemantisch gesehen, Prädikationen in die Attributpositionen von Substantivgruppen transformiert; die erweiterten Adjektivattribute sind also sprachökonomisch verkürzende Ersatzformen für Nebensätze und damit Sparformen des komplexen Satzbaus, ‚Hypotaxe' im weiteren Sinne. So werden mitunter die Inhalte von ganzen Satzgefügen in die Attributstellen hineingezwängt.

Hier ein extremes Beispiel aus dem hierin Vorbild gebenden barocken Kanzleistil: *„... die hin und wieder im Reich erst-gedachten Commercien und gemeinen Nutzen zu Nachtheil, mit Gelegenheit des Kriegs, wider die Rechte, Freyheiten und ohne Bewilligung eines Römischen Kaysers und der Churfürsten neuerlich eigenes Gefallens eingeführt- und erhöheten Zölle ...“* (Reichs-Abschied 1670). Die attributiven Partizipialadjektive *eingeführt- und erhöheten* sind hier erweitert durch die Sequenz von *hin und wieder...* bis *...eigenes Gefallens.* Weitere Beispiele in den *Rechts=Anmerckungen* des Beispieltextes in 5.12H. – In extremen Fällen wurde sogar ein Nebensatz in die Attributerweiterung einbezogen, ein Zeichen dafür, dass man sie als eine Art Hypotaxe mit Rahmenbau empfunden hat: *„Die noch nicht eingebürgerten fremden, unserer Sprache, deren Ähnlichkeitsregel sie verletzen, aufgedrungenen Wörter“* (Campe, *Verdeutschungswörterbuch*, V).

Der Vorteil dieser typisch deutschen Konstruktionsweise ist die Ersparung eines Nebensatzes, also eine formale Entlastung der hypotaktischen Mehrstufigkeit von Satzgefügen. Der Vorteil ist erkauft mit dem Nachteil der oft übermäßigen Klammerbildung zwischen Artikelwort und Substantiv (Nominalgruppenklammer), die an das Kurzzeitgedächtnis der Leser und vor allem Hörer ebenso hohe Anforderungen stellt wie die Verbklammer (s. 4.5E). Ebenso wie diese hat die Attributerweiterung noch heute schreibsprachlichen Stilwert und wird in hörerfreundlicher Sprechsprache und Alltagssprache gemieden. Auch hierin ist die deutsche Schrift- und Bildungssprache sprechsprachferner als das Englische und Französische, wo vorangestellte erweiterte Attribute gemieden werden zugunsten der Nachstellung. Die Attributerweiterung an sich – noch unabhängig von der Alternative vorangestellt/nachgestellt – steht sprachgeschichtlich im Zusammenhang mit der Zunahme des hypotaktischen Stils, d.h. der immer stärkeren Ausnutzung der Möglichkeiten, Nebenprädikationen (Hintergrundinformationen, Rückverweise, Begründungen, Einschränkungen usw.) in den Rahmen des Elementarsatzes einzubetten: als Nebensatz, als Infinitivgruppe, als Partizipgruppe oder eben als erweitertes Attribut. Sie ist einer der wesentlichen Gründe für das Ansteigen der Wörterzahl im Elementarsatz und in der Substantivgruppe im 17. und 18. Jh. Sie wird strukturell begünstigt durch die Zunahme der Monoflexion der Substantivgruppe in der gleichen Zeit (Admoni, in: BRS 1540ff.).

Das dem Substantiv vorangestellte erweiterte Attribut gab es zwar – als Alternative zum nachgestellten – schon im Frühneuhochdt. gelegentlich; es wurde aber erst seit dem 17. Jh. zur massenhaften Stilmode, zuerst in Kanzlei- oder kanzleimäßigen Texten, von daher in der späthumanistischen Gelehrsamkeit und in literarischer Bildungsprosa (Admoni 1990a, 189f.; 1964; H.Weber 1971; Ebert 1986, 85ff.; Solms/Wegera 1991, 76ff.).

Nach Heinrich Webers Textuntersuchungen nahm diese Konstruktion in Umfang (bis zu über 3 Wörter) und Häufigkeit (Belege je 10.000 Druckzeichen) nach Jahrhundertdurchschnitten vom 16. zum 17. Jh. auffällig zu und erreichte ihren Höhepunkt im 19. Jh. (s. 6.9J). Die starke Zunahme im 17. Jh. wurde schon von Admoni (1964) beobachtet; sie wird für erweiterte Partizipialattribute von Solms/Wegera (1991, 78) für „spätestens in der 2. Hälfte des 17. Jh." bestätigt (16,4 → 13%), allerdings mit einem ersten Anstieg schon in Texten zwischen 1450 und 1500 (12,7 → 22,8%).

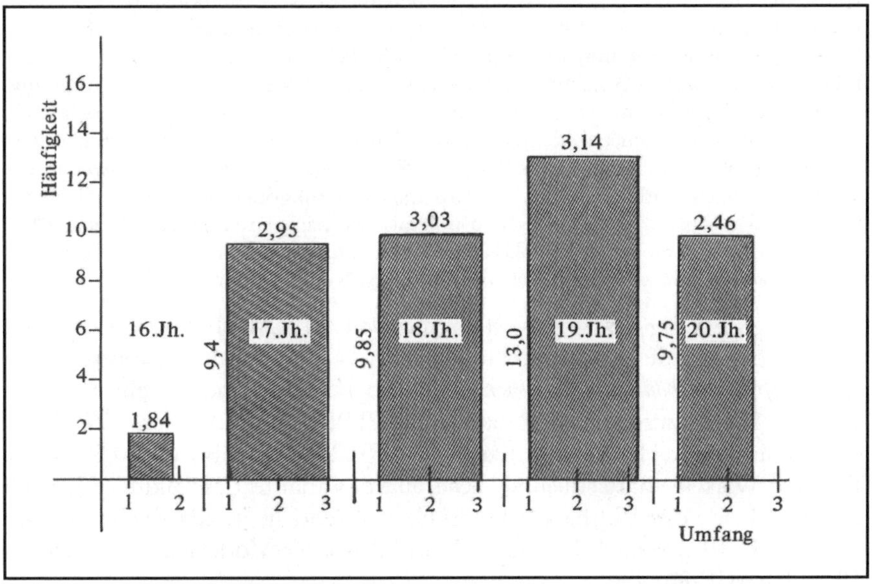

Abb. 20: Häufigkeit und Umfang erweiterter Adjektiv- und Partizipialattribute. (Quelle: Weber 1971, 125)

Über die Ursachen dieser (teilweise übertriebenen) Ausnutzung der Substantivgruppe für den komplexen Satzbau streitet man sich: Weber (1971) nahm einen grundlegenden sprachtypologischen Strukturwandel unter lateinischem Einfluss an. Dagegen sehen Admoni (1964) und Lötscher (1990) die Anlagen zum vorangestellten erweiterten Attribut durchaus in strukturellen Möglichkeiten des mittelalterlichen Deutsch, die um 1600 erst auffällig in den Vordergrund traten.

Neben den vorher wegen der Hörverständlichkeit beliebteren Varianten mit Nachstellung des erweiterten Attributs *(einen geweyheten priester von einem Bischoff; in Tempeln mit henden gemachet; die pantzer gestricket von allen tugenden)* war der voranstellende Typ die „logisch einfachste und klarste" Variante (Lötscher a.a.O.). Sie wurde bis ins 16. Jh. meist gemieden zur „hörerfreundlichen Entlastung" (ähnlich wie bei Ausklammerungen im Verhältnis zum Satzrahmen). Da aber die Nachstellung des einfachen attributiven Adjektivs im Frühneuhochdt. fast ganz zurückging (bis auf Restfälle wie *mein Vater selig(er), zwei Gulden rheinisch*), erhielt die vorangestellte Variante auch beim erweiterten Attribut immer mehr den Vorzug. Dass diese Form auch bei mehrwortiger Erweiterung hemmungslos ausgenutzt wurde, mit der Folge von fürs Hörverstehen hinderlichen Nominalgruppenklammern, sei allerdings eine „Herabsetzung der Toleranzschwelle" als Stiltendenz der Kanzleischreibe, und zwar nach soziolinguistischen Motiven: „Je komplizierter, desto höher im Rang" nach dem „auf formal aufwendige Repräsentanz ausgerichteten Stilideal des Barock" (Lötscher 1990, 22f.). Dahinter stünde aber nun doch wieder die Prestigewirkung entsprechender Übung im Latein, zumal die Argumente gegen das Vorkommen dieser Konstruktionsform im Latein widerlegt seien (H.Weber 1991). – Die Attributerweiterung war im 17./18. Jh. so beliebt, dass mitunter grammatikalisch kühne Möglichkeiten, mit referenzieller Agens-Inkongruenz zwischen Adjektiv und Substantiv, d.h. mit Verwechslung von Aktiv und Passiv, häufig vorkamen: *mit meinem bey mir habenden Vermögen, Unseren ferners auslassenden Kayserlichen Edicten,* auch bei nichterweiterten Partizipialattributen, z.B. in frühen Zeitungen in großer Zahl: *ihre habende Besoldung, die vorhabende Handlung, seinem mitbringenden Schreiben,* ..., nach Vorbild lateinischer Partizipialkonstruktionen des Kanzleistils (Mackensen 1964, 166ff.). Noch Gottsched polemisierte dagegen streitbar (Blackall 1966, 130). – Auch war die heute unzulässige Adjektivierung von reflexiven Verben möglich: *„eine sich ereignete unerhörte Begebenheit"* (Goethes Novellendefinition).

Die Durchsetzung des vorangestellten erweiterten Attributs korrelierte mit dem Rückgang der nachgestellten Adjektiv- und Partizipialappositionen *(Ein Stoff, aus schönster Seide gewirkt)*, die im Kanzlei- und Gelehrtenstil im 14. und 15. Jh. zugenommen hatten (s. 4.7H). Nach H.Weber (1971, 130) gingen sie von 1,11% (16. Jh.) zurück auf 0,28% (17. Jh.) und 0,29% (18. Jh.). Im Wissenschaftsstil ging diese ältere Variante des Bildungsdeutsch seit dem Ende des 17. Jh.s stark zurück, während sie im klassischen Prosastil im 18./19. Jh. nach lat.-franz. Vorbild wieder Mode wurde (H.Weber 1971; Ebert 1986, 98f.).

R. Epochentypisch ist auch der hochkomplexe h y p o t a k t i s c h e Satzbau im eigentlichen Sinne. Das 17. Jh. ist die „Blütezeit des überlangen und mehrgliedrigen Satzgefüges" (Admoni, in: BRS 1540), vor allem im Kanzlei- und Wissenschaftsstil. Gegenüber 3 von 15 Texten mit über 60% Hypotaxe im 16. Jh. haben nach Admoni im 17. Jh. 11 von 15 Texten diesen Prozentsatz, wobei die Nebensätze 2. und 3. Grades (und noch weiterer Grade) stark zunahmen, während im 18. Jh. 11 von 15 Texten unter 50% Hypotaxe hatten, mit mehr als zwei Dritteln Nebensätzen 1. Grades (Admoni 1967, 169). Dabei war um 1700 der Typ des „gestreckten" Satzgefüges (Hauptsatz von 1 oder mehreren Nebensätzen unterbrochen) zwar besonders in Kanzleitexten häufig; er wurde wegen der extremen Ausnutzung der Verbgruppenklammer als *Schachtelsatz* kritisiert (Betten 1987, 159; Admoni 1980, 35). Noch beliebter im Allgemeinen waren jedoch das „zentrierte" Satzgefüge (Hauptsatz zwischen zwei oder mehreren Nebensätzen), das „abperlende" (Hauptsatz mit mehreren folgenden Nebensätzen, z.B. der 1. Satz in dem Zeitungstext in 5.12B) und „gemischte" Formen (Admoni 1980, 338, 350). Nach Ágel (1999, 206ff.) sei die strenge Unterscheidung Haupt-/Nebensatz Folge der stärkeren „Epistemifizierung" im Druckzeitalter (vgl. 5.9N).

In der Zeit zwischen etwa 1500 und etwa 1700 beobachtete Admoni einen Prozess der „logischen Präzisierung" des Satzgefüges. Die „unpräzisen Konstruktionen" nehmen ab; Beispiele dafür in den *Rechts=Anmerckungen* im Florinus-Text in 5.12H oder in den *Relationen* von 1609 (bei Korhonen 1988).

Sie sind gekennzeichnet durch die „Ausrichtung vieler Nebensätze mit semantisch mehrdeutigen Konjunktionen auf einen Hauptsatz", durch fehlenden Hauptsatz oder „schwer entwirrbare Verschlingungen von Nebensätzen", selbst wenn ein Hauptsatz im Satzgefüge vorhanden ist. Rückläufig sind auch die Kontaminationen konditionaler Satzgefüge, die Apokoinu-Konstruktionen, der Ausfall unterordnender Konjunktionen, die Verbindung von Nebensatz und Hauptsatz durch die nebenordnende Konjunktion *und*, der Übergang innerhalb eines Nebensatzes von einer Gestaltungsform zu einer anderen, usw. (Admoni 1980, 339ff., 351f.). – Das quantitative Anwachsen der Satzgefüge beruht nach Admoni (1980, 354) vor allem auf dem Anwachsen des Elementarsatzumfangs insbesondere durch erweiterte Attributgruppen, Adverbialgruppen und Koordinationen. Insgesamt beobachtete er um 1700, gegenüber der Zeit um 1500, einen leichten Rückgang der „oberen Grenze der quantitativen Parameter des Satzgefüges": schätzungsweise auf 12–14 Elementarsätze pro Satzgefüge, mit einem maximalen Abhängigkeitsgrad der Nebensätze bis zum 4. oder 5. Grad, mit maximal 250 bis 300 Wortformen pro Satzgefüge. In Ausnahmefällen gebe es sogar Satzgefüge mit Nebensätzen bis zum 12. Grad in einem Kriminalbericht von 1689.

S. Im Zusammenhang mit der Perfektionierung des expliziten Ausdrucks argumentativer Schritte in Rechts-, Wissenschafts- und Fachsprache ist die Zahl der Konnektoren auf Satzebene (Konjunktionen, Subjunktionen,

Pronominaladverbien) und Satzgliedebene (Präpositionen) vom 16. bis 18. Jh. angestiegen, und viele davon wurden zunehmend spezialisiert. Dies gilt vor allem „in Bereichen, in denen die eigene semantische Leistung der Konnektoren stärker ins Gewicht fällt (situative und logische Verhältnisse)“ (N.R.Wolf 1978, 43). Trotzdem ist das System vor allem der unterordnenden Konnektoren zu Beginn des 18. Jh.s „noch recht unpräzise und mangelhaft“ (Admoni 1980, 352): Eine der noch sehr polysemen Subjunktionen ist *so*; es kann konditional, als universales Relativpronomen oder als Korrelat im nachfolgenden Hauptsatz verwendet werden. Erst im Laufe des 18. Jh.s wird diese unpräzise Konnexionsart verdrängt. Anknüpfungsmöglichkeiten mit *so, da, do, nu,* die im Mittelhochdt. der „kommunikativen Funktion“ dienten (sozialer Beziehungsaspekt), gingen in der stark rationalisierten neuhochdt. Schriftsprache verloren (N.R.Wolf 1978, 43).

Bei der semantischen Präzisierung und Differenzierung normalsprachlicher Nebensatzkonnektoren im Bildungsdeutsch wirkte seit der Aufklärungszeit eine Tendenz zum einfachen Hauptsatz + Nebensatz- oder Nebensatz + Hauptsatz-Gefüge mit einem Kernbestand weniger möglichst monosemer Konjunktionen/Subjunktionen für die verschiedenen semantischen Satzverknüpfungsrelationen. Trotzdem war Ende des 18. Jh.s noch nicht in allen Fällen der moderne Stand erreicht (Dal 1966, 208ff.):

Lokales *da* wurde durch *wo* abgelöst, temporales *da* (in poetischem Stil mitunter noch bei den Klassikern) durch *als*, so dass kausales *da* allein übrig blieb. *Dann* und *denn, wann* und *wenn* wurden bis Anfang des 18. Jh.s (in Dialekt und Umgangssprache z.T. bis heute) noch gleichbedeutend gebraucht. Die semantische Unterscheidung zwischen hochtonigem kausalem *denn* und tieftoniger Sprechereinstellungs-Partikel *denn* setzte sich im Lauf des 18. Jh.s durch. Neben kausalem *weil* wurde bis ins 18. Jh. temporales *weil* (neben *dieweil, derweilen*) noch vereinzelt verwendet. Konditionales *ob* statt *wenn* begegnet noch bei Goethe, ebenso konzessives *ob* statt *obwohl*. Temporales *während* findet sich noch bei den Klassikern in seiner volleren Form *während dessen..., während (dem) daß...* – Einräumende (konzessive) und bestätigende Anknüpfungs-Adverbien wie *immer(hin), allerdings* werden erst seit der Aufklärungszeit üblich. Im Bereich der konzessiven Satzgefüge spielten nach Emilia Baschewa (1983) die uneingeleiteten Nebensätze (z.B. *Setze es so hoch als du willst, es muß doch ...*) noch eine größere Rolle als heute. Bei den damals schon 82,40% eingeleiteten konzessiven Nebensätzen war der Formenreichtum der Subjunktionen noch größer (23) als heute (18); *obgleich* war noch häufiger als *obwohl* (heute umgekehrt), *wenn auch* etwa gleich häufig, *auch wenn* wesentlich seltener. Untergegangen sind *unerachtet, daß..., ungeachtet, daß ...* – Die Temporalität und Kausalität kombinierende Subjunktion *nun* (statt *nun, da ...*) ist noch um 1800 üblich: *Was kann dich ängstigen, nun du mich kennst?* – *denn* statt *als* beim Komparativ (*weniger denn ...*) hält sich z.T. noch bis ins 19. Jh. im hochliterarischen Gebrauch; *wie* beim Komparativ findet sich noch bei Klopstock und Lessing, *als wie* statt *wie* noch bei Goethe (*bin so klug als wie zuvor*). – Zur monosemierenden Entwicklung von Konjunktionen s. auch Nitta 2004!

In professionellen Textsorten in Verwaltung, Recht, Wissenschaft sind in der Barockzeit typisch kanzleisprachliche, sehr speziell anmutende, aber meist recht vage verwendete Haupt- und Nebensatz-Konnektoren sowie Substantivgruppen-Konnektoren (und entsprechende Wortverbindungen) üblich gewesen, von denen sich viele auf die Dauer nicht durchgesetzt haben (Admoni, in: BRS 1540):

gestalt, was gestalt, in gestalt, dergestalt, welchergestalt, maßen, was maßen, inmaßen, usw. Bis heute geblieben sind aus dieser Sprachschicht die Konjunktional-Adverbien *dennoch, trotzdem, gleichwohl, deshalb, folglich, infolgedessen, somit, jedoch, desto, um so, sowohl... als auch..., entweder... oder...* usw.; die Subjunktionen *obwohl, obgleich, obzwar, wenngleich, wenn auch, wiewohl, insoweit, wohingegen, insofern als..., sofern, falls, zumal, anstatt, ohne zu, ohne daß, indem, sowie* usw.; die Präpositionen bzw. Postpositionen *dank, laut, kraft, zwecks, infolge, zufolge, aufgrund, mittels, anstelle, entsprechend, gelegentlich, ungeachtet, abzüglich, einschließlich,* usw.

Die Konsolidierung argumentativer Konnektoren vollzog sich in einem sehr komplexen strukturellen und textsortenspezifischen Zusammenhang, wie Natalja S. Babenko (1988) am Beispiel der finalen Nebensatz-Konjunktionen gezeigt hat: In der zweiten Hälfte des 16. Jh. waren drei Varianten nebeneinander üblich: *damit (daß)* (68%), *daß* (19,5%), *auf daß* (12,5%). Der Rückgang von *auf daß* (Ende des 17. Jh.s 7,7%) hing damit zusammen, dass diese Variante im 17. Jh. zunehmend in der hohen Poesie, in religiöser Lyrik und didaktischer Prosa verwendet wurde und später nur mit der stilistischen Markierung ‚biblisch' oder ‚altertümlich' fortlebte, während die Sach- und Wissenschaftsprosa es mied und *daß* oder *damit* bevorzugte. Doch keine der drei Varianten war damals hinreichend kontextfrei eindeutig für ‚final', sie alle bedurften des Konjunktivs und der Determination durch den Kontext; *daß* wurde auch durch Verwendung von Hauptsatz-Korrelaten wie *deshalben, darum, dazu, dafür* final eindeutig gemacht. Im Laufe des 18. Jh.s wurde *damit* allmählich vorherrschend, zusammen mit dem eindeutig finalen *um... zu* in satzwertigen Infinitivgruppen (seit 17. Jh.).

Die Durchsetzung von *damit* gegen die Konkurrenten hing (nach Babenko 1988) mit folgenden Begleitumständen zusammen: *damit* löste sich (durch Betonungsunterschied) allmählich von dem homonymen Pronominaladverb *damit* und von dem durch *womit* ersetzten Relativpronomen *damit.* Der Konjunktiv (besonders und zunächst der Konjunktiv I) wurde in Finalsätzen fakultativ. Hauptsatzkorrelate kamen bei *damit* im 17. Jh. nur sehr wenig vor (3,5%), im Unterschied zu *daß* (15%). Anders als die Konkurrenten, war *damit* von jeher auch in voran- oder zwischengestellten Finalsätzen möglich. Zur stärkeren „Epistemifizierung" durch Kausalkonnektoren im Druckzeitalter s. Ágel 1999, 183ff!

Die Neigung, möglichst überall die Argumentationsschritte durch explizite spezifische Verknüpfungswörter anzuzeigen, ist in der Aufklärungszeit offenbar derart übertrieben worden, dass Gottsched in seiner Warnung vor kompliziertem Periodenbau in seiner *Ausführlichen Redekunst* (1759) den übermäßigen Gebrauch von Konjunktionen tadelte:

„Es ist nichts lächerlicher, als wenn sich einfältige Stilisten immer mit ihrem obwohl, jedoch; gleichwie, also; nachdem, als; alldieweil, daher; sintemal und allermaßen behelfen: gerade als ob man nicht ohne diese Umschweife seine Gedanken ausdrücken könnte. Doch wenn man ja diese Schulkünste noch wissen und brauchen will: so bemühe man sich doch, mehr einfache als zusammengesetzte Perioden zu machen." (n. Hundsnurscher 1990, 431). Der konnektorreiche Stil ging erst seit dem späten 19. Jh. zurück im Zusammenhang mit der Ablösung des vorwiegend hypotaktischen Stils durch den mehr parataktischen Nominalgruppenstil (s. 6.9IJ).

Ein Kennzeichen der gehobenen deutschen Bildungssprache wurde seit dem 17. Jh. das Relativpronomen *welcher/-e/-es*. Es wurde im 14. Jh. vom Mittelniederländischen her in der mittelniederdt. Kanzleisprache üblich, seit dem 15. Jh. auch im Hochdt., besonders im Ostmitteldt., zuerst in attributiver Funktion (*... der Zunfft ordenung ze halten, welich ordenung...*). Im 16. Jh. war es als amts- oder gelehrtensprachlich stilistisch markiert. Seit dem 17. Jh. wurde es in der allgemeinen Bildungssprache Mode (Ebert 1986, 161ff.). In der absoluten Verwendung (*Ordnung, welche* ...) blieb es als gehobene Variante von *der/die/das* bis heute in Gebrauch, oft nur zur Vermeidung des Gleichklangs bei vorangehendem gleichlautendem Artikel.

Im gleichen Zeitraum wurden die alten unflektierten Relativpartikel *so, wo, da, was, und* (so z.T. noch im Dialekt und im Jiddisch) bildungssprachlich durch flektierte Relativpronomen verdrängt (*so* hielt sich bis ins 18. Jh. in hoher Literatur). Dadurch war es möglich, die formale flexivische Anbindung des Relativsatzes in Satzgefügen eindeutiger kenntlich zu machen und dadurch auch seine Fernstellung vom Bezugs-Substantiv zu ermöglichen. Dies trug zur sprachkonservativen Stärkung des Flexionsprinzips im Deutschen bei.

T. Eine Begleiterscheinung des immer komplexer werdenden hypotaktischen Satzbaustils waren vom 17. bis 19. Jh. die afiniten Nebensätze: In eingeleiteten Nebensätzen wurden die finiten Verbformen, vor allem die temporalen Hilfsverben *sein* und *haben* im Perfekt und Plusquamperfekt weggelassen, öfters auch das Kopulaverb *sein* bei prädikativen Adjektiven; Beispiele im Zeitungstext von 1609 in 5.12B: *... so man ... geführet; ... deren ... genommen; ... weil sie ... abgefallen.* Diese vereinzelt im mittelniederdt. und spätmittelhochdt. Kanzleistil vorkommende elliptische Form wurde im 16. Jh. häufiger, im 17. und 18. Jh. massenhaft, im 19. Jh. rückläufig (Härd 1981; Ebert 1986, 133f.; Guchmann/Semenjuk 1981, 111, 227). Nach der Erklärung Admonis diente diese Satzbaumode dem Zweck, in komplexen Satzgefügen die Unselbstständigkeit des Nebensatzes hervorzuheben: „Dies setzt die Nebensätze funktional-strukturell fast auf die gleiche Stufe wie die Infinitiv- und Präpositionalkonstruktionen und macht sie in noch höherem Grade als durch die Schlußstellung der finiten Verbalform der strukturellen Stütze von seiten des Hauptsatzes bedürftig". (Admoni, in: BRS 1540ff.; 1967, 190f.; 1980, 346f.). Diese „Übercharakterisierung" des Nebensatzstatus sei im Laufe des 19. Jh. überflüssig geworden, da die unpräzisen und übertriebenen Hypotaxeformen des 16. bis frühen 18. Jh.s weitgehend vermieden, also die Satzgefügestrukturen durchsichtiger wurden. Ein Vorbild lateinischer Partizipkonstruktionen ist umstritten (Ebert 1986, 134).

U. Ein epochentypisches syntaktisches Problem des 16./17. Jh.s ist die Ambivalenz des Satzstatus und der Verb-Endstellung bei anaphorischem Anschluss mit *d*-Pronomen wie *darin, darüber, derowegen, darumb, dahero, deshalb*, usw., auch mit *sonst, also* und anderen demonstrativen Pronomen (Ebert 1986, 104, 169; Behaghel 1932, Bd.IV, 18). Bei Großschreibung dieser Pronomen liegt Erklärung als Satzanfang und Vorbild des lateinischen relativen Anschlusses nahe *(... konnten ihren Fragtpfennig nicht zahlen. Deszwegen sie Charon fragte)*. Bei Kleinschreibung nach Virgel, Komma oder ohne Interpunktion (sehr häufig im 17. Jh.) ist nicht zu entscheiden, ob es sich um einen Satzanfang mit ‚anormaler' Endstellung des Verbs handelt oder um eine Nebensatzeinleitung im Sinne der ‚weiterführenden' Nebensätze; beispielsweise in einem eigenhändigen Brief Wallensteins von 1627: *„Aus beylag wird der herr sehen was der künig aus Polen an mich schreibt dahero denn von nöten ist mitt dieser sach vorsichtig umbzugehen"*. Weitere Beispiele aus der *Relation* von 1609 bei Korhonen 1988, 232.

Wenn man alle diese *d*-Pronomen durch *w*-Pronomen ersetzen würde, bestünde vom heutigen Standpunkt am Nebensatzstatus kein Zweifel. Tatsächlich ist dieser Ersatz nachweislicher Sprachwandel seit dem 18. Jh. Dies wird exemplarisch bereits an zwei Buchtiteln von Schottelius deutlich (s. 5.6M3): 1641 formuliert er mit *d*-Pronomen: *Teutsche Sprachkunst / Darinn die Allerwortreichste ... erhoben*, 1663 dagegen mit *w*-Pronomen: *Ausführliche Arbeit von der Teutschen HaubtSprache / Worin enthalten ...* Die nebensatzartige Verwendung dieser *d*-Pronomen wurde von Christian Weise (1678) und seinen Nachfolgern als kanzleisprachliche Angewohnheit weitgehend zurückgedrängt, aber von Gottsched noch regelmäßig, von Goethe nur noch in amtlichen Schriftstücken verwendet (Mattausch 1965, 75f.), während Adelung die alte Verwendung noch neben der Hauptsatzverwendung behandelt (Hundsnurscher 1990, 426ff.). – Die sog. ‚weiterführenden' Nebensätze (heute mit *w*-Pronomen wie *was, worüber, womit, weshalb, ...*) sind nach Werner Holly (1988) nicht einfach als bildungssprachliche Übertreibung des hypotaktischen Stils um seiner selbst willen zu erklären. Sie sind sehr alte Arten von Folgesätzen aus der Zeit, als Haupt- und Nebensatz noch nicht so scharf voneinander unterschieden wurden und das Verhältnis zwischen *d*-Pronomen (anaphorisch) und *w*-Pronomen (als Relativa) noch nicht geregelt war: Der vermutliche Nebensatzcharakter ist „nicht unmittelbar einem Ausufern der Hypotaxe zu verdanken, sondern eher dem Versuch, diese zu bändigen; so werden kommentierende parenthesenartige Zusätze und enge, aber ungenaue Anknüpfungen in die Präzision und Ordnung hierarchischer Hauptsatz-Nebensatz-Gefüge eingebunden". (Holly 1988, 319).

Zeitung für Städte, Flecken und Dörfer, insonderheit für die lieben Landleute alt und jung.

1. Stück. Sonnabend, den 25. November 1786.

Aus dem Braunschweigischen.

An die lieben Landleute.

Meine lieben Freunde! wir lesen manchmal die Zeitung, und es gefällt uns vieles, was wir darin lesen. Man hört und sieht denn doch, wie es in der Welt hergeht, da giebt es Gutes und Böses durch einander. Dies Lesen und Wissen hat sein Angenehmes, auch sein Nützliches, und macht klug. Deswegen gefällt mir unser Nachbar **Heinrich**, der lieset die Zeitungen, wo er ausspannt, und kann mitsprechen, und ist kein dummer Mann. Wie oft lernt man auch was aus den Zeitungen, das man wieder brauchen kann in der Haushaltung, beym Ackerbau, beym Viehe, in Küche und Keller oder sonsten, davon man reinen Profit hat. Darum wäre es immer gut, wenn wir die Zeitungen nur öftrer läsen. Aber das ist denn auch oft verzweifelt schwer. Die Zeitungen sind so groß, so weitläuftig, oft ganze Bogen lang, da vergeht einem die Geduld, und unser einer hat mehr zu thun, als Zeitungen zu lesen: Und hat man denn erst einmahl angefangen, so will man doch das Ende gern wissen, und das erfordert Zeit; ich weiß, wie mirs selbst gehet. Dann steht so viel von hohen Dingen darin, von Kaysern und Potentaten, von Ländern und Reichen, die man nicht alle kennt; was die Zeitungsschreiber **politisch** heissen. Dann wieder so was hochgelahrtes, das man gar

Abb. 21: Zeitung für Städte, Flecken und Dörfer, insonderheit für die lieben Landleute alt und jung. – Titelblatt vom 25. November 1786.
(Quelle: Herzog August Bibliothek, Wolfenbüttel. Signatur: Zeitungen 5.)

V. Der hochkomplexe, langatmige deutsche Satzbau in der Zeit des Absolutismus war nur professionelle Virtuosität und ständisches Prestigesymbol (und -symptom) einer Bildungs- und Verwaltungselite. Er hatte sehr wenig mit einem allgemeinen Strukturwandel der deutschen Sprache zu tun. Es handelte sich vielmehr um die Stilkunst einer gezielten, systematischen Variantenpräferenz, die Admoni „gespanntes Gestaltungssystem" nannte. Dies wird am Kontrastbeispiel des ganz schlichten, argumentativ klaren, modern-medienwirksam anmutenden Satzbaus deutlich, der sich in einer volksaufklärerischen *Zeitung für Städte, Flecken und Dörfer, insonderheit für die lieben Landleute alt und jung* aus Wolfenbüttel vom 25. November 1786 findet (vgl. Abb. 21!). Hier offenbart sich eine satzstilistische Kontinuität von den Flugschriften der Volksaufstände um 1525 (s. 4.8J–N) über die Volksaufklärung und Landagitation Ende des 18. Jh.s (s. 5.12S) bis zum Sprachstil in der Frühzeit der Arbeiterbewegung (s. 6.16E).

Gründer und Herausgeber war der Pastor Hermann Braess, Sohn eines Knopfmachers und selber Landwirt, so dass für die schlichte Sachlichkeit und Adressatenbezogenheit die traditionelle Praxis von Predigt und ländlicher Schriftlichkeit zugleich als Vorbild angenommen werden darf. Hier fehlt alles, was das „gespannte Gestaltungssystem" kennzeichnet: Hier gibt es nur kurze Teilsätze, nur notwendige Nebensätze (Ergänzungs-, Relativ-, Konditional- und Vergleichssätze), keine weiten Satzklammern, keine erweiterten Attributgruppen, keine afiniten Nebensätze, nicht syntaktische, sondern sprechrhythmische Interpunktion (wie aus der Virgel-Zeit), dafür Ausklammerung, Nachträge und zahlreiche sehr einfache Konnektoren.

W. Die modernen Möglichkeiten des komprimierten (kompakten) Satzbaustils (vgl. v. Polenz 1985/88, 24ff.) wurden bereits im 17./18. Jh. – noch lange vor dem Auffälligwerden des Substantivstils im 19./20. Jh. – durch eine Konsolidierung von Wortbildungsmitteln vorbereitet. Die Epoche der Verdeutschungsarbeit (s. 5.5) und der Terminologisierung von Fach- und Wissenschaftssprachen (s. 5.11P–S) war zugleich die Zeit, in der das Deutsche zu einer relativ starken ‚Wortbildungssprache' wurde: In relativ starkem Maße wurde beim substantivischen Benennen und Spezifizieren neuer, im systematischen Zusammenhang wichtiger Begriffe von der Möglichkeit der Bildung semantisch motivierter (durchsichtiger) Zusammensetzungen als Determinativ-Komposita Gebrauch gemacht, während in anderen europäischen Sprachen für die gleichen Begriffe z.T. Wortfügungen mit adjektivischem oder substantivischem Attribut oder (unmotivierte) Einfachwörter stehen. Hans-Joachim Solms (1999) bringt diese Kompositionsfreudigkeit mit der Verstärkung des kontextfrei verständlichen analytischen und produktiven Ausdrucks seit der Frühen Neuzeit in Beziehung (dazu auch Macha 2006). Diese starke lexikalische Innovationstendenz des neueren Deutsch wirkt sich beim

Übersetzen besonders in romanische oder slawische Sprachen aus. Sie beruht auf einer sprachideologischen Präferenz, nicht auf einem sprachstrukturellen oder sprachtypologischen Unterschied. Sie führt im Deutschen oft dazu, „die Dinge übergenau zu sagen, durch Nominalkomposition explizit zu machen, was in anderen Sprachen implizit im Kontext mit enthalten ist", z.B. *Augenblick/moment, Schallplatte/record/disque, Zusammenstoß/crash* (Erben 1993, 130 nach Wandruszka). Solche tendenziellen Unterschiede sind bis heute in der Art des Aufbaus von Fachterminologien verschiedenster Sachgebiete wirksam. Nehmen wir als Beispiel einige seit dem 17./18. Jh. im Deutschen üblich gewordene Expertenausdrücke der Sprachreflexion im Vergleich mit ihren französischen und englischen Entsprechungen:

Deutsch:	Französisch:	Englisch:
Sprachlehre	*grammaire*	*grammar*
Sprachforscher	*linguiste, philologue*	*linguist, philologist*
Sprachgebrauch	*usage, langue courante*	*(linguistic) usage*
Sprachgefühl	*sens de la langue*	*feeling for a language, linguistic instinct*
Sprachbau	*structure de la langue*	*linguistic structure*
Sprachreinheit	*pureté de la langue*	*purity of language*
Sprachschatz, Wortschatz	*vocabulaire*	*vocabulary*

Die im Deutschen offensichtliche Tendenz zum Aufbau eines homogenen terminologischen Wortfeldes, mit möglichst vielen analog motivierten Zusammensetzungen, beruht keineswegs auf einem Sprachstrukturgesetz, sondern auf Variantenpräferenz. Dies zeigt sich auch darin, dass die verdeutschenden Zusammensetzungen schon in der Epoche der Sprachkultivierung durchaus andersartige Konkurrenz hatten: als syntaktische Varianten *(sprachliches Gefühl, Gefühl für die Sprache, Reinheit der Sprache)* oder nach der tendenziell vermiedenen ‚eurolateinischen' Weise *(Grammatik, Philologe, Usus, Vocabular(ius), Purität)*; so auch in der heutigen Zeit durch amerikanisch-englische Vorbilder *(Sprachstruktur/sprachliche Struktur/linguistische Struktur)*.

Die immer stärkere Kompositionstendenz wird an der Zunahme der Zusammenschreibung substantivischer Zusammensetzungen deutlich, die von den Grammatikern des 18. Jh.s zunehmend empfohlen wurde, so dass sie um 1800 als Norm galt (Sattler 1992, 271; Admoni 1972, 94ff.; 1983, 87ff.; Hartweg/Wegera 1989, 159). Die Zusammenschreibung von Komposita „machte schon in der zweiten Hälfte des 16. Jh.s rasche Fortschritte" (Pavlov 1987; 2004, 114). Die im Englischen bis heute gegenläufige Tendenz erklärt Pavlov (2004, 107) daraus, dass im Englischen durch stärkeren Flexionsschwund „die morphologischen Bedingungen entfielen, die im Deutschen dem vorangestellten artikellosen appellativischen Attribut die Zusammenschreibung mit dem Kernsubstantiv aufzwangen".

Nachdem im Mittelhochdt. die eigentlichen Zusammensetzungen meist zusammengeschrieben worden waren, im 14./15. Jh. überwiegend, nahm wegen der Zunahme uneigentlicher Zusammensetzungen in der 1. Hälfte des 16. Jh. Getrenntschreibung allgemein wieder zu *(stat prediger)*. Seit der zweiten Hälfte des 16. Jh., besonders im 17. Jh., waren Schreibende und Drucker „bemüht, durch das Schriftbild des Kompositums gleichzeitig seine Einheit und seine Gegliedertheit, eigentlich seine innere Gegensätzlichkeit, wiederzugeben" (Pavlov 1993), nämlich – neben der immer seltener werdenden Getrenntschreibung – durch doppelten Bindestrich (*Rechts=Anmerckungen*), auch in längst lexikalisierten Fällen, oder durch Zusammenschreibung mit Majuskel am Beginn des 2. Gliedes *(HaubtSprache)*; (vgl. auch Solling 2012). – Zur Worttrennung am Zeilenende s.Güthert 2005!

Die deutsche Wortbildungsfreudigkeit zeigt sich im 17. und frühen 18. Jh. auch an der Neigung zur Kompression (Zusammenziehung) koordinierter Wortgruppen, bei der eine gemeinsame Komponente eingespart wird. Admoni (1990, 179; in: BRS 1542) erklärt sie als „Zementierung der Wortgruppen" im Rahmen des „gespannten" Satzbaustils. Sie ging weit über das im modernen Deutsch Übliche hinaus und ist wohl nur schreibsprachlich üblich gewesen, kaum mündlich:

in justiz- auch ordinari statts- und wirtschaftssachen; bei den Holl- und Niederländern; auch mit Ersparung eines gemeinsamen Suffixes: *nütz- und ergetzlich; Freund- und Brüderschaft; Gewohn- und Angelegenheiten; die Griech- und Römischen Geschichtsschreiber; Pfleg- und Unterhaltung; einige verwandl- oder verhandlung;* auch zur Zusammenfassung eines Kompositums mit koordinierter attributiver Wortgruppe: *Fix- oder angeheftete Sterne;* selbst als Einsparung von Flexionsendungen: *mit teutschen Benennung- und Beschreibungen.* Sehr beliebt waren lange koordinierte Ketten von Zusammensetzungen mit eingespartem gemeinsamem Grundwort: *von Hand- Roß- Mahl- Zain- Schleiff- und Säg-Mühlen.*

Einen exemplarischen Eindruck von der Art des schon routinierten Gebrauchs bzw. der Neubildung von Zusammensetzungen in dieser Epoche können wir uns anhand der Inhaltsübersicht verschaffen, die in einem dem ökonomischen Alltag dienlichen populärwissenschaftlichen Werk auf der Titelseite abgedruckt ist: *OECONOMVS PRVDENS ET LEGALIS. Oder Allgemeiner Kluger und Rechts-verständiger Haus-Vatter* von Franciscus Philippus Florinus, einem pfälzischen Pastor, erschienen in 2 Foliobänden in Frankfurt und Leipzig 1722 (eine Textprobe davon ist in 5.12H wiedergegeben):

In den 34 Zeilen der syntaktisch ausformulierten Inhaltsübersicht finden sich 54 Zusammensetzungen, allesamt Substantive. Davon sind 37 mit doppelten Bindestrichen geschrieben *(Jahrs=Zeiten)*, 17 zusammengeschrieben. Die Zusammenschreibung findet sich in 11 Fällen bei substantivierten Tätigkeitsbezeichnungen mit Tätigkeitsobjekten als Erstglied: *Haushaltung, Feldmessen, Weinbau, Viehzucht* usw., sonst noch bei einigen wenigen wohl schon sehr geläufigen, also längst lexikalisierten Wörtern wie *Hand-*

wercksleute, Werckzeug, Weinberg. Fast alle sind zweigliedrig (mit nur einer Ausnahme: *Handwercksleute*). 6 Fälle sind Zusammenbildungen mit Ableitungssuffix beim Grundwort *(Haushaltung, Saamen-Bewahrung).* In 12 Fällen sind gemeinsame Glieder in koordinierten Kompositareihen eingespart *(Wein- Obs- und Oel-Pressen)*, ein Zeichen von großer Routine mit solchen Wortbildungen. Der allergrößte Teil der Zusammensetzungen (30) besteht aus Determinativkomposita, in denen das Erstglied das Grundwort im Sinne einer speziellen Art näher bestimmt: *Feuer-Mauren, Meyer-Hof, Schöpff-Brunnen, Koch-Buch,* usw. In insgesamt 22 Fällen bezeichnet das Erstglied Objekte von Tätigkeiten: *Bierbrauen, Wein-Pressen, Feuer-Sprützen* usw. Teilweise dienen Wortfamilien der thematischen Konsistenz bestimmter Sachbereiche: *Haus-Vater, Haus-Mutter, Haushaltung, Haus-Calender, Haus-Mittel, Bräu-Haus; Bau-Kunst, Bau-Wesen, Acker-Bau, Weinbau, Unterbau, Gebäu, Gebäude.*

Insgesamt scheint in dieser Textprobe von 1722 der heutige Stand der Wortkomposition grundsätzlich schon erreicht; im Inhaltsverzeichnis eines heutigen populären Sachbuchs fänden sich gleichartige Typen. Nur die moderneren Möglichkeiten der Lehnwortbildung, vor allem Konfixbildungen, fehlen hier noch, und die Schreibweise ist hier noch offener: vorwiegend Bindestriche, mehr Einsparung gemeinsamer Glieder. Der Nutzen der (für den Texthersteller kreativ verfügbaren) Kompositionsmöglichkeiten für die komprimierte Vorausschau auf den Buchinhalt in thematisch wichtigen Arbeitsgebieten ist in diesem Textbeispiel offensichtlich; auch ist gewohnter mündlicher Gebrauch solcher Wortbildungen über den fach- und bildungssprachlichen Bereich hinaus im immer stärker rationalisierten arbeitsteiligen Alltagsleben des größten Teils der Bevölkerung schon für diese vorindustrielle Zeit anzunehmen, sonst hätte der Verfasser eine solche Häufung seinen meist nur praktisch gebildeten Lesern nicht zumuten können. Das Wortbildungs-Instrumentarium für die Erfordernisse des Industriezeitalters war bereits in dieser aufgeklärthandwerklichen Frühphase wohlvorbereitet (vgl. 5.11RS).

Die Zunahme der substantivischen Zusammensetzungen (vor allem Determinativkomposita) und die Konsolidierung ihrer formalen Strukturen in frühneuhochdt. Zeit betraf nach Vladimir M. Pavlov (1983; 1995) vor allem die sog. uneigentlichen Zusammensetzungen, die aus zusammengerückten attributiven Substantivgruppen entstanden sind. Da die Voranstellung von Genitivattributen damals noch nicht auf Personenbezeichnungen *(Mutters Geburtstag)* und Personennamen *(Goethes Werke)* eingeschränkt war und der Artikel sich oft ebenso auf das Attribut wie auf das regierende Substantiv beziehen konnte, waren getrennt geschriebene frühneuhochdt. Substantivsequenzen dieser Art oft noch ambivalent in Bezug auf den Status als Wortgruppe oder Zusammensetzung (*der stat prediger, der vesper zit*). Durch Einschränkung der Voranstellung des Genitivattributs, durch strengere Setzung des Artikels und durch Zusammenschreibung wurde der Kompositionsstatus im Laufe des 17./18. Jh.s eindeutig: *der Stadtprediger* vs. *der Prediger der Stadt, der Vesperzeit* vs. *der Zeit der Vesper*. Auch die zunehmende Strenge der Adjektivflexion und der zunehmende Gebrauch von Bezugsadjektiven (s. unten 5.9Y) hat zur strukturellen Klärung beigetragen (Nitta 1987). Die Aufhebung der frühneuhochdt. Ambivalenz zeigt sich auch bei adjektivischen Attributen bzw. Bestimmungswörtern:

Nach dem Ost-Berliner Material (Sattler 1992) aus Produktbezeichnungen mit Attributen/Bestimmungsgliedern der Bedeutung ‚hergestellt aus ...' konnten um 1600 noch viele Fälle nicht eindeutig der Wortfügung zugeordnet werden. Flektiert: *Lederne Eymer, Bleyernepfennige*, unflektiert: *zway Seydin Klayder, Leinen-Hemd*. Um 1700 war jedoch die Flexion der Adjektivattribute ebenso wie die Unflektiertheit der Erstglieder von Zusammensetzungen und deren Zusammenschreibung derart vorherrschend geworden, dass die klare Trennung zwischen beiden syntaktischen Kategorien der spezifizierenden Art-Prädikation meist befolgt wurde *(eiserne Kette* vs. *Eisenkette)*. Dabei waren ostoberdt. Texte fortschrittlicher als norddeutsche, ebenso Unterhaltungsliteratur moderner als Rechtstexte, wobei Sach- und Fachtexte etwa in der Mitte lagen.

Die immer stärkere Ausnutzung von Möglichkeiten der Zusammensetzung ist nach Pavlov (1995) großenteils als Ausweitung der Art-prädizierenden Wortgruppensyntax zu verstehen, weniger als Lexembildung mit Benennungsfunktion (Nomination); schon Jakob Grimm habe in den uneigentlichen Zusammensetzungen „durch pedantische Zusammenschreibung getarnte Wortfügung" gesehen. So entstanden unzählige Zusammensetzungen, die im Deutschen immer wieder neugebildet oder reproduziert werden, „ohne daß die Lexikographen von ihnen Notiz zu nehmen brauchten", nicht nur als ‚Augenblicksbildungen', sondern als „Zusammensetzungskonstruktionen als einer bifunktionalen, nicht nur die Lexembildung, sondern auch die Syntax bedienenden grammatischen Form" (Pavlov a.a.O.). Außersprachliche Triebkraft war dabei der „Bedarf an Ausdrücken, die die begrifflichen Genus-Spezies-Beziehungen in den verschiedensten Lebens- und Wissensbereichen explizit bezeichnen" (Pavlov a.a.O.). Insofern erscheint der übliche Terminus ‚Univerbierung' fragwürdig, wenn man damit nur die Vermehrung des Lexikons um weitere Lexeme meint, etwa gar im sprachdeterministischen/-relativistischen Sinne des ‚Wortens der Welt' in einer ‚Muttersprache' nach Weisgerber. Kreativer Sprachgebrauch ist in erster Linie Text-konstitutiver Satzbau, nicht ein ‚Worte Machen'.

Die verstärkte Nutzung von Substantiv-Komposita für spontanen komplexen Satzbau hängt nach Pavlov (2004, 105, 109f.) auch mit der flexivischen Strukturentwicklung der attributiven Nominalgruppen mit vorangestelltem genitivischem Attribut zusammen: Das „eingerahmte" substantivische Attribut konnte im Frühneuhochdeutschen noch mit dem eigenen Artikel gebraucht werden, z.B. *die anderen des graffen diener (→ die anderen Grafendiener), ein behender listiger und durchtribener eins buren sun (→ ein behänder, listiger und durchtriebener Bauernsohn)*. Die Vereinfachung des Artikelzwangs bei der neuhochdeutschen kompositionellen Lösung der Attributhäufung habe zu einem „höheren Grad der Selbständigkeit des vorangestellten Genitivattributs" bei der „funktionalen Verschiebung" der Kompositionsfreudigkeit „in den Bereich der dynamischen syntaktischen Vorgänge" geführt.

So wäre ein sprachkontrastiver Vergleich von deutschen Wortfeldern mit entsprechenden Wortfeldern anderer Sprachen zu kurz gegriffen, wenn man fürs Deutsche alle in Wörterbüchern gebuchten oder in Texten gesammelten Zusammensetzungen auflisten, bei den Wortfeldern der anderen Sprachen aber alle attributiven Wortgruppen weglassen und dann einen größeren ‚Reichtum' der deutschen Sprache behaupten würde. Die starke Expansion gattungsprädizierender Fachtermini seit der Aufklärungszeit ist in den meisten europäischen Sprachen annähernd gleich verlaufen. Der Unterschied zwischen attributiver Substantivgruppe und Zusammensetzung ist ein rein formalgrammatischer (ausdrucksseitiger), der nichts mit ‚Weltbild' einer Sprache (Weisgerber) zu tun hat, sondern allenfalls mit einer im Deutschen relativ stark entwickelten sprachideologischen Vorliebe für vollmotivierte Wörter als Frucht der Verdeutschungsarbeit (s. 5.5). Dies gilt besonders für die modernisierte Wissenschaftssprache.

So ist es für das neuere Deutsch typisch, beispielsweise in Gottscheds *Sprachkunst* (4. Aufl. 1757) im *„Verzeichniß der erklärten Kunstwörter"* auf der Erklärungsseite vorwiegend Determinativ-Komposita zu finden: *Ablativus: Nehmendung, Accusativus: Klagendung, Adjectivum: Beywort, Adverbia: Nebenwörter, Articulus: Geschlechtswort, Auxiliaria verba: Hülfswörter, Colon: Doppelpunkt, Conjunctiones: Bindewörter, Consonantes: Mitlauter,* usw.

Die Konsolidierung der Kompositionsmöglichkeiten zeigt sich auch an einem zunehmenden Zusammenspiel formaler und semantischer Merkmale: Aus Pavlovs Untersuchung von Quellen um 1500 (1470–1530) im Vergleich mit solchen um 1700 (1670–1730) geht hervor, dass der Anteil zweigliedriger Zusammensetzungen mit hoher Häufigkeit identischer erster Glieder (Wortfamilienbildung vom Bestimmungsglied her) deutlich abnahm, was auf „allgemeine größere Mannigfaltigkeit lexikalischer Elemente" zurückzuführen sei. Der Anteil abstrakter Erstglieder (*Rechts-, Glaubens-, Kunst-,* usw.) stieg an.

Die flektierten Formen des Erstgliedes (mit ‚Fugenelementen': *-(e)s, -en*) setzten sich immer mehr gegen die unflektierten durch. Dabei vermehrte sich tendenziell die Zahl der ‚unorganischen' *-s* femininer Erstglieder, die sprachkritisch noch heute als ‚falsche' Genitivformen missdeutet werden *(Freundschaffts-Bezeigungen)*, und zwar nahezu um das Fünffache von 12 auf 67, besonders seit dem 17. Jh. Dies betraf vor allem Suffixe *(-ungs-, -schafts-, -heits-, -ations-, -täts-)*, wobei abstrakte Erstglieder besonders häufig die *-s*-Form haben. Es hat um 1700 auch eine semantische Differenzierungstendenz stärker als um 1500 gewirkt: Flexionslose Erstglieder bezeichnen oft Konkretes, flektierte Abstraktes, Übertragenes: *Hertz-Klopfen, Herzgrüblein,* aber *hertzenleydt, Hertzens-Grund,* usw.; *Kirch-Thurm, Kirch-Thür, Kirchhoff*, aber *Kirchen-Ordnung, Kirchen-Regiment, Kirchen-Musique* usw.; *Landwein, Landguth, Land-Häuser*, aber *Lands-Herr, Landes-Gesetze, Landes-Kirche,* usw. Schwankungen der Form des Erstgliedes waren um 1500 wesentlich häufiger als um 1700 (Pavlov 1983).

Obwohl schon Schottelius (1663) Mehrfachkomposita registrierte: *Erbmannstammgut, Grundhaubtboswicht, Erblandmarschalk* (Kühnhold, in: BRS 1618), sind sie eher eine Randerscheinung, wie auch in neuerer Zeit. Als Alternative zur attributiven Wortfügung ist die zweigliedrige Zusammensetzung ganz überwiegend der Normaltyp. Mehrfachkomposition ist in den meisten Fällen im Grunde ebenfalls ein zweigliedriger Wortbildungsvorgang, indem in institutionalisierten Wortschatzbereichen bereits terminologisierte Zusammensetzungen für neue Zusammensetzungen verwendet werden (Dekomposita); so ist barock-kanzleisprachliches *Erb-Landmarschalk* ebenso zweigliedrig wie modern-bürokratisches *Einkommensteuer-Abgabetermin.*

Die Verwendung substantivischer Zusammensetzungen findet sich vor allem in bestimmten Textsorten, die der komprimierend-sprachökonomischen, rationalen Vermittlung und Bereitstellung sehr komplexer Informationsbereiche dienen. In der Frühen Neuzeit, vor allem seit dem 17./18. Jh., wurde „das deutsche Sprachempfinden auf immer breiterer sozialer Grundlage an der schriftlichen Existenzform der Sprache anerzogen bzw. geschult" (Pavlov 2004, 106), wobei die Zusammenschreibung von Komposita „bei der Herausbildung einer einheitlichen schriftsprachlichen Norm unerlässlich" wurde (Pavlov a.a.O., 113). Das Bedürfnis nach substantivischen Zusammensetzungen war aber nicht nur auf Textsorten der Wissenschaften, des Rechts, der Verwaltung usw. mit dem lexikalischen Zwang zur „Fächerung alter allgemeiner Begriffe bzw. die Hierarchisierung der Einzelbegriffsfelder beschränkt, sondern ergab sich auch bei der spontanen Bildung „individuell-situativer" Zusammensetzungen, z.B. in satirisch-didaktischen, religiösen und politischen Texten (Pavlov a.a.O., 100ff., 114f.).

Komposita wurden dagegen im poetischen Stil gemieden, auch in der Jugend- und Kinderliteratur zwischen 1780 und 1830, wo selbst längst geläufige Komposita auf ‚jugendgemäße' Weise in Wortfügungen aufgelöst wurden (Deckstein 1985, 188): *Strich des Landes, festes Land, halber Mond, Winkel vom Munde, Gegenwart des Geistes, Speisen von Mehl, im Fall der Noth.*

X. Die Kompositionsfreudigkeit führte durch immer häufigeren stereotypen Gebrauch zur „Grammatikalisierung bevorzugter Kompositionsglieder zu Affixen" (Erben 1993, 130). Dieser grammatikalische Morphemstatus-Wechsel, der in viel älterer Zeit bei der Entstehung von Suffixen wie *-heit, -tum, -schaft* zu beobachten ist, geht so allmählich vor sich, dass man in einem längeren Übergangsstadium diesen Gliedern den Affixstatus noch nicht im vollen Sinne zuerkennen kann und – solange diese Einheiten daneben noch als autosemantische freie Lexeme vorkommen, mit einem Kompromissterminus als Halbaffixe oder Affixoide bezeichnet. Kriterien sind der Wegfall von Artikel und Präpositionen, Erstarrung von Flexionsendungen in der Kompositionsfuge, Zusammenschreibung und vor allem das gruppenhafte Vorkommen einer von der vollen Lexemverwendung deutlich entfernten allgemeineren Bedeutung, z.B. die Bedeutung von *-mäßig* in *affixmäßig* (und vielen analogen Fällen) als ‚in der Art wie', ‚ähnlich wie', die nicht mehr mit der Bedeutung der freien Lexeme *Maß* oder *mäßig* identisch ist. In der Ausbildung zahlreicher neuer Halbpräfixe und Halbsuffixe ist das Neuhochdeutsche sehr produktiv. Wie bei der Hauptsatz/Nebensatz-Unterscheidung ist das Frühneuhochdt. eine Periode der Ambivalenz in Bezug auf den Status als Wortfügung oder Lexem, als Kompositum oder Affixbildung (Fleischer 1988), während im 17./18. Jh. sich diese Unterschiede deutlicher zeigen.

Bei den Kollektiv-Substantiven wird die neuhochdt. Vermehrung der Halbsuffixe aus stereotypen Kompositionsgliedern bereits im 17./18. Jh. erkennbar (Erben 1959; Wellmann 1969; 1975, 98f., 165f., 419f.; Kühnhold, in: BRS 1617f.):

Die alte Präfix + Suffix-Ableitung *(Gebirge* zu *Berg)* war längst nicht mehr produktiv, aber bei Adelung noch mit 37 Wörtern (27,6%) als Restbestand vertreten, in der Gegenwartssprache mit 48 (10%), also im Rückgang. Auch *-(er)ei* ist rückläufig (8,2 → 2,7%). Das schon im 17. Jh. produktive Halbsuffix *-werk* wird unproduktiv als Ableitung von Verben *(Flickwerk)*, bleibt aber produktiv bei Pflanzen und Handwerksprodukten *(Blatt-, Ast-, Fachwerk)*, bei Adelung mit 22 Fällen (16,4%), heute mit 34 (7,1%). Kollektive auf *-wesen (Münz-, Schul-, Bauwesen)*, die in der Gegenwartssprache auffällig zugenommen haben, mit 113 (23,5%), sind bei Adelung immerhin schon mit 13 (9,7%) vertreten, seit Stieler (1691) in Einzelfällen belegt. Das heute beliebte *-gut (Saatgut, Ideengut, Liedgut)* scheint um 1800 noch nicht üblich gewesen zu sein, ebensowenig modernes *-material.*

Von den substantivischen Ableitungen mit alten Suffixen sind – außer der allgemeinen Zunahme nach bewährten Wortbildungsmustern – hier nur einige für diese Epoche wichtige Einzelheiten anzumerken. Das wichtigste Wortbildungsmittel des modernen Nominalisierungsstils, die *-ung*-Abstrakta, sind eine schon alte dt. Wortbildungsweise (s. Tschentscher 1962). In den frühen Zeitungen des 17. Jh.s kommen sie gehäuft vor (Mackensen 1964, 169), ebenso in der Gesetzessprache des 18. Jh.s:

In Texten des Ehescheidungsrechts erhöht sich nach Wolfgang Brandt (1988) bereits im 18. Jh. die Zahl der Substantive überhaupt: 19,3% im Hohenloheschen Landrecht (1738), 12,7% im Baierischen Landrecht (1756), 24,4% im Preußischen Landrecht (1794), 27,4% im Sächsischen Bürgerlichen Gesetzbuch (1863/65), 27,6% in der

Neufassung des BGB (1976). Der Zuwachs besteht zum größten Teil aus Abstraktwörtern, deren Anteil an allen Textwörtern in der gleichen Zeit von 13,2% (1738/56) über 16,3% (1794/1809) auf 23,2% (1976) anstieg, ganz vorwiegend mit *-ung*-Ableitungen, deren Texthäufigkeit 1738/56: 11,6% aller Substantive betrug, 1794/1809: 20,4%, 1863: 22,7%, 1976: 28,8%. Die Häufung von *-ung*-Wörtern in Gesetzestexten *(Unterbrechung mittels Beantragung einer Vollstreckungshandlung)* ist schon im 19. Jh. kritisiert worden. Allein in den Abschnitten über Scheidungsrecht kommen im Preußischen Landrecht (1794) folgende häufigsten *-ung*-Ableitungen (mit Frequenzzahlen) vor (Brandt 1988, 141): *(Ehe-)Scheidung* (25), *Abfindung* (23), *Vergehung* (9), *Trennung* (9), *Verpflegung* (8). Seit dem BGB (1896) ist der Anteil der *-ung*-Wörter von 24 auf 21,5% bewusst sprachkritisch gesenkt worden.

In vielen Fällen enthalten Texte des 18. Jh.s *-ung*-Ableitungen, die heute nicht mehr üblich oder inakzeptabel sind, weil heute ältere, kürzere Varianten bevorzugt werden (Null-Ableitungen wie *Vorgriff* statt *Vorgreifung*, *-e*-Ableitungen wie *Annahme* statt *Annehmung*) oder die substantivierten Infinitive überhaupt den *ung*-Abstrakta als stilwertiger vorgezogen werden, ohne den semantischen Unterschied zu beachten (*das Vorgreifen, das Annehmen*). So finden sich z.B. in den von Brandt untersuchten älteren Gesetzestexten heute unübliche Fälle wie *Beywohnung, Schadloshaltung, Verfließung, Verlassung* oder in der Jugend- und Kinderliteratur des späten 18. Jh.s Fälle wie *Handlung* ‚Handel', *Aufbauung, Vergehung, Ertragung, Annehmung, Theilnehmung* (Deckstein 1985, 186f.).

Die in jüngerer Zeit unter genderspezifischen Aspekten (s. 6.8W–Y) relevant gewordene Movierung maskuliner Personenbezeichnungen zu abgeleitet-femininen auf *-in* war nach Wellmann (1975, 115ff.) um 1800 schon grundsätzlich auf dem heutigen Stand. Hyperkorrekte Formen wie *Verwandtin, Fremdlingin* waren damals wie heute nur Randerscheinungen, die von Adelung als fehlerhaft abgelehnt wurden. Abweichend vom heutigen Gebrauch wurde jedoch damals (und noch weit ins 19. Jh. hinein) die Movierung regelmäßig auch für Ehefrauen-Bezeichnungen verwendet; von Titeln: *Hofrätin, Marschallin, Kanzlerin, Obristin*, von Familiennamen: *Gottschedin, Luise Millerin*, auch in der umgangssprachlichen Form *Anna Wolfen, Jungfer Schwarzen.*

Die Verwendung des generischen Maskulinums (männliche Personenbezeichnung im Plural für Personen beiderlei Geschlechts) war seit der Antike (Protagoras, Aristoteles, Römisches Recht) nicht nur ein formalgrammatisches Prinzip, sondern wurde zunehmend mit der gesellschaftlichen Minderberechtigung von Frauen im jeweiligen ‚Zeitgeist' in semantische Beziehung gebracht (Irmen/Steiger 2005): Sowohl die generische Verwendung als auch deren Ablehnung, vor allem in Rechtstexten, wurden mit Argumenten über das Verhältnis zwischen genus und sexus und Verweisen auf Einschränkung der Frauenrechte begründet. Dabei spielte seit dem 17. Jh. die Fremdwortverdeutschung *Geschlechtswort* für *Artikel* eine den Sexismus verschärfende Rolle, auch durch grammatikalisch-semantische Erklärungen von Herder und Adelung mit „kategorialsemantischer Klassifizierung" und durch Einfluß der Anthropologie seit Wilhelm v. Humboldt und Karl Philip Moritz. Im 19. Jh. konnte sich gegen die prinzipiell „androzentrische Grammatiktheorie" Jacob Grimms und die gleichartige preußische Gesellschaftstheorie Heinrich v. Treitschkes die Gegenposition Karl Brugmanns nicht durchsetzen, bis zur heftigen frauenrechtlich-linguistischen Auseinandersetzung und behördlichen Regelung seit 1978 (Irmen/Steiger 2005, 217ff.).

Das Diminutivsuffix *-lein* war nach Schebben-Schmidt (1990) Ende des 17. Jh.s noch weithin üblich, am wenigsten im Ostmitteldt., besonders Obersächsischen, wo *-chen* häufiger war. In der 1. Hälfte des 18. Jh.s hat sich *-chen* überall als schriftsprachliche Variante durchgesetzt (kaum in der Schweiz und Österreich). Bei bestimmten konsonantischen Stammausgängen *(Zweiglein, Bächlein)* ist es bis heute geblieben. Um 1770 bevorzugten jedoch Dichter des Göttinger Hain und des Sturm und Drang wieder *-lein* als emotionale, poetisch-archaistische Variante. Nach Langer (2004) ist *-lein* noch von Gottsched (1762) als „für die Schreibsprache angemessenere Endung" bewertet worden, *-chen* aber von dem Norddeutschen Bödiker (1690) bereits als „eine wahre Haubt=Endung" und „besser" als das „kindische" *-lein* der „Oberländer". – Zu Lehnpräfixen *(de-, post-, pseudo-)* und Lehnsuffixen *(-ität, -age, -erie, -ismus, -ist)* vgl. 5.4PQ, 5.12NO!

Y. Bei Adjektiven war die Zunahme von Zusammensetzungen nicht eine so allgemeine Erscheinung wie bei den Substantiven. Aber bestimmte Typen waren in bestimmten Textsorten besonders produktiv. So werden als Stilcharakteristika der schönen Literatur vom Barock bis zur Klassik vor allem Mengen von Adjektiv- und Partizip-Zusammensetzungen der Gefühlsbenennung aufgezählt (Langen 1974/78, 74ff., 100f.; Kainz 1974/78, 272, 278f., 298):

– mit (meist stilistisch hochwertigen) Graduierungsadverbien: *allgewaltig, hellbeblütet, hochbegünstigt, sanftlächelnd, süßrührend, tiefbewegt, vielersehnt, wildbewegt, wohlgebildet, ...*
– mit koordinativer, manchmal oxymorischer (scheinbar widersinniger) Bedeutungsbeziehung: *stillheiter, innigfreudig, stummlebendig, dunkelhell, zartkräftig, ...*
– mit Vergleichsbedeutung: *lilienkeusch, spiegelrein, gallenbitter, schlangenwandelnd, ...*
– mit Objekten im Erstglied: *dankweinend, händereichend, hertzrührend, nachtgewohnt, völkerweinend, ...*
– mit kausaler/instrumentaler Bedeutung des Erstgliedes: *blütenumduftet, tonbeseelt, ruhmtrunken, neidgetroffen, freudelaut, ...*

Von diesem adjektivischen Gefühlswortschatz und seinen Wortbildungstypen, durch Trivialliteratur popularisiert, zehrt noch der Wortgebrauch der modernen Warenwerbung.

Näher bei sozialökonomischen Erfordernissen lag die Entstehung von adjektivischen Halbsuffixen aus stereotyp verwendeten Kompositionsgliedern, vor allem im Bereich graduierter Bezeichnungen der ‚Beschaffenheit' von Gegenständen oder Material. Dies sind possessive Adjektivableitungen, die abgestufte ‚haben'-Prädikationen wie ‚viel/wenig/kein ... habend' implizieren (Kühnhold/Putzer/Wellmann 1978 (=DW, Bd.III), 428ff.): Als feiner semantisch differenzierte Entsprechung zu den alten nichtgraduierten Suffixableitungen der ‚haben'- oder ‚bestehen aus'-Relation (*golden, eisern, metallisch, bärtig, zweitürig, ...*) orientiert sich diese Wortbildungsgruppe an den höheren Erfordernissen der Qualitätseinschätzung auf dem Weg vom Handwerk zur Industrieproduktion: *hopfenreich, blumenvoll, wurzelstark, kupferhaltig, wasserarm, lichtschwach, ärmellos, ...*; aber auch mit entsprechender Qualitätseinschätzung von Personen für bestimmte Zwecke: *sinnreich, ehrenvoll, seelenstark, gedankenarm, muskelschwach, charakterlos, ...* Wie häufig solche Halbsuffixbildungen schon um 1800 nach Wörterbucheintragungen bei Campe waren, zeigen die Zahlen in DW Bd.III, 438, 441, 446, verglichen mit dem Gegenwartssprach-Corpus der Innsbrucker Arbeitsstelle Wortbildung des IdS:

Graduierte Beschaffenheitsadjektive:	Nur bei Campe:	Bei Campe und heute:	Nur heute:
-reich:	111	53	109
-voll:	109	72	48
-stark:	1	1	30
-schwer:	4	5	20
-selig	6	1	8
-schwanger:	6	2	5
-haltig:	10	9	45
-arm:	13	5	50
-schwach:	2	–	15
-los:	141	191	215
-frei:	65	8	58
-leer:	26	14	10

Die Gesamtzahl in diesem Ableitungstyp hat sich zwischen 1800 und heute kaum verändert. Die schon bei Campe sehr produktiven Halbsuffixe sind auch produktiv geblieben; einige haben sich mehr durchgesetzt; neu in der Gegenwartssprache sind nur wenige, und mit niedrigen Zahlen: *-froh, -intensiv, -betont, -kräftig*. Schon Campe war sich teilweise nicht sicher, ob er es mit Zusammensetzungen oder Ableitungen zu tun hatte, da er sie manchmal mit Adjektivgruppen ohne Prädikat erklärte (*knospenvoll* ‚voll von Knospen'), manchmal mit Paraphrasen aus Partizipgruppen mit einem stereotypen Prädikat (*schallreich* ‚starken Schall, vollen Klang habend'). Etwa die Hälfte der Wörterbucheinträge Campes sind als „neugebildete Wörter" oder Wörter der „höhern Schreibart" gekennzeichnet (DW Bd.III, 440). – Bereits Schottelius nennt 15 Adjektive auf *-reich* (Kühnhold, in: BRS 1616).

Ein altes Halbsuffix ist auch *-weise* in Adverbien, die aus präpositionalen Fügungen entstanden sind, aber schon im 16. und 17. Jh. ohne Präposition und mit zum Fugenelement erstarrter Genitivendung vorkamen, allerdings noch im 18. Jh. z.T. getrennt geschrieben wurden: *rechter weise, frags weise, trotz weise, dancksagungs weise, gleicherweise* (Paraschkewoff 1976).

Bei den alten Adjektivsuffixen gab es in dieser Epoche und danach einige Verschiebungen. Die Kerngruppe *-lich, -ig, -isch* blieb zwar vom Mittelhochdt. bis heute insgesamt gleich mit etwa vier Fünftel aller Adjektivsuffixe. Aber *-lich* nahm beträchtlich ab, u.a. weil es vom Untergang der alten Adverbbildung auf *-lich(en)* (engl. *-ly*) betroffen war (Bentzinger 1987; 1990; DW Bd.III):

Im Mittelhochdt. betrug der Anteil von *-lich* noch mehr als ein Drittel, um 1800 weniger als ein Viertel, heute etwa ein Sechstel, während *-ig* bei 37–40% blieb und *-isch* stark zunahm von knapp 5% im Mhd. über rund 20% um 1800 zu über 25% heute. Von den weniger zentralen Suffixen blieben *-sam, -en* und *-ern* ungefähr gleich, während *-haft* von etwa 4% (Mhd.) über 4,45% (um 1800) auf 8,12% (heute) stieg, *-bar* von 1% (Mhd.) über 2,7% (um 1800) auf 7,26% (heute).

Die im Frühneuhochdt. beliebten Adjektive mit Doppelsuffixen *-iglich, -samlich, -barlich, -haftig(lich)* gingen in der Zeit von um 1600 bis um 1700 stark zurück; im 18. Jh. wurden sie oft als Archaismen, zur Personencharakterisierung oder ironisch verwendet (Bentzinger 1992, 199, 222). Im 17./18. Jh. stehen Suffixe oft beim gleichen Adjektiv in Konkurrenz *(streitlich/ig, wunderlich/bar, vergnüglich/sam)*, die in vielen Fällen zu einer semantischen Opposition wurde: *kostbar* vs. *köstlich, sonderlich* vs. *sonderbar, verständig* vs. *verständlich, ehrlich* vs. *ehrbar*, usw. Dabei waren Rechtstexte und religiöse Literatur konservativer als Belletristik (Bentzinger 1992, 201ff.).

Typisch für das 18. Jh. war das Adjektivsuffix *-icht* für Natureigenschaften, das es seit dem Frühneuhochdt. gab, besonders alemannisch und mitteldeutsch, und heute durch *-ig* ersetzt ist: *neblicht, farbicht, schatticht, zottigt, steinicht, wässericht*, ... (Hartweg/Wegera 1989, 157f.; Haltenhoff 1904).

Die Konsolidierung bestimmter semantischer Ableitungsmuster im 17./18. Jh. zeigt sich besonders deutlich an den ‚Eignungs'-Adjektiven auf *-bar* (Flury 1964; Kühnhold/Putzer/Wellmann 1978, 398ff.; Wegera, Kühnhold, in: BRS 1352, 1615f.): Ähnlich wie bei den ornativen Verben (s. unten 5.9Z), aber erst in der Frühen Neuzeit nach Vorbild der lateinischen Adjektive auf *-abilis/ibilis*, seit dem 17. Jh. auch der französischen auf *-able/ible*, hat sich hierbei ein für Handwerk ebenso wie Industrieproduktion wichtiger Wortbildungstyp in formal und inhaltlich sehr deutlicher Weise herausgebildet. Über Gegenstände (mitunter auch Personen) wird ihre Eignung für bestimmte Handlungen/Tätigkeiten ausgesagt: ‚x eignet sich dazu, ge-y-t zu werden' → *x ist y-bar*; dazu entsprechend der

Kompositionstyp *Ziehbrücke, Trinkwasser, Klappstuhl.* Zugleich mit der starken Frequenzsteigerung ist dieses Ableitungsmuster zunehmend auf deverbale Ableitung und auf das Suffix *-bar* beschränkt worden. Seine regelhafte Produktivität ist heute so stark geworden (92% aller *-bar*-Adjektive nach diesem Muster), dass man heute als Regel formulieren kann: Aus jedem passivfähigen Handlungsverb kann ein Eignungsadjektiv auf *-bar* gebildet werden, eine totale Produktivität, die es nur bei sehr wenigen Ableitungsmustern gibt (z.B. beim substantivierten Infinitiv, bei Agensbezeichnungen auf *-er*). – Nach Flury (1964, 90ff.) stieg die Häufigkeit von *-bar*-Adjektiven mit folgenden Lexemzahlen:

Adjektive auf *-bar*	16. Jh.	17. Jh.	18. Jh.	19. Jh.	20. Jh.
Gesamtbestand:	122	305	400	889	575
Neubildungen:	46	224	235	512	181

Nicht aus Verben abgeleitete Fälle gibt es heute nur noch in Resten *(fruchtbar, sichtbar, jagdbar, schandbar, dienstbar, offenbar).* Die seit dem 15. Jh. zunehmenden deverbalen Ableitungen überwogen sie bereits seit dem 16. Jh. mit 52% (85% im 18. Jh.). Die Entlehnung bzw. Neubildung von Adjektiven mit dem dt. Lehnsuffix *-abel/ibel* hatte Höhepunkte um 1700 und um 1840 (Russ 1984b; vgl. 5.4P). Das Variationsverhältnis zwischen *-abel/ibel* und *-bar (tolerabel/tolerierbar)* muss schon in der Goethezeit gewirkt haben (Kühnhold, in: BRS 1616); heute ist das Lehnsuffix stärker von *-bar* zurückgedrängt. Seit dem 18. Jh. werden viele Konkurrenten auf *-lich, -ig* und *-sam* durch *-bar*-Ableitungen ersetzt: *undenklich, unangreiflich, wundersam, bewegsam,* ... Heute gibt es nur noch wenige: *begreiflich, bedauerlich, zulässig,* ...

Um 1800 war die Verteilung nach Adelungs und/oder Campes Wörterbuch im Vergleich mit dem Innsbrucker IdS-Corpus der heutigen Wortbildung folgende (DW Bd.III, 393ff.):

Eignungsadjektive	Um 1800 (heute nicht):	Um 1800 und heute:	Heute:
-bar:	24	36	323
-lich:	35	64	47
-ig:	23	17	2
-sam:	2	3	4
-abel/-ibel:	63	20	33

Die Zahlen für *-bar* nach Adelung sind zu niedrig, da er im vollen Bewusstsein der Produktivität dieses Ableitungsmusters zu wenige Stichwörter gebucht hat.

Das Vorbild eines lateinisch/französischen Ableitungstyps hat auch bei den ‚Bezugs'-/‚Bereichs'-Adjektiven gewirkt, allerdings in dieser Epoche noch nicht so stark wie bei den Eignungsadjektiven. Es handelt sich hierbei um eine semantisch grundsätzlich andere Art von Adjektiven (Hotzenköcherle 1968): Es wird damit über den Begriff des Bezugssubstantivs nicht eine Eigenschaft, ein Zustand oder eine Art ausgesagt, sondern ein Beziehungsverhältnis zu einem konkreten oder abstrakten Sachbereich.

Ein *philosophisches Problem* ist ‚ein *Problem*, das in die *Philosophie* gehört' oder: ‚nur in der *Ph.* gelöst werden kann' oder: ‚nur in der *Ph.* existiert' usw. Im Französischen werden diese Adjektive (nach Bally) *adjectifs de relation* genannt. Ihr besonderer semantischer Status zeigt sich darin, dass sie nicht mit normalen Adjektiven koordiniert (nicht: **ein unlösbares und philosophisches Problem*) und nicht gesteigert werden können (nicht: **ein philosophischeres Problem*).

Dass für einen solchen Ableitungstyp in der modernen arbeitsteiligen Welt und ihrer fachlich wie administrativ hochspezialisierten Öffentlichkeitssprache großer Bedarf besteht, ist nicht nur Sprach- und Kulturkritikern bewusst, die anhand dieser Adjektive das ‚Schubladen'- und ‚Sektoren'-Denken bekämpfen. Heute spricht man sogar im Privatleben von *gesundheitlichen, hygienischen, wohnungsmäßigen* oder *konfessionellen* Problemen. Dieser meist von abstrakten Substantiven abgeleitete Adjektivtyp hat sich seit dem 17./18. Jh. nach Vorbild von Lehnwörtern bzw. Lehnwortbildungen (Volland 1986, 123) auf *-al/ell (national, kommerziell)* oder *-ös (religiös)* im Bildungsdeutsch etabliert (vgl. 5.4P), mit den indigenen Suffixen *-isch, -lich* und dem Halbsuffix *-mäßig*. Bei Kühnhold/Putzer/Wellmann 1978, 291 (=DW, Bd.III) ergab sich folgende Verteilung um 1800 (Adelung/Campe) und heute:

Bezugsadjektive	Um 1800:	Heute:
-isch	42	167
-lich	12	123
-mäßig	–	52
-al/ell	9	68
-os/ös	2	2

Für die Zeit um 1800 erscheinen die bei Adelung und Campe belegten Fälle wegen lexikographischer Abstinenz als zu wenige. Im rückläufigen Register des DFWB (Bd.VII, 368ff.) finden sich allein für *-al* folgende hierher gehörige Erstbelege aus der Zeit vor 1800: 1562 *proportional*, 1571 *national*, 1650 *kommunal*, 1661 *territorial*, 1668 *fundamental*, 1709 *legal, oriental*, 1727 *okzidental*, 1769 *sentimental*, 1775 *lokal*, 1793 *formal*. Die starke Zunahme der indigenen Ableitungen liegt ohne Zweifel erst im 19./20. Jh. Immerhin haben Adelung und Campe schon 42 auf *-isch* und 12 auf *-lich* gebucht. Das Halbsuffix *-mäßig*, heute an der Spitze der Produktivität, kommt auch nach Inghult (1975) in der Zeit vor 1800 in dieser Bedeutung nur vereinzelt vor.

Die Geschichte des heute sprachkritisch umstrittenen Halbsuffixes *-mäßig* beginnt bei anderen semantischen Ableitungstypen wesentlich früher (Seibicke 1963; Inghult 1975; DW Bd.III, 340, 348ff.). Schon in spätmittelalterlichen bzw. frühneuzeitlichen Rechts- und Verwaltungstexten kommen *-mäßig*-Adjektive für ‚einer Norm, Erwartung, Forderung entsprechend' vor *(rechtmäßig, rittermäßig, gerichtsmäßig)*, oder für ‚ähnlich wie' *(kriegsmäßig, henkermäßig)* oder für ‚Ursache seiend' *(gewohnheitsmäßig)*. Dies waren meist keine Zusammensetzungen mit dem Adjektiv *mäßig* (mit dem sie semantisch kaum etwas zu tun haben), sondern Ableitungen mit dem semantisch stereotyp gewordenen Halbsuffix. Die älteren Bedeutungen (‚Entsprechung', ‚Vergleich', ‚Ursache') waren typisch für die alte Ständegesellschaft und den Absolutismus, die modernere Bedeutung als ‚Bezugs'/‚Bereichs'-Adjektiv entspricht mehr der modernen bürokratisierten Industriegesellschaft.

Inghult (1975, 90ff.) zählt 1501–1650 im Funktionsstand ‚Übereinstimmung' 9 *-mäßig*-Wörter, 1651–1750: 21, vor allem aus Rechts- und religiösen Texten, 1750–1830: 42, jetzt auch aus Verwaltung und Politik. Das Halbsuffix stammt entweder aus dem mittelhochdt. Adjektiv *mæze* oder aus dem Substantiv mhd. *mâze* ‚Art und Weise'. Aus dem neueren Deutsch ist *-mäßig* in wissenschafts-, politik- und verwaltungssprachlichen Texten ins Schwedische entlehnt worden.

Typisch für die repräsentationssüchtige absolutistische Zeit sind stereotype präfigierte Adverbien mit Halbpräfixen für Ehrerbietung und hierarchische Einstufung, die auch in Briefstellern bis ins 19. Jh. streng normiert gelehrt wurden. Sie waren bestimmten, je nach Stand festgelegten Wertattributen für Personen vorangestellt und wurden in Texten mehrmals an pragmatisch relevanten Stellen wiederholt. So diente ‚gefrorene' Wortbildung als schreibsprachliches Äquivalent für Verneigungen, *Bücklinge* und *Kratzfüße*:

Bei Adjektiven: *wohllöblich, wohledel, wohlehrenreich, wohlgeboren; hochlöblich, hochwürdig, hochgelahrt, hochgeboren, höchstgeneigt, höchsteigenhändig, hochwohllöblich, hochwohlgeboren,* usw. Bei Pronomina: *hochderoselben, höchstselbst, hochwohldieselben,* usw. (Vgl. 5.8G).

Z. Im Bereich der Verbableitungen treten seit dem Frühneuhochdt. Suffixe immer mehr zurück, während Präfixe, die im Mittelhochdt. allenfalls polysemieauflösende Bedeutung hatten, wichtiger werden und reihenbildende semantische Funktionen übernehmen (Solms, in: Besch 1990, 115ff.). Hierbei haben sich bereits im 17./18. Jh. Wortbildungstypen vermehrt, die von Sprachkritikern der Nachkriegszeit unter Stichwörtern wie ‚unmenschlich' und ‚verwaltete Welt' irrtümlich als Eigenheiten der Gegenwartssprache eingeschätzt worden sind und auf den ersten Blick auch diesen Anschein erwecken, da die Sprache der Industriegesellschaft mit all ihren politischen, administrativen und technokratischen Begleiterscheinungen erst seit dem 20. Jh. in auffälliger Weise ins Alltagsleben der gesamten Bevölkerung eingreift. Es handelt sich hierbei vor allem um die Verben mit dem Präfix *be-* und die semantische Ableitungsgruppe der ornativen Verben im weiteren Sinne (Verben des ‚Versehens', ‚Zuwendens', ‚Zufügens') mit ihrer Akkusativierung sachlicher oder persönlicher Objekte (Vgl. Kolb 1960; Kolde 1964, 187ff.; v. Polenz 1985/88, 176f.; 2005). Sprachhistorische Wortbildungsforschung hat auch hier ergeben, dass dieser Wortbildungstyp, der systematische, institutionalisierte Handlungen bezeichnet, die auf Sachen ebenso wie auf Menschen bezogen sind, bereits in der langen Vorbereitungszeit der administrativ-industriellen Modernisierung, vor allem vom 17. bis zum 19. Jh. produktiv geworden ist. Die immer stärkere Präferenz von Präfixen, vor allem *be-*, verhält sich komplementär zum gleichzeitigen Rückgang der entsprechenden Ableitungsweisen mit Suffixen oder ohne Affixe. Die Zunahme von Akkusativergänzungen anstelle von Genitiv- und Dativergänzungen im neueren Deutsch ist nicht nur bei diesem Wortbildungstyp zu beobachten. Ob die dahinterstehende modernisierende Bevorzugung direkt-objektbezogener Tätigkeit als ‚unmenschlich' (so Leo Weisgerber 1958) einzustufen ist, bleibt eine umstrittene kulturphilosophische Frage (s. Kolb 1960; v. Polenz 2005). Die Wortbildungsgeschichte zeigt jedenfalls, dass die Personenbezogenheit dieser Verbableitungen in den letzten Jahrhunderten eher rückläufig war.

Es handelt sich in diesen sprachkritischen Fällen meist um desubstantivische Verben, als Verben, die von Substantiven in der Weise abgeleitet sind, dass das Substantiv zum Basislexem des Verbs wird. Dies ist eine sprachökonomische Valenzverminderung um eine Ergänzungsstelle: ‚x versieht y mit z' → *x z-et y* (z.B. *bewässert, besoldet, bemannt*). Es ist einsichtig, warum solche Sprachökonomie besonders häufig in Verwaltungs-, Wissenschafts- und Fachtexten genutzt wird. Das sprachliche Inventar desubstantivischer Verben gab es bereits im Mittelhochdt., teilweise schon im Althochdt. (Kaliuščenko 1988). Verändert haben sich jedoch (nach Prell 1991) der Lexembestand, der Produktivitätsgrad einzelner Typen, die Präferenzen von Bildungsmitteln, die Basis- und Objektklassen. Besonders im 17. Jh. habe sich die Zahl der in nichtbiblischen Texten in exemplarischen Zeiträumen belegten „suffigierten" Verbableitungen (mit Suffix oder nur Verbendung *-en*) verringert, vermehrt dagegen die der „kombinierten Ableitungen" (mit Präfix und Suffix bzw. Verbendung *-en*, z.B. *be/kreuz/ig/en, be/end/en*):

Desubstantivische Verben (n. Prell 1991, 233):	Suffigierung:	Kombinierte Ableitung:	Belegte Verbableitungen:
1350–1400:	164 (89,6%)	19 (10,4%)	183
1450–1500:	165 (77,5%)	48 (22,5%)	213
1550–1600:	172 (70,2%)	73 (29,8%)	245
1650–1700:	194 (57,7%)	142 (42,3%)	336
Gegenwartssprache, ohne *-ieren* (n. DW, Bd.I):	54,6%	45,4%	

Das echte Verbableitungssuffix *-igen* behält seine Produktivität mindestens bis ins 17. Jh. (Prell 1991, 46). Unter den Präfixen, die allesamt als Signal für die Objektbezogenheit erklärt werden können (a.a.O. 233), sei besonders *be-* seit dem 16. Jh. im Zunehmen. Bei den ornativen Verben im weiteren Sinne bleiben die Zahlen der unpräfigierten Ableitungen auf *-en (gürten)* und *-igen (schädigen)* in Prells vier exemplarischen Zeiträumen von 1350 bis 1700 etwa gleich, während die *be*-Bildungen zwischen 1550 und 1600 von 7 auf 14, zwischen 1650 und 1700 auf 34 zunehmen *(begnaden, beleidigen)*. Der von Prell festgestellte Rückgang der (zu allen Zeiten die stärkste Gruppe der desubstantivischen Verben bildenden) ornativen Verben von 33 auf 26,8% zur Gegenwart hin (nach DW Bd.I, 80) kann damit zusammenhängen, dass hier die *ieren*-Ableitungen nicht mitgezählt wurden, die gerade in diesem Funktionsstand heute zahlreich und produktiv sind *(asphaltieren, betonieren, emaillieren, ...)*.

Im Objektbereich von ornativen Verben war nach Prell (1991, 235) im Frühneuhochdt. weitaus mehr Personenbezug üblich (40%) als heute (8%): jemanden *gürten, bannen, ehren, nötigen, begaben, beherbergen, bekümmern, beschirmen, belästigen, beleidigen, erzürnen,* usw. Die Akkusativierung der Person hat also in der neueren Zeit keineswegs zugenommen und ist nicht an ‚inhumane' Handlungsarten gebunden (Kolb 1960). Eine eigene Auszählung von ornativen Verben mit dem Präfix *be-* im Vergleich zwischen dem großen Mittelhochdt. Wörterbuch von Lexer, Adelungs Wörterbuch und DUDEN – Großes Wörterbuch der dt. Sprache (DGW), hat ergeben:

Die ornativen Verben mit *be-* haben einen Gesamtbestand: bei Lexer 75, bei Adelung 125, im DGW 108. Davon hat mit Lexer gemeinsam: Adelung 33, DGW 16. Mit Adelung gemeinsam hat das DGW 53. Der Typ a findet sich bei Lexer in 43, bei Adelung in 87, im DGW in 76 Fällen, der Typ b bei Lexer in 27, bei Adelung in 33, im DGW in 30 Fällen, der Typ c bei Lexer und bei Adelung in 5, im DGW in 2 Fällen.

Der Gesamtbestand hat also vor allem vom Mittelhochdt. zu Adelung stark zugenommen; im gleichen Zeitraum ist auch die Zahl der Neubildungen größer als zwischen Adelung und der Gegenwartssprache. Semantisch-qualitativ ist folgende Dreiteilung interessant (vgl. v. Polenz 1985/88, 175ff.):

Typ a: Das Objekt ist ‚Sache', das ‚Hinzugefügte' (im Basislexem) ebenfalls, z.B.: *bewässern, begrasen, bebildern*

Typ b: Das Objekt ist ‚Person', das ‚Hinzugefügte' ist ‚Sache', z.B.: *besolden, bewaffnen, bevollmächtigen*

Typ c: Das Objekt ist ‚Sache', das ‚Hinzugefügte' ‚Person', z.B.: *bemannen, bemeiern, bevogten.*

Davon war der beiderseits sachbezogene Typ a immer der vorherrschende, bei Adelung stark angewachsen, im DGW leicht geringer. Der stets weitaus weniger besetzte auf Personen gerichtete Typ b verhält sich bei den drei diachronisch verglichenen Wörterbüchern entsprechend, ist aber konservativer: Adelung hat 16 mit Lexer gemeinsam, DGW hat 22 mit Adelung gemeinsam, 9 mit Lexer gemeinsam, ist also sehr gering an Neubildungen. Der sozusagen ‚inhumanste' Typ c war stets nur eine Randerscheinung, die bei Adelung mit nur 2 Neubildungen vertreten ist, bei DGW mit gar keiner.

Die *be*-Ornative gehören zu folgenden Sachbereichen: Hauswirtschaft: Lexer 27, Adelung 26, DGW 15; Land-, Wald-, Wasserwirtschaft: Lexer 13, Adelung 26, DGW 15; (Kunst)handwerk: Lexer 4, Adelung 25, DGW 12; Verkehr: Lexer 1, Adelung 8, DGW 6; Bergbau, Industrie: Lexer 0, Adelung 1, DGW 7; Soziales, Recht: Lexer 28, Adelung 31. DGW 20; Kommunikation: Lexer 4, Adelung 8, DGW 23.

Nach Sachbereichen ist vom Mittelhochdt. bis zu Adelung bei Land-, Wald- und Wasserwirtschaft, Handwerk, Verkehr eine starke Zunahme zu beobachten: *bekrauten, bemisten, bepfählen, beperlen, besaiten, beeicheln* (Wappenkunst), *befrachten, bemasten, ...* Zunahme von Adelung bis zur Gegenwart zeigt sich vor allem bei Industrie *(begasen, beschallen, beschichten, ...)* und Kommunikation *(beflaggen, benoten, bebildern, ...)*. Im Sozial- und Rechtsbereich gab es bereits bei Adelung eine große Zahl von *be*-Ornativen: *bevormunden, belohnen, besolden, bemorgengaben, begnadigen, ...*

Seit dem 17. Jh. stark zugenommen haben (nach Prell 1991, 231) auch die mit den Ornativen komplementär verwandten p r i v a t i v e n Verben (1,8 → 13%): *schälen, enterben, entsündigen, ...* Die Null-Ableitungen auf *-en* sind im Neuhochdt. kaum mehr produktiv, um so mehr die Präfixbildungen mit *ent-, aus-, ab-*. – Auch V e r g l e i c h s - V e r b e n haben sich vermehrt (5,2 → 10,6%): *narren, bewirten, übermannen, ...*, ebenso i n s t r u m e n t a t i v e Verben (8,1 → 13%): *beuteln, bezaubern, verheeren, umarmen, ...* (vgl. auch DW Bd.I).

In der belletristischen Literatur vom Pietismus bis zur Klassik übte man sich mit großer Virtuosität oder mit Feingefühl im Bilden immer neuer Verben der Gefühlsbenennung mit Präfixen und vor allem t r e n n b a r e n V e r b z u s ä t z e n mit räumlicher Bewegungsbedeutung: *aufbeben, dahinzittern, sich einglauben, sich emporsehnen, entgegensegnen, eratmen, durchflammen, heranzögern, hinbeben, hineinsehnen, nachschmachten, umlächeln, zuweinen, ...* (Langen

1974/78, 70ff., 165ff., 214ff.; Kainz 1974/78, 279ff.; Henzen 1969). – Sehr produktiv war im 17./18. Jh. die Verbableitung mit dem schon mittelhochdt. Lehnsuffix *-ieren* (vgl. 5.4 O).

Auf die Entwicklungstendenzen der Wortbildung müsste eigentlich ein umfassendes Kapitel über die allgemeine Wortschatzentwicklung dieser Epoche folgen. Dies ist hier leider nicht möglich, da sich die Wortschatzgeschichtsschreibung zur Zeit in einer Krise befindet, aber – im Unterschied zu vielen anderen Teilbereichen der neueren deutschen Sprachgeschichte – noch kaum grundsätzlich weiterführende Ansätze vorliegen. Die traditionelle Art der ‚deutschen Wortgeschichte' (Maurer/Rupp 1974/78; Schwarz 1967/82; Schirmer/Mitzka 1969) sind von „positivistischer Materialfreude" (Steger 1986) und weithin ungeordneter oder nicht fachspezifischer Mischung von Methoden und Perspektiven gekennzeichnet. Für die (wesentlich geordnetere) alte „Etymologie der deutschen Sprache" von Hermann Hirt (1921) gibt es noch keinen modernen Ersatz. Neue theoretische und methodologische Anforderungen sind durch programmatische Studien von Steger (1986) und Munske (1990) so hoch angesetzt worden, dass beim derzeitigen Fehlen entsprechender Grundlagenforschungen eine Übersicht über lexikalische Quer- und Längsschnitte, über eine „gewichtete Zusammenordnung/-fügung von zeitrelevanten Bedeutungsauswahlen und ihrer Ausdrücke" oder über eine „verkleinerte Modellbildung der Epochenkommunikation im Hinblick auf den Wortschatz" (Steger) hier ebensowenig gegeben werden kann wie ein Überblick über „Prozesse des Wortschatzwandels" wie „Vermehrung, Abwandlung und Schwund" lexikalischer Einheiten (Munske). Da Wortfelder und Begriffssysteme immer nur innerhalb bestimmter „zweckhaft funktionaler Bereiche der Kommunikation (Funktiolekte)" (Steger) existieren, kann hier mit der mittleren Lösung vorliebgenommen werden, dass wortschatz- und/oder begriffsgeschichtliche Teilbereiche innerhalb der Kapitel 5.4–5.12 mehr oder weniger ausführlich mitbehandelt werden.

Literatur

Allgemeines: Ágel/Hennig 2006. BBRS (Abschn. IV, XI–XIII, XVI). Ebert u.a. 1993. Kehrein 1854–56. Hugo Moser u.a. 1970ff. V.Moser 1915; 1929. H.Paul 1959.

Phonemik, Aussprache: BBRS (Bischoff/Peters 1491ff., Wolf 1527ff., Betten 1646ff., Garbe 1765ff., Mangold 1804ff., Löffler 1967ff., 2419ff., Lerchner 2425ff., Wiesinger 2440ff., Weithase 1961ff.). Hartweg/Wegera 2005, 133–150. King/Beach 1998. Löffler 2002. Mihm 1999; 2004. Hans Moser 1978. Nitta 2004. Öhmann 1960. v.Polenz 1990. Reichmann 2004. Szulc 1999; 2002. Wiesinger 1993a. – S. auch Gesprochene Sprache in 5.8Lit!

Orthographie, Graphemik: Baudusch 1958. BBRS (Niebaum 1422ff., Wolf 1527ff., Garbe 1765ff., Veith 1782ff., Löffler 2419ff., Nerius 2461ff., R.Bergmann/Debus/Nerius 1998ff.). P.Becker 2005. R.Bergmann 2009. Böhm/Gessinger 2003. Eisenberg 2006. Ewald 2004. Garbe 1978. Habermann u.a. 2000. Hartweg/Wegera 2005, 127ff. Jellinek 1914, Bd.II, 49ff. Josten 1976, 192ff. Kettmann 1992. Kohrt 1987. R.Kröger 2001. A.Möller 1989. V.Moser 1929. Moulin 1986b; 1992; 1995. K.Müller 1990. Nerius 1987, 230ff.; 2000. Nerius/Scharnhorst 1992. Neuß 2001. H.Paul 1959, Bd.I, 139ff. Piirainen 1968; 1980a. Roessler 2003. Scheuringer 1996. Takada 1997. Tschirch 1989, Bd.II, 173ff. Voeste 2011. Wiesinger 1987, 92ff. – **Substantiv-Großschreibung:** R.Bergmann 1999. R.Bergmann/Nerius 1997. U.Götz 1998. Hartweg/Wegera 2005, 131ff. Maas 1995b. Meisenburg 1990. Mentrup 1979; 1980. V.Moser 1929, Bd.I, §5. Moulin 1990. Roessler 1998a. W.R.Weber 1958. Wiesinger 1987, 90ff. – **Spezielles:** Augst 1991; 2005. Bergmann/Ewald 2004. Bredel 2005. Brekle 1998. Ewald 2004. Garbe 1980. Güthert 2005. Hatz 1985. Heller/Walz 1991. Meurders 2001. Nerius 2004. Reiffenstein 2000c. Rieke 1998. Ruge 2005. Simmler 2004.

Flexion, Nebensilbenvokale: Bär 2004. BBRS (Werner 572ff., Härd 1431ff., Wegera/Solms 1542ff., Wegera 1810ff.). Dammers u.a. 1986. Fertig 1998. Graser/Wegera 1978. Häckel/Walch 1988. Hartweg/Wegera 2005, 140–149, 151–169. Hotzenköcherle 1962. Howe 1996. Jellinek 1914, Bd.II, 180ff. Kern/Zutt 1977. Leiss 2005. Lindgren 1953. Nerius 1967, 81ff. Nübling/Dammel 2004. H.Paul 1959, Bd.I, 228ff., Bd.II. Sauerbeck 1970. Semenjuk 1972. Stopp 1973; 1978a. Tschirch 1989, Bd.II, 194ff. Wiesinger 1987. Wilmanns 1911, Bd.I, 361ff. – **Verben:** Dammers u.a. 1986. Engström-Persson 1979. Graser 1987. Guchmann-Semenjuk 1981. Hoffmann 1988. Kühne 1999. O.Werner 1965. – Zu Tempus, Modus s. Syntax: Verbgefüge! – **Substantive:** Boiunga 1890. Denkler 2010a. Di Meola 2004. Fobbe 2004. Donhauser 1998. Habermann 1997. Irmen/Steiger 2005. Öhmann 1924. Pavlov 1995; 2003. Penzl 1978. Schmidt-Wilpert 1980. Wegera 1987. O.Werner 1969. – **Adjektive:** Durrell/Ensslin/Bennett 2008. Hotzenköcherle 1968. Simmler 1999. Solms/Wegera 1991. Stulz 1902. Trojanskaja 1972. Voeste 1999. – **Pronomina:** Fobbe 2004.

Syntax: Admoni 1967; 1972; 1980; 1990ab. Antilla 1997. Askedal 1998. BBRS (Hundsnurscher 755ff., Leiss 850ff., Härd 1456ff., Erben 1584ff., Ágel 1855ff., Härd 2569ff.). Behaghel 1923. Besch/Wegera 1987 (Ebert/Erben 149ff.). Betten 1987; 1990; 1993. Brooks 2006. Dal 1966. Demske 2008. Denkler 2010b. Dorchenas 2005. Ebert 1978; 1986. Lefèvre 2011. Götz 2011. Hartweg/Wegera 2005, 171–180. Horváth 2003. Hundsnurscher 1990. Kettmann 1976. Kettmann/Schildt 1976. Kolb 1960. Konopka 1996. Koopmann 2002. Korhonen 1988. Langholf 1971. Lockwood 1968. H.Paul 1959, Bd.III, Bd.IV. Pensel 1976. Röll 1993. Schrodt 1992. Semenjuk 1993. Simmler 2000. Teuber 2005. Voeste 2000. Weisgerber 1958. – **Verbgefüge, Tempus, Modus:** Abraham 2005. Ágel 1999. Andersson 2004. Balázs 1998. Bassola 2003. BBRS (Schrodt/Donhauser 2504ff.). Besch/Wegera 1987 (Ebert/Erben 152f.). St.Bogner 1996. Dammers u.a. 1986. Dentler 1998. Engström-Persson 1979. Eroms 1990. Fernandez-Bravo 1980. Fritz/Gloning 1997. Guchmann/Semenjuk 1981. Härd 1981. Harm 2001. Ide 1996. Korhonen 1990. Kotin 1998; 1999; 2003. Kudo 2006. Kuroda 1998. Langer 2001. Lenz 1996. Lindemann/Letnes 2004. Macha 2003. Peilicke 1992. v.Polenz 1963; 1987. Schecker 1994. Schieb 1976; 1981. A.Schöne 1982. Seifert 2004. Shigeto 2004b. Shimazaki 2000. So 1991. Szatzker 2003. Takada

1994ab. Teuber 2005. O.Werner 1965. Vañó-Cerdá 2004. Vogel 2006. Welke 2005. – **Nominalgruppe:** Admoni 1964. Bassola 2002. Besch/Wegera 1987 (Ebert/Erben 151ff.). Demske 2001. Desportes 1984. Fritze 1976; 1981. Jantschewa 1988. Keinästö 1991. G.Kramer 1976. Lindqvist 1994. Lötscher 1990. Nitta 1993. Sattler 1992. Simmler 1999. H.Weber 1971; 1991; 1994.

Nebensätze, Infinitivkonstruktionen: Admoni 1980. Ágel 1999. Andersson 2004. Axel 2002. Babenko 1988. Baschewa 1983. Bassola 2003. Besch/Wegera 1987 (Ebert/Erben 157ff.). Cho 1999. Fernandez-Bravo 1980. Flämig 1964. Härd 1968; 1981. Holly 1988. Kretterová 2003. Lötschner 2005. Macha 2003. G.Müller/Frings 1963. Schwerdt 2003. Zifonun 2003. – **Konnektoren/Konnexionen:** Ágel 1999. Arndt 1960. Desportes 2003. Dorchenas 2005. Eroms 1980. Kretterová 2003. Lefèvre 1996, 2003. G.Müller/Frings 1963. Nitta 1997. S.Rieck 1977. Schneider-Mizony 2003. Schwerdt 2003. Selting 1999. N.R.Wolf 1978.

Wortstellung, Satzgliedfolge: Bassola 2003. Berić-Dukič 1988. Besch/Wegera 1987 (Ebert/Erben 155ff.). Chirita 1997. Folsom 1985. Götz 2006. Härd 1981. Mattausch 1965. Nitta 1996. Scaglione 1981. Schildt 1976. Selting 1999. Takada 1994ab. Takimoto 2003. – **Interpunktion:** Bankhardt 2010. Baudusch 1980. BBRS (Simmler 2472ff.). Besch 1981. Besch/Wegera 1987 (Ebert/Erben 161ff.). Garbe 1984. Höchli 1981. W.Klein/Grund 1996. V.Moser 1929, Bd.I, §2,3. Nerius 1987, 187f. Schmidt-Wilpert/Lappé 1981. Simmler 1998; 2000. Stenzel 1970. Stolt 1990. Tschirch 1989, Bd.II., 192ff. Weyers 1992. – **Worttrennung am Zeilenende:** Güthert 2005. **Apostrophe:** Ewald 2006.

Wortbildung: BBRS (Solms 596ff., Cordes/Niebaum 1463ff., Wegera/Prell 1594ff., Heinle 1911ff., Erben 2525ff.). R.Bergmann 1988a; 2002. W.Brandt 1988a. BRS (Kühnhold 1614ff.). DW 1973ff. Erben 1975a; 1993, 120ff. Fleischer 1972; 1988. Gützlaff 1989ab. Habermann u.a. 2002. Hartweg/Wegera 2005, 198ff. Heinle 2004. Henzen 1965. Hoppe 2009; 2010. Hans Moser/Wolf 1989. P.O.Müller 1993. Munske 2005. H.Paul 1959, Bd.V. Pavlov 2009. v.Polenz 2002b. C.Schmitt 1995. M.Schröder 1995, 1997. M.Schulz 2002. Stricker 2002. Wilmanns 1911, Bd.II. N.R.Wolf 1978; 1999. – Zur **Lehnwortbildung** s. 5.4Lit! – **Substantive:** W.Brandt 1988a. Demske 2000. Doerfert 1994. Eichinger 2002. Engelen 1991. Erben 1959, 1993. Kauffer 1999. Lindner 1998. Löffler 1992. Nitta 1987. Pavlov 1972; 1983; 1995ab; 2002; 2004. Sattler 1992. Schebben-Schmidt 1990. Solms 1999. Stricker 2000. Tschentscher 1962. Wegera 2000. Wellmann 1969ab; 1975. – **Adjektive/Adverbien:** Bentzinger 1987; 1990; 1992. Engelen 1991. Flury 1964. Götze 1899. Haltenhoff 1904. Heinle 2004. Hotzenköcherle 1968. Inghult 1975. G.Kramer 1976. Kühnhold/Putzer/Wellmann 1978. Paraschkewoff 1976. H.Schwarz 1905. Seibicke 1963. Spitzl-Dupic 2011. Urbaniak 1983. Winkler 1995. – **Verben:** R.Bergmann 1988b. Henzen 1969. Kaliuščenko 1988. Kayser 1958. Kolde 1964. Kühnhold/Wellmann 1973. Leopold 1907. Öhmann 1970. Öhmann u.a. 1953. Prell 1991. Prell/Schmidt 1996. Schildt 2000. Zuiden 1934.

Wortschatz: Agricola 2003. Baufeld 1996. BBRS (Reichmann/Wolf 610ff., Schröder/Möhn 1435ff., Wolf 1554f., Reichmann 1818ff., 2539ff.). Besch 2002. Blackall 1966. Brunner/Conze/Koselleck 1972ff. Deckstein 1985. DPhA (Langen 931ff.). Dückert 1975/81. Flemming/Stadler 1974/78. Gardt 2001a. Gloning 2003. Goebel/Reichmann 2001ff. Goethe-Wörterbuch 1968ff. Hartweg/Wegera 2005, 181–208, 218. Hausner 2005. Henne 1966; 1968b; 1969; 1970; 1975. Henne/Objartel 1984.

Hermanns 1995. Hirt 1921/68. Kainz 1969. Langen 1954; 1974. Mackensen 1962. Maurer/Rupp 1974/78. Munske 1990; 2005. Reichmann 2005b. Schirmer/Mitzka 1969. Schlaefer 1999. E.Schwarz 1967. Sperber 1929ab. Steger 1986. N.R.Wolf 1999. – Vgl. auch 5.4Lit! 5.5Lit! 5.7Lit! 5.10–12Lit! – **Spezielles:** Baasner 1988. BBRS (S. Grosse 1847ff., Besch 2599ff.). R.Bergmann 2000b. Besch 2000. Beutin 1972. Blume 2002. Erben 1993. Fobbe 2004. Graser/Tlusty 2003. Haemmerle 1998. Harm 2000. L.Jäger 1988. Kuhberg 1933. LeRider 2000. Möhn 1999. Osman 1972. Ruipérez 1984. Schildt 1992c. Schuppener 2002. Solms 1999. Tulzer 1989.

Phraseologie, Formelhaftes, Modalwörter, Partikel: Abraham 2003. Autenrieth 2002. BBRS (Burger/Linke 743ff., Mieder 2559ff.). Blanco 1998. Boeters 2006. Burger/Zürrer 2010. Filatkina 2009. Fleischer 1996. Henne 1978. Hentschel 1986. Jäckh 2011. Knoche 1996. Kudla 1999. Mieder 1995. Mieder/Nolte 2006. Piirainen 1997. Pohlke/Pohlke 2001. Schildt 1990. Stutz 1960. Takada 2004. Watanabe 2004b. Weickert 1997.

5.10. Vom Barock zur Klassik: Belletristische Literatursprache

A. Für die Überschrift des vorangegangenen Kapitels musste der sehr allgemeine Ausdruck *Schriftsprache* anstelle von *Literatursprache* gewählt werden (entgegen der Gewohnheit der osteuropäischen und DDR-Germanistik), da seit Mitte des 18. Jh.s der Begriff *Literatur* unter Einfluss von französisch *belles lettres* spezieller besetzt worden ist. In diesem Kapitel aber haben wir es mit dem engeren, bildungsbürgerlichen *Literatur*-Begriff zu tun, mit dem man künstlerisch frei gestaltete, d.h. nicht mehr den Regeln von *Gelehrsamkeit* oder *Wohlredenheit* (Rhetorik) unterworfene, auf keinen praktischen Nutzen hin orientierte Texte aus allen sonstigen geschriebenen/gedruckten Texten heraushebt und gegen Wissenschaft, Redekunst und Journalismus abgrenzt.

Im Zeitraum zwischen etwa 1740 und 1800 liegen nach unseren historischen Wörterbüchern die Erstbelege für die Bildungs-Lehnwörter *Belletrist, Belesprit*, für die Lehnübersetzungen *schöne Literatur, Schöngeist, schöngeistig* und für die entsprechenden engeren Neubedeutungen von *Literatur, Literat* und *literarisch*. Während *Literat* und *literarisch* heute ausschließlich in belletristischer Bedeutung verwendet wird, ist *Literatur* noch immer polysem, und man hat unterscheidende Zusätze wie *Fach-, Forschungs-, medizinische, belletristische* nötig. Wenn im Folgenden in diesem Kapitel der Kürze halber öfters nur von *Literatursprache* die Rede ist, so ist immer die Einschränkung auf ‚belletristisch' mitgemeint.

Die Etablierung einer im belletristischen Sinne autonomen deutschen Literatursprache in Poesie und literarischer Prosa hatte eine Vorgeschichte, die mindestens bis zur Poetikreform von Martin Opitz im frühen 17. Jh. zurückreicht. Auch wegen ihrer engen Verbindung zur sonstigen deutschen Sprachkultivierung von der Gründung der *Fruchtbringenden Gesellschaft* bis zu Gottsched als *Schreibart der besten Scribenten* (s. 5.5–5.7) verdient diese Teilmenge von Schriftsprache in dieser Epoche stärkere Berücksichtigung als in anderen Epochen. Sie hatte auch sozialgeschichtlich eine konstitutive Funktion beim Übergang von der ständisch differenzierten zur funktional differenzierten Gesellschaftsordnung (Luhmann 1980, 82): Noch lange vor Erreichung ihres vollen politischen und ökonomischen Einflusses, noch im Schoße des territorialfürstlichen Absolutismus, konsolidierten sich Teile der noch sehr heterogenen, „politisch heimatlosen" Mittelschichten (Haferkorn 1974, 182) als Bildungsbürgertum und betrieben im noch vorpolitischen Raum ihre neuständische Emanzipation von den rigiden traditionellen Normensystemen Religion, Theologie, Kirche, Gelehrsamkeit, Rhetorik und Staatsräson und entwickelten Formen des intersubjektiven diskursiven Handelns und schließlich der künstlerischen Freiheit des Individuums.

Die gesellschaftlichen Funktionen belletristischer Literatursprache waren in dieser Epoche einem starken Wandel unterworfen, der grob vier Phasen erkennen lässt (Eibl 1985; Eichinger 1990; S.J.Schmidt 1989): In der ersten Phase, im 17. Jh., pauschal *Barock* genannt, diente Literatursprache vorwiegend als *„Haupt- und Heldensprache"* (Schottelius, Leibniz), mit stark vom Hof- und Ständeleben abhängigen und kulturpatriotisch motivierten, auf das Ziel sprachenpolitischer und ständischer Prestigegewinnung gerichteten Aufgaben (s. 5.5); man schrieb weithin nach einer späthumanistischen gelehrsamen Regelpoetik, mit stark rituellen, repräsentativen, ornamentalen Stilmitteln. Diese Literatur hatte einen starken Anteil poetischer Kleinkunstwerke aus festlichen Anlässen oder im Auftrag von höfischen oder städtischen Mäzenen.

In der zweiten Phase, vom Ende des 17. bis nach der Mitte des 18. Jh.s, bekannt unter Stichwörtern wie Pietismus, Aufklärung, Rokoko, Empfindsamkeit, diente Literatursprache vornehmlich als *„Bürgersprache"* (Eichinger 1990), d.h. als Mittel der Identitätsfindung für das sich in der beginnenden Krise der spätfeudal-ständischen Gesellschaftsordnung selbst konstituierende Neubürgertum, unter Leitbegriffen wie *Moral, Vernunft, natürlich, Wahrheit, Bildung, Seele, Gefühl, Anmut* usw. Sprachpragmatisch und soziolinguistisch ist diese literarische Erneuerungsbewegung zu verstehen als Einübung in eine neue, nicht- oder antihöfische Intersubjektivität, als „gemeinsame Vorstrukturierung und Standardisierung der Wirklichkeit, eine Reduktion von Komplexität, die das Handeln wechselseitig berechenbar macht", als „politisch vielfach gebremste Öffentlichkeit, die sich ihre Lücken suchen muss, um sich verwirklichen zu können" (Eibl 1985, 114). In diesen *belles lettres*, die eine „heimliche Stätte einer öffentlichen Rede mit tendenziell universaler Thematik und damit als Forum des Diskurses" (Eibl) gewährten, spielten Formen des Gesprächs (Dialoge, Komödien, fingierte Briefe) und der exemplarischen Falldarstellung (Fabel) und Themen wie Freundschaft, Geselligkeit, Konfliktvermeidung, Genügsamkeit eine besondere Rolle (Eibl a.a.O.; Eichinger 1990). An die Stelle ornamentaler repräsentativer Bedürfnisse und der strengen Regelpoetik trat die konsensfähige subjektive Ästhetik, die nicht nur von *Vernunft* und *Natur*, sondern bald mehr vom *Herzen* her bestimmt war. Der gesamtgesellschaftliche Nutzwert von Literatur im Sinne von *docere, movere* und *delectare* wurde für wichtiger gehalten als je zuvor oder später, da es nun darum ging, mit Hilfe des literarischen Diskurses den gesellschaftlichen Fortschritt privat zu fördern und Wissen an Nichtprofessionelle und Nichtprivilegierte zu vermitteln, also auch an Frauen und Jugend (Eichinger 1990).

Die dritte Phase, seit den 1770er Jahren (mit Klopstock als Vorläufer), beginnt literaturgeschichtlich mit *Genie*-Zeit und *Sturm und Drang*, mediengeschichtlich mit der „Leserevolution" (Engelsing; s. 5.2L–P), setzt sich später zur Romantik fort und reicht im Prinzip als „Selbstorganisation des Sozialsystems Literatur" (S.J.Schmidt 1989) bis in die Gegenwart. Diese Art Literatursprache könnte man vom Standpunkt der Gesamtsprache her schlagwörtlich als *Geniesprache* kennzeichnen. Die vorbildgebende Rolle von Literatursprache für gesamtgesellschaftliche Sprachkultivierung wurde von den sich als autonome Elite verstehenden Schriftstellern und Rezensenten aufgegeben in „einer Bewegung, welche die Normen bereits voraussetzt und die Kosten der Normierung thematisiert oder aus der Abweichung Funken schlägt", wobei „der Augenblick der gefestigten Norm zugleich schon der Augenblick der Revolte gegen die Norm" war (Eibl 1985, 119). Mit dieser „ersten binnenbürgerlichen Rebellion" beginnt das Zeitalter der „Abweichungspoetik und der Abweichungsethik" und der „Selbstverwirklichung" des Künstlers; Literatur hat sozialgeschichtlich nicht mehr „subsidiäre", sondern „komplementäre Funktion" (Eibl 1985, 120f.). Systemtheoretisch erklärt Siegfried J. Schmidt (1989) dieses neue System literarischer Kommunikation als selbstorganisiert, selbstgesteuert, selbstverantwortlich, selbstreflexiv und selbstreferentiell. Autonom sei nun das *Genie* des Literaturproduzenten (als „Prototyp des nicht entfremdeten Subjekts") ebenso wie das literarische Produkt als Ware auf einem kapitalistischen Markt mit Überproduktion (vgl. 5.2LOP); autonom sei auch die Vermittlerrolle der Literaturkritik und die Rezeption durch den vereinsamten Leser. An die Stelle der Leitdifferenzen ‚wahr'/‚wahrscheinlich'/‚falsch', ‚nützlich'/‚nicht nützlich' trete die von den neu professionalisierten Beherrschern des Buchmarktes jeweils selbstbestimmte Leitdifferenz ‚literarisch'/‚nichtliterarisch'. Das oberste Prinzip der fiktionalen Kreativität und der „uninteressierten freien Schätzung des reinen Scheins" (Schiller) erlaube „jede Form von Ambiguität, Opakheit, Idiosynkrasie und Hermetik", also unbegrenzte Spielräume, da kein gesellschaftlicher Auftrag oder Konsens und keine Verpflichtung gegenüber gesellschaftlich akzeptierten Wirklichkeitsmodellen mehr nötig sei (S.J. Schmidt, a.a.O.).

Als vierte Phase erscheint die Literatursprache der Weimarer Klassik (in den 1780er und 1790er Jahren), die einerseits auf den kreativen Möglichkeiten der ‚Geniesprache' aufbaute und sie für eine von gesellschaftlicher Realität abgehobene, universal-humanistische Art von Geistesbeschäftigung nutzte und weiterentwickelte, andererseits eine retardierende, mäßigende Abkehr von ihren individualistischen, formfeindlichen Übertreibungen darstellte. Klassische Literatursprache ist damit eine auf höherer Kulturebene unternommene Rückkehr zu gesamtgesellschaftlichen Funktionen von Aufklärung und ‚Bürgersprache'. Aber gerade dadurch wurde sie (bei Schiller stärker als bei Goethe) im 19. Jh. zu Zwecken repräsentativer Öffentlichkeit bildungsbürgerlich konsumierbar.

Eine komplementäre Begleiterscheinung von ‚Geniesprache' und klassischer Literatursprache war, ebenfalls im letzten Drittel des 18. Jh.s, die erste Welle der Trivial- oder Konsumliteratur (vgl. 5.2 O). Obwohl es zwischen diesen beiden Extremen bis heute stets auch literarische Werke und Interessen nach der mehr soziablen ‚Bürgersprache'-Funktion der Aufklärungsphase gegeben hat, ist seit der Geniezeit in der deutschen Sprachgeschichte mit Exzeptionalität literarischer Sprachstile zu rechnen, sind also Fragen nach der Repräsentativität literarischer Sprache und ihren gesamtsprachlichen Wirkungen noch kritischer zu stellen als in früheren Perioden.

Aus der Fülle vorliegender Beschreibungen von Epochen-, Gattungs- und Personalstilen deutscher Literatur des 17./18. Jh.s können im Folgenden nur einige für diese vierphasige Entwicklung kennzeichnende Erscheinungen herausgearbeitet werden:

– die aus späthumanistischer Rhetorik und Poetik erwachsene Barockliteratur (B–E),
– frühaufklärerische Befreiung vom *Schwulst*-Stil in galanter Poesie und Pietismus (F–I),
– literarische Aufklärung: Moralische Wochenschriften, Gottsched, Bodmer, Breitinger, Lessing (J–L),
– gesellig-emotionale Aufklärungsliteratur: Empfindsamkeit, Gellert, Wieland (MN),
– Einleitung der *Genie*-Literatur durch Klopstocks radikale Erneuerung der Dichtersprache (OP),
– Sturm und Drang (QR),
– Weimarer Klassik (S–V),
– Anfänge der Trivialliteratur (W).

B. Die deutsche Literatursprache der *Barockzeit* war in ihren gesellschaftlich höchstbewerteten Leistungen von gelehrt-rhetorischer Kunstmäßigkeit und starker Neigung zum Ornamentalen, Esoterischen und Spitzfindigen gekennzeichnet. Diese Stilzüge finden sich hauptsächlich in der Versdichtung, haben aber auch Prosagattungen wie den Roman beeinflusst, so dass seit etwa der Mitte des 17. Jh.s der Unterschied zwischen

‚literarisch' und ‚nichtliterarisch' nicht mehr allein an die Kriterien Versrhythmik und Reim gebunden (Blume, in: LGL 719; Kaempfert, in: BRS 1812), also der erst später eingeführte Begriff *belles lettres* hier schon formal vorbereitet war. Was als barocker oder als Schwulst-Stil seit der Frühaufklärung kritisiert und abgelehnt wurde, war im Wesentlichen seine übertriebene oder *pedantische* Anwendung in poetischen Produkten von Mitgliedern der *Fruchtbringenden Gesellschaft*, der Nürnberger *Pegnitzschäfer* oder der 2. Schlesischen Dichterschule, besonders Hofmannswaldau und Lohenstein. Da aber der barocke Rhetorizismus als Folge des späthumanistischen „akademischen Pedantismus" zu verstehen ist (Kühlmann 1982), kann als theoretischer und exemplifizierender Anreger dieser gelehrten Art zu Dichten der Schlesier Martin Opitz gelten, der 1624 die erste deutschsprachige Poetik *Buch von der Deutschen Poeterey* veröffentlichte (in etwa 13 Ausgaben bis 1690) und damit eine Welle weiterer (vergröbernder oder weiterführender) Poetiken auslöste: von Zesen, Klaj, Harsdörffer, Buchner, Meyfart u.a. Seine Vorbilder waren die späthumanistischen Poetiken von Scaliger, Heinsius und Ronsard aus Frankreich und den Niederlanden. Sein Ziel war die Anwendung antiker Stilprinzipien und -regeln auch auf die deutsche Dichtung, um sie auch für höhere Gattungen geeignet zu machen.

Anzustrebende Stilwerte dichterischen Wortgebrauchs waren bei Opitz vor allem *Zierlichkeit, Zusammensetzung, Ansehen, Reinheit, Deutlichkeit, Anmutigkeit* und *Hochdeutsch*, so in den ersten Abschnitten des VI. Kapitels seiner *Poeterey*, das er mit *„Von der zuebereitung und ziehr der worte"* überschrieben hat:

„Die worte beſtehen in dreyerley; in der elegantz oder ziehrligkeit / in der composition oder zueſammenſetzung / vnd in der dignitet vnd anſehen. Die ziehrligkeit erfodert das die worte reine vnd deutlich ſein. Damit wir aber reine reden mögen / ſollen wir vns befleiſſen deme welches wir Hochdeutſch nennen beſten vermögens nach zue kommen / vnd nicht derer örter ſprache / wo falſch geredet wird / in vnſere ſchrifften vermiſchen [...]" Nach einigen Beispielen und Warnungen in Bezug auf Flexion, Lautung, Orthographie, Fremdwortgebrauch und Fremdflexion erläutert er den Stilwert der *Zusammengesetztheit*: *„Newe wörter / welches gemeiniglich epitheta, derer wir bald gedencken werden / vnd von andern wörtern zueſammen geſetzt ſindt / zue erdencken / iſt Poeten nicht allein erlaubet / ſondern macht auch den getichten / wenn es mäſſig geſchiehet / eine ſonderliche anmutigkeit. Als wenn ich die nacht oder die Muſic eine arbeittröſterinn / eine kummerwenderinn / die Bellona mit einem dreyfachen worte kriegs=blut=dürſtig / vnd ſo fortan nenne. Item den Nortwind einen wolckentreiber / einen felſſen ſtürmer vnd meer auffreitzer [...]"* – Zu solchen die Poesie von der Prosa weiter entfernenden periphrastisch-metaphorischen Ausdrucksweisen gehören auch genitivische Attributgruppen wie *des Himmels Saal, der Jugend Glut, Des Alters Eis, der Keuschheit reiner Schnee* (Bach 1965, 364; Windfuhr 1966, 55), die als syntaktische poetische Stilfiguren bis ins 19. Jh. populär blieben. Die ‚aufschwellende', ornamentale Wirkung dieser und anderer *Schwulst*-Stil-

mittel entsprach den Erfordernissen der *elocutio, amplificatio* und des *ornatus* der alten Rhetorik.

Opitz' deutsche Poetik enthielt – außer den in obigen Zitaten enthaltenen Warnungen vor regionalen Wörtern und Fremdwörtern – viele konkrete Vermeidungsregeln: Unterlassen werden sollten auch Verstöße gegen den Wohlklang (Hiatus, Häufung einsilbiger Wörter), inhaltsleere Flickwörter, Archaismen, gewaltsame Wortstellung. Auch im Bereich der rhythmischen Sprachbehandlung im Vers hat Opitz ein bis zur Mitte des 18. Jh.s andauerndes strenges Regiment der Steifheit und Schwerfälligkeit etabliert: Gegen die sehr freie Versrhythmik des Frühneuhochdeutsch führte er das regelmäßige Alternieren von betonten und unbetonten Silben ein, so dass dreisilbige Versfüße (z.B. Hexameter) oder sonstige unregelmäßige Mehrsilbenfüllung der Takte nicht mehr zulässig waren. Bis heute positiv ausgewirkt hat sich seine Forderung nach Übereinstimmung des Versakzents mit dem natürlichen Wortakzent und die Ersetzung des antik-humanistischen Silbenwägens und -zählens nach Quantitäten durch die Gewichtung nach dem Druckakzent, die dem Akzentprinzip germanischer Sprachen angemessener ist. Auch die höheren Anforderungen an die phonemische Reinheit der Endreime gehen auf Opitz zurück, der allerdings mitunter nicht bemerken konnte, dass einige seiner (schlesischen) Reime im Meißnischen und anderswo nicht rein klangen.

C. Die barocke Literatursprache ist heute schwer verständlich und vielfach opak. Sie konnte auch zu ihrer Zeit nur von einer kleinen Elite mit sehr speziellen Kenntnissen und Interessen verstanden werden. Zu ihrem historischen Verständnis muss man sich – ebenso wie bei barocker Architektur oder Musik – freimachen von unserer spätbürgerlichen rein ästhetischen Art, solche esoterische Kunstfertigkeit zu rezipieren. ‚Barock' ist keineswegs nur höfische oder geistliche Festlichkeit. Die stark ornamentalen Züge barocker Dichtung können weder mit abwertenden Begriffen wie ‚Geschmacklosigkeit', ‚Verlust des Formgefühls', ‚unnatürlich' hinreichend erklärt werden noch als rein ästhetischer Selbstzweck noch allein aus kulturellen Konsumwünschen (Luxusbedürfnis) der Auftraggeber und Rezipienten.

Forschungen über Barock, Barockrhetorik und Barockdichtung (Fischer 1968; Dyck 1969/90; 1991; Barner 1970; 1975; Schwind 1977; Sinemus 1978; Kühlmann 1982; D.Niefanger 2012 u.a.) weisen darauf hin, dass diese (erst später pauschal *Barock* genannte) Epoche nur aus der Sozialgeschichte und politischen Geschichte zu verstehen ist: Kühlmann (1982) erklärt sie aus Erfordernissen und Irrwegen der ständisch-professionellen Repräsentation bei der „Überformung der humanistischen Gelehrtenrepublik durch eine neue gesellschaftliche Elite": Aufgrund des „Anti-Akademismus der Höfe" gegen den „kulturellen Monopolanspruch von Schule und Universität" habe sich diese Elite durch Übernahme höfischer Rollenmuster, aber mit veralteten, als *Pedantismus* kritisierten gelehrt-rhetorischen Mitteln, als „Beamtenaristokratie" zu legitimieren bemüht. Die Gelehrten in Hofnähe und diejenigen, welche man später ‚Literaten' und ‚Publizisten' nennen würde, mussten ihren altständisch wie höfisch fragwürdigen Sonderstatus durch hochspezialisierte, nur von wenigen beherrschte Mittel sichern (Schwind 1977). Fast alle Poeten dieser Zeit mussten ihre Gelehrsamkeit als *poetae docti* erweisen; die meisten waren Mitglieder in einer der kulturpatriotischen Sozietäten. So ging in der *Fruchtbringenden Gesellschaft* (s. 5.5Eff.) Übersetzungsarbeit mit gelehrten Sprachlegitimationsbemühungen und poetischen Versuchen zusammen; die Mitglieder schickten sich ihre Arbeiten mit hochstilisierten, nur Eingeweihten verständlichen Huldigungsgedichten zu und signalisierten sich ihren exklusiven professionellen Status mit Pseudonymen, Sinnsprüchen und Emblemen. Mindestens bis Mitte des 17. Jh.s war die neulateinische Literatur unbestrittenes Vorbild, noch nicht die französische. Barocke deutsche Literatur beruht also auf späthumanistischer Gelehrsamkeit und Kunstfertigkeit unter den Bedingungen der refeudalisierten Hof- und Ständekultur in einem Land mit hunderten von Fürstenhöfen und anderen *Obrigkeiten.*

Die deutsche Barockpoetik steht in europäischen Zusammenhängen; ebenso wie bei der kulturpatriotischen Bewegung (s. 5.5) haben vor allem italienische und niederländische Vorbilder gewirkt, bei Opitz auch französische Poetiker. Parallelerscheinungen sind der italienische Marinismus, der spanische Gongorismus, der französische Preziösismus, der englische Euphuismus. Seit Ernst R. Curtius gibt es für alles dies den summierenden Begriff Manierismus. Es ist aber auch eine spezifisch deutsche Art der Rezeption der Rhetorik zu beachten, da Opitz die antiken rhetorischen Doktrinen und Kategorien sehr starr, mechanisch und kursorisch angewandt hat (Schwind 1977, 21f., 32).

D. Da in den deutschen absolutistischen Territorien den gelehrten Poeten politische Wirksamkeit fehlte, galt bei Opitz das rhetorische *persuadere, movere* und *docere* auch für die Dichtung als Wirkungszweck, neben dem mehr poetischen *prodesse* und *delectare*. Das Vertrauen auf die Wirksamkeit der Affekte durch bestimmte Stilmittel stand im Vordergrund. Man wollte *„mit weisen/scharfen und durchdringenden machtsprüchen"* so reden, dass die Adressaten *„sittiglich und gewaltiglich überredet werden"* (Meyfart, *Rhetorica*; n. Schwind 1977, 47). Der stilkritische Begriff *Schwulst*, eine Metapher aus der Medizin, wurde schon in Buchners *Deutscher Poeterey* (1663) als Verb *aufschwellen* und als Adjektiv *schwülstig* in Ermahnungen zur Mäßigung verwendet (Schwind 1977, 42). Neben dem Aufstellen von *praecepta*, dem

Vorführen von *exempla* und der Anregung zur *aemulatio veterum* im Sinne der *imitatio* bestimmter *Topoi*, Stilfiguren oder *Tropen* der alten Rhetorik spielte das althumanistische Prinzip der *argutiae* (ital. *concetti*) eine bedeutende Rolle: Opitz übersetzte dies (nach Vorbild von Scaliger) mit positiver Bewertung als *„spitzfindigkeit"*, und *„sinnreiche einfälle und erfindungen"*; Christian Schröter erklärte es in seiner *Deutschen Oratorie* (1704) als *„scharfsinnige Reden / welche bey dem Leser ein sonderbares Nachdenken und Verwunderung verursachen"* (Schwind 1977, 22, 51). Übung im Ersinnen erlesener, spitzfindiger Stilmittel hatte man schon vor der Zeit des *Schwulst*-Stils in einigen Textsorten geistlicher und weltlicher Rede- und Lektürepraxis: Bibel (Gleichnisse), Kirchenväter, Leichenrede, Hochzeitsrede, panegyrische Hofdichtung, Sektretariatskunst (Dyck 1969/90; Schwind 1977, 35ff.).

Als Beispiel für den überladenen Barockstil eignen sich die ersten 5 Zeilen eines Sonetts von Gryphius, in dem Christus, der die Macht des Teufels für immer aufheben will, angerufen wird, die Menschen in ihrer Furcht zu trösten (n.Windfuhr 1966, 64):

„DEr du dich von dem Thron der Ewigkeit begeben
Ins Raube=Schloß der Welt / die mehr denn feste Macht
Mit der der Höllen Fürst / der Printz der schwartzen Nacht
Sein Rüsthaus hat verschrenckt / auff ewig auffzuheben:
Ach schau' / in was für Furcht / in was für Angst wir schweben."

Syntaktisch ist das Verständnis in der Art des Kanzleistils mit einer doppelten ineinandergeschachtelten Rahmenkonstruktion stark retardiert: vom Vokativ *DEr du* ... bis zum Imperativ *Ach schau'*; dazu die finale, durch einen Relativsatz und eine Appositionsgruppe unterbrochene satzwertige Infinitivkonstruktion von *die mehr* bis *aufzuheben.* Auf den Angerufenen wird referiert mit einer Periphrase mittels der biblischen Allegorie vom Kampf zwischen Christus und Teufel um die Welt (Luk. 11, 14ff.), mit einem Metaphern-Ensemble als Fürstenkampf verfremdet, mit antithetischen Gegenüberstellungen von *Thron der Ewigkeit* und *Raube=Schloß der Welt* bzw. *Rüsthaus.*

E. Während Opitz für Neubildungen noch vorwiegend metonymische Beispiele gab, ging die Vorliebe der Barockpoetiker mehr in die m e t a p h o r i s c h e Richtung (Windfuhr 1966, 58ff.): Harsdörffer empfahl in seinem *Poetischen Trichter* (1647) die *„Verdoplung / welche ein Gleichniß in sich hat / als wan ich sage: federleicht/felsenschwer/flügelschnell [...]"*. Schottelius stellte in seiner *Ausführlichen Arbeit* auf 135 Seiten zweispaltig Beispiele für die planmäßige Erfindung metaphorischer Zusammensetzungen zusammen. Die barocken bildlichen Komposita waren aber in der poetischen Praxis – im Unterschied zu Schottelius' Zweck der Bereicherung der deutschen Sprache als *HaubtSprache* – eher Augenblicksbildungen mit einer emblemhaft zufälligen, losen Beziehung zwischen Sach- und Bildbereich, und zwar nach der Theorie der *A l l u s i o n* (Anspielung), wonach z.B. besonders die Allegorie des Lebens als Schiffahrt nach antikem Vorbild gepflegt wurde mit Beispielen wie *Glückes=Wind, Thränen=Meer, Jammer=Klippen* (Windfuhr 1966, 61f.), oder Kriegs- und Jagdmetaphorik. Die metaphorischen Bezüge sollten zwar als Einzelbildungen erfinderisch sein, nicht aber in Bezug auf ihren Bildbereich.

Barocke Poesie war eine lehrbare *Kunst* (im Sinne von ‚Kunstfertigkeit'). Es gab Unterweisungen dafür an Schulen und Universitäten. Sie wurde zu konventionalisierten Anlässen ausgeübt, und Erfolge wurden durch öffentliche Dichterkrönungen belohnt *(poetae laureati)*. Neben der Lektüre antiker Poetiken und vorbildlicher Autoren bediente man sich vielfach der seit 1650 zahlreich erscheinenden *Schatzkammern*, in denen *synonyma poetica* gesammelt und bereitgestellt wurden, z.T. nach Vorbild der *Thesauri* für Predigten aus dem frühen 17. Jh. (Windfuhr 1966, 68ff.):

Beispielsweise für ‚Sonne' wurden Dutzende von metaphorischen Umschreibungen und mythologischen Anspielungen zusammengestellt: *das Aug der Welt, Himmels Ampel, der durchleuchte Sternen-Fürst, Saffrangelbe, Haar=flammige, Phöbus Laterne,* ... Oder es wurden, entsprechend den *variazioni* der Musiker, bestimmte Sprichwörter mit zahlreichen virtuos verfremdenden Periphrasen durchexerziert oder Umschreibungen durch Gegensatzbegriffe eingeübt. – Bei den rhetorischen Figuren, d.h. den nicht lexikalisch, sondern syntaktisch ausgeführten Verbildlichungen wird von vielfältigen Ausdrucksmitteln des Vergleichens Gebrauch gemacht (Windfuhr 1966, 111). Partikeln und Adverbien: *also, dergestalt, nicht anderst, gleicherweis, gleichwie, welchergestalt, also auch, solcher massen, wie... so..., als ob..., als wenn..., so wenig... so wenig...*; Verben: *gleichen, sich vergleichen, ähneln;* präpositionale Fügungen: *nach Art...;* Adjektive auf *-art, -gleich, -mäßig, -weis.* – Eine große Rolle spielten in der Barockpoetik feste Epitheta. Schottelius empfahl Adjektivhäufung; es sei zu einfach: *„Sein Schreiben hat mich in meiner Traurigkeit mit Trost und Freude erfüllt"*; viel *herrlicher* würde es lauten: *„Sein höchstangenehmes Schreiben / hat mich in meiner Herzfreßenden Traurigkeit mit Seelerquickenden Troste und unaussprechlicher Freude erfüllet"* (n. Windfuhr 1966, 54). Solcher Adjektivzwang hat noch in der Schiller-Rezeption im Schulaufsatz des 19. Jh. gewirkt. Auch als erste Kompositionsglieder lehrte man Epitheta: *Rosen-Mund* für *roter Mund, Alabaster-Brust* für *weiße Brust, Zucker-Lust* für *süße Lust* (Windfuhr 1966, 68ff.).

Die Überladenheit des Barockstils mit solchen rhetorischen Tropen und Figuren hing mit der traditionellen rhetorischen Lehre von den drei Stilebenen zusammen: *genus grande, genus mediocre, genus humilis.* Gewisse Metaphern-Arsenale waren der hohen Stilart zugeordnet: Mythologie, Heroik, Juwelen, Kosmologie u.a. Die dreistufige Stillehre wurde aber so einseitig angewandt, dass in Poetiken fast nur der hohe Stil empfohlen wurde, den Barockpoetiker *hochtrabend* nannten. Auf seinem Höhepunkt wurde er folgendermaßen charakterisiert:

„Die hocherhabene / scharfe / gewaltige / oder / wie sie weiter genennet werden könte / die durchleuchtige / donnernde / durchdringende / töhnende / herrliche / ergießende / und prallende Schreibart [...] mit durchdringenden / gewaltigen und prächtigen Worten / verzieret sich mit Bluhmwerk und auserlesenen Ubersätzen [...] und ist / die Gemühter herzgreiflich zu bewegen /

und mit Gewalt auf ihre Meynung zu reißen / bemühet. Sie wird gebraucht gegen vornehme / Hochgelahrte und erleuchte Leute / Fürsten und Herren / wie auch in Trauerspielen / öffentlichen Reden / Ehrensachen / Lobsprüchen / prächtigen Vorträgen / Annehmungen und Beehrungen großer Herren und deren Gesanten / Uberreichung derer Geschenke / Bedankungen / und dergleichen wichtigen Begebenheiten" (Kaspar Stieler, *Teutsche Sekretariatskunst*, 1673; n. Windfuhr 1966, 125).

Die barocke Prosa war von überlangen, mehrgliedrigen Sätzen (wie in der Kanzleisprache) gekennzeichnet: Mit bis zu durchschnittlich 13,82 Wortformen pro Elementarsatz (in Lohensteins Roman *Arminius*) war nun auch in der ‚schönen Literatur' die „Entfremdung von Schrift- und Umgangssprache" erreicht (Admoni, in: BRS 1539f.). Barocke Prosa ist eine Fundgrube für die überreiche Anwendung rhetorischer Stilfiguren wie Antithese, Parallelismus, Zeugma, Oxymoron, Anapher usw. Barocker Stil ist andererseits von starken Gegensätzen gekennzeichnet: Neben dem *Asianismus*, mit langen, kompliziert-hypotaktischen, überreich angefüllten Sätzen, gab es auch den *Lakonismus*, mit kurzen parataktischen Sätzen. Die deutsche Literatursprache des 17. Jh.s war keineswegs nur ‚barock'. Es gab auch weniger gelehrt-rhetorische Texte im einfachen, sprechsprachnahen Stil, besonders in Süddeutschland (s. Breuer 1979), auch in der „altdeutschen Opposition" (Windfuhr 1966, 351ff.), oder in der Erbauungsliteratur, im Kirchenlied, bei Grimmelshausen, Gryphius, Abraham a Santa Clara, oder Jargonhaft-Parodistisches in Christian Reuters *Schelmuffsky*.

F. Die Kritik am barocken *Schwulst*-Stil und die Hinwendung zu einer mehr natürlichen, an konkreten gesellschaftlichen Erfordernissen orientierten Art literarischen Redens und Schreibens kam in der Zeit zwischen 1670 und 1730 von verschiedenen Seiten und auf verschiedene Weisen. Obwohl diese Gegenbewegung schon eine Vorbereitungsphase der späteren ‚Verbürgerlichung' deutscher Literatursprache darstellt, kann man hier noch nicht vom Durchbruch des Individuellen sprechen, denn alle diese Bemühungen fügten sich im Wesentlichen noch in den Rahmen ständisch-repräsentativer Öffentlichkeit mit dem obersten Gebot ‚Nähe zum Thron', zumal der deutsche Territorialabsolutismus gerade in dieser Zeit durch den ökonomischen Wiederaufbau nach dem Dreißigjährigen Krieg erstarkt war (v. Graevenitz 1975, 52ff.). Nur sehr pauschal kann man diese noch stark systemimmanenten ‚antibarocken' literarischen Neuerungsbewegungen als ‚frühaufklärerisch' zusammenfassen:

- Kritik am *Pedantismus* der altständischen humanistisch-rhetorischen Gelehrsamkeit, mit der die *poetae docti* im zunehmend vom weltmännischen Ideal des *galant* oder *honnête homme* geprägten Hofleben weder Prestige noch Einfluss gewinnen konnten (Kühlmann 1982);

- Wiederbelebung der die Angemessenheit differenzierenden *aptum-* und *iudicium*-Lehre in der Rhetorik; Wechsel des Stilvorbilds von Cicero zu Seneca, von italienischen und spanischen Einflüssen zu moderneren französischen (Boileau) und niederländischen (Lipsius) (Kühlmann 1982; Schwind 1977);
- Meritokratische Neuorientierung der höfischen Verwaltungsaristokratie, der Sekretariatskunst, der Briefschreib- und Konversationslehre nach Erfordernissen der ‚politischen' Effektivität, Staatsklugheit, gesellschaftlichen Gefälligkeit und Opportunität (Schwind 1977; Eichinger 1990);
- Entdeckung unorthodoxer, unhöfischer Ausdrucksformen der Laienfrömmigkeit im Pietismus aus Traditionen der Mystik und der Erbauungsliteratur;
- Ansätze zu einer Verbürgerlichung der Wissenschaftssprache, auch für nichtakademisch gebildete Interessierte (auch Frauen), nach modernen Prinzipien wie *claritas, veritas, perspicuitas*, Argumentativität, logische Systematik, seit Thomasius und Wolff (Frühaufklärung im engeren Sinne, s. 5.11), mit Wirkung auf literarische Zeitschriften, umgekehrt auch als Literarisierung der Wissenschaftssprache im belletristischen Sinne, bis zu Lessing als Höhepunkt der aufklärerischen ‚Bürgersprache'.

G. Einflussreichster Kritiker des überladenen Stils war der Weißenfelser Gymnasialprofessor und spätere Zittauer Rektor Christian W e i s e (1642–1708). Er wirkte durch theoretische Schriften zur Erneuerung der Redekunst (s. 5.2G) und durch die praktischen Beispiele seiner Romane, Komödien, Singspiele und sein deutsches Schultheater, in dem die Schüler angemessenes, natürliches Sprachverhalten als *polite*, d.h. weltkluge und erfolgreiche Menschen lernen sollten. Sein Ideal weltmännischen Verhaltens war weniger *galant*, mehr u t i l i t a r i s t i s c h, mit sachlich angemessenem Sprachstil möglichst ohne Metaphern und sonstige Stilfiguren und ohne Wortneubildungen. Indem er in der Poesie nur solche Satzkonstruktionen zuließ, die auch in der Prosa zugelassen sind, reduzierte er den Unterschied zwischen Poesie und Prosa auf Versrhythmus und Reim.

Den eigentlich *g a l a n t e n* Stil, zwar auch barockkritisch, aber mehr locker, gefällig, modern-hofmännisch, pflegten Weises Nachfolger (Riemer, Bohse, Wernicke) und die sog. H o f d i c h t e r (Canitz, Besser, König, Neukirch), die an den Höfen von Berlin, Dresden, Braunschweig und in Hamburg als Adelige und/oder in Hofämtern, mit Gelegenheitsgedichten, Festspielen, deutschen Opern, nach Vorbild der Satiren und der Poetik von Boileau und der zur eleganten Konversation modernisierten Zeremonienlehre. Sie entwickelten Ausdrucksformen, auf denen die spätere bildungsbürgerliche ‚höfliche' Gesprächskultur aufbauen konnte (s. Wiedemann 1969). Sie selbst verstanden ihre Poetikreform als Abwendung von der manieristisch verdorbenen Dichtersprache, wobei Lohenstein als ‚Prügelknabe' diente, und als Rückkehr zum späthumanistischen Klassizismus von Martin Opitz (Langen 1974, 35).

H. Mehr sub- und kontrakulturell (in Bezug auf gelehrte/höfische Esoterik) war die Sprache des deutschen Pietismus. Mit ihm beginnt, zunächst als Unterströmung der ‚Stillen im Lande', eine Entwicklungslinie, die man, unter literaturgeschichtlichen Stichwörtern wie Irrationalismus und Subjektivismus, über Empfindsamkeit, Klopstock und den Sturm und Drang bis zur Romantik weiterverfolgen kann (Langen 1954/68; 1974, 67ff.; in: DPhA, 991ff.). Unter Pietismus versteht man eine deutsche Frömmigkeitsbewegung, die seit dem Wirken Philipp Jacob Speners in Frankfurt a.M., Dresden und Berlin mit kirchen- und theologiereformerischen Schriften (ab etwa 1670) der orthodoxen Erstarrung der protestantischen Theologie und Kirche eine lebensnähere, von besonderer Bildung unabhängige persönliche Frömmigkeitspraxis entgegensetzte. Außer mit theologischen Schriften wirkten die Pietisten durch Kirchenlieder in weit verbreiteten Gesangbüchern, mit Erbauungsliteratur, bekennerischen Autobiographien und religiösen Erlebnisberichten. Der Pietismus war ein „Sammelbecken" verschiedenartiger Strömungen (Langen 1974, 67ff.):

- Spätmittelalterliche Mystik, besonders Tauler, Thomas von Kempen, *Deutsche Theologie*
- Barockmystik: Jakob Böhmes der späthumanistischen Gelehrsamkeit entgegengesetzte Natursprachlehre, Johannes Arndts *Wahres Christentum* (1605ff.), Lyrik von Daniel Sudermann, Angelus Silesius, Quirinus Kuhlmann
- Luthers volksnahe, anschauliche Bibelsprache, besonders nach dem Alten Testament
- Verwandte religiöse Anregungen aus Holland, Frankreich und England
- Sprachliche Traditionen der Barockdichtung

Die literarischen und sozialen Aktivitäten von Pietisten reichten von August Hermann Franckes pädagogisch-ethischen und praktisch-karitativen Bemühungen in Halle, die in Schule und Universität der Aufklärung förderlich waren, aber mehr zu deren rationalistischer Richtung hin tendierten und eher poesiefeindlich waren, bis zu sektenhaftem, urchristlich-brüderlichem Gruppenleben, vor allem in der Herrnhuter Brüdergemeine des Grafen Nikolaus Ludwig Zinzendorf, die seit der Ansiedlung *Böhmischer Brüder* in Herrnhut (Oberlausitz) im Jahre 1722 sich rasch mit missionarischen und pädagogischen Werken und Gemeindegründungen in aller Welt ausbreitete und literarisch-poetisch auf eigene Weise produktiv war.

Die sprachliche Wirkung der Pietisten wird weniger in sprachschöpferischen Leistungen gesehen als in einer Vermittlerrolle: Sie waren „... nicht eigentlich die Schöpfer des Seelen- und Gefühlswortschatzes. Ihre Bedeutung liegt vielmehr darin, daß sie schon fast versiegte Quellen wieder zum Strömen gebracht haben" (Eggers 1977, Bd.IV, 53). Wenn ihr Beitrag zur deutschen Sprachgeschichte in einer „Säkularisierung" (Langen 1974, 67) religiösen Wortgebrauchs für den allgemeinen Gefühlswortschatz besteht, so haben sie nur die erste Stufe davon erreicht: Durch ihre Schriften ist alter innerkirchlicher oder subkulturell-religiöser Wortschatz aktiviert, weiterentwickelt und in ober- und mittelschichtlichen Kreisen für den alltäglichen Frömmigkeits- und schließlich Geselligkeits-Diskurs popularisiert worden. Es lässt sich mit Erstbelegen und literarischen Nachrichten über pietistische Lektüre nachweisen, dass pietistischer Wortgebrauch fruchtbar geworden ist einerseits über Klopstock, Gellert, Herder und Goethe im Ausdruck seelischer Zustände, Vorgänge und Beziehungen in der neueren deutschen Literatur bis zum Trivialroman, andererseits in der Terminologie der Psychologie (bis zu deren englisch-amerikanischer Neuorientierung).

Zahlreiche gemeinsprachliche Wörter des Gefühlslebens (oder deren Bedeutungen) sind aus dem Erbe oder wenigstens der Vermittlung des Pietismus herzuleiten: *abgeschieden, Abneigung, aufgeweckt, Aufschluß, durchdringend, Eigenliebe, Eigensinn, Eingebung, Einkehr, faßlich, Geborgenheit, gelassen, Gemüt, gemütlich, geneigt, innig, rührend, das Selbst, Selbstbetrug, selbstgefällig, Selbstverleugnung, sich versenken, verzückt,* usw. (Langen a.a.O.). – Pietistische Sprache war, aus alter mystischer Tradition, besonders in der Verbwortbildung produktiv, vor allem in Präfixoidbildungen mit ‚räumlicher' Dynamik aus dem ‚Gegenüberstehen' oder der ‚unten'/‚oben'-Richtung bei der Hinwendung der Seele zu Gott bzw. Christus: *hin-, hinweg-, her-, herzu-, nach-, entgegen-, ab-, los-, aus-, heraus-, ein-, hinein-, durch-, auf-, hinauf-, aufwärts-, hinan-, empor-, himmelan-, herab-, herunter-, nieder-, hernieder-*; auch mit echten alten Präfixen der ‚Intensität', des ‚Beginnens' oder der ‚Resultativität': *zer-, ver-, er-, ent-*. Basisverben sind vor allem Bewegungsverben wie *-gehen, -nehmen, -kehren, -dringen, -ziehen, -drücken, -schließen, -rühren, -reißen*; oft mit Wasser-Metaphorik: *-fließen, -strömen, -gießen, -senken, -sinken, -quellen, -schmelzen*; oder Licht-Metaphorik: *-leuchten, -strahlen, -hellen, -blitzen*; oder Feuer-Metaphorik: *-glühen, -flammen, -brennen, -hitzen* (Langen a.a.O.). – Bei den Abstraktsubstantiven waren (im Unterschied zur spätmittelalterlichen Mystik) weniger die substantivierten Infinitive, mehr die *-ung-* und *-heit/-keit-*Bildungen beliebt *(Rührung, Neigung, Empfänglichkeit, Gelassenheit)*. Häufig und literarisch wirksam waren auch Partizipien als Adjektive *(gelassen, rührend, verzückt, ...)*.

I. Wenn man heute den pietistischen Sprachstil als ersten Schritt auf dem Weg von der höfisch-repräsentativen zur bürgerlich-individualistischen Literatursprache versteht, muss man sich davor hüten, ihn schon für individuell, spontan und kreativ im Sinne moderner ‚Erlebnisdichtung' zu halten. Er war vielmehr „eine Koiné mit typischem, fast überall wiederkehrendem Wortschatz und geringen individuellen Abwandlungen“ (Langen 1974, 72). Pietistische Rede- und Schreibweise war eher ein gruppenbezogenes Sprachritual, in dem ‚Schlichtheit‘, ‚Natürlichkeit‘, ‚Kindlichkeit‘ oder mystische ‚Erotik‘ weitgehend auf systematischer, bewusster und kollektiver Übung beruhten. Dies wird soziopragmatisch deutlich durch Jörn Reichels Untersuchung der Sprache und Sprachauffassung Zinzendorfs und seiner Brüdergemeine, einem späten, literarisch umstrittenen Extremfall pietistischen Dichtens (Reichel 1969):

Im *12. Anhang* zum Herrnhuter Gesangbuch stellte Zinzendorf etwa 500 Lieder zusammen, die vor allem in der schwärmerischen *Sichtungszeit* (1743–1748) entstanden sind, in einer poetomanischen Erweckungsbewegung, die besonders von jüngeren *Brüdern* und *Schwestern* der Gemeine Herrenhag (Wetterau) ausging, sich über andere Herrnhuter Brüdergemeinen in aller Welt verbreitete und mit der stärksten missionarischen Aktivierung und Expansion der Herrnhuter zusammenhing. Der pietistische Graf hat dieses eifrige Liederdichten mit eigenem Vorbild und in Anleitungsseminaren persönlich gefördert. Etwas über die Hälfte dieser Liederflut ist von ihm selbst, die anderen sind in abendlichen Versammlungen und Singstunden gemeinsam fabriziert, beurteilt und ausgewählt. Diese als Kontrafakturen zu bekannten Kirchenmelodien gedichteten Lieder waren sehr homogen, für Außenstehende schwerverständlich und wegen ihrer kindlich erotisierten Frömmigkeit und banal-konkreten Alltagsmetaphorik so problematisch, dass Zinzendorf sie nur für den internen Gebrauch zuließ und später ganz verbot. – Einige Beispiele (Reichel 1969, 30ff.): Von den stilistisch personifizierten Wunden Christi heißt es: *„Von euch kömt mir ein freuden-schein, wenn ihr mit euren äugelein an füssen und an händen auf meine arme hütte strahlt“*, wobei mit *hütte* die körperliche Hülle der Christenseele gemeint ist. Das Sterben des Menschen wird verklärt als *„ins Lämmleins eh-bett steigen“* (*Lämmlein*: Christus als Opferlamm). Die Wunden-Christi-Mystik wird mit dem alttestamentlichen Bild des sündigen Menschen als Wurm oder Made schwärmerisch auf die Erlösungssehnsucht hin weitergesponnen: die erlöste Menschenseele als *Wundenwürmelein* oder *Purpurschneckel*, das *sich frölich plagen wird*, als *Kreuzluftvögelein, -lerchelein, -bienelein* usw., mit ganzen Versuchsreihen wiederkehrender kryptischer Komposita mit *Kreuzluft* (bis hin zu *Creuz-Frühlings-Lüftleins-Engelein*), die als Anspielungen auf *ingroup*-Wissen geheimsprachliche Funktion hatten und „in nichts den Wortballungen des Sturm und Drang oder des Expressionismus nachstehen“ (Reichel 1969, 61).

Es handelt sich hierbei nicht um unwillkürliche Entgleisungen, sondern um sprachspielerische kollektive Experimente, sprachkritisch motiviert gegen die höfische Repräsentativsprache mit ihren *„Blümgen, Figuren und Tropos“*, ihrer *„Hochtrabenheit und Weitläufigkeit“*, ebenso wie gegen die für den religiösen Gefühlsausdruck ungeeignete rationalistische Vernunftsprache der Halleschen pietistischen Aufklärung. Zinzendorf, der zu diesem Experiment wohl auch durch seine Reiseeindrücke von Indianern und unberührter Natur in Amerika angeregt war (Reichel), erklärte die bewussten Zwecke dieser „Kampf-, Schutz-, Geheim- und Gemeinschaftssprache“ sehr deutlich (n.Reichel 1969, 89ff.):

„[...] Wenn man hingegen die Sachen so naif und handgreiflich vorträgt, daß jedermann siehet, es brudelt einem zum Herzen heraus in puris naturalibus"; „unsere Natur-Sprache in vita communi"; „des Heylands Bauren Sprache"; „bis man im Herzen wieder zum Kinde und in der Conduite wenigstens als ein noch unverdorbener Schweitzer-Bauer wird"; „nachdrückliche Einfalt Lutheri". Die esoterisch verfremdende Wirkung als Mittel der Gruppensolidarisierung und -distanzierung hat Zinzendorf bewusst in Kauf genommen und angestrebt: *„nur für die Ohren, denen es gegeben ist, zu hören"*; nur für diejenigen, die *„Inclination zur Sache haben"; „mit solchen Worten, daß anders denkende gemüther den rechten eigentlichen sinn natürlicher weise nicht daraus nehmen"; „obscur genug für schief-denkende leute".*

Im Unterschied zu orthodoxen oder aufklärerischen Kritikern der ‚Geschmacklosigkeit' und ‚Anstößigkeit' dieser Herrnhutischen Sprachexperimente haben Goethe und Herder solche oder ähnliche pietistische Sondersprache bewundert, da sie deren Verwandtschaft mit dem ebenfalls alltagssprachnahen, alternativkulturellen Sprachgeist des Sturm und Drang erkannt haben (Reichel 1969, 19f.).

Der deutsche Pietismus wird als Ursprung der in Bezug auf politische Kultur heute problematisierten ‚deutschen Innerlichkeit' angesehen. Dazu ist es wichtig, zu wissen, dass diese Aktivierung des individuellen Gefühlsausdrucks keineswegs schon mit einer sozialökonomischen Emanzipation des deutschen Bürgertums zusammenhing. Im Unterschied zur englischen *sentimentality* hat der deutsche Pietismus deutliche Züge eines Verharrens in der ständischen Ordnung als „Fortsetzung repräsentativer Öffentlichkeit mit anderen Mitteln" (v. Graevenitz 1975, 76): Die Erforschung der eigenen Seele und ihrer religiösen Erlebnisse erhielt ebenso wie das Sündenbekenntnis erst durch kollektive ‚private' Öffentlichkeit im gemeinsamen Reden, Liedersingen oder (Vor-)Lesen autobiographischer Texte einen Sinn als Gewinnung von (postfeudalem, aber noch immer ständischem) Sozialprestige, nach dem Grundsatz: „Wer sich erniedrigt, soll erhöht werden". Der Pietismus war nicht Flucht vor der Gesellschaft, sondern „bestenfalls Flucht vor die Gesellschaft" (v. Graevenitz 1975, 76).

Schon bei Spener spielte der enge Zusammenhang von *innerem Schatz* und äußerer *Übung* eine Rolle. Bei Francke ist viel die Rede von *ans Licht kommen, offenbar werden, damit hervor wollen, es muß damit heraus; Schande, Scham* und *Heuchelei* waren wichtige sozialpsychologische Probleme des Pietismus. Der Hallesche Pietismus war, trotz des bürgerlichen Francke, „auf die Dauer eine Angelegenheit höherer Standespersonen" und gedieh vor allem durch „Nähe zum preußischen Thron" (v. Graevenitz 1975, 34, 73). Die Herrnhuter waren geistig und sozialökonomisch so abhängig von ihrem Grafen, der zugleich ihr *Bischof, ordinarius, Papa,* Gesetzgeber und Gutsherr war, dass ihr Gemeinschaftsstatus sozialhistorisch zugespitzt als „pseudo-staatliche Öffentlichkeit" oder „quasi-staatliche Gründung des Reiches Gottes durch einen um ein Territorium betrogenen Reichsgrafen" erscheinen kann (v. Graevenitz 1975, 33, 74).

Wenn man die starke Wirkung des Herrnhutertums auf Glanzpunkte bildungsbürgerlicher Literatur wie Goethes *Werther* und *Wilhelm Meisters Lehrjahre* bedenkt, wird deutlich, wie sehr deutsche Bürgerlichkeit – im Unterschied zur westeuropäischen – der vorpolitisch-ständischen Gesellschaftsordnung verhaftet blieb, so dass das *Re-* in der sozialhistorischen Rede von der ‚Refeudalisierung' des deutschen Bürgertums im 19. Jh. nicht zutrifft (v. Graevenitz 1975, 79).

J. Der entscheidende, im eigentlichen Sinne a u f k l ä r e r i s c h e Fortschritt auf dem Weg zu einem gefälligen literarischen Prosastil wurde in den *Moralischen Wochenschriften* erreicht (Blackall 1966, 44ff.; Martens 1981; vgl. 5.2J): Die antibarocke, jede Affektiertheit, Heuchelei und Pedanterie ablehnende Haltung war hier von vornherein konsequent, moralisch und offen kritisch nach englischem Vorbild auf ein bürgerliches Publikum hin orientiert, das auf der Suche nach einer neuen ständischen Identität war (Eibl 1985; Eichinger 1990).

Schon in der direkt aus englischem Material übersetzten ersten Zeitschrift dieser Art (*Der Vernünfftler*, von Johann Mattheson herausgegeben, Hamburg 1713/14) wirken englischer Prosarhythmus und englischer Satzbaustil (Ausklammerungen, kürzere Sätze, intonatorisches Gleichgewicht) befreiend im Sinne von gefälliger Leichtigkeit, etwa im Kontrast zur ersten deutschen literarischen Zeitschrift *Monatsgespräche* von Thomasius (1688–90) oder zu den ersten Nummern der von den Zürichern Bodmer und Breitinger verfassten *Discourse der Mahlern* (1721–23) (Blackall 1966, 44ff.).

Der Vernünfftler war der erfolgreichste dieser anglophilen Neuansätze und „beeinflußte die gesamte Entwicklung der deutschen Literatursprache aufs nachhaltigste" (Blackall 1966, 48). Ebenfalls nach Vorbild des englischen *Spectator* kamen zu einem lockeren, leichtverständlichen Prosastil auch B o d m e r und B r e i t i n g e r vom sechsten Diskurs an, indem sie eigene frühere Textstellen entsprechend umformulierten und dies mit ihrer Absicht begründeten, unterhaltsamer und auch für ein weniger gebildetes und für ein weibliches Publikum verständlich und ansprechend zu schreiben. Zahlreiche schweizerische Provinzialismen und Fremdwörter erregten jedoch Anstoß bei Lesern im Norden.

So begann G o t t s c h e d (vgl. 5.6M7) seine literatursprachliche Kampagne gegen die Schweizer, indem er den *Discoursen der Mahlern* lobend die Hamburger Wochenschrift *Der Patriot* (1724–26) gegenüberstellte, die das stilistische Vorbild des *Vernünfftlers* erfolgreich weiterentwickelte. Gottsched selbst förderte die Stilreform praktisch mit seiner Leipziger Wochenschrift *Die Vernünfftigen Tadlerinnen* (1725/26), die sich nicht nur an Frauen wandte, sondern auch z.T. von Frauen geschrieben war, was sich in Anmut und Anschaulichkeit, Ungezwungenheit und Flüssigkeit ihres Stils zeigte (Blackall 1966, 67). Der Förderung mittelständischer Gesprächskultur dienten zahlreiche dialogische Texte (vgl. das Beispiel in 5.2K). In der Auseinandersetzung mit Bodmer, die z.T. in beiden Zeitschriften geführt wurde, forderte Gottsched eine klare, natürliche Sprache mit letzter Kontrolle durch die Vernunft, während Bodmer mehr die metaphorische, gehobene und phantasievolle Sprache verteidigte.

In seinen einflussreichen stilkritisch-poetologischen Werken *Grundriß zu einer vernunfftmäßigen Redekunst* (1729, revidiert und erweitert als *Ausführliche Redekunst*, 1736) und *Versuch einer critischen Dichtkunst vor die Deutschen* (1730) ersetzte Gottsched die traditionell-rhetorische Dreiteilung in erhabenen/mittleren/niedrigen Stil durch die mehr funktional orientierte Unterscheidung in *natürliche, sinnreiche und bewegende Schreibart* und suchte einen Mittelweg „zwischen Weises Erdverbundenheit und Lohensteins Himmelstürmerei" (Blackall 1966, 115). Er erklärte für die Verständlichkeit als hinderlich: *Provinzialwörter, gar zu alte, fremde, neugemachte Wörter, Kunstwörter und zweideutige Reden*, auch *gleichgültige Wörter* (Synonyme), zu viele und entlegene Metaphern, Partizipialkonstruktionen und Bindewörter des Kanzleistils. Gottscheds Ideal der *Natürlichkeit* entsprach der Forderung vieler damaliger Autoren und geht auf den *ordre naturel*, die *clarté, facilité* und *simplicité* der einflussreichen *Art poetique* von Boileau (1674) zurück. Die rationalistische Seite der Aufklärung vertrat er mit seiner Regel des Primats des vernünftigen Inhalts vor der sprachlichen Ausdrucksform: *„Die logische Richtigkeit eines Gedankens muß aller Perioden innerliche Schönheit ausmachen, die hernach durch den Ausdruck nur geputzet wird"; „was nicht vernünftig ist, das taugt gar nicht"* (n. Kaempfert, in: BRS 1819).

In der *Dicht-Kunst* war Gottsched aber nicht so einseitig prosaisch-sachbezogen wie es in der Polemik gegen die Schweizer erschien. Da schätzte und verteidigte er auch traditionelle poetische Stilzüge und Stilmittel. Neben der *natürlichen oder niedrigen Schreibart* stehen da die *„sinnreiche, hohe, scharfsinnige, geistreiche, prächtige"* Schreibart, in der auch Stilfiguren der Tropik angemessen seien *(„[...] zeiget sich der Witz eines Poeten hauptsächlich in der glücklichen Erfindung verblühmter Redensarten")*, und die *„pathetische, affectuöse, feurige, bewegliche, hitzige Schreibart"* mit vor allem syntaktischen Stilfiguren (Kaempfert a.a.O.). Solche Zugeständisse an literarische Kreativität und Freiheit traten jedoch in der Auseinandersetzung mit den Gegnern in den Hintergrund, da Gottsched sich durch Rechthaberei und die Neigung, alles in strenge Regeln zu fassen, immer mehr in die Position des bornierten Vernunftsprachlers drängen ließ. Aber gerade aus dieser provokanten Position erklärt sich sein rascher, kurzer publizistischer Erfolg in Bezug auf ‚Sprachrichtigkeit', den die Schweizer als *Gottschedisierung* Deutschlands ironisierten.

K. Gegenüber Gottsched, der den Abschluss und Höhepunkt des literatursprachlichen Weges von Späthumanismus und Barock zur rationalistisch orientierten Aufklärung bildet, sind seine beiden Schweizer Kollegen und Gegner eher als Wegbereiter einer neuen Richtung aufzufassen, die von der Empfindsamkeit über die Geniedichtung bis zur Romantik weiterführte und vor allem von literatursprachlicher Freiheit und Kreativität gekennzeichnet war. Johann Jakob Bodmer (1698–1783), Geschichtsprofessor in Zürich, und Johann Jacob Breitinger (1701–1776), Professor für Hebräisch, Griechisch, Logik und Rhetorik in Zürich, haben mit einem großen Teil ihrer Schriften über eine neue Literatursprache parallel bzw. zusammen gearbeitet (Blackall 1966, 210ff.; Schlosser 1985; Brekle u.a. 1992ff., 297ff., 335ff.): Bis etwa 1740 waren sie sich mit Gottsched noch grundsätzlich einig in der Förderung eines gemeindeutschen natürlicheren literarischen Sprachstils nach englischem Vorbild gegen den gelehrten, überladenen Stil der Tradition des vergangenen Jahrhunderts. Als Reaktion auf Gottscheds schulmeisterliche Kritik an ihren Arbeiten gerieten sie in eine langdauernde Auseinandersetzung mit dem *„obersächsischen Kunstrichter"* und – allgemeiner vom schweizerdeutschen Standpunkt – mit *„hochmüthigen Sprachrichtern"*, *„sächsischen Magistern"*, *„sächsischer Tyrannei"*, mit der *„strengen Regierung gewisser Oberherren in dem deutschen Sprachreiche"*. Es ging ihnen über Gottsched hinaus darum, dass das (durchaus anerkannte) gemeinsame *Hochdeutsch* seinen Namen *„von dem allgemeinen Vaterlande erhalte"*. Ihre Opposition gegen Gottsched war also keineswegs provinzialistisch oder nur persönlich polemisch motiviert, sondern kulturpatriotisch deutsch im Sinne einer moderneren, variableren, subjektiveren deutschen Literatursprache.

In Bodmers und Breitingers Schriften kehren für Stileigenschaften der neuen Art zu schreiben und zu dichten stark sensualistische Begriffe immer wieder (Blackall, Brekle u.a. a.a.O.): *„viel sinnlicher, prächtiger und nachdrücklicher"*, *„pathetische, bewegliche oder hertzrührende Schreibart"*, *„das Neue, das Ungemeine und Wunderbare"*, *„malerische Kraft"*, *„körnigter, dunkler, Miltonischer"* Stil. Ebenfalls gegen Gottsched (oder konsequenter als er) empfehlen bzw. verteidigen sie auf differenzierende Weise einige seit der *Schwulst*-Kritik vielumstrittene Stilmittel: Metaphern, idiomatische Redensarten, neue, kreative Zusammensetzungen (*„Machtworte [...] die viel denken lassen"*), Regionalismen, Archaismen, Synonyme mit Bedeutungsnuancen, textpragmatisch differenzierte Epitheta, Partizipialkonstruktionen, Ellipsen, Inversionen und andere syntaktische Freiheiten.

Seit seiner kommentierten Auswahlausgabe von Liedern aus der Manessischen Handschrift (*Proben der alten schwäbischen Poesie des dreyzehnten Jahrhunderts*, 1748) war es Bodmers Vorliebe, den zeitgenössischen Dichtern Wortgebrauch und Satzbau der mittelhochdeutschen höfischen Dichtung (an deren stärkeres Fortleben im Schweizerdeutsch er glaubte) zur Nachahmung zu empfehlen. Trotz oder gerade wegen mancher naiver Irrtümer über „Einfachheit, freimütige ehrliche Natürlichkeit“, „unverdorbene Frische und Wahrhaftigkeit“ (Blackall) dieser wieder ans Licht gezogenen fünfhundert Jahre alten Sprache hat er damit viele Dichter und Schriftsteller seiner Zeit, und bis in die Romantik, zur Wiederbelebung altdeutscher Wörter angeregt (s. S.Grosse, in: BRS 1537; Kuhberg 1933). Darin war er wahrscheinlich von Addisons Essay über Milton beeinflusst (Blackall 1966, 217).

L. Ein Höhepunkt der deutschen Sprachkultivierungsbewegung in der literarischen Praxis, noch vor der Wende von der ‚Bürgersprache‘ zur ‚Geniesprache‘, war der Prosastil Lessings, der von vielen bedeutenden Literaten (von Herder bis zu Heine) noch lange hoch anerkannt worden ist als vorbildliches Beispiel eines argumentativ ansprechenden Umgangs eines Autors mit den Lesern im Geiste öffentlichkeitswirksamer Aufklärung (Langen 1957, 1058ff.; Blackall 1966, 266ff.; Lerchner 1980; Mattausch 1980, 146f.). Gottscheds rationalistischer Richtung, aber nicht dessen Regelstrenge, entspricht Lessings Kunst der Klarheit und Kürze, die er selbst bewusst angestrebt hat: *„Wahrheit allein gibt echten Glanz“; „Die größte Deutlichkeit war mir immer die größte Schönheit“; „für mich ist die möglichste Kürze Wohlklang“.* Lessing hat seinen Stil durch französische und englische Lektüre und Übersetzungsarbeit geschult. Diese der deutschen Tradition des 17. Jh.s entgegengesetzten Stileigenschaften beruhen nicht nur auf bewusster, *„ruhig vorbedachter“* Wortwahl und sparsamem Gebrauch von Epitheta und Bindewörtern. Was als gewinnende Leseransprache hinzukommt, ist die natürliche Dialoghaftigkeit von Lessings Prosa, nicht nur in seinen Dramen (Betten 1988), ebenso in seinen offenen Briefen und theoretischen oder polemischen Abhandlungen. Schritt für Schritt lässt er den Leser an seinen Argumentationsschritten teilhaben, so wie Menschen vernünftig miteinander reden.

Herder bezeichnete Lessings Schreibart im ersten *Kritischen Wäldchen* als *„Stil eines Poeten, d.h. eines Schriftstellers, der nicht gemacht hat, sondern der da machet, nicht der gedacht haben will, sondern uns vordenket, wir sehen sein Werk werdend, wie das Schild Achilles' bei Homer. Er scheint uns die Veranlassung jeder Reflexion gleichsam vor Augen zu führen, stückweise zu zerlegen, zusammenzusetzen; nun springt die Triebfeder, das Rad läuft, ein Gedanke, ein Schluß gibt den andern, der Folgesatz kommt näher, da ist das Produkt der Betrachtung“* [...] (n. Langen 1957, 1059).

Die Stilmittel, die in der Forschungsliteratur als kennzeichnend für Lessings Prosastil angeführt werden, sind meist Mittel für folgerichtige explizite Argumentationsschritte: Prämissen und Schlüsse, *Wenn-so*-Konstruktionen, Kausalketten, Begründungen mit Einwendungen, Klagen und Gegenklagen, Einräumungen, Hypothesen, Fragen und Antworten, rhetorische Fragen, epigrammatische Formulierungen, Antithesen, Anreden, Interjektionen, Modaladverbien, logische Konnektoren, textgliedernde Ausdrücke, explizierende Wiederaufnahmen, den Argumentationsgang gliedernde Doppelpunkte und Gedankenstriche, Worterklärungen, Hervorhebung von Wörtern durch Wortstellung oder typographische Auszeichnungen, usw.

Als Beispiel für eine Entkräftung eines möglichen dogmatisch-orthodoxen Gegenarguments hier der § 76 aus Lessings theologischem Essay *Die Erziehung des Menschengeschlechts* (Werke, vollst. Ausgabe, hrg. v. J.Petersen u. W.v.Olshausen, Bd.VI, Berlin/Leipzig 1925, 79): *„Man wende nicht ein, daß dergleichen Vernünfteleien über die Geheimnisse der Religion untersagt sind. – Das Wort Geheimnis bedeutete, in den ersten Zeiten des Christentums, ganz etwas anders, als wir itzt darunter verstehen; und die Ausbildung geoffenbarter Wahrheiten in Vernunftswahrheiten ist schlechterdings notwendig, wenn dem menschlichen Geschlechte damit geholfen sein soll. Als sie geoffenbaret wurden, waren sie freilich noch keine Vernunftswahrheiten; aber sie wurden geoffenbaret, um es zu werden. Sie waren gleichsam das Fazit, welches der Rechenmeister seinen Schülern voraussagt, damit sie sich im Rechnen einigermaßen darnach richten können. Wollten sich die Schüler an dem vorausgesagten Fazit begnügen: so würden sie nie rechnen lernen, und die Absicht, in welcher der gute Meister ihnen bei ihrer Arbeit einen Leitfaden gab, schlecht erfüllen."*

Dies ist ein Argumentationsstil wie er – mit nur wenigen Kleinigkeiten, die heute obsolet geworden sind – noch heute unter traditionell Gebildeten üblich ist, nicht akademisch-esoterisch, sondern kooperativ adressatenbezogen und literarisch verfeinert. Hier wird die Vorübungsfunktion kultivierter Literatursprache der zweiten Hälfte des 18. Jh.s als ‚Bürgersprache' für eine erst später mögliche politische Öffentlichkeit deutlich (Eibl 1985; Eichinger 1990). Wenn August Langen (1957, 1059) die „Sprache des reifen Lessing" den „ersten großen Individualstil des 18. Jhs." nennt, so ist ‚Individual-' hier keineswegs im Sinne des späteren sich von gesellschaftlichen Funktionen lossagenden ‚Genie'-Begriffs zu verstehen. Hier ist Lessings überragende literarische Sprachkompetenz als gesellschaftlich nützlicher und kommunikationsethisch gebundener persuasiver Argumentationsstil zu verstehen, der sich beispielsweise in Georg Forsters Reden vor den Mainzer *Freunden der Freiheit und Gleichheit* 1792/93 politisch-praktisch auszuwirken begann (vgl. 5.12P–R), aber in der deutschen Politiksprache des 19. und 20. Jh. leider allzu oft hinter einem das rationale Denken behindernden rhetorischen Pathos zurücktreten musste, dessen literarische Wurzeln eher bei Klopstock zu suchen sind. Der Weg von barocker gesellschaftlicher Repräsentativität zu bildungsbürgerlicher Individualisierung führte bei Lessing noch nicht zum ‚Subjektivismus', sondern zur Intersubjektivität der kommunikativen Interaktion aufgeklärter und sich im argumentativen Diskurs gegenseitig aufklärender Bürger. Die „integrative Tendenz" von Lessings „Persönlichkeitsstil" ist zu verstehen als „Realisierung von Gesellschaftlichem im Individuellen" (Lerchner 1980, 351).

Lessings Integrationskraft zeigt sich auch darin, dass er gegen die Gottsched-Richtung, also entsprechend der pragmatischen sprachlichen Offenheit der schweizerischen Gottschedgegner, Regionalwörter und Archaismen, Redensarten, Sprichwörter, Metaphern und ganze metaphorische Komplexe (Gleichnisse) in seinen Schriften gelegentlich zu persuasiven Zwecken sinnvoll verwendete. Sein Ideal war *„nicht das edelste, sondern das nachdrücklichste Wort"*. Er sei nach Mösers Urteil der erste gewesen, *„der Provinzialwendungen und Wörter, wo es die Bedürfnisse erforderten, auf die glücklichste Art nationalisierte"* (n. Langen 1957, 1062; s. auch Blackall 1966, 269). Er hat solche urwüchsigen Sprachmittel auch öfters empfohlen und aus Luthers Schriften, schlesischen Barockpoeten, Steinbachs Wörterbuch, von Bodmer usw. gesammelt. Über seinen Wörterbuchplan s.Hübner 1940.

M. Lessings argumentative Vernunftprosa bildete nur die eine Seite der aufgeklärten ‚Bürgersprache'. Zur Aufklärung im weiteren, westeuropäischen Sinne gehört auch der gesellige, verfeinert-emotionale Umgang der Bürger und vor allem Bürgerinnen miteinander. Auch hierbei waren französische und englische Vorbilder wirksam unter schwer voneinander zu trennenden späteren Sammelbegriffen wie Klassizismus, Empfindsamkeit, Anakreontik, Rokoko, Subjektivismus. In Poesie und Prosa gaben beliebte Literaten um die Mitte des 18. Jh.s Beispiele einer geschmeidigen, leichten, syntaktisch unkomplizierten deutschen Literatursprache im Plauderton: Hagedorn, Haller, Geßner, Sophie v.Laroche und vor allem Gellert, der größten Einfluss auf das bildungsbürgerliche Briefschreiben hatte, das *„eine freye Nachahmung des guten Gesprächs"* sein sollte (Langen 1957, 1056).

Diese Einübung in gepflegte, tugendhafte Konversation anhand von Fabeln, Idyllen, Briefromanen, Gedichten, bürgerlichen Trauerspielen usw. hat bis heute Spuren im Wortgebrauch des bürgerlichen Gefühlslebens und guten Benehmens hinterlassen: *allerliebst, angenehm, anmutig, artig, bescheiden, Einfalt, entzückend, Harmonie, herzlich, hold, lieb, lieblich, Lust, liebenswürdig, munter, niedlich, sanft, scherzen, schüchtern, Seele, Sehnsucht, süß, tändeln, Tugend, Unschuld, verliebt, zart, zärtlich,* ... (Langen 1957, 1054f., 1081f.; 1974). Vieles aus dem Pietismus wurde in dieser *empfindsamen* Literatur säkularisiert weiterbenutzt und verbreitet, so auch die Vorliebe für Diminutive *(Briefchen, Stündchen, Weilchen)* und Verben mit räumlichen Zusätzen (s.oben 5.10HI).

N. Die konversationshafte Befreiung von literarischen Traditionen des 17. Jh.s wirkte auf die Dauer als stilistische Nivellierung und Verarmung in Bezug auf höhere literarische Ansprüche. So ist der neben Lessing und Klopstock beliebteste und angesehenste ‚Vorklassiker' Wieland – ebenfalls aufgrund einer Sprachschulung durch Übersetzungsarbeit aus dem Französischen und Englischen, aber auch aus dem klassischen Latein – sprachstilistisch über das Niveau der leichten Aufklärungslektüre hinausgegangen mit einem sehr anspruchsvollen, spannungsgeladenen und sprachmusikalisch durchgeformten Satzbau und einer (westeuropäisch zivilisierten) Neigung zu taktvoller Indirektheit, zum nur andeutenden Witz und zum Ironisieren (Langen 1957, 1064ff.; Blackall 1966, 310ff.): Wieland scheute sich nicht, mehrere parallelgeschaltete Nebensätze anzuhäufen und diese steigende Spannung durch geschickte Wiederaufnahme eines Wortes zu mildern. Auch mit dem modernen, sprechsprachlich lockeren Ersatzmittel für Nebensätze, der Parenthese (Einschubsatz), hat er viel dazu beigetragen, hochkomplexe, mehrschichtige Satzinhalte zu formulieren, dabei aber die Strenge des inzwischen als altmodisch kritisierten hypotaktischen Schachtelsatzstils zu vermeiden:

„Alcibiades – denn zu ihm müssen wir doch wieder zurückkehren; er spielt eine Hauptrolle in meiner Geschichte, und in der Tat, er war nicht gemacht, in irgendeiner Sache eine andere zu spielen – Alcibiades sah mit Vergnügen, wie seine Dame (er zählte gänzlich darauf, daß sie es sei) unter den Händen der Musen und Grazien täglich sich verschönerte" (n.Langen 1957, 1068).

In der Fremdwörterfrage war Wieland recht tolerant, was ihm Lessing im 14. Literaturbrief vorgeworfen hat. Nicht nur weil er Süddeutscher war und von 1752 bis 1769 infolge einer Einladung Bodmers in der Schweiz lebte, auch wegen seiner (von protestantischer Strenge und Einfalt fernen) urban-geselligen Stilkunst hatten seine Werke großen Erfolg auch in Süddeutschland und Österreich, was Goethe in den Annalen (1794) und zu Eckermann (1825) bezeugt: *„das südliche Deutschland, besonders Wien, sind ihm ihre poetische und prosaische Kultur schuldig [...] Es hat viel von ihm gelernt, und die Fähigkeit, sich gehörig auszudrücken, ist nicht das geringste"* (n. Langen 1957, 1069). Durch seine Berufung als Prinzenerzieher an den Hof von Weimar (1772) wurde Wieland zum Mitbegründer der Weimarer Klassik.

O. Neben diesen literarischen Ansätzen zu einer aufgeklärten, aufklärenden und gefälligen ‚Bürgersprache' (und gegen sie) arbeitete Klopstock im Anschluss an die Schweizer an einer theoretischen und praktischen Radikalerneuerung der deutschen Poesiesprache. Mit ihrer irrationalen dichterischen Freiheit stellt sie bereits den Beginn der ‚Geniesprache' dar. Damit beginnt eine Entwicklungslinie, die über den Sturm und Drang und die Romantik bis zur Sprachverfremdung des 20. Jh. (etwa im Expressionismus) zu verfolgen ist (Blackall 1966, 240ff.; Langen 1957, 1070ff.). Klopstocks vorbildgebende Einübung in die Stilmittel der *körnigten* Dichtersprache (so nannte man damals im Literatenjargon den neuen Stil) beruhte keineswegs auf eigener ‚genialischer' Eingebung oder Erfindung. Er war nur der wagemutigste, begabteste Vollender des wohlvorbereiteten Programms einer literarischen Sprachbewegung. Da er „keine tiefergehenden Wendungen oder Brüche in seiner weiteren Entwicklung aufweist", ist seine Stilrevolution stark von seinen Anfängen, seinen Vorbildern und Wegbereitern abhängig (Schneider 1965, 13ff.):

Klopstock selbst bekannte in seinem ersten Brief an Bodmer (1748), schon als Schüler von Homer und Vergil, dann von Bodmers und Breitingers Schriften angeregt und begeistert worden zu sein, vor allem von Bodmers Übersetzung von Miltons *Paradise Lost* und von Addisons Milton-Essay. Da Klopstock erst 1752 Englisch lernte, sind englische Stilvorbilder hauptsächlich über Bodmer vermittelt, der sich allerdings in seinen Schriften und Übersetzungen sehr systematisch und nachempfindend, prinzipiell und bis in die Stilmittel hinein, in die *miltonische* Sprache eingearbeitet hat. Klopstocks Rezeption von Milton/Bodmer/Breitinger war gleichgesinnt und zugleich kreativ im einzelnen: er hat „nie die von ihnen gebotenen Beispiele und Muster selbst, sondern immer nur das ihnen innewohnende Bildungsprinzip aufgenommen und sogleich überlegener angewendet“ (Schneider 1965, 17). Konkrete Vorbilder waren auch die Dichtungen des Berners Haller, die Bodmer und Breitinger im Sinne ihrer Stilreform lobten, und der Hallenser Pyra und Lange, die sowohl als Schüler der Schweizer wie als Vermittler pietistischen Stils auf Klopstock wirkten.

Zunächst ein kleines Beispiel für Klopstocks *erhabene, nachdrückliche* Stilart: Er verglich in einem Gedicht die deutsche Sprache einmal mit einem Fluss, der mit raschem Wellengang in unbekannte Ferne fließt, mit klarem Wasser, durch das man bis auf seinen Grund sehen kann und das auch noch durch Gebüsch in der Sonne blinkt oder Nebel und Dunst aufsteigen lässt, was sich in freien Rhythmen wie folgt liest (n. Blackall 1966, 262):

Die deutsche Sprache
Ferner Gestade, die Woge schnell,
Dem Blicke gehellt bis zum Kiesel ist,
Das Gebüsch blinket er durch, oder wallt
In die Luft, hohes Gewölk duftend, der Strom.

Entscheidend für Klopstocks erfolgreiches Wagnis war sein Entschluss, sein in dichterischer Prosa begonnenes *Messias*-Epos in Hexameter umzuschreiben, die er für das System der deutschen Morphem-, Akzent- und Intonationsstrukturen geschickt modifizierte. Damit brach er mit den Silbenzwängen des seit Opitz herrschenden alternierenden deutschen Versbaus. Die hiermit eröffnete freie Wahl ein-, zwei- oder dreisilbiger Füllung von Versfüßen – erst recht die noch radikaleren freien Rhythmen seiner späteren *Oden* – wirkte sich aus als „Rückgewinnung verlorener Ausdrucksbereiche der poetischen Sprache und somit eine entscheidende Steigerung der künstlerischen Aussagemöglichkeiten“ (Schneider 1965, 15). Durch das flexible Versmaß wurde natürlicher Sprechrhythmus ermöglicht und auch das freie Hinüberfließen von Satzstrukturen über die Versgrenzen hinaus gefördert (Enjambement). Andererseits verführte die neue, offenere Dichtart zu gewagten Verfremdungen der Sprache. Klopstocks Begeisterung von den neuen Möglichkeiten verleitete ihn sogar zur sprachideologischen Gleichstellung des Deutschen mit dem Altgriechischen und zu schon „chauvinistischer" Abwertung anderer moderner Sprachen (Blackall 1966, 247f.). – Zu Klopstocks extremen, erfolglosen Bemühungen um eine Orthographiereform vgl. 5.6T!

Klopstocks Revolution der Dichtersprache war weder spontan noch eigenwillig, sondern das Ergebnis theoretischer Erörterungen im Anschluss an Bodmer, Breitinger und die bereits laufende Auseinandersetzung mit den Weisianern und Gottschedianern, in zahlreichen vielbeachteten Aufsätzen Klopstocks über Poesiesprache, Prosasprache, Wortfolge usw. (Schneider 1965, 41ff.; Blackall 1966, 245ff.). Zugleich war sie das Ergebnis eigener Dichtungen und deren wiederholter systematischer Umarbeitungen. Sie war ein erfolgreiches Literatenkonstrukt im Rahmen einer durch Gegnerpolemik gefestigten literatursprachlichen Bewegung. Ihr Hauptprinzip war die erneute scharfe Trennung von Poesie und Prosa; Bodmer hatte sie gefordert mit Berufung auf Aristoteles, der geraten hatte, sich der verlängerten, verkürzten oder auf andere Weise geänderten Wörter zu bedienen. Gegen die *Mattigkeit* und Verstandeskälte der Prosa forderten Klopstock und seine Freunde die *Erhöhung, Erhebung, Aufstützung* der Schreibart. An die Stelle der zeitgenössischen literarischen Sprachideale *Deutlichkeit, Richtigkeit, Artigkeit* und *Anmut* traten nun poetische Eigenschaften wie *Erhabenheit, Nachdrücklichkeit, Stärke, Kühnheit, herzrührend, kräftig, voll und männlich, körnigt,* usw. Diese Merkmale sollten in der Prosa vermieden werden. Klopstock hat sich in seiner eigenen Prosa so asketisch an diese Trennung gehalten, dass er von Kritikern wie Lessing und Hamann als *„einer von unseren wenigen Meistern im prosaischen Stil"* gelobt wurde (Schneider 1965, 44). In der Poesie dagegen sei das Abweichen von prosaischer und überhaupt üblicher und gewöhnlicher Sprache dem Dichter *„nicht etwa blos erlaubt, sondern es ist Pflicht"* (*Von der Wortfolge*, 1779; n. Blackall 1966, 247).

P. Die Merkmale von Klopstocks prosaflüchtiger neuer Poesiesprache, die sich z.T. bereits bei seinen Vorbildern und Wegbereitern finden, lassen sich relativ leicht zusammenstellen, da sie Klopstock größtenteils selbst reflektiert und in den Überarbeitungen seiner Werke offenbart hat und sie bereits von Lessing im 19. Literaturbrief detailliert erkannt worden sind, vor allem aber in dem *Neologischen Wörterbuch* des Gottschedanhängers v. Schönaich (1754) sarkastisch aufgespießt wurden, wobei Klopstock neben Bodmer, Haller, Wieland, Gleim und Gellert der Hauptanteil zukam (Langen 1957, 1079; Schneider 1965, 37ff., 41ff.):

– Vermeidung und Ersetzung allzu üblicher Wörter, die *„in dem Munde des Volks allen ihren Nachdruck verloren, oder sie haben niemals einigen gehabt"*, teilweise auch wegen fehlenden Wohlklangs oder störender Nebenbedeutungen: *Träne* → *Zähre,*

Gesicht → Antlitz, zittern → beben, jammern → wehklagen, befehlen → gebieten, sehen → schauen, gehen/kommen/fahren → wandeln/sich nahen/eilen/wallen/schweben, ...

- Wiederbelebung archaischer Wörter, besonders von Schriftstellern der frühneuhochdt. Zeit (vor allem Luther), nach Vorbild von Milton/Bodmer: *Hain, Halle, hehr, Hüter, Kühr, erkoren, Wonne, ...*; altertümliche Lautformen: *fahen* ‚fangen', *beut, geußt, fleuch, fleuß, zeuch, geschahe, sahe*; altertümliche Wortbildungsvarianten: *Schöne* ‚Schönheit', *Waller* ‚Wallfahrer', *Erlebung, friedsam* ‚friedlich', ...; Wortbildungen mit altertümlichen Suffixen: *künsteln, kleineln, zwergeln, ...*
- Keine Fremdwörter, keine Verben auf *-ieren*
- Ungewöhnliche archaische Auslassung von schwachtonigen Vokalen: *redt, findt, zündte, geharnschte Reiter, Gefärt, Gefild, Unruh, Höh, ...*
- Simplexverben statt Präfixverben: *(er)frischen, (be)schuldigen, (ent)fernen, (ver)engen, (ver)stümmeln, der (Ver)Söhnende, ...*
- Ungewöhnliche Präfixverben statt Simplexverben: *entstrahlen, entnebeln, ergraben, erschweben, ...*; vor allem mit räumlichen trennbaren Zusätzen wie im Pietismus (vgl. 5.10H), aber mehr mit abstrakten Bedeutungen der Basisverben: *empordenken, herauswähnen, nachempfinden, zusegnen, ...*
- Substantivierte Partizipialadjektive statt üblicher Suffixableitungen: *Erlöser → der Erlösende, Dichter → Dichtende, Gebieter → Gebietende, ...*
- Semantisch dunkle Zusammensetzungen: *Flammenwort, Glanznacht, Palmstadt, Silbergelispel, Sphärengesangeston, ...*; vor allem Partizipialadjektive: *himmelringend, wankendströmend, ruhigschweigend, fernherweinend, hellbeblütet, weisheitverlassen, ...*; auch Verben: *spinnwebt, wehdroht, ...*
- Pluralische Abstraktsubstantive: *Erstaunungen, Erbarmungen, Entzückungen, Seligkeiten*, oft mit konkreter Bedeutung: *wo deine Verwesungen ruhn, Gerüche in den Kühlungen* („abstrakte Metonymie", Blackall 1966, 256)
- Absolute Komparative: *gewählterer Schall; bewegterer, edlerer Gang; des kühneren deutschen Odenflugs, ...*
- Transitivierung intransitiver Verben (Valenzerhöhung): *Weinet mich nicht!, Rache funkeln, sie dachten Schönheit, er blutete Gnade, ...*
- Subjektschub bei Handlungsverben mit abstraktem Subjekt („abstrakte Metonymie", Blackall 1966, 255ff.): *faltete noch die tiefe Verwunderung heilige Hände vor ihm; doch lispelt stammelnde Freude mit auf; Schmerzen, welche zum Wiedersehen hinblicken, [...] tief aufathmen*
- Flexivische Kasusfügung statt präpositionaler Fügung: *die er auch frommes Herzens begann; Du sandtest Deiner Krieger hin; sich zu spießen die Tage der Schlacht, ...*
- Vermeidung von satzverknüpfenden Konjunktionen; auch *und*-lose Koordinationen: *Wehmut, Thränen; in der Wuth, der Verzweiflung, ...*; dagegen Vorliebe für Interjektionen
- Vermeidung von Hilfsverben und Verbgefügen: Präsens statt Futur, Präteritum/Präsens statt Perfekt
- Ungewöhnliche Wortfolgen (Inversionen): *Wenn ich einst todt bin → Wenn einst ich todt bin; wenn sie etwa zu uns vom Himmel kömt → wenn zu uns sie etwa vom Himmel kömt; der Lieder Gewalt; mit der Entzückung Ton; dich auch gießen ins sanfte Herz, ...*
- Verunklärung des Satzbaus („harte Fügung", Langen 1957, 1077f.) durch Zerdehnen von Nebensätzen, Weglassen von Artikeln, Einschübe, kataphorische Pronomen, Wiederaufnahme von Substantiven usw., um möglichst viel „*etwas erwarten lassen*"; z.B. in der oben zitierten Gedichtstrophe *Deutsche Sprache*

Viele von Klopstocks poetischen Erhöhungs- und Verfremdungsmitteln blieben bis ins 20. Jh. in esoterischer, pathetischer, irrationaler, hymnischer oder nur bildungsrepräsentativer Dichtung in Gebrauch, bis hin zur hochstilisierten Festrede oder Gelegenheitsdichtung. Das Epochemachende dieses neuen Dichtungsstils kann positiv gesehen werden als „das lyrisch-musikalische Aussingen eines hochgesteigerten Gefühls" (Langen 1957, 1070) oder: „Er war es, der die Grundlagen schuf für einen neuen hohen Stil und damit der deutschen Sprache ein ganz neues Stimmregister gab" (Blackall 1966, 265), aber auch negativ im Sinne eines antiaufklärerischen Defizits: „Das Einzelwort ist in seiner begrifflichen Funktion weitgehend entkleidet, es hat keine logische Bedeutung, sondern ist ein gefühlsmäßig erfaßter Komplex von Stimmungswerten und rhythmisch-musikalischen Kräften" (Langen 1957, 1071).

Die zeitgenössischen Urteile waren nicht nur ebenso gespalten, sondern prallten als ein die ganze weitere deutsche Dichtungsgeschichte beeinflussender „Literaturkrieg" aufeinander (Schneider 1965, 29ff.): Die meisten Kritikpunkte und Anwürfe der Gottschedianer hatten sich schon vor Klopstock gegen Bodmer, Breitinger und Haller gerichtet und waren bereits von den beiden Zürichern derart erwidert und ins Grundsätzliche weiterentwickelt worden, dass Klopstock sich nie veranlasst sah, darauf zu antworten. Es war ein für die Angegriffenen sehr förderlicher Prinzipienstreit zwischen vernunftbestimmter, regelgeleiteter und phantasiebestimmter freier Schreibart, zwischen *fließendem* und *körnigtem* Stil.

Wenn man von maßvoll abwägenden sowohl kritischen als auch anerkennenden Stellungnahmen wie denen von Lessing und Goethe und vorwiegend positiven Haltungen wie denen von Herder und Schiller absieht, war die wütende Polemik der Vernunftsprachler von beachtlicher Kreativität (und manchmal auch Treffsicherheit) der Feindwörter gekennzeichnet (Langen 1975, 1070ff.; Schneider 1965, 29ff.; Blackall 1966, 254ff.): *miltonisch, hallerisch, Zürcherismus, Klopstockianismus, Lohensteinisieren, dunkler Schwulst, schwülstige Seraphs, sehraffisch, Schwärmerey, antigrammaticalische Sekte, Schnitzerhelden, Schnitzer wider die Sprachkunst, Umschmelzung der Sprache, undeutsche Deutschheit, fremde und knarrende Sprache, Dunkelheit, Unsinn, unverständlich und ungenießbar, fernliegender Orientalismus, Verstümmelung/Zerstückelung/Enthauptung der Wörter, Zusammenflicken von Wörtern, Wörterhenkerei, Silbenschluckerei, Participianer,* usw.

In Bezug auf die „gewaltige sprachgeschichtliche Nachwirkung Klopstocks" (Langen 1957, 1080) werden Einflüsse genannt beim Göttinger Hain, bei jungen Sturm und Drang-Dichtern (Goethe, Schiller, Schubart), beim jungen Hölderlin, in den Jugenddichtungen von Novalis, Eichendorff, Mörike. Ein großer Teil des pietistischen Wortschatzes sei durch Klopstock über Romane und Briefliteratur in den modernen psychologischen Wortschatz vermittelt worden. Klopstocks Wirkung auf Süddeutschland und Österreich sei der Wielands gleichzustellen. In Bezug auf die übersoziale Auffassung des Dichterberufs habe Klopstock die Rolle dessen vorexerziert, „der Weltdeutung, Sinn- und Lebensorientierung zu leisten berufen und in der Lage ist" (S.J.Schmidt 1989, 426). Klopstock war „eine wichtige Gestalt des Übergangs vom ständischen zum freien Schriftsteller": Bereits seit seiner Abschiedsrede in der Eliteschule Schulpforta habe er sein Dichtertum „als ein von der ‚Vorsehung' erhaltenes Amt" verstanden (Haferkorn 1974, 222).

Q. Die von Klopstock eingeleitete literatursprachliche Wende von der ‚Bürgersprache' zur ‚Geniesprache' war der Ausbruch aus einem gesellschaftlichen Maximalkonsens. Der belletristische Literaturstil hatte bei Gellert, Lessing und Wieland eine weitgehend vorbildhafte Nähe zur kultivierten Schreibart wissenschaftlicher, pädagogischer, publizistischer, argumentativ-politischer Prosa und zum gepflegten bildungsbürgerlichen Gesprächsstil. Dieser Sprachstandard der ‚besten Schriftsteller', auf den sich Adelung bei seiner Kodifizierung berufen konnte (in bewusster Ablehnung der ‚geniesprachlichen' Neuerer), bildete den Höhepunkt des Beitrags belletristischer Literatursprache zur Durchsetzung einer überregionalen, gesamtgesellschaftlich vorbildlichen und lehrbaren deutschen Schriftsprache (Eibl 1985, 117ff.).

Diesen breiten Sprachkonsens (und nicht seine eigenen, weit darüber hinaus- und hinweggehenden Sprachleistungen) muss Goethe gemeint haben, als er im Alter (entgegen wiederholten sprachskeptischen Äußerungen früherer Jahre; s. 5.10W) die allgemeine Verfügbarkeit der endlich kultivierten deutschen Schriftsprache für das Bürgertum lobte: *„Dies verdanken wir einzelnen vielseitigen Bemühungen des vorigen Jahrhunderts, welche nunmehr der ganzen Nation, besonders aber einem gewissen Mittelstand zu Gute gehn [...]. Diese Personen sämtlich, die sich zwar in beschränkten, aber doch wohlhäbigen, auch ein sittliches Behagen fordernden Verhältnissen befinden, alle können ihre Lebens- und Lehrbedürfnisse innerhalb der Muttersprache befriedigen"* (aus: *Deutsche Sprache*, 1817; n. Eichinger 1992, 92). *„Die deutsche Sprache ist auf einen so hohen Grad der Ausbildung gelangt, daß einem jeden in die Hand gegeben ist, sowohl in Prosa als auch in Rhythmen sich dem Gegenstande wie der Empfindung seinem Vermögen nach glücklich auszudrücken."* (aus: *Für junge Dichter*, 1832; n.Kimpel 1985, 9).

Die Emanzipation der Schriftsteller vom sozialkommunikativen Auftrag gesamtgesellschaftlicher Vorbildlichkeit war nicht nur Verweigerung, sondern Übernahme einer neuen gesellschaftlichen Rolle, eines „Führungsanspruchs in der Sinnfrage" im „Sinnvakuum", das durch Aufklärung und Säkularisierung, d.h. durch die Relativierung oder Aufhebung des traditionellen Sinnmonopols von Religion, Kirche, Wissenschaft und absolutistischem Staat entstanden war (S.J.Schmidt 1989, 426). Literaten beanspruchten nun ein Monopol auf bekenntnishafte allgemeinmenschliche „Weltauslegung" und „undogmatische Weltfrömmigkeit" (Haferkorn 1974, 193, 197). Dazu fehlte es aber im spätabsolutistischen Deutschland an politischem Einfluss des Bürgertums, und eine Institutionalisierung oder Gruppenbildung der Schriftstellerei war allein als autonomes „Sozialsystem Literatur" (S.J.Schmidt 1989) mit Abhängigkeit nur von Verlegern und Rezensenten möglich, damals *Lobebünde* oder *Schutzcliquen* genannt (Haferkorn 1974, 214). So reduzierte sich diese neue Freiheit und gesellschaftliche Führungsrolle weitgehend auf das Streben nach Originalität und persönlichem Ruhm, was man ästhetisierend mit dem modischen *Genie*-Begriff verklärte. Unter einem *Dichter* – seit Gottsched und den Schweizern sagte man so euphemistisch für *Poet* – verstand man einerseits extrem individualistisch den *„einzig wahren Menschen"* (Schiller an Goethe; n. Haferkorn 1974, 231), andererseits elitär-intellektuell *„das enthusiastische Volk unserer Denker, Dichter, Schweber, Seher"* (Musäus 1782; n. Paul 1992, 173). Das soziale Komplement zu diesem Elitebegriff war die Distanzierung von den Nicht-*Genies*, den *Brotschriftstellern* der Konsumliteratur (s. 5.2 O; 5.10Z), aber auch von der großen Masse der Nichteingeweihten, für die man sich im frühen 19. Jh. die Karikaturbegriffe *Philister, Spießbürger, Banause* angewöhnte. Vom postaufklärerischen *Genie*-Kult ist das Problem des Gegensatzes von ‚Bürger' und ‚Künstler' herzuleiten, das in der Literatur und in der Kunstszene bis heute eine Rolle spielt. Was an dieser Literaturauffassung nicht mehr ‚bürgerlich' im sozialökonomischen Sinne war, kann mit einem heutigen Schlagwort als ‚Selbstverwirklichung' bezeichnet (Eibl 1985, 120) und mit dem ‚genialen' Anspruch erklärt werden, dass der freie (nicht mehr ständische) Schriftsteller „als dichterischer Mensch neuen Typs sich selbst zur künstlerischen Aufgabe machte, also ins Kunstwerk integriert" wurde (Haferkorn 1974, 214).

Der Begriff *Genie*, seit Gellerts Vorlesungen ein intellektuelles Modewort aus dem Französischen, wurde zunächst für künstlerische, kreative Eigenschaften verwendet: *„eine gewisse natürliche Größe und Lebhaftigkeit der Seele"* (Gellert); *„Talent (Naturgabe), welches der Kunst die Regel gibt"* (Kant); *„Denn da es alles sich selbst verdankt [...], so schafft es sich neue Bahnen und bringt neue Schöpfung ans Licht"* (Eberhard 1798; n. Paul 1992, 335f.). Selbst in Schulordnungen war der *Genie*-Begriff bereits um 1770 wirksam: Nicht mehr alle sollten im höheren Schulunterricht dichten lernen, sondern: *„Nur diejenigen Jünglinge, die ein vorzügliches Genie dazu besitzen, dürfen einige Zeit auf poetische Versuche wenden"* (Weithase 1961, 290). Als Personenbezeichnung mit super- oder extrasozialer Bedeutung erklärte ihn Goethe gegenüber Riemer: *„Die ganze Geschichte mit dem Genie ist, daß die Menschen einmal Einem gestatten, was sie sich untereinander selbst nicht gestatten, nämlich daß einmal Einer ganz sein darf, was er will"* (n.Haferkorn 1974, 231). Bereits Ende des 18. Jh.s wird das Schlagwort bespöttelt und kritisiert: *Geniewesen* (Herder 1783); *„das Wort Genie ward eine allgemeine Losung, und weil man es so oft aussprechen hörte, so dachte man auch, das, was es bedeuten sollte, sei gewöhnlich vorhanden"* (Goethe, *Dichtung und Wahrheit*, 19. Buch); *„Solchen Dichter von der Gnade Gottes nennen wir Genie"* (Heine; n.Paul a.a.O.).

R. Die „sprachgeschichtlich signifikante Zäsur" der Individualisierung des literarischen Sprachverhaltens seit der Mitte des 18. Jh.s war keineswegs ein „Aufstieg des Individuums an sich", sondern „Bestandteil soziokultureller Umwälzungen“ und „korrelierte mit einer deutlich beobachtbaren Erweiterung der kommunikativen Spielräume“ (Lerchner 1992, in anderer Reihenfolge und Auswahl; s. auch Lerchner 1999):

- Der Buchmarkt wurde von sozialer Institutionalisierung auf pragmatischen Adressatenappell (idealisierter einzelner Leser) umgestellt (vgl. 5.2L);
- Es entwickelte sich ein Bewusstsein für Rechte der Persönlichkeit, für das Recht des Autors an seinem Text und für die grundsätzliche Einmaligkeit jeder Äußerung;
- Gestiegenes soziokulturelles Selbstbewusstsein des Bürgers verband sich in der Zeit der Sprachkultivierung/-kodifizierung und des Literaturstreits mit einer zunehmenden metasprachlichen Kompetenz und einem flexibleren Wertungsverhalten in Bezug auf sprachliche Heterogenität und Variabilität, die nicht mehr vorwiegend als sozial oder areal, sondern situativ-funktional, kommunikativ-intentional zur Disposition gestellt aufgefasst wurde;
- Säkularisierung und Expansion der Lesekultur hatten die „Transposition von Textsorten aus ihren ursprünglichen Gebrauchsrestriktionen“ befreit, Texte konnten auch außerhalb ihrer ursprünglichen Kontexte rezipiert werden, der „Widerspruch zwischen Texttradition und individueller Motivation kommunikativen Handelns“ wurde bewusst.

Das Ausbrechen aus rationalistisch-normativen Errungenschaften so rasch nach dem Erreichen des Ziels muss nicht ausschließlich als systemfremde Destruktion erklärt werden: Mit der *Genie*-Literatur begann das „an die Gegenwart reichende Zeitalter, das der Norm immer wieder den emphatischen Begriff einer Wahrheit gegenüberstellt, die über jede Norm hinausgreift. Die Reduktion von Komplexität durch Normierung wird als Wahrheitsverlust empfunden [...] Wahrscheinlich verdankt die bürgerliche Gesellschaft gerade diesen Rebellionen ihre bemerkenswerte Überlebensfähigkeit, denn sie halten die Normen locker und ermöglichen die Anpassung an neue Situationen“ (Eibl 1985, 120f.). Diese Literatursprachrebellion hatte gewisse ähnliche Motive und Ziele wie die ‚Sprachkrise‘ um 1900 (s. 6.13E), jedoch wesentlich andere gesellschaftliche Wirkungen.

S. Die der *Genie*-Ideologie entsprechende literarische Bewegung wurde nur nach ihren äußerlichen, kulturrevolutionären Erscheinungsformen *Sturm und Drang* genannt (nach einem Drama von Klinger, 1776). Nach ihren sprachphilosophischen Anregern und Prinzipien könnte man sie Hamann-Herderschen sprachskeptischen Antirationalismus nennen. – In der literarischen, vor allem poetischen Sprache im 18. Jh., vor allem zwischen Lessing und Goethe, werden im adverbalen Kasus-Gebrauch manche Normabweichungen gewagt, als „Remotivation älterer Bedeutungsansätze", „schöpferische Realisierungen von im Sprachsystem vorgegebenen Möglichkeiten" oder „motivierter Umgang mit Kasusschwankungen", z.B. bei Lessing: *die bibel glauben* neben *der bibel glauben* (Willems/ Van Pottelberge 1998, 651f.).

Schon Georg Friedrich Meier hatte in der Einleitung zu seinen *Anfangsgründen aller schönen Wissenschaften* (1748/50) gegen das Vorbild akademischer Bildungssprache eine Dichtersprache als Belebung des *„ganzen Menschen"* gefordert und den menschlich vollkommeneren *„Aestheticus"* über die *„schulfüchsige und düstere Kreatur des Logicus"* gesetzt (Kimpel 1985, 8). Der Königsberger Philosoph Johann Georg Hamann lehnte seit 1758, vor allem in seiner Kant-Kritik *Metakritik über den Purismus der reinen Vernunft* (1784), den Glauben an die Vernunft als oberstes Erkenntnisprinzip ab und setzte dafür Ahnung, Intuition und schöpferische Kraft des Gefühls, wobei er in der Sprache die Einheit von Geist und Sinnlichkeit sah, mit Sprachskepsis als wesentlichem Element seiner Sprachphilosophie (Leiss 1991): Mit seiner Polemik gegen alle Bemühungen der Sprachreinigung, der Orthographiereform und sonstige Normierungsversuche wandte er sich gegen die Selbstüberschätzung der Vernunft. Die Sprache des Menschen sei der Vernunft vorgeordnet und als Imitation der *„Sprache der Natur"* dem Instinkt vergleichbar, also nicht nur Kommunikationsmittel, sondern das Apriori der Erkenntnis. Mit dieser „Unhintergehbarkeit der Sprache" sei er Vorläufer der modernen sprachanalytischen Philosophie und sprachlicher Relativitätstheorien, nicht Gegen-Aufklärer, sondern „radikaler Aufklärer" mit gewissen Beziehungen zu Habermas' Theorie des kommunikativen Handelns (Leiss 1991).

Für die naturhafte Unordnung in der Sprache war bei Hamann die einfache, bildliche, sinnliche Sprache der Bibel Vorbild, die er auf Englisch las (Blackall 1966, 324f.). Er polemisierte nicht nur heftig gegen die etablierte *Schriftgelehrten*-Kultur des *Verstandes* und *Witzes* und der abstrakten Begriffe, sondern führte solche ‚naturhafte' Sprache in seinem eigenen Prosastil vor, der radikaler war als der noch konventionell-kultivierte Klopstocks und so provozierend dunkel, bizarr, prophetisch und rhapsodisch auf viele Zeitgenossen wirkte, dass man Hamann als *Magus im Norden* bespöttelte. Er machte zur irrationalen Auflockerung der Sprache von der relativen Wortstellungsfreiheit des Deutschen (*Inversion*) viel Gebrauch, die er als Zeichen deutscher *Freiheit* und *Kühnheit* pries. Seine Textsyntax war höchst komprimiert, nach eigenen Worten *„elliptisch wie ein Griech, und allegorisch wie ein Morgenländer"* (Blackall 1966, 337), ironisch-zweideutig, mit unklaren Anspielungen, eigenwilligen Interpunktionen, offenen syntaktischen Bezügen, abrupten Sinnsprüngen, isolierten Nominalgruppen, Archaismen, sonderbaren Flexions- und Wortbildungsformen. Sie hat aber viele bedeutende Literaten fasziniert und zeitweise beeinflusst: Herder, Goethe, Hegel, Jean Paul, Grillparzer, Kierkegaard; und bis zum expressionistischen Stil ist der Weg nicht mehr weit. Hier eine Textprobe (n. Blackall 1966, 332):

„Poesie ist die Muttersprache des menschlichen Geschlechts; wie der Gartenbau, älter als der Acker: Malerey, – als Schrift: Gesang, – als Deklamation: Gleichnisse, – als Schlüsse: Tausch, – als Handel. Ein tieferer Schlaf war die Ruhe unserer Urahnen; und ihre Bewegung, ein taumelnder Tanz. Sieben Tage im Stillschweigen des Nachsinns oder Erstaunens saßen sie; – – und thaten ihren Mund auf – zu geflügelten Sprüchen."

T. Hamanns Ideen über Sprache hat, aufgrund enger persönlicher Beziehungen, Johann Gottfried Herder übernommen und weiterentwickelt, vor allem in seinen *Fragmenten über die neuere deutsche Litteratur* (1766/67) und in seinem Aufsatz *Ossian und die Lieder alter Völker* (1782). Er hat damit die Entwicklung deutscher Literatursprache (Sturm und Drang, Romantik, Volksliedkultur) ebenso beeinflusst wie die Sprachphilosophie (Humboldt, Steinthal, Weisgerber), darüber hinaus populäre politische Sprach- und Kulturideologien europäischer Nationalbewegungen im 19. und 20. Jh. (Blackall 1966, 340ff.; Gaier 1988; R.Große 1989): Neben Hamanns Ansätzen und dem Vorbild seines radikalen Prosastils wird auf weitere sprachphilosophische Anregungen von Rousseau, Diderot, Condillac, Blackwell, Vico hingewiesen, natürlich auch von Bodmer, Breitinger und Klopstock. Herder führte die Entstehung von Sprache nicht auf den Instinkt zurück (Hamann), sondern auf menschliche *Besonnenheit*, also doch auf schöpferische, emotionale, körperlich-geistige ‚Tätigkeit' (wie es dann bei Humboldt heißt). Von daher erklärt sich seine Überzeugung von der Geschichtlichkeit von Sprache, die mit dem zeitgenössischen Aufkommen von Geschichtlichkeit in der politisch-sozialen Begriffsgeschichte parallel geht (vgl. 5.12L). Herders Geschichtsbegriff ist aber ausgesprochen unpolitisch, aufklärungsfeindlich, stark natursprachlich und sprachmystisch orientiert, ja teilweise schon biologistisch, da bei ihm die metaphorische Vorstellung von Sprache als *Organismus* auftaucht: Sprache *„keimt, trägt Knospen, blüht auf und verblüht"*. Herder nimmt drei kulturkritische Entwicklungsstufen als *Lebensalter* der Sprache an: das poetische, das prosaische, das philosophische, mit einer in der positiven Bewertung absteigenden Entwicklungsrichtung von ‚Jugend' zu ‚Alter' und ‚Verfall'.

In ihrem *kindlichen* Lebensalter (Prähistorie) sei Sprache noch *rauh* und *wild*, stark von Situation und nichtsprachlichem Handeln ersetzbar oder begleitet gewesen. Das *Jugendalter* der Sprache nennt Herder das poetische; seine Merkmale waren: *„die stärksten Machtwörter, die reichste Fruchtbarkeit, kühne Inversionen, einfache Partikeln, der klingendste Rhythmus, stärkste Declamation"*, *„tönende Verba"*, *„Klangworte"*, *„Idiotismen"*, viele *„Synonyme"*, *„Elisionen"*, *„Sprünge und Würfe"*, womit unvermittelte Textfortschritte ohne Konnektoren, ohne Überleitungen, ohne argumentative Anknüpfungen gemeint sind, da in dieser noch ganz sinnlichen Art von Sprache Sinnverknüpfungen durch Rhythmus, Emphase, Melodik, Gestik und Mimik ausgedrückt seien, noch nicht verbalsprachlich. Sprache im Lebensalter der Poesie sei *„ursprünglich, unentnervt, frei und männlich“, „Bewegung! Melodie des Herzens! Tanz!“* Im *Mannesalter* (prosaisches Zeitalter) sei Sprache vernünftiger, logischer, habe abstrakte Wörter, geregelte Flexion als Sprache des Verstandes und des *„mittleren Wizzes“*. Alle Merkmale der Poesie-Stufe seien dabei zurückgedrängt, im Deutschen vor allem durch Einfluss des Lateins. Im *„greisenhaften“* Alter sei Sprache die Sprache der Philosophie, in der es nur Richtigkeit, Klarheit, genormte, komplizierte Syntax, keine Synonyme, keine doppelte Verneinung usw. gebe, dafür *„hölzernen Abstraktionsstil“, „langschleichenden Schlangenstil und Blindschleichenberedtsamkeit“*.

Für die gegenwärtige Literatursprache forderte Herder Rückkehr zu möglichst vielen Mitteln der Poesie-Stufe, um in der Sprache *„den ganzen Menschen“* wiederzugewinnen. Die nach dem 16. Jh. verlorengegangene *„männliche und starke“ „alte deutsche Kernsprache“* sei in Luthers Bibelübersetzung, seinen Kirchenliedern, in Dichtungen des Mittelalters, in Volksliedern und in den Mundarten wiederzufinden, auch bei dem Phantom-Dichter Ossian und bei Shakespeare. Herders Abkehr von der hochkultivierten Aufklärungssprache ist von einer radikalen S p r a c h s k e p s i s her motiviert, die im Gegensatz zum akademischen Fortschrittsglauben von Leibniz bis zu Gottsched steht (Kleinschmidt 1991, 78ff.): Er kritisierte *„die tauben Begriffe, Wortkränze und Abstraktionen, jene Legion moralisch-politischer Systeme, jenes Triktrak philosophischer Sprache“*. Es war der Einbruch der Geschichtlichkeit in das Sprachdenken am Vorabend der Revolution. So wie die von ihm initiierte Sturm- und Drang-Bewegung die früheste Erscheinungsform zivilisationskritischer Jugend- und Alternativbewegungen darstellt, so beginnt auch die Entwicklungslinie einer neuen, kulturkritischen Art von Sprachkritik mit Herder (und Jochmann, vgl. 5.12Z).

Die von Herder detailliert empfohlenen und in seinen sehr wirksamen Schriften und Reden praktizierten antirationalistischen Stilmittel, weitgehend identisch mit den Ansätzen Klopstocks und Hamanns, sind fast alle auch die sprachlichen Merkmale der Sturm-und-Drang-Dichtung, in Dramen, Gedichten und Briefen, auch in den Jugendwerken Goethes und Schillers in den 1770er Jahren. So erübrigt sich hier eine Darstellung dieses in Literaturgeschichten zur Genüge behandelten Literaturstils (vgl. Blackall 1966, 375ff.; Langen 1957, 1097ff; Langen 1974). – Zu sprechsprachlichem Dialogstil s. 5.8C, zu Ausklammerungs- und Nachtragsstil s. 5.9 O! – Eine antirationalistische „Repoetisierung der Sprache“ war auch das Ideal von August W. Schlegel bei seiner theoretischen und praktischen Neigung zur Wiederherstellung eines ausgeglichenen Verhältnisses zwischen Konsonanten und Vokalen durch Weglassung des (im Deutschen wie in anderen germanischen Sprachen zu häufigen) inlautenden *e (Innres, zusammengezogne, dieß, giebts)*, ähnlich wie bei Schiller (s. Bär 2004). – Zum

Wortschatz und Wortgebrauch Herders und des Sturm und Drang s. W.Schmidt 2013, 153f., 159; dagegen Goethe in seinem klassischen Stil (s. 5.10Y!).

U. Herders Sprachphilosophie hatte auch eine sprachideologische Komponente, die über Sturm und Drang und Klassik hinweg erst im 19. und 20. Jh. große Wirkung haben sollte, nicht nur in den grob mit *Romantik*, *Neuromantik* und *Deutschtümelei* benannten literarischen Richtungen, sondern auch in der politischen Geschichte Mittel-, Ost- und Südosteuropas: die Beziehung zwischen S p r a c h e und N a t i o n. Da Sprache als Menschheitsgabe das notwendige Mittel des Ausdrucks *unserer Seelenkräfte*, des Ausdrucks von Wahrnehmungen der Welt und der *Leidenschaften* und *Gemütskräfte* gegenüber Mitmenschen sei, lag der Gedanke an eine Determination des kollektiven Denkens durch eine bestimmte Sprache nahe. So finden sich bei Herder die ersten Anzeichen des Übergangs vom unpolitischen akademisch-humanistischen ‚Nation'-Begriff der deutschen Kulturpatrioten des 17./18. Jh.s (vgl. 5.5BC, 5.12M) zum sprachorientierten politischen Begriff der ‚Kulturnation' im Gegensatz zum westeuropäisch-aufklärerischen Begriff der ‚Staatsnation' (Meinecke 1969). Damit war der Weg zu ethno-nationalistischen ‚Nation'-Begriffen vorbereitet, die die Entwicklung des deutschen Nationalbewusstseins, aber auch das osteuropäischer Völker im 19. und 20. Jh. stark beeinflussten und Befreiungsbewegungen, Konflikte, Verfolgungen und Kriege zur Folge hatten und haben (s.Gardt 1999a; 2000a; 2004; s.6.4. O, 6.16BCK).

Dazu einige immer wieder zitierte Stellen von Herder (n. R.Große 1989, 273, 276; Blackall 1966, 340ff.): *„Jede Nation spricht also, nach dem sie denkt, und denkt, nach dem sie spricht"; „Wer in derselben Sprache erzogen ward, wer sein Herz in sie schütten, seine Seele in ihr ausdrücken lernte, der gehört zum Volk dieser Sprache"; „Mittelst der Sprache wird eine Nation erzogen und gebildet". „Wenn Sprache das Organ unsrer Seelenkräfte, das Mittel unsrer innersten Bildung und Erziehung ist: so können wir nicht anders als in der Sprache unseres Volks und Landes gut erzogen werden"; „Der Genius der Sprache ist auch der Genius von der Litteratur einer Nation".* Neben *Nationalsprache* kommen auch die ebenso vagen Begriffe *Nationalgeist*, *Nationalgefühl* schon bei Herder vor. – Vgl. auch Paul 1992, 603; Brunner/Conze/Koselleck, Bd.VII, 316ff.).

Gegenüber wesentlich politischeren Autoren der Napoleonischen Zeit (auch gegenüber Klopstock) muss allerdings hervorgehoben werden, dass Herders Sprachphilosophie noch keineswegs ‚nationalistisch' oder ‚chauvinistisch' war, sondern deutlich universalistisch: Die Merkmale seines ‚poetischen' Jugendalters der Sprache sah er auch in anderen Sprachen, und er lobte die *Stärke* des Englischen, und die Leichtigkeit und Eleganz des Französischen. In der Zeit der Revolutionskriege veröffentlichte er *Briefe zur Beförderung der Humanität* (1793–97).

V. Auf die kulturrevolutionäre Aufbruchszeit der *Genie*-Sprache folgte in den 1780/90er Jahren die literatursprachliche Retardierungsphase der Weimarer Klassik, die mit den Namen Goethe und Schiller verbunden ist und, auch durch Anerkennung und Bewunderung aus nichtdeutschsprachigem Ausland, als bis heute nicht wieder erreichter Höhepunkt der deutschen Literaturentwicklung gilt und allenfalls mit der ‚Staufischen Klassik' um 1200 vergleichbar ist. Der Sprachstiltypus ‚Klassikerdeutsch' ist nur zu umschreiben mit schwer definierbaren Stilwertbegriffen wie Größe, Würde, Erhabenheit, strenge Form, Wohlklang, Harmonie, heitere Ruhe, Anmut, Besonnenheit, Ausgewogenheit, Entsagung, das Typische, Allgemein-Menschliche, Erstrebenswerte, Bedeutende usw. Die Bezeichnung *Klassik, klassisch, Klassiker* galt, wie seit der Renaissance, bis ins späte 19. Jh. für eine an der Antike orientierte Mustergültigkeit im Sinne von *Klassizismus.* Der auf Goethe/Schiller/Weimar bezogene Stil- und Epochenbegriff ist eine spätere spezialisierende Umdeutung aus Goethes gelegentlicher literaturkritischer Abgrenzung von *klassisch* (im Sinne von ‚klassizistisch') gegen *romantisch* (vgl. Brandt 1976). Diese bildungsbürgerliche Literaturblüte kann nicht allein aus der Hinwendung zu einer historisch weitentfernten ästhetischen Welt, aus der neuen Antikebegeisterung seit Winckelmann erklärt werden. Sie war vor allem Reaktion auf den eigenen Überdruss an der so ganz anderen Zeitmode, eine Abkehr vom nur Emotionalen, Individualistischen, Zufälligen, aber auch ein Ausweichen vor Nützlichkeit und Realität, eine eskapistische intellektuelle Enthaltsamkeit in Bezug auf soziale und politische Probleme und Aktivitäten der spätabsolutistischen Staatskrise in den zwei Jahrzehnten vor der Europa erschütternden Französischen Revolution. Die privatistische Flucht in die reine Ästhetik, als Absage an eine identitätstiftende politische Führungsrolle der Literaten in der praktischen Konsequenz der Aufklärung, hat illusionäre Lebens- und Verhaltensweisen des deutschen Bildungsbürgertums gefördert, die es „von den bürgerlichen Gesellschaften der westlichen Nachbarn in einer der weiteren geschichtlichen Entwicklung Deutschlands abträglichen Weise entfernte" (Haferkorn 1974, 177).

In seiner Vorrede zu den *Horen* 1795 beklagte Schiller die Revolutionswirren als störenden Einbruch in die heile ästhetische Welt: *„[...] zu einer Zeit, wo der Kampf politischer Meinungen und Interessen diesen Krieg beinahe in jeden Zirkel erneuert, und nur allzu oft Musen und Grazien daraus verscheucht, wo weder in den Gesprächen noch in den Schriften des Tages vor diesem allverfolgenden Dämon der Staatskritik Rettung ist [...]"*; er wünscht, *„durch ein allgemeines und höheres Interesse an dem, was rein menschlich und über allen Einfluß der Zeiten erhaben ist, die politisch geteilte Welt unter der Fahne der Wahrheit und Schönheit wieder zu vereinigen"*; er hofft, dass *„alles verbannt sein wird, was mit einem unreinen Parteigeist gestempelt ist"*; er möchte beitragen zum *„stillen Bau besserer Begriffe, reinerer Grundsätze und edlerer Sitten", „die Schönheit zur Vermittlerin der Wahrheit zu machen"; „welterhaltende Ordnung, aus der alles Gute fließt, weil Anmut und Ordnung, Wohlanständigkeit und Würde unzertrennlich sind"*. – Politisch-Oppositionelle der Restaurationszeit beklagten die entpolitisierende Wirkung der Weimarer Klassik: *„quietisierender Einfluß auf die deutsche Jugend"* (Heine 1835), *„volksfremder Aristokratismus und aktionshindernder Klassizismus"* (Menzel) (n. Mattausch 1980, 149). – Über Goethes und Schillers zwiespältiges Verhältnis zur Tagespolitik s. Schulz 1983, 117ff.; Craig 1993, 15ff., 59ff.

W. Sprachgeschichtlich erscheint die literarisch so produktive Neuorientierung der Weimarer Klassik als zweite Phase einer Sprachkrise, als Korrektur einer extremen modischen Stilhaltung der jugendlichen Anfänge. Julius Petersens Dreiteilung von Goethes Sprachbiographie in individualisierenden Jugendstil, typisierenden Stil der mittleren Zeit und universal-totalen Altersstil (Petersen 1932a, 89) ist unvollständig, da Goethe zwei Jugendphasen mit zwei persönlichen Sprachkrisen, also insgesamt drei sprachkritische Wendepunkte erlebte (Blackall 1966, 364ff.; Langen 1957, 1117ff.):

Goethes Frankfurter Kindheit und Jünglingsjahre waren sprachlich gekennzeichnet von einer reichsstädtischen „Mischung von galant und altdeutsch" (Blackall), mit starker Bindung an lutherische und süddeutsch-kanzleisprachliche Traditionen, mit süddeutsch-ungeniertem Gebrauch von Dialekt und Umgangssprache und dem spielerischen Erlernen und Gebrauch von sechs Fremdsprachen. In seiner Leipziger Studienzeit erlebte Goethe die erste Sprachkrise: Er sollte sich dort abgewöhnen: *„Anspielungen auf biblische Kernstellen", „treuherzige Chroniken-Ausdrücke", „Sprüchwörter, die doch, statt vieles Hin- und Herfackelns, den Nagel auf den Kopf treffen", „alles dieß, das ich mir mit jugendlicher Heftigkeit angeeignet, sollte ich missen, ich fühlte mich in meinem Innersten paralysirt und wußte kaum mehr, wie ich mich über die gemeinsten Dinge zu äußern hatte"* (WA 27, 59; n. Blackall 1966, 367). Auch Gellerts strenge Stilübungen verunsicherten ihn in Bezug auf das widersprüchliche Verhältnis zwischen ‚Schreibe wie du sprichst!' und ‚Sprich wie du schreibst!'; dazu der Spott der Leipziger über sein Frankfurterisch (vgl. 5.8B).

Goethes Leipziger Sprachkrise war noch nicht postnormativ wie die Sprachkrise moderner Dichter seit Hofmannsthal (s. 6.13E), sondern internormativ, ein Konflikt zwischen einer natürlichen, in sozialer Umgebung gewachsenen Norm und einer elitär geforderten modernen Bildungsnorm. Von ihm wurde verlangt: *„eine vollkommene Sinnesänderung"*, *„eine Entsagung alles dessen, was man bisher geliebt und für gut befunden hat"* (WA 27, 68; n. Blackall 1966, 367). Im Unterschied zu Norddeutschen der älteren Generation wie Gottsched und Adelung, die das längst abgewertete und verdrängte Schriftniederdeutsch hinter sich gelassen hatten und sich in Obersachsen freiwillig und engagiert der bereits hoch anerkannten überregionalen Sprachnorm anschlossen, blieb bei dem süd- und *reichs*deutschen Patriziersohn Goethe das Sprachprestigeproblem schmerzend ungelöst, weshalb er seine bisherigen literarischen Versuche verbrannte und orthographisch unsicher wurde (Blackall a.a.O.).

Als Befreiung aus diesem Zwiespalt zwischen zwei sozial orientierten Sprachgesinnungen konnte seit der Straßburger Zeit unter Herders Einfluss die Begeisterung für die Möglichkeiten ganz unkonventioneller, individualistischer *Genie*-Sprache heilsam wirken, mit Stilwerten wie Affekt, Musikalität, Rhythmus, Originalität, symbolische Bildlichkeit, mit entsprechenden Stilmitteln, vor allem mit Archaismen aus dem als besonders ‚deutsch' empfundenen 16. Jh. (Lutherbibel, Hans Sachs) und allerhand sprechsprachlich-soziolektalen Ausdrücken. Alles dies, auch die seit Klopstock erprobten poetischen Stilmittel, auch pietistische oder antike Vorbilder, vermochte Goethe „mit glücklicher Hand" (Blackall) meisterhaft flexibel und differenziert in wohlklingenden Versbau oder Prosarhythmik zu integrieren und zur Personen- oder Situationscharakteristik zu nutzen, so dass Wirkungsabsicht und Kunstgriffe nicht mehr zu spüren waren (s. Blackall 1966, 373ff; Langen 1957, 1118ff.).

Goethes k l a s s i s c h e Wende, die mit seiner vielseitigen, z.T. öffentliche Repräsentation erfordernden Tätigkeit am Weimarer Hof zusammenhing, war eine Rückkehr zu der noch nicht ganz vollendeten Jahrhundertaufgabe des Bildungsbürgertums, eine in ober- und mittelschichtlicher Öffentlichkeit wirksame literarische deutsche Hochkultur zu entwickeln. Seine engagierten Bemühungen als Theaterdirektor zeugen von dieser Aufgabenstellung für eine wieder soziable Literatur, für die das enthusiastisch-individualistische Experimentieren in der Nachfolge Klopstocks, Hamanns und Herders nicht mehr genügte. Die Frage nach Sinn und Form und Maß des Dichtens und nach dem Allgemeinmenschlich-Gültigen, eine letzte Steigerung der Aufklärung im Sinne des philosophischen Idealismus, stellte sich neu und zwang zu strenger sprachstilistischer Umkehr und Selbstbeschränkung. Dieser allmähliche und – ohne aufwendige theoretische Vorbereitung – systematische Reifeprozess lässt sich deutlich ablesen an Goethes T e x t ä n d e r u n g e n bei der Überarbeitung seiner Jugendwerke in der Weimarer und italienischen Zeit für die Göschensche Gesamtausgabe (1787–90). Dabei hat er stilistisch extreme Ausdrucksweisen der dynamischen, experimentierenden *Genie*-Sprache beseitigt oder auf maßvolle Varianten reduziert bzw. (mit Benutzung des Adelungschen Wörterbuchs) der Schriftsprachnorm angepasst (Petersen 1932a, 83ff.; Langen 1957, 1119ff.; Sigal 1960, 243ff.):

Beseitigt oder gemildert wurde fast alles, was seit Klopstock an poesiesprachlichen Eigenwilligkeiten Mode geworden war: syntaktische Sprünge, unübliche Wortstellungen *(Inversionen)*, leidenschaftliche Wiederholungen, Ausrufe, Partikeln, zu affektische *Machtwörter*, doppelte Verneinung, Archaismen, dialektale und umgangssprachliche Kurzformen *(nauf → hinauf, gangen → gegangen)*, Synkope *(zugricht → zugerichtet, innre → innere, findt → findet, spansche → spanische, ihr'n → ihren)*, Apokope *(hab → habe, Nas → Nase)*, flexionslose attributive Adjektive, artikellose Substantive; semantisch zu dynamische zusammengesetzte Präsenspartizipien, drei- und mehrgliedrige Substantivkomposita hat er vereinfacht. Statt kosmisch-metaphysischer Lieblingswörter *(ewig, unendlich, innig)* hat er mehr ethisch-normative eingesetzt *(groß, bedeutend, würdig, tüchtig, gemäß, schön, gut)*. Der Entdynamisierung des klassischen Stils diente auch die Neigung zum Nominalstil und zu abstrakteren Formulierungen (Petersen 1932a, 83). Auch die Wortbildungslust allgemein ging in der Klassischen Periode zurück (Sigal 1960, 257; anders Langen 1957, 1160f.). Typisch für Goethes und Schillers klassischen Dramenstil waren traditionell-rhetorische Wort- und Satzfiguren wie Epitheta, Anaphora, Antithese, Periphrase, Parallelismus, Klimax, mit *und* verbundene Parataxe usw.

Die Textänderungen Goethes waren bewusst erarbeitete Beschränkung des Individuellen, z.T. „Schlimmbesserungen" gegen seinen „persönlichen Rhythmus" (Langen 1957, 1156). Auch davon hat er sich später wieder befreit in seinem Altersstil, der eine erneute Bereicherung von Wortschatz, Wortbildungs- und Klangwirkung zeigt, eine „Rückkehr zu jugendlicher Verschwendung, zu dunklen, gedrängten Fügungen, zu gesteigerter Anschaulichkeit in Wortzusammensetzungen, die zwar bewußter und mehr gedacht als gefühlt, aber nicht minder kühn und ungewohnt sind" (Petersen 1932a, 87; Langen 1957, 1163f.). Zum Altersstil gehört auch die Vorliebe für den vagen Wortbildungstyp *das Wahre, das Ewig Unselige, das Allzuflüchtige* (statt der Abstrakta auf *-heit/-keit*), im Germanisten- und Feuilletonstil bis heute sehr beliebt. Die Vagheit von Goethes Altersstil wurde schon von Zeitgenossen als *marmorn, marmorkalt, marmorglatt* kritisiert (Mattausch 1980, 150, 157).

Dass die klassische Wende auch etwas mit Sprachkrise zu tun hat – weit weg von Gottscheds sprachgeschichtlichem Fortschrittsstolz – wird daran deutlich, dass Goethe und Schiller in der frühen Weimarer Zeit sich mehrmals sprachskeptisch über das Ungenügen der Sprache im Allgemeinen, der deutschen Sprache im Besonderen geäußert haben (Langen 1957, 1151; Petersen 1932a, 70):

Goethe über seine künstlerischen Fähigkeiten: *„Nur ein einzig Talent bracht' ich der Meisterschaft nah: / Deutsch zu schreiben. Und so verderb' ich unglücklicher Dichter / In dem schlechtesten Stoff leider nun Leben und Kunst"* (Venetianische Epigramme); *„eine so schwankende, unbiegsame, breite, gotische rauhklingende Sprache, als unsere liebe Muttersprache"* (Schiller, Aeneisübersetzung); *„Warum kann der lebendige Geist dem Geist nicht erscheinen? / Spricht die Seele, so spricht, ach, schon die Seele nicht mehr"* (Votivtafeln). – Im Zusammenhang mit Goethes und Schillers kulturkritischem Dilettantismus-Projekt von 1795 wird Kunst und Literatur der Vorwurf gemacht, „in der sich rasch verbreitenden allgemeinen Bildung seien Mittel der echten Kunst zu bloßen Versatzstücken oder Phrasen degeneriert, die, mit erlerntem Geschmack zusammengefügt, die Produzenten selbst und ihr Publikum über die tatsächliche Hohlheit und Leere täuschten" (Umbach 1986, 168).

Die große Wandelbarkeit, Variabilität und Eigenwilligkeit von Goethes überreicher Sprache (s. auch Umbach 1986; Mattausch 1981) lässt Versuche, die deutsche Sprache mit Goethes Sprache zu identifizieren, als unangemessen und gegenstandslos erscheinen. Solche gesamtsprachliche Vereinnahmung aus dem bildungsbürgerlichen Goethekult des 19. Jh.s ist z.B. in immer wieder zu hörenden oder zu lesenden sprachkritischen Urteilen über moderne sprachliche Veränderungen in der Industrie- und Massenmediengesellschaft impliziert, in denen es heißt, dies sei ein ,Vergehen' gegen oder eine ,Verhunzung der Sprache Goethes'. „Selbst die Wilhelminische Klassikerpflege musste Goethes normenverwirrende Sprachmagie mittransportieren" (Eibl 1985, 122). Es muss auch berücksichtigt werden, dass Goethes literarische Tätigkeit kaum mehr als ein Drittel seiner schriftsprachlichen Produktion ausmachte, neben seinen naturwissenschaftlichen und administrativen Texten.

Das nach dem Thesaurusprinzip in Arbeit befindliche Goethe-Wörterbuch (seit 1978 erscheinend), das fast alle Bereiche des gesellschaftlichen Lebens seiner Zeit erfasst, ist in hohem Maße überpersönlich repräsentativ für die Koexistenz vieler Funktional- und Textsortenstile des späten 18. und frühen 19. Jh.s (Mattausch 1981): Mit ca. 80.000 Stichwörtern ist der Goethe-Wortschatz außergewöhnlich umfangreich und vielfältig (Adelung hat ca. 55.000; für den aktiven Wortschatz eines Gebildeten rechnet man heute 10–20.000). Im Abschnitt der mit A beginnenden Wörter sind 65% Wortbildungen, 45% Präfixbildungen, 24% Wörter fremdsprachlicher Herkunft (weit überwiegend aus dem Latein). Etwa 60% aller A-Wörter sind nur 1–3 mal belegt. Viele sehr eigenwillige Wortverwendungen bereiten große Schwierigkeiten in der semantischen Erklärung. Spontanes Goethe-Verstehen heute ist daher weitgehend illusionär.

X. Der klassische Stil S c h i l l e r s war „typisierende Sprache, die alles auf eine einheitliche, distanzierende Ebene hebt" (Langen 1957, 1165), wesentlich rhetorischer und durchsichtiger als der Goethes und daher mehr zur Nachahmung und vielseitigen Anwendung verleitend. Während man Goethe zur repräsentativen Rezitation und zur Anregung kulturphilosophischer Interpretationen und Gespräche verwerten konnte, wurde Schillers pathetischer, geistreiner, gesinnungstüchtiger Stil im deutschen Gymnasium des 19. Jh.s beim Aufsatzschreiben, Auswendiglernen und in Redeübungen erfolgreich pädagogisiert. Seine bald in Büchmanns *Geflügelten Worten* (seit 1864) und anderen populären Zitatensammlungen bereitgestellten Sentenzen (Sinnsprüche) konnten für verschiedenste persuasive und repräsentative Zwecke in Festreden und gesellschaftlicher Konversation als Prestige und Minimalkonsens schaffende sprachrituelle Mittel massenhaft konsumiert werden. Obwohl sich Schiller selbst in seiner letzten, kurzen Schaffensperiode in einer ,realistischen Wendung' von diesem überrhetorisierten Stil abwandte (Frühwald, in: LGL 736) und obwohl sein Pathos, seine Adjektive, seine Sentenzen bereits seit den Frühromantikern immer wieder literaturkritisch verspottet oder parodiert wurden (Langen

1957, 1167), muss diese äußerst breitenwirksame Seite von Schillers Sprachschaffen in einer Sprachgeschichte mehr in den Vordergrund gestellt und ernstgenommen werden als in einer Literaturgeschichte.

Schillers eifrig hochstilisierende Sprache hängt – soziolinguistisch erklärbar – mit seiner im Vergleich mit Goethe schwierigeren sozialen Situation zusammen: kleinbürgerliche Herkunft, militärisch-strenge Erziehung auf der Karlsschule, immer wieder Geldnot und Krankheit, Abhängigkeit von Gönnern und Honoraren. Er konnte nicht, wie Goethe, aus einer Überfülle gewachsener Kulturtradition und spielerischer Begabung schöpfen, sondern musste um den sprachlichen Ausdruck ringen. Im Unterschied zu Goethes ruhiger, ausgewogener, fast druckreifer Redeweise soll Schiller nach zeitgenössischen Bemerkungen sehr unruhig, dynamisch, provozierend, laut, antithetisch, sich steigernd gesprochen haben (Petersen 1932b). Seine Briefe waren voll von französischen Wörtern, die er in seinen literarischen Werken mied.

Den Unterschied zwischen Goethes und Schillers klassischer Sprachstiltendenz sieht Gert Ueding (1971) in Schillers „idealistischer Wirkungsästhetik" durch Wiederanknüpfung an die Tradition der Rhetorik: Während die *Genie*-Dichter seit Klopstock, wie alle Gottschedgegner, die Rhetorik als Regelpoetik verdrängten, hatte Schiller auf der Karlsschule Höchstleistungen in epideiktischer Beredsamkeit zu erbringen und war sich sein Leben lang dieser sprachlichen Schulung bewusst *(„meine ehemalige rhetorische Manier")*. Adam Müller erklärte in seinen *Zwölf Reden über die Beredsamkeit und deren Verfall in Deutschland* (1812) Schillers rhetorische Art aus seiner zeitgeschichtlich bedingten Rolle als verhinderter politischer Publizist: *„Der größte Redner der deutschen Nation, Friedrich Schiller, der die dichterische Form nur wählte, weil er gehört werden wollte, und weil die Poesie eine Art von Publikum in Deutschland hatte, die Beredsamkeit aber keines"* (n. Ueding 1971, 4).

Es geht beim rhetorischen Charakter von Schillers Sprache nicht um die rhetorischen Stilzüge der Barockdichtung im Sinne von *ornatus* und *amplificatio*, auch weniger um die von ihm meisterhaft eingesetzten allgemeinen Stilfiguren der traditionellen Poesie und persuasiven Rede (wie Antithese, Parallelismus, Klimax, Chiasmus, Periphrase, rhetorische Frage, Prolepse, vorangestelltes Genitivattribut usw.), sondern um aus Rhetorik und Philosophie in eigenen theoretischen Schriften erneuerte Prinzipien der ästhetischen Erziehung zum *vir bonus* und um eine gehobene Art persuasiver Wirkung durch eine wohlüberlegte Kombination aus Affekten und Vernunft.

Den für seinen pathetischen Stil wichtigen Begriff *Erhabenheit* erklärte Schiller wirkungsästhetisch und mit noch abstrakt radikalaufklärerischen Zielen: *„Erhaben nennen wir ein Objekt, bei dessen Vorstellung unsre sinnliche Natur ihre Schranken, unsre vernünftige Natur aber ihre Überlegenheit, ihre Freiheit von Schranken fühlt"; „eigene Unabhängigkeit von Naturbedingungen"* (n. Ueding 1971, 65).

Die zur Persuasion nun einmal unumgängliche affektische Steigerung des Ausdrucks glaubt Schiller (nach Ueding) immer wieder durch Vergeistigung ins Allgemeine kompensieren zu müssen, da es ihm nicht um die Überredung zu revolutionärer Aktivität, zur Veränderung der Realität gehe, sondern mit „idealistischem Eskapismus" (Ueding) um die der falschen Wirklichkeit entsprungene „Sehnsucht nach Selbsterhöhung", nach der „gefühlsmäßigen Wertsteigerung der Person" des gebildeten Bürgers und um ein Aufzeigen von Alternativen als „leuchtendes Gegenbild zur Falschheit des Vorliegenden" (Ueding 1971, 83ff.). Die elitäre Realitätsferne von Schillers Pathos hat Wienbarg (1834) als *„nur zu oft undeutsche und hohlklingende Paradesprache"* kritisiert, Eichendorff mit *„gelehrter Kunstdichter"* (Mattausch 1980, 151f.); dazu auch Jochmanns Kritik an Klassik und Romantik (Schiewe 1989, 199f.; vgl. 5.12Z). Schiller selbst war sich dieser Realitätsflucht bewusst: Der Dichter solle *„auf eine öffentliche und ehrliche Art von der Wirklichkeit sich entfernen und daran erinnern [...] daß er's tut"* (an Goethe 24.8.1798; n. Langen 1957, 1165). Daraus erklärt Ueding (a.a.O.) Schillers übertriebene Neigung zur „Stilisierung des Sinnlichen zum Generischen, des Einzelnen zum Allgemeinen". Da dieser stilistischen Erhöhung und geistigen Reinigung mitunter auch Alltägliches, Banales unterworfen war, gerate er manchmal in die Gefahr der unfreiwilligen Komik oder des ‚Schwulstes'.

Y. Der vielfach nachgeahmte Typisierungs- und Verallgemeinerungsstil Schillers lässt sich anhand seines exemplarisch-didaktischen (politisch restaurativen) Gedichts *Die Glocke* verdeutlichen, das zu den generationenlang im höheren Deutschunterricht am meisten rezitierten und auswendig gelernten Schillertexten gehört. Im populären Bildungsdeutsch sind daraus bis heute immer wieder bestimmte Sentenzen und Satzfragmente zitiert worden. Die S e n t e n z war schon in der antiken und barocken Rhetorik ein beliebtes, öffentlichen Konsens herstellendes Beweismittel als „autoritätshaltiges Urteil" und „Berufungsinstanz" zum Wiedererkennen (Ueding 1971, 182ff.). Schillers Sentenzen, die auch in seinen Dramen Höhepunkte von Dialogen oder Monologen bildeten, wurden bereits in Brentanos Philisterabhandlung verspottet: *„drum lieben sie den herrlichen Schiller vorzüglich, weil sie seine sentenziöse, reflektierende Diktion in lauter Stammbuchstückchen zerknicken und verschlingen können"*; bei Tieck: *„gesungene Gesinnungen"*; bei Otto Ludwig: *„Juwelen zum Herausnehmen"* (n. Langen 1957, 1167). Die soziopragmatische Funktion dieser auf entsprechende Situationen anwendbaren Sätze mit Lebensweisheiten und Bewertungsnormen ist dieselbe wie die alter Sprichwörter, Bauernregeln, Bibelstellen oder späterer Polit- und Werbeslogans. Zu Phraseologismen werden sie erst durch den wiederholten Gebrauch in aller Munde.

Populär gewordene Beispiele aus Schillers *Glocke*:

Wenn gute Reden sie begleiten, Dann fließt die Arbeit munter fort.
O daß sie ewig grünen bliebe, Die schöne Zeit der jungen Liebe.
Der Wahn ist kurz, die Reu ist lang.
Drum prüfe, wer sich ewig bindet, Ob sich das Herz zum Herzen findet.
Doch mit den Geschickes Mächten ist kein ewger Bund zu flechten.
Wo rohe Kräfte sinnlos walten, Da kann sich kein Gebild gestalten.
Wenn sich die Völker selbst befrein, Da kann die Wohlfahrt nicht gedeihn.
Jedoch der schrecklichste der Schrecken, Das ist der Mensch in seinem Wahn.

Ebenso populär wurden, unterhalb des Sentenz-Status, Kurzsätze oder Satzfragmente, die sich dazu eignen, zu typischen Situationen oder sozialen Rollentypen ganz kurze, manchmal ironische Kommentare zu geben oder seine Stimmung zu signalisieren, also Routineformeln, eine Art der ‚Gesprächswörter' der pragmatischen Konversationsanalyse:

Beispiele aus der *Glocke*: *Von der Stirne heiß rinnen muß der Schweiß; Errötend folgt er ihren Spuren; Der Mann muß hinaus ins feindliche Leben; Und drinnen waltet die züchtige Hausfrau; Wehe, wenn sie losgelassen; Alles rennet, rettet, flüchtet; Da werden Weiber zu Hyänen; Gefährlich ist's, den Leu zu wecken.*

Viel zitiert, aber auch belacht und parodiert wurden Schillers „schmückende, sinnarme und ausdrucksstarke Beiworte", die mit dem *terme banal* der französischen Tragödie verwandt sind (Langen 1957, 1165). Sie treten als typisierende, sozialethische Epitheta (Attribute) zu Bezeichnungen von Personen, Sachen oder Verhaltensweisen auf, oder als stark positive/negative Wertwörter (Adjektive/Adverbien); sie sind also doch nicht so ganz ‚sinnarm', sondern haben eine Funktion im sozialsymptomatischen Ritual der gepflegten Konversation, in Briefen oder Poesiealben im 19. Jh., als konsumierte Sprachmittel der mittelschichtlich konventionalisierten Kontakt- und Beziehungs-Kommunikation (vgl. v. Polenz 1985, 222ff.).

Schillers *Glocke* ist reich ausgestattet mit typisierenden Attributgruppen: *die züchtige Hausfrau; den sichern Bürger; der ruhge Bürger; mit züchtigen, verschämten Wangen; fleißige Hände; fromme Scheu; köstliche Habe; heilge Ordnung; im reinlich geglätteten Schrein; schimmernde Wolle; der Straße lange Zeile; im blauen Himmelszelt.* Wertadjektive/-adverbien (mit Häufigkeitszahlen), positiv: *schön* (4), *zart* (4), *ernst* (3), *teuer* (3), *golden* (3), *süß* (3), *gut* (2), *fromm* (2), *treu* (2), *ewig* (2), *munter* (2), *blühend* (2), *köstlich* (2), *reinlich* (2), *sanft* (2), *züchtig* (2), *fleißig* (2), *still* (2), *lieb, lieblich, liebend, innig, herzinnig, nett, freudig, freundlich, frei, glücklich, heiter, weise, streng, unendlich.* Negativ: *schrecklich* (2), *wild* (2), *verderblich, gefährlich, feindlich, gewaltig, ungeheuer, rauh, roh, dunkel, schwarz.*

Nur vom elitär-belletristischen Standpunkt her kann man solche ans Triviale grenzenden Stilneigungen Schillers als ‚verunglückt', seine gerade darauf beruhende außergewöhnliche Popularität im 19. und frühen 20. Jh. als ‚Missbrauch', ‚Missdeutung' oder ‚Verfälschung' abtun. Gesamtsprachgeschichtlich sind gerade diese leicht lern- und reproduzierbaren Stilzüge und Stilmittel Schillers wichtig, da sie einen sozialgeschichtlich konstitutiven Beitrag von Literatursprache zur Identitätsfindung und -signalisierung einer immer breiter und einflussreicher werdenden aufstrebenden Gesellschaftsschicht darstellen, vergleichbar der sozialen Bedeutung des höfischen mittelhochdeutschen Wort- und Formelschatzes um 1200 (vgl. N.R.Wolf 1981, 179ff.; Wells 1990, 129ff.). Nicht der von Schillers reiner Ästhetik wie von der ganzen Geniebewegung ableitbare zweckfreie Kunstbetrieb einer „freischwebenden Intelligenz“ (Habermas 1990, 265) war das eigentlich ‚Bürgerliche‘ an der literaturkritisch problematisierten Schiller-Rezeption: „Es sind ganz andere Gründe gewesen, nicht der innere Antrieb des Liebhabers und Geistesverwandten, die den Bürger später [...] dazu bewogen, aus der Art geschlagene Bürgersöhne wie Goethe und Schiller, die zudem in ihrer Jugend noch als Bürgerschreck aufgetreten waren, für seinesgleichen zu erklären und sich zu den Idealen der klassischen Aesthetik so eifrig zu bekennen [...] – Gründe, die etwas mit dem Bedürfnis nach sozialem und nationalem Prestige sowie nach seelischer Erbauung in der Nachfolge der nachlassenden Tröstungen der Religion zu tun haben“ (Pikulik 1984, 176f.). Gerade die vielseitige Anwendbarkeit von leichtverständlichen, aus dem Kontext gelösten Schillerschen Gedankenformeln lässt deutlich werden, dass Schiller, der in seiner Kindheit im pietistischen Elternhaus gern mit schwarzer Schürze auf einem Stuhl gepredigt haben soll, dem sich neu formierenden, nicht mehr nur gelehrt oder *genialisch* orientierten breiteren Bildungsbürgertum sehr erfolgreich einen säkularisierenden Ersatz bereitgestellt hat für das seit der Aufklärung schwindende oder obsolet gewordene Arsenal von sozialethischen Sinnsprüchen und Phraseologismen, Ersatz für den alltagssprachlichen Ertrag aus Erbauungsliteratur, Bibel, Katechismus, Predigt, auch für den bei regional vermischter Stadtbevölkerung vergessenen oder nicht mehr anwendbaren Fundus dialektal ausgedrückter Volksweisheiten und Routineformeln der agrargesellschaftlichen Beziehungskommunikation. Es war ein ähnlicher Nachschub-Vorgang wie im 20. Jh., als Zitate aus Operetten-, Schlager- und Werbetexten vielfach an die Stelle klassischer Zitate traten. Schiller hat also die Abwendung von der ‚*Genie*‘-Sprache viel radikaler vollzogen als Goethe: als Rückkehr zur aufklärerischen Aufgabe einer sozialethisch nützlichen „Bürgersprache“ (im Sinne von Eichinger 1990).

Die Wirkung der Klassiker und ihrer Sprache über den hochliterarischen Bereich hinaus ist aufgrund von Indizien empirischer Wirkungsforschung differenzierter zu sehen als in traditionellen Pauschalurteilen der Sprachgeschichtsschreibung (Mattausch 1980): Zeugnisse über sprachliche Vorbildhaftigkeit der Klassiker sind bis bald nach der Jahrhundertwende noch sehr zahlreich, als Fortsetzung der sprachkultivierenden Diskussion um die *besten Schriftsteller* über Adelungs vorklassischen Standpunkt hinaus. Von Literaten und Publizisten der Romantik und des Jungen Deutschland ist – bei meist grundsätzlicher Wertschätzung – Goethes und Schillers Sprache öfters verspottet oder kritisiert, schließlich als obsolet relativiert worden (*„Ende der Kunstperiode"*, Heine). Mitte des 19. Jh. beginnt die „museal konservierende Übernahme" (Mattausch 1980, 165), besonders seit der patriotischen Hochstimmung des Schillerjahres 1859, in dem Jacob Grimm die Illusion von Schiller als *„hinreißendem Lieblingsdichter des Volkes"* verbreitete. Zur gleichen Zeit wurde die Pädagogisierung der Klassiker im gymnasialen Deutschunterricht gefördert (Mattausch 1980, 159ff.). – S. auch 6.13A!

Z. Mit der Herausstellung bestimmter stereotyper Stilmittel in Schillers *Glocke* sind wir an die Grenze zwischen belletristischer Hochliteratur (für Gebildete) und Trivialliteratur (für ein Massenpublikum) geraten. Diese bewertende Dichotomie zweier Arten von Literatur, die in der Forschungsliteratur schon für die letzten drei Jahrzehnte des 18. Jh.s angenommen wird (aufgrund von zeitgenössischen Spottwörtern wie *Pfeffertütenliteratur* und *Brotschriftsteller*, s. 5.2 O), wird in der literaturwissenschaftlichen Diskussion um einen umfassenderen, kommunikativen Literaturbegriff heute bezweifelt, relativiert oder abgelehnt, z.B. im Rundtischgespräch „Zu Fragen der populären Unterhaltungsliteratur" in der Zeitschrift für Germanistik 1990 (Zu Fragen… 1990).

Das mit *trivial* gemeinte Unterscheidungsmerkmal (‚Alltägliches', ‚Allgemein-Bekanntes' in Inhalt und Ausdruck) betrifft nur einen Teil der hier gemeinten Nicht-Hochliteratur; es gibt und gab bereits im späten 18. Jh. dabei auch nichtalltägliche, exotische Stoffe, z.B. in den beliebten Räuber- und Schauerromanen oder Robinsonaden und anderer harmonisierend-illusionierender Ersatzwelt-Lektüre. Mit ‚Trivialisierung' ist oft auch eine rein emotionale, nicht bildungsorientierte Rezeptionsweise gemeint, z.B. in der populären Wirkung von Schillers *Räubern* oder Goethes *Werther*. Der Begriff ‚Alltagsliteratur' wäre auch inkongruent, da alltägliche Lektüre von Kalendern, Zeitungen oder Erbauungsschriften damit nicht mitgemeint ist. Auch ‚Unterhaltungsliteratur' wäre zu weit gefasst, da die Unterhaltungsfunktion auch in der Hochliteratur mehr oder weniger vorkommt, besonders seit der Empfindsamkeit. Von der Vertriebsweise her sagt man auch ‚Kolportageliteratur'. Dazu gehören aber auch von Kolporteuren vertriebene Zeitungen, Flugschriften und Kalender. Das gleiche gilt für ‚Massenliteratur', ‚populäre Literatur'. Am meisten Zuspruch findet neuerdings ‚Konsumliteratur' (a.a.O. 475). Damit meint man eine bestimmte Produktions- und Rezeptionsweise der frühindustriellen Mobilisierungsphase der ‚Leserevolution' (s. 5.2L): von Verlegern massenhaft produziert und auf Geldbeutel und Geschmack möglichst breiter Käuferschichten hin eingerichtet, von den Käufern wirklich gelesen, schnell gelesen, nicht wiederholt, sondern nur einmal mit Neuigkeitsbedürfnis, nicht rational-reflektierend, dafür emotional mit intellektueller Entlastung, *„narkotisch, süchtig, als Genußmittel"* (Fichte 1801), nicht für den Bücherschrank, sondern meist an Nachbarn oder Freunde weitergegeben.

Es gibt spezifische Themen und Motive, aber keine spezifische Sprache der Konsumliteratur. Alle ihre Stilmittel finden sich – wenn auch nicht so stereotyp und häufig – auch in der Hochliteratur, aus der sie meist übernommen und konventionalisiert sind. Die Zurechnung zu einer der beiden elitär postulierten Literaturebenen ist in vielen Fällen schwierig und von Rezeptionshaltungen oder Vorurteilen abhängig, und in der so stark volks- und moraldidaktischen Spätaufklärung war die Grenze noch fließender als heute. Damals wie auch in der Romantik gab es Rückwirkungen von der unteren zur oberen Ebene, besonders im Bereich des Abenteuerlichen, Phantastischen, Schauerlichen. Übersetzungen französischer und englischer Romane der Hochliteratur sind in Deutschland z.T. ‚trivialliterarisch' vermarktet und rezipiert worden. Allenfalls textlinguistisch lassen sich typische Struktureigenschaften der Konsumliteratur herausstellen:

– Ähnlichkeit der Stoffe bzw. Handlungsabläufe mit bereits konsumierten Texten (Voraussetzung für die späteren Serienromane).
– Reduzierte Textkomplexität: möglichst einsträngige Erzähl- bzw. Handlungsstruktur, also Vermeidung hochliterarischer Nebenhandlungen, Rückblenden, philosophischer Exkurse, mythologischer Verfremdungen (Zu Fragen ... 1990, 483f.; Rudolph 1993, 251).
– „Intertextueller Eklektizismus" als „Mischung von Textmustern" und soziolektalen Varietäten, mit Versatzstücken z.B. aus Erbauungsliteratur, praktischen Ratgebern, Zeitungsnachrichten, Lexikonartikeln, gesprochener Alltagsrede, Gellert, Geßner, Klopstock, *Werther* usw. (Lerchner 1990). Historisch-soziolinguistische Differenzierung wird somit stilistisch funktionalisiert.
– Bestimmte populäre Bewertungsstereotype, Rollenklischees und Argumentationsmuster.

Der stilistische Austauschprozess zwischen Hochliteratur für Gebildete und spätaufklärerischer Volksliteratur wird auch daran deutlich, dass in der Kinder- und Jugendliteratur zwischen 1780 und 1830 die seit Bodmer und Breitinger wachsende Neigung zu Archaismen auffällig ist (Wörter mit noch mittelhochdt. Bedeutung, bei Adelung als veraltet gebuchte Wörter), obwohl dies dem Prinzip der Adressatenorientiertheit eigentlich widerspricht: *bläuen, rühren, schmälen, wilfaren, besorgen, gewitzigt; auserkoren, Biederkeit, Eiland, Einfalt, Glimpfe, Behuf, Eidam, Gestade*, usw. (Deckstein 1985, 183).

Auch auf einer Konferenz in Neubrandenburg (Rudolph 1993) wurde die traditionelle, noch von S.J.Schmidt systemtheoretisch modernisierte Dichotomie in Hoch- und Trivialliteratur, in Expertenleser und Massenpublikum, bezweifelt: Es sei eher von verschiedenen Erscheinungsformen literarischer Kommunikation im weiteren Sinne auszugehen, die ein „ernstzunehmendes Bedürfnis breiter Schichten nach sozialen Orientierungsmustern" widerspiegeln (Rudolph 1993, 247): Werke der Hochliteratur und Konsumliteratur erschienen z.T. zuerst gemeinsam in *Almana-*

chen, bevor sie als Bücher für verschiedene Lesergruppen publiziert wurden (z.B. Klopstocks Oden, Schillers Balladen, Goethes *Hermann und Dorothea*). Aktuelle sozialethische Themen (wie der Geschlechtsrollen-Diskurs) wurden mit gleichen Argumentationsmustern zugleich in philosophischen Schriften, pädagogischen Anstandsschriften, hochliterarischen Dichtungen und in Unterhaltungsromanen behandelt (s. auch Hartmann/Hartmann 1991; Viehoff 1993). Die Auflagenhöhen von Werken der Klassiker waren zu ihren Lebzeiten weitaus geringer als die der Konsumliteratur. Schillers größter Buchhandelserfolg war sein fast zur Unterhaltungsliteratur zu rechnendes Romanfragment *Der Geisterseher* (Mattausch 1980, 134). Erst durch die billigen Taschenausgaben von 1822 und 1837 wurden die Werke Goethes und Schillers weiter verbreitet. In der Zwischenzeit hatten *Epigonen, Brotschriftsteller* und *Modeskribler* durch virtuose Beherrschung ‚klassischer' Stilmittel den sprachlichen Ertrag dieser Literaturblüte für inhaltlich trivialisierte Konsumlektüre ausgenutzt. So hatte die Konsumliteratur eine Doppelfunktion: „Einerseits schränkt sie als erfolgreiche Konkurrenz die unmittelbare Wirkung der künstlerischen Literatur ein, andererseits reicht sie deren ursprünglich produktive Sprachmittel verflacht und schablonisiert an eine breite bürgerlich-kleinbürgerliche Publikumsschicht weiter" (Mattausch 1980, 140). – S. auch 6.13D! Zur politischen Funktion schöner Literatur s. Currie 1995!

Literatur

Allgemeines: Arens 1965. Arntzen 1983. Barz u.a. 2002. BBRS (Grosse 1847ff., Kaempfert 3042ff.). Beutin 1972. Campe 1990. Currie 1995. Fernandez-Bravo 1980. Kiesel/Münch 1977. Kuhberg 1933. Langen 1957. Mellmann 2006. F.Neumann 1920. Newald 1951. Schletter 1985. Schmidt-Wächter 2003. A.Schöne 1968. A.Schwarz 2000. Simmler 1998; 2002.

17. Jahrhundert: Späthumanismus, Barock: U.Bach 1949/59. Balázs 1998. Barner 1970; 1975. Battafarano 1991. Beil-Schickler 1995. R.Bogner 1997. Breuer 1971; 1979. Dyck 1969/90. L.Fischer 1968. Flemming/Stadler 1974/78. Florack/Singer 2012. Forster 1961. Hankamer 1965. Henne 1966. Joseph 1965. Kayser 1932/62. Kleinschmidt 1990; 1991. Koopmann 2002. Kreimendahl 1999. Kühlmann 1982. H.Kuhn 2000. H.J.Lange 1974. Langholf 1971. Lenk 1988/89. Lepper 2007; 2011. LGL (Blume 719ff.). H.Müller 1975. Newald 1951. Pliester 1930. Rubensohn 2005. Schäublin 1963. Schöberl 1972. A.Schöne 1964. Schwind 1977. Sinemus 1978. Sperber 1929a. Strockhorst 2008. Takada 1994a. Thomke 1997. Wehrli 1993. Wendland 1930. Wichert 1991. C.Wiedemann 1969; 1973. Windfuhr 1966. Zeller 1974. Ziemendorff 1967. – S. auch Rhetorik in 5.2Lit!

18. Jahrhundert (allg.): Blackall 1966. Bödeker 1992. Eibl 1985. Eichinger 1990. v.Graevenitz 1975. Hafen 1952. Haferkorn 1974. Henze 1965. Kiesel/Münch 1977. Kleinschmidt 1991. J.Krämer 1998. Langen 1934; 1949; 1964; 1974. Lerchner 1983; 1991; 1992; 1999. LGL (Große 725ff., Frühwald 732ff.). Lutz 1974. Mieder/Nolte

2006. Narr 1963. Pfund 1935. S.J.Schmidt 1989. Schuppenhauer 1970. Sperber 1927/29.

Pietismus, Erbauungsliteratur: Brecht/Deppermann 1993; 1995. Greule 1992. Langen 1954; 1957, 991ff.; 1964; 1974, 67ff. v.d.Lee/Reichmann 1972. Merkel 1971. Miersemann/Busch 2002. Muthmann 1951. Newald 1951, 417ff. Pilz 1996. Reichel 1969. Sauder 1980. Sperber 1930. Stutz 1960.

Empfindsamkeit, Anakreontik, Rokoko: Arnold 2012. Baasner 1988. Blackall 1966, 293ff. Dreyer 1951. Eibl 2001. Epting 1929. Erämetsä 1955; 1972. v.Graevenitz 1975. L.Jäger 1988. Kändler 1987. Langen 1957, 1081ff. Lappe 1970. Newald 1951, 508ff. Pikulik 1984. Riemann 1958/59. Sengle 2005. Willems 2006. Zagajewski 1909. – S. auch Frauenbildung in 5.2Lit!

Aufklärung: W.Albrecht 1997. Th.Althaus 1991. J.Berger 2003. Blackall 1966. Briese 1998. Brüggemann 1970. Budde 2000. Ehlich 2007. G.E.Grimm 2007. Grimminger 1980. Jung 1967ab. Küntzel 1969. Langen 1957, 1018ff. Lengauer 1975. Martens 1968; 1990. Maurer 1997. Narr 1963. Newald 1951. Roggenhofer 1992. Sauder 1980. A.Schöne 1982. G.Schulz 1974. Sengle 2005. Sperber 1929b. – S. auch 5.2Lit!

Sturm und Drang: Blackall 1966, 323ff. Beißner 1934. Büscher 1937. Buschmeier/Kauffmann 2013. Grimminger 1980 (Sauder 327ff.). Henne 1980. Langen 1957, 1082ff., 1098ff. McCarthy 2006. Neuland 1986. Newald 1957, 163ff. Scharloth 2002/03. M.Willems 1995; 2006. H.Wolf 1923.

Gottsched, Gottschedin: Blackall 1966, 110ff. B.Döring 2002. Eichinger 2008. Grimminger 1980 (Siegrist 280ff.) Hauenherm 2002. Heilmann 1985. A.Lange 1896. Langen 1957, 1035ff. Newald 1951, 483ff. Richel 1973. Rieck 1972. Schlosser 1985. Shimizu 2004. – S. auch 5.6M7!

Bodmer, Breitinger: Blackall 1966, 157ff. Henne 1968c. Newald 1951, 494ff. Schlosser 1985.

Klopstock: Baudusch-Walker 1958; 1984. Blackall 1966, 240ff. Garbe 1981. Krummacher 1969. Langen 1952/53; 1957, 1070ff. Lühr 1988. Newald 1957, 17ff. Petri 1894. K.L.Schneider 1965.

Lessing: Th.Althaus 1991. Betten 1988. Blackall 1966, 266ff. Droese 1968. Göbel 1971. Grimminger 1980 (Schulte-Sasse 304ff.). Hauenherm 2002. Hübner 1940. Langen 1957, 1058ff. Lerchner 1980. Mattausch 1980, 146f. Metzger 1927. Newald 1957, 48ff. J.Schröder 1972. G.Schulz 1985. Wagner 1961.

Wieland: Barthel 1939. Beck 1913. Blackall 1966, 310ff. Budde 2000. Calvör 1906. Feldmann/Pietsch 1903. Friedrich 2006. Ideler 1908. Itkonen 1971. Langen 1957, 1064ff. Lerchner 1984a; 1991. Mattausch 1980, 153f. Newald 1957, 77ff. Petermann 1964. Richter 1933. Sahmland 1990. Schumann 1964. Stenzel 1970.

Hamann: Baudler 1970. Blackall 1966, 323ff. Gajek 1967. Leiss 1991. Newald 1957, 164ff. O'Flaherty 1952. Purdie 1952. Unger 1905. Weiss 1990.

Herder: Bahner 1990. Blackall 1966, 340ff. Dascal u.a. 1992. Erhardt-Macris 2002. Fleischer 1978. Fürst 1988. Gaier 1988. R.Große 1978; 1989b. Haussmann 1907. Irmscher 1956. Jung 1967b. Konrad 1937. Langen 1957, 1107ff. Leventhal 1990.

Newald 1957, 168ff., 344ff. Purdie 1952. Shimizu 2008. G.Schulz 1983, 163ff. Stockinger 1996. Tani 2003.

Weimarer Klassik: BBRS (Ernst 3070ff.). J.Berger 2003. W.Brandt 1976. Brückner 2004/05. Brückner/Knoop 2004. Gross 1994. Holborn 1981. Hüllen 2005b. Kainz 1974. Mattausch 1980. Newald 1957. G.Schulz 1983. Ueding 1987. Wilkinson 2002.

Schiller: Berghahn 1970; 1971. Borchmeyer 1973. Brückner/Knoop 2004. Filtzinger 1923. Kainz 1974, 245ff. B.Lange 1973. Langen 1957, 1139ff., 1165ff. Lühr/Zeilfelder 2005. Mattausch 1980, 151ff. Newald 1957, 297ff. Niemeyer 1934. Oellers 1970. Petersen 1932b. Russ 1998; 2005. Sallmann 1983. Sayce 1962. G.Schulz 1983, 217ff. Seeba 1970. Stock 1962; 1966. Ueding 1971; 1987. Völpel 1976. Voßkamp 1975. Ziegler 2005.

Goethe: Chr.Bergmann 2005. Bernhart 2006. Blackall 1966, 364ff. Burdach 1926. B.Döring 1999. Goethe/Ladenthin 1999. Grothe 1970. Heun 1930. Jannidis 1996. Langen 1957, 1117ff., 1155ff. Mattausch 1965; 1982. Maurer 1932. Mellmann 2006. Niggl 1967. Objartel 2001ab. Petersen 1932a. Pörksen 1999. Ramge 2004. Schadewald 1970. Schmale 2008. Schönfisch 1957. Schweizer 1959. Sigal 1960. Spyrka 1990. Stricker 2000; 2002. Umbach 1986. Vañó-Cerdá 2004. Weithase 1949. G.Zimmermann 2000. – **Lexikographische Nachschlagewerke:** Brückner/Knoop 2004. P.Fischer 1968. Goethe-Wörterbuch 1968ff. M.Müller 1999. P.Schmidt 1970.

Schriftsteller, Zensur, Rezension: Breuer 1982. Carlsson 1969. Haferkorn 1974. Plachta 1994. Uhlig 2000. Urban 2004. – S. auch 5.2Lit!

Trivial-, Unterhaltungs-, Konsumliteratur: Beaujan 1964. H.A.Glaser 1969. Greiner 1964. Hartmann/Hartmann 1991. J.Krämer 1998. Lerchner 1990ab; 1999b. Mattausch 1980. McCarthy 2006. Plaul 1983. Reincke 1978/1989. Rudolph 1993. Schenda 1970. Schulte-Sasse 1971. G.Schulz 1983, 283ff. Spiegel 1967. Thalmann 1923. Ueding 1987, 268ff. Viehoff 1993. Zu Fragen… 1990. – S. auch 5.2Lit, 6.13Lit!

Jugendliteratur: Deckstein 1985. Grimminger 1980 (Promies 765ff.). Uhlig 1996. Wild 1987.

5.11. Modernisierung von Fach- und Wissenschaftssprache

A. In der älteren Forschung und Sprachgeschichtsschreibung ist – wegen einseitiger Bevorzugung belletristischer Literatur – die Bedeutung der Fach- und Wissenschaftssprachen für die Vereinheitlichung und Kultivierung der deutschen Schriftsprache in der absolutistischen Zeit eher am Rande behandelt worden. Fachliches und Wissenschaftliches gehörte jedoch zu den meistverbreiteten und meistgelesenen Texten in dieser Epoche (Eis 1967, 59; Drozd/Seibicke 1973, 33; K.Jacob 1991), die damit zur langfristigen Vorbereitungszeit der Sprache der Industriegesellschaft wurde. Es ist in dieser Zeit den Praktikern und Theoretikern der frühindustriell wichtigen Sachgebiete und Berufe gelungen, den enormen sprachlichen und soziolinguistischen Abstand zu überbrücken zwischen dem praxisbezogenen speziellen, zünftischen, z.T. regionalen Sprachgebrauch von Handwerkern, Gewerbetreibenden, Wanderärzten, Bergleuten, Alchimisten, Technikern der *Hofkünste* usw. einerseits und der rhetorisch hochstilisierten esoterischen Denk- und Schreibweise von Juristen, Kanzleibeamten und Gelehrten andererseits. Dabei kam es darauf an, brauchbare, lehrbare Standards für die merkantilistische Verwaltung und Wirtschaft und für die bürgerliche Allgemeinbildung zu entwickeln. – Die hierbei vermittelnden Ansätze zu allgemeiner bildungsbürgerlicher Öffentlichkeitssprache (*Hausväter*-Literatur, Zeitungen, Rechtssprachreform, Politiksprache) werden in Kap. 5.12 dargestellt.

B. Der fachliche Sprachgebrauch in traditionellen p r a k t i s c h e n Tätigkeitsbereichen war für rationalistisch modernisierte Wissenschaftssprachen und für ein allgemeines Bildungsdeutsch wenig geeignet. Er war von folgenden dabei hinderlichen Eigenschaften gekennzeichnet (v.Hahn 1983, 39ff.; Dückert, in: Schildt 1981, 175ff.; vgl. 4.6C):

- Fachwortschatz wurde von den meist zünftisch organisierten Experten möglichst geheimgehalten, also grundsätzlich nicht verschriftlicht, um sich das Privileg des Arbeits- und Verdienstmonopols zu sichern und die fachliche Praxis vor Missbrauch oder Ausbeutung zu schützen.
- Die meisten Verfahrens- und Gerätebegriffe erforderten für die Praktiker eigentlich keine Verbalisierung, da die *Kunst* vorwiegend durch

Beobachtung und Nachahmung erlernt wurde, so dass Verfasser von *Kunst-Beschreibungen* des 16. und 17. Jh.s darüber zu klagen hatten, dass viele alterfahrene Handwerker nicht in der Lage waren, ihre Arbeit und ihre Maschinen zu erklären (Seibicke 1985, 45; in: BRS 2000; Drozd/Seibicke 1973, 26).

– Der Fachwortschatz war sehr unsystematisch und variabel, reich an Synonymen und Polysemie, landschaftlich sehr unterschiedlich (Heteronyme), ohne theoretische Basis, aus zufälligen Benennungsmotiven entstanden, die bald nicht mehr durchsichtig waren, reich an Metaphern, assoziativen, allegorischen und rätselhaften Benennungen, Abkürzungen und Geheimsymbolen, z.B. planetarische Symbole und Benennungen für Substanzen in der frühen Chemie, deren z.T. noch alchimistisch-geheimsprachlicher Fachwortschatz zwischen 1574 und 1761 modernisiert wurde (Drozd/Seibicke 1973, 15, 21ff.; Barke 1991; K.Jakob 1991).

C. Als Beispielbereich eines zukunftsträchtigen Faches ist der des Maschinenbaus hier interessant (Spiegel 1981, 142ff. nach einer Bonner Dissertation von Walter Taenzler 1955). Ein großer Teil dieses Fachwortschatzes ist aus der Gemeinsprache übertragen, wurde also mit einer nicht gemeinsprachlichen metaphorischen Bedeutung verwendet:

Vom menschlichen Körper: *Arm, Auge, Backe, Kopf, Stirn, ...*; von Kleidungsstücken: *Haube, Mantel, Schuh, ...*; aus der Hauswirtschaft: *Bad, Faß, Herd, Dach, Kuchen, Sack, Speise, Stift, Teller, Trichter, Zapfen, ...*; von Tieren: *Bär, Bock, Gans, Kalb, Kran(ich), Sau; Balg, Maul, Rüssel, Tatze, ...*; von Pflanzen: *Blatt, Blume, Nuß, Rose, ...* Vielfach ergab sich daraus Mehrfachbenennung (Synonymie): *Achse/Bolzen/Welle, Abfallröhre/Ablaufröhre/Sturzröhre* oder Benennung der gleichen oder ähnlichen Sache mit verschiedenen Bezeichnungen in verschiedenen Fächern (fachliche Heteronymie): *Haspel/Winde, Rundbaum/Welle, Satz/Pumpe, Kunst/Maschine, Pochwerk/Stampfwerk.*

Fächer aus alten Berufstraditionen wie Bergbau, Mühlenbau blieben in dieser Wortschatzvielfalt langezeit konservativ und exklusiv, bis Ende des 18. Jh.s ein Ausgleich zwischen den Zweigen der Technik stattfand. – Die frühe Textilindustrie hat vorwiegend Wortschatz aus dem ländlich-bäuerlichen Bereich übernommen (Hausweberei), aber auch etwa 20% Lehnwörter aus antiker, französischer und italienischer Technik durch Übersetzungsliteratur (v.Hahn 1971, 80ff.).

D. Wesentlich offener, ohne zünftische Geheimhaltungsabsicht, waren dagegen Wortschatz und Stil der seit dem 16. Jh. weit verbreiteten populärwissenschaftlichen Bücher im Bereich der Medizin und Pharmakologie: *Arzneibücher, Rezeptbücher, Practicirbüchlein, Gesundheitslehren, Kräuterbücher, Hebammenbüchlein,* usw. (Telle 1979, 33ff.; v.Hahn 1983, 31ff.;

Gloning 2007): Sie waren zwar für den *gemeinen menschen* oder *arm man*, für *Haus-Väter/-Wirte/-Mütter, verständige Hausfrauen, schwangere Frauen* geschrieben, konnten aber wegen der Preise in der Regel nur von wohlhabenden Lesekundigen mittlerer und höherer Stände erworben werden, wurden aber auch von Wanderärzten, Apothekern und halbprofessionellen Heilkundigen benutzt. Sie wurden gegen Widerstand und Schmähungen akademischer Mediziner publiziert, um aus christlicher Nächstenliebe und aufklärerischem Geist etwas für die Verbreitung medizinischer Kenntnisse und der Fähigkeit zur Frühdiagnose und Selbstbehandlung für diejenigen Bevölkerungsteile zu tun, denen die teure Behandlung durch Schulmediziner unerreichbar blieb.

Ihre Sprache wurde auch von den akademischen Gegnern nicht beanstandet (sie hatten andere Gründe: Standesprestige und Berufsmonopol); sie entsprach verbreiteten volkssprachlichen Traditionen: „*Dise kunst der artzney ist zu mererem teyl von den alten in muterlicher sprach beschriben worden vnd zuletzt in das latin kommen*“ (Lorenz Fries, *Spiegel der artzney*, Straßburg 1529). Der sprachliche Einfluss des Paracelsus (vgl. 4.6D) ist in dieser Literatur deutlich, wird aber erstaunlicherweise nicht erwähnt (Telle 1979, 40). – Seit 1514 gibt es gedruckte dt. Fachvokabulare der Medizin und Arzneilehre (v. Hahn 1983, 33f.).

E. In der frühen Wissenschaftssprache des 16. und 17. Jh.s war das Neben- und Miteinander von Latein und Deutsch (vor allem mündlich) noch immer problematisch. Die traditionelle Methode der Lehnübersetzungen und Lehnübertragungen (s. 2.3E) blieb unbefriedigend, da die gewachsene Begrifflichkeit des internationalen Gelehrtenlateins mit den vielfach nur ad hoc gebildeten, schnell wieder verschwindenden bzw. miteinander synonymisch konkurrierenden deutschen Wortbildungen nur ungenau wiedergegeben werden konnte.

Bei der Verdeutschung seines populärwissenschaftlichen Weinfässer-Messbuches (1615) versuchte Johannes Kepler, ähnlich wie Albrecht Dürer (s. 4.6D), metaphorische ad-hoc-Übersetzungen wie *Schnitz* ‚Segment', *Zirkelschnitz* ‚Kreissegment', *Kegel-/Kugelschnitz* ‚räumliches Segment', *Gleichlaufende* ‚Parallele', *Anstreicher* ‚Tangente'; viele seiner Termini haben sich durchgesetzt, besonders solche, die er aus der Alltagssprache oder alten Fachsprachen übernommen hatte: *ähnlich, Beweis, Breite, Höhe, Kegelschnitt, Länge, Querschnitt, Spirallinie, Strich*,... (Busch 1933; Pörksen 1986, 20, 62; Fluck 1985, 30f.).

Die Unsicherheit im Gebrauch verdeutschender Lehnprägungen wird an erklärenden Zwillingsformeln deutlich, beispielsweise in Leibniz' deutscher Programmschrift *Unvorgreiffliche Gedancken ... Sprachbrauch, auff Lateinisch Lexicon; Sprach=Schatz oder cornu copiae; Glossarium oder Sprachquell; Kunst oder Profession; Feuer=Kunst (oder Chymie); Wiss=Kunst oder Mathematic; Zeit=Wechsel (periodo); endigen (definire); das Vornehmen (oder object); so wol in der Zusammensetzung als Abführung (Compositione & Derivatione)* (Drozd/Seibicke 1972, 25, 29). Die Verwendung von Bindestrichen bei Zusammensetzungen war damals üblich (vgl. Solling 2012).

F. Über allen Mängeln der älteren Fachsprachen (vom Standpunkt der späteren Rationalisierung und Standardisierung her) darf jedoch nicht übersehen werden, dass sie mit Begrifflichkeit aus der Praxis viel zum verallgemeinernden und abstrahierenden Wortschatz der Wissenschaftssprachen beigetragen haben (Bayer 1974; 1975): Nominalisierungen und wichtige Begriffswörter der späteren Wissenschaften wie *Erfahrung, Vernunft, Wirkung, Einfluss, Prozess, Eigenschaft, Absicht, Zweck, Notwendigkeit, Raum, Zeit, Ort* sind nicht erst von Philosophen der Aufklärungszeit, auch nicht nur von mittelalterlicher Latein-Scholastik oder deutscher Mystik geprägt worden, sondern finden sich – was die traditionelle Forschung meist übersehen hat – bereits in spätmittelalterlicher Fachliteratur oder in Stadtbüchern. Sie sind (nach Bayer) Produkte „empraktischer" arbeitsteiliger Stadtkultur, also sprachliche Fortschritte schon des frühbürgerlichen Deutsch. So standen am Anfang der abstrahierenden Begriffsbildung in der Mathematik „stets konkrete Aufgabenstellungen, z.B. des Wirtschaftslebens (Buchhaltung, Rentenversicherung), des Rechtslebens, der Nautik, der (Kriegs-)Technik oder der Gewinnverteilung beim Würfelspiel, im Hintergrund", bevor im 17. Jh. die Mathematik zunehmend als zweckfreie Grundlagenwissenschaft betrieben wurde (Steger 1988, 17).

„Sprache als praktisches Bewußtsein", als Vorbereitung empirischer Wissenschaft, war in der Medizin schon bei Paracelsus (vgl. 4.6D) deutlich: *„groß list und mencherlei seltsame subtilikeit gehört dem arzt nicht zu [...] Alein die erfarenheit bleibt in der warheit, und was eigne sinn speculiret, das mag nit bestehen [...] darumb was der mensch schreiben oder lernen wil, das solle er aus der erfarenheit tun und aus derselbigen sich und andere leren [...] dan die natur ist die do lernet und die eigen fantasei nicht"* (Paracelus, *Groß Wundarznei* X, 284; zit. n. Bayer 1974, 328).

Bei *Zweck* ist der Übergang von der alten konkreten Bedeutung (‚Zielpunkt der Schießscheibe') zur abstrakten (‚gesetztes Ziel', ‚Wesen und Endpunkt einer Handlung bzw. Sache', ‚Gewinn, Nutzen') bereits in Johann Fischarts *Das glückhaft Schiff von Zürich* (1576) zu erkennen. Diese utilitaristische Verwendung „gelangt über den allgemeinen Sprachgebrauch in die rationalistische Philosophie des 18. Jahrhunderts" (Bayer 1974, 334). – *Prozess* geht im Laufe des 16. Jh. von der konkreten juristischen Bedeutung (‚Rechtsverfahren') in die spätere abstrakt-wissenschaftliche über (‚Vorgang, Verlauf' allgemein), so schon bei Paracelsus neben *„ein chirurgischen proceß füren"* auch: *„weg und proceß, proceß diser hinfallenden krankheit"* (Bayer 1974, 335). – Gegenüber seinen Konkurrenten *Tugend, Kraft* und *Ambt* setzt sich *Wirkung* im Laufe des 16. Jh. durch für den abstrakten naturwissenschaftlichen Begriff, der von der Vorstellung kosmischer oder magischer Kräfte befreit war (Bayer 1974, 340).

G. Die an den konkreten lokalen Arbeitsplatz und an Selbstherstellung der Werkzeuge gebundene ältere Art des Fachwortschatzes lebt zwar bis heute in Handwerken und in Werkstatt- und Betriebsjargons der Meister und Arbeiter fort, genügte aber nicht mehr den Erfordernissen der Abstraktion und Arbeitsteilung in der schrittweisen technischen und organisatorischen Modernisierung im Laufe des 16. und 17. Jh.s, mit Drehbank, Wasserkraftmaschinen, Buchhaltung, Postwesen, Großhändlermessen (v. Hahn 1983, 29ff.): An den Fürstenhöfen entstand ein steigender Bedarf an technischen Erfindungen für Militär, Festungsbau, Bergbau, Städtebau, Manufakturen für Luxusgüter, Festlichkeiten. So entwickelte sich höfisch-bildungsbürgerliches Interesse für Naturwissenschaften und Technisches im Rahmen der kameralistischen Territorialwirtschaft (vgl. 5.1F) mit einer noch sehr provinziell-unsystematischen Fachliteratur. Die deutschen Fachkompendien des 16. Jh. waren keine reine Handwerker- oder Praktiker-Literatur, sondern großenteils zunächst lateinisch verfasste und rhetorisch stilisierte populärwissenschaftliche Werke *„dem gmainen mann zu guttem teutsch gemacht"*, also von vermittelnden Gelehrten für Nichtfachleute geschrieben (Kästner u.a. 1990). Auch der größte Teil der fachsprachlichen Literatur des 17. Jh.s *(Kunst-bücher, Kunst-geschichten)* war nicht Verschriftlichung wirklicher Fachkommunikation, sondern beruhte auf mehr oder weniger sachkundiger bildungsbürgerlicher Sammeltätigkeit „von außen", teils als Übersetzungen (Drozd/Seibicke 1973, 17; Seibicke 1985, 46).

Diese Sammlungen von Professionalismen (*Kunst-wörtern, kunstmäßigen Wörtern, vocabulis artium, terminis techn(olog)icis, Technicis,* usw.) waren oft alphabetisch gegliedert, also ohne sachlichen Zusammenhang. Teilweise entstanden sie aus einem für *Curiosa* interessierten Bildungsbedürfnis, das vom geselligen Leben an den Fürstenhöfen gefördert wurde. Sie wurden gern *Theatrum* oder *Schauplatz* genannt. Ein hervorragendes, allerdings schon sehr sachkundiges Beispiel dafür war das *Theatrum machinarum* des Leipziger Mechanikers, Maschinenbauers und Bergwerkskommissars Jakob Leupold, 7 Bände, Leipzig 1724–1727, mit Weiterführung durch andere Autoren (Drozd/Seibicke 1973, 17).

H. Von den alten praktischen Fachsprachen und der Erbauungsliteratur her hatte der populärwissenschaftliche Sprachstil noch bis ins 18. Jh. viel Konkretheit, Bildlichkeit, Personalisierung und Mythologisierung. Dies kann an einem Vergleich zweier medizinischer ‚Ratgeber'-Texte demonstriert werden, aus dem ‚Hausväterbuch' des Florinus von 1722 (s. 5.12H) und aus einem „Praktischen Hausarzt" von 1974:

[Über die Funktion des Gehirns:]

1722:	1974:
„Das Hirn (Cerebrum) / ist eine Wohnung der Seelen / und eine Werckstatt der Seelengeister".	*„Das Gehirn (Cerebrum) ist die Zentrale des Körpers. Von hier aus werden alle bewußten und unbewußten Lebensvorgänge gesteuert".*

[Über die Funktion der Netzhaut im Auge:]

1722:
„Die Geister aber / welche allenthalben in dem Netz aufpassen / nehmen die Gestalt in sich / und überbringen solche durch den Gesichts=Nerven dem Hirn / da dann die Seele urtheilet / was sie gesehen habe“.

1974:
„Die lichtempfindlichen Zellen geben den Reiz über den Sehnerv netzförmig an das Gehirn weiter. Hier gelangt das Bild zum Bewußtsein“.

J. Umso erstaunlicher, aber sozialgeschichtlich erklärbar, sind die Ansätze zu einer allgemein verständlichen und zugleich systematisch genauen deutschen Wissenschaftssprache bei zwei naturwissenschaftlich tätigen Frauen bereits Jahrzehnte vor Leibniz, Thomasius, Wolff und den „Moralischen Wochenschriften“ (Ingrid Guentherodt 1986; 1987; 1988; 1991): Da Frauen (noch bis ins frühe 20. Jh.) nicht zum Studium an einer Universität zugelassen waren, ihnen also der Zugang zur Wissenschaftssprache Latein und damit zum Eintritt in die Gelehrtenhierarchie verwehrt blieb, gibt das Beispiel der Mathematikerin und Astronomin Maria Cunitz (*Cunitia*) und der Zoologin Maria Sibylla Merian Aufschluss darüber, wie deutsche Wissenschaftssprache schon in der 2. Hälfte des 17. Jh.s hätte aussehen können, wenn sie nicht durch Lateinmonopol und elitären Akademikergeist einer patriarchalischen Gesellschaftsordnung von allgemeinbildender Wirkung ferngehalten worden wäre. Als von außergewöhnlichen Elternhäusern geistig geförderte hochbegabte Frauen konnten sie infolge ihrer „relativen Freiheit von Hierarchiedenken und Orthodoxie“ einen frühen, einzigartigen Beitrag leisten zur erst viel später vollzogenen „Umorientierung von einer geschlossenen Gelehrtenrepublik zur wissenschaftlichen Öffentlichkeit von Forschung“ (Guentherodt 1986, 25):

Als Tochter eines Arztes, Mathematikers und Gutsbesitzers in der Gegend von Schweidnitz (Schlesien) erhielt Maria Cunitz eine private wissenschaftliche Bildung im Geist humanistischer Tradition, mit Geschichtsstudien und der Erlernung von sieben Sprachen (darunter Latein, Griechisch und Hebräisch). Unter Anleitung ihres Tutors und späteren Ehemannes, eines Arztes, und durch Korrespondenz mit Gelehrten spezialisierte sie sich auf Mathematik und Astronomie. Im Jahre 1650 veröffentlichte sie – mit einer Widmung an Kaiser Ferdinand III. – im Selbstverlag das lateinisch-deutsche Compendium *URANIA PROPITIA sive Tabulae Astronomicae...* mit dem deutschen Untertitel *Newe und Langgewünschete / leichte Astronomische Tabelln, durch derer vermittelung auff eine sonders behende Arth / aller Planeten Bewegung ... fürgestellet wird.* Wie im (zeitgemäß allegorischen) Obertitel werbend angedeutet – Urania, die Muse der Astronomie, auf ‚freundliche, entgegenkommende, zugängliche‘ Art – war es ihr Ziel, „ihre Wissenschaft mehr Menschen als bisher zugänglich zu machen“ (Guentherodt 1987, 621). Ihre Zweisprachigkeit war gezielt adressatenspezifisch: Der lateinische Teil (in Antiquaschrift) richtete sich mehr an Fachleute, weshalb sie auf Johannes Keplers

Rudolphinische Tafeln (1627) als theoretische Grundlage nur im lateinischen Titel, nicht im deutschen verweist. Das Lehrbuch hat – neben der didaktischen Bemühung um eine allgemein verständliche Einführung in Terminologie, Berechnungsarten und Gebrauch der Tabellen – auch einen in der Gelehrtenwelt noch später anerkannten wissenschaftlichen Wert: In wissenschaftstheoretischer Nähe zu Descartes (‚Nichts anzunehmen, dessen man nicht sicher sei') schließt die Verfasserin, im Gegensatz zu Kepler, die Astrologie aus ihrer Wissenschaft aus, gliedert die Einführung nach Descartes' ‚natürlicher Ordnung' methodisch vom Einfachen zum Komplexen und rechnet Keplers Tabellen von Logarithmen auf rationale Zahlen um (Guentherodt 1987, 625ff.). Der deutsche Teil, für die *Kunstliebenden Deutscher Nation* gedacht, ist nicht nur eine wörtliche Übersetzung des mehr Vorkenntnisse voraussetzenden lat. Teils, sondern eine eigene, didaktisch formulierte und angeordnete Version, die (nach dem deutschen Vorwort) aus patriotischen Beweggründen einer breiteren wissenschaftlichen Öffentlichkeit im Sinne der Unparteilichkeit und Eigenverantwortlichkeit nützlicher Wissenschaft dienen sollte.

Nicht aus humanistischer Bildungstradition, sondern aus dem großbürgerlichen Geschäftsmilieu der Freien Reichsstadt Frankfurt kam Maria Sibylla Merian, Tochter des berühmten Kupferstechers und Verlegers, relativ spät als Autodidaktin zu ihrer wissenschaftlichen Arbeit (Guentherodt 1986, 27ff.): Von der Praxis der Seidenraupenzucht und der gemalten Blumenstilleben her erforschte sie nach ihrer Heirat mit einem Kupferstecher und Verleger in Nürnberg über fünf Jahre lang sorgfältig experimentell die Verwandlung von Raupen in Schmetterlinge und konnte damit empirisch beweisen, dass die von Kirche und Aberglauben als ‚Teufelsgeschöpfe' verachteten Raupen als Vorformen schöner Schmetterlinge in Wahrheit ‚Gottesgeschöpfe' seien wie alle anderen Lebewesen. Ihre Beobachtungen fasste sie in 50 fast gleichlangen Kapiteln in deutscher Sprache mit eigenen Kupferstichen zusammen und veröffentlichte sie 1679 und 1683 in 2 Bänden: *Der Raupen wunderbare Verwandelung und sonderbare Blumen=nahrung*. Als Adressaten hatte sie *Naturkundige / Kunstmahler / und Gartenliebhaber* im Sinne. Das Werk war weniger eine Einführung als ein sorgfältiger, systematischer, ökonomisch und künstlerisch dargebotener Forschungsbericht mit dem Ziel der wissenschaftlichen Nachprüfbarkeit. Ihr Werk hatte in der Insektenforschung eine lange Nachwirkung und wurde öfters, bis heute, nachgedruckt, ebenso ihr noch berühmteres Werk über die Insekten in Surinam.

K. Für das damals – zur Zeit der *Hexen*-Verfolgungen und -Hinrichtungen – für eine Frau gefährliche Wagnis, mit einer naturwissenschaftlichen Publikation Eintritt in die exklusive Gelehrtenzunft zu beanspruchen, musste sich Cunitia im deutschen Vorwort absichern durch einen genauen Bericht über ihren wissenschaftlichen Werdegang und durch eine behutsam formulierte argumentative Vorwegnahme von Einwänden und Anfeindungen patriarchalisch eingestellter Gegner nach der rhetorischen Figur der Prokatalepsis, während am Beginn des lateinischen Teils eine Rechtfertigung ihres Ehemannes diesem Zweck diente (n. Guentherodt 1986, 46f.):

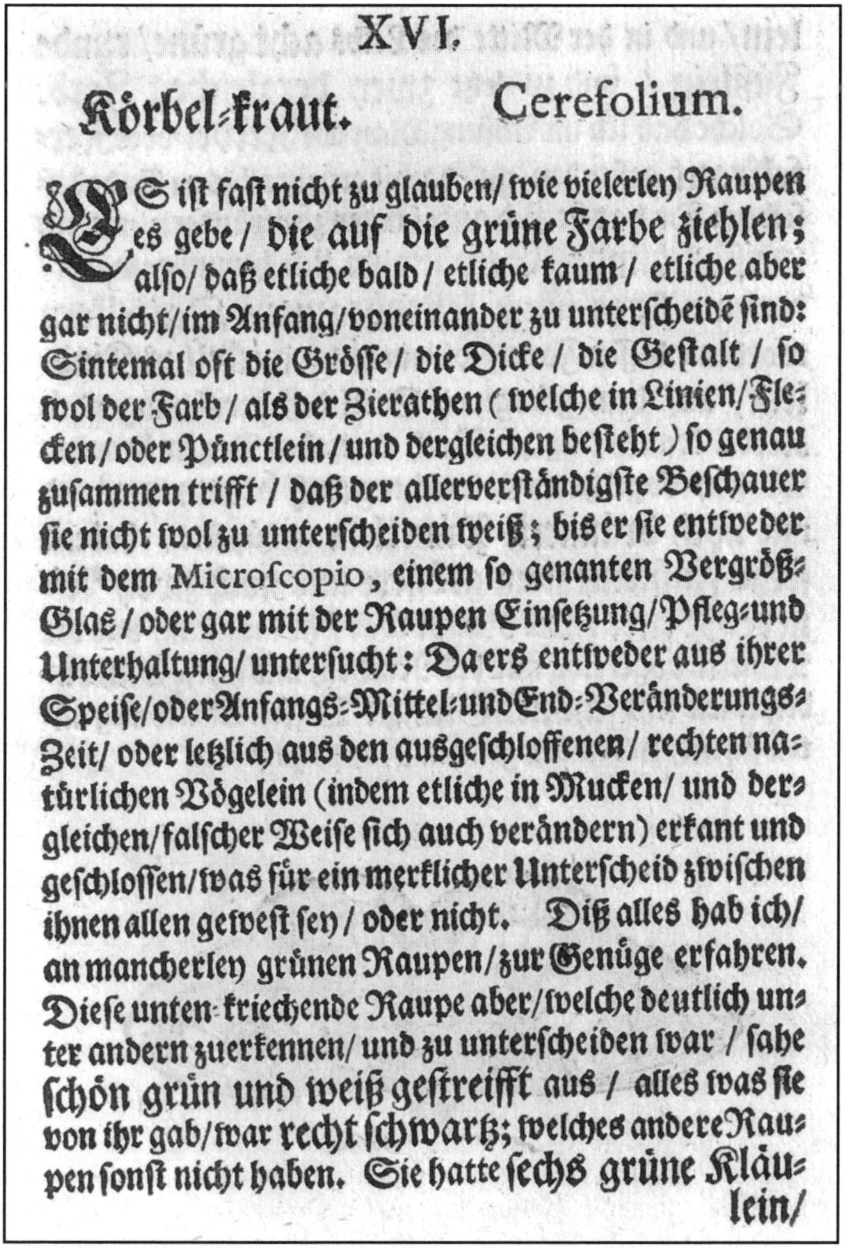

XVI.

Körbel=kraut. Cerefolium.

ES iſt faſt nicht zu glauben/ wie vielerley Raupen es gebe/ die auf die grüne Farbe ziehlen; alſo/ daß etliche bald/ etliche kaum/ etliche aber gar nicht/ im Anfang/ voneinander zu unterſcheidẽ ſind: Sintemal oft die Gröſſe/ die Dicke/ die Geſtalt/ ſo wol der Farb/ als der Zierathen (welche in Linien/ Flecken/ oder Pünctlein/ und dergleichen beſteht) ſo genau zuſammen trifft/ daß der allerverſtändigſte Beſchauer ſie nicht wol zu unterſcheiden weiß; bis er ſie entweder mit dem Microſcopio, einem ſo genanten Vergröß=Glas/ oder gar mit der Raupen Einſetzung/ Pfleg= und Unterhaltung/ unterſucht: Da ers entweder aus ihrer Speiſe/ oder Anfangs= Mittel= und End=Veränderungs=Zeit/ oder letzlich aus den ausgeſchloffenen/ rechten natürlichen Vögelein (indem etliche in Mucken/ und dergleichen/ falſcher Weiſe ſich auch verändern) erkant und geſchloſſen/ was für ein merklicher Unterſcheid zwiſchen ihnen allen geweſt ſey/ oder nicht. Diß alles hab ich/ an mancherley grünen Raupen/ zur Genüge erfahren. Dieſe unten=kriechende Raupe aber/ welche deutlich unter andern zuerkennen/ und zu unterſcheiden war/ ſahe ſchön grün und weiß geſtreifft aus/ alles was ſie von ihr gab/ war recht ſchwartz; welches andere Raupen ſonſt nicht haben. Sie hatte ſechs grüne Kläulein/

Abb. 22: Maria Sibylla Merian: Der Raupen wunderbare Verwandelung und sonderbare Blumen=nahrung [...]. Nürnberg 1679, Artikel „Körbelkraut/Cerefolium".
(Quelle: Herzog August Bibliothek, Wolfenbüttel. Signatur: A: 49.1 Phys.)

„Ich sehe allbereit sich etliche verwundern / über diesem meinem (wie es ihnen scheinet) wichtigen Unterfangen / betreffende die bewehr=der gewißheit / und erleichterung der Beschwerligkeiten / dieser / nicht ohn uhrsach unter den menschlichen Wissenschafften höchstschwebenden Kunst; welche ihnen die ungewönligkeit solcher Sachen bey Weiblichen Geschlechts Personen / einen Zweifel erregen lassen. Andere / denen es scheinet / als ob ich mich mit hindansetzung nothwendigerer Angelegenheiten / in unnötigere mischte; sehe ich solches für einen Fürwitz tadeln. Die dritten wollen solches durchauß für ein falsches / aus Ruhmsucht entsprungenes vorgeben halten. Darumb / der Ersten Verwunderung auffzulösen; der andern reproche abzulehnen; und der dritten falsche Aufflage zu hintertreiben: berichte ich folgende [...]"

Allgemein verständliche deutsche Wissenschaftssprache ist bei der humanistisch und rhetorisch vorgebildeten Maria Cunitz vor allem von Sequenzen des Argumentierens gekennzeichnet, bei der autodidaktischen Empirikerin Maria Sibylla Merian mehr von Texthandlungen des sorgfältigen Beschreibens, Erklärens, Klassifizierens und Systematisierens mit gelegentlichen emotionalen Leseanreizen (die in ihren handschriftlichen Protokollen noch fehlten). Cunitia führte deutsche Fachwörter meist über die in Gelehrtenkreisen bekannten lat. Termini ein, als *oder*-Verbindungen *(objectum oder Gegensatz; Situation oder inhabender sitz der Sterne)*, seltener mit *und* oder als Apposition (*Maro, der Rand zur seiten*). Ihre Definitionen entsprechen dem klassischen, noch heute gültigen intensionalen Typ nach genus proximum und differentiae specificae, z.B.

„Horizont, welches ein solcher Zirckel ist / bey dessen umblauff / dem auff der fläche im mittelpunct stehenden Auge der Himmel auff der Erden zu liegen / und hiermit diesen Zirckel zu formiren scheinet (n. Guentherodt 1986, 40; Sperrdruck bedeutet Antiqua, Kursive Fraktur). Öfters definiert sie mit metasprachlichen Wendungen wie *„wird genandt, welches man in gemein ... nennet, Diese Wort aber bedeuten ..."* – Maria Sibylla Merian führt mehr eigene Benennungen aufgrund ihrer Beobachtung von Merkmalen ein und fühlt sich dabei verpflichtet, diese zu begründen bzw. für oder gegen andere, meist dialektale Varianten zu argumentieren. So begründet sie ihre Benennung *Dattelkern* für ‚Schmetterlingspuppe' mit einem Hinweis auf Formähnlichkeit und Üblichkeit: *„... weil der mehrere Theil einem Dattelkern ähnlich: und ich sie insgemein / von Jugend auf / also habe nennen hören"*.

Einmal gewählte und erklärte Termini verwenden Cunitia und Merian weitgehend konsequent im ganzen Werk, entsprechen also bereits den später von Wolff u.a. aufgestellten Erfordernissen moderner Terminologie (Guentherodt 1986, 38). Im Beschreiben ihrer empirischen Forschungsergebnisse richtete sich Merian bereits nach moderner Merkmalsstufung: „Mehr als fünfzig Jahre vor Karl von Linnés bahnbrechendem taxonomischen Werk „Systema Naturae" von 1735 hat Maria Sibylla Merian deutlich hierarchische Merkmalssysteme für das Klassifizieren und Systematisieren des von ihr Beobachteten und Beschriebenen erarbeitet, Merkmalssysteme, die ihre Beschreibungshandlungen strukturieren"; so beschreibt sie u.a. das Aussehen der Tiere nach konsequent immer wieder aufgeführten Merkmalen wie *„Größe ... Dicke ... Gestalt ... Farb ... Zierathen"*, Oberbegriffe, die sie explizit in Kap. XVI ihres 1. Bandes nennt (Guentherodt 1986, 42). Dazu nebenstehendes Beispiel ihres klaren, leserfreundlichen Beschreibungsstils.

Um Erstaunen und Wissbegierde zu erwecken, beginnt Maria Sibylla Merian hier ein Kapitel mit einer euphorischen Schilderung ihrer eigenen anfänglichen Schwierigkeit, *„vielerley grüne Raupen zu unterscheiden"*, berichtet über ihre Untersuchungsmethoden, zählt Unterscheidungsmerkmale auf und erklärt Details der beigegebenen botanisch-zoologischen Zeichnung. Sehr differenziert und modern ist ihr Gebrauch von Verben für empirische Wahrnehmungshandlungen (*unterscheiden, untersuchen, erkennen, schließen, erfahren*) und für Objekt-Eigenschaften (*es gibt, zielen auf, bestehen in, zusammentreffen, aussehen, von sich geben*), sowie ihre entwickelte Wortbildungskompetenz bei Mehrfachkomposita wie *Anfangs=Mittel=und End=Veränderungs=Zeit.*

L. Das außergewöhnliche Beispiel dieser beiden forschenden und Wissenschaft vermittelnden Frauen stimmt zu Hugo Stegers These, dass bereits im 17. Jh., also noch vor den wissenschaftspolitischen und -organisatorischen Aktivitäten um 1700 (s. 5.11M–R) der „qualitative Sprung" in der Geschichte der deutschen Theoriesprache anzusetzen ist (Steger 1988, 16ff.): In zahlreichen, noch kaum genügend erforschten Gelehrtenpublikationen des 17. Jh.s wurden bis heute gültige abstrakte Begriffsprägungen vollzogen, so in der Mathematik bei *Wahrscheinlichkeit, Notwendigkeit, Zufall, ...*; in der Physik bei *Natur, Materie/Stoff, Bewegung, Zeit, Unendlichkeit, Trägheit, Experiment/Versuch, Substanz, Atom, Element, Kraft, Raum, Licht, Farbe, Brechung, Luft, Gas, Vacuum, ...*; in der Chemie mit *4 Elemente, Salz, Säure, Lauge, Affinität, ...*, wobei die deutsche Begriffsentwicklung immer im Zusammenhang mit der europäischen zu sehen ist (Galilei, Pascal, Newton, Boyle, Bacon u.a.). Mehrsprachigkeit und Universalität der Wissenschaft bis zum 17. Jh. waren kennzeichnend für diese wichtige vor-nationale und vor-spezialistische Vorbereitung des Industriezeitalters, mit der eine kleine Gruppe von Gelehrten in der säkularisierenden, rationalisierenden Umstellung des Weltbildes auf Entdeckungen, Erfindungen und Wirtschaftswachstum ihrer Zeit weit voraus war. Hierhin gehört auch der abstrahierende Begriffswandel von ‚Anhäufung' zu ‚Produktivität' bei *Besitz, Geld, Kapital* im 17./18. Jh. (Steger 1988, 11). – Die Entwicklung fach- und wissenschaftssprachlicher Textsorten und Textstrukturen stellt ferner einen lohnenden Untersuchungsgegenstand dar (vgl. Steger, in: BRS 198).

M. Die wissenschaftssprachliche Forderung nach wohldefinierter, systematischer Terminologie geht auf die italienischen Künstler-Ingenieure der Renaissancezeit, vor allem auf Galilei, zurück. In Deutschland hat der Philosoph Gottfried Wilhelm Leibniz in seiner Schrift *De optima philoso-*

phi dictione (1670) sich darum bemüht (Drozd/Seibicke 1973, 22f.): Er forderte

– Konsistenz der Terminologie: „An der einmal aufgestellten Erklärung muß man streng festhalten"
– Eineindeutigkeit der einzelnen Termini, d.h. keine Polysemie, keine Synonymie: „Wenn das Wort gegeben ist, so muß man seine Bedeutung erkennen, und umgekehrt wenn die Bedeutung gegeben ist, darf das anzuwendende Wort nicht zweifelhaft sein"
– möglichst Übereinstimmung der Termini mit der Gemeinsprache: Am verständlichsten seien *Kunstwörter*, die aus dem *gemeinen* Wortschatz mit Bewahrung ihrer volkstümlichen Bedeutung entnommen sind.

Leibniz war sich der mangelnden Eignung des traditionellen deutschen Wortschatzes der Gemeinsprache und der Fachsprachen, besonders im Bereich abstrakter Begriffe, bewusst. In seiner (erst posthum 1717 erschienenen) Abhandlung *Unvorgreiffliche Gedancken, betreffend die Ausübung und Verbesserung der Teutschen Sprache* (vgl. Drozd/Seibicke 1972, 24ff.; Pörksen 1986, 62; Hattenhauer 1987, 22ff.) beklagte er:

„10. Es ereignet sich aber einiger Abgang bey unserer Sprache in denen Dingen, so man weder sehen noch fühlen; sondern allein durch Betrachtung erreichen kan; als bey Ausdrückung der Gemüths-Bewegungen, auch der Tugenden und Laster, und vieler Beschaffenheiten, so zur Sitten-Lehr und Regierungs-Kunst gehören; dann ferner bey denen noch mehr abgezogenen und abgefeimten Erkäntnissen, so die Liebhaber der Weissheit in ihrer Denck-Kunst, und in der allgemeinen Lehre von den Dingen unter dem Nahmen der Logick und Metaphysick auff die Bahne bringen; welches alles dem gemeinen Teutschen Mann etwas entlegen, und nicht so üblich, da hingegen der Gelehrte und Hoffmann sich des Lateins oder anderer fremden Sprachen in dergleichen fast allein und in so weit zu viel beflissen; also dass es denen Teutschen nicht am Vermögen, sondern am Willen gefehlet, ihre Sprache durchgehends zu erheben. [...]"

„15. Am allermeisten aber ist unser Mangel, wie gedacht, bey denen Worten zu spühren, die sich auff das Sitten-wesen, Leidenschafften des Gemüths, gemeinlichen VVandel, Regierungs-Sachen, und allerhand bürgerliche Lebens- und Staats-Geschäffte ziehen: Wie man wohl befindet, wenn man etwas aus andern Sprachen in die unsrige übersetzen will. [...]"

Die beklagten Mängel zeigen sich in Leibniz' eigener unsicherer Ausdrucksweise beim (ihm selbst ungewohnten) Verfassen wissenschaftlicher Texte in deutscher Sprache, indem er bestrebt war, möglichst nur deutsche (linguistisch genauer: indigene) Wörter zu verwenden, also vielfach eigene Wortbildungen oder Umschreibungen für Begriffe, die im Laufe des 18. Jh.s immer mehr mit den bis heute üblichen internationalen Lehnwort-Termini bezeichnet wurden: *Sitten-Lehr (Moral, Ethik), abgezogen (abstrakt), Liebhaber der Weissheit (Philosophen), Regierungs-Kunst, Regierungs-Sachen, Staats-Geschäfte (Politik, Diplomatie)*. Auch *Logick* und *Metaphysick* wagte er nur vorsichtig durch vorangehende Erklärung einzuführen

(Denck-Kunst, allgemeine Lehre von den Dingen); und von *Gemüths-Bewegungen, Leidenschafften des Gemüths* zu *Emotionen*, von *gemeinlichen Wandel* zu *öffentliches Leben* war der wissenschafts- und bildungssprachliche Weg noch weit. Leibniz forderte deshalb als Aufgabe eines *Teutschgesinnten Ordens* (so im ursprünglichen Titel dieser Schrift) eine systematische Sammlung und Systematisierung des deutschen Fach- und Bildungswortschatzes mit Methoden, die eher sprachwissenschaftlich-deskriptiv (lexikographisch) und nicht sprachpuristisch (wie in den Sprachgesellschaften) sind:

„Und weilen solche VVort und Reden am meisten fürfallen, und zum täglichen Umgang wackerer Leute so wohl als zur Brieff-VVechselung zwischen denselben erfordert werden; so hätte man fürnehmlich auff deren Ersetzung, oder weil sie schon vorhanden, aber vergessen und unbekandt, auff deren VViederbringung zu gedencken, und wo sich dergleichen nichts ergeben will, einigen guten VVorten der Ausländer das Bürger-Recht zu verstatten. [...]"

„32. Der Grund und Boden einer Sprache, so zu reden, sind die VVorte, darauff die Redens-Arten gleichsam als Früchte herfür wachsen. VVoher dann folget, dass eine der Haupt-Arbeiten, deren die Teutsche Haupt-Sprache bedarff, seyn würde, eine Musterung und Untersuchung aller Teutschen VVorte, welche, dafern sie vollkommen, nicht nur auf diejenige gehen soll, so jederman brauchet, sondern auch auf die so gewissen Lebens-Arten und Künsten eigen; und nicht nur auf die so man Hochteutsch nennet, und die im Schreiben anietzo allein herrschen, sondern auch auff Plat-Teutsch, Märckisch, Ober-Sächsisch, Fränckisch, Bäyrisch, Oesterreichisch, Schwäbisch, oder was sonst hin und wieder bey dem Landtmann mehr als in den Städten bräuchlich; [...]"

Die Wörterbucharbeit stellte sich Leibniz in drei Teilen vor:

– *„ein Sprach=Brauch, auff Lateinisch Lexicon (vor durchgehende Worte)"*, d.h. Gemeinwortschatz;
– *„ein Sprach=Schatz oder cornu copiae (vor Kunst=Worte)"*, d.h. Fachwortschatz, und zwar *„besser und nützlicher nach den Arten der Dinge, als nach den Buchstaben der Worte abzufassen, weilen alda die verwandten Dinge einander erklären helffen"*, also nach einem onomasiologischen Begriffssystem oder in Wortfeldern;
– *„ein Glossarium Etymologicum oder Sprachquell vor alte und Land=Worte und solche Dinge, so zu Untersuchung des Ursprungs und Grundes dienen"*, also eine Kombination aus etymologischem, historischem und Dialektwörterbuch, woraus er sich eine Fundgrube für Wortneubildungen erhoffte.

Die Wiederbelebung und Terminologisierung alter und gebräuchlicher Wörter hielt er für besser als hemmungslose Innovation. Bei der *„Erdenckung neuer Worte oder eines neuen Gebrauchs alter Worte"* riet Leibniz zur Vorsicht und zur Einhaltung von Regeln wie *„Analogie, das ist Eben=mass so wol in der Zusammensetzung als Abführung (Compositione & Derivatione) [...] Wolklang [...] eine gewisse Leichtigkeit der Aussprache"*. Vom sprachpflegerischen Übereifer der Sprachreiniger (s. 5.5L–N) distanzierte er sich:

„16. Hat es demnach die Meynung nicht, dass man in der Sprach zum Puritaner werde, und mit einer abergläubischen Furcht ein fremdes, aber bequemes VVort, als eine Todt-Sünde vermeide, dadurch aber sich selbst entkräffte, und seiner Rede den Nachdruck nehme; denn solche allzu grosse Scheinreinigkeit ist einer durchbrochenen Arbeit zu vergleichen, daran der Meister so lange feilet und bessert, biss er sie endlich gar verschwächet, welches denen geschicht die an der Perfectie-Kranckheit, wie es die Holländer nennen, darnieder liegen."

Obwohl aus Leibniz' Wörterbuchplänen nichts geworden ist und er selbst in seinen (meist nicht deutschen) Publikationen wenig Praktisches zur Entwicklung deutscher Wissenschafts- und Bildungssprache beigetragen hat, gebührt ihm doch ein Ehrenplatz als vorausdenkendem Wissenschaftsorganisator in unmittelbarer sprachtheoretischer Nähe zu Christian Wolff, auch als geistigem Vorbereiter der späteren preußischen Rechtssprachreform (s. 5.12J).

N. Die Begründung moderner deutscher Wissenschaftssprache ist mit den Namen der Aufklärungsphilosophen Thomasius und Wolff verbunden, aber in verschiedener Weise. Christian Thomasius wirkte als provozierender sprachenpolitischer Bahnbrecher durch das Wagnis deutschsprachiger Universitätsvorlesungen in Leipzig und Halle (s. 5.3E). Als sprachliches Vorbild hatte er Einfluss mehr auf die Redesprache und auf mündliche Kommunikationsformen an den Universitäten. Er bemühte sich didaktisch um die Vermittlung zwischen Philosophie und bildungsbürgerlicher Konversation, übte dialogische Unterrichtsformen mit freiem Vortrag statt Vorlesen oder Diktieren (deutscher Seminarstil), bevorzugte methodische Fähigkeiten des Argumentierens statt bloßer Regelkenntnis und Regelanwendung. Seine keineswegs puristische Sprache machte von zeitgemäß-akademischen lateinischen und französischen Wörtern reichlichen Gebrauch, aber auch von metaphorischen Wendungen, um Verständlichkeit und Anreiz bei interessierten Gebildeten zu fördern (Burger, in: BRS 109; Blakall 1966, 19ff.).

O. Als Vorbild für die strenge schriftliche Form deutscher Wissenschaftssprache gilt Christian Wolff, dessen Name mit der rationalistischen (vernunft/verstandesorientierten) Komponente deutscher Aufklärung am engsten verbunden ist. Seine Leistung für den modernen Wissenschaftsstil bestand in der Meisterschaft klarer, konsistenter Formulierung. Im Wortgebrauch entnahm er viel aus der Tradition deutscher Fachsprachen, mit bewährten Verdeutschungen oder originalen Fachwörtern aus der Praxis. Die zentralen (fachübergreifenden) wissenschaftlichen Begriffe festigte er durch konsequente, kontextunabhängige, emotionsfreie Verwendung aufgrund systematischer Definitionen. Er befreite die deutsche Wissenschaftssprache aus der traditionellen Abhängigkeit von Latein, Rhetorik und Poesie, so wie es die Londoner Royal Society gefordert hatte (Burger, in: BRS 109f.; Piur 1903; Pörksen 1986, 20f.; Menzel 1996).

Wolff war von aufklärerischen Reformzielen her, im Sinne größerer Breitenwirkung von Wissenschaft und Bildung, motiviert (Hattenhauer 1987, 31ff.): Er war zu der Überzeugung gekommen, dass die meisten Studenten das Vorgetragene auf Deutsch besser verstehen könnten als auf Latein, da ihre Lateinkenntnisse für anspruchsvollere Argumentation nicht hinreichend seien. Daneben strebte er an, dass seine Bücher auch von gebildeten Laien gelesen werden konnten. Es wurde berichtet, dass auch Frauen von seinen Schriften begeistert seien und unter ihnen *„eine wirkliche Lycanthropie (Wolffs-Menschheit) eingerissen sei"* (n. Hattenhauer a.a.O.). Seine direkte Wirkung beruhe auf seiner Fähigkeit zu ganz freiem, ungezwungen-natürlichem Vortrag und seiner systematischen begrifflichen *Evidenz*. So wurde er auch allgemeiner zum wichtigsten Anreger für das bildungsbürgerliche Deutsch des 18. und 19. Jh.s.

Zu dieser sprachkulturellen Leistung als *praeceptor Germaniae* kam Wolff nicht aus patriotischen Motiven wie die Sprachgesellschaften (s. 5.5E–K), sondern zunächst aus dem äußeren Anlass, dass sein Kollege Thomasius in Leipzig und Halle deutsche Lehrveranstaltungen an der Universität bereits eingeführt hatte: *„Und also konnte ich nicht wohl von dieser Gewohnheit abgehen [...] obgleich ich in Leipzig gewohnet war mich in der Lateinischen Sprache in meinen Collegiis zu bedienen"* (n. Hattenhauer a.a.O.). Aus pädagogischem und bildungspolitischem Antrieb machte er aus der Gewohnheit eine epochemachende Tugend.

P. Wolff war „kein Wortschöpfer, sondern ein Sprachschöpfer" (Hattenhauer 1987, 32). Er vermied die bisherige Gewohnheit, jeweils von lateinischen Termini auszugehen und sie wortbildend ins Deutsche zu übersetzen (neue Wörter zu erfinden). Er knüpfte lieber an den schon von Leibniz gerühmten ‚Wortvorrat' der deutschen Sprache an, einschließlich der vorwissenschaftlichen Fachsprachen, also an die deutschsprachigen Vorkenntnisse seiner Adressaten. Wissenschaftliche Terminologie erhielt einen neuen Status im Deutschen, „weil der Charakter der Kunstwörter als solcher nicht mehr in der Art ihrer Entstehung, sondern in derjenigen ihrer Deutung und Verwendung bestand" (Hattenhauer 1987, 32). Am Ende wurde ihm selbst die bisher unerhörte Autonomie deutscher Wissenschaftssprache gegenüber dem Latein bewusst:

In seiner *Ausführlichen Nachricht von seinen eigenen Schrifften, die er in deutscher Sprache von den verschiedenen Theilen der Welt=Weisheit herausgegeben* (1726, 2. Kap., § 16; zit. nach Hattenhauer 1987, 32) bekannte er, dass *„unsere deutsche Sprache nicht so arm ist, daß sie aus anderen Sprachen Wörter und Redens=Arten entlehnen muß: so ist gar keine Noth vorhanden, warum wir fremde Wörter und Redens=Arten darein bringen wollen. Ich habe gefunden, daß unsere*

Sprache zu Wissenschaften sich viel besser schickt, als die lateinische, und daß man in der reinen deutschen Sprache vortragen kann, was im Lateinischen sehr barbarisch klingt".

Es ging Wolff nicht um die Terminologie einzelner Disziplinen, sondern um den allen Wissenschaften gemeinsamen Begriffsapparat: z.B. *Begriff* ‚notio, idea', *Vermögen* ‚potentia', *Gattung* ‚genus', *Tat* ‚actio', *Art* ‚species', *Zurechnung* ‚imputatio', *Lehrart* ‚methodus', *Satz* ‚propositio', ... (Hattenhauer 1987, 33). Aus seinen Schriften werden auch viele Wörter des allgemeinen Bildungswortschatzes hergeleitet, z.B. *Umfang, Bedeutung, Aufmerksamkeit, Verständnis.* In der Mathematik festigte er alte deutsche Fachwörter wie *Zahl, Bruch, Nenner,* führte maßvoll Neubildungen ein oder terminologisierte sie: *Brennpunkt, Spielraum, Versuch, Schwerpunkt, Abstand, Geschwindigkeit* (Pörksen 1986, 68f.).

Q. Vom deutschen Wortschatz der vernünftigen Argumentation könnte man vermuten, dass er im Wesentlichen von den Gelehrten der Aufklärungszeit entwickelt worden sei. Stichprobenhafte Erkundungen haben jedoch ergeben, dass der allergrößte Teil der argumentativen Sprachhandlungsverben ältere Wurzeln hat und durch die Aufklärungsphilosophen nur teilweise neugeprägt worden ist. Von den bei Thomasius und Wolff verwendeten Sprachhandlungsverben im Bereich der Repräsentativa ist (nach einer Trierer Magisterarbeit von Ulla Biehl, s. v. Polenz 1988, 193ff.) etwas mehr als die Hälfte noch heute in gleicher Bedeutung in Gebrauch, neben einer später untergegangenen älteren Schicht akademischer Lehnwörter wie *raisonniren, defendiren* (s. 4.7G) und älterer indigener Ausdrücke wie *befestigen* ‚beweisen', *bekräftigen* ‚behaupten', *dartun* ‚beweisen', *Verstand geben* ‚interpretieren'. Nur in sehr wenigen Fällen ist Neubildung durch Thomasius oder Wolff wahrscheinlich. Die meisten Sprachhandlungsverben haben sie aus älterer Rechts- oder Wissenschaftssprache übernommen (z.B. *anfechten, sich berufen auf, einwerfen, erwägen, schließen*) oder aus der Gemeinsprache (z.B. *einräumen, leugnen, mutmaßen, unterscheiden, vermuten, verneinen, versichern, verwerfen, widerlegen, widersprechen, zugeben*). Bei Wolff ist jedoch ein Bemühen um Terminologisierung vorhandener Ausdrücke für bestimmte wissenschaftliche Argumentationshandlungen zu beobachten. So sind besonders Verben für final verstandene dezisive Rechtshandlungen übertragen worden auf das nur vorbereitende diskursive Argumentieren im Vorfeld des praktischen Handelns:

feststellen ist noch bis ins 19. Jh. für ‚festlegen, festsetzen' (als Entscheidungshandlung) verwendet worden, hat aber bei Wolff schon die heutige Bedeutung ‚als wahrnehmbare Tatsache mit Entschiedenheit aussprechen'. – *behaupten* bedeutete noch bei Adelung ‚verteidigen, durchsetzen, bestehen auf, entscheiden' (im juristischen Sinne), ist jedoch schon bei Thomasius und Wolff für argumentatives Setzen eines Sachverhalts mit Begründungspflicht belegt. – Für *annehmen* und *erörtern* sind die heutigen argumentativen Bedeutungen dagegen erst ab Ende des 18. Jh.s nachgewiesen.

Im Allgemeinen ist also das Wortfeld der Argumentationsverben bereits seit dem Spätmittelalter durch Rechts-, Wissenschafts-, Fach- und Gemeinsprache entwickelt und durch die Aufklärungsphilosophen präzisiert worden. Wie in anderen Bereichen der Sprache waren auch hier die Sprachmittel selbst meist längst vorhanden, ehe sie textsortenspezifisch, d.h. situations-, rollen- und adressatenorientiert als Routine auffällig wurden, z.B. in der öffentlichen politischen Rede seit der Französischen Revolution (s. 5.12P–Y).

R. In der Zeit um 1700 emanzipierten sich die Naturwissenschaften aus den traditionellen Bindungen an Theologie, Sieben Freie Künste, Rhetorik und Orthodoxie (beider Kirchen) und formierten sich in Teildisziplinen (Chemie, Physik, Zoologie, Botanik, Medizin). Die *schönen Künste* lösten sich aus dem Verband der *Künste*, was eine Bedeutungsverengung von *Kunst* zur Folge hatte. Antriebskraft für diese Entwicklung waren die staatswirtschaftlichen Erfordernisse des Merkantilismus und Kameralismus (s. 5.1F): „Der Staat als Unternehmer benötigte Verwaltungsleute, die nicht mehr nur juristisch ausgebildet waren, sondern wirtschaftliche und fachliche Grundkenntnisse besaßen, um die Manufakturen und Fabriken erfolgreich leiten zu können" (Seibicke, in: BRS 2002; vgl. Pörksen, in: BRS 85ff.; Drozd/Seibicke 1973, 17). Naturwissenschaften und kameralistische Ökonomie wurden besonders durch die Gründung der Universitäten Halle (1694) und Göttingen (1737) gefördert, auch durch die Gründung der Berliner Sozietät der Wissenschaften (1700). Im 18. Jh., besonders seit um 1770, nahm die naturwissenschaftliche Fachliteratur stark zu.

Außer der Etablierung von Natur- und Wirtschaftswissenschaften war es in der Vorbereitungszeit der Industrialisierung nötig, den handwerklichen Maschinenbau zur Technikwissenschaft weiterzuentwickeln. Erste Anregungen dazu gab Christian Wolff mit seiner *Philosophia rationalis sive Logica* (1727), in der im Rahmen einer *philosophia artium [mechanicarum]* der moderne Technikbegriff als *Technica aut Technologia* aus utilitaristischer Verbindung von Handwerk und Wissenschaft konstituiert wurde: Aufgrund seiner Kenntnisse in Maschinenbau, Festungsbau, Hydraulik und anderer praktisch-technischer Fächer konnte er die handwerklichen *Künste* in die Technikwissenschaft einbeziehen mit einem *Technik*-Begriff, der „noch von der körperlichen Arbeit, also noch vom Menschen her" konzipiert war (Seibicke 1985, 43, 49).

Bis zum 16. Jh. war das griech. Wort τέχνη (als neulat. *technica*) nur Gelehrten bekannt im Sinne von ‚(Anleitung zu) Handwerk, Kunstfertigkeit, Wissenschaft'. Seit dem 17. Jh. bedeutete *Technica/Technik* auch ‚(Lehre von den) *termini technici*, Terminologie'. Verbreiteter waren schon seit dem 16. Jh. Lehn-Wortbildungen wie *Pyrotechnie* ‚Feuerwerkskunst', *Hydrotechnia, aerotechnicus, zymotechnia* ‚Gärungskunst' usw. (Seibicke 1968). – Maschinenbau wurde bis ins 18. Jh. *Kunst* genannt, auch bestimmte Maschinen, z.B. *Wasserkunst* ‚Schöpfwerk'. Das Wort *Maschine* ist erst im 17. Jh., zunächst für Militärtechnik, aus dem Französischen entlehnt worden.

In der zweiten Hälfte des 18. Jh.s entstanden die modernen technischen Fachwortschätze durch Überwindung der praxisbezogenen regionalen und zünftischen Synonymik und Unsystematik. Für die neuen funktionalen Erfordernisse genügten die traditionellen Ausbildungsmethoden (mündliches Anlernen am Arbeitsplatz) nicht mehr. Spezielle Schulen wurden notwendig wie das 1745 gegründete *Collegium Carolinum* in Braunschweig, die erste deutsche Realschule. Das Fach Technologie wurde 1777 an der Universität Göttingen eingeführt (v.Hahn 1983, 36). In der 2. Hälfte des 18. Jh.s entwickelte sich ein vielfältiges ‚Industrieschrifttum' mit Übersetzungen französischer und englischer Technikbücher, mit Zeitschriften und Fachlexika (Seibicke, in: BRS 2002). In der Nachfolge der französischen Enzyklopädisten Diderot und d'Alembert erschien Johann Karl Gottfried Jacobssons achtbändiges *Technologisches Wörterbuch* (1781–95).

S. Die wissenschaftliche Begründung der Technologie und ihrer deutschen Terminologie wird dem Göttinger Professor für Philosophie und Ökonomie Johann Beckmann zugeschrieben, vor allem seiner Schrift *Anleitung zur Technologie oder zur Kentniß der Handwerke, Fabriken und Manufakturen* (1777) (Drozd/Seibicke 1973, 17ff., 25ff.; Seibicke 1985, 47ff.; Bayerl 2007).

Darin setzte er *Technologie* als Wissenschaft, *„welche die Verarbeitung der Naturalien, oder die Kentniß der Handwerke lehrt"*, gegen die übliche Bezeichnung *Kunstgeschichte*, die nicht mehr zutreffe, da sich die *schönen Künste* (als *Künste* im neueren Sinne) von den praktischen Wissenschaften und Handwerken absonderten und da *Geschichte* jetzt nicht mehr ‚Beschreibung' bedeutete, sondern *„Erzählung von der Erfindung, dem Fortgange und den übrigen Schicksalen einer Kunst"* (auf halbem Wege zum historiographischen Geschichtsbegriff des 19. Jh.). Die Synthese zwischen Naturwissenschaften und alten *artes mechanicae* erreichte er dadurch, dass er die Berufe aus ihren alten professionellen Gliederungen löste und nach der *„Gleichheit oder Aehnlichkeit in dem Verfahren selbst und in den Gründen, worauf sie beruhen"*, systematisch beschrieb. Wissenschaftlichkeit statt Handwerklichkeit forderte Beckmann für die Technologie, indem er anstelle der werkstattüblichen Nachahmung des Meisters und Befolgung seiner Anweisungen für notwendig hielt: *„in systematischer Ordnung gründliche Anleitung, wie man [...] aus wahren Grundsätzen und zuverlässigen Erfahrungen die Mittel finden und die bey der Verarbeitung vorkommenden Erscheinungen erklären und nutzen soll"*.

In Beckmanns Aufsatz *Entwurf einer allgemeinen Technologie* (1806) finden sich bereits moderne Prinzipien der Terminologienormung: Benennung nach funktionalen Gesichtspunkten, keine Synonymie, keine Heteronymie, keine fachsprachlich/gemeinsprachliche Polysemie. Er wandte sich gegen traditionelle indigene Wortbildungstypen wie *-ey, -er, -kunst, -macher* bei den Berufsbezeichnungen und forderte mehr Ausnutzung der Möglichkeiten der Entlehnung und Lehn-Wortbildung: *„Sollte die Technologie in Deutschland jemals mit einigem Eifer bearbeitet werden, so würde unsere Sprache sich allmälig eine Menge neuer Wörter gefallen lassen, so wie sie dergleichen in der Philosophie, Naturkunde und Mathematik angenommen hat"* (Drozd/Seibicke 1973, 25f.).

Die Durchsetzung des funktionalen Benennungsprinzips wird an den wechselnden Bezeichnungen der Dampfmaschine deutlich (Seibicke 1985, 50): zuerst *Elementarmaschine* (nach den Elementen Feuer, Wasser, Luft), dann *Feuermaschine* (nach engl. *fire-engine*, verursachendes Element), schließlich *Dampfmaschine* (nach dem Mittel der eigentlichen Arbeit).

Die Ablösung des traditionellen Handwerkswortschatzes durch frühindustrielle Terminologie, die Walther v.Hahn in der dt. Textilindustrie um 1785 ansetzt, zeigt sich in der deutlichen Zunahme von Zusammensetzungen auch aus mehreren Gliedern: z.B. in der Textilindustrie *Eintragsfaden, Kegelzugstuhl, Streichgarnvorspinnmaschine* (v.Hahn 1971, 51ff.), wobei sich die Verteilung von Einfachwort und Kompositum „mit wachsendem Abstand von der fachlichen Selbstverständlichkeit zugunsten des Kompositums verschiebt" und die verdeutlichenden Zusammensetzungen (z.B. *Figuren-Kettenfaden*) großenteils von Nicht-Handwerkern (Technologen, Handelsfachleuten), also ‚von außen' her gebildet wurden (a.a.O., 61f.). Großen Einfluss auf die Entwicklung des frühindustriellen Wortschatzes hatte der Sprachgebrauch des Bergbaus und der Eisenhüttenindustrie; Fachlexika und Fachbücher des 18. und beginnenden 19. Jh.s zeigen Ansätze zur terminologischen Systematisierung mit Begriffsreihen und Begriffsleitern (Spiegel 1972, 181ff.). – Zu den besonders produktiven Wortbildungsmustern und Kompositionsmöglichkeiten vgl. 5.9W–Z!

T. Der Höhepunkt der Entwicklung von Wissenschaftssprache aus dem rationalistischen Geist der Aufklärung war in Frankreich noch radikaler als in Deutschland (Schlieben-Lange 1989): Nachdem die Ersetzung des zurückgehenden Lateins durch das Französische als einer neuen universellen Wissenschaftssprache seit Mitte des 18. Jh.s nicht mehr als realistisch erschien, blieben für die Rettung der Prinzipien *clarté, précision, universalité, convention* noch als Alternativen die Schaffung einer Kunstsprache (pasigraphische Systeme wie in Algebra, Chemie, usw.) und die konstruktive Ausbildung mehrerer moderner Sprachen zu Wissenschaftssprachen. Die mehr zur Kunstsprache tendierende Lösung (Algebraisierung der Einzelsprachen), in Deutschland seit Leibniz diskutiert, wurde in Frankreich im letzten Drittel des 18. Jh.s von Condillac und Lancelin befürwortet. Sie wurde durch Lavoisier u.a. in der chemischen *nomenclature* realisiert. Diese sprachnormerische Leistung wurde in Frankreich als Errettung aus dem Chaos der natürlichen Sprachen, als Parallele zum ersten Flug der Montgolfière (1782) gefeiert und nicht nur für andere Wissenschaften, sondern von den Ideologen der Französischen Revolution nach Robespierres Sturz auch für das politische und soziale Leben als vorbildlich hingestellt.

Auch die Alltagssprache sollte als *langue bien faite* den Prinzipien der *analyse*, der *analogie* und der *nature* genügen, durch strenge Systematisierung der Wortbildungsverfahren, Beseitigung von Anomalien und Redundanzen, Vermeidung von Vagheit, kontextabhängiger Bedeutung, bildlichem Ausdruck und Satzglied-Inversionen (Monostilismus, Einheitssyntax). Sie sollte rein sachbezogen, nicht an den Interessen der sprechenden Subjekte orientiert sein (Schlieben-Lange a.a.O.).

Dieser radikal-aufklärerische Sprachpurismus erwies sich durch die politische Praxis seit der Französischen Revolution als Utopie. Obwohl viel von diesem Sprachdenken auch in Deutschland, besonders in den Naturwissenschaften, gewirkt hat, wurden „die Weichen für die deutsche Sprachgeschichte sicher anders gestellt als in Frankreich“, indem „Bernhardi und Humboldt gerade die Verwiesenheit der philosophischen Sprache auf Bildlichkeit“ betonten und „die deutschen Romantiker und Humboldt ein ganzheitliches Sprachdenken entwickelt haben, in dem dem Subjekt und der Imagination ein hoher Rang zugewiesen wurde“ (Schlieben-Lange 1989, 131, 136).

U. In diesen Zusammenhang gehört der besonders für die deutsche Sprachgeschichte wichtige Gegensatz zwischen analytisch-naturwissenschaftlicher und synthetisch-geisteswissenschaftlicher Sprachauffassung. Er wird nach Uwe Pörksen (1986, 72ff.) in einer Gegenüberstellung von Linné und Goethe deutlich: Als methodisches Vorbild deskriptiver deutscher Naturwissenschaftssprache wirkte im 18. Jh. vor allem die lateinische Terminologie des schwedischen Botanikers und Zoologen Carl v. Linné (*Genera plantarum* 1737, dt. Übers. 1773).

In noch ganz statischer Naturauffassung wurde hier ein strenges Klassifizierungssystem eingeführt, in dem alle Termini nach *genus proximum* (nächster Oberbegriff) und *differentiae specificae* (spezifische Unterschiede) definiert wurden, nach künstlichen Begriffsleitern wie ‚Reich‘, ‚Klasse‘, ‚Ordnung‘, ‚Gattung‘, ‚Art‘. Die sprachliche Realisierung war hierarchisch-taxonomisch, in einer binären Nomenklatur nach Gattung und Art, z.B. *Viola odorata / Duft-Veilchen, Viola biflora / zweiblütiges Veilchen* (n. Pörksen a.a.O.).

Durch diese überschaubare und kreativ anwendbare Art von Fachsprache wurde in der Zeit um 1800 die Lust zu naturwissenschaftlichen Entdeckungen und zu allgemeiner bildungsbürgerlicher Beschäftigung und Konversation über Naturwissenschaftliches ausgelöst. Goethe und Schiller haben sich bei einer solchen Gelegenheit in Jena kennengelernt. So ist auch Goethes Beschäftigung mit Botanik als eine Auseinandersetzung mit Linné und den Möglichkeiten von Wissenschaftssprache zu verstehen (Pörksen 1986, 78ff.): Goethe habe in dieser Hinsicht „eine tiefreichende Verwandtschaft und Gegnerschaft" empfunden: Einheit in der Phänomen-Vielfalt war ihm erstrebenswerter als auf strenger unterscheidender Analyse beruhende Klassifikation, der ‚Urtypus' wichtiger als aufteilende Terminologisierung.

Anstelle systematischer Definitionen mit lateinischen Namen bevorzugte Goethe kontextdeterminierte, gemeinsprachlich orientierte Einzelbenennungen, Metaphern und Umschreibungen, Polysemien und synonymische Variation, z.B. *Bildung, Umbildung, Ausbildung, Modifikation, Umwandlung, Übergang, Vermannigfaltigung, ... (Metamorphose der Pflanzen*, 1789; n. Pörksen a.a.O., 82). Goethes naturwissenschaftlicher Stil sei „fortgesetzte Interpretation", die demselben Gegenstand eine jeweils unterschiedliche Deutung gibt, nach dem Verfahren der „definierenden Prädikation" durch Umkreisen des Begriffs mit Synonymenvariation.

Goethes naturwissenschaftlicher Stil war mehr ‚poetisch', literarisch, schöngeistig, mit Wahrnehmung sämtlicher Sprachfunktionen, nicht nur der ‚Darstellung' (nach Bühler). „Goethe schreibt deutsch und dabei weitgehend gemeinsprachlich, sein Sprachverhalten ist universell. Er hinterließ das Muster einer in seiner Zeit kommunikablen Sprache, in der es gelungen war, weit auseinanderliegende Gebiete der Wissenschaft in einem Stil auszuarbeiten" (Pörksen 1986, 96ff.). Auch hierin war er (in der Nachfolge Lessings) ein Vorbild für das allgemeine bildungsbürgerliche Deutsch des 19. Jh.s. Goethe hat sich andererseits auch selbst mehrfach über die unterschiedlichen Sprachstile der beiden Forschertypen des Analytikers und des Synthetikers sprachskeptisch geäußert und vor der sprachlich analogisierenden, metaphorisierenden Sphärenvermischung als Verführung durch Sprache gewarnt (Pörksen 1986, 96ff.; 1999).

V. Einen noch schärferen Gegensatz zur westeuropäisch geprägten rationalistischen Wolffschen Sprachgesinnung bildet eine deutsche Tradition schwerverständlicher Philosophiesprache, die schließlich im 20. Jh. zu fast unübersetzbaren philosophischen Idiolekten wie dem Martin Heideggers und seinen Wirkungen auf den geisteswissenschaftlichen und feuilletonistischen Jargon führte. Sie zeigt sich im frühen 17. Jh. bei dem Schlesier Jakob Böhme (1575–1624), dessen deutsch geschriebene Philosophie an die spätmittelalterliche Mystik und an Paracelsus anknüpfte, also an eine von lateinischer Rationalität kaum geprägte eigendeutsche Tradition, „in kaum lösbarer Verflechtung mit populärmystischen, kabbalistischen und magisch-alchemistischen Traktaten" (Burger, in: BRS 107): Seine Sprache besteht – fern von aller Terminologie und jenseits von Erfahrung – nur noch aus Metaphern und Chiffren, stellt eine „Dynamisierung, eine Verflüssigung der Begriffe" dar; dazu ein Beispiel (n. Burger a.a.O., 108):

„Der Ungrund ist ein ewig Nichts, und machet aber einen ewigen Anfang, als eine Sucht; Dann das Nichts ist eine Sucht nach Etwas: Und da doch auch Nichts ist, das Etwas gebe; sondern die Sucht ist selber das Geben dessen, das doch auch ein Nichts ist, als blos eine begehrende Sucht. Und das ist der ewige Urstand der Magiae, welche in sich machet, da nichts ist […]". Solche Formulierungsart begegnet wieder im 19. Jh. bei Schelling und Hegel (Burger a.a.O.). – Scharfe Kritik an der Schwerverständlichkeit deutscher Philosophiesprache, auch bei Kant, übte Carl Gustav Jochmann in seiner Schrift *Über die Sprache* (1828): *„Anderswo erforderte ein philosophisches Werk die angestrengtere Aufmerksamkeit seiner Leser doch nur für den Gegenstand; in Deutschland gibt es fast keines, dessen Verfasser nicht unverschämt genug wäre, ihnen auch noch die Mühe des Erlernens einer neuen Sprache zuzumuthen, seiner eignen nemlich, in der es ihm in Ermangelung aller nicht so nahe liegenden Reize, alle Schwierigkeiten der Neuheit zu vereinigen gefiel"* (n.Schiewe 1988, 117).

Wie in der belletristischen Literatursprache seit Klopstock (s. 5.10 OP) ein bewusster Bruch mit dem Sprachgeist der Aufklärung vollzogen wurde, so scheint auch in der bildungsbürgerlichen Popularisierung von Wissenschaftssprache viel aus der antirationalistischen Tradition von Bildungssprache im Bereich von Geisteswissenschaften und Publizistik, aber auch in der Politik nachgewirkt zu haben, was im 19. und 20. Jh. im öffentlichen Leben zu emotionalisierender, leerformelhafter Öffentlichkeitssprache geführt hat (vgl. 5.12V–Z; 6.16). Das Problem pseudowissenschaftlicher Wirkung von Wissenschaftssprache hat seine Wurzeln nicht allein in der seit der Spätaufklärung betriebenen Popularisierung und Politisierung von Wissenschaftssprache. Es ist nach Pörksen (1986, 70ff.) als „Unkosten der Verdeutschung" zu erklären: Das Aufgeben der akademisch-elitären Universalität des Lateins hatte zur Folge, dass wissenschaftlicher Sprachgebrauch offen war für obrigkeitliche, nationale, nationalistische oder massenpublizistische Interessen und individuelle Eitelkeiten der Akademiker und Intellektuellen.

„Das Ergebnis ist, daß der Gelehrte zwittrig wird, daß er nicht umhin kann, an ein allgemeines Publikum zu denken, wenn er für reine Fachgenossen schreibt. So werden seine Fachtermini fast unvermeidlich zweideutig: sie werden als termini technici gewählt und hallen zugleich unvermeidlich in dem ganz anderen Register der Umgangssprache wider. Sie verführen den Autor, ihre Wirkung zu berechnen, und lassen, ob er will oder nicht, schielende Begriffe entstehen. Dafür, daß der Wissenschaftler zum Schriftsteller wird und die Grenze zwischen Fachwissenschaft und Populärwissenschaft fließend, ist Thomasius ein frühes Beispiel." (Pörksen a.a.O., 70).

Literatur

Fachsprachen (allg.): BBRS (Seibicke 2377ff.). B.Döring 1989. Drozd/Seibicke 1973. Fluck 1985. Gardt 2002. v.Hahn 1983. D.Heller 1998. Lerchner 2008. Reutner 2002. Roelcke 2010. – **Vorwissenschaftliche, vorindustrielle Fachsprachen:** Barke 1991. A.Becker 2001. van Benthem 1995. BRS (Kleiber 70ff., Wolf 1334ff., Seibicke 1998ff.). Dückert 1981. Habermann 1996. Haemmerle 1998. v.Hahn 1971. Hünecke 2010. Kästner u.a. 1990. Maurer 1964. Piirainen 1997. v.Polenz 1995b. Priesner/Figala 1998. Riecke 2003. Schirmer 1925. Schulzke 1977. Seibicke 1968. Sigl 2000. H.Spiegel 1972; 1981. Tulzer 1989. Vietze 2000. H.Wolf 1958; 1968b.

Wissenschaftssprachen (allg.): Bayer 1974; 1975. Blackall 1966, Kap. II. Gardt 2000b. Kainz 1969. W.P.Klein 2011. Langen 1974, 50ff. Menzel 1994. Ricken 2010. Schindling 1994. Schlieben-Lange 1989. Schrader 1990. U.Schröter 1999. Steger 1986; 1988. Stickel 1999. Takada 2001b. – **Geisteswissenschaften:** Alikajew 1987. Bayer 1974; 1975. BBRS (Burger 181ff., Knape 1673ff.). Bialas 1990. Drodz/Seibicke 1973. Eucken 1879/1960. Fluck 1985, 30ff. Grimminger 1980, Bd.III (Sauder 239ff., Ueding 605ff.). Narr 1963. Olschki 1919–27. Piur 1903. v.Polenz 1988. Ricken 1989. Ritter/Gründer/Gabriel 1971–2007. Roelcke 1989. Schlieben-Lange 1989. C.Schmid 1798/1976. – **Naturwissenschaften, Mathematik:** Barke 1991. BBRS (Pörksen 193ff.). Busch 1933. Crosland 1962. Dückert 1981. Fluck 1985, 30ff. Giesecke 1992, 280ff. K.Glaser 1935. Götze 1919. Guentherodt 1986; 1987; 1991ab. Habermann 2001. B.Heller 1970. Hund 1978. Kehr 1964. W.P.Klein 1999. Kothmann 1998. Krause 1918. Langen 1974, 51ff. F.Müller 1899. Pörksen 1983b; 1986. Priesner/Figala 1998. Schirmer 1912. A.Schöne 1982. Seibicke 1985. Seidensticker 1997. F.Steiner 2002. – **Medizin:** A.Becker 2001. van Benthem 1995. Dressler/Schaeder 1994. Ersch 1822/2004. Habermann 2001. v.Polenz 1995b. Riecke 2003; 2004. Telle 1979. Ziegler 2002.

Handel, Wirtschaft: BBRS (Bolten 123ff., Peters 1496ff.). Möhn 1999. Rösler 1995. Schirmer 1925. – **Bergbau:** Hünecke 1994; 2000a; 2010. Kißenbeck 1997. R.Paul 1987. H.Wolf 1958; 1968b. – **Technik, Industrie:** Bayerl 2007. BBRS (Jacob 173ff.). Dückert 1981. Goldt 1999. v.Hahn 1971; 1983. Hünecke 1995. Jakob 1991. Sattler 1985. Seibicke 1968; 1971. Sigl 2000. Spiegel 1972. Taenzler 1955. – Zur Rechts- und Politiksprache s.5.12Lit!

5.12. Ansätze zu öffentlicher Sprache

A. Öffentlichkeitswirksame Publizistik war seit der Reformations- und ‚Bauernkriegs'-Zeit (s. 4.8H–N) bis zur Spätaufklärung selten und nicht opportun. Die literarischen Bemühungen in deutscher Sprache tendierten im Rahmen des absolutistischen Staates zur intellektuellen Anpassung an privilegierte Funktionen im Fürstenstaat, im Sinne von Akademisierung, Rationalisierung und „Sozialdisziplinierung" (Gessinger 1980, 7ff.). Während sich in Westeuropa im ‚atlantischen' Zeitalter reich gegliederte nationale Gesellschaften mit wachsendem wirtschaftlichem und politischem Einfluss der Mittelschichten entwickeln konnten, blieb dem deutschen Bildungsbürgertum nur ein indirekter politischer Einfluss im Fürstenstaat durch Hofämter und akademische Privilegien, ängstlich verschleiert und hochkulturell verbrämt durch die Hinwendung zu privater, dem sozialen Alltagsleben entrückter Betätigung (Holborn 1981, 85ff., 104). Die kritische Intelligenz des deutschen Bürgertums entstand aus der Spaltung von Politik und Moral, von Staat und Gesellschaft, von Untertan und Mensch (Koselleck 1973, 53). Sozialökonomische Repression durch die höfischen Verwaltungen verurteilte die aufstrebenden Mittelschichten in Deutschland zu „politischer Heimatlosigkeit", die kompensiert wurde mit „Selbstbestätigung" durch spezielle Bildung, die nicht mehr bis zum politischen Handeln gelangte, sondern statt politischer Emanzipation den „resignativen Weg in eine wie immer geartete Innerlichkeit" suchte (Haferkorn 1974, 114, 182ff.).

Wenn nun für die zweite Hälfte des 18. Jh.s von Ansätzen zu einer neuartigen bürgerlichen ‚Öffentlichkeit' (Habermas 1990) die Rede ist, so sind solche sozialkommunikativen Aktivitäten einerseits zu verstehen als Opposition zu der zeitgemäßen höfischen, mehr auf Prestige, Diskretion und persönlichen Vorteil als auf Wahrheit und Bildung hin orientierten repräsentativen Öffentlichkeit des spätfeudalen Fürstenstaates, andererseits als noch sehr zahme Vorform der allgemeinen politischen Öffentlichkeit, die sich in Deutschland erst im 19. Jh. entwickeln konnte. Es herrschte noch bis zur Restaurationszeit die kontrollierende, zensierende und hart strafende öffentliche Gewalt der *Obrigkeiten*. Bürgerliche Öffentlichkeit konnte zunächst nur eine *raisonnirende* sein, indem sich die an Handel, Warenproduktion und der dazu nötigen Wissenskultur Interessierten als ‚Privatleute', unter Ausschluss der obrigkeitlichen wie der plebejischen ‚Öffentlichkeit', in exklusiven Zirkeln, in Tischgesellschaften, Salons, Kaffeehäusern, Leseclubs usw. zusammenfanden und in noch vorpolitischer Weise „Selbstaufklärung" auf „Übungsfeldern" betrieben (Habermas 1990, §§4–5; Schiewe 1989, 163ff.).

Das *Raisonniren* (kritische Diskutieren) war dem Bürger als Privatmann nur solange erlaubt, als er der *Obrigkeit* gehorchte. Selbst ein ‚aufgeklärter' Monarch wie Friedrich der Große verfügte 1784 eine strikte Trennung zwischen privater und öffentlicher Kritik: Eine Privatperson sei nicht fähig und nicht berechtigt, *„über Handlungen, das Verfahren, die Gesetze, Maßregeln und Anordnungen der Souveräne und Höfe, ihrer Staatsbedienten, Kollegien und Gerichtshöfe öffentliche, sogar tadelnde Urteile zu fällen oder davon Nachrichten, die ihr zukommen, bekanntzumachen oder durch den Druck zu verbreiten"* (n. Habermas 1990, 84).

Obwohl das Adjektiv *öffentlich* seit dem 15. Jh. nach lat. *publicus* auch die politische Bedeutung ‚für jeden bekanntzumachen' haben konnte (s. 4.2K), ist das Substantiv *Öffentlichkeit* erst in der zweiten Hälfte des 18. Jh.s als Verdeutschungswort für frz. *publicité* und dt. *Publizität* eingeführt worden (Adelung, Campe), war aber noch bis 1848 als Wortbildung umstritten. Meist wurde es aber als ‚was den Staat angeht', ‚was der Staat erlaubt' verstanden. Der demokratische Begriff von *Öffentlichkeit* als kritischer Gegenkraft, vor der sich Herrschaft zu legitimieren habe, war von der aufklärerischen *publicité* und von der Französischen Revolution her zwar wenigen Intellektuellen bekannt, setzte sich aber allgemein erst mit den revolutionären Ereignissen von 1830 und 1848/49 in Deutschland durch (vgl. Hölscher 1979; Brunner/Conze/Koselleck 4,413ff; Trübners Dt. Wb.). – Entsprechend ist *öffentliche Meinung* seit der Französischen Revolution für frz. *opinion publique* mehrmals mit Bezug auf Pariser Ereignisse verwendet worden (Wieland, Forster); auf deutsche Verhältnisse bezogen (ab 1795) wurde *öffentliche Meinung* in den Befreiungskriegen 1813 noch immer monarchiekonform verstanden, als politischer Oppositionsbegriff erst seit 1848 im Zusammenhang mit *Pressefreiheit* und Presse als politischer Macht (Brunner/Conze/Koselleck 4, 448ff.; Abdelfettah 1989, 214f.).

Die Anfänge von Öffentlichkeitssprache haben sich in der absolutistisch-bildungsbürgerlichen Zeit auf zwei Ebenen abgespielt: Auf der unteren haben Praktiker wie die *Zeitungsschreiber* und Verfasser von *Hausväter*-Büchern große Teile der Bevölkerung allmählich mit Allerweltswissen versorgt und an eine Schriftsprachkultur gewöhnt, die innovativer und flexibler war als sie es bisher von Predigt, Bibel und Erbauungsliteratur gewohnt waren. Auf einer höheren Ebene haben Gelehrte eine allgemein verständlichere Rechtssprache und politische Begriffe entwickelt. So hätte am Ende des 18. Jh.s in Deutschland durch aufklärerische Reformen und die Auswirkungen der Französischen Revolution so etwas wie eine politische Öffentlichkeitssprache entstehen können. Trotz einzelner herausragender Ansätze zu politischer Publizistik (s. 5.2M) und trotz der von Koselleck erkannten „Sattelzeit" der Begriffsgeschichte (s. 5.12L) ist diese Entwicklung jedoch im Obrigkeitsdenken der faktischen ‚Öffentlichkeit' und in bildungsbürgerlicher Abstinenz steckengeblieben (vgl. Schiewe

1989). All diese Ansätze verdienen aber – als Vorbereitung des 19. Jh.s – ein eigenes Kapitel in dieser Epoche, von den frühen Zeitungen (B–G) über die Hausväterbücher (H), die Rechtssprachreform (J), die politisch-soziale Begriffsgeschichte (K–O) bis zur Revolutionspublizistik (P–Y).

B. Eines der wichtigsten Mittel zur Konstituierung öffentlicher Sprache, über die Privatöffentlichkeit der Privilegierten hinaus, waren die frühen Zeitungen seit Anfang des 17. Jh. (vgl. 5.2BC). Sie waren mediengeschichtlich einerseits Popularisierungen der exklusiven Gattung ‚geschriebene Zeitung' für zahlungskräftige, speziell interessierte Potentaten und Institutionen (vgl. 4.2 O), bestanden also überwiegend aus Anhäufungen kurzer Meldungen von weither über wichtige Ereignisse aus Politik, Handel und Wirtschaft, knüpften andererseits aber auch an die auf Sensationsbedürfnisse eingestellten Flugblätter und Flugschriften an. So hatten sie ein teilweise anderes Lese- und *Lesenhör*-Publikum als die ‚geschriebenen Zeitungen', nämlich auch nichtprofessionelle Wissbegierige und Neugierige aus verschiedenen Bevölkerungsschichten, auch viele Frauen (Mackensen 1964, 157). Die frühen *Zeitungsschreiber* standen vor der Aufgabe, die zu einer Nachricht gehörenden Informationen möglichst als ein Textelement zu formulieren und taten dies oft in überlangen Satzkonglomeraten. Zugunsten des Aktualitätswertes, um die Zeitung möglichst bald nach Ankunft der Postreiter oder -wagen erscheinen zu lassen, mussten sie in der Regel auf saubere Textkohärenz, sorgfältige Wortwahl und stilistische Überarbeitung verzichten. Dazu als Beispiel zwei Nachrichten aus dem in Wolfenbüttel oder Augsburg erschienenen *Aviso* aus dem Jahre 1609 (nach der Faksimileausgabe von Walter Schöne, Leipzig 1939):

Typisch für den frühen Zeitungsstil sind nach Ulrike Demske-Neumann (1990) Satzgefüge, die Admoni (1980, 35) dem Typus „abperlend" zurechnet: Einem Hauptsatz, der die Quellenangabe und den Ereigniskern der Nachricht enthält (hier von *sontags...* bis *...fürgenommen worden*), folgen Nebensätze oder nebensatzähnliche Gebilde, die mit Relativpronomen *(deren, darunter)* oder mit spezifischen Subjunktionen angeschlossen sind (*weil, weilen*), mit koordinativen Konjunktionen *(theils ... theils, und, auch, aber)* oder in asyndetischer Nebeneinanderstellung *(...sehen lassen / gehet auch der Ruff...)*. Das Satzgefüge der ersten Nachricht erhält seinen Einheitscharakter durch die ausschließliche Verwendung der Virgel (Schrägstrich) als einer vorsyntaktischen, mehr rhythmischen Art von Interpunktion zum Vorlesen, die den Unterschied zwischen Haupt- und Nebensatz noch offenlässt, auch durch die (Unterordnung andeutende) afinite Form von Nebensatzprädikaten (vgl. 5.9T; hier bei *geführet [hat], genommen [haben], communicirt [haben]* usw.) und durch die konsequente Kleinschreibung der Teilsatzanfänge, wobei die mit *d-* anlautenden Pronomen der häufigen ‚weiterführenden Nebensätze' in frühneuhochdt. Weise noch nicht auf den Unterschied zwischen parataktischem und hypotaktischem Anschluss festgelegt waren, z.B. ... / *darunter ist gewest...* (Demske-Neumann a.a.O., 246ff.; Fritz 1990, 285; vgl. 5.9U).

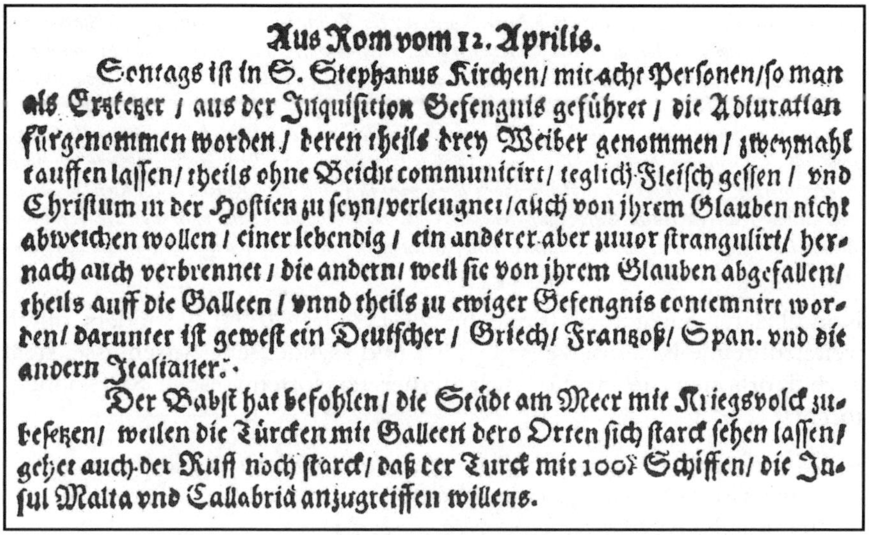

Aus Rom vom 12. Aprilis.

Sontags ist in S. Stephanus Kirchen/ mit acht Personen/so man als Ertzketzer / aus der Inquisition Gefengnis geführet / die Abiuration fürgenommen worden / deren theils drey Weiber genommen / zweymahl tauffen lassen/ theils ohne Beicht communicirt/ teglich Fleisch gessen / vnd Christum in der Hostien zu seyn/verleugnet/auch von jhrem Glauben nicht abweichen wollen / einer lebendig / ein anderer aber zuvor strangulirt/ hernach auch verbrennet / die andern/ weil sie von jhrem Glauben abgefallen/ theils auff die Galleen / vnnd theils zu ewiger Gefengnis contemnirt worden/ darunter ist gewest ein Deutscher / Griech/ Frantzoß/ Span. vnd die andern Italianer.

Der Babst hat befohlen/ die Städt am Meer mit Kriegsvolck zu besetzen/ weilen die Türcken mit Galleen dero Orten sich starck sehen lassen/ gehet auch der Ruff noch starck/ daß der Turck mit 100 Schiffen/ die Insul Malta vnd Callabria anzugreiffen willens.

Abb. 23: Aviso, Artikel „Aus Rom vom 12. Aprilis".
(Quelle: Gottfried Wilhelm Leibniz Bibliothek – Niedersächsische Landesbibliothek, Hannover. Signatur: CIM 1/29 Nr. 15.)

Wieviel strenger und übersichtlicher der Satzbau von Zeitungstexten in der Entwicklung bis heute unter dem Einfluss der akademischen Bildungssprache geworden ist, kann an dem Versuch einer syntaktischen Übersetzung unseres Beispiels (nur des ersten Teils) ins moderne Nachrichtendeutsch demonstriert werden: **Am Sonntag ist in der Kirche St. Stephan an acht als Erzketzer aus dem Inquisitionsgefängnis überführten Personen die Kirchenstrafe der Adjuration vollzogen worden, da sie entweder in Polygamie lebten, die Wiedertaufe begingen, die Kommunion ohne Beichte nahmen, täglich Fleisch aßen oder die Verkörperung Christi in der Hostie leugneten und von ihrem Irrglauben nicht ablassen wollten. Einer von ihnen ist lebendig, einer nach der Hinrichtung durch Strangulieren verbrannt, die anderen wegen Abfalls vom Glauben teils zur Zwangsarbeit auf Galeeren, teils zu lebenslänglichem Gefängnis verurteilt worden. Unter ihnen waren ein Deutscher, ein Grieche, ein Franzose, ein Spanier; die anderen waren Italiener.*

C. Der komplizierte, locker gefügte Satzbau der *Zeitungsschreiber* ist den Kritikern des Zeitungsstils schon früh als Verstoß *„gegen die anständige Schreibart"* aufgefallen. Einerseits wird ihnen Nachahmung des Kanzleistils vorgeworfen – was mit dem juristischen Neben- oder Hauptberuf vieler Redakteure und Korrespondenten zusammenhängt (Mackensen 1964, 167). Der Satzbau der ersten 10 Nummern der *Relation* ist noch ganz zeittypisch nach dem Kanzlei- und Geschäftsstil, noch nicht fortschrittlicher als andere Textgattungen (Korhonen 1988, 242). Andererseits wird am Zeitungsstil später zu spontanes, unübersichtliches ‚Erzählen' unter Zeitdruck kritisiert: So in einem anonymen Zeitungslexikon *Wohlmeinender Unterricht*, Leipzig 1755 (Wilke 1985, 78):

„Die weitschweifige, dunkele und ermüdende Schreibart der Zeitungen rühret ohne Zweifel daher, daß sich die Verfasser vornehmen, eine in Canzleyen übliche Schreibart zu beobachten. [...] Sie bindet die Erzählung der geschehenen Sache, die Ursachen und Bewegungsgründe derselben, die Umstände, die dabey vorgehen, in einen einzigen Satz zusammen." – „[...] daß ihre Schreibart, eben so fließet, wie etwa die Erzählung eines Mannes fließen kann, welcher das, was er gesehen hat, in der ersten Hitze, ohne auf die Ordnung der Gedanken, die Abteilung der Sätze, und die Wahl der Worte zu sehen, wieder vorträgt. Die Sätze sind oft unendlich lang, zuweilen sind sie gar nicht geschlossen, bey manchen drängen die in einem Satze aufgehäuften Gedanken einander, daß man sie, wie bey einem lateinischen Poeten, aus einander suchen muß, wenn man einen vollkommenen Verstand erhalten will."

Komplizierte Satzgefüge (siehe hierzu Lefèvre 2011), besonders durch weiterführende Nebensätze (vgl. 5.9U) und asyndetische Anschlüsse, stellt auch Korhonen (1988, 231) fest, ferner textsortentypische Satzkonnektoren:

– koordinativ: *und, auch, ferner, gleichfalls, item, darneben, desgleichen*
– adversativ: *aber, allein, gleichwohl, sonst*
– temporal: *nun, hernach, hiezwischen, inmittelst*
– lokal: *allda, alldort*
– konsekutiv/kausal: *so, also, daher(o), demnach, derhalben, deswegen, derowegen*

Durch den Zwang zum komprimierenden Ausdruck komplexer Inhalte (vgl. v. Polenz 1985, 24ff.) waren Substantivierungen und Attribuierungen schon für den frühen Zeitungsstil typisch (Mackensen 1964, 163ff., 169):

Es gab ein Kinderspiel mit der Frage *„Was bringt die Zeitung?"*, worauf man möglichst schnell viele Substantive auf *-ung* aufzählen musste. Prädikatsausdrücke aus einer Substantivierung mit einem Nominal- oder Funktionsverb wurden nach franz. Vorbildern häufig nachgebildet: *Gehör geben (donner audience), opinion haben (avoir opinion), die Flucht nehmen (prendre la fuite), Meldung tun (faire part)*, auch echte Funktionsverbgefüge (vgl. v. Polenz, in: ZGL 15, 1987, 169ff.) wie *in deliberation ziehen (mettre en délibération)*, auch ohne franz. Vorbild: *zur Endschafft kommen/bringen*, ... Nach lat. Vorbild (Kanzleisprache?) waren Präsenspartizipien in attributiver Funktion mit nicht auf das nachstehende Substantiv gerichtetem persönlichem Bezug beliebt: *ihre habende Besoldung, mit seinem mitbringenden Schreiben*, oder Partizip II ohne Perfektbedeutung: *die gehuldigte Bauern* (vgl. 5.9Q).

Zum größten Teil – neben ausführlichen Berichten und der Wiedergabe von Dokumenten – bestand der Inhalt der Zeitungen aus Kurzmeldungen, die unzusammenhängend aneinandergereiht waren „wie ein Mosaik, das der Leser selbst zusammensetzen muß", also mehr in der Art der geschriebenen Zeitung und des Privatbriefes. Für die Textsorte ‚Nachricht' ist dieses Additions- oder Sammelprinzip konstitutiv, ferner Ausdrucksweisen der Berufung auf Quellen, des Rückverweisens und der Stellungnahme zum Wahrheitswert (Fritz 1990; 1991; Korhonen 1988):

Für Quellenangaben sind Passivkonstruktionen beliebt *(Aus A. wird geschrieben ...)*, mit Verben wie *ausgeben, avisirn, bestätigen, confirmirn, erachten, [Nachrichtung] haben, sagen, verlauten, vermeinen, vermelden, vermuten, vernehmen, ...*, mit Relativierung des Wahrheitswertes durch Modalverben *(daß ... haben soll; ... daß ... sei; es möcht ... werden; es dörft ... entstehen)*, den Konjunktiv indirekter Rede, Modaladverbien oder Floskeln wie *der gemeinen sage nach, das geschrey geht ...* Die (wegen der Zensur eigentlich gemiedenen) Kommentierungen sind sehr vage und stereotyp: *... was nun solches bedeut ist unbewust; zu was end eröffnet zeyt; Gott geb daß es wol gehalten werde* (Korhonen 1988, 230). – Häufig sind Rückverweise mit einer großen Variation von attributiven Adjektiven: *(ob)gemelt, (ob)gedacht, ermelt, obangezogen, obberürt, obbeschrieben, obgesetzt, obgenannt, jüngst angedeutet ...* aus der Kanzleitradition.

D. Die Sprache der frühen Zeitungen war in der Grundtendenz überregional und hat somit wesentlich zur Vereinheitlichung der deutschen Schriftsprache beigetragen (Mackensen 1958; 1964; Simonov 1987), jedoch nicht im Sinne der Durchsetzung einer Einheitsnorm, eher mit toleranter Variantenaussonderung und -verbreitung. Da die Nachrichten ganz überwiegend von weither kamen und von weitgereisten Korrespondenten und Agenten gesammelt und formuliert wurden, konnten sie nur sehr schwer vom Setzer in eine heimische Varietät umgeschrieben werden, auch wenn die Verleger oder Herausgeber dies anstrebten. „Aufs Ganze gesehen, bedeutet das, daß die Zeitung von ihren Anfängen an dahin wirkt, die Enge der deutschen Landschaftssprachen zu überwinden. Leise, aber doch spürbar gewöhnt sie ihre Leser an die Vielfalt deutscher Lautungs- und Ausdrucksmöglichkeiten. [...] Damit hat sie nachhaltiger gewirkt, als die Veröffentlichungen der gelehrten Sprachmeister es zunächst vermochten.“ (Mackensen 1958, 148). Dabei waren die nord- und nordostdeutschen Zeitungen am stärksten überregional (mit einer Vermittlungsfunktion Berlins), im Gegensatz zu den süddeutschen, die im 17. Jh. noch öfters oberdeutsche Graphien hatten (a.a.O., 150ff.). Im Wortschatz wurde noch gelegentlich das frühneuhochdt. Mittel der Erklärung durch Zwillingsformeln mit regionalen Synonymen (Heteronymen) angewendet, jetzt jedoch mehr mit *oder* als mit *und: Ambtknecht oder Schergant, Behause oder Herberge, Leichen Särcke oder Todten-Kasten, Buden oder Gezelte, Ohrfeigen und Maultaschen, ...* (Mackensen 1964, 158). Mitunter wurden durch Zeitungen auch regionale Varianten weit verbreitet, die sich bis heute nicht überall durchgesetzt haben (a.a.O., 154ff.):

Süddeutsches *Samstag* erscheint öfters in Berliner und Hamburger Zeitungen, nord- und mitteldeutsches *Sonnabend* 1631 in München, *nit* ‚nicht‘ 1618–23 mehrmals in Berlin durch süddt. Korrespondenten. *Roß* Für ‚Pferd‘ wurde damals durch Zeitungen im militärischen Sprachgebrauch üblich (Mackensen 1964, 154). Durch norddeutsche Zeitungen hat sich der Substantiv-Plural auf *-s* auch weiter im Süden verbreitet, nicht nur bei Fremdwörtern *(Passagiers, Spions, Cavalliers, Consuls, ...)*, auch bei indigenen Wörtern auf *-en* und *-er (Jungens, Wagens, Lägers, Fürstens, Räubers, Mädgens, Frauens, ...)*.

Die Heterogenität der Nachrichten nach ihrer Herkunft und die mangelnde stilistische Überarbeitung bei der Redaktion hatten mitunter auch einen lockeren Erzählstil zur Folge. Damit standen die deutschen Zeitungen – im Unterschied zu den niederländischen – teilweise auch in der Tradition der Flugblätter, mit Sensationsberichten über Morde, Diebstähle, Hinrichtungen, Missgeburten, Gesellschaftsskandale, Unwetter, Brände, Kometen: „Sie erzählen auf eine eingängige, unliterarische Art, [...] sie gewöhnen Menschen, die bis dahin unliterarisch lebten, ans gedruckte Wort". (Mackensen 1964, 170).

So finden sich im frühen deutschen Zeitungsstil aus mündlichen oder privatbrieflichen Quellen auch populäre emotionale Redensarten wie *in die Karten sehen, in den Ohren liegen, auf dem Hals haben, feurige Kohlen auf ihr Haupt sammeln, für die Köpffe stoßen, in ein Horn blasen, sich aus dem Staube machen, ...* (Korhonen 1990; Simonov 1988).

E. Die Zeitungen sind bereits im 17. Jh. als *Sprachverderber* kritisiert worden. Dieses Urteil bezog sich – neben der Kritik am komplizierten Satzbau – vor allem auf den auffälligen massenhaften Gebrauch von Fremdwörtern und Fachtermini.

„Hier höret einer wunder über wunder / wie die Zeitungen mit allerhand frembden Wörtern angefüllet werden. Wie mancher einfältiger teutscher Mann / der etwa die Zeitungen [...] liset / verstehet kaum das halbe Theil: Es wehre von nöthen bey dieser getzigen zeit / daß / wann einer die Zeitungen lesen wil / er zween Männer bey sich stehen habe / auff der rechten Seiten einen Frantzosen / auf der Lincken / einen Lateiner / welche die frembde Wörter ihme auslegten." (Der Vnartig Teutscher Sprachverderber, 1643, anonym, wahrscheinlich von Christoph Schorer, beeinflusst von Moscherosch; n. Wilke 1985, 69). – Fremdwörter finden sich besonders bei religiösen und italienischen Themen und in wiedergegebenen Dokumenten. Der Prozentsatz liegt nach Simonov mit 6,5% deutlich höher als in Privatbriefen (2,17%) und in Romanen (4,77%) (Fritz 1990, 266).

Massenmedien als ‚Einfallstor' von Fremdwörtern, großenteils Fachwörtern, sind auch heute Gewohnheit und beliebtes Objekt konservativer und literarisch-ästhetisch orientierter Sprachkritiker. Abgesehen von bloßem Renommiergehabe beim Fremdwortgebrauch (den es auch in den frühen Zeitungen gelegentlich gab), haben wir es hier im Grunde mit der hemmungslos innovativen und spezialistischen Wortwahl von Massenmedien zu tun, die von den Erfordernissen der Aktualität und der unbegrenzten Themenvielfalt bedingt ist. So kommt es, dass Erstbelege für moderne deutsche Fachwörter (vor allem Lehnwörter und Lehnwortbildungen) in den Zeitungen des 17. Jh.s vielfach um Jahre oder Jahrzehnte früher auftreten als in zeitgenössischen literarischen Werken und in historischen Wörterbüchern, die meist nur literarische Quellen ausgewertet haben (Mackensen 1964, 161ff.). Trotzdem müssen die frühen Zeitungen weniger als Entlehnungsquelle als vielmehr als Vermittlungsinstanz von Lehnwörtern eingeschätzt werden, da die Entlehnungen in Fachtexten und Fachlexika z.T. noch früher nachzuweisen sind; auch indigene Fachwörter wie *Ausstand* ‚Zahlungsrückstand', *Abschlag* ‚Teilzahlung', *Abrichtung* ‚Auszahlung der Soldaten', *abdanken* ‚Soldaten ordnungsgemäß entlassen' sind hier mitzuberücksichtigen (Fritz 1990, 267, 286).

Wenn man sich nicht einseitig am sprachpuristischen Begriff des ‚Fremdsprach-Einflusses' und der ‚Überfremdung' orientiert (vgl. Kap. 5.4), wird deutlich, dass die frühen Zeitungen gerade mit ihrem starken Gebrauch von Fremd- und Fachwörtern eine wichtige Bildungsfunktion hatten, als Verbreiter von „Wahrheit und Bildung" durch „Zuwachs an Weltwissen", als „Vortruppen der Aufklärung" (Mackensen 1964, 161). Aufklärung ist hier nicht im Sinne elitärer akademischer Gelehrsamkeit zu verstehen, sondern als fürs Alltägliche relevante ‚öffentliche' Bildung für ein breiteres Publikum, das durch Lesen und *Lesenhören* von Zeitungen erreichbar war. Ähnlich wie viel später in der Arbeiterbewegung (s. 6.16I) war diese Verbreitung von Wissen weniger mit ängstlicher Vermeidung und Bekämpfung von ‚Fremdwörtern' verbunden als vielmehr mit ihrer themengemäßen Verwendung und dem Vertrauen auf Verstehbarkeit durch häufige Verwendung im gleichen Kontext.

Besonders deutlich wird diese volksaufklärerische Haltung bei dem Publizisten, Sachbuchautor, Dichter und Lexikographen Kaspar Stieler. Als ehrenhaft gewähltes Mitglied der *Fruchtbringenden Gesellschaft* mit dem Pseudonym *Der Spate* (s. 5.4E–K; 5.7D2) kannte er sehr wohl den kulturpatriotischen Kampf gegen das Überhandnehmen von Fremdwörtern im Deutschen. Trotzdem bewahrte er sich eine pragmatische, tolerante und zugleich volkspädagogische Haltung zu diesem Wortschatzproblem der entstehenden deutschen Öffentlichkeitssprache.

Stieler war weit in Europa herumgekommen, lebte wechselnd von Tätigkeiten als Sekretär, Hofmeister oder Hofrat in Rudolstadt, Eisenach, Weimar, Jena, Hamburg. Am Rudolstädter Hof hatte er seinem Herzog täglich die Zeitungen vorzulesen und dichtete Theaterstücke. In Jena hielt er als Universitätssekretär Vorlesungen über deutsche Grammatik (in deutscher Sprache, noch vor Thomasius!). Er veröffentlichte Einführungen in öffentlich wichtige deutsche Sprachpraktiken (mit mehreren Neuauflagen): *Die teutsche Secretariats-Kunst* (1673), *Der teutsche Advocat* (1678). Er ist auch Verfasser der Liedersammlung *Die geharnischte Venus* (1660), der Verspoetik *Die Dichtkunst des Spaten* (1685) und des ersten bedeutenden deutschen Wörterbuchs (1691; s. 5.7D2).

F. Stieler, der allround-gebildete, praxisbezogene deutsche Sprachmeister gilt auch als der Begründer deutscher Publizistikwissenschaft durch sein Buch *Zeitungs Lust und Nutz* (1695). Darin hob er die volksaufklärerische Bildungsfunktion der Zeitung hervor (n. Wilke 1985, 72ff.):

Zeitungen seien *„dazu nicht in Gebrauch gekommen / daß man daraus die Wolredenheit erlerne / sondern allein wisse / was for Händel in der Welt getrieben werden."* Stieler betonte die sprachbildende Funktion der Zeitung: *„... daß man aus den Zeitungen die Eigenschaft der Sprache / deren überreiche Wortmenge / samt der bindungs- und erzehlungs-Kunst lernet."* Statt puristischer Verdammung will er, da *„keine Arzeney bey uns anschlagen will"*, zum Verständnis der in den (überwiegend fremdländischen) Nachrichten unvermeidlichen Fremdwörter Erklärungen beigeben: *„so muß man Fünfe gerade seyn lassen / mit den Wölfen heulen und ein Mittel ersinnen / denen ungereiseten Teutschen der ausländischen Wörter Verstand unter der Hand bey zubringen"*. So hat er seinem Buch eine *„Erklärung Derer in den Zeitungen gemeiniglich vorkommenden fremden und tunklen Wörter"* beigegeben, alphabetisch angeordnet, insgesamt 1660 Wörter, die er aus einem Jahrgang gesammelt hat, nicht nur mit Verdeutschungsvorschlägen oder üblichen Entsprechungen, sondern, von seiner lexikographischen Praxis her, mit Paraphrasen und Erläuterungen, z.B.:

„Quadrat, eine viereckichte Figur / so gleiche Seiten und Winkel hat.
Quadruplum, das vierfache oder viermalgemehrte Teil des Einfachen.
Quaker / so werden die Leute in Engelland genant / die weder Geistliche noch weltliche Obrigkeit in Ehren halten. Und ist Quakerey anders nichts / als ein Fantastischer Glaube / der Menschen Auslegungen in der Schrift folget.
Qualität / gute Beschaffenheit / Art / und Gemüts-Gabe eines Menschen: heist sonsten die Welchheit.
Quantität / das wievielste / wie groß / und wie dick: sonsten die Waserleyheit.
Quantum, bedeutet den Wehrt und die Beschaffenheit der Anlage / und was ein jeder zu seinem Teil beytragen muß.
Quarantena halten / ist 40 Tage auser einer Stadt verziehen und warten / bis man sehe / wie es mit der Gesundheit des Volks ablaufe.
Quarreau, ist ein viereckichtes köstliches Stul-Küßen / worauf Könige und Königinnen bey Ihrer Krönung kniehen.
Quartier, bedeutet nicht allein eine Gegend des Orts und eine Herberge / sondern auch Verschonung des Lebens.
Quasi vero, ist gleichsam ein Spottwort / heisset so viel als: eben ob nicht / warum nicht? ich dächte was mir wäre.
Querelle, Zanck / Hader / Zwist / Beschwerung: Von Queruliren / klagen / sich beschweren."

Beim Buchstaben Q ist der Anteil entlehnter Wörter natürlich besonders hoch. Es handelt sich großenteils um Fachtermini und Allgemeinbildungswörter und -wendungen, für die es nicht immer übliche indigene Entsprechungen gab. So „wurde das Fremdwortlexikon partiell schon eher zu einem Reallexikon" (Wilke 1985, 73). Dabei rechnete Stieler mit bereits weitverbreiteter Kenntnis solcher Wörter, so dass er vieles nicht in seinen Lexikonanhang aufnahm: *„Doch haben wir darinnen das / was durch täglichen Gebrauch männiglichen bekant worden / mit Fleiß übergangen / als da ist: Profet / Respect / Kompliment / General / Capitän / Lieutenant / Regiment / Compagnie / Audienz / Reputation / und andere mehr / so jeder Bauer / gleich der Contribution / Quartier und Marsch oder marschiren verstehet."* – Im 17. Jh. hatten Wörter aus dem militärischen Bereich einen hohen Anteil (Wilke 1985, 74, 79f.).

Solche *Zeitungs-Lexicon* genannten Vokabularien wurden nach Stieler publizistische Tradition (Mackensen 1964, 161; Wilke 1985, 74ff.): Christian Juncker (1703), Johann Hübner (1704), Johann Gottfried Gregorii (1708), Wolfgang Jäger (1782); sie hatten bald umfassendere Titel wie *Reales Staats-, Zeitungs- und Conversations-Lexicon* (1709), wurden immer wieder neuaufgelegt und gelten als Vorläufer des ersten *Brockhaus-Conversationslexicons* (1808). Aus dieser Entwicklungslinie von Stielers Zeitungslexikon bis zum Brockhaus kann geschlossen werden, dass den frühen Zeitungen zunehmend eine aufklärerische Funktion als Mittel der politischen, geographischen und sonstigen Allgemeinbildung zuerkannt wurde, auch für nicht studierte Leser in mittleren Schichten. In der 2. Hälfte des 18. Jh.s nahm der Fremdwortgebrauch in den Zeitungen deutlich ab, und man unterschied zwischen übersetzbaren und nichtübersetzbaren Fremdwörtern (Wilke 1985, 79f.).

Ein anonymes Zeitungslexikon *Wohlmeinender Unterricht, für alle diejenigen, welche Zeitungen lesen, worinnen so wohl von dem nützlichen Gebrauche der gelehrten und politischen Zeitungen, als auch von ihrem Vorzuge, den einige vor andern haben, bescheidentlich gehandelt wird* (Leipzig 1755) bestätigt der Zeitung als Volksbildungsmittel einen hohen sprachkulturellen Wert: „... *daß dadurch der gemeine Mann, wenn er dergleichen Zeitungen lieset, allmälig an eine gute und reine deutsche Schreibart könnte gewöhnet werden. Denn eine Zeitung wird doch unstreitig mehr als alle Romanen, Lebensbeschreibungen und Mordgeschichten gelesen ...*" (zit. n.Wilke 1985, 80). Schon im 17. Jh. wurden Zeitungen für den Schulunterricht empfohlen und herangezogen, vor allem für Geographie und Geschichte, auch in der Kirche von der Kanzel verlesen (Mackensen 1964, 157ff.; Wilke 1985, 81).

G. Die Sprache der ersten Warenannoncen, untersucht von 1741 bis 1801 in Leipziger Zeitungen durch Stolze (1982), ist – verglichen mit dem modernen Werbestil – stark vom bildungsbürgerlichen Sprachstil geprägt: mit einem hohen Anteil an lateinischen/französischen Wörtern und Fachwörtern, mit vielgliedrigen elliptischen Zusammensetzungen wie *Haupt-Herz-Magen- und Schlag-Balsam, Drüß-Kropf-Freß- und Blutreinigungs-Pulver*, mit komplizierten Satzgefügen, z.B.:

„Bei Andreas Weißwangen, Materialisten auf der Fleischer-Gasse in Bennewitzens Hause, ist ein köstliches Glieder-Wasser zu bekommen, welches die vom Podagra und andern Gicht-Schmerzen geschwächte, gelähmte, steiffe und andere contracte Glieder stärcket, und dergleichen schmerzende Kranckheiten mit der Zeit ganz und gar ausrottet." – Unvollständige Sätze (moderne Kurzsatztypen) kommen meist nur am Schluss der Anzeige vor zur Angabe der Verkaufsmodalitäten. Um 1800 ist schon die Tendenz zu erweiterten Attributgruppen anstelle von Nebensätzen zu beobachten (Ruth Römer, in: ZdPh 104, 1985, 476).

In der pragmatischen Textstruktur der von Stolze untersuchten Werbeanzeigen stehen Warenlob, Orts- und Zeitangaben für die spezielle Kaufgelegenheit ganz im Mittelpunkt. „Die damalige Werbung kennt keine tiefenpsychologisch ausgekochten Anspielungen, sie kennt nicht einmal

Imperative, und rhetorische Fragen kommen nicht vor" (Römer a.a.O., 476). Produzent und Verkäufer treten ebenso zurück wie die Adressaten. „Das Geschehen wird ‚objektiv' dargestellt. Die damalige Werbung ist treuherzig und gewissermaßen redlich. Sie ist weit entfernt von der Dreistigkeit, Obszönität, ja Verruchtheit der heutigen" (a.a.O. 476). Produzent und Verkäufer treten in den Hintergrund. Bei den Prädikatsausdrücken für ‚Bewerten' und ‚Empfehlen' sind das Passiv, der modale Infinitiv *(ist zu haben)* und Modalverben *(können, sollen, wollen,* kaum *müssen)* sehr häufig. – Viele Anzeigen begannen mit spezieller Adressatenansprache, z.B.: *Denen Liebhabern der Musik wird notificiret, daß nunmehr ...* (1693); *Denen reisenden Kauff= und Handels=Leuten nach Amsterdam // that Wilhelm Janssen von der Hoffstee zur Nachricht kund / daß ...* (1694) (Bendel 1998, 240).

H. Die Zeitung war nicht der einzige Ansatz zur Entwicklung von Öffentlichkeitssprache. Es gab eine ältere Tradition allgemeinverständlichen Redens und Schreibens für alle bei kirchlicher und weltlicher Unterweisung zum täglichen Leben: in Predigt, Erbauungsliteratur, altdeutscher Rechtssprache. Eine für die Zeit um 1700 typische Gattung populärer praxisbezogener Lektüre waren die *Hausväter*-Bücher. *Haus-Vater* verstand man hier als deutsche Entsprechung für lat. *oeconomus*, also so etwas wie ‚der Haushaltende, Wirtschaftende', seltener in der Variante *Haus-Mutter*. Mit dieser Literatur sollten noch großenteils agrarisch wirtschaftende Städtebürger und der grundbesitzende niedere Adel im Sinne der Aufklärung, d.h. zur Bekämpfung falscher uralter Wirtschaftspraktiken und des Aberglaubens, mit bewährten Begriffen und Methoden des Wirtschaftens vertraut gemacht werden, des Hausbaus, des Acker-, Garten- und Weinbaus, der Pferdezucht und -haltung, des Brotbackens und Bierbrauens, des Handwerkens, aber auch des gesitteten, ordentlichen Familienlebens und der Hygiene, mit ausführlichen Inhaltsverzeichnissen zum Nachschlagen und mit Kupferstichen.

Als Textbeispiel für die schlichte, allgemein verständliche Sprache dieser Ratgeberbücher diene ein Abschnitt über standesgemäße Eheschließung aus dem zweibändigen Folio-Werk des pfälzisch-sulzbachischen Pfarrers Franciscus Philippus Florinus mit dem Titel: *OECONOMUS PRVDENS ET LEGALIS oder Allgemeiner, Kluger und Rechtsverständiger Haus-Vatter [...] Nürnberg, Franckfurt und Leipzig 1722.* Aufschlussreich für die Zweischichtigkeit damaliger Öffentlichkeitssprache ist ein Vergleich der eingängigen, einfachen Ausdrucksweise des Florinus mit den dazugehörigen akademisch-hermetisch formulierten *Rechts-Anmerckungen*, die der Jurist Johann Christoph Donauer, *Hoch-Fürstl.-Nassauischer Rath / des Heil. Röm. Reichs-Stadt Nördlingen Consulent*, zu jedem Kapitel beigesteuert hat. Dass der aufklärerische Geistliche seinem volksbildenden Werk derartig schwerverständliche Expertentexte beigegeben hat, zeugt von der Widersprüchlichkeit absolutistischer Sprachkultur: Wo es um privatwirtschaftliche und familiär-gesellschaftliche Beratung ging, genügten bewährte frühbürgerliche Sprachmuster ohne ehrgeizigen stilistischen Aufwand. Wo aber über die Rechts- und Machtverhältnisse in der landesfürstlich zementierten Ständegesellschaft belehrt wurde, war Sprache für Laien so verfremdet, dass man dies nur aus dem Zweck erklären kann, dass der akademisch privilegierte Experte unentbehrlich und unangreifbar bleiben wollte.

Der Satzbau des volksaufklärerischen Geistlichen ist gut sprechbar, wie wenn er von der Kanzel gepredigt wäre. Der in kleinen Schritten ausgeführte Argumentationsgang wäre noch heute verständlich, wenn man nur Kleinigkeiten modernisieren würde, in der Orthographie *(gezehlet → gezählt, wol → wohl, Burger → Bürger,* usw.*)*, in der Flexion *(Erden → Erde, gestellet → gestellt,* usw.*)*, in der Wortwahl *(Jedennoch → Jedoch, gestellet → aufgestellt,* usw.*)*. Wie volkstümliche Redewendungen klingen: *Edel bey Edel; und was burgerlich ist, bey bürgerlichen Stande bleybe; ... der Edelmann sein unedles Weib etwann selten besser als seine Magd halten; ... und nicht über die Achsel ansehen mögen.*

Dagegen wirkt der Vertextungsstil des Juristen in den *Rechts-Anmerckungen* expertenhaft verkompliziert, antiquiert und im Sinne der Volksaufklärung für juristische Laien abstoßend. Das Schriftbild ist akademisch verfremdet durch die mit Wechsel von Fraktur- zur Antiquaschrift angezeigte deutsch-lateinische Sprachmischung mit für Laien ungewohnten Zitierpraktiken. Der Argumentationsgang macht einen extrem weiten Spannungsbogen von *Wiewohl ...* bis *Jedennoch ...*, der mit mehrfach verschachtelten Detailschritten und Zitat-Exkursen angefüllt ist – ein vom bloßen Lesenhören her kaum mehr verständlicher Zusammenhang. Typisch kanzleisprachlich ist die im 17. Jh. beliebte steife Konjunktion *allermassen*, die (neben *maßen*) in mehrfacher Bedeutung verwendet wurde: kausal, komparativ und als Satz-Relativum (Grimm, Dt. Wb. 1, 225f.; 12, 1737ff.). Noch frühneuhochdt. wirkt die Zwillingsformel *Dignität und Würde* (vgl. 4.6EF, 4.7C), wie überhaupt der unmittelbare Übergang vom Deutschen zum Latein mitten im Satz bei den Quellenangaben ganz der gelehrten lat.-dt. Zweisprachigkeit der Humanistenzeit entspricht (vgl. 4.7D). Dieses über bloße Einzelwortentlehnungen (Interferenz) hinausgehende Umschalten von einer Sprache in die andere entspricht dem *code-switching* der Bilinguismusforschung. Auch einige Flexionen wirken eher frühneuhochdt.: *observirte* (statt *-ten), erzeugte* (statt *-ten), aus dem* (statt *den) ... Ursachen.* Einer zeitgenössischen amts- und wissenschaftssprachlichen Tendenz entsprechen die stark erweiterten Adjektiv-Attributgruppen (vgl. 5.9Q): *zwischen ... ungleichen Personen, der ... observirte differenz, eine ... entsprossene Weibs-Person, die ... erzeugte Kinder,* besonders extrem: *aus dem im Text bereits angezeigten, und von Carpzovio l.2. def. 9. noch mehrern auf die Bahn gebrachten Ursachen,* sowie die weite Satzklammer *ist ... zu widerrathen* und die afiniten Nebensätze (s. 5.9T) *Wiewohl ... verbotten, davon zu sehen ..., heutiges Tages aufgehaben* (überall zu ergänzen: *ist*).

§. 16. Hieher mag die Gleichheit des Geschlechts und Standes ebenfalls gezehlet werden. Ich weiß wol, daß an sich selbst kein Mensch edler ist als der andere, denn wir sind alle aus einem Zeug und aus einer Erden gemacht: daher sich auch kein Mensch des andern schämen, oder über den andern erheben sollte. Jedennoch weil die Geschlechter und Stände guter Ordnung halber auf Erden unterschieden, und einer höher als der andere gesetzt ist, so mögen Edelmann, Burger und Bauer bleiben was sie sind. Obwol auch hier keine durchgehende Ordnung gestellet werden kan, Krafft deren solche Ehen durchgehends verbotten seyn sollten, so wird doch der sicherste Rath seyn, daß man sich zu seines gleichen halte, Edel bey Edel, und was bürgerlich ist, bey bürgerlichen Stande bleibe. Dabey hat man sich keiner Verachtung, weder bey seinem Ehegenossen, noch bey dessen Freundschafft zu besorgen. Widrigen Falls dörffte der Edelmann sein unedles Weib etwann selten besser als seine Magd halten. So ist es auch ein verdrießlich Ding, wann der Mann seines edlen Weibes Freunde dafür nicht ansprechen darff, was sie doch in der Warheit sind, indem sie ihn einen Schwager zu nennen, oder sonst vertreulich mit ihm umzugehen, nicht werth achten, und nicht über die Achsel ansehen mögen, ja ihm wol gar den Tod drohen.

§. 16.

WIewohl ferner die Ehe, zwischen zweyen dem Stande nach ungleichen Personen, ebenfalls heut zu Tags nicht verbotten, allermassen der in Lege XII. Tabb. & Lege Julia de maritandis ordinibus, auch noch bey den alten Teutschen observirte differenz, davon zu sehen L. 9. ff. de Senat. l. 16. 23. & 47. ff. de R. N. Add. Lehmann. Chron. Spir. lib. 2. cap. 19. & Herm. Conring. de O J. German. heutiges Tages aufgehaben. Vid. Carpz. l. 2. def. X. & Schilt. J. Jur. Can. lib. 2. tit. X. §. 14. so gar, daß auch eine vom schlechtem Stand entsprossene Weibs-Person durch die Dignität und Würde ihres Manns geadelt wird. V. l. fœmininæ. 8. ff. de Senat. l. ult. C. de nupt. & l. 13. C. de dignit. Addit. Reinking. de R. S. & E. lib. 1. class. 5. cap. 11. n. 23. & Treutler. cons. 115. n. 20. & seqq. Und die aus solcher Ehe erzeugte Kinder ihres Vatters Stand bekommen, Reinking. cap. 11. n. 23. Add. l. 10. ff. de Senat. l. 36. l. 24. C. de Decur. lib. 10. & l. 19. ff. de stat. hom. auch zur Lehens-Folge tüchtig sind, arg. 2. F. 29. Add. Regner. Sixtin. Cons. Marpurg. q. Vultej. Cons. 7. & Borcholt. de feud. c. 7. part. 2. n. 56. §. filii nati. &c. ob sie gleich aus einer unedlen Concubin erzeuget, welche der Vatter hernach geehlichet hat, per ea, quæ docet Diac. Covarruv. in Epit. de Sponsal. p. 2. c. 1. n. 5. Palæot. tr. de nothis, cap. 19. n. 12. Jac. Menoch. de præsumpt. lib. 3. præs. 1. n. 4. & Carpz. l. 2. def. XI. n. 13. & 14. Jedennoch aber ist eine solche Ehe aus dem im Text bereits angezeigten, und von Carpzovio l. 2. def. 9. noch mehrern auf die Bahn gebrachten Ursachen, so viel als immer möglich, gleichfalls zu widerrathen.

Abbildung 24: Franiscus Philippus Florinus: Oeconomus prudens et legalis. Oder Allgemeiner Klug- und Rechts-verständiger Haus-Vatter [...]. Nürnberg u.a. 1722, Erstes Buch, Kapitel IV, § 16 (oben) mit zugehörigen „Rechts-Anmerckungen". (Quelle: Bayerische Staatsbibliothek, München. Signatur: Res/2 Oecon. 44-1.)

J. Die aufklärerische Reform der deutschen Rechtssprache folgte der entsprechenden Entwicklung der Wissenschaftssprache um fast ein Jahrhundert verzögert nach. Dass Schottelius ein juristisches Werk in Deutsch veröffentlichte (*Von Unterschiedlichen Rechten in Teutschland*, 1671), war noch eine Ausnahme. Da die Rechtsgelehrten selbst eher zurückhaltend waren, führten Anregungen aus Frankreich und England zu einer von aufgeklärten Landesfürsten forcierten Kodifikationsbewegung. Bis weit ins 18. Jh. galt Latein als die einzig angemessene Juristensprache; Deutsch spielte nur eine Hilfsrolle im erklärenden oder parallelen Gebrauch neben den noch immer für unentbehrlich und einzig richtig gehaltenen lat. Termini. Für die Entwicklung einer autonomen deutschen Rechtssprache kamen die kulturpatriotischen Wortbildungskünste der in Sprachgesellschaften tätigen Sprachpfleger (s. 5.5) nicht in Betracht, ebensowenig die schöngeistige Sprachkultur von Schriftstellern der Vorklassik (Hattenhauer 1987, 37f.). Eine Reform der von der Rechtssprache abhängigen Verwaltungssprache war längst überfällig, da Kritik am Kanzleistil schon seit dem 16. Jh. geübt worden ist (s. Josten 1976, 158f.).

Der führende Gesetzgebungstheoretiker Josef v. Sonnenfels, Professor *für Geschäftsstil* in Wien, schrieb in seinem Buch *Über den Geschäftsstil* (2. Aufl. 1785, 394f.; n. Hattenhauer): Um die Wörter der Gesetzessprache dem Volke verständlich zu machen, *„müssen zwar immer die eigenthümlichsten Wörter gewählet werden: das ist, solche, welche den Begriff, den der Gesetzgeber erwecken will, mit Genauheit und Richtigkeit bestimmen und Deutung und Auslegung ausschlüssen. Aber um diese eigenthümlichsten Wörter zu finden, ist da der Ort zu Sprachneuerung und Wortschmiederey nicht. Das Volkswort, das Provinzialwort, [...] das in jedermanns Munde ist, muß hier der Sprache der Wielande und Lessinge vorgezogen werden."*

Das Verhältnis zwischen Latein und Deutsch hatte sich gegen Ende des 18. Jh.s umgekehrt: Sonnenfels benutzte das Latein nur noch sekundär, um Auslegungsschwierigkeiten seines deutschen Textes zu klären. Das war ein Fortschritt innerhalb dieses Jahrhunderts, der dem wissenschaftssprachlichen Vorbild Wolffs und der naturrechtlichen Kodifikationstheorie Montesquieus zu verdanken war. In der 2. Hälfte des 18. Jh.s wurden von Reformjuristen auch praktische sprachstilistische Regeln für den Gesetzes- und *Geschäftsstil* (*Geschäfts-* im Sinne von ‚Verwaltungs-') aufgestellt, die über die allgemeinen rechtssprachpolitischen Forderungen, Klarheit, Kürze, Schlichtheit, Verständlichkeit für den gebildeten Bürger usw., hinausgingen (Hattenhauer 1987, 40ff.):

Der Gesetzestext solle *„nicht durch eingestreute lateinische, griechische, französische oder italienische Wörter auf das gräßlichste verunziert werden [...] Ich hasse vor allen Dingen jene ellenlangen Schachtelsätze, in denen vieles auf einmal gebracht werden soll"* (Karl Ferdinand Hommel, *Principis cura leges*, 1765, 122ff.). Er solle besser gegliedert werden: nach seinem praktischen Zusammenhang, mit sachlichen Verknüpfungen der Absätze, nach der Zeitreihung; der Satzbau solle einfacher sein: *„Ich glaube, daß zu längeren Perioden als von zwey*

Gliedern bey Gesetzen nur selten ohne Abbruch der Deutlichkeit Gelegenheit seyn wird. Das Volk, für welche die Gesetze geschrieben sind, versteht nicht, was es nicht auf einmal zu umfassen fähig ist"; in der Wortwahl solle man sich an die Alltagssprache halten und *„Dunkelheyt und Zweydeutigkeyt"* vermeiden (Sonnenfels a.a.O., 387ff.).

Vor Schachtelsätzen wird auch sprachkritisch gewarnt: Man suche oft die Schwäche eines Gedankens dadurch zu verbergen, dass man ihn in das mittelste Glied stecke, man könne die Schwäche eines Grundes nicht besser wahrnehmen, als wenn man ihm einen eigenen Satz widme; *„verworrene und weitschweifige Participialkonstruktionen, die Einschaltung der Zwischensätze und das Nachschleppen der Zeitwörter"* sei zu verwerfen (Ernst Ferdinand Klein, *Inwiefern muß ein Geschäftsmann sich eines schönen Styls befleißigen?* 1788; n. Hattenhauer a.a.O., 49f).

Das Ziel der verspäteten aufklärerischen Rechtssprachreform und Rechtssprachenpolitik (s. 5.3C) wurde erst 1794 mit dem preußischen *Allgemeinen Landrecht* (ALR) erreicht, das im Geist der rationalverständlichen Wolffschen Wissenschaftssprache (s. 5.6PQ) eine bedeutende sprachkulturelle Leistung darstellt. Die bis heute wichtige aufklärerische Idee des ‚Rechtsstaates' war an eine pragmatische Reform der Rechtssprache notwendig gebunden. Der neue Gesetzestext war klar und verständlich, nicht gewagt wortschöpferisch, sondern am praktischen Sprachgebrauch orientiert. Der im ALR erreichte Stand der öffentlichen Sprachkultur ist der Ende des 18. Jh.s erreichten und allgemein anerkannten Qualität der deutschen Wissenschaftssprache, aber auch dem literarischen Standard der Weimarer Klassik gleichzustellen. Hattenhauer, der Neuherausgeber, stellt diese Leistung als „Sprachkunstwerk" der Bedeutung Luthers für die Sprache des Glaubens gleich (Hattenhauer 1987, 51ff.): Das ALR wurde ein „Werkzeug der Erziehung zur Sprach- und Rechtsgesinnung", in dem „praktische Richtererfahrung und naturrechtliche Theorie sich vereinigten". Mit Aufklärungsprinzipien wie Grundrecht, Beschränkung der Staats- und Polizeigewalt und Unabhängigkeit der Justiz war im ALR eine staatsbürgerliche Öffentlichkeit notwendig impliziert (Stolleis 1981, 73).

Die „sprachliche Eleganz" des ALR beruhte (nach Hattenhauer a.a.O.) auf „strenger Begrenzung des Stils auf jeweils nur einen Satz mit höchstens einem Nebensatz"; dabei wurde „die von Wolff gelieferte Begrifflichkeit durchgehalten, ohne daß der Stil ledern wirkt". Dazu eine kleine Textprobe aus dem für das bürgerliche 19. Jh. sehr wichtigen Familienrecht (a.a.O., 55; ALR II, 2,2):

§ 61 *Kinder sind beyden Aeltern Ehrfurcht und Gehorsam schuldig.*

§ 62 *Vorzüglich aber stehen sie unter väterlicher Gewalt.*

§ 63 *Sie sind verbunden die Aeltern in Unglück und Dürftigkeit nach ihren Kräften und Vermögen zu unterstützen und besonders in Krankheiten deren Pflege und Wartung zu übernehmen.*

§ 64 *Beyde Eheleute müssen für standesmäßigen Unterhalt und Erziehung der Kinder mit vereinigten Kräften Sorge tragen.*

§ 65 *Hauptsächlich muß jedoch der Vater die Kosten zur Verpflegung der Kinder hergeben.*
§ 66 *Körperliche Pflege und Wartung, so lange die Kinder deren bedürfen, muß die Mutter selbst oder unter ihrer Aufsicht besorgen.*

Abgesehen von sozialpolitischen Veränderungen der patriarchalisch-autoritären Familienstruktur, ist diese Formulierung noch heute klar verständlich und stilistisch vorbildlich; nur in Orthographie, Interpunktion und Wortwahl müsste einiges geändert werden, kaum im Satzbau.

Die Allgemeinverständlichkeit des ALR, die von Achim v. Arnim als „Volkstümlichkeit" gepriesen wurde, wird indirekt bestätigt durch den nach Friedrichs II. Tod verstärkten Widerstand traditioneller Juristen. Es erschien gerade noch rechtzeitig, ehe die preußische Reformpolitik in restaurativen Tendenzen versickerte. Schon die Benennung war ein Rückschritt: Statt *Allgemeines Gesetzbuch* durfte es nur noch *Allgemeines Landrecht* heißen, und der König (Friedrich Wilhelm II.) strich den Hinweis auf die Allgemeinverständlichkeit, da die Adressatenfrage für den gebildeten Bürger inzwischen durch die Revolution in Frankreich und am Rhein „zum Politicum geworden" war (Hattenhauer 1987, 59). Das preußische ALR wirkte in anderen Territorien des Reiches als Vorbild, vor allem weil nun „der Gedanke einer staatlich verordneten Sprachrevision aller künftigen Gesetzestexte darin Gesetzesrang erhalten hatte." (Hattenhauer 1987, 59).

Nach einer Pilotstudie von Wolfgang Brandt (1988), in der am Beispiel des Ehescheidungsrechts die sprachliche Entwicklung vom Hohenloheschen Landrecht (HLR, 1738) über das Baierische Landrecht (BLR, 1756), das ALR (1794), den Code Napoleon in badischer Übersetzung (CN, 1809) bis zu den entsprechenden Gesetzbüchern der Gegenwart untersucht ist, war das ALR vorbildlich in der Vermeidung und Verdeutschung fremdsprachiger Termini (HLR/BLR 4,4%, ALR 0,8%, bis 20. Jh. nur noch 0,5–1%). Mit der Verständlichkeits-Maxime der Spätaufklärung hängt es zusammen, dass in den beiden am meisten aufklärerischen Gesetzbüchern (ALR und CN) der Prozentsatz der modalen Infinitve *(ist zu x-en, hat zu x-en)* in Bezug auf alle Modalausdrücke auffällig geringer ist als in den früheren und den späteren Gesetzbüchern:

HLR (1738) / BLR (1756):	33,5%
ALR (1794) / CN (1809):	4,9%
späteres 19. Jh.:	28,7%
20. Jh.:	49,2%

Diese Enthaltsamkeit von ALR und CN korreliert mit entsprechender Zunahme von Modalverben (vor allem *können, dürfen*) und kann aus der Polysemie der abstrakteren, unpersönlich-passivischen Formulierung *ist zu x-en* erklärt werden. Die spätere Entwicklung ist also ein Rückschritt in Bezug auf explizite, bürgernahe Gesetzessprache (W.Brandt 1988, 144ff.).

Die weitere Kultivierung der Gesetzessprache wurde nicht von einer Akademie, sondern von den durch den preußischen König angespornten und verpflichteten Reformjuristen erfolgreich betrieben (Hattenhauer 1987, 67ff.): Als Auswirkung der

Stein-Hardenbergschen Reformen und nach Vorbild Frankreichs wurde 1810 in einer Verordnung über die veränderte Verfassung der obersten Staatsbehörden die Abschaffung des traditionellen *Curialstils* angeordnet. Friedrich Wilhelm III. berief 1825 als übergeordnetes Organ des Staatsrates, eines ‚Ersatzparlaments' aus hochrangigen Experten (in dessen Geschäftsordnung die „Pflege der Gesetzessprache" gefordert war), eine *Fassungskommission*, die als letzte sprachpflegerische Instanz die vorgelegten neuen Gesetzestexte sprachlich überprüfte, zurückwies oder überarbeitete, unter führender Mitwirkung v.Savignys, den Friedrich Wilhelm IV. 1842 zum Minister für Gesetzgebung berief.

In der „Volkstümlichkeit" der Sprache machten dem ALR später das *Österreichische Allgemeine Gesetzbuch* (1811) und das *Schweizerische Zivilgesetzbuch* (1907) Konkurrenz. Das Prinzip der ‚Allgemeinverständlichkeit' der dt. Rechtssprachreform hat allerdings dazu geführt, dass noch heute Juristen gern auf dem staatsrechtlich verordneten Standpunkt beharren, die Gesetzessprache sei keine ‚Fachsprache', sondern entspreche grundsätzlich der ‚Gemeinsprache'. Am Fachsprache-Charakter auch der modernen Gesetzessprache, den man an den semantischen Untergliederungen vieler Wörterbuchartikel nachweisen kann, besteht linguistisch-semantisch kein Zweifel, da in Gesetzestexten wie Fachsprachtexten zahlreiche Gemeinsprachwörter – durch institutionelle Erfordernisse und systematische Verdeutschungen aus der lat. Rechtssprache bedingt – in sehr speziellen Bedeutungen verwendet werden, die manchmal zu Kommunikationskonflikten zwischen Juristen und Laien führen (Busse, in: Liedtke u.a. 1991, 160ff.).

K. Bereits im 17. Jh. sind auch im Staats- und Politikwortschatz „die Grundlagen für das 18. Jahrhundert und die Französische Revolution gelegt" worden (Steger 1988, 14): In dieser vor-nationalistischen Zeit ist die politisch-soziale Begriffsgeschichte noch eine gesamteuropäische Entwicklung in Latein, Französisch, Italienisch, Englisch und Deutsch. Längst vor den Spezialisierungen und Institutionalisierungen des 18. und 19. Jh. setzte sich im 17. Jh. in der Theoriesprache eine Säkularisierung, Rationalisierung und Abstrahierung der Begriffe durch, die dem absolutistischen Fürstenstaat zugute kam, aber in der alltagssprachlichen Lebenspraxis der vortheoretischen „kommerziellen Gesellschaft des 17. Jh." noch lange nicht mitvollzogen worden ist (Steger a.a.O., 7ff.): Rechtsgelehrte und Philosophen wendeten sich von der theologisch geprägten Begrifflichkeit der spanischen Spätscholastik des 16. Jh. (Vasques, Suares) ab, aber auch von reformatorischen Begriffsprägungen, wobei sich bald getrennte begriffsgeschichtliche Entwicklungen bei Rechtsgelehrten (Privat-, Staats- und Völkerrecht) und Philosophen (enttheologisiertes Naturrecht und Staatstheorie) ergaben, bei den einen normativ, bei den anderen deskriptiv.

Der Begriff *lex/loi/Gesetz* enthält in der Rechtstheorie des 16. Jh. noch das semantische Merkmal der (theologisch) ‚richtigen Gesinnung' *(mens vel ratio recta, creatura et ordinatio Dei)*, während seit Anfang des 17. Jh.s das Merkmal ‚göttlich' zu ‚moralisch' säkularisiert wird, in Frankreich (Bodin) und England (Hobbes) zu ‚staatlich monopolisiert' *(authoritas, non veritas, facit legem)*, so dass nun das Gesetz aus der politischen Vernunft des Souveräns abgeleitet gesehen, in Deutschland dagegen von Staatstheoretikern mehr naturrechtlich als ‚konkrete Rechtssatzung' verstanden wird (Steger a.a.O., 4ff.). Entsprechend ist bei *Oberkeit/Überkeit/Obrigkeit* das lutherische Merkmal ‚Gehorsam nach Gottes Gebot fordernd' im 17. Jh. zurückgetreten zugunsten der Bedeutung ‚Autorität des weltlichen Souveräns', ähnlich bei *Macht/Gewalt/Herrschaft/Regiment*, wo der machiavellistische Begriff durch Bodin zum Rechtsterminus wurde, in Deutschland jedoch uneinheitlich wiedergegeben erscheint (Steger a.a.O., 6ff.).

L. Das letzte Drittel des 18. Jh.s, vor und nach der Französischen Revolution, wurde von Reinhart Koselleck als die „Sattelzeit" der politisch-sozialen Begriffsgeschichte bezeichnet, in der Philosophen und Publizisten den öffentlichen Wortgebrauch durch semantische Anreicherung, Verallgemeinerung und Polarisierung in bis heute fortwirkender Weise zubereitet haben: „Für den deutschen Sprachraum läßt sich zeigen, daß seit 1770 eine Fülle neuer Bedeutungen alter Wörter und Neuprägungen auftauchen, die mit dem Sprachhaushalt den gesamten politischen und sozialen Erfahrungsraum verändert und neue Erwartungshorizonte gesetzt haben [...] Der Kampf um die ‚richtigen' Begriffe gewinnt an sozialer und politischer Brisanz." (Koselleck 1978, 23). Was man in der Reformationszeit nur in ersten Ansätzen mit Einzelwörtern wie *Reformation, Evangelium, Glaube, Protestant, fromm, brüderlich,* usw. praktiziert hatte (s. 4.8L), wurde jetzt als neue Diskurs-Welt ‚Politiksprache' von philosophischem *Raisonnement* her konstituiert, mit den bis heute gültigen semantisch-pragmatischen Merkmalen politisch-sozialer Begriffe (Koselleck 1978, 24ff.; 1989, 119ff., 343ff.; Koselleck 2006):

- Sie sind „Konzentrate vieler Bedeutungsgehalte" aus geschichtlichen Erfahrungen und geschichtlicher Wirklichkeit, über das frühere Politikmonopol des Adels, der Juristen und Gelehrten hinaus.
- Sie sind „Vorgriffe in die Zukunft", über die bisherigen Erfahrungen hinaus, wobei der Erfahrungsgehalt geringer ist als der Erwartungsgehalt und beides sich immer weniger deckt.
- Sie sind trotz der Bindung an einen Wortkörper „vieldeutig" und entziehen sich der Definition, denn „definierbar ist nur das, was keine Geschichte hat" (Nietzsche).
- Sie üben mit hohem Allgemeinheits- und Abstraktheitsgrad einen semantischen „Besetzungszwang" auf durch sie polarisierte Gruppen aus.

– Sie sind „Bewegungsbegriffe, deren Beweislast erst in der Zukunft eingefordert werden kann", also nicht nur „Indikatoren", sondern zugleich „Faktoren" der politisch-sozialen Entwicklung, als Erwartungs-, Leit-, Ziel-, Solidarisierungs-, Legitimierungs- oder Kampfbegriffe.

Die Anreicherung von Wörtern zu politisch-sozialen Begriffen war nach Koselleck (1989, 300ff.) mit einer „Verzeitlichung" des Denkens verbunden: Im Unterschied zum traditionellen heilsgeschichtlichen oder annalistischen Zeitbewusstsein begriffen aufgeklärte Intellektuelle seit dem letzten Drittel des 18. Jh.s die eigene Zeit erstmalig als *neue Zeit* (seit der Französischen Revolution als *neueste Zeit*), interpretierten frühere Epochen wie das *Mittelalter* neu, empfanden die „Beschleunigung geschichtlichen Erfahrungswandels" und erkannten, dass Epochen immer erst später verstehbar werden. Seit der Amerikanischen Revolution und dem Siebenjährigen Krieg wurde auch eine Einheit der Weltgeschichte bewusst.

Das Grimmsche Wörterbuch verzeichnet für die Zeit von 1770 bis 1830 mehr als 100 Neuprägungen mit dem Bestandteil *Zeit.* Seit der Französischen Revolution wurde Zeitbewusstsein (im Sinne von ‚Übergangsepoche') zum „allseitig besetzbaren Legitimationsmittel", wurde *Zeitgeist* zum Modewort (Koselleck 1989, 339). Diese Ideologisierung des ‚Zeit'-Begriffs meinte Goethe, wenn er im „Urfaust" den Pedanten Wagner sagen lässt: *„... ein groß Ergetzen, sich in den Geist der Zeiten zu versetzen"*, worauf Faust antwortet: *„Was Ihr den Geist der Zeiten heißt, das ist im Grund der Herren eigner Geist, in dem die Zeiten sich bespiegeln".*

Neben *Zeit* war *Geschichte* ein Schlüsselbegriff für den Begriffswandel am Ende der Aufklärungszeit (Koselleck 1989, 130ff., 262ff.): Vor dem 18. Jh. verstand man unter *historia/Geschichte* einzelne Geschichten im narrativen Sinne *(res gestae, pragmata, vitae)*; allenfalls in der Theologie gab es von Augustin her einen übergreifenden Begriff *ipsa historia* als „Regelhaftigkeit wiederkehrbarer Abläufe" in Richtung auf das Jüngste Gericht. Erst seit 1780 begegnet bei Aufklärungsphilosophen ein säkularisierter „kollektiver Singular" *Geschichte überhaupt/an und für sich/schlechthin*, ohne leitendes Subjekt, ohne Kausalität, schließlich „*Geschichte* als Subjekt ihrer selbst". Mit dem Gedanken an die „Machbarkeit" wurde *Geschichte/geschichtlich* nach der Französischen Revolution zum Handlungsbegriff in der Nähe von *Fortschritt*, schließlich als Mode- und Schlagwort des beginnenden historistischen Jahrhunderts.

Der „Sattelzeit" der politisch-sozialen Begriffsgeschichte entspricht nicht eine gleichzeitige ‚Sattelzeit' der Sprachgeschichte, denn ihre sprachlichen Mittel (Wortbildung, Lehn-Wortbildung, Syntax) waren längst vorhanden durch den „Vorlauf" seit dem 15./16. Jh. (Giesecke, in: Koselleck 1978, 262ff.): Durch den Buchdruck war öffentliche Schriftsprache schrittweise möglich geworden, mit abstraktem Adressatenkreis, situationsunabhängiger Argumentation, generationenlanger Erfahrungsakkumulation, absoluter Normung des Zeitablaufs, wissenschaftlicher Abstraktion und Ordnung, mit Zukunftsplanung. Wenn somit eine dreihundertjährige Ungleichzeitigkeit von sprachgeschichtlichem und sozial- und begriffsgeschichtlichem Entwicklungsschub deutlich wird (Giesecke), so darf nicht übersehen werden, dass erste Ansätze zu revolutionärer politischer Öffentlichkeitssprache bereits in der Reformationszeit entwickelt wurden (s. 4.8.), die dann jedoch durch die lange restaurative Phase des Absolutismus verschüttet wurden, in der schrittweise tragfähigere medien- und bildungsgeschichtliche Voraussetzungen mehr oder weniger subversiv entwickelt werden mussten: Zeitungen, Zeitschriften, säkularisierte wissenschaftliche Argumentation und ein Bildungsbürgertum als Publikum.

M. Die Historiker der *„Begriffsgeschichte"*, besonders die Autoren von Brunner/Conze/Koselleck (1972ff.), haben das große Verdienst, für einen wichtigen sprachgeschichtlichen Entwicklungsstrang der modernen deutschen Sprache eine seit den Brüdern Grimm begangene lexikographische Unterlassungssünde mit einer empirisch kompetenten Pionierleistung teilweise kompensiert zu haben. Sie haben dies ohne wesentliche Hilfe linguistischer Semantiktheorie geleistet. Nach der ‚pragmatischen Wende' der germanistischen Linguistik lässt sich heute zwar manches an der Methodik der historischen Begriffsgeschichte kritisieren: Es müssten die Wortfeldstrukturen (einschließlich der Pejorativa), die Argumentationszusammenhänge und Textsorten, die Benutzerkreise und ihre Interessen, die Beziehungen zur alltagssprachlichen Polysemie und Vagheit mehr berücksichtigt werden (Schulz, in: Koselleck 1978, 43ff.); auch kann man die Ersetzung der immer noch auf Einzelwörter hin orientierten Begriffsgeschichte durch eine „handlungstheoretisch begründete Diskurssemantik" theoretisch fordern (Busse 1987; vgl. Roelcke und Dieckmann, in: ZGL 17, 1989, 211ff.). Bis zur Konstituierung einer besseren empirischen Forschungspraxis sollten jedoch die Ergebnisse der Begriffshistoriker als Teil einer modernen deutschen Sprachgeschichte und als hilfreiches und nützliches Wissen der politischen Bildung zur Kenntnis genommen werden. Dazu einige ausgewählte Beispiele:

Aufklärung wurde um 1770 zum zentralen Schlagwort der öffentlichen Meinungsbildung. Von unpolitischen Objekten her (Himmel, Geheimnis, Rätsel, Kinder, usw.) wurde das Verb *aufklären* durch Philosophen und Literaten (Thomasius, Leibniz, Bodmer, Breitinger, Gottsched) in der 1. Hälfte des 18. Jh.s auf den menschlichen Verstand als Objekt übertragen und zunehmend substantiviert verwendet. Nach franz. *les lumières* blieb lange die Licht-Metaphorik (‚erhellen, erleuchten') lebendig (so auch seit dem späten 19. Jh. engl. *enlightenment*). Die sozialphilosophische Bedeutung wurde von Kant 1781 geprägt als *„Ausgang des Menschen aus seiner selbstverschuldeten Unmündig-*

keit", zu verstehen als *„jederzeit selbst zu denken"* und *„Befreiung von Aberglauben und Vorurtheilen"*. Durch metonymische Verschiebung der Prädikatsklasse von ‚Vorgang' zu ‚Resultat' wurde *A.* allmählich zur leerformelhaften Epochenbezeichnung. Bereits 1781 waren *Aufklärung, aufgeklärt* fast beliebig verwendbare Modewörter, oft nur für ‚gebildet', ‚kritisch', ‚modern', mitunter sogar für Gotteslästerung, Französischsprechen, moderne Frisur oder Kleidertracht (Brunner/Conze/Koselleck, Bd.I, 245). Bis zum Überdruss wurden Buchtitel damit geschmückt. Durch die Französische Revolution wurde *A.* zum Kampfwort (mehr noch Feindwort) für alle möglichen Umsturz-Ziele polarisiert und ideologisiert. Durch antirationalistische Haltung seit dem Sturm und Drang (Hamann, Herder, Schiller) und restaurative Abkehr von den Ergebnissen der Französischen Revolution wurde *A.* pejorisiert (auch als *Aufklärerei, Aufkläricht*), zur ‚Leerformel' entwertet (*„Ideenleerheit, die sich Aufklärung zu nennen unterstehet"*, Schelling; n. Stolleis 1981, 80) oder unpolitisch als philosophiegeschichtlicher Begriff neutralisiert. Im Unterschied zu den empirisch konkreter und konsequenter antireligiös und antistaatlich zu verstehenden französischen Äquivalenten „entzieht sich" nach Koselleck (2006, 311–328) der deutsche *Aufklärungs*-Begriff „jeder Systematik" und ist „nicht nach ideologisch präformierten oder tradierten Sprechergruppen" festzulegen; er sei, je nach semantisch-pragmatischem Kontext, nach sechs Kriterien verschieden zu verstehen: als „Epochenbegriff" (immer das gewollte Künftige einbeziehend), als „geschichtlicher Reflexionsbegriff", als „Ideologiebegriff" mit „binnenaufklärerischer Opposition" bis hin zu ‚Revolution', als „Modebegriff", „unentrinnbar und strittig", als „Kollektivsingular", der „die Summe vieler möglicher verschiedener Aufklärungsakte und -schritte in sich bündelt". Im 19. Jh. sei der deutsche *A.*-Begriff „zu schnell ausgefranst oder abgestorben, um generell akzeptabel zu bleiben" und weitgehend durch den emanzipatorischen ‚Bildungs'-Begriff abgelöst worden.

Fortschritt ist eine Begriffsprägung vom Ende des 18. Jh.s, mit „Vorläuferausdrücken" wie *Progreß, Fortgang,* die aber noch im Zeichen von „Wachstumsmetaphorik" und naturhaft-kreisläufigem Verständnis von ‚Geschichte' verstanden wurden (Brunner/Conze/Koselleck, Bd.II, 352): In der Frühen Neuzeit wird, durch die Entdeckung von Naturgesetzen und von Gleichzeitigkeit kultureller Ungleichzeitigkeiten in Überseekolonien, der „Verzeitlichungs"-Prozeß des Begriffs ‚Fortschritt' eingeleitet; religiöse Vorstellungen vom ‚Weltende' werden ersetzt durch das „Wagnis einer offenen Zukunft", die besser sein wird, mit unumkehrbarem Aufstieg der Menschheit im Sinne von *Vervollkommnung* und *Vervollkommlichkeit* (nach Rousseaus *perfectibilité*). Kant, der *Fortschritt* seit 1754 in vortheoretischer Bedeutung benutzt hatte, prägte den geschichtsphilosophischen Begriff 1784 in seinen Thesen zur *„allgemeinen Geschichte in weltbürgerlicher Absicht"* als eine dem Menschen für immer gestellte moralische Aufgabe. Da man Fortschritt aber nur auf einzelnen Sektoren des gesellschaftlichen Lebens erfahren konnte, wurde *F.* mit dem Postulat des beschleunigenden ‚Aufholens, Einholens, Überholens' zum ideologisch verschieden besetzbaren Partei- und Aktions-, Richtungs-, Planungs- und Legitimationsbegriff. Besonders nach 1830 wurde *F.* von franz. *progrès* her zum Schlagwort bürgerlicher Politik.

Revolution wurde in ähnlicher Weise in der Aufklärungszeit aus einem „naturhaften" Kreislaufbegriff (*re-* ‚zurück') zu einem „elastischen Allgemeinbegriff" mit utopischen Menschheitshoffnungen (Koselleck 1989, 35, 67ff. und in: Merkur 39, 1985, 203ff.; Abdelfettah 1989, 224ff.): Bis um 1700 verstand man „transhistorisch" unter

R., vom Sternenumlauf her, noch eine kreisförmige Bewegung der Verfassungszustände (nach Aristoteles): Von der Monarchie zur Aristokratie, dann zur Oligarchie, weiter zur Ochlokratie (‚Massenherrschaft') und wieder zur Monarchie zurück. Unter dem Eindruck der *Glorious Revolution* in England (1688) deuteten Aufklärungsphilosophen (besonders Leibniz) den Begriff zum geschichtsphilosophischen Erwartungsbegriff um: Die Menschheit entwickle sich in unumkehrbarer Richtung auf einen paradiesischen Endzustand hin; dieser Begriff der ‚Revolution in Permanenz' wurde so fast synonym mit *Evolution* oder *Reform*, als vernunftorientierter Gegenbegriff zu *Bürgerkrieg* oder *Rebellion*. Durch die Französische Revolution erlebte man auch die Beschleunigung der ohnehin voraussagbaren Entwicklung und ihre Machbarkeit; die Französische Revolution ist mehrmals vorausgesagt worden. Jetzt wird *R.* zum kollektiven Singular verdichtet, als legitime Aufgabe des Staates (gleichgültig ob von oben oder von unten), wird *Revolutionär* zum „aktivistischen Pflichtbegriff" und Parteibegriff. Die Spezialisierungen in *politische/soziale/technische/industrielle R.* entwickeln sich – nach konservativer und restaurativer Diskriminierung des *R.*-Begriffs – erst im 19. Jh.

Bürger: Dieser politisch-soziale Begriff war bereits Ende des 18. Jh.s im Deutschen semantisch stärker überlastet als die entsprechenden Lexeme im Französischen und Englischen (Steinmetz 1991; Stolleis 1981; Brunner/Conze/Koselleck, Bd.I, 672ff.): Neben dem abstrakten römisch-rechtlichen Begriff lat. *civis*, absolutistisch interpretiert als ‚Untertan eines Territorialherrn', wurde mit *B.* noch immer vor allem der spätmittelalterlich-ständische Begriff ‚Stadtbürger' bezeichnet (nach mhd. *burg* ‚Siedlung bei der Burg', ‚Stadt') wie franz. *bourgeois*, im Gegensatz zu ‚Adel' und ‚Bauern'; mitunter auch mit Einschluss aller nichtadeligen Bevölkerungsgruppen im Sinne des frühnhd. *gemein man* oder franz. *roturier;* seit um 1700 bei Aufklärungsphilosophen auch in naturrechtlicher Auffassung mit erwachendem „Gefährdungsbewußtsein" (Stolleis) als Vertreter der *libertas civilis* gegen den Staat (nach franz. *citoyen*); seit 1770 in Rechtstexten auch als *Staatsbürger*, bei Kant (nach Rousseau) als ‚Mitgesetzgeber'. Im Allgemeinen Preußischen Landrecht (1794) wurde *B.* dreifach polysem als ‚Standesbürger', ‚Stadtbürger' oder ‚Staatsbürger' verwendet. Die Mainzer Jacobiner scheiterten mit diesem äußerst vieldeutigen Wort, weil sich viele damit nicht angesprochen fühlten; und bis 1848 ging man damit ängstlich um (Steinmetz). Im Laufe des 19. Jh. tritt mit der Industrialisierung bei *B., bürgerlich* und dem Lehnwort *Bourgeois* eine privatwirtschaftlich-kapitalistische Bedeutungskomponente in den Vordergrund, andererseits eine weitere Bedeutung ‚Nichtproletarier' auf dem Wege zum marxistischen Klassenbegriff (Koselleck 1989, 116). – Zur diffusen literarischen Verwendung der *Bürger*-Begriffe im späten 18. Jh.: Friedrich/Jannidis/Willems 2006.

Staat: Ähnlich mühsam war die Vielfalt der mit *St.* gemeinten Begriffe (Weinacht 1968): Schon lat. *status* war semantisch sehr diffus. Die ständische Bedeutung des Lehnwortes *stāt* tritt seit dem 14. Jh. zuerst im Mittelniederdt. auf: ‚Rang', ‚Amt', ‚Repräsentationsaufwand' der höheren Stände; von daher noch die Redensart *viel Staat machen, sich in St. werfen, es ist ein wahrer St.* Von ital. *stato* her (Machiavelli) kam seit dem 15. Jh. eine ‚Herrschafts'-Komponente hinzu: ‚Aufwand', ‚Prunk' am Fürstenhof (*Hofstaat*); auch für die ‚Gruppe' und ‚Institution' der Höflinge und Beamten; oder für das ‚Budget' des Fürstenhofes; schließlich ‚diplomatische Beziehungen' eines Territoriums nach außen hin. Gegen diese absolutistische Monopolisierung entwickelte sich in der Aufklärung bei Theoretikern auch ein abstrakterer Begriff: zwischen Fürst und Gesellschaft stehende ‚Verwaltungsinstitutionen' oder ‚Regierungsform, Verfassung' (z.B. Friedrich II. v. Preußen als *„1. Diener des Staates"*); dann naturrechtlich verschärft zum spätaufklärerischen gesamtgesellschaftlichen Begriff nach den Ideen des *contrat social* und der *volonté générale*. Durch Freiheitskriege und Romantik kam vorübergehend eine emotionale nationale Komponente hinzu, bis hin zu Hegels „Staatsvergottung" (Treitschke). Die moralisch negative Bewertung der verschiedenen ständisch-absolutistischen *St.*-Begriffe konnte jedoch durch diese bildungsbürgerlichen Aufwertungen im volkstümlichen Sprachgebrauch nie verdrängt werden, so dass sich die *Staatsrechtler* im 19. Jh. nur sehr zögernd so benannten, die Summe der preußischen Territorien erst 1848 als *Staat* zusammenfassend benannt und der moderne Begriff *St.* gegenüber *Vaterland, Nation, Gesellschaft* mit staatsbürgerlicher Distanzierung auf das unvermeidlich Institutionelle beschränkt wurde.

Nation, *Volk*: Beide Wörter sind Musterbeispiele dafür, dass politisch-soziale Begriffswörter seit der Spätaufklärung nicht nur Indikatoren, sondern auch Faktoren der Entwicklung sind (Hermanns 2003; Gardt 2004): *Volk* hatte bis zum 18. Jh. meist einen geringschätzigen Beiklang im Sinne von *Pöbel* (vgl. *gemeines Volk, viel Volk, Fußvolk, Schiffsvolk,* usw.), der bei *Nation* nie vorkam. Beiden Wörtern schon immer gemeinsam waren die Bedeutungsmerkmale ‚gemeinsame Abstammung', ‚gemeinsame Sprache' (vgl. lat. *natio* von *nasci*), seit dem späten 15. Jh. mehr durch *Nation* bezeichnet. *Nation* wurde auch spezieller im elitär-institutionellen Sinne verwendet für Rittergruppen in Kreuzfahrer-Orden, für studentische Herkunftsgruppen an Universitäten, Kaufmannsgruppen in großen Hafenstädten, Delegationen auf Konzilen usw. So konnte *deutsche Nation* im 15./16 Jh. in vierfacher systematischer Polysemie verwendet werden (Busse 1994, 284): 1. das geographische Gebiet des *Heiligen Römischen Reiches Deutscher Nation*, 2. das *Reich* als staatliche Institution, 3. die Gesamtheit aller Deutschsprachigen, 4. die *Reichsstände*, d.h. Fürsten, Reichsstädte, Reichsritter (also ohne Volk); *deutsches Volk* ist erst seit dem frühen 19. Jh. belegt. – Nach Vorbild der Aufklärung und Revolutionsbewegung in Frankreich (aber auch der Vereinigten Staaten von Amerika seit 1776) wurde dieses absolutistische System ins Gegenteil verändert durch das Prinzip der Souveränität des *Volkes* im Staat. Aber in Deutschland und Österreich, im Unterschied zu Frankreich und England (s. Barbour 1993, 1998; v. Polenz 1998), blieben die Begriffe *Nation, Staat, Vaterland, patriotisch* noch bis ins 19. Jh. belastet von der immer illusionärer gewordenen Institution des *Alten Reiches*, von dessen extremer Inkongruenz mit dem deutschen Sprachgebiet und von der realen Existenz zahlreicher fürstlicher und reichsstädtischer Territorialstaaten, mit noch lange nachwirkendem *Untertanen*-Status des *Volkes*. Deshalb erhielten zunehmend Begriffe von nur „vorgestellten Gemeinschaften" (Anderson 1988) als kulturnationale Wunsch- und Willensgemeinschaften in mitteleuropäischen Nationalbewegungen eine viel stärkere Bedeutung für *Nation* und *Volk* als in Westeuropa. Dies hat schließlich im 20. Jh. zu wiederholten politischen und menschenrechtlichen Katastrophen geführt: Infolge der Abwehr der französischen Revolution und militärischen Besetzung Deutschlands in der Napoleonischen Zeit und der romantischen Kulturbewegung wurden seit dem späten 19. Jh. die seit der barocken Sprachbewegung (s. 5.5!) aufgrund der humanistischen Tacitus-Lektüre akademisch-literarisch gepflegten Ideologeme von der Germanen-Abstammung der Deutschen, ihrer Überlegenheit, ihrer Auserwähltheit, ihrem Sendungsbewusstsein immer wieder aufgegriffen und schrittweise radikalisiert in Richtung auf Nationalismus, Rassismus, Imperialismus, Minderheitenunterdrückung, Fremdenfeindlichkeit, Vertreibungen und Massenmord. – Nach dem Zweiten Weltkrieg wurde deshalb eine sehr vorsichtige Rückbesinnung auf den aufklärerischen

Begriff *Nation* notwendig, der schon 1780 bei Wieland zur Erklärung von *deutscher Patriotismus* als „Liebe der gegenwärtigen Verfassung" angedeutet und 1982 von Dolf Sternberger als „Verfassungspatriotismus" politikwissenschaftlich für das nationale Denken im Nachkriegsdeutschland angemahnt worden ist (Gardt 2004, 370). – Zur Entwicklung des deutschen Nationalismus vgl. 5.10U; 5.12X; 6.0A; 6.1F; 6.4 O; 6.16BKL! Zu *Volk*, *Nation* bei Gottsched und Adelung s.Shimizu 2004!

In ähnlicher Weise ist die begriffsgeschichtliche Entwicklung durch die Aufklärung und die Auswirkungen der Französischen Revolution in Deutschland bis heute grundlegend bei politischen Schlüssel- und Schlagwörtern wie *Bildung, Demokratie, Diktatur, Eigentum, Emanzipation, Freiheit, Gerechtigkeit, Geschichte, Gesellschaft, Gesetz, Gewalt, Gleichheit, Grundrechte, Herrschaft, Humanität, Industrie, Interesse, Kompromiss, Krise, Kritik, Legalität, Legitimität, Macht, Mehrheit, Mittelstand, Ordnung, Opposition, Patriotismus, Politik, Recht, Säkularisierung, Toleranz, Verfassung,* usw. (s. Brunner/Conze/ Koselleck; DFWB; Abdelfettah 1989; Koselleck 2006).

N. Als Folge von Spätaufklärung und Französischer Revolution entwickelte sich der politisch-ideologische Leerformeltyp der Ismen. Einen groben Überblick über die Entwicklung ergibt das „Rückläufige Register" des Deutschen Fremdwörterbuchs (DFWB, Bd.VII, 337ff.); wir beschränken uns auf die Zeit bis 1850. Ausgangspunkt der Entwicklung dieses Wortbildungstyps waren die (im DFWB nicht verzeichneten) ‚Richtungsvertreter'-Bezeichnungen der mittelalterlichen Theologie (*Thomist, Occamist,* usw.) und der Reformationszeit (*Papist, Bullist, Lutherist, Calvinist,* usw.), die noch in der Minderheit waren gegenüber indigenen Bildungen auf *-ler, -ling* (s. 4.8L). Die entsprechenden Richtungsbezeichnungen auf *-ismus* fehlten damals noch (dafür *-erey, -tum*); sie treten nach dem DFWB seit 1581 sporadisch und ohne erkennbare Zunahme auf (*Polytheismus, Atheismus, Puritanismus, Pietismus,* usw., insgesamt 13). Eine säkularisierende Fortsetzung dieser Tradition sind die Benennungen philosophischer Richtungen, vom 16. Jh. bis um 1780 nicht viel mehr als die kirchlichen *(Probabilismus, Dualismus, Monismus, Rationalismus, Skeptizismus, Stoizismus, Pluralismus)*, dann aber eine auffällige Zunahme der Erstbelege zwischen 1782 und 1802, besonders in den 1790er Jahren *(Materialismus, Platonismus, Sokratismus, Positivismus, Scholastizismus, Idealismus, Realismus, Philanthropismus, Nihilismus, Pragmatismus, Synthetismus)*; nur noch wenige Erstbelege zwischen 1804 und 1850. Dieser Anstieg zu Ende des 18. Jh.s hängt offensichtlich zusammen mit dem Erstauftreten politisch-sozialer ‚Richtungs'- und ‚Bewegungs'-Begriffe, die sich gerade in politischen Unruhezeiten häufen:

1621 *Pennalismus* dt (mlat), 1685 *Katholizismus*, 1703 *Nepotismus* ital, 1740 *Nationalismus* (frz) nlat, 1761 *Patriotismus* frz, 1790 *Separatismus* dt, 1792 *Republikanismus* (engl?) dt,

1793 *Monarchismus* frz, *Sansculottismus* dt, 1796 *Terrorismus* frz, *Utopismus* dt, 1798 *Royalismus* frz, 1800 *Obskurantismus* (lat), 1807 *Ultramontanismus* dt, 1822 *Liberalismus* dt, 1827 *Unitarismus* dt, 1828 *Ultraismus* dt, 1830 *Klerikalismus*, 1834 *Industrialismus* frz, *Servilismus* (frz?) dt, 1836 *Konservativismus* engl, 1839 *Romanismus* dt, *Sozialismus* engl, frz, 1840 *Radikalismus* dt, 1841 *Panslawismus* dt?, 1842 *Spiritismus* (engl?, frz?), 1846 *Partikularismus* dt, 1850 *Zarismus* dt.

Nach den Herkunftsangaben des DFWB-Registers nimmt „dt" (deutsche Lehnwortbildung, s. 5.3W) ab 1790 deutlich zu. Die starke Zunahme durch die Französische Revolution (ab 1789) wird bestätigt durch weitere im DFWB nicht gebuchte, meist kurzlebige tagespolitische *Ismen* in politischen Zeitschriften von 1789 bis 1802 (Abdelfettah 1989, 260ff.): *Aristokratismus, Brissotismus, Civismus, Demokratismus, Despotismus, Fanatismus, Föderalismus, Incivismus, Independentismus, Jakobinismus, Maratismus, Moderantismus, Monarchismus, Orleanismus, Robespierrismus, Vandalismus*, manchmal in der Form *-ism, -isme*, mehr als die Hälfte deutsche Eigenbildungen. Um 1800 ist mit etwa 100 politischen *Ismen* zu rechnen; Campe hat etwa 40 (vgl. auch Kühnhold u.a., Bd.II, 280). Hier wären auch die Erstbelege für semantisch entsprechende Personenbezeichnungen auf *-ist* und Adjektive auf *-istisch* zu berücksichtigen, die z.T. vor bzw. ohne entsprechende(n) Wörter(n) auf *-ismus* vorkommen; *-tum*-Ableitungen werden erst im 19. Jh. häufiger.

Bei den politisch-sozialen *Ismen* kann u.a. zwischen zwei semantischen Typen unterschieden werden:

1. F a k t e n bezogene abwertende Benennung von Personen-/Gruppen-Verhalten/-Gesinnung nach bereits bekannten realen Zuständen/Verhaltensweisen von G e g n e r n. Von den so Benannten wurden diese *Ismen* gar nicht oder erst Jahrzehnte später als Eigenbezeichnungen übernommen:

Nepotismus (‚Begünstigung von Verwandten'), *Monarchismus, Sansculottismus* (frz. *sansculottes* ‚Leute ohne Kniehosen, Revolutionäre'), *Terrorismus, Royalismus, Ultramontanismus (ultra montes* ‚jenseits der Alpen', d.h. Italien, Rom, Papsttum), *Ultra(z)ismus (ultra* ‚extrem, radikal'), *Klerikalismus, Servilismus (servil* ‚fürstendienerisch'), *Radikalismus, Zarismus, Aristokratismus, Despotismus, Fanatismus, Vandalismus*, dazu die Benennungen nach Personen oder Gruppen: *Brissotismus, Jakobinismus, Maratismus, Orleanismus, Robespierrismus.*

2. Z u k u n f t s bezogene Benennung von Gruppenverhalten/-gesinnung nach Z i e l e n, die man erstrebt, für die man kämpft, sowohl als Gegner- wie Eigenbezeichnung:

Nationalismus, Patriotismus, Separatismus, Republikanismus, Utopismus, Liberalismus, Unitarismus, Industrialismus, Sozialismus, Panslawismus, Partikularismus, Demokratismus, Föderalismus, Moderantismus, Independentismus.

Der zweite (futurische, zielbezogene) Typ ist der für die politische Begriffsgeschichte wichtigste im Zentrum der „geschichtsphilosophisch angereicherten Bewegungsbegriffe" (Koselleck 1989, 339ff.): Diese *Ismen* sind „temporale Kompensationsbegriffe" mit „sehr geringem Erfahrungs- und hohem Erwartungsgehalt"; sie sollen „die geschichtliche Bewegung perspektivisch in die Zukunft hochrechnen", um politisches Handeln anzustoßen und zu rechtfertigen. Sie sind von extremer Abstraktheit und Vagheit, klassische Fälle von L e e r f o r m e l n, die sich je nach Voreinstellung und Gruppeninteressen auf sehr verschiedene Weise verwenden und interpretieren lassen (vgl. Wellmann 1969; Strauß u.a. 1989, 188ff.). Durch metonymische Verschiebung wird mit solchen *Ismen* oft auch die Anhängerschaft selbst (*Der x-ismus will ...*) oder eine Epoche (*Im x-ismus wurde ...*) bezeichnet.

Die *Ismen* sind vor allem von deutschschreibenden Aufklärungsphilosophen ins Deutsche eingeführt worden (Strauß u.a. 1989, 206): Bis Ende des 17. Jh.s kamen *Ismen* fast nur in lateinischen Texten vor und wurden in deutschen Wörterbüchern und Grammatiken noch nicht verzeichnet, während sie im Englischen und Französischen bereits seit dem 16. Jh. verbreitet waren. Die Mehrzahl der frühen *Ismen* ist durch Übersetzung aus Griechisch, Latein, Französisch oder Englisch ins Deutsche übernommen worden, manchmal in der Form *-ism(e)*. Da es sich aber noch lange um Fach- und Gruppenwortschatz von Theoretikern, Publizisten und akademisch-intellektuellen Anführern politischer Bewegungen und Gruppen handelte, war der Übergang von Wortentlehnung zu deutscher L e h n - W o r t b i l d u n g (vgl. 2.3F; 5.4 OP) fließend: Die Bedeutung der Basiselemente (*liberal, Nation,* usw.) war als volle Motiviertheit (Durchsichtigkeit) der Wörter den gebildeten primären Benutzern noch bewusst, allerdings mit zunehmender semantischer Vagheit.

Entstehung in deutschen Texten ist (nach Strauß u.a. 1989, 206) z.B. nachzuweisen bei: *Naturalismus* (Lessing), *Republikanismus* (Kant), *Lokalpatriotismus* (Goethe), *Pessimismus* (Lichtenberg). Kant hatte bereits über 50 *Ismen*, übernommene und eigene. Das sprachkritische Substantiv *der Ismus* wurde bereits im 18. Jh. üblich. Schon Mitte des 18. Jh.s waren Ismen potentiell pejorativ konnotiert und wurden deshalb manchmal gemieden oder ersetzt (z.B. mit *-eifer*). – Die Konkurrenzsuffixe *-tum* und *-erei* gerieten schon um 1800 in die Minderheit und wurden meist nur noch pejorativ für gegnerische Anhängergruppen verwendet. Den weit über 100 deutschen *Ismen* um 1800 stehen heute mindestens 600 gegenüber, davon etwa die Hälfte im politisch-sozialen Bereich (s.6.10E).

O. Die meisten *Ismen* kamen durch Französische Revolution, Napoleonherrschaft oder Restauration in politisch-publizistischen Gebrauch, als Gegner-, Kampf-, Solidarisierungs- oder Ideologiebegriffe. Seit etwa 1790 überwiegen die politisch-sozialen unter allen Wörtern auf *-ismus*. Ihre schrittweise Entstehung ist von der Semantik der Basislexeme her in der spätaufklärerischen „Sattelzeit" der politisch-sozialen Begriffsgeschichte (Koselleck) zu verfolgen, wobei sich bildungssprachliche Polysemie durch Politisierung zu Vagheit entwickelte. Dazu einige Beispiele (nach DFWB; Brunner/Conze/Koselleck; Strauß u.a. 1989):

Patriotismus (ab 1761), neben *patriotisch, Patriot*, ist nach franz. *patriotisme* seit Mitte des 18. Jh.s in Deutschland in bildungsbürgerlichem Sprachgebrauch rasch üblich geworden, zunächst auch unterhalb des ‚Nation'-Begriffes, d.h. nicht nur auf ‚deutsch', sondern auch auf lokale, regionale und territorialstaatliche Einheiten bezogen (z.B. *preußischer/bayerischer P.*). Von dem seit 1579 im Dt. nachgewiesenen Basissubstantiv *Patriot* her (‚Landsmann, Mitbürger, Vaterlandsfreund') war noch lange auch bei *Patriotismus* eine vorpolitische, mehr kulturell-emotionale oder moralische Bedeutung vorherrschend, gekennzeichnet durch Attribute und Kontextwörter wie *rein, sanft, enthusiastisch, Empfindung, Gefühl, Tugend, edle, schöne, große Thaten, Uneigennützigkeit, Bürgerwohl, Heimatliebe, Menschenglück, Aufopferungsfreudigkeit* und durch versuchte Ersatzwörter wie *Patrioten-Eifer* (Herder), *Bürgersinn, Vaterlands-/Vaterortsliebe* (Campe 1801). Erstes Anzeichen einer Politisierung des Begriffs im Sinne eines kämpferischen, intoleranten ‚Nationalismus' ist 1779 eine Briefstelle des politischen Publizisten Schlözer: *„Der P. ist ein seltsames Ding; er tadelt, schreit, lermt"* (DFWB 2, 422). Seit der Französischen Revolution wird teilweise nationalistischer oder militanter Gebrauch üblich, mit Kontextwörtern wie *national, freie Nation, Begeisterung, heiliges Feuer, feurig, Rausch, Fanatismus, Heldenheere, Eitelkeit, triefherzig*, ..., bis hin zu pejorativen Zusammensetzungen wie *Maul-, Über-, Hurra-Patriotismus* (ab 1898). Durch das Neben- und Gegeneinander der alten aufklärerischen und der nach Interessengruppen politisch polarisierenden Verwendungen wurde *P.* im 19. und 20. Jh. mit wechselnder Beliebtheit ein vages, „brisantes" Wort (Strauß u.a. 1989).

Republikanismus (ab 1792), neben *Republik, republikanisch, Republikaner*, nach lat. *res publica* ‚Gemeinwesen, Staat' (im späten 16. Jh. als *Respublik,* seit dem 17. Jh. nach franz. Vorbild als *Republique* ins Dt. entlehnt), ist bis zum Vormärz entscheidend durch Kants politische Philosophie in Richtung auf konstitutionelle Monarchie orientiert worden (Brunner/Conze/Koselleck, Bd.V, 607ff.). In mehreren Schriften 1793 bis 1797 hat er in Auseinandersetzung mit der Revolution, im Versuch, Möglichkeiten eines nichtrevolutionären Übergangs vom absolutistischen Staat zur aufgeklärten volksrepräsentativen Ordnung aufzuweisen, den Gegensatz ‚Monarchie' vs. ‚Demokratie' in liberal-naturrechtlicher Weise durch die Polarität ‚Despotie' vs. ‚Gewaltenteilung' ersetzt. Dabei hat er sich den Begriff *Republik* als sowohl monarchistisch wie auch demokratisch realisierbar gedacht und der Monarchie die größeren Erfolgschancen gegeben (Herrscher als Diener an den Gesetzen des Volkes nach Vorbild Friedrichs II. von Preußen). Dieser aufgeklärt-monarchistische Begriff *Republik(anismus)* ist in Deutschland noch weit ins 19. Jh. hinein neben der von der Französischen Revolution herkommenden Gegensatzbedeutung zu *Monarchie* (DFWB 3, 340ff.) im Sinne konstitutioneller Monarchie wirksam gewesen.

In den Begriff *Liberalismus* (ab 1822), neben *liberal, Liberale, Liberalität*, sind vielfältige Traditionen des religiösen, ständischen und aufklärerischen ‚Freiheits'-Denkens zusammengeflossen. Das ältere, noch unpolitische *liberal* (16. Jh. aus lat. *liberalis*), dazu

Liberalität (16. Jh.), bedeutete ‚edel, freigebig, uneigennützig, hochherzig, gütig', so noch öfters bei Goethe und Schiller, lexikographisch bei Campe 1813. Als „vorpolitisch" (Brunner/Conze/Koselleck, Bd.III, 741ff.; vgl. Abdelfettah 1989, 141ff.) ist die aufklärerische Verwendung von *liberal* für kommunikative Eigenschaften und Verhaltensweisen Gebildeter einzustufen im Sinne von ‚freisinnig, ungebunden, vorurteilsfrei, tolerant, wohlwollend, menschenfreundlich' (nach franz. *libéral*, seit 1784 im Dt. belegt). So sind *liberal* und *Liberalität* noch heute möglich, gelegentlich auch in den politischen Gebrauch hinein nachwirkend. Die eigentlich politische Bedeutung macht seit der Französischen Revolution *liberal/Liberalität/Liberaler* zu einem der schillerndsten Schlüsselbegriffe des 19. und 20. Jh. für viele Spielarten von Gesinnungen ‚gemäßigter, kompromissbereiter, nichtrevolutionär-reformbereiter' Kräfte in der politischen Mitte, also im Wesentlichen im Besitz- und Bildungsbürgertum. Sehr einflussreich darauf war Napoleons Propagierung von *idées libérales*, die besonders in den Rheinbundstaaten als *liberale Ideen/Grundsätze/Gesetze/Konstitution* publizistisch verbreitet und diskutiert wurden, ohne schon mit bestimmten politischen oder sozialen Gruppen verbunden zu werden, mitunter auch für das Idealbild des aufgeklärten Monarchen verwendet. Auch nach dem Wiener Kongress (1815) blieb es ein zentraler Begriff auf dem Wege zur konstitutionellen Monarchie in Deutschland, aber mit extremer Polysemie oder Vagheit aus allen bisherigen Bedeutungen: als Gegensatz zu ‚karg, kleinlich' ebenso wie zu ‚despotisch', ‚dogmatisch', ‚autoritär', ‚intolerant', ‚servil' oder zu ‚revolutionär', auch zu ‚konservativ', ‚restaurativ'. Diese Leerformelhaftigkeit förderte seit dem Beginn der Restaurationszeit (1819) die Diffamierung der *Liberalen* als ‚leichtfertig', ‚bindungslos', ‚unentschieden', ‚egoistisch', ‚unzuverlässig', bis hin zu ‚umstürzlerisch', ‚anarchistisch'. Erst jetzt wird die sehr vage polarisierende Bezeichnung *Liberalismus* üblich. Ab 1819/20 kam die (britisch beeinflusste) industriekapitalistische ökonomische Bedeutungsvariante hinzu (später mit *Freihandel* und *Manchestertum* im Zusammenhang) und von daher ab 1848 der Feindwortgebrauch auch von der linken Seite her.

Radikalismus (ab 1840), neben *radikal, Radikaler,* wurde Ende des 18. Jh.s zunächst als vorpolitischer Begriff aus frz. *radicalisme* entlehnt. Das Adjektiv *radikal* (nach lat. *radicalis*), seit dem 16. Jh. vereinzelt im Dt., bedeutete philosophisch in der Spätaufklärung nach frz. Vorbild sehr Verschiedenes und Abstraktes (Brunner/Conze/Koselleck, Bd.V,113ff.): ‚tief eingewurzelt, von den Wurzeln her', ‚angeboren', ‚vom Grund her, grundlegend', ‚absolut'. In der Vorbereitung des (übertragenen) politischen Wortgebrauchs hat Kant einen pejorisierenden Einfluss gehabt mit seiner Formulierung *„radicales angeborenes [...] Böses in der menschlichen Natur"*, die im frühen 19. Jh. die gängigen Definitionen von *radical* in gelehrten Lexika und Fremdwörterbüchern (auch Campe) geprägt hat. Über die Zwischenstufe *Radikal-Reformer* 1820 (analog zur medizinischen *Radikalkur*) ist *Radikalismus* seit 1830 durch Wirkung der Pariser Julirevolution in Deutschland als politisches Schlagwort üblich geworden, meist als abwertende Gegnerbenennung (‚extrem', ‚gewaltsam', ‚rücksichtslos'), aber im Vormärz auch im Sinne von ‚konsequent demokratisch', ‚kompromisslos'.

P. Erste öffentliche Auswirkungen der akademischen Politiklexik zeigten sich in Deutschland als Folge der Französischen Revolution (1789), vor allem 1792/93 in französisch besetzten linksrheinischen Gebieten, wo radikalaufklärerische deutsche Intellektuelle (‚deutsche Jakobiner') unter dem Schutz französischer Besatzungstruppen die Revolution als ideologischen ‚Import' und als agitatorischen und administrativen ‚Anschluss' an die französische Republik nachzuvollziehen versuchten. Ein in Texten gut überliefertes Beispiel ist die ‚M a i n z e r R e p u b l i k' *(Rheinisch-Deutsche Republik)*, die von der dortigen *Gesellschaft der Freunde der Freiheit und Gleichheit* (von den Gegnern *Jakobiner-Club* genannt) in Kollaboration mit dem seine Rolle ‚missionarisch' verstehenden französischen Besatzungsgeneral de Custine vom Einzug französischer Revolutionstruppen (21. Okt. 1792) bis zur Rückeroberung von Mainz durch preußische und österreichische Truppen (23. Juli 1793) propagandistisch vorbereitet und ab März 1793 praktiziert wurde (vgl. Herrgen 1990ab; Scheel 1975; Scherpe 1975).

Propagandistische und literarische Wirkungen gab es in weniger institutionalisierter Form aber auch über französische Besatzungsgebiete hinaus (Eberle/Stammen 1989), besonders in norddeutschen Städten (Grab 1967; 1969), da zumindest die Gebildeten durch Zeitungsnachrichten oder aufklärerische Philosophie längst über die im Gang befindliche Zeitenwende und über die Bedrückungen durch den überlebten absolutistischen *Despotismus* orientiert und erregt waren. Die Art der überlieferten Texte und Textstellen ist sehr vielschichtig: Augenzeugenberichte von ‚Revolutionstouristen' in veröffentlichten *Correspondenzen* aus Paris (z.B. Campe, Forster, v.Schlabrendorff, Kleist); Flugblätter, Flugschriften, Kalender, Katechismen, Lieder, Theaterstücke jakobinischer Volkspropaganda; akademisch-bildungsbürgerliche Club-Reden, Pamphlete, Abhandlungen (z.B. Forster, Schubart, Knigge, Gentz, Görres); literarische/poetische Stellungnahmen (z.B. Klopstock, Wieland, Lichtenberg, Herder, Bürger, Voß, Pfeffel, Goethe, Schiller); schließlich weiterführende, sich distanzierende philosophische Auseinandersetzungen mit dem weltgeschichtlichen Phänomen Revolution (Kant, Hegel, Fichte; s. Schulz 1983, Bd.I, 83ff.; Ueding 1987, 26ff.). Eine politische Breitenwirkung der Jakobinerpropaganda war nicht möglich, da es in der deutschen Kleinstaaterei keinen nationalen publizistischen Markt gab und das vom Absolutismus abhängige Besitz- und Beamtenbürgertum die revolutionäre Sache meist nicht unterstützte, außer in Hamburg (Grab 1989, 154).

Q. Die Frühphase dieses zweiten Entwicklungsschubs deutscher Öffentlichkeitssprache (264 Jahre nach dem Ende der Reformations- und ‚Bauernkriegs'-Publizistik; vgl. 4.8H–N) können wir uns am besten am Beispiel einer der frühesten politischen Reden in Deutschland vergegenwärtigen, der Ansprache des Mainzer Revolutionsfreundes Georg F o r s t e r: *Über das Verhältnis der Mainzer gegen die Franken*, gehalten am 15. November 1792 vor der *Gesellschaft der Volksfreunde*. Der damals schon berühmte, weitgereiste Gelehrte hat die französische Eroberung von Mainz dazu genutzt, mit der direkten Umsetzung von Aufklärung in praktische Politik einen ersten (nach eigener Einsicht für Deutschland weitaus verfrühten) Versuch zu machen. Er setzte sich dafür ein, die Mainzer Republik gegen die drohende Restauration der deutschen Fürsten durch Anschluss an die französische Republik zu sichern (Rheinischer Separatismus). In dieser Rede hat Forster auch auf die neue Art von Sprache hingewiesen, mit der man endlich vom Zwang zum verschleiernden Reden und Schreiben erlöst war:

„Dies, Mitbürger, ist die Sprache der Vernunft, die so lange verkannt und erstickt worden ist. Daß wir sie hier laut reden dürfen, hier, wo sie nie ertönte, solange nicht der Auswurf des Menschengeschlechts, nämlich ausgeartete, schwachsinnige Privilegierte, hier ihre besseren, nicht privilegierten Brüder verdrängten – daß wir diese Sprache reden, wem andern verdanken wir es als den freien, den gleichen, den tapferen Franken?“ (Georg Forster, *Im Anblick des großen Rades. Schriften zur Revolution*, hrg. v. R.R.Wuthenow. Darmstadt 1981, 40)

Mit *Sprache der Vernunft* meinte Forster die endlich errungene Möglichkeit, unbehelligt von fürstlichen Maßregeln über *frei sein und gleich sein, gleiches Recht, gleiche Freiheit für jeden [...] ohne Nachteil eines andern* sprechen zu können (a.a.O., 40). An anderer Stelle kontrastierte er die Sprache des Absolutismus mit der Sprache der Aufklärung: *„Dieses scheußliche Gespenst, das von Titulaturen, Formalitäten, Pergamenten spricht, wenn vernünftige Leute von Wahrheit, Freiheit, Natur- und Menschenrecht reden“* (a.a.O., 53). Mit *Franken, Frankenrepublik, fränkisch, Neufranken* meinte Forster, wie andere deutsche Revolutionsfreunde, die revolutionären Franzosen. Dieser bildungssprachlich-archaistische Euphemismus zielte auf eine Einheit aller *Franken* (was aber nur historisch Gebildeten verständlich sein konnte), enthielt eine Anspielung auf die rechtssprachliche Redensart *frank und frei* (Herrgen 1990, 8f.), war aber vor allem notwendig, da die üblichen Bezeichnungen *französisch, Franzosen, Franzen, Frankreich* im Sprachgefühl der Nichtprivilegierten im absolutistischen Deutschland mit dem Makel fremdsprachiger höfischer Herrschaftskultur verbunden waren.

Bei diesem Versuch politischen Benennungswandels spielten auch deutsche Untertanen-Ressentiments gegen Arroganz, Eitelkeit, Heuchelei, Intriganz und Expansionslust eine Rolle, die man von der absolutistischen Zweisprachigkeit und Sprachmischung her (s. 5.3H–N) damals für ‚typisch französisch‘ halten konnte, so in einem anonym veröffentlichten *Schreiben eines reisenden Deutschen, daß die Neufranken noch die alten Franzosen sind* (Eberle/Stammen 1989, 94ff.). – Gottfried August Bürger dichtete 1791 (Eberle/Stammen 1989, 247):

„Die Edlen, die nicht mehr an alter Seuche kranken,
nennt nicht Franzosen mehr! Sie heißen edler Franken!
Begriff und Wort Franzos ist nur für das geprägt,
Was noch in Mund und Schoß die alte Seuche hegt.“

Mit *Mund und Schoß* ist hier metonymisch ‚Sprache und Mätressenwesen' gemeint, zwei der unpopulärsten Kennzeichen der von Frankreich übernommenen Hofkultur. – Durch das baldige Umschlagen der öffentlichen Haltung zur Revolution ist der Polit-Euphemismus *Franken* trotz rascher, weiter Verbreitung bald wieder verschwunden.

R. Forsters Rede ist – wie viele Propagandatexte dieser Zeit – von langatmigem akademisch-bildungsbürgerlichem S a t z b a u s t i l gekennzeichnet, der dem Höhepunkt der deutschen Entwicklung zum hypotaktischen Nebensatzstil mit weiten Klammerbildungen zugerechnet werden kann (vgl. 5.9 O–U); beispielsweise der Anfang dieser Rede:

„Mitbürger! Die Ränke und heimlichen Intriguen der Übelgesinnten scheinen es mit jedem Tage dem guten Bürger dringender ans Herz zu legen, daß er ihnen gesunde Vernunft und offenherzigen, lauten Widerspruch entgegensetze. Dieser Gegenstand ist insbesondere bei unserer, der Belehrung bestimmten Gesellschaft immerfort an der Tagesordnung, und ich bitte daher mit Vertrauen auf Eure brüderliche Zuneigung, um Eure Aufmerksamkeit, indem ich willens bin, Euch von unserm Verhältniß zu den Franken zu unterhalten, und wo möglich, einige der schwachen Einwendungen zu widerlegen, welche die Feinde des gemeinen Wohls sorgfältig unter das Volk ausstreuen, welche manche vielleicht Gutmeinende, aber Irregeführte, ihnen nachbeten, welche endlich die Absicht haben, zwischen uns und der Frankenrepublik allerlei Dämme und Scheidemauern zu errichten, im Grunde aber nur durch ihre Menge und durch die heimliche Art ihrer Fortpflanzung, als Werke der Finsterniß wichtig sind."

Forsters persuasiver A r g u m e n t a t i o n s s t i l ist eine Frucht der Wissenschaftssprache der Aufklärungszeit (vgl. 5.11Q), weit entfernt vom predigerhaften frühbürgerlichen Agitationsstil eines Thomas Müntzer, den man als entfernten Vorläufer in gescheiterter Revolutionspraxis mit Forster vergleichen kann (s. 4.8K; v. Polenz 1988). Forsters Sprachhandlungen und Sprechereinstellungen sind weitgehend explizit ausgedrückt, oft vorsichtig abwägend, das Mitdenken der Hörer anregend, nicht autoritär (wie bei Müntzer), nicht predigthaft (wie noch bei Clauer, s. unten 5.12S), mit weitaus weniger emotionalen Modalpartikeln als bei Müntzer, mit der Bereitschaft zur Selbstkorrektur und zur Offenheit selbstgesetzter Hypothesen, mit einer bildungsbürgerlichen Toleranz und liberalen Höflichkeit, die sich an ein ‚aufgeklärtes' Publikum richtete, also auf eine breite Massen-Öffentlichkeit damals noch gar nicht hätte wirken können.

Dazu Beispiele aus Forsters Rede: Moderne S p r a c h h a n d l u n g s v e r b e n des rationalen Argumentierens, oft in der performativen *ich/wir*-Form: *behaupten, beweisen, durchschauen, einwenden, entgegensetzen, erinnern, erläutern, erwähnen, prüfen, widerlegen,* ...; vor allem Wörter des r e l a t i v i e r t e n Für-Wahr-Haltens, Bezweifelns, Einräumens und hypothetischen Setzens: *annehmen, ansehen als, in Anschlag bringen, dahingestellt sein lassen, den Fall setzen, vermuten, voraussetzen, zugeben; mir scheint ..., es scheint zu ..., es mag gesagt werden* ...; relativierende Modaladverbien und -partikeln wie *vielleicht, womöglich, etwa, wohl.* – Das Abwägen, Zur-Disposition-Stellen, Sich-Selbst-Zurückhalten als intellektuelles Imagepflege-Ritual wird auch an v e r d e c k t e n P e r f o r m a t i v e n deutlich: *Dürfte ich euch an ... erinnern; muß ich noch einen Fall setzen; ich muß es wiederholen ...; euch muß ich ... ins Herz reden; ich freue mich, hinzusetzen zu können,* ... Sprachhandlungsverben, die performativ gemeint sind (‚ich erinnere Euch ... '), werden hier ‚verdeckt' durch Modalverbfügungen *(dürfte ... erinnern)*, durch Passivkonstruktionen *(Ich finde mich in meinem Gewissen gedrungen, öffentlich zu bekennen...* *statt *ich bekenne...)* oder durch Subjektschübe (*Diese Betrachtung ist es..., die mich auffordert, euch... zu raten* statt **deshalb rate ich Euch...*); zu dieser Stilfigur vgl. v. Polenz 1985, 186ff. – Selbstbescheidung und gespielter Zweifel als Anreiz für die gebildeten Hörer zum Mitdenken zeigt sich auch in Forsters zahlreichen Suggestivfragen mit den Partikelwörtern *denn, nicht, denn nicht, doch nicht, wohl.* Der Verständnissicherung sollen Gliederungsindikatoren dienen: *ich setze hinzu...; ich gehe weiter...; ich muß es wiederholen...; mit dürren Worten also...; Dies ist der wichtigste Punkt, wohin ich eigentlich kommen mußte, um... von... zu reden.*

Den Übergang zu politischer Persuasion bilden Ausdrücke für

– Bewerten und Bekennen: *für das bessere erkennen, so ansehen, sich halten für, stolzes Bewußtsein, zu erkennen geben, seine Gesinnung an den Tag legen, sich erklären für, euer freier Wille, euer Verlangen, bekennen, eifern, ...*
– Beschließen, sich Solidarisieren: *beistimmen, annehmen, wählen, sich entscheiden, willens sein, Entschließung, einstimmig sein, nicht unentschieden bleiben, seinen Beitrag liefern, Eintritt für, sich anschließen, entscheidende Schritte tun, Eure Genehmhaltung, ...*
– Erkämpfen: *Bedingungen machen, Anspruch machen, seinen Einfluß äußern, Widerspruch entgegensetzen, sich empören, den Ketten entsagen, den Besitz sichern, ...*
– Bezweckte Gegner-Handlungen: *garantieren, anerkennen, zusichern, zugeben, ...*

Der heutige bildungsbürgerliche Persuasionsstil der Öffentlichkeitssprache ist bei Forster, wie bei anderen akademisch gebildeten Revolutionsfreunden damals, schon voll entwickelt. Der größte Teil von Forsters Wörtern, Wortverwendungen und Satzstilformen wäre noch heute in ähnlicher Weise in Parlaments- oder Wahlreden möglich. Nur Weniges aus Forsters Rede wäre heute unüblich bzw. würde zu sentimental, poetisch, altmodisch klingen.

Die Literaten und Poeten unter den Revolutionsfreunden drückten – ebenso wie später im Vormärz – ihre positive Bewertung gern mit Natur-Metaphern und -Vergleichen aus (H.W.Jäger 1971): *Lenz, Frühling, Morgenroth, Strom, sturmbewegtes Meer, Überschwemmung, Gewitter, Vulkanausbruch, ...* Darin ist oft an die Adresse der Gegner die Zwangsläufigkeit, Unausweichlichkeit der Revolution mitgemeint, die als *„Werk der Gerechtigkeit der Natur"* (Forster) hingestellt wird, mit *Natur* als Gegensatz zu *Despotismus*, aber auch die kollektive Unbewusstheit, Unverantwortlichkeit und daher Unschuld der revolutionär agierenden Volksmassen. Dahinter steht als philosophische Tradition nicht nur Rousseau, sondern der von den Gegnern gefürchtete und denunzierte Spinozismus und Pantheismus (Jäger a.a.O., 79ff.). Im Rahmen der Typologie politischer Sprache ist solche Naturdeutung politischer Aktionen als vor-politisch zu erklären und mit der biologisch-pathologischen Metaphorik der gegnerischen Polemik (s. 5.8W) in Beziehung zu setzen. Mit *Prager Frühling, politische(s) Eruption/Ero-*

sion/Erdbeben, Asylantenflut, Flüchtlingsstrom/-welle, usw. ist solche Ausdrucksweise noch heute beliebt.

S. Unterhalb dieser bildungsbürgerlichen Ebene der rational argumentativen Revolutionspropaganda gab es auch Ansätze zur Volksagitation nach dem französischen Vorbild der Tätigkeit jakobinischer *lecteurs patriotes* oder *missionaires patriotes* in bestimmten Regionen, auch auf dem Lande (Scherpe 1975, 152ff.; Schlieben-Lange 1983, 64ff.; Guilhaumou 1989, 9ff., 31f., 202ff.; Herrgen 1990, 6ff.): Unter dem Schlagwort *Souveränität des Volkes* knüpfte man an die mündliche Volkskultur an, mit semioralen Texten, die auf Ausrufen, Vorlesen, Aufführen oder Singen hin konzipiert waren (Katechismen, Dialoge, Theaterszenen oder -stücke, Gedichte, Fabeln, Lieder, Kontrafakturen von Kirchenliedern, parodistische Fürstenadressen, Maueranschläge). Wie in der Reformations- und ‚Bauernkriegs'-Publizistik (s. 4.8J) spielten neben solchen mündlich/halbmündlichen Agitationsarten vor allem auch nichtsprachliche (visuelle, gesellige) Kommunikationsformen eine wichtige Rolle: Bildflugblätter, Pflanzen von Freiheitsbäumen, Tanz um den Freiheitsbaum, Umzüge, Feste, Tragen von Kokarden oder Trikoloren, Kleingruppenversammlungen. Solche ‚Landagitation' ist vor allem bei den radikaldemokratischen Mainzer Jakobinern bezeugt, die gegen den *Moderantismus* des Besitzbürgertums auch das ‚Volk' für die Revolution gewinnen wollten. Ein Beispiel für den einfachen, pastoral-belehrenden Formulierungsstil der Mainzer Landagitation ist der im Frühjahr 1793 publizierte *Handwerker- und Bauern-Kalender des alten Vater Gerhard* von Friedrich Christoph Cotta nach französischer Vorlage (n. Herrgen 1990, 8):

„Erstes Gespräch. Von der Konstitution

Vater Gerhard pflegte immer zu seinen Mitbürgern zu sagen: O wie schön, wie gut ist doch die Konstitution von Frankreich! Die macht uns und unsre Kinder glüklich!

Nachbar Andreas kam herbei, indem er sich hinter dem Ohr krazte, und ließ sich mit Gerhard in folgendes Gespräch ein: Vater Gerhard, sagte er, was ist denn das, die Konstitution, oder wie ihr es heist? Ich weiß wohl so ungefähr, was ihr damit sagen wollt, und ich habe sie von Grund meines Herzens lieb und in Ehren, aber das Wort da verstehe ich doch nicht recht. Warum heißt man denn all das Gute, was man seit 4 Jahren in Paris gemacht hat und noch macht, die Konstitution?"

Vertrauliche Einladung zum Gespräch war eine notwendige Einstiegsform zur Begründung politischer Öffentlichkeit unter der illiteraten Stadt- und Landbevölkerung. Ihr Misstrauen gegen die den meisten noch unzugängliche, autoritär belehrende Schreib-Öffentlichkeit musste erst durch Schaffung einer symmetrischen, vertraulichen Kommunikationssituation beschwichtigt werden; so in Karl Clauers jakobinischem *Sendschreiben an alle benachbarten Völker Frankreichs zum allgemeinen Aufstand* (als Beilage zu seiner

Kampfschrift *Der Kreuzzug gegen die Franken*, 1791), in dem Rousseaus *éloquence du cœur* im Stil der deutschen Erbauungsliteratur realisiert scheint (n. Scherpe 1975, 152ff.):

„Du, wer du auch seyn magst, dem dieser Brief zu Händen kommt, und der ihn lesen kann, her da, setz dich mit mir in irgend einen Winkel allein. Denn, allein, unter vier Augen, muß ich mit dir reden. Ins Herz, tief ins Herz möchte ich dir reden. Dein Herz wird meine Sprache verstehen. Ich will dich fragen, und dir nicht heucheln. Antworte mir, und heuchle du mir auch nicht! Gesinnungen will ich in dir erwecken, die in deinem Herzen schlafen. Und wann du dann deine Gedanken mit den meinigen vergleichst, so wirst du dich freuen, und wundern, daß du denkest, wie ich denke, und daß du große Dinge vermagst, die du dir nie zutrautest. [...] Betrachte einmal dein Pferd, deinen Ochsen, deinen Esel! Sieh wie geduldig dieß dein Vieh sich an den Pflug spannen, Lasten auflegen läßt, und alles thut, wozu du es antreibst! [...] Zu allem dem hast du, als Eigenthumsherr deines Viehes, ein angebornes Recht. Aber, überlege nun auch einmal, ob dein Herr dir selbst anders begegnet? Was er dich thun heißt, das thust du. Willst du es nicht thun, so mußt du. Lasten über Lasten legt er dir auf [...]“

Man vergleiche diesen extrem einfachen Satzbau (wie auch in dem Zeitungsbeispiel in 5.9V) mit der komplizierten Hypotaxe in Forsters Rede (5.12R). Den revolutionären Grundsatz der *Gleichheit* demonstriert Clauer ohne rhetorisches oder literarisches Beiwerk, aber mit aus dem Predigtstil gewohnten Gleichnissen, vom konkreten Vorstellungsvermögen der Unterdrückten her, um die Vorbedingung für revolutionäres Handeln ‚radikal'-aufklärerisch aus eigener Einsicht der Betroffenen entstehen zu lassen (n. Scherpe 1975, 155):

„Siehst du nicht, daß du es hier nicht wagen willst, deine Vernunft zu brauchen? Daß du dich durch äußern Schein blenden läßt? Aber lasse einmahl deine Vernunft in dir herrschen. Zieh einmal in Gedanken deinem Sohn ein bischöfliches Kleid an! Setz ihm die Bischoffs Kappe auf den Kopf und gieb ihm den Bischoffsstab in die Hand. Wird er dann nicht eben so gut, als der Sohn eines Edelmannes, das vollkommene Ansehen eines Bischoffs haben? [...] Merk dirs wohl, lieber Mitbruder! Wenn du neben einem Menschen stehst, der so groß ist, wie du; so scheint ihr einander an Größe eben so gleich, als ihr es auch wirklich seyd. Kniest du aber vor ihm nieder, so scheinst du dann um die Hälfte kleiner, als er. Aber steh nur wieder auf und halte dich gerade gestreckt; sogleich wirst du auch finden, daß du wieder eben so groß bist wie er. Also glaube mir! Die andern sind nur darum groß, weil du selbst dich klein machst, sind nur darum von Adel, weil du dumm genug bist, es zu glauben.“

Auch der schließliche Aufruf zu Solidarität und Kampf ist predigthaft stilisiert mit pathetischer Prophezeiung und naturmythisch-symbolischer Verpackung vager Zielbegriffe:

„Bleibet nur alle immer wohl miteinander einverstanden! Seyd mannhaft und unverdrossen im Widerstand, und dann, o, dann seyd eurer Sache gewiß! Heute nehmet ihr sie vor, und morgen werden eure Tyrannen nicht mehr seyn; und morgen wird die Bahn der Ehren und des Glücks vor euch sich öffnen; wie sie ehemals vor euern Gebietern offen stund; und morgen wird die Sonne der Gerechtigkeit, des Friedens, der Volksglückseligkeit euer Reich verklären und ihre Stralen über benachbarte Reiche gießen, bis sie endlich alle Völker aufgeklärt, die ganze Erde befruchtet, alle Nationen von dem

eisernen Joche stolzer und grausamer Tyrannen befreyt, und miteinander zu gemeinschaftlicher Beförderung allgemeiner Menschenwohlfahrt wird verbunden haben.“

T. Breitenwirkung beanspruchte auch das Jakobinertheater, das – im Gegensatz zur bildungsbürgerlichen Nationaltheater-Bewegung – sich nicht auf private Moral beschränkte, sondern bewusst politisch-propagandistische Ziele hatte (Scherpe 1975, 184ff.). Der Mainzer Jakobinerklub bemühte sich um ein *National-Bürgertheater*, da die Hoftheatertruppe, die ab 1791 in fürstlicher Protektion Stücke mit restaurativer Tendenz zu spielen hatte, sich dafür nicht gewinnen ließ. Als Liebhaber- und Laienbühne unter kollektiver Leitung sollten *patriotische, das Freiheitsfeuer der Bürger erweckende* Stücke aufgeführt werden; die Vorstellungen sollten gemeinnützig sein und der Erfüllung des *Gesetzes der Revolution* dienen. Da es an neuen Stücken dieser Art mangelte, bearbeitete man bekannte Rühr- und Sittenstücke situationsgerecht oder übernahm geeignete Muster aus französischen Revolutionsdramen. Solche Propagandastücke schrieb vor allem der junge Dichter, Schauspieler und Theatermaler Niklas Müller. In seinem auf französischer Vorlage beruhenden Stück *Der Aristokrat in der Klemme* hat er den sprachlichen Aspekt der Revolution thematisiert (n. Scherpe 1975, 188ff.):

Baron v. Hohenreich hat die Revolution im Krankenbett verschlafen und ist entsetzt über die verlorene *Schicklichkeit* der ehemaligen *Untertanen* und über deren neue Sprache: *„Ich weiß nicht, wo ich bin – ich begreife nichts mehr. Eine rechtschaffene Familie! – ein guter Bürger! Was ist das für eine Sprache? [...] es ist ein vollkommener Roman.“* Nach viel Komik durch Missverstehen und Nichtverstehen, auch in Bezug auf Anredeformen und initiative Sprechakte der *Bürger*, erhält der lächerlich gemachte *Aristokrat* von einem aufgeklärten Arzt einen Unterricht, der, mit vielen lokalen Anspielungen auf die Mainzer Jakobiner, in einen Frontalunterricht für die noch zu *citoyens* zu erziehenden Mainzer Bürger übergeht.

U. Die liberale Phase der jakobinischen Revolutionspropaganda – mit akademisch-bildungsbürgerlicher Argumentation für die Intellektuellen und erbaulich sanfter Dialoghaftigkeit für das Volk – dauerte in der Mainzer Republik nur einige Monate. Die Wortführer erkannten, dass eine Breitenwirkung weder bei der Besitz- und Handelsbourgeoisie und den Gemäßigten *(Moderantisten)* noch auf dem Lande eingetreten war; und die Besatzungsmacht wurde immer autoritärer. Georg Wedekind, der seine Klubvorträge anfangs nicht viel anders als seine Universitätsvorlesungen hielt, empfahl vier Monate später in seinen Anweisungen *An junge Volksredner* fast zynisch eine weniger rationale als vielmehr emotionale und berechnend persuasive Strategie (Herrgen 1990, 8):

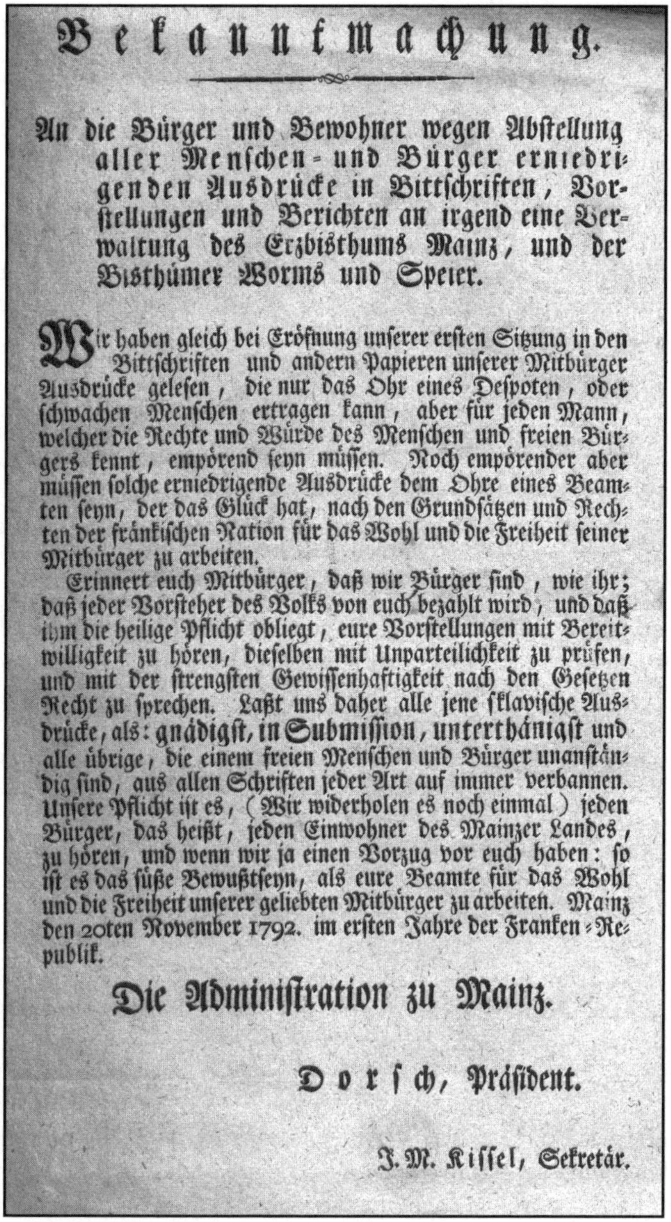

Bekanntmachung.

An die Bürger und Bewohner wegen Abstellung aller Menschen- und Bürger erniedrigenden Ausdrücke in Bittschriften, Vorstellungen und Berichten an irgend eine Verwaltung des Erzbisthums Mainz, und der Bisthümer Worms und Speier.

Wir haben gleich bei Eröfnung unserer ersten Sitzung in den Bittschriften und andern Papieren unserer Mitbürger Ausdrücke gelesen, die nur das Ohr eines Despoten, oder schwachen Menschen ertragen kann, aber für jeden Mann, welcher die Rechte und Würde des Menschen und freien Bürgers kennt, empörend seyn müssen. Noch empörender aber müssen solche erniedrigende Ausdrücke dem Ohre eines Beamten seyn, der das Glück hat, nach den Grundsätzen und Rechten der fränkischen Nation für das Wohl und die Freiheit seiner Mitbürger zu arbeiten.

Erinnert euch Mitbürger, daß wir Bürger sind, wie ihr; daß jeder Vorsteher des Volks von euch bezahlt wird, und daß ihm die heilige Pflicht obliegt, eure Vorstellungen mit Bereitwilligkeit zu hören, dieselben mit Unparteilichkeit zu prüfen, und mit der strengsten Gewissenhaftigkeit nach den Gesetzen Recht zu sprechen. Laßt uns daher alle jene sklavische Ausdrücke, als: **gnädigst, in Submission, unterthänigst** und alle übrige, die einem freien Menschen und Bürger unanständig sind, aus allen Schriften jeder Art auf immer verbannen. Unsere Pflicht ist es, (Wir widerholen es noch einmal) jeden Bürger, das heißt, jeden Einwohner des Mainzer Landes, zu hören, und wenn wir ja einen Vorzug vor euch haben: so ist es das süße Bewußtseyn, als eure Beamte für das Wohl und die Freiheit unserer geliebten Mitbürger zu arbeiten. Mainz den 20ten November 1792. im ersten Jahre der Franken-Republik.

Die Administration zu Mainz.

Dorsch, Präsident.

J. M. Kissel, Sekretär.

Abb. 25: Anton Joseph Dorsch: Sprachregelung der Mainzer Republik vom 20. November 1792.
(Quelle: Landesbibliothekszentrum (Rheinland-Pfalz)/ Pfälzische Landesbibliothek, Speyer. Signatur: Ebl 1259.)

„Lerne, junger Mann, der Du auf das Volk würken willst, lerne vorher auf einzelne Menschen würken! Schaden sogar können Deine Wahrheiten, wenn Du den Zeitpunkt verfehlst. [...] Durch Vernunft allein richtest Du so wenig bei dem Publikum, als bei Individuen, gegen Vorurtheil etwas aus, wenn Du nicht irgend einen andern im Menschen liegenden Affekt zum nahen Bewußtsein bringen kannst. Mit diesem treibst Du dem Menschen sein Vorurtheil aus und Deine Gründe sagst Du dazu, weil man doch so gern will, daß es heiße, man habe nach Vernunft gehandelt."

Ein typischer Vertreter des neuen, harten Agitationsstils war der von General Custine aus Straßburg nach Mainz zurückgerufene Philosophieprofessor Anton Joseph Dorsch, der sich am 4. November 1792 emotional wertend und metaphorisierend über die reaktionären Umtriebe der französischen Emigranten ausließ (n. Herrgen 1990, 8):

„Worms und Mainz waren die Örter, wo die ausgearteten Kinder Frankreichs die Dolche schärften, mit denen sie die Eingeweide ihres Mutterlandes zerfleischen wollten, und diese Bewohner waren Sklaven unter dem schändlichsten Drucke eines ausschweifenden Fürsten und seines Hofgesindels. Doch Retter Custine kam, und die frevelnde Rotte der Aufrührer floh, und die biedern Mainzer können nun frei ihr Haupt erheben. Eben dieser Saal, in welchem die Feinde des Volkes von dessen Schweiße schwelgten, aus welchem die Sprache der Wahrheit verbannt war und in dem oft die höllischen Entwürfe zur Unterjochung der Völker gebrütet wurden, ist nun in einen Tempel der Freiheit und Gleichheit umgewandelt worden."

Da einige Mainzer Bürger sich den unterwürfigen Bittsteller-Stil der absolutistischen Hofkultur nicht abgewöhnen wollten – mit *gehorsame Bitte, Hochdieselbe wolle Hochgeneigt geruhen, in schuldigster Ehrfurcht,* usw. – hielt Dorsch als Präsident der republikanischen Administration am 20. November 1792 sogar eine öffentliche Bekanntmachung zur Abschaffung dieses Stils für nötig, wohl das früheste Beispiel einer expliziten öffentlichen S p r a c h r e g e l u n g in Deutschland (n. Herrgen 1990, 10). Auf solche Sprachregelungen der Jakobiner und ihrer Nachfolger bezieht sich noch 1813 eine Denunziationsschrift eines Polizeimeisters Wittgenstein an den Minister Graf Hardenberg (Schiewe 1989, 219f.).

V. Die Jahre der Revolutionspropaganda in Deutschland (1789–1793) waren die erste Blütezeit des S c h l a g w o r t e s. Diese Bezeichnung für eine unbestimmt große Gruppe politiksprachlicher Ausdrücke kann sprachwissenschaftlich nur sehr allgemein und komplex definiert werden: „Häufig gebrauchtes Wort, das einen komplexen Sachverhalt griffig benennt, interpretiert und bewertet. Als Losungswort bestimmter gesellschaftlicher Gruppen hat das Sch. solidarisierende und persuasiv-agitatorische Funktion und ist demgemäß häufig Gegenstand öffentlicher Kontroversen [...] Das Sch. läßt sich als kondensierte, sprachlich fixierte Form eines →Topos auffassen" (Bußmann 2008, 584). Oder: „Solche Ausdrücke, die eine politisch aktuelle Tendenz, ein Problem, einen Lösungsvorschlag oder irgendeine politische Gegebenheit s c h l a g l i c h t a rtig charakterisieren und subjektiv bewerten, [...] sie simplifizieren, sind einprägsam und mobilisieren durch assoziativen Appell" (Bachem 1979, 63). Semantisch wichtig ist dabei die „Unbestimmtheit des Wortinhalts" (Vagheit), die sich nach Komponenten wie „weitgespannt, abstrakt, kompliziert, unscharf, relativ, mehrsinnig, mehrdeutig" und als „Leerformel" erklären lässt (Dieckmann 1969/75, 61ff., 70ff.), begriffsgeschichtlich-pragmatisch als Solidarisierungsbegriffe, Zielbegriffe, Feindbegriffe, Kampfbegriffe usw. (Koselleck; s. oben 5.12L).

Das Wort *Schlagwort* gab es vor der Revolution in den Bedeutungen ‚Stichwort' (für den Auftritt eines Schauspielers) und ‚verletzendes, treffendes Wort'. Im Sinne von ‚Losungswort' im politisch-sozialen Bereich ist es zuerst 1793 (Th. v.Hippel) nachzuweisen: *„Einbildung [...], welches überhaupt ein Rothalisches Losungswort schien: so wie das Wort Freiheit das Schlagwort, der Wahlspruch des Volkes ist"* (Trübners Dt. Wb. 6, 97). Der moderne Begriff hat also durchaus seinen Ursprung in der polarisierend-gruppendynamischen Praxis der Französischen Revolution. Durchgesetzt hat er sich aber erst Mitte des 19. Jh. Von Anfang an bleibt aber unklar, welche der semantischen Motiviertheiten des Wortes als die wesentliche angesehen wurde: ‚aggressiv' oder ‚treffend, schlagartig erhellend', ‚einschlagend wie der Blitz', ‚sich rasch verbreitend' (Kaempfert, in: Muttersprache 100, 1990, 193ff.) oder ‚verführend, besitzergreifend' wie in engl. *catchword*, also ‚persuasiv eingreifend' in semantischer Nachbarschaft zu *Schlagzeile* und den im 19. Jh. üblichen *Schlagrede, Schlagsatz, Schlaggedanke.* Diese semantische Vagheit entspricht durchaus dem bezeichneten Objekt.

‚Schlagwörter' ist also ein weiterer Begriff im Verhältnis zu den politisch-sozialen Begriffen (s. 5.12L). In den Jahren nach der Französischen Revolution waren es von der revolutionsfreundlichen Seite her besonders die folgenden, großenteils aus Georg Forsters Mainzer Reden:

Solidarisierungswörter: **Brüder, Bruderbund, Brüderlichkeit, Brudertreue, *Verbrüderung; *Bürger, *Mitbürger, freier/guter Bürger; *Demokrat; brüderliche Eintracht; freie Menschen/Männer/*Völker, Freiheitsbund/-freunde/-scharen; *gute Sache; *Glück, Glückseligkeit; Majorität/*Mehrheit; *Menschheit, Menschengeschlecht; *Republikaner; *Revolutionär, Revolutionist; *vernünftige Menschen; Volksmeynung/-wille; ...*

Ziel- und Grundsatzwörter: **Freiheit/Liberté, Freiwerdung, *Preßfreiheit; gemeines Wohl; *Gesetz, *Grundgesetz; *Gleichheit/Egalité; *Grundsätze; *Menschlichkeit; *Natur; *Recht, *Menschenrecht, *Völkerrecht; *Republik/Freistaat; *Verfassung/Constitution; *Vernunft; *Volkssouveränität; *Wahrheit; ...*

Feindwörter für Vertreter des Ancien Régime: *Aristokraten; Beherrscher; Despoten; *Emigranten; *Herren; *Minorität; *Privilegierte; Sklaventreiber; Tyrannen; Ungeheuer; ...*

Feindwörter für politische Gegner: **antidemokratisch, antirepublikanisch; Diener; Gegenrevolutionist; *Intriganten; Knechte; Moderantisten/Moderirte; Sklaven; Übelgesinnte; *Untergebene; ...*

Wörter für gegnerische Verhaltensweisen und Ziele: *Aberwitz; *aufhetzen; *beschwatzen; *Bestechung; Betäubung; Despotismus; *Herrschaft, Herrschgier, Oberherrschaft; *hintergehen; *Intriguen; Kabalen; politische *Kurzsichtigkeit; mißleiten; Ränke; Tyrannei; *Unwissenheit; *Verleumdung; *Verschwörung; *Vorspiegelungen; *Vorurteile; Werke der Finsternis; ...*

Die hier mit Sternchen versehenen Wörter, also etwas über die Hälfte, spielen noch heute eine Rolle im politischen Leben. Es finden sich insgesamt zahlreiche Bildungswörter im revolutionsfreundlichen Wortschatz, viele Lehnwörter, Lehnprägungen und Lehnübersetzungen aus dem Französischen (s. Abdelfettah 1989).

W. Von teilweise anderer Art waren die Schlagwörter der Revolutionsgegner. Als kontrastive Stichprobe eignen sich zwei extrem restaurative Propagandatexte von anonymen Publizisten aus den Jahren 1793 und 1794 (Eberle/Stammen 1989, 140ff., 187ff.), also aus der Zeit nach dem Umschlagen der allgemeinen Stimmung infolge der Radikalisierung der Revolution in Paris und der Vertreibung französischer Revolutionstruppen aus dem Rheinland durch Koalitionsheere der Fürsten:

Solidarisierungswörter: *Christenpflicht; *Ehre; die Ersten des Volkes; die Gesetzgeber der Nation; Glückseligkeit; alles, was *gut und heilig ist; *die ganze Nation; Standhaftigkeit im Guten; die Unsrigen; eure Vorgesetzten; geistliche Vorsteher; ...*
Ziel- und Grundsatzwörter: *Ehre Gottes; Erhaltung der Einigkeit des Glaubens und der Sitten; Ewigkeit; erhabenste Geheimnisse unserer heiligen Religion; Gottesliebe; Grundgesetz der Religion; *Moral; welterhaltende *Ordnung; heilige Pflichten; Rache; uralte *Rechte; Religion; *Ruhe; Scham; unerforschliche Urteile Gottes; Vaterliebe; wahre Vernunft; Wohlanständigkeit; ...*
Feindwörter: *Abfaum des Menschengeschlechts; Barbaren; Bösewichter; Bund der Hölle-Verschworenen; *Demagogen; Demokraten-Hunde; *Fanatiker; Frankreichs Tribunen; Freidenker; Freiheitsapostel, -eiferer, -prediger, -ritter, -schreier, -schwindler; neumodische Gelehrte; Gottesleugner, -lästerer; großer Haufen; *Heuchler; Höllenbrut, -furie; (Erz-)Jakobiner; ketzerische Irrlehrer; Königsmörder; *Masse; Narren; Menschen niederen Schlages; Mitverschworene; Philosophen; Pöbel; neumodische Skribenten; Teufel; Ultrarevolutionairisten; Volkslehrer; ...*
Wörter für gegnerische Verhaltensweisen und Ziele: **Anarchie; Aufruhr; Bosheit; Chaos; Dämon der Staatskritik; Demokratengeist, Demokratismus; Despotismus der Freiheit; Durst nach Blut; Wurm der Empörung; Entheiligung der Kirchen; Fanatismus; Freidenkerei, Freiheitsfieber, -taumel; *Greuel; gotteslästerlicher Spott, Gottesverleugnung, gottlose Bücher; *Heuchelei; Hölle; Irreligion, *Irrtümer; fürchterlicher *Komplott; Gift aller Laster; Meuterey; Neuerungssucht; *Parteigeist; *Phantom; Philosophismus, philosophische Politik; *Propaganda; Pöbelherrschaft; Revolutionairismus; verderbte Säfte; Schreckensherrschaft; schaudervolle Szenen; *Terror; *Umsturz; Gift des Unglaubens; Ungeheuer; *Unordnung; erschreckliche Veränderung der Sachen; *Verführung; *Verirrungen; Vertilgung der geistlichen/weltlichen Macht; *Verwüstung; *Wahn; *Zerrüttung; ...*

Die Zahl der heute noch politisch üblichen Wörter (mit * versehen) ist hier bei weitem geringer als auf der revolutionären Seite. Auch ist die Zahl der systematischen politischen Begriffswörter und der Lehnwörter aus Wissenschaftssprache oder Französisch in der restaurativen Propaganda sehr gering. Dafür finden sich zahlreiche traditionelle Ausdrücke aus dem kirchlichen Bereich und aus populären mythischen Vorstellungen (von *Dämon* bis *Ungeheuer*). Eine bedeutende Rolle spielen gemeinsprachliche Schreck- und Angstwörter aus dem Alltagsleben (von *Bosheit* bis *Zerrüt-*

tung). Da traditionelle Begriffe von den Revolutionären meist abgewertet und neue aufgewertet worden sind, hatten es die Bewahrer des Alten besonders nötig, ihre Bewertungen durch Zusätze für semantisch Verunsicherte eindeutig kenntlich zu machen: *-sucht, -erei, -elei; heilig, erhaben, unser, welterhaltend, uralt, wahr, schaudervoll, erschrecklich, ...* – Auf beiden Seiten sind Präfixbildungen produktiv, besonders für ‚Negation' *(de(s)-, non-, in-, un-)*, für ‚Steigerung' *(archi-, ultra-, erz-)*, für ‚Gegnerschaft' *(anti-, contre-, gegen-)* (Abdelfettah 1989, 265).

Kennzeichnend für den historisch rückwärtsgewandten Propagandastil sind auch die biologisch-pathologischen Ausdrucksweisen, also die ‚Zersetzungs'-Metaphorik, die keineswegs erst faschistisch oder „hilflos-antifaschistisches" Verdrängungsmittel ist (vgl. Haug 1987, 34ff.): *Gift, Abfaum, Vertilgung, Durst nach Blut, verderbte Säfte;* auch in metaphorischen Sequenzen: *wo das Gift aller Laster um sich greift und der Wurm der Empörung durch das Mark der ganzen Nation schon hindurchgefressen hat; wenn ein solches Gift ansteckte und um sich fräße.* Das Angstmachen mit Vorstellungen physischer Verderbnis entspricht, wie der Aberglaube, vor-aufklärerischem Denken über Gesellschaft und Politik.

Zur biologisierenden Angstmache-Metaphorik gehörten, aufgrund einer Untersuchung der Leipziger restaurativen Zeitschrift *Eudämonia* (1795–1797, nach Schulze 1991, 74ff.) vor allem auch Bezeichnungen wilder Tiere: *Bluthunde, Heuschrecken, Wölfe, Bären, Leoparden, Tiger, Krokodile, Natterbrut, Maulwürfe, ...*; dazu entsprechende Wörter für ‚wilde Menschen': *französische/neufränkische Menschenfresser/Kanibalen, Barbaren, Unmenschen, ...*; ferner Benennungen von Geisteskrankheit: *verbrannte/exaltierte Köpfe, Strudel-, Brause-, Schwindel-, Drehköpfe, sinnige Unsinnige, Tollhäusler, hirnloseste aller Thoren des Erdenrunds, ...*

Eine moderner wirkende Art politischer Metaphorik ist das ironische Lächerlichmachen der Gegner mit säkularisiert verwendeten religiösen Bezeichnungen und mit ‚umgedrehten' eigenen Ausdrucksweisen der Gegner, z.B. deren aufklärerischer ‚Licht'-Metaphorik (Schulze 1991, 70ff.):

‚Licht'-Ausdrücke: *die Erleuchteten, stinkendes Licht, Welt-Illuminierer, Welterleuchter, Volkserleuchter, Revolutionslichter, Lichtmänner, Kinder des Lichts, Kerzengießer, naturalistische Kerzleinträger, Lichttrödler, Johanneswürmchen, deren Licht nur eine Blase ist, ...* – Religiöse Ausdrücke: *Apostel der Empörung / des Aufruhrs / der Propaganda, Revolutionsapostel/-pastor, Aufruhrsprediger, Stifter der Propaganda, Engel des Lichts, ...*; in Verbindung mit revolutionären Schlagwörtern, die so negativ konnotiert werden: *Aufklärungs-/Freiheits-Apostel, Freiheits- und Gleichheitsevangelisten, Menschenrechtsevangelisten/-verkündiger/-prediger, Vernunft-Priester, Patriarchen der Illuminaten*; auch mit Gegner-Namen: *Sanct Rousseau, Novize Rebmann, Jünger der Kniggeschen Kirche, ...*

Die in jeder politischen Polemik übliche militärische Metaphorik enthält – außer noch heute beliebten Wörtern wie *Feind, Verteidiger, Verfechter* – auch älteren Militärwortschatz: *Revolutions-/Freiheits-/Räsonierhelden, Heer der Scribler und Volksaufklärer, unsichtbare Legion, Jakobiner-Rotte, Rotte von Afterpolitikern, Freiheitsherolde, ...*

Da die Demokratisierungs- und Revolutionspropaganda häufig mit den Namen erfolgreicher oder besonders provokanter ‚Wortführer' verbunden war, genügte zur Gegenpolemik oft die Verwendung der Eigennamen im Plural in pejorisierendem Kontext, also die Umwandlung von Eigennamen in Begriffswörter (Schulze 1991, 79): *Unthaten der Weishaupte, der Kniggen der Nicolais und Consorten; ihr Mauvillons, ihr Schreyvögel und wie ihr weiter heißt; die Rebmanne und ihres Gleichen, ...* Vgl. dazu das Aufkommen von *Ismen* aus Personennamen (s. 5.12N).

X. Benennungsdifferenzierung durch Aufwertung des Objekts mit Euphemismen war bereits am Beginn politischer Öffentlichkeitssprache beliebt (vgl. Dieckmann 1964, 100ff.). Schon 1787 schlug der volksaufklärerische Publizist Johann Georg Schlosser das moderne Wort *Landwirt* für *Bauer, Landmann* vor, wohl der früheste deutsche Berufseuphemismus. Neben solchen Wortbildungen (so auch *Hilfsbedürftige* für *Arme*) dienten dazu auch attributive Periphrasen: *fruchtbringende Volksklasse* (Joseph Hofmann), *die arbeitsamsten und nützlichsten Klassen* (Wieland). Revolutionär Gesonnene nannten ihre Taten oder Vorhaben *Meisterstück der Schöpfung, Tag des Gerichts,* sich selbst *Freiheitsfreunde,* die Franzosen *Franken, Neufranken* (s. oben 5.12Q), die Vertreibung von Anhängern des alten Regimes *Exportation*, ihre Ermordung *Christuspeitsche*. Wirksamste Euphemismen des absolutistischen Systems waren bis in die Restaurationszeit das Wort *Landesvater* (für den Territorialfürsten) und die Einengung des seit der Humanistenzeit auf ‚Nation' hin orientierten *Vaterland* (nach lat. *patria*) auf den Territorialstaat.

Dies wird in Gottfried August Bürgers pazifistischem Lied *Für wen, du gutes deutsches Volk?* gegen den Kriegsdienst im fürstlichen Koalitionskrieg 1793 gegen die Franzosen deutlich:

> *„Sie nennen's Streit fürs Vaterland,*
> *in welchen sie dich treiben.*
> *O Volk, wie lange wirst du blind*
> *beim Spiel der Gaukler bleiben?*
> *Sie selber sind das Vaterland,*
> *Und wollen gern bekleiben."*

Mit *sie* sind Fürsten, Adel und Pfaffen gemeint; *bekleiben*: ‚festwurzeln, wuchern'.

Der Streit zwischen Veränderern und Bewahrern spielte sich zum Teil als alternative Benennung gleicher Sachverhalte ab (Heteronymie): Was die einen *Aristokraten, Privilegierte, Beherrscher, Despoten* nannten, war für die andern *die Ersten des Volkes, eure Vorgesetzten, Gesetzgeber der Nation.* Dem revolutionären *Brüder, Bürger, Mehrheit* entsprach restauratives *Pöbel, Masse, großer Haufen.* Was für die einen *Unwissenheit, Vorurteile, Vorspiegelungen* war, hieß bei den andern *uralte Rechte, Einigkeit des Glaubens und der Sitten, unerforschliche Urteile Gottes* oder *Scham.* Deutsche Zeitschriften veröffentlichten Listen mit französischen Neologismen, die als Euphemismen kommentiert und damit entlarvt werden sollten (Schulz 1983, 88; Dieckmann 1964, 105).

Weitaus häufiger und vielen auch bewusst war in der Auseinandersetzung über die Französische Revolution die für Politiksprache konstitutive Mehrdeutigkeit (Polysemie) vieler abstrakter Schlüsselwörter (vgl. Dieckmann 1969, 70ff.). Wörter wie *Aufklärung, Vernunft, Recht, Gesetz, Volk, Nation, Glückseligkeit, Gleichheit,* usw. wurden von beiden Seiten in verschiedenem Sinne benutzt (vgl. 5.12M–O). Über die Verunsicherung beim Gebrauch des Wortes *Volk* schreibt Adelung in seinem Wörterbuch bereits 1780:

„Außer den Oberherren ist in einem Staate alles Volk im weitesten Verstande. [...] Einige neuere Schriftsteller haben dieses Wort in der Bedeutung des größten aber untersten Theiles einer Nation oder bürgerlichen Gesellschaft wieder zu adeln gesucht, und es ist zu wünschen, daß solches allgemein Beyfall findet, indem es an einem Worte fehlet, den größten, aber unverdienter Weise verächtlichsten Theil des Staates mit einem edlen und unverfänglichen Worte zu bezeichnen". Nach der Revolution heißt es von der gegnerischen Seite her in der Leipziger Zeitschrift *Eudämonia* 1795: *„Volk, Volksmeynung, Volkswille sind in unseren Tagen Zauberworte geworden, deren mächtigen Begriffen Europens schönste Provinzen namenloses Unglück zu verdanken haben. [...] da ist nun Volk ein Wort geworden, worunter Frankreichs Tyrannen verstehen, was sie wollen."* (n. Horst Weber 1989, 858f.). Mit *Tyrannen* wird hier ein beliebtes Kampfwort der Revolutionäre als ‚Retourkutsche' auf diese selbst angewendet (ebenso bei *Despot, Despotismus*). Zu dieser antirevolutionären Verdrängungs- und Umwertungstätigkeit s. Stolleis 1989, 80.

Weitgehend unklar war (und blieb bis heute) das semantische Verhältnis zwischen *Volk* und *Nation* (Weber 1989, 856ff.): Sowohl von den Jakobinern als auch von den Restaurativen wurde *Nation* zunehmend statt *Volk* benutzt, da es mehr persuasives Pathos hatte und als Bildungswort nicht negativ konnotiert war. Die deutschen Jakobiner meinten jedoch einen verfassungspatriotischen Begriff von Frankreich her, während ihre Gegner den Begriff mehr reichspolitisch, territorialpolitisch und bald auch ethnisch verstanden. Diese Unbestimmtheit zeigt sich auch in der Lexikographie: In Eberhards Synonymik (1775ff.) ist der Begriff *Nation* aufklärerisch-politisch definiert: *„In Volk ist die Menge, in Nation die Vereinigung zum ganzen der hervorstechende Begriff [...] in der Verbindung zu einer bürgerlichen Gesellschaft."* Adelung erklärt ihn noch 1807/08 nur ethnisch-kulturell: *„eingeborene Einwohner eines Landes, sofern sie einen gemeinschaftlichen Ursprung haben und eine gemeinschaftliche Sprache reden, sie mögen übrigens einen einzigen Staat ausmachen oder in mehrere vertheilet seyn."* Der in der westeuropäischen Aufklärung entwickelte Begriff ‚Staatsnation' ist durch Napoleonherrschaft, Befreiungskriege, Restauration und deutsche Nationalbewegung in Deutschland in ein schwieriges Verhältnis zum Begriff ‚Kulturnation' geraten (vgl. Meinecke 1969, 10; v. Polenz 1998; Gardt 1999a, 2004a, 2004); s. auch 6.1M.

Y. Die neue öffentliche Sprachsensibilität am Ende des 18. Jh.s wird daran deutlich, dass die Revolutionsgegner der Leipziger Zeitschrift *Eudämonia* öfters über ‚Missbrauch' und ‚Umdeutungen' von Wörtern durch die Revolutionsfreunde reflektierten, vor allem über neuartigen Gebrauch traditioneller Begriffe wie *Patriot, Bürger, Menschenrechte.* Während ihnen der eigene Wortgebrauch immer als der eigentliche, *richtige, wahre* erscheint und sie ihn allenfalls mit *wir nennen ..., wir verstehen unter ..., nach unseren Begriffen ...* relativierend kennzeichnen, beklagen sie sich über ‚Sprachmissbrauch' der Gegner (Schulze 1991, 79ff.):

Sprachverdrehung; Verhunzen der Sprache; unrichtiger Gebrauch; totale Umwandlung der Begriffe; mit widrigen, wenigstens zweideutigen Nebenideen vergesellschaftet; verkehrter Redegebrauch; unschuldiges Wort in französischem Sinn; entehrte Wörter; usurpierte Namen; sich den Ehrennamen ... anmaßen; selbstbeliebige Bedeutungen; willkührliche Definitionen/Unterscheidungen; Jakobinerbenennungen/-floskeln; bloser Wörterkram; Schwall jakobinischer Revolutionsphrasen; ewiger Singsang von ... – Wieland stellte 1794 fest, das Wort *Untertan* fange *„unvermerkt an, unter die übelklingenden und unanständigen gerechnet zu werden"* (Stolleis 1981, 80).

Mehrdeutigkeit und Vagheit politischer Begriffe wurden in dieser kurzen Episode revolutionärer Propaganda vielen Intellektuellen auch in „semantischen Kämpfen" bewußt (Herrgen 1990, 9f.): Eine Quelle dafür sind die in der Mainzer Republik wiederholt erscheinenden Polemiken zu gegenrevolutionären Schriften. Aufgeklärte Jakobiner hielten die Verbreitung solcher gegnerischer Schriften mit beigefügter *Widerlegung* z.T. für wirksamer als ihre Unterdrückung. Diese vereinzelten Bemühungen um metasprachliche Auseinandersetzung mit altem und neuem, eigenem und gegnerischem Sprachgebrauch nehmen sich jedoch bescheiden aus gegenüber den intensiven, geradezu linguistischen Anstrengungen der Pariser Jakobiner um ‚Sprache der Verfassung', ‚Sprache des Volkes', ‚Grammatik der Sansculotten', ‚Sprachökonomie', ‚Kolinguismus', usw. (s. Guilhaumou 1988). Sprachregelungen gehörten jedenfalls seit der Französischen Revolution „zum Alltagsgeschäft" der Politiker (Koselleck 1978, 23).

Man stritt in Mainz über *Gleichheit, Freiheit, Arme/Hilfsbedürftige, Demokratie, Republik, Despotie, Monarchie, Aristokraten, Bürger/Einwohner*, usw. (s. Scheel 1975/81). Es gab auch einen Textfunktionskonflikt: Revolutionäre Texte im französisch besetzten Mainz waren nur scheinbar Mittel des Tätigkeitstyps ‚Revolution' im eigentlichen Sinne, denn der Fürstenhof war bereits vor den französischen Truppen geflohen, und der französische General hatte mit den kollaborierenden Revolutionsfreunden die ‚Revolution' einfach als besatzungsrechtlichen Verwaltungsakt vollzogen, auch mit Zwang zum Wahlakt bei extrem niedriger Wahlbeteiligung; und nun musste die ‚revolutionäre' Überzeugungsarbeit nachgeliefert werden, eine Umkehrung des Verhältnisses von ‚Basis' und ‚Überbau' (Herrgen 1990,

10). – Zu Französisch als Amtssprache in den besetzten Rheinlanden vgl. 5.3R!

Z. Die Konstituierung einer allgemeinen öffentlichen Sprache blieb in Deutschland bis zur Mitte des 19. Jh.s in solchen episodischen Ansätzen stecken, nicht nur weil die französischen Revolutionstruppen im Rheinland 1793 wieder vertrieben und seit der Napoleonzeit jede Art revolutionsfreundlicher oder auch nur aufklärerischer Publizistik durch Franzosenfeindlichkeit und Restaurationsgeist auf lange Sicht behindert wurde. Es fehlten auch die sprachpolitischen und mediengeschichtlichen Voraussetzungen am Ende des 18. Jh.s (Schiewe 1989, 232ff.):

Adam Müller bezweifelt 1812 in seinen „Zwölf Reden über die Beredtsamkeit und deren Verfall in Deutschland": *„ob wir Deutsche von Beredtsamkeit sprechen"* könnten, *„nachdem längst aller höhere Verkehr bei uns stumm und schriftlich oder in einer auswärtigen Sprache getrieben wird"*. Carl Gustav Jochmann gibt 1828 in seiner anonymen Schrift „Über die Sprache" eine ähnliche Erklärung: *„Das öffentliche Leben der Deutschen geht in Schreibstuben und auf Paradeplätzen vor. [...] Wo alle Verwaltung Regierung, und nichts als Regierung ist, bildet sich zwischen Herren und Knechten eine Kluft, über die das lebendige Wort bald nicht mehr hinüberreicht. Es wird geschrieben, gedruckt, lithographiert, aber nicht gesprochen, nicht räsoniert. [...] nur für das Auge gesprochene Fingersprache auf dem Papier"* (Pörksen 1983, 64, 81, 86).

Der erst spät wiederentdeckte Sprachkritiker Jochmann (Pörksen 1983, Nachwort) hat im radikalaufklärerischen und zugleich schon frühliberalen Geist die Besonderheiten und folgenreichen Einseitigkeiten der bildungsbürgerlichen Sprachkultivierung der absolutistischen Epoche erkannt und beklagt. Im Unterschied zu der von ihm bewunderten englischen Sprachkultur, die aus lebendiger öffentlicher Praxis der Bürger vieler Schichten hervorging, sei die deutsche von der *„Abwesenheit, oder doch einer größeren Ferne der vornehmsten und der niedrigsten Stände"* (Jochmann, 81), vom Mangel eines *„verständlichen"*, *„allgemeingültigen Sprachgebrauchs"* (48, 75) gekennzeichnet. Stattdessen habe die *„Verlarvung einer wissenschaftlichen Kunstsprache"* (35) mit *„engherziger Zünftigkeit"* in *„ausschließlicher Beschäftigung eines eigenen Standes"* (54) dominiert, *„dem Volke das unentbehrlichste Mittel seiner Bildung verkümmernd"* (50), weil *„das gelehrteste Volk der Erde immer nur auswendig lernte, immer nur Gedanken sammelte, und keine mitzuteilen verstand"* (36). In seine Kritik an den stark akademisch-gelehrten und schreibsprachlichen Tendenzen der deutschen Sprachkultivierung schloss Jochmann auch die Schriftsteller ein, *„die fast alle dem Lehrstande angehören"* (53); sie *„pflegen, verwöhnt und getäuscht durch das untergeordnete Verhältnis ihrer nächsten Umgebungen, sich meistens in einem viel zu buchstäblichen Sinne für Lehrer auch ihrer Zeiten und ihres Volkes anzusehen"* (53) und *„statt in seiner Sprache zu ihrem Volke"* zu sprechen, *„begnügen sie sich in einer selbstgeschaffenen"* einem kleinen Kreis von

„Schülern oder Eingeweihten verständlich zu sein“ (75f.); dies bezog er auch auf die elitär emanzipierten *Genie*-Dichter: *„Unter uns Deutschen hingegen überwog und verdrängte noch jedesmal der Genius des Einzelnen den allgemeineren der Sprache“* (72).

Über den Ertrag der Sprachkultivierungsepoche für das immer politischer werdende, die Reste des absolutistischen Systems nur mühsam überwindende 19. Jh. fällte Jochmann 1828, also am Tiefpunkt der Restaurationszeit, ein deprimierendes Urteil: *„[...] daß am Ende kein Volk der Erde die Sprache weniger in seiner Gewalt hatte als das unsrige“ (82); „Wir sind ein gemißhandeltes Volk, weil ein stummes, und wir haben keine Stimme im Rate der Völker, weil keine Sprache“* (37). So muss auch heutige Sprachgeschichtsschreibung illusionslos konstatieren: Um 1800 waren zwar ein glänzender Höhepunkt und gute Voraussetzungen erreicht für eine weltweit anerkannte hochliterarische, wissenschaftliche und bildungsbürgerlich-repräsentative deutsche Sprachkultur. Aber zu einer politischen und geselligen Sprachkultur auf dem Wege zur Demokratie im Rahmen der (west)europäischen Modernisierung war – trotz eines Lessing, eines Wieland oder eines Forster – in Deutschland der Weg noch sehr weit.

Literatur

Rechtssprache, Kanzleisprache: BBRS (Schmidt-Wiegand 87ff.). Bodi 1996. W.Brandt 1988ab. Biszczanik 2007. Brooks 2001. BRS (Köbler 56ff.). Garovi 1998. Görgen 2000; 2002. Greule/Meier/Ziegler 2012. Haß-Zumkehr 2002. Hattenhauer 1987. M.J.Heller 1992. Herberger 1983. Hertel 1994; 1997. Hünecke 1994. P.König 2001. Kronauer/Garber 2001. Macha u.a. 2005. Meier/Ziegler 2003a. Merk 1933. Moshövel 2009. Piirainen 1997a. Piirainen/Ziegler 2001. Ptashnyk 2011. Roessler 1994. Schwitalla 2002. Seifert 2004. Skvairs 2001. Thiele 2001. Warnke 1999; 2003.

Öffentlichkeit, Publizistik: BBRS (Burkhardt 98ff., Schmitt 1015ff., Hartweg 1682ff.). Braungart 1988. Brunner/Conze/Koselleck 4, 413ff. Dieckmann 1964, 19ff; 2005. Habermas 1990. Herrmann 1981; 1982. Herrmann-Winter 1995. Hohendahl 2000. Hölscher 1979. Martens 1974. Schiewe 1989. Schmölders 1986, 49ff. Stolleis 1990; 1993. Ukena 1977. Welke 1977; 1981. Zelle 1993. – S. auch Aufklärungsgesellschaften in 5.2Lit!

Frühe Zeitungen: Antilla 1997. Demske-Neumann 1990. Durrell 2008. H.D.Fischer 1972a; 1981. Fritz 1990. Gieseler 1996. Haß-Zumkehr 1998. Kinnemark 1964. Korhonen 1988; 1990. Lefèvre 2011. Mackensen 1958; 1964. Rudziša 1995. Semenjuk 1993; 1997. Simonow 1987. Wilke 1984; 1985. – **Zeitschriften:** Bogacki 2009. H.D.Fischer 1972b. Fritz/Straßner 1996. Gloning 1996ab. Lengauer 1975. Maar 1995. S.Niefanger 1997. I.Schröder 2010. M.Schröder 1995. Tolkemitt 1995. Wilke 1978. – **Anzeigen:** Bendel 1998. Frese 1987. Stolze 1982.

Politisch-soziale Begriffsgeschichte: Bödeker 2002. Brückner 2003. Brunner/Conze/Koselleck 1972–92. Burmester 1992. Busse 1987. Busse u.a. 1994; 2005.

Dieckmann 1964. Dutt 2003. Flasche/Wawrzinek 1960. Gardt 2005. Gestrich 1991. Hermanns 1995. Koselleck 1975; 1978; 1980; 1989; 2000; 2006. Langen 1974, 59ff. Reichardt 1998. Scholtz 2000. Steinmetz 1991. Strauß u.a. 1989. Wellmann 1969b. J.Werner 1981. Wolter 2000. – **Einzelne Begriffswörter:** *Arbeit:* K.Wiedemann 1979. *Aristokrat:* Keilhauer 1994. *Aufklärung:* Koselleck 2006, 311–339. Stolleis 1981, 80. *Bildung:* Jannidis 1996. Koselleck 2006, 105–158, 327ff. *Brüderlichkeit:* Fraas 1999. Koselleck 2006, 331ff. *Bürger:* Friedrich 2006. Friedrich u.a. 2006. Keilhauer 1994. Koselleck 1989, 116; 2006, 334. Linke 2006. Lüsebrink 2006. Panzer 1989. R.Schneider 1991/92. Steinmetz 1991. Stolleis 1981. *Demokratie:* Boer 1998. *deutsch:* Busse 1994, 268–298. Hermanns 1995, 374–389. Vgl. Bd I: 3B1, 4. O. *Feind:* M.Jeismann 1992. *Fortschritt:* Koselleck 2006, 228ff, 331ff. *Freiheit:* Fraas 1999. H.Günther 1979. Lobenstein-Reichmann 1998. Schlumbohm 1975. *gemeiner Mann:* R.Schneider 1991/92. *Geschichte:* G.Bauer 1963. BRS (v.Polenz 1–8). Gadamer 1958. H.Günther 1979. Koselleck 1989; Koselleck 2006, 328ff. Renthe-Fink 1968. *Geschmack:* Brückner 2003. *Gleichheit:* Fraas 1999. *Heimat:* Farkas 2002. *Herrschaft:* H.Günther 1979. *Kind, Jugend:* Wild 1993. *Nation, Volk:* Anderson 1988. Barbour 1993; 1998. Busse 1994, 284. Gardt 1999a; 2000a; 2004. Hermanns 2003. v.Polenz 1998. S.Grosse 2005. Herrmann 1996. Munz/Neumer 2005. v.Polenz 1998. *Öffentlichkeit:* Hohendahl 2000. Hölscher 1979. *Revolution:* Abdelfettah 1989, 224ff. Koselleck 1985, 203ff.; 1989, 35, 67ff.; 2006, 240–251, 330. *Staat:* Koselleck 2006, 331ff. Weinacht 1968. *Untertan:* R.Schneider 1991/92. Stolleis 1981. – Weiteres in Brunner/Conze/Koselleck 1972–92; Koselleck 2006! – **Judenfeindliche Sprache:** Bering 1987; 1996. Hortzitz 1988; 1994; 1996; 2005. Römer 1985. – Weiteres in: 5.1J, 5.8WY, 6.16LM!

Wirkung der Französischen Revolution: Abdelfettah 1989. Dieckmann 1964. Eberle/Stammen 1989. Grab 1967; 1969. Guilhaumou 1989. Gumbrecht 1978. Herrgen 1990ab; 1996; 2000. Hortzitz 1988. H.W.Jäger 1971. J.Kramer 1990. Mattenklott/Scherpe 1975, Bd.I. Saine 1988. Scheel 1975/81. Scherpe 1975. Schlieben-Lange 1983, Kap. 3.3. G.Schulz 1983, 1, 83ff. Schulze 1991. Schweigard 2012. v.See 1975. Siegert u.a. 2001. Spillner 1997. Stein 1971. Streller 1989. Trabant 1995. Träger 1963; 1979; 1984. Ueding 1987, 26ff. H.Weber 1989. – **Begriffswörter:** Diekmannshenke 1993. Föllner 1991. M.Jeismann 1992. Keilhauer 1994. Koselleck 1985. Musolff 1992; 1994.

Literatur

Artikel in Handbüchern werden nicht hier verzeichnet, sondern in den Literaturhinweisen am Ende der Kapitel jeweils unter der Benennung des Handbuchs.

Abdelfettah, Ahcène. Die Rezeption der Französischen Revolution durch den dt. öffentlichen Sprachgebrauch. Untersucht an ausgewählten historisch-politischen Zeitschriften. 1789–1802. Heidelberg 1989.

Abe, Yoshinori. Literarische Texte und Wortstellung. Zum dreigliedrigen Prädikat bei Lessing, Goethe und Schiller. In: Doitsu Bungaku, Neue Beitr. 115, 2003, 5, 58–70.

Abel, Marlena. Slawismen in deutschen Rotwelsch-Dialekten. Wiesbaden 2004.

Abraham, Werner. Antonomous and non-antonomous components of ‚grammatic(al)ization': economy criteria in the emergence of German negation. In: Sprachtypologie und Universalienforschung 56, 2003, 325–365.

– Präteritumsschwund und das Aufkommen des analytischen Perfekts in den europäischen Sprachen. Sprachbundausbreitung oder autonome Entfaltung? In: Eckhard Eggers (Hrg.). Moderne Dialekte – neue Dialektologie. Stuttgart 2005, 115–113.

Adam, Wolfgang/Markus Fauser (Hrg.). Geselligkeit und Bibliothek. Lesekultur im 18. Jahrhundert. Göttingen 2005.

Adelung, Johann Christoph. Über die Geschichte der deutschen Sprache, über deutsche Mundarten und deutsche Sprachlehre. Leipzig 1781. Nachdr. Frankfurt a.M. 1975.

Admoni, Wladimir G. Die umstrittenen Gebilde der dt. Sprache von heute III. Das erweiterte Partizipialattribut. In: MS 74, 1964, 321–332.

– Der Umfang und die Gestaltungsmittel des Satzes in der dt. Literatursprache bis z. Ende des 18. Jh. In: Beitr (H) 89, 1967, 144–199.

– Die Entwicklung des Ganzsatzes und seines Wortbestandes in der deutschen Literatursprache bis zum Beginn des 19. Jahrhunderts. In: Studien zur Geschichte der deutschen Sprache. Berlin 1972, 243–279.

– Zur Ausbildung der Norm der dt. Literatursprache im Bereich des neuhochdt. Satzgefüges (1470–1730). Berlin 1980.

– Historische Syntax des Deutschen. Tübingen 1990. (=1990a.)

– Die Entwicklung des Gestaltungssystems als Grundlage der historischen Syntax. In: Betten 1990, 1–13. (=1990b.)

Ágel, Vilmos. Grammatik und Kulturgeschichte. Die raison graphique am Beispiel der Epistemik. In: Gardt u.a. 1999, 171–224.

– Was ist „grammatische Aufklärung" in einer Schriftkultur? Die Parameter ‚Aggregation' und ‚Integration'. In: Feilke u.a. 2007, 39–57.

– (Hrg.). Das Wort, seine strukturelle und kulturelle Dimension. Festschrift f. Oskar Reichmann. Tübingen 2002.

– /Mathilde Hennig (Hrg.). Grammatik aus Nähe und Distanz. Theorie und Praxis am Beispiel von Nähetexten 1650–2000. Tübingen 2006.

– /Mathilde Henning (Hrg.) Nähe und Distanz im Kontext variationslinguistischer Forschung. Berlin u.a. 2010.

Agricola, Erhard. Wörterbuch des christlich geprägten Wortschatzes. Aus dem Nachlass bearb. v.Wilhelm Braun. Stuttgart 2003.

Ahlmann, Gertrud. Zur Geschichte des Frühneuniederdeutschen in Schleswig-Holstein im Spiegel von Gelegenheitsdichtungen des 17. u. 18. Jh. Uppsala/ Stockholm 1991.

Ahlzweig, Claus. Muttersprache – Vaterland. Die deutsche Nation und ihre Sprache. Wiesbaden 1994.

– Frühneuhochdeutsch – Regional. In: Jürgen Jaehrling (Hrg.). Röllwagenbüchlein. Festschrift f. Walter Röll. Tübingen 2002, 221–138.

Alanne, Eero. Das Eindringen der romanischen Sprachen in den dt. Wortschatz des Barock. In: ZdS 21, 1965, 84–91.

Albrecht, Michael. Christian Thomasius. Der Begründer der deutschen Aufklärung und seine Philosophie. In: Kreimendahl 1999, 238–259.

Albrecht, Peter/Ernst Hinrichs (Hrg.). Das niedere Schulwesen im Übergang vom 18. zum 19. Jh. Tübingen 1993.

– Ernst Hinrichs (Hrg.). Kultur und Gesellschaft in Nordwestdeutschland zur Zeit der Aufklärung II. Das niedere Schulwesen im Übergang vom vom 18. zum 19. Jahrhundert. Tübingen 1995.

Albrecht, Wolfgang (Hrg.). Das Angenehme und das Nützliche. Fallstudien zur literarischen Spätaufklärung in Deutschland. Tübingen 1997.

– Gefühl, Einbildungskraft, Gemeinsinn. Aspekte weiblicher Literatur und Aufklärung aus der Sicht Sophie La Roches. In: W.Albrecht 1997, 73–112.

Alikajew, Raschid. Entwicklungstendenzen der dt. Wissenschaftssprache der Frühaufklärung. In: Rudolf Große (Hrg.). Zur jüngeren Geschichte d. dt. Sprache. Leipzig 1987, 57–66.

Althaus, Hans Peter. Landsknechtssprache und Rotwelsch in Schlesien. Wencel Scherffers „Teutsche Ordonantz" 1652. In: Jahrbuch f. ostdt. Volkskunde 7, 1962/63, 66–91.

– Jüdisch-hessische Sprachbeziehungen. In: ZfMaF 30, 1963/64, 104–156.

– Jüdisch-deutsche Hochzeitscarmina. Gelehrtes Spiel und parodistischer Scherz im 18. Jh. In: Walter Röll/Simon Neuberg (Hrg). Jiddische Philologie. Festschrift für Erika Timm. Tübingen 1999, 285–314.

– *Zocker, Zoff & Zores.* Jiddische Wörter im Deutschen. München 2002.

– Kleines Lexikon deutscher Wörter jiddischer Herkunft. München 2003.

– *Chuzpe, Schmus & Tacheles.* Jiddische Wortgeschichten. München 2004.

Althaus/Henne/Wiegand s. LGL!

Althaus, Thomas. Das Uneigentliche ist das Eigentliche. Metaphorische Darstellung in der Prosa bei Lessing und Lichtenberg. Münster 1991.

Ammon, Ulrich/Norbert Dittmar/Klaus J. Mattheier/Peter Trudgill (Hrg.). Sociolinguistics/Soziolinguistik. Bd.I Berlin/New York 1987. Bd. II Berlin/New York 1988. 2. neu bearb. und erw. Aufl.: Bd.I Berlin/New York 2004. Bd.II Berlin/New York 2005. Bd.III Berlin/New York 2006.

Anderegg, Johannes. Stilwandel und Funktionswandel. Zum Brief der Goethezeit. In: Fix/Lerchner 1996, 9–26.

Anderson, Benedict. Die Erfindung der Nation. Zur Karriere eines erfolgreichen Konzepts. Frankfurt a.M. 1988.

Andersson, Bo. Aspekte der Großschreibung bei Jacob Böhme. In: G.Brandt 1994–99, Bd.IV, 163–174.

Andersson, Sven-Gunnar. Zu den Kontextfaktoren bei der Weglassung der temporalen Hilfsverben *haben* und *sein* im älteren deutschen Nebensatz. In: Lindemann/Letnes 2004, 211–223.

Antilla, Harry. Prädikate und Satzmodelle in Zeitungstexten: Ein Beitrag zur historischen Syntax des Deutschen, gezeigt an der Leipziger Zeitung 1660–1914. Frankfurt a.M. 1997.

Arens, Hans. Verborgene Ordnung. Die Beziehungen zwischen Satzlänge und Wortlänge in dt. Erzählprosa vom Barock bis heute. Düsseldorf 1965.

Arndt, Erwin. Begründendes *da* neben *weil* im Neuhochdt. In: Beitr 82 (H), 1960, 242–260.

– Die Bedeutung von Sammlungs- und Auswahlprozessen im 16. und 17. Jh. für die Herausbildung einer einheitlichen Norm der dt. Literatursprache. In: R.Große 1990, 198–204.

Arnold, Antje. Rhetorik der Empfindsamkeit: Unterhaltungskunst im 17. und 18. Jahrhundert. Berlin/Boston 2012.

Arntzen, Helmut (Hrg.). Komödiensprache. Beiträge zum dt. Lustspiel zwischen dem 17. und dem 20. Jh. Münster 1983.

Arzberger, Steffen. The choice between German ans French for German nobility of the late 18th century. In: Elspaß 2007, 334–341.

Askedal, John Ole (Hrg.). Historische germanische und dt. Syntax. Frankfurt a.M. u.a. 1998.

Asmuth, B. Perspicuitas. In: Ueding 1992ff., Bd.VI, 2003, 814–874.

Auer, Anita/Jan Claas Freienstein. Language History from Below – Linguistic Variation in the Germanic Languages from 1700 – 2000. In: ZGL 34, 2006, 461–468.

Augst, Gerhard. Untersuchungen zum Morpheminventar der dt. Gegenwartssprache. Tübingen 1975.

– Sprachnorm und Sprachwandel. Vier Projekte zu diachroner Sprachbetrachtung. Wiesbaden 1977.

– Alternative Regeln zur graphischen Kennzeichnung des kurzen Vokals im Deutschen – ein historischer Vergleich. In: Gerhard Augst u.a. (Hrg.) Festschrift für Heinz Engels. Göppingen 1991, 320–344.

– Zwischen Silbengelenk- und Quantitätsmarkierung. Der Doppelkonsonantenbuchstabe im Deutschen. In: ZGL 33, 2005, 289–305.

Auroux, Sylvain u.a. (Hrg.). History of the Language Sciences/Geschichte der Sprachwissenschaften. Ein internationales Handbuch zur Entwicklung der Sprachforschung von den Anfängen bis zur Gegenwart. Bd.III. Berlin/New York 2004. (HSK 18/3).

Autenrieth, Tanja. Heterosemie und Grammatikalisierung bei Modalpartikeln. Eine synchrone und diachrone Studie anhand *eben*, *halt*, *e(cher)t*, *schlicht* und *glatt*. Tübingen 2002.

Axel, Katrin. Zur diachronen Entwicklung der syntaktischen Integration linksgerichteter Adverbialsätze im Deutschen. Ein Beispiel für syntaktischen Wandel. In: Beitr 124, 2002, 1–43.

Baasner, Frank. Der Begriff „Sensibilität“ im 18. Jh. Aufstieg und Niedergang eines Ideals. Heidelberg 1988.

Babel, Rainer/Jean-Marie Moeglin (Hrg.). Identité régionale et conscience nationale en France et en Allemagne du Moyen Age à l’époque moderne. Sigmaringen 1997.

Babenko, Natalja Segejevna. Einige Entwicklungstendenzen im Bereich des Satzgefüges in der dt. Sprache des 16. und 17. Jh. (am Material finaler Unterordnung). In: BEDS 8, 1988, 95–129.

Bach, Adolf. Deutsche Namenkunde. 5 Bde. Heidelberg 1952. 3. Aufl. 1978.

– Gesammelte Abhandlungen, hrg. v. H.M. Heinrichs u. R.Schützeichel. Bonn 1964.

– Geschichte der deutschen Sprache. 9. Aufl. Heidelberg 1970.

Bachem, Rolf. Einführung in die Analyse politischer Texte. München 1979.

Bader, Eugen. Rede-Rhetorik, Schreib-Rhetorik, Konversationsrhetorik. Eine historisch-systematische Analyse. Tübingen 1995.

Badstübner-Kizik, Camilla/Edmund Kizik. Sprachen lernen in der frühen Neuzeit. Polnisch- und Deutschunterricht in Danzig vor dem Hintergrund der „Vierzig Dialogi“ des Nicolaus Volckmar (1612). In: Studia Germanica Gedanensia 11, 2003, 25–51.

Bahlow, Hans. Deutsches Namenlexikon. Familien- und Vornamen nach Ursprung und Sinn erklärt. Bindlach 1988.

Bahner, Werner (Hrg.). Sprache und Kulturentwicklung im Blickfeld der dt. Spätaufklärung. Der Beitrag Johann Christoph Adelungs. Berlin 1984.

– Herders Sprachauffassung im Hinblick auf Condillac und Wilhelm v. Humboldt. In: Josef Niederehe/Konrad Koerner (Hrg.). History and historiography of linguistics. Amsterdam 1990, 2, 493–503.

Balázs, Sára. „Zu dieser unserer Zeit“. Eine Distributionsanalyse der Vergangenheitstempora in Grimmelshausens „Simplizissimus“. In: Jb. d. ungar. Germanistik 1998, 205–224.

Balode, Ineta. Jacob Langes lexikologische Konzeption und die deutsche Wörterbuchdiskussion im 18. Jahrhundert. In: G. Brandt 1994–99, Bd.IV, 195–210.

Bankhardt, Christina: Tütel, Tüpflein, Oberbeistrichlein. Der Apostroph im Deutschen. Mannheim 2010.

Bär, Jochen A. *Nation* und *Sprache* in der Sicht romantischer Schriftsteller und Sprachtheoretiker. In: Gardt 2000a, 199–228.

– Das „unbedeutende *E*“. Zum Phänomen der Synkope in Texten des späten 18. Jahrhunderts. In: Mattheier/Nitta 2004, 281–319.

Barbarić, Stjepan. Zur grammatischen Terminologie von Justus G. Schottelius und Kaspar Stieler. 2 Bde. Bern 1981.

Barbour, Stephen. „Uns knüpft der Sprache heilig Band“. Reflections on the role of language in German nationalism, past and present. In: Flood u.a. 1993, 313–332.

– Sprache und Nation im deutschsprachigen Raum aus der Sicht der englischsprachigen Wissenschaft. In: Cherubim u.a. 1998, 46–54.

Barke, Jörg. Die Sprache der Chymie. Am Beispiel von vier Drucken aus der Zeit zwischen 1574 und 1761. Tübingen 1991.

Barner, Wilfried. Barockrhetorik. Untersuchungen zu ihren geschichtlichen Grundlagen. Tübingen 1970. 2. Aufl. 2002.

– (Hrg.). Der literarische Barockbegriff. Darmstadt 1975.

Bartl, Andrea. Im Anfang war der Zweifel. Zur Sprachskepsis in der deutschen Literatur um 1800. Tübingen 2005.

Barthel, Marga. Das „Gespräch“ bei Wieland. Untersuchungen über Wesen und Form seiner Dichtung. Frankfurt a.M. 1939.

Barthold, Friedrich Wilhelm. Geschichte der Fruchtbringenden Gesellschaft. Berlin 1848. Neudruck Hildesheim 1969.

Barz, Irmhild/Ulla Fix/Marianne Schröder/Georg Schuppener (Hrg.). Sprachgeschichte als Textsortengeschichte. Festschrift für Gotthard Lerchner. Frankfurt 2000.

– /Marianne Schröder (Hrg.). Nominationsforschung im Dt. Festschrift für Wolfgang Fleischer. Frankfurt a.M. 1997.

– u.a. (Hrg.). Gotthard Lerchner – Schriften zum Stil. Vorträge zur Ehrung Gotthard Lerchners anl. s. 65. Geburtstages und Aufsätze des Jubilars. Leipzig 2002.

Baschewa, Emilia. Untersuchungen zur Diachronie des Konzessivsatzes im Neuhochdt. In: BEDS 3, 1983, 77–107.

Bassola, Peter. Adjektive mit passivischen Infinitivkonstruktionen und konjunktional eingeleitete Infinitivkonstruktionen in einem historischen Korpus. In: Ulrike Haß-Zumkehr u.a. (Hrg.). Ansichten der deutschen Sprache. Tübingen 2002, 1–20.

– Topologische Ordnung im Verbalkomplex der frühneuhochdeutschen Gliedsätze. In: Meier/Ziegler 2003, 187–198.

Battafarano, Italo Michele (Hrg.). Georg Philipp Harsdörffer. Ein deutscher Dichter und europäischer Gelehrter. Bern u.a. 1991.

Baudler, Georg. ‚Im Worte stehen‘. Das Sprachdenken J.G. Hamanns. Bonn 1970.

Baudusch[-Walker], Renate. Klopstock als Sprachwissenschaftler und Orthographiereformer. Ein Beitrag zur Geschichte der dt. Grammatik im 18. Jh. Berlin 1958.

– Zu den sprachwissenschaftlichen Grundlagen der Zeichensetzung. In: Dieter Nerius/Jürgen Scharnhorst (Hrg.). Theoretische Probleme der dt. Orthographie. Berlin 1980, 193–230.

– Klopstock und Adelung. Ein Beitrag zur Geschichte der Sprachwissenschaft im 18. Jh. In: Bahner 1984, 173-179.

Bauer, Gerhard. „Geschichtlichkeit“. Wege und Irrwege eines Begriffs. Berlin 1963.

– Namenkunde des Deutschen. Bern u.a. 1985. 2. Aufl.: Deutsche Namenkunde. Berlin 1998.

– „Di Fernunft Siget.“ Der kurpfälzische Universalgelehrte Johann Jakob Hemmer (1733–1790) und sein Werk. Bern u.a. 2010.

Bauer, Volker. Die höfische Gesellschaft in Deutschland von der Mitte des 17. bis zum Ausgang des 18. Jh. Tübingen 1993.

Baufeld, Christa. Kleines Frühneuhochdeutsches Wörterbuch. Lexik aus Dichtung und Fachliteratur. Tübingen 1996.

Baurmann, Jürgen/Hartmut Günther/Ulrich Knoop (Hrg.). Homo Scribens – Perspektiven der Schriftlichkeitsforschung. Tübingen 1993.

Bayer, Hans. Sprache als praktisches Bewußtsein. Philosophisch-wissenschaftliche Terminologie und Sprachhandlung bzw. konkrete fachliche Praxis. In: ZdPh 93, 1974, 321–342.

– Praxis – Sprache – Denkform. Zur frühen dt. Literatur- und Wissenschaftssprache. In: Beitr (T) 97, 1975, 396–439.

Bayerl, Günter. Die Anfänge der Technikgeschichtsschreibung bei Johann Beckmann und Johann Heinrich Moritz von Poppe. In: Wolfgang König/Helmuth Schneider (Hrg.): Die technikhistorische Forschung in Deutschland von 1800 bis zur Gegenwart. Kassel 2007, 13–32.

BBRS s. Besch/Betten/Reichmann/Sonderegger!

Beck, Georg. Die Sprache des jungen Wieland. Diss., Heidelberg 1913.

Becker Andrea. Populärmedizinische Vermittlungstexte. Studien zur Geschichte und Gegenwart fachexterner Vermittlungsvarietäten. Tübingen 2001.

Becker, Christoph. Sprachkonzeptionen der dt. Frühaufklärung. Wörterbuch und Untersuchung. Frankfurt a.M. 1998.

Becker, Peter. „Recht schreiben“ – Disziplin, Sprachbeherrschung und Vernunft. Zur Kunst des Protokollierens im 18. und 19. Jahrhundert. In: Niehaus/Schmidt-Hannisa 2005, 49–76.

Becker-Cantarino, Barbara. Der lange Weg zur Mündigkeit. Frauen und Literatur (1500–1800). Stuttgart 1987.

Beckmann, Sabine/Klaus Garber (Hrg.). Kulturgeschichte Preußens königlich polnischen Anteils in der Frühen Neuzeit. Tübingen 2005.

Beetz, Manfred. Frühmoderne Höflichkeit. Komplimentierkunst und Gesellschaftsrituale im altdeutschen Sprachraum. Stuttgart 1990.

– Soziale Kontaktaufnahme. Ein Kapitel aus der Rhetorik des Alltags in der frühen Neuzeit. In: Rhetorik 10, 1991, 30–44.

Behaghel, Otto. Deutsche Syntax. Eine geschichtliche Darstellung. 4 Bde. Heidelberg 1923ff. Neudruck 1989.

Beil-Schickler, Gudrun. Von Gryphius bis Hofmannswaldau. Untersuchungen zur Sprache der dt. Literatur im Zeitalter des Barock. Basel/Tübingen 1995.

Beißner, Friedrich. Studien zur Sprache des Sturms und Drangs. Eine stilistische Untersuchung der Klingerschen Jugenddramen. In: GRM 22, 1934, 417–429.

Bellmann, Günter. Eine Quelle der deutschen Sprachgeschichte des 17. und 18. Jahrhunderts. In: Besch 1990, 289–300.

Bendel, Sylvia. Werbeanzeigen von 1622 bis 1798. Entstehung und Entwicklung einer Textsorte. Tübingen 1998.

Bender, Helmut. Aus den ‚Veränderungen und Epochen der deutschen Hauptsprache‘ des Herrn Wilhelm Petersen anno 1787. In: ZdPh 97, 1978, 92–99.

Bender, Wolfgang. Johann Jacob Bodmer und Johann Jacob Breitinger. Stuttgart 1973.

Benthem, Barbara van. Die laienmedizinische Fachsprache im Spiegel therapeutischer Hausbücher des 18. Jh. Göppingen 1995.

Bentzinger, Rudolf. Sprachwandel in der Wortbildung, dargestellt am Gebrauch von Adjektivsuffixen. In: Proceedings of the 14th Intern. Congress of Linguists 1987, sect. 7, 1312–1314.

– Zur Verwendung von Adjektivsuffixen im Frühneuhochdeutschen. Ein Beitrag zur Diskussion der historischen Wortbildung. In: Besch 1990, 209–215.

– Zur Verwendung von Adjektivsuffixen in der dt. Literatursprache (1570–1730). In: Schildt 1992a, 119–226.

Benzing, Josef. Die Buchdrucker des 16. und 17. Jh. im dt. Sprachgebiet. 2. Aufl. Wiesbaden 1982.

Berend, Nina. Zur Geschichte und Gegenwart der deutschen Sprachinseln in Rußland und den Staaten der ehemaligen Sowjetunion. In: Nina Berend/Elisabeth Knipf-Kolósi (Hrg.). Sprachinselwelten. Frankfurt a.M. 2006, 77–88.

Berg, Britta/Peter Albrecht. Presse der Regionen Braunschweig-Wolfenbüttel, Hildesheim-Goslar. Kommentierte Bibliographie der Zeitungen, Zeitschriften [...] bis zum Jahre 1815. Stuttgart-Bad Cannstatt 2003.

Berger, Günter/Franziska Sick (Hrg.). Französisch-deutscher Kulturtransfer im Ancien Régime. Tübingen 2002.

Berger, Joachim. Anna Amalia von Sachsen-Weimar-Eisenach (1739–1807). Denk- und Handlungsräume einer ‚aufgeklärten' Herzogin. Heidelberg 2003.

Bergerfurth, Wolfgang. Sprachbewußtsein und Sprachwechsel in der französisch-reformierten Gemeinde Berlins ab dem Ende des 18. Jh. In: Dahmen u.a. 1993, 83–119.

Berghahn, Klaus L. Formen der Dialogführung in Schillers klassischen Dramen. Münster 1970.

– Das Pathetischerhabene. Schillers Dramentheorie. In: R.Grimm (Hrg.). Dt. Dramentheorien. Frankfurt a.M. 1971, 214–244.

Bergmann, Christian. Wortgebrauch und Textvergleich. Linguistische Studien zum künstlerischen Schaffen Goethes und Thomas Manns. Frankfurt a.M. u.a. 2005.

Bergmann, Gunter/Hartmut Wittkowski. Der dialektale Wortschatz Obersachsens in Johann Christoph Adelungs „Wörterbuch der hochdeutschen Mundart". In: Bahner 1984, 239–244.

Bergmann, Rolf. Zum Anteil der Grammatiker an der Normierung der neuhochdt. Schriftsprache. In: SpW 7, 1982, 261–281.

– Der rechte Teutsche Cicero oder Varro. Luther als Vorbild in den Grammatiken des 16. bis 18. Jh. In: SpW 8, 1983, 265–276.

– Zur Erforschung der dt. Orthographietheoretiker und Grammatiker des 16. bis 19. Jh. mit einem Beitrag von Carola Voigt. In: Studia Linguistica et Philologica, Festschr. K.Matzel. Heidelberg 1984, 225–234.

– Autonomie und Isonomie der beiden Wortbildungssysteme im Dt. In: SpW 23, 1998, 167–183. (=1998a.)

– Historische Wortbildungslehre und historische Lexikographie. Beobachtungen zu den *er*-Verben anhand der Neubearbeitung des ‚Deutschen Wörterbuchs'. In: Donhauser/Eichinger 1998, 399–407. (= 1998b.)

– Zur Herausbildung der dt. Substantivgroßschreibung. Ergebnisse des Bamberg-Rostocker Projekts. In: W.Hoffmann u.a. 1999, 59–79.

– Zum Problem der Produktivität europäischer Wortbildung im Deutschen. In: Habermann u.a. 2000, 103–114. (=2000a.)

– *Onkel* und *Tante*. Wortgeschichte, Wortschatzgeschichte und historische Lexikographie. In: GM 52, 2000, 115–124. (=2000b.)

– Wortbildung in einem historischen Neuhochdeutschen Wörterbuch. In: Habermann u.a. 2002, 365–380.

– Orthographiegeschichtliche Forschung zu Spätmittelalter und früher Neuzeit: Rückblick und Ausblick. In: Kurt Gärtner/Hans-Joachim Solms (Hrg.). *Von lon der wisheit*. Gedenkschrift für Manfred Lemmer. Sandersdorf 2009, 64–78.

– /Friedhelm Debus/Dieter Nerius (Hrg.). Documenta Orthographica. Quellen zur Geschichte der dt. Orthographie vom 16. Jh. bis zur Gegenwart. Hildesheim 1998ff.

– /Petra Ewald. Einführung zum Forschungsprojekt „Aufkommen und Durchführung des morphematischen Prinzips in der deutschen Orthographie 1500–1700". In: SpW 29, 2004, 3–15.
– /Dieter Nerius (Hrg.). Die Entwicklung der Großschreibung im Dt. von 1500 bis 1700. 2 Bde. Heidelberg 1997.
Berić-Djukić, Vesna. Ist die dt. Verbstellung dem lat. Einfluß zuzuschreiben? In: Wiesinger 1988, 219–226.
Bering, Dietz. Der Name als Stigma. Antisemitismus im deutschen Alltag 1812–1933. Stuttgart 1987.
– Die Namen der Juden und der Antisemitismus. In: Ernst Eichler u.a. 1996, 1300–1310.
Berner, Elisabeth. Sprachliche Inszenierung von Geschlechtlichkeit in Briefen von Kindern und Jugendlichen des 18. und 19. Jahrhunderts. In: Gisela Brandt (Hrg.). Vertextungsstrategien und Sprachmittelwahl in Texten von Frauen. Stuttgart 2002, 109–121.
Bernhart, Toni. Das wort- und satzsyntaktische Feld von ‚Einbildungskraft' in Goethes Gesamtwerk. In: Paragrana, Beiheft 2, 2006, 41–56.
Berns, J.J. Justus Georg Schottelius 1612–1671. Ein Teutscher Gelehrter am Wolfenbütteler Hof. Wolfenbüttel 1977.
BRS: s. Besch/Reichmann/Sonderegger!
Berthold, Christian. Zur Entstehung moderner Kulturtechniken des Lesens im 18. Jh. Tübingen 1993.
Besch, Werner. Zur Entstehung der neuhochdt. Schriftsprache. In: ZdPh 87, 1968, 405–426. Neudruck in: Besch 2003.
– Schriftsprache und Landschaftssprachen im Dt. Zur Geschichte ihres Verhältnisses vom 16. bis 19. Jh. In: RhVjbll 43, 1979, 323–343.
– Zur Entwicklung der dt. Interpunktion seit dem späten Mittelalter. In: Kathryn Smits u.a. (Hrg.). Interpretation und Edition dt. Texte des Mittelalters. Berlin 1981, 187–207.
– Dialekt, Schreibdialekt, Schriftsprache, Standardsprache. Exemplarische Skizze ihrer historischen Ausprägung im Dt. In: Besch u.a. 1982/83, 961–990.
– Sprachliche Änderungen in Lutherbibeldrucken des 16. bis 18. Jh. In: Schildt 1984, Bd.I, 108–133. Neudruck in: Besch 2003.
– Die Entstehung der deutschen Schriftsprache. Bisherige Erklärungsmodelle, neuester Forschungsstand. Opladen 1987. Neudruck in: Besch 2003.
– (Hrg.). Deutsche Sprachgeschichte. Grundlagen, Methoden, Perspektiven. Festschrift für Johannes Erben zum 65. Geburtstag. Frankfurt a.M. u.a. 1990.
– Die Bibel als Lehrbuch im Deutschunterricht. In: Burger 1992, 430–447.
– Hierarchie und Höflichkeit in der dt. Sprache. In: Joseph Kohnen/Hans-Joachim Solms/Klaus-Peter Wegera (Hrg.). Brücken schlagen ... „Weit draußen auf eigenen Füßen". Festschrift für Fernand Hoffmann. Frankfurt a.M. u.a. 1994, 247–260. Neudruck in: Besch 2003.
– 6 Thesen zur Sprengung der Raumfessel: Überregionalität in der Schriftlichkeit. In: Große/Wellmann 1996, 319–322. (=1996a.)
– Duzen, Siezen, Titulieren. Zur Anrede im Deutschen heute und gestern. Göttingen 1996. (=1996b.)
– Die Rolle Luthers in der dt. Sprachgeschichte. Heidelberg 1999. Neudruck in: Besch 2003.

– „... im Hochdeutschen veraltet, im allgemeinen Leben noch jetzt üblich". Veraltender Wortschatz in der Lutherbibel. In: Habermann u.a. 2000, 27–42. Neudruck in: Besch 2003.
– Lexikalischer Wandel in der Zürcher Bibel. Eine Längsschnittstudie. In: Ágel 2002, 279–296. Neudruck in: Besch 2003.
– Deutsche Sprache im Wandel. Kleine Schriften zur Sprachgeschichte. Frankfurt a.M. 2003.
– Die Piscatorbibel (1602–1604) – eine Übersetzung im dialectus superioris Germaniae. In: Mattheier/Nitta 2004, 177–190.
– „Vertikalisierung" und „Leitvarietät". Terminologie-Probleme im Blick auf die Entstehung der neuhochdeutschen Schriftsprache. In: ZdPh. 126, 2007,3, 411–419.
– Pro memoria: Oberdeutsche Wörter in der Bibel (Piscator 1602–1604) kurz vor ihrer Abwahl. In: Besch 2008a, 217–250. (=2008a.)
– Der *Schreiber* in vielfältiger Vermittlungsfunktion. in: ZdPh 127, 2008. Sonderheft, 209–224. (=2008b.)
– (Hrg.). Deutscher Bibelwortschatz in der frühen Neuzeit. Auswahl – Abwahl – Veralten. Frankfurt a.M. 2008. (=2008c.)
– /Anne Betten/Oskar Reichmann/Stefan Sonderegger (Hrg.). Sprachgeschichte. Ein Handbuch zur Geschichte der deutschen Sprache und ihrer Erforschung. (HSK). 2., vollständig neubearbeitete und erweiterte Aufl. 2 Teilbde. Berlin/New York 1998, 2000ff [abgek.: BBRS].
– /Ulrich Knoop/Wolfgang Putschke/Herbert Ernst Wiegand (Hrg.). Dialektologie. Ein Handbuch zur dt. u. allg. Dialektforschung. Berlin/New York 1982/83.
– /Oskar Reichmann/Stefan Sonderegger (Hrg.). Sprachgeschichte. Ein Handbuch zur Geschichte der dt. Sprache und ihrer Erforschung. Berlin/New York 1984/85 [abgek.: BRS].
– /Hans Joachim Solms (Hrg.). Regionale Sprachgeschichte. Berlin 1998 (Sonderheft ZdPh 117).
– /Klaus Peter Wegera (Hrg.). Frühneuhochdeutsch. Zum Stand der sprachwissenschaftlichen Forschung. Berlin 1987 (Sonderheft ZdPh 106).
– /Norbert R. Wolf 2009. Geschichte der deutschen Sprache. Längsschnitte – Zeitstufen – Linguistische Studien. Berlin 2009.

Best, Karl-Heinz. Das Fremdwort aus der Sicht der Quantitativen Linguistik. In: Sigurd Wichter/Oliver Stenschke (Hrg.). Theorie, Steuerung und Medien des Wissenstransfers. Frankfurt a.M. 2004, 89–99.

Betten, Anne. Grundzüge der Prosasyntax. Stilprägende Entwicklungen vom Althochdt. zum Neuhochdt. Tübingen 1987.
– Lancelot-Roman, Luther-Bibel, Lessing-Dramen. Beispiele neuer sprachhistorischer Arbeitsweisen. München 1988 (Eichstätter Hochschulreden 64).
– Norm und Spielraum im dt. Satzbau. Eine diachrone Untersuchung. In. Mattheier/Nitta/Ono 1993, 125–146.
– (Hrg.). Neuere Forschungen zur historischen Syntax des Deutschen. Referate der Internat. Fachkonferenz Eichstätt 1989. Tübingen 1990.

Beutin, Wolfgang. Das Weiterleben alter Wortbedeutungen in der neueren dt. Literatur bis gegen 1800. Hamburg 1972.

Bialas, Volker. Allgemeine Wissenschaftsgeschichte. Philosophische Orientierungen. Wien/Köln 1990.

Bichel, Ulf. Problem und Begriff der Umgangssprache in der germanistischen Forschung. Tübingen 1973.
– Beobachtungen und Überlegungen zum Thema „Missingsch". Sprachform und literarische Verwendung. In: Wolfgang Kramer u.a. (Hrg.). Gedenkschrift für Heinrich Wesche. Neumünster 1979, 7–29.
Bily, Inge. Zu den Ortsnamen des altsorbischen Gebiets. In: Friedhelm Debus (Hrg.). Namen in sprachlichen Kontaktgebieten. Hildesheim 2004, 237–288.
Bircher, Martin (Hrg.). Die Fruchtbringende Gesellschaft. Quellen und Dokumente in 4 Bänden. München 1970ff.
– /Klaus Conermann (Hrg.). Die deutsche Akademie des 17. Jh.: Fruchtbringende Gesellschaft. Kritische Ausgabe der Briefe, Beilagen und Akademiearbeiten, Dokumente und Darstellungen, im Auftrag der Herzog August Bibliothek hrg. Tübingen 1991ff.
– /Ferdinand van Ingen (Hrg.). Sprachgesellschaften, Sozietäten, Dichtergruppen. Hamburg 1978.
Birtsch, Günter. Der Idealtyp des aufgeklärten Herrschers. Friedrich der Große, Karl Friedrich von Baden und Joseph II. im Vergleich. In: Günter Birtsch (Hrg.). Der Idealtyp des aufgeklärten Herrschers. Hamburg 1987, 9–47.
– (Hrg.). Reformabsolutismus im Vergleich. Hamburg 1996.
Birus, Henrik. Poetische Namengebung. Zur Bedeutung der Namen in Lessings „Nathan der Weise". Göttingen 1978.
Bister-Broosen, Helga (Hrg.). Beiträge zur historischen Stadtsprachenforschung. Wien 1999.
Biszczanik, Marek. Der Sprachwandel im Bereich der frühneuhochdeutschen Diphthonge. In: Michail L. Kotin u.a. (Hrg.). Das Deutsche als Forschungsobjekt und Studienfach [...]. Akten d. Intern. Fachtagung Zielona/Grünberg. Frankfurt a.M. 2006, 65–70.
– Kanzleien und Kanzleisprachen des Mittelalters und der Frühen Neuzeit als Träger des Sprachausgleichs und der Sprachkontakte. In: Iwona Bartoszewicz u.a. (Hrg.). Fundamenta linguisticae. Linguistische Treffen in Wrocław, Bd.I. Dresden 2007, 55–60.
Bittner, Dagmar. Was motiviert die partielle Unflektiertheit des indefiniten Artikels? Markiertheitstheoretische und sprachhistorische Überlegungen. In: ZGL 34, 2006, 354–373.
Blackall, Eric A. Die Entwicklung des Dt. zur Literatursprache 1700–1775. Mit einem Bericht über neue Forschungsergebnisse 1955–1964 von Dieter Kimpel. Stuttgart 1966.
Blanco, Carmen Mellado. Historische Entwicklung der dt. Paarformeln mit semantischen Komponenten. In: NphM 99, 1998, 285–295.
Blickle, Peter. Studien zur geschichtlichen Bedeutung des deutschen Bauernstandes. Stuttgart 1989.
Blühm, Elger/Elise Bogel (Hrg.). Die dt. Zeitungen des 17. Jh. Ein Bestandsverzeichnis mit historischen und bibliographischen Angaben. 2 Bde. Bremen 1971.
– /Rolf Engelsing. Die Zeitung. Deutsche Urteile und Dokumente von den Anfängen bis zur Gegenwart. Bremen 1967.
Blume, Herbert. Die Morphologie von Zesens Wortneubildungen. Gießen 1967.
– Sprachgesellschaften und Sprache. In: Bircher/van Ingen (Hrg.) 1978, 39–52. (=1978a.)

– Sprachtheorie und Sprachenlegitimation im 17. Jh. in Schweden und in Kontinentaleuropa. In: Arkiv för nordisk filologie 93, 1978, 205–218. (=1978b.)

– Gesprochenes Hochdeutsch in Braunschweig und Hannover. Zum Wandel ostfälischer Stadtsprachen vom 18. bis ins 20. Jh. In: Braunschweigische Heimat 73, 1987, 1, 21–32.

– Die Sprachgesellschaften des 17. Jh. in der Sicht des Allgemeinen Deutschen Sprachvereins. In: Klaus Garber (Hrg.). Europäische Barock-Rezeption. Wiesbaden 1991, 605–616.

– „Ich gehe nach Kröpcke".– Der Funktionswandel der lokalen Präposition *nach* im norddeutschen Hochdeutsch vom 18. bis ins 21. Jahrhundert, vor seinem niederdeutschen Hintergrund betrachtet. In: Andrea Hübener/Erich Unglaub (Hrg.). Kuriosum als Erkenntnis. Flensburg 2002, 13–21.

Bödeker, Hans Erich (Hrg.). Lesekulturen im 18. Jahrhundert. Hamburg 1992.

– (Hrg.). Begriffsgeschichte, Diskursgeschichte, Metapherngeschichte. Göttingen 2002.

– /Ernst Hinrichs (Hrg.). Alphabetisierung und Literalisierung in Deutschland in der Frühen Neuzeit. Tübingen 1999.

Bodi, Leslie. Tauwetter in Wien. Zur Prosa der österreichischen Aufklärung 1781–1795. Frankfurt a.M. 1977.

– Sprachregelung als Kulturgeschichte. Sonnenfels: Über den Geschäftsstil (1784) und die Ausbildung der österreichischen Mentalität. In: Gotthard Wunberg/Dieter Binder (Hrg.). Pluralität. Wien 1996, 122–153.

Boer, Pim den. Vergleichende Begriffsgeschichte dargestellt am Beispiel *Demokratie*. In: Reichardt 1998, 61–67.

Boeters, Max. Die Geschichte der deutschen *halb*-Zahlwörter. Untersuchungen zur Neubesetzung eines lexikalischen Feldes und zur Univerbierung syntaktischer Gruppen. Heidelberg 2006.

Bogacki, Jarosław. „Die Schlesischen Provinzialblätter" (1785–1849) als Gegenstand sprachhistorischer Untersuchung. In: Ďurčo u.a. 2009, 249–256.

Bogner, Ralf G. Die Bezähmung der Zunge. Literatur und Disziplinierung der Alltagskommunikation in der frühen Neuzeit. Tübingen 1997.

Bogner, Stephan. Periphrastische Futurformen im Frühneuhochdeutschen. 2. Aufl. Wien 1996.

Böhm, Manuela. Sprachenwechsel. Akkulturation und Mehrsprachigkeit der Brandenburger Hugenotten vom 17. bis 19. Jahrhundert. Berlin 2010.

– Sprachwechsel in der Stadt und auf dem Land – Struktur und Dynamik des Sprachkontakts bei Brandenburger Hugenotten vom 17. bis 19. Jahrhundert. In: Elspaß/Negele 2011, 163–187.

– /Joachim Gessinger. Schriftwechsel. In: OBST 66, 2003, 11–48.

Bohn, Cornelia. Schriftlichkeit und gesellschaftliche Evolution. Kommunikation und Sozialität der Neuzeit. Opladen/Wiesbaden 1998.

Bohnen Klaus/Sven-Age Jörgensen (Hrg.). Zentren der Aufklärung IV. Der dänische Gesamtstaat. Kopenhagen – Kiel – Altona. Tübingen 1992.

Boiunga, Klaudius. Die Entwicklung der nhd. Substantivflexion ihrem inneren Zusammenhange nach in Umrissen dargestellt. Leipzig 1890.

Boková, Hildegard. Zu sprachlichen Hilfsmitteln für Kanzleitexte. Glossare älterer deutscher Sprachstufen aus dem 17. und 18. Jahrhundert. In: Meier/Ziegler 2003, 97–109.

– Zur Erforschung des Frühneuhochdeutschen in Böhmen, Mähren und in der Slowakei. Wien 2004.

Böning, Holger. Die Entdeckung des niederen Schulwesens in der deutschen Aufklärung. In: Albrecht/Hinrichs 1995, 75–108.

– /Reinhard Sieger (Hrg.). Volksaufklärung. Bibliographisches Handbuch. Bd.I. Stuttgart-Bad Cannstadt 1990.

Booij, Geert E. u.a. (Hrg.). Morphologie/Morphology. Ein internationales Handbuch zur Flexion und Wortbildung. Bd.II. Berlin/New York 2004.

Bopp, Monika. Die ‚Tannengesellschaft': Studien zu einer Straßburger Sprachgesellschaft von 1633–1670. Frankfurt a.M. u.a. 1998.

Borchmeyer, Dieter. Tragödie und Öffentlichkeit. Schillers Dramaturgie im Zusammenhang seiner ästhetisch-politischen Theorien und die rhetorische Tradition. München 1973.

Born, Renate. The evolution of modern standard German. In: Max Reinhart (Hrg.). Early modern German literature, 1350–1700. Rochester 2007, 89–136.

Boros, Gábor. Sprache und Vernunft in der Auseinandersetzung zwischen Locke und Leibniz über die Moral. In: Munz/Neumer 2005, 37–49.

Borst, Arno. Der Turmbau von Babel. Geschichte der Meinungen über Ursprung und Vielfalt der Sprachen und Völker. 4 Bde. Stuttgart 1957–1963.

– Die Geschichte der Sprachen im abendländischen Denken. In: WW 10, 1960, 129–143.

Brackhane, Fabian: Wolfgang von Kempelen oder: Sprachforschung und Sprachsynthese im 18. Jahrhundert. In: Sprachreport 27, 2011,1, 18–23.

Brandt, Gisela. Möglichkeiten der sozial differenzierten Beschreibung von Sprachgebrauch und Sprachwandel über sozial differenzierte Quellentextkorpora. In: G.Brandt 1994–99, Bd.I, 27–36.

– Systemausgleich in der Verbflexion in der bäuerlichen Sprachinsel Prišib/Aleksejevka. In: G.Brandt 1994–99, Bd.IV, 211–228.

– (Hrg.). Historische Soziolinguistik des Deutschen. 4 Bde. Stuttgart/Frankfurt a.M. 1994–1999.

– (Hrg.). Bausteine zu einer Geschichte des weiblichen Sprachgebrauchs. 4 Bde. Stuttgart 1994–2000.

Brandt, Wolfgang. Das Wort „Klassiker". Eine lexikologische und lexikographische Untersuchung. Wiesbaden 1976 (ZDL, Beiheft, N.F. Nr. 21).

– Lexikalische Tendenzen in der Gesetzessprache des 18. bis 20. Jh., dargestellt am Scheidungsrecht. In: Munske u.a. 1988, 119–150. (=1988a.)

– Die Wortlänge in der Gesetzessprache des 18. bis 20. Jh. In: Wolfgang Brandt/Rudolf Freudenberg (Hrg.). Sprache in Vergangenheit und Gegenwart. Marburg 1988, 108–121. (=1988b.)

Braubach, Max. Vom Westfälischen Frieden bis zur Französischen Revolution. 7. Aufl. München 1985. (= Gebhardt, Bd.X.)

Braun, Christian. Zur Sprache der Freimaurerei. Eine textsortenspezifische und lexikalisch-semantische Untersuchung. Berlin 2004.

Braun, Peter (Hrg.). Fremdwort-Diskussion. München 1979.

– Internationalismen und Europäismen. Eine lexikologische Analyse. In: Sprachreport 4, 1999, 20–25.

– /Burkhard Schaeder/Johannes Volmert (Hrg.). Internationalismen. Studien zur interlingualen Lexikologie und Lexikographie. Tübingen 1990.

Braune, Wilhelm. Über die Einigung der deutschen Aussprache. Akademische Rede. Heidelberg 1904.

Braungart, Georg. Hofberedsamkeit. Studien zur Praxis höfisch-politischer Rede im deutschen Territorialabsolutismus. Tübingen 1988.

Braungart, Wolfgang. Kleine Apologie des Kitsches. In: SuL 28, 1997, H. 79, 3–17.

Bray, Laurent. Matthias Kramer et la lexicographie du français en Allemagne au XVIIIe siècle. Avec une édition des textes métalexicographiques de Kramer. Tübingen 2000.

Brechenmacher, Josef Karlmann. Etymologisches Wörterbuch der deutschen Familiennamen. 2 Bde. Limburg 1957–1963.

Brecht, Martin/Klaus Deppermann (Hrg). Der Pietismus vom siebzehnten bis zum frühen achtzehnten Jahrhundert. Geschichte des Pietismus, Bd.I. Göttingen 1993. Bd.II Göttingen 1995.

Bredel, Ursula. Zur Geschichte der Interpunktionsprinzipien des Deutschen. Dargestellt an der Kodifizierung des Punktes. In: ZGL 33, 2005, 179–211.

Brednow, Walter. Beinamen in wissenschaftlichen Gesellschaften und Zirkeln. In: Archiv für Kulturgeschichte 48, 1966, 242–261.

Brekle, Herbert E. Randbedingungen und Gesetzmäßigkeiten im historischen Entwicklungsprozeß unserer Buchstabenformen. In: OBST 56, 1998, 1–10.

– /Edeltraud Dobnig-Jülch/Hans Jürgen Höller/Helmut Weiss (Hrg.). Bio-bibliographisches Handbuch zur Sprachwissenschaft des 18. Jh. 8 Bde. Tübingen 1992–2005.

Bremer, Ernst/Reiner Hildebrandt (Hrg.). Stand und Aufgaben der dt. Dialektlexikographie. Berlin/New York 1996.

Bremmer, Rolf H./Thomas S.B. Johnston/Oebele Vries (eds.). Approaches to Old Frisian philology. Amsterdam 1998.

Brendel, Bettina/Regina Frisch/Stephan Moser/Norbert R. Wolf. Wort- und Begriffsbildung in frühneuhochdeutscher Wissensliteratur. Substantivische Affixbildung. Wiesbaden 1997.

Brenner, Michael (Hrg.). Jüdische Sprachen in deutscher Umwelt. Hebräisch und Jiddisch von der Aufklärung bis ins 20. Jahrhundert. Göttingen 2002.

Breuer, Dieter. Die Auseinandersetzung mit dem oberdt. Literaturprogramm im 17. Jh. In: Archiv für Kulturgeschichte 53, 1971, 53–92.

– Oberdeutsche Literatur 1565–1650. Deutsche Literaturgeschichte und Territorialgeschichte in frühabsolutistischer Zeit. München 1979.

– Geschichte der literarischen Zensur in Deutschland. Heidelberg 1982.

– Deutsche Nationalliteratur und katholischer Kulturkreis. In: Garber 1989, 701–715.

Briese, Olaf. Die Macht der Metaphern. Blitz, Erdbeben und Kometen im Gefüge der Aufklärung. Stuttgart 1998.

Brinker-Gabler, Gisela (Hrg.). Deutsche Literatur von Frauen. Bd.I: Vom Mittelalter bis zum Ende des 18. Jh. München 1988.

Brockmeyer, Rainer. Geschichte des deutschen Briefes von Gottsched bis zum Sturm und Drang. Diss., Münster 1961.

Brooks, Thomas. Vom Vorreiter zum Nachzügler. Überlegungen zum Prestigeverlust der Kanzleisprache am Übergang vom 17. zum 18. Jahrhundert. In: Alexander Schwarz/ Laure Abplanalp Luscher (Hrg.). Textallianzen am Schnittpunkt der germanistischen Disziplinen. Bern 2001, 291–302.

– Untersuchungen zur Syntax in oberdeutschen Drucken des 16. bis 18. Jahrhunderts. Frankfurt a.M. 2006.

Brox, Franz. Die Einführung der neuhochdt. Schriftsprache in Münster, hrg. v. Robert Peters. Bielefeld 1994.

BRS s. Besch u.a. 1984/85!

Bruch, Robert. Grundlegung einer Geschichte des Luxemburgischen. Luxemburg 1953.

Brückner, Dominik. Geschmack. Untersuchungen zu Wortsemantik und Begriff im 18. und 19. Jahrhundert. Gleichzeitig ein Beitrag zur Lexikographie von Begriffswörtern. Berlin 2003.

– Mikrostrukturen im Klassikerwörterbuch. In: Lexicographica 20, 2004/05, 145–163.

– /Ulrich Knoop. Das Klassikerwörterbuch. Begründung und Erläuterung eines digitalen Wörterbuchprojekts zum differenten Wortschatz in der klassischen Literatur. In: ZGL 32, 2004, 62–86.

Brüggemann, Diethelm. Vom Herzen direkt in die Feder. Die Deutschen in ihren Briefstellern. München 1968.

– Die sächsische Komödie. Studien zum Sprachstil. Köln 1970.

Brunner, Otto/Werner Conze/Reinhart Koselleck (Hrg.). Geschichtliche Grundbegriffe. Historisches Lexikon zur politisch-sozialen Sprache in Deutschland. 7 Bde. Stuttgart 1972–1992.

Brunner, Volker Fritz. Bibliographie der alchemistischen Literatur. 2 Bde. München 2004, 2006.

Brunot, Ferdinand. Histoire de la langue française des origines à 1900. Bd.VIII, 1: Le français dans les divers pays d'Europe. Paris 1934.

Brunt, Richard James. The influence of the French language on the German vocabulary (1649–1735). Berlin/New York 1983.

Budde, Bernhard. Aufklärung als Dialog. Wielands antithetische Prosa. Tübingen 2000.

Budziak, Renata. Zur Alltagskommunikation mit Anderssprachigen in der frühen Neuzeit. Polnisch-deutsches Gesprächsbüchlein aus dem 16. Jahrhundert. In: Studia niemcoznawcze 37, 2008, 541–554.

– Deutsch als Fremdsprache in Polen. Sprachlehrbücher aus dem 16. bis 18. Jahrhundert. Wiesbaden 2010.

Bues, Almut/Rex Rexhäuser (Hrg.) Mittelalterliche nationes – neuzeitliche Nationen. Probleme der Nationenbildung in Europa. Wiesbaden 1995.

Bühler, Karl. Sprachtheorie. Die Darstellungsfunktion der Sprache. Jena 1934. Neudruck Stuttgart 1982.

Bulicke, Inge. Zur Geschichte der Kirchensprache in Ostfriesland seit der Reformation. Leer 1979.

Bulitta, Brigitte. Zur Herkunft und Geschichte von Spielbezeichnungen. Am Beispiel traditioneller Bewegungsspiele. Kassel 2000.

Burdach, Konrad. Studentensprache und Studentenlied in Halle vor 100 Jahren. Halle 1894.

– Die Sprache des jungen Goethe. In: K.Burdach. Vorspiel II. Halle 1926, 38–60.

Burger, Harald. Interjektionen. In: Sitta 1980, 53–69.

– Mediensprache. Eine Einführung in Sprache und Kommunikationsformen der Massenmedien. 3. Aufl. Berlin/New York 2005.

– (Hrg.). Verborum Amor. Studien zur Geschichte und Kunst der dt. Sprache. Festschrift für Stefan Sonderegger. Berlin/New York 1992.
– /Elvira Glaser (Hrg.). Stefan Sonderegger. Germanica selecta. Ausgewählte Schriften zur germanischen und deutschen Philologie zum 75. Geburtstag des Autors. Tübingen 2002.
– /Peter Zürrer. Französische und italienische Einflüsse auf die deutsche Phraseologie – Wann es sie gab und ob es sie heute noch gibt. In: Jarmo Korhonen u.a. (Hrg.). Phraseologie global – areal – regional. Akten der Konferenz EUROPHRAS 2008, 13.–16.08.2008 in Helsinki. Tübingen 2010, 73–90.
Burmester, Ute. Schlagworte der frühen dt. Aufklärung. Exemplarische Textanalyse zu Gottfried Wilhelm Leibniz. Frankfurt a.M. 1992.
Busch, Wilhelm. Die dt. Fachsprache der Mathematik. Ihre Entwicklung und ihre wichtigsten Erscheinungen mit besonderer Rücksicht auf Johann Heinrich Lambert. Giessen 1933.
Büscher, Elisabeth. Ossian in der Sprache des 18. Jh. Köslin 1937.
Busse, Dietrich. Historische Semantik. Analyse eines Programms. Stuttgart 1987.
– *Hailig Reich, Teutsch Nacion, Tutsche Lande*. Zur Geschichte kollektiver Selbstbezeichnungen in frühneuhochdeutschen Urkundentexten. In: Dietrich Busse u.a. (Hrg.). Begriffsgeschichte und Diskursgeschichte. Opladen 1994, 168–298.
– /Fritz Hermanns/Wolfgang Teubert (Hrg.). Begriffsgeschichte und Diskursgeschichte. Opladen 1994.
– /Thomas Niehr/Martin Wengeler (Hrg.). Brisante Semantik. Neuere Konzepte und Forschungsergebnisse einer kulturwissenschaftlichen Linguistik. Tübingen 2005.
Bußmann, Hadumod. Lexikon der Sprachwissenschaft. Stuttgart 1983. 4. Aufl. 2008.
Bußmann, Klaus/Elke Anna Werner (Hrg.). Europa im 17. Jahrhundert. Ein politischer Mythos und seine Bilder. Stuttgart 2004.
Butschky, Samuel. Der Hóchdeutsche Schlüszel zur Schreibrichtigkeit oder Rechtschreibung (1648). Hrg. v. Claudine Moulin. Hildesheim 2007.
Butz, Georg. Grundriß der Sprachgeschichte Berlins. In: Dittmar/Schlobinski 1988, 1–40.

Calvör, Wilhelm. Der metaphorische Ausdruck des jungen Wieland. Eine Studie zur Geschichte des poetischen Sprachgebrauches im 18. Jh. Diss., Göttingen 1906.
Campe, Rüdiger. Affekt und Ausdruck. Zur Umwandlung der literarischen Rede im 17. und 18. Jh. Tübingen 1990.
Carlsson, Anni. Die deutsche Buchkritik von der Reformation bis zur Gegenwart. Bern/München 1969.
Carmesin, Dagmar. Das Fremdwort bei Johann Beer. Ein Beitrag zur dt. Wort- und Sachgeschichte. München 1992.
Caughey, Rachel K.A. The influence of French on the German vocabulary 1736–1815. A critical study of the literature with special reference to the ‚Deutsches Fremdwörterbuch'. M.A. thesis, University of Auckland, 1989, N.Z. (Typoskript).
Chan, Sze-Mun. Genusintegration. Eine systematische Untersuchung zur Genuszuweisung englischer Entlehnungen in der deutschen Sprache. München 2005.
Chartier, Roger. Buch und Lektüre in der frühen Neuzeit. Frankfurt a.M. 1990.
Cherubim, Dieter. Rituell formalisierte Syntax in Texten des 16. und 19. Jh. In: Betten 1990, 269–281.

– Elias Caspar Reichard. Sprachwissenschaft und Sprachkritik im frühen 18. Jh. In: Dutz 1993, 23–46.
– „Deutsche Philologie" im 18. Jahrhundert. Sprachtheorie, Sprachkritik, Sprachgeschichte. Am Beispiel der Universität Göttingen. In: Reinhard Lauer (Hrg.). Philologie in Göttingen. Göttingen 2001, 25–56.
– /Siegfried Grosse/Klaus J. Mattheier (Hrg.). Sprache und bürgerliche Nation. Beiträge zur dt. und europäischen Sprachgeschichte des 19. Jh. Berlin/New York 1998.
– /Karlheinz Jakob/Angelika Linke (Hrg.). Neue deutsche Sprachgeschichte. Mentalitäts-, kultur- und sozialgeschichtliche Zusammenhänge. Berlin/New York 2002.
– /Klaus J. Mattheier (Hrg.). Voraussetzungen und Grundlagen der Gegenwartssprache. Sprach- und sozialgeschichtliche Untersuchungen zum 19. Jh. Berlin/New York 1989.
– /Ariane Walsdorf. Sprachkritik als Aufklärung. Die Deutsche Gesellschaft in Göttingen im 18. Jahrhundert. 2., verb. u. erw. Aufl. Göttingen 2005.

Chirita, Diana. Latin influence on German word order. A discussion of Behaghel's theory. In: Irmengard Rauch/Gerald F. Carr (eds.). Insights in Germanic linguistics. Bd.II. Berlin u.a. 1997, 9–27.

Cho, Jun-Ku. Infinitivkonstruktionen im Deutschen. Sprachsystem und Sprachentwicklung seit dem 18.Jh. Frankfurt a.M. u.a. 1999.

Christensen, Birgit. Ortsnamen in den Kämmereirechnungen der Stadt Tondern beim Wechsel von der niederdeutschen zur hochdeutschen Schriftsprache im 17. Jahrhundert. In: NdW 40, 2000, 105–118.

Cimino, Paola. Fremdsprachenerwerb in der Berufsbildung von Söhnen patrizischer Unternehmerfamilien aus der Deutschschweiz um 1800. In: Häberlein/Kuhn 2010, 149–163.

Cirko, Lesław. Zur lexikographischen Erfassung ausgewählter grammatischer Kategorien bei Adelung, Grimms und Duden. In: Czachur/Czyżewska 2008, 59–73.

Clauss, Elke. Liebeskunst. Der Liebesbrief im 18. Jh. Stuttgart 1993.

Conermann, Klaus (Hrg.). Briefe der Fruchtbringenden Gesellschaft und Beilagen. Die Zeit Fürst Ludwigs v. Anhalt-Köthen, Bd.III. Tübingen 2003.

Cornelissen, Georg. Das Niederländische im preußischen Gelderland und seine Ablösung durch das Deutsche. Untersuchungen zur niederrheinischen Sprachgeschichte der Jahre 1770–1870. Bonn 1986.
– Kleine niederrheinische Sprachgeschichte (1300–1900). Eine regionale Sprachgeschichte für das deutsch-niederländische Grenzgebiet zwischen Arnheim und Krefeld. Kleve 2003.

Coseriu, Eugenio. Geschichte der Sprachphilosophie. Von den Anfängen bis Rousseau. Neubearb. u. erw. v. Jörn Albrecht. Tübingen 2003.

Craig, Gordon A. Die Politik der Unpolitischen. Deutsche Schriftsteller und die Macht 1770–1871. München 1993.

Crosland, Maurice P. Historical Studies in the Languages of Chemistry. London usw. 1962.

Currie, Pamela. Literature as Social Action. Columbia 1995.

Czachur, Waldemar/Marta Czyżewska (Hrg.). Vom Wort zum Text. Studien zur deutschen Sprache und Kultur. Festschrift f. Józef Wiktorowicz zum 65. Geburtstag. Warszawa 2008.

Czok, Karl. Am Hofe Augusts des Starken. Leipzig 1989.
Czyżewska, Marta. Einige historische Bemerkungen zum Begriff *Zeitung*. In: Orbis linguarum 22, 2002, 121–129.
– Musik oder Tonkunst? Die italienische Entlehnung in der Fachsprache der Musik im Lichte eines Verdeutschungswörterbuchs vom Ende des 19. Jahrhunderts. In: K.Grzywka (Hrg.). Kultur – Literatur – Sprache. Warszawa 2007, 945–955.

Dahmen, Wolfgang/Günter Holtus/Johannes Kramer/Michael Metzeltin/Otto Winkelmann (Hrg.). Das Französische in den deutschsprachigen Ländern. Tübingen 1993.
Dal, Ingerid. Kurze deutsche Syntax auf historischer Grundlage. 3. Aufl. Tübingen 1966.
Dammers, Ulf/Walter Hoffmann/Hans-Joachim Solms. Flexion der starken und schwachen Verben. Heidelberg 1986. (Moser/Stopp/Besch (Hrg.). Grammatik des Frühneuhochdt. Bd.IV).
Daniels, Karlheinz. Erfolg und Mißerfolg der Fremdwortverdeutschung. Schicksal der Verdeutschungen von J.H. Campe. In: MS 69, 1959, 46–54, 105–114, 141–146. Nachdr. in: Braun 1979, 145–181.
Dann, Otto (Hrg.). Lesegesellschaften und bürgerliche Emanzipation. Ein europäischer Vergleich. München 1981.
– Nation und Nationalismus in Deutschland 1770–1990. München 1993.
– (Hrg.). Vereinswesen und bürgerliche Gesellschaft in Deutschland. München 1984.
Dascal, Marcelo/Dietfried Gerhardus/Kuno Lorenz/Georg Meggle (Hrg.). Sprachphilosophie. Ein internationales Handbuch zeitgenössischer Forschung. Berlin/ New York. 2 Bde. 1992.
Davies, Máire C. (ed.). „Proper words in proper places“. Studies in lexicology and lexicography. Stuttgart 2001.
Davies, Winifred V./Nils Langer. The Making of Bad Language. Lay Linguistic Stigmatisations in German: Past and Present. Frankfurt a.M. u.a. 2006.
– „Gutes“ Deutsch – „Schlechtes“ Deutsch von 1600 bis 2005. In: Sprachreport 22, 2006,3, 2–9.
Debus, Friedhelm. Namensoziologie als liguistisches Hilfsmitel. In: Handelingen van het XXVIe Vlaams Filologencongres 1967, 285–299.
– Deutsche Namengebung im Wandel. Dargestellt am Beispiel Schleswig-Holsteins. In: Beiträge zur Namenforschung 4, 1976, 388–410.
– Deutsche Dialektgebiete in älterer Zeit. Probleme und Ergebnisse ihrer Rekonstruktion. In: Werner Besch u.a. (Hrg.). Dialektologie (HSK). Berlin/New York 1983, 930–960.
– Deutsch-slawischer Sprachkontakt im Lichte der Ortsnamen. Mit bes. Berücksichtigung des Wendlandes. Neumünster 1993.
– Kleinere Schriften. 2 Bde. Ausgewählt und Herausgegeben von Hans-Dieter Grohmann und Joachim Hartig. 2 Bde. Hildesheim usw. 1997.
– Krieg und Frieden in deutschen Siedlungs- und Flurnamen, mit bes. Berücksichtigung Hessens. In: Gerd Richter u.a. (Hrg.). Raum Zeit, Medium – Sprache und ihre Determinanten. Darmstadt 2000, 11–36.

– Die Entwicklung der deutschen Familiennamen in sozioökonomischer Sicht. In: Wilfried Seibicke/Michael Wolffsohn (Hrg.). Name und Gesellschaft. Mannheim u.a. 2001, 166–178.
– Namen in literarischen Werken. (Er)Findung – Form – Funktion. Mainz/Stuttgart 2002.
– „Herrn D. Martin Luthers Seel. Vielfaeltig verlangtes Namen-Buechlein (...) herauß gegeben Von M.Gottfried Wegener (...) 1674". Unvorgreifliche Gedanken zu Autor und Herausgeber. In: Beiträge zur Namenforschung 38, 2003, 1–24.
– Zu slawischen und slawisch-deutschen Siedlungs- und Flurnamen Wagriens. In: Dieter Stellmacher (Hrg.). Sprachkontakte. Niederländisch, deutsch und slawisch östlich von Elbe und Saale. Frankfurt a.M. 2004, 301–322. (=2004a.)
– (Hrg.). Namen in sprachlichen Kontaktgebieten. (Deutsche Namenforschung auf sprachgeschichtlicher Grundlage 1). Hildesheim 2004. (=2004b.)
– Zwischen Mundart und Hochsprache. Ein Beitrag zur Stadtsprache – Stadtmundart und Umgangssprache. In: GL 202–205. 2010, 101–163.
– /Wilfried Seibicke (Hrg.). Reader zur Namenkunde II: Anthroponymie. Hildesheim u.a. 1993.
Deckstein, Brigitte. Der Wortgebrauch in der erzählenden Jugendliteratur von 1780 bis 1830. Frankfurt a.M. 1985.
Demske[-Neumann], Ulrike. Charakteristische Strukturen von Satzgefügen in den Zeitungen des 17. Jh. In: Betten 1990, 239–252.
– Zur Geschichte der *-ung*-Nominalisierung. Ein Wandel morphologischer Produktivität. In: Beitr 122, 2000, 365–411.
– Merkmale und Relationen. Diachrone Studien zur Nominalphrase im Deutschen. Berlin u.a. 2001.
– Symmetrische und asymmetrische Koordination im Frühneuhochdeutschen. In: Czachur/Czyżewska 2008, 299–309.
Dengler, Walter. Johann Christoph Adelungs Sprachkonzeption. Frankfurt a.M. 2003.
Denkler, Markus. Sterbfallinventare. Text- und variablenlinguistische Untersuchungen zum Schreibsprachenwechsel in Westfalen (1500–1800). Köln u.a. 2006.
– Schreibsprachenwechsel und morphologischer Wandel. Zur Substantivdeklination in westfälischen Nachlassinventaren der Frühen Neuzeit. In: Moulin/Ravida/Ruge 2010, 201–221. (= 2010a.)
– Adjektive in Inventarlisten – Beobachtungen zur Syntax und zum Textsortenwandel. In: Ziegler 2010, Bd.I, 261–276. (=2010b.)
– /Stephan Elspaß: Perspektiven ländlicher Schriftlichkeit. Ein münsterländisches Anschreibebuch aus der zweiten Hälfte des 17. Jahrhunderts. In: Robert Damme/Norbert Nagel (Hrg.): „westfeles vnde sassesch". Festgabe für Robert Peters zum 60. Geburtstag. Bielefeld 2004, 181–206.
Dentler, Sigrid. Gab es den Präteritumsschwund? In: Askedal 1998, 133–147.
Desportes, Yvon. Das System der räumlichen Präpositionen im Dt. Strukturgeschichte vom 13. bis zum 20. Jh. Heidelberg 1984.
– (Hrg.). Konnektoren im älteren Deutsch. Akten des Pariser Kolloquiums März 2002. Heidelberg 2003.
Deutsche Wortbildung. Typen und Tendenzen ... s. DW!
DFWB = Deutsches Fremdwörterbuch, begr. v. Hans Schulz, fortgeführt von Otto Basler, weitergeführt im Institut für deutsche Sprache. 7 Bde. Straßburg/Berlin/New York 1913–1988. 2. Aufl., völlig neubearb. im IdS. 1995ff.

DGW = Duden. Das große Wörterbuch der dt. Sprache in sechs Bänden. Mannheim/Wien/Zürich 1976–1981.

Di Meola, Claudio. The rise of the prepositional genetive in German – a grammaticalization phenomenon. In: Lingua 114, 2004, 779–807.

Dieckmann, Walther. Information oder Überredung. Zum Wortgebrauch der politischen Werbung in Deutschland seit der Französischen Revolution. Marburg 1964.

– Sprache in der Politik. Einführung in die Pragmatik und Semantik der politischen Sprache. Heidelberg 1969. 2. Aufl. 1975.

– Streiten über das Streiten. Normative Grundlagen polemischer Metakommunikation. Tübingen 2005.

Diedrichs, Eva Pauline. Johann Bödikers Grundsätze der dt. Sprache. Mit den Bearbeitungen von Johann Leonhard Frisch und Johann Jakob Wippel. Heidelberg 1983.

– Die orthographischen Regeln im Wohlgebahnten Weg zur Teutschen Poesie des Johann Joachim Statius (1716). In: SpW 9, 1984, 126–138.

Diekmannshenke, Hajo. Auf den Spuren Müntzers? Beobachtungen zum Schlagwortgebrauch deutscher Jakobiner. In: MS 103, 1993, 41–49.

– Politische Kommunikation im historischen Wandel. Tübingen 2006.

Diercks, Willy. Niederdeutsch in der Stadt Schleswig. Zu Attitüden und zur Sprachverwendung. Stuttgart 1994.

Dill, Gerhard. Johann Christoph Adelungs Wörterbuch der ‚Hochdeutschen Mundart'. Untersuchungen zur lexikographischen Konzeption. Frankfurt a.M. u.a. 1992.

Dingeldein, Heinrich J. Dialektlexikographie in der Diskussion. In: Hans Friebertshäuser (Hrg.). Lexikographie der Dialekte. Tübingen 1986, 221–229.

– Die deutsche Sprache und ihre Erscheinungsformen in Rumänien. Historische Grundlegung und aktuelle Entwicklungstendenzen. In: Nina Berend/ Elisabeth Knipf-Komlósi (Hrg.). Sprachinselwelten. Frankfurt a.M. 2006, 57–75.

Dittmar, Norbert/Peter Schlobinski (Hrg.). Wandlungen einer Stadtsprache. Berlinisch in Vergangenheit und Gegenwart. Berlin 1988.

Djubo, Boris. Tradition und Wandlungsprozesse in der Grammatikographie der ersten Hälfte des 17. Jahrhunderts. Zu Christian Gueintz' Grammatik. In: WBN 35,2, 2008, 93–114.

Doerfert, Regina. Die Substantivableitung mit *-heit/-keit, -ida, -î* im Frühneuhochdeutschen. Berlin/New York 1994.

Donalies, Elke. Das Konfix. Zur Definition einer zentralen Einheit der deutschen Wortbildung. In: P.O.Müller 2005, 179–198.

Donhauser, Karin. Das Deskriptionsproblem und seine präskriptive Lösung. Zur grammatikologischen Bedeutung der Vorreden in den Grammatiken des 16. bis 18. Jh. In: SpW 14, 1989, 29–57.

– Das Genitivproblem und (k)ein Ende? Anmerkungen zur aktuellen Diskussion um die Ursachen des Genitivschwundes im Dt. In: Askedal 1998, 69–86.

– /Ludwig M. Eichinger (Hrg.). Deutsche Grammatik – Thema in Variationen. Festschr. f. Hans Werner Eroms. Heidelberg 1998.

Döring, Brigitte. Zum Zusammenhang von Sprachgeschichte und Geschichte der Gesellschaft bei. J. Chr. Adelung und J. Grimm. In: ZfG 5, 1984, 159–167. (=1984a.)

– Johann Christoph Adelung zum Verhältnis von Geschichte der Gesellschaft und Sprachgeschichte. In: Bahner 1984, 205–211. (=1984b.)
– Fachtexte als Gegenstand der Sprachgeschichte. In: Deutsche Sprache und Literatur in Mittelalter und früher Neuzeit. Jena 1989, 35–42.
– „Ein Mann, der recht zu wirken denkt, muß auf das beste Werkzeug halten". Reflexionen Goethes über die Sprache. In: M.Moritz (Hrg.). Goethe trifft den gemeinen Mann. Köln usw. 1999, 112–121.
Döring, Detlef. Die Philosophie Gottfried Wilhelm Leibniz' und die Leipziger Aufklärung in der ersten Hälfte des 18. Jahrhunderts. Leipzig 1999.
– Die Geschichte der Deutschen Gesellschaft in Leipzig. Von der Gründung bis in die ersten Jahre des Seniorats Gottscheds. Tübingen 2002.
– /Kurt Nowak (Hrg.). Gelehrte Gesellschaften im mitteldeutschen Raum (1650–1820). Stuttgart 2002.
Dorchenas, Ingeborg. Etymologie und Syntax der Konjunktion *daß* in der deutschen Grammatik von ihren Anfängen bis 1800 vor dem Hintergrund antiker und moderner *daß*-Forschung. Berlin 2005.
Dorn, Nico/Lena Oetjens/Ulrich J. Schneider. Die sachliche Erschließung von Zedlers *Universal-Lexicon*. Einblicke in die Lexikographie des 18. Jahrhunderts. In: Das achtzehnte Jh. 32, 2008,1, 96–125.
DPhA = Deutsche Philologie im Aufriß. Hrg. v. Wolfgang Stammler. 3 Bde. 2. Aufl. Berlin 1957ff.
Dreifuß, Erwin M. Die Familiennamen der Juden unter besonderer Berücksichtigung der Verhältnisse in Baden zu Anfang des 19. Jahrhunderts. Ein Beitrag zur Geschichte der Emanzipation. Frankfurt a.M. 1927.
Dressler, Stephan/Burkhard Schaeder (Hrg.). Wörterbücher der Medizin. Beiträge zur Fachlexikographie. Tübingen 1994.
Dreyer, Wolfgang. Wandlungen in Lebensgefühl und Sprachgestaltung J.C. Günthers unter besonderer Berücksichtigung der Bildlichkeit. Diss., Frankfurt 1951 (Typoskript).
Droese, Detlef. Lessing und die Sprache. Diss., Zürich 1968.
Drozd, Lubomir/Wilfried Seibicke. Deutsche Fach- und Wissenschaftssprache. Bestandsaufnahme – Theorie – Geschichte. Wiesbaden 1973.
Dückert, Joachim. Naturwissenschaftliche und technische Fachlexik. In: Schildt 1981, 99–189.
– Zur Bedeutungsdarstellung in Adelungs Wörterbuch. In: Bahner 1984, 224–232.
– (Hrg.). Zur Ausbildung der Norm der dt. Literatursprache auf der lexikalischen Ebene (1470–1730). Berlin 1975. 2. Aufl. 1981.
Duden-Wörterbuch s. DGW!
Dülmen, Richard van. Die Gesellschaft der Aufklärer. Zur bürgerlichen Emanzipation und aufklärerischen Kultur in Deutschland. Frankfurt a.M. 1986.
– 1990–94. Kultur und Alltag in der Frühen Neuzeit. 16.–18. Jahrhundert. 3 Bde. München 1990–1994.
Durrell, Martin. Nationalism and the history of the German national language. Theodors Fring's theories of the origin of standard German. In: Davies 2001, 195–212.
– /Astrid Ensslin/Paul Bennett. Zeitungen und Sprachausgleich im 17. und 18. Jahrhundert. In: ZdPh 127, 2008, Sonderheft, 263–279. (=2008a.)

– /Astrid Ensslin/Paul Bennett. Zur Standardisierung der Adjektivflexion im Deutschen im 18. Jahrhundert. In: Czachur/Czyżewska 2008, 259–267. (=2008b.)

Dutt, Carsten (Hrg.). Herausforderungen der Begriffsgeschichte. Heidelberg 2003.

Dutz, Klaus D. (Hrg.). Sprachwissenschaft im 18. Jahrhundert. Münster 1993.

DW = Deutsche Wortbildung. Typen und Tendenzen in der Gegenwartssprache s. Kühnhold/Wellmann 1973, Wellmann 1975, Kühnhold u.a. 1978; 1984.

Dyck, Joachim. Ticht-Kunst. Deutsche Barockpoetik und rhetorische Tradition. 2. Aufl. Bad Homburg 1969. 3. Aufl. 1990.

– u.a. (Hrg.). Rhetorik. Bd.X: Rhetorik der frühen Neuzeit. Tübingen 1991.

Ebeling, Rudolf A. Zum Niederländischen als Kultursprache in Ostfriesland. In: NdW 40, 2000, 77–86.

Eberle, Friedrich/Theo Stammen (Hrg.). Die Französische Revolution in Deutschland. Zeitgenössische Texte dt. Autoren. Augenzeugen, Pamphletisten, Publizisten, Dichter und Philosophen. Stuttgart 1989.

Ebert, Robert P. Historische Syntax des Deutschen. Stuttgart 1978.

– Historische Syntax des Deutschen II.: 1300–1750. Bern u.a. 1986.

– /Oskar Reichmann/Klaus-Peter Wegera (Hrg.). Frühneuhochdeutsche Grammatik. Tübingen 1993.

Ebrecht, Angelika/Regina Nörtemann/Herta Schwarz (Hrg.). Brieftheorie des 18. Jh. Stuttgart 1990.

Eder, Ulrike. „Auf die mehrere Ausbreitung der teutschen Sprache soll fürgedacht werden ...". Deutsch als Fremd- und Zweitsprache im Unterrichtssystem der Donaumonarchie zur Regierungszeit Maria Theresias und Josephs II. Innsbruck u.a. 2006.

Efing, Christian. Jenisch unter Schaustellern. Mit einem Glossar aus schriftlichen Quellen. Wiesbaden 2004.

– /Corinna Leschber (Hrg.). Geheimsprachen in Mittel- und Südosteuropa. Frankfurt a.M. 2009.

Eggers, Eckhard. Die Rolle Regensburgs bei der Entstehung des Jiddischen. In: Näßl 2002, 127–137.

Eggers, Hans. Deutsche Sprachgeschichte. 4 Bde. Reinbek 1963–77. Neubearb. 1986.

Ehlers, Klaas-Hinrich. Raumverhalten auf dem Papier. Der Untergang eines komplexen Zeichensystems dargestellt an Briefstellern des 19. und 20. Jahrhunderts. In: ZGL 32, 2004, 1–31.

Ehlich, Konrad. Greek and Latin as a permanent source of scientific terminology: The German case. In: P.O.Müller 2005, 109–134.

– Rhetorik und Dialektik der Aufklärung. Erfahrungswiederholung und Wiederholungserfahrung. In: Helmuth Feilke/Clemens Knobloch/Paul L. Völzing (Hrg.). Was heißt linguistische Aufklärung? Sprachauffassungen zwischen Systemvertrauen und Benutzerfürsorge. Heidelberg 2007, 21–37.

– /Jakob Ossner/Harro Stammerjohann (Hrg.). Hochsprachen in Europa. Entstehung, Geltung, Zukunft. Freiburg i.Br. 2001.

Ehrhard-Macris, Anne-Françoise. Sprachreflexion im 18. Jahrhundert im Hinblick auf Herder (1744–1803) und Humboldt (1767–1835): der Hintergrund ihrer Sprachauffassungen. In: Nouveaux cahiers d'allemand 20, 2002, 439–466.

Eibl, Karl. Sprachkultur im 18. Jh. Über die Erzeugung von Gesellschaft durch Literatur. In: Rainer Wimmer (Hrg.). Sprachkultur. Jahrbuch 1984 des IdS. Düsseldorf 1985, 108–124.

– (Hrg.). Empfindsamkeit. Hamburg 2001.

– (Hrg.). Frühaufklärung. Hamburg 2005.

– u.a. (Hrg.). Aufklärung und Anthropologie. Hamburg 2002.

Eichinger, Ludwig. Der Kampf um das Hochdeutsche. Zum 200. Todestag des oberpfälzischen Sprachforschers C.F. Aichinger (1717–1782). In: SpW 8, 1983, 188–206.

– Von der Heldensprache zur Bürgersprache. Wandel der Sprechweisen über Sprache im 18. Jh. In: WW 40, 1990, 74–94.

– Nominale Wortbildung in Sachtexten des 18. Jahrhunderts. In: Habermann u.a. 2002, 341–364.

– Grammatik als Frucht bringende Ergötzung. Zur Entwicklung der neuhochdeutschen Syntax. In: Eva Breindl u.a. (Hrg.). Grammatische Untersuchungen, Analysen und Reflexionen. Festschr. f. Gisela Zifonun. Tübingen 2006, 513–532.

– Aichinger, Gottsched und das Süddeutsche. In: Peter Ernst (Hrg.). Bausteine zur Wissenschaftsgeschichte von Dialektologie/Germanistischer Sprachwissenschaft im 19. und 20. Jahrhundert. Beiträge zum 2. Kongress der Internationalen Gesellschaft für Dialektologie des Deutschen, Wien, 20.–23. September 2006. Wien 2008, 9–21.

Eichler, Ernst. Der slawische Anteil am deutschen Ortsnamenschatz. In: Onomastica Slavogermanica 11, 1976, 7–15.

– u.a. (Hrg.). Namenforschung. Ein internationales Handbuch zur Onomastik (HSK). 3 Bde. Berlin/New York 1995/96.

Eichler, Ingrid/Gunther Bergmann. Zum Meißnischen Deutsch. Die Beurteilung des Obersächsischen vom 16. bis zum 19. Jh. In: Beitr (H) 89, 1967, 1–75.

Eichner, Heiner (Hrg.). Sprachnormung und Sprachplanung. Festschr. f. Otto Back. Wien 1997.

Eickmans, Heinz. Zur regionalen Sprachgeschichte der nördlichen Rheinlande. In: ZdPh 117, Sonderheft 1998, 36–49.

– Aspekte der niederrheinischen Sprachgeschichte im 17. Jahrhundert. In: Macha/Neuß/Peters 2000, 209–222.

Eins, Wieland (Hrg.). Wissen schaffen – Wissen kommunizieren. Wissenschaftssprache in Geschichte und Gegenwart. Wiesbaden 2011.

Eis, Gerhard. Mittelalterliche Fachliteratur. 2. Aufl. Stuttgart 1967.

Eisenberg, Peter. „Ohne Beinkleider zu gehen, soll Leuten sehr dienlich sein, die sich verändern wollen". Georg Christoph Lichtenberg und die neue Ortokrafi. In: Habermann u.a. 2000, 59–68.

– Die grammatische Integration von Fremdwörtern. Was fängt das Deutsche mit seinen Latinismen und Anglizismen an?. In: Gerhard Stickel (Hrg.). Neues und Fremdes im deutschen Wortschatz. Berlin/New York 2001, 183–209.

– Orthographie ohne Literalität. Blinde Flecken der Rechtschreibreform. In: ZGL 34, 2006, 131–154.

– Das Fremdwort im Deutschen. Berlin u.a. 2011.

Eisenstein, Elizabeth. The printing press as an agent of change. Communication and cultural transformations in early-modern Europe. Cambridge 1979.

Eisermann, Sonja. Berufsbezeichnungen für Frauen seit dem 16. Jahrhundert, eine Darstellung anhand von historischen und Gegenwarts-Wörterbüchern. In: G.Brandt 1994–99, Bd.IV, 275–290.
Elmentaler, Michael. Probleme der Rekonstruktion stadtsprachlicher Schreibsysteme am Beispiel Duisburgs. In: ZDL 60, 1993, 1–20.
– Struktur und Wandel vormoderner Schreibsprachen. Berlin 2003.
– Prinzipien und Motive des Schreibens in vormoderner Zeit: In: Glaser/Seiler/ Waldispühl 2011, 17–29. (=2011a.)
– Zur Pragmatisierung der Sprachgeschichte. Eine Standortbestimmung anhand neuerer Sprachgeschichten des Deutschen. In: OBST 78, 2011, 23–36. (=2011b.)
– (Hrg.). Regionalsprachen, Stadtsprachen und Institutionssprachen im historischen Prozess. Wien 2000.
Elmevik, Lennart/Stefan Mähl/Kurt Erich Schöndorf (Hrg.). Niederdeutsch in Skandinavien V und VI. Akten d. Nord. Symposions Niederdeutsch in Skandinavien Sigtuna 2001 (...) Frankfurt a.M. u.a. 2005.
Elspaß, Stephan. Zur rheinischen Sprachgeschichte von 1700 bis 1900. In: Macha/Neuß/Peters 2000, 247–276.
– Standardisierung des Deutschen. Ansichten aus der neueren Sprachgeschichte ‚von unten'. In: Ludwig M. Eichinger/Werner Kallmeyer (Hrg.). Wieviel Variation verträgt die deutsche Sprache?. Berlin 2005, 63–99.
– u.a. Historical Sociolinguistics Network (HiSoN). In: ZGL 34, 2006, 406–408.
– (Hrg.). Germanic language histories „from below" (1700–2000). Berlin 2007.
– Mittelneuhochdeutschen (bis ca. 1950) zum Gegenwartsdeutsch. In: ZDL 75, 2008, 1–20.
– Zum Verhältnis von „Nähegrammatik" und Regionalsprachlichkeit in historischen Texten. In: Ágel/Hennig 2010, 65–83.
– /Markus Denkler. Regionale Umgangssprache in Briefen westfälischer Amerikaauswanderer. In: NdW 43, 2003, 131–164.
– /Nicola McLelland. Linguistic Purism in the Germanic Languages. Conference at the University of Bristol April 9–11, 2003. In: ZGL 31, 2003, 310–316.
– /Michaela Negele (Hrg.). Sprachvariation und Sprachwandel in der Stadt der Frühen Neuzeit. Heidelberg 2011.
Elter, Irmgard. Die Entwicklung des Deutschen zur Schrift- und Standardsprache. In: Prospero 9, 2002, 143–156.
Emmerig, Hubert. Glossar zur Münztechnik und Münzverwaltung in Spätmittelalter und früher Neuzeit. Zum frühneuhochdeutschen Wortschatz in ausgewählten Quellen (14. bis 17. Jahrhundert). Hrg. v. Reiner Cunz. Braunschweig 2006.
Engelen, Bernhard. Gerichtlich angeordnet werden. Zur Geschichte der agentiven Verwendung eines Adjektivs. In: MS 101, 1991, 348–355.
Engelhardt, Ulrich. „Bildungsbürgertum". Begriffs- und Dogmengeschichte eines Etiketts. Stuttgart 1986.
– Das dt. Bildungsbürgertum im Jahrhundert der Nationalsprachenbildung. In: Cherubim/Mattheier 1989, 57–72.
Engels, Heinz. Die Sprachgesellschaften des 17. Jh. Gießen 1983.
Engelsing, Rolf. Analphabetentum und Lektüre. Zur Sozialgeschichte des Lesens in Deutschland zwischen feudaler und industrieller Gesellschaft. Stuttgart 1973.
– Der Bürger als Leser. Lesergeschichte in Deutschland 1500–1800. Stuttgart 1974.
– Sozial- und Wirtschaftsgeschichte Deutschlands. 2. Aufl. Göttingen 1976.

Engström-Persson, Gunhild. Zum Konjunktiv im Dt. um 1800. Uppsala 1979.
Ennen, Edith/Walter Janssen. Deutsche Agrargeschichte. Vom Neolithikum bis zur Schwelle des Industriezeitalters. Wiesbaden 1979.
Epting, Karl. Der Stil in den lyrischen und didaktischen Gedichten Friedrich von Hagedorns. Ein Beitrag zur Stilgeschichte der Aufklärungszeit. Stuttgart 1929.
Erämetsä, Erik. Englische Lehnprägungen in der dt. Empfindsamkeit des 18. Jh. Helsinki 1955.
– Adam Smith als Mittler englisch-deutscher Spracheinflüsse. Helsinki 1961.
– Zum englischen Einfluß auf den dt. und niederländischen Wortschatz des 18. Jh. am Beispiel des Wortes „sentimental". In: Beitr (H) 93, 1972, 346–354.
Erben, Johannes. Zur Geschichte der dt. Kollektiva. In: Sprache – Schlüssel zur Welt. Düsseldorf 1959, 221–228.
– Einführung in die dt. Wortbildungslehre. Berlin 1975. 3. Aufl. 1993. (=1975a.)
– Zur Normierung der neuhochdt. Schriftsprache. In: Günter Bellmann u.a. (Hrg.). Festschrift für Karl Bischoff. Köln/Wien 1975, 117–129. (=1975b.)
– Die Entstehung unserer Schriftsprache und der Anteil deutscher Grammatiker am Normierungsprozeß. In: SpW 14, 1989, 6–28.
– Freundschaft – Bekanntschaft – Verwandtschaft. Zur Bezeichnungsgeschichte der Ausdrucksformen menschlicher Verbundenheit im frühen Neuhochdt. In: Mattheier u.a. 1993, 111–121.
Ernst, Peter. Altes und Neues zur Entstehung der neuhochdeutschen Schriftsprache. Entwicklungstendenzen vom 14. bis zum 17. Jahrhundert. In: Sprachtheorie und germanistische Linguistik 10,1, 2000, 3–38.
– /Franz Patocka (Hrg.). Deutsche Sprache in Raum und Zeit. Festschr. f. Peter Wiesinger. Wien 1998.
Eroms, Hans Werner. Funktionskonstanz und Systemstabilisierung bei den begründenden Konjunktionen im Dt. In: SpW 5, 1980, 73–115.
– Zur Entwicklung der Passivperiphrasen im Dt. In: Betten 1990, 82–97.
Ersch, Johann Samuel. Handbuch der deutschen Literatur seit der Mitte des 18. Jahrhunderts bis auf die neueste Zeit. Literatur der Medizin. 8 Bde. Leipzig 1822–40. Reprint Hildesheim 1965–83.
Eschmann, Jürgen (Hrg.). Hugenottenkultur in Deutschland. Tübingen 1989.
Eucken, Rudolf. Geschichte der philosophischen Terminologie, im Umriß dargestellt. Leipzig 1879. Nachdr. Hildesheim 1960.
Ewald, Petra. Johann Christoph Adelung als Orthograph. Beitrag zu einem Modell für die Analysen historischer Regelwerke der dt. Orthographie. Habil., Rostock 1991.
– Das „Grundgesetz der Deutschen Orthographie" bei Johann Christoph Adelung. Darstellung und Wertung. In: Nerius/Scharnhorst (Hrg.) 1992, 61–90.
– Das morphematische Prinzip bei den Grammatikern des 18. Jahrhunderts. In: SpW 29, 2004, 75–132. (=2004a.)
– Die Bemühungen um eine Reform der deutschen Orthographie in der zweiten Hälfte des 18. Jahrhunderts. 2 Bde. Hildesheim 2004. (=2004b.)
– Das orthographische Werk Adelungs – Deskription im Dienste der brandenburgischen Umgangssprache im 19. Jahrhundert. In: OBST 71, 2006, 33–51.
– /Karl Ernst Sommerfeldt (Hrg.). Beiträge zur Schriftlinguistik. Festschr. f. Dieter Nerius. Frankfurt a.M. u.a. 1995.

Fabian, Bernhard. Englisch als neue Fremdsprache des 18. Jh. In: Kimpel 1985, 178–196.

Familiennamenbuch der Schweiz. 6 Bde. Zürich 1968–1971.

Faninger, Kurt. Johann Siegmund Popowitsch. Ein österreichischer Grammatiker des 18. Jh. Frankfurt a.M. u.a. 1996.

Farkas, Reinhard. Heimatbegriffe und Heimatdiskurse im Wandel. Regionalismus – Nationalismus – Multikulturalismus. In: Oswald Panagl/Horst Stürmer (Hrg.). Politische Konzepte und verbale Strategien. Frankfurt a.M. 2002, 9–30.

Faßler, Manfred/Wulf Halbach (Hrg.). Geschichte der Medien. München 1997.

Fassbinder, Kurt M. Latinisierte Familien- und Berufsnamen. In: Mitteilungen der Westdeutschen Gesellschaft für Familienkunde 27, 1975, 11–16.

Faulstich, Katja. Die deutsche Sprachnation. Zur Entstehung kultureller Identität im deutschsprachigen Sprachnormierungsdiskurs des 18. Jahrhunderts. In: Ingo H. Warnke (Hrg.). Diskurslinguistik nach Foucault. Berlin 2007, 247–272.

– Konzepte des Hochdeutschen. Der Sprachnormierungsdiskurs im 18. Jahrhundert. Berlin u.a. 2008.

Faulstich, Werner. Medien zwischen Herrschaft und Revolte. Die Medienkultur der frühen Neuzeit (1400–1700). Göttingen 1998.

– Die bürgerliche Mediengesellschaft (1700–1830). Göttingen 2002.

– /Corinna Rückert. Mediengeschichte in tabellarischem Überblick von den Anfängen bis heute. 2 Teile. Bardowick 1993.

Fauser, Markus. Das Gespräch im 18. Jahrhundert. Rhetorik und Geselligkeit in Deutschland. Stuttgart 1991.

Feilke, Helmuth/Clemens Knobloch/Paul L. Völzing (Hrg.). Was heißt „linguistische Aufklärung"? Sprachauffassungen zwischen Systemvertrauen und Benutzerfürsorge. Heidelberg 2007. (=2007a.)

– /Clemens Knobloch/Paul L. Völzing (Hrg.). Was heißt „linguistische Aufklärung"? Sprachauffassungen zwischen Systemvertrauen und Benutzerfürsorge. In: Feilke u.a. 2007, 9–20. (=2007b.)

Feldbæk, Ole. Dänisch und Deutsch im dänischen Gesamtstaat im Zeitalter der Aufklärung. In: Bohnen/Jörgensen 1992, 7–22.

Feldmann, Wilhelm. Modewörter des 18. Jh. In: ZdWf 6, 1904/05, 101–119, 299–353.

– /Paul Pietsch. Wieland als Sprachreiniger. In: Wiss. Beihefte z. Zs. d. Allg. Dt. Sprachvereins. Reihe IV, 22, 1903, 58–66.

Fernandez-Bravo, Nicole. Geschichte der indirekten Rede im Dt. vom 17. Jh. bis zur Gegenwart. In: DS 2, 1980, 97–132.

Fertig, David. The *ge*-participle prefix in early new high German and the modern dialects. In: American Journal of German linguistics and literatures 10, 1998, 237–278.

Fertig, Ludwig (Hrg.). Die Volksschule des Obrigkeitsstaates und ihre Kritiker. Texte zur politischen Funktion der Volksbildung im 18. und 19. Jh. Darmstadt 1979.

Filatkina, Natalia. *Und es duencket einem noch / wann man euch ansiehet / daß ihr Sand in den Augen habt.* Phraseologismen in ausgewählten historischen Grammatiken des Deutschen. In: Földes, Csaba (Hrg.). Phraseologie disziplinär und interdisziplinär. Tübingen 2009, 15-31.

Filtzinger, Philipp L. Die Sentenzen in Schillers Versdramen. Gießen 1923.

Fischer, Annette. Varianten im Objektbereich genitivfähiger Verben in der dt. Literatursprache (1570–1730). In: Schildt 1992a, 273–342.

Fischer, Christian. Die Stadtsprache von Soest im 16. und 17. Jh. Variationslinguistische Untersuchungen zum Schreibsprachwechsel vom Niederdt. zum Hochdt. Köln u.a. 1998.
– Zwischen Vision und tradiertem Erzählstoff. Zur Schilderung der Teufelsbuhlschaft in Hexenverhörprotokollen des 16. und 17. Jahrhunderts. In: G.Brandt 1994–99, Bd.IV, 89–102.
Fischer, Ernst/Wilhelm Haefs/York-Gothart Mix (Hrg.). Von Almanach bis Zeitung. Ein Handbuch der Medien in Deutschland, 1700–1800. München 1999.
Fischer, Heinz-Dietrich (Hrg.). Deutsche Zeitungen des 17.–18. Jh. Pullach 1972. (=1972a.)
– (Hrg.). Deutsche Zeitschriften des 17.–18. Jh. Pullach 1972. (=1972b.)
– Handbuch der politischen Presse in Deutschland 1480–1980. Düsseldorf 1981.
Fischer, Helmut. Die ältesten Zeitungen und ihre Verleger. Augsburg 1936.
Fischer, Ludwig. Gebundene Rede: Dichtung und Rhetorik in der literarischen Theorie des Barock in Deutschland. Tübingen 1968.
Fischer, Paul. Goethe-Wortschatz. Ein sprachgeschichtliches Wörterbuch zu Goethes sämtlichen Werken. Leipzig 1929. Nachdruck Köln 1968.
Fischer, Rudolf/Ernst Eichler/Horst Naumann/Hans Walther. Namen deutscher Städte. Berlin 1963.
Fischer, Wladimir. Diglossie und Zweisprachigkeit im südlichen Innenösterreich, 1500–1700. In: Frühneuzeit-Info 12, 2001, 70–85.
Fix, Ulla/Gotthard Lerchner (Hrg.). Stil und Stilwandel. Frankfurt a.M. 1996.
Flämig, Walter. Untersuchungen zum Finalsatz im Dt. Synchronie und Diachronie. Berlin 1964.
Flamm, Traugott. Eine deutsche Sprachakademie. Gründungsversuche und Ursachen des Scheiterns (von den Sprachgesellschaften des 17. Jh. bis 1945). Frankfurt a.M. 1994.
Flasche, Hans/Utta Wawrzinek. Materialien zur Begriffsgeschichte. Eine Bibliographie dt. Hochschulschriften von 1900–1955. Bonn 1960.
Fleischer, Wolfgang. Zur Entstehung der deutschen Nationalsprache. In: Beitr (H) 84, 1962, 385–405.
– Die deutschen Personennamen: Geschichte, Bildung und Bedeutung. 2. Aufl. Berlin 1968.
– Tendenzen der dt. Wortbildung. In: DaF 9, 1972, 132–141.
– Zu Herders Auffassungen über Sprachgebrauch und Stil. In: J.G. Herder. Zum 175. Todestag. Berlin 1978, 183–192.
– Johann Christoph Adelungs Werk „Ueber den Deutschen Styl“. In: Bahner 1984, 180–190.
– Charakteristica frühnhd. Wortbildung. In: Wiesinger 1988, 185–191.
– Kommunikationsgeschichtliche Aspekte der Phraseologie. In: Hertel u.a. 1996, 283–297.
– /Gerhard Helbig/Gotthard Lerchner (Hrg.). Kleine Enzyklopädie Deutsche Sprache. Frankfurt a.M. 3., bearb. Ausgabe 2001.
Flemming, Willi/Ulrich Stadler. Barock. In: Maurer/Rupp 1974, Bd.II, 3–30.
Flood, John L. etc. (eds.). „Das unsichtbare Band der Sprache“. Studies in German Language and linguistic history in memory of Leslie Seiffert. Stuttgart 1993.
Florack, Ruth/Rüdiger Singer (Hrg.). Die Kunst der Galanterie: Facetten eines Verhaltensmodells in der Literatur der Frühen Neuzeit. Berlin 2012.

Fluck, Hans-R. Fachsprachen. Einführung und Bibliographie. München 3. Aufl. 1985.
Flury, Robert. Struktur und Bedeutungsgeschichte des Adjektiv-Suffixes *-bar*. Winterthur 1964.
Fobbe, Eilika. Die Indefinitpronomina des Deutschen. Aspekte ihrer Verwendung und ihrer historischen Entwicklung. Heidelberg 2004.
Föllner, Ursula. Wandel in Gebrauch und Semantik von Bezeichnungen für Anhänger progressiver politischer Richtungen vom Ende des 18. bis zur Mitte des 19. Jh. In: Langner/Berner 1991, 45–65.
Folsom, Marvin H. Die Stellung des Verbs in der dt. Bibelsprache von Luther bis heute. In: ZfG 6, 1985, 144–154.
Fonsén, Tuomo. *Kunstlöbliche Sprachverfassung unter den Teutschen*. Studium zum *Horrendum Bellum Grammaticale* des Justus Georg Schottelius (1673). Frankfurt a.M. u.a. 2006.
Forster, Leonhard. Fremdsprache und Muttersprache. Zur Frage der polyglotten Dichtung in Renaissance und Barock. In: Neophilologus 45, 1961, 177–195.
Fraas, Claudia. Karrieren geschichtlicher Grundbegriffe: FREIHEIT, GLEICHHEIT, BRÜDERLICHKEIT. In: Gudrun Loster-Schneider (Hrg.). Revolution 1848/49. Ereignis – Rekonstruktion – Diskurs. St. Ingbert 1999, 13–391.
Frączek, Agnieszka. Dictionarium Germanico-Polonicum Thorn 1700–1701. Versuch einer Analyse. In: Studia niemcoznawcze 34, 2007, 441–479.
Frank, Horst Joachim. Dichtung, Sprache, Menschenbildung. Geschichte des Deutschunterrichts von den Anfängen bis 1945. München 1976.
Frank, Thomas/Ursula Kocher/Ulrike Tarnow (Hrg.). Topik und Tradition. Prozesse der Neuordnung von Wissensüberlieferungen des 13. bis 17. Jahrhunderts. Göttingen 2007.
Franke, Hartwig. Zur inneren und äußeren Differenzierung dt. Sondersprachen. In: ZDL 58, 1991, 57–62.
Franz, Günther. Geschichte des dt. Bauernstandes vom frühen Mittelalter bis zum 19. Jh. 2. Aufl. Stuttgart 1976.
Freitag, Ulrike Katrin. *Geputztes Blumwerk und buntschäkkiger Wörterkram*. Sprachkritik in den „Wöchentlichen Wahrheiten" (1782–84). Frankfurt a.M. u.a. 2007.
Frese, Karin. Wie Eltern von sich reden machen. Sprachliche Analyse von Geburtsanzeigen in Tageszeitungen zwischen 1790 und 1985. Heidelberg 1987.
Fricke, Corinna. Zwischen Leibniz und Humboldt! Zur Stellung des sprachwissenschaftlichen Werkes von Karl Philipp Moritz im geistigen Leben des ausgehenden 18. Jh. Berlin 1990.
Friedrich, Hans-Edwin. „Ewig lieben", zugleich aber „menschlich lieben"? Zur Reflexion der empfindsamen Liebeskonzeption von Gellert und Klopstock zu Goethe und Jacobi. In: Eibl 2001, 103–147.
– „Geordnete Freiheit". Zur anthropologischen Verankerung der Verslehre in der poetologischen Diskussion des 18. Jahrhunderts. In: Eibl u.a. 2002, 7–22.
– „Nur der wahre Weltbürger kann ein guter Staatsbürger sein". Zur Reflexion des Bürgerbegriffs im Werk Christoph Martin Wielands. In: Friedrich/Jannidis/Willems 2006, 149–170.
– /Fotis Jannidis/Marianne Willems (Hrg.). Bürgerlichkeit im 18. Jahrhundert. Tübingen 2006.
Frings, Theodor. Die Grundlagen des Meißnischen Deutsch. Halle 1936.
– Sprache und Geschichte. 3 Bde. Halle 1956.

– /Ludwig Erich Schmitt. Der Weg zur Hochsprache. In: Jb. d. dt. Sprache 2, 1944, 67–121.

Fritsch, Andreas. Zweck und Methode des Lateinlernens nach Friedrich Gedike (1754–1803). In: Hüllen/Klippel 2005, 63–90.

Fritz, Gerd. Zur Sprache der ersten periodischen Zeitungen. In: Besch 1990, 281–288.

– Deutsche Modalverben 1609 – epistemische Verwendungsweisen. Ein Beitrag zur Bedeutungsgeschichte der Modalverben im Deutschen. In: Beitr (T) 113, 1991, 28–52.

– /Thomas Gloning (Hrg.). Untersuchungen zur semantischen Entwicklungsgeschichte der Modalverben im Dt. Tübingen 1997.

– /Erich Straßner (Hrg.). Die Sprache der ersten dt. Wochenzeitungen im 17. Jh. Tübingen 1996.

Fritze, Marie-Elisabeth. Bezeichnungen für den Zugehörigkeits- und Herkunftsbereich beim substantivischen Attribut. In: Kettmann/Schildt 1976, 417–477.

– Bezeichnungen für den Zugehörigkeits- und Herkunftsbereich beim substantivischen Attribut. In: Kettmann/Schildt 1981, 417–476.

Frühsorge, Gotthardt. Die Einheit aller Geschäfte. Tradition und Veränderung des „Hausmutter"-Bildes in der deutschen Ökonomieliteratur des 18. Jahrhunderts. In: Schulz 1976, 137–158.

Fuchs, Albert. Les apports français dans l'œuvre de Wieland, de 1772 à 1789. Paris 1934.

Furger, Carmen. Briefsteller. Das Medium „Brief" im 17. und frühen 18. Jahrhundert. Köln 2010.

Furrer, Norbert. Die vierzigsprachige Schweiz. Sprachkontakte und Mehrsprachigkeit in der vorindustriellen Gesellschaft (15.–19. Jahrhundert). 2 Bde. Zürich 2002.

Fürst, Gebhard. Sprache als metaphorischer Prozeß. Johann Gottfried Herders hermeneutische Theorie der Sprache. Mainz 1988.

Gabrielsson, Artur. Die Verdrängung der mittelniederdeutschen durch die neuhochdeutsche Schriftsprache. In: Gerhard Cordes/Dieter Möhn (Hrg.). Handbuch der niederdeutschen Sprach- und Literaturwissenschaft. Berlin 1983, 119-135.

Gadamer, Hans Georg. Geschichtlichkeit. In: Religion in Geschichte und Gegenwart. Tübingen 1958, 1496–1498.

Gaier, Ulrich. Herders Sprachphilosophie und Erkenntniskritik. Stuttgart-Bad Cannstadt 1988.

Gajek, Bernhard. Sprache beim jungen Hamann. Bern 1967.

Ganz, Peter F. Der Einfluß des Englischen auf den dt. Wortschatz 1640–1815. Berlin 1957.

Garbe, Burckhardt. Das sog. „etymologische Prinzip" der deutschen Schreibung. In: ZGL 8, 1980, 197–210.

– Klopstocks Vorschläge zur Rechtschreibreform. In: Ulrich Dzwonek/Harro Zimmermann (Hrg.). Friedrich Gottlob Klopstock. München 1981, 45–58.

– (Hrg.). Die dt. Rechtschreibung und ihre Reform 1722–1974. Tübingen 1978.

– (Hrg.). Texte zur Geschichte der dt. Interpunktion und ihrer Reform 1462–1983. Hildesheim 1984.

Garber, Klaus (Hrg.). Nation und Literatur im Europa der Frühen Neuzeit. Tübingen 1989.

– /Heinz Wismann (Hrg.). Europäische Sozietätsbewegung und demokratische Tradition. Die europäischen Akademien der frühen Neuzeit zwischen Frührenaissance und Spätaufklärung. 2 Bde. Tübingen 1996.

Gardt, Andreas. *Nation*. In: Ammon u.a. 1987, 369–377.

– Sprachreflexion in Barock und Frühaufklärung. Entwürfe von Böhme bis Leibniz. Berlin/New York 1994.

– Das Konzept der ‚Eigentlichkeit' im Zentrum barocker Sprachtheorie. In: Gardt u.a. 1995, 145–167.

– Sprachtheorie in Barock und Aufklärung. Enzyklopädisches Wörterbuch. Zum Stand eines lexikographischen Projekts. In: Klaus Dutz/Hans-J. Niederehe (Hrg.). Theorie und Rekonstruktion. Trierer Studien zur Geschichte der Linguistik. Münster 1996, 87–100.

– Das Fremdwort in der Sicht der Grammatiker und Sprachtheoretiker des 17. und 18. Jh. Eine lexikographische Darstellung. In: ZdPh 116, 1997, 388–412.

– Sprachpatriotismus und Sprachnationalismus. Versuch einer historisch-systematischen Bestimmung am Beispiel des Deutschen. In: Gardt u.a. 1999, 89–114. (=1999a.)

– Geschichte der Sprachwissenschaft in Deutschland vom Mittelalter bis ins 20. Jahrhundert. Berlin/New York 1999. (=1999b.)

– Die Auffassung von Fachsprachen in den Sprachkonzeptionen des Barock. In: Hoffmann u.a. 1999, 2410–2420. (=1999c.)

– (Hrg.). Nation und Sprache. Die Diskussion ihres Verhältnisses in Geschichte und Gegenwart. Berlin/New York 2000. (=2000a.)

– Das Deutsche als Wissenschaftssprache. Beispiele historischer Beschreibung. In: MGV 47, 2000, 249–256. (=2000b.)

– Nation und Sprache in der Zeit der Aufklärung. In: Gardt 2000a, 169–198. (=2000c.)

– Die Kategorie des Wortes in der deutschen Sprachwissenschaft des 17. und 18. Jahrhunderts. In: Davies 2001, 31–59. (=2001a.)

– Das Fremde und das Eigene. Versuch einer Systematik des Fremdwortbegriffs in der deutschen Sprachgeschichte. In: Stickel 2001, 30–58. (=2001b.)

– Das rationalistische Konzept der Fachsprache: Gottfried Wilhelm Leibniz. In: Kronauer/Garber 2001, 37–52. (=2001c.)

– *Nation*. In: Ulrich Ammon u.a. (Hrg.). Sociolinguistics/Soziolinguistik (HSK). Berlin/New York 2004, 369–377.

– Begriffsgeschichte als Praxis kulturwissenschaftlicher Semantik. In: Busse/Niehr/Wengeler 2005, 151–168.

– Mundart und Dialekt in der Sprachreflexion des 17. und 18 Jahrhunderts. In: Peter Ernst/Franz Patocka (Hrg.). Dialektgeographie der Zukunft. Akten des 2. Kongresses der Internationalen Gesellschaft für Dialektologie des Deutschen (IGDD) am Institut für Germanistik der Universität Wien, 20. bis 23. September 2006. Stuttgart 2008, 293–308.

– Die Frühe Neuzeit in der Historischen Sprachwissenschaft. In: Lepper/Werle 2011, 195–199. (=2011a.)

– Wissensformationen. Zur Theorie und Praxis sprachwissenschaftlichen Arbeitens in der Frühen Neuzeit. In: Andreas Gardt/Mireille Schnyder/Jürgen Wolf (Hrg.). Buchkultur und Wissensvermittlung in Mittelalter und Früher Neuzeit. Berlin u.a. 2011, 275–291. (=2011b.)

– /Ulrike Haß-Zumkehr/Thorsten Roelcke (Hrg.). Sprachgeschichte als Kulturgeschichte. Berlin/New York 1999.
– /Klaus J. Mattheier/Oskar Reichmann (Hrg.). Sprachgeschichte des Neuhochdt. – Gegenstände, Methoden, Theorien. Tübingen 1995.
Garovi, Angelo. Rechtssprachlandschaften der Schweiz und ihr europäischer Bezug. Rechtssprachgeographie in der Schweiz und zur Ausbildung der frühen hochdt. Schriftsprache. Tübingen 1998.
Gebhardt. Handbuch der dt. Geschichte. Hrg. v. Herbert Grundmann. 8. Aufl. Stuttgart 1970ff.
Geers, Maria. A comparative study of linguistic purism in the history of England and Germany. In: Langer/Davies 2005, 97–108.
Gehl, Hans. Deutsche Stadtsprachen in Provinzstädten Südosteuropas. Stuttgart 1997.
Geitner, Ursula E. Die Sprache der Verstellung. Studien zum rhetorischen und anthropologischen Wissen im 17. und 18. Jh. Tübingen 1992.
Gelhaus, Hermann. Der Streit um Luthers Bibelverdeutschung im 16. und 17. Jh. 2 Teile. Tübingen 1989, 1990.
Gerken, Anne Barbara. Die sprachtheoretische Differenz zwischen Gottsched und Gellert. Frankfurt 1990.
Gerteis, Klaus. Die deutschen Städte in der frühen Neuzeit. Zur Vorgeschichte der bürgerlichen Welt. Darmstadt 1986.
– (Hrg.). Alltag in der Zeit der Aufklärung. Hamburg 1991.
Gessinger, Joachim. Die Ausbildung europäischer Nationalsprachen: Deutschland – Sprachpolitik im 18. Jh. In: StL 3, 1977, 3–7.
– Schriftspracherwerb im 18. Jh. Kulturelle Verelendung und politische Herrschaft. In. OBST 11, 1979, 26–47.
– Sprache und Bürgertum. Sozialgeschichte sprachlicher Verkehrsformen im Deutschland des 18. Jh. Stuttgart 1980.
– Das Fremdsprachenproblem im Unterricht an den Schulen. In: Kimpel 1985, 105–116.
– Sprachwissenschaft und Sprachgeschichte in Deutschland vom 16. bis 18. Jahrhundert. In: OBST 39, 1988, 12–35.
– „Es ist ein sonderbares Gefühl, sich auf dem Papier jemand nähern zu wollen". Literarisches Leben im Berlin des späten 18. Jh. In: Der Deutschunterricht 4, 1992, 8–23.
– Kommunikative Verdichtung und Schriftlichkeit: Lesen, Schreiben und gesellschaftliche Organisation im 18. Jh. In: Gardt u.a. 1995, 279–306.
– /Christian Fischer. Schriftlichkeit und Mündlichkeit in Brandenburg-Berlin. In: ZdPh 117, Sonderheft 1998, 82–107.
Gestrich, Andreas. Politik im Alltag. Zur Funktion politischer Information im deutschen Absolutismus des frühen 18. Jahrhunderts. In: Gerteis 1991, 9–28.
Gewehr, Wolf. „Wie man recht verteutschen soll". Reflexionen über einen Traktat von Justus Georg Schottelius. In: Meier/Ziegler 2001, 201–216.
Giesecke, Michael. Sinnenwandel, Sprachwandel, Kulturwandel. Studien zur Vorgeschichte der Informationsgesellschaft. Frankfurt a.M. 1992.
Gieseler, Jens. Vom Nutzen und richtigen Gebrauch der frühen Zeitungen. Zur sog. Pressedebatte des 17. Jh. In: Fritz/Straßner 1996, 259–285.
Girtler, Roland. Rotwelsch. Die alte Sprache der Diebe, Dirnen und Gauner. Wien 1998.

Glaser, Elvira. Zu M.H. Jellineks Geschichte der neuhochdt. Grammatik. In: SpW 4, 1979, 452–461.

– /Michael Schlaefer (Hrg.). Grammatica ianua artium. Festschr. f. Rolf Bergmann. Heidelberg 1997.

– /Annina Seiler/Michelle Waldispühl (Hrg.). LautSchriftSprache. Beiträge zur vergleichenden historischen Graphematik. Zürich 2011.

Glaser, Horst Albert. Das bürgerliche Rührstück. Stuttgart 1969.

Glaser, Karl. Die dt. astronomische Fachsprache Keplers. Giessen 1935.

Gleixner, Ulrike. Sprachreform durch Übersetzen. Die *Fruchtbringende Gesellschaft* und ihre „Verdeutschungsleistung" in der ersten Hälfte des 17. Jahrhunderts. In: WerkstattGeschichte 48, 2008, 7–23.

Gloning, Thomas. Zur Vorgeschichte von Darstellungsformen und Textmerkmalen der ersten Wochenzeitungen. In: Fritz/Straßner 1996, 196–258. (=1996a.)

– Verständlichkeit und Verständnissicherung in den frühen Wochenzeitungen. In: Fritz/Straßner 1996, 315–340. (=1996b.)

– Organisation und Entwicklung historischer Wortschätze. Lexikologische Konzeption und exemplarische Untersuchungen zum deutschen Wortschatz um 1600. Tübingen 2003.

– Deutsche Kräuterbücher des 12. bis 18. Jahrhunderts. Textorganisation, Wortgebrauch, funktionale Syntax. In: Meyer, Andreas/Jürgen Schulz-Grobert (Hrg.). Gesund und krank im Mittelalter. Leipzig 2007, 9–88.

Glück, Helmut. Die Anfänge des DaF-Unterrichts. Deutsch als Fremdsprache im Mittelalter und in der frühen Neuzeit. In: MGV 47, 2000, 166–185.

– Wie haben die Hugenotten Deutsch gelernt?. In: DaF 39, 2002, 172–181. (=2002a.)

– Deutsch als Fremdsprache in Europa vom Mittelalter bis zur Barockzeit. Berlin/New York 2002. (=2002b.)

– Die Volkssprachen als Lerngegenstand im Mittelalter und in der frühen Neuzeit. Berlin u.a. 2002. (=2002c.)

– u.a. Deutsche Sprachbücher in Böhmen und Mähren vom 15. Jahrhundert bis 1918. Eine teilkommentierte Bibliographie. Berlin/New York 2002.

– DaF – Ein Fach mit Vergangenheit. In: Info DaF 31, 2004, 583–595.

– Deutsch als Wissenschaftssprache. Berlin 2008.

– /Ineta Polanska. Johann Ernst Glück (1653–1705). Pastor, Philologe, Volksaufklärer im Baltikum und in Russland. Wiesbaden 2005.

– /Yvonne Pörzgen. Deutschlernen in Russland und in den baltischen Ländern vom 17. Jahrhundert bis 1941. Eine teilkommentierte Bibliographie. Wiesbaden 2009.

– /Konrad Schröder. Deutsche Sprachbücher in Polen vom 15. Jh. bis 1918. Eine teilkommentierte Bibliographie, Wiesbaden 2007.

– /Bettina Morcinek (Hrg.). Ein Franke in Venedig. Das Sprachlehrbuch des Georg von Nürnberg (1424) und seine Folgen. Wiesbaden 2006.

Glüher, Juliane. Meßrelationen um 1600. Ein neues Medium zwischen aktueller Presse und Geschichtsschreibung. Eine textsortengeschichtliche Untersuchung. Göppingen 2000.

Göbel, Helmut. Bild und Sprache bei Lessing. München 1971.

Goebel, Ulrich/Oskar Reichmann (Hrg.). Frühneuhochdeutsches Wörterbuch. 13 Bde. Berlin/New York 2001ff.

Goethe, Johann Wolfgang von. Über Sprache. Hrg., eingeleitet und mit einem Nachwort versehen von Volker Ladenthin. Eitorf 1999.

Goethe-Wörterbuch. Hrg. v. d. Ak. d. Wiss. der DDR, in Göttingen, Heidelberg, Stuttgart u.a. 1968ff.

Goetsch, Paul (Hrg.). Lesen und Schreiben im 17. und 18. Jh. Studien zu ihrer Bewertung in Deutschland, England, Frankreich. Tübingen 1994.

Goldfriedrich, Johann. Geschichte des dt. Buchhandels vom Westfälischen Frieden bis zum Beginn der klassischen Literaturperiode (1648–1740). Leipzig 1908. ... vom Beginn der klassischen Literaturperiode bis zum Beginn der Fremdherrschaft (1740–1804). Leipzig 1908.

Goldt, Verena. Zentralbegriffe der Elektrizitätsforscher im 17. und 18. Jh. Frankfurt a.M. u.a. 1999.

Goossens, Jan. Zur linguistischen Problematik Deutsch/Niederländisch im Spätmittelalter und in der Frühmoderne. In: ZdPh. Sonderheft zum Bd.130. 2011, 13–21.

Göpfert, Herbert G. Bemerkungen über Buchhändler und Buchhandel zur Zeit der Aufklärung in Deutschland. In: Schulz 1974, 69–83.

Görgen, Andreas. Aufklärerische Tendenzen in der Gesetzessprache der frühen Neuzeit. In: Kronauer/Garber 2001, 72–98.

– Rechtssprache in der Frühen Neuzeit. Eine vergleichende Untersuchung der Fremdwortverwendung in Gesetzen des 16. und 17. Jahrhunderts. Frankfurt a.M. u.a. 2002.

Görözdi, Dóra. Die Wirkung von Sprachgesellschaften in der Barockzeit: Im Spiegel der „Fruchtbringenden Gesellschaft". Saarbrücken 2009.

Göttert, Karl-Heinz. Rhetorik und Konversationstheorie. Eine Skizze ihrer Beziehung von der Antike bis zum 18. Jh. In: Rhetorik 10, 1991, 45–56.

Gottschald, Max. Deutsche Namenkunde. Unsere Familiennamen nach ihrer Entstehung und Bedeutung. 5. Aufl. mit einer Einführung von Rudolf Schützeichel. Berlin 1982.

Götz, Ursula. Deutsche Grammatiken und Orthographielehren vom 15. bis 18. Jahrhundert. Sprachhistorisches Kolloquium Bamberg 4./5. Juli 1988. In: SpW 13, 1988, 462–464.

– Die Entwicklung der Großschreibung im Dt. (1500–1700). In: GM 47, 1998, 25–36.

– Hochsprache und Mundart im 17. Jahrhundert. Das Zeugnis des Regensburgers Johann Ludwig Prasch. In: Näßl 2002, 283–301.

– *Vnd wer dise meine rede höret / vnd thüt sie nicht* ... Zur Herausbildung einer Verbstellungsbesonderheit der neuhochdeutschen Standardsprache. In: Götz/Stricker 2006, 211–230.

– Zur Syntax von Titelblättern des 16. Jahrhunderts. In: Franz Simmler/Claudia Wich-Reif (Hrg.). Geschichte der Gesamtsatzstrukturen vom Althochdeutschen bis zum Frühneuhochdeutschen. Berlin u.a. 2011, 67–95.

– /Stefanie Stricker (Hrg.). Neue Perspektiven der Sprachgeschichte. Heidelberg 2006.

Götze, Alfred 1899. Zur Geschichte der Adjectiva auf *-isch*. In: Beitr 24, 1899, 464–522.

– Anfänge einer mathematischen Fachsprache in Keplers Deutsch. Berlin 1919. Nachdr. Nendeln 1967.

– Deutsche Studentensprache. Berlin 1928.

Grab, Walter. Norddeutsche Jakobiner. Demokratische Bestrebungen zur Zeit der französischen Revolution. Frankfurt 1967.
– Die Revolutionspropaganda der dt. Jakobiner 1792/93. In: Archiv für Sozialgeschichte 9, 1969, 113–156.
Graevenitz, Gerhart v. Innerlichkeit und Öffentlichkeit. Aspekte deutscher „bürgerlicher" Literatur im frühen 18. Jh. In: DVjs 1975, Sonderheft, 1–82.
Graf, Ruedi. Das Theater im Literaturstaat. Literarisches Theater auf dem Wege zur Bildungsmacht. Tübingen 1991.
Graser, Helmut. Zur Flexion der ‚Besonderen Verben'. In: Besch/Wegera 1987, 60–65.
– /Klaus Peter Wegera. Zur Erforschung der frühneuhochdt. Flexionsmorphologie. In: ZdPh 97, 1978, 74–91.
– /Ann Tlusty. *Toll* und *voll*. Zur Bezeichnung des Betrunkenseins in städtischen Gerichtsakten und Verordnungen des 16. und 17. Jahrhunderts in Ostschwaben. In: Edith Funk (Hrg.). Sprachgeschichten. Ein Lesebuch für Werner König zum 60. Geburtstag. Heidelberg 2003, 81–98.
Greiffenhagen, Martin. Von Potsdam nach Bonn. Zehn Kapitel zur politischen Kultur Deutschlands. München/Zürich 1986.
Greiner, Martin. Die Entstehung der modernen Unterhaltungsliteratur. Studien zum Trivialroman des 18. Jh. Reinbek 1964.
Greive, Artur. Französische Wörter in der Kölner Stadtmundart. Aspekte ihrer Integration. In: Kramer/Winkelmann 1990, 117–124.
Greule, Albrecht. Über den Beitrag der Sprachwissenschaft zur Kirchenliedforschung. In: ZdPh 111, 1992, 65–86.
– Sprachpflege am Übergang von Barock und Aufklärung. Christian Friedrich Hunold alias Menantes. In: Sabine Doering (Hrg.). Resonanzen. Würzburg 2000, 37–46. (=2000a.)
– „Deutsch fürs Leben". 500 Jahre Sprachratgeber. In: Karin M. Eichhoff-Cyrus/Rudolf Hoberg (Hrg.). Die deutsche Sprache zur Jahrtausendwende. Sprachkultur oder Sprachverfall?. Mannheim 2000, 317–329. (=2000b.)
– Von der deutschen Sprachpflege zur europäischen Sprachkultur. In: Zeitschrift für Germanistische Sprach- und Literaturwissenschaft Albaniens 2, 2006, 7–17.
– Sakralität. Studien zu Sprachkultur und religiöser Sprache. Tübingen 2012.
– (Hrg.). Studien zu Literatur, Sprache und Geschichte in Europa. Wolfgang Haubrichs zum 65. Geburtstag gewidmet. St. Ingbert 2008.
– /Elisabeth Ahlvers-Liebel. Germanistische Sprachpflege. Geschichte, Praxis und Zielsetzung. Darmstadt 1986.
– /Franz Lebsanft (Hrg.). Europäische Sprachkultur und Sprachpflege. Akten des Regensburger Kolloquiums 1996. Tübingen 1997.
– /Jörg Meier/Arne Ziegler (Hrg.). Kanzleisprachenforschung. Ein internationales Handbuch. Berlin u.a. 2012.
Grimm, Gunter E. Christian Wolff und die deutsche Literatur der Frühaufklärung. In: Jürgen Stolzenberg/Oliver-Pierre Rudolf (Hrg.). Christian Wolff und die europäische Aufklärung. Akten des 1. Internationalen Christian-Wolff-Kongresses, Halle (Saale), 4.–8. April 2004. Teil 5. Christian Wolff: Gesammelte Werke, Abt. 3, Bd. 101. Hildesheim u.a. 2007, 221–246.
Grimm, Jacob. Über das pedantische in der deutschen sprache. In: H.E. Hass (Hrg.). Sturm und Drang, Klassik, Romantik. 1. Teilband. München 1966, 943–954.

Grimm, Jacob und Wilhelm. Deutsches Wörterbuch. 32 Bde. Leipzig 1854–1963. Neubearbeitung 1965ff.
Grimminger, Rolf (Hrg.). Deutsche Aufklärung bis zur Französischen Revolution. München/Wien 1980.
Gross, Michael. Ästhetik und Öffentlichkeit. Die Publizistik der Weimarer Klassik. Hildesheim 1994.
Grosse, Siegfried (Hrg.). Schriftsprachlichkeit. Düsseldorf 1983.
– Zum Deutschunterricht in den sächsischen Fürsten- und Landesschulen. In: W.Hoffmann u.a. 1999.
– Sprache und Nation aus deutscher Perspektive. In: MS 115, 2005, 289–297.
Große, Rudolf. Zur Stellung Herders in der Geschichte der deutschen Sprache. In: J.G. Herder (zum 175. Todestag). Berlin 1978, 75–82.
– Soziolinguistische Grundlagen des Meißnischen Deutsch. In: Rupp/Roloff 1981, 358–365.
– Phonologische Parallelen des Nordobersächsischen und des Berlinischen. In: H.Schmidt 1988, 16–23.
– Beiträge zur Sprachgeschichte und Soziolinguistik (1953–1983). Hrg. v. Ulla Fix und Horst Weber. Leipzig 1989. (=1989a.)
– Zur Stellung Herders in der Geschichte der dt. Sprache. In: Große 1989a, 271–278. (=1989b.)
– (Hrg.). Sprache in der sozialen und kulturellen Entwicklung. Beiträge eines Kolloquiums zu Ehren von Theodor Frings (1886–1968). Berlin 1990.
– Regionale phonetisch-phonologische Entwicklungen in der jüngeren dt. Sprachgeschichte und in der Gegenwartssprache als Objekte der Sprachkritik. In: Heringer/Stötzel 1993, 325–332.
– Konzessivsätze unter soziologischen und historischen Aspekten. In: Heidrun Popp (Hrg.). Deutsch als Fremdsprache. An den Quellen eines Faches. München 1995, 139–145.
– Phonetische, phonologische und graphematische Strukturen bei der sprachräumlichen Umlagerung. Beobachtungen zur Entwicklung des Nordobersächsischen und zu Luthers Schriftlautung. In: Maria Klanska/Peter Wiesinger (Hrg.). Vielfalt der Sprachen. Wien 1999, 159–169.
– Luther und das Meißnische Deutsch. Zu den Grundlagen der neuhochdeutschen Schriftsprache (Vortrag 1983). In: R.Große. Residua. Stuttgart/Leipzig 2004, 43–65.
– /Hans Wellmann (Hrg.). Textarten im Sprachwandel – nach der Erfindung des Buchdrucks. Heidelberg 1996.
Grothe, Wolfgang. Ironie, Präfiguration und Ambiguität im Roman „Die Wahlverwandtschaften“. In: Studia Neophilologica 42, 1970, 211–224.
Gruenter, Rainer (Hrg.). Leser und Lesen im 18. Jh. Colloquium der Arbeitsstelle 18. Jh. Gesamthochschule Wuppertal. Heidelberg 1977.
Grünert, Horst. Die altenburgischen Personennamen. Ein Beitrag zur mitteldeutschen Namenforschung. Tübingen 1958.
Guchmann, Mirra M. Der Weg zur deutschen Nationalsprache. Teil 1, Berlin 1964. Teil 2, Berlin 1969.
– /Natalja N. Semenjuk. Zur Ausbildung der Norm der dt. Literatursprache im Bereich des Verbs (1470–1730). Tempus und Modus. Berlin 1981.

Guentherodt, Ingrid. A Phonological Analysis of French Loan words in the Palatinate Dialect. Diss., Austin/Texas 1963.
– Maria Cunitz und Maria Sibylla Merian: Pionierinnen der dt. Wissenschaftssprache im 17. Jh. In: ZGL 14, 1986, 23–49.
– URANIA PROPITIA (1650) *in zweyerley Sprachen*: lateinisch- und deutschsprachiges Compendium der Mathematikerin und Astronomin Maria Cunitz. In: Res Publica Litteraria. Die Institutionen der Gelehrsamkeit in der frühen Neuzeit. Wiesbaden 1987, 619–640.
– „Dreyfache Verenderung" und „Wunderbare Verwandelung". Zu Forschung und Sprache der Naturwissenschaftlerinnen Maria Cunitz und Maria Sibylla Merian. In: Brinker-Gabler 1988, 197–221.
– Maria Cunitia: URANIA PROPITIA. Intendiertes, erwartetes und tatsächliches Lesepublikum einer Astronomin des 17. Jh. In: Daphnis 20, 1991, 311–353. (=1991a.)
– Frühe Spuren von Maria Cunitia und Daniel Czepko in Schweidnitz 1623. In: Daphnis 20, 1991, 547–584. (=1991b.)
Guilhaumou, Jacques. Sprache und Politik in der Französischen Revolution. A. d. Frz. übers. v. Katharina Menke. M. einem Vorwort v. Brigitte Schlieben-Lange u. Rolf Reichardt. Frankfurt a.M. 1989.
Gumbrecht, Hans Ulrich. Funktionen parlamentarischer Rhetorik in der Französischen Revolution. Vorstudien zur Entwicklung einer historischen Textpragmatik. München 1978.
Günther, Erika. Das niederdeutsch-russische Sprachbuch von Johannes von Heemer a.d.J. 1696. Frankfurt a.M. 2002.
Günther, Hartmut/Otto Ludwig (Hrg.). Schrift und Schriftlichkeit. Ein interdisziplinäres Handbuch internationaler Forschung. Berlin/New York 1994.
Günther, Horst. Freiheit, Herrschaft und Geschichte. Semantik der historisch-politischen Welt. Frankfurt a.M. 1979.
Güthert, Kerstin. Herausbildung von Norm und Usus Scribendi im Bereich der Worttrennung am Zeilenende (1500–1800). Heidelberg 2005.
Gut-Sembill, Katrin. „Anweisung zur Erlernung der Französischen Sprache" oder: Wie und warum Französisch 1773 auf den Lehrplan der Zürcher Kunstschule kam. In: Hüllen/Klippel 2005, 105–126.
Guthmüller, Bodo (Hrg.). Latein und Nationalsprache in der Renaissance. Vorträge des 37. Wolfenbütteler Symposions [...]. Wiesbaden 1998.
Gützlaff, Kathrin. Simon Stevin und J.G. Schottelius – Spuren der dt.-niederländ. Beziehungen im 17. Jh. In: Wolfgang Brandt/Rudolf Freudenberg (Hrg.). Sprache in Vergangenheit und Gegenwart. Marburg 1988, 91–108.
– Von der Fügung Teutscher Stammwörter. Die Wortbildung in J.G. Schottelius' ‚Ausführlicher Arbeit von der Teutschen HaubtSprache'. Hildesheim u.a. 1989. (=1989a.)
– Der Weg zum ‚Stammwort'. Der Beitrag von J.G. Schottelius zur Entwicklung einer Wortbildungslehre des Deutschen. In: SpW 14, 1989, 58–67. (=1989b.)

Haacke, Wilmont. Die politische Zeitschrift. I (1665–1965). Stuttgart 1968.
– /Günter Pötter. Due politische Zeitschrift II (1900–1980). Stuttgart 1982.
Haarmann, Harald. Allgemeine Strukturen europäischer Standardsprachentwicklung. In: Sociolinguistica 2, 1988, 10–51.

– Die Entwicklung des Sprachbewußtseins am Beginn der europäischen Neuzeit. In: Jürgen Scharnhorst (Hrg.). Sprachkultur und Sprachgeschichte. 2. Aufl. Frankfurt a.M. 2002, 89–109.

Haas, Elke. Rhetorik und Hochsprache. Über die Wirksamkeit der Rhetorik bei der Entstehung der dt. Hochsprache im 17. und 18. Jh. Frankfurt a.M. u.a. 1980.

Haas, Walter. Über die Idiotismensammlungen des 18. Jh. In: Bremer/Hildebrandt 1996, 175–190.

– Provinzial-Kultur. Die Idiotismensammlungen des 18. Jahrhunderts kulturgeschichtlich gesehen. In: Hausner/Wiesinger 2005, 97–107.

– u.a. (Hrg.). Provinzialwörter. Deutsche Idiotismensammlungen des 18. Jh. Berlin/New York 1994.

Haase, Nicole. Die Deutschen Gesellschaften des 18. Jahrhunderts als Orte der Sprachkritik. In: Aptum 3, 2007, 283–288.

Häberlein, Mark/Christian Kuhn (Hrg.). Fremde Sprachen in frühneuzeitlichen Städten. Lernende, Lehrende und Lehrkräfte. Wiesbaden 2010.

Habermann, Mechthild. Die vernünftigen Tadlerinnen. Eine Moralische Wochenschrift als Stillehre für Frauen. In: ZGL 22, 1994, 259–283.

– Latinismen in dt. Fachtexten der frühen Neuzeit. In: Munske/Kirkness 1996, 12–46.

– Das sog. ‚Lutherische *e*'. Zum Streit um einen *armen Buchstaben*. In: SpW 22, 1997, 435–477.

– Latein – „Muttersprache Europas". Zum Einfluß des Lateinischen auf den Wortschatz europäischer Sprachen. In: Der Deutschunterricht 51, 1999, 25–37.

– Fremde Wortbildungselemente in deutschen Grammatiken des 17. bis 19. Jahrhunderts. In: Habermann u.a. 2000, 79–102.

– Deutsche Fachtexte der frühen Neuzeit. Naturkundlich-medizinische Wissensvermittlung im Spannungsfeld von Latein und Volkssprache. Berlin/New York 2001.

– /Peter O. Müller/Horst H. Munske (Hrg.). Historische Wortbildung des Deutschen. Tübingen 2002.

– /Peter O. Müller/Bernd Naumann (Hrg.). Wortschatz und Orthographie in Geschichte und Gegenwart. Festschrift f. Horst Haider Munske. Tübingen 2000.

Habermas, Jürgen. Strukturwandel der Öffentlichkeit. Untersuchungen zu einer Kategorie der bürgerlichen Gesellschaft. Um ein Vorwort ergänzte Neuauflage. Darmstadt 1990 u.ö.

Häckel, Susanne/Maria Walch. Flexion der Pronomina und Numeralia. Heidelberg 1988. (= Moser/Stopp/Besch Bd.VII).

Häcki-Buhofer, Annelies. Die Kasus des Deutschen – Wissenschaftsgeschichtliche und methodologische Überlegungen. In: DS 15, 1987, 137–150.

Hadorn, Werner/Mario Cortesi. Mensch und Medien. Die Geschichte der Massenkommunikation. 2 Bde. Aarau/Stuttgart 1986.

Haemmerle, Albert. Alphabetisches Verzeichnis der Berufs- und Standesbezeichnungen vom ausgehenden Mittelalter bis zur neueren Zeit. München 1933. 2. Reprint. Hildesheim 1998.

Hafen, Hans. Studien zur Geschichte der dt. Prosa im 18. Jh. St. Gallen 1952.

Haferkorn, Hans J. Zur Entstehung der bürgerlich-literarischen Intelligenz und des Schriftstellers in Deutschland zwischen 1750 und 1800. In: Lutz 1974, 113–275.

Haffner, Sebastian. Preußen ohne Legende. Hamburg 1978.

Häfner, Ralph/Markus Völkel. Der Kommentar in der Frühen Neuzeit. Tübingen 2006.

Hahn, Marion. Synonymenlexikographie vom 16. bis zum 20. Jahrhundert. Historische Entwicklung und kommentierte Bio-Bibliographie. Heidelberg 2002.

– (Sprach-)Bilder „zum Nutz und Ergötzung der Schul-Jugend". Pädagogische Lexikographie im 17./18. Jh. In: Leena Kolehmainen/Hartmut E. H. Lenk/Annikki Liimatanen (Hrg.). Infinite kontrastive Hypothesen. Beiträge des Festsymposiums zum 60. Geburtstag von Irma Hyvärinen. Frankfurt a.M. u.a. 2010, 127–139.

Hahn, Walter v. Die Fachsprache der Textilindustrie im 17. und 18. Jh. Düsseldorf 1971.

– Fachkommunikation. Entwicklung. Linguistische Konzepte. Betriebliche Beispiele. Berlin/New York 1983.

Haider-Pregler, Hilde. Des sittlichen Bürgers Abendschule. Bildungsanspruch und Bildungsauftrag des Berufstheaters im 18. Jh. Wien/München 1980.

Haltenhoff, Julius. Zur Geschichte des neuhochdt. Adjektivsuffixes *-icht* und seiner Verwandten. Diss., Heidelberg. Guben 1904.

Hampel, Günther. Die deutsche Sprache als Gegenstand und Aufgabe des Schulwesens vom Spätmittelalter bis ins 17. Jh. Gießen 1980.

Hankamer, Paul. Die Sprache. Ihr Begriff und ihre Deutung im 16. und 17. Jh. 2. Aufl. Hildesheim 1965.

Harbrecht, Hugo. Verzeichnis der von Zesen verdeutschten Lehn- oder Fremdwörter. In: ZdWf 14, 1912/13, 71–81.

Härd, John Everd. Konzessive Ausdrucksweisen in der mittelniederdt. Schriftsprache. In: Niederdt. Mitteilungen 24, 1968, 51–74.

– Studien zur Struktur mehrgliedriger dt. Nebensatzprädikate. Diachronie und Synchronie. Göteborg 1981.

Hardtwig, Wolfgang. Sozietäts- und Vereinswesen in Deutschland 1500–1870. Stuttgart 1989.

Härle, Gerhard. Reinheit der Sprache, des Herzens und des Leibes. Zur Wirkungsgeschichte des rhetorischen Begriffs ‚puritas' in Deutschland von der Reformation bis zur Aufklärung. Tübingen 1996.

Harm, Volker. Regularitäten des semantischen Wandels bei Wahrnehmungsverben des Deutschen. Stuttgart 2000.

– Zur Herausbildung der deutschen Futurumschreibung mit *werden* + Infinitiv. In: ZDL 68, 2001, 288–307.

Hartmann, Frank. „Vom Gegenwärtigen richtige Begriffe nehmen." Deutsche Sprache als Medium der philosophisch-literarischen Aufklärung. In: Acta Germanica 37, 2009, 131–139.

Hartmann, Horst/Regina Hartmann. Populäre Romane und Dramen im 18. Jh. Zur Entstehung der massenwirksamen Literatur. Obertshausen 1991.

Hartweg, Frédéric. Zur Sprachsituation der Hugenotten in Berlin im 18. Jh. In: Beitr z. Roman. Philologie 20, 1981, 117–127. (=1981a.)

– Sprachwechsel und Sprachpolitik d. franz.-reformierten Kirche in Berlin im 18. Jh. In: Jb. f. d. Gesch. Mittel. u. Ostdeutschlands 30, 1981, 162–176. (=1981b.)

– Französisch als Kultsprache? Zur Sprachpolitik der französisch-reformierten Kirche in Berlin 1774–1814. In: Beiträge zur Romanischen Philologie 34, 1985, 5–42.

– Sprach-, Kultur- oder Willensnation? Über den beliebigen Umgang mit sprachgeschichtlichen Argumenten. In: Gardt u.a. 1999, 397–410.
– /Klaus-Peter Wegera. Frühneuhochdeutsch. Eine Einführung in die dt. Sprache des Spätmittelalters und der frühen Neuzeit. Tübingen 1989. 2., neubearb. Aufl. 2005.

Hashimoto, Satoshi. Zur Stabilität der schriftsprachlichen Norm im Wien des ausgehenden 17. Jh. Analyse anhand zweier vom selben Autor stammenden Drucke. In: Mattheier u.a. 1993, 77–91.

Haß[-Zumkehr], Ulrike. Textsorten als Wirkungssystem. Zum popularisierenden Transfer ‚gelehrter' Inhalte in schriftlichen Texten an einem Beispiel aus dem 15./16. Jahrhundert. In: DS 14, 1986, 224–234.
– Wie glaubwürdige Nachrichten versichert haben. Formulierungstraditionen in Zeitungsnachrichten des 17. bis 20. Jh. Tübingen 1998.
– Die kulturelle Dimension der Lexikographie. Am Beispiel der Wörterbücher von Adelung und Campe. In. Gardt/Haß-Zumkehr/Roelcke 1999, 247–266.
– Spiegelungen der Rechtssprache in der Lexikographie. In: Kronauer/Garber 2001, 53–71.

Haßler, Gerda. Sprachtheorien der Aufklärung. Zur Rolle der Sprache im Erkenntnisprozeß. Berlin 1984.
– Anfänge der europäischen Fachsprachenforschung im 17. und 18. Jahrhundert. In: Hoffmann u.a. 1999, 322–326.
– Dictionnaire onomasiologique et métalangage des XVIIème et XVIIIè siècles. In: Lexicographica 21, 2005, 58–70.
– /Cordula Neis. Lexikon sprachtheoretischer Grundbegriffe des 17. Und 18. Jahrhunderts. Berlin u.a. 2009.
– /Peter Schmitter (Hrg.). Sprachdiskussion und Beschreibung von Sprachen im 17. und 18. Jh. Münster 1999.

Hatcher, Anna G. Modern English Word-formation and Neo-Latin. A study of the origins of English (French, Italian, German) copulative compounds. Baltimore 1951.

Hattenhauer, Hans. Zur Geschichte der dt. Rechts- und Gesetzessprache. Hamburg/Göttingen 1987.

Hatz, Erich Rolf Rüdiger. Die Durchführung des „etymologischen Prinzips" bei der Graphie der Umlaute *a* und *au*, untersucht an Drucken der Lutherbibel des 16. bis 18. Jahrhunderts. Diss., Bonn 1985.

Haubrichs, Wolfgang. Vom *pêlê-mêle* zum *vis-à-vis*. Sprachinseln, Bilingualität und Sprachgrenzen zwischen Maas und Rhein in Mittelalter und Neuzeit. In: Michael Baldzuhn/Christine Putzo (Hrg.). Mehrsprachigkeit im Mittelalter. Kulturelle, literarische, sprachliche und didaktischen Konstellationen in europäischer Perspektive. Mit Fallstudien zu den „Disticha Catonis". Berlin u.a. 2011, 69–107.

Hauenherm, Eckhard. Pragmalinguistische Aspekte des dramatischen Dialogs. Dialoganalytische Untersuchungen zu Gottscheds *Sterbender Cato*, Lessings *Emilia Galotti* und Schillers *Die Räuber*. Frankfurt a.M. u.a. 2002.

Hausmann, Franz Josef/Oskar Reichmann/Herbert Ernst Wiegand/Ladislav Zgusta (eds.). Wörterbücher, Dictionaries, Dictionnaires. Ein internationales Handbuch zur Lexikographie. Berlin/New York 1989–1991.

Hausner, Isolde/Peter Wiesinger (Hrg.). Deutsche Wortforschung als Kulturgeschichte. Wien 2005.

Haussmann, Johannes. Untersuchungen über Sprache und Stil des jungen Herder. Leipzig 1907.
Hayakawa, Tozo (Hrg.). Sprache, Literatur und Kommunikation im kulturellen Wandel. Festschr. f. Ejiro Iwasaki. Tokyo 1997.
Hechtenberg, Klara. Der Briefstil im 17. Jh. Ein Beitrag zur Fremdwörterfrage. Berlin 1903.
– Das Fremdwort bei Grimmelshausen. Ein Beitrag zur Fremdwörterfrage des 17. Jh. Diss., Heidelberg 1901.
Heier, Anke. Deutsche Fremdwortlexikografie zwischen 1800 und 2007: Zur metasprachlichen und lexikografischen Behandlung äußeren Lehnguts in Sprachkontaktwörterbüchern des Deutschen. Berlin 2012.
Heilmann, Christa. Wissenschaftstheoretische Positionen Gottscheds zur Rhetorik und ihre Aufhebung im 20. Jh. In: BEDS 5, 1985, 276–280.
Heimann, Heinz D. (Hrg.). Kommunikationspraxis und Korrespondenzwesen im Mittelalter und in der Renaissance. Paderborn 1998.
Heimann, Sabine u.a. (Hrg.). Soziokulturelle Kontexte der Sprach- und Literaturentwicklung. Festschrift für R.Große. Stuttgart 1989.
Heinemann, Margot. Historische Jugendsprachforschung. Eine Studie. In: Czachur/Czyżewska 2008, 707–715.
Heinle, Eva-Maria. Hieronymus Freyers Anweisungen zur Teutschen Orthographie. Ein Beitrag zur Sprachgeschichte des 18. Jh. Heidelberg 1982.
– Diachronische Wortbildung unter syntaktischem Aspekt. Das Adverb. Heidelberg 2004.
Heinrichs, Karl. Studien über die Namengebung im Deutschen seit dem Anfang des XVI. Jahrhunderts. Straßburg 1908.
Heintze, Albert/Paul Cascorbi. Die deutschen Familiennamen, geschichtlich, geographisch, sprachlich. 6. Aufl. Halle 1925. 7. sehr verb. u. vermehrte Aufl. Halle 1933. Reprint: Hildesheim 2004.
Heinz, Andrea (Hrg.). „Der Teutsche Merkur" – die erste deutsche Kulturzeitschrift. Heidelberg 2003.
Heinzle, Joachim. Über die wechselseitigen Beziehungen zwischen Sprachgeschichte und Literaturgeschichte. In: Jahrbuch für Germanistische Sprachgeschichte 1, 2010, 188–204.
Helfrich, Uta. Sprachliche Galanterie?! Französisch-deutsche Sprachmischung als Kennzeichen der ‚Alamodesprache' im 17. Jh. In: Kramer/Winkelmann 1990, 78–79.
Heller, Bruno. Grundbegriffe der Physik im Wandel der Zeit. Braunschweig 1970.
Heller, Dorothea. Wörter und Sachen. Grundlagen einer Historiographie der Fachsprachenforschung. Tübingen 1998.
Heller, Klaus. Das Fremdwort in der dt. Sprache der Gegenwart. Untersuchungen im Bereich der Gebrauchssprache. Leipzig 1966.
– /Brigitte Walz. Zur Geschichte der Fremdwortschreibung im Dt. Beobachtungen von Campe bis Duden. In: GL 108/109, 1991, 277–338.
Heller, Martin Johannes. Reform der dt. Rechtssprache im 18. Jh. Frankfurt a.M. u.a. 1992.
Henkel Arthur/Albrecht Schöne (Hrg.). Emblemata. Handbuch zur Sinnbildkunst des XVI. und XVII. Jahrhunderts, Stuttgart /Weimar 1996.

Henne, Helmut. Hochsprache und Mundart im schlesischen Barock. Studien zum literarischen Wortschatz in der 1. Hälfte des 17. Jh. Köln/Graz 1966.

– Das Problem des Meissnischen Deutsch oder „Was ist Hochdeutsch" im 18. Jh. In: ZfMaf 35, 1968, 109–129. Neudruck in: Henne 2006. (=1968a.)

– Deutsche Lexikographie und Sprachnorm im 17. und 18. Jh. In: Mitzka 1968, 80–114. Neudruck in: Henne 2006. (=1968b.)

– Eine frühe kritische Edition neuerer Literatur. Zur Opitz-Ausgabe Bodmers und Breitingers von 1745. In: ZdPh 87, 1968, 180–196. (=1968c.)

– Joachim Heinrich Campes Wörterbuch der dt. Sprache. Einführung und Bibliographie zur Neuausgabe. Hildesheim/New York 1969, V–XXIV.

– Johann Christoph Adelungs grammatisch-kritisches Wörterbuch der hochdeutschen Mundart. Einführung und Bibliographie zur Neuausgabe. Hildesheim/New York 1970, I–XXIII.

– Semantik und Lexikographie. Untersuchungen zur lexikalischen Kodifikation der dt. Sprache. Berlin 1972.

– (Hrg.). Deutsche Wörterbücher des 17. und 18. Jh. Einführung und Bibliographie. Hildesheim/New York 1975. 2. erw. Aufl. 2001.

– Nachdenken über Wörterbücher: Historische Erfahrungen. In: Günther Drosdowski u.a. (Hrg.). Nachdenken über Wörterbücher. Mannheim u.a. 1977, 7–49. Neudruck in: Henne 2006.

– Gesprächswörter. Für eine Erweiterung der Wortarten. In: Henne u.a. (Hrg.). Interdisziplinäres deutsches Wörterbuch in der Diskussion. Düsseldorf 1978, 42–47.

– Probleme einer historischen Gesprächsanalyse. Zur Rekonstruktion gesprochener Sprache im 18. Jh. In: Sitta 1980, 89–102. Neudruck in: Henne 2006.

– Johann Christoph Adelung – Leitbild und Stein des Anstoßes. Zur Konstitutionsproblematik gegenwartbezogener Sprachforschung. In: Bahner 1984, 98–108. Neudruck in: Henne 2006.

– Innere Mehrsprachigkeit im späten 18. Jh. Argumente für eine pragmatische Sprachgeschichte. In: Kimpel 1985, 14–27. Neudruck in: Henne 2006. (=1985a.)

– Prinzipien einsprachiger Lexikographie. In: Ladislav Zgusta (Hrg.). Probleme des Wörterbuchs. Darmstadt 1985, 222–247. Neudruck in: Henne 2006. (=1985b.)

– Jugend und ihre Sprache. Darstellung, Materialien, Kritik. Berlin/New York 1986.

– Zur historischen und literarischen Dimension der Gesprächsforschung. In: Magdolna Bartha/Attila Péteri (Hrg.). Textverstehen – Textarbeit –Textkompetenz. Budapest 1994, 27–41. Neudruck in: Henne 2006.

– Braunschweigische Wörterbuchwerkstatt – J.H. Campe und seine Mitarbeiter. In: Visionäre Lebensklugheit. J.H. Campe in seiner Zeit (1746–1818). Wiesbaden 1996, 215–224. Neudruck in: Henne 2006. (=1996a.)

– Das Eigene im Fremden. Vom semantischen Stellenwert der Wörter. In: Munske/Kirkness 1996, 275–283. Neudruck in: Henne 2006. (=1996b.)

– Gemeine, ästhetische und gelehrte Sprache – kritischer Blick auf das 18. Jahrhundert. In: Cherubim/Walsdorf 2005, 11–23.

– Reichtum der Sprache. Studien zu Germanistik und Linguistik, hrg. v. Jörg Kilian u. Iris Forster. Tübingen 2006.

– „Kritik der deutschen Sprache" – Adelungs linguistisches Werk. In: Kämper/Klosa/Vietze 2008, 11–27.

– /Georg Objartel (Hrg.). Bibliothek zur historischen dt. Studenten- und Schülersprache. 6 Bde. Berlin/New York 1984.

Hennig, Beate/Jörg Hennig. Sprachgeschichte als notwendige Kategorie der Sprachkritik. Zur Bedeutung historischer Varianten für die populäre deutsche Sprachkritik. In: Czachur/Czyżewska 2008, 493–513.

Henning, Friedrich Wilhelm. Das vorindustrielle Deutschland 800–1800. 4. Aufl. Heidelberg 1985 (Wirtschafts- und Sozialgeschichte, Bd.I).

Hennig, Jörg/Jürgen Meier (Hrg.). Varietäten der dt. Sprache. Festschr. f. Dieter Möhn. Frankfurt a.M. 1996.

Hentschel, Elke. Funktion und Geschichte deutscher Partikeln. *Ja, doch, halt, eben*. Tübingen 1986.

Hentschel, Gerd (Hrg.). Über Muttersprachen und Vaterländer. Zur Entwicklung von Standardsprachen und Nationen in Europa. Frankfurt a.M. u.a. 1997.

Henze, Hanne. Die Inversion in der Poetik und der Dichtersprache des 18. Jh. Diss., Göttingen 1965.

Henzen, Walter. Schriftsprache und Mundarten. 2. Aufl. Bern 1954.

– Deutsche Wortbildung. 3. Aufl. Tübingen 1965.

– Die Bezeichnung von Richtung und Gegenrichtung im Deutschen. Studien zu Umfang und Ausnützung der mit Adverbien der Richtung zusammengesetzten Wortbildungsgruppen. Tübingen 1969.

Herberg, Dieter/Elke Tellenbach (Hrg.). Sprachhistorie(n). Hartmut Schmidt zum 65. Geburtstag. Mannheim 2000.

Herberger, Maximilian. Unverständlichkeit des Rechts. Anmerkungen zur historischen Entwicklung des Problems und des Problembewußtseins. In: Rudolf Wassermann/Jürgen Petersen (Hrg.). Recht und Sprache. Heidelberg 1983, 19–39.

Heringer, Hans Jürgen. Sprechen wir noch die Sprache Luthers? In: Wolfgang Reinhard (Hrg.). Fragen an Luther. München 1983, 123–145.

– /Georg Stötzel (Hrg.). Sprachgeschichte und Sprachkritik. Festschrift für Peter v.Polenz zum 65. Geburtstag. Berlin/New York 1993.

Hermanns, Fritz. Sprachgeschichte als Mentalitätsgeschichte. Überlegungen zu Sinn und Form und Gegenstand historischer Semantik. In: Gardt u.a. 1995, 69–101.

– Volk und Nation. Zur Semantik zweier geschichtsmächtiger Begriffe. In: Deutschunterricht 2, 2003, 26–36.

Hernández-Campoy, Juan Manuel /Juan Camilo Conde-Silvestre (Hrg.). The Handbook of Historical Sociolinguistics. Oxford 2012.

Herrgen, Joachim. „Belehrt, Brüder, diese Betrogenen!“ Sprache und Politik in der Mainzer Republik von 1792/93. In: Sprachreport 1990,1, 6–11. (=1990a.)

– Revolution ist erste Bürgerpflicht. Textfunktionskonflikte in der Mainzer Republik (1792/93). In: Bernd Spillner (Hrg.). Interkulturelle Kommunikation. Frankfurt a.M. 1990, 80–82. (=1990b.)

– Semantik und Persuasion in der Sprache der Mainzer Republik (1792/93). In: Bremer/Hildebrandt 1996, 191–218.

– Die Sprache der Mainzer Republik (1792/93). Historisch-semantische Untersuchungen zur politischen Kommunikation. Tübingen 2000.

Herrlitz, Hans Georg. Studium als Standesprivileg. Die Entstehung des Maturitätsproblems im 18. Jh. Frankfurt a.M. 1973.

Herrmann, Ulrich. Erziehung und Schulunterricht für Mädchen im 18. Jahrhundert. In: Schulz 1976, 101–136.

– „Das pädagogische Jahrhundert“. Volksaufklärung und Erziehung zur Armut im 18. Jh. in Deutschland. Weinheim/Basel 1981.
– (Hrg.). Die Bildung des Bürgers. Die Formierung der bürgerlichen Gesellschaft und der Gebildeten im 18. Jh. Weinheim/Basel 1982.
– (Hrg.). Volk, Nation, Vaterland. Hamburg 1996.
Herrmann-Winter, Renate. Urteile über Niederdeutsch aus dem 18. und 19. Jh. In: Jahrbuch d. Ver. f. niederdt. Sprachforschung 115, 1992, 123–144.
– Notwehr ist erlaubt. Texte aus Mecklenburg und Pommern vom 16. bis zum 20. Jahrhundert. Rostock 1995.
Hertel, Volker. *Ich mahne das urtel!* Ländliche Rechtstexte des 16. und 17. Jh. in ihren historischen, sozialen und kommunikativen Kontexten. In: G.Brandt 1994, 149–217.
– Nomination dörflicher Rechte im Mittelalter und in der Frühen Neuzeit. In: Barz/Schröder 1997, 23–36.
– Sind bäuerliche Schreibebücher Zeugnisse dörflicher Alltagskommunikation? In: G.Brandt 1994–99, Bd.IV, 125–140.
– u.a. (Hrg.). Sprache und Kommunikation im Kulturkontext. Ehrenkolloquium f. Gotthard Lerchner. Frankfurt a.M. u.a. 1996.
Heun, Hans Georg. Der Satzbau in der Prosa des jungen Goethe. Berlin 1930.
Heynatz, Johann Friedrich. Deutsche Sprachlehre zum Gebrauch der Schulen. 5., vermehrte und verbesserte Aufl. (1803). Die Lehre von der Interpunktion. 2., durchgängig verbesserte Aufl. (1782). Hrg. v. Petra Ewald. Hildesheim u.a. 2006.
Hille, Iris. Der Teufelspakt in frühneuzeitlichen Verhörprotokollen: Standardisierung und Regionalisierung im Frühneuhochdeutschen. Berlin 2009.
Hinrichs, Ernst/Günter Wiegelmann (Hrg.). Sozialer und kultureller Wandel in der ländlichen Welt des 18. Jh. Wolfenbüttel 1982.
– »Ja, das Schreiben und das Lesen ...«. Zur Geschichte der Alphabetisierung in Norddeutschland von der Reformation bis zum 19. Jahrhundert. In: Albrecht/Hinrichs 1995, 371–392.
Hinrichs, Uwe/Petra Himstedt-Veit. Das Handbuch der Eurolinguistik. Wiesbaden 2010.
Hirsch, Ernst. Beiträge zur Sprachgeschichte der württembergischen Waldenser. Stuttgart 1962.
Hirt, Hermann. Etymologie der neuhochdt. Sprache. Darstellung des dt. Wortschatzes in seiner geschichtlichen Entwicklung. München 1921. Nachdruck 1968.
Höchli, Stefan. Zur Geschichte der Interpunktion im Dt. Eine kritische Darstellung der Lehrschriften von der 2. Hälfte des 15. Jh. bis zum Ende des 18. Jh. Berlin/New York 1981.
Hodermann, Richard. Universitätsvorlesungen in deutscher Sprache. Christian Thomasius, seine Vorgänger und Nachfolger. In: Wiss. Beih. Z. Zs. d. Allg. Dt. Sprachvereins, 2.R., VI–X, 1892–96, 99–115.
Hoffmann, Lothar/Hartwig Kalverkämper/Herbert Ernst Wiegand u.a. Fachsprachen. Ein internationales Handbuch zur Fachsprachenforschung und Terminologiewissenschaft. 2 Bde. Berlin 1998–99.
Hoffmann, Walter. Vom variablen Usus zur Kodifizierung der Norm: Die Geschichte der „unorganischen participia mit *ge-*“. In: Wiesinger 1988, 167–184.

– /Jürgen Macha/Klaus J. Mattheier/Hans-Joachim Solms/Klaus Peter Wegera (Hrg.). Das Frühneuhochdeutsche als sprachgeschichtliche Epoche. Werner Besch zum 70. Geburtstag. Frankfurt a.M. u.a. 1999.

– /Friedrich Wetter. Bibliographie frühneuhochdt. Quellen. Ein kommentiertes Verzeichnis von Texten des 14. bis 17. Jh. Frankfurt a.M. 1985.

Höfler, Manfred. Vergleichende Betrachtungen zur Integration der neulat. Kompositionsweise im Französischen und Deutschen. In: Karl Richard Bausch/Hans Martin Gauger (Hrg.). Interlinguistica. Tübingen 1971, 138–148. Neudruck in: P.O.Müller 2005, 367–378.

Hohendahl, Peter Uwe (Hrg.). Öffentlichkeit– Geschichte eines kritischen Begriffs. Stuttgart 2000.

Holborn, Hajo. Der deutsche Idealismus in sozialgeschichtlicher Beleuchtung. In: Hans-Ulrich Wehler (Hrg.). Moderne dt. Sozialgeschichte. Königstein/Düsseldorf 1981, 85–110.

Holly, Werner. Weiterführende Nebensätze in sprachgeschichtlicher Perspektive. In: ZGL 16, 1988, 310–322.

Hölscher, Lucian. Zeit und Diskurs in der Lexikographie der frühen Neuzeit. In: Koselleck 1978, 327–342.

– Öffentlichkeit und Geheimnis. Eine begriffsgeschichtliche Untersuchung zur Entstehung der Öffentlichkeit in der frühen Neuzeit. Stuttgart 1979.

Holz, Guido. J.H. Campe als Sprachreiniger und Wortschöpfer. Diss., Tübingen 1950.

Honnef-Becker, Irmgard/Peter Kühn. Deutsch als Fremdsprache. Heidelberg 1998.

Hoppe, Gabriele. Herausbildung und Integration des Submusters ETHNIKA + *-(o)phone*/*-(o)phonie* im Französischen und Stellung des analogen Musters im Lehn-Wortbildungssystem des Dt. Mannheim 1998.

– Das Präfix *ex-*. Beiträge zur Lehnwortbildung. Mit einer Einführung in den Gegenstandsbereich von Gabriele Hoppe und Elisabeth Link. Tübingen 1999.

– Aspekte von Entlehnung und Lehn-Wortbildung am Beispiel *-(o)thek*. Mannheim 2000.

– Für und wider. Bd.I: *pro* ‚für'. Semantisches Paradigma.: *Freund, Feind, freundlich, feindlich*. Zur Geschichte ihrer reihenbildenden Produktivität. Etymologisches Paradigma: *pro* ‚vor', *prot(o)*. Mannheim 2005.

– Weitere Beobachtungen zum Lehnsuffix *-esk*. Mit einem Wörterbuch. Semantisches Paradigma: Das Lehnsyntagma *à la*. Anhang: Giganteskes. Auf griechisch *Gígas, Gígantos* zurückgehende Einheiten der Wortbildung. Mannheim 2007.

– Umdeutung, Fehldeutung, Mode. Neue Medizin und Entwicklung von *ant(i)-* + [Krankheit]*icus* im Neulateinischen, Französischen und Deutschen des 17. Jahrhunderts. In: GL 197–198, 2009, 397–433.

– „Reinigung und Fixierung" – Etablierung neoklassischer Lehn-Wortbildung. Etymologisch-korrekte Wiederherstellung von fachsprachlichen *itis*-Lehnwörtern und ihren Ableitungen seit der Frühen Neuzeit. Herausbildung einer fachsprachlichen Lehn-Wortbildungseinheit *-itis*. Mannheim 2010.

– /Alan Kirkness/Elisabeth Link/Isolde Nortmeyer/Wolfgang Rettig/Günter Dietrich Schmidt. Deutsche Lehnwortbildung. Beiträge zur Erforschung der Wortbildung mit entlehnten WB-Einheiten im Deutschen. Tübingen 1987.

Horan, Geraldine/Nils Langer/Sheila Watts (eds.). Landmarks in the History of the German Language. 2. Aufl. Oxford 2012.

Horn, Hans Arno. Christian Weise als Erneuerer des dt. Gymnasiums im Zeitalter des Barock. Der „politicus“ als Bildungsziel. Weinheim 1966.

Horn, Paul. Die deutsche Soldatensprache. Gießen 1905.

Hornung, Maria. Lexikon österreichischer Familiennamen. St. Pölten/Wien 1989.

Hortzitz, Nicoline. „Früh-Antisemitismus“ in Deutschland (1789–1871/72). Strukturelle Untersuchungen zu Wortschatz, Text und Argumentation. Tübingen 1988.

– Der „Judenarzt“. Historische und sprachgeschichtliche Untersuchungen zur Diskriminierung eines Berufsstandes in der frühen Neuzeit. Heidelberg 1994.

– Die Wortbildung im Dienst der Meinungssprache. Am Beispiel von Substantivkomposita mit *Jude-* in antijüdischen Texten. In: Werner König/Lorelies Ortner (Hrg.). Sprachgeschichtliche Untersuchungen zum älteren und neueren Deutsch. Heidelberg 1996, 107–130.

– Die Sprache der Judenfeindschaft in der frühen Neuzeit (1450–1700). Untersuchungen zu Wortschatz, Text und Argumentation. Heidelberg 2005.

Horváth, Katalin. Aufforderungssatztypen vom Mittelhochdeutschen bis zum frühen Neuhochdeutschen, eine Fallstudie. In: Jahrbuch der ungarischen Germanistik 2003, 249–265.

Hotzenköcherle, Rudolf. Entwicklungsgeschichtliche Grundzüge des Neuhochdt. In: WW 12, 1962, 321–331.

– Gegenwartsprobleme im dt. Adjektivsystem. In: NphM 69, 1968,1, 1–28.

Howe, Stephen. The Personal Pronouns in the Germanic languages from the first records to the present day. Berlin/New York 1996.

Hubatsch, Walther. Das Zeitalter des Absolutismus. 1600–1789. 4. Aufl. Braunschweig 1975.

Huber, Wolfgang. Kulturpatriotismus und Sprachbewußtsein. Studien zur dt. Philologie des 17. Jh. Frankfurt u.a. 1984.

Hübner, Arthur. Lessings Plan eines Deutschen Wörterbuches. In: A. Hübner. Kleine Schriften zur dt. Philologie. Berlin 1940, 235–245.

Hüllen, Werner. Kleine Geschichte des Fremdsprachenlernens. Berlin 2005.

– /Friederike Klippel (Hrg.). Sprachen der Bildung – Bildung durch Sprachen im Deutschland des 18. und 19. Jahrhunderts. Wiesbaden 2005.

Hummerich, Hermann. Beiträge zur Sprache König Friedrich Wilhelm des Ersten von Preußen. Diss., Greifswald 1910.

Hund, Friedrich. Geschichte der physikalischen Begriffe. 2 Bde. 2. Aufl. Mannheim 1978.

Hundsnurscher, Franz. Syntaxwandel zur Gottsched-Zeit. In: Betten 1990, 422–438.

Hundt, Markus. Modellbildung in der Wirtschaftssprache. Zur Geschichte der Institutionen- und Theoriefachsprache in der Wirtschaft. Tübingen 1995.

– „Spracharbeit“ im 17. Jahrhundert. Studien zu Georg Philipp Harsdörffer, Justus Georg Schottelius und Christian Gueintz. Berlin/New York 2000.

– Die Instrumentalisierung der „Wortforschung“ im Sprachpatriotismus des 17. Jahrhunderts. In: Habermann u.a. 2002, 289–314.

– Das Ringen um den Geldbegriff. Begriffswandel und Metaphernkonstanz in historischen und zeitgenössischen Geldtheorien. In: Ekkehard Felder (Hrg.). Semantische Kämpfe. Berlin 2006, 313–351.

Hünecke, Rainer. Zum Sprachverhalten der Geschworenen im kursächsischen Bergbau des 17. und 18. Jh. In: G.Brandt 1994, 301–370.

– Zum Sprachverhalten der Zubußboten im kursächsischen Bergbau des 18. Jahrhunderts. In: G.Brandt 1994–99, Bd.I., 37–50.
– Zum Sprachgebrauch soziofunktionaler Gruppen der produktionsnahen Betriebsanleitung im 18. Jh. In: G.Brandt 1995, 213–242.
– Die schreibende Frau in einer sächsischen Kleinstadt des 18. und beginnenden 19. Jahrhunderts. Eine Fallstudie. In: G.Brandt 1996, Bd.II, 227–254.
– Zum sozial markierten Sprachgebrauch in Schuldramen aus der ersten Hälfte des 17. Jahrhunderts. In: G.Brandt 1994–1999, Bd.IV, 103–124.
– „Der allzeit fertige Bergmann von der Feder“. Zum Sprachverhalten kursächsischer Bergleute im 18. Jahrhundert. In: Michael Elmentaler (Hrg.). Regionalsprachen, Stadtsprachen und Institutionensprachen im historischen Prozeß. Wien 2000, 241–260. (=2000a.)
– Sprachmittelwahl der Anna Constantia Reichsgräfin von Cosel in Briefen aus der Festungshaft. In: G. Brandt 2000, Bd.IV, 65–84. (=2000b.)
– Institutionelle Kommunikation im kursächsischen Bergbau des 18. Jahrhunderts. Akteure – Diskurse – soziofunktional geprägter Schriftverkehr. Heidelberg 2010. (=2010a.)
– Möglichkeiten und Grenzen einer diskursbasierten Syntaxforschung – dargestellt an einer Studie zur Syntax des 18. Jahrhunderts. In: Ziegler 2010, Bd.II, 989–1010. (=2010b.)

Hutterer, Claus J. Sprachenpolitik gegenüber fremdsprachigen Minderheiten in der k.u.k. Monarchie. In: Wimmer 1991, 164–171.
– Spracherneuerung im Deutschen und im Ungarischen um die Wende des 18./19. Jh. In: Michaela Ofitsch/Christian Zinko (Hrg.). Studia onomastica et indogermanica. Festschr. f. Fritz Lochner von Hüttenbach. Graz 1995, 99–110.

Ide, Manshu. *Lassen* und *lâzen*. Eine diachrone Typologie des kausativen Satzbaus. Würzburg 1996.

Ideler, Rudolf. Zur Sprache Wielands. Sprachliche Untersuchungen im Anschluß an Wielands Übersetzung der Briefe Ciceros. Berlin 1908.

Iluk, Jan. Zum Eindeutschungsprozeß französischer Fremdwörter. In: Germania Wratislaviensia XXIV. Wrocław 1977, 3–12.

Im Hof, Ulrich. Das gesellige Jahrhundert. Gesellschaft und Gesellschaften im Zeitalter der Aufklärung. München 1982.

Index deutschsprachiger Zeitschriften. 1750–1815. Erstellt durch eine Arbeitsgruppe unter Leitung von Klaus Schmidt. Hildesheim 1990.

Ingen, Ferdinand van. Philipp v.Zesen. Stuttgart 1971.
– (Hrg.). Philipp von Zesen 1619–1689. Beiträge zu seinem Leben und Werk. Wiesbaden 1972.
– Die Erforschung der Sprachgesellschaften unter sozialgeschichtlichem Aspekt. In: Bircher/van Ingen 1978, 9–26.
– Die Rhetorik-Kammern in den Niederlanden und die Sprachgesellschaften in Deutschland. In: Sebastian Neumeister/Conrad Wiedemann (Hrg.). Res Publica Litteraria. Wiesbaden 1987, 111–130.

Inghult, Göran. Die semantische Struktur desubstantivischer Bildungen auf *-mäßig*. Eine synchronisch-diachronische Studie. Stockholm 1975.

Irmen, Lisa/Vera Steiger. Zur Geschichte des Generischen Maskulinums: Sprachwissenschaftliche, sprachphilosophische und psychologische Aspekte im historischen Diskurs. In: ZGL 33, 2005, 212–235.

Irmscher, Hans D. Bildung, Sprache und Dichtung im Denken Herders. Diss., Göttingen 1956.

Ising, Erika. Wolfgang Ratkes Schriften zur dt. Grammatik (1612–1630). Berlin 1959.

– Die Herausbildung der Grammatik der Volkssprachen in Mittel- und Osteuropa. Studien über den Einfluß der lat. Elementargrammatik des Aelius Donatus [...]. Berlin 1970.

– Johann Christoph Adelungs Beitrag zur Kultivierung der deutschen Sprache. In: Bahner 1984, 191–204.

Ising, Gerhard. Die Erfassung der dt. Sprache des ausgehenden 17. Jh. in den Wörterbüchern Matthias Kramers und Kaspar Stielers. Berlin 1956.

Itkonen, Kyösti. Die Shakespeare-Übersetzung Wielands (1762–1766): Ein Beitrag zur Erforschung englisch-dt. Lehnbeziehungen. Jyväskylä 1971.

Iwasaki, Eijiro (Hrg.). Begegnung mit dem ‚Fremden'. Grenzen – Traditionen – Vergleiche. Akten des VIII. Internationalen Germanisten-Kongresses Tokyo 1990. München 1991.

Jachnow, Helmut. Die slavischen Personennamen in Berlin bis zur tschechischen Einwanderung im 18. Jahrhundert. Eine onomastisch-demographische Untersuchung. Berlin 1970.

Jacoby, Michael. Bibeltradition und Bibelsprache zwischen Mittelalter und 20. Jh. im nordgermanischen Raum: der Einfluß der Scholastik aus Paris und der Lutherbibel. New York u.a. 1988.

Jäckh, Karoline. Konjunktiv I. Synchron und diachron. Tübingen 2011.

Jäger, Hans-Wolf. Politische Metaphorik im Jakobinismus und Vormärz. Stuttgart 1971.

Jäger, Ludwig (Hrg.). Zur historischen Semantik des deutschen Gefühlswortschatzes. Aspekte, Probleme und Beispiele seiner lexikographischen Erfassung. Aachen 1988.

Jahreiss, Astrid. Grammatiken und Orthographielehren aus dem Jesuitenorden. Eine Untersuchung zur Normierung der dt. Schriftsprache in Unterrichtswerken des 18. Jh. Heidelberg 1990.

Jakob, Hans-Joachim. „Die Folianten bilden Gelehrte, die Broschüren aber Menschen". Studien zur Flugschriftenliteratur in Wien 1781–1791. Frankfurt a.M. u.a. 2001.

Jakob, Karlheinz. Maschine, mentales Modell, Metapher. Studien zur Semantik und Geschichte der Techniksprache. Tübingen 1991.

– Die Bedeutung transitorischer Gruppensprachen für den Sprachwandel. In: Löffler 1994, 197–207.

– Die Sprachnormierungen Johann Christoph Gottscheds und ihre Durchsetzung in der 2. Hälfte des 18. Jh. In: SpW 24, 1999, 1–46.

– „Swâben ir wörter spaltent". Ein Überblick über die Dialektbewertungen in der deutschen Sprachgeschichte. In: Ada Christina Anders/Markus Hundt/Alexander Lasch (Hrg.). *Perceptual Dialectology*. Neue Wege der Dialektologie. Berlin u.a. 2010, 51–66.

Janikowski, Krzysztof. Der dänisch-niederdeutsche Sprachkontakt in der Zeit der Hanse in neuer Sicht. In: Orbis linguarum 20, 2002, 115–124.

Jannidis, Fotis. Das Individuum und sein Jahrhundert. Eine Komponenten- und Funktionsanalyse des Begriffs ‚Bildung' am Beispiel von Goethes „Dichtung und Wahrheit". Tübingen 1996.

– Die ‚Bestimmung des Menschen'. Kultursemiotische Beschreibung einer sprachlichen Formel. In: Eibl u.a. 2002, 75–96.

Jantschewa, Manuela. Die Apposition in der deutschen Sprache des 18. Jahrhunderts. Diss., Leipzig 1988 (Typoskript).

Jarling, Anke. Untersuchungen zur mittelalterlichen Schreibsprache der Stadt Braunschweig. In: Moulin/Ravida/Ruge 2010, 147–164.

Jäschke, Erich. Lateinisch-romanisches Fremdwörterbuch der schlesischen Mundart. Breslau 1908.

Jeismann, Karl-Ernst. Das preußische Gymnasium in Staat und Gesellschaft. Die Entstehung des Gymnasiums als Schule des Staates und der Gebildeten, 1787–1817. Stuttgart 1974.

Jeismann, Michael. Das Vaterland der Feinde. Studien zum nationalen Feindbegriff und Selbstverständnis in Deutschland und Frankreich 1792–1918. Stuttgart 1992.

Jellinek, Max Hermann. Geschichte der neuhochdt. Grammatik von den Anfängen bis auf Adelung. 2 Bde. Heidelberg 1913, 1914.

Jensen, Hans. Die Schrift in Vergangenheit und Gegenwart. 3. Aufl. Berlin 1969.

Jernudd, Björn H./Michael J. Shapiro (eds.). The Politics of Language Purism. Berlin/New York 1989.

Jochmann, Carl Gustav. Politische Sprachkritik. Aphorismen und Glossen. Hrg. von Uwe Pörksen. Stuttgart 1983.

Jones, William J. A Lexicon of French Borrowings in the German Vocabulary (1575–1648). Berlin/New York 1976.

– A quantitative view of Franco-German loancurrency (1575–1648). In: ZDL 45, 1978, 149–160.

– Zum Lehngut lateinisch-romanischer Herkunft in dt. Texten (1575–1648). In: Studia Neophilologica 51, 1979, 245–274.

– König Deutsch zu Abrahams Zeiten: Some Perceptions of the Place of German within the Family of Languages from Aventinus to Zedler. In: Flood u.a. 1993, 189–213.

– (Hrg.). Sprachhelden und Sprachverderber. Dokumente zur Erforschung des Fremdwortpurismus im Deutschen (1478–1750), ausgewählt und kommentiert. Berlin/New York 1995.

– Germanic virginity or Teutonic virility? Attitudes to language among earlier German purists. In: London Germanic Studies 6, 1998, 33–70.

– Images of language. Six essays on German attitudes to European languages from 1500 to 1800. Amsterdam 1999.

– German lexicography in the European Context. A descriptive bibliography of printed dictionaries and word lists containing German language (1600–1700). Berlin/New York 2000.

Jordan, Lothar/Bernd Kortländer/Fritz Nies (Hrg.). Interferenzen. Deutschland und Frankreich – Literatur, Wissenschaft, Sprache. Düsseldorf 1983.

Joseph, Albrecht. Sprachformen der deutschen Barocklyrik. In: Richard Alewyn (Hrg.). Deutsche Barockforschung. Köln/Berlin 1965, 284–331.

Josten, Dirk. Sprachvorbild und Sprachnorm im Urteil des 16. und 17. Jh. Sprachlandschaftliche Prioritäten, Sprachautoritäten, sprachimmanente Argumentation. Frankfurt a.M./Bern 1976.

Jung, Rudolf. Studien zur Sprachauffassung G.C. Lichtenbergs. Diss., Frankfurt 1967. (=1967a.)

– Sprachkritik bei Lichtenberg und Herder. In: Jahrbuch des Wiener Goethe-Vereins 70, 1967, 36–51. (=1967b.)

Just, Anna. Der quantitative und qualitative Wandel im Bereich der militärischen Funktions- und Rangbeziehungen in der späten frühneuhochdeutschen Zeit (1500–1648). In: Peter Ďurčo u.a. 2009, 273–285.

Kainz, Friedrich. Philosophische Etymologie und historische Semantik. Wien 1969.

– Klassik und Romantik. In: Maurer/Rupp 1974, Bd.II, 245–492.

Kaiser, Kåre. Mundart und Schriftsprache. Versuch einer Wesensbestimmung in der Zeit zwischen Leibniz und Gottsched. Leipzig 1930.

Kaliuščenko, Vladimir D. Deutsche denominale Verben. Tübingen 1988.

Kaltz, Barbara. Zu den Anfängen des DaF-Unterrichts in Frankreich. In: Glück/Morcinek 2006, 77–86.

Kämper, Heidrun. „Sprache und Cultur in dem genauesten Verhältnisse" – Kulturgeschichte und Lexikographie bei Johann Christoph Adelung. In: Kämper/Klosa/Vietze 2008, 67–88.

– Einführung und Bibliographie zu Georg Henisch, Teütsche Sprach und Weißheit. Thesaurus linguae et sapientiae Germanicae (1616). In: Helmut Henne (Hrg.): Deutsche Wörterbücher des 17. und 18. Jahrhunderts. Einführung und Bibliographie. 2., erweiterte Aufl. Hildesheim u.a. 2001, 39–73.

– /Annette Klosa/Oda Vietze (Hrg.). Johann Christoph Adelung (1732–1806). Aufklärer, Sprachgelehrter, Didaktiker. Tübingen 2008.

Kändler, Ursula. Wortschatz des Verstandes und des Gefühls bei Ch.F. Gellert. In: Zur jüngeren Geschichte der dt. Sprache. Leipzig 1987, 67–74.

– Johann Elias Schlegel: „Der geschäftige Müßiggänger" – Der sächsische Bürger des 18. Jh. in der sächsischen Komödie. In: BEDS 9, 1989, 217–226.

Kästner, Hannes/Eva Schütz/Johannes Schwitalla. ‚Dem gmainen Mann zu guttem Teutsch gemacht'. Textliche Verfahren der Wissensvermittlung in frühneuhochdt. Fachkompendien. In: Betten 1990, 205–223.

Kauffer, Maurice. Die Graphie der dt. Nominalkomposita in elsässischen Handschriften seit dem 18. Jh. In: ZDL 66, 1999, 255–279.

Kayser, Wolfgang. Die Klangmalerei bei Harsdörffer. Ein Beitrag zur Geschichte der Literatur, Poetik und Sprachtheorie der Barockzeit. Leipzig 1932. Nachdr. Göttingen 1962.

– Wandlungen im Gebrauch der verbalen Präfixe in der dt. Sprache des 18. Jh. In: Wolfgang Kayser. Die Vortragsreise. Bern 1958, 9-38.

Kehr, Kurt. Die Fachsprache des Forstwesens im 18. Jh. Eine wort- und sachgeschichtliche Untersuchung zur Terminologie der dt. Forstwirtschaft. Giessen 1964.

Kehrein, Josef. Grammatik der deutschen Sprache des 15. bis 17. Jahrhunderts. 3 Teile. Leipzig 1854–56. Reprint Hildesheim 2004.

Keil, Ortrud. Die italienischen Lehn- und Fremdwörter im Deutschen. Diss., Innsbruck, [1945].

Keilhauer, Annette. *Aristocrate* und *citoyen*. Begriffstransfer der französischen Revolutionssprache ins Deutsche. In: Busse u.a. 1994, 174–186.

Keinästö, Kari. Zur Syntax der Nominalkomplexe in dt. Zeitungstexten des frühen 17. Jh. In: Iwasaki 1991, 3, 60–67.

Keiper, Philipp. Französische Familiennamen in der Pfalz und Französisches im Pfälzer Volksmund. 2. Aufl. Kaiserslautern 1891.

Keipert, Helmut. Aleksej Kutuzov und die Aussprache des Deutschen im 18. Jh. In: SpW 7, 1982, 82–93.

Kellenbenz, Hermann/Rolf Walter. Das Deutsche Reich 1350–1650. In: Hermann Kellenbenz (Hrg.). Europäische Wirtschafts- und Sozialgeschichte vom ausgehenden Mittelalter bis zur Mitte des 17. Jh. Stuttgart 1986, 822–893.

Kern, Peter Chr./Herta Zutt. Geschichte des deutschen Flexionssystems. Tübingen 1977.

Kettler, Wilfried. Untersuchungen zur frühneuhochdeutschen Lexikographie in der Schweiz und im Elsass. Strukturen, Typen, Quellen und Wirkungen von Wörterbüchern am Beginn der Neuzeit. Bern u.a. 2008.

Kettmann, Gerhard. Formen und grammatische Struktur nebengeordneter Wortreihen. In: Kettmann/Schildt 1976, 327–417.

– Stadt und Sprachentwicklung im Frühneuhochdeutschen. In: R.Große 1990, 213–218.

– Zum Graphemgebrauch in der dt. Literatursprache. Variantenbestand und Variantenanwendung (1570–1730). In: Schildt 1992a, 15–118.

– Zur Rolle regionaler Varietäten in chronologischen Varietäten (dargestellt an der Druckersprache des 17. Jh.). In: Lerchner 1995, 69–73.

– Wittenberg – Sprache und Kultur in der Reformationszeit. Kleine Schriften. Hrg. von Rudolf Große. Frankfurt a.M. u.a. 2008.

– /Joachim Schildt (Hrg.). Zur Ausbildung der Norm der dt. Literatursprache auf der syntaktischen Ebene (1470–1730). Berlin 1976. 2. Aufl. 1981.

– /u.a. (Hrg.). Zur Ausbildung der Norm der dt. Literatursprache (1470–1730). I. Der Einfachsatz. Berlin 1976.

Kiedroń, Stefan, Niederländische Einflüsse auf die Sprachtheorie von Justus Georg Schottelius. Wrocław 1991.

Kiefner, Theo. Glaubensflüchtlinge französischer und provenzalischer Sprache in Deutschland (Hugenotten, Wallonen, Waldenser). In: Dahmen u.a. 1993, 39–53.

Kiesel, Helmuth/Paul Münch. Gesellschaft und Literatur im 18. Jh. Voraussetzungen und Entstehung des literarischen Marktes in Deutschland. München 1977.

Kilian, Jörg. Lehrgespräch und Sprachgeschichte. Untersuchungen zur historischen Dialogforschung. Tübingen 2002.

– Historische Dialogforschung. Eine Einführung. Tübingen 2005.

Kim, Dae Kweon. Sprachtheorie im 18. Jahrhundert. Herder, Condillac und Süßmilch. St. Ingbert 2002.

Kimmich, Dorothee/Wolfgang Matzat (Hrg.). Der gepflegte Umgang. Interkulturelle Aspekte der Höflichkeit in Literatur und Sprache. Bielefeld 2008.

Kimpel, Dieter (Hrg.). Mehrsprachigkeit in der dt. Aufklärung. Hamburg 1985.

King, Robert D./Stephanie A. Beach. On the origins of German Uvular [R]: the Yiddish evidence. In: American Journal of Germanic linguistics and literatures 10, 1998, 279–290.

Kinne, Michael. Die Präfixe *post-*, *prä-* und *neo-*. Beiträge zur Lehn-Wortbildung. Tübingen 2000.

Kinnemark, Karin. Studien zum Fremdwort in dt. Zeitungen in der 1. Hälfte des 17. Jh. In: Publizistik 9, 1964, 359–363.

Kirchmeier, Monika. Entlehnung und Lehnwortgebrauch, untersucht am französischen Einfluß auf die württembergischen Mundarten und am württembergischen Einfluß auf die Sprache im Pays de Montbéliard. Tübingen 1973.

Kirchner, Joachim. Das dt. Zeitschriftenwesen. Seine Geschichte und seine Probleme. 2 Bde. Wiesbaden 1958/62.

Kirkness, Alan. Zur Sprachreinigung im Dt. 1789–1871. Eine historische Dokumentation. 2 Bde. Tübingen 1975.

– Fremdwort und Fremdwortpurismus: Lehren aus der Sprachgeschichte für den Deutschunterricht. In: SuL 14, 1983, 14–29.

– Aliens, denizens, hybrids and natives: Foreign influence on the etymological structure of German vocabulary. In: Russ 1984, 1–26.

– Sprachreinheit und Sprachreinigung in der Spätaufklärung. Die Fremdwortfrage von Adelung bis Campe. In: Kimpel 1985, 85–104.

– Die nationalpolitische Bedeutung der Germanistik im 19. Jh.: Ersetzt statt erforscht – Thesen zu Lehndeutsch, Purismus und Sprachgermanistik. In: Wimmer 1991, 294–306.

– Neuhochdeutsch und Neulatein – eine Begegnung mit dem ‚Fremden'? In: Iwasaki 1991, Bd.IV, 332–340.

– Eurolatein. Überlegungen zu einem lexikalischen Phänomen und dessen Erforschung aus der Sicht eines Sprachgermanisten. In: Sprachreport 1996,1, 11–14.

Kißenbeck, Anne. Fachsprache und Regionalisierung. Empirische Untersuchungen zum Wortschatz des Bergbaus. Frankfurt a.M. u.a. 1997.

Klatte, Holger. Gesprochenes Frühneuhochdeutsch in tschechisch-deutschen Sprachbüchern. Göppingen 2008.

Klein, Hans-Wilhelm. Schwierigkeiten des deutsch-französischen Wortschatzes. Germanismen – faux amis. 2. Aufl. Stuttgart 1975.

Klein, Wolf-Peter. Am Anfang war das Wort. Theorie- und wissenschaftsgeschichtliche Elemente frühneuzeitlichen Sprachbewußtseins. Berlin 1992.

– Das naturwissenschaftliche Fachlexikon in Deutschland zwischen Renaissance und 19. Jahrhundert. In: Lexikographica 11, 1995, 15–19.

– Die Geschichte der metereologischen Kommunikation in Deutschland. Eine historische Fallstudie zur Entwicklung von Wissenschaftssprachen. Hildesheim u.a. 1999. (=1999a.)

– Formen der Fachlexikographie in der vorindustriellen Zeit. Eine historische Übersicht. In: Hoffmann u.a. 1999, 1910–1925. (=1999b.)

– Gab es eine Fachsprachenforschung im 17. Jahrhundert? Versuch einer Antwort mit bes. Ber. v. Johann Heinrich Alsted. In: Historiographia linguistica 31, 2004, 297–327.

– Deutsch statt Latein! Zur Entwicklung der Wissenschaftssprachen in der frühen Neuzeit. In: Wieland Eins/Helmut Glück/Sabine Pretscher (Hrg.). Wissen schaffen – Wissen kommunizieren. Wissenschaftssprache in Geschichte und Gegenwart. Wiesbaden 2011, 35–47.

– /Marthe Grund. Die Geschichte der Auslassungspunkte. Zu Entstehung, Form und Funktion der dt. Interpunktion. In: ZGL 25, 1996, 24–43.

Kleinöder, Rudolf. Konfessionelle Namengebung in der Oberpfalz von der Reformation bis zur Gegenwart. Frankfurt a.M. 1996.

Kleinschmidt, Erich. Entbundene Sprache. Zur intellektuellen Formierung des Deutschen im 17. Jh. In: ZdA 119, 1990, 192–211.

– Entregelte Poetik. Zum dichtungstheoretischen Sprachaufbruch im 18. Jh. In: Jürgen Dittmann/Hannes Kästner/Johannes Schwitalla (Hrg.). Erscheinungsformen der dt. Sprache. Festschrift Hugo Steger. Berlin 1991, 77–92.

Klijnsmit, Anthony. „Schottel and the Dutch". In: Flood u.a. 1993, 215–235.

Klippel, Diethelm (Hrg.). Politische Theorie im 18. Jahrhundert. Hamburg 2001.

Kluge, Friedrich. Deutsche Studentensprache. Straßburg 1895.

– Rotwelsch. Quellen und Wortschatz der Gaunersprache und der verwandten Geheimsprachen. I. Rotwelsches Quellenbuch. Straßburg 1901.

– Von Luther bis Lessing. Aufsätze und Vorträge zur Geschichte unserer Schriftsprache. 5. Aufl. Leipzig 1918.

Knape, Joachim. Humanismus, Reformation, *deutsche Sprache* und *Nation*. In: Gardt 2000a, 103–138.

– /Armin Sieber. Rhetorik-Vokabular zur zweisprachigen Terminologie in älteren dt. Rhetoriken. Wiesbaden 1998.

Knoche, Andrea. Probleme der Identifikation und Beschreibung des phraseologischen Bestandes historischer Texte [...] am Beispiel frühneuhochdt. Schriften. Aachen 1996.

Knoop, Ulrich. Zum Status der Schriftlichkeit in der Sprache der Neuzeit. In: Klaus Günther/Hartmut Günther (Hrg.). Schrift, Schreiben, Schriftlichkeit. Tübingen 1983, 159–167.

– Zur Begrifflichkeit der Sprachgeschichtsschreibung: Der ‚Dialekt' als Sprache des ‚gemeinen Mannes' und die Kodifikation der Sprache im 18. Jh. In: Munske u.a. 1988, 336–350. (=1988a.)

– Von einer verstehbaren zur richtigen Sprache. Zum sprachhistorischen Vorurteil über die dt. Sprache vor 1700. In: Norbert Oellers (Hrg.). Germanistik und Deutschunterricht im Zeitalter der Technologie. Bd.II. Tübingen 1988, 401–408. (=1988b.)

– Grundlagen zu einer Geschichte der dt. Sprache in der Frühen Neuzeit: Sprachwissenschaftliche Voraussetzungen und neue Forschungsergebnisse zur Sozialgeschichte der ländlichen Bevölkerung. Habil., Marburg 1993 (Typoskript). (=1993a.)

– Zum Verhältnis von geschriebener und gesprochener Sprache. Anmerkungen aus historischer Sicht. In: Baurmann u.a. 1993, 217–229. (=1993b.)

– Entwicklung von Literalität und Alphabetisierung in Deutschland. In: Günther/Ludwig 1994, 859–872.

– Ist der Sprachwandel ein historisches Phänomen? Überlegungen zu den Gegenständen der Sprachgeschichtsschreibung. In: Gardt u.a. 1995, 19–38.

Koch, Kristine. Deutsch als Fremdsprache im Rußland des 18. Jahrhunderts. Ein Beitrag zur Geschichte des Fremdsprachenlernens in Europa und zu den deutsch-russischen Beziehungen. Berlin/New York 2002.

Koch, Peter. Sprachgeschichte zwischen Nähe und Distanz: Latein – Französisch – Deutsch. In: Ágel/Hennig 2010, 155–206.

Kohn, Hans. Die Idee des Nationalismus. Ursprung und Geschichte bis zur Französischen Revolution. Frankfurt 1962.

Kohrt, Manfred. Theoretische Aspekte der deutschen Orthographie. Tübingen 1987.

Kolb, Herbert. Der „inhumane Akkusativ". In: ZdWf 16, 1960, 168–172.

– Johann Christoph Adelung, Philologe und Schriftsteller in Leipzig. In: Martens 1990, 247–265.

Kolde, Gottfried. Die verbale *be*-Komposition in Prosatexten des 14. bis 17. Jh. Diss., Göttingen 1964.

Konersmann, Frank. „Ueber die Nutzbarkeit des Predigtamtes". Pfarrer als Agrarschriftsteller und Landwirte in der Pfalz (1770–1852). In: Eibl 2005, 5–34.

König, Peter. *Idiomate patrio dicitur.* Die Stellung deutscher Rechtsausdrücke in Christian Wolffs „Jus Naturae". In: Kronauer/Garber 2001, 113–127.

König, Werner. Kaufrufbilder. Eine bisher kaum betrachtete Quelle zur Variation der gesprochenen Sprache des 18. und 19. Jahrhunderts. In: Götz/Stricker 2006, 125–138.

Konopka, Marek. Strittige Erscheinungen der dt. Syntax im 18. Jh. Tübingen 1996.

Konrad, Gustav. Herders Sprachproblem im Zusammenhang der Geistesgeschichte. Berlin 1937.

Koopmann, Christiane. Aspekte der Mehrgliedrigkeit des Ausdrucks in frühneuhochdeutschen poetischen, geistlichen und fachliterarischen Texten, Göppingen 2002.

Kopitzsch, Franklin (Hrg.). Aufklärung, Absolutismus und Bürgertum in Deutschland. München 1976.

Koppelmann, Heinrich. Nation, Sprache und Nationalismus. Leiden 1956.

Kopperschmidt, Josef/Helmut Schanze (Hrg.). Fest und Festrhetorik. Zu Theorie, Geschichte und Praxis der Epideiktik. München 1999.

Kopplow, Christa. Anleitung zu kommunikativem Handeln durch Konversationsbücher. Die Complimentierbücher der Sondersammlung der Universitätsbibliothek Rostock. In. G.Brandt 1995, 199–212.

Kordes, Uwe. Wolfgang Ratke (Ratichius, 1571–1635). Gesellschaft, Religiosität und Gelehrsamkeit im frühen 17. Jh. Heidelberg 1999.

Korhonen, Jarmo. Zur Textkonstitution und Syntax in der „Relation" des Jahres 1609. In: Wiesinger 1988, 227–245.

– Zu Verbphrasemen in Zeitungstexten des frühen 17. Jh. In: Betten 1990, 253–268.

Koselleck, Reinhart. Kritik und Krise. Eine Studie zur Pathogenese der bürgerlichen Welt. Frankfurt a.M. 1973.

– Zur historisch-politischen Semantik asymmetrischer Gegenbegriffe. In: Harald Weinrich (Hrg.). Positionen der Negativität. München 1975, 65–104.

– (Hrg.). Historische Semantik und Begriffsgeschichte. Stuttgart 1978.

– Sprachwandel und sozialer Wandel im ausgehenden Ancien Régime. In: Bernhard Fabian u.a. (Hrg.). Deutschlands kulturelle Entfaltung. München 1980, 15–30.

– Revolution als Begriff. In: Merkur 39, 1985, 203–211.

– Vergangene Zukunft. Zur Semantik geschichtlicher Zeiten. Frankfurt 1989.

– Begriffliche Innovationen der Aufklärungssprache. In: Kronauer/Garber 2001, 4–26.

– Begriffsgeschichten. Studien zur Semantik und Pragmatik der politischen und sozialen Sprache. Frankfurt a.M. 2006.

– /u.a. Volk, Nation, Nationalismus, Masse. In: Brunner/Conze/Koselleck Bd.VII, 1992, 141–431.

Koß, Gerhard. Namenforschung. Eine Einführung in die Onomastik. Tübingen 1990.

– „... doch immer der schönste lebendigste Stellvertreter der Person". Name und Eigennamen bei Goethe. In: Beiträge zur Namenforschung 39, 2004, 1–66.

Koszyk, Kurt. Vorläufer der Massenpresse. Ökonomie und Publizistik zwischen Reformation und Französischer Revolution. München 1972.

Kothmann, Hella. Johannes Keplers Beitrag zur dt. Fachsprache. Gutachten über die Arbeit der Kepler-Kommission [u.a.]. München 1998.

Kotin, Michail. Die Herausbildung der grammatischen Kategorie des Genus verbi im Deutschen. Eine historische Studie zu den Vorstufen und zur Entstehung des dt. Passiv-Paradigmas. Hamburg 1998.

– Die „Basisrelationen" des Deutschen und die Auxiliarisierung von Haben, Sein und Werden. In: ZdPh 118, 1999, 391–419.

– Die *werden*-Perspektive und die *werden*-Periphrase im Deutschen. Historische Entwicklung und Funktionen in der Gegenwartssprache. Frankfurt a.M. 2003.

Koziol, Herbert. Zum englischen Einfluß auf den dt. Wortschatz in den Jahrzehnten um 1800. Wien 1974.

Krapf, Ludwig. Germanenmythos und Reichsideologie. Frühhumanistische Rezeptionsweisen der taciteischen ‚Germania'. Tübingen 1979.

Kramer, Günter. Das Partizip I als Adjektiv und Adjektivkomponente – seine Entwicklung innerhalb der Klasse der Adjektive. In: Kettmann/Schildt 1976, 477–510.

Kramer, Johannes. Zur französischen Sprachpolitik im Rheinland 1794–1814. In: Kramer/Winkelmann 1990, 89–102.

– Französisch bei Hofe und auf den Höfen. Zur sozialen Schichtung der Französismen in der deutschen Sprache des 18. Jahrhunderts. In: Berger/Sick 2002, 209–218.

– /Sabine Kowallik. Das Französische in Deutschland. Eine Einführung. Stuttgart 1992.

– /Otto Winkelmann (Hrg.). Das Galloromanische in Deutschland. Wilhelmsfeld 1990.

Krämer, Jörg. Deutschsprachiges Musiktheater im späten 18. Jahrhundert. Typologie, Dramaturgie und Anthropologie einer populären Gattung. 2 Bde. Tübingen 1998.

Kratz, Bernd. Deutsch-französischer Lehnwortaustausch. In: Mitzka 1968, 445–487.

Krause, Hermann. Die Geschichte der neueren zoologischen Nomenklatur in dt. Sprache. Braunschweig 1918.

Krause, Markus. Das Trivialdrama der Goethezeit: 1780–1805. Produktion und Rezeption. Bonn 1982.

Kreimendahl, Lothar (Hrg.). Philosophen des 17. Jahrhunderts. Eine Einführung. Darmstadt 1999.

Krejci, Tomas. Einfluß des Handels auf die Entwicklung und Gestaltung der dt. Sprache. Versuch einer wirtschaftslinguistischen Studie. Prag 1932.

Kremer, Anette. Die Anfänge der deutschen Fremdwortlexikographie: Metalexikographische Untersuchungen zu Simon Roths ‚Ein Teutscher Dictionarius' (1571). Heidelberg 2013.

Kretterová, Ľudmila. Der Ausdruck der konditionalen Relationen in deutschsprachigen Texten aus der Slowakei. In: Meier/Ziegler 2003, 199–206.

Kretzenbacher, Heinz L. Wissenschaftssprache. Heidelberg 1992.

Kriegesmann, Ulrich. Die Entstehung der neuhochdt. Schriftsprache im Widerstreit der Theorien. Frankfurt a.M. u.a. 1990.

Kröger, Heinrich. Plattdütsch in de Kark in drei Jahrhunderten. 1700–1900. Hannover 1996.

Kröger, Rüdiger. Die orthographischen Traditionen der calenbergischen Kanzlei in der Mitte des 17. Jahrhunderts. Hildesheim 2001.

Krogh, Steffen. Gottsched als Sprachreformer. Eine systematische Übersicht. In: Augias 35, 1989, 3–41.

Kronauer, Ulrich/Jörn Garber (Hrg.). Recht und Sprache in der deutschen Aufklärung. Tübingen 2001.

Krummacher, Hans Henrik. Bibelwort und hymnisches Sprechen bei Klopstock. In: Jahrbuch d. dt. Schillergesellschaft 13, 1969, 155–179.

Kucharska, Elzbieta. Was man an den Titulaturen alles ablesen kann. Eine Fallstudie über die Anreden an den Kaiser des Heiligen Römischen Reiches Deutscher Nation. In: Studia Germanica Universitatis Vesprimiensis 1, 1997,2, 49–62.

– „Gnädige Frau" oder Von der Anrede des weiblichen Geschlechts im 18. Jahrhundert. In: Wojciech Kunicki (Hrg.). Aufgeklärter Sensualismus. Wrocław 1998, 179–202.

– Anreden des Adels in der deutschen und polnischen Briefkultur vom 17. bis Anfang des 20. Jahrhunderts. Eine vergleichende sprachwissenschaftliche Untersuchung. Neustadt a.d. Aisch 2000.

Kudla, Hubertus (Hrg.). Lexikon der lateinischen Zitate. 3500 Originale mit Übersetzungen und Belegstellen. München 1999.

Kudo, Yasuhiro. Zur Entstehung der Gebrauchsform „*würde* + Infinitiv" – anhand einiger Materialien aus dem 17. Jahrhundert. In: Doitsu bungaku 50, 2006 (Sonderband), 81–89.

Kuhberg, Werner. Verschollenes Sprachgut und seine Wiederbelebung in neuhochdt. Zeit. Frankfurt a.M. 1933.

Kühebacher, Egon. Deutsch-italienischer Lehnwortaustausch. In: Mitzka 1968, 488–525.

Kühlmann, Wilhelm. Gelehrtenrepublik und Fürstenstaat. Entwicklung und Kritik des dt. Späthumanismus in der Literatur des Barockzeitalters. Tübingen 1982.

Kuhn, Axel. Linksrheinische deutsche Jakobiner. Aufrufe, Reden, Protokolle, Briefe und Schriften 1794–1801.

Kuhn, Hans. Gryphius als Übersetzer aus dem Niederländischen. In: ZGL 28, 2000, 346–376.

Kühn, Peter. Johann Siegmund Valentin Popowitschs „Versuch einer Vereinigung der Mundarten von Teutschland". Ein Beitrag zur Mundartlexikographie im 18. Jh. In: Ulrich Knoop (Hrg.). Studien zur Dialektologie I. Hildesheim u.a. 1987, 81–148.

– Synonymik im Wörterbuch. Synonymiken des Deutschen im 18. und 19. Jahrhundert. In: Václav Bok/Frank Shaw (Hrg.). Magister et amicus. Festschrift für Kurt Gärtner. Wien 2003, 425–458.

– /Ulrich Püschel. Die dt. Lexikographie vom 17. Jh. bis zu den Brüdern Grimm. In: Hausmann u.a. (Hrg.) 1990, 2049–2077.

Kühne, Andreas. Zur historischen Lexikostatistik der starken Verben im Dt. Heidelberg 1999.

Kühnhold, Ingeburg/Heinz-Peter Prell (Hrg.). Morphem- und Sachregister zu Band I–III. Düsseldorf 1984 (= DW).

– /Oskar Putzer/Hans Wellmann. Das Adjektiv. Düsseldorf 1978 (= DW 3).

– /Hans Wellmann. Das Verb. Düsseldorf 1973 (= DW 1).

Kundert, Ursula. Konfliktverläufe. Normen der Geschlechterbeziehungen in Texten des 17. Jahrhunderts. Berlin/New York 2004.

Kunisch, Johannes. Absolutismus. 2. Aufl. Göttingen 1999.

Küntzel, Heinrich. Essay und Aufklärung. Zum Ursprung einer originellen dt. Prosa im 18. Jh. München 1969.

Kuroda, Susumo. Die historische Entwicklung der Perfektkonstruktion im Dt. Hamburg 1998.

Kürschner, Wilfried. Zur Geschichte der Sprachkultur in Deutschland: Notizen zu Schottelius und Leibniz. In: Armin Burkhardt/Karl Hermann Körner (Hrg.). Pragmantax. Tübingen 1986, 335–345.

Kurth, Karl (Hrg.). Die ältesten Schriften für und wider die Zeitung. Brünn/München/Wien 1944.

Kyes, Robert L. Grammar and grammarians in seventeenth-century Germany: the case of Christian Gueintz. In: Irmengard Rauch/Gerald F. Carr (eds.). Insights in Germanic linguistics. Bd.I. Berlin u.a. 1995, 185–202.

– Language attitudes in sixteenth and seventeenth century. In: Gerald F. Carr (ed.). Interdigitations. Essays for Irmengard Rauch. New York u.a. 1998, 285–293.

Lächele, Rainer. Die „Sammlung Auserlesener Materialien zum Bau des Reichs Gottes“ zwischen 1730 und 1760. Erbauungszeitschriften als Kommunikationsmedium des Pietismus. Tübingen 2006.

Lambeck, Heino. Düedsche Orthographia (1633). Hrg. von Rolf Bergmann und Ursula Götz. Hildesheim 2007.

Lameli, Alfred. Zur Historizität und Variabilität der deutschen Standardsprechsprache. In: OBST 71, 2006, 53–80.

Lange, Adolf. Die Sprache der Gottschedin in ihren Briefen. Uppsala 1896.

Lange, Barbara. Die Sprache von Schillers „Wallenstein“. Berlin 1973.

Lange, Hans–Joachim. Aemulatio veterum sive de optimo genere dicendi. Die Entstehung des Barockstils im 16. Jh. Frankfurt a.M. 1974.

Lange, Maria Barbara. Bad language in Germany's past – the birth of linguistic norms in the seventeenth century? In: Langer/Davies 2005, 62–85.

Langen, August. Anschauungsformen in der deutschen Dichtung des 18. Jahrhunderts, Rahmenschau und Rationalismus. Jena 1934. Nachdr. Darmstadt 1968.

– Verbale Dynamik in der dichterischen Landschaftsschilderung des 18. Jhs. in: ZdPh 70, 1949, 249-318.

– Klopstocks sprachgeschichtliche Bedeutung. In: WW 3, 1952/53, 330–346.

– Der Wortschatz des dt. Pietismus. Tübingen 1954. 2. Aufl. 1968.

– Deutsche Sprachgeschichte vom Barock bis zur Gegenwart. In: DPhA I, 1957, 931–1395.

– Zum Problem der sprachlichen Säkularisation in der dt. Dichtung des 18. u. 19. Jh. In: ZdPh 83, 1964, Sonderheft, 24–42.

– Der Wortschatz des 18. Jh. In: Maurer/Rupp 1974/78, Bd.II, 31–244.

Langer, Nils. Linguistic Purism in Action: How Auxiliary *tun* was stigmatized in Early New High German. Berlin 2001.

– Frühe Fremdsprachengrammatiken als Vermittlerinnen der Standardsprache. In: Mattheier/Nitta 2004, 223–243.

– /Winifred Davies (eds.). Linguistic purism in the Germanic languages. Berlin/New York 2005.
– Sociolinguistic changes in the history of low German. In: Horan/Langer/Watts 2012, 211–232.
Langewiesche, Dieter/Georg Schmidt (Hrg.). Föderative Nation. Deutschlandkonzepte von der Reformation bis zum Ersten Weltkrieg. München 2000.
Lang-Groth, Imke. Auf dem Weg zu einem Belegwörterbuch. Der Beitrag von Joachim Heinrich Campe und Theodor Bernd. Bielefeld 2012.
Langholf, Barbara. Die Syntax des dt. Amadisromans. Hamburg 1971.
Langner, Helmut. Zum Einfluß des Ostmitteldeutschen auf den Süden des Mittelmärkischen – Ein Vergleich mit der Entwicklung des Berlinischen. In: H. Schmidt 1988a, 26–36.
– /Elisabeth Berner (Hrg.). Untersuchungen zur Geschichte der deutschen. Sprache seit dem Ende des 18. Jahrhunderts. Potsdam 1991.
Lappe, Claus. Studien zum Wortschatz empfindsamer Prosa. Diss., Saarbrücken 1970.
Lasch, Agathe. Berlinisch. Eine berlinische Sprachgeschichte. Berlin 1928. Neudruck Darmstadt 1967.
Lausberg, Heinrich. Handbuch der literarischen Rhetorik. Eine Grundlegung der Literaturwissenschaft. 3. Aufl. Stuttgart 1990.
Law, Claudia. Das sprachliche Ringen um die nationale und kulturelle Identität Deutschlands. Puristische Reaktionen im 17. Jahrhundert und Ende des 20. Jahrhunderts. In: MS 112, 2002, 67–83.
Lee, Anthony van der/Oskar Reichmann. Die Erbauungsliteratur des späten Mittelalters und der frühen Neuzeit als Quellengrundlage für die Erforschung der Herausbildung der dt. Nationalsprache. In: Jb. Internat. Germanistik IV, 2, 1972, 109–124.
Lefèvre, Michel. Versuch einer textlichen Strukturanalyse der deutschen Briefe der Pfalzgräfin Liselotte an Sophie von Hannover. In. Marcel Vuillaume/Eugène Faucher (Hrg.). Signans und Signatum. Auf dem Wege zu einer semantischen Grammatik. Festschrift für Paul Valentin zum 60. Geburtstag. Tübingen 1995, 425–439.
– Die Sprache der Lieselotte von der Pfalz. Eine sprachliche Untersuchung der deutschen Briefe (1676–1714) der Herzogin von Orleans an ihre Tante, die Kurfürstin Sophie von Hannover. Stuttgart 1996. (=1996a.)
– Die adverbialen Proformen *so, da, wo* im späten Frühneuhochdt. In: Marie-Hélène Pérennec (Hrg.). Pro-Formen des Dt. Tübingen 1996, 63–74. (=1996b.)
– Syntaktische vs. semantische Konnexion im Deutschen des 17. Jahrhunderts. In: Desportes 2003, 253–270.
– Syntaktische Weiterentwicklungen in der Zeitungssprache vom 17. bis zum 19. Jahrhundert. In: Franz Simmler/Claudia Wich-Reif (Hrg.). Geschichte der Gesamtsatzstrukturen vom Althochdeutschen bis zum Frühneuhochdeutschen. Bern 2011, 153–176.
Leiss, Elisabeth. „Die Vernunft ist ein Wetterhahn". Johann Georg Hamanns Sprachtheorie und die Dialektik der Aufklärung. In: ZGL 19, 1991, 259–273.
– Historische Morphologie und Syntax des Deutschen. Berlin/New York 2005.
Lemberg, Hans u.a. (Hrg.). Bildungsgeschichte, Bevölkerungsgeschichte, Gesellschaftsgeschichte in den böhmischen Ländern und in Europa. München 1988.

Lemmer, Manfred (Hrg.). Beiträge zur Sprachwirkung Martin Luthers. Halle-Wittenberg 1987.

Lendle, Otto/Paul Gerhard Schmidt/Max Pfister/Bodo Müller/Walter W. Müller. Mediterrane Kulturen und ihre Ausstrahlung auf das Deutsche. Marburg 1986.

Lengauer, Hubert. Zur Sprache moralischer Wochenschriften. Untersuchungen zur rhetorischen Vermittlung der Moral in der Literatur des 18. Jh. Wien 1975.

Lenk, Werner. Die nationale Komponente in der dt. Literaturentwicklung der frühen Neuzeit. In: Garber 1988/89, 669–687.

Lenz, Barbara. Wie *brauchen* ins dt. Modalverb-System geriet und welche Rolle es darin spielt. In: Beitr 118, 1996, 393–422.

Leonhardt, Joachim Felix u.a. (Hrg.). Medienwissenschaft. Ein internationales Handbuch der Medientechnik, Mediengeschichte, Medienkommunikation und Medienästhetik. Berlin/New York 1999 (HSK).

Leopold, Max. Die Vorsilbe *ver-* und ihre Geschichte. Breslau 1907.

Lepper, Marcel. Die „Entdeckung" des „deutschen Barock". zur Geschichte der Frühneuzeitgermanistik 1888–1915. In: ZfG N. F. 17, 2007, 300–321.

– Frühneuzeitphilologie und Frühneuzeithistorie 1750–1850. In: Lepper/Werle 2011, 65–77.

– /Dirk Werle (Hrg.). Entdeckung der frühen Neuzeit. Konstruktionen einer Epoche der Literatur- und Sprachgeschichte seit 1750. Stuttgart 2011.

Lerch, Hans-Günter. Das Manische in Gießen. Die Geheimsprache einer gesellschaftlichen Randgruppe, ihre Geschichte und ihre soziologischen Hintergründe. Gießen 1976.

Lerchner, Gotthard. Zu Lessings Stellung in der sprachgeschichtlichen Entwicklung des 18. Jh. In: ZPSK 33, 1980, 345–352.

– Zum Verhältnis von Soziolekten zur Literatursprache in der sprachgeschichtlichen Entwicklung des 18. u. 19. Jh. In: Nerius 1983, 31–40.

– Zur sprachgeschichtlichen Bedeutsamkeit der Auseinandersetzung zwischen Wieland und Adelung. In: Bahner 1984, 109–115. (=1984a.)

– Zur präskriptiven Normierung der deutschen Literatursprache im frühen 18. Jahrhundert. In: Linguistische Arbeitsberichte 43, 1984, 78–86. (=1984b.)

– Mustermischung und Sprachausgleich im trivialliterarischen Diskurs des 18. Jh. In: ZGL 18, 1990, 261–272. (=1990a.)

– Trivialliterarischer Diskurs und Entwicklung des dt. Standards im 18. Jh. In: Hörz, Herbert (Hrg.). Soziolinguistische Aspekte der Sprachgeschichte. Dem Wirken Rudolf Großes gewidmet. Berlin 1991, 39–46. (=1990b.)

– Deutsche Kommunikationskultur des 18. Jh. aus der Sicht Wielands im „Teutschen Merkur". In: ZPSK 44, 1991, 52–60.

– Die historische Formierung von Spielräumen individuellen Sprachverhaltens. Vom Aufstieg des Individuums in der Geschichte der deutschen Sprache. In: Beitr 114, 1992, 227–248.

– Regionale Identität und standardsprachliche Entwicklung. Aspekte einer sächsischen Sprachgeschichte. Stuttgart 1997.

– Kommunikationsmaximen im Kontext des 18. Jh. Zum sprachhistorischen Interesse an Knigges „Über den Umgang mit Menschen". In: Ernst/Patocka 1998, 585–592.

– Individuelles Sprachverhalten und kulturelle Bedingungen in der deutschen Sprachgeschichte des 18. und 19. Jahrhunderts. In: Gardt u.a. 1999, 41–57. (=1999a.)
– Konnotative Wirkungselemente in Titeln deutscher Unterhaltungsliteratur des 18. Jahrhunderts. In: Inge Pohl/Horst Ehrhardt (Hrg.). Wort und Wortschatz. Tübingen 1999, 105–112. (=1999b.)
– Geschichte der deutschen Sprache. In: Fleischer u.a. 2001, 512–647.
– Denken in Modellen: Niederdeutsch – Problemfall der Sprachhistoriographie? In: North-Western European language evolution (NOWELE) 41, 2002, 59–71.
– Historische Kommunikationsnetze als Grundlage für Entstehung und Entwicklung fachsprachlicher Varietäten. In: Irmhild Barz/Ulla Fix (Hrg.). Fachtextsorten – gestern und heute. Ingrid Wiese zum 65. Geburtstag. Frankfurt a.M. u.a. 2008, 85–88.
– /Marianne Schröder/Ulla Fix (Hrg.). Chronologische, areale und situative Varietäten des Dt. in der Sprachhistoriographie. Frankfurt a.M. 1995.

LeRider, Jacques. Farben und Wörter. Geschichte der Farbe von Lessing bis Wittgenstein, a. d. Franz. v. Dirk Weissmann. Wien u.a. 2000.

Leser, Ernst. Fachwörter zur dt. Grammatik von Schottel bis Gottsched. 1641–1749. In: ZdWf 15, 1914, 1–98.

Leser und Lektüre vom 17. zum 19. Jh. Die Ausleihbücher der Herzog August Bibliothek Wolfenbüttel 1664–1806. 2 Bde. München 1997.

Leser und Lesen im 18. Jh. Colloquium der Arbeitsstelle 18. Jh. GH Wuppertal. Heidelberg 1977.

Leventhal, Robert S. Zur Bildungsfunktion der Sprachkritik im 18. Jh. Vico und Herder. In: Josef Niederehe/Konrad Koerner (Hrg.). History and historiography of linguistics. Amsterdam 1990, 415–430.

Leweling, Beate. Reichtum, Reinigkeit und Glanz – Sprachkritische Konzeptionen in der Sprachreflexion des 18. Jahrhunderts. Ein Beitrag zur Sprachbewußtseinsgeschichte. Frankfurt a.M. 2005.

LGL = Hans Peter Althaus/Helmut Henne/Herbert E. Wiegand (Hrg.). Lexikon der germanistischen Linguistik. 2. Aufl. Tübingen 1980.

Lichtenberg, Heinz Otto. Unterhaltsame Bauernaufklärung. Ein Kapitel Volksbildungsgeschichte. Tübingen 1970.

Lichtenthal-Milléquant, Marie-Carla. Französische Sprachinseln auf deutschem Boden. In: 300 Jahre Hugenotten in Hessen. Herkunft und Flucht, Aufnahme und Assimilation, Wirkung und Ausstrahlung: Ausstellung, Museum Fridericianum. Kassel 1985, 201–222.
– Die Hugenottensprache in Deutschland im Spiegel ihrer 300jährigen Geschichte am Beispiel Friedrichsdorfs a. Taunus. In: Dahmen u.a. 1993, 69–82.

Liedtke, Frank/Martin Wengeler/Karin Böke (Hrg.). Begriffe besetzen. Strategien des Sprachgebrauchs in der Politik. Opladen 1991.

Lindemann, Beate/Ole Letnes (Hrg.). Diathese, Modalität, Deutsch als Fremdsprache. Festschrift f. Oddleif Leirbukt. Tübingen 2004.

Lindemann, Margot. Deutsche Presse bis 1815. Berlin 1969 (Geschichte der dt. Presse I).

Lindgren, Kaj B. Die Apokope des mhd. *-e* in seinen verschiedenen Funktionen. Helsinki 1953.

Lindner, Kurt. Zur Sprache der Jäger. In: ZdPh 85, 1966, 407–431; 86, 1967, 101–125.

Lindner, Thomas. Zur Geschichte und Funktion von Fugenelementen in dt. Nominalkomposita. In: MS 42, 1998, 1–10.

Lindow, Max. Niederdeutsch als evangelische Kirchensprache im 16. und 17. Jh. Diss., Greifswald 1926.

Lindqvist, Christer. Zur Entstehung von Präpositionen im Deutschen und Schwedischen. Tübingen 1994.

Link, Elisabeth. Fremdwörter – der Deutschen liebste schwere Wörter? In: DS 1, 1983, 47–77.

– Lehnwortbildung im Wörterbuch. In. Gisela Harras (Hrg.). Das Wörterbuch. Artikel und Verweisstrukturen. Düsseldorf 1988, 223–284.

Linke, Angelika. Höflichkeit und soziale Selbstdarstellung. Höflichkeitskonzepte in Anstandsbüchern des 18. und 19. Jh. In: OBST 52, 1996, 70–104.

– Sprache, Gesellschaft und Geschichte. Überlegungen zur symbolischen Funktion kommunikativer Praktiken der Distanz. In: ZGL 26, 1998, 135–154.

– „Wer sprach warum wie zu einer bestimmten Zeit?“ Überlegungen zur Gretchenfrage der historischen Soziolinguistik am Beispiel des Kommunikationsmusters ‚Scherzen‘ im 18. Jahrhundert. In: Sociolinguistica 13, 1999, 179–208.

– Das Unbeschreibliche. Zur Sozialsemiotik adeligen Körperverhaltens im 18. und 19. Jahrhundert. In: Eckart Conze/Monika Wienfort (Hrg.). Adel und Moderne. Weimar/Wien 2004, 247–268.

– „Ich“. Zur kommunikativen Konstruktion von Individualität. Auch ein Beitrag zur kulturellen Selbsterfindung des ‚neuen‘ Bürgertums im 18. Jahrhundert. In: Friedrich/Jannidis/Willems 2006, 45–70.

– Communicative genres as categories in a socio-cultural history of communication. In: Elspaß 2007, 474–493.

– Mit schöner Stimme – von schöner Hand. Zur Sozialsemiotik von Sprechstimme und Handschrift im 18. und 19. Jahrhundert. In: Waltraud Wiethölter (Hrg.). Stimme und Schrift. Zur Geschichte und Systematik sekundärer Oralität. München 2008, 75–90

– Historische Semiotik des Leibes in der Kommunikation: Zur Dynamisierung von Körper und Sprache im ausgehenden 17. und im 18. Jahrhundert. In: Arnulf Deppermann/Angelika Linke (Hrg.). Sprache intermedial. Stimme und Schrift, Bild und Ton. Berlin u.a. 2010, 129–162.

Lipczuk, Ryszard. Geschichte und Gegenwart des Fremdwortpurismus in Deutschland und Polen. Frankfurt a.M. 2007.

– Nation und Sprache im Zusammenhang mit dem Fremdwortpurismus in Deutschland und Polen. In: Jürgen Schiewe u.a. 2011, 13–24.

Listen, Paul. The Emergence of German Polite *Sie*. Cognitive and Sociolinguistic Parameters. Bern 1999.

Lobenstein-Reichmann, Anja. „Freiheit“ bei Martin Luther. Lexikographische Textanalyse als Methode historischer Semantik. Berlin/New York 1998.

– *Affekt, Passion* und *Leidenschaft* im Frühneuhochdeutschen. Anmerkungen zu einem ganz besonderen Fall von Sprachwandel. In: Herzog August Bibliothek Wolfenbüttel (Hrg.). Passion, Affekt und Leidenschaft in der Frühen Neuzeit. 2005, 251–269.

– /Oskar Reichmann (Hrg.). Neue historische Grammatiken. Zum Stand der Grammatikschreibung historischer Sprachstufen des Deutschen und anderer Sprachen. Tübingen 2003.

Lockwood, William B. Historical German Syntax. Oxford 1968.

Löffler, Heinrich. Deutsch und Latein. Eine tausendjährige Geschichte der Annäherung und der Entfremdung. In: Iwasaki 1991, Bd.III, 82–88.

– Persönliche Kollektiva und andere Personenbezeichnungen im Alt- und Neuhochdeutschen. Ein sprachhistorischer Beitrag zu einem aktuellen Problem. In: Burger 1992, 34–46.

– (Hrg.). Texttyp, Sprechergruppe, Kommunikationsbereich. Berlin 1994.

– Bausteine zu einer Sprachgeschichte des ‚gesprochenen' Deutschen. In: NphM 103, 2002, 259–274.

Lötscher, Andreas. Variation und Grammatisierung in der Geschichte des erweiterten Adjektiv- und Partizipialattributs des Deutschen. In: Betten 1990, 14–28.

– Herausstellung nach links in diachroner Sicht. In: SpW 20, 1995, 32–63.

– „Noble chevalier" – „Edler Ritter". Zur sprachlichen Höflichkeit in der „Magelone" und im Amadis. In: Meier/Ziegler 2001, 99–113.

– Linksperiphere Adverbialsätze in der Geschichte des Deutschen. Pragmatische Aspekte eines grammatischen Wandels. In: Beitr 127, 2005, 347–376.

Lowack, Alfred. Die Mundarten im hochdeutschen Drama bis gegen Ende des 18. Jh. Leipzig 1905.

Lubbe, Fredericka van der. Bellin, Habichhorst, Aedler: towards a history of purism in the Deutschgesinnete Genossenschaft. In: Davies 2001, 82–100.

– Martin Aedler and the ‚High dutch Minerva' (1680). The first German Grammar for the English. Frankfurt a.M. 2007.

Lüdtke, Helmut. Die Volkssprachen im mittelalterlichen und frühneuzeitlichen Europa (mit besonderer Berücksichtigung des Niederdeutschen. In: Jahrbuch des Vereins für Niederdeutsche Sprachforschung 121, 1998, 9–24.

Ludwig, Klaus-Dieter. Stilistische Markierungen in Adelungs Wörterbuch. In: Heimann u.a. 1989, 155–166.

Ludwig, Otto. Der Schulaufsatz. Seine Geschichte in Deutschland. Berlin/New York 1988.

Luhmann, Niklas. Gesellschaftsstruktur und Semantik. Studien zur Wissenssoziologie der modernen Gesellschaft. Bd.I. Frankfurt a.M. 1980.

Lühr, Rosemarie. F. G. Klopstocks Fragmente über die deutsche Sprache. Von der Wortfolge. In: SpW 13, 1988, 198–256.

– Konzessive Relationen. In: Askedal 1998, 165–192.

– /Klaus Matzel. Zum Weiterleben des Rotwelschen. In: ZDL 57, 1990, 42–53.

– /Susanne Zeilfelder (Hrg.). Schiller-Wörterbuch. 5 Bde. Berlin/New York 2005ff.

Lüsebrink, Hans-Jürgen. Plebejische Sichtweisen. Zur Wahrnehmung und Semantik des Bürgertums in populären Autobiographien und Druckwerken des 18. Jahrhunderts. In: Friedrich/Jannidis/Willems 2006, 269–284.

Lütge, Friedrich. Deutsche Sozial- und Wirtschaftsgeschichte. 3. Aufl. Berlin 1966.

Luther, Saskia. Zum Prozeß des Festwerdens der Familiennamen von Frauen anhand der niederdeutschen Stadtbücher von Haldensleben, Aken und Halle. In: G.Brandt Bd.IV, 2000. 161–170.

Lutz, Bernd (Hrg.). Deutsches Bürgertum und literarische Intelligenz 1750–1800. Stuttgart 1974.

Maar, Elke. Bildung durch Unterhaltung: Die Entdeckung des Infotainment in der Aufklärung. Hallenser und Wiener Moralische Wochenschriften in der Blütezeit des Moraljournalismus 1748–1782. Pfaffenweiler 1995.

Maas, Utz. Der kulturanalytische Zugang zur Sprachgeschichte. In: WW 37, 1987, 87–104.

– On the Interpretive Analysis of Historical Records: Linguistic Relations in Seventeenth Century Osnabrück. In: Peter Auer/Aldo di Luzio (eds.). Variation and Convergence. Studies in Social Dialectology. Berlin/New York 1988, 11–43.

– Sprachpolitik und politische Sprachwissenschaft. 7 Studien. Frankfurt a.M. 1989.

– Ländliche Schriftkultur in der Frühen Neuzeit. In: Gardt u.a. 1995, 249–277. (=1995a.)

– Einige Grundannahmen zur Analyse der Groß- und Kleinschreibung im Dt., insbesondere zu ihrer Grammatikalisierung in der frühen Neuzeit. In: Lerchner 1995, 85–100. (=1995b.)

– Bäuerliches Schreiben in der Frühen Neuzeit. Die Chronik des Hartich Sierk aus den Dithmarschen aus der ersten Hälfte des 17. Jahrhunderts. In: Wolfgang Raible (Hrg.). Kulturelle Perspektiven auf Schrift und Schreibprozesse. Tübingen 1995, 65–96. (=1995c.)

Macha, Jürgen. Kölner Turmbücher – Schreibsprachwandel in einer seriellen Quelle der Frühen Neuzeit. In: ZdPh 110, 1991, 36–61.

– Rheinische Sprachverhältnisse im 17. Jahrhundert. In: RhVjbll. 57, 1993, 158–175.

– Schreibvariation und ihr regional-kultureller Hintergrund: Rheinland und Westfalen im 17. Jh. In: ZdPh 117, 1998, Sonderheft 50–66.

– Unvollendetes zu ‚afiniten Konstruktionen': Diachronische Skizzen zu einer Erscheinung der Kanzleisyntax. In: NdW 43, 2003, 25–36.

– Konfession und Sprache: Zur schreibsprachlichen Divergenz um 1600. In: Mattheier/Nitta 2004, 161–177.

– Sprachgeschichte und Kulturgeschichte. Frühneuzeitliche Graphien als Indikatoren konfessioneller Positionierung. In: ZGL 34, 2006, 105–130.

– /Elmar Neuss/Robert Peters (Hrg.). Rheinisch-westfälische Sprachgeschichte. Köln u.a. 2000.

– u.a. (Hrg.). Deutsche Kanzleisprache in Hexenverhörprotokollen der Frühen Neuzeit. 2 Bde. Berlin/New York 2005.

– /Anna-Maria Balbach/Sarah Horstkamp (Hrg.). Konfession und Sprache in der Frühen Neuzeit. Interdisziplinäre Perspektiven. Münster 2012.

Mackensen, Lutz. Zeitungen als Quelle zur Sprachgeschichte des 17. Jh. In: Ostdt. Wissenschaft. Jahrbuch des Ostdt. Kulturrates, Bde.III–IV, München 1958, 146–157.

– Deutsche Etymologie. Ein Leitfaden durch die Geschichte des dt. Wortes. Bremen 1962.

– Zur Sprachgeschichte des 17. Jh. Aus der Arbeit der „Deutschen Presseforschung". In: WW 14, 1964, 157–170.

– Traktat über Fremdwörter. Heidelberg 1972.

Maitz, Péter/Anna Molnár. Über Möglichkeiten und Grenzen einer historischen Text (sorten)linguistik. Grundlagenprobleme, Aufgaben, Ziele. In: SpW 29, 2004, 431–459.

Malige-Klappenbach, Helene. Die Entwicklung der Großschreibung im Deutschen. In: Wissenschaftliche Annalen 4, 1955, 102–118.

Manger, Klaus (Hrg.). Die Fruchtbringer – eine Teutschhertzige Gesellschaft. Heidelberg 2001.

Martens, Wolfgang. Die Botschaft der Tugend. Die Aufklärung im Spiegel der dt. Moralischen Wochenschriften. Stuttgart 1968.

– Die Geburt des Journalisten in der Aufklärung. In: Schulz 1974, 84–98.

– (Hrg.). Zentren der Aufklärung III. Leipzig. Aufklärung und Bürgerlichkeit. Tübingen 1990.

Mass, Edgar. Die Entwicklung des Buches zum Massenmedium oder der Glaube an die Macht der Worte. In: J. v.Stackelberg (Hrg.). Europäische Aufklärung III. Wiesbaden 1980 (= Neues Handbuch der Literaturwissenschaft 13), 51–78.

– Die französische Presse im Deutschland des 18. Jh. In: Kimpel 1985, 156–177.

Mattausch, Josef. Untersuchungen zur Wortstellung in der Prosa des jungen Goethe. Berlin 1965.

– Klassische dt. Literatur und Entwicklung des dt. Sprachstandards. Zu einem Kapitel Wirkungsgeschichte. In: Studien zur dt. Sprachgeschichte des 19. Jh. Berlin 1980, 121–176.

– Die Sprachwelt Goethes – Repräsentanz und Schöpfertum. Beobachtungen an einem Autorenwörterbuch. In: BEDS 2, 1982, 218–230.

Mattenklott, Gert/Klaus R. Scherpe (Hrg.). Demokratisch-revolutionäre Literatur in Deutschland: 1. Jakobinismus. 2. Vormärz. Kronberg 1975.

Mattheier, Klaus J. Wege und Umwege zur neuhochdt. Schriftsprache. In: ZGL 9, 1981, 274–307.

– Sozialgeschichte und Sprachgeschichte in Köln. Überlegungen zur historischen Sprachsoziologie. In: RhVjbll. 46, 1982, 226–253.

– ‚Gemeines Deutsch – Süddeutsche Reichssprache – Jesuitendeutsch'. Bemerkungen über die Rolle Süddeutschlands in der Geschichte der nhd. Schriftsprache. In: Erwin Koller u.a. (Hrg.). Bayerisch-österreichische Dialektforschung. Würzburg 1989, 160–166.

– Liselottes Sprache. Bemerkungen zum Sprachgebrauch Elisabeth-Charlottes von Orléans. In: Klaus J. Mattheier/Paul Valentin 1990, 217–232.

– „Gemeines Deutsch" – ein Sinnbild der sprachlichen Einigung. In: Iwasaki 1991, Bd.III, 39–48.

– Das Französische in Deutschland. Sprachsoziologische Überlegungen zur dt. Sprachgeschichte im 17./18. Jh. In: Eugène Faucher (Hrg.). Signans und Signatum. Festschr. f. Paul Valentin. Tübingen 1995, 467–479.

– (Hrg.). Gesellschaftliche Kommunikation und Sprache Deutschlands in der frühen Neuzeit. München 1997.

– Gibt es eine regionale Sprachgeschichte der Rheinlande? In: ZdPh 117, 1998, Sonderh. 144–151.

– Siedlung oder Bildung? Überlegungen zu zwei Prinzipien im Prozeß der Entstehung des Neuhochdt. In: W.Hoffmann u.a. 1999, 135-146.

– Dialect and written language: change in dialect norms in the history of the German language. In: Langer/Davies 2005, 263–281.

– Der südliche Ostseeraum. Aspekte einer transnationalen Sprachgeschichte der Neuzeit. In: Ludwig M. Eichinger/Friedhelm Debus u.a. (Hrg.). Maritime Kultur und regionale Identitäten – der südliche Ostseeraum. Stuttgart 2006, 79–86.
– /Haruo Nitta (Hrg.). Sprachwandel und Gesellschaftswandel. Wurzeln des heutigen Deutsch. München 2004.
– /Haruo Nitta/Mitsujo Ono (Hrg.). Methoden zur Erforschung des Frühneuhochdeutschen. München 1993.
– /–/– (Hrg.). Gesellschaft, Kommunikation und Sprache Deutschlands in der frühen Neuzeit. München 1997.
– /Edgar Radtke. Standardisierung und Destandardisierung europäischer Nationalsprachen. Frankfurt a.M. u.a, 1997.
– u.a. (Hrg.). Vielfalt des Deutschen. Festschrift für Werner Besch. Frankfurt a.M. 1993. (=1993a.)
– u.a. (Hrg.). Methoden zur Erforschung des Frühneuhochdeutschen. München 1993. (=1993b.)
– /Paul Valentin (Hrg.). Pathos, Klatsch und Ehrlichkeit. Lieselotte v. d. Pfalz am Hofe des Sonnenkönigs. Tübingen 1990.
Matuschek, Stefan (Hrg.). Organisation der Kritik. Die „Allgemeine Literatur-Zeitung“ in Jena 1785–1803. Heidelberg 2004.
Matzel, Klaus/Herbert Penzl. Heinrich Braun (1732–92) und die dt. Hochsprache in Bayern. In: SpW 7, 1982, 120–148.
Mätzler, Sr. Maria Clarina. Romanisches Wortgut in den Mundarten Vorarlbergs. Innsbruck 1968.
Maurer, Friedrich. Die Sprache Goethes im Rahmen seiner menschlichen und künstlerischen Entwicklung. Erlangen 1932.
– Zur dt. Handwerkersprache. In: Friedrich Maurer. Volkssprache. Düsseldorf 1964, 37–52.
– /Heinz Rupp (Hrg.). Deutsche Wortgeschichte. 3. Aufl. 3 Bde. Berlin 1974/78.
Maußer, Otto. Deutsche Soldatensprache. Straßburg 1917.
McCarthy, John A. Faktum und Fiktion. Die Darstellung bürgerlicher Schichten zur Zeit des Sturm und Drang. In: Friedrich/Jannidis/Willems 2006, 241–268.
McLelland, Nicola. German as a second language for adults in the seventeenth century? Jacob Brücker's *Deutsche Grammatic* (1620). In: Nicola McLelland/Andrew R Linn (Hrg.). Flores Grammaticae: essays in Memory of Vivien Law. Münster 2005, 171–185.
– Justus Georg Schottelius (1612–1676) and European linguistic thought. In: HistLing. 37, 2010, 1–30.
– J.G. Schottelius's *Ausführliche Arbeit von der Teutschen Haubtsprache* (1663) and its place in early modern European vernacular language study. New York 2011.
– Law and language: Schottelius' treatise *Von Unterschiedlichen Rechten in Teutschland* (after 1668). In: Wolfenbütteler Barock-Nachrichten 39, 2012, 85-105.
Meier, John. Deutsche Soldatensprache. Straßburg 1917.
Meier, Jörg. Frühneuhochdeutsch als Fremdsprache in Europa. Sprachenkontakte im Spätmittelalter und in der Frühen Neuzeit. In: Meier/Ziegler 2001, 179–194.
– Städtische Kommunikation in der Frühen Neuzeit. Historische Soziopragmatik und Historische Textlinguistik. Frankfurt a.M. 2004. (=2004a.)

– Stadtbücher als Untersuchungsgegenstand einer historischen Textlinguistik. In: R.Steinar Nybøle (Hrg.). *Papir unde blak-bläk och papper*. Kontakte im deutsch-skandinavischen Sprachraum. Frankfurt a.M. 2004, 77–91. (=2004b.)
– /Arne Ziegler (Hrg.). Deutsche Sprache in Europa. Geschichte und Gegenwart. Festschrift für Ilpo Tapani Piirainen. Wien 2001.
– /Arne Ziegler (Hrg.). Aufgaben einer künftigen Kanzleisprachenforschung. Wien 2003. (=2003a.)
– /Arne Ziegler (Hrg.) Kanzleisprachenforschung im 19. und 20. Jahrhundert. Eine Bibliographie. Wien 2003. (=2003b.)
– /Arne Ziegler (Hrg.). Die Anfänge deutschsprachiger Kanzleien in Europa. Wien 2008.

Meinecke, Friedrich. Weltbürgertum und Nationalstaat. Hrg. v. Hans Herzfeld. München 1969.

Meisenburg, Trudel. Die großen Buchstaben und was sie bewirken können: Zur Geschichte der Majuskel im Französischen und im Deutschen. In: Wolfgang Raible (Hrg.). Erscheinungsformen kultureller Prozesse. Tübingen 1990, 281–315.

Mellmann, Katja. „Ich fühle mich! Ich bin!“ Zur literarischen Anthropologie des Sturm und Drang. In: Eibl u.a. 2002, 49–74.
– Das Buch als Freund – der Freund als Zeugnis. Zur Entstehung eines neuen Paradigmas für Literaturrezeption und persönliche Beziehungen, mit einer Hypothese zur Erstrezeption von Goethes *Werther*. In: Friedrich/Jannidis/Willems 2006, 201–240.

Menke, Hubertus (Hrg.). Die Niederlande und der europäische Nordosten. Ein Jahrtausend weiträumiger Beziehungen (700–1700). Neumünster 1992.
– Niederdeutsch – die *andere* deutsche Sprache? In: Birte Arendt/Enrico Lippmann (Hrg.). Die Konstanz des Wandels im Niederdeutschen. Hamburg 2005, 169–190.

Mentrup, Wolfgang. Die Groß- und Kleinschreibung im Deutschen und ihre Regeln. Historische Entwicklung und Vorschlag zur Neuregelung. Tübingen 1979.
– (Hrg.). Materialien zur historischen Entwicklung der Groß- und Kleinschreibungsregeln. Tübingen 1980.

Menzel, Wolfgang W. Wissenschaft als Sprache und System. Zur Wissenschaftssprache Christian Wolffs. In: Günter Jerouschek/Arno Sames (Hrg.). Aufklärung und Erneuerung. Hanau 1994, 124–135.
– Vernakuläre Wissenschaft. Christian Wolffs Bedeutung für die Herausbildung und Durchsetzung des Deutschen als Wissenschaftssprache. Tübingen 1996.

Merk, Walther. Werdegang und Wandlungen der dt. Rechtssprache. Marburg 1933.

Merkel, Gottfried Felix. Deutsche Erbauungsliteratur. Grundsätzliches und Methodisches. In. Jb. f. Internat. Germanistik 3, 1971, 30–41.

Messerli, Alfred. Lesen und Schreiben 1700 bis 1900. Untersuchung zur Durchsetzung der Literalität in der Schweiz. Tübingen 2002.

Metcalf, George J. Forms of Adress in German, 1500–1800. St. Louis 1938.

Metzger, W. Die Entwicklung von Lessings Briefstil. Gießen 1927.

Metzler, Regine. Privatbriefe aus dem 16. und 18. Jh. Ein empirischer Vergleich zur Textsortengeschichte. In: Hertel 1996, 359–381.

Meurders, John Maria Josephus. Zum System der Vokalgraphe und der nichtalphabetischen Graphe im Bairischen um 1600 am Beispiel des Aegidius Albertinus (1560–1620). Nijmegen 2001.

Middelberg, Jutta. Romanismen in deutschen Rotwelschdialekten. Wiesbaden 2001.
Mieder, Wolfgang. Sprichwort – Wahrwort!? Studien zur Geschichte, Bedeutung und Funktion dt. Sprichwörter. Frankfurt a.M. 1992.
– Sprichwörtliches und Geflügeltes. Sprachstudien von Martin Luther bis Karl Marx. Bochum 1995. (=1995a.)
– Deutsche Redensarten, Sprichwörter und Zitate. Studien zu ihrer Herkunft, Überlieferung und Verwendung. Wien 1995. (=1995b.)
– Sprichwörter / Redensarten – Parömiologie. Heidelberg 1999.
– /AndreasNolte. „Ich habe den Kopf so voll". Wilhelm Heinse als Sprichwortreicher Literat im 18. Jahrhundert. Bern u.a. 2006.
Miersemann, Wolfgang/Gudrun Busch (Hrg.). Pietismus und Liedkultur. Tübingen 2002.
Mihm, Arend. Sprache und Geschichte am unteren Niederrhein. In: Jahrbuch d. Ver. f. niederdt. Sprachforschung 115, 1992, 88–122. Neudruck in: Mihm 2007, 413–440.
– Niederrheinische Höflichkeiten. Zur Pragmatik gesprochener Sprache im Mittelalter und in der frühen Neuzeit. In: José Cajot u.a. (Hrg.). Lingua Theodisca. Münster 1995, Bd.I, 233–240. Neudruck in: Mihm 2007, 371–376.
– Gesprochenes Hochdeutsch in der norddeutschen Stadt. Zur Modalität des Sprachwechsels im 16. und 17. Jh. In: Peter Wagener (Hrg.) 1999, 67–80. Neudruck in: Mihm 2007, 85–100.
– Rheinmaasländische Sprachgeschichte 1450–1650. In: Macha u.a. (Hrg.). Rheinisch-westfälische Sprachgeschichte vom Mittelalter bis zur Gegenwart. 2000, 139–164. Neudruck in: Mihm 2007, 385–412.
– Schreibsprachliche und akrolektale Ausgleichsprozesse bei der frühneuzeitlichen Standardisierung. In: Raphael Berthele u.a. (Hrg.). Die deutsche Schriftsprache und die Regionen. Berlin 2003, 79–110. Neudruck in: Mihm 2007, 3–24.
– Zur Geschichte der Auslautverhärtung und ihrer Erforschung. In: SpW 29, 2004, 133–206. Neudruck in: Mihm 2007, 101–146. (=2004a.)
– Zur Neubestimmung des Verhältnisses zwischen Schreibsprachen und historischer Mündlichkeit. In: Franz Patocka/Peter Wiesinger (Hrg.). Morphologie und Syntax deutscher Dialekte und historische Dialektologie des Deutschen. Wien 2004, 340–382. Neudruck in: Mihm 2007, 193–216. (=2004b.)
– Sprachwandel im Spiegel der Schriftlichkeit. Studien zum Zeugniswert der historischen Schreibsprachen des 11. bis 17. Jahrhunderts, hrg. v. Michael Elmentaler u.a. Frankfurt a.M. u.a. 2007. (=2007a.)
– Niederrheinische Höflichkeit. Zur Pragmatik gesprochener Sprache im Mittelalter und der frühen Neuzeit. In: Mihm 2007a, 371–376. (=2007b.)
– Theorien der Auslautverhärtung im Spannungsverhältnis zwischen Normsetzung und Sprachwirklichkeit. In: DS 35, 2007, 95–118. (=2007c.)
– (Hrg.). Sprachwandel im Spiegel der Schriftlichkeit. Studien zum Zeugniswert der historischen Schreibsprachen des 11. bis 17. Jahrhunderts. Frankfurt a.M. 2007. (=2007d.)
– Mehrsprachigkeit und Sprachdynamik im Mittelalter und in der Frühen Neuzeit. In: Moulin/Ravida/Ruge 2010, 11–54.
– u.a. Die frühneuzeitliche Überschichtung der rheinmaasländischen Stadtsprachen. Ein Duisburger Forschungsprojekt zur Entstehung der deutsch-niederländischen Sprachgrenze. In: Elmentaler 2000, 115–154.

Mitchell, Phillip M. Gottsched Bibliographie. In: Johann Christoph Gottsched. Ausgewählte Werke hrg. v. Joachim Birke u. Brigitte Birke, Bd.XII, Berlin/New York 1987.

Mitzka, Walter (Hrg.). Wortgeographie und Gesellschaft. Festgabe für L.E. Schmitt. Berlin 1968.

Mix, York-Gothart (Hrg.). Der Kalender als Fibel des Alltagswissens. Interkulturalität und populäre Aufklärung im 18. und 19. Jahrhundert. Tübingen 2004.

Mogensen, Jens Erik. Heterographie und Homophonie im Frühneuhochdt. In: ZGL 20, 1992, 64–81.

– Hochdeutsch in der dänischen Lexikographie des 18. und 19. Jahrhunderts. In: Hans-Peter Naumann/Silvia Müller (Hrg.). Hochdeutsch in Skandinavien. Tübingen 2000, 65–79.

Möhn, Dieter. Spuren der Hansegeschichte in Produkt- und Dienstleisterbezeichnungen der Gegenwart. In: Germanistische Schlaglichter 4, 1999, 177–185.

Möller, Anneliese. Zur Stellung der Orthographie in sprachgeschichtlichen Handbüchern des Dt. In.: SpW 14, 1989, 113–125.

Möller, Ulrike. Das Wörterbuch des Jakob von Melle. Untersuchungen zur niederdeutschen Lexikographie im frühen 18. Jahrhundert. Heidelberg 2000.

Montandon, Alain (Hrg.). Über die deutsche Höflichkeit. Entwicklung der Kommunikationsvorstellungen in den Schriften über Umgangsformen in den deutschsprachigen Ländern. Bern u.a. 1991.

Moser, Hans. Geredete Graphie. Zur Entstehung orthoepischer Normvorstellungen im Frühneuhochdeutschen. In: ZdPh 106, 1978, 379–399.

– Sprachgesellschaften. In: Klaus Kanzog/Achim Masser (Hrg.), Reallexikon der dt. Literaturgeschichte. Bd.IV. Berlin/New York 1979, 122–132.

– /Norbert Richard Wolf (Hrg.). Zur Wortbildung des Frühneuhochdeutschen. Ein Werkstattbericht. Innsbruck 1989.

Moser, Hugo. Deutsche Sprachgeschichte. Stuttgart 1950. 6. Aufl. 1969.

– /Hugo Stopp/Werner Besch (Hrg.). Grammatik des Frühneuhochdeutschen. Beiträge zur Laut- und Formenlehre. 6 Bde. Heidelberg 1970ff. (s. Dammers/Hoffmann/Solms 1986; Häckel/Walch 1988. Sauerbeck 1970; Solms/Wegera 1991; Stopp 1973, 1978a; Wegera 1985; 1987).

Moser, Virgil. Frühneuhochdt. Grammatik. Bd.I/1. Heidelberg 1929.

– Deutsche Orthographiereformen des 17. Jh. In: Beitr 60, 1936, 193–258; 70, 1948, 467–496; 71, 1949, 386–465. Reprint 1971. Neudruck in: V.Moser 1982, 229–404.

– Schriften zum Frühneuhochdeutschen, hrg. v. Hugo Stopp. Heidelberg 1982.

Moshövel, Andrea u.a. (Hrg.). Kanzleisprache – ein mehrdimensionales Phänomen. Wien 2009.

Moulin[-Fankhänel], Claudine. Sprachwirkung Martin Luthers in der Mitte des 17. bis zur Mitte des 18. Jh. Bericht über ein sprachgeschichtliches Kolloquium Halle 1986. In: SpW 11, 1986, 307–308. (=1986a.)

– Zu Johann Girberts Teutscher Orthographi auß der H. Bibel (Mühlhausen 1650). In: SpW 11, 1986, 447–484. (=1986b.)

– Der Majuskelgebrauch in Luthers dt. Briefen (1517–1546). Heidelberg 1990.

– „Aber wo ist die Richtschnur? wo ist die Regel?“ Zur Suche nach den Prinzipien der Rechtschreibung im 17. Jh. In: Nerius/Scharnhorst (Hrg.) 1992, 23–60.

– Bibliographie der deutschen Grammatiken und Orthographielehren, I. Von den Anfängen der Überlieferung bis zum Ende des 16.Jahrhunderts. Unter Mitarbeit von U.Götz, II. Das 17. Jahrhundert. Heidelberg 1994–1997.
– Orthographiereform und orthographische Satire im Barock. Gottfried Wilhelm Sacers „Reime dich oder ich fresse dich" (1673). In: Ewald/Sommerfeldt 1995, 175–189.
– Bibliographie der dt. Grammatiken und Orthographielehren. Bd. II: 17. Jh. Heidelberg 1997. (=1997a.)
– Althochdeutsch in der älteren Grammatiktheorie des Dt. In: Glaser/Schlaefer 1997, 301–327. (=1997b.)
– Deutsche Grammatikschreibung vom 16. bis 18. Jahrhundert. In: BBRS 2000, 1903–1911.
– Das morphematische Prinzip bei den Grammatikern des 16. und 17. Jahrhunderts. In: SpW 29, 2004, 33–73.
– Regionale Sprachgeschichtsforschung und Dialektologie: Das Luxemburgische. In: Götz/Stricker 2006, 198–210.
– Samuel Butschkys „Hóchdeutscher Schlüszel zur Schreibrichtigkeit oder Rechtschreibung" (1648). In: Samuel Butschky. Hóchdeutscher Schlüszel zur Schreibrichtigkeit oder Rechtschreibung. Herausgegeben von Claudine Moulin. Documenta Orthographica. Abt. A. 16. bis 18. Jahrhundert, Bd.IV. Hildesheim u.a. 2007, V–XLI. (=2007a.)
– Johann Werners Manuductio Orthographica ad linguam germanico-latinam (1629). In: Johann Werner. Manuductio Orthographica ad linguam germanico-latinam. Herausgegeben von Claudine Moulin. Documenta Orthographica. Abt. A. 16. bis 18. Jahrhundert, Bd.I. Hildesheim u.a. 2007, V–LI. (=2007b.)
– Christian Gueintz' Deutsche Rechtschreibung (1645). In: Christian Gueintz. Die Deutsche Rechtschreibung. Herausgegeben von Claudine Moulin. Documenta Orthographica. Abt. A. 16. bis 18. Jahrhundert. Hildesheim u.a. 2008, VII–XLVI.
– Dialect dictionaries – traditional and modern. In: Language and Space. An International Handbook of Linguistic Variation, Volume I. Theories and Methods. Peter Auer/Jürgen Erich (Hrg.).Berlin/New York 2010, 592–612.
– Grammatische Architekturen. Zur Konstitution von metasprachlichem Wissen in der Frühen Neuzeit. In: Sabine Frommel/Gernot Kamecke (Hrg.). Les sciences et leurs langages: Artifices et adoptions. Rom 2011, 25–44.
– /Fausto Ravida/Nikolaus Ruge (Hrg.). Sprache in der Stadt. Akten der 25. Tagung des Internationalen Arbeitskreises Historische Stadtsprachenforschung, Luxemburg, 11.–13. Oktober 2007. Heidelberg 2010.

Mühlenhort, Michael. Das Grammatisch-kritische Wörterbuch von Johann Christoph Adelung: Ein Gellert-Wörterbuch? In: Sibylle Schönborn/Vera Viehöver (Hrg.). Gellert und die Empfindsame Aufklärung. Vermittlungs-, Austausch- und Rezeptionsprozesse in Wissenschaft, Kunst und Kultur. Berlin 2009, 153–173.

Müller, Felix. Zur Terminologie der ältesten mathematischen Schriften in deutscher Sprache. In: Abhandlungen zur Geschichte der Mathematik. Leipzig1899, 303–333.

Müller, Gertraud/Theodor Frings. Die Entwicklung der dt. *daß*-Sätze. Berlin 1963.

Müller, Hilke. Thränen-Samen und Steckdosenschnauze. Linguistische Beschreibung von Neubildungen Catharina Reginas von Greiffenberg und Wolfdietrich Schnurres. Diss., Zürich 1975.

Müller, Karin. „Schreibe, wie du sprichst!" Eine Maxime im Spannungsfeld von Mündlichkeit und Schriftlichkeit. Eine historische und systematische Untersuchung. Frankfurt a.M. u.a. 1990.

Müller, Liane. Potentielle Antonymierelationen des Adjektivs *zart* in Zedlers „Grossem vollständigen Universal-Lexicon" (1732–50) und in Textbeispielen des 18. Jh. In: Lerchner 1995, 375–384.

– Artig, aber nicht schön. Zur Struktur von Adjektivartikeln in den Wörterbüchern von Matthias Kramer, Johann Leonhard Frisch und Johann Christoph Adelung. In: Erich Donnert (Hrg.). Europa in der Frühen Neuzeit. Bd.VI. Köln u.a., 651–669.

Müller, Martin. Goethes merkwürdige Wörter. Ein Lexikon. Darmstadt 1999.

Müller, Max. Wortkritik und Sprachbereicherung in Adelungs Wörterbuch. Ein Beitrag zur Geschichte der neuhochdt. Schriftsprache. Berlin 1903.

Müller, Peter O. Historische Wortbildung: Forschungsstand und Perspektiven. In: ZdPh 112, 1993, 394–419.

– Deutsch als Wörterbuchsprache in der mittelalterlichen und frühneuzeitlichen Lexikographie. In: GL 163, 2001, 1–25. (=2001a.)

– Deutsche Lexikographie des 16. Jahrhunderts. Konzeptionen und Funktionen frühneuzeitlicher Wörterbücher. Tübingen 2001. (=2001b.)

– Usus und Varianz in der spätmittelalterlichen und frühneuzeitlichen Schreibsprache Nürnbergs. In: ZGL 30, 2002, 56–72.

– Deutsche Sachgruppenlexikographie des 17. Jahrhunderts. In: Lexikographica 21, 2005, 20–34. (=2005a.)

– (Hrg.) Fremdwortbildung. Theorie und Praxis in Geschichte und Gegenwart. Frankfurt a.M. 2005. (=2005b.)

– Augsburg und Nürnberg als Druckorte polyglotter Wörterbücher. Eine Dokumentation von den Anfängen bis 1700. In: Häberlein/Kuhn 2010, 211–225.

Müller, Rosel. Von Patrioten, Jakobinern und anderen Lesehungrigen. Lesegesellschaften der „Inteligens"-Stadt Marburg. Marburg 1990.

Müller, Thomas. Rhetorik und bürgerliche Identität. Studien zur Rolle der Psychologie in der Frühaufklärung. Tübingen 1990.

Mulsow, Martin/Guido Naschert (Hrg.). Radikale Spätaufklärung in Deutschland. Hamburg 2012.

Münkner, Jörn. Illustrierte Flugblätter, Zeitungsreklame, Großraumplakate: Vormoderne und moderne Formen dynamisierter Wahrnehmung in publizistischen Medien. In: Mariola Wierzbicka (Hrg.). Moderne deutsche Texte. Beitr. d. Internat. Germanistenkonferenz Rzeszów 2004. Frankfurt a.M. 2005, 239–252.

Munske, Horst H. Die Rolle des Lateins als Superstratum im Dt. und in anderen germanischen Sprachen. In: Sture Ureland (Hrg.). Die Leistung der Strataforschung und der Kreolistik. Tübingen 1982, 237–263.

– French Transferences with Nasal Vowels in the Graphematics and Phonology of the Germanic Languages. In. P. Sture Ureland/Iain Clarkson (eds.). Scandinavian Language Contact. Cambridge 1984, 231–280.

– Ist das Deutsche eine Mischsprache? Die Stellung der Fremdwörter im dt. Sprachsystem. In: Munske u.a. 1988, 46–74.

– Über den Wandel des dt. Wortschatzes. In: Besch 1990, 387–401.

– Läßt sich die deutsche Orthographie überhaupt reformieren. In: Heringer/Stötzel 1993, 129–156.

– (Hrg.). Handbuch des Friesischen. Tübingen 2001. (=2001a.)
– Fremdwörter in deutscher Sprachgeschichte. Integration oder Stigmatisierung? In: Stickel 2001, 7–29. (=2001b.)
– (Hrg.). Deutsch im Kontakt mit germanischen Sprachen. Tübingen 2004.
– Wortschatzwandel im Deutschen. In: David Alan Cruse (Hrg.). Lexikologie/Lexicology (HSK). Berlin/New York 2005, 1385–1398.
– /Alan Kirkness (Hrg.). Eurolatein. Das griechische und lateinische Erbe in den europäischen Sprachen. Tübingen 1996.
– /Peter v.Polenz/Oskar Reichmann/Reiner Hildebrandt (Hrg.). Deutscher Wortschatz. Lexikologische Studien. Ludwig Erich Schmitt zum 80. Geburtstag von seinen Marburger Schülern. Berlin/New York 1988.

Munz, Volker/Katalin Neumer (Hrg.). Sprache – Denken – Nation. Kultur- und Geistesgeschichte von Locke bis zur Moderne. Wien 2005.

Musolff, Andreas. Zur Rezeption der Französischen Revolution in Deutschland oder: Wer ist ein Terrorist? In: SuL 70, 1992, 46–59.
– Schreckenswörter an der Tagesordnung. Rezeption der terreur-Terminologie der Französischen Revolution in Deutschland 1794–1800. In: Busse u.a. 1994, 187–211.

Muthmann, Gustav. Der religiöse Wortschatz in der Dichtersprache des 18. Jh. Diss., Göttingen 1951.

Nahl, Astrid/Lennart Elmevik/Stefan Brink (Hrg.). Namenwelten. Orts- und Personennamen in historischer Sicht. Berlin/New York 2004.

Narr, Dieter. Zur Sprache des ‚philosophischen Jahrhunderts'. Neues und Altes aus dem Wörterbuch der Aufklärung. In: WW 13, 1963, 129–141.

Näßl, Susanne (Hrg.). Zwölfhundert Jahre Deutschsprachigkeit in Regensburg. Frankfurt a.M. 2002.

Naumann, Bernd. Die zwei Grammatiken des C.F. Aichinger. In: SpW 8, 1983, 277–290.
– Grammatik der dt. Sprache zwischen 1781 und 1856. Die Kategorien der dt. Grammatik in der Tradition von Johann Werner Meiner und J. Chr. Adelung. Berlin 1986.
– Die Differenzierung gesprochener und geschriebener Sprachformen des Deutschen in sprachwissenschaftlichen Arbeiten vor und nach 1800. In: Cherubim/Mattheier 1989, 73–91.

Naumann, Horst. Mischnamen in Nodostbayern und angrenzenden Gebieten. In: Slawische Namenforschung. Berlin 1963, 88–94.
– „Mischnamen" als Beispiele für den Sprachkontakt. In: Beitr. z. Erforschung der deutschen Sprache 6, 1986, 172–180.
– Geographische Namen. In: Fleischer u.a. 2001, 684–710.
– Die Personennamen der Stadt Grimma/Sachsen. Berlin 2003.
– /Konstantin Huber. Die Maulbronner Musterungslisten aus namenkundlicher Sicht. Mit vergleichenden Untersuchungen zur Rufnamengebung, einer Etymologie der Familiennamen sowie sprachgeschichtlichen Befunden. Pforzheim 1999.
– u.a. Das große Buch der Familiennamen. Alter, Herkunft, Bedeutung. Niedernhausen 1994. 8. Aufl. 2003/04

Naumann, Manfred. Französische Literatursprache in der dt. Aufklärung. In: Sinn u. Form 1957, 1032–1038.

Neis, Cordula. Anthropologie im Sprachdenken des 18. Jahrhunderts. Die Berliner Preisfrage nach dem Ursprung der Sprache (1771). Berlin 2003.

Nerius, Dieter. Untersuchungen zur Herausbildung einer nationalen Norm der dt. Literatursprache im 18. Jh. Halle 1967.

– (Hrg.). Entwicklungstendenzen der dt. Sprache seit dem 18. Jh. Arbeitstagung [...] Rostock. Berlin 1983.

– Zur Bedeutung von Johann Christoph Adelung für die Entwicklung der dt. Orthographie und der orthographischen Theorie. In: Bahner 1984, 165–172.

– Die Rolle J. Ch. Adelungs in der Geschichte der dt. Orthographie. In: SpW 14, 1989, 78–96.

– Beiträge zur deutschen Orthographie. Herausgegeben von Petra Ewald und Bernd Skibitzki. Frankfurt a.M. 2000.

– Das morphematische Prinzip im Rahmen der Orthographietheorie. In: SpW 29, 2004, 17–32.

– Zur Geschichte und Bedeutung des deutschen Orthographiewörterbuches. In: Aptum 6, 2010, 76–94.

– /Jürgen Scharnhorst (Hrg.). Studien zur Geschichte der dt. Orthographie. Hildesheim u.a. 1992.

– (u. Autorenkollektiv). Deutsche Orthographie. Leipzig 1987. 4., neubearb. Aufl. Hildesheim 2007.

Nesse, Agnete. 1750–1850: The disappearance of German from Bergen, Norway. In: Elspaß 2007, 423–435.

Neugebauer, Wolfgang. Absolutistischer Staat und Schulwirklichkeit in Brandenburg-Preußen. Berlin 1985.

Neuhaus, Gisela M. Justus Georg Schottelius: Die Stammwörter der Teutschen Sprache Samt dererselben Erklärung / und andere die Stammwörter betreffende Anmerkungen. Eine Untersuchung zur frühneuhochdeutschen Lexikologie. Göppingen 1991.

Neuland, Eva. Jugendsprache im gesellschaftlichen Wandel. Ein Beitrag zur Geschichte der Jugendsprache und ihrer Erforschung. In: Der Deutschunterricht 38, 1986,4, 52–74.

Neumann, Friedrich. Geschichte des neuhochdt. Reimes von Opitz bis Wieland. Studien zur Lautgeschichte der neuhochdt. Gemeinsprache. Berlin 1920.

Neumann, Hildegard. Der Bücherbesitz der Tübinger Bürger von 1750–1850. Ein Beitrag zur Bildungsgeschichte des Kleinbürgertums. München 1978.

Neumann, Werner. Bis auf Adelung – Schlußpunkt oder Übergang? In: Bahner 1984, 89–97.

Neumer, Katalin. „Linguistic turn“ im 18. Jahrhundert. In: Munz/Neumer 2005, 19–35.

Neuß, Elmar. Die rheinische Sprachgeschichte im 17. Jahrhundert. In: Macha/Neuß/Peters 2000, 181–207.

– Auf der Suche nach einer Schreibnorm. Urkundenkopien des 17. Jahrhunderts. In: Robert Peters (Hrg.). Vulpis Adolatio. Festschrift für Hubertus Menke. Heidelberg 2001, 535–544.

Neuzeit: Von den Konfessionskriegen bis zur Aufklärung. Mit Beiträgen von Günter Barudio, Udo Bermbach, Horst Denzer u.a. 1985 (=Pipers Handbuch der politischen Ideen, hrg. v. Iring Fetscher und Herfried Münkler, 3).

Newald, Richard. Die dt. Literatur vom Späthumanismus zur Empfindsamkeit, 1570–1750. München 1951 (= de Boor/Newald, Gesch. d. dt. Lit., Bd.V).
– Von Klopstock bis zu Goethes Tod 1750–1832. München 1957 (= de Boor/Newald, Gesch. d. dt. Lit., Bd.VI,1).
Newerkla, Stefan. Intendierte und tatsächliche Sprachwirklichkeit in Böhmen. Diglossie im Schulwesen der böhmischen Kronländer 1740–1918. Wien 1999.
Nickisch, Reinhard M.G. Die Stilprinzipien in den Briefstellern des 17. und 18. Jh. Göttingen 1969.
– „Die Allerneueste Art Höflich und Galant zu Schreiben". Deutsche Briefsteller um 1700: Von Christian Weise zu Benjamin Neukirch. In: Mattheier/Valentin 1990, 117–138.
Niebaum, Hermann. Zur westfälischen Sprachgeschichte von 1620 bis 1850. In: Macha/Neuß/Peters 2000, 225–246.
Niefanger, Dirk. Barock. Lehrbuch Germanistik. 3. Aufl., Stuttgart 2012.
Niefanger, Susanne. Schreibstrategien in Moralischen Wochenschriften. Formalistische, pragmatische und rhetorische Untersuchungen am Beispiel von Gottscheds „Vernünfftigen Tadlerinnen". Tübingen 1997.
Niehaus Michael/Hans Walter Schmidt-Hannisa (Hrg.). Das Protokoll. Kulturelle Funktionen einer Textsorte. Frankfurt a.M. 2005.
Niehr, Thomas. Von „veraltetem", „edlem" und „ganz pöbelhaftem" Sprachgebrauch. Johann Christoph Adelungs Grammatisch-Kritisches Wörterbuch als Quelle für die Erforschung des Denkens, Fühlens und Wollens einer sozialen Schicht des ausgehenden 18. Jahrhunderts. In: Busse/Niehr/Wengeler 2005, 169–186.
Niemeyer, Paul. Die Sentenz als poetische Ausdrucksform vorzüglich im dramatischen Stil. Berlin 1934.
Nierhaus-Knaus, Edith. Geheimsprache in Franken. Das Schillingsfürster Jenisch. 2. Aufl. Rothenburg 1980.
Niermeyer, Jan Frederik/Co van de Kieft. Mediae Latinitatis Lexicon Minus / Mittellateinisches Wörterbuch. Überarbeitet von Johannes W.J. Burgers. 2., überarb. Aufl. Leiden 2002.
Niggl, Günter. „Fromm" bei Goethe. Eine Wortmonographie. Tübingen 1967.
Nitta, Haruo. Zur Erforschung der ‚uneigentlichen' Zusammensetzungen im Frühneuhochdt. In: ZdPh 106, 1987, 400–416.
– Kasuskennzeichnung und Wortstellung in der Nominalphrase des Neuhochdt. In: Mattheier u.a. 1993, 87–101.
– Zur Wortstellung im Frühneuhochdeutschen unter bes. Berücksichtigung der Satzklammer. In. ZdPh 115, 1996, 371–381.
– Zur Entwicklung der kausalen Konjunktionen im Frühneuhochdt. In: Hayakawa 1997, 317–336.
– Entwicklungstendenzen des Deutschen seit der frühen Neuzeit. In: Mattheier/Nitta 2004, 191–204.
Noel Aziz Hanna, Patrizia. Sprachrhythmus in Metrik und Alltagssprache. Untersuchungen zur Funktion des neuhochdeutschen Nebenakzents, München 2003.
Nolting, Uta. Sprachgebrauch süddeutscher Klosterfrauen des 17. Jahrhunderts. Münster 2010.

Norden, Wilhelm. Die Alphabetisierung in der oldenburgischen Küstenmarsch im 17. u. 18. Jh. In: Ernst Hinrichs/Wilhelm Norden (Hrg.). Regionalgeschichte. Hildesheim 1980, 103–164.

Nortmeyer, Isolde. Die Präfixe *inter-* und *trans-*. Beiträge zur Lehn-Wortbildung. Tübingen 2000.

Nübling, Damaris. *Wie die Alten sungen...* Zur Rolle von Frequenz und Allomorphie beim präteritalen Numerusausgleich im Frühneuhochdeutschen. In: Zeitschrift für Sprachwissenschaft 17, 1998, 185–203.

– *Müssen, dürfen, können, mögen*: Wie kam der Umlaut in die Präteritopräsentia? – Neues zu einem alten Problem der Irregularität. In: Cornelia Stroh/Aina Urdze (Hrg.). Morphologische Irregularität. Neue Ansätze und Sichtweisen. Bochum 2008, 91–109.

– Von der „Jungfrau" zur „Magd", vom „Mädchen" zur „Prostituierten": Die Pejorisierung der Frauenbezeichnungen als Zerrspiegel der Kultur und als Effekt männlicher Galanterie? In: Jahrbuch für Germanistische Sprachgeschichte 2, 2011, 344–359.

– /Antje Dammel. Relevanzgesteuerter morphologischer Umbau im Frühneuhochdeutschen. In: Beitr 126, 2004, 177–207.

– u.a. Historische Sprachwissenschaft des Deutschen. Eine Einführung in die Prinzipien des Sprachwandels. 3. Aufl. Tübingen 2010.

Objartel, Georg. Die Wörterbücher der Studentensprache 1749–1888. In: Henne/Objartel 1984, Bd.I, 32–72.

– Studentische Kommunikationsstile im späten 18. Jh. In: Kimpel 1985, 28–41.

– Sprachreflexivität bei Goethe: *sogenannt*. Mit vergleichenden Ausblicken. In: Stefan Schierholz (Hrg.). Die deutsche Sprache in der Gegenwart. Frankfurt 2001, 97–104. (=2001a.)

– Semantische Individualisierung. Ansätze zu Goethe. In: Armin Burkhardt/Dieter Cherubim (Hrg.). Sprache im Leben der Zeit. Tübingen 2001, 305–317. (=2001b.)

Oellers, Norbert. Schiller – Zeitgenosse aller Epochen. Dokumente zur Wirkungsgeschichte Schillers in Deutschland. Teil I: 1782–1859. Frankfurt a.M. 1970.

Oestreich, Gerhard. Verfassungsgeschichte vom Ende des Mittelalters bis zum Ende des alten Reiches. München 1983.

O'Flaherty, James C. Unity and Language – A Study in the Philosophy of Johann Georg Hamann. Chapel Hill 1952.

Öhmann, Emil. Der *s*-Plural im Deutschen. Helsinki 1924.

– Über hyperkorrekte Lautformen. Helsinki 1960.

– Zur Kenntnis der französischen Bestandteile in den rheinischen Mundarten. Helsinki 1965.

– Suffixstudien. III: *-ität*. V: *-lei*. VI: *-ieren*. VII: *-ier*. IX: *-erie*, *-erei*. X: *-age*, *-asche*. XI: *-ien*. In: P.O. Müller 2005, 251–324.

– /Lauri V. Seppänen/Kullervo Valtasaari. Zur Geschichte des dt. Suffixes *-ieren*. In: NphM 54, 1953, 159–176.

Olschki, Leonardo. Geschichte der neusprachlichen wissenschaftlichen Literatur. 3 Bde. Heidelberg u.a. 1919–1927.

Oppel, Horst. Englisch-deutsche Literaturbeziehungen: I. Von den Anfängen bis zum Ausgang des 18. Jh. Berlin 1971.

Orgeldinger, Sibylle. Standardisierung und Purismus bei Joachim Heinrich Campe. Berlin/New York 1999.
Osman, Nabil. Kleines Lexikon untergegangener Wörter. Wortuntergang seit dem Ende des 18. Jh. 2. Aufl. München 1972. 11. Aufl. 1999.
Ottenjann, Helmut/Günter Wiegelmann (Hrg.). Alte Tagebücher und Anschreibebücher. Münster 1982.
Otto, Karl F. Die Sprachgesellschaften des 17. Jh. Stuttgart 1972.

Padley, G. Arthur. Grammatical Theory in Western Europe 1500–1700: Trends in Vernacular Grammar I, Cambridge 1985. II, Cambridge 1988.
Painter, Sigrid D. Die Aussprache des Frühnhd. nach Lesemeistern des 16. Jh. New York u.a. 1989.
Palmer, Philip M. Neuweltwörter im Deutschen. Heidelberg 1939.
– The influence of English on the German vocabulary to 1700. Berkeley/Los Angeles 1950.
– The influence of English on the German vocabulary to 1800. A supplement. Berkeley/Los Angeles 1960.
Panzer, Maria Roswitha. Bürgerlichkeit. Fehldeutungen des Bürgerbegriffs in der politischen Moderne. München 1989.
Pape, Walter. Heiliges Wort und weltlicher Rechenpfennig. Zur Entwicklung der Sprachauffassung im 17. Jh. (Jacob Böhme, Athanasius Kircher, Leibniz). In: Dieter Breuer (Hrg.). Religion und Religiosität im Zeitalter des Barock. Wiesbaden 1991, 2, 817–843.
Papp, Edgar. Deutsche Etymologie im 17.Jahrhundert. Johann Clauberg „Ars Etymologica Teutonum“ (1663). In: Stefan Schierholz (Hrg.). Die deutsche Sprache in der Gegenwart. Frankfurt a.M. u.a. 2001, 81–104
Paraschkewoff, Boris. Zur Entstehungs- und Entwicklungsgeschichte der Bildungen auf *-weise*. In: Beitr (H) 97, 1976, 165–211.
Patocka, Franz/Peter Wiesinger (Hrg.). Morphologie und Syntax deutscher Dialekte und historische Dialektologie des Deutschen. Beiträge zum 1. Kongreß d. Int. Ges. f. Dialektologie des Deutschen. Wien 2004.
Paul, Hermann. Deutsche Grammatik. 5 Bde. 6. Aufl. Halle 1959.
– Deutsches Wörterbuch. 10. überarbeitete und erweiterte Aufl. von Helmut Henne, Heidrun Kämper und Georg Objartel. Tübingen 2002.
Paul, Rainer. Vorstudien für ein Wörterbuch der Bergmannssprache in den sieben niederungarischen Bergstädten während der frühneuhochdeutschen Sprachperiode. Tübingen 1987.
Pavlov, Vladimir M. Die substantivische Zusammensetzung im Dt. als syntaktisches Problem. München 1972.
– Zur Ausbildung der Norm der dt. Literatursprache im Bereich der Wortbildung (1470–1730). Von der Wortgruppe zur substantivischen Zusammensetzung. Berlin 1983.
– Die Entwicklung der deutschen substantivischen Zusammensetzung im Spiegel widersprüchlicher orthographischer Tendenzen (17.–18. Jahrhundert). In: Germanistisches Jahrbuch „Das Wort“. DDR-UdSSR 1987.
– Die Form-Funktion-Beziehungen in der dt. substantivischen Zusammensetzung als Gegenstand der systemorientierten Sprachgeschichtsforschung. In: Gardt u.a. 1995, 103–125. (=1995a.)

– Die Deklination der Substantive im Dt. Synchronie und Diachronie. Frankfurt a.M. u.a. 1995. (=1995b.)
– Deverbale Nominalisierung im Frühneuhochdeutschen im Vergleich mit dem Neuhochdeutschen. In: Habermann u.a. 2002, 227–244.
– Zur Entwicklung der Substantivdeklination im Deutschen. In: Lobenstein-Reichmann/Reichmann 2003, 87–109.
– Zur Entwicklung der substantivischen Zusammensetzung im Frühneuhochdeutschen. In: Mattheier/Nitta 2004, 99–119.
– Deutsche Wortbildung im Spannungsfeld zwischen Lexikon und Syntax: Synchronie und Diachronie. Frankfurt a.M. 2009.

Peilicke, Roswitha. Zur Verwendung der Modalverben /können/ und /mögen/ in der dt. Literatursprache (1570–1730). In: Schildt 1992a, 343–416.

Pensel, Franzjosef. Die Satznegation. In: Kettmann/Schildt 1976, 285–326.

Penzl, Herbert. Gottsched und die Aussprache des Dt. im 18. Jh. In: SpW 2, 1977, 61–92.
– Gottsched und das „Lutherische *e*“: zur dt. Aussprache im 18. Jh. In: Hugo Moser u.a. (Hrg.). Dt. Sprache: Geschichte und Gegenwart. Bern/München 1978, 135–145.
– Gottscheds Sprachkunst (1762) und die dt. Hochlautung. In: Sprache und Sprechen. Festschr. f. E. Zwirner. Tübingen 1979, 149–156.
– Wie entstand die neuhochdt. Schriftsprache? In: Schöne 1986, Bd.IV, 165–169.

Petermann, Renate. Bemerkungen zum Gebrauch der französischen Sprache in den Briefen des jungen Wieland (1750–1760). In: Hans Werner Seiffert (Hrg.). Studien zur neueren dt. Literatur. Berlin 1964, 33–46.

Peters, Jan/Hartmut Harnisch/Lieselott Enders. Märkische Bauerntagebücher des 18. u. 19. Jh. Selbstzeugnisse von Milchviehbauern aus Neuholland. Weimar 1989.

Peters, Robert. De Spraoke kümp ganz in Verfall. Bemerkungen zur Sprachgeschichte Münsters. In: NdJ 118, 1995, 141–164. (=1995a.)
– Von der Verhochdeutschung des Niederdeutschen. Zu den „Kleinwörtern“ in mittelniederdt. und plattdt. Texten aus dem Münsterland. In: NdW 35, 1995, 133–169. (=1995b.)
– Zur Stellung Hamburgs in der mittelniederdt. Schreibsprachenlandschaft. In: Hennig/Meier 1996, 63–80.
– Zur Sprachgeschichte des niederdeutschen Raumes. In: ZdPh 117, 1998, Sonderheft 108–127.
– Zur Rolle des Niederdt. bei der Entstehung des Neuhochdt. In: W. Hoffmann u.a. 1999, 161-173.
– Die westfälische Sprachgeschichte von 1500 bis 1625. In: Macha/Neuß/Peters 2000, 165–179.
– Zu einigen Grundfragen der niederdeutschen Sprachgeschichte. In: Beitr 127, 2005, 21–32

Petersen, Julius. Goethe und die deutsche Sprache. In: J.Petersen. Aus der Goethezeit. Leipzig 1932, 69–94. (=1932a.)
– Schiller im Gespräch. In: J.Petersen. Aus der Goethezeit. Leipzig 1932, 95–101. (=1932b.)

Petersilka, Corina. Die Zweisprachigkeit Friedrichs des Großen. Ein linguistisches Porträt. Tübingen 2005.

Petri, Friedrich. Kritische Beiträge zur Geschichte der Dichtersprache Klopstocks. Greifswald 1894.

Pfalzgraf, Falco. Linguistic purism in the history of German. In: Horan/Langer/Watts 2012, 137–168.

Pfefferkorn, Oliver. Übung der Gottseligkeit. Die Textsorten Predigt, Andacht und Gebet im deutschen Protestantismus des späten 16. und des 17. Jahrhunderts. Frankfurt a.M. u.a. 2005.

– Fremdwortlexikographie des 17. Jahrhunderts. Das Teutsche Wörterbüchlein von Georg Liebe. In: SpW 36, 2011, 225–247.

Pfund, Harry William. Studien zu Wort und Stil bei Brockes. New York 1935.

Pietsch, Paul. Leibniz und die deutsche Sprache (III). In: Wiss. Beihefte z. Zs. d. Allg. Dt. Sprachvereins, 4. R., H.29/30. Berlin 1902/08, 313–356.

Piirainen, Ilpo Tapani. Graphematische Untersuchungen zum Frühneuhochdeutschen. Berlin 1968.

– (Hrg.). Zur Entstehung des Neuhochdeutschen. Sprachgeographische und sprachsoziologische Ansätze. Bern/Frankfurt a.M. 1972.

– Entwicklung der deutschen Rechtschreibung. In: NphM 81, 1980, 105–126. (=1980a.)

– Frühneuhochdt. Bibliographie. Literatur zur Sprache des 14.–17. Jh. Tübingen 1980. (=1980b.)

– Grammatiken der dt. Sprache im 18.–19. Jh. in der Slowakei. In: BEDS 9, 1989, 158–163.

– Paarformeln in einem dt. Rechtsbuch aus dem Jahre 1628. In: Barz/Schröder 1997, 37–42. (=1997a.)

– Deutsche Fachprosa des 14.–17. Jh. in Schlesien und in der Slowakei. In: A.Schwarz/L.Abplanalb 1997, 201–217. (=1997b.)

– Die Stadtbücher des 16.–17. Jh. in Preßburg/Bratislava. Ein Beitrag zum Frühneuhochdeutschen in der Slowakei. In: NphM 100, 1999, 67–75.

– Das Hausbuch von Michelsdorf/Stráže pod Tatrami aus den Jahren 1510–1703. Ein Beitrag zum Frühneuhochdeutschen in der Slowakei. In: Studia Germanica Universitatis Vesprimiensis 5, 2001, 147–154.

– Historische Dialektologie des Frühneuhochdeutschen in der Slowakei. In: Franz Patocka/Peter Wiesinger (Hrg.). Morphologie und Syntax deutscher Dialekte und Historische Dialektologie des Deutschen. Wien 2004, 394–405. (=2004a.)

– Das älteste Wirtschaftsbuch von Preßburg/Bratislava. Ein Beitrag zum Frühneuhochdeutschen in der Slowakei. In: NphM 105, 2004, 317–326. (=2004b.)

– /Arne Ziegler (Hrg.). „Collectanea Allerlay nutzlicher vnnd nothwendiger Regeln des Rechtens". Ein deutsches Rechtsbuch aus dem Jahre 1628 aus der Slowakei. Wien 2001.

Pikulik, Lothar. Leistungsethik contra Gefühlskult. Über das Verhältnis von Bürgerlichkeit und Empfindsamkeit in Deutschland. Göttingen 1984.

– Die Mündigkeit des Herzens. Über die Empfindsamkeit als Emanzipations- und Autonomiebewegung. In: Eibl 2001, 9–32.

Pilz Talpo, Ingrid. Frühe Anglophilie in Halle und Leipzig. Die „galante" Englischgrammatik des Pietisten Theodor Arnold. In: Annali 6, 1996/1999, 299–334.

Pitz, Martina. Sprachentwicklung im Sprachgrenzbereich. Zu den methodischen und quellenkundlichen Voraussetzungen einer Sprachgeschichte des germanophonen Lothringen in Spätmittelalter und früher Neuzeit. In: Bärbel Kuhn/Martina Pitz/

Andreas Schorr (Hrg.). „Grenzen ohne Fächergrenzen". St. Ingbert 2007, 345–370.

Piur, Paul. Studien zur sprachlichen Würdigung Christian Wolffs. Halle 1903.

Plachta, Bodo. Domnatur – Toleratur – Admittitur. Studien und Dokumente zur literarischen Zensur im 18. Jh. Tübingen 1994.

Plaul, Hainer. Illustrierte Geschichte der Trivialliteratur. Leipzig 1983.

Plett, Heinrich F. (Hrg.). Renaissance-Rhetorik / Renaissance rhetoric. Berlin/New York 1993.

Pliester, Hans. Die Worthäufung im Barock. Bonn 1930.

Pöckl, Wolfgang (Hrg.). Europäische Mehrsprachigkeit. Festschr. f. Mario Wandruszka. Tübingen 1981.

Pohl, Hans (Hrg.). Die Bedeutung der Kommunikation für Wirtschaft und Gesellschaft. Wiesbaden 1989.

Pohlke, Annette/Reinhard Pohlke. Alle Wege führen nach Rom. Deutsche Redewendungen aus dem Lateinischen. Düsseldorf 2001.

Polenz, Peter v. Funktionsverben im heutigen Deutsch. Sprache in der rationalisierten Welt. Düsseldorf 1963.

– Fremdwort und Lehnwort sprachwissenschaftlich betrachtet. In: MS 77, 1967, 65–80. Neudruck in: Braun 1979, 9–31.

– Geschichte der deutschen Sprache. Berlin/New York 1978, 10. Aufl. Bearb v. Norbert Richard Wolf 2009.

– Sozialgeschichtliche Aspekte der neueren dt. Sprachgeschichte. In: Thomas Cramer (Hrg.). Literatur und Sprache im historischen Prozeß. Bd.II. Tübingen 1983, 3–21.

– Sprachnormung und Ansätze zur Sprachreform im Deutschen. In: István Fodor/Claude Hagège (eds.). Sprachreform. Bd.III. Hamburg 1985, 23–52.

– Deutsche Satzsemantik. Grundbegriffe des Zwischen-den-Zeilen-Lesens. Berlin/New York 1985. 2. Aufl. 1988. 3. Aufl. 2008.

– Altes und Neues zum Streit über das Meißnische Deutsch. In: Schöne 1986, Bd.IV, 183–202.

– Funktionsverben, Funktionsverbgefüge und Verwandtes. Vorschläge zur satzsemantischen Lexikographie. In: ZGL 15, 1987, 169–189.

– Argumentationswörter. Sprachgeschichtliche Stichproben bei Müntzer und Forster, Thomasius und Wolff. In: Munske u.a. 1988, 181–199.

– Das 19. Jh. als sprachgeschichtliches Periodisierungsproblem. In: Cherubim/Mattheier 1989, 11–30. (=1989a.)

– Glanz und Elend der sächsischen Sprachkultur. In: 900-Jahr-Feier des Hauses Wettin. Festschrift, hrg. v. Hans-Assa v.Polenz und Gabriele v.Seydewitz. Bamberg 1989, 225–232. (=1989b.)

– Martin Luther und die Anfänge der deutschen Schriftlautung. In: R.Große 1990, 185–194. Nachdr. in: H.Wolf 1996, 221–235.

– Sprachsystemwandel und soziopragmatische Sprachgeschichte in der Sprachkultivierungsepoche. In: Gardt u.a. 1995, 39–67. (=1995a.)

– Semiorale Textmustermischung in einem wanderärztlichen Werbeflugblatt des 17. Jh. In: Lerchner 1995, 125–133. (=1995b.)

– Zwischen ‚Staatsnation' und ‚Kulturnation'. Deutsche Begriffsbesetzungen um 1800. In: Cherubim u.a. 1998, 55–70.

– Die Sprachgesellschaften und die Entstehung eines literarischen Standards in Deutschland. In: Sylvain Auroux u.a. (Hrg.). Geschichte der Sprachwissenschaft (HSK 18.1). Berlin/New York 2000, 827–841.
– Erkenntnisinteressen für Sprachgeschichte gestern und heute. In: MGV 48, 2001,4, 516–529.
– Sprachgeschichte und Gesellschaftsgeschichte von Adelung bis heute. In: Cherubim u.a. 2002, 2–23. (=2002a.)
– Historische Wortbildung und Sprachbewußtseinsgeschichte. In: Habermann u.a. 2002, 459–464. (=2002b.)
– Streit über Sprachkritik in den 1960er Jahren. In: Aptum. Zs. f. Sprachkritik und Sprachkultur 1, 2005, 97–111.
– Sprachgeschichte als Kulturgeschichte. In: Klaus Bochman (Hrg.). Theorie(n) und Methoden der Sprachgeschichte. Materialien des Kolloquiums zu Ehren des 70. Geburtstages von Gotthard Lerchner. Stuttgart 2007, 7–13.

Pompe, Hedwig. Famas Medium: Zur Theorie der Zeitung in Deutschland zwischen dem 17. und dem mittleren 19. Jahrhundert. Berlin/Boston 2012.

Ponten, Jan Peter. Deutsch-niederländischer Lehnwortaustausch. In: Mitzka 1968, 561–606.

Popowitsch, Johann Siegmund Valentin. Orthographische Schriften, hrg. v. Richard Reutner. Hildesheim u.a. 2005.

Poppe, Erich C. C.F. Aichingers ‚Versuch einer teutschen Sprachlehre'. Hildesheim u.a. 1982.
– Fachsprache und Grammatikographie im 18. Jh. Ein Beitrag zur Geschichte der Terminologielehre. In: Historiographia linguistica 10, 1983, 209–239.

Pörksen, Uwe (Hrg.). Carl Gustav Jochmann. Politische Sprachkritik. Aphorismen und Glossen. Stuttgart 1983. (=1983a.)
– Der Übergang vom Gelehrtendeutsch zur deutschen Wissenschaftssprache. Zur frühen deutschen Fachliteratur und Fachsprache in den naturwissenschaftlichen und mathematischen Fächern (ca. 1500–1800). In: Zeitschrift für Literaturwissenschaft und Linguistik 13, 1983, 227–258. (=1983b.)
– (Hrg.). Gottfried Wilhelm Leibniz: Unvorgreiffliche Gedancken, betreffend die Ausübung und Verbesserung der deutschen Sprache. Zwei Aufsätze, kommentiert von Uwe Pörksen und Jürgen Schiewe. Stuttgart 1983. (=1983c.)
– Deutsche Naturwissenschaftssprachen. Historische und kritische Studien. Tübingen 1986.
– Stoschs Synonymenwörterbuch der deutschen Sprache von 1770 oder die Brauchbarkeit und Unterhaltsamkeit lexikalischen Reichtums. In: Ortrud Gutjahr (Hrg.). Gesellige Vernunft. Würzburg 1993, 229–241.
– Wissenschaftssprache und Sprachkritik. Untersuchungen zu Geschichte und Gegenwart. Tübingen 1994.
– Raumzeit. Goethes Zeitbegriff, abgelesen an seinen sprachlichen und zeichnerischen Naturstudien. Mainz 1999.
– Latein – Französisch – Englisch. Sprachberührungen in der Geschichte des Deutschen. In: Jahrbuch der Deutschen Akademie für Sprache und Dichtung 2007, 2008, 121–130.

Post, Rudolf. Romanische Entlehnungen in den westmitteldt. Mundarten. Diatopi sche, diachrone und diastratische Untersuchungen zur sprachlichen Interferenz am Beispiel des landwirtschaftlichen Sachwortschatzes. Wiesbaden 1982.

– Lehn- und Reliktwörter im Rheinland. Köln 1985.
Pounder, Amanda: Norm consciousness and corpus constitution in the study of earlier Modern Germanic languages. In: Elspaß 2007, 275–293.
Povejšil, Jaromír. Das Prager Deutsch des 17. und 18. Jh. Ein Beitrag zur Geschichte der dt. Schriftsprache. Hamburg 1980.
Powitz, Gerhardt. Das dt. Wörterbuch Johann Leonhard Frischs. Berlin 1959.
Prędota, Stanisław. Mehrsprachige Wörterbücher des 16. bis 18. Jahrhunderts mit einem niederländischen und polnischen Teil. Frankfurt a.M. u.a. 2004.
– Über die Rigaer deutsch-polnischen Gesprächsbücher des 17. Jahrhunderts. In: Ďurčo u.a 2009, 293–311.
Prell, Heinz-Peter. Die Ableitung von Verben aus Substantiven in biblischen und nichtbiblischen Texten des Frühneuhochdt. Frankfurt a.M. u.a. 1991.
– /Marietheres Schebben-Schmidt. Die Verbableitung im Frühneuhochdt. Berlin/ New York 1996.
Presse und Geschichte. Beiträge zur historischen Kommunikationsforschung. München 1977.
Presse und Geschichte II. Neue Beiträge zur historischen Kommunikationsforschung. München u.a. 1987.
Priesner, Claus/Karin Figala. Alchemie. Lexikon einer hermetischen Wissenschaft. München 1998.
Prodöhl, Ines. „Aus den besten Scribenten". Johann Heinrich Zedlers „Universal-Lexikon" im Spannungsfeld zeitgenössischer Lexikonproduktion. In: Das achtzehnte Jahrhundert 29, 2005, 82–94.
Prüsener, Marlies. Lesegesellschaften im 18. Jh. In: Archiv f. Gesch. d. Buchwesens 13, 1972, 369–594.
Puhle, Hans-Jürgen (Hrg.). Bürger in der Gesellschaft der Neuzeit. Göttingen 1991.
Pümpel-Mader, Maria/Beatrix Schönherr (Hrg.). Sprache, Kultur, Geschichte. Sprachhistorische Studien zum Deutschen. Hans Moser zum 60. Geburtstag. Innsbruck 1999.
Purdie, Edna. Some Word-Associations in the Writings of Hamann and Herder. In: German Studies presented to Leonard Ashley Willoughby. Oxford 1952, 144–158.
Püschel, Ulrich. Von mehrdeutigen und gleichgültigen Wörtern. Gottscheds Beitrag zur einsprachigen Lexikographie. In: GL 2–5/1978, 285–321.
– Die Berücksichtigung mundartlicher Lexik in Adelungs Wörterbuch. In: ZDL 40, 1982, 28–51.
– Joh. Aug. Eberhards Synonymik – bloß historisches Dokument oder auch Vorbild für heute? In: Walter Weiss u.a. (Hrg.). Textlinguistik contra Stilistik? Wortschatz und Wörterbuch. Grammatische oder pragmatische Organisation von Rede. Tübingen 1986, 242–247.
– Friedrich Carl Fuldas „Idiotiken-Sammlung". Zur Rolle der Mundart-Lexikographie im 18. Jh. In: Ulrich Knoop (Hrg.). Studien zur Dialektologie I. Hildesheim u.a. 1987, 43–79.
– Journalistische Textsorten im 19. Jh. In: Wimmer 1991, 428–447.
– Die dt. Synonymendiskussion im 18. Jh. In: Werner Hüllen (Hrg.). The World in a List of Words. Tübingen 1994, 255-264.
Pütz, Peter. Die deutsche Aufklärung. 3. Aufl. Darmstadt 1987.

Raab, Heribert. „Lutherisch-deutsch". Ein Kapitel Sprach- und Kulturkampf in den katholischen Territorien des Reiches. In: Zs. f. bayer. Landesgesch. 47, 1984, 15–42.

Raabe, Mechthild. Leser und Lektüre im 18. Jh. Die Ausleihbücher der Herzog-August-Bibliothek Wolfenbüttel 1714–1799. 4 Bde. 1989.

– Wolfenbütteler Schulalltag und Schülerlektüre in der zweiten Hälfte des 18. Jahrhunderts. In: Bödeker 1992, 5–26.

Raabe, Paul: Die Zeitschrift als Medium der Aufklärung. In: Schulz 1974, 99–136.

Ramge, Hans. Prozesse sprachlicher Standardisierung in Goethes *Werther*. Am Beispiel des Briefes vom 9. May. In: Lindemann/Letnes 2004, 225–247.

– „Ich folg vielmehr // Der Tugend und dem Fleiß, die bringen Ehr". Zur Sprache im Kochbuch von Goethes Großmutter. In: Gudrun Marci-Boehncke/Jörg Riecke (Hrg.): Von Mythen und Mären (...). Festschr. f. Otfried Ehrismann. Hildesheim 2006, 417–440.

Rash, Felicity J. French and Italian influences in German-Speaking Switzerland, 1550–1650. Berlin/New York 1989.

Reichel, Jörn. Dichtungstheorie und Sprache bei Zinzendorf. Bad Homburg 1969.

Reichardt, Rolf (Hrg.). Aufklärung und Historische Semantik. Interdisziplinäre Beiträge zur westeuropäischen Kulturgeschichte. Berlin 1998.

Reichmann, Oskar. Deutsche Nationalsprache. Eine kritische Darstellung. In: GL 2–5/78, 1978, 389–423.

– Sprache ohne Leitvarietät vs. Sprache mit Leitvarietät: ein Schlüssel für die nachmittelalterliche Geschichte des Dt. In: Besch 1990, 141–158.

– ‚Deutlichkeit' in der Sprachtheorie des 17. und 18. Jh. In: Burger 1992, 448–480.

– Dialektale Verschiedenheit. Zu ihrer Auffassung und Bewertung im 17. u. 18. Jh. In: Mattheier u.a. 1993, 289–314. (=1993a.)

– Europäismen im Wortschatz von Einzelsprachen. In: Baldur Panzer (Hrg.). Aufbau, Entwicklung und Struktur des Wortschatzes in den europäischen Sprachen. Frankfurt 1993, 28–47. (=1993b.)

– Die Konzepte ‚Deutlichkeit' und ‚Eindeutigkeit' in der rationalistischen Sprachtheorie des 18. Jh. In: Gardt u.a. 1995, 169–197.

– Nationalsprache als Konzept der Sprachwissenschaft. In: Gardt 2000a, 419–469.

– Das nationale und das europäische Modell in der Sprachgeschichtsschreibung des Deutschen. Freiburg, Schweiz 2001.

– Wortbildungsfelder des Frühneuhochdeutschen. Aufbau, Probleme ihrer lexikographischen Behandlung, sprachgeschichtliche Perspektiven. In: Habermann u.a. 2002, 245–268. (=2002a.)

– Nationale und europäische Sprachgeschichtsschreibung. In: Cherubim/Jakob/Linke 2002, 25–42. (=2002b.)

– Der Diskurs von Mündlichkeit und Schriftlichkeit: seine Anwendbarkeit auf das Frühneuhochdeutsche. In: Mattheier/Nitta 2004, 205–221.

– Usefulness and uselessness of the term *Fremdwort*. In: Langer/Davies 2005, 343–360. (=2005a.)

– Der frühneuhochdeutsche Wortschatz aus kulturgeschichtlicher Sicht. In: Hausner/Wiesinger 2005, 77–96. (=2005b.)

– Wörterbuchartikel zwischen Abbildung und Konstruktion. In: Hermann Wiegand (Hrg.). Strenae nataliciae. Neulateinische Studien. Heidelberg 2006, 155–175. (=2006a.)

– Historische Bedeutungslexikographie: Darstellung und einige Fragen. In: Sprachreport 22, 2006,2, 13–21. (=2006b.)
– Das Frühneuhochdeutsche in der Sprachgeschichtsschreibung: Themen, Unterlassungen, Wertungen. In: Lepper/Werle 2011, 179–194.
– u.a. Zur Vertikalisierung des Varietätenspektrums in der jüngeren Sprachgeschichte des Dt. In: Munske u.a. 1988, 151–180.

Reiffenstein, Ingo. Der „Parnassus Boicus" und das Hochdeutsche. Zum Ausklang des Frühneuhochdt. im 18. Jh. In: Wiesinger 1988, 27–45.
– Gottsched und die Bayern. Der Parnassus Boicus, die Bayerische Akademie d. Wiss. und die Pflege d. dt. Sprache im 18. Jh. In: Heimann u.a. 1989, 177–186.
– Oberdeutsch und Hochdeutsch in Gelehrtenbriefen des 18. Jh. In: Burger 1992, 481–501.
– Sprachvariation in den Briefen der Familie Mozart. In: Mattheier u.a. 1993. (=1993a.)
– Heinrich Brauns „Anleitung zur deutschen Sprachkunst" (1765). „Hochdeutsch", „oberdeutsch" und „Mundart" im 18. Jh. In: Zagreber germanistische Beiträge 2, 1993, 164–178. (=1993b.)
– ‚Oberdeutsch' und ‚Hochdeutsch' in Bayern im 18. Jh. In: Gardt u.a. 1995, 307–317.
– Anton Roschmann (1694–1760), Katholische Aufklärung und die dt. Sprache. In: Johann Holzner (Hrg.). Literatur und Sprachkultur in Tirol. Innsbruck 1997, 123–142.
– Deutsch in Österreich vom 18. bis ins 20. Jahrhundert. Das problematische Verhältnis von Sprache und Nation. In: Dieter Langewiesche/Georg Schmidt (Hrg.). Föderative Nation. München 2000, 293–305. (=2000a.)
– Frauenbriefe des 18. Jh. als sprachgeschichtliche Quellen. In: Barz u.a. 2000, 281–296. (=2000b.)
– Zur Orthographiegeschichte von *daß*. In: Siegrid Schmidt u.a. (Hrg.). Specht und Gämse. Beiträge zur Rechtschreibung des Deutschen. Göppingen 2000, 43–50. (=2000c.)
– Die Bayerische Akademie der Wissenschaften als Trägerin von Erforschung und Pflege der deutschen Sprache. In: J.A. Schmeller-Jb. 2002, 2003, 45–54.
– Sprachvariation im 18. Jahrhundert: Die Briefe der Familie Mozart Teil I. In: ZGL 37 2009,1, 47–80. (=2009a.)
– Sprachvariation im 18. Jahrhundert: Die Briefe der Familie Mozart Teil II. In: ZGL 37 2009,1, 203–220. (=2009b.)
– Sprachvariation auf dem Salzburger Hoftheater. Die Dialektstücke von Ignaz Anton Weiser (1749/1750). In: Fokus Dialekt. Analysieren – Dokumentieren – Kommunizieren. Festschrift für Ingeborg Geyer zum 60. Geburtstag. Hrg. von Hubert Bergmann u.a. Hildesheim/Zürich. 2010, 329–352.

Reincke, Olaf (Hrg.). O Lust, allen alles zu sein. Deutsche Modelektüre um 1800. Leipzig 1978. 3. Aufl. Leipzig 1989.

Remmers, Arend. Zum ostfriesischen Niederdeutsch (I). In: Jahrbuch des Vereins für Niederdeutsche Sprachforschung 117, 1994, 130–168.

Renthe-Fink, Leonhard von. Geschichtlichkeit. Ihr terminologischer und begrifflicher Ursprung bei Hegel, Haym, Dilthey und Yorck. In: Abh. d. Ak. d. Wiss. Göttingen, Phil.-hist. Kl., Nr. 59. Göttingen 1968, 131–144.

Reutner, Richard. Johann Siegmund Valentin Popowitsch (1705–1774) als Erforscher von Fachsprachen. Mit einer Edition von Cod. 9507. f. 58r–62v der ÖNB. In: Peter Anreiter (Hrg.). Namen, Sprachen und Kulturen. Wien 2002, 657–679.

– (Hrg.). Der Abschnitt „Dialecti“ aus den vermischten Schriften des Johann Siegmund Popowitsch (1705–1774). Wien 2003.

– Grundzüge einer Geschichte der älteren Orthographie in Österreich. In: Zagreber germanistische Beiträge 14, 2005, 131–173.

Reynaud, Louis. Histoire générale de l'influence française en allemagne. Paris 1914.

Richel, Veronica. Luise Gottsched. A Reconsideration. Bern/Frankfurt a.M. 1973.

Richter, Ernst. Wielands sprachliche Ansichten im Teutschen Merkur, In. ZdPh 58, 1933, 266–296.

Ricken, Ulrich. Leibniz, Wolff und einige sprachtheoretische Entwicklungen in der dt. Aufklärung. Berlin 1989.

– /Patrice Bergheaud. Sprachtheorie und Weltanschauung in der europäischen Aufklärung. Zur Geschichte der Sprachtheorien des 18. Jh. und ihrer europäischen Rezeption nach der Französischen Revolution. Berlin 1990.

– Christian Wolffs Wissenschaftssprache und einige Aspekte ihrer Rezeption. In: Jürgen Stolzenberg/Oliver-Pierre Rudolf (Hrg.). Wolffiana II.5: Christian Wolff und die europäische Aufklärung. Akten des 1. Internationalen Christian-Wolff-Kongresses, Halle (Saale), 4.–8. April 2004. Teil 5. Christian Wolff: Gesammelte Werke, Abt. 3, Bd. 105. Hildesheim u.a. 2010, 177–193.

Rieck, Susanne. Untersuchungen zu Bestand und Varianz der Konjunktionen im Frühneuhochdt. unter Berücksichtigung der Systementwicklung zur heutigen Norm. Heidelberg 1977.

Rieck, Werner. Johann Christoph Gottsched. Eine kritische Würdigung seines Werkes. Berlin 1972.

Riecke, Jörg. Über die volkssprachlichen Anfänge des Schreibens über Körper, Krankheit, Heilung. Aspekte der Frühgeschichte der medizinischen Fachsprache im Deutschen. In: SpW 28, 2003, 245–271.

– Die Frühgeschichte der mittelalterlichen medizinischen Fachsprache im Deutschen. 2 Bde. Berlin/New York 2004.

– Die deutschen Dichter und die Sprachwissenschaft. Ein Beitrag zur Wissenschaftsgeschichte des 18. Jahrhunderts. In: Sascha Feuchert u.a. (Hrg.). Literatur und Geschichte, Festschr. f. Erwin Leibfried. Frankfurt a.M. 2007, 381–396.

Rieke, Ursula. Studien zur Herausbildung der neuhochdt. Orthographie. Die Markierung der Vokalquantitäten in deutschsprachigen Bibeldrucken des 16.–18. Jh. Heidelberg 1998.

Riemann, Carl. Die Sprache in Sophie La Roches Roman „Geschichte des Fräuleins von Sternheim“. Ein Beitrag zur Geschichte der Schriftsprache im 18. Jh. In: Wiss. Zs. d. Universität Jena 8, 1958/59, 179–193.

Ritter, Joachim/Karlfried Gründer/Gottfried Gabriel (Hrg.). Historisches Wörterbuch der Philosophie. 13 Bde. Basel 1971–2007.

Robert, Jörg. Normieren und Normalisieren. Sprachenpluralität und Wissensordnung in der Frühen Neuzeit – am Beispiel der Lexikographie. In: Jan-Dirk Müller/Jörg Robert (Hrg.). Maske und Mosaik. Poetik, Sprache, Wissen im 16. Jahrhundert. Berlin u.a. 2007, 207–248.

Röcke, Werner/Ursula Schaefer (Hrg.). Mündlichkeit – Schriftlichkeit – Weltbildwandel. Literarische Kommunikation und Deutungsschemata von Wirklichkeit in der Literatur des Mittelalters und der frühen Neuzeit. Tübingen 1996.

Röd, Wolfgang. Die Philosophie der Neuzeit 2. Von Newton bis Rousseau. (Geschichte der Philosophie, Bd.VIII). München 1984.

– Die Philosophie der Neuzeit 3 (Teil I). Kritische Philosophie von Kant bis Schopenhauer. (Geschichte der Philosophie, Bd.IX,I). München 2006.

Roelcke, Thorsten. Die Terminologie der Erkenntnisvermögen. Wörterbuch und lexikosemantische Untersuchung zu Kants „Kritik der reinen Vernunft". Tübingen 1989.

– Periodisierung der dt. Sprachgeschichte. Analysen und Tabellen. Berlin/New York 1995.

– Der Patriotismus der barocken Sprachgesellschaften. In: Gardt 2000a, 139–168.

– (Hrg.). Periodisierung. Die zeitliche Gliederung der deutschen Sprachgeschichte. Frankfurt a.M. u.a. 2001.

– Das Niederländische in der Sprachreflexion des Barock und der Aufklärung. In: Ágel 2002, 319–332.

– (Hrg.). Variationstypologie. Ein sprachtypologisches Handbuch der europäischen Sprachen in Geschichte und Gegenwart. Berlin/New York 2003.

– Roelcke, Thorsten. Fachsprachen. 3., neu bearb. Aufl. Berlin 2010.

Roessler, Paul. Entwicklungstendenzen der österreichischen Rechtssprache seit dem ausgehenden 18. Jh. Eine syntaktische, stilistische und lexikalische Untersuchung von Studiengesetzen und -verordnungen. Frankfurt u.a. 1994.

– Die dt. Grammatiken der 2. Hälfte des 18. Jh. in Österreich. Ein Beitrag zur Reform der dt. Schriftsprache. Frankfurt a.M. 1997. (=1997a.)

– Aichinger und Popowitsch. Eine antigottschedische Parallelaktion oberdeutscher Grammatiker? In: Eichner 1997b, 263–286. (=1997b.)

– Die Großschreibung in Wiener Drucken des 17. und frühen 18. Jh. In: Werner Bauer/Hermann Scheuringer (Hrg.). Beharrsamkeit und Wandel. Festschr. f. Herbert Tatzreiter. Wien 1998, 205–238. (=1998a.)

– Text, Satz, Druck. Prolegomena zu Auswahl und Sprachanalyse von Wiener Drucken des 17. und frühen 18. Jh. In: Ernst/Patocka 1998, 623–642. (=1998b.)

– *Cuius re(li)gio, eius scriptio.* Zur Konfessionalisierung der bairisch-oberdeutschen Sprache. In: Peter Canisius u.a. (Hrg.). Sprache – Kultur – Identität. Pécs 2001, 345–359.

– Schreibwandel im Medienwandel. Graphemvariation in Online-Texten im Vergleich zu Drucktexten der Frühneuzeit. In: Germanistik im Kontaktraum Europa II, Sammelband 1. Maribor 2003, 154–166.

– Schreibvariation – Sprachregion – Konfession. Graphematik und Morphologie in österreichischen und bayerischen Drucken vom 16. bis ins 18. Jahrhundert. Frankfurt a.M. 2005.

– Kanon diachron. Zur Periodisierung der deutschen Sprachgeschichte. In: Jürgen Struger (Hrg.). Der Kanon – Perspektiven, Erweiterungen und Revisionen. Tagung österreichischer und tschechischer Germanistinnen und Germanisten, Olmütz/Olomouc, 20.–23.09.2007. Wien 2008, 421–433.

Roggenhofer, Johannes. Zum Sprachdenken Georg Christoph Lichtenbergs. Tübingen 1992.

Rohner, Pius Martin. Die Entwicklung eines schweizerischen Sprachbewußtseins bei Johan Jacob Bodmer. Diss., Zürich 1984.

Röll, Walter. Zum Wandel der Prosasyntax im 16. Jahrhundert. Ungedrucktes Typoskript 1993.

– /Simon Neuberg (Hrg.). Jiddische Philologie. Festschrift f. Erika Timm. Tübingen 1999.

Römer, Ruth. Sprachwissenschaft und Rassenideologie in Deutschland. München 1985.

Rosenstrauch, Hazel: Leipzig als >Centralplatz< des deutschen Buchhandels. In: Martens 1990, 103–140.

Rösler, Irmtraud. Soziolinguistische Beobachtungen am Amtsprotokollbuch Buckow (1549–1608). In: G.Brandt 1994–99, Bd.I, 87–99.

– Was liegt dort hinterm Horizont? Zur nautischen Fachliteratur hansischer Seefahrer. In: G.Brandt 1995, 123–144.

– Mecklenburgische Handwerkerrechungen und -quittungen (16.–18. Jahrhundert). In: G.Brandt 1994–99, Bd.IV, 37–52.

Rössler, Paul: s. Roessler!

Roth, Kersten Sven. Wissenschaftsrhetorik: Johann Christoph Gottscheds „Ausführliche Redekunst“ (1759) als Lehre vom Wissenstransfer. In: Historiographia linguistica 31, 2004, 329–344.

Rowley, Anthony R. Dialektologie und Sprachgeschichte. In: GGSG 1, 2010, 150–162.

Rubensohn, Max. Studien zu Martin Opitz. Mit einem wissenschaftshistorischen Nachwort hrg. v. Robert Seidel. Heidelberg 2005.

Rudersdorf, Manfred (Hrg.). Johann Christoph Gottsched in seiner Zeit. Neue Beiträge zu Leben, Werk und Wirkung. Berlin/New York 2007.

Rudolph, Andrea. Massenwirksame populäre Literatur als Teil der Literaturkommunikation um 1800 (1780–1830). Konferenz in Neubrandenburg. In: ZfG N.F. III, 1993, 247–253.

Rudzīša, Valda. Zur soziolinguistischen Analyse der frühen deutschen Zeitungen in Riga. In: G.Brandt 1994–99, Bd.I, 117–122.

– Zum Sprachgebrauch in den frühen deutschsprachigen Zeitungen aus Riga. In: G.Brandt 1995, 189–197.

Ruge, Nikolaus. Aufkommen und Durchsetzung morphembezogener Schreibungen im Deutschen 1500–1770. Heidelberg 2005.

Ruipérez, Germán. Die strukturelle Umschichtung der Verwandtschaftsbezeichnungen im Dt. Ein Beitrag zur historischen Lexikologie, diachronen Semantik und Ethnolinguistik. Marburg 1984.

Runge, Anita/Lieselotte Steinbrügge (Hrg.). Die Frau im Dialog. Studien zu Theorie und Geschichte des Briefes. Stuttgart 1991.

Rupp, Heinz/Hans Gerd Roloff (Hrg.). Akten des VI. Internationalen Germanistenkongresses Basel 1980. Teil 2. Bern 1981.

Ruppert, Wolfgang. Bürgerlicher Wandel: Studien zur Herausbildung einer nationalen dt. Kultur im 18. Jh. Frankfurt 1981.

Russ, Charles V.J. (Hrg.). Foreign Influences on German. Dundee 1984. (=1984a.)

– The foreign element in German derivational morphology: The adjectival suffixes. In: Russ 1984a, 27–37. (=1984b.)

– Die Sprache von Schillers Mutter in ihren Briefen. Ein Beitrag zur Sprachgeschichte im Südwesten Deutschlands im späten 18. Jh. In: Ernst/Patocka 1998, 643–650.
– The language in the letters of Friedrich Schiller's mother: Aspects of standardisation in eighteenth-century German. In: John Partridge (ed.). Getting into German. Oxford 2005, 139–154. (=2005a.)
– The Integration of Foreign Suffixes into German: A Synchronic and Diachronic Study Exemplified by the Adjectival Suffixes *-abel/ibel, -al/ell, -ant/ent, är/ar, -iv* and *-ös/os*. In: P.O.Müller 2005, 391–405. (=2005b.)
Rutten, Gijsbert. Lambert ten Kate und Justus Georg Schottelius. Theoretical similarities between Dutch and German early modern linguistics. In: Historiographia linguistica 31, 2004, 277–296.

Sachse, Udo. Lutherdeutsch und Erbauungsliteratur in der Zeit der frühen Aufklärung. In: Schildt 1984, Bd.III, 140–150.
Sachse, Wieland. Wirtschaftsliteratur und Kommunikation bis 1800. Beispiele und Tendenzen aus Mittelalter und früher Neuzeit: Kaufmannsbücher, Enzyklopädien, Kameralistische Schriften und Statistiken. In: Pohl 1989, 199–215.
Sahmland, Irmtraut. Ch. M. Wieland und die dt. Nation. Zwischen Patriotismus, Kosmopolitismus und Griechentum. Tübingen 1990.
Saine, Thomas P. Black Bread – White Bread. German Intellectuals and the French Revolution. Columbia, South Carolina 1988.
Sallmann, Klaus. Schillers Pathos und die poetische Funktion des Pathetischen. In: Jb. d. dt. Schillerges. 27, 1983, 202–221.
Salomon, Ludwig. Geschichte des dt. Zeitungswesens. Oldenburg 1900–1906. Nachdr. Aalen 1973.
Sanders, Willy. Sachsensprache, Hansesprache, Plattdeutsch. Sprachgeschichtliche Grundzüge des Niederdeutschen. Göttingen 1982.
Sandig, Barbara. Zur historischen Kontinuität normativ diskriminierter syntaktischer Muster in spontaner Sprechsprache. In: DS 1, 1973, 37–57.
Sattler, Lutz. Zum Fachwortschatz des Druckereiwesens im 17. und 18. Jh. In: BEDS 5, 1985, 102–121.
– Zur Verwendung von Wortgruppen mit adjektivischem Attribut und Komposita in der dt. Literatursprache (1570–1730). In: Schildt 1992a, 227–272.
Sauder, Gerhard. Moralische Wochenschriften. In: Grimminger 1980, 267–279.
– Der junge Goethe und Leipzig. In: Martens 1990, 233–246.
– Die französische Sprache in Deutschland in der zweiten Hälfte des 18. Jh. In: Michel Grunewald/Jochen Schlobach (Hrg.). Médiations/Vermittlungen. Bern 1992, 97–123.
Sauerbeck, Karl Otto. Vokalismus der Nebensilben I. Heidelberg 1970 (= Moser/Stopp, Grammatik des Frühneuhochdt. Bd.I, 1. Teil).
Sayce, Olive. Das Problem der Vieldeutigkeit in Schillers ästhetischer Terminologie. In: Jb. d. dt. Schillerges 6, 1962, 149–177.
Scaglione, Aldo. Komponierte Prosa von der Antike bis zur Gegenwart. Bd.II. Die Theorie der Wortstellung im Dt. Stuttgart 1981.
Schadewaldt, Wolfgang. Wort und Sache im Denken Goethes. In: Silvae. Festschr. E. Zinn. Tübingen 1970, 199–209.

Schank, Gerd. Vorschlag zur Erarbeitung einer operationalen Fremdwortdefinition. In: Braun 1979, 32–58.

Schanze, Helmut (Hrg.). Rhetorik. Beiträge zur ihrer Geschichte in Deutschland vom 16. bis 20. Jh. Frankfurt a.M. 1974.

Scharloth, Joachim. Deutsche Sprache, deutsche Sitten. Die Sprachkonzeption von J.M.R. Lenz im Kontext der Sprachnormdebatte des 18. Jahrhunderts. In: Lenz-Jahrbuch 12, 2002/03, 89–118.

– Der Deutschfranzose. Zu den mentalitätsgeschichtlichen Bedingungen in der Sprachnormierungsdebatte zwischen 1766 und 1785. In: Jannisk Androutsopoulos/Evelyn Ziegler (Hrg.). „Standardfragen“. Soziolinguistische Perspektiven auf Sprachgeschichte, Sprachkontakt und Sprachvariation. Frankfurt a.M. 2003, 39–61.

– Sprachnormen und Mentalitäten. Sprachbewusstseinsgeschichte in Deutschland im Zeitraum von 1766 bis 1785. Tübingen 2005. (=2005a.)

– The revolutionary argumentative pattern in puristic discourse: the Swabian dialect in the debate about the standardisation of German in the eighteenth century. In: Langer/Davies 2005, 86–96. (=2005b.)

– Adelung und seine Gegner. Zur Bedeutung geschichtsphilosophischer Kategorien für die Sprachkunde der Spätaufklärung. In: Kämper/Klosa/Vietze 2008, 89–114.

Scharnhorst, Jürgen (Hrg.). Sprachkultur und Sprachgeschichte. Herausbildung und Förderung von Sprachbewußtsein und wissenschaftlicher Sprachpflege in Europa. Frankfurt a.M. 1999.

Schäublin, Peter. Zur Sprache Jakob Boehmes. Winterthur 1963.

Schebben-Schmidt. Marietheres. Studien zur Diminution in der dt. Schriftsprache des 18. Jh. In: Besch 1990, 313–322.

Schecker, Michael. Vom prädikativ gebrauchten Partizip II zu den modernen Perfekttempora des Dt. – eine historische Vergewisserung. In. Daniel Bresson/Martine Dalmas (Hrg.). Partizip und Partizipialgruppen im Dt. Tübingen 1994, 211–229.

Scheel, Heinrich (Hrg.). Die Mainzer Republik. Bd.I: Protokolle des Jakobinerklubs. Bd.II: Protokolle des Rheinisch deutschen Nationalkonvents mit Quellen zu seiner Vorgeschichte. Berlin 1975/1981.

Schenda, Rudolf. Volk ohne Buch. Studien zur Sozialgeschichte populärer Lesestoffe 1770–1910. Frankfurt 1970.

Scherpe, Klaus R. „... daß die Herrschaft dem ganzen Volke gehört!“. Literarische Formen jakobinischer Agitation im Umkreis der Mainzer Revolution. In: Mattenklott/Scherpe 1975, 139–204.

Scheuermann, Ulrich. Kirche und Schule ctr. Niederdeutsch im 18. und 19. Jahrhundert. Eine Fallstudie aus dem Göttinger Umland. In: Maik Lehmberg (Hrg.). Sprache, Sprechen, Sprichwörter. Fs. f. Dieter Stellmacher z. 65. Geburtstag. Stuttgart 2004, 159–186.

Scheuringer, Hermann. Geschichte der dt. Rechtschreibung. Ein Überblick. Wien 1996.

– /Christian Stang. Die deutsche Rechtschreibung. Geschichte, Reformdiskussion, Neuregelung. Wien 2004.

Schieb, Gabriele. Der Verbkomplex aus verbalen Bestandteilen. In: Kettmann/Schildt 1976, 39–234.

Schielein, Chrystèle. Philipp von Zesen als Orthographiereformer. Diss., Erlangen 2002.

Schiewe, Jürgen. Sprachpurismus und Emanzipation. Joachim Heinrich Campes Verdeutschungsprogramm als Voraussetzung für Gesellschaftsveränderungen. Hildesheim u.a. 1988. (=1988a.)

– Joachim Heinrich Campes Verdeutschungsprogramm. Überlegungen zu einer Neuinterpretation des Purismus um 1800. In: DS 16, 1988, 17–33. (=1988b.)

– Sprache und Öffentlichkeit. Carl Gustav Jochmann und die politische Sprachkritik der Spätaufklärung. Berlin 1989.

– Sprachenwechsel – Funktionswandel – Austausch der Denkstile. Die Universität Freiburg zwischen Latein und Deutsch. Tübingen 1996. (=1996a.)

– Kontinuität und Wandel des akademischen und wissenschaftlichen Wortschatzes im Übergang der Universitäten vom Lateinischen zum Deutschen. In: Munske/Kirkness 1996, 47–64. (=1996b.)

– Die Macht der Sprache. Eine Geschichte der Sprachkritik von der Antike bis zur Gegenwart. München 1997.

– Sprachreinheit als Kompensation fehlender nationaler Identität. Ein deutsches Problem. In: Schiewe u.a. 2011, 25–36.

– u.a. Kommunikation für Europa II. Sprache und Identität. Frankfurt a.M. u.a. 2011.

Schiewer, Gesine Lenore. Die Bedeutung von *ars inveniendi* und System-Begriff für die Ausbildung einer historisch-genetischen Sprachbetrachtung im 18. Jahrhundert. In: DVjs 2005, 29–63.

Schildt, Joachim. Zur Ausbildung des Satzrahmens. In: Kettmann/Schildt 1976, 235–284.

– (Autorenkollektiv). Auswirkungen der industriellen Revolution auf die dt. Sprachentwicklung im 19. Jh. Berlin 1981.

– (Hrg.). Luthers Sprachschaffen. Gesellschaftliche Grundlagen. Geschichtliche Wirkungen. 3 Bde. Berlin 1984. (=1984a.)

– Betrachtungen zu Johann Christoph Adelungs Vorstellungen über die Geschichte der dt. Sprache von 1781. In: Bahner 1984, 212–220. (=1984b.)

– Modalwörter im Frühneuhochdeutschen. Die Entwicklung ihres Bestandes. In: Anne Betten (Hrg.) 1990, 153–162.

– (Hrg.). Aspekte des Sprachwandels in der dt. Literatursprache 1570–1730. Berlin 1992. (=1992a.)

– Entwicklungstendenzen 1570–1730. In: Schildt 1992a, 487–497. (=1992b.)

– Zur Entwicklung des Modalwortbestandes in der dt. Literatursprache (1570–1730). In: Schildt 1992a, 417–484. (=1992c.)

– Entwicklungstendenzen im verbalen Bereich bei der Herausbildung der neuhochdeutschen Standardsprache. In: Herberg/Tellenbach 2000, 85–90.

– /Gerhard Kettmann/Joachim Dückert/Klaus Müller. Zu Ausgleichsvorgängen in der dt. Literatursprache (1470–1730). Berlin 1974.

– /Hartmut Schmidt (Hrg.). Berlinisch. Geschichtliche Einführung in die Sprache einer Stadt. Berlin 1986.

– u.a. (Hrg.). Kommunikation für Europa II. Sprache und Identität. Frankfurt a.M. 2011.

Schilling, Michael. Bildpublizistik der frühen Neuzeit. Aufgaben und Leistungen des illustrierten Flugblatts in Deutschland bis um 1700. Tübingen 1990.

Schindling, Anton. Bildung und Wissenschaft in der frühen Neuzeit 1650–1800. München 1994.

Schirmer, Alfred. Der Wortschatz der Mathematik nach Alter und Herkunft untersucht. Straßburg 1912.

– Vom Werden der dt. Kaufmannssprache. Leipzig 1925.

– /Walther Mitzka. Deutsche Wortkunde. Kulturgeschichte des dt. Wortschatzes. 6. Aufl. Berlin 1969.

Schlaefer, Michael. Zur Darstellung wortgeschichtlicher Zusammenhänge des 17. bis 20. Jh. in historischen Wörterbüchern. In: SpW 24, 1999, 195–220.

– Lexikologie und Lexikographie. Eine Einführung am Beispiel deutscher Wörterbücher. 2., durchges. Aufl. Berlin 2009.

Schletter, Katrin. Zu einigen sprachgeschichtlichen Normierungsprozessen des 17. und 18. Jh. im Urteil zeitgenössischer Poetiken. In: BEDS 5, 1985, 80–101.

Schlieben-Lange, Brigitte. Traditionen des Sprechens. Elemente einer pragmatischen Sprachgeschichtsschreibung. Stuttgart 1983.

– Wissenschaftssprache und Alltagssprache um 1800. In: Cherubim/Mattheier 1989, 123–138.

Schlosser, Horst Dieter. Sprachnorm und regionale Differenz im Rahmen der Kontroverse zwischen Gottsched und Bodmer/Breitinger. In: Kimpel 1985, 52–67.

Schlumbohm, Jürgen. Freiheit. Die Anfänge der bürgerlichen Emanzipationsbewegung in Deutschland im Spiegel ihres Leitwortes (ca. 1760 – ca. 1800). Düsseldorf 1975.

Schmale, Günter. Ist die „langue de Goethe“ eigentlich noch die „langue de Goethe“? In: Daniel Baudot/Maurice Kauffer (Hrg.). Wort und Text. Lexikologische und textsyntaktische Studien im Deutschen und Französischen. Festschrift für René Métrich zum 60. Geburtstag. Tübingen 2008, 27–36.

Schmid, Carl Chr. E. Wörterbuch zum leichtern Gebrauch der Kantischen Schriften. 4. Aufl. 1798, neu hrg. v. Norbert Hinske. Darmstadt 1976.

Schmid, Hans Ulrich. Sprachlandschaften und Sprachausgleich in nachreformatorischer Zeit. Martin Luthers Bibelübersetzung in epigraphischen Zitaten des dt. Sprachraums. In: ZDL 65, 1998, 1–41.

– Einführung in die deutsche Sprachgeschichte. 2. Aufl. Stuttgart 2013.

Schmid, Pia. Zeit des Lesens – Zeit des Fühlens: Anfänge des dt. Bildungsbürgertums. Ein Lesebuch. Berlin 1985.

Schmidt, Günter Dietrich. Das Kombinem. Vorschläge zur Erweiterung des Begriffsfeldes und der Terminologie für den Bereich der Lehnwortbildung. In: Hoppe u.a. 1987, 37–52. Neudruck in: P.O.Müller 2005, 91–107.

Schmidt, Hartmut. Luther, Adelung und das Märkische. Zur Aussprachetradition des Hochdt. In: Schildt 1984a, 149–162. (=1984a.)

– Einige Grundbegriffe von Johann Christoph Adelungs Sprachkonzept. In: Bahner 1984, 135–144. (=1984b.)

– Die sprachliche Entwicklung Berlins vom 13. bis zum frühen 19. Jh. In: Schildt/Schmidt 1986, 100–172.

– (Hrg.). Berlinisch in Geschichte und Gegenwart. Stadtsprache und Stadtgeschichte. Berlin 1988. (=1988a.)

– Von der mittelalterlichen Stadtsprache zum Berlinischen des 19. Jh. Aspekte der Sprachgeschichte Berlins. In: Schmidt 1988a, 3–15. (=1988b.)

Schmidt, Peter. Der Wortschatz von Goethes „Iphigenie". Analyse der Werk- und Personensprache mit EDV-Hilfe. Frankfurt a.M./Bonn 1970.

Schmidt, Reiner, Deutsche *Ars Grammatica.* Zur Herausbildung einer Grammatik des Deutschen nach lateinischem Vorbild im 15., 16. und 17. Jahrhundert. In: Lindemann/Letnes 2004, 249–266.

Schmidt, Siegfried J. Die Selbstorganisation des Sozialsystems Literatur im 18. Jh. Frankfurt a.M. 1989.

Schmidt, Wilhelm. Geschichte der deutschen Sprache. Ein Lehrbuch für das germanistische Studium. 11., verbesserte und erw. Aufl. von Elisabeth Berner und Norbert Richard Wolf. Stuttgart u.a. 2013.

Schmidt-Hidding, Wolfgang (Hrg.). Europäische Schlüsselwörter. Wortvergleichende und wortgeschichtliche Studien. Bd.I: Humor und Witz, Bd.II: Kurzmonographien I. Wörter im geistigen und sozialen Raum. München 1963/64.

Schmidt-Regener, Irena. Normbewußtsein im 18./19. Jh. Zeitgenössische Sprachwissenschaftler über die Herausbildung und Funktion einer national verbindlichen Sprachnorm des Deutschen. In: BEDS 9, 1989, 164–180.

Schmidt-Wächter, Anke. Stilauffassungen in Rhetorik und Stillehrbüchern des 18. Jahrhunderts. Ein Beitrag zur Geschichte des Stilbegriffs. In: Irmhild Barz u.a. (Hrg.). Sprachstil. Zugänge und Anwendungen. Heidelberg 2003, 285–294.

– Die Reflexion kommunikativer Welt in Rede- und Stillehrbüchern zwischen Christian Weise und Johann Christoph Adelung. Erarbeitung einer Texttypologie und Ansätze zu einer Beschreibung der in Rede- und Stillehrbüchern erfaßten kommunikativen Wirklichkeit unter bes. Beachtung der Kategorie des Stils. Frankfurt a.M. 2004.

– Textsorten in Rede- und Stillehrbüchern des 18. Jahrhunderts am Beispiel von F.A. Hallbauer und J.C. Adelung. In: Kirsten Adamzik/Wolf-Dieter Krause (Hrg.). Text-Arbeiten. Tübingen 2005, 45–57.

Schmidt-Wilpert, Gabriele. Zur Substantivflexion, Grammatik und Sprachnorm um 1750. In: ZdPh 99, 1980, 410–429.

– /Winfried Lappé. Die Entwicklung der Interpunktionsnormen und ihre Kodifizierung im 19. Jh. In: ZdPh 100, 1981, 390–416.

Schmitt, Christian. Affinitäten und Konvergenzen in der Entwicklung westeuropäischer Sprachen. Für eine soziokulturell ausgerichtete Wortbildungslehre der romanischen Sprachen und des Deutschen. In: Gardt 1995, 413–437.

Schmitt, Hans Joachim. Der französische Wortschatz der Waldenser in Deutschland. Archivstudien. Tübingen 1996.

Schmitt, Ludwig Erich. Die niederländische Sprache in Europa. In: ZfMaf 34, 1967, 1–13.

Schmitter, Peter. Sprachtheorien der Neuzeit 3/1. Sprachbeschreibung und Sprachunterricht. Tübingen 2005.

Schmölders, Claudia. Die Kunst des Gesprächs. Texte zur Geschichte der europäischen Konversationstheorie. 2. Aufl. München 1986.

Schnabel, Werner Wilhelm. Das Stammbuch. Konstitution und Geschichte einer textsortenbezogenen Sammelform bis ins erste Drittel des 18. Jahrhunderts. Tübingen 2003.

Schneider, Karl Ludwig. Klopstock und die Erneuerung der dt. Dichtersprache im 18. Jh. Heidelberg 1965.

Schneider, Rolf. Die Begriffe gemeiner Mann, Untertan und Bürger in dt. Wörterbüchern von 1561 bis 1811. In: Archiv für Begriffsgeschichte 34, 1991/1992, 225–236.

– Der Einfluß von Justus Georg Schottelius auf die deutschsprachige Lexikographie des 17./18. Jh. Frankfurt a.M. 1995.

Schneider-Mizony, Odile. Barocker Konversationsstil. In: Cahiers d'études germaniques 37, 1999, 139–150.

– Aufstieg und Fall der Pronominaladverbien als Satzkonnektoren im Zeitraum 1450 bis 1650. In: Desportes 2003, 213–233.

Schneiders, Werner (Hrg.). Christian Thomasius 1655–1728. Interpretationen zu Werk und Wirkung. Hamburg 1989.

Schöberl, Joachim. „liljen-milch" und „rosenpurpur". Die Metaphorik in der galanten Lyrik des Spätbarock. Untersuchung zur Neukirchschen Sammlung. Frankfurt a.M. 1972.

Scholtz, Gunter (Hrg.). Die Interdisziplinarität der Begriffsgeschichte. Hamburg 2000.

Scholz, Adolf. Deutsche Mundarten-Wörterbücher. Versuch einer Darstellung ihres systematisch-historischen Werdegangs von Anbeginn bis zum Ende des 18. Jh. Leipzig 1933.

Schön, Erich. Der Verlust der Sinnlichkeit oder Die Verwandlung des Lesers. Mentalitätswandel um 1800. Stuttgart 1987.

Schöndorf, Kurt Erich u.a. (Hrg.). Niederdeutsch in Skandinavien. Berlin 1987.

Schöne, Albrecht. Emblematik und Drama im Zeitalter des Barock. München 1964.

– Säkularisation als sprachbildende Kraft. Studien zur Dichtung dt. Pfarrerssöhne. Göttingen. 2. Aufl. 1968.

– (Hrg.). Stadt – Schule – Universität – Buchwesen und die deutsche Literatur des 17. Jh. München 1976.

– Aufklärung aus dem Geist der Experimentalphysik. Lichtenbergsche Konjunktive. München 1982.

– (Hrg.). Kontroversen, alte und neue. Akten des VII. Internationalen Germanisten-Kongresses Göttingen 1985. 11 Bde. Tübingen 1986.

Schöne, Walter. Die dt. Zeitung des 17. Jh. in Abbildungen. Leipzig 1940.

Schönfeld, Helmut. Lebensweise und Sprachverhalten. Veränderungen der Sprache und des Sprachverhaltens im Rahmen des Wandels der Lebensweise. In: Nerius 1983, 276–283.

Schönfisch, Ursula. „Ruhe" und „Stille" bei Goethe. Berlin 1957.

Schorch, Grit. Moses Mendelssohns Sprachpolitik. Berlin/Boston 2012.

Schottenloher, Karl. Flugblatt und Zeitung. Ein Wegweiser durch das gedruckte Tagesschrifttum. Neu hrg. v. J. Binkowski. Bd.I: Von den Anfängen bis zum Jahre 1848. München 1985.

Schrader, Norbert. Termini zwischen wahrer Natur und willkürlicher Bezeichnung. Exemplarische Untersuchungen zur Theorie und Praxis historischer Wissenschaftssprache. Tübingen 1990.

Schramm, Fritz. Schlagworte der Alamodezeit. Straßburg 1914.

Schreiner, Sabine. Sprachenlernen in Lebensgeschichten der Goethezeit. München 1992.

Schröder, Ingrid. Niederdeutsche Wochenschriften im 18. Jahrhundert. In: Moulin/Ravida/Ruge 2010, 97–111.

Schröder, Jürgen. Gotthold Ephraim Lessing. Sprache und Drama. München 1972.

Schröder, Konrad. Die Entwicklung des Englischunterrichts an den deutschsprachigen Universitäten bis zum Jahre 1850. Ratingen 1969.

– Linguarum recentium annales. Der Unterricht in den modernen europäischen Sprachen im deutschsprachigen Raum. Augsburg 1980.

– Fremdsprachenunterricht 1500–1800. Wiesbaden 1992.

– Die modernen Fremdsprachen im frühen 18. Jahrhundert. In: Hüllen/Klippel 2005, 11–28.

– Zum Verhältnis von auswärtiger Sprachpolitik, Fremdsprachenpolitik und Fremdsprachenerwerb in der Frühen Neuzeit – *and after*. In: Wieland Eins/Friederike Schmöe (Hrg.). Wie wir sprechen und schreiben. Festschrift für Helmut Glück zum 60. Geburtstag. Wiesbaden 2009, 175–187.

– /Judith Walter 2011. Die Stadt als Ort europäischer Mehrsprachigkeit: Erwerb und Vermittlung moderner Fremdsprachen in Augsburg im Zeitalter der frühen Neuzeit. In: Elspaß/Negele 2011, 117–162.

Schröder, Marianne. Zur Wortbildung in Verzeichnissen und Nachrichten der „Neuen Versuche nützlicher Sammlungen“. In: Lerchner u.a. 1995, 159–165.

– Variation und Intention. Zu signifikanten Wortbildungsphänomenen in Wörterbuchartikeln von Adelung, Campe und Eberhard. In: Barz/Schröder 1997, 53–66.

Schröder, Thomas. Die ersten Zeitungen. Textgestaltung und Nachrichtenauswahl. Tübingen 1995.

Schrodt, Richard. Die Opposition von Objektgenitiv und Objektakkusativ in der dt. Sprachgeschichte: Syntax oder Semantik oder beides? In: Beitr 114, 1992, 361–394.

Schröter, Ulrich. *Akademie* und seine Wortverbindungen. Zur Etymologie eines Internationalismus und zur Geschichte seiner Semantik sowie seiner Syntagmen speziell im Deutschen. In: LeuvB 88, 1999, 113–131.

Schröter, Juliane. Offenheit – ein modernes Ideal individueller Kommunikation? In: Steffen Pappert/Melani Schröter/Ulla Fix (Hrg.). Verschlüsseln, Verbergen, Verdecken in öffentlicher und institutioneller Kommunikation. Berlin 2008, 31–47.

Schröter, Walther. Steinbach als Lexikograph. Studien zu Christoph Ernst Steinbachs „Vollständigem deutschem Wörterbuch“ 1734. Hamburg 1970.

Schulenburg, Sigrid v.d. Leibnizens Gedanken und Vorschläge zur Erforschung der dt. Mundarten. Berlin 1937.

– Leibniz als Sprachforscher. Frankfurt 1973.

Schuler, Peter-Johannes. Historisches Abkürzungslexikon Geschichte – Politik – Gesellschaft. Die gebräuchlichsten deutschen, lateinischen und internationalen Abkürzungen vom Spätmittelalter bis zur neuesten Zeit. Stuttgart 2007.

Schulte-Sasse, Jochen. Die Kritik an der Trivialliteratur seit der Aufklärung. Studien zur Geschichte des Kitsch-Begriffes. München 1971.

Schulz, Gerd. Buchhandels-Ploetz. Abriß der Geschichte des deutschsprachigen Buchhandels von Gutenberg bis zur Gegenwart. 3. Aufl. Freiburg/Würzburg 1981.

Schulz, Gerhard. Die deutsche Literatur zwischen Französischer Revolution und Restauration. 1. Teil: Das Zeitalter der Französischen Revolution 1789–1806. München 1983 (de Boor/Newald. Geschichte der dt. Literatur, Bd.VII).

Schulz, Günter (Hrg.). Zur Sozialgeschichte der Literatur und Philosophie im Zeitalter der Aufklärung. Bremen 1974.

– (Hrg.). Die Frau im 18. Jahrhundert und andere Aufsätze zur Literatur und Philosophie der Aufklärung. Berlin/New York 1976.
– (Hrg.). Judentum im Zeitalter der Aufklärung. Bremen 1977.
– (Hrg.). Lessing und der Kreis seiner Freunde. Heidelberg 1985.
Schulz, Matthias. Wortbildung in Wörterbüchern und Texten des 17. Jahrhunderts. In: Habermann u.a. 2002, 269–288.
– Schichten *alter* und *neuer* fremder Wörter als *Europäismen* im Deutschen. In: DS 2005,1, 60–77.
– Die Plurizentrizität des Deutschen als Problem und Aufgabe der Sprachgeschichtsschreibung. In: Götz/Stricker 2006, 181–195.
– Deutscher Wortschatz im 17. Jahrhundert. Methodologische Studien zu Korpustheorie, Lexikologie und Lexikographie von historischem Wortschatz. Tübingen 2007.
– Fraktur und Antiqua in deutschsprachigen gedruckten Texten des 17. Jahrhunderts. In: SpW 37, 2012, 423–456.
Schulz/Basler s. DFWB!
Schulze, Hagen. Staat und Nation in der europäischen Geschichte. München 1994.
Schulze, Cornelia. Politische Gegner im sprachlichen Bild – Zur Sprache konservativer Revolutionskritiker am Ende des 18. Jh. In: Langner/Berner 1991, 67–85.
Schulzke, Regine. Untersuchungen zur Widerspiegelung sozialökonomischer Verhältnisse in Zwickauer Handwerksordnungen des 14. bis 17. Jh. In: Beitr (H) 98, 1977, 195–302.
Schumann, Hanna Brigitte. Zu Literatur über Wielands Sprache und Stil. In: Hans Werner Seiffert (Hrg.). Studien zur neueren dt. Literatur. Berlin 1964, 7–32.
Schuppener, Georg. Bibliographie zur Sondersprachenforschung. Wiesbaden 2002. (=2002a.)
– Die Dinge faßbar machen. Sprach- und Kulturgeschichte der Maßbegriffe im Deutschen. Heidelberg 2002. (=2002b.)
– Lessings Beitrag zur Entwicklung des Wortschatzes unter besonderer Berücksichtigung seiner Übersetzungen. In: Berthold 2008, 1–20.
Schuppenhauer, Klaus. Der Kampf um den Reim in der dt. Literatur des 18. Jh. Bonn 1970.
Schuster, Britt-Marie/Ute Schwarz (Hrg.). Kommunikationspraxis und ihre Reflexion in frühneuhochdt. und neuhochdt. Zeit. Festschr. f. Monika Rössing-Hager. Hildesheim 1998.
Schwarz, Alexander. Gedanken zur Kommunikationsgeschichte des Frühneuhochdeutschen. In: Lerchner u.a. 1995, 167–174.
– Textsorten deutscher Prosa vom 12. bis 18. Jahrhundert und ihre Merkmale. Tagungsbericht. In: ZGL 28, 2000, 265–267.
– /Laure Abplanalb (Hrg.). Text im Kontext. Anleitung zur Lektüre dt. Texte der frühen Neuzeit. Bern u.a. 1997.
Schwarz, Ernst. Deutsche Namenforschung. Ruf- und Familiennamen. Göttingen 1949.
– Kurze dt. Wortgeschichte. Darmstadt 1967. 2. Aufl. 1982.
Schwarz, Hermann. Das Suffix *-lich(t)* bei Adjektiven im Neuhochdt. Diss., Freiburg i.Br. 1905.

Schwegler, Michaela. Erschröckliche doch wahrhafftige Newe Zeitung. Subjektivität und Objektivität in frühneuzeitlichen Wunderzeichenberichten. In: ZdPh 12, 2002, 72–88.

Schweickard, Wolfgang. Romanisch-germanischer Sprachkontakt: Germanismen des Italienischen aus dem Bereich der Gastronomie. In: Greule 2008, 507–517.

Schweigard, Jörg. Studentische Netzwerke im Zeichen der Französischen Revolution. Politische Gruppenbildungen, Meinungstransfers und Symbole an süddeutschen Hochschulen (1791–1994). In: Mulsow/Naschert 2012, 317–344.

Schweizer, Hans Rudolf. Goethe und das Problem der Sprache. Bern 1959.

Schwerdt, Judith. Konnexionsmöglichkeiten bei konjunktionslosen Exzeptivsätzen in der deutschen Sprachgeschichte, insbes. im Frühneuhochdeutschen. In: Desportes 2003, 235–251.

Schwind, Peter. Schwulst-Stil. Historische Grundlagen von Produktion und Rezeption manieristischer Sprachformen in Deutschland 1624–1738. Bonn 1977.

Schwitalla, Johannes. Flugschrift. Tübingen 1999.

– Komplexe Kanzleisyntax als sozialer Stil. Aufstieg und Fall eines sprachlichen Imponierhabitus. In: Inken Keim/Wilfried Schütte (Hrg.). Soziale Welten und kommunikative Stile. Tübingen 2002, 379–398.

Sedlarz, Claudia. RUHM oder REFORM. Der „Sprachenstreit" um 1790 an der Königlichen Akademie der Wissenschaften in Berlin. In: Ursula Goldenbaum/Alexander Košenina (Hrg.). Berliner Aufklärung 2. Kulturwissenschaftliche Studien. Hannover 2003, 245–276.

See, Klaus v. Deutsche Germanen-Ideologie vom Humanismus bis zur Gegenwart. Frankfurt a.M. 1970.

– Die Ideen von 1789 und die Ideen von 1914. Völkisches Denken in Deutschland zwischen Französischer Revolution und Erstem Weltkrieg. Frankfurt a.M. 1975.

Seeba, Hinrich C. Das wirkende Wort in Schillers Balladen. In: Jb. d. dt. Schillergesellschaft 14, 1970, 275–322.

Seibicke, Wilfried. Wörter auf *-mäßig*. In: MS 73, 1963, 33–47, 73–78.

– Technik. Versuch einer Geschichte der Wortfamilie um *τέχνη* in Deutschland vom 16. Jh. bis etwa 1830. Düsseldorf 1968.

– *Technica aut Technologia.* Christian Wolffs Anteil an der Herausbildung des modernen Technikbegriffs. In: Festschr. Friedr. v. Zahn. Bd. 2, hrg. v. Reinhold Olesch/Ludwig E. Schmitt 1971, 179–199.

– Die Personennamen im Deutschen. Berlin/New York 1982. 2., überarb. Aufl. Berlin u.a. 2008.

– Von Christian Wolff zu Johann Beckmann. Fachsprache im 18. Jh. In: Kimpel 1985, 43–51.

– Schichten slawischer Vornamen im Deutschen. In: Onomastica Slavo-Germanica XIX. Berlin 1990, 177–189.

– Historisches deutsches Vornamenbuch. 2 Bde. Berlin/New York 1996.

– Vornamen und Kulturgeschichte. In: Gardt u.a. 1999, 59–72.

Seidensticker, Peter. *die seltzamen namen all.* Studien zur Überlieferung der Pflanzennamen. Stuttgart 1997.

Seifert, Jan. Funktionsverbgefüge in der deutschen Gesetzessprache (18.–20. Jahrhundert). Hildesheim 2004.

Seiler, Friedrich. Die Entwicklung der dt. Kultur im Spiegel des dt. Lehnwortes. 8 Bde. Halle 1913–1925.

Selting, Margret. Kontinuität und Wandel der Verbstellung von ahd. *wanta* bis gwd. *weil.* In: ZGL 27, 1999, 167–204.

Semenjuk, Natalija N. Zustand und Evolution der grammatischen Normen des Dt. in der 1. Hälfte des 18. Jh. am Sprachstoff der periodischen Schriften. In: Günter Feudel (Hrg.). Studien zur Geschichte der dt. Sprache. Berlin 1972, 79–166.

– Das 17. Jh. als Übergangsperiode in der dt. Sprachgeschichte. In: Rupp/Roloff 1980, Bd.II, 431–437.

– Zur Funktion der mundartlichen und umgangssprachlichen Elemente in den Denkmälern des 17. Jh. In: R.Große 1990, 240–248.

– Zur Sprache der ältesten dt. Zeitungen des 17. Jh. Syntaktische Textstruktur. In: Mattheier u.a. 1993, 147–160.

– Zu den sozial-geschichtlichen Grundlagen der sprachlichen Differenzierung der frühen deutschen Periodika. In: G.Brandt 1994–99, Bd.I, 109–116.

– Zur Sprache der ältesten deutschen Zeitungen aus dem 17. Jahrhundert. Stilistische und lokale Schichtung im Wortschatz. In: Mattheier u.a. 1997, 301–316.

Sengle, Friedrich. Das Genie und sein Fürst. Die Geschichte der Lebensgemeinschaft Goethes mit dem Herzog Carl August von Sachsen-Weimar-Eisenach. Stuttgart/Weimar 1993.

– Aufklärung und Rokoko in der deutschen Literatur. Mit einer Nachbemerkung von Manfred Windfuhr. Hrg. v. Sabine Bierwirth. Heidelberg 2005.

Shigeto, Minoru. Modale Bedeutung des Futurs in der historischen Entwicklung. In: Doitsu Bungaku, Neue Beitr. 3, 2004,2, 74–82. (=2004a.)

– Entwicklung der periphrastischen Verbalstrukturen und Partizip Präsens im Frühneuhochdeutschen. In: Mattheier/Nitta 2004, 121–130. (=2004b.)

Shimazaki, Satoru. Zur diachronen Entwicklung des deutschen Perfekts. In: Doitsu Bungaku 105, 2000, 190–199.

Shimizu, Akira. Gottsched – Adelung – Grimm. In: Mattheier/Nitta 2004, 321–328.

– Die Geburt des Gedankens der Nationalsprache bei J.G. Herder im Umfeld der deutschen Grammatiker und Sprachdenker des 18. Jahrhunderts. In: Doitsu Bungaku, Neue Beitr. 138=7, 2008, 153–167.

Siegert, Reinhard/Holger Böning u.a. Der Höhepunkt der Volksaufklärung 1781–1800 und die Zäsur durch die Französische Revolution. Stuttgart-Bad Cannstatt 2001.

Siewert, Klaus. Masematte. Zur Situation einer regionalen Sondersprache. In: ZDL 58, 1991, 44–56.

– (Hrg.). Rotwelsch-Dialekte. Wiesbaden 1996.

– (Hrg.). Aspekte und Ergebnisse der Sondersprachenforschung, I–IV. Wiesbaden 1999–2002.

Sigal, Nina A. Sprache und Stil des jungen Goethe. In: Weimarer Beiträge 6, 1960, 240–265.

Sigl, Gerda Maria. Buchdruck und Fachsprache bei der Entlehnung von Fremdwörtern, exemplarisch aufgezeigt an „Architectura civilis"-Traktaten. Frankfurt a.M. 2000.

Šimečková, Alena. Zur Zweisprachigkeit im Böhmen des 17. Jh. Heinrich Hiesserles von Chodaw Reisebuch und Lebenserinnerungen. In: König/Ortner 1996, 361–370.

Simmler, Franz. Zur Geschichte der direkten Rede und ihrer Interpungierung in Romantraditionen vom 16. bis 20. Jh. In: Ernst/Patocka 1998, 651–674.

– Zur morphologischen Struktur der prä- und postnuklearen Adjektivattribute und ihrer Funktionalität in der Geschichte der deutschen Sprache vom 16. bis 18. Jahrhundert. In: Pümpel-Mader/Schönherr 1999, 99–177.
– Textsortengebundene syntaktische und interpungierende Entwicklungsetappen vom 14. bis 18. Jahrhundert. In: Christiane Caemmerer (Hrg.). Das Berliner Modell der Mittleren Deutschen Literatur. Amsterdam u.a. 2000, 47–68.
– (Hrg.). Textsorten deutscher Prosa vom 12./13. bis 18. Jahrhundert und ihre Merkmale. Frankfurt a.M. 2002.
– Geschichte der Interpunktionssysteme im Deutschen. In: BBRS 2003, 2472–2504.
– Probleme frühneuhochdeutscher Orthographie. Die Rolle von Doppelkonsonanten. In: SpW 29, 2004, 207–255.
– /Claudia Wich-Reif (Hrg.). Geschichte der Gesamtsatzstrukturen vom Althochdeutschen bis zum Frühneuhochdeutschen. Bern 2011.
Simon, Bettina. Jiddische Sprachgeschichte. Versuch einer neuen Grundlegung. Leipzig 1988.
Simon, Horst J. Für eine grammatische Kategorie „Respekt“ im Deutschen. Synchronie, Diachronie und Typologie der deutschen Anredepronomina. Tübingen 2003.
Simon, Josef. In Namen denken. Sprache und Begriff bei Hegel. In: Bettina Lindorfer/Dirk Naguschewski (Hrg.). Hegel: Zur Sprache. Fs. f. Jürgen Trabant. Tübingen 2002, 33–46.
Simon, Michael. Vornamen wozu? Taufe, Patenwahl und Namengebung in Westfalen vom 17. bis zum 20. Jahrhundert. Münster 1989.
Simonov, Wladimir. Fremdsprachige Lexik und Entwicklung der dt. Literatursprache im 17. Jh. In: Beitr (H) 100, 1979, 245–322.
– Die gesellschaftlichen Funktionen und die Sprache der dt. Zeitungen des 17. Jh. In: Elger Blüm/Hartwig Gebhardt (Hrg.). Presse und Geschichte II. Neue Beiträge zur historischen Kommunikationsforschung. München 1987, 171–183.
Sinemus, Volker. Poetik und Rhetorik im frühmodernen dt. Staat. Sozialgeschichtliche Bedingungen des Normenwandels im 17. Jh. Göttingen 1978.
Sitta, Horst (Hrg.). Ansätze zu einer pragmatischen Sprachgeschichte. Zürcher Kolloquium 1978. Tübingen 1980.
– *„Documenta Orthographica“*. Stationen des Bemühens um die deutsche Rechtschreibung vom 16. Jahrhundert bis in die Gegenwart. In: ZdPh 125, 2006, 91–106.
Skála, Emil. Zur Entwicklung der dt. grammatischen Terminologie. In: ZPSK 14, 1960, 214–230.
– Das Prager Deutsch. In: ZdS 22, 1966, 84–91.
– Die Entwicklung der Kanzleisprache in Eger 1310–1660. Berlin 1967.
– Thesen zur Entstehung der neuhochdt. Schriftsprache. In: Rupp/Roloff 1981, 411–416.
– Die Entwicklung der dt. Sprache in Böhmen seit dem 18. Jh. In: Nerius 1983, 249–257.
– Lexikographie in Böhmen im 13. bis 19. Jh. In: Festschr. f. H. Kolb. Bern u.a. 1989, 692–701.
– Versuch einer Definition des mitteleuropäischen Sprachbundes. In: Ernst/Patocka 1998, 675–686.

Skvairs, Ekaterina. Variation im Formelbestand und Identität des Ausstellers. Eine Sprachkontaktstudie zu russisch-deutschen Rechtstexten des 14. bis 17. Jahrhunderts. In: Robert Peters (Hrg.). Vulpis Adolatio. Heidelberg 2001, 809–822.

Smet, Gilbert de. Alte Lexikographie und moderne Wortgeographie. In: Mitzka 1968, 49–79.

Smirnova, Elena. Die Entwicklung der Konstruktion *würde* + Infinitiv im Deutschen. Eine funktional-semantische Analyse unter bes. Ber. sprachhistorischer Aspekte. Berlin/New York 2006.

Smits, Tom F. H. Strukturwandel in Grenzdialekten. Die Konsolidierung der niederländisch-deutschen Staatsgrenze als Dialektgrenze. Stuttgart 2011.

So, Man-Seob. Die dt. Funktionsverbgefüge in ihrer Entwicklung vom 17. Jh. bis zur Gegenwart. Eine sprachhistorische Untersuchung anhand von populärwissenschaftlichen Texten. Diss., Trier 1991.

Socin, Adolf. Schriftsprache und Dialekte im Dt. nach Zeugnissen alter und neuer Zeit. Heilbronn 1888. Neudruck 1970.

Sodmann, Timothy. Der Untergang des Mittelniederdeutschen als Schriftsprache. In: J.Goossens (Hrg.). Niederdeutsch. Sprache und Literatur. Bd. I. Neumüster 1973, 116–129.

Solling, Daniel. Zur Getrennt-, Zusammen- und Bindestrichschreibung von Substantivkomposita im Deutschen (1550–1710). Uppsala 2012.

Solms, Hans-Joachim. Der Gebrauch uneigentlicher Substantivkomposita im Mittel- und Frühneuhochdeutschen als Indikator kultureller Veränderung. In: Gardt u.a. 1999, 225–246.

– /Klaus Peter Wegera. Flexion der Adjektive. Heidelberg 1991 (Moser/Stopp/Besch (Hrg.) Grammatik des Frühneuhochdt., Bd.VI).

Sommerfeldt, Karl-Ernst. Skizze einer kommunikativen Sprachgeschichte. Hrg. v. Inge Pohl und Karl-Ernst Sommerfeldt. Wien 2005.

Sonderegger, Stefan. Grundzüge deutscher Sprachgeschichte. Diachronie des Sprachsystems. Bd.I: Einführung – Genealogie – Konstanten. Berlin/New York 1979.

– Frühneuhochdeutsch in der Schweiz. Versuch einer Standortbestimmung. In: Mattheier u.a. 1993, 11–36.

– Johann Jacob Bodmers Verständnis der Sprachvarietäten des Deutschen. In: Lerchner u.a. 1995, 201–212. (=1995a.)

– Rezension zu: Peter v. Polenz. Deutsche Sprachgeschichte vom Spätmittelalter bis zur Gegenwart. Bd.II: 17. und 18. Jahrhundert. Berlin/New York 1994. In: ZGL 23, 1995, 69–75. (=1995b.)

– Die Vielschichtigkeit des Sprachbewußtseins in frühneuhochdeutscher Zeit. In: Hoffmann u.a. 1999, 175–208.

Spaarnay, Hendricus. Die erste deutsche Synonymik. Ein vergessenes Buch Gottscheds. In: Neophilologus 29, 1944, 166–171.

Spáčilová, Libuše. Die deutsche Chronik der Olmützer Bürgerfamilie Hobel aus den Jahren 1530–1629. Ein Beitrag zur Textsortengeschichte. In: Brücken 11, 2003, 25–39.

Spangenberg, Karl. Baumhauers Stromergespräche in Rotwelsch. Mit soziologischen und sprachlichen Erläuterungen. Halle 1970.

Sperber, Hans. Beiträge zur Geschichte der deutschen Sprache im achtzehnten Jahrhundert. In: ZdPh, 52, 1927, 331–345, 54, 1929, 80–97.

– Die Sprache der Barockzeit. In: Zeitschr. f. Deutschkunde 43, 1929, 670–684. (=1929a.)

– Die Sprache der Aufklärung. In: Zeitschr. f. Deutschkunde 43, 1929, 777–794. (=1929b.)

– Der Einfluß des Pietismus auf die deutsche Sprache. In: DVjs VIII, 1930, 497–515.

Spiegel, Heinz-Rudi. Zum Fachwortschatz des Eisenhüttenwesens im 18. Jh. in Deutschland. Düsseldorf 1972.

– Vorindustrielle technische Fachsprachen und ihr Wandel durch den Industrialisierungsprozeß. In: Ulrich Troitzsch (Hrg.). Technologischer Wandel im 18. Jh. Wolfenbüttel 1981, 139–153.

Spiegel, Marianne. Der Roman und sein Publikum im frühen 18. Jh.: 1700–1767. Bonn 1967.

Spillner, Bernd. Französischer Fremdsprachenunterricht im 18. Jh. In: Kimpel 1985, 132–155.

– (Hrg.). Französische Sprache in Deutschland im Zeitalter der Französischen Revolution. Frankfurt a.M. u.a. 1997.

Spitzl-Dupic, Friederike. Das Adjektiv in der Geschichte der deutschen Sprachtheorie 1764–1841. In: Günter Schmale (Hrg.). Das Adjektiv im heutigen Deutsch. Syntax, Semantik, Pragmatik. Tübingen 2011, 1–14.

Sprachgeschichte s. BRS, BBRS!

Spyrka, Ines. Kommunikativ-pragmatische Funktionen der Anredepronomen in Goethes Briefen und Schriften. Berlin 1990.

Squires, Catherine. Das hansische Niederdeutsch in Groß-Novgorod. Zur Geschichte des Deutschen im Ausland. In: Das Wort 2005, 265–276.

Stammler, Wolfgang. Handwörterbuch zur deutschen Rechtsgeschichte. 2. völlig überarb. u. erw. Aufl., hrg. v. Albrecht Cordes u. Mitarb. v. Ruth Schmidt-Wiegand. Berlin 2004ff.

Stanforth, Anthony W. Deutsch-englischer Lehnwortaustausch. In: Mitzka 1968, 526–560.

Staudacher, Anna L. „Prius Jacobus Pinckas dictus – nomen datum Aloysius Scharstein". Zum Namenwechsel jüdischer Konvertiten in Wien und Umgebung (vom 18. Jahrhundert bis 1868). In: Oesterreichische Namenforschung 30, 2002, 85–141.

Stedje, Astrid. Deutsche Sprache gestern und heute. Einführung in Sprachgeschichte und Sprachkunde. München 1989. 6. Aufl. 2007.

Steger, Hugo. Über die Würde der alltäglichen Sprache und die Notwendigkeit von Kultursprachen. Mannheim u.a. 1982.

– Zur Frage einer Neukonzeption der Wortgeschichte der Neuzeit. In: A.Schöne 1986, Bd.IV, 203–209.

– Revolution des Denkens im Fokus von Begriffen und Wörtern. Wandlungen der Theoriesprachen im 17. Jh. In: Festschrift für Ingo Reiffenstein, Göppingen 1988, 1–43.

Steiger, Emil. Mundart und Schriftsprache in der 2. Hälfte des 18. Jh. nach gleichzeitigen Zeitschriften. Diss., Freiburg i.Br. 1919.

Stein, Peter. Politisches Bewußtsein und künstlerischer Gestaltungswille in der politischen Lyrik 1780–1848. Hamburg 1971.

– Schriftkultur. Eine Geschichte des Schreibens und Lesens. Darmstadt 2006.

– /Dorit Heinrich. Ohck-Wohlkebohrne Ehrr, mein knädigk grand Patron! Vor Die ick ahb allßeit kroß Veneration. Bericht eines „Deutsch-Franzosen" über seinen Besuch in Berlin und Potsdam, anno 1730. In: Lena Busse/Claudia Schlaak (Hrg.). Sprachkontakte, Sprachvariation und Sprachwandel. Festschrift für Thomas Stehl zum 60. Geburtstag. Tübingen 2011, 411–423.

Steiner, Emil. Die französischen Lehnwörter in den alemannischen Mundarten der Schweiz. Wien/Basel 1921.

Steiner, Felix. „Die Maske mit dem Gesicht verwechseln". Autorschaftsfiguren in naturwissenschaftlichen Texten um 1800. In: Cherubim u.a. 2002, 91–110.

Steinhausen, Georg. Geschichte des dt. Briefs. Zur Kulturgeschichte des dt. Volkes. 1889/91. Nachdr. Dublin/Zürich 1968.

Steinmetz, Willibald. Die schwierige Selbstbehauptung des dt. Bürgertums: begriffsgeschichtliche Bemerkungen in sozialhistorischer Absicht. In: Wimmer 1991, 12–40.

Stellmacher, Dieter. Niederdeutsche Sprache. Bern 1990.

– Gelten für die Darstellung der niederdt. Sprachgeschichte eigene Prinzipien? In: Beitr 120, 1998, 368–375.

Stelzel, Ulla. Aufforderungen in den Schriften Herzogin Elisabeths von Braunschweig-Lüneburg. Eine Untersuchung zum wirkungsorientierten Einsatz der direktiven Sprachhandlung im Frühneuhochdeutschen. Hildesheim 2003.

Stempel, Reinhard. Zur Geschichte und Typologie des bestimmten Artikels: der Fall des Deutschen. In: Maria Kozianka u.a. (Hrg.). Indogermanistik – Germanistik – Linguistik. Hamburg 2004, 551–565.

Stenzel, Jürgen. Zeichensetzung. Stiluntersuchungen an dt. Prosadichtung. 2. Aufl. Göttingen 1970.

Sternberger, Dolf. Verfassungspatriotismus. Hrg. v. d. Landeszentrale für politische Bildung. Hannover 1982.

Stevenson, Patrick. The German language and the construction of national identities. In: Flood u.a. 1993, 333–356.

Stichlmair, Timm. Stadtbürgertum und frühneuzeitliche Sprachstandardisierung. Eine Vergleichende Untersuchung zur Sprachentwicklung der Städte Emmerich, Geldern, Nimwegen und Wesel vom 16. bis zum 18. Jahrhundert. Berlin 2008.

Stickel, Gerhard. Deutsch als Wissenschaftssprache und Gottfried Wilhelm Leibniz. In: Sprachreport 2/1999, 16–19.

– Neues und Fremdes im deutschen Wortschatz. Aktueller lexikalischer Wandel. Berlin/New York 2001.

Stiven, Agnes B. Englands Einfluß auf den dt. Wortschatz. Diss., Marburg. Zeulenroda 1936.

Stock, Eberhard. Schiller als Sprecher. Diss., Halle 1962.

– Schillers Verhältnis zur gesprochenen Sprache. Halle 1966.

Stockhorst, Stefanie. Reformpoetik: Kodifizierte Genustheorie des Barock und alternative Normenbildung in poetologischen Paratexten. Tübingen 2008.

Stockinger, Ludwig. Sprachkonzept und Kulturnationalismus. Anmerkungen zur Theorie der „Reinheit" der deutschen Sprache bei Herder und Fichte. In: Hertel u.a. 1996, 71–84.

Stoll, Christoph. Sprachgesellschaften im Deutschland des 17. Jh. München 1973.

– Institutionalisierungsprozesse von Sprachnormierung. In: Gunter Presch/Klaus Gloy (Hrg.). Sprachnormen II. Stuttgart 1976, 106–124.

Stolleis, Michael. Untertan – Bürger – Staatsbürger. Bemerkungen zur juristischen Terminologie im späten 18. Jh. In: Vierhaus (Hrg.) 1981, 65–99.

– Reichspublizistik und Reichspatriotismus vom 16. zum 18. Jahrhundert. In: Günter Birtsch (Hrg.). Patriotismus. Hamburg 1990, 7–24.

– Reichspublizistik und Reichspatriotismus vom 16. zum 18. Jh. In: Trierer Beiträge 22, 1993, 21–37.

Stolt, Birgit. Redeglieder, Informationseinheiten: *Cola* und *commata* in Luthers Syntax. In: Betten 1990, 377–390.

Stolze, Peter. Untersuchungen zur Sprache der Anzeigenwerbung in der zweiten Hälfte des 18. Jh. Eine Analyse ausgewählter Anzeigen in den ‚Leipziger Zeitungen' von 1741–1801. Göppingen 1982.

Stopp, Hugo. Vokalismus der Nebensilben II. Heidelberg 1972, 1973 (Moser/Stopp (Hrg.). Grammatik des Frühneuhochdt. Bd.I, 2. Teil).

– Vokalismus der Nebensilben III. Heidelberg 1978 (Moser/Stopp (Hrg.). Grammatik des Frühnhd., Bd.I, 3. Teil). (=1978a.)

– Verbreitung und Zentren des Buchdrucks auf hochdt. Sprachgebiet im 16. und 17. Jh. In: SpW 3, 1978, 237–261. (=1978b.)

Storost, Jürgen. Langue Française – Langue universelle? Die Diskussion über die Universalität des Französischen an der Berliner Akademie der Wissenschaften. Zum Geltungsanspruch des Deutschen und Französischen im 18. Jh. Bonn 1994.

Stötzel, Georg. Das Abbild des Wortschatzes. Zur lexikographischen Methode in Deutschland von 1617 bis 1967. In. Poetica 3/1970, 1–23.

Stötzer, Ursula. Deutsche Redekunst im 17. und 18. Jh. Halle 1962.

Straßner, Erich. Deutsche Sprachkultur. Von der Barbarensprache zur Weltsprache. Tübingen 1995.

Strauß, Gerhard/Ulrike Haß/Gisela Harras. Brisante Wörter von Agitation bis Zeitgeist. Berlin/New York 1989.

Streller, Siegfried (Hrg.). Literatur zwischen Revolution und Restauration. Studien zu literarischen Wechselbeziehungen in Europa zwischen 1789 und 1835. Berlin 1989.

Stricker, Stefanie. Substantivbildung durch Suffixableitung, untersucht an Personenbezeichnungen in der Sprache Goethes. Heidelberg 2000.

– Konkurrenzen im Wortbildungssystem um 1800. Aufgezeigt an der Wortbildung Goethes. In: Habermann u.a. 2002, 315–340.

Strohbach, Margit. Johann Christoph Adelung. Ein Beitrag zu seinem germanistischen Schaffen mit einer Bibliographie seines Gesamtwerkes. Berlin/New York 1984.

Stukenbrock, Anja. Sprachnationalismus. Sprachreflexion als medium kollektiver Identitätsstiftung in Deutschland (1617–1945). Berlin/New York 2005.

Stulz, Eugen. Die Deklination des Zahlwortes ‚zwei' vom XV. bis XVII. Jahrhundert. In: ZdWf 2, 1902, 85–117.

Stutz, Elfriede. Das Fortleben der mittelhochdeutschen Zwillingsform im Kirchenlied, besonders bei Paul Gerhardt. In: Festschrift f. Walther Bulst. Heidelberg 1960, 238–252.

Suzuki, Yasushi. Das futurum praeteriti in Goethes „Wahlverwandtschaften". Der literarische Text aus Sicht der ‚erlebten Rede'. In: Doitsu Bungaku, Neue Beitr. 115, 2, 2003, 71–80.

Szatzker, Szilvia. Überlegungen zur Grammatikalisierung von *würde* + Infinitiv im Neuhochdeutschen. In: Studia Germanica Universitatis Vesprimiensis 7, 2003, Supplement, 3, 2003, 187–208.

Szlęk, Stanislaw Piotr. Zur dt. Lexikographie bis Jacob Grimm. Wörterbuchprogramme, Wörterbücher und Wörterbuchkritik. Bern u.a. 1999.

Szulc, Aleksander. Einführung in die Geschichte des standarddeutschen Lautsystems. Wien 1999.

– Geschichte des standarddeutschen Lautsystems. Ein Studienbuch. Wien 2002.

Taenzler, Walter. Der Wortschatz des Maschinenbaues im 16., 17. und 18. Jahrhundert. Ein lexikalischer und sprachwissenschaftlicher Versuch zur Kultur- und Volkskunde. Diss., Bonn 1955.

Takada, Hiroyuki. J.G. Schottelius, die Analogie und der Sprachgebrauch. Versuch einer Periodisierung der Entwicklung des Sprachtheoretikers. In: ZGL 13, 1985, 129–153.

– Zur Wortstellung des mehrgliedrigen Verbalkomplexes im Nebensatz im 17. Jh. Mit einer Beantwortung der Frage, wie und warum die Wortstellung von Grimmelshausens ‚Simplicissimus' geändert wurde. In: ZGL 22, 1994, 190–219. (=1994a.)

– Zur Ausbildung und Veränderung der syntaktischen Norm. Stellung des Finitums in mehrgliedrigen Nebensatzprädikaten im 17. Jh. In: Doitsu Bungaku 92, 1994, 12–24. (=1994b.)

– Orthographische Vorschrift und Praxis im Barock. Zum Anteil der Grammatiker an der schriftsprachlichen Norm. In: ZdPh 116, 1997, 68–89.

– Grammatik und Sprachwirklichkeit von 1640–1700. Zur Rolle deutscher Grammatiker im schriftsprachlichen Ausgleichsprozeß. Tübingen 1998.

– Kritische Betrachtungen zu Leibniz' Sprachkritik. Was leistet Leibniz „betreffend die Ausübung und Verbesserung" der deutschen Sprache?. In: Armin Burkhardt/Dieter Cherubim (Hrg.). Sprache im Leben der Zeit. Festschr. f. Helmut Henne. Tübingen 2001, 105–128.

– Zum Begriff der *Höflichkeit* in Adelungs Wörterbuch. Ein Aspekt soziopragmatischer Sprachgeschichte im 18.Jahrhundert. In: Doitsu Bungaku 108, 2002, 93–104.

– Zur Pragmatik von Partikeln im 18. Jahrhundert. Gesprächsforschung in Adelungs Wörterbuch. In: Neue Beiträge zur Germanistik, Bd.III, H. 5 (Internat. Ausgabe von Doitsu Bungaku). München 2004, 41–55. (=2004a.)

– „Vertrauliche Sprechart" im sprachlichen Alltag um 1800. Soziopragmatische Überlegungen anhand der lexikographischen Beschreibungen von Adelung. In: Mattheier/Nitta 2004, 265–279. (=2004b.)

– Adelungs „Wörterbuch der hochdeutschen Mundart". Zur Semantik des sprachlichen Alltags im 18. Jahrhundert. In: Kazuyasu Iijima (Hrg.). Deutsche Lexikographie in Geschichte und Gegenwart. Tokyo 2005, 1–15.

Takimoto, Katsumi. Statistisch-diachronische Analyse der Wortstellung von prädikativen Adjektiven und deren Präpositionalobjekt anhand von Prosatexten des 18. und 19. Jahrhunderts. In: Energeia 28, 2003, 82–98.

Tani, Ilaria. Linguistica herderiana. La teoria del linguaggio di Herder e la sua attualità. In: Cultura tedesca 24, 2003, 107–118.

Tatzreiter, Herbert. Ein Dialektschreiber im 18. Jh. – P. Maurus Lindemayr (1723–1783). In: Eichner 1997, 387–395.

Tauber, Walter. Mundart und Schriftsprache in Bayern (1400–1800). Untersuchungen zur Sprachnorm und Sprachnormierung im Frühnhd. Berlin/New York 1992.

Taubken, Hans. Niederdeutsch – Niederländisch – Hochdeutsch. Die Geschichte der Schriftsprache in der Stadt und der ehem. Grafschaft Lingen vom 16. bis 19. Jh. Köln/Wien 1981.

Tauchmann, Christine. Hochsprache und Mundart in den großen Wörterbüchern der Barock- und Aufklärungszeit. Tübingen 1992.

Telle, Joachim. Wissenschaft und Öffentlichkeit im Spiegel der dt. Arzneibuchliteratur. Zum dt.-lat. Sprachenstreit in der Medizin des 16. und 17. Jh. In: Medizinhistorisches Journal 14, 1979, 32–52.

Telling, Rudolf. Latein und Griechisch im dt. Wortschatz. Lehn- und Fremdwörter altsprachlicher Herkunft. 3. Aufl. Berlin 1982.

– Französisch im dt. Wortschatz. Lehn- und Fremdwörter aus acht Jahrhunderten. 2. Aufl. Berlin 1988.

Teubert, Oliver. Analytische Verbformen im Deutschen. Syntax – Semantik – Grammatikalisierung. Hildesheim 2005.

Teuchert, Hermann. Missingsch. Eine sprachliche Untersuchung. In: Beitr (H) 82, Sonderband, 1961, 245–261.

Thalmann, Marianne. Der Trivialroman des 18. Jh. und der romantische Roman. Ein Beitrag zur Entwicklungsgeschichte der Geheimbundmystik. Berlin 1923.

Thauer, Wolfgang/Peter Vosodek. Geschichte der öffentllichen Bücherei in Deutschland. Wiesbaden 1978.

Theobald, Elke. Sprachwandel bei dt. Verben. Flexionsklassenschwankungen starker und schwacher Verben. Tübingen 1992.

Thiele, Johannes. Die Schichtung französischen Wortgutes im Dt. Streifzüge durch die Geschichte der dt. Sprache. In: Dahmen u.a. 1993, 3–17.

Thiele, Ulrich. Terminologische Neuerungen in Kants Völkerrechtstheorie und ihre Konsequenzen. In: Kronauer/Garber 2001, 175–192.

Thomas, George. Linguistic Purism. London/New York 1991.

Thomas, Heinz. *Sprache* und *Nation*. Zur Geschichte des Wortes *deutsch* vom Ende des 11. bis zur Mitte des 15. Jahrhunderts. In: Gardt 2000a, 47–102.

Thomke, Hellmut. Gibt es eine eigenständige Geschichte der schweizerischen Literatur? Grundsätzliche Überlegungen und Beispiele aus dem 16. und 17. Jahrhundert. In: Wendelin Schmidt-Dengler (Hrg.). Probleme und Methoden der Literaturgeschichtsschreibung in Österreich und in der Schweiz. Wien 1997, 55–63.

Thyssen, Anders Pontoppidan. Die Brüdergemeine als Bindeglied zwischen Deutsch und Dänisch. In: Bohnen/Jörgensen 1992, 119–132.

Tilgner, Hilmar. Lesegesellschaften an Mosel und Mittelrhein im Zeitalter des aufgeklärten Absolutismus. Stuttgart 2001.

Till, Dietmar. Transformationen der Rhetorik. Untersuchungen zum Wandel der Rhetoriktheorie im 17. und 18. Jahrhundert. Tübingen 2004.

Timm, Erika. Das Jiddische als Kontrastsprache bei der Erforschung des Frühneuhochdt. In: ZGL 14, 1986, 1–22.

– u. Mitarb. v. Gustav Adolf Beckmann. Historische jiddische Semantik. Die Bibelübersetzungssprache als Faktor der Auseinanderentwicklung des jiddischen und des deutschen Wortschatzes. Tübingen 2005.

Tintemann, Ute/Jürgen Trabant (Hrg.). Sprache und Sprachen in Berlin um 1800. Hannover 2004.

Tippe, Reinhold. Die Anweisungen zur Groß- und Kleinschreibung in den Regelwerken von 1600 bis 1722. In: Bergmann/Nerius 1998, 929–962.

Tolkemitt, Brigitte. Der Hamburgische Correspondent. Zur öffentlichen Verbreitung der Aufklärung in Deutschland. Tübingen 1995.

Trabant, Jürgen. Das Andere der Fachsprache. Die Emanzipation der Sprache von der Fachsprache im neuzeitlichen europäischen Sprachdenken. In: Zs. f. Literaturwissenschaft und Linguistik 51/52, 1983, 27–47.

– Die Sprache der Freiheit und ihre Freunde. In: Jürgen Trabant/Dirk Naguschewski (Hrg.). Die Herausforderung durch die fremde Sprache. Das Beispiel der Verteidigung des Französischen. Berlin 1995, 175–191.

– Artikulationen. Historische Anthropologie der Sprache. Stuttgart 1998.

Träger, Klaus (Hrg.). Mainz zwischen Rot und Schwarz. Die Mainzer Revolution 1792–1793 in Schriften, Reden und Briefen. Berlin 1963.

– (Hrg.). Die französische Revolution im Spiegel der dt. Literatur. Leipzig 1979.

– Sprache des Jakobinismus. Jakobinismus der Sprache. In: Bahner 1984, 116–123.

Train, Joseph K. v. Wörterbuch der Gauner- und Diebessprache. Reprint Holzminden 1998.

Treue, Wilhelm. Deutsche Geschichte von den Anfängen bis zur Ära Adenauer. 5. Aufl. Stuttgart 1978.

– Wirtschaft, Gesellschaft und Technik vom 16. bis 18. Jh. 6. Aufl. München 1986 (Gebhardt Bd.XII).

Trojanskaja, Jelena. Einige Besonderheiten in der Deklination der dt. Adjektive im 16. und 17. Jh. In: Günter Feudel (Hrg.). Studien zur Geschichte der dt. Sprache. Berlin 1972, 43–78.

Trübners Deutsches Wörterbuch. Hrg. v. Alfred Götze und Walther Mitzka. 8 Bde. Berlin 1939–1957.

Trümpy, Hans. Schweizerdeutsche Sprache und Literatur im 17. und 18. Jh. (aufgrund der gedruckten Quellen). Basel 1955.

Trunz, Erich. Dichtung und Volkstum in den Niederlanden im 17. Jh. Ein Vergleich mit Deutschland und ein Überblick über die niederl.-dt. Beziehungen in diesem Jahrhundert. München 1937.

Tschentscher, Christhild. Geschichte der Silbe *-tum* im Dt. In: MS 72, 1962, 1–8, 39–47, 67–78.

Tschirch, Fritz. Geschichte der dt. Sprache. Bd.I. Berlin 1966. Bd.II. 1969. 3. Aufl., bearb. v. Werner Besch. Berlin 1989.

Tulzer, Friedrich. Studien zum süddt. Wortschatz des Reitens vom 16. bis zum 18. Jh. Stuttgart 1989.

Turniansky, Chava/Erika Timm u.a. Yiddish in Italia. Yiddish manuscripts and printed books from the 15th to the 17th century. Milano 2003.

Ueding, Gert. Schillers Rhetorik. Idealistische Wirkungsästhetik und rhetorische Tradition. Tübingen 1971.

– Einführung in die Rhetorik. Geschichte, Technik, Methode. Stuttgart 1976.

– Klassik und Romantik. Deutsche Literatur im Zeitalter der Französischen Revolution 1789–1815. München 1987 (Hansers Sozialgeschichte der dt. Lit. Bd.IV).

– (Hrg.). Historisches Wörterbuch der Rhetorik. Tübingen 1992ff. (=1992a.)

– Aufklärung über Rhetorik. Versuche über Beredsamkeit, ihre Theorie und praktische Bewährung. Tübingen 1992. (=1992b.)
– Moderne Rhetorik. Von der Aufklärung bis zur Gegenwart. München 2000.
– Rhetorik. Begriff – Geschichte – Internationalität. Tübingen 2005.
Uhlig, Brigitte. Zur Entwicklung des sprachlichen Standards in der Kinder- und Jugendliteratur des 18. Jh. In: Hertel u.a. 1996, 383–400.
– Die Rezension – Eine Textsorte des 18. Jh. in Deutschland. In. Barz u.a. 2000, 337–366.
Ukena, Peter. Tagesschrifttum und Öffentlichkeit im 16. und 17. Jh. in Deutschland. In: Elger Blühm (Hrg.). Presse und Geschichte. Beiträge zur historischen Kommunikationsforschung. München 1977, 35–53.
Umbach, Horst. Individualsprache und Gemeinsprache. Bemerkungen zum Goethe-Wörterbuch. In: ZGL 14, 1986, 161–174.
Unger, Rudolf. Hamanns Sprachtheorie im Zusammenhange seines Denkens. München 1905.
Urbach, Adolf. Über die Sprache in den dt. Briefen der Herzogin Elisabeth Charlotte von Orléans. Diss., Greifswald 1899.
Urban, Astrid. Kunst der Kritik. Die Gattung Rezension in Zeitschriften des späten 18. Jahrhunderts. Heidelberg 2004.
– Kunst der Kritik. Die Gattungsgeschichte der Rezension von der Spätaufklärung bis zur Romantik.. Heidelberg 2005.
Urbaniak, Gertrud. Adjektive auf *-voll*. Heidelberg 1983.

Van der Elst, Gaston. Aspekte zur Entstehung der neuhochdt. Schriftsprache. Erlangen 1987.
Vañó-Cerdá, Antonio. Restos de la „Handlungspassiv“ con el auxiliar *sein* en la obra de Goethe. In: Estudios filológicos Alemanes 4, 2004, 301–324.
Varwig, Freyr Roland. Johann Friedrich Zöllner (1753–1804). Über die deutsche Aussprache. Orthoepie als Argument preußischer Bildungspolitik. In: Wilfried Kürschner/Rüdiger Vogt (Hrg.). Grammatik, Semantik, Textlinguistik. Tübingen 1985, Bd.I, 23–34.
VD17 = Verzeichnis der im deutschen Sprachraum erschienenen Drucke des 17. Jahrhunderts (www.vd17.de).
VD18 = Verzeichnis der im deutschen Sprachraum erschienenen Drucke des 18. Jahrhunderts (www.vd18.de).
Veldtrup, Josef. Bargunsch oder Humpisch. Die Geheimsprache der westfälischen Tiötten. 2. Aufl. Münster 1981.
Vellusig, Robert. Schriftliche Gespräche. Briefkultur im 18.Jahrhundert. Wien 2000.
Viehoff, Reinhold. Sozialisation durch Lesen. Zur Funktion der Lektüre im Roman seit dem 18. Jh. In: ZfG, N.F. III, 1993, 254–276.
Vierhaus, Rudolf. Deutschland im Zeitalter des Absolutismus. Göttingen 1978.
– (Hrg.). Deutsche patriotische und gemeinnützige Gesellschaften. München 1980.
– Bürger und Bürgerlichkeit im Zeitalter der Aufklärung. Tübingen 1981.
– (Hrg.). Kultur und Gesellschaft in Nordwestdeutschland zur Zeit der Aufklärung I. Das Volk als Objekt obrigkeitsstaatlichen Handelns. Tübingen 1992.
Vietze, Oda. Die sprachliche Leistung historischer Gartenbau-Texte. In: Dieter Herberg/Elke Tellenbach (Hrg.). Sprachhistorie(n). Mannheim 2000, 91–111.

– „Es ist daher in Ansehung der fremden Wörter die weise Mittelstraße nothwendig" – Adelungs Fremdwortkonzeption. In: Kämper/Klosa/Vietze 2008, 161–178.
Voeste, Anja. Varianz und Vertikalisierung. Zur Normierung der Adjektivdeklination in der 1. Hälfte des 18.Jahrhunderts. Amsterdam/Atlanta 1999. (=1999a.)
– Ist bei der Normierung der Adjektivdeklination in der 1. Hälfte des 18. Jahrhunderts von einer Vorbildwirkung ostmitteldeutscher Texte auszugehen? In: Bister-Broosen 1999, 67–78. (=1999b.)
– Normierung der Grammatik als consensus eruditorum? Soziofunktionale Zwänge im Sprachgebrauch der 1. Hälfte des 18. Jahrhunderts. In: G.Brandt 1994–99, Bd.IV, 291–300. (=1999c.)
– Variantenwahl und Sozialpositionierung im 18.Jahrhundert am Beispiel der Syntax bei Dorothea Leporin Erxleben. In: G.Brandt, Bd.IV, 2000, 85–96.
– Präskription und Deskription – Adelungs Grammatiken zwischen Tradition und Moderne. In: Kämper/Klosa/Vietze 2008, 179–191.
– Im Spannungsfeld von Mündlichkeit und Schriftlichkeit. Populäre Techniken der Redewiedergabe in der frühen Neuzeit. In: Ziegler 2010, Bd.II, 965–981.
– Die Orthographien Europas zu Beginn der Frühen Neuzeit – ein vergleichender Blick. In: Glaser/Seiler/Waldispühl 2011, 185–195.
Voge, Wilfried M. The Pronunciation of German in the 18th century. Hamburg 1978.
Vogel, Petra M. Das unpersönliche Passiv. Eine funktionale Untersuchung unter besonderer Berücksichtigung des Deutschen und seiner historischen Entwicklung. Berlin/New York 2006.
Volland, Brigitte. Französische Entlehnungen im Dt. Transferenz und Integration auf phonologischer, graphematischer, morphologischer und lexikalisch-semantischer Ebene. Tübingen 1986.
Vollhardt, Friedrich (Hrg.). Christian Thomasius. Neue Forschungen im Kontext der Frühaufklärung. Tübingen 1997.
– Die Bildung des Bürgers. Wissensvermittlung im Medium der *Moralischen Wochenschrift*. In: Friedrich/Jannidis/Willems 2006, 135–148.
Völpel, Isolde. Der Satzduktus in Schillers dramatischer Versrede. Stuttgart 1976.
Voßkamp, Wilhelm. Emblematisches Zitat und emblematische Struktur in Schillers Gedichten. In: K.L.Berghahn (Hrg.). Friedrich Schiller. Zur Geschichtlichkeit seines Werkes. Kronberg 1975, 355–377.
Vulpius, Christian August. Glossarium für das achtzehnte Jahrhundert. Mit einem Nachwort hrg. v. Alexander Košenina. Hannover 2003.

Wächter, Anke: Die Redelehrbücher Christian Weises unter soziolinguistischem Aspekt. In: G.Brandt 1994–99, Bd.I, 123–130.
Wagner, Walter. Die Sprache Lessings und ihre Bedeutung für die dt. Hochsprache. In: MS 71, 1961, 108–117.
Wagener, Peter (Hrg.). Sprachformen – Deutsch und Niederdeutsch in europäischen Bezügen. Stuttgart 1999.
Walter, Rolf. Einführung in die Wirtschafts- und Sozialgeschichte. Paderborn 1994.
Walther, Cornelia. Zur sozialen Basis der dt. Literatursprache im 17. Jh.: Der schreibkundige Gerichtsbote. In: BEDS 8, 1988, 151–172.
– Literatursprachliches Verhalten von Plebejern, Bauern, Bürgern, Intellektuellen und soziale Stile im 17. Jahrhundert. In: G.Brandt 1994–99, Bd.I, 219–300.

Warnke, Ingo. Wege zur Kultursprache. Die Polyfunktionalisierung des Deutschen im juridischen Diskurs. 1200–1800. Berlin/New York 1999.
– Juristische Terminologie und Entterminologisierung zwischen 1500 und 1800. Zum Spannungsfeld Deutsch – Latein – Französisch in der deutschen Rechtsterminologie. In: SpW 28, 2003, 355–371.
Wartburg-Ambühl, Marie-Louise v. Alphabetisierung und Lektüre. Untersuchung am Beispiel einer ländlichen Region im 17. und 18. Jh. Frankfurt a.M. u.a. 1981.
Wäscher, Hermann. Das dt. illustrierte Flugblatt. Von den Anfängen bis zu den Befreiungskriegen. Dresden 1955.
Was ist Aufklärung? Beiträge aus der Berlinischen Monatsschrift. In Zusammenarbeit mit Michael Albrecht ausgewählt, eingeleitet und mit Anmerkungen versehen von Norbert Hinske. Darmstadt 1973 u.ö.
Watanabe, Manabu. Über die Entwicklung der Sprachwissenschaft im deutschsprachigen Raum vom 18. Jahrhundert bis Anfang des vorigen Jahrhunderts. In: Neue Beiträge zur Germanistik, Bd. 3, H. 5 (Internat. Ausgabe von Doitsu Bungaku). München 2004, 25–40. (=2004a.)
– Historische Phraseologie und Parömiologie als Spiegel der Gesellschaft. Bemerkungen zur lexikographischen Darstellung seit dem 18. Jahrhundert. In: Mattheier/Nitta 2004, 245–264. (=2004b.)
Weber, Heinrich. Das erweiterte Adjektiv- und Partizipialattribut im Dt. München 1971.
– Die Ausbildung der dt. Grammatik (einschließlich des Niederländischen). In: Histoire Epistémologie Langage 9, 1987, 111–133.
– Erweiterte Attribute zwischen Grammatik und Pragmatik. Probleme bei der Erklärung syntaktischen Wandels. In: Elisabeth Feldbusch u.a. (Hrg.). Neue Fragen der Linguistik. Tübingen 1991, 307–313.
– Erweiterte Partizipialattribute: Nur eine schriftsprachliche Konstruktion? In: Daniel Bresson/Martine Dalmas (Hrg.). Partizip und Partizipialgruppen im Dt. Tübingen 1994, 149–162.
Weber, Horst. Differenzierungen im politischen Wortschatz der dt. Publizistik im Gefolge der Französischen Revolution. In: Weimarer Beiträge 35, 1989, 855–860.
Weber, Walter Rudolf. Das Aufkommen der Substantivgroßschreibung im Dt. Ein historisch-kritischer Versuch. Diss., Bern 1958.
Wegera, Klaus Peter. Zur Entstehung der neuhochdt. Schriftsprache. Eine Dokumentation von Forschungsthesen. Tübingen 1986.
– Flexion der Substantive. Heidelberg 1987 (Moser/Stopp/Besch (Hrg.) Grammatik des Frühneuhochdt, Bd.III).
– „Gen, oder wie Herr Gottsched will, chen“. Zur Geschichte eines Diminutivsuffixes. In: Habermann u.a. 2000, 43–58.
– (Hrg.), u. Mitarb. v. Sandra Waldenberger. Die Entstehung der neuhochdeutschen Schriftsprache. 2., erw. Aufl. Frankfurt a.M. 2007.
Wehler, Hans-Ulrich (Hrg.). Moderne deutsche Sozialgeschichte. Königstein 1981.
– Deutsche Gesellschaftsgeschichte. Bd.I: 1700–1815, Bd.II: 1815–1845/49. München 1987 u.ö.
– Nationalismus. Geschichte – Formen – Folgen. München 2001.
Wehrli, Max. Humanismus und Barock. Hildesheim/Zürich 1993.

Weickert, Rainer. Die Behandlung von Phraseologismen in ausgewählten Sprachlehren von Ickelsamer bis ins 19. Jh. Ein Beitrag zur historischen Phraseologie. Hamburg 1997.

Weigl-Anzinger, Daniela. Zur Entstehung des Neuhochdeutschen. In: Christiane Pabst (Hrg.). Sprache als System und Prozeß. Festschr. f. Günter Lipold. Wien 2005, 300–312.

Weinacht, Paul-Ludwig. Staat. Studien zur Bedeutungsgeschichte des Wortes von den Anfängen bis ins 19. Jh. Berlin 1968.

Weinrich, Harald. Lügt man im Deutschen, wenn man höflich ist? Mannheim 1980.

– Die Accademia della Crusca als Lehrmeisterin der Sprachkultur in Deutschland. In: H.Weinrich. Wege der Sprachkultur. München 1988, 85–103.

– Linguistik der Lüge. 7. Aufl. München 2007.

Weis, Eberhard. Der Durchbruch des Bürgertums 1776–1847. Berlin 1981 (Propyläen Geschichte Europas, Bd.IV).

Weisgerber, Leo. Verschiebungen in der sprachlichen Einschätzung von Menschen und Sachen. Köln/Opladen 1958.

Weiss, Helmut. Johann Georg Hamanns Ansicht zur Sprache. Versuch einer Rekonstruktion aus dem Frühwerk. Münster 1990.

– Universalgrammatiken aus der ersten Hälfte des 18. Jh. in Deutschland. Eine historisch-systematische Untersuchung. Münster 1992.

Weithase, Irmgard. Goethe als Sprecher und Sprecherzieher. Weimar 1949.

– Die Pflege der gesprochenen deutschen Sprache durch die Gelehrten-Dichter des Barock. In: Wiss. Zs. d. Univ. Jena 5, 1955/56, 649-662.

– Zur Geschichte der gesprochenen dt. Sprache. 2 Bde. Tübingen 1961.

Welke, Klaus. Tempus im Deutschen. Rekonstruktion eines semantischen Systems. Berlin/New York 2005.

Welke, Martin. Zeitung und Öffentlichkeit im 18. Jh. Betrachtungen zur Reichweite und Funktion der periodischen dt. Tagespublizistik. In: Presse und Geschichte 1977, 72–75.

– Gemeinsame Lektüre und frühe Formen von Gruppenbildungen im 17. und 18. Jh. Zeitungslesen in Deutschland. In. Dann 1981, 29–53.

Wellander, Erik. Studien zum Bedeutungswandel im Dt. Uppsala 1917.

Wellmann, Hans. Kollektiva und Sammelwörter im Dt. Diss., Bonn 1969. (=1969a.)

– Zur Problematik einer wissenschaftlichen Sprachpflege: Die „Ismen". In: Paul Grebe u.a. (Hrg.). Neue Beiträge zur dt. Grammatik. Mannheim u.a. 1969, 113–128. Neudruck in: P.O.Müller 2005, 325–343. (=1969b.)

– Das Substantiv. Düsseldorf 1975.

– WAHRHAFFTIGE NEWE ZEITTUNG. Zu den Anfängen der dt. Presse in der Mirakelliteratur. In: Barz u.a. 2000, 243–260.

– Fremdwörter des Lexikons oder systemgebundene Ableitungen? Über die Integration der Adjektive auf *-esk* (und *-oid*). In: Ulrich Engel//Paul Grebe (Hrg.). Sprachsystem und Sprachgebrauch II. Düsseldorf 1975, 409–431. Neudruck in: P.O.Müller 2005, 345–365.

Wells, Christopher J. Deutsch: eine Sprachgeschichte bis 1945. Aus dem Engl. v. Rainhild Wells. Tübingen 1990.

– Nicht-Lutherisches in der Orthographie der nach-Lutherschen Bibel- und Psalmenausgaben des 16. Jh. In: W.Hoffmann u.a. 1999, 209–241.

Welter, Franz-Rudolf. Skizze einer Entwicklungsgeschichte des Französischunterrichts in Deutschland bis zum Beginn des 19. Jh. In: Die Neueren Sprachen 79, 1980, 135–161.

Wendland, Ulrich. Die Theoretiker und Theorien der sogenannten galanten Stilepoche und die dt. Sprache. Leipzig 1930.

Wenners, Peter. Die Probsteier Familiennamen vom 14. bis 19. Jahrhundert. Mit einem Überblick über die Vornamen im gleichen Zeitraum. Neumünster 1988.

Wenzel, Walter. Studien zu sorbischen Personennamen. 3 Bde. Bautzen 1987/97.

Werner, Johann. Manuductio Orthographica (1629). Hrg. von Claudine Moulin. Hildesheim 2007.

Werner, Jürgen. Das Suffix *-ismus*. In: Elisabeth C. Welskopf (Hrg.). Das Fortleben altgriechischer sozialer Typenbegriffe in der dt. Sprache. Berlin 1981, 322–335.

– „We are all Greeks". Zum Philhellenismus. In: Sebastian Kolditz/Ralf C. Müller (Hrg.). Geschehenes und Geschriebenes. Leipzig 2005, 491–506.

Werner, Otmar. Vom Formalismus zum Strukturalismus in der historischen Morphologie. Ein Versuch, dargestellt an der Geschichte dt. Indikativ-/Konjunktiv-Bildungen. In: ZdPh 84, 1965, 100–127.

– Das deutsche Pluralsystem. Strukturelle Diachronie. In: Sprache – Gegenwart und Geschichte. Düsseldorf 1969, 92–128.

Weyers, Christian. Zur Entwicklung der Anführungszeichen in gedruckten Texten. In: Zs. f. Semiotik 14, 1992, 17–28.

Wichert, Adalbert. Literatur, Rhetorik und Jurisprudenz im 17. Jh. Daniel Caspar von Lohenstein und sein Werk. Tübingen 1991.

Wiedemann, Conrad (Hrg.). Der galante Stil, 1680–1730. Tübingen 1969.

– Barocksprache, Systemdenken, Staatsmentalität. In: Internat. Arbeitskreis für dt. Barockliteratur. Wolfenbüttel 1973, 21–51.

Wiedemann, Konrad. Arbeit und Bürgertum: Die Entwicklung des Arbeitsbegriffs in der Literatur Deutschlands an der Wende zur Neuzeit. Heidelberg 1979.

Wiegand, Herbert E. Internationale Bibliographie zur germanistischen Lexikographie und Wörterbuchforschung. 3 Bde. Berlin/New York 2006/07.

Wiesinger, Peter. Zur Entwicklung der dt. Schriftsprache unter dem Einfluß Gottscheds in Österreich in der 2. Hälfte des 18. Jh. In: Nerius 1983, 227–248.

– Zur Frage lutherisch-ostmitteldt. Spracheinflüsse auf Österreich im 17. und in der 1. Hälfte des 18. Jh. In: Manfred Lemmer (Hrg.). Beiträge zur Sprachwirkung Martin Luthers im 17./18. Jh. Halle 1987, 83–109.

– (Hrg.). Studien zum Frühneuhochdt. Emil Skála zum 60. Geburtstag. Göppingen 1988.

– Die Aussprache des Schriftdeutschen in Österreich in der 2. Hälfte des 18. und am Beginn des 19. Jh. In: Mattheier u.a. 1993, 383–411. (=1993a.)

– Die Einführung der allgemeinen dt. Schriftsprache in Österreich in der zweiten Hälfte des 18. Jh. In: Péter Bassola u.a. (Hrg.). Im Zeichen der ungeteilten Philologie. Festschrift f. K. Mollay. Budapest 1993, 393–410. (=1993b.)

– Die sprachlichen Verhältnisse und der Weg zur allgemeinen dt. Schriftsprache in Österreich im 18. und frühen 19. Jh. In: Gardt u.a. (Hrg.) 1995, 319–367.

– 5 Thesen zur Regionalität und Überregionalität in der schriftsprachlichen Entwicklung: Der bayerisch-österreichische Raum vom 16. bis 18. Jh. In: Große/Wellmann 1996, 315–318.

– Die Anfänge der Sprachpflege und der dt. Grammatik in Österreich im 18. Jh. Zu Johann Balthasar Antespergers „Kayserlicher deutscher Sprachtabelle“ von 1734. In: Glaser/Schlaefer 1997, 337–355.
– Probleme einer regionalen Sprachgeschichte Österreichs. In: ZdPh 117, 1998, Sonderh., 128–143.
– Zur bairisch-oberdt. Schriftsprache des 16. und frühen 17. Jh. in Österreich unter dem Einfluß von Reformation und Gegenreformation. In: W.Hoffmann u.a. 1999, 141–173. (=1999a.)
– Schwierigkeiten bei der Umsetzung der österreichischen Sprachreform im 18. Jahrhundert am Beispiel der „Christlichen Erinnerungen über die sonntäglichen Evangelien“ von Franz Borgia Tausch von 1765. In: Pümpel-Mader/Schönherr 1999, 207–224. (=1999b.)
– Die Entwicklung der deutschen Schriftsprache vom 16. bis 18. Jahrhundert unter dem Einfluß der Konfessionen. In: Studien des Instituts für die Kultur der deutschsprachigen Länder 17, 1999, 1–15. (=1999c.)
– Die deutsche Orthographie im Rahmen der beginnenden Sprachpflege in Österreich im 18. Jahrhundert. Zu Balthasar Antespergers „Kayserlicher deutscher Sprachtabelle“ von 1734. In: Maria Klanska/Peter Wiesinger (Hrg.). Vielfalt der Sprachen. Wien 1999, 183–204. (=1999d.)
– Die Reform der deutschen Schriftsprache unter Maria Theresia. Ziele – Durchführung – Wirkung. In: Franz M. Eybl (Hrg.). Strukturwandel kultureller Praxis. Wien 2002, 131–141.
– Wie erreicht man einen erfolgreichen Sprachunterricht? Zur Methodik und zur deutschen Grammatik von Johann Max im 18. Jahrhundert. In: GL 188–189, 2007, 359–382.
– Das österreichische Deutsch in Gegenwart und Geschichte. 2., durchges. und erw. Aufl. Wien 2008. (=2008a.)
– Die Rezeption und Wirkung von Johann Christoph Adelungs „Grammatisch-kritischem Wörterbuch der Hochdeutschen Mundart“ in Österreich. In: Kämper/Klosa/Vietze 2008, 115–139. (=2008b.)
– Johann Balthasar von Antespergs „Deutsches Kayserliches Schul- und Canzeley-Wörterbuch“ von 1738. In: GL 199–201, 2010, 481–502.

Wilczek, Markus. Das Artikulierte und das Unartikulierte. Zum semantischen Wandel der Artikulation in der ‚Sattelzeit‘. In: ZdPh 126, 2007, 198–225.

Wild, Reiner. Die Vernunft der Väter. Zur Psychographie von Bürgerlichkeit und Aufklärung in Deutschland am Beispiel ihrer Literatur für Kinder. Stuttgart 1987.
– Kind, Kindheit, Jugend. Hinweise zum begriffsgeschichtlichen Wandel im letzten Drittel des 18. Jh. In: Horst Heidtmann (Hrg.). Jugendliteratur und Gesellschaft. Weinheim 1993, 9–16.

Wilke, Anja. Redewiedergabe in frühneuzeitlichen Hexenprozessakten. Ein Beitrag zur Geschichte der Modusverwendung im Deutschen. Berlin 2006.

Wilke, Jürgen. Literarische Zeitschriften des 18. Jh. (1668–1789). Bd.I. Stuttgart 1978.
– Nachrichtenauswahl und Medienrealität in vier Jahrhunderten. Eine Modellstudie zur Verbindung von historischer und empirischer Publizistikwissenschaft. Berlin/New York 1984.
– Zeitungssprache und Zeitungslexika im 17. und 18. Jh. In: Kimpel 1985, 69–84.
– Hugenotten in Berlin – Aspekte der sprachlichen Assimilation der ‚Berliner Franzosen‘ im 18. Jh. In: H.Schmidt 1988a, 56–64.

– Auf dem Weg zur „Großmacht“: Die Presse im 19. Jh. In: Wimmer 1991, 73–94.
– Grundzüge der Medien- und Kommunikationsgeschichte von den Anfängen bis ins 20. Jahrhundert. Köln 2000.

Wilkinson, Elizabeth M./Leonhard A. Willoughby. Models of Wholeness. Some Attitudes to Language, Art and Life in the Age of Goethe. Frankfurt a.M. u.a. 2002.

Willems, Klaas/Jeroin van Pottelberge. Geschichte und Systematik des adverbalen Dativs im Dt. Eine funktional-linguistische Analyse des morphologischen Kasus. Berlin/New York 1998.

Willems, Marianne. Das Problem der Individualität als Herausforderung an die Semantik im Sturm und Drang. Tübingen 1995.
– Individualität – ein bürgerliches Orientierungsmuster. Zur Epochencharakteristik von Empfindsamkeit und Sturm und Drang. In: Friedrich/Jannidis/Willems 2006, 171–200.

Wilmanns, Wilhelm. Deutsche Grammatik. 3. Aufl. Straßburg 1911.

Wilpert, Gero von. Goethe-Lexikon. Stuttgart 1998.

Wimmer, Rainer (Hrg.). Sprachkultur. Jahrbuch 1984 des Instituts für deutsche Sprache. Düsseldorf 1985.
– (Hrg.). Das 19. Jahrhundert. Sprachgeschichtliche Wurzeln des heutigen Deutsch. Berlin/New York 1991.

Windfuhr, Manfred. Die barocke Bildlichkeit und ihre Kritiker. Stilhaltungen in der dt. Literatur des 17. u. 18. Jh. München 1966.

Windisch, Rudolf. Französischer Wortschatz im Rheinischen aus der Napoleonischen Besatzungszeit (1794–1815). In: Kramer/Winkelmann 1990, 103–115.

Winge, Vibeke. Niederdt.-hochdt. Sprachwechsel in Dänemark zur Zeit der Reformation und das weitere Schicksal des Niederdt. im 17. und 18. Jh. In: Schöndorf u.a. 1987, 74–86.
– Dänische Deutsche – deutsche Dänen. Geschichte der dt. Sprache in Dänemark 1300–1800 mit einem Ausblick auf das 19. Jh. Heidelberg 1992.
– Entwicklung von Sprachbewußtsein und Sprachprestige am Beispiel des Deutschen im multilingualen Dänemark. In: G.Brandt 1994–99, Bd.I, 185–192.
– Deutsch als Mittlersprache in Nordeuropa im 15. Jahrhundert. In: Glück/Morcinek 2006, 121–133.

Winkler, Gertraud. Die Wortbildung mit *-lich* im Alt-, Mittel- und Frühneuhochdt. Heidelberg 1995.

Winter, Rainer/Roland Eckert. Mediengeschichte und kulturelle Differenzierung. Opladen 1990.

Wirrer, Jan. *So herrli klingt mi keen Musik un singt keen Nachdigal.* Niederdeutsch gestern, Niederdeutsch heute. Perzeptionen und Bewertungen. In: NdW 32, 1992, 109–135.
– Zum Status des Niederdeutschen. In: ZGL 26, 1998, 308–340.

Wirtz, Michaela. Patriotismus und Weltbürgertum. Eine begriffsgeschichtliche Studie zur deutsch-jüdischen Literatur 1750–1850. Tübingen 2006.

Wittmann, Reinhard. Der lesende Landmann. Zur Rezeption aufklärerischer Bemühungen durch die bäuerliche Bevölkerung im 18. Jh. In: Dan Berindei u.a. (Hrg.). Der Bauer Mittel- und Osteuropas im sozio-ökonomischen Wandel des 18. u. 19. Jh. Köln 1973, 142–196.

– Buchmarkt und Lektüre im 18. und 19. Jh. Beiträge zum literarischen Leben 1750–1880. Tübingen 1982.

Wittmann, Richard. Geschichte des dt. Buchhandels. München 1991.

Wolf, Herbert. Studien zur deutschen Bergmannssprache in den Bergmannsliedern des 16.–20. Jh., vorwiegend nach mitteldt. Quellen. Tübingen 1958.

– Projet d'article de présentation des Saxons pour le Dictionnaire des Populations de l'Europe. In: Revue de Psychologie des Peuples 3, 1964, 1–12.

– Die Sachsen. Eine volkscharakterologische Analyse. In: Siegfried Asche (Hrg.). Sachsen. Troisdorf 1968, 47–63. (=1968a.)

– Zur Wortgeographie der dt. Bergmannssprache. In: Mitzka 1968, 418–444. (=1968b.)

– Martin Luther. Eine Einführung in germanistische Luther-Studien. Stuttgart 1980.

– Zum Stand der sprachlichen Lutherforschung. In: ZdPh 106, 1987, 246–272.

– (Hrg.). Luthers Deutsch. Sprachliche Leistung und Wirkung. Frankfurt a.M. 1996.

Wolf, Herman. Versuch einer Geschichte des Geniebegriffs in der dt. Ästhetik des 18. Jh. Bd.I. Heidelberg 1923.

Wolf, Norbert Richard. Satzkonnektoren im Nhd. und Mhd. Prolegomena zu einer kontrastiven Textsyntax. In: SpW 3, 1978, 16–48.

– Althochdeutsch – Mittelhochdeutsch. (= Moser/Wellmann/Wolf. Geschichte der dt. Sprache, Bd.I). Heidelberg 1981.

– Herzog August der Jüngere von Braunschweig und das Ende des Frühneuhochdt. In: Glaser/Schlaefer 1997, 357–367.

– Wort- und Begriffsbildung und ihre Rolle in der Ausbildung der dt. Standardsprache. In: W.Hoffmann u.a. 1999, 275–286.

Wolf, Siegmund A. Wörterbuch des Rotwelschen. Deutsche Gaunersprache. Mannheim 1956.

– Großes Wörterbuch der Zigeunersprache (romani tschiw). Wortschatz deutscher und anderer europäischer Zigeunerdialekte. Mannheim 1960.

Wolff, Eugen. Gottscheds Stellung im dt. Bildungsleben. Bd.I. Kiel/Leipzig 1895.

Wolff, Gerhart. Sprach- und Stilpflege in Briefstellern in der 2. Hälfte des 18. Jh. In: Fix/Lerchner 1996, 395–409.

– Deutsche Sprachgeschichte. Frankfurt 1986. 6. Aufl. 2009.

Wolter, Beatrice. Deutsche Schlagwörter zur Zeit des Dreißigjährigen Krieges. Frankfurt a.M. u.a. 2000.

Woods, Jean M./Maria Fürstenwald. Schriftstellerinnen, Künstlerinnen und gelehrte Frauen des deutschen Barock. Ein Lexikon. Stuttgart 1984.

Wurm, Andrea. Translatorische Wirkung. Ein Beitrag zum Verständnis von Übersetzungsgeschichte als Kulturgeschichte am Beispiel deutscher Übersetzungen französischer Kochbücher in der Frühen Neuzeit. Frankfurt a.M. 2008.

Wurzel, Wolfgang U. Der Fremdwortakzent im Deutschen. In: Linguistics 56, 1970, 87–108.

– Der dt. Wortakzent: Fakten, Regeln, Prinzipien. Ein Beitrag zu einer natürlichen Akzenttheorie. In: ZfG 1, 1980, 299–318.

Zagajewski, Karl. Albrecht von Hallers Dichtersprache. Straßburg 1909.

Zakharine, Dmitri. Die Ökonomie westeuropäischer Höflichkeit in ihren geographischen Grenzen. In: Sprachreport 1/2002, 2–9.

– Von Angesicht zu Angesicht. Der Wandel direkter Kommunikation in der ost- und west-europäischen Neuzeit. Konstanz 2005.

Zakolski, Tomasz. Die Entwicklung der Euphemismen für die Bezeichnung „Hose" im 18. und 19. Jahrhundert. In: Studia niemcoznawcze 35, 2007, 601–606.

Zamora, Juan. Hugenottische Familiennamen im Dt. Heidelberg 1992.

Zaunstöck, Holger. Sozietätslandschaft und Mitgliederstrukturen. Die mitteldeutschen Aufklärungsgesellschaften im 18. Jh. Tübingen 1999.

Zeeden, Ernst Walter. Das Zeitalter der Glaubenskämpfe (1555–1648). 7. Aufl. München 1986 (Gebhardt Bd.IX).

Zelle, Carsten. Das 18. Jahrhundert jenseits der Aufklärung. In: Bödeker 1992, 129–134. (=1992a.)

– Volk – Nation – Vaterland. In: Bödeker 1992, 135–136. (=1992b.)

– Öffentlichkeit im 18. Jh. Tagung der Deutschen Gesellschaft für die Erforschung des 18. Jh. vom 18. bis 20. Nov. 1992 im Neuen Schloß von Meersburg am Bodensee. In: Das Achtzehnte Jh. 17, 1993, 12–13.

– Mündigkeit und Selbstgefühl. Versuch über das aufgeklärte Subjekt am Ende des 18. Jahrhunderts. In: Friedrich/Jannidis/Willems 2006, 115–134.

Zeller, Rosmarie. Spiel und Konversation im Barock. Untersuchungen zu Harsdörffers „Gesprächsspielen". Berlin/New York 1974.

Zemann, Herbert. Kaspar Stieler. Versuch einer Monographie und „Die Dichtkunst des Spaten 1685". Diss., Wien 1966 (Typoskript).

Zerender, Holm. Studien über das beginnende Eindringen der Lutherischen Bibelübersetzung in die deutsche Literatur. Leipzig 1911.

Zgusta, Ladislav (ed.). History, Language and Lexicographers. Tübingen 1992.

Ziegler, Arne. Das Arzneibuch des Leonhart aus dem Jahre 1587. Ein Beitrag zur Geschichte der medizinischen Fachsprache des Deutschen. In: Karpaten Jahrbuch 53, 2002, 104–117.

– Sprachgeschichte als Textgeschichte. Überlegungen zu einer diachronen Textgrammatik des Deutschen. In: Czachur/Czyżewska 2008, 391–401.

– (Hrg.). Historische Textgrammatik und historische Syntax des Deutschen. Traditionen, Innovationen, Perspektiven. 2 Bde. Berlin u.a. 2010.

Ziegler, Evelyn. Language nationalism in the Schiller commemoration adresses of 1859. In: Langer/Davies 2005, 124–143.

Ziemendorff, Ingeborg. Die Metapher bei den weltlichen Lyrikern des dt. Barocks. Nendeln 1967.

Ziessow, Karl-Heinz. Ländliche Lesekultur im 18. u. 19. Jh. Das Kirchspiel Menslage und seine Lesegesellschaften 1790–1840. 2 Bde. Cloppenburg 1988.

Zifonun, Gisela. Sprachtypologische Fragestellungen in der gegenwartbezogenen und der historischen Grammatik des Deutschen, am Beispiel des Relativsatzes. In: Lobenstein-Reichmann/Reichmann 2003, 59–85.

Zimmer, Agnieszka: Der Einfluss des Niederdeutschen auf die hochdeutsche Rechtssprache zwischen dem 12. und 18. Jahrhundert. In: Studia niemcoznawcze 37, 2008, 575–581.

Zimmermann, Gerhard. Idealistische und naturalistische Bühnensprechstile im Zeitraum von Goethe bis Reinhardt. Regie-Intentionen und Schauspieler-Sprechmelodien in der Wahrnehmung von Theaterkritikern. In: ZGL 28, 2000, 207–222.

– Männliche Anredeformen des Deutschen in literarhistorischer Sicht. In: MS 114, 2004, 1, 52–59.

Zimmermann, Karin. Die polyfunktionale Bedeutung dialogischer Sprechformen um 1800. Exemplarische Analysen: Rahel Varnhagen, Bettina von Arnim, Karoline von Günterrode. Frankfurt a.M. 1992.

Zorn, Wolfgang. Sozialgeschichte 1648–1800. In: Hermann Aubin/Wolfgang Zorn (Hrg.). Handbuch der deutschen Wirtschafts- und Sozialgeschichte. Bd.I. Stuttgart 1971, 574–607.

Zu Fragen der populären Unterhaltungsliteratur. Ein Rundtischgespräch. In: ZfG 11, 1990, 467–484.

Zuiden, Josef van. Die Verba auf *-igen* im Deutschen. Maastricht 1934.

Zur Ausbildung der Norm der dt. Literatursprache (1470–1730). 6 Bde. Berlin 1976–1983.

Zur jüngeren Geschichte der deutschen Sprache. Beiträge zum internationalen Kolloquium „Sprache in der sozialen und kulturellen Entwicklung. Zum 100. Geburtstag von Theodor Frings“ vom 22. bis 24. Juli 1986 in Leipzig. Leipzig 1987.

Zwierlein, Cornel. Das Glück des Bürgers. Der aufklärerische Eudämonismus als Formationselement von Bürgerlichkeit und seine Charakteristika. In: Friedrich/Jannidis/Willems 2006, 71–114.

Abkürzungen

BBRS	Besch/Betten/Reichmann/Sonderegger. Sprachgeschichte (s.o.!)
BEDS	Beiträge zur Erforschung der deutschen Sprache
Beitr	Beiträge zur Geschichte der deutschen Sprache und Literatur
BRS	Besch/Reichmann/Sonderegger. Sprachgeschichte (s.o.!)
DaF	Deutsch als Fremdsprache
DFWB	Deutsches Fremdwörterbuch (s.o.!)
DL	Documenta Linguistica. Quellen zur Geschichte der deutschen Sprache des 15. bis 20. Jh.s
DO	Documenta Orthographica. Quellen zur Geschichte der deutschen Orthographie vom 16. Jh. bis zur Gegenwart
DPhA	Deutsche Philologie im Aufriß (s.o.!)
DS	Deutsche Sprache
DVjs	Deutsche Vierteljahrsschrift für Literaturwissenschaft und Geistesgeschichte
DW	Deutsche Wortbildung. Typen und Tendenzen in der Gegenwartssprache (s.o.!)
FoL	Folia Linguistica
GA	Germanistische Arbeitshefte
GL	Germanistische Linguistik
GM	Germanistische Mitteilungen
GRM	Germanisch-romanische Monatsschrift
IF	Indogermanische Forschungen
JEGP	Jahresberichte für englische und germanische Philologie
LeuvB	Leuvense Bijdragen
LGL	Lexikon der germanistischen Linguistik (s.o.!)
MGV	Mitteilungen des Germanistenverbandes
MS	Muttersprache
NdW	Niederdeutsches Wort
NphM	Neuphilologische Mitteilungen
OBST	Osnabrücker Beiträge zur Sprachtheorie
RhVjbll	Rheinische Vierteljahrsblätter
SpW	Sprachwissenschaft
StL	Studium Linguistik
STS	Studienbibliographie Sprachwissenschaft
SuL	Sprache und Literatur in Wissenschaft und Unterricht
VD17	Verzeichnis der im deutschen Sprachraum erschienenen Drucke des 17. Jh.s
VD18	Verzeichnis der im deutschen Sprachraum erschienenen Drucke des 18. Jh.s
WW	Wirkendes Wort
ZdA	Zeitschrift für deutsches Altertum und deutsche Literatur
ZDL	Zeitschrift für Dialektologie und Linguistik
ZdPh	Zeitschrift für deutsche Philologie
ZdS	Zeitschrift für deutsche Sprache

ZdWf	Zeitschrift für deutsche Wortforschung
ZfG	Zeitschrift für Germanistik
ZfMaf	Zeitschrift für Mundartforschung
ZGL	Zeitschrift für germanistische Linguistik
ZPSK	Zeitschrift für Phonetik, Sprachwissenschaft und Kommunikationsforschung

Register